क्रान्तिवीर भगत सिंह

'अभ्युदय' और 'भविष्य'

क्रान्तिवीर भगत सिंह
'अभ्युदय' और 'भविष्य'

सम्पादक

चमन लाल

लोकभारती प्रकाशन

लोकभारती प्रकाशन
पहली मंजिल, दरबारी बिल्डिंग, महात्मा गांधी मार्ग
प्रयागराज-211 001

वेबसाइट : www.lokbhartiprakashan.com
ईमेल : info@lokbhartiprakashan.com

शाखाएँ : 1-बी, नेताजी सुभाष मार्ग, दरियागंज
नई दिल्ली-110 002

अशोक राजपथ, साइंस कॉलेज के सामने
पटना-800 006

1, अनमोल सोराबजी संतुक लेन, धोबी तलाव,
मरीन लाइंस, मुम्बई-400 002

पहला संस्करण : 2012
चौथा संस्करण : 2025

बी.के. ऑफसेट
नवीन शाहदरा, दिल्ली-110 032
द्वारा मुद्रित

KRANTIVEER BHAGAT SINGH
'Abhyudaya' Aur 'Bhavishya'
Edited by Chaman Lal

ISBN : 978-81-8031-711-8

मूल्य : 1395

समर्पण

यह पुस्तक 'भविष्य', 'चाँद' व 'कर्मयोगी' सम्पादक श्री रामरख सिंह सहगल, 'अभ्युदय' सम्पादक श्री पद्मकान्त मालवीय तथा सत्यभक्त जी की स्मृति को समर्पित है, जिन्होंने ब्रिटिश उपनिवेशवाद की काली आँधी का डटकर सामना करते हुए अभिव्यक्ति के तमाम खतरे उठाए और जेल-यात्राओं सहित तमाम यातनाएँ सहकर भी 'अभ्युदय' और 'भविष्य' को कभी रुकने नहीं दिया।

भूमिका

दस्तावेज़ों के ज़रिए हिन्दुस्तानी इतिहास को समझने की कोशिश

14 अगस्त, 1947 को हिन्दुस्तान नाम का मुल्क दुनिया के नक्शे से मिट गया और उसकी जगह उसी धरती पर 'पाकिस्तान' और 'इंडिया' दैट इज 'भारत' (इंडिया, जिसे भारत कहते हैं) के नाम से चिह्नित किया गया। पाकिस्तान की धरती भी बाद में 1971 में दो हिस्सों में बँटी और पाकिस्तान के साथ-साथ बांग्लादेश बना। लेकिन 14 अगस्त, 1947 तक दुनिया के नक्शे पर जिस धरती को हिन्दुस्तान के नाम से जाना जाता था, उसके इतिहास, उसकी विरासत को जाने बगैर क्या आज की दुनिया के तीन मुल्कों–भारत, पाकिस्तान और बांग्लादेश को समझा जा सकता है? दिलचस्प बात यह है कि 14 अगस्त, 1947 और दिसम्बर 1971 में जो जमीन तीन हिस्सों में बँटी वह बँटकर भी दुनिया के 10-12 बड़े मुल्कों में शुमार की जाती है। सिर्फ़ चीन और भारत ही नहीं, या रूस और अमेरिका ही नहीं, पाकिस्तान और बांग्लादेश का शुमार भी आबादी के लिहाज से दुनिया के बड़े मुल्कों में होता है। भारत और पाकिस्तान तो दुनिया के परमाणु शक्ति से सम्पन्न चुनिन्दा मुल्कों में भी शामिल हैं।

चीन, अरब, ग्रीक और रोम की तरह हिन्दुस्तान का नाम दुनिया के बड़े तहजीबशुदा मुल्कों में शामिल है, यहाँ तक कि 'सारे जहाँ से अच्छा हिन्दुस्तां हमारा' के शायर इकबाल ने यह भी कहा था कि 'कुछ बात है कि हस्ती मिटती नहीं हमारी, सदियों रहा है दुश्मन दौरे ज़मां हमारा।' हिन्दुस्तान की हस्ती को मिटते हुए इकबाल ने नहीं देखा। हालाँकि 1938 में अपनी वफात से पहले वे पाकिस्तान के कायल हो गए थे और उसकी शान में भी तराने उन्होंने लिख दिए थे।

हड़प्पा, मोहनजोदड़ो, नालन्दा, तक्षशिला (टैक्सला) ये ऐसे सांस्कृतिक चिह्न हैं, जिनसे इंडस वैली जिसे फारसी में हिन्द के नाम से पहचाना गया, जिसकी तहजीब, मजहबों के फर्क के बावजूद एक ही मानी गई। आज इस संस्कृति के कुछ चिह्न हड़प्पा, मोहनजोदड़ो और तक्षशिला पाकिस्तान की सरजमीन पर हैं तो नालन्दा भारत की धरती पर। राजनीतिक-भौगोलिक रूप में अलग हो चुके दोनों मुल्क तीन-चार युद्ध भी आपस में लड़ चुके हैं और दोनों तरफ की जनता की अमन और दोस्ती की ख्वाहिश को दरकिनार कर दोनों मुल्कों के हुक्मरान 'अमन की आशा' कम दिखाते हैं और 'जंग का खौफ' ज़्यादा दिखाते हैं। लेकिन 14 अगस्त, 1947 तक की जमीन पर ब्रिटिश बस्तीवाद के

ख़िलाफ़ जो जंगे-आजादी लड़ी गई, वह मुल्क के तीन मुल्क बन जाने के बावजूद साझी है। 1857 में मेरठ से शुरू हुई 'पहली जंगे-आजादी' हो या 1914-15 के गदर आन्दोलन से भगत सिंह के क्रान्तिकारी आन्दोलन के केन्द्र लाहौर से लड़ी गई लड़ाई हो या चट्टगाँव से मा. सूर्य सेन प्रीतिलता वाडेदार आदि द्वारा लड़ा गया 1932 का क्रान्तिकारी संग्राम हो, सबकी जमीन एक ही है।

तीनों मुल्कों की साझी जमीन में एक और विरासत भी साझी है—वह अपने अतीत या माजी को भुलाने की, अपनी विरासत को जिन्दा न रखने की, अपने इतिहास की ओर जरा भी ध्यान न देने की और इन सब चीजों के रिकॉर्ड/दस्तावेज़ न सँभालने की। हम सिर्फ़ नाम याद रखते हैं, काम नहीं। नामों के साथ जुड़े हुए उनके कामों को हम भूल जाते हैं और उन्हें दुबारा देखना भी नहीं चाहते, उनका आलोचनात्मक नजरिए से मूल्यांकन करना तो दूर की बात है। आज इन मुल्कों में महात्मा गांधी हो या भगत सिंह, जिन्ना हो या मौलाना भाषाणी या मा. सूर्य सेन सिर्फ़ नाम भर हैं और इन नामों के साथ हम अपनी मर्जी से कुछ भी जोड़ देते हैं, उनका किया और दिया कुछ भी छोड़ देते हैं। हम उन्हें अपने रंग में रँग देते हैं। हम भगत सिंह जैसे समाजवादी क्रान्तिकारी को कभी डॉ. हेडगेवार का 'भगवाधारी शिष्य' तो कभी 'पीली पगड़ी' और 'बम-पिस्तौल' वाला खालिस्तानी बना देते हैं। विडम्बना यह कि सोवियत यूनियन के टूटने के बाद रूस के मास्को के अभिलेखागार में स्तालिन के दौर के स्तालिन के ख़िलाफ़ और हक में लिखे गए तमाम दस्तावेज़ सुरक्षित मौजूद हैं। भारत में विजय सिंह 'रेव्लुशनरी डेमोक्रेसी' आदि पत्रिकाओं द्वारा व दुनिया की तमाम वेबसाइट पर यह सारी सामग्री धीरे-धीरे प्रकाश में आ रही है लेकिन हिन्दुस्तान यानी भारत, पाकिस्तान और बांग्लादेश के आजाद मुल्कों के राष्ट्रीय अभिलेखागारों/संग्रहालयों, पुस्तकालयों/धरोहरों में देश की आजादी के लिए लड़े गए संग्रामों के दस्तावेज़ तलाश करना ही भारी मशक्कत का काम है, जिसमें नाकामी ज़्यादा और कामयाबी कम ही मिलती है। विडम्बना यह भी है कि हिन्दुस्तान में जब्तशुदा दस्तावेज़ लन्दन के इंडिया हाउस आदि पुस्तकालयों में तो मिल जाते हैं, आजाद भारत या पाकिस्तान के संग्रहालयों/अभिलेखागारों/पुस्तकालयों में नहीं।

स्वतंत्र भारत के विश्वविद्यालयों, शोध संस्थानों, इतिहास या समाजशास्त्र शोध परिषदों आदि में काम कर रहे शोधार्थियों के लिए भारतीय भाषाओं में 1757 से 1947 तक के स्वतंत्रता संग्राम के दौरान छपे पत्र-पत्रिकाओं/जब्तशुदा सामग्री या अन्य किताबों, पर्चों का रिकॉर्ड या तो मिलता ही नहीं, या बहुत ही कम मिलता है और जो मिलता है वह इतना अव्यवस्थित होता है कि उसे सम्पादित/संयोजित करना एक मुश्किल काम होता है। विडम्बना यह है कि 1857 के 150 साल बाद कोई डेलरिम्पल ही आकर बीस हजार पृष्ठ की काफी बड़ी सामग्री खोज निकालता है और फिर 1857 के संग्राम के कुछ नए अध्याय खुलने शुरू हो जाते हैं।

प्रस्तुत पुस्तक—**क्रान्तिवीर भगत सिंह : 'अभ्युदय' और 'भविष्य'** आजादी की लड़ाई, खासकर इन्कलाबी नौजवानों की लड़ाई की हकीकत की तलाश की कोशिश का

नतीजा है। पुस्तक का शीर्षक कुछ दस्तावेज़ों की निशानदेही तो करता ही है, साथ ही मानीखेज भी है। 'क्रान्तिवीर भगत सिंह' सत्यभक्त द्वारा लिखित भगत सिंह की एक छोटी-सी जीवनी है, जो उन्होंने लिखी भले 1981 में हो लेकिन इस जीवनी में उनके 1923-31 के दौर के कानपुर के दिनों की यादें ताजा हो उठती हैं, जब भगत सिंह उनसे और राधामोहन गोकुल जी, हसरत मोहानी, मुजफ्फर अहमद आदि से मिलकर हिन्दुस्तान में कम्युनिस्ट आन्दोलन की बुनियादों पर चर्चाएँ करते थे। सत्यभक्त ने कानपुर में 1925 में भारतीय कम्युनिस्ट पार्टी की स्थापना की थी, भारत की विभिन्न कम्युनिस्ट पार्टियों में से कुछ सत्यभक्त द्वारा स्थापित कम्युनिस्ट पार्टी से भारत में कम्युनिस्ट आन्दोलन की शुरुआत मानते हैं तो कुछ 1920 में ताशकन्द में एम.एन. राय द्वारा स्थापित पार्टी से। लेकिन भगत सिंह का 1923-24 के दौरान 16-17 बरस की उम्र में हिन्दुस्तान के शीर्ष कम्युनिस्ट कार्यकर्ताओं के सम्पर्क में रहना इसी ओर इशारा करता है कि किस शिद्दत से वे इतनी कम उम्र से ही देश में समाजवादी/साम्यवादी आन्दोलन के प्रति आकर्षित थे। भगत सिंह के व्यक्तित्व के वैचारिक पक्ष को, उनकी क्रान्ति की अवधारणा को समझने के लिए यह छोटी-सी जीवनी बहुत महत्त्वपूर्ण है। आम लोगों में पिस्तौल वाली तसवीर के साथ भगत सिंह की जो छवि निर्मित की गई है, वह सिर्फ़ वीर भगत सिंह की बहादुर, जाँबाज, देश पर मर मिटनेवाले बेखौफ नौजवान की छवि है। इस छवि पर रश्क होता है, हालाँकि वैसा बनना कोई नहीं चाहता। इस छवि में रोमांस है, नाटकीयता है, फिल्में बन सकती हैं लेकिन सत्यभक्त की यह पुस्तक भगत सिंह की इस लोकप्रिय लेकिन संकुचित छवि से आगे जाकर क्रान्तिवीर भगत सिंह की छवि सामने लाती है। वीर भगत सिंह के तमाम गुण इस छवि में भी हैं लेकिन यह वीर चिन्तनपरक वीर है, वैचारिक परिप्रेक्ष्य और समाज और देश के वर्गरहित क्रान्तिकारी रूपान्तरण की सैद्धान्तिक और व्यावहारिक समझ रखनेवाले क्रान्तिवीर की है न कि सिर्फ़ 'वीर' की। सत्यभक्त की यह रचना लखनऊ के शहीद स्मारक संस्थान, जिसे भगत सिंह के साथियों दुर्गा भाभी व शिव वर्मा ने स्थापित किया था, से मिली, जिसके लिए आभार छोटा शब्द है।

यह जानना दिलचस्प होगा कि भगत सिंह की हिन्दुस्तान भर में इतनी लोकप्रियता के अनेक कारणों के साथ एक बड़ा कारण हिन्दी/हिन्दुस्तानी भाषाई क्षेत्र में उनके और उनके क्रान्तिकारी दल की गतिविधियों का उस समय के प्रिंट मीडिया में ज़बर्दस्त प्रचार का भारी योगदान है। 17 दिसम्बर, 1928 को लाहौर में सांडर्स की हत्या और 8 अप्रैल, 1929 को दिल्ली की केन्द्रीय असेम्बली में भगत सिंह और बटुकेश्वर दत्त द्वारा बम फेंके जाने से पहले भारत की जनता को भगत सिंह के बारे में जानकारी बहुत अधिक नहीं थी। लेकिन इन घटनाओं के बाद न सिर्फ़ हिन्दुस्तान, बल्कि दुनिया भर में भगत सिंह का नाम गूँजने लगा। 1929 से 1934 तक के पाँच वर्षों में हिन्दुस्तान की अनेक जबानों, खासकर हिन्दी, उर्दू, पंजाबी व अंग्रेजी के अखबारों/पत्रिकाओं, किताबों में भगत सिंह और उनके क्रान्तिकारी आन्दोलनों सम्बन्धी इतनी सामग्री छपी कि उनमें से काफी

प्रकाशनों पर ब्रिटिश सरकार ने पाबन्दी लगाई, अनेक लेखकों/सम्पादकों को बरसों जेल की हवा खिलाई। विडम्बना यह कि 1947 के बाद इस सारी सामग्री को विस्मृति के कुएँ में धकेल दिया गया। हिन्दी में 'प्रताप' (कानपुर) 'चाँद', 'अभ्युदय' और 'भविष्य' (इलाहाबाद), 'महारथी' और 'अर्जुन' (दिल्ली), उर्दू में 'रियासत', 'किरती' (अमृतसर), 'मिलाप', 'बन्देमातरम' (लाहौर), पंजाबी में 'अकाली ते परदेसी' (अमृतसर), 'अकाली', अंग्रेजी में 'ट्रिब्यून' व 'दी पीपल' (लाहौर), 'लीडर' (इलाहाबाद), 'हिन्दुस्तान टाइम्स' (दिल्ली) आदि में इतनी अधिक सामग्री छापी गई कि उनका सम्पादन कर छापा जाए तो कई किताबें बन जाएँगी। लेकिन विडम्बना यह है कि आज इस सामग्री को अगर ढूँढ़ना हो तो नेहरू मेमोरियल म्यूजियम व लाइब्रेरी, नई दिल्ली को छोड़कर शायद ही कोई और ऐसा संस्थान हो जहाँ इस सामग्री के थोड़े से हिस्से का भी व्यवस्थित रूप मिलता हो। आधुनिक भारत के इतिहास पर केन्द्रित इस पुस्तकालय ने निश्चय ही भारत के स्वतंत्रता संग्राम से जुड़ी काफी सामग्री का अच्छा संकलन और संयोजन किया है, हालाँकि पूरी तरह या बहुत अधिक सामग्री यहाँ भी उपलब्ध नहीं है। इस पुस्तकालय में सैकड़ों हिन्दुस्तानी अखबारों-मैगजीनों की माइक्रो फिल्में बनाकर उन्हें सुरक्षित रूप दिया गया है। बहुत से स्वतंत्रता सेनानियों से साक्षात्कार लेकर उन्हें सुरक्षित रूप दिया है, भगत सिंह के अनेक साथियों के साक्षात्कार इस पुस्तकालय के 'मौखिक इतिहास कक्ष' में सुरक्षित हैं। कई क्रान्तिकारियों के साक्षात्कार चार-चार सौ पृष्ठों तक फैले हैं। जाहिर है कि इस सामग्री का उपयोग भारत के स्वाधीनता संग्राम का वास्तविक इतिहास लिखने में किया जा सकता है, कुछ हद तक किया भी गया है लेकिन भारतीय इतिहास लेखन के अपने अन्तर्विरोध भी उभरकर सामने आए हैं। एक ओर साम्प्रदायिक संकीर्ण धार्मिक नजरिए से ऐतिहासिक तथ्यों को विकृत कर प्रस्तुत किया गया है तो दूसरी ओर गांधी-नेहरू परम्परा को स्वाधीनता संग्राम का वर्चस्वकारी पहलू दिखाने के सायास उद्देश्य से हिन्दुस्तानी इतिहास के क्रान्तिकारी पक्ष को उपेक्षित किया गया है। गांधी-नेहरू के राष्ट्रवादी इतिहास लेखन की धारा का प्रतिरोध करनेवाली सब-आलटर्न (निम्नवर्गीय प्रसंग) धारा ने देश भर में घटित घटनाओं के नाटकीय पहलुओं को व विश्व अकादमिकता में जन संघर्षों की एक रोमांटिक छवि प्रस्तुत कर वाहवाही लूटने के अधिक प्रयास किए लेकिन हिन्दुस्तान में गांधी-नेहरू-कांग्रेस की वर्ग समझौते की राष्ट्रवादी धारा के प्रतिरोध में समानान्तर चल रही वर्ग संघर्ष आधारित क्रान्तिकारी आन्दोलन कीं धारा को रेखांकित करने या इसके दस्तावेज़ीकरण की ओर कोई ध्यान नहीं दिया। सब-आलर्टन धारा को 'दलित', 'स्त्री', 'आदिवासी' संघर्षों के कथात्मक चित्रण में दिलचस्पी है लेकिन इन संघर्षों के आन्तरिक तालमेल, इनके अन्तिम लक्ष्य यानी समाज के क्रान्तिकारी रूपान्तरण, वर्चस्ववादी आर्थिक वर्गों को नष्ट कर मेहनत आधारित वर्गों की नई व्यवस्था स्थापित करने के दीर्घकालीन संघर्षों को चिह्नित करने में इतिहास लेखन की इस धारा की कोई दिलचस्पी नहीं है। इसलिए इस धारा के लिए न 1857 का खास महत्त्व है, न गदर पार्टी आन्दोलन का, न भगत सिंह या मा. सूर्य सेन

के क्रान्तिकारी आन्दोलन का। स्त्रियों के संघर्ष में रुचि लेनेवाले इन इतिहासकारों को क्रान्तिकारी स्त्रियों–प्रीतिलता वाडेदार, दुर्गा भाभी आदि–में कोई दिलचस्पी नहीं है, होती तो इन महान क्रान्तिकारी नायिकाओं की ऐतिहासिक जीवनियाँ लिखी गई होतीं, जो नहीं लिखी गईं।

मुख्य धारा व सब-आलटर्न (यह भी मुख्यधारा का ही एक रूप है, थोड़ा 'व्रिदोह' का फैशन लिये हुए) दोनों को ही हिन्दुस्तानी भाषाओं में छपी सामग्री या हिन्दुस्तानी ज़बानों के माध्यम से लड़े गए जन संघर्षों को अपने इतिहास लेखन का विषय बनाने या हिन्दुस्तानी जबानों में इतिहास लेखन करने में कोई दिलचस्पी नहीं है। बड़े से बड़े राष्ट्रवादी धारा के इतिहासकार के लिए भी लिखने व गोष्ठियों में आलेख पाठ या भाषण देने की भाषा अंग्रेजी ही रही, हिन्दुस्तानी ज़बानें नहीं। इन दोनों धाराओं के इतिहासकारों ने अक्सर हिन्दुस्तानी ज़बानों में छपी समाग्री का इस्तेमाल अपने गौण स्रोतों के रूप में किया है, वह भी मेहरबानी करके ही। इन स्रोतों को कभी उन्होंने प्रमुख स्रोत नहीं माना, यहाँ तक कि पं. सुन्दरलाल द्वारा तथ्यों से भरपूर हिन्दी मूल में लिखित 'भारत में अंग्रेजी राज' को भी नहीं, जिसे ब्रिटिश सरकार ने ज़ब्त कर लिया था और जिसके प्रकाशक और कोई नहीं, हमारे इस संकलन में शामिल 'भविष्य' के सम्पादक रामरख सिंह सहगल ही थे। ये इतिहासकार महात्मा गांधी या डॉ. अम्बेडकर को मूल गुजराती या मराठी में नहीं, उसके अंग्रेजी अनुवाद में ही पढ़ते हैं। उनके प्रिय जवाहरलाल नेहरू हैं, जो इतिहास के जानकार भी हैं और स्वयं शानदार ब्रिटिश अंग्रेजी में लिखनेवाले इतिहासकार भी। मार्क्सवाद को आदर्श माननेवाले इतिहासकारों में भी हिन्दुस्तानी ज़बानों के प्रति रवैए में कोई बहुत ज़्यादा फ़र्क़ नहीं है। सिर्फ़ उन्होंने हिन्दुस्तानी ज़बानों में लिखी इतिहास सामग्री का इस्तेमाल थोड़ा बेहतर तरीके से किया है। शायद बंगाली या मलयालम आदि एक-दो हिन्दुस्तानी ज़बानें होंगी, जिनमें वहाँ के अंग्रेजीदाँ विद्वानों ने भी गम्भीर रूप से इतिहास व अन्य क्षेत्रों में लेखन किया हो लेकिन नव-उदारवाद की आँधी में बंगाल में भी अब अपनी ज़बान से वैसा रिश्ता नहीं रहा जैसा आज़ादी के पहले और बाद के कुछ दशकों में रहा है।

इतिहास या इतिहास का नियमित विद्यार्थी न होते हुए भी मेरा निश्चित मत है कि हिन्दुस्तान का सही इतिहास हिन्दुस्तानी ज़बानों में लिखी गई मूल सामग्री के समुचित आकलन और अध्ययन के बगैर लिखा ही नहीं जा सकता। जब तक हमारे इतिहासकार हिन्दुस्तानी ज़बानों, उनके लेखकों, सम्पादकों की विशिष्टतावादी (Elitist) नज़रिए से अवमानना करते रहेंगे वे कभी सही इतिहास के लेखक नहीं बन सकते, भले ही उनकी अकादमिक प्रतिष्ठा सात समन्दर पार तक फैली हो।

इस पुस्तक में शामिल पत्रिकाओं 'अभ्युदय' और 'भविष्य' की सामग्री हिन्दुस्तान के आज़ादी के संग्राम को ठीक से समझने के लिए बेहद ज़रूरी सामग्री है। 'अभ्युदय' पत्रिका 1907 से 1948 तक निकलती रही और विडम्बना यह है कि इसके अन्तिम व लम्बे समय तक रहे सम्पादक पद्मकान्त मालवीय का न कोई ढंग का चित्र मिल सका, न ही उनके

जीवन व कर्म सम्बन्धी विस्तृत जानकारी। बावजूद इसके कि उनका सम्बन्ध देश के एक सर्वोच्च नेता व स्वाधीनता सेनानी पं. मदन मोहन मालवीय के परिवार से था। 'अभ्युदय' की शुरुआत उनके पिता कृष्णकान्त मालवीय, जो कि मदन मोहन मालवीय के भतीजे थे, ने की थी। कृष्णकान्त मालवीय के देहान्त के बाद पद्मकान्त मालवीय ने 'अभ्युदय' के सम्पादन का भार सँभाला, जो 'अभ्युदय' के अन्त तक जारी रहा। पद्मकान्त मालवीय कवि भी थे और प्रखर समाजवादी भी। 1938 में नेताजी सुभाष चन्द्र बोस द्वारा कांग्रेस अध्यक्ष के चुनाव के समय वे उनके साथ थे और बाद में फॉरवर्ड ब्लॉक की स्थापना के बाद पद्मकान्त मालवीय इलाहाबाद में उसके सबसे सक्रिय कार्यकर्ताओं में रहे। 'अभ्युदय' प्रखर वामपन्थी समाजवादी धारा का प्रतिनिधि रहा और 1945 में नेताजी सुभाष चन्द्र बोस के हवाई दुर्घटना में देहान्त के बाद 'अभ्युदय' ने नेताजी पर केन्द्रित पाँच बड़े विशेषांक निकाले, बँगला भाषा को छोड़ नेताजी सुभाष चन्द्र बोस पर ऐसी सामग्री का संकलन शायद ही किसी और भाषा में हुआ हो। पुस्तक रूप में इस सामग्री का प्रकाशन भी स्वाधीनता संग्राम में नेताजी सुभाष चन्द्र बोस के योगदान को समझने के लिए बहुत ज़रूरी है।

'अभ्युदय' ने भगत सिंह के मुकदमे और फाँसी के हालात पर भरपूर सामग्री छापी और 8 मई, 1931 को प्रकाशित उनका 'भगत सिंह विशेषांक' ब्रिटिश सरकार द्वारा ज़ब्त कर लिया गया। इस अंक में एक और अंक के प्रकाशन की भी घोषणा थी लेकिन इस अंक पर ज़ब्ती की कार्रवाई के बाद सम्भवतः विशेषांक का दूसरा हिस्सा कभी छप ही नहीं पाया। 'अभ्युदय' का भगत सिंह अंक जब जब्त किया गया था या उससे पहले भी सम्पादक कृष्णकान्त मालवीय के नाम के साथ कोष्ठक में (जेल में) छपता था, पद्मकान्त मालवीय की तरह कृष्णकान्त मालवीय का भी विशेष परिचय नहीं मिलता। राष्ट्रीय अभिलेखागार ने 'अभ्युदय' के 8 मई, 1931 अंक के साथ ही अन्य अंकों में प्रकाशित भगत सिंह की सामग्री को एक संकलन में प्रकाशित कर सराहनीय कार्य किया, लेकिन इस अंक की जानकारी आम पाठकों को नहीं है। इस संकलन में नेशनल आर्काइव्ज के आभार सहित वह सामग्री प्रकाशित की जा रही है। भगत सिंह के जीवन, व्यक्तित्व और परिवार को लेकर जो सामग्री 'अभ्युदय' व 'भविष्य' में छापी गई–विशेषतः भगत सिंह व उनके परिवार के चित्र–उसी से पूरे देश में भगत सिंह की विशेष छवि निर्मित हुई।

'भविष्य' साप्ताहिक इलाहाबाद से रामरख सिंह सहगल के सम्पादन में निकलता था। पहले 1920 में पं. सुन्दरलाल के सम्पादन में 'भविष्य' निकलता था, जिसमें रामरख सिंह सहगल काम करते थे। यह एक संयोग ही है कि भगत सिंह और रामरख सिंह सहगल का जन्मदिन एक ही है अर्थात् 28 सितम्बर। रामरख सिंह सहगल का जन्म 28 सितम्बर, 1896 अर्थात् भगत सिंह के जन्म से ठीक 11 बरस पहले लाहौर शहर के रखटेढ़ा गाँव में हुआ था। उनको जौनपुर की रानी ने गोद ले लिया तो वे कुँवर रामरख सिंह कहलाने लगे, लेकिन थे वे स्वभाव से विद्रोही और स्वतंत्रचेता!

पं. सुन्दरलाल के साथ 'भविष्य' में काम करने के बाद 1922 में उन्होंने 'चाँद' साहित्यिक पत्रिका का प्रकाशन शुरू किया। 'चाँद' में प्रेमचन्द, महादेवी वर्मा आदि से लेकर उस दौर के तमाम बड़े हिन्दी लेखक लिखते थे। महादेवी वर्मा, चतुरसेन शास्त्री आदि ने 'चाँद' के सम्पादन में सहयोग किया। चाँद के विशेषांकों, जैसे–'अछूत अंक', 'मारवाड़ी अंक', 'वेश्या अंक', 'फाँसी अंक' ने धूम मचा रखी थी और इसकी सदस्य संख्या हजारों में पहुँच गई थी।

2 अक्टूबर, 1930 को गांधी जयन्ती पर रामरख सिंह सहगल ने जो स्वयं युक्तप्रान्त कांग्रेस कार्यसमिति के सदस्य थे, 'भविष्य' साप्ताहिक का प्रकाशन शुरू किया। पहले अंक से ही भगत सिंह आदि पर सामग्री प्रकाशित करना शुरू कर, 'भविष्य' ने सनसनी फैला दी। मैंने 'भविष्य' के अंक ढूँढ़ने के लिए इलाहाबाद व अन्य स्थानों पर अनेक प्रयास किए लेकिन मुझे ये अंक कहीं नहीं मिल सके। इलाहाबाद स्थित हिन्दी साहित्य सम्मेलन के पुस्तकालय व उत्तर प्रदेश राज्य के अभिलेखागार में भी नहीं। अलीगढ़ के स्वतंत्रता सेनानी श्यामलाल के पुत्र श्री निरंजन लाल ने अपने पिता द्वारा सँभालकर रखे पाँच महीने (मार्च 1931 से अगस्त 1931) तक के अंकों से मेरे द्वारा चुनी हुई सामग्री मुझे अपने खर्चे से फोटोस्टेट करवाकर भेजी जिसे यहाँ संयोजित किया गया है। 'भविष्य' के छह सम्पादकों, जिनमें स्वयं रामरख सिंह सहगल शामिल थे, को अंग्रेजों ने कई-कई बरसों की जेल की हवा खिलाई। लाहौर-षड्यंत्र केस में भगत सिंह के साथियों में से एक जतिन्द्र नाथ सान्याल द्वारा, जो षड्यंत्र केस में बरी हो गए थे, 'भविष्य' में भगत सिंह की जीवनी धारावाहिक लिखने के कारण गिरफ़्तार हुए और दो साल की कैद के पात्र बने। 'भविष्य' में भगत सिंह की जीवनी के पहले आठ परिच्छेद ही छपे थे कि इसके छपने पर पाबन्दी लगा दी गई और इसके सम्पादक और लेखक गिरफ़्तार कर लिये गए। यह किताब अंग्रेजी और हिन्दी में 1946 में ही छप सकी और यह हिन्दी में नेशनल बुक ट्रस्ट से 'अमर शहीद भगत सिंह' शीर्षक से प्रकाशित है, जिसका पहला संस्करण पुस्तक की ज़ब्ती के विवरण व मुकदमे की कार्रवाई सहित रामरख सिंह सहगल ने ही छापा था। पुस्तक का हिन्दी अनुवाद सहगल जी की बेटी स्नेहलता सहगल ने किया था, जो आजादी के बाद दिल्ली सरकार के बड़े पद पर रहीं। रामरख सिंह सहगल ने पं. सुन्दरलाल सहगल की किताब 'भारत में अंग्रेजी राज' भी छापी जिसे ज़ब्त कर लिया गया। बाद में मुकदमा जीतने पर जब सहगल जी इसे दोबारा छाप रहे थे तो पं. सुन्दरलाल ने इसे कहीं और से छपवा लिया। नतीजतन पचास हज़ार का नुकसान उठाकर रामरख सिंह सहगल आर्थिक रूप से बर्बाद हो गए। बाद में उनके छोटे भाई नन्दगोपाल सिंह ने उनकी बुरी अवस्था से खुद लाभ उठाया, जिसके कारण दोनों भाइयों में हमेशा के लिए एक बार सम्बन्ध विच्छेद हो गया। रामरख सिंह सहगल हिम्मत हारनेवाले आदमी नहीं थे और 1938 में उन्होंने 'कर्मयोगी' पत्रिका निकाली जो अटक-अटककर 1947 तक चलती रही।

जीवन के कठोर झटकों ने रामरख सिंह सहगल को बुरी तरह तोड़ डाला। युक्तप्रान्त के मुख्यमंत्री सम्पूर्णानन्द ने उनसे दुर्व्यवहार किया और उन्हें स्वतंत्रता सेनानी मानने से इनकार कर दिया तो उन्हें वे खरी-खोटी सुनाकर चले गए थे, उनके पुत्र नरेन्द्र सहगल के इस पुस्तक में शामिल संस्करणों से रामरख सिंह सहगल के कभी न झुकनेवाले व्यक्तित्व का अन्दाजा हो जाता है।

'भविष्य' के इन पाँच महीनों में भगत सिंह को फाँसी के बाद के हालात का जीवन्त चित्रण हुआ है, साथ ही नए लाहौर षड्यंत्र केस, जो भगत सिंह की फाँसी के बाद चला और जिसमें प्रसिद्ध हिन्दी लेखक यशपाल भी अभियुक्त थे, का विवरण मिलता है। दिल्ली षड्यंत्र केस में भी भगत सिंह के साथियों, जिनमें यशपाल, उनकी पत्नी प्रकाशवती व सच्चिदानन्द हीरानन्द 'अज्ञेय' भी शामिल थे, की मनोरंजक कार्रवाई का चित्रण भी मिलता है। 'अज्ञेय' ने पाँच वर्षों की यंत्रणादायी जेल झेली, इसे हिन्दी के बहुत कम पाठक जानते हैं और यह और भी कम कि चन्द्रशेखर आज़ाद से वे निकट से परिचित थे और उनके प्रशंसक भी। दिल्ली षड्यंत्र केस की ही जानकारी के लिए फूलचन्द जैन रचित केस का परिचय व अज्ञेय का अपने क्रान्तिकारी जीवन सम्बन्धी रघुवीर सहाय को दिया साक्षात्कार भी शामिल किया गया है, जो पाठकों की निगाह में बहुत कम आ पाया है।

रामरख सिंह सहगल को जैसे चन्द्रशेखर आज़ाद की शहादत का दोषी बताकर उन पर कीचड़ फेंका गया, यह उनकी अपनी डायरी से पता चलता है, जिसका एक अंश इस पुस्तक में शामिल है। यह भी विडम्बना है कि सहगल परिवार के पास भी उनकी पूरी डायरी जो 'कर्मयोगी' में कई किस्तों में छपी, उपलब्ध नहीं है। इस डायरी का पुस्तक रूप में प्रकाशन भी ज़रूरी है लेकिन उसे ढूँढ़ना एक चुनौती।

दुर्गा भाभी का एक विशेष पत्र, जिससे पता चलता है कि रामरख सिंह सहगल कैसे खतरे मोलकर क्रान्तिकारियों की मदद करते थे, भी पुस्तक में शामिल है। 'चाँद' के फाँसी अंक से सम्बन्धित लेख से ज़ाहिर होता है कि जैसे इस अंक में 'विप्लव यज्ञ की आहुतियाँ' शीर्षक से भगत सिंह और शिव वर्मा ने क्रान्तिकारियों के रेखाचित्र लिखे थे और इनके पैसे भी हरिनारायन कपूर के 'छद्म' नाम से शिव वर्मा को दिए गए थे। शिव वर्मा के पत्रों से अब स्पष्ट हुआ है कि इन 48 रेखाचित्रों में 28 की रचना भगत सिंह ने, 19 की शिव वर्मा ने और एक की रामप्रसाद बिस्मिल ने की थी।

'भविष्य' व 'अभ्युदय' के साथ उस समय की हिन्दुस्तानी पत्रकारिता से अगर आज के भारत की पत्रकारिता की तुलना की जाए तो पता चलता है कि कैसे स्वाधीनता आन्दोलन के दिनों में पत्रकारिता में कुर्बानी का ज़ज्बा या और पत्रकारिता एक मिशन थी, आज की तरह शुद्ध मुनाफा कमाने का व्यापार नहीं। उस दौर में सैकड़ों सम्पादकों को जेल हुई और जब सम्पादक/पत्रकार गिरफ़्तार होकर जेल जाते थे तो उनके साथी उन्हें फूल-मालाएँ पहनाकर विदा करते थे। जिन दिनों 'भविष्य' में भगत सिंह पर सामग्री छप रही थी तो एक ही अंक को बार-बार छापना पड़ता था और प्रसार संख्या हमेशा कई हज़ार होती थी।

'भविष्य' के कुछ अंकों की संख्या 14 हजार से ऊपर तक गई, ऐसे ही 'चाँद' का फाँसी अंक भी कई हज़ार ग्राहकों ने खरीदा।

जब इस पुस्तक के संयोजन की योजना मेरे दिमाग में बनी थी, तब मैंने यह सोचा नहीं था कि यह पुस्तक इतने बड़े आकार की बन जाएगी लेकिन सामग्री की उपलब्धता और संयोजन के साथ पुस्तक का आकार बढ़ता गया। पुस्तक का विशेष हिस्सा इसकी चित्रावली भी है। आज प्रिंट मीडिया में विशेषतः अंग्रेजी पत्रिका 'फ्रंटलाइन' के सन्दर्भ से चित्रावली का महत्त्व बढ़ा है। 'अभ्युदय' और खासकर 'भविष्य' के हर अंक में कम-से-कम चार पृष्ठों की चित्रावली रहती थी जिसमें स्वतंत्रता सेनानियों व आन्दोलन के चित्र छापे जाते थे। 'भविष्य' के इन पाँच महीनों के अंकों से चुनकर व 'अभ्युदय' और 'चाँद' से भी कुछ चुनिन्दा चित्र इस किताब में शामिल किए गए हैं। कुछ चित्र ऐसे भी हैं, जो पिछली दो पीढ़ियों के पाठकों ने देखे भी नहीं होंगे और इन चित्रों को देखकर उन्हें सुखद आश्चर्य भी हो सकता है।

किताब की अपनी भूमिका का शीर्षक मैंने 'दस्तावेज़ों के जरिए हिन्दुस्तानी इतिहास को समझने की कोशिश' दिया है। भगत सिंह और क्रान्तिकारी आन्दोलन को ठीक से समझने के लिए ऐतिहासिक दस्तावेज़ सबसे ज़्यादा ज़रूरी और महत्त्वपूर्ण हैं। खासकर जब भगत सिंह की लोकप्रिय छवि को इस्तेमाल करने की प्रतिस्पर्धा और होड़ लगी हो। जब दक्षिण से वाम तक इस छवि के दावेदार बने हों, ऐसी स्थिति में भगत सिंह को उनके अपने लेखन, उनके साथियों के संस्मरणों और उस दौर में प्रकाशित विभिन्न भाषाओं के लेखन से ही वस्तुगत रूप में समझा जा सकता है। साहित्य और इतिहास दोनों में दस्तावेज़ों और उनकी प्रामाणिकता का महत्त्व अत्यधिक है, विशेषतः ऐसे व्यक्तित्वों सम्बन्धी जो लोकप्रिय हो जाएँ लेकिन जिनकी छवि पर संकीर्ण हितों से रंग चढ़ाने की कोशिश की जाए। भगत सिंह के तो चित्रों के साथ भी छेड़छाड़ की गई है। भगत सिंह के चार वास्तविक चित्र 11 वर्ष, 16 बरस, 20 बरस और 21 बरस की उम्र के उपलब्ध हैं। अन्तिम चित्र दिल्ली के कश्मीरी गेट के फोटोग्राफर द्वारा 4 अप्रैल, 1929 को बटुकेश्वर दत्त के साथ व अलग-अलग खींचा चित्र है, जो अपने हैट के कारण दुनिया भर में प्रसिद्ध है। उससे पहले लाहौर पुलिस स्टेशन में मई-जून 1927 में बिना पगड़ी के खुले केशों वाला चित्र है, उससे पहले लाहौर के नेशनल कॉलेज का 1923 का चित्र है, जिसमें भगत सिंह ने सफेद कुर्ता-पाजामा व पगड़ी पहनी है तथा उससे पहले कुर्सी पर बैठे 10-11 साल के बच्चे भगत सिंह का चित्र है। न तो केन्द्र, न राज्य सरकारें, न संगठन अपने विज्ञापनों, पोस्टरों में भगत सिंह के इन चार वास्तविक चित्रों का प्रयोग करते हैं। वे अपनी मनचाही पेंटिंग वास्तविक चित्र के एवज में करते हैं, जिनमें कई पेंटिंग तो बहुत भद्दी और भगत सिंह का विकृत रूप प्रस्तुत करती हैं। खासकर पीली पगड़ी और हाथ में पिस्तौलवाली पेंटिंग। इस तरह की विकृत पेंटिंग का विरोध होना चाहिए और केवल भगत सिंह के वास्तविक चित्रों में से किसी एक या उससे अधिक चित्रों का उपयोग सरकारों व संगठनों को करना चाहिए। ऐसा न करके वे शहीद का सम्मान करने की बजाय अपमान करते हैं।

अज्ञेय का 'शेखर एक जीवनी' के तीसरे खंड का ज़िक्र भी दिलचस्प है। उन्होंने साक्षात्कार में आशा जताई थी कि तीसरे खंड में क्रान्तिकारियों के अधिक स्पष्ट रूप सामने आएँगे। 'शेखर एक जीवनी' के तीसरे खंड का लेखन अज्ञेय ने अपने जीवन काल में पूरा कर लिया था, इसे छपने से रोकने में किसकी भूमिका है? अज्ञेय के इस क्लासिक उपन्यास का तीसरा खंड हर हालत में जल्द छपना चाहिए ताकि क्रान्तिकारी आन्दोलन का एक और सृजनात्मक रूप उभरकर सामने आए। एक चित्र यशपाल रचित उपन्यास 'दादा कॉमरेड' में आ चुका है।

पुस्तक में अन्तिम भाग में मा. के.एल. गुप्ता द्वारा लिखित भगत सिंह की जीवनी, जो आगरा से 1932 में छपकर फौरन जब्त हुई थी, से अंश छापा गया है। अब लोग यह मानने लगे हैं कि भगत सिंह का समाधि स्थल फिरोजपुर सरहद पर स्थित है लेकिन हकीकत यह है कि भले ही ब्रिटिश सरकार ने 23 मार्च, 1931 की देर रात फिरोजपुर के पास गंडासिंहवाला गाँव में शहीदों के शरीरों को काट-पीटकर, मामूली धार्मिक रस्मों के साथ जला दिया था, जिसका विस्तृत विवरण 'भविष्य' के पृष्ठों में दर्ज है, लेकिन आम जनता ने वहाँ से इन जले मांस पिंडों को इकट्ठा कर, तीनों शहीदों की अर्थियाँ बनाकर, 25 मार्च, 1931 की शाम को एक लाख लोगों के विशाल जुलूस के साथ, रावी तट पर इनका अन्तिम संस्कार किया था, जहाँ पहले 17 नवम्बर, 1928 को लाला लाजपत राय का अन्तिम संस्कार किया गया था। इस बात की पुष्टि 26 मार्च, 1931 को लाहौर के अंग्रेजी 'ट्रिब्यून' में छपी खबर से भी होती है। वास्तव में 'नौजवान भारत सभा' व अन्य संगठनों ने रावी तट पर या लाहौर में किसी अन्य स्थान पर तीनों शहीदों का भव्य स्मारक बनाने की घोषणा की थी। इस आशय से एक समिति बना दी गई थी और इस समिति की ओर से सुशीला घोष द्वारा जारी एक अपील 'अभ्युदय' के यहाँ दिए अंकों में प्रकाशित है। इसके अनुसार भगत सिंह, राजगुरु, सुखदेव मेमोरियल फंड के लिए दस लाख रुपए इकट्ठे करने का लक्ष्य रखा था, जिससे शहीदों की याद में भव्य स्मारक बनना था। लेकिन महात्मा गांधी और कांग्रेस पार्टी ने भगत सिंह के पिता किशन सिंह, जो कांग्रेस पार्टी के निष्ठावान कार्यकर्ता थे, पर दबाव बनाया कि वे इन युवकों को स्मारक बनाने से रोकें, यह झाँसा देकर कि कांग्रेस पार्टी स्वयं यह स्मारक बनाएगी। नौजवान भारत सभा के युवक इस काम से पीछे हटना नहीं चाहते थे लेकिन भगत सिंह के प्रति सम्मान के कारण उन्हें रुकना पड़ा। नतीजा यह हुआ कि 23 मार्च, 1931 से 14 अगस्त, 1947 तक लाहौर या कहीं भी शहीदों की याद में स्मारक नहीं बना और 15 अगस्त, 1947 के बाद लाहौर या लायलपुर (भगत सिंह के जन्मस्थान) पर यह स्मारक बनने असम्भव हो गए। 'नौजवान भारत सभा' के तब के महासचिव कॉमरेड रामचन्द्र ने इन तथ्यों का विवरण नौजवान भारत सभा के इतिहास पर लिखी अपनी पुस्तक में दिया है। आज इन शहीदों की शहादत के 80 वर्ष बाद पाकिस्तान में लाहौर और भगत सिंह के जन्मस्थान लायलपुर यानी फैसलाबाद में भगत सिंह का स्मारक बनाने की माँग उठी है, जो स्वागत योग्य है।

भगत सिंह और देश के क्रान्तिकारी आन्दोलन पर शोध के सिलसिले में इस पुस्तक के सम्पादक का ध्यान इन आन्दोलनों से जुड़ी घटनाओं से सम्बन्धित ऐतिहासिक दस्तावेज़ों की ओर अधिक है। 1969 में मन्मथ नाथ गुप्त रचित 'भारत के क्रान्तिकारी' पुस्तक के पंजाबी अनुवाद से शुरू कर, मैंने इन चार दशकों में अपने साहित्य से जुड़े लेखन के साथ-साथ, क्रान्तिकारी आन्दोलन के इतिहास से जुड़े दस्तावेज़ों का संयोजन किया है और अभी भी इस क्षेत्र में इतना अधिक काम बाकी है कि इसे 'भगत सिंह पीठ' या 'डॉ. अम्बेडकर फाउंडेशन' की तरह की संस्था बनाकर व क्रान्तिकारी आन्दोलन के दस्तावेज़ों का अभिलेखागार बनाकर ही आगे बढ़ाया जा सकता है। 1857 की पहली जंगे-आज़ादी और भगत सिंह की जन्मशताब्दी के दौरान केन्द्र सरकार द्वारा स्थापित 'राष्ट्रीय कार्यक्रम क्रियान्वयन समिति, जिसके एक सक्रिय सदस्य पूर्व सांसद शशि भूषण हैं, के प्रयासों से देश के विश्वविद्यालयों में क्रान्तिकारी शहीदों के नाम पर, जिनमें भगत सिंह, चन्द्रशेखर आजाद, करतार सिंह सराभा आदि शामिल हैं, कई पीठें स्थापित की गई हैं। जवाहरलाल नेहरू विश्वविद्यालय, नई दिल्ली में मेरे प्रयासों से और मेरे प्रस्ताव को स्वीकार कर मानव संसाधन मंत्रालय ने 'भगत सिंह पीठ' स्थापित की। मेरे प्रस्ताव में क्रान्तिकारी आन्दोलनों के विभिन्न भारतीय भाषाओं में प्रकाशित दस्तावेज़ों के संकलन के लिए अभिलेखागार बनाना शामिल था लेकिन 'पीठ' के लिए विश्वविद्यालय के पास फंड आने के बावजूद पिछले तीन साल से न इस पर कोई नियुक्ति की गई है और न ही मेरे प्रस्ताव से जुड़े किसी भी सुझाव पर कोई काम किया गया है। यहाँ तक कि भगत सिंह के जन्मदिवस 28 सितम्बर व शहादत दिवस 23 मार्च पर कोई संगोष्ठी या विस्तारण भाषण तक नहीं कराए गए हैं। इससे हमारे अकादमिक संस्थानों में, यहाँ तक कि जवाहरलाल नेहरू विश्वविद्यालय जैसे प्रगतिशील माने जानेवाले संस्थानों में भी इतिहासकारों/विद्वानों के मनों में क्रान्तिकारी आन्दोलनों के प्रति पूर्वग्रह युक्त अवमानना साफ नज़र आती है। राष्ट्रीय कार्यान्वयन समिति ने इन स्वतंत्रता सेनानियों के लिए स्मारक बनाने के लिए जगह देना भी स्वीकार किया है। ये स्मारक जनपथ पर राष्ट्रीय अभिलेखागार के सामने तीनमूर्ति की तर्ज़ पर 'भगत सिंह मेमोरियल संग्रहालय व पुस्तकालय' की शक्ल में बनाया जा सकता है, जिसमें शहीदों की मूर्तियाँ व दस्तावेज़ संगृहीत किए जा सकते हैं। लेकिन ये मुमकिन हो पाएगा, इसमें सन्देह अधिक है और उम्मीद कम।

क्रान्तिवीर भगत सिंह : 'अभ्युदय' और 'भविष्य' के लोकभारती प्रकाशन, इलाहाबाद द्वारा प्रकाशन की मुझे इसलिए इच्छा थी कि 'अभ्युदय' व 'भविष्य' दोनों ही इलाहाबाद से प्रकाशित पत्रिकाएँ थीं और उनमें छपी सामग्री का पुनः प्रकाशन भी मैं इलाहाबाद से चाहता था, ताकि इलाहाबाद के जनतांत्रिक विचारोंवाले लोगों को अपने शहर की विरासत पर गर्व का एहसास हो और वे युवा पीढ़ी को अपने शहर की क्रान्तिकारी विरासत की झलक दिखाकर उनमें देश-प्रेम और सामाजिक परिवर्तन की प्रेरणा जगा सकें। इलाहाबाद के अल्फ्रेड पार्क (अब चन्द्रशेखर आज़ाद पार्क) में 27 फरवरी, 1931

को भगत सिंह के अनन्य साथी और दोस्त चन्द्रशेखर आज़ाद की पुलिस के साथ मुठभेड़ में शहादत हुई। इस भूमिका को समाप्त करते हुए मैं क्रान्तिकारी चन्द्रशेखर आज़ाद की स्मृति को नमन करता हूँ।

28 सितम्बर, 2010
(भगत सिंह का जन्मदिवस)

—चमन लाल
भारतीय भाषा केन्द्र,
जवाहरलाल नेहरू विश्वविद्यालय
नई दिल्ली-110067

आभार

'अभ्युदय' और 'भविष्य' की सामग्री के संकलन में कई संस्थाओं, परिवारों व व्यक्तियों का सहयोग मिला, जिनके प्रति आभार महज औपचारिकता नहीं, इस पुस्तक के प्रकाशन में उनके योगदान का विनम्र रेखांकन है।

1. राष्ट्रीय अभिलेखागार से 'अभ्युदय' की फोटो प्रति व अन्य कई दस्तावेज़ प्राप्त हुए जिसके लिए अभिलेखागार अधिकारियों के प्रति आभार। विशेष रूप से अभिलेखागार के प्रदर्शनी इंचार्ज राजमणि श्रीवास्तव का।
2. 'भविष्य', 'चाँद' व 'कर्मयोगी' के कई अंक, इन पत्रिकाओं के सम्पादक श्री रामरख सिंह सहगल से जुड़ी महत्त्वपूर्ण सामग्री व चित्र उपलब्ध करवाने के लिए सहगल परिवार, विशेषतः उनके पुत्र श्री नरेन्द्र सहगल व दामाद श्री जे.एन. कपूर के प्रति आभार। श्री नरेन्द्र सहगल ने मेरे आग्रह पर अपने पिता के संस्मरण लिखे, जिससे उन्हें भी सन्तोष हुआ और मुझे भी।
3. दुर्गा भाभी के पत्र की फोटो प्रति उपलब्ध कराने के लिए श्री रामरख सिंह सहगल के भतीजे श्री अशोक सहगल के प्रति आभार, यद्यपि दोनों परिवारों में सम्बन्ध रामरख सिंह सहगल के जीवनकाल से ही टूटे हुए हैं।
4. अलीगढ़ के स्वतंत्रता सेनानी श्री श्याम लाल के पुत्र श्री निरंजन लाल अग्रवाल के प्रति विशेष आभार, क्योंकि उन्होंने ही सबसे पहले उनके घर में पिताजी द्वारा सँभाले 'भविष्य' के 5-6 महीने के अंकों से चुनकर भगत सिंह, राजगुरु व सुखदेव की शहादत सम्बन्धी सामग्री की फोटो प्रति करवाकर भेजी। बाद में सम्पर्क होने पर इस फाइल से सैकड़ों पृष्ठ की सामग्री उन्होंने अपने खर्चे से फोटो प्रति करवाकर दी या डाक से भिजवाई। मेरी ओर से इस खर्चे की राशि उन्होंने मेरे बार-बार आग्रह करने के बाद भी स्वीकार नहीं की। 67-68 साल की उम्र में वे मुझे अपनी मोटरसाइकिल पर जून 2008 के एक तेज बारिश वाले दिन, अलीगढ़ से 60-65 किलोमीटर दूर शादीपुर गाँव लेकर गए, जहाँ कभी 1923 में भगत सिंह कुछ महीनें गुप्तवास में नेशनल स्कूल के हेडमास्टर के रूप में रहे। उन्हीं के साथ भगत सिंह को प्रश्रय देनेवाले ठाकुर टोडर सिंह के परिवार से भेंट हुई, जो अलीगढ़ शहर में रहता है।

5. सत्यभक्त रचित 'क्रान्तिवीर भगत सिंह' की प्रति उपलब्ध करवाने के लिए दुर्गा भाभी द्वारा स्थापित शहीद स्मारक संस्थान, लखनऊ व प्रो. प्रमोद कुमार का हार्दिक आभार।
6. के.एल. गुप्ता रचित 'सरदार भगत सिंह' पुस्तक के कुछ अंशों की फोटो प्रति जुटाने के लिए ऑस्ट्रेलियन विदुषी डॉ. कामा मैकलीन का आभार। डॉ. कामा मैकलीन भगत सिंह के चित्रों की व्याख्या पर आधारित एक पुस्तक अंग्रेजी में लिख रही हैं।

आभार–*उर्दू और हिन्दी के शोधार्थियों–डॉ. नीलोफर, राशिद, डॉ. गुफरान, नेहाल अहमद, प्रकाश काम्बले के प्रति भी आभार, जिन्होंने पांडुलिपि को अन्तिम रूप देने तथा खासकर उर्दू अशआर को हिन्दी रूप देने में सहयोग किया।*

–चमन लाल

अनुक्रम

क्रान्तिवीर भगत सिंह : 'अभ्युदय' और 'भविष्य'

खंड-1

क्रान्तिवीर भगत सिंह : सत्यभक्त

मातृभूमि के सम्मान की रक्षा करनेवाला क्रान्तिवीर भगत सिंह : सत्यभक्त

सन् 1928 (उन्नीस सौ अट्ठाईस) का अक्टूबर का महीना था, जब लाहौर नगर के जन-जीवन में एक घोर हलचल व्याप्त हो रही थी। जिधर देखिए लोगों की छोटी-बड़ी टोलियाँ अंग्रेजी शासन के विरुद्ध चर्चा करतीं और हर क़दम सायमन कमीशन के बायकाट के सम्बन्ध में रोष का भाव प्रकट करती बढ़ी आती थीं। यह सायमन कमीशन क्या था, भारतवासियों के स्वतंत्रता-अधिकार को कुचलने के लिए ब्रिटिश गवर्नमेंट का एक बड़ा कुचक्र था। इस समय महात्मा गांधी के असहयोग तथा सत्याग्रह आन्दोलन ने एक ऐसी देशव्यापी जागृति उत्पन्न कर दी थी कि भारत की असंख्य जनता अंग्रेजी सरकार की शोषण नीति और दमन द्वारा शासन के विरुद्ध कटिबद्ध हो गई थी। देश में स्थान-स्थान पर अशान्ति उत्पन्न होती रहती थी, जिसमें अनेक व्यक्ति हताहत होते और हजारों जेलों में बन्द किए जाते थे। इससे देश-विदेशों में सरकार की बदनामी फैल रही थी और जो भारतवासी सरकार के सहायक और समर्थक थे वे भी एक-एक करके उसको दोषी बतलाकर विरोधी पक्ष से सहानुभूति रखनेवाले बनते जाते थे। सायमन कमीशन इसी उद्देश्य से यहाँ भेजा गया था कि वह अंग्रेजों के अत्याचारी शासन और दमन नीति पर लीपापोती करके भारतवासियों को दोषी और स्वराज्य के अयोग्य सिद्ध करे।

यह कमीशन फरवरी महीने में ही देश में पदार्पण कर चुका था और यह कलकत्ता, दिल्ली, मद्रास आदि जहाँ भी गया था लाखों की भीड़ ने काले झंडों से उसका 'स्वागत' करके 'सायमन गो बैक' के नारे लगाए थे। इससे कमीशन के सदस्य बहुत भड़कते थे और भारतीय अधिकारी यह प्रयत्न करते थे कि जहाँ तक सम्भव हो कमीशन के आगमन से पूर्व ही प्रदर्शनकारियों की भीड़ को तितर-बितर कर दिया जाए, जिससे सायमन साहब को यह अवांछित दृश्य न देखने पड़ें। लाहौर के पुलिस सुपरिंटेंडेंट मि. स्कॉट इस समय में विशेष व्यग्र थे। पंजाब को 'फौजी सूबा' माना जाता था और वहाँ की पुलिस जनता को दबाने में पशुबल का प्रयोग अधिक करती रहती थी। इस अवसर पर भी लाहौर स्टेशन के सामने जमा लोगों की भीड़ को हटाने के लिए वहाँ की पुलिस ने लोगों पर खूब डंडे चलाए। इस पर भी जब इन आन्दोलनकारियों का एक दल, जिसमें भगत सिंह और उनके सहकारी सम्मिलित थे और जिसका नेतृत्व लाला लाजपत राय कर रहे थे, अपने

स्थान पर डटा रहा तो पुलिस का असिस्टेंट सुपरिंटेंडेंट सांडर्स बड़े तैश में आकर उस पर अन्धाधुन्ध लाठी चलाने लगा। कई लाठियाँ लालाजी को भी लगीं जिनसे काफी चोट आ गई। इससे समस्त नगर में बड़ा रोष फैल गया। शाम को जो सार्वजनिक सभा हुई उसमें लाला लाजपत राय ने गरजते हुए कहा, "मैं घोषणा करता हूँ कि मुझ पर जो चोटें पड़ी हैं वे अंग्रेजी शासन की 'कफन' (अर्थी) के लिए अन्तिम कीलें सिद्ध होंगी।" इसके बीस-पच्चीस दिन बाद ही (17 नवम्बर, 1928 को) लालाजी का देहान्त हो गया।

इस घटना से देश भर में क्षोभ और रोष की एक लहर दौड़ गई। क्रान्तिकारी दल ने इसका बदला लेने का निश्चय किया। इस समय तक काकोरी के कैदियों को छुड़ाने, वायसराय की मोटर और सायमन कमीशन पर बम फेंकने की योजनाएँ असफल हो जाने से क्रान्तिकारियों के हौसले मन्द हो रहे थे। भगत सिंह ने इस अवसर को दल की प्रतिष्ठा को ऊँचा उठाने तथा जनता का भी ध्यान उसकी तरफ आकर्षित करने के लिए बहुत उपयुक्त समझा। बस तैयारियाँ शुरू हो गईं। उद्देश्य तो था पुलिस सुपरिंटेंडेंट स्कॉट को गोली का निशाना बनाना, पर वह ठीक अवसर पर अन्यत्र चला गया जिससे उसकी जगह सांडर्स मारा गया, इसी सांडर्स ने स्कॉट की सलाह से लाला पर लाठी चलाई थी। कुछ भी हो इस कार्य से भगत सिंह और उनके दल का नाम जनता में चमक उठा और सभी स्वतंत्रताप्रिय व्यक्ति इस पर गर्व अनुभव करने लगे कि नवयुवकों ने राष्ट्रीय अपमान का बदला ले लिया।

क्रान्तिपथ का पथिक

भगत सिंह (जन्म 28 सितम्बर, 1907) आरम्भ से ही देशभक्ति एवं क्रान्ति के वातावरण में पला था। उसके चाचा अजीत सिंह का नाम सन् 67 में, जब उनको लाला लाजपत राय के साथ मांडले (बर्मा) में देश-निकाला दिया गया, देश के कोने-कोने में छा गया था। उसके पिता सरदार किशन सिंह आजन्म गरम दल के आन्दोलनकारी रहे और अनेक बार जेल भेजे गए। छोटे चाचा स्वर्ण सिंह भी उसी मार्ग पर चले और जेल में दुर्व्यवहार सहते हुए सन् 1910 में ही दुनिया से चल दिए। ऐसे वातावरण में जन्म लेनेवाला और शैशवावस्था से उन्हीं बातों की चर्चा सुननेवाला भगत सिंह अगर देश का महान क्रान्तिकारी बन गया तो क्या आश्चर्य है!

भगत सिंह की शिक्षा भी इसी आदर्श के अनुकूल हुई थी। आरम्भ में उनको डी.ए.वी. स्कूल में दाखिल कराया गया जिसमें राष्ट्रीयता की भावना उत्पन्न कराई जाती थी। वह नौवीं क्लास में ही पहुँचे थे कि देश में असहयोग का शंख बज गया। हजारों-लाखों विद्यार्थी सरकारी और सरकार से सहयोग प्राप्त (एडेड) स्कूलों को छोड़कर आन्दोलन में भाग लेने लगे। ऐसे समय में भगत सिंह कैसे पीछे रहते! वे स्कूल से निकलकर मैदान में आ गए और जुलूस निकालकर विदेशी वस्त्रों की होली जलाने लगे। जलियाँवाला बाग हत्याकांड का समाचार सुनकर वे दूसरे ही दिन वहाँ पहुँच गए और अंग्रेज सिपाहियों का भय न करके शहीदों के खून से सनी मिट्टी शीशी में बन्द कर ले आए।

कुछ समय पश्चात् उनका नाम लाहौर के नेशनल कॉलेज में लिखाया गया। इसकी स्थापना लाला लाजपत राय और उनके साथी कुछ प्रमुख नेताओं ने की थी और वहाँ पर आचार्य जुगल किशोर, भाई परमानन्द, श्री जयचन्द्र विद्यालंकार जैसे क्रान्तिकारी और देशभक्त शिक्षक कार्य कर रहे थे। इस प्रकार वह नेशनल कॉलेज क्रान्तिकारी युवकों को ढालने की एक मशीन ही थी। इन देशभक्तों के सम्पर्क में आकर और कॉलेज की लायब्रेरी से क्रान्ति और देशभक्ति का साहित्य पढ़कर भगत सिंह एक भारतीय क्रान्तिवादी के आदर्शानुसार स्वयं में कुछ दृढ़ हो गए।

विवाह न करने के लिए गृह-त्याग

अब जीवन में एक नया मोड़ आया। सन् 1923 में भगत सिंह ने एफ.ए. पास कर लिया और बी.ए. की पढ़ाई की तैयारी करने लगे। उसी समय घर में उनके विवाह की चर्चा उठी। पर जिसके मन में मातृभूमि के उद्धार के लिए प्राणों की बाजी लगाने की लौ लगी हो, वह सोलह वर्ष की आयु में विवाह के खिलवाड़ को कैसे पसन्द कर सकता था। क्रान्तिकारी दल के संचालक शचीन्द्र नाथ सान्याल उन दिनों वहीं थे। उन्होंने भगत सिंह से कहा, "यदि तुम शादी कर लोगे तो भविष्य में क्रान्तिकारी आन्दोलन में अधिक भाग नहीं ले सकोगे।...क्या तुम परिवार छोड़ने को तैयार हो? मेरी इच्छा है कि घर छोड़कर मैं जहाँ कहूँ वहाँ रहने लग जाओ।"

(बन्दी-जीवन, पृष्ठ-27)

इस पर भगत सिंह चुपचाप घर छोड़कर चल दिए। लाहौर से वे कानपुर पहुँचे और प्रसिद्ध क्रान्तिकारी योगेशचन्द्र चटर्जी के साथ काम करने लगे। कानपुर के मुख्य स्थानीय संचालक श्री सुरेश चन्द्र भट्टाचार्य तथा उनके सहकारी विजय कुमार सिन्हा, बटुकेश्वर दत्त आदि सभी वहीं थे। उनके साथ एक सिख युवक का रहना खुफिया पुलिसवालों की नजर में सन्देहजनक हो सकता था, इसलिए श्री भट्टाचार्य ने, जो स्वयं पत्रकार का कार्य करते थे, क्रान्तिकारियों के सहायक श्री गणेशशंकर विद्यार्थी से कहकर 'प्रताप' कार्यालय में काम करने की व्यवस्था करा दी। परन्तु वहाँ पर उनका नाम भगत सिंह की जगह 'बलवन्त सिंह' प्रसिद्ध हुआ।

इस तरह भगत सिंह कई महीने तक कानपुर में रहकर काम करते रहे पर किसी को पता न लगा। मैं (सत्यभक्त) भी उन दिनों कानपुर के आन्दोलन में भाग ले रहा था और सुरेश बाबू से मेरी घनिष्ठ मित्रता थी इसलिए उनके यहाँ भगत सिंह से कई बार बातें भी हुईं पर असली नाम का पता उनको भी न लगा। कुछ समय बाद घर में दादी अधिक बीमार पड़ीं, जिससे उनके पिता व्यस्त होकर खोज करने लगे। भगत सिंह के मित्रों से कानपुर का पता पाकर सरदार किशन सिंह ने मौलाना हसरत मोहानी को इस सम्बन्ध में पत्र लिखा। उन्होंने विद्यार्थी जी से कहा और तब बहुत समझाने पर भगत सिंह घर वापस गए।

नौजवान भारत-सभा

घर पर भी भगत सिंह चुपचाप बैठनेवाले न थे। इसलिए 'नौजवान भारत-सभा' की स्थापना कर डाली। इसका मुख्य उद्देश्य तो भारतीय नवयुवकों में देशभक्ति की भावना उत्पन्न करना था, पर भीतरी मंशा यह भी थी कि इसके सदस्यों में से जो योग्य और कर्मठ प्रतीत हों उनको प्रेरणा देकर क्रान्तिकारी दल का सदस्य बनाया जा सके। इसी बीच अकाली आन्दोलन भी छिड़ गया और उनके सत्याग्रही जत्थे जैतों (नाभा) जाने लगे। सरकार ने गाँवों के प्रमुख लोगों को आदेश दिया कि रास्ते के गाँवों में जत्थों को खाने-पीने की सामग्री बिलकुल न दी जाए। सरकारी पिट्ठू ऐसी ही कोशिश कर रहे थे। पर जब एक जत्था भगत सिंह के गाँव 'बंगा' के पास से होकर गुजरा तो उसने अपने प्रचार और संगठन के बल पर सत्याग्रहियों के पास इतनी भोजन-सामग्री भिजवाई कि वह तीन दिन तक वहाँ टिके रहे। इससे विरोधी जल-भुन गए और उन्होंने झूठे-सच्चे दोषारोपण करके गिरफ़्तारी का वारंट निकलवा दिया। ऐसे घर के विभीषणों से उलझना व्यर्थ समझकर वे दिल्ली आकर दैनिक 'अर्जुन' में काम करने लगे। फिर सूचना मिलने पर कानपुर पहुँचे, जहाँ दल का खर्च चलाने के लिए उन्होंने एकाध राजनीतिक डकैती में भी भाग लिया। पर यह कार्य उनको पसन्द न आया और फिर वे यथासम्भव इससे पृथक् ही रहे।

इसी बीच अगस्त 1925 में 'काकोरी' की घटना हो गई और दल के अधिकांश प्रमुख कार्यकर्ता पकड़े गए। पर इससे निराश न होकर भगत सिंह और चन्द्रशेखर आदि दल के बचे हुए सदस्य पुनर्गठन करने में लग गए। इस समय पार्टी का मुख्य कार्यालय आगरा में रखा गया। वहीं पर आस-पास के क्रान्तिकारी समय-समय पर आया करते थे और उनको बम-पिस्तौल आदि चलाना सिखाया जाता था। बीच-बीच में चन्द्रशेखर और भगत सिंह इधर-उधर जाकर दल का प्रचार किया करते थे। इसी सिलसिले में 25 जुलाई, 1927 को भगत सिंह अमृतसर पहुँचे। एक पुलिसवाले ने सन्देह करके पीछा किया तो वे भागकर एक वकील के घर में जा छिपे और अपनी पिस्तौल उसके यहाँ रख दी। पर लाहौर पहुँचते ही उनको गिरफ़्तार कर लिया गया। अभियोग यह लगाया गया कि लाहौर में दशहरे के जुलूस पर जो बम फेंका गया था, उसमें ये भी शामिल थे। यह एक झूठा बहाना था, वास्तव में पुलिस उनसे क्रान्तिकारी दल का भेद मालूम करना चाहती थी। उनको लाहौर के किले में 15 दिन तक बन्द रखकर हर तरह से दबाया, धमकाया और शारीरिक यंत्रणाएँ भी दीं, पर वे कोई कच्चे खिलाड़ी नहीं थे। पुलिस के नामी अफसरों ने हर तरह से कोशिश की पर कोई नतीजा न निकला। उधर उनके पिता सरकार की इस अन्धेरगर्दी के ख़िलाफ़ क़ानूनी कार्यवाही कर रहे थे। अन्त में उनको मजिस्ट्रेट के सामने पेश करना ही पड़ा। अभियोग साफ झूठ होने से हाईकोर्ट ने उनको बरी कर दिया। पर पुलिसवाले उनके ख़िलाफ़ ऐसे-ऐसे संगीन अभियोग लगाए थे कि छोड़ने की आज्ञा देते हुए चालीस हजार की जमानत माँग ली गई जो उस समय एक बहुत बड़ी रकम थी।[1]

---

1. लाहौर में भगत सिंह की पहली गिरफ़्तारी 29 मई, 1927 को हुई थी और 5 जुलाई, 1927 को उन्हें साठ हजार रुपए की जमानत पर छोड़ा गया था। (सम्पादक)

डेरी की आड़ में क्रान्ति की साधना

भगत सिंह की देशभक्ति से प्रभावित होकर दो प्रमुख नागरिकों ने जमानतें दे दीं तो वे भी उत्तरदायित्व के बन्धन में बँध गए। अब वे क्रान्ति सम्बन्धी कोई कार्य अपनी इच्छानुसार नहीं कर सकते थे। उनका समय ठीक तरह से निकलता रहे इसके लिए सरदार किशन सिंह ने एक डेरी खुलवा दी। भगत सिंह डेरी का बहुत-सा काम अपने हाथों से करते और सब ग्राहकों को सन्तुष्ट रखते। पर इसका अर्थ यह नहीं कि उन्होंने अपना मूल उद्देश्य–क्रान्ति का प्रचार–छोड़ दिया था। दिन में तो वहाँ दूध के व्यापार का काम धूमधाम से किया जाता और रात को अनेक क्रान्तिकारी इकट्ठे होकर आगामी कार्य की योजनाएँ बनाते। भगत सिंह साथियों को दूध भी पिलाते और हर तरह की चर्चा भी होती रहती।

इधर समाचार-पत्रों और सार्वजनिक क्षेत्र में यह आवाज़ उठाई जा रही थी कि अगर भगत सिंह का कोई कसूर हो तो उन पर मुकदमा चलाओ अन्यथा जमानत का हुक्म रद्द करो। पंजाब की व्यवस्थापिका सभा में भी श्री बोधराज और डॉ. गोपीचन्द ने यह प्रश्न पूछा कि सरकार इस मामले में कोई उचित निर्णय क्यों नहीं करती? वह लोगों में यह गलतफहमी क्यों आने देती है कि उसकी पुलिस जान-बूझकर किसी निर्दोष व्यक्ति को तंग कर रही है। इसके फलस्वरूप भगत सिंह को सर्वथा मुक्त कर दिया गया और तब वह डेरी का धन्धा छोड़कर फिर क्रान्तिदल के संगठन में दत्तचित्त हो गए। संसार के सब लोग खाने-कमाने को ही जीवन का लक्ष्य समझते थे। बड़े धार्मिक और आध्यात्मिक कहलानेवाले परमार्थ की बातें करने पर निजी स्वार्थ को त्याग सकने में असमर्थ रहते हैं। पर एक भगत सिंह था जिसने एक अच्छे लाभदायक धन्धे को तिनके की तरह त्याग दिया। उसकी अभिवृत्ति देखकर जानकार लोगों को यही लगता था कि इसका जन्म क्रान्ति की साधना के लिए ही हुआ है। जैसे कोई योगी संसार की तरफ से आँखें मूँद करके पारलौकिक लक्ष्य पर ही निगाह रखता है, वैसे ही भगत सिंह के लिए क्रान्ति ही जीवन का एकमात्र लक्ष्य प्रतीत होती थी।

डेरी का कार्य करते हुए भी भगत सिंह को जब अवसर मिलता था क्रान्ति आन्दोलन के प्रचार और प्रसार के लिए कुछ लिखते रहते थे। अनेक व्यक्तियों की तरह वे केवल बम फेंकने अथवा पिस्तौल चलानेवाले क्रान्तिकारी ही नहीं थे, वरन् उन्होंने विद्यार्थी अवस्था से इस प्रकार के साहित्य का गहरा अध्ययन किया था और अनेक विदेशी लेखकों की रचनाओं को पढ़कर क्रमशः अपने ज्ञान को इतना बढ़ा लिया था कि दल में वे अपने साथियों में क्रान्तिकारी सिद्धान्त के मुख्य ज्ञाता माने जाते थे। उन्होंने बहुत परिश्रम करके भारतीय क्रान्तिकारियों के चरित्र और चित्र संग्रह किए थे। इन्हीं के आधार पर इलाहाबाद के 'चाँद' फाँसी अंक (नवम्बर 1928) में 'विप्लव यज्ञ की आहुतियाँ' शीर्षक स्तम्भ तैयार किया गया था। इस बात का ठीक पता मुझे सन् 1929 में 'चाँद' कार्यालय में ही लगा, जब मैं उसके सम्पादकीय विभाग में काम करने लगा और अठारह साल तक उससे मेरा घनिष्ठ सम्बन्ध बना रहा। अन्यथा यह कार्य गुप्त रीति से किया गया था और 'चाँद' के संचालक इसका जिक्र करते हुए भी लेखकों के नामों को प्रकट नहीं करते थे।

क्रान्तिकारी दल का पुनर्गठन

अब भगत सिंह की दृष्टि में वह समय आ गया था कि अपने दल का पुनर्संगठन और नवीनीकरण किया जाए और पुराने ढंग की आतंकवादी कार्यवाहियों के बजाय किसी उद्देश्य को सामने रखकर ऐसे काम किए जाएँ जिनसे एक तरफ अंग्रेजी सरकार भयभीत हो और दूसरी तरफ जनता में जागृति उत्पन्न हो। इसके लिए भगत सिंह ने समस्त प्रान्तों के कार्यकर्ताओं को दिल्ली में बुलाया और सितम्बर 1928 की 8 और 9 तारीखों को फीरोजशाह के पुराने किले में उत्तर भारत के क्रान्तिकारियों की एक गुप्त बैठक की गई। इसमें पंजाब, उत्तर प्रदेश, बिहार और राजस्थान के प्रतिनिधियों ने भाग लिया। चन्द्रशेखर आजाद परिस्थितिवश इसमें सम्मिलित न हो सके। पर उन्होंने कहला भेजा कि जो कुछ निर्णय किया जाएगा वह मुझे मान्य होगा। इस कारण मुख्य रूप से भगत सिंह ही इसके संचालक रहे।

इस गुप्त-सभा में दो-तीन बहुत महत्त्वपूर्ण निर्णय किए गए। सबसे बड़ी बात यह थी कि क्रान्तिकारी दल जो अब तक 'हिन्दुस्तान रिपब्लिकन एसोसिएशन' (हिन्दुस्तान प्रजातंत्र संघ) कहलाता था, उसका नाम आगे के लिए 'हिन्दुस्तान सोशलिस्ट रिपब्लिकन एसोसिएशन' (हिन्दुस्तान समाजवादी प्रजातंत्र संघ) कर दिया गया। पहला नाम शचीन्द्रनाथ सान्याल का रखा हुआ था और इसलिए कितने ही सदस्यों ने प्राचीन नेता पर विशेष श्रद्धा रखने के कारण इस परिवर्तन का विरोध किया। पर भगत सिंह दल का आधार किसी ऐसे ठोस सिद्धान्त पर रखना चाहते थे, जिससे उसकी नीतियों तथा सिद्धान्तों की युक्ति-युक्तता सिद्ध हो और कार्यकर्ता तथा जनता यह समझ सकें कि वास्तव में दल किस आदर्श के लिए काम कर रहा है। यद्यपि साम्यवाद (कम्यूनिज्म) के सिद्धान्त को शचीन्द्र सान्याल ने सन् 1923 में ही ग्रहण कर लिया था और अपने दल के विधान में उसकी अधिक से अधिक बातों को शामिल भी किया था, तो भी वे भारत के प्राचीन धर्म और संस्कृति से विशेष प्रभावित थे। इसलिए इस दिशा में धीरे-धीरे ही कदम उठाना चाहते थे। भगत सिंह समय के अनुसार उनसे एक कदम आगे बढ़ा और उसने दल के आदर्श से प्रेरणा लेकर 'समाजवाद' पर चलने की स्पष्ट रूप से घोषणा कर दी।

यह एक ऐसा विषय है जिस पर मैं (सत्यभक्त) भी कुछ प्रकाश डाल सकता हूँ। यद्यपि भगत सिंह ने लाहौर के नेशनल कॉलेज में पढ़ते हुए सन् 1921-22 में ही क्रान्ति और समाजवाद की बहुत-सी पुस्तकों को पढ़कर उस मत को स्वीकार कर लिया था, पर पन्द्रह-सोलह वर्ष की उस अवस्था में उसके गूढ़ तत्त्व को अच्छी तरह नहीं समझा जा सकता था। उन्हीं दिनों उत्तर प्रदेश में क्रान्तिकारी दल के सर्वोच्च नेता शचीन्द्र सान्याल भी कम्यूनिज्म की खोज कर रहे थे, क्योंकि रूसी क्रान्ति की सफलता से समस्त भारत के वामपन्थी विचारधारा के व्यक्तियों का ध्यान उसकी तरफ था। उन्होंने इस सम्बन्ध में कुछ पुस्तकें पढ़ीं और समाचार-पत्रों में प्रकाशित लेखों से भी ताजा जानकारी प्राप्त करते रहे, पर उससे उन्हें सन्तोष नहीं हुआ। उस समय अधिकांश लोग रूस के कम्यूनिस्ट शासन को एक चौंकानेवाली घटना की तरह देख रहे थे, पर उसके स्वरूपों तथा सिद्धान्तों की स्पष्ट जानकारी उनको बिलकुल न थी।

शचीन्द्र बाबू को इस सम्बन्ध में पहली जानकारी सन् 1922 में दिल्ली कांग्रेस के अधिवेशन के अवसर पर हुई। वहाँ उनकी भेंट कलकत्ते के श्री शहाबुद्दीन अहमद से हुई जो रूस के साम्यवादी दल के सम्पर्क में आ चुके थे। पहले धार्मिक और नैतिक विषयों में इन दोनों में पूरा मतभेद बना था। इसके पश्चात् उन्होंने कानपुर में आकर इस विषय की खोज की। मैं उन दिनों मजदूर आन्दोलन में कुछ काम करने के उद्देश्य से कानपुर में आकर बस गया था और इंग्लैंड, अमेरिका आदि के पुस्तक विक्रेताओं से पत्र-व्यवहार करके कम्यूनिज्म की अनेक पुस्तकें मँगाने लगा था। शचीन्द्र बाबू से मेरा परिचय इलाहाबाद में हो चुका था और कानपुर में उनके दल के पुराने कार्यकर्ता सुरेश चन्द्र भट्टाचार्य से मेरी घनिष्ठ मित्रता भी थी, इसलिए उन्हें मेरे मकान में ही ठहरा दिया गया। बस वे मेरे साथ कम्यूनिज्म की बात करने लगे और पुस्तकों के अध्ययन में भी जुट गए। इसका परिणाम क्या हुआ यह उन्हीं के शब्दों में सुनिए–

"इस प्रकार सन् 1924 में ही कम्यूनिज्म के सिद्धान्त के बारे में मैंने बहुत कुछ समझ लिया था। सत्यभक्त जी से मेरा बहुत वार्तालाप भी हुआ था। तर्क-वितर्क हुए एवं भौतिकवाद और आत्मवाद, इतिहास की आर्थिक व्याख्या एवं श्रेणी-संघर्ष इत्यादि प्रश्नों को लेकर दिन-दिन भर तक आलोचनाएँ हुईं।"

(बन्दी-जीवन, पृष्ठ-319)

जैसा कि पहले वर्णन किया जा चुका है, शचीन्द्र बाबू के आदेश से उन दिनों भगत सिंह भी कानपुर में आ गए थे। शचीन्द्र ने 'ए.बी.सी.डी. ऑफ कम्यूनिज्म' नाम की पुस्तक मुझसे लेकर भगत सिंह आदि अपने दल के कुछ ही लोगों को पढ़ने को दी। उन्हीं दिनों एक बार भगत सिंह स्वयं मेरे पास आकर 'हिस्टरी ऑफ रशियन रिवोल्यूशन' (रूस की क्रान्ति का इतिहास) पुस्तक दस रुपए में खरीदकर ले गए थे। इसके पश्चात् रामनारायण बाजार स्थित सुरेश चन्द्र भट्टाचार्य के मकान में कई बार शचीन्द्र, भगत सिंह, राधामोहन तथा मैं इकट्ठे होकर इस विषय पर विचार-विनिमय करते रहे। राधामोहन जी कम्यूनिस्ट पार्टी की स्थापना में मेरे सहायक थे और कम्यूनिज्म तथा अराजकतावाद के सिद्धान्तों के ज़बर्दस्त समर्थक और प्रचारक थे। कम्यूनिज्म के प्रचार की आवश्यकता समझकर उन्होंने शीघ्र ही 'कम्यूनिज्म क्या है' पुस्तक लिख डाली जिसे मैंने फरवरी 1927 में ब्राह्मण प्रेस, कानपुर में छपवाया था। बाद में यह पुस्तक क्रान्तिकारी दल के सदस्यों, खासकर कानपुर के कार्यकर्ताओं, में अच्छी तरह प्रचारित की गई।

क्रान्तिकारियों की दो श्रेणियाँ

भगत सिंह ने दूसरा काम यह किया कि दल को मजबूती के साथ संगठित करने और उससे सम्बन्धित सभी व्यक्तियों को उनकी स्थिति और कर्तव्य का ज्ञान कराने के लिए कार्यकर्ताओं का स्पष्ट रूप से श्रेणी विभाजन कर रहे थे। इस सम्बन्ध में श्री जितेन्द्रनाथ सान्याल ने अपनी पुस्तक 'अमर शहीद सरदार भगत सिंह' में लिखा है–

"उक्त बैठक (दिल्ली की सभा) में यह भी निश्चय किया गया कि संगठन को मोटे तौर पर दो भागों में विभक्त कर दिया जाए। एक भाग सक्रिय कार्यकर्ताओं का हो और

दूसरा समर्थकों का। सक्रिय कार्यकर्ताओं का कार्य शस्त्रास्त्र संग्रह करना तथा छोटे-छोटे गुटों में कार्य करते हुए सामूहिक कार्यक्रमों के लिए जनता को तैयार करना था। संगठन के इस अंग का नाम 'हिन्दुस्तान सोशलिस्ट रिपब्लिकन आर्मी' (हिन्दुस्तान समाजवादी जनतांत्रिक सेना) रखा गया। चन्द्रशेखर आजाद इस सेना के सेनापति बनाए गए। समर्थकों का काम था सार्वजनिक दान तथा सार्वजनिक चन्दे आदि रूप में आवश्यक धन-संग्रह करना, सक्रिय कार्यकर्ताओं को आश्रय देना और प्रचार करना।"

(पृष्ठ-44)

यह एक बहुत बुद्धिमत्तापूर्ण कदम था। कोई भी गुप्त क्रान्तिकारी दल एक प्रकार के सक्रिय कार्यकर्ताओं के द्वारा राष्ट्रोद्धार के कार्य में प्रगति नहीं कर सकता। उनका अन्तिम उद्‌देश्य तो जन-जागृति और जनवादी शासन व्यवस्था की स्थापना ही होता है। इसलिए उनके कुछ ऐसे सहायक होना आवश्यक होता है जो जन-सम्पर्क बनाने में उपयोगी सिद्ध हों। इसी दृष्टिकोण से शचीन्द्र बाबू ने भी 'हिन्दुस्तान रिपब्लिकन दल' का जो 'कार्यक्रम' या संविधान तैयार किया था उसमें 'प्रकाश्य कार्यक्रम' और 'गुप्त कार्यक्रम' ऐसे दो विभाग रखे गए थे। प्रकाश्य कार्यक्रम के अन्तर्गत पुस्तकालय, व्यायामशाला या सेवा समिति के रूप में विभिन्न संस्थाओं की स्थापना, किसान-मजदूरों का संगठन, साप्ताहित पत्र प्रकाशित करना, कांग्रेस आदि सार्वजनिक संस्थाओं में प्रविष्ट होकर उनसे क्रान्तिकारी दल को लाभ पहुँचाना आदि कितनी ही महत्त्वपूर्ण बातें सम्मिलित की गई थीं।

यह स्पष्ट है कि प्रकाश्य कार्यक्रम को करनेवाले लोगों को खुद काम करना पड़ेगा और सर्वसाधारण से सुपरिचित होनें से वे दल के गुप्त कार्यक्रम और 'एक्शन' में भाग नहीं ले सकते। पर शचीन्द्र बाबू आरम्भिक परिस्थितियों में इस बात को अधिक स्पष्ट नहीं कर पाए थे। भगत सिंह ने बात को समझा और दल की ओर से इसकी घोषणा करा दी। इसी विचारधारा के आधार पर कानपुर के जन-नायक श्री नारायण प्रसाद अरोड़ा ने जो आजन्म क्रान्तिकारी दल के एक बड़े सहायक और समर्थक रहे, अपनी 'काकोरी के विद्रोही' पुस्तक में मौलाना हसरत मोहानी, प्यारे लाल अग्रवाल, मुंशीराम शर्मा, मन्नीलाल पांडे, गंगासहाय चौबे, हमीद खाँ आदि कानपुर के प्रसिद्ध कांग्रेसी नेताओं और नागरिकों को क्रान्तिकारी दल का सहयोगी सदस्य लिखा है। शचीन्द्र बाबू और सुरेश भट्‌टाचार्य मुझको भी इसी रूप में देखते थे। शचीन्द्र ने 'बन्दी-जीवन' तथा 'विचार-विनिमय' पुस्तकों में मेरा इसी रूप में काफी वर्णन किया है, अर्थात् मैं उनके विधान में बतलाए मातृ संगठन और श्रमजीवियों में प्रचार के कार्यक्रम की पूर्ति करता था। शचीन्द्र, सुरेश, योगेश बाबू मेरे साथ इसी भाव से मिलते थे। दल के अन्य सक्रिय सदस्यों को मैं नहीं जानता था और न मैंने कभी इसके लिए कोशिश की। हाँ, विजय कुमार, बटुकेश्वर दत्त, सुरेश पांडे आदि कानपुर के नए तरुणों को जानता था और कभी-कभी वे मेरे पास आते भी थे, पर तब तक उनकी गिनती नए लोगों में ही की जाती थी।

राधामोहन जी भी इसी श्रेणी में थे। पर वे इतने अधिक जोशीले और गरम स्वभाव के थे कि शस्त्र संग्रह आदि गुप्त कार्यक्रमों में भी सम्मिलित हो जाते थे और आर्थिक सहायता तो प्रायः कराया ही करते थे। आगरा के शस्त्र कारखाने में भी वे सहयोग देते,

क्योंकि वे आगरा के निवासी थे और लोहा ढालने के कारखानेवालों से उनका परिचय था। वहाँ पर दो-एक मर्तबा बमों के खोल ढाले गए थे।

दिल्ली की इस सभा में ही क्रान्ति-दल की व्यवस्था और कार्यक्रम की गतिविधि के लिए निम्न सात सदस्यों की एक 'केंद्रीय समिति' बनाई गई–भगत सिंह, चन्द्रशेखर 'आजाद', सुखदेव, शिव वर्मा, विजय कुमार, फणीन्द्रनाथ और कुन्दनलाल। फणीन्द्रनाथ बिहार और कुन्दनलाल राजस्थान के प्रतिनिधि के रूप में थे। यद्यपि कुन्दनलाल फैजाबाद (उ.प्र.) निवासी थे, वे उन दिनों 'काकोरी-केस' में फरार होकर अजमेर के 'राजस्थान सेवा-केन्द्र' में ठहरे हुए थे।

सांडर्स वध और उसके बाद

इस प्रकार अपने दल को व्यवस्थित करके भगत सिंह और विजय कुमार उसको विस्तृत करने और सुदृढ़ बनाने के लिए दौरे पर निकले। उन्होंने कुछ नए सहायक बनाए और केंद्र स्थापित किए। लाहौर, आगरा, सहारनपुर में बम बनाने की योजना तैयार की गई। इसके लिए श्री कमलनाथ तिवारी कलकत्ता गए और यतीन्द्रनाथ दास से सम्पर्क स्थापित करके बम के मसाले साथ ले गए। वहीं गन काटन तैयार कराई गई, जो बम का एक आवश्यक अंग है और जिसको बहुत ठंडे कमरे में ही बनाया जा सकता है।

पर इस समय देश में जन-आन्दोलन की हलचल मची थी और इतनी शान्ति नहीं थी कि धीरे-धीरे दल को सुदृढ़ बनाया जाए। सितम्बर की सभा हुए दो महीने भी नहीं बीते थे कि सायमन कमीशन लाहौर पहुँचा और वहाँ लाजपत राय पर प्रहार किए जाने की वह घटना घटी जिसका वर्णन आरम्भ में किया जा चुका है। जब भगत सिंह और उसके साथियों ने इसका बदला सांडर्स को गोली मारकर लिया तो समस्त देश में एक उत्साह और आत्म-गौरव की लहर फैल गई। छोटे-बड़े सब लोगों के भाव बदल गए और जिस क्रान्तिकारी दल को जहाँ थोड़े से बिगड़े दिमाग और उच्छृंखल लड़कों की जमात कहा जाता था वहाँ उसे देशभक्त और राष्ट्रीय-सम्मान का रक्षक माना जाने लगा। और तो क्या पं. जवाहरलाल नेहरू ने भी, जो प्रायः क्रान्तिकारी कार्यकर्ताओं की विपरीत आलोचना ही किया करते थे, इस सम्बन्ध में कहा–

"जब लालाजी मरे तो उनकी मृत्यु अनिवार्य रूप से, उन पर जो हमला हुआ था उसके साथ संयुक्त हो गई और दुख से कहीं बढ़कर देश के लोगों में क्रोध भड़क उठा। इस बात को समझने की आवश्यकता है, क्योंकि इसे समझ लेने पर ही हम बाद की घटनाओं को, विशेषकर भगत सिंह और उत्तर भारत में उनकी आकस्मिक और अद्भुत ख्याति को समझ सकते हैं। किसी कार्य की नींव का कारण समझे बिना उसके करनेवालों की प्रशंसा या निन्दा करना कुछ महत्त्व नहीं रखता। भगत सिंह को पहले बहुत लोग नहीं जानते थे, पर वे इसलिए प्रसिद्ध हुए कि लोगों को ऐसा जान पड़ा कि उन्होंने कम-से-कम उस समय तो लाला लाजपत राय की और इस सारे देश के सम्मान की रक्षा की। इस प्रकार वह एक प्रतीक हो गए। लोग उस कार्य को तो भूल गए, पर यह प्रतीक कुछ

महीनों के अन्दर प्रसिद्ध हो गया और पंजाब का हर गाँव और शहर तथा उत्तर भारत उसके नाम से गूँजने लगा।"

सांडर्स को दिन-दहाड़े ठीक पुलिस के दफ्तर के सामने मारा गया। भगत सिंह अपने साथियों सहित साफ बचकर निकल गया और जब तक उसने स्वयं ही अपने को न पकड़वाया, तब तक पुलिस उसे हाथ न लगा सकी, यह एक अपूर्व सफलता मानी गई। सांडर्स-वध के पश्चात् लाहौर तमाम शहर खोज करनेवाले जासूसों और अन्य छोटे-बड़े पुलिसवालों से भर गया था, गली-गली तथा कोने-कोने में मारनेवालों की खोज की जा रही थी। हत्या के दूसरे ही दिन क्रान्तिकारी दल ने शहर भर में एक छोटा लाल स्याही में छपा पोस्टर लगवा दिया था जिसमें लाला लाजपत राय की हत्या के बदले सांडर्स का खून करने की बात खुले शब्दों में स्वीकार कर ली थी। पोस्टर में यह भी कहा गया था कि "अंग्रेजी सरकार सावधान! वह चाहे जितना दमन कर ले, पर हम सांडर्स जैसे कमीने लोगों को, जिसने देश के एक पूज्य नेता पर इस तरह हाथ उठाया, इसी प्रकार मौत देते रहेंगे।" पोस्टर पर 'बलराज सेनापति हि.स.प्र.स.' के हस्ताक्षर थे। यह बलराज, चन्द्रशेखर आजाद के ही दल का नाम था।

इस प्रकार की चुनौती दिए जाने से अंग्रेज सरकार की शान उस दिन धूल में मिल गई और भारतीय जनता गर्व से फूल उठी थी। क्रान्तिकारी दल का नाम चारों तरफ फैल गया और जो नवयुवक कल तक रूखी रोटी के लिए भी परेशान थे आज सैकड़ों लोग उन्हें सहायता देने को तैयार थे। इस प्रकार जहाँ एक तरफ देशभक्त भारतीय प्राणों की बाजी लगानेवाले इन क्रान्तिकारियों के लिए पुष्प-वर्षा करने को तैयार थे, अंग्रेज अफसर दाँत पीस रहे थे कि अगर उनको पा जाएँ तो जिन्दा ही चबा जाएँ। घर से बाहर निकल सकने का हर एक रास्ता पुलिस ने घेर रखा था। तारीफ है क्रान्तिकारियों की सूझ-बूझ और साहस की कि भगत सिंह तथा चन्द्रशेखर आजाद दोनों एक ही रेलगाड़ी से लाहौर स्टेशन से रवाना हो गए और पुलिस के हजारों जासूस खड़े देखते ही रह गए।

पुलिस की आँखों में धूल झोंकने के लिए भगत सिंह ने उस दिन 'साहब बहादुर' का वेश बनाया था। बहुत बढ़िया कोट, पैंट, हैट, साथ में ऊँची एड़ियों का जूता पहने सुन्दर पत्नी और गोदी में ढाई साल का बढ़िया कपड़े पहने बेटा लेकर वह सुबह के पाँच बजे कलकत्ता मेल के फर्स्ट क्लास के रिजर्व डिब्बे में जाकर बैठा। पीछे-पीछे नौकर का वेश बनाए दरी का बिस्तरा हाथ में लिये राजगुरु चल रहा था। पत्नी का अभिनय करनेवाली प्रसिद्ध क्रान्तिकारी भगवतीचरण की बहू दुर्गा भाभी थी और वह बच्चा भी उसी का बेटा शची था। भगत सिंह और राजगुरु दोनों की जेबों में पिस्तौल थे और कोई भी खतरा सामने आते ही उसके लिए घोड़े पर उँगली रखे हुए थे। दुर्गा भाभी अपने तथा अपने पुत्र के प्राण इस संग्राम में झोंकने को उद्यत हो गई थीं। इस कारण उसका नाम भी भारतीय क्रान्ति-इतिहास में अमर हो गया। कलकत्ता स्टेशन पर उसके पति भगवतीचरण ने, जो स्वयं सरकारी वारंट के कारण फरार अवस्था में थे, उनका स्वागत किया। अपनी पत्नी की इस साहसिकता और बुद्धिमत्ता को देखकर वह मुग्ध होकर बोल उठा—"वाह, मैंने देर से तुम्हें पहचाना।" इससे पहले वह उसे गाँव की लड़की समझकर क्रान्तिकारी कार्यों के अयोग्य ही बतलाया करता था।

कलकत्ते में भी भगत सिंह निष्क्रिय नहीं रहे। दिन में तो वे प्रायः घर के भीतर ही रहते थे, पर शाम को बंगाली वेश-भूषा धारण करके बारह निकलते। उस समय वहाँ कांग्रेस का अधिवेशन हो रहा था जिसके अध्यक्ष थे पं. मोतीलाल नेहरू। देश भर के नेता, राजनीतिज्ञ और सरकारी मुलाजिम भी बड़ी संख्या में शहर में भरे पड़े थे। पर भगत सिंह किसी बात की चिन्ता न करके अपना काम करते रहे। उन्होंने पूर्व परिचित यतीन्द्रनाथ के साथ सलाह करके, उत्तर प्रदेश और पंजाब के कुछ व्यक्तियों को बम बनाने का प्रशिक्षण दिए जाने की योजना बनाई। उस समय तक यह कला बंगाल के कुछ व्यक्तियों को ही ज्ञात थी। भगत सिंह चाहते थे कि स्थानीय कार्यकर्ता भी बम बनाना सीख लें तो आगे चलकर वे आत्मनिर्भर हो सकेंगे।

असेम्बली बम कांड

इस समय क्रान्तिकारियों का उत्साह बहुत बढ़ा हुआ था। उनको अनेक स्थानों से सहायता भी मिल रही थी, जिससे दल के शस्त्रागार में बम-पिस्तौलें पर्याप्त मात्रा में संग्रह कर लिये गए थे। दल की केन्द्रीय समिति में यह चर्चा होती रहती थी कि अब कौन ऐसा काम किया जाए जिससे क्रान्तिकारी दल का नाम प्रसिद्ध हो, नवयुवकों को देश पर बलिदान होने की प्रेरणा मिले और जनता की सहानुभूति प्राप्त हो। कुछ मित्र यह सम्मति भी व्यक्त करते थे कि भगत सिंह देश से बाहर चले जाएँ और वहीं रहकर भारतीय क्रान्तिकारियों को शस्त्र तथा धन की सहायता दिलाने का प्रयत्न करें, पर भगत सिंह इस प्रकार अपने साथियों को छोड़कर स्वयं सुरक्षित रहने के लिए किसी प्रकार राजी नहीं हुए। इस सम्बन्ध में मन्मथनाथ ने अपनी पुस्तक 'भगत सिंह और उनका युग' में बतलाया है–

"जो कुछ भी बात हो भगत सिंह ने देश के बाहर जाने से इनकार कर दिया और जब उनके सामने यह विचार आया कि यहाँ रहने का अर्थ फाँसी पर चढ़ना है, तो उन्होंने इस ढंग से सोचना शुरू किया कि जब मरना ही है तो क्यों न और भी खतरनाक काम किए जाएँ। कहते हैं कि जब वह कॉलेज में पढ़ते थे तभी उनके मन में क्रान्ति का विचार पैदा हो गया था। अन्ततः यह विचार उन्हें फ्रांस की असेम्बली में बम फेंकने वाले फ्रांसीसी अराजकतावादी 'वेलाँ' के किस्से से मिला था।"

"मौका भी बहुत अच्छा था क्योंकि उन दिनों दिल्ली में दो अत्यन्त दमनकारी क़ानून पेश थे और सरकार उन्हें पास करने पर कटिबद्ध थी। सरकार का उद्देश्य था कि जनता में क्रान्ति का जो बीज पनप रहा है, उसे अंकुरित होने के पहले ही समाप्त कर दिया जाए और जैसे भी हो भारत में अपना शासन कायम रखा जाए। चन्द्रशेखर आजाद भी भगत सिंह की इस विचारधारा से पूर्ण रूप से सहमत थे, क्योंकि भगत सिंह पर जितने इलजाम थे सभी उन पर भी लागू थे। यही नहीं, जो दूसरे साथी थे वे भी लालायित थे कि कुछ न कुछ होता रहे। सिर पर कफन बाँधे लोगों की यह टोली थी। एक से एक अल्हड़ नौजवान थे जिनमें से प्रत्येक चाहता था कि मैं ही फाँसी पर पहले चढ़ूँ।"

जब केन्द्रीय समिति द्वारा असेम्बली में बम फेंकने पर पूरी तरह से विचार कर लिया गया तब यह सवाल उठा कि इस कार्य के लिए किसको चुना जाए? वैसे तो सभी सदस्य

इसके लिए तैयार थे, पर विचारणीय समस्या यह थी कि वह ऐसा व्यक्ति हो जो अदालत में क्रान्तिकारी दल के सिद्धान्तों और आदर्शों पर अच्छी तरह प्रकाश डाल सके। अभी तक क्रान्तिकारियों के कार्यक्रम में एक बड़ी त्रुटि यही थी कि छिपकर काम करने के कारण जनता उनको कुछ जोशीले अथवा हिंसाप्रिय युवकों का छोटा-सा समूह समझती थी। उनके आतंकवादी कार्यों के पीछे कोई गम्भीर विचारधारा और आदर्श भी है, इसका बहुत कम लोगों को पता था। इसलिए भगत सिंह ने इस कार्य के लिए स्वयं ही जाने और गिरफ़्तार होकर अदालत में उपर्युक्त न्याय के अनुकूल बयान देने का निश्चय किया। इस सम्बन्ध में भगत सिंह के सुझाव का परिचय देते हुए उनके एक सहकारी डॉ. भगवानदास माहौर ने लिखा है–

"संकट के काम में तो वे (भगत सिंह) आगे रहने की जिद ही कर बैठते थे। किसी सिपाही को संकट का काम करने भेज दिया जाए और नेता सुरक्षित बैठा हुक्म देता रहे, यह उन्हें कभी पसन्द नहीं था। यही कारण था कि असेम्बली में बम फेंकने के लिए स्वयं ही जाने की और खुद वहाँ खड़े रहने की उन्होंने जिद की, जबकि दल का और कोई सदस्य भगत सिंह के इस प्रकार जाने को ठीक नहीं समझता था। आजाद भी हर काम में आगे रहते थे। दूसरा कारण यह विचार भी था कि नेता के रूप में उन्हें अपने आपको सबसे अधिक खतरे में डालना चाहिए, नहीं तो गुप्त-दल में 'दादागिरी' अपने बुरे अर्थ में आने से न रुकेगी और सिपाहियों का नेताओं में विश्वास नहीं रहेगा।"

इस वर्णन से हम समझ सकते हैं कि क्रान्तिकारी दल में सैकड़ों-हजारों शहीदों के होते हुए भी भगत सिंह और आजाद की युगल-जोड़ी को ही इतनी ज़्यादा प्रसिद्धि क्यों मिली? भाई परमानन्द और जयदेव विद्यालंकार पंजाब में क्रान्तिकारी दल को संगठित करनेवाले बहुत बड़े नेता माने जाते थे पर सामने न आने की त्रुटि के कारण वे पीछे ही रह गए। इतना ही नहीं भाई परमानन्द का फ़ैसला करनेवाले जज ने यहाँ तक लिख दिया कि "ये परमानन्द कायर क्रान्तिकारी हैं, जो दूसरों को तो प्रेरणा देकर आगे करते रहे पर स्वयं अपनी जान बचाते रहे।" भगत सिंह इस तथ्य को समझते थे और सदा आगे बढ़कर खतरे में कूदे और इसलिए जनता की दृष्टि में वे क्रान्ति के प्रतीक ही बन गए। यही बात चन्द्रशेखर आजाद के विषय में सोलह आने सच है। उन्होंने अंग्रेजों की टुकड़खोर पुलिस के हाथों कभी न पकड़े जाने की प्रतिज्ञा की थी, उसको जिस शान से निबाहा और पचासों सिपाहियों-अफसरों से युद्ध करते हुए वीरगति पाई उससे वे भी एक 'अमर-गाथा' नायक बन गए।

राजगुरु के सम्बन्ध में कहा जाता है कि वह भगत सिंह से भी बढ़कर खतरे में कूदने को तैयार रहता था। इस दृष्टि से भगत सिंह का 'प्रतिद्वन्द्वी' बनने की कोशिश किया करता था। पर विद्याबुद्धि की दृष्टि से कम होने के कारण उसने अधिक नामवरी हासिल नहीं की। फिर भी वचन का ऐसा पक्का था कि सांडर्स कांड में उसी ने सबसे आगे दौड़कर गोलियों से उसको ढेर कर दिया और फाँसी के तख्ते पर चढ़ने में भी भगत सिंह से एक कदम आगे ही चलता रहा।

कहाँ ये आत्मत्यागी बहादुर, जिन्होंने करोड़ों लोगों के उद्धार के लिए स्वेच्छा से हँसते-हँसते प्राणों की आहुति दे दी और कहाँ वे 'अध्यात्म' और 'जगत की असारता' का

डंका पीटनेवाले साधु-महात्मा और धर्मगुरु कहलानेवाले, जो जरा-सा खतरा आते ही सब 'सिद्धान्त' भूल जाते हैं और जान बचाने के लिए हाथ-पैर जोड़ने और गिड़गिड़ाने में भी लज्जा अनुभव नहीं करते। यदि इस दृश्य को देखकर कोई कहे कि हिन्दू समाज और धर्म की पतनशीलता का कारण ऐसे 'ढोंगी धर्मात्मा' ही हैं तो इसमें कोई अतिशयोक्ति नहीं मानी जा सकती। इससे भी बुरा हाल आजकल के राजनीतिक नेताओं का हो रहा है। तिलक और गांधी के उत्तराधिकारी बननेवाले ये नेतागण किस प्रकार स्वार्थ-साधन के कीचड़ में डूब गए हैं और बेशर्मी के साथ खाने-कमाने को ही मुख्य उद्देश्य बनाए हुए हैं, उसे देखकर गर्दन शर्म से झुक जाती है। इस दशा में यदि हम भगत सिंह और चन्द्रशेखर जैसे निःस्वार्थ त्याग का आदर्श उपस्थित करनेवाले युवकों के जीवन से प्रेरणा लें तो इसमें क्या अनुचित है?

लाहौर षड्यंत्र केस और भूख हड़ताल

असेम्बली में सरकार के 'बहरे कानों' में भारतीय जनता की माँग की आवाज़ को पहुँचाने के लिए भगत सिंह और उसके साथी बटुकेश्वर दत्त ने इस प्रकार बम का धमाका किया और फिर कैसी निडरता के साथ अपने को गिरफ़्तार कराया, इसका हाल क्रान्तिकारी इतिहास के सभी पाठक जानते हैं। इन घटनाओं में भगत सिंह का उद्देश्य केवल एक सनसनी पैदा कर देना नहीं था वरन् वह अंग्रेजों की अदालत में बयान देने के बहाने क्रान्तिकारी दल के सिद्धान्तों का प्रचार करना और भारतीय जनता की भावनाओं को ऊँचा उठाना चाहता था। वैसे तो सरकार अपने विरुद्ध कही गई किसी भी बात को तुरन्त राजद्रोह बतलाकर लेखकों और सम्पादकों पर मुकदमा चला देती, पर उन्हीं बातों को अदालत में कहने और फिर रिपोर्ट के रूप में समाचार-पत्रों में छप जाने पर सरकार का कुछ बस नहीं चलता था। भगत सिंह और उनके साथी अच्छी तरह जानते थे कि इस तरह पकड़े जाने पर उनको फाँसी के फन्दे पर लटकना पड़ेगा, पर अपने विचारों के देशव्यापी प्रचार होने का यह उपाय उनको इतना पसन्द आया कि उन्होंने खुले तौर पर बम फेंककर गिरफ़्तार होने में कुछ भी संकोच नहीं किया।

भूख हड़ताल द्वारा प्रचार

जेल में बन्द कर दिए जाने पर भी भगत सिंह इसी उद्देश्य को पूरा करने में लगा रहा। उसने इस बात की पूरी कोशिश की कि मुकदमा किसी प्रकार लम्बा होता जाए और वह अदालत में क्रान्तिकारी दल के सिद्धान्तों की व्याख्या और स्पष्टीकरण करके जनता में जोश तथा सरकार के प्रति अप्रीति की भावना को बढ़ाता रहे। इसके लिए क्रान्तिकारियों ने 'भूख हड़ताल' के अस्त्र को अपनाया। सरकार तो इन युवकों से जली-भुनी बैठी ही थी अब उसके मजिस्ट्रेट और जज इनको हर तरह से तंग और अपमानित करने का प्रयत्न करने लगे। इधर इन वीर युवकों ने शत्रु के बन्धनों में रहते हुए यह संग्राम छेड़ दिया कि जब तक उनके साथ जेलों में मानवोचित व्यवहार न किया जाएगा और अदालत में उनके

सम्मान की पूरी तरह रक्षा न की जाएगी तब तक वे न तो जेल का भोजन करेंगे और न अदालत की कार्यवाही में भाग लेंगे। इससे चिढ़कर सरकार ने और भी अधिक सख्ती करके ज़बर्दस्ती भोजन कराने का निश्चय किया। इस संघर्ष ने बड़ा भयंकर रूप धारण किया था और भगत सिंह तथा उनके साथियों ने अपने प्राणों की बाजी लगाकर सरकार को नीचा दिखाया था। उनका उद्देश्य केवल अपने खान-पान की सुविधा या ऊँची क्लास का व्यवहार प्राप्त करना ही नहीं था। 14 जुलाई, 1929 को भारत सरकार के पास इस सम्बन्ध में जो पत्र भेजा गया था, उसमें भगत सिंह ने लिखा था–

"हर एक जेल में राजनीतिक कैदियों का एक विशेष वार्ड होना चाहिए, जिसमें उन सभी आवश्यकताओं की पूर्ति की सुविधा होनी चाहिए जो हर एक यूरोपियनों के लिए होती है। उनके भोजन का स्तर भी यूरोपियन कैदियों की तरह होना चाहिए।"

यह भूख हड़ताल करते समय भगत सिंह की मानसिक स्थिति कैसी थी यह इन वाक्यों से विदित होता है–

"बन्दी होने के पश्चात् हमारी संस्था के राजनीतिक कैदियों की दशा अत्यन्त दयनीय थी। हमने प्रयास आरम्भ कर दिया। मैं आपको पूरी गम्भीरता से बताता हूँ कि हमें यह विश्वास था कि हम बहुत कम समय के भीतर छूट जाएँगे। हमें उपवास के दिनों में कृत्रिम रीति से भोजन दिए जाने (फोर्सफुल फीडिंग) का न तो कोई अनुभव ही था और न यह विचार ही सूझा था। हम तो मृत्यु के लिए तैयार थे।"

यह 'ज़बर्दस्ती भोजन' कराना कैसा भयंकर होता है, इसे भुक्तभोगी ही जानते हैं। चार-छः हट्टे-कट्टे सिपाही कैदी को दबा लेते हैं और तब वेटर उसकी नाक में रबड़ की नली डालकर दूध को पेट में भरता है। पर वे क्रान्तिकारी युवक उस समय भी हिल-डुलकर या खाँसकर उस दूध को बाहर निकालने का प्रयत्न करते थे। ऐसा करते हुए वह दूध अमर शहीद यतीन्द्रदास के फेफड़ों में चला गया, जिससे उसे मरणान्तक कष्ट सहन करना पड़ा। भगत सिंह और उनके अन्य साथियों को भी इस संघर्ष ने इतना कमजोर कर दिया कि उनको 'स्ट्रेचर' पर डालकर अदालत में लाना पड़ता था। सरकार ने उनका संकल्प तोड़ने के लिए उनकी कोठरियों में पानी की जगह दूध भरवाकर रखवा दिया, बढ़िया खाने भी रखे गए, पर उन लोगों ने सारी चीजें बाहर फेंक दीं।

अन्त में भगत सिंह और साथियों को कुछ सफलता मिली। सरकार ने एक 'जेल कमेटी' नियुक्त कर दी और उसकी जाँच पूरी हो जाने पर राजनीतिक कैदियों के साथ ठीक व्यवहार किए जाने का वचन दिया। तब कहीं जाकर अनशन भंग हुआ। इसका एक उद्देश्य जनता में अधिक से अधिक आन्दोलन होना और सरकार के प्रति रोष तथा घृणा उत्पन्न करना भी था। यह उद्देश्य भी इस कष्ट सहन से अधिकांश में पूरा हुआ।

भगत सिंह की साम्यवादी विचारधारा

भगत सिंह के लिए यह एक बड़ी प्रशंसा की बात है कि उसने बम और पिस्तौलों को ही मुख्य आधार माननेवाले क्रान्ति आन्दोलन को कम ही समय में साम्यवाद का अनुयायी बना

दिया। यद्यपि भगत सिंह से पहले बंगाल और पंजाब में बड़े-बड़े साहसी और प्राणों को तिनके की भाँति अर्पण कर देनेवाले क्रान्तिवीर उत्पन्न हो चुके थे, पर उनके सामने क्रान्ति की सफलता के पश्चात् नवीन समाज की रचना का कोई स्पष्ट चित्र न था। अधिकांश लोग तो राजनीतिक और क्रान्तिकारी आन्दोलन का यही उद्देश्य समझते थे कि देश के शोषणकर्ता अंग्रेजों को हटाकर भारतीयों का शासन स्थापित हो जाए। पर वह शासन कैसा हो और उसमें जनता के क्या अधिकार हों इस सम्बन्ध में अधिकांश लोग कुछ सोचते ही न थे और यही विचार कर सन्तोष कर लेते थे कि जब विदेशी लोग हट जाएँगे और उनकी जगह भारतीय नियुक्त हो जाएँगे तो सब त्रुटियाँ और शिकायतें अवश्य ही दूर हो जाएँगी। यह एक बहुत ही अस्पष्ट और भ्रमपूर्ण विचार था और भगत सिंह ने इसे बड़ी हद तक दूर करने की चेष्टा की थी।

यद्यपि भगत सिंह सन् 1921-22 में नेशनल कॉलेज में पढ़ते समय ही वहाँ की लायब्रेरी से क्रान्ति के साथ साम्यवाद की पुस्तकें भी पढ़कर उस तरफ आकर्षित हो गए थे। पर पन्द्रह वर्ष की उस आयु में एकाएक साम्यवाद के रहस्य को हृदयंगम कर लेना सहज न था। इसी कारण एक वर्ष बाद जब वे कानपुर में आकर वहाँ के क्रान्तिकारी युवकों से मिले, जो उन्हीं की विचारधारा के थे, तो उनके विचार बहुत अपूर्ण थे। अजय घोष ने, जो बाद में भारतीय साम्यवादी दल (कम्यूनिस्ट पार्टी) के सेक्रेटरी बने, लिखा है कि "उस समय भगत सिंह एक देहाती लड़के के नमूने थे। ये वे दिन थे जब हम क्रान्ति के सपने देखाकरते थे—लड़कों के से सपने। लगता था कि क्रान्ति अब कोई दूर नहीं है। पर भगत सिंह क्रान्ति के आसन्न होने के बारे में उतने आश्वस्त नहीं थे। इसी कारण मैं उनके निराशावादी दृष्टिकोण का मजाक उड़ाता था।"

यही वह समय था कि भगत सिंह मेरे (सत्यभक्त के) सम्पर्क में आए। मैं उस समय कानपुर में रहकर मजदूर आन्दोलन और साम्यवाद के प्रचार में संलग्न था। उत्तर भारत के क्रान्तिकारी दल के प्रधान नेता शचीन्द्रनाथ सान्याल से मेरा परिचय था। वे एक बार तीन-चार दिन मेरे कमरे में रहकर कम्यूनिज्म की किताबें पढ़ चुके थे और मुझसे इस सम्बन्ध में काफी बातचीत और विचार-विनिमय भी करते रहते थे। (इसका पूरा विवरण शचीन्द्रनाथ सान्याल की 'बन्दी-जीवन' पुस्तक के पृष्ठ 319 पर दिया गया है) तत्पश्चात् शचीन्द्र ने अपनी पार्टी के सदस्यों को भी वे सब बातें समझाईं और कुछ पुस्तकें भी पढ़ने को दीं। स्वयं भगत सिंह एक दिन घर आकर 'रूस की राज्यक्रान्ति' सम्बन्धी एक पुस्तक खरीदकर ले आए। इसके अगले महीनों में कई बार ऐसे अवसर भी आए तब कम्यूनिज्म और मजदूर संगठन आदि के सम्बन्ध में शचीन्द्र, भगत सिंह, राधामोहन गोकुल और मेरी काफी समय तक बातें होती रहीं। हम लोगों के मिलने का स्थान उस समय कानपुर क्रान्तिकारी दल के मुख्य संचालक श्री सुरेश चन्द्र भट्टाचार्य का रामनारायण बाजार वाला मकान था।

इस प्रकार जैसे-जैसे समय बीतता गया भगत सिंह के क्रान्ति सम्बन्धी विचार परिपक्व होते गए और 8 सितम्बर, 1928 को दिल्ली के फिरोजशाह किले में की गई 'हिन्दुस्तान रिपब्लिकन एसोसिएशन' (क्रान्तिकारी दल) की बैठक में उन्होंने जोर देकर उसके नाम में 'साम्यवादी' शब्द शामिल कर दिया। इस घटना का वर्णन करते हुए श्री जितेन्द्रनाथ सान्याल ने लिखा है—

"इस प्रकार हम देखते हैं कि भगत सिंह ने उक्त बैठक में समाजवादी कार्यकर्ता की भूमिका अदा की तथा उनके जोरदार तर्कों के फलस्वरूप साम्यवादी सिद्धान्तों के आधार पर कार्यक्रम तैयार किया गया।" (पृष्ठ-43)

भगत सिंह की इस विचारधारा का सबसे महत्त्वपूर्ण प्रकाशन और प्रकटीकरण उस समय हुआ जब उसने असेम्बली बम केस के अवसर पर लाहौर की अदालत में अपने कार्य का औचित्य सिद्ध करते हुए कहा–

"समाज का वास्तविक पोषक श्रमजीवी है। जनता का प्रभुत्व मजदूरों का अन्तिम भाग्य है। इन आदर्शों और विश्वास के लिए हम उनके कष्टों का स्वागत करेंगे, जिनकी हमें सजा दी जाएगी। हम अपनी तरुणाई को इसी क्रान्ति की बन्दी पर होम करने लाए हैं, क्योंकि इतने गौरवशाली उद्देश्य के लिए कोई भी बलिदान बहुत बड़ा नहीं है।...

"समाज का सबसे आवश्यक अंग होते हुए भी उत्पादन करने का या मजदूरों से शोषकगण उनकी मेहनत का फल लूट लेते हैं। एक ओर जहाँ सभी के लिए अनाज पैदा करनेवाले किसानों के परिवार भूखों मरते हैं, वहीं सारे संसार को सूत जुटानेवाला बुनकर अपना और अपने बच्चों का तन ढँकने के लिए पर्याप्त कपड़ा नहीं पाता, शानदार महल खड़ा करनेवाले राजमिस्त्री, लेबर और बढ़ई, झोंपड़ियों में ही बसर करते और मर जाते हैं। और दूसरी ओर पूँजीपति, शोषक अपनी सनक पर करोड़ों बहा देते हैं।

"क्रान्ति से हमारा आशय यह है कि समाज में एक ऐसी व्यवस्था की स्थापना की जाए, जिसमें इस प्रकार के हड़कम्प का भय न हो और जिसमें मजदूर वर्ग के प्रभुत्व को मान्यता दी जाए और उसके फलस्वरूप विश्व पूँजीवाद के बन्धनों, दुखों तथा युद्धों से मानवता का उद्धार कर सकें।"

जैसे-जैसे भगत सिंह कम्यूनिज्म तथा समाजवाद के अन्य सिद्धान्तों का अध्ययन करके उनके मूल तथ्य को हृदयंगम करते गए उनका यह दृढ़ मत होता गया कि क्रान्ति का वास्तविक मार्ग मेहनतपेशा लोगों को जोड़ना तथा संगठित करना ही है।

थोड़े से युवक आतंकवादी कार्य करके इस महान उद्देश्य को नहीं कर सकते थे। अपनी फाँसी से कुछ ही पहले लाहौर सेंट्रल जेल के सुपरिंटेंडेंट के नाम लिखे गए एक पत्र में उन्होंने कहा था–

"यह मेरा दृढ़ विश्वास है कि हमको बमों और पिस्तौलों से कुछ हासिल नहीं होगा। 'हिन्दुस्तान साम्यवादी प्रजातंत्रीय समिति' के इतिहास से यह तथ्य स्पष्ट हो जाता है। बम चलाना निरर्थक ही नहीं, अकसर हानिकारक भी होता है, हालाँकि कुछ परिस्थितियों में उसकी अनुमति दी जा सकती है जिसका मुख्य उद्देश्य मजदूरों और किसानों को संगठित करना ही होना चाहिए।"

राजनीति की कसौटी पर

राजनीतिक क्षेत्र में भी ऐसे लोगों का अभाव नहीं होता जो आरम्भ में लम्बी-चौड़ी बातें करते हैं, बड़े साहसी और आत्म-बलिदानी बनने का प्रण करते हैं, पर जब अवसर आता

है तो हार मानकर आत्मसमर्पण करने में भी संकोच नहीं करते। साधारण आन्दोलनकारी लोगों की बात जाने दीजिए, क्रान्तिकारी दल में ही ऐसे लोग भरे पड़े थे। भारतीय क्रान्ति सम्बन्धी पुस्तकों को पढ़ने से अनुमान होता है कि लगभग आधे क्रान्तिकारी वक्त आ जाने पर पुलिस के मुखबिर बन गए थे। और तो क्या हमारे अपने ही वीरभद्र, कैलाशपति, फणीन्द्रनाथ, जयगोपाल, शिवचरनलाल, बनवारीलाल जैसे प्रमुख व्यक्ति थोड़े से भय या लालच के कारण गद्दार बन गए। यशपाल जैसे महत्त्वपूर्ण सदस्य का आचरण भी आक्षेप योग्य जान पड़ता है। इस स्थिति में हम जब अन्य क्रान्तिकारियों के कारनामों पर विचार करते हैं तो हमको भगत सिंह, चन्द्रशेखर, राजगुरु, सुखदेव, यतीन्द्रदास, महावीर सिंह, विजय कुमार आदि कुछ ही सदस्य ऐसे जान पड़ते हैं जो निर्भय होकर अन्त तक क्रान्ति-मार्ग पर दृढ़ रहे और जिन्होंने पुलिस के 'टार्चर' (कष्टों) और सामने की कठिनाइयों की कुछ परवाह न करके एक ऊँचे लक्ष्य को सामने रखा। कम प्रसिद्ध सदस्यों में से भी अनेक हृदय से क्रान्ति के पक्के अनुयायी थे और हर तरह से दृढ़ थे। उदाहरण के लिए हमारे सामने शालिगराम का नाम है जिसने बीसियों सिपाहियों से घिर जाने पर भी बड़ी शान के साथ संग्राम किया और गोली लगकर गिर जाने पर भी बड़ी चतुराई से दो सिपाहियों को मार गिराया। पर इन सबमें भगत सिंह को जो प्रमुख स्थान मिला उसका कारण यही है कि उन्होंने ढूँढ-ढूँढ़कर क्रान्ति आन्दोलन को अग्रसर और वरेण्य बनाने के कार्य किए। यह भगत सिंह की सूझ-बूझ और चतुरता का ही परिणाम था कि लाहौर षड्यंत्र केस लगभग डेढ़-दो वर्ष तक बढ़ता गया और इस बीच क्रान्ति-दल को इतनी प्रसिद्धि मिल गई कि बलिदान की आशा नहीं रख सकते। ऐसी दशा में हमारे मस्तक भगत सिंह की बहादुरी और बलिदान के समक्ष झुक जाते हैं।

पं. जवाहरलाल नेहरू ने कहा था–"हम भगत सिंह को न बचा सके, हमारी इस असमर्थता पर देश दुखी होगा। पर जब शासन हमसे समझौते की बात करेगा तो हमारे और उसके बीच भगत सिंह की लाश भी पड़ी होगी।"

भगत सिंह को अन्तिम क्षण तक मृत्यु की भयंकरता का तनिक भी भय नहीं हुआ, जो मानव-मात्र को आतंकित कर देती है। मरने से पहले उसने अपने भाई को पत्र में ये अमर वाक्य लिखे थे–"एक दीपक की तरह मैं सुबह होने के पहले ही खत्म हो जाऊँगा। यह मुट्ठी भर मिट्टी अगर नष्ट हो जाए तो इससे क्या हानि होगी?" उसी समय उसने गवर्नर के नाम एक पत्र लिखा जिसमें जोर देकर कहा–"हमारा युद्ध हमेशा नए जोश, अधिक सावधानी और अटल निश्चय के साथ उस समय तक चलता रहेगा, जब तक भारत में 'साम्यवादी प्रजातंत्र' की स्थापना न हो जाएगी।...अब पूँजीवाद और साम्राज्यवाद के दिन इने-गिने रह गए हैं। यह संग्राम न तो हमने आरम्भ किया था और न वह हमारे प्रयत्न से समाप्त हो जाएगा। हमारा यह तुच्छ बलिदान तो उस शृंखला की एक कड़ी की तरह है।"

ऐसे निर्भीक थे वे कि उन कर्तव्य-परायण युवकों पर भारतमाता जितना गर्व करे कम है। इतना ही नहीं वे समस्त मानवता के लिए श्रद्धा के पात्र हैं। उन्होंने जीवन के अन्तिम समय तक अन्याय के विरुद्ध संघर्ष किया। मेरी हार्दिक अभिलाषा है कि आजकल के

भारतीय युवक, जो अधिकांशतः गलत या अविवेकपूर्ण कार्यों की तरफ कदम बढ़ाते जाते हैं, जो अपनी शक्ति गुंडापन, अनैतिकता में लगाना तारीफ समझते हैं, वे भगत सिंह के जीवन-चरित्र से कुछ शिक्षा ग्रहण करें, जिसने अपनी भरी जवानी मातृभूमि की वेदी पर हवन कर दी। फाँसी का फन्दा हँसते हुए अपने गले में डाल लिया। उसकी उम्र पूरे चौबीस वर्ष की भी नहीं हुई थी। इन्हीं थोड़े से वर्षों में बिना किन्हीं विशेष साधनों के केवल अपने साहस और बलिदान से वह काम कर गया, जिसके लिए स्वतंत्रता तथा न्यायपरायणता के सभी प्रेमी उनके सम्मुख नतमस्तक होते रहेंगे। नित्यप्रति हजारों मनुष्य तरह-तरह से अकाल मृत्यु के मुँह में चले जाते हैं, पर जो भगत सिंह की तरह दूसरों के लिए जीवन अर्पण कर देता है वही इस नश्वर जगत में अमर हो जाता है।

भगत सिंह के आत्म-बलिदान का प्रभाव

हमारे मतानुसार त्याग और बलिदान ही सच्चे धर्म और आस्तिकता की पहचान है। मंदिर में पूजा करना, कंठी-माला-तिलक धारण करना, आसन पर बैठकर घंटों जप करना आदि बाह्य क्रियाएँ अधिक महत्त्व नहीं रखतीं। इतना ही नहीं वर्तमान समय में तो यह दिखाई दे रहा है कि अधिकांश व्यक्ति इन कार्यों को केवल अभ्यासवश या एक अन्धविश्वास के रूप में करते हैं। इस कारण विचारशील लोगों का विश्वास इन पर से हट रहा है। ऐसे लोगों की भी कमी नहीं जो इस प्रकार का पूजा-पाठ एक ढोंग के रूप में, औरों को ठगने के लिए, अपने कुकृत्यों को छिपाने के लिए करते हैं। हमने ऐसे भी लोग देखे हैं जो प्रसिद्ध गुंडे हैं, जुआ खिलाने का रोजगार किया करते हैं पर नित्यप्रति गंगा-स्नान करके जल के भीतर आधा घंटा खड़े रहकर भजन और जप भी करते हैं। ऐसे ही लोगों ने 'धर्म' को बदनाम कर दिया है और उसी आधार पर बहुत से व्यक्ति उसकी निन्दा और विरोध करने में प्रवृत्त हो जाते हैं।

हम कहना चाहते हैं कि धर्म और आध्यात्मिकता का स्वरूप वह नहीं है जो अशिक्षित अथवा अन्धविश्वासी जन-समूह में फैला है और जिसको लाखों पंडा-पुजारियों और भिखारियों ने जीवन-निर्वाह का साधन बना रखा है। इसके विपरीत वास्तविक धर्म वह है, जिसे भगत सिंह अथवा लेनिन जैसे क्रान्तिकारियों ने अपने त्याग और बलिदान द्वारा सर्वसाधारण के सामने उपस्थित किया है। चाहे ये दोनों क्रान्तिकारी 'नास्तिक' के नाम से प्रसिद्ध हो गए, पर यह निश्चय है वे कि सच्चे धर्म के ख़िलाफ़ न थे, वरन् उपर्युक्त श्रेणी के ढोंगी 'धर्म-कर्म' वालों ने ही उनको वैसा बना दिया था। धर्म विरोधी विचारधारा के मुख्य प्रचारक कार्ल मार्क्स और माइकेल बाकुनिन जैसे महान साम्यवादी थे, पर हम कह सकते हैं कि उनका यह वक्तव्य कि 'धर्म लोगों के लिय अफीम है' वास्तविक मानव-धर्म से ताल्लुक नहीं रखता। उनका आशय यही था कि पादरी, मुल्ला, पंडा आदि धर्म के नाम पर सामान्य जनता को बहकाया करते हैं और 'ईश्वरीय न्याय' तथा 'भाग्य' आदि का भरोसा दिलाकर अन्याय-अत्याचार सहन करने की प्रेरणा दिया करते हैं। धर्म के इसी विकृत रूप का वे विरोध करते हैं।

भगत सिंह को हम मानव-धर्म का एक श्रेष्ठ अनुयायी मानते हैं। जिस व्यक्ति ने कभी अपने आराम की तरफ ध्यान न दिया और तन-मन-धन परोपकार के कार्य में ही लगाया, जिसने अपनी स्वेच्छा से बुलाई मृत्यु का अधिकाधिक देश के हित के लिए उपयोग किया, उसकी महानता से कोई कैसे इनकार कर सकता है। कोई उसें कैसे 'अधार्मिक' कह सकता है। देश-धर्म सबसे भारी धर्म है? जिसने उसके लिए अपने प्राणों को तिल-तिल करके जलाया वह तो सबसे बड़ा 'धार्मिक' ही कहा जाएगा।

जैसा हम ऊपर बतला चुके हैं कि इंग्लैंड की प्रिवी कौंसिल में अपील करने की भगत सिंह की तनिक भी इच्छा न थी। वह अपनी मृत्यु से नवयुवकों को प्रेरणा देकर राष्ट्रोद्धार के कार्य में तेजी लाने का निश्चय कर चुका था। पर जब यह सुझाया गया कि इस उपाय से क्रान्तिकारी आन्दोलन की कई प्रकार से वृद्धि होगी तो वह उसके लिए तैयार हो गया। इस विषय में जो लाभ सोचे गए थे, उनके सम्बन्ध में 'अमर शहीद सरदार भगत सिंह' के लेखक का मत है–

"प्रिवी कौंसिल में अपील के द्वारा भगत सिंह सभ्य संसार को यह बता देना चाहता था कि भारत में राजनीतिक बन्दियों के साथ किस तरह का अमानुषिक व्यवहार किया जाता है। दूसरा उद्‌देश्य इंग्लैंड के अन्य राष्ट्रों को इस अपील के माध्यम से यह सूचित करना था कि भारत में समाजवादी क्रान्तिकारी पार्टी भी अस्तित्व में है। तीसरी बात यह थी कि फाँसियों को तब तक के लिए स्थगित कराया जाए जब इनका जनता पर सर्वाधिक प्रभाव पड़े।"

मन्मथनाथ गुप्त ने भगत सिंह की इस मनोवृत्ति पर प्रकाश डालते हुए लिखा है कि सांडर्स कांड के पश्चात् कुछ मित्रों ने जब यह सुझाव दिया कि भगत सिंह देश से बाहर जाकर काम करें तो उन्होंने इससे इनकार कर दिया। "जब उनके सामने यह विचार आया कि यहाँ रहने के माने फाँसी चढ़ना है, तो उन्होंने इस ढंग से सोचना शुरू किया कि जब मरना ही है तो क्यों न और भी खतरनाक काम किए जाएँ।"

स्वयं भगत सिंह ने जेल के भीतर अपने साथियों और वकील से प्रिवी कौंसिल में अपील करने के सम्बन्ध में यही विचार व्यक्त किए थे कि "फाँसी तब हो जब देश की जनता का जोश अपने पूरे उफान पर हो और उसका ध्यान इस ओर केन्द्रित हो।"

अपने प्राणों के साथ इस तरह निस्पृह भाव से खिलवाड़ कर सकना और 'राजनीति' की शतरंज में उसका इस प्रकार उपयोग करना जैसे वह कोई निर्जीव काठ का मोहरा हो, असाधारण आत्मबल और त्याग-भावना का प्रमाण है। जब हम देखते हैं कि एक जर्जर कायावाला भिक्षुक भी मृत्यु के नाम से काँपता है और यह इच्छा करता है कि किसी प्रकार अधिक दिनों तक साँस लेता रह सके, तब चौबीस वर्ष की मदमाती आयु में, अमूल्य शरीर-सम्पत्ति रखते हुए, अपनी ही मृत्यु को इस तरह लापरवाही से तप कराना किसी सच्चे आत्म-ज्ञानी के लिए ही सम्भव हो सकता है। यही सबसे बड़ी शिक्षा है जिसे हमारे भाई भगत सिंह के चरित्र से ग्रहण कर सकते हैं। कहने को तो मुँह से एक साधारण बाजार में बैठनेवाला भी संसार को 'असार' और 'दो दिन का मेला' कहा करता है, पर व्यवहार और या शरीर या सम्पत्ति पर तनिक भी आँच आते ही ऐसी हाय-तौबा मचाई जाती है कि मानो

वे युगों तक जीवित रहेंगे और सम्पत्ति को भी साथ में लेकर जाएँगे। एक तरफ 'नास्तिक' कहे जानेवालों का ऐसा अद्‌भुत आत्म-त्याग और दूसरी तरफ दिन-रात 'ईश्वर की दुहाई' देनेवालों की स्वार्थपरता और भौतिकवादिता देखकर हमें यह कहने को विवश होना पड़ता है कि हमारा समस्त धर्म-कर्म और पूजा-पाठ दिखावटी है और हम झूठ-मूठ ही अध्यात्म की डींग हाँका करते हैं। अगर हम सचमुच ईश्वर या आत्मा की सत्ता में विश्वास रखनेवाले होते तो अपना जीवन अथवा समय सेवा और परोपकार के कामों में लगाने में एक हर्ष का अनुभव करते। हमारी यही अभिलाषा है कि चाहे हम सब भगत सिंह के समान निर्भीक और यमराज को चुनौती देनेवाले न बन सकें, पर 'सांसारिक माया-मोह' में ऐसे लिप्त भी न हों कि समाज-सेवा और मातृभूमि के ऋण को चुकाने के उच्च आदर्श का यथाशक्ति पालन न कर सकें।

हमारा कर्तव्य

यद्यपि आज विदेशी शासन हट जाने से भगत सिंह के युग के समान अपने ही खून से होली खेलने की परिस्थिति बदल गई है, पर त्याग और तपस्या का जीवन व्यतीत करने की आवश्यकता आज भी बनी हुई है। हम देख रहे हैं कि विदेशी शासन के विरुद्ध संघर्ष में लोगों ने स्वार्थ त्याग और कष्ट सहन का जो परिचय दिया था आज उसकी प्रतिक्रिया हो रही है। उस समय देश-सेवा और राजनीति में भाग लेने का अर्थ होता था कुछ देना अर्थात् देशहित के कार्यों में अपने शरीर, श्रम और सम्पत्ति का एक छोटा या बड़ा अंग उत्सर्ग करना। पर आज बिलकुल उलटी बात देखने में आ रही है कि 'सार्वजनिक सेवा' अथवा राजनीति के कार्यों में भाग लेने का उद्‌देश्य है अपने स्वार्थ की पूर्ति करना या अधिकाधिक लाभ उठाना। यह स्थिति निश्चय ही बड़ी शोचनीय तथा घातक है। भगत सिंह के चरित्र से प्रेरणा ग्रहण करने या उसके पग-चिह्नों का अनुसरण करने का नतीजा तो यही होना चाहिए कि 'पुराने और नए क्रान्तिकारी' इस हीन मनोवृत्ति का डटकर मुकाबला करें और उसकी जड़ उखाड़कर ही दम लें।

वर्तमान समय में भ्रष्टाचार का बाजार जैसा गरम हो रहा है और बड़े-बड़े 'देश-सेवक' भी जिस प्रकार दोनों हाथों से सम्पत्ति बटोरने में व्यस्त हैं, उसको चुपचाप देखते रहना या सहन करना सच्चे क्रान्तिकारी सिद्धान्त वालों के लिए लज्जा और कलंक की बात है। यद्यपि आज बम और पिस्तौल के उपयोग का जमाना नहीं रहा, पर भ्रष्टाचारियों को राजी या गैरराजी से निरस्त करना क्रान्तिकारियों का कर्तव्य है। यदि भगत सिंह जैसे आत्म-बलिदानियों के उदाहरण से यह प्रेरणा ली जा सके तो हम उपर्युक्त लक्ष्य को निश्चय ही प्राप्त कर सकेंगे।

(1981)

खंड-2

अभ्युदय

('अभ्युदय' भगत सिंह अंक 8 मई, 1931—जब्त
और अन्य अंकों में भगत सिंह)

अभ्युदय
सचित्र साप्ताहिक
भगतसिंह-अंक
अभ्युदय
संख्या १३
वार्षिक मूल्य
[इस अंक का

अभ्युदय

अभ्युदय

रजिस्टर्ड नं० ए० ३८०

छात्रावस्था में

सरदार भगतसिंह

देश-दशा देख देख नित्य अशान्त था जो
दमन दबाव देख हो गया दिवाना सा।
खतरे में अपने को डालने का आदत थी,
तिस पै मिला था माथा मरदाना सा।
दांत पीसता था सिंह "पोप" का बहाना सुन,
लगता जैसे था वह शबाब का फिसाना सा।
फूल सा चढ़ा दिया शरीर बलिवेदी पर,
चूमकर फाँसी झूमकर मस्ताना सा।
—"केसरी"

पत्र के स्वामी के आज्ञानुसार पं० [illegible] मालवीय द्वारा अभ्युदय प्रेस, प्रयाग में सम्पादित, मुद्रित और प्रकाशित।

क्रान्तिकारियों और पुलिस में फिर गोलियाँ चलीं

150 पुलिस और 2 क्रान्तिकारी : एक की मृत्यु और दूसरा घायल

गुजरात के किसानों और सरकार में समझौता हो गया!

नए वायसराय महात्मा जी से शीघ्र मिलेंगे?

पुराने वाइसराय लन्दन पहुँच गए

लन्दन में जोरों का स्वागत

लॉर्ड इर्विन का लन्दन में शानदार स्वागत हुआ। अधिकांश समाचार-पत्रों ने उन पर अग्रलेख लिखे और स्वागत किया। 'टाइम्स' ने उनके पंचवर्षीय शासन की बड़ी प्रशंसा की तथा 'स्पेक्टेटर' ने लिखा है—"लॉर्ड इर्विन को तब तक कोई नौकरी नहीं करना चाहिए जब तक अपनी सहायता से वे भारतीय समस्या का निपटारा न करा दें।"

गुजरात में महात्मा जी का कार्य

किसानों और सरकार में समझौता हो गया

कांग्रेस और सरकार में क्षणिक सन्धि होने के बाद भी गुजरात के किसानों के कष्ट कम नहीं हुए थे। लगान न अदा करने और सरकारी दमन का झगड़ा वहाँ चल ही रहा था। इस झगड़े को और किसानों के कष्ट को दूर करने के लिए महात्मा जी गुजरात का दौरा कर रहे हैं। योरसद पहुँचकर महात्मा जी वहाँ के कलेक्टर से मिले। आन्दोलन के समय वहाँ के 33 ग्रामों ने लगान-बन्दी में भाग लिया था लेकिन समझौते के बाद महात्मा जी तथा

श्रीयुत वल्लभभाई के आदेशानुसार किसानों ने लगान देना आरम्भ कर दिया। सरकार का कहना था कि प्रायः 10 ग्रामों में ठीक लगान अदा नहीं किया गया। कई गाँवों में लगान देना ही स्वीकार नहीं किया जा रहा था। इस पर कलेक्टर ने 15 दिन की नोटिस दी कि यदि उक्त समय के भीतर लगान नहीं चुकाया जाएगा तो दमन नीति का अवलम्बन किया जाएगा। इस पर महात्मा जी कलेक्टर से मिले और गाँवों में यह निश्चित कराया कि कौन लगान दे सकता है और कौन नहीं। कलेक्टर साहब भी राजी हो गए। आशा है इसी प्रकार का समझौता अन्य ग्रामों में भी हो जाएगा। आन्दोलन में नौकरी से इस्तीफा देनेवाले पटेलों में से 13 व्यक्तियों को छोड़कर शेष सब अपने-अपने पदों पर ले लिये गए हैं। इसमें से 10 पटेलों का मामला अभी विचाराधीन है। शेष तीन व्यक्तियों के विषय में भी महात्मा जी लिखा-पढ़ी कर रहे हैं। बेच दी जानेवाली जब्त जमीनों के सम्बन्ध में भी महात्मा जी किसानों से पूछताछ कर रहे हैं। दीवान साहब ठाकुर का अनुकरण करते हुए आज तीन घरवालियों ने खरीदी हुई जमीनें वापिस कर दी हैं।

लाहौर का युद्ध

गत 3 मई को सायंकाल लाहौर में दिल्ली षड्यंत्र केस के श्री जगदीशराम तथा नवीन लाहौर षड्यंत्र के श्री सुखदेव राज की, जो अभी तक फरार थे, पुलिसवालों से मुठभेड़ हो गई। लड़ाई में जगदीशराम की गोली लग जाने से मृत्यु हो गई तथा सुखदेव गिरफ़्तार कर लिये गए। मृतक का शव परीक्षा के लिए ले जाया गया है। कहा जाता है कि कई पुलिसवाले भी घायल हुए हैं।

इस सम्बन्ध में स्थानीय कॉलेज के एक विद्यार्थी का कहना है, कि प्रायः ढाई बजे दिन को कुछ पुलिस अधिकारी 60 सिपाहियों के जत्थे के साथ शालीमार बाग गए और वहाँ के सब फाटकों में ताला लगा दिया। उस समय जगदीश नदी के किनारे बाग में तथा सुखदेव भी वहाँ आराम कर रहे थे। पुलिस ने उनके अनजान में उन्हें चारों ओर से घेर लिया। इस पर आत्मरक्षा के लिए उन अभियुक्तों ने भी पिस्तौल चलाना आरम्भ कर दिया। कहा जाता है कि एक ही बार में अभियुक्तों को चारों ओर से दबा लिया गया। जगदीश के गले में एक गोली लगी और वह नदी में लुढ़क गए। अधिक रक्त निकलने के कारण उनकी वहीं मृत्यु हो गई। सुखदेव भागने ही वाले थे कि उन्हें गिरफ़्तार कर लिया गया। उनके पास से 305 बरामद किए गए हैं।

जगदीश एक रेलवे कर्मचारी थे तथा सुखदेव एम.ए. के विद्यार्थी। इनकी गिरफ़्तारी के लिए बड़े-बड़े इनाम रखे गए थे।

पुलिस का घेरा

बाद की जाँच से विदित हुआ है कि कल सायंकाल एक पुलिस के अफसर ने जगदीश और उनके सहयोगी को शालीमार बाग में देखा। सूचना देने पर पुलिस ने उन्हें घेर लिया।

षड्यंत्रकारियों ने अपने को घिरा हुआ पाकर अपने तमंचे निकाल लिये और दोनों ओर से गोलियाँ चलने लगीं। अन्त में जगदीश जान से मारा गया और सुखदेव राज घायल होकर अस्पताल पहुँचाया गया।

वाइसराय शिमला पहुँच गए

महात्माजी से वाइसराय मिलेंगे?
लॉर्ड इर्विन का काम पूरा करेंगे

नए वायसराय लॉर्ड विलिंगडन गत 2 मई को शिमला पहुँच गए। पहुँचते ही आप काम में लग गए। रियासतों के प्रतिनिधि-मंडल ने आपसे भेंट की। किन्तु, प्रतिनिधि-मंडल से पूरी भेंट भी न हो पाई थी कि वायसराय महोदय को उठ जाना पड़ा क्योंकि उन्हें कार्यकारिणी की बैठक में शरीक होना था। यह बैठक एक घंटे तक होती रही। 'लीडर' के संवाददाता को ज्ञात हुआ है कि इसी अवसर पर, पहली ही बार लॉर्ड विलिंगडन को यह महसूस हो गया कि उनको कितनी विरोधी शक्तियों का सामना करना है। लॉर्ड विलिंगडन की निजी इच्छा तो यह है कि वे फौरन महात्मा गांधी से मिलकर हर प्रकार की गलतफहमी दूर कर दें, पर देखना यह है कि नौकरों द्वारा उत्पन्न की गई परिस्थितियों में वे ऊँचे उठ सकते हैं या नहीं।

नकद नतीजा
(ले.—श्री जयचन्द्र विद्यालंकार)

"मुहूर्त ज्वलितं श्रयो न तु धूमायितं सयाः!" एक घड़ी भर भभक उठना बरसों सुलगा करने से अच्छा है! भगत सिंह भारतवर्ष के क्षितिज में एकाएक एक धूमकेतु की तरह प्रगट हुए, और एक धधकती ज्वाला की तरह जलकर शान्त हो गए। आज जो हजारों-लाखों आदमी उनकी जय पुकारते हैं, तीन बरस पहले वे उसका नाम तक न जानते थे; देश के जो अनेक बड़े आदमी इधर उनकी प्रशंसा और उनसे इतना स्नेह प्रकट करते रहे, तीन बरस पहले उनमें से बहुत से मौका पड़ने पर उनसे सीधे मुँह बात करना भी पसन्द न करते! उस समय केवल एक मुट्ठी भर युवकों की गुमनाम मंडली उन्हें जानती थी—आज जो अनेक नवयुवक अपने को उनका सीधा उत्तराधिकारी मान रहे हैं, सात-आठ बरस पहले जब उनसे भी बात की जाती थी तब वे समझते भी न थे कि उनसे क्या कहा जा रहा है? जतीन दास ने जब हँसते-हँसते अपने जीवन को गेंद की तरह उछाल फेंका, तब 'दूसरों को कष्ट न देने पर स्वयं सब कष्ट सहने' के प्रचलित मंत्रों का तोता-पाठ करनेवाले अनेक बड़े आदमी देखकर दंग रह गए कि कपट सहने में भी ये तुच्छ नवयुवक बाजी ले गए! किन्तु उस गुमनाम मंडली को जो जतीन को पहले से जानती थी, इससे कुछ भी आश्चर्य न हुआ—ज़रूरत पड़ने पर उसमें से आधे दर्जन और जतीन दास सहज ही निकल आते—जतीन की शहादत से नौ माह पहले भागलपुर जेल में उपेन्द्र धर उसी तरह शहीद होने को ही थे। आखिर, कौन-सा वह जादू था जिससे इस तुच्छ गुमनाम युवक-मंडली ने एकाएक देश का रुख बदल दिया? उनके आदर्शों और जीवन में कौन-सी वह सचाई थी जिसके जोर से देश में एक नई हवा बँध गई? जतीन दास, भगत सिंह, सुखदेव और राजगुरु के जीवन-मरण का निचोड़—उसका नकद नतीजा—क्या है?

उनके 'नौजवान' अनुयायियों-प्रशंसकों ने तो आज उन्हें देवता बना दिया है। अभी तक वे लोग इतने जोश में हैं कि उनके चरित्र का ठीक अन्दाज़ ठंडे दिमाग से वे कर नहीं सकते। दूसरी तरफ़ देश के अनेक विचारशील लोग, अहिंसात्मक लड़ाई के अनेक नेता इन्हीं 'नौजवानों' से उन लोगों का भी अन्दाज करते हैं। उनके साहस और बलिदान का सिक्का उन्हें मानना पड़ा है। जिस भूख हड़ताल के सिलसिले में जतीन ने अपने जीवन की आहुति दी, बेशक वह एक ऊँचे दर्जे का बलिदान था, जो देश का ध्यान हठात् खींच सकता और देश में एक नई हवा बाँध सकता था। वह था भी शुद्ध अहिंसात्मक बलिदान, लेकिन उसके बाद आज पिछले एक बरस में देश में भारी-भारी घटनाएँ घट चुकी हैं, संसार के

शायद सबसे बड़े जीवित महायुवक की नायकता में एक शक्तिशाली लहर देश को एक छोर से दूसरे छोर तक हिला चुकी और दुनिया के सबसे प्रबल साम्राज्य को घुटने टेका चुकी है। फिर भी आज तक वह 'बहका हुआ' बलिदान भूला क्यों नहीं गया? आज तक उसका प्रभाव मन्द क्यों नहीं हो गया?

भगत सिंह का सबसे पहला परिचय जनता को असेम्बली के बम से मिला था। उस बम के फूटने पर बहुतों ने उन्हें खुफिया पुलिस का आदमी भी समझा, पर पंजाब के राष्ट्र-भक्त जो भगत सिंह के परिवार को 22 बरस पहले से जानते थे, एकाएक अपने अजीज को उस हालत में देखकर सन्न हो गए। आठ-दस दिन बाद इनका बयान सामने आया। पंजाब पर तो उसके जादू का असर हुआ! भगत सिंह जैसा होनहार, बहादुर, प्रतिभाशाली, तरुण देशभक्त ऐसी तुच्छ मूर्खता का कांड कर बैठा यह देखकर पंजाब भौचक था। उस मूर्खता में कुछ-न-कुछ रहस्य होना चाहिए। वह रहस्य सामने आते ही पंजाब उस पर लट्टू हो गया। दूसरे प्रान्तों में भी उस बयान ने उलट-पुलट चर्चाओं को रोक दिया और कम-से-कम इतना प्रकट कर दिया कि इन लोगों में सोचने-समझने की कुछ शक्ति ज़रूर है।

असेम्बली कांड से करीब तीन महीने पहले सांडर्स का वध हुआ था। अदालत का फ़ैसला अब यह है कि वह भी भगत सिंह, राजगुरु और चन्द्रशेखर आज़ाद का काम था। अदालत की सब कार्यवाही एक तरफ थी और वह स्वयं एक न्यायहीन क़ानून से बनी असाधारण अदालत थी, इस कारण देश के एक बड़े हिस्से ने उसके फ़ैसले की सचाई को स्वीकार नहीं किया। तो भी यह असम्भव नहीं है कि वह वध भगत सिंह के हाथों हुआ हो, और थोड़ी देर के लिए वैसा मानकर ही हम घटनाओं की परम्परा पर विचार करेंगे। सांडर्स का वध लाला लाजपत राय की मृत्यु के ठीक एक महीना बाद और काकोरी मामले की फाँसियों के ठीक एक बरस बाद हुआ था। इसलिए वह काकोरी की फाँसियों और लाला जी की मृत्यु की याद में, या उनके बदले में था, वैसा सोचा जाना बहुत स्वाभाविक था। कुछ विज्ञापनों ने उसे यही रंगत दी और खुफिया पुलिस ने फिर उसे वही रंगत दी। उस सिलसिले में पुलिस को भगत सिंह की तलाश थी और पुलिस के हलकों से उसका रहस्यमय नाम धीरे-धीरे बाहर भी निकल रहा था। उस घटना से बरसों पहले और तीन महीने तक उसके बाद भी लगातार पीछे लगे रहने के बावजूद उसका और उसके साथियों का कुछ भी पता वह न निकाल सकी, इस बात का भी एक विचित्र प्रभाव जनता के मन पर पड़ा था और जिस आदमी की खोज में वह इतनी परेशान थी, अन्त में उसने स्वयं अपने को कैसी बेपरवाही से सौंप दिया!

लाला लाजपत राय का सरेआम जिस तुच्छता से अपमान किया गया और उसके द्वारा समूचे देश की जैसी निशक्तता प्रकट की गई, उसका जवाब सांडर्स के वध के रूप में देना उचित था कि अनुचित यह प्रश्न उठाना केवल वितंडावाद होगा। आज हमसे कोई पूछे तो सब परिणामों को देखते हुए हम यही कहेंगे कि वैसे अपमानों का सबसे बढ़िया जवाब महात्मा गांधी ने दिया जिनके आगे संसार के सबसे अभिमानी साम्राज्य ने घुटने टेक दिए। किन्तु उस समय तक महात्मा जी ने अपने सिद्धान्तों को सफल करके न दिखलाया था, और लोगों को और कोई तरीका अपने अपमान का हिसाब चुकाने का न सूझा था। दूसरी

तरफ यह भी कह दिया जाए कि उस समय भी इस प्रकार के वधों से सीधे स्वराज्य पा लेने की आशा न की जा सकती थी, वे केवल अपने मनुष्योचित क्रोध को शान्त करने और अपने आपको मनुष्यता से एकदम न डिगा लेने के उपाय थे।

असेम्बली में पटाखा चलाना कहाँ तक उचित था? मैं इससे पहले भी यह विचार प्रकट कर चुका हूँ कि उस कार्य की बुद्धिमत्ता और बहादुरी का मैं कायल नहीं हो पाया। अपने आपको ऐसे काम में जान-बूझकर पकड़ा देकर जो आदमी बड़ी से सज़ा पाने और कष्ट सहने को तैयार रहे, उनमें एक ऊँची अहिंसात्मक बहादुरी ज़रूर थी; किन्तु वे स्वयं अहिंसा-मार्ग के अनुयायी न थे! 'हमने बहरों को सुनाने के लिए यह ऊँची पुकार उठाई है; पीड़ित गुलाम जनता आज अन्तिम हद तक परेशान हो चुकी है, यदि उसके अधिकार वापिस न किए जाएँगे तो वह एकाएक उठ खड़ी होगी!'—इस प्रकार की व्याख्या और सफाई उस कार्य के लिए पेश की गई थी। किन्तु, मैंने पहले भी पूछा था कि बहरा कौन है? ब्रिटिश सरकार? या अपने देशवासी? ब्रिटिश सरकार तो अपने खुफिया दूतों के द्वारा हर वक्त सजग और चौकन्नी रहती तथा हमारी नब्ज़ पर हाथ रखती है। अगर कोई बेहोश है तो वे हमारे अपने देशवासी हैं। और फिर उस सरकार को क्या सुनाना अभीष्ट है? हम उसे कुछ सुनाते ही क्यों हैं? उसको अपना दुख सुनाना खाली प्रदर्शन करना है, चाहे हम अनुनय-विनय के साथ सुनावें या धमकी और पटाखे के साथ सुनावें। आखिर भिखारी की मनोवृत्ति है। यदि हमारी पुकार न सुनी जाएगी तो जनता उठ खड़ी होगी—पुकार तो सैकड़ों बार नहीं सुनी गई, फिर इस नई धमकी की क्या कीमत? और यदि जनता उठने को तैयार है तो फिर वह सीधे उठ क्यों नहीं पड़ती? उसे दुश्मन को सुनाने और सूचना देने, सूचना देकर उलटा सावधान करने की ज़रूरत क्या है? असल क्रान्तिकारी का काम अपनी जनता को संगठित करना है। प्रदर्शन करना और पुकार सुनाना उसके मार्ग से ठीक उलटी दिशा के काम हैं। मेरी तुच्छ बुद्धि असेम्बली वाले पटाखे पर सदा यही कुछ सोचती रही है और उसे भगत सिंह की भूल मानती रही है। किन्तु प्रदर्शन करने और पुकार सुनाने का भाव हमारे देश की राजनीति में इतना घर कर चुकी है कि जिन तरुणों ने क्रान्ति की राह पर चलना चाहा वे भी उसकी छूत से बच न सके, उस भूल की यही व्याख्या करके मैं अपने दिल को समझाता रहा हूँ।

जिस नवयुवक पर सांडर्स का वध करने का शक किया जाता था और जो यदि चाहता तो उस किस्म के बीस और कार्य आसानी से करके अपने को गायब और गुप किए रख सकता और उस दशा में जिसके नाम और परछाँही से देश के दुश्मन काँपा करते और पीड़ितों को आश्वासन मिला करता, उसने एक छोटे से प्रदर्शन में अपने को पकड़ाकर कहाँ तक उचित किया, यह एक दूसरा प्रश्न है। किन्तु मेरे दिल में तो भगत सिंह की वह मूर्ति भी कभी जँचने नहीं पाई। दस-बीस साहसी गोरिल्लों के नेता भगत सिंह के बजाय मैं तो उस भगत सिंह के सपने लेता रहा हूँ जो बाकायदा सामरिक शिक्षा पाकर समय आने पर देश की स्वतंत्रता के लिए लड़नेवाली सेनाओं को इधर से उधर चलाता और भारतवर्ष का इतिहास बनानेवाली लड़ाइयों के फैसले करवाता! भगत सिंह में वे सब सम्भावनाएँ थीं, इसे वे लोग क्या जानेंगे और समझेंगे जो उसके तुच्छ से खेल से ही लोट-पोट हुए जाते हैं।

किन्तु अब उन सब 'यदियों' की याद करना फ़िज़ूल है। घटनाओं को हम उनके ठीक तारतम्य में समझ सकें, केवल इसीलिए ऐसे 'यदि' के प्रश्न उठाए जाते हैं। किन्तु फिर वही प्रश्न बाकी है कि भगत सिंह और उसके साथियों के जीवन-मरण का सार क्या केवल ये सब 'यदि'—ये सब सम्भावनाएँ—ही हैं?

उस पहले और प्रमुख प्रश्न के उत्तर में दो-तीन बातें मैं विशेषकर उन लोगों के ध्यान में लाना चाहता हूँ जो उन्हें केवल पथभ्रष्ट या साहसी समझते हैं।

पहली बात, उनका समूचा अल्पकालिक चरित्र युवकों की उत्कट अधीरता को सूचित करता है। वे मानो उस अधीरता और बेचैनी की मूर्ति थे। देश के नेता लोग जब यह कह रहे थे कि अभी देश पूर्ण स्वराज्य का प्रयत्न शुरू करने के लिए तैयार नहीं है, अभी पहले हिन्दू-मुस्लिम एकता का स्थापित होना ज़रूरी है, उस समय ये मुट्ठी भर युवक अपनी बेचैनी को न सँभाल सकते और अपने उलटे-सीधे साधनों से स्वतंत्रता पाने को व्याकुल थे। कलकत्ता कांग्रेस में जब महात्मा गांधी पर पूर्ण स्वराज्य का आदर्श मानने का दबाव पड़ा, तब उन्होंने ब्रिटिश सरकार को एक बरस का नोटिस दिया। वह एक बरस भी समझौते के बाद तय हुआ था, उनके बहुत से साथी अन्त तक भी कहते रहे कि छपाई शुरू करने के लिए अभी एक बरस का अवसर बहुत कम है। किन्तु युवकों की वह बेचैनी और अधीर होकर दूसरे मार्ग में पड़ना क्या महात्मा जी का उकताकर जल्दी लड़ाई में उतार देने का कारण नहीं हुई? इस अंश में भगत सिंह दल की वह व्याकुल छटपटाहट मानो एक चंचल बच्चे का रूठना था, जिस बच्चे ने रूठ-रूठकर बूढ़े सेनापति को मैदान में खींच उतारा!

दूसरे, वे निरे रूठने, जिद करने और बात बनानेवाले बालक ही न थे। देश के नेता लोग जब इन झगड़ों में उलझे थे कि कौंसिलों में जाया जाए, या न जाया जाए, हिन्दुओं को चार टुकड़े मिलें या मुसलमानों को तीन उस समय उस गुमनाम निराशाप्रद वातावरण में वे निःसाधन नवयुवक अनथक एकाग्रता के साथ संगठन करने में जुटे थे। इस सम्बन्ध में वीर सुखदेव का नाम विशेष रूप से लेना ज़रूरी है। पंजाब के विद्यार्थी-समाज की उस समय की उपेक्षा और उदासीनता भयंकर थी। वह समाज राष्ट्रीय भावों के लिए एक निर्जल मरुभूमि-सी जान पड़ता था। कांग्रेस के नेता उससे एकदम सब आशाएँ छोड़ चुके थे। उस दशा में अकेला सुखदेव जी तोड़कर इस मरुभूमि में हरियावल पैदा करने की कोशिश में लगा था। वह काम पत्थर से सिर टकराने के बराबर था! एक-एक नौजवान के पीछे पड़कर यदि बरस भर में आठ-दस आदमी उसमें तैयार कर लिये तो भारी सफलता हुई! आज यदि युवकों और विद्यार्थियों में एक नई हवा बँध गई है और वे सैकड़ों-हज़ारों की संख्या में कांग्रेस के आन्दोलन में आते रहे हैं, तो यह सब उसके और वैसे इस गुमनाम कार्य का परिणाम है। खुले आन्दोलन के नेता इस लहर बदलने के लिए सुखदेव जैसे दृढ़प्रतिज्ञ कार्यकर्ताओं के कृतज्ञ हो सकते हैं। भगत सिंह और सुखदेव का एक-दूसरे से प्रेम अतुलनीय था। उन दो का परस्पर परिचय स्वयं नहीं हुआ, किन्तु जब एक बार वे एक-दूसरे को जान गए, तब उन दोनों की प्रतिकूल प्रकृति मानो स्वयं उन्हें एक-दूसरे की तरफ़ खींचती थी। भगत सिंह का तेज और ओज उसके चेहरे पर छिपाते न छिपता था, तो सुखदेव की सर्ववेधिनी प्रतिमा और अटल निश्चय की फलक उसके गहरे चेहरे पर किसी

सूक्ष्मदर्शी को ही दीख सकती थी! सुखदेव जहाँ भगत सिंह के काबू न आनेवाले तेज को अपनी सम्पत्ति समझकर अभिमान करता था, वहाँ भगत सिंह को भी सुखदेव की उस अनथक संगठन-शक्ति पर गर्व था जिसमें सौ भगत सिंह उसका मुकाबला न सकते थे।

स्वर्ग में स्वागत

फाँसी होयगी ही यह हो गया मही में शोर,
उमड़ पड़ा विषाद-सिन्धु धाशु मन में।
राजगुरु सुखदेव सूरमा भगत सिंह,
रह न सकेंगें वीर तीनों ये भुवन में॥
बाढ़ सी दृगों में आ गई है छा गई है पीर,
जलती सदैव है वियोग आग मन में।
स्वर्ग को सजाते हैं बजाते दुन्दुभी हैं देव,
पलकें बिछाते हैं उन्हीं के आगमन में।

साहित्यरत्न श्री श्यामनारायण पांडेय

सुखदेव के चरित्र के विषय में अन्तिम समय में बहुत कुछ ग़लतफ़हमी हुई है। समूचे दल का वह संगठनकर्ता एक तुच्छ-सी बात में पकड़ा गया और अपनी उस ग़लती को उसने एक और ग़लती से बचाना चाहा। फल उलटा हुआ और बनने के बजाय खेल बिगड़ता गया। लोगों में यह बहुत चर्चा रही कि सुखदेव कमजोर निकला, उसने कमजोरी में आकर बयान दे डाला और उसके बयान से समूचा मामला खड़ा हुआ। एक किस्म की 'कमज़ोरी' वह ज़रूर थी, पर जैसी कमज़ोरी उसे लोग समझते हैं, मैं उसे वैसा कभी नहीं मान सका, न कभी मान सकूँगा। उसकी गिरफ़्तारी के बाद मैं कभी उससे मिला नहीं, इसलिए सम्भव है मेरी व्याख्या बिलकुल ठीक न हो, तो भी मुझे पूरा-पूरा विश्वास है कि वह 'कमज़ोरी' एक और किस्म की थी। एक तुच्छ से काम में जब वह पकड़ा गया–वैसा काम आरम्भ करना ही उसकी बड़ी ग़लती थी–तब उसे एकाएक यह दीख पड़ा कि वह दुनिया के सामने बेवकूफ बनेगा–बिना कुछ करे-धरे वह ऐसे भद्दे तरीके से धरा गया! और उस कमी को उसने अपने कारनामों का बयान देकर पूरा करना चाहा! वह वही प्रदर्शन का भूत था जो भगत सिंह के असेम्बली-बयान में झटका था। किन्तु भगत सिंह उसके लिए तैयार होकर गया था और उसकी प्रकृति उसके अनुकूल थी, जबकि सुखदेव पर एकाएक वह बला आ पड़ी और वह कभी उसकी तबीयत के माफिक न थी। उसे नाम और कीर्ति की कभी परवा न थी, वह स्वभाव से शान्त कार्यकर्ता था। उस जैसे आदमी के रहते समूचे दल पर प्रदर्शन का वह भूत कैसे सवार हो गया, यही सबसे अधिक आश्चर्य की बात है!

अन्त में तीसरी बात जिस पर मुझे ध्यान दिलाना है वह यह है कि महात्मा गांधी ने लाहौर कांग्रेस के पहले तक जहाँ कभी शुद्ध आदर्शों के लिए लड़ाई नहीं लड़ी, वहाँ इन युवकों के सामने सदा खालिस स्वतंत्रता का आदर्श रहा! समूचा असहयोग आन्दोलन केवल कुछ शिकायतों को दूर करने खातिर था–पंजाब का अपमान और ख़िलाफ़त का तथाकथित

अन्याय वे शिकायतें थीं। पंजाब में हमारा अपमान हुआ, इस कारण हम ब्रिटिश सरकार से रूठे हुए हैं, 'यदि सम्भव हो तो ब्रिटिश साम्राज्य के अन्दर' हम रह सकते हैं और यदि 'हृदय का परिवर्तन' दीख पड़े, हमारा रूठना समाप्त हो सकता है, यही सब बातें हमारे देश के राजनीतिक वातावरण में लाहौर-कांग्रेस तक गूँजती रही हैं। पूर्ण स्वतंत्रता के शुद्ध आदर्श का कहीं नाम न था। वे सब बातें चतुर राजनीतिज्ञता की थीं न कि शुद्ध आदर्शवाद की। हिन्दू-मुस्लिम प्रश्न में तो अभी तक वह शुद्ध राष्ट्रीय आदर्श देश के सामने आने नहीं पाता। स्वराज्य में सबका उचित अधिकार होगा, मुसलमान जो माँगें उन्हें दिया जाएगा, पारसी जो माँगें उन्हें मिल सकेगा? मानो इन सब फिरकों की जुदा-जुदा हैसियत बने रहने के बावजूद भी स्वराज्य मिल जाएगा और स्वराज्य मिल जाने पर भी उनकी जुदा-जुदा हैसियत भारतवर्ष की रंग-बिरंगी गुदड़ी में बनी रहेगी। उस दिन एक नेता फरमाते ही थे कि हिन्दू और मुसलमान एक बड़ी इमारत की ईंटों की तरह एक-दूसरे के साथ मजबूती से जड़ जाएँ। वह सुनकर हठात् मेरे मुँह से निकला कि हिन्दू ईंट और मुस्लिम ईंट पर जुदा-जुदा छाप बनी ही रहेगी! दोनों को चूर कर जब तक नई हिन्दुस्तानी ईंटें न तैयार होंगी तब तक राष्ट्र की इमारत भी न तैयार होगी। शुद्ध राष्ट्रीय का तो यह तकाजा है कि न हिन्दू को स्वराज्य के नफ़े में से एक पैसा मिलेगा और न मुसलमान को एक कौड़ी मिलेगी, जब तक वे दोनों घुल-मिलकर शुद्ध हिन्दुस्तानी न बने रहेंगे, दोनों को कुछ भी न मिलेगा। इस सम्बन्ध में महात्मा जी ने हाल में ही कुछ-कुछ सीधी बात कहना शुरू किया है, तो भी आज तक वही समझौता-समझौता हमारे वायुमंडल में गूँज रहा है और पिछले आन्दोलन से पहले तक तो समझौते को ही एकता का एकमात्र उपाय माना जाता था। और जब देश के बड़े आदमी टुकड़े बाँटकर एकता स्थापित करने में लगे थे, तब ये मुट्ठी भर नवयुवक उस तुच्छ छीन-झपट से एकदम मुँह फेरकर रामप्रसाद और अशफ़ाक़ के खून की एक साथ आहुति देकर शुद्ध राष्ट्रीय एकता की स्थापना कर रहे थे। उनकी वह परम निरपेक्षता क्या देश के सामने राष्ट्रीय आदर्श जगाए रखने का कारण नहीं हुई? शुद्ध स्वतंत्रता और राष्ट्रीयता के आदर्श के दीपक को जब सब कोई छोड़ गए थे, तब उन्होंने अपनी एकाग्र साधना और छोटी-मोटी आहुतियों से उसे बचाए और बनाए रखा। और इस सम्बन्ध में भी उन्होंने जमाने की लहर बदलने का काम किया है। पंजाब के और अन्य प्रान्तों के आज के बहुत से राष्ट्रवादी नेताओं को हम जानते हैं। उन दिनों जब वे सब कट्टर साम्प्रदायिक बने हुए थे, राष्ट्रीयता की बात इन मुट्ठी भर नौजवानों के मुँह में ही रह गई थी और उनके हार न माननेवाले हठ ने जब जमाने की रू को बदल दिया, तब आज ये सब बड़े आदमी भी फिर से राष्ट्रवादी बन गए हैं।

इस प्रकार शुद्ध आदर्शों की खालिस साध, प्रतिकूल और उत्साह-भंजक अवस्थाओं में उन आदर्शों से न डिगना और अनथक एकाग्र कर्तव्य-परायणता तथा स्वतंत्रता में साँस लेने के लिए सच्ची बेचैनी में कम-से-कम ये तीन बातें हैं जो यतीन्द्रदास और भगत सिंह के, सुखदेव और राजगुरु के जीवन और मरण का सार, उसका नकद नतीजा है। उनकी चरित्र की दृढ़ता-सूचक इन्हीं गुणों ने देश के अन्दर एक नई लहर चला दी है।

आजकल के उनके 'नौजवान' अनुयायियों में और उनमें यह एक स्पष्ट भेद है कि 'नौजवान' जहाँ चलती लहर में बह रहे हैं, वहाँ वे लोग अपने जमाने की लहर से ठीक उलटे

चले थे। इसलिए आजकल के गरम दिमाग 'नौजवानों' से उनका अन्दाज करना उनसे पूरा-पूरा अन्याय करना है। वे खूब ठंडे दिमाग के लोग थे, जो चारों तरफ की प्रतिकूल परिस्थिति की पूरी उपेक्षा कर सकते थे। यदि आज उनके कोई सच्चे साथी देश में हैं, तो उनकी सेवा में मुझे यही निवेदन करना है कि उनके पूर्ण स्वराज्य के आदर्श को जब महात्मा गांधी और देश की प्रमुख संस्था ने अपना लिया है, तब क्या उनके लिए भी वह समय नहीं आ गया जब उन्हें महात्मा गांधी और कांग्रेस के साथ मिलकर काम करना चाहिए? महात्मा गांधी ने उनका आदर्शवाद मान लिया है, क्या उन्हें महात्मा गांधी से उनकी व्यावहारिकता न सीख लेनी चाहिए? उन्हें अपने साधनों और तरीकों को आज बदलना चाहिए क्योंकि 'जमाना बदल गया' है।

भगत सिंह!
(मार्चिंग-गान)

(लेखक बाबा बाल्टी दास)

भगत सिंह!
भगत सिंह!!
भगत सिंह!!!
हम भी भगत सिंह।
तुम भी भगत सिंह।
सारे भगत सिंह। भगत. 3 ॥
चन्द्र लोक
सूर्य लोक
मर्त्य लोक
नस-नस में–कण-कण में–जल-थल में,
है वो भगत सिंह-3। भगत. 3 ॥
पंजाब भगत सिंह
बंगाल भगत सिंह
गुजरात भगत सिंह
उत्तर से दक्खिन तक
पूरब से पश्चिम तक
छाए भगत सिंह-3। भगत. 3 ॥
भारत के धीर-वीर
राव रंक या अमीर
धारे जो नर-शरीर
बूढ़े हों–बालक हों
सेवक हों–पालक हों
प्यारे भगत सिंह-3। भगत. 3
वन्दनीय
पूजनीय
माननीय
मसजिद में–मन्दिर में
जंगल में–घर-घर में
देखो भगत सिंह-3। भगत. 3 ॥
भारत का मान कहो
भारत की शान कहो
भारत का प्राण कहो
सुकुमार भगत सिंह–सरदार भगत सिंह
अवतार भगत सिंह-3। भगत. 3 ॥
जीवन प्रस्थान करो
कोई शुभगान करो
तब भी यह ध्यान करो
एक बार भगत सिंह
सौ बार भगत सिंह
हर बार भगत सिंह
बोलो भगत.-3। भगत. 3 ॥

भगत सिंह की भावना

(लेखक—श्री बलदेव चौबे)

गत 12 अप्रैल को मैं लोकसेवक मंडल के वार्षिक अधिवेशन में सम्मिलित होकर लाहौर से फीरोजपुर-भटिंडा के रास्ते देहली आ रहा था। मेरे साथ में बिहार के प्रसिद्ध बौद्ध भिक्षु श्रीयुत बाबा राहुल सांकृत्यायन भी थे। फीरोजपुर के समीप सतलज नदी के पुल के पास जब ट्रेन पहुँची तो डब्बे भर के यात्रियों ने एक स्वर से उद्घोषित किया, देखो-देखो इसी स्थान पर श्री भगत सिंह, सुखदेव और राजगुरु की लाश जलाई गई थी। उत्सुकता भरी आँखों से उस ओर हम लोग भी देखने लगे। रेलवे लाइन के अति समीप एक ऊँचे टीले पर लाल पताका फहरा रही थी। उस क्षण मुझे भगत सिंह की भोली-भाली सन् 1924 की सूरत याद आ गई। उन दिनों मैं लाहौर के क़ौमी महाविद्यालय में अध्यापक था। श्री भगत सिंह भी उस विद्यालय में पढ़ा करते थे और सिक्ख-युवकों की तरह सिर पर साफा बाँधे, केश रखे और कंगन पहने एक साधारण विद्यार्थी मालूम पड़ते थे। उन दिनों किसको मालूम था कि सन् 1931 में भगत सिंह का नाम भारतवर्ष के कोने-कोने में गूँजेगा। यह कौन जानता था कि वह भोला-भाला युवक भारतीय स्वाधीनता की बलिवेदी पर अपने शीश को चढ़ाएगा! यह किसको पता था कि महात्मा गांधी की अहिंसा की लहर को भी वह बालक अपनी क्षोभ-भरी देशभक्ति से एक बार पीछे हटाने की कोशिश करेगा!

वास्तव में भगत सिंह की भावना आज भारत के हृदय में प्रवेश कर गई है और जैसे हो वैसे देश को विदेशी शासन के चंगुल से निकालने का उपाय सोचा जा रहा है। क्षुब्ध युवक दल इस समय अधीर हो रहा। ऐसे समय में प्रत्येक सच्चे देशभक्त का कर्तव्य है कि बड़ी गम्भीरता के साथ वर्तमान राजनीतिक परिस्थिति पर विचार करके युवकों को उचित मार्ग पर चलने की शिक्षा दे। जिस समय देश के विभिन्न साम्प्रदायिक तथा अन्य दलों में तीव्र मतभेद मौजूद है और यह मतभेद जातिगत विद्वेष को दिन पर दिन और अधिक प्रज्वलित कर रहा है, उस समय नवयुवकों को ठंडे दिल से, खूब दिमाग लगाकर विचार कर लेना चाहिए कि देश में घृणा और प्रतिहिंसा की लहर खूब जोरों पर चल रही है। और इससे भारतीय प्रजा के दुख कम नहीं हो रहे हैं। बल्कि हमारी दासता की ज़ंजीर और दृढ़ हो रही है। इस समय देश में परस्पर मेल-मिलाप तथा सद्भाव का वायुमंडल उत्पन्न होना अत्यन्त आवश्यक है। वरन् सत्याग्रह से इस समय देश को हिंसा-प्रतिहिंसा की लहर से बचाना मुख्य कार्य है। इसी में देश का कल्याण है।

भगत सिंह का जीवन त्याग और कष्ट सहन का जीवन था। हमें उनके इन गुणों को अपनाना चाहिए मगर समय देखकर चलना चाहिए। विवेक को ही सदा आगे रखकर हमें देश-सेवा के लिए प्रस्तुत होना चाहिए। भारत के वीर जिन्होंने हँसते-हँसते फाँसी के तख्ते पर चढ़कर अपना सर्वस्व स्वाहा कर दिया, हमारे लिए देवतुल्य हैं। उनके दिल के समान अपना दिल बनाना चाहिए। मगर उनके मार्ग का अनुसरण हमें और हमारे देश को गन्तव्य स्थान पर नहीं ले जाएगा इसलिए हमें शान्तिमय संग्राम ही छेड़ना पड़ेगा।

शहीद भगत सिंह
(लेखक–महात्मा गांधी)

चित्र : महात्मा गांधी

यद्यपि मैंने उसे लाहौर में कई बार विद्यार्थी रूप में देखा होगा, मुझे अब उसकी शकल याद नहीं। परन्तु यह मेरा सौभाग्य था कि मैंने पिछले महीनों में भगत सिंह की देशभक्ति, उसके साहस और भारतीय मानव समाज से उसके गहरे प्रेम की कई कहानियाँ सुनी थीं। मैंने उसके सम्बन्ध में जो कुछ सुना था, मैं समझता हूँ उसका साहस अतुलनीय था। उनके गुणों के कारण हम इस बात को भूल जाते हैं कि उन्होंने अपने साहस का दुरुपयोग किया। ऐसे युवक और उसके साथियों की फाँसी ने इनके सिर पर शहादत का ताज रख दिया है। हज़ारों लोग आज उनकी मृत्यु को अपने सगे-सम्बन्धी की मौत के समान महसूस करते हैं।

जहाँ तक याद आती है किसी की ज़िन्दगी के सम्बन्ध में आज तक इतना अधिक भावावेश प्रकट नहीं किया गया जितना सरदार भगत सिंह के लिए प्रकट किया गया था।

इसलिए जहाँ मैं उन नवयुवक देशभक्तों की स्मृति में जो कुछ भी प्रशंसा के भाव कहे जा सकते हैं उनके साथ अपने आपको सम्मिलित करता हूँ, मैं देश के नौजवानों को उनके

उदाहरण का अनुकरण करने के विरुद्ध सावधान करना चाहता है। हमें हर सूरत में उनकी कुर्बानी, उनके श्रम और उनके असीम साहस का अनुकरण करना चाहिए, परन्तु हमें उसके इन गुणों को उस प्रकार से इस्तेमाल न करना चाहिए जिस प्रकार उन्होंने किया था। हमारे देश का उद्धार हत्या के जरिए नहीं होना चाहिए।

सरकार के बारे में मैं यह अनुभव करता हूँ कि उसने एक स्वर्णीय अवसर खो दिया है। इस अवसर पर वह क्रान्तिकारियों के हृदयों को जीत सकती थी। अपनी पाशविक शक्ति का प्रदर्शन करने में जो उतावलापन सरकार ने दिखाया है, वह साबित करता है कि बड़ी-बड़ी ऊँची और शानदार घोषणाओं के बावजूद वे इस शक्ति को छोड़ना नहीं चाहते।

मेरी यह पक्की राय है कि सरकार ने जो भारी ग़लती की है उससे हमारी स्वतंत्रता को जीतने के लिए भगत सिंह और उसके साथी मरे हैं। हमें यह मौका आवेश में कोई काम करके खो न बैठना चाहिए।

भगत सिंह का बलिदान

(लेखक–राष्ट्रपति सरदार पटेल)

चित्र : सरदार पटेल

युवक भगत सिंह, सुखदेव और राजगुरु की फाँसी से सारा देश विक्षुब्ध हो गया है। मैं इन वीरों की प्रथा का अनुकरण नहीं कर सकता। राजनीतिक हत्या अन्य प्रकार की हत्याओं से कम निन्दनीय नहीं है, इसमें मुझे तो कोई सन्देह नहीं पर सरदार भगत सिंह और उनके साथियों के देश-प्रेम, साहस और आत्मबलि का मैं कायल हूँ। फाँसी की सज़ा रद्द करने के लिए जो प्रार्थना अखिल देश ने की थी उनकी अवहेलना से वर्तमान शासन की

हृदय-हीनता और विदेशीयता जिस प्रकार प्रकट हुई है वैसे पहले कभी नहीं हुई थी। पर विक्षोभ के आवेश में हमें अपने कर्तव्य से तनिक भी विचलित न होना चाहिए। इन वीर देशभक्तों की आत्माओं को शान्ति मिले।

अँगरेज़ी क़ानून इस बात पर घमंड करता था कि किसी ऐसी गवाही पर किसी को दंड नहीं दिया जा सकता जिस गवाही पर कोई जिरह न की गई हो। तो भी इन आदमियों को ऐसी गवाही पर फाँसी पर लटकाकर मार दिया गया है, जो कि घटना के बाद इकट्ठी की गई थी और जिस पर कोई जिरह भी नहीं की गई थी। किसी आदमी को अपने ढीठपने के लिए कठोर से कठोर दंड दिया जा सकता है, पर फाँसी पर लटकाया नहीं जा सकता। अदालत अभियुक्तों के पक्ष की रक्षा के लिए कोई निष्पक्ष वकील मुकर्रर कर सकती थी, परन्तु ऐसा कुछ भी नहीं किया गया और इन आदमियों को फाँसी पर लटका दिया गया।

सम्पादकीय टिप्पणियाँ

वे–

समस्त देश ने एक स्वर से उनके प्रति श्रद्धाजंलि समर्पित की है! सारे देशवासियों ने, बड़े-बड़े और पूज्य नेताओं ने और आधुनिक संसार के सर्वश्रेष्ठ पुरुष ने स्वर्गवासी वीर-श्रेष्ठ सरदार भगत सिंह, शहीद सुखदेव और फरिश्ता राजगुरु की गुणावलियों का गान किया है। ऐसी दशा में हम सदृश क्षुद्र जीव की, नगण्य व्यक्ति की श्रद्धांजलि का मूल्य ही क्या है? देवता थे, लफ़्फ़ाज और दिखावटी नहीं सच्चे देशभक्त थे, उनकी ज्वलन्त देशभक्ति, उनका उत्कट त्याग, उनकी अनुपमेय कर्मशीलता और उनकी महती वीरता ईर्ष्या की वस्तु थी। इसलिए हम सरीखे अकर्मण्य उनकी प्रशंसा करने और उनका गुणगान करने के अधिकारी नहीं हैं। देवता की अभ्यर्थना और अर्चना करने की पात्रता भी तो होनी चाहिए। भगवान हमें बुद्धि दे कि हम उनको ठीक-ठीक समझ सकें और हमें बल दे कि हम उनकी-सी देशभक्ति, उनके-से त्याग के भाव अपने में ला सकें। तभी और केवल तभी हम उनका गुणानुवाद करने के अधिकारी हो सकते हैं।

× × ×

वे कैसे थे और क्या थे यह सब वर्णन की चीज़ नहीं रह गई है। वे जगजाहिर हो चुके हैं। देश की गुलामी की कैसी कटीली कसक उनमें थी, गरीबों की, अर्ध-नग्नों और भूख की वेदना से व्याकुल किसानों और उनके मासूम बच्चों की सर्द आहों से वे कितने तिलमिला उठे थे, देश की सामाजिक अधोगति से वे कितने व्यथित थे, यह सब उनके अदालत के सामने दिए गए बयानों में प्रकट हो चुका है। जिन दिनों देश की साधारण जनता ही नहीं, आजकल देश की आजादी के आन्दोलन में आगे दिखाई पड़नेवाले अनेक प्रमुख व्यक्ति साम्प्रदायिक प्रश्नों को लेकर और कौंसिलों की सीटों तथा नौकरियों के नाम पर लड़ रहे थे, हिन्दू-मुस्लिम झगड़े दूसरी ओर हो रहे थे, कांग्रेस का कोई नाम तक नहीं लेता था, उन नीरस दिनों में इस देश की आज़ादी के दीवाने एकान्त और अथक रूप से एक शहर से दूसरे शहर की ख़ाक छानते हुए अपने मत का–चाहे वह देश के लिए अहित कर रहा हो–प्रचार करते फिर रहे थे और अपने दल का संगठन कर रहे थे। देश-प्रेम के सामने हिन्दू और मुसलमान का प्रश्न इनके लिए नगण्य था। ये हिन्दू और मुसलमान युवक एक भाव से अपना काम कर रहे थे।

× × ×

देश के ऐसे युवक-रत्न जिन्हें कोई भी देश पाकर गर्व कर सकता है, मार्ग से विचलित हो जाएँ और हिंसा को अपना साधन बनाकर अपना जीवन समाप्त कर दें यह देश का दुर्भाग्य और देश की आज़ादी के दुश्मनों के हर्ष का विषय है। ऐसे नवयुवकों के असन्तोष दूर करने की अपेक्षा भय का भूत खड़ा कर दिया जाता है। भगत सिंह ने असेम्बली बम कांड के मुकदमे के अवसर पर अदालत के सामने अपना बयान देते हुए स्पष्ट कहा था कि जीव हिंसा करना उनका उद्देश्य न था, मानव जीवन से उन्हें भी उतना ही प्रेम था, जितना किसी भी दूसरे व्यक्ति को हो सकता है और इसीलिए उन्होंने असेम्बली भवन की भूमि पर बम फेंका था। केवल इसलिए कि नौकरशाही अपनी निरंकुशता पर लगाम लगाए और देश की आवाज़ के प्रति जो बहरा कान कर दिया है, उसे ज़रा खोल दे। उन्होंने यह भी कहा था कि यदि हम किसी को मारना चाहते तो किसी खास व्यक्ति पर हम बम फेंकते। इसके साथ ही भगत सिंह ने अपने उस बयान में अपनी क्रान्ति की भी व्याख्या की थी, कि क्रान्ति से उनका मतलब मारकाट नहीं, बल्कि पुरानी रूढ़ियों को बदलना है। हम ज्योतिषी नहीं कि भगत सिंह के हृदय की बातों को जान सकें परन्तु यह बात ज़रूर उनके कथनों से स्पष्ट होती है कि जितना बीभत्स रूप उनका दिखलाया गया उतना वे हृदय से थे नहीं।

× × ×

बात चाहे जो रही हो, किन्तु वे हमसे छीन लिये गए और सदा सर्वदा के लिए हमने उन्हें खो दिया। हम इतने बेबस हैं कि 35 करोड़ कंठ से एक स्वरी विरोध करके भी उन्हें हम न बचा सके। परन्तु अपनी इस नपुंसकता पर साथ ही अपने प्रभुओं की निरंकुशता पर हमें क्रोध करने की ज़रूरत नहीं है। अपने इन रत्नों को खोकर हमें और हमारे गरम खून वाले नौजवान भाइयों को बड़ी भारी शिक्षा मिली है और वह यह कि अपने देश की आज़ादी बमों और पिस्तौलों से नहीं, बल्कि पूर्ण अहिंसात्मक उपायों से ही हासिल हो सकती है। स्वयं सरदार भगत सिंह ने अपनी अन्तिम घड़ियों में अपने हमउम्र वालों से एक अन्तिम निवेदन किया है और उसमें उन्होंने यही कहा है कि बम, पिस्तौल और हिंसा से देश की गुलामी दूर नहीं हो सकती और वह हो सकती है केवल अहिंसात्मक साधनों से ही।

हमारा तो ध्येय सदा से अहिंसा ही रहा है। हम तो अहिंसा को नीति के तौर पर नहीं, बल्कि ध्येय के तौर पर मानते रहे हैं। हमें यह देखकर प्रसन्नता होती है कि हमारे देशवासियों का अहिंसात्मक उपायों में विश्वास अधिकाधिक दृढ़ होता जा रहा है और हो भी क्यों न जब देश में अहिंसात्मक आन्दोलन का प्रत्यक्ष प्रभाव दिखाई दे रहा है और अन्य देश वाले इस अहिंसा के अस्त्र को अपना रहे हैं। हमें आशा है कि इन शहीदों के यदि देश में बचे-खुचे कोई साथी हों, वे भी महात्माजी के अहिंसात्मक युद्ध में शामिल होकर माता की गुलामी के बन्धन को काट देंगे।

भगत सिंह परिशिष्टाङ्क

हमें खेद है कि इतने दिनों की देरी के बाद भी 'भगत सिंह–अंक' वैसा सुन्दर न निकल सका, जैसा हम चाहते थे। हमारी इस विवशता के कारण ब्लॉकों और लेखों का समय पर

न मिलना था। परन्तु जैसे ही जैसे यह अंक तैयार होता गया, वैसे ही वैसे हमें सुप्रतिष्ठित लेखकों के लेख और ब्लॉक्स भी बाद में मिलते गए। जल्दी की वजह से उन लेखों और ब्लॉकों को हम इस अंक में नहीं दे सके। इसलिए हमने यह निश्चय किया है कि इस अंक के अतिरिक्त यह 'भगत सिंह परिशिष्टाङ्क' निकालें। इस परिशिष्टाङ्क को सुविधानुसार हम शीघ्र ही निकालेंगे। इस अंक का मूल्य 1- होगा। परन्तु अभ्युदय के ग्राहकों को यह अंक मुफ्त में दिया जाएगा। जो सज्जन 'अभ्युदय' के ग्राहक नहीं हैं और इस 'भगत सिंह परिशिष्टाङ्क' को खरीदना चाहते हैं उन्हें पाँच आने का टिकट हमारे पास भेज देना चाहिए। वी.पी. द्वारा नहीं मँगाना चाहिए क्योंकि वी.पी. का लम्बा और अनावश्यक खर्च मुफ्त ही खरीदारों के मत्थे पड़ता है।

—मैनेजर

सं. यह अंक सम्भवतः इस अंक की जब्ती के बाद छपा ही नहीं

बहादुर भगत सिंह

(लेखक–पूज्य मालवीयजी)

चित्र : मदन मोहन मालवीय

हमारे देश के युवक हिंसा का अवलम्बन करने लग गए हैं, इससे प्रकट है कि देश की वर्तमान स्थिति से युवक बहुत असन्तुष्ट हैं। युवकों के क्रान्तिकारी होने में सरकार का बड़ा हिस्सा है। इस पर भी मेरी युवकों को सलाह है कि वे हिंसा से दूर रहें। हम ऐसा इसलिए कहते हैं कि हम अपने युवकों को प्यार करते हैं और हम जानते हैं कि इस मार्ग का अवलम्बन करने से बड़ा खतरा है। हम आगे भगत सिंहों की जान इस तरह जाने देना नहीं चाहते।

हिंसा की अपेक्षा अहिंसा के लिए अधिक साहस की आवश्यकता है। भारत के युवकों को मेरी सलाह है कि महात्मा गांधी के अहिंसा के लिए भगत सिंह जैसे साहस का परिचय दें।

भगत सिंह आदि की फाँसी से एक बात अधिक स्पष्ट हो जाती है, विदेशियों के शासन में भारत को आदर नहीं मिल सकता। भारत में ही यह सम्भव हो सकता है कि महात्मा गांधी जैसे अन्तर्राष्ट्रीय प्रसिद्धि के व्यक्ति के प्रार्थना करने पर भी फाँसी की सजा घटाई नहीं गई। वायसराय ने उनकी प्रार्थना पर ध्यान नहीं दिया।

लोगों से मेरा अनुरोध है कि देश को स्वतंत्र करने की शपथ लीजिए और जब तक भारत स्वतंत्र न हो जाए तब तक शान्त न होइए। यही भगत सिंह की जीती-जागती यादगार होगी।

त्यागी भगत सिंह

(लेखक–पं. जवाहरलालजी नेहरू)

चित्र : पं. जवाहरलाल नेहरू

यह क्या बात है कि यह लड़का यकायक इतना प्रसिद्ध हो गया और दूसरों के लिए रहनुमा हो गया। महात्मा गांधी, जो अहिंसा के दूत हैं, आज भगत सिंह के महान त्याग की प्रशंसा करते हैं। वैसे तो पेशावर, शोलापुर, बम्बई और अन्य स्थानों में सैकड़ों आदमियों ने अपनी जान दी है। बात यह है कि भगत सिंह का स्वार्थ-त्याग और उसकी वीरता बहुत ऊँचे दर्जे की थी। लेकिन इस उत्तेजना और जोश के समय भगत सिंह का सम्मान करते समय हमें यह न भूलना चाहिए कि हमने अहिंसा के मार्ग से अपने लक्ष्य की प्राप्ति का निश्चय किया है। मैं साफ कहना चाहता हूँ कि मुझे ऐसे मार्ग का अवलम्बन किए जाने पर लज्जा नहीं होती लेकिन मैं अनुभव करता हूँ कि हिंसा मार्ग का अवलम्बन करने से देश का सर्वोत्कृष्ट हित नहीं हो सकता और इससे साम्प्रदायिक होने का भी भय है।

हम कह नहीं सकते कि भारत के स्वतंत्र होने के पहले हमें कितने भगत सिंहों का बलिदान करना पड़ेगा। भगत सिंह से हमें यह सबक लेना चाहिए कि हमें देश के लिए बहादुरी के साथ मरना चाहिए।

सरदार के चरणों पर

(लेखक–श्री ब्रजकिशोर वर्मा 'श्याम')

अत्याचार भरे पीड़ाओं के प्रवाह पर बिखरे हुए आँसुओं में विश्व के हिला देने की शक्ति होती है। संसार के खूनी इतिहास की प्रत्येक लाइन में यूँ ही संगीत गूँज रहा है। देवी द्रौपदी के ज़हरी आँसुओं ने, उन आँसुओं ने जिनमें महान परिवर्तन की कसक कहानी छिपी थी–महाभारत की सृष्टि की–उस महाभारत की जिसके कर्कश चोट से अत्याचार, पैशाचिकता, स्वार्थ और रक्त से सने हुए कौरव साम्राज्य की भीषण दुर्ग की विराट दीवारें पलक मारते चूर-चूर हो गईं–धूल में मिल गईं और अब–गौरवहीन होकर भग्न खंडहरों और स्तूपों में अवशिष्ट रहकर आँसुओं की महान शक्ति का समर्थन कर रही हैं। दस्यु प्रथा की रोमांच कहानियों के बीच मुस्कुराते हुए–मदान्ध इठलाते हुए विशाल रोम साम्राज्य का अस्तित्व किसने विलीन किया, आँसुओं ने। खून की गर्वीली गोद में गर्व की तरह मचलते हुए आँसुओं ने ग्रीस के वैभवशाली महान साम्राज्य को किसने मिटाया–आँसुओं ने! जजिया और हिन्दुओं की पीड़ाओं पर पला हुआ औरंगजेब का शक्तिशाली मुगल साम्राज्य किसने बर्बाद किया?–आँसुओं ने। स्कॉटलैंड की रानी गेरी ने रोक अपने देश के कोने-कोने में–कण-कण में विप्लव की आग फूँक दी। देवी जोन ने फ्रांस को–जलते हुए फ्रांस को अपने आँसुओं की गोद में छिपाकर उसकी रक्षा की। सर्वनाश की धू-धू करती हुई चिता में जलते हुए–छटपटाते हुए स्पेन को इज़ावली ने अपने महँगे दुर्लभ आँसुओं से ही बचाया था। रोने से क्या नहीं हो सकता? रुदन–सच्चे रुदन में विश्व की कौन सी शक्ति निहित नहीं है? आँसुओं के प्रत्येक कण में सौ-सौ क्रान्ति की दबी चिनगारियों में भयंकर ज्वालाओं की दुनिया आबाद है।

फिर भी हमारी आँखें इतनी दूषित और दुर्बल हैं–उन पर स्वार्थ का ऐसा आवरण पड़ा हुआ है कि इन बातों को देखते हुए भी हम नहीं देख सकते हैं और बराबर रोते हैं और रुलाए जाते हैं। सदियों से रोते चले जाते हैं–पेट के लिए नहीं–अपने नौनिहाल लालों के लिए। अपनी फुलवाड़ी के चुने हुए दुर्लभ फूलों के लिए जो खिलने के पहले ही तोड़ लिये जाते हैं, मसल दिए जाते हैं।

आज हम रो रहे हैं, हमारी आत्मा तड़प रही है। आह! अन्तस्तल का करुण-क्रन्दन, हृदय की मार्मिक पुकार मेरे नन्हे व्यक्तित्व में उथल-पुथल मचा रही है!! किसके लिए? उफ़ यही तो दिल की पीड़ा है! इसी की स्मृति में तो आज कलेजे पर बज्र-सा गिर पड़ता है। हिमालय टूटने लगता है–लरजते दिल के फफोले टीस उठते हैं!!

हाँ, हम रो रहे हैं—खूनों के आँसू बहा रहे हैं। उसके लिए जिसकी स्मृति में कलेजे पर सौ-सौ नागिन लोटने लगती हैं, उसके लिए जिसका मधुर व्यक्तित्व, नौजवानों का दीन व दुनिया था! जो आदर्श का प्रतिरूप था और बलिदान की साकार मूर्ति! और उसके लिए जिसके लिए यौवन की मस्तानी अकड़ें, सहज-सरल निर्द्वन्द्व उपेक्षा का नाम भगत सिंह पड़ गया था!! और-और उसके लिए जिसके लिए कोटि-कोटि कंठों से 'भगत सिंह जिन्दाबाद' के नारे लगाए जा रहे हैं।

अब वह इस स्वार्थी दुनिया में नहीं है। वह मरकर अमर हो गया! एक बिजुली की भाँति हमारी नीरवता के गह्वर अन्धकार में समता का दिव्य दीपक जलाकर समाधिस्थ हो गया! उसका फ़ानी जिस्म कब्र की गोद में सोता होगा! लेकिन हम अभी भी उसके जीवन की टीका-टिप्पणी और अच्छी-बुरी आलोचनाएँ करते ही जा रहे हैं।

कोई कहता है—वह खूनी था, पापी था, हत्यारा था, भीषण आशान्ति की सृष्टि करनेवाला खौफ़नाक जघन्य अपराधी था—बाग़ी था। कोई कहता है—वह देशभक्ति की ओट में पथभ्रष्ट सैनिक था। कोई अपने हृदय की समूची छटपटाती हुई बेचैनी एक ही ठंडी साँस में समेटकर कहता है—उस हत्यारे (?) के अन्तस्तल में साकार सहनशीलता का ज्वालामुखी धू-धू कर रहा था। उसके लरजते कलेजे के भीतर मुहब्बत और प्यार भरे आत्मोत्सर्ग की एक व्यापक दुनिया अपने नैसर्गिक छवि के साथ आबाद थी! उसके विशाल हृदय में बलिदान की दहकती हुई चिनगारियाँ दबी थीं! और उसकी मस्तानी कल्पनाओं के बीच हँसते-हँसते कुर्बान होने की अमर टेक और दुर्लभ प्राणों की बाजी लगा देने का लगन भरा निर्णय मुस्कुरा रहा था!! और हम—हम तो कहते हैं वह ज़ालिम, ख़ूँखार और अपराधी से भी आगे निकल गया था। कारण, वह बासन्ती हिलोरों पर थिरकती हुई एक शानदार भावुकता और मस्त राष्ट्रीय आत्मा का अन्धभक्त पुजारी था और दुर्भाग्यवश भारत जैसे एक गुलाम देश में पैदा हुआ था!

परन्तु जिस दिन कोई भी जौहरी हृदयवाला उसे अपने कलेजे की खरी कसौटी पर तौलेगा, उस दिन वह देखेगा कि उसकी भावनाएँ कितनी निखरी हुई थीं! वह देखेगा कि उसके जीवन के दूसरे पहलू को विस्मरण कर, सच्चे इतिहास की वास्तविकता पर पर्दा डालकर, व्यर्थ लोग मूर्खता की ओट में उस पवित्र आत्मा पर कुत्सित विशेषणों के छींटे फेंक रहे हैं! और यह भी देखेगा कि उस निर्भीक आज़ादी के दीवाने नवयुवक की, भावुक देशभक्ति की उन्मत्त सुकुमार कल्पनाएँ व्यक्तिगत स्वार्थ से कितनी दूर—बहुत दूर थीं! वह देखेगा कि उसका बलिदान भगवान के पुत्र महान ईसा से कम नहीं था—उस ईसा से जिसने अपने प्राणों के बदले एक स्थायी और अमिट साम्राज्य खरीदा था! और उसका त्याग बुद्ध से एक इंच पीछे नहीं था—उस बुद्ध से जिसने जीवन के समूचे वैभव, यौवन, यौवन के उन्माद, राजपाट, भाई-बन्धु और न जाने क्या-क्या उत्सर्ग कर दिया था।

आज कुछ लोग उसके विशाल भवन की ओर देखकर अपनी दुर्बलता की ठेस से एक आह खींचते हैं! किन्तु हमें तो उसकी विशेष चिन्ता नहीं; वह इसलिए कि उसका समूचा भारत घर था। वह किसी विशेष घर का अतिथि नहीं था। हम उसके परिवार के प्रति संवेदना भी नहीं प्रकट करते। कारण, उसका परिवार सारे भारतीय थे! हमें उसकी बूढ़ी

माता और उसके बूढ़े पिता से भी कुछ विशेष सम्बन्ध नहीं—उस माता-पिता से जिसकी आशा का वह एकमात्र अरमान था, जीवन था—सर्वस्व था! हाँ कुछ सम्बन्ध नहीं, वह इसलिए कि देश की सभी माताएँ उसको अपनी कोख के जाए की भाँति प्यार करती थीं। सभी के लिए वह जीवन था, प्राण था—सर्वस्व था! हमें उनकी बहन के करुण क्रन्दन पर भी कोई पीड़ा नहीं, उस बहन पर जो भइयादूज के दिन रक्षा और रोरी भेंट कर निहाल हो जाती थी, कारण, मुल्क भर की बहनें उसको अपने सहोदर भाई की तरह स्नेह करती थीं और भाई? देश के सभी नौजवान उसे अपने अग्रज या अनुज की तरह प्यार करते थे!! फिर हम किस-किसके और कैसे-कैसे आँसू पोंछें? और कैसे अपने हृदय की संवेदना प्रकट करें!! हम तो बस रोते हैं, जी भरकर उस समय रोते हैं, जिस समय हमारी अन्तरात्मा से उसकी केवल उस अल्हड़ दीवानों की स्मृति की चिनगारी चिटक उठती है! हमारे पापी हृदय में भी उसके प्रति प्रेम की पवित्र आग जल उठती है। रोते हैं, बस उसी समय आँसुओं से अपने पतित मुँह को देखकर, विह्वलता की असह्य चोट से नाच कर। और एक पागल की तरह यही गा-गा कर :

मालिक तेरी रज़ा रहे और तू ही तू रहे।
बाकी न मैं रहूँ न मेरी आरजू रहे॥
जब तक को तन में जान रगों में लहू रहे।
तेरा ही जिक्र यार तेरी जुस्तजू रहे॥

अन्तिम वचन

सरदार भगत सिंह अज़ीज़ों से ये बोले,
मरता हूँ तो क्यों आपको है फिक्र तरद्दुद।
इक किस्स-ए-पारीना को दुहराती है तारीख़,
उमर स्त कि आवाज़-ए-मन्सूर कुहन शुद।
मन अज़-सरे-नौ जलवा दहम दारो रसन का।

—देशभक्त

सरदार की चिता पर

(लेखक—श्री सतीश)

झूठी शान्ति और निरकुंश शासन प्रणाली के अमर-विद्रोही! अब तुम नहीं रहे! आशाएँ काँप रही थीं, विश्वास अधीर हो रहा था, क्षितिज के चारों ओर से घनीभूत अन्धकार राशि उमड़ती चली आ रही थी, उसी समय हमारे उसी दुर्दिन में चिरकाल तक जीवन और मरण के बीच सर्वनाश से संघर्ष करते हुए एक दीपक की अन्तिम लौ की तरह तुम समीर के एक झोंके के साथ पलक मार उड़ चले! और हम! विधवा के सुहाग की तरह निरीह और निर्बलों की पराजित आशा की तरह असहाय—हम तुम्हें पकड़ नहीं सके! एक क्षण के लिए एक बार और तुम्हारी बाँकी अदा, तुम्हारे देव-दुर्लभ श्रृंगार और तुम्हारे पवित्र सौन्दर्य को एक क्षण—हाँ, एक और केवल एक क्षण के लिए ही देख न सके। हाय रे यह दुर्भाग्य!

तुम्हारी वह प्रवंचना...आह! क्या कहें? तुम्हारी उस निष्ठुर प्रवंचना की याद आते ही रुलाई आ जाती है और बहुत सँभालने पर भी उसकी याद में बरबस आँसू निकल पड़ते हैं और हम इन्हीं असहाय आँसुओं को पीकर जी की जलन बुझा लेते हैं—प्राणों की सन्तप्त आग को पल भर के लिए सींच लेते हैं! याद है...? पागल होकर भी तुम उसे भुला नहीं सकते प्यारे पागल! हाँ, तुम्हें भी याद होगा, तुम महीनों से डूब रहे थे, तुम्हारी एक-एक कला प्रतिक्षण, प्रतिपल अपना अस्तित्व खोती जा रही थी और जब हम तुम्हारी ओर तुम्हारी अस्तंगत-क्षीण कला को देखकर झंझावात का झोंका खाए निर्मल-तरु पल्लव की तरह बढ़ते और कहते—"सरदार! तुम फिर रहे हो!" ऐसा कहते वक्त हमारी आँखों में आँसू होता और हम चोट खाए हुए निरीह भाव की तरह केवल विफल होते, उस समय, तुम हँस पड़ते, तुम्हारा हमारे उमड़ते आँसुओं की ओर ध्यान न जाता और तुम रुद्र के भोलेपन की तरह खिलखिला पड़ते! तुम्हारी वह निष्ठुरता और उस समय की निष्ठुरता जबकि तुम अपने दोनों पाँव कब्र में फैलाए बैठे थे और बधिक के तलवार की प्रतीक्षा कर रहे थे—हमें अभी भी याद है और याद ही नहीं तुम्हारा वह निर्भय हास्य हमारे प्राणों में आज उन्माद भर रहा है, परन्तु? परन्तु??—परन्तु, फिर भी तुम्हारे उस उन्मद-हास्य का मर्म हम आज भी—आज भी, नहीं समझ सके हैं। मृत्यु की गोद में बैठे हुए तुमने जीवन की जो उपेक्षा की—हँसते-हँसते उस पार जाने के प्रति तुमने जो प्यार दिखलाया उसका रहस्य हमारी समझ में नहीं आता, 'इस पार' से 'उस पार' तुम न जाने कौन-सी ऐसी निधि, न जाने कौन-सा ऐसा प्रकाश—न जाने कौन-सा ऐसा सौन्दर्य देख रहे थे कि तुमसे न रहा गया और तुमने, हे हमारे मतवाले गौरव! तुमने अपनी नाल खोल दी, पलक मारते जीवन के उस पार

उतर गए! एक क्षीण प्रकाश की भाँति–तुम पलक मारते हमारी आँखों से ओझल हो गए और हम तुम्हें न देख सके–न देख सके–न देख सके!!! परन्तु?–

परन्तु देखा वीणा पड़ी हुई थी, तार टूट चुके थे, उँगलियों ने चोट की! किन्तु हाय! स्वर नहीं था, परन्तु देखा लपटें झूम रहीं थी, तुम्हारी शान्त और सुस्थिर वीणा भयंकरी आग की प्रलयंकारी लपटों में जल रही थी! हम रो रहे थे, किन्तु यह हास्य स्वर नहीं था।

परन्तु देखा–शैशव सी, सरलता सी अज्ञात सैतक शय्या पर–अब तुम्हारी वह वीणा भी नहीं थी, केवल एक मुट्ठी राख, मुट्ठी भर गरम राख!!

इस पार अब तुम्हारी मुट्ठी भर राख शेष रह गई है। और उसी राख–तुम्हारे अद्भुत जीवन की उसी राख पर–हमारी आँखें बरस रही हैं, हमारी आँखों का प्रत्येक अश्रु बिन्दु, युग-युग तक–हमारे प्यारे सैनिक–! तुम्हारी इसी मुट्ठी भर राख पर अपना अस्तित्व खोकर शृंगार की सृष्टि करेगा–मानवता की पवित्र बेलें सींचेगा।

हम देख रहे हैं, तुम हमारी कायरता पर हँस रहे हो, हमें अच्छी तरह समझकर हमारे आडम्बर की ओर व्यंग्य कर, तुम रूखी हँसी, हँस रहे हो, परन्तु हम?–हम तुम्हें समझ नहीं पाए हमारे प्यारे शहीद! हम तुम्हें क्षण भर को–ज़रा भी समझ नहीं पाए! लेकिन हम? हम तुम्हें समझ भी कैसे पाते! हमारी अन्धी आँखों में वह प्रकाश नहीं था, हमारे थोथे ज्ञान इतने दुर्बल थे, हमारे चारों ओर इतना घना अन्धकार था कि हम तुम्हें देखकर भी न देख सके, हम तुम्हें पहचानकर भी न पहचान सके? तुम्हारी ज्योति के सामने अत्याचार को कभी आँख उठाकर देखने का साहस नहीं हुआ और इसीलिए उसने तुम्हें अपने गौरव का कारण न मानकर तुम्हारी हस्ती नाबूद कर दी और आज वे तुम्हें ज़ालिम और हत्यारा, खूँख़ार और बदमाश कहकर हँसते हैं और अपने इसी कृत्रिम हास्य द्वारा अपने हृदय के जंगली भाव को, अपने जीवन के घृणित ईर्ष्या को–अपने प्राणों के स्वार्थ को ढँकते हैं। परन्तु तुम? तुम उनके इस आडम्बर को देखकर मत हँस पड़ो, मतवाले पागल!–तुम्हारे उस हास्य से उनका भी कलेजा बिंध उठेगा और वे लज्जा से अवनत मस्तक हो जाएँगे!

देखो, तुम हमें कोसो मत। हृदय के नाम पर मानवता के अनुरोध के कारण माँगी गई हमारी भिक्षा पर तुम हँसते हो–हँस लो, परन्तु हमें कोसो मत! हम ठुकराए हुए हैं, हमारी नसों में अपमान की मदिरा बह रही है, हमारे प्राणों पर क्रोध की चिनगारी सुलग रही है। हमारे अन्तराल में ज्वालाएँ उमड़ रही हैं, ऐसी दशा में तुम हमें कोसो मत।

तुम अब नहीं रहे, परन्तु तुम्हारी याद हमारे हृदयों में–एक-दो नहीं, सौ-दो सौ नहीं, हज़ारों और लाखों वर्ष ही नहीं, युगों और कई युगों तक आबाद रहेगी और उसी मतवाली याद में, हम तुमसे क्षमा माँगते तुम्हारी चिता पर अपने आँसुओं–अपने ज़हर भरे आँसुओं से–अपने प्राणों–अपने उद्वेलित प्राणों–का दीपक जलाते रहेंगे! उस समय संसार के घनीभूत अन्धकार भरे पथ पर उसकी लौ जलती रहेगी और तुम उस लौ को अपनी याद से प्रकाशित करोगे! और जब एक भयानक आँधी आएगी, पर्वत टूट-टूटकर गिरने लगेंगे, सारे विश्व में हाहाकार मच जाएगा, मरुस्थल उड़ने लगेंगे और भीषण अन्धकार की उस विभीषिका में जब किसी को कुछ न सूझेगा, उस समय हमारा यह दीपक जलेगा और हम संसार को प्रकाशित करते हुए तुम्हें यह दीपक चढ़ाएँगे और तुम यह दीपक लेने

के लिए उतरने लगोगे और हमारी प्रसन्नता का समुद्र आकाश चूमने लगेगा, जब हम देखेंगे कि हम में प्रकाश भरने के लिए तुम बादल पर चढ़े चले आ रहे हो, उस समय हम तुम्हारा अभिवादन करेंगे और तुम्हारे जलाए हुए इस दीपक को तुम्हारी चिता पर, तुम्हारे ही हाथों पर रखेंगे!

मिटा दो आज हस्ती उनकी गर तुमको मिटानी है

मिटाओ क्योंकि यह तो एक तुम्हारी ही निशानी है।
मेरे दुखते हुए दिल की बस इतनी सी कहानी है॥
तुम्हें यह बैठे-बैठे क्या हुआ, क्या दिल में ठानी है।
ज़रा सोचो कभी भी तुमने मेरी बात मानी है॥
समझ लो काश इतना तुम कि सबके वास्ते दुख है।
तुम्हारे वास्ते भी कोई दौरे आस्मानी है॥
झुकाए सर हैं बैठे और यह मजबूर हस्ती है।
कि उनके साँस की भी रूह पर उनके गरानी है॥
दुआ गो है तुम्हारे ही ज़रा चश्मे करम उन पर।
वगरना जल्द कर गुजरो जो कुछ भी दिल में ठानी है॥
बस अब तैयार बैठे हैं यह ख़ौफ़े इस्तेहाँ कब तक?
मिटा दो आज हस्ती उनकी गर तुमको मिटानी है॥
वो है इस दर्ज़ा मतवाले शराबे नावे क़ौमी से।
न है तलवार में पानी न बेड़ी में गरानी है॥

आज़ादी का परवाना भगत सिंह

(लेखक–श्रीयुत नटराज)

–नायमात्मा बलहीनेन लभ्यः

वह आज़ादी का परवाना था। हाँ, सचमुच आज़ादी का परवाना था! तभी तो भारत की आज़ादी की दीपशिखा पर पतंग की भाँति बलि चढ़ गया। वह युवक था। ऐसा युवक–जिसकी नस में प्रतिक्षण बिजली दौड़ती थी और जिसका खून किसी ज्वलन्त भविष्य की चिन्ता में सदा खौलता रहता था। कृतियों के बल पर वह पानी में आग लगाकर असम्भव को सम्भव कर दिखाना जानता था। तभी तो आज भारतीय स्वतंत्रता के यज्ञ में अपनी और अपने साथियों की पूर्णाहुति देकर, वह देश के इतिहास में एक नया और गौरवपूर्ण अध्याय जोड़ गया।

अभी बहुत दिन नहीं हुए, 4-5 वर्ष की बात है। मैं अपने दफ्तर के काम में व्यस्त था। एक दिन एक लम्बे क़द का गौर-वर्ण युवक मेरे पास ही एक कुर्सी पर आकर बैठ गया। वह बहुत देर तक बैठा-बैठा इधर-उधर पड़े हुए अख़बारों को उलटता रहा। बड़ी देर के बाद फुर्सत मिली। युवक से बातें होने लगीं। साधारण-सी बातचीत करने के बाद वह चला गया। मैं भी अपने काम में लग गया।

उसके बाद अक्सर उससे भेंट होने लगी। धीरे-धीरे हम दोनों एक-दूसरे को समझने की कोशिश करने लगे।

युवक सिक्ख था। सर पर लम्बा साफा बाँधता था। उसका स्वभाव बहुत गम्भीर किन्तु विनोदप्रिय था। एक दिन कहीं से आप घूमते हुए आ निकले। मैंने हँसकर कहा–"आप कहाँ रहते हैं?" उत्तर मिला–"पता क्या पूछते हो बेठिकानों का?" उस समय इस वाक्य का वास्तविक अभिप्राय मेरी समझ में नहीं आया। बात हँसी में उड़ा दी गई। परन्तु आज 4-5 वर्ष के बाद जब वह युवक फाँसी के तख्ते पर हँसते-हँसते झूल गया, तब उस वाक्य का वास्तविक अर्थ मेरी समझ में आया है।

उस समय मैं कतई नहीं जानता था कि एक क्रान्तिकारी चरित्र में खूबी क्या होती है। हफ़्तों और महीनों तक साथ होने पर भी, मैंने यह अनुसन्धान नहीं किया है कि इस युवक का चरित्र इतना ऊँचा हो सकता है। इतनी छोटी उम्र में देश के राजनीतिक वातावरण में इस प्रकार हलचल मचाकर अन्त में वह युवक देश की वेदी पर आत्मोत्सर्ग कर जाएगा, यह तो कभी मैंने स्वप्न में भी न सोचा था।

हम एक-दूसरे को प्यार करते थे। प्रतिदिन साथ घूमने जाते थे। गंगा-किनारे कभी दौड़ लगती थी, तो कभी व्यायाम होता था। गंगा में गोते भी खूब लगाए जाते थे। कभी-कभी तैरते भी खूब थे। जाड़ों के दिन थे। कभी-कभी सबेरे उठने में मुझे देर होती थी। किन्तु युवक भगत सिंह में आलस तो छूकर भी न गया था। वह नियमित रूप से उठता और गंगा के पुल पर उषःकाल के समय, प्राची दिशा की ओर इक टक देखता हुआ कुछ सोचने में निमग्न हो जाता था। उस समय की उसकी गम्भीर मुख-मुद्रा देखते ही बनती थी। ओह! उसकी वह योगियों की सी प्रकृति अब कहाँ देखने को मिलेगी?

यों सांसारिक दृष्टि से वह योगी नहीं था। परन्तु भीतर से देखने पर पहन-ओढ़कर अच्छे-खासे ढंग से रहनेवाला युवक था। उसके मिज़ाज में सादगी थी। चाल-ढाल और रहन-सहन भी सादा था। बनावा तो उसमें छू तक न गया था। उसका भीतरी और बाहरी रूप एक सा था। मिलनसार भी एक ही था। स्वभाव में चंचलता नहीं थी। महीनों साथ रहकर भी कम-से-कम मुझे तो ख़याल तक नहीं हुआ कि वह युवक क्रान्तिकारी कामों से सम्बन्ध रखता है। उन दिनों भी उसके रोम-रोम में क्रान्तिकारी आदर्शों का समावेश हो चुका था। और उन्हीं आदर्शों की साज़ में वह अपने आपको मिटा देने के लिए प्रस्तुत हो रहा था। परन्तु उसकी स्वाभाविक गम्भीरता के कारण मुझ जैसा थोड़ी अक्ल का युवक स्पष्ट रूप से उस समय उसकी क्रान्तिकारी आत्मा के दर्शन नहीं कर सका।

भगत सिंह अध्ययनशील युवक था। उसे सदा अच्छी-अच्छी पुस्तकें पढ़ने की आदत थी। महापुरुषों के वीरतापूर्ण चरित्र उसे आकर्षित करते थे। कभी वीरवर नेपोलियन की पुण्य-गाथा उसके हाथ में देखी जाती, तो कभी आयरलैंड के प्रसिद्ध साहसी योद्धा डेनब्रीन की "My Fight for Irish Freedom"। असल बात यह थी कि वह स्वयं साहसी योद्धा था। वीरता, साहस, सच्चाई आदि गुण प्रारम्भिक जीवन से ही उसके हृदय में जम चुके थे। एक वास्तविक योद्धा में जो गुण होने चाहिए वे प्रायः सभी उसमें थे।

वह सच्चा कर्मयोगी था। भरे-पूरे घर का युवक होने पर भी, भोग-लिप्सा को ठुकराकर वह उस पथ का बटोही बन गया, जो चारों ओर कंटकाकीर्ण था और जिसके अन्त में सुनहले अक्षरों में लिखा हुआ था–फाँसी!

एक दिन शाम को बातों ही बातों में हम लोग एक मैदान में चले गए। साथ में एक साइकिल भी ले ली, भगत सिंह के सिवा एक और मित्र भी साथ में थे। मैंने भगत सिंह से कहा कि एक युवक को क्या-क्या सीखना चाहिए। उसने हँसकर जवाब दिया–घास खोदना। मैं बिगड़कर कहने लगा–अरे हिन्दुस्तानी युवकों को तो घास खोदना तक नहीं आता? उसने कहा कि नहीं आता तो सीखना चाहिए। थोड़ी देर तक यों ही मज़ाक होता रहा। फिर मैंने कहा कि हमें साइकिल पर चढ़ना सिखा दोगे? उसने कहा–ज़रूर। मैंने अपने मित्र की ओर इशारा करते हुए कहा कि इस काम में तुम हम दोनों के मास्टर हो। उसने हँसते हुए कहा कि मास्टर और शागिर्द पीछे

देखना, पहले साइकिल पर चढ़ना सीख लो। बस, उस दिन साइकिल सीखने का श्रीगणेश हो गया।

उस दिन से शाम को हम नित्य मैदान में साइकिल सीखने जाया करते थे। मेरे मित्र इस काम में ज़रा तेज़ निकले। उन्होंने मुझसे पहले साइकिल पर चढ़ना सीख लिया और लगे दूर की हाँकने। मैं साइकिल से गिरता बहुत था। कई जगह चोट भी लगी। जब मैं साइकिल से गिरने लगता तभी मेरे दूसरे साथी पुकार उठते—"वारे मेरे मिट्‌टी के शेर?" इतना सुनते ही भगत सिंह के चेहरे पर एक अजीब मुस्कुराहट आ जाती और वह तुरन्त ही दौड़कर; मुझे पकड़ लेता और ज़मीन पर गिरने से रोक लेता था।

इस प्रकार कई दिन तक भगत सिंह ने मुझे साइकिल पर चढ़ने का अभ्यास कराया। जब मैं साइकिल दौड़ाने लगा तब एक दिन उसने कहा कि अब तो तुम्हें साइकिल पर चढ़ना आ गया, मिठाई खिलाओ। मैंने कहा—बहुत अच्छा जनाब। उन दिनों लोग भगत सिंह को 'बलवन्त सिंह' के नाम से भी पुकारते थे। कई बार हम लोगों ने साथ-साथ खाना भी खाया और मिठाई भी; परन्तु यह बात याद कर आज भी कलेजे में टीस मारती है कि साइकिल सीखने के उपलक्ष्य में मैंने कभी उसे मिठाई नहीं खिलाई! उसे इसकी परवाह भी नहीं थी। परन्तु हँसी में अक्सर उस मिठाई का तक़ाज़ा हो जाया करता था।

भगत सिंह ने मुझे साइकिल सिखाई थी। अब इस गुण को मैं जीवन भर भूल नहीं सकता। जब कभी साइकिल पर बैठता हूँ, तभी प्यारे भगत सिंह की मूर्ति सामने आ जाती है। तैरना, घोड़े पर सवारी करना, बन्दूक से निशाना लगाना आदि कामों में भगत सिंह दक्ष था। उसे व्यायाम का बड़ा शौक था। उसका गठीला बदन ऐसा सुदृढ़ था मानो किसी चतुर कारीगर ने हथौड़ों से गढ़-गढ़कर बनाया हो। वह कहा करता था कि दुबले-पतले लोगों और कमज़ोर लड़कों को मैं 'नौजवान' नहीं मानता। ये अभागे लड़के जिनके गाल पैठ गए हैं, चेहरे क़ी हड्डियाँ जिनके निकम्मे होने की गवाही दे रही हैं और युवा होते हुए भी, आँख पर बिना ज़रूरत के ऐनक लगाकर जो बुड्ढों को भी मात कर रहे हैं, पराधीन भारत के लिए ही नहीं, बल्कि मनुष्यता के लिए अभिशाप हैं। अरे, भारत को कल ही स्वाधीनता प्राप्त करनी है। स्वाधीन भारत के युवकों को तो हट्टे-कट्टे और मज़बूत बनकर सैनिक-शिक्षा प्राप्त करनी होगी, इसलिए अब देश को ऐसे युवकों की ज़रूरत है जिनकी हड्डियाँ फौलाद की हों, जिनके कलेजे वज्र के बने हों। गुलाम भारत के अभागे युवको, तुम्हें अपनी हीन दशा पर कब शर्म आएगी!

भारतीय युवकों की वर्तमान अधोगति पर बातचीत करते हुए भगत सिंह बहुत दुखी हो उठता था। उसका चेहरा एकदम तमतमाकर लाल हो जाता था। थोड़ी देर बाद एक सर्द आह भरकर फिर शान्त हो जाता था। वह अक्सर कहा करता था कि मैं तो ऐसे युवकों के दर्शन करना चाहता हूँ जिनका जीवन देश के लिए भार-स्वरूप न हो, बल्कि जिन पर देश गर्व कर सके।

भगत सिंह बहादुर युवक था। दुबला, पतला और निकम्मा नहीं, बल्कि हट्टा-कट्टा स्वस्थ, साहसी और शूरवीर। उसका पवित्र जीवन सचमुच एक आदर्श योद्धा का जीवन था। वह कर्मण्य था। देश की स्वतंत्रता प्राप्त करने की साध में, अपने घर के राजसी वैभव को ठुकराकर उसने गले में झोली डाली थी। इस दशा में वह फकीर बन गया था। उसके जीवन में एक आदर्श योद्धा और तपस्वी दोनों ही के अद्भुत गुणों का समन्वय हुआ था। भगवान कृष्ण का यह भाव–

"हतोवा प्राप्यसि स्वर्ग जित्वावा भोक्षसे महीम्" उसके जीवन में अच्छी तरह प्रविष्ट हो चुका था। उसके राजनीतिक विचार बहुत ऊँचे थे। वहाँ पाप-पुण्य, हिंसा और अहिंसा की कोई संकुचित सीमा नहीं थी। वह तो स्पष्ट कहा करता था कि देश के प्रति कर्तव्य की भावना हिंसा और अहिंसा तथा पाप-पुण्य दोनों ही के परे है। भगत सिंह को देखकर ऐसा मालूम पड़ता था कि भगवान कृष्ण का कर्मयोग, शिवाजी, प्रताप का युद्धधर्म और गुरु गोविन्द सिंह का सिक्ख धर्म इस युग में पराधीन भारत के कल्याण के लिए मूर्तिमान् होकर फिर से अवतीर्ण हुआ है।

इस बात का पता दुनिया को तब चला जब भगत सिंह ने जेल में अपने बहादुर साथियों के साथ राजनीतिक कैदियों के अधिकारों के लिए अधिकारियों से संघर्षण आरम्भ किया। वह समय इन भारतीय योद्धाओं के लिए सचमुच बड़ा विकट था। भगत सिंह ने आरम्भ से अन्त तक अधिकारियों से जिस प्रकार डटकर मुठभेड़ की और अपने प्यारे साथी यतीन्द्र की बलि देकर अन्त में अपने दो मित्रों के साथ जिस मर्दानगी से फाँसी के तख़्ते पर झूल गया, उसे देखकर तो सचमुच दुनिया दंग रह गई। भगत सिंह के इन बलिदानों को देखकर प्रताप और शिवाजी की गाथाएँ याद आ गईं। इन युवकों ने दुनिया को अच्छी तरह दिखा दिया कि आज पराधीन भारत के करोड़ों प्राणी भले ही शव के समान हो गए हों, किन्तु फिर भी, यहाँ कुछ ऐसे नर-रत्न हैं जिनकी पाक हस्ती दुनिया में अपना सानी नहीं रखती।

आज भगत सिंह दुनिया में नहीं है। परन्तु देश की गलियों में नन्हे मासूम बच्चे तक गाते हुए सुनाई पड़ते हैं–

"फाँसी के तख्ते पे झूल गया मस्ताना भगत सिंह!"

जिनके आँखें हों वे आज इस देश में बच्चों को भगत सिंह की याद में झूमते हुए देख लें और जिनके कान हों वे उनकी ज़बान के साथ शहीदों का तराना सुन लें। अरे, ओ पशु-बल और सत्ता के मद में बेहोश हुई बेवकूफ दुनियाँ! आज हिन्दुस्तान की गलियों में घर-घर से भगत सिंह की याद में आती हुई आवाज़ के साथ इस बात का नज़ारा अच्छी तरह देख ले–रंग लाती है हिना पत्थर पै पिस जाने के बाद।'

भगत सिंह आज़ादी की शमआ का परवाना था! आज़ादी की जलती हुई दीपशिखा पर पतंग की भाँति अपनी और अपने साथियों की बलि देकर उसने आज़ादी की पूरी क़ीमत चुका दी!!

विदा

हैफ़ जिस पर कि हम तैयार थे मर जाने को, जीते जी हमसे छुड़ाया उसी कासाने को,
आसमाँ क्या पड़ी बाकी था गज़ब ढाने को, ख़ाके गुरबत में जो रखा हमें तड़पाने को,
क्या कोई और बहाना न था तरसाने को ॥ 1 ॥

फिर न गुलशन में हमें खाएगा सैय्याद कभी, क्यों सुनेगा तू हमारी फरियाद कभी
याद आएगा किसे ये दिले नाशाद कभी, हम भी इस बाग़ में थे क़ैद से आज़ाद कभी,
अब तो काहे को मिलेगी वह हवा खाने को क्या कोई और. ॥ 2 ॥

दिल फ़िदा करते हैं कुर्बान ज़िगर को करते हैं, पास जो कुछ है वह माता की नज़र करते हैं,
खाने वीरान कहाँ देखिए घर करते हैं, ख़ुश रहो अहूले-वतन हम तो सफ़र करते हैं,
जा के आबाद करेंगे किसी वीराने को, क्या कोई. ॥ 3 ॥

देखिए कब ये असीराने मुसीबत छूटे, मादरे हिन्द के अब भाग खुलें या फूटें,
देश सेवक सभी जेलों में मूँजे कूटें, हम यहाँ शौक़ से दिन रात बहारें लूटें,
क्यों न तरज़ीह दें इस जीने पर मर जाने को, क्या कोई. ॥ 4 ॥

कोई माता की उमीदों पर न डाले पानी, ज़िन्दगी भर को हमें भेज के कालेपानी,
मुँह में जल्लाद हुए जाते हैं छाले पानी, आब खंजर का पिला करके आले पानी,
भरने क्यों जाँय हम इस उम्र के पैमाने को, क्या कोई. ॥ 5 ॥

हम भी आराम उठा सकते थे घर पर रहकर, हमको भी पाला था माँ-बाप ने दुख सहकर,
वक्ते रुखसत उन्हें इतना भी न आए कहकर, गोद में अश्क जो टपकें कभी रुख से बहकर,
तिफ .ल उनको ही समझ लेना जी समझाने को, क्या कोई. ॥ 6 ॥

देश सेवा का ही लहू बहता है नस-नस में, अब तो खा बैठे हैं चित्तोर के गढ़ की कसमें,
सर फ़रोशी की अदा होती है यों ही रस में, भाई खंजर से मिलते हैं सब आपस में,
बहनें तैयार चिताओं पर हैं जल जाने को, क्या कोई और. ॥ 7 ॥

नौजवानो जो तुम्हारे दिल में कभी खटके, याद कर लेना हमें भी भूले-भटके,
आपके अँजो बदन होवें जुदा कट-कट के, और सद चाक हो माता का कलेजा फट के,
पर न माथे पर आए शिकन खाने को, क्या कोई. ॥ 8 ॥

अपनी क़िस्मत में अजल से ही सितम रखा था, रंज रखा था ग़म रखा था,
किसमें यह हौसला औ किसमें यह दम रखा था, हमने जब बीर पे गुरबत में कदम रखा था,
दूर तक यादे वतन आई थी समझाने को, क्या कोई. ॥ 9 ॥

अपना कुछ ग़म नहीं लेकिन ये ख़याल आता है, मादरे हिन्द पर कब तक ये जवाल आता है,
हर दयाल आता है पोख से न पाल जाता है, क़ौम अपनी पर रह-रह के मलाल आता है,
मुन्तज़िर रहते हैं हम ख़ाक में मिल जाने को, क्या कोई. ॥ 10 ॥

दर्द मिन्दों से मुसीबत की हवालत पूछो, मिटने वालों से ज़रा लुत्फ़े शहादत पूछो,
चश्मे मुश्ताय से जरा दीद की हसरत पूछो, कुश्तये नाज़ से ठोकर की क़यामत पूछो,
सोज़ कहते हैं किसे पूछ लो परवाने को, क्या कोई. ॥ 11 ॥

बात तो तब है जब इस बात की जियें ठानें, देश के वास्ते कुर्बान करें सब जानें,
लाख समझाए कोई एक न उसकी माने, कहता है ख़ून से न अपना गरेबाँ साने,
ना सिला आग लगे तेरे इस समझाने की, क्या कोई ॥ 12 ॥

(शहीद ओऽम प्रकाश लिखित क्रान्तिकारियों का एक बहुत ही प्रसिद्ध और प्रिय गायन)

मनुष्य का बनाया क़ानून!

(लेखिका–कुमारी लज्जावती जी)

आज से दो वर्ष पूर्व की बात मैं कह रही हूँ। 1929 ई. का जून महीना था। लाहौर की बड़ी जेल में अदालत का इजलास हो रहा था। मैंने सुना था कि इस मुकदमे के अभियुक्त बहुत खतरनाक व्यक्ति हैं। उन पर एक अँगरेज़ और हिन्दुस्तानी के क़त्ल का अभियोग है। इसके साथ ही वे 'सम्राट के विरुद्ध युद्ध करने' के भी अपराधी बताए जाते हैं। ऐसे भीषण अभियोगों के अभियुक्तों को देखने के लिए, उनकी बातें सुनने के लिए, बीसियों व्यक्ति, साधारण गृहस्थ, वकील, अमीर, विद्यार्थी अदालत में रोज़ पहुँचते थे। दर्शक-गैलरी में बैठे-बैठे यह लोग बड़ी उत्सुकता और अनुराग से मुकदमे की कार्रवाई देखा करते और अभियुक्तों को देख-देखकर भावोन्मत्त हुआ करते थे। यदि अभियुक्तों में से कोई किसी दर्शक को नमस्कार अभिवादन कर लेता, तब तो अन्य जन उस दर्शक से ईर्ष्या करने लगते थे।

एक दिन मैं भी इन 'कातिलों' के दर्शन के लिए चल दी। अदालत के समीप सड़क पर पहुँचते ही देखा कि 'शान्ति और व्यवस्था' के ठेकेदारों के नौकर खाकी वर्दी पहने और हाथों में लाठियाँ लिये दूर तक खड़े हैं। मुझे स्वभावतः ही यह प्रदर्शन देखकर इसका कारण ज्ञात करने की उत्सुकता हुई। पूछने पर ज्ञात हुआ कि, अदालत आते समय कुछ मनचले नवयुवक 'इनक़िलाब जिन्दाबाद' के नारे लगाते हैं, जिससे 'अशान्ति फैलने की सम्भावना रहती है।' इसलिए यह प्रबन्ध किया जाता है।

मुकदमे की कार्यवाही सुनने के लिए मुझे दरखास्त भेजनी पड़ी, अतएव मजबूरन बाहर खड़ा रहना पड़ा। मुझसे कुछ दूरी पर अन्य महिलाएँ भी खड़ी थीं। कदाचित् वे भी मेरी ही भाँति आज्ञा प्राप्त होने की प्रतीक्षा कर रही थीं। इनके पास ही पुलिसवाले कुर्सियों पर अकड़े हुए ज़ौम के साथ बैठे थे। वह शान्ति और व्यवस्था के ठेकेदार थे, वैतनिक ठेकेदार थे। लेकिन उन्हें सज्जनोचित इतना भी साधारण शिष्टाचार ज्ञात न था, क्रि वह कुर्सियों से उठ बैठते और उन महिलाओं को, जिनकी गोद में छोटे-छोटे बच्चे थे, उन पर बिठा देते।

इसी समय किसी ने मुझे बताया कि एक दिन यह लोग कुर्सियों पर इसी तरह अकड़े बैठे थे और पास ही खड़ी देवी अपने लिए अदालत की आज्ञा की बाट जोह रही थीं, यह देखकर एक गोरे अफसर ने इन्हें डाँटकर कहा–''तुमने इनको बैठने के लिए कुर्सी क्यों नहीं दी?'' उस वक्त इनमें से एक ने कुर्सी उन देवी को दे दी, मगर उस गोरे अफसर के चले

जाने पर जब उस देवी ने उन्हें फटकारा तो अत्यन्त निर्लज्जता से एक पुलिसवाले ने जवाब दिया कि ''यह स्त्रियाँ आती ही इस तरह की हैं, जो प्रतिष्ठा के योग नहीं होतीं।''

दूसरी ओर कुछ दूर दो-तीन युवतियाँ-युवक खड़े थे। मैंने उनसे पूछा–''तुम उधर अलग क्यों खड़े थे?'' उन्होंने उत्तर दिया–''साधारणतया पुलिस के सिपाही बहुत अधिक अशिष्ट होते हैं, अतएव इनके निकट खड़े होने से यह अलग दूरी पर ही खड़ा होना उचित है। यह लोग मुकर्रर तो किए जाते हैं, जनता के सुपास और संरक्षण के लिए, लेकिन यदि, इन्हें कोई अकेला मिल जाए, तो सचमुच हृदय में उद्वेग उत्पन्न होने लगता है, अतएव यहाँ एकान्त में खड़े हैं।''

मुझे उस दिन बहुत देर तक इन्तिजार करना पड़ा। मैं लौटकर सड़क के किनारे आ गई और अमनोअमान के इन तनख्वाहदार ठेकेदारों के चेहरों की ओर देखने लगी। इनमें से कुछ आपस में बातें कर रहे थे, कुछ इधर-उधर घूमते थे और कुछ अपनी जगहों पर खड़े थे, लेकिन लगभग आकृति सभी की भयावनी थी। इनकी हरकतों से उच्छृंखलता और अशिष्टता व्यक्त होती थी। महिलाओं के समक्ष परस्पर मज़ाक और अशिष्ट शब्द बकने में उन्हें तनिक भी झिझक न मालूम होती थी। सौम्यता और सभ्यता तो इनके समीप होकर न निकली थी, सज्जनता का भी नाम तक न था। अस्तु।

मुझे आज्ञा मिली। नाम-पता लिखाकर और जामा तलाशी के बाद मैं पहुँची। मुकदमे की कार्रवाई शुरू की। मजिस्ट्रेट की बाईं तरफ़ एक कठघरे में सत्रह-अठारह युवक कुर्सियों पर बैठे थे। इनमें कुछ समाचार-पत्र पढ़ रहे थे, कुछ उपन्यास पढ़ने में व्यस्त थे और शेष आपस में बातें कर रहे थे। कठघरे के इर्द-गिर्द पुलिसवालों का पहरा था। दर्शक-गैलरी में काफ़ी स्थान न था, इसे अमनोअमान के ठेकेदारों ने भी देखा और अन्य व्यक्तियों ने भी, लेकिन इस बात की तरफ़ सबसे पहले ध्यान गया 'कातिलों' के सरदार का। देखते ही वह अपनी कुर्सी पर से खड़ा हो गया और अदालत से कहने लगा–

''मि. मजिस्ट्रेट दर्शकों के लिए उचित प्रबन्ध नहीं है। स्थान बहुत कम है। यदि आप कृपा कर महिलाओं को भीतर बैठने की आज्ञा दे देंगे, तो बहुत सुविधा हो जाएगी।'' अदालत ने उसकी प्रार्थना अस्वीकृत कर दी। उस रोज़ मेरे साथ मेरी एक रिश्तेदार भी थी। मैंने देखा कि वह बहुत ध्यान से अभियुक्तों के कठघरे की ओर देख रही हैं। मैंने पूछा–''बहन किसे देखती हो?'' वह बोल उठी–''किसी को नहीं, देखती थी कि यहाँ राम की फौज कौन सी है और रावण की कौन सी?'' मैंने कहा–''मनुष्य के बनाए क़ानून के अनुसार या भगवान के बनाए क़ानून के अनुसार?'' वह चुप रह गई।

आज अदालत में सबसे ज़्यादा ज़रूरी इकबाली गवाह का बयान हो रहा था। उसने कहा–''पहली गोली तो मिस्टर राजगुरु ने चलाई, लेकिन उसके बाद सरदार भगत सिंह ने लगातार पाँच-छः गोलियाँ चलाईं। इस पर ठहाके के साथ हँसते हुए भगत सिंह ने अपने एक साथी से कहा–''वाह तो मैंने क्या मरे हुए को ही मारा?'' और फिर अत्यन्त निश्चिन्ततापूर्वक उपन्यास पढ़ने लगा।

मैंने उसकी हँसी की आवाज़ सुनकर उसके चेहरे की ओर देखा। मैं सोचने लगी–हत्या का आरोप लगाया जा रहा है, मौत सामने खड़ी है, यह लोग इस तरह मनोरंजन में व्यस्त

हैं, यह मनुष्य हैं या फरिश्ते? गीता में, उपनिषदों में एवं अन्य धर्मशास्त्रों में मुमुक्षु या जीवनमुक्त के जो लक्षण मैंने पढ़े हैं, मुझे अब अनुभव हुआ है कि भगत सिंह उस आदर्श की जीवित प्रतिमूर्ति बनकर मुलाज़िमों के कठघरे में आ बैठा था। वह पढ़ रहा था और मुस्कुरा रहा था। ओह! उस मुस्कुराहट में कैसा मधुर आकर्षण था, कितना जादू था, उसकी छोटी-छोटी आँखों में कैसा नूर था। उसकी बातों में कैसा आनन्द था। मैं सोचने लगी–यह क्या इस दुनिया की चीज़ है? नहीं, यह तो ईश्वर-प्रेरित उन महान आत्माओं में से है, जो कभी-कभी किसी आदर्श की स्थापना के लिए इस धराधाम पर अवतीर्ण होती हैं। यह आत्मा तो आज आज़ादी के शान्तिमय सिपाहियों को निर्भयता का पाठ पढ़ाने आई है। दिल में प्रश्न उत्पन्न हुआ–हम लोगों में से जो भाषणों के शब्दों में और लेखों के अक्षरों में स्वतंत्रता के स्वागत के लिए अपनी आँखें बिछाते हैं और " 'बड़ी से बड़ी कुर्बानी' करते हैं, कितने ऐसे हैं जो करबन्दी की लड़ाई में इस अल्हड़ता और निर्भयता से गोलियों की बौछार के सामने खड़े रहेंगे? लेकिन इस नौजवान का अपना जो आदर्श है, उसने अपने लिए जो मार्ग निर्धारित किया है, उस पर यह किस शान से चल रहा है और किस बहादुरी से मृत्यु का आलिंगन करने चला है।"

मेरा, उसकी फ़िलासफ़ी, आदर्श और कर्तव्य मार्ग से सदैव से विरोध रहा था, मेरी यह वांछा थी कि देश की स्वतंत्रता की लड़ाई अहिंसा द्वारा ही होनी चाहिए; लेकिन फिर भी सरदार भगत सिंह की वीरता को देखकर बार-बार हृदय ने चाहा कि उसके कदम चूम लूँ और उन पर अपना सिर रखकर कह दूँ कि–"जाते हुए अपनी वीरता और बलिदान साध का हज़ारवाँ हिस्सा कठघरे से बाहर हम लोगों की तरफ़ भी। नेताओं के पीछे पागलों की भाँति भागनेवालों और व्याख्यानों और प्रस्तावों से आज़ादी लेनेवालों की तरफ़ भी–फेंक दो।"

मैंने चुपके से अपनी उस सम्बन्धिनी से पूछा–"बहन, यह बन्दी जन मनुष्य हैं या देवता?" उसने जवाब दिया–"इन्सान के बनाए हुए क़ानून के अनुसार अथवा भगवान के बनाए हुए क़ानून के अनुसार?"

फूलों का गुच्छा

शहीद की अन्तिम विदाई

रह-रहकर पागल कर देनेवाली पगली याद विदा!
आशाओं के ज्वार क्षणिक उफ़ जीवन के उन्माद विदा!
विदा, लालसा की मदिरा में बिखरे वे दुर्लभ वैभव!
स्वप्न सरीखे स्मृति-विस्मृति के, हा! अद्भुत प्रासाद विदा!
पीड़ाओं पर पले हुए कुसुमों के मधुर पराग विदा।
साध विदा! संसार विदा! टूटे प्राणों के राग विदा!
विदा आह मीठी थपकी पर पिघली आँखों के अरमान!
अलसाए यौवन के मतवाले विक्षिप्त विहाग विदा!
परिधिरहित चंचल तूफ़ानों के उफ़ कर्णधार विदा!
प्यार विदा! आधार विदा! टूटी वाणी के तार विदा!
विदा! विदा!! विप्लव सा व्यापक अतुल शक्ति की मादक याद!
आह, निराशा पथ पर फेंके लाख-लाख शृंगार विदा।
यौवन-मद की तरल तरंगों के वे चुम्बन दान विदा!
तान विदा! हा मान विदा! जीवन के शुभ वरदान विदा!
विदा! सुनहले उस सुहाग का झिलमिल करता शुभ तारा!
आह! चिता सा चंचल कर देनेवाला तूफ़ान विदा!
विकल रुदन के ताण्डव में उसकी अन्तिम मुसकान विदा!
प्रतिध्वनि में छिप-छिप आनेवाले आतुर अह्वान विदा!
विदा प्राण पर अंकित सुख-दुख के चुभनेवाले इतिहास!
उद्वेलित उमड़े आँसू के सौ-सौ उर्मिल गान विदा!
मधुर स्वप्न से घुल-मिलकर रहनेवाले दिलदार विदा!
अपराधी पापों से मसला पापी का उफ़ प्यार विदा!
विदा, व्यथित उन पागल घड़ियों के उफ़ वे मादक विश्राम!
शान्ति कहाँ? पगली दुनिया का छलिया क्षणिक दुलार विदा!

—श्याम

शेर भगत सिंह

निकला ज़ुबाँ से 'मरहबा' यारों से जबकि यह कहा।
''रहिए मुल्के अदम हुआ हिन्द का नव जवाँ भगत॥
खुशियाँ मानाओ हिन्दियो रंजो अलम फ़ना करो।
क्या खुश नसीब मुल्क है, जिसमें था नव जवाँ भगत॥
हिन्द के ऐ बहादुरो, कुछ भी रंजोग़म करो।
दुनिया से मर गया भगत, होवेंगे बे-कराँ भगत॥
यूँ तो भगत बहुत हुए, माला लिये जपा किए।
आए नज़र न देशभक्त, जैसे था नव जवाँ भगत॥
हिन्द के ऐ निवासियो, इतना हमें जवाब दो।
लोगे न क्या स्वराज तुम फाँसी चढ़ा जवाँ भगत॥
दागे जुदाई सिंह के, सदमे उठा न ऐ 'अली'।
ख़ाके वतन के ज़र्रे से पैदा हैं ये कराँ भगत॥

—मुश्ताक अली खाँ 'अली'

आख़िरी सलाम

समन्दे-चर्ख़ से थककर सवारे-आफ़ताब उतरा,
शबे-तारीक के चेहरे से इक नूरीं नक़ाब उतरा।
सियाही छा गई बज्मे-जहाँ के कोने-कोने पर,
उरूसे ज़िन्दगी आराम से लेटी बिछौने पर।
अमीरी ने मुहय्या कर लिये सामान इशरत के,
ग़रीबी बोझ से बेदम हुई, पैहम मशक्कत के।
नसीबा जिनका यावर है, मज़े की नींद सोते हैं,
मुक़द्दर जिनका फूटा है, वो आहें भर के रोते हैं।
मल्कीयत है महबे-ख्वाबे-दामाने-सयासत में,
गुलामी ले रही है करवटें ज़िन्दाने-असरत में।
उड़ी है नींद आँखों से वतन के पासबानों की,
जवानी इन्तिजारे-मर्ग में है नौजवानों की।
सज़ाएँ मौत बनकर जिनकी पादाशे-अमल आई,
ये उनकी आख़िरी शब बन के पैग़ामे-अजल आई।
न की अपनी हिफ़ाज़त भी वतन की पासदारी में,
दिया ख़ूने-जिगर नख्ले-वतन की आवयारी में।
ज़वानी नज्र कर दी मादरे-भारत की ख़िदमत में,
हथेली पर धरे सर आए मैदाने-शहादत में।

सलाम, ऐ आशिकाने-[illegible]-मिल्लत आज रुख़सत हो,
खुदा पर ही नज़[illegible] रखा, [illegible] की तुम पै रहमत हो!

—**मिर्जा दबंग**

सज़ा को जानते हैं हम, खुदा जाने खता क्या है?*

(लेखक—स्वर्गीय महाकवि चकवस्त)

उन्हें यह फ़िक्र है हरदम नया तर्ज़े ज़फा क्या है?
हमें यह शौक़ है देखें सितम की इन्तेहा क्या है॥
गुनहगारों में शामिल हैं गुनाहों से नहीं वाक़िफ़।
सज़ा को जानते हैं हम, खुदा जाने ख़ता क्या है॥
ये रंगे बेकसी रंगे जुनूँ बन जाएगा ग़ाफिल।
समझले यासो हिरमाँ को, मरज को, इन्तेहा क्या है॥
बना बिसमिल हूँ मैं वाक़िफ़ नहीं रश्मे-शहादत से।
बता दे तू ही ए ज़ालिम तड़पने की अदा क्या है॥
चमकता है शहीदों का लहू कुदरत के परदे में।
शफक़ का हुस्न क्या औ फूल की रंगीं क़वा क्या है?
उमीदे मिज गई मिट्टी में दर्दे ज़ब्त आख़िर है।
सदाए गैब बतला दे मुझको हुक्मे खुदा क्या है?

कुटीर का पुष्प

(लेखक—श्रीयुत पुरुषोत्तमदास जी टंडन)

भाग्यवान इस ही में हूँ यह विजन कुटीर करूँ सुरभित,
नहीं तनिक इच्छा मुझको मधुकर मंडित आरामों की।
दुर्बल अंग स्वल्प सौरभ मम काम स्थल यह कोना है,
इसे सजाऊँ, इसे रिझाऊँ केवल यही कामना है।
यही लालसा हिय में इसका एक दिन बिंध गलहार बनूँ,
अपना सब सौरभ समाप्त कर रज-कन में बस बास करूँ।

---

* यह ग़ज़ल सरदार भगत सिंह को बहुत प्रिय थी। इसका ही पहला मिसरा उन्होंने अपने भाई को लिखे हुए अन्तिम पत्र में, उद्धृत किया है।

असेम्बली बम-केस में स. भगत सिंह वगैरह का ऐतिहासिक बयान

बम केवल बहरों के कान खोलने के लिए फेंके गए थे

असेम्बली में बम फेंकने पर गिरफ़्तार होने और मुकदमा चलाए जाने पर सरदार भगत सिंह वगैरह ने जो सनसनीपूर्ण बयान दिया था, वह इस प्रकार है–

"हम लोग संगीन जुर्मों के अभियुक्तों की हैसियत से यहाँ उपस्थित हैं और इस मौके पर हम अपने आचरण की सफ़ाई पेश करते हैं। (हमारे आचरण के सम्बन्ध में) निम्नलिखित प्रश्न उपस्थित होते हैं : पहला प्रश्न है कि क्या असेम्बली भवन में बम फेंके गए थे और फेंके गए तो क्यों? दूसरा सवाल यह है कि नीचे की अदालत ने हम पर जो फर्द जुर्म लगाया है, क्या वह सत्य है अथवा नहीं? पहले प्रश्न के उत्तर में हमारा जवाब है कि हाँ असेम्बली में बम फेंके गए थे, किन्तु अपने आपको चश्मदीद गवाह कहलानेवालों में से कुछ गवाहों ने झूठा बयान दिया है और चूँकि हम अपनी कार्य-पात्रता को उस हद तक जहाँ तक कि वह जाती है और जिस रूप में कि वह है, अस्वीकृत नहीं करते, इसलिए उन गवाहों के बारे में हमारा यह बयान जिस लायक यह है, वैसा ही समझा जाए। उदाहरण के तौर पर हम यह कह सकते हैं कि सार्जेंट टेरी की यह गवाही कि उसने हममें से एक आदमी के हाथ से पिस्तौल छीनी, सरासर बनाई हुई झूठ है : क्योंकि जिस समय हमने आत्मसमर्पण किया था, उस समय हममें से किसी के पास भी पिस्तौल नहीं थी। दूसरे गवाहों ने, जिन्होंने हमारे द्वारा बम फेंके जाते देखने का बयान दिया है, सरासर झूठ बोलने में ज़रा भी संकोच नहीं किया है। जो लोग क़ानूनी स्वच्छता और निष्पक्ष न्याय-दान के लिए प्रयत्नशील हैं, उनके लिए यह (गवाहों की ग़लतबयानी) स्वतः एक नैतिक सबक है। इसी के साथ ही हम सरकारी वकील की निष्पक्षता और अदालत की इस वक्त की न्यायपरख के मनोभाव को स्वीकृत करते हैं।"

बम क्यों फेंके गए?

पहले प्रश्न के दूसरे अंश के उत्तर देने में हमें मजबूरन कुछ विस्तार की शरण लेनी पड़ती है और इस प्रकार हमें अपने कार्य के प्रेरक भावों और उन सब परिस्थितियों का पूर्ण और

नितान्त स्पष्ट निरूपण करना पड़ता हैं, जिससे धीरे-धीरे वह बम दुर्घटना ऐतिहासिक कांड में परिणत हो गई है। कुछ पुलिस ऑफिसरों ने हमसे जेल में मुलाक़ात की थी और उन्होंने हमसे कहा था कि लॉर्ड इर्विन ने बड़ी व्यवस्थापिका सभाओं के संयुक्त अधिवेशन में भाषण देते हुए इस घटना को एक ऐसा वार बतलाया था जो किसी व्यक्ति के प्रति नहीं किन्तु एक संस्था के प्रति किया गया। जब हमने यह सुना तब हमने बहुत शीघ्र ही यह बात मान ली कि इस घटना का सच्चा महत्त्व बहुत ठीक तौर पर समझ लिया गया है। हम मनुष्यता के प्रेम में किसी से भी पीछे नहीं हैं और किसी व्यक्ति के ख़िलाफ़ घृणा भाव रखना तो दूर, हम मनुष्य जीवन वास्तविक रूप में पवित्र समझते हैं। हम न तो उस प्रकार के घिनौने कुकृत्य के करनेवाले एवं देश के कलंक हैं जैसा कि अधकचरे साम्यवादी दीवान चमन लाल हमें कह चुके हैं तथा न हम ऐसे पागल ही हैं जैसा कि लाहौरी 'ट्रिब्यून' और कुछ अन्य लोगों ने हमें बतलाया है।

संस्था के साथ आवाज़बलन्दी

''हम बहुत नम्रतापूर्वक यह दावा करते हैं कि हम कुछ नहीं हैं सिवा इसके कि हम इतिहास के गम्भीर विद्यार्थी हैं और अपने मुल्क की हालत को देखनेवाले हैं तथा मानवीय सदाकांक्षाओं का अनुभव करनेवाले हैं। और हम पाखंड तथा मक्कारी से नफ़रत करते हैं। हमारा यह व्यावहांरिक विरोध प्रदर्शन एक ऐसी संस्था के ख़िलाफ़ था, जो अपने जन्म काल ही से न केवल अपना निकम्मापन ही प्रगट करती रही है, बल्कि शैतानी कर सकने की अपनी अत्यधिक शक्ति का प्रमाण भी देती रही है। ज्यों-ज्यों हमने इस पर गम्भीरतापूर्वक विचार किया, त्यों-त्यों हम पर इस विश्वास की गहरी छाप पड़ती गई कि यह संस्था दुनिया को भारतवर्ष की बेचारगी और उसकी बेइज्जती दिखलाने के लिए ही कायम है। यह संस्था गैरजिम्मेदार और तानाशाही शासन के विकट प्रभुत्व का प्रतिरूप है। जनता के प्रतिनिधियों ने बार-बार राष्ट्र की माँगें पेश कीं और उन राष्ट्रीय माँगों का अन्तिम स्थान कूड़े की टोकरी ही रहा है। असेम्बली द्वारा पास किए गए पुनीत प्रस्ताव नगण्य समझकर घृणा से पैरों तले कुचले गए हैं और भी कहाँ? यहाँ इस नामधारी भारतीय पार्लमेंट के भवन में। दमनकारी और निरंकुश क़ानूनों को तोड़ने के सम्बन्ध में किए गए प्रस्ताव निहायत नव्वावाना हिकारत की नज़र से देखे गए हैं और सरकार के वे क़ानून और प्रलाप जिनको जनता के चुने हुए मेम्बरों ने अस्वीकरणीय समझकर ठुकरा दिए थे, सिर्फ़ एक क़लम के शोशे से ज्यों के त्यों रहने दिए गए।

थोथा दिखावा

''थोड़े में, बहुत प्रयत्न करने के बाद भी हम इस संस्था के अस्तित्व की उपादेयता को समझने में नितांत असमर्थ रहे हैं। बावजूद इस तमाम शान-शौकत और तड़क-भड़क के

जो कि करोड़ों मेहनतकश लोगों की कष्टप्राप्य दौलत के बल पर कायम रखी जाती है, हम यह समझते हैं कि यह संस्था एक ढोल की पोल का नज़्ज़ारा और शैतानियत से भरा एक बहाना मात्र है। इसके साथ ही हम नहीं समझ पाए हैं उन सार्वजनिक नेताओं के मनोभावों को जो जनता का समय और धन भारतवर्ष की निरुपाय गुलामी के इस नाटकीय प्रदर्शन के लिए खर्च करते हैं। हम इन बातों पर ग़ौर करते रहे हैं और साथ ही हमने ग़ौर किया है, मज़दूर दल के नेताओं की गठरी भर गिरफ़्तारी पर। ट्रेड डिस्प्यूट्स बिल का प्रारम्भ जिस समय हमें असेम्बली में खींचकर ले आया, उस समय हमने उस बिल की प्रगति को देखा और उस पर किए गए वाद-विवादों को भी सुना। यह सब देखने-सुनने के पश्चात् हमारा यह विश्वास दृढ़ हो गया है कि यह संस्था तो सब कुछ हड़प जानेवालों की गला-घोंटू ताक़त का भय त्रस्तकारी स्मारक और निस्सहाय मेहनतकशों की गुलामी का चिह्न है।

भगत सिंह की आख़िरी मुलाक़ात

अपने ज़िन्दान के हुजरे में भगत सिंह ने कहा–
"ले चला जाता हूँ सरकार चला जाता हूँ।"
बाद अज़ाँ देत्त का तसस्वुर जो किया, उससे कहा-
"अब चला जाता हूँ, ऐ यार चला जाता हूँ।
मुन्तज़िर देर से हैं मेरे शहीदाने वफ़ा,
मैं मए-इश्क से सरशार चला जाता हूँ।"
जब छुआ बाप के क़दमों को, तो रिक्कत से कहा–
"आपको छोड़के नाचार चला जाता हूँ।
ज़ख़्म खाए हुए हैं दिल पै ग़मे-भारत का,
मैं हूँ बीमार, मैं बीमार चला जाता हूँ।
कूच-ए-हिन्द में मैं ख़ाक की सूरत रहता,
कर दिया इसने जो इनकार–चला जाता हूँ।"
फिर तसव्वुर में अदब से ये कहा गांधी से–
"लश्करे-कौम के सालार–चला जाता हूँ।
मुन्तज़िर देर से हूँ जलवए-स्वराज्य दिखा,
वरना मैं तालिबे-दीदार–चला जाता हूँ।"
नौजवाँ हिन्द से आख़िर मैं तड़पकर बोला–
"तुझको ग़म देके ऐ ग़मख़्वार–चला जाता हूँ।"

–लाला दीनदयाल

जगाने के लिए बम ज़रूरी हैं।

"अन्त में तमाम देश भर के प्रतिनिधियों के सादरणीय मस्तकों पर अमानुषिक और बर्बरता पूर्ण क़ानून की अपमानजनक गाज गिराई गई और इसका नतीजा यह हुआ है कि भूखा मरनेवाला और बमुश्किल तमाम अपना पेट पालनेवाले लोग अपनी आर्थिक दशा को सुधारने में प्रारम्भिक स्वत्व और एकमात्र उपाय से वंचित कर दिए गए। कोई भी आदमी जिसने हमारी तरह इन बेज़बान, मनमानी दिशा में हाँक दिए जानेवाले मजदूरों के प्रति तादात्म्य भाव अनुभव किया है, सम्भवतः इस दृश्य को अविचलित चित्त से नहीं देख सकता था। कोई भी आदमी, जिसके दिल से खून झरता है, उन आदमियों के लिए जिन्होंने लूट-खसोट करनेवालों के आर्थिक भवन के लिए अपना जीवन रक्त दे दिया है–और लूट-खसोट करनेवालों की श्रेणी में, इस मुल्क में यह सरकार सबसे बड़ी दोहनकर्ता है–अपनी आत्मा के क्रन्दन को नहीं दबा सकता था; और इस निर्दय प्रहार ने हमारे हृदय के भीतर से वेदना का आक्रोश ज़बर्दस्ती बाहर खींच लिया। इसलिए, एक समय गवर्नर जनरल के कार्यकारिणी के क़ानून सदस्य स्वर्गीय श्री एस.आर. दास के उन शब्दों को ध्यान में रखकर जो उनके उस प्रसिद्ध पत्र में प्रकाशित हुए थे, जिसे उन्होंने अपने पुत्र को लिखा था और जिन शब्दों की मंशा यह है कि इंग्लैंड को अपने सुख-स्वप्न से जगाने के लिए बम ज़रूरी है–इन शब्दों पर विचार करके हमने असेम्बली की फ़र्श पर बम फेंक दिए। और यह सिर्फ़ इसलिए किया कि हम उन आदमियों की ओर से, जिनके पास अपने हृदय को चीरनेवाली वेदना को प्रगट करने का कोई साधन नहीं है, घोर विरोध प्रदर्शित कर दें। हमारा एकमात्र उद्देश्य यह था कि हम लोग बहरों के कान खोल दें और बेपरवाहों को, अन्यमनस्कों को यथासमय चेतावनी दे दें।"

सत्ययुगीन अहिंसा के काल का अन्त

"औरों ने भी इस दशा का इतने ही ज्वलन्त रूप में अनुभव किया है, जितना कि हमने और भारतीय मनुष्यता के महासागर की इस दिखाऊ अक्षुब्धता के भीतर से एक ज़बर्दस्त तूफ़ान फट पड़ने को है, हमने तो सिर्फ़ खतरे का सूचक झंडा टाँग दिया है, सिर्फ़ उन लोगों के देखने के लिए जो आगे आ रहे हैं, बिना यह विचार किए कि आंगे बड़ा भारी खतरा है। हमने तो सिर्फ़ यह सूचना भर दी है कि सतयुगी अंहिसा के दिन लद गए। उठती हुई पीढ़ी अहिंसा के निकम्मेपन का इतनी अच्छी तरह अनुभव कर चुकी है कि उस अनुभव में अब उसे सन्देह की छाया मात्र भी नहीं रह गई है! मनुष्यता के प्रति हमारी हार्दिक सदिच्छा है और उसी से प्रेरित होकर हमने सावधान कर देने का यह तरीका इसलिए अख्तियार किया है कि बेशुमार कष्ट और वेदनाएँ टाली जा सकें।

"हमने पहले के पैराग्राफ में 'सतयुगी अहिंसा' शब्द का इस्तेमाल किया है। इस शब्द की व्याख्या कोई व्यक्तिगत विद्वेष भावना या नफ़रत नहीं थी। इसके विपरीत हम फिर से यह बात दुहराते हैं कि हम मानव जीवन को अवर्णनीय रूप में पुनीत समझते हैं और हम मनुष्यता की सेवा में अपने प्राण विसर्जन कर देना कहीं उत्तम समझेंगे। किसी को हानि पहुँचाने की तो बात ही नहीं उठती। हम किराए के सिपाही नहीं हैं। भाड़े के सिपाहियों को यह सिखलाया जाता है कि वे बिना ममता के प्राण नाश कर दें। हम मनुष्य जीवन के प्रति आदर भाव रखते हैं और जहाँ तक बन पड़ता है हम मनुष्य जीवन की रक्षा का प्रयत्न करते रहते हैं और फिर भी हम यह बात स्वीकार करते हैं कि हमने असेम्बली भवन में जान-बूझकर बम फेंके!

"किन्तु वास्तविक बातें स्वयं अपनी कथा आप कह दे रही हैं। और बिना कल्पित या सांकेतिक परिस्थितियों एवं गृहीत मान्यताओं का सहारा लिये ही (हमारे) इरादे के सम्बन्ध में परिणाम केवल हमारे कार्य के नतीजे के ऊपर से ही निकालना चाहिए। गवर्नमेंट विशेषज्ञ की गवाही के होते हुए भी, जो बम असेम्बली भवन में फेंके गए थे उनकी वजह से सिर्फ़ एक खाली बेंच थोड़ी सी टूट-फूट गई और आधे दर्जन से भी कम आदमियों को थोड़ी-थोड़ी ख़राश-सी आ गई। गवर्नमेंट विशेषज्ञ ने इस (हल्की क्षति के) परिणाम को 'जादू मन्तर' कहा है। लेकिन हम इस (हल्की क्षति) में एक निश्चित वैज्ञानिक परिणाम-सूचकता पाते हैं। पहली बात तो यह है कि दोनों बम खाली जगहों में, डेस्कों और लकड़ी के चोघरों तथा बेंचों के बीच फूटे थे। दूसरी बात यह है कि वे आदमी भी जो बम फूटने के स्थान से केवल दो फीट के अन्तर पर थे, या तो बिल्कुल बच गए और या बहुत हल्की तड़प के चुटैल हुए। दो फीट के भीतर रहनेवालों में मिस्टर पी.आर. राय, मि. शंकर राव और सर जार्ज शुस्टर थे। सरकारी विशेषज्ञ ने इन बमों को जिस शक्ति का बतलाया है, वे यदि वैसे ही होते तो लकड़ी का चौखटा चकनाचूर हो गया होता और आसपास कुछ गजों के भीतर के आदमी ठंडे हो गए होते। इसके अलावा हम बमों को सरकारी प्रतिनिधियों के बैठने के स्थान पर, जहाँ बहुत से गण्यमान्य लोग बैठे हुए थे, फेंक सकते थे और अन्त में हम उन सर जान सायमन को भी घेरकर मार सकते थे जिनके अभागे कमीशन को सब लोग घृणा की दृष्टि से देखते हैं। सर जान उस समय प्रेसीडेंट महाशय के अतिथियों के स्थान पर बैठे थे। लेकिन यह सब हमारे इरादे से बाहर की बात थी, बम ने सिर्फ़ उतना ही काम किया जितने के लिए कि वे बनाए गए थे और 'जादू मन्तर' सिर्फ़ यही है कि हमने जान-बूझकर बमों को निरापद स्थान में फेंका था।"

व्यथित विहाग

(लेखिका—श्रीमती 'चकोरी')

कितने अटल युगों से सुनती आती हूँ यह बात—
दूर—दूर है, अभी दूर है, मेरा स्वर्ण-प्रभात!
हाँ, वह स्वर्ण-प्रभात! छिपा जिसमें वैभव का ज्ञान,
लुटा चुकी है जिसके स्वागत में अपना सम्मान!
अधिकारों की माँग, दासता—
का है भीषण पाप!
घात और प्रतिघात पतन—
के कहलाते अभिशाप!
अविचारों का प्यार बना है मुझको अत्याचार!
खोज रही हूँ जिसमें इस जीवन का उपसंहार!
कठिन विवशता जब करती अन्तर में हाहाकार—
आकुल नयन लुटा देते हैं तब अपने उपहार!
अभी नहीं सूखे हैं मेरे—
उर के तीखे घाव!
जिनकी कसक जगाती रहती—
है विरोध के भाव!
मानवते! कुछ ठहर—न उकसा—छिपी हुई वह आग!
आज शहीदों के शव पर गाने दे व्यथित विहाग!

विचार अमर हैं

"बाद में हमने जान-बूझकर आत्मसमर्पण कर दिया। हमने जो कुछ किया था उसका दंड भोगने के लिए हम तैयार थे। साथ ही हम साम्राज्यवादी लूट-खसोट करनेवालों को यह बतला देना चाहते थे कि व्यक्तियों को कुचल डालने से वे दोहक विचारों को नहीं मार सकेंगे। दो नगण्य इकाइयाँ हम दोनों को कुचलने से राष्ट्र नहीं दबेगा। हम ऐतिहासिक सबक फिर से तरोताजा करना चाहते थे कि वेस्टाइल (क़ैदख़ाने) और लेटर्स-द-केशे (अन्धाधुन्ध वारंट) फ्रांस की क्रान्तिकारिणी हलचल को दबाने में असमर्थ हुए थे। फाँसियाँ और साइबेरिया की खानों की दर्दनाक गुलामी रूसी विप्लव की चिनगारी नहीं बुझा सकी थी। ख़ूनी इतवारों और ब्लेक एंड टैंस (खूँख्वार किराए के सिपाहियों) की वजह से आयरिश स्वतंत्रता की हलचल नहीं मिटाई जा सकी। क्या ऑर्डिनेंस (काला क़ानून) और सेफ्टी-बिल भारत में स्वतंत्रता की लपट को बुझा सकता है? षड्यंत्र के गढ़े गए या ढूँढ़कर निकाले गए मुकदमे और उन नौजवानों का कारागार वास, जिन्होंने

विशालतर आदर्श की झाँकी देख ली है, भारत में क्रान्ति की प्रगति को नहीं रोक सकते। लेकिन समय पर दी गई चेतावनी, यदि उसकी ओर से कान न मूँद लिये जाएँ तो, प्राणों के नाश और सामूहिक वेदना को रोकने में सहायक हो सकती है। हमने अपने ऊपर यह कार्यभार लिया था कि हम यह चेतावनी दे दें और हम समझते हैं कि हमारा कार्य सम्पूर्ण हो गया है।

विप्लव क्या है?

भगत सिंह से नीचे की अदालत में पूछा गया था कि तुम्हारा क्रान्ति का करना आवश्यक है। जब बल प्रयोग आक्रान्त करने के लिये किया जाता है तब 'हिंसा' कहलाता है और इस कारण उसका नैतिक समर्थन नहीं किया जा सकता। किन्तु जब बल का प्रयोग न्याय कार्य के पोषण के लिए किया जाता है तब उस बल प्रयोग का नैतिक समर्थन किया जा सकता है। बल प्रयोग को बिल्कुल विलुप्त कर देना एक ख़ामख़याली—एक सतयुगी बात है। यह नई हलचल जो मुल्क में पैदा हो गई है और जिसकी हमने सूचना भर दी है, उन आदर्शों द्वारा प्रेरित हुई है जिनके द्वारा गुरु गोविन्द सिंह और शिवाजी, मुस्तफा कमाल और रज़ा ख़ाँ, वाशिंगटन और गरीबाल्डी, लाफाएत और लेनिन प्रेरित और परिचलित हुए थे। चूँकि विदेशी सरकार और भारतीय जनता के नेताओं ने अपने आँख-कान इस नए आन्दोलन के अस्तित्व और उसकी ध्वनि की ओर से बन्द कर लिए थे, इसलिए हमने एक बार सबको सावधान कर देना चाहा और सो भी ऐसे समय और ऐसे स्थान पर जहाँ कि हमारी चेतावनी अश्रुत रह ही न सके।

क्रान्ति के असल मानी क्या है?
हमारे इरादे का विस्तार

''अभी तक हमने इस घटना के प्रेरक भाव का ही दिग्दर्शन कराया है। अब हम अपने इरादों के विस्तार का निदर्शन कर देना आवश्यक समझते हैं। इस बात का विरोध नहीं किया जा सकता कि हमारे अन्दर उन आदमियों में से जिन्हें थोड़ी-बहुत चोट आई किसी एक के प्रति भी, या व्यवस्थापिका सभा के किसी अन्य व्यक्ति के प्रति भी, हमारे अन्दर 'विप्लव' शब्द से क्या मतलब है? उस प्रश्न के उत्तर में मैं कहूँगा कि क्रान्ति का आवश्यक रूप में यह मतलब नहीं है कि उसमें खून-खचर हो ही और न क्रान्ति में व्यक्तिगत प्रतिशोध ही के लिए कोई स्थान है। क्रान्ति बम और पिस्तौल का धर्म नहीं है। क्रान्ति से हमारा मतलब यह है कि वर्तमान वस्तुस्थिति और समाज व्यवस्था जो स्पष्टतः अन्याय के ऊपर स्थित है, परिवर्तित हो। पैदा करनेवाले या श्रमजीवी समाज के अत्यन्त आवश्यक अंश हैं। परन्तु वे दोहकों द्वारा नोचे-खसोटे जाते हैं, उनकी मेहनत का फल उन्हें नहीं मिलता, दूसरे उसे हड़प जाते हैं और उनके प्रारम्भिक अधिकार उनसे छीन लिये जाते हैं। एक ओर वह किसान, जो सबके लिए अनाज पैदा करता है, अपने कुटुम्ब के सहित भूखों मरता है। वह जुलाहा जो दुनिया की मंडी को बुने हुए कपड़ों से पूर्ण कर देता है, अपना और अपने बच्चों

का तन ढाँकने भर को भी नहीं पाता। राज लुहार और बढ़ई जो बड़े-बड़े विशाल भवन खड़े करते हैं, गन्दे घरों और अनाथालयों में सड़ते, खपते और मरते रहते हैं और दूसरी ओर नोचने-खसोटने वाले पूँजीपति जो समाज के रक्त-शोषक हैं, अपनी सनकों की सन्तुष्टि के लिए करोड़ों खर्च कर डालते हैं। ये भयानक असमानताएँ और सुविधा प्राप्ति की यह बलात् विषमताएँ बड़ी भारी अस्त-व्यस्त दुरवस्था की ओर जा रही है। इस प्रकार की अवस्था अब अधिक दिनों नहीं रह सकती। यह प्रकट है कि समाज का वर्तमान रंग-ढंग, एक ज्वालामुखी के किनारे बैठा हुआ रँगरेलियाँ कर रहा है। लूट-खसोट करनेवालों के निष्पाप बच्चे और करोड़ों दोहित, पतित, प्रताड़ित लोग एक भयानक ढालू ज़मीन के किनारे पर चल रहे हैं। इस सभ्यता का सम्पूर्ण विशाल-भवन यदि समय पर न बचाया गया तो, तो ढहकर चूर-चूर हो जाएगा।

पूर्ण परिवर्तन की आवश्यकता

इसलिए पूर्ण परिवर्तन की बहुत आवश्यकता है। इसलिए उन आदमियों का, जो इस बात का अनुभव करते हैं, यह कर्तव्य है कि वे समाज को साम्यवादी सिद्धान्त की भित्ति पर पुनः संगठित करें। जब तक यह नहीं हो जाता और जब तक मनुष्य द्वारा मनुष्य का दोहन और राष्ट्र द्वारा राष्ट्र का दोहन, जो साम्राज्यवाद के नाम से मटरगश्ती करता संसार में डोल रहा है, ख़त्म नहीं कर दिया जाता, तब तक वह वेदना और संहार-क्रीड़ा जिसकी आशंका से मानवता आज संत्रस्त है, रोकी नहीं जा सकती और युद्ध को ख़त्म कर देने की तमाम बातें और नवयुग आगमन का तमाम ख़याल एक नग्न पाखंड मात्र है।

क्रान्ति से हमारा मतलब ऐसी समाज व्यवस्था के संस्थापन से है जिसे इस प्रकार के स्खलन का कभी गम न रहे और जिसमें सर्वसाधारण की सत्ता का वर्चस्व स्थापित हो। इसका नतीजा यह होगा कि दुनिया में एक ऐसा संसार-संघ स्थापित हो जाएगा जिसके कारण मनुष्यता का उद्धार होगा और संसार पूँजीवाद के बन्धन और साम्राज्य के दारुण दुख से मुक्त होगा।

यह है हमारा आदर्श! और अपने प्रेरक भाव की इस विचारधारा से प्रभावित होकर हमने बहुत न्यायपूर्ण और साथ ही बहुत उच्च स्वर पूर्ण चेतावनी दे दी है। यदि हमारी चेतावनी पर ध्यान न दिया गया और यदि वर्तमान शासन-क्रम इसी प्रकार प्राकृतिक शक्तियों के उठते हुए उफान के बीच बाधक सिद्ध होता रहा तो फिर एक घमासान एवं घोर युद्ध का होना अवश्यम्भावी है। उसी युद्ध में तमाम बाधाएँ उखाड़कर फेंक दी जाएँगी और सर्वजन सत्ता की स्थापना होगी और तब क्रान्ति के आदर्श की पूर्ति का मार्ग प्रशस्त होगा।

मानवता का अविच्छेद्य अधिकार

"विप्लव-क्रान्ति मनुष्य की स्वतंत्रता का अविच्छेद्य अधिकार है। सबका अनिर्दिष्ट जन्मसिद्ध अधिकार है। श्रमजीवी ही समाज का सच्चा धुरीण है। श्रमजीवियों की अन्तिम नियति

है जनता की सत्ता! इन आदर्शों और इन विश्वासों के लिए हम प्रत्येक वेदना को जो हमें दी जाएगी, आदर से, स्वागतपूर्वक अंगीकार करेंगे। इस विप्लव की बलिवेदी में अर्पित करने के लिए हम अपनी नौजवानी की धूप यह सर्वरस लाए हैं, क्योंकि इतने महान आदर्श के लिए किसी भी प्रकार का बलिदान अत्यधिक नहीं कहा जा सकता। हम सन्तुष्ट हैं। हम क्रान्ति के अवतार की प्रतीक्षा कर रहे हैं!! क्रान्ति जुग-जुग जीये!''

भगत सिंह से बातें

मेरे क़ौमो-वतन का छीनकर दिल,
अरे बेदादगर! जाता कहाँ है?
बहादुर भी क्या करते हैं चोरी?
चुराकर तू नज़र जाता कहाँ है?
कभी मैदाँ में तूने दिल न छोड़ा,
तो फिर अब छोड़कर–जाता कहाँ है?
तेरे हमजोली तुमसे पूछते हैं–
चला है तू किधर–जाता कहाँ है?
सियासी मुलज़िमों ने भी ये पूछा–
हमारे हमसफ़र जाता कहाँ है?
अदम में जब नहीं है ख़ाक भी–फिर,
हमारे नामवर, जाता कहाँ है?
नहीं ख़िलदे-बरीं भी घर से अच्छी,
बनाकर घर में दिल–जाता कहाँ है?
ख़बर है कुछ दिले-बेताब की भी,
इधर आ बेख़बर जाता कहाँ है?
दिलों में डाले हैं नासूर तूने,
मुहब्बत का असर जाता कहाँ है?
सदा-ए-अल अमाँ गूँजी फलक पर,
तेरा ये शोरोशर जाता कहाँ है?
हमारा जानो-दिल तक जा रहा है,
पर उनका दर्दे-सर जाता कहाँ है?
किशन सिंह का ग़ज़ब था पूछना ये–
''मेरा लख्ते-जिगर जाता कहाँ है?''

–लाला दीनानाथ

उन तीनों की वीर-गाथाएँ

अपनी शक्तियों को देश-अमान्य दिशा की ओर लगाने के कारण ये तीनों आज़ादी के दीवाने देश का नेतृत्व न ग्रहण कर सके और आविर्भूत होते ही मसल दिए गए किन्तु वास्तव में उनमें कैसी ज़बर्दस्त नेतृत्व शक्ति थी, कितनी मनस्विता थी, कितनी निर्भीकता थी, कैसे वे विकट योद्धा थे, विचारदर्शी थे और उत्कट साहसी थे, ये बातें सरदार भगत सिंह, श्री सुखदेव और श्री राजगुरु की इन वीर-गाथाओं में मिलेंगी।

फरिश्ता भगत सिंह

(लेखक–सरदार निर्वंश सिंह)

(विशेषतः अभ्युदय के लिए)

अमर वंशलता

A man of moral force is he, who seeing a thing to be right and essential and claiming this allegiance, Stands for the truth, unheding any consequences.

—Martys Maewiney

अनेक फुलें फुलतीं, फुलोनियाँ सुकोनि जाती।
कोणी त्याँची महती गणती, डेविलीं असें।
परी जे गजेन्द्र शुण्डेनें उपटिलें, श्रीहरी साठी मेलें।
कमल फूल तें अमर ठेलें, मोक्षदायी पावन।
श्राग पुण्य गजेन्द्रा समची मुमुक्षु स्थिती भारती थी।
करुणार वें ती याची इंदीवर शागा श्रीरामा।
स्वोधानी तिनें यावें, आपुल्या फुलास भुलावें।
सुडोनिया अर्पण करावें, श्रीरामचरणीं।
धन्य धन्य आपुला वंश, सुनिश्चयें ईश्वरी अंश।
श्रीराम-सेवा पुण्य लेश, आपुल्या भाईं लाधता।
अशीच सर्वफुलें खुडावी, श्रीरामचरणीं अर्पण ह्वावीं।
काँ हीं सार्थकता घडावीं, या नश्वर देहाची।
अमर होय ती वंशलता, निर्वत जी चा देयाँ करतां।

दिगन्ती पसरे सुगन्धता, लोकहित परिमलाचो।
सुकुमार मागुच्या अनन्त फुलाँ, गुँफोनि कराहो सुमनमाआ।
नवरात्रीच्या नक्काला, मातृभूमि वत्सले।
एकदाँ नवरात्र संगली, नवमाला पूर्ण झाली।
कुलदेवी प्रकटेल काली, विजया लक्ष्मी पावन।

उपरोक्त मराठी पद्य देशभक्त बैरिस्टर सावरकर (जो कालेपानी की सजा के बाद इस समय सात साल से रत्नागिरि में नज़रबन्द हैं) की रचना है। यह पद्य उस मार्मिक अवसर पर लिखा गया था जब सावरकरजी के बड़े भाई श्री गणेश दामोदर सावरकर को आजन्म कालेपानी का दंड मिला था और उनके छोटे भाई नारायण दामोदर सावरकर भी 39 वर्ष की अवस्था में लॉर्ड मिंटो पर बम फेंकने के सम्बन्ध में गिरफ़्तार कर लिये गए थे। देशभक्त सावरकरजी उस समय इंग्लैंड में पढ़ रहे थे, उक्त समाचार पाकर उन्होंने यह पद्यात्मक पत्र अपनी भाभी, श्री गणेश सावरकर की धर्मपत्नी, को लिखा था। उपरोक्त पद्य का अर्थ है :

''उद्यान में अनेक पुष्प खिलते हैं, खिलकर सूख जाते हैं, उनकी गिनती ही क्या है। पर गजेन्द्र की सूँड़ ने जिसे तोड़ा, भगवान के लिए जो तोड़ा गया, यह कमल कुसुम अमर हो गया, परम पुनीत होकर मुक्त हो गया। उस पुण्यशाली गजेन्द्र की-सी अवस्था उस मुमुक्षु भारती की है, वह करुण भाव से भगवान से याचना कर रही है। वह अपने उद्यान में आवे, अपने फूल को भुला दे, उसे तोड़कर श्रीराम चरणों में अर्पण कर दे। हमारा यह वंश धन्य है, निश्चय ही इसमें ईश्वरी अंश है, जो राम-सेवा का यह पुण्य लेश हमें नसीब हुआ। ऐसे ही सब फूल तोड़े जाएँ और श्री राम-चरणों में अर्पण हों–यह नश्वर देह कुछ तो सार्थक हो। वही वंशलता अमर है जो भगवान के लिए निर्वंश होती है, जिसकी लोकहित-सुगन्ध दिगन्त में फैलती है। हमारे अनन्त सुकुमार कुसुमों को गूँथकर हे मातृभूमिवत्सले, नवरात्र के नवकाल के लिए सुमनमाला तैयार करो। नवरात्र की जब समाप्ति होगी, नवमाला जब पूर्ण होगी, तब विजयलक्ष्मी कुल देवी काली प्रकट होगी।''

सरदार भगत सिंह ऐसी ही वंशलता के एक अनुपम पुष्प थे। यह वंशलता एक युग से भगवान के श्रीचरणों पर–देश की बलि-वेदी पर–अपने सुरभित कुसुम समर्पित करती रही है। इस वंशलता ने इसी में अपना गौरव माना है और वह जैसे-जैसे फूलती है, वैसे ही वैसे सुन्दर-सुन्दर पुष्प देश के 'नवकाल' के लिए सँजोती रही है।

सरदार भगत सिंह के पिता सरदार कृष्ण सिंह जी और दोनों चचा–सरदार अजीत सिंह और स्वर्गीय सरदार सुवर्ण सिंह जी ऐसे ही पुष्प हैं। सन् 1905-06 में पंजाब गवर्नमेंट ने सूबे के कुछ ज़िलों को आबाद करने के विचार से लोगों को यहाँ बसाया। आरम्भ में वहाँ जाकर बसनेवाले किसानों को, जिन्हें पंजाब में 'ज़मींदार' कहते हैं, सुविधाएँ दीं, एक नहर भी भूमि को उर्वरा बनाने के लिए निकाली गई, आरम्भ में उसकी शरह-आयपाशी कम रखी गई, लेकिन अब ज़मीन आबाद हो गई और 'ज़मींदार' लोग अपनी गाढ़ी कमाई के फलस्वरूप रोटी खाने लगे गए, तो गवर्नमेंट ने सख़्तियाँ शुरू कर दीं, ज़मीन का लगान और आयपाशी बढ़ा दिए गए। किसानों में, इस कारण असन्तोष का उत्पन्न होना स्वाभाविक

था। ये अपनी खून-पसीने की कमाई का अपहरण होते देख तिलमिला उठे। उन लोगों में इस युग के बारडोली की सी जागृति उत्पन्न हो गई। वे खूब संगठित हो गए थे और उनमें केवल किसी योग्य नेता की कमी थी। सरदार कृष्ण सिंह और सरदार अजीत सिंह ने इस स्थान की पूर्ति की। इन्हीं दिनों कलकत्ते में स्वर्गीय नौरोजी के सभापतित्व में कांग्रेस का अधिवेशन हुआ। दोनों भाई कलकत्ता गए। इस वर्ष पहली बार ऋषिकल्प दादाभाई ने अपने भाषण में 'स्वराज्य' शब्द का उच्चारण किया। लोकमान्य तिलक भी इस अधिवेशन में सम्मिलित हुए। कांग्रेस के उपरान्त लोकमान्य तिलक के व्याख्यान शहर में हुए। लोकमान्य यद्यपि कांग्रेस में पधारे थे, लेकिन उसके सिद्धान्तों से उन्हें कोई सरोकार न था। उनकी विचारधारा बिल्कुल अलग थी। इन दोनों युवक भाइयों पर लोकमान्य के व्याख्यानों का बड़ा प्रभाव पड़ा, वे वहीं से अपना कर्तव्य निश्चित करके लौटे। आते ही उन्होंने किसान आन्दोलन को अपने हाथ में ले लिया। लाहौर को इसका केन्द्र बनाया गया। उन दिनों इतने प्रेस न थे। मीटिंग के पर्चे बाँटने या मनादी किए जाने की इसलिए आवश्यकता नहीं थी कि जनता में जागृति ही न थी। इसलिए कभी-कभी तो घंटा बजा-बजाकर मीटिंग का ऐलान यह तीनों भाई स्वयं करते थे। शहर वाले पास फटकते डरते थे, बहुत थोड़े आदमी सहायता करने को आगे आते थे। उस ज़माने में किसानों की दस-दस हज़ार की सभाएँ वह लोग करते थे।

इन सरदारों ने 'भारतमाता सोसाइटी' नामक एक संस्था की स्थापना की और मेहता आनन्दकिशोर के सम्पादकत्व में 'भारतमाता' नामक एक उर्दू मासिक पत्र निकालना आरम्भ किया। आरम्भ में 'गोमाता' नाम रखने का विचार हुआ, लेकिन पीछे 'भारतमाता' नाम कर दिया गया। मेहताजी इन भाइयों के अनन्य सहायक थे, लाला लालचन्द 'फ़लक' भी कवितादि से सहायता करते थे। लाहौर के बाहर जा-जाकर भी यह लोग किसानों की सभाएँ करने लगे। पंजाब-केसरी लाला लाजपत राय का 'पंजाबी' नामक अँगरेज़ी दैनिक पत्र उन दिनों लाहौर से निकलता था, लालाजी ने भी हृदय से इस आन्दोलन में सहयोग दिया, उनके और सरदार अजीत सिंह के प्रभावशाली व्याख्यानों से समस्त पंजाब उठकर खड़ा हो गया। अब तो नौकरशाही काँप उठी। उसके पर जलने लगे। सरदार कृष्ण सिंह जी पर केस चलना आरम्भ हुआ, सरदार सुवर्ण सिंह को गिरफ़्तार किया गया और सरदार अजीत सिंह को तो लालाजी के साथ मांडले में नज़रबन्द ही कर दिया गया। आन्दोलन ने गहरा रूप पकड़ा, लालाजी और सरदार साहब 6 मास बाद छोड़ दिए गए। इन दिनों सरदार कृष्ण सिंह जी संन्यासी बनकर नेपाल के अधिपति से सहायता प्राप्त करने के अभिप्राय से वहाँ पर चले गए थे और सरदार सुवर्ण सिंह जेल की हवालात में पड़े थे और सरदार अजीत सिंह जी मांडले की जेल में थे।

भाग्यवान पुत्र का जन्म

इन्हीं दिनों सम्वत् 1964 के आश्विन मास की तेरस को, शनिवार के दिन प्रातःकाल 9 बजे सरदार भगत सिंह का पंजाब के गाँव बंगा, तहसील जड़ाँवाला, जिला लायलपुर में जन्म

हुआ। इसी दिन बंगा में ख़बर पहुँची कि सरदार अजीत सिंह रिहा कर दिए गए हैं और भारत आ रहे हैं। यह भी समाचार घर पहुँचा कि सरदार कृष्ण सिंह जी नेपाल से लाहौर पहुँच गए हैं और सरदार सुवर्ण सिंह जी इसी दिन जेल से छूटकर घर पहुँच गए थे। भगत सिंह की दादी ने जहाँ पौत्र का मुख देखा वहाँ उन्हें अपने बिछुड़े हुए तीनों पुत्रों का भी मंगलजनक समाचार मिला, अतएव आपने कहा बच्चा 'भागोंवाला' (भाग्यवान) उत्पन्न हुआ है, इसी कारण बालक का नाम पीछे से उन्हीं ने भगत सिंह रख दिया।

होनहार बिरवा

भगत सिंह यद्यपि समस्त घर की आँखों का तारा था, लेकिन उसके बाबा सरदार अर्जुन सिंह जी और उसकी चाची (सरदार अजीत सिंह जी की धर्मपत्नी) का उस पर अधिक प्रेम था। भगत सिंह इन्हीं की गोद में खेलता और इन्हीं से सब बातें सीखता। सर अर्जुन सिंह जी आर्य सिद्धान्तों से भी प्रेम रखनेवाले सिख थे, अतएव वे जब आर्यसमाज के अधिवेशन देखने लाहौर जाते, तो भगत सिंह को साथ ले जाते। उन्हीं के संसर्ग से भगत सिंह ने केवल तीन वर्ष की अवस्था में गायत्री कंठस्थ कर ली।

अजीत सिंह जी का देहत्याग

मांडले से लौटकर सरदार अजीत सिंह ने फिर आन्दोलन में भाग लेना आरम्भ कर दिया। उनकी गिरफ़्तारी का फिर वारंट निकला। पुलिस और पलटन उनके फिराक में घूमने लगीं। वे अमृतसर जा बैठे और वहाँ अज्ञातवास में उन्होंने उर्दू में आन्दोलन सम्बन्धी कई पुस्तकें लिखीं। उन पुस्तकों का खूब प्रचार हुआ। पीछे उन्हीं के परिचित लोगों ने जब सरकार की वाहवाही के लिए उन्हें पकड़वा देना चाहा तो वे कराँची के रास्ते भारत से बाहर फ़ारिस चले गए। उन दिनों के एक क़ौमी कार्यकर्ता सूफ़ी अम्बा प्रसाद पहले से फारिस जा चुके थे। सरदार साहब भी वहीं जा बसे। फ़ारिस में आप लागों ने राष्ट्रीय आन्दोलन की जड़ डाली, एक दिन वहाँ आन्दोलन में उपद्रव हो गया, उसमें वे पकड़े गए। सूफ़ी साहब की हड्डियाँ वहीं रह गईं, लेकिन सरदार साहब वहाँ से कुस्तुन्तुनिया चले गए। पीछे वे फ्रांस में रहते रहे और अब से तीन वर्ष पहले की ख़बर है कि वे अमेरिका के ब्रेजिल प्रान्त में रह रहे थे। इस तरह इस परिवार की वह पहली बलि मातृवेदी पर हुई।

सरदार सुवर्ण सिंह

सरदार सुवर्ण सिंह को जेल यातनाओं और लम्बे समय तक मुकदमा चलने के कारण जेल में क्षय हो गया और घर आकर 6 मास उपरान्त वे भी चल बसे। पिता सरदार अर्जुन सिंह जी और सरदार सुवर्ण सिंह की माता ने दो पुत्र भगवान के श्री चरणों पर भेंट कर दिए। लेकिन सरदार कृष्ण सिंह का उत्साह कम नहीं हुआ। दो बलियाँ देकर वे और भी तेजवान् हो उठे। अब पंजाब की बागडोर लाला जी के हाथ में आ चुकी थी, वे वहाँ के एकमात्र

नेता थे। सरदार जी ने उनका सहयोग किया और उस दिन से आज तक वे उसी जीवित जोश के साथ देशसेवा में लगे हैं। जेल जाना और एक न एक मुकदमे में उलझे रहना तो उनके जीवन का एक छोटा-सा खेल है। उनका लख्तेजिगर भगत सिंह भी फाँसी पर चढ़ गया, लेकिन पुलिस का एक मुकदमा अब भी उनके पीछे है।

'बन्दूकें बोऊँगा'

जिस समय भगत सिंह लगभग चार वर्ष के थे, तो एक दिन अपने बाबा के साथ लाहौर आए। सरदार कृष्ण सिंह जी यहीं रहा करते थे। एक दिन सब लोग सरदारजी के मित्र मेहता आनन्दकिशोर जी के यहाँ गए। बालक भगत सिंह भी साथ था। मेहताजी ने उसे प्यार से गोद में बैठा लिया और उससे पंजाबी में बातें करने लगे। पूछा—

मेहताजी—तेरा नाम क्या है?

बालक—भगत सिंह।

मेहताजी—गाँव में क्या करता है?

भगत सिंह—खेलता हूँ। खेत पर जाता हूँ।

मेहताजी—बड़ा होकर क्या करेगा?

भगत सिंह—खेती करूँगा।

मेहताजी—खेत में क्या बोएगा?

भगत सिंह—दबूँका (बन्दूक) बोऊँगा।

भगत सिंह नहीं रहा लेकिन मेहताजी को आज भी उसकी वह तोतली बोली शूल की तरह याद आती है और आज वे उसकी बन्दूकों की खेती को लहलहाती देख अपने शोक का शमन कर लेते हैं।

शिक्षा

भगत सिंह घर पर थोड़ा पढ़ने-लिखने के उपरान्त देहात के प्राइमरी मदरसे में बिठाए गए। वहाँ की परीक्षा पास करने के बाद सरदार कृष्ण सिंह उन्हें लाहौर अपने पास ले आए और डी.ए.वी. कॉलिजिएट हाई स्कूल में भर्ती करा दिया। यहाँ सन् 1921 ई. में भगत सिंह 9वीं श्रेणी में पढ़ रहे थे, तो असहयोग आन्दोलन आरम्भ हुआ। आपने डी.ए.वी. छोड़ दिया और नेशनल कॉलेज में भर्ती हो गए। आप में योग्यता ऐसी आ गई थी कि कॉलज के प्रोफेसर भाई परमानन्द जी ने आपकी परीक्षा लेकर कॉलेज की एफ.ए. श्रेणी में भर्ती करने की सिफारिश की, चुनांचे आप वहाँ एफ.ए. में पढ़ने लगे।

नेशनल कॉलेज में

नेशनल कॉलेज में रहते हुए संस्कृत आपने दूसरी भाषा के तौर पर ली, लेकिन आपका ध्यान अँगरेज़ी और जनरल नॉलेज की ओर अधिक था। अतः किताबें खूब पढ़ते। कॉलेज

की डिबेटिंग सोसाइटी में उनकी योग्यता और वक्तृत्व शक्ति की धाक थी। इन्हीं दिनों आपने अन्तर्राष्ट्रीय राजनीति और साम्यवाद विषयों का गम्भीर अध्ययन किया। कॉलेज में ही सुखदेव से आपकी गाढ़ी मित्रता हो गई।

भगत सिंह का नाट्यकला और गायन से प्रेम था। बड़ा सुन्दर गाते और नाटक में वीररस का बड़ा अच्छा पार्ट करते थे। एक बार एक पंजाबी के ऐतिहासिक ड्रामे में आपने पात्र लाल सिंह का कमाल का पार्ट किया था।

विवाह से विरक्ति

कॉलेज के दिनों में आपकी शादी की बातचीत चली। सरदारजी के मित्रों ने कहा भगत सिंह अब युवा हुआ उसका विवाह कर देना उचित है। घर में बात चलने लगी। बाबा, दादी, माता आदि सब कहने लगे। पंजाब-केसरी महाराजा रणजीत सिंह के वंशजों की एक कन्या से शादी तजबीज़ हुई। यहाँ तक तय हो गया कि अमुक दिन लड़की वाले लोग रस्म अदायगी के लिए आएँगे। भगत सिंह इतने सौम्य स्वभाव के थे कि जिस समय उनके चाचा वगैरह विवाह की बात इससे करते तो वह उनका कहीं दिल न दुखे इस विचार से चुप ही रहते, लेकिन सरदार कृष्ण सिंह जी से आपने स्पष्ट मना कर दिया था। अतः एक दिन, जिस दिन विवाह वाले आने को थे, आप उसी दिन घर से गायब हो गए। सरदारजी लाहौर चले आए, अपना लेटरबॉक्स खोला तो उसमें भगत सिंह का एक पत्र मिला जिसमें लिखा था कि मैं शादी हरगिज़ न करूँगा।

कानपुर में

घर से भागकर आप कानपुर आ गए और वहाँ 'प्रताप' में बलवन्त सिंह के नाम से रहने लगे। स्वर्गीय गणेशशंकर विद्यार्थीजी पर भगत सिंह के उच्च व्यक्तित्व का प्रभाव पड़ा और उन्होंने बड़े प्रेम से अपने यहाँ उन्हें रखा। बटुकेश्वर दत्त को आपसे यहाँ प्रेम हो गया। इन्हीं दिनों गंगाजी में बाढ़ आ गई, इन दोनों मित्रों ने ज़िले के बाढ़-पीड़ित क्षेत्र में जाकर जनता की ख़ूब सेवा की। भगत सिंह की योग्यता से प्रभावित होकर विद्यार्थीजी ने उन्हें एक राष्ट्रीय विद्यालय का हेडमास्टर बनवा दिया। यहाँ वे कुछ समय तक सेवा करते रहे। सरदारजी को अब इनकी फिक्र हुई, वे तलाश करने निकले। कानपुर का पता लगा, इतने में सरदार जी की माता बीमार हो गईं और वे कानपुर न जा सके। सरदार भगत सिंह अब कानपुर से देहली के 'अर्जुन' में चले गए, वहाँ कुछ दिन काम किया। पीछे सरदारजी का पत्र पाकर घर पहुँच गए।

अकाली आन्दोलन

इन दिनों पंजाब में अकाली आन्दोलन ज़ोरों पर था। जत्थे पर जत्थे गुरु के बाग को जा रहे थे। यह जत्थे कई-कई सौ की टोलियों में पैदल यात्रा करते थे। ऐसा ही एक जत्था

बंगा में होकर गुज़रने वाला था। सरदारजी उस समय लाहौर में थे, उन्होंने भगत सिंह को लिख भेजा, कि मेरी ओर से जत्थे का स्वागत-सत्कार करना। आपने ऐसा ही किया। गाँव के कुछ 'टोडी' सिख इसके ख़िलाफ़ थे, लेकिन आपने परवा न की। घर-घर खुद जाकर दाल, घी, आटा, इकट्ठा किया और शहीदों-सिपाहियों को भोजन कराया। पीछे दीवान हुआ, जिसमें धार्मिक कीर्तन के उपरान्त व्याख्यान हुआ। सरदार भगत सिंह ने भी व्याख्यान दिया। इन्हीं दिनों कलकत्ता में स्वर्गीय गोपीमोहन साहा ने सर चार्ल्स रेगर्ट के धोखे में डे नामक एक गोरे की हत्या की थी, आपने अपने व्याख्यान में शहीद साहा की खूब प्रशंसा की।

पुलिस की निगाहों में : पहली गिरफ़्तारी

अब भगत सिंह पुलिस की निगाहों में चढ़ गए। पुलिस ने उनके व्याख्यान की बाकायदा रिपोर्ट की। जत्थे को रवाना कर आप लाहौर सरदार जी के पास चले आए और वहाँ से बेलगाँव कांग्रेस में सम्मिलित होने को कानपुर की ओर रवाना हो गए। कांग्रेस से लौटने पर अमृतसर के उर्दू 'अकाली' के सम्पादकीय विभाग में काम करने लगे और बलवन्त सिंह के नाम से 'किरती' नामक किसान-मज़दूरों के साम्यवादी उर्दू मासिक का सम्पादन करते थे। किसी काम से लाहौर आए हुए थे। पुलिस इनकी तलाश में थी ही, गिरफ़्तार कर लिये गए। साठ हजार की भारी ज़मानत पर इन्हें छोड़ा गया।

अब यह मुकदमे का इन्तिज़ार करने लगे, क्योंकि इनका सारा कार्यक्रम भंग हो गया था, उधर जिसने इनकी ज़मानत दी थी, वह भी डर रहा था कि यह हज़रत फिर कहीं को चल न दें। आपको उसके स्वभाव का पता चल गया। आपने सीधा डिप्टी-कमिश्नर के नाम एक पत्र लिखा कि मेरा जमानतनामा मन्सूख कर दिया जाए और उसके सामने जा पहुँचे। पीछे पुलिस ने यह केस नहीं चलाया।

उद्यमी और परिश्रमी

सरदार कृष्ण सिंह जी ने आपको स्थिर कर देने के विचार से अपने लाहौर के पास वाले गाँव में भगत सिंह को डेरी खुलवा दी। इस डेरी को आरम्भ में आपने खूब सँभाला। लाहौर में इसके दूध की ख़ूब खपत होने लगी। आप इसमें दिन-रात परिश्रम करते, यहाँ तक कि नौकरों के साथ ही कुट्टी काटते और पशुओं को अपने हाथ से खिलाते-पिलाते लेकिन पढ़ने-लिखने का शौक़ आपका बराबर जारी था, क़लम और गँड़ासा साथ-साथ चलते थे। पत्रों में लेख लिखते लेकिन आप तो किसी महान आयोजन में लगे थे, अतएव डेरी से फिर गायब होने लगे। एक दिन सरदारजी ने क्रोध में आकर आपको छड़ी भी मार दी। उसके बाद कुछ दिन लाहौर में रहे और फिर चल दिए। सरदारजी के एक मित्र ने उन्हें लिखा कि भगत सिंह बम्बई गया है, पता लगाया गया लेकिन वहाँ पता न चला। यह सन् 1926-27 की बात है।

असेम्बली में बम

सन् 1929 की 8 अप्रैल के दिन असेम्बली में बम फेंका गया। सरकार ने जनमत की अवहेलना कर सेफ्टी बिल और ट्रेड डिस्प्यूट्स बिल नामक दो घातक मशवरे तैयार किए थे। देश में इनके विरुद्ध बहुत असन्तोष था। ट्रेडस्प्यूट्स बिल असेम्बली में पास हो चुका था और प्रेजिडेंट पटेल पब्लिक सेफ्टी बिल पर अपनी रूलिंग देने जा रहे थे कि असेम्बली भवन के फ़र्श पर एक गोला गिरा। इसके गिरते ही भय और त्रास का साम्राज्य चारों ओर व्याप्त हो गया, एक बेंच उड़ गई और कुछ लोगों को साधारण खरोंच और एक को ज़रा अधिक चोट आई, कुछ लाल क्रान्तिकारी पर्चे भी फेंके गए, जिनमें लिखा था, हम बहरों का सुनाने के लिए यह फेंक रहे हैं। लोगों ने क्रान्ति चिरंजीवी हो (Long live Revolution) और साम्राज्यवाद का नाश हो (Down with imperialism) के नारे भी सुने। थोड़ी देर बाद शान्ति स्थापित होने पर, लोगों ने जब दर्शक गैलरी की ओर देखा तो दो युवक निर्भय सिंहों की भाँति खड़े थे। एक के सिर पर हैट था। एक नंगे सिर था। इनमें एक था सरदार भगत सिंह और दूसरा बटुकेश्वर दत्त। इन लोगों के पास तमंचा भी था, जिसे वह लिये खड़े थे। गोरे सार्जेंट दूर से ताक रहे थे। लेकिन उनकी हिम्मत हाथ डालने की न पड़ रही थी। इन्होंने तमंचा फेंक दिया और कहा, लो, हमें पकड़ लो। भारत के नहीं संसार के इतिहास में यह अभूतपूर्व घटना थी, समस्त संसार इनके अद्वितीय साहस और शौर्य से आकर्षित हो उठा।

आजन्म कालेपानी की सज़ा

देहली में इन दोनों पर मामला चला और बहरों को सुनाने का पुरस्कार मिला—आजन्म कालेपानी की क़ैद। इस मामले में सरदार भगत सिंह ने जो बयान दिया, वह एक महत्त्वशाली ऐतिहासिक पृष्ठ की भाँति, उनके नाम की भाँति ही सदैव अमर रहेगा।

लाहौर 'साज़िश' केस में!

17 दिसम्बर, 1928 ई. को लाहौर में असिस्टेंट पुलिस सुपरिटेंडेंट सांडर्स मार डाला गया था, इस सम्बन्ध में पंजाब और यू.पी. में ज़ोरों की तलाशियाँ और गिरफ़्तारियाँ शुरू हुईं। सरदार भगत सिंह और श्री बटुकेश्वर दत्त भी इस मामले के लिए लाहौर भेजे गए।

निराहार युद्ध!

लाहौर जाते ही इन दोनों और इनके 15 अन्य साथी अभियुक्तों के साथ जेल में बहुत बुरा व्यवहार होना शुरू हुआ। यह लोग बिलकुल साधारण कैदियों की भाँति रखे जाने लगे। आपको वहाँ जाकर यह बहुत ही अखरा कि नैतिक पतन के अनेक अपराधों में

सज़ा पाकर आए हुए गोरों के साथ जेल में मेहमान का-सा व्यवहार किया जाता है और भारतीय राजनीतिक जत्था अन्य कैदी से भी बदतर अवस्था में रखे जाते हैं। अतएव पहले सरदार भगत सिंह और श्रीयुत बटुकेश्वर दत्त ने अनशन आरम्भ किया और जब इनको भूखों मरते एक मास हो गया और अधिकारियों के कान पर जूँ तक न रेंगी तो अन्य अभियुक्तों ने भी अनशन आरम्भ किया। श्रीयुत यतीन्द्रनाथ दास इस युद्ध में बलिदान हो गए—61 दिन के अनशन के बाद वे शहीद हो गए। इन दिनों जेल की चहारदीवारी के अन्दर इन वीरों ने अपने प्राणों की बाजी लगाकर जो लड़ाई लड़ी, उसके परिणामस्वरूप जेल-नियमों में कुछ परिवर्तन हुआ। अनशन के बीच में जब नौकरशाह ने दौड़-धूप आरम्भ कर दी थी, तब एक बार भगत सिंह और दत्त को छोड़कर अन्य लोगों ने भोजन किया था लेकिन सरदार भगत सिंह और दत्त ने तो पूरे 115 दिन तक कुछ न खाकर समस्त संसार के प्रेम और श्रद्धा को अपनी ओर खींच लिया। इस लम्बे अनशन के दिनों में भी भगत सिंह अदालत में शेर की भाँति गरजा करते थे और अपने प्रति किए जानेवाले अनाचारों का प्रतिवाद किया करते थे।

दूसरा अनशन

सन् 1930 की फरवरी में अपने दुर्व्यवहारों के विरोध में सरदार भगत सिंह और दत्त ने फिर 45 दिन तक अनशन किया था।

सरकारी ऑर्डिनेंस

अभियुक्तों के अनशन के कारण मुकदमा कई बार मुल्तवी किया जा चुका था, अतएव सरकार असेम्बली में एक ऐसा क़ानून बना रही थी जिसकी रू से अभियुक्त की गैरहाज़िरी में उस पर मुकदमा चलता रह सके। इन दिनों यतीन्द्रनाथ दास शहीद हो चुके थे। असेम्बली में मसविदे का घोर विरोध हुआ और वह पास न हो सका। तब वायसराय ने अपने विशेष अधिकार से ऐसा ऑर्डिनेंस बना दिया और उसकी रू से एक ख़ास अदालत की स्थापना इस मामले के लिए कर दी।

अदालत में मारपीट

इस ट्रिब्यूनल के जजों के सामने एक बार अभियुक्तों ने जब अदालत में एक अभियुक्त के मुखबिर पर जूता फेंक देने के कारण, हथकड़ियाँ लगाए जाने से इनकार किया, तो इन्हें पुलिस ने पीटा। अदालत से बहुतेरा कहा गया कि हथकड़ियाँ हमेशा की तरह अदालत में न लगवाई जाएँ, लेकिन कोई सुनवाई नहीं हुई। इसके विरोध में अभियुक्तों ने अदालत में आने से क़तई इनकार कर दिया। बाद में अदालत की समस्त कार्रवाई एकतरफ़ा होती रही।

फाँसी की सज़ा

अदालत ने सरदार भगत सिंह, श्री सुखदेव और श्री शिवराम राजगुरु को फाँसी की सज़ा दी। शेष अभियुक्तों को आजन्म कालेपानी की और एक को दस वर्ष की।

देश में आन्दोलन

देश में इन कठोर सज़ाओं के ख़िलाफ़ ज़ोरों का आन्दोलन उठा। महात्मा गांधी जी इस समय वायसराय के साथ समझौते की बातचीत कर रहे थे। उन्होंने भी इन फाँसी वालों को बचाने के लिए वायसराय से बहुत कहा, उन्हें आशा भी हो गई थी कि वायसराय शायद उनकी सज़ा घटाकर कालेपानी की कर देंगे लेकिन वायसराय ने न्याय मर्यादा की दुहाई देकर गत 23 मार्च को शाम के 7.15 बजे देश के प्यारे इन तीन लालों को फाँसी पर टँगवा दिया। कराँची कांग्रेस में इस कारण तहलका मच गया। महात्मा जी ने कहा–सरकार ने अपना गुंडापन दिखा दिया। कांग्रेस ने प्रस्ताव किया–एकमात्र प्रतिहिंसा के भाव से यह फाँसियाँ दी गई हैं। कुछ भी हो, आजादी का फरिश्ता भगत सिंह झूमते हुए मतवाले की तरह दौड़कर फाँसी के तख्ते पर चढ़ गया। फाँसी के फन्दे को उसने अपनी प्रेमिका की भाँति बोसा दिया। 'डाउन डाउन विद दी यूनियन जैक'–'अंग्रेजी झंडे का सर्वनाश हो' का नारा लगाया और कुछ क्षण बाद ही शहादत की गोद में यह सोचता-सोचता सो गया कि स्वतंत्र भारत में फिर उठूँगा।

मनस्वी सुखदेव

लेखक–श्रीयुत अखिलेश्वर शर्मा

विशेषतः अभ्युदय के लिए

निष्काम कर्मी

रहिए अब ऐसी जगह चलकर जहाँ कोई न हो,
हम-सुख़न कोई न हो औ' हम-ज़बाँ कोई न हो।
बे दरो दीवार-सा इक घर बनाया चाहिए।
कोई हमसाया न हो और पासबाँ कोई न हो।
पड़िए गर बीमार तो कोई न हो तीमारदार,
और गर मर जाइए तो नौहाख़्वाँ कोई न हो।

महाकवि मिर्जा असदुल्ला ख़ाँ ग़ालिब के यह अशआर परम त्यागी शहीद सुखदेव की जीवनी पर कैसे मौजूँ होते हैं। वे कहा करते थे–

I wish to live and die in this world unknown, unsung and unwept.

उन्होंने अपने चरित्र से हमें चरितार्थ कर दिखाया। विरोधियों तक ने उनके इस त्याग भाव की प्रकारान्तर से सराहना की है।

सुखदेवजी बड़ी गम्भीर प्रकृति के युवक थे। उनकी योजनाएँ बहुत विचारपूर्ण और सुलझी हुई हुआ करती थीं। बचपन ही से वे इस प्रकृति के थे, फिर क्रान्ति क्षेत्र में क़दम रखने के बाद तो उनकी मनस्विता और भी बढ़ गई थी। उनकी जीवन-घटनाओं पर विचार करने से ज्ञात होता है कि उनकी मनस्विता में प्रतिभा का भी सुन्दर पुट था। भगत सिंह का माहोजलाल और सुखदेव की मनस्विता दोनों के संयोग से जो ओज उत्पन्न हुआ, उसने लाहौर 'साज़िश' केस के आरम्भ होने पर हठात् संसार भर के प्रेम और श्रद्धा को अपनी ओर आकर्षित कर लिया।

भगत सिंह, सुखदेव और शिवराम हरिराव राजगुरु तीनों के जीवन-चरित्रों में एक से बढ़कर एक आकर्षण है और जिस त्याग की न्यूनता के कारण आज हमारा राष्ट्र प्रवृत्त होते हुए भी दारुण दासता पाश को नहीं काट पाया, वह तो मानो इन तीनों के पैर की धूल थी। इन लोगों के हृदय में जब पंजाब में क्रान्तिकारी दल संगठित करने का विचार उत्पन्न हुआ तो सरदार और सुखदेव ने पंजाब के युवकों को अपने सिद्धान्तों की शिक्षा देने के लिए एक योजना बनाई। भगत सिंह ने इसमें हाथ डाला और उपरान्त उन्होंने यह काम शहीद सुखदेवजी के कन्धों पर डाल दिया। सुखदेवजी ने इस काम को जी-जान से किया, वे सदैव निष्काम भावना से प्रेरित रहे—पीछे रहकर आगे जानेवाले का काम करते रहे। वे इस सिद्धान्त के अनुयायी थे :

'Mine the work thine the praise.'

गीता के निष्कामकर्मी स्थितप्रज्ञ की परिभाषा उनके निम्नलिखित जीवन से चरितार्थ होती है।

घर के आँगन और स्कूल में

पंजाब के लायलपुर शहर में वि. सम्वत् 1964 के फाल्गुन मास के शुक्ल पक्ष की सप्तमी के दिन प्रातःकाल पौने ग्यारह बजे सुखदेवजी का जन्म हुआ। इनके पिता लाला रामलाल थापर की मृत्यु आपके जन्म से तीन मास पूर्व हो चुकी थी अतएव आपके ताऊ लाला अचिन्तरामजी ने आपको पाल-पोसकर बड़ा किया।

पाँच वर्ष की अवस्था में उन्हें शहर के धनपतमल आर्य हाईस्कूल में भर्ती करा दिया गया। स्कूल जाते ही इनकी प्रतिभा का परिचय मिलने लगा। बड़े कुशाग्र बुद्धि—अपना पाठ थोड़े परिश्रम से ही याद कर लेते। खिलाड़ी भी खूब, लेकिन इसके कारण पढ़ाई में बाधा न आने देते थे। सरल प्रकृति आपमें बचपन से ही थी, बराबर वालों में खेलते समय किसी की गाली और मार कां उत्तर आपने नहीं दिया। उदारता भी उनमें स्वाभाविक थीं, घर से कोई खाने-पीने की चीज़ मिलती तो बालसखाओं में ले पहुँचते और बाँटकर खाते। सादा जीवन उन्हें बचपन से ही पसन्द था।

आर्यसमाजी घर के बच्चे थे फिर स्कूल में भी धार्मिक शिक्षा दी जाती थी। इन दोनों स्थानों के वातावरण का उनके हृदय पर प्रभाव पड़ा। बचपन में ही सन्ध्यादि नित्यकर्म नियमपूर्वक करने लगे और स्कूल से सातवाँ दर्जा पास करते-करते पक्के आर्यसमाजी बन

गए। प्राणायाम का भी अभ्यास करने लगे, जिसे बाद में बहुत बढ़ा लिया था। तीव्र बुद्धि होने के कारण वे कभी किसी दर्जे में फेल नहीं हुए बल्कि अच्छे नम्बरों से पास होते रहे। मुसीबत झेलने की आदत आपमें बचपन से ही थी, सात वर्ष की अवस्था में एक बार महीनों तक बुख़ार में खाट पर पड़े रहे और कड़वी दवाएँ पीते रहे, लेकिन एक दिन भी मन मैला न किया और न कभी कड़वी दवा से झिझके। बड़े सुशील और नम्र बालक थे। लेकिन बालहठ आपमें बहुत था, जो बाद में दृढ़ इच्छाशक्ति और प्रबल कल्पना के रूप में परिवर्तित हो गया। सातवें दर्जे के बाद आपके ताऊ लाला अचिन्तराम थापर ने सुखदेव को, किसी सनातनी सज्जन के कहने पर, लायलपुर के सनातन धर्म हाईस्कूल में भर्ती करा दिया। इसी स्कूल में सन् 1922 ई. में आपने एंट्रेन्स का इम्तिहान सेकेंड डिवीज़न में पास किया।

सुखदेवजी इस समय भी आर्यसमाजी थे। समाज के सप्ताहिक 'सत्संग में जाया करते, आर्यसमाजी पुरुषों से खूब मिलते-जुलते और प्राणायाम का अभ्यास करते-करते उसे योगाभ्यास की कोटि तक ले पहुँचे थे। बालहठ ने धैर्य का रूप धारण कर लिया था, अतएव जो धारणा कर लेते उसके विरुद्ध दूसरों की दाल कम गलती थी। इन दिनों आप व्यापार करने के मनसूबे किया करते थे, इधर खूब रुझान था।

झंडे को सलाम न करूँगा

सुखदेवजी की इसी दृढ़ता की सन् 1919 ई. के पंजाब के मार्शल लॉ के दिन की एक घटना मशहूर है। यहाँ यह उल्लेखनीय हो कि आपके ताऊ लाला अचिन्तरामजी भी एक देशभक्त सज्जन हैं। फौजी शासन के दिनों में वे भी पकड़े गए और साढ़े तीन मास तक हिरासत में रखे गए। 12-13 वर्ष का बालक सुखदेव अपने ताऊ से जेल में मुलाकात करने आता, तो उनसे पूछा करता—लाला जी, आपको क्यों पकड़ लिया गया है, वह लोग आपको क्यों तकलीफें देते हैं? मैं तो किसी को सलाम न करूँगा आदि।

पंजाब में मार्शल लॉ के दिनों में स्कूलों के विद्यार्थियों को इकट्ठा करके अंग्रेजी झंडे को ज़बर्दस्ती सलाम कराया जाता था। लायलपुर में भी ऐसा हुक्म निकला। सुखदेव ने इसका अपनी माता से ज़िक्र करते हुए कहा कि मैं तो झंडे को सलाम न करूँगा। माता ने कहा—ऐसा न करने से अफसरों ने तुम्हें मारा तो? सुखदेव ने दृढ़तापूर्वक उत्तर दिया—"हरगिज़ सलाम न करूँगा चाहे जो हो।" ऐसा ही हुआ। सब लड़के दूसरे दिन बुलाए गए, उन्होंने सलाम किया लेकिन दृढ़व्रती सुखदेव अपने प्रण पर अटल रहा। लाला अचिन्तरामजी का कहना है कि उनके जेल से वापस आने पर बालक सुखदेव ने बड़ी हौंस के साथ यह बात उनको सुनाई थी।

अविवाहित रहने की प्रतिज्ञा

सन् 1921 के असहयोग-काल में सुखदेव की अवस्था 14 वर्ष थी और वे 9वें दर्जे के विद्यार्थी थे। असहयोग के वातावरण का आपके हृदय पर प्रभाव पड़ा था। इस समय आपकी माता और बहन ने आपके विवाह की गर्म चर्चा चलाई। सुखदेवजी के ताऊ इस

प्रस्ताव से असहमत थे। आर्यसिद्धान्तों के अनुयायी होने के कारण उनका कहना था कि मैं तो 25 वर्ष की अवस्था से पूर्व विवाह की सम्मति न दूँगा। इन दिनों अमृतसर के एक सम्पन्न घर से आपकी शादी आ रही थी। माता ने एक दिन बड़े भावुक हृदय से अपने पुत्र को प्यार करते हुए कहा–"बेटा मैं तेरा ब्याह करूँगी, तुझे बरना बनाकर घोड़े पर चढाऊँगी।" आप बोले–"माँ मैं विवाह न करूँगा। घोड़े पर नहीं, मैं तो फाँसी पर चढ़ूँगा।" माता चुप ही रही। पीछे जब जब माँ या बहन ने यह चर्चा चलाई, आप यही जवाब देते रहे। पीछे जब-जब माँ ने अधिक आग्रह किया, तो आपने कहा, तुम न मानोगी तो मैं घर से निकल जाऊँगा। माता को पुनः कभी हिम्मत न पड़ी।

सन् 1920-21 के असहयोग का आप पर ऐसा प्रभाव पड़ा कि आप पूर्ण खादी-भक्त, हिन्दी-प्रेमी और देशभक्त बन गए।

कल्याण मार्ग का पथिक

1922 ई. में एंट्रेंस परीक्षा उत्तीर्ण कर लेने के उपरान्त, आगामी शिक्षा का प्रश्न सामने आया। लाला अचिन्तरामजी इस समय दो वर्ष के लिए जेल में थे। उन्होंने सुखदेव को अनुमति भेजी कि डी.ए.वी. कॉलेज में आकर भर्ती हो जाओ। इस समय सन् 21-22 के असहयोग के कारण शिक्षा-संस्थाओं का बहिष्कार हो चुका था और लाहौर में राष्ट्रीय कॉलेज की स्थापना हो चुकी थी, पर लाला अचिन्तरामजी ने जेल से लिखा था कि अभी राष्ट्रीय कॉलेज स्थायी नहीं है, अतएव डी.ए.वी. में पढ़ो। पर सुखदेव क़ौमी कॉलेज में जाकर भर्ती हो गए और उसी के बोर्डिंग में रहने लगे।

पाँच पांडव

सरदार भगत सिंह भी इस समय कौमी कॉलेज के एक विद्यार्थी थे। इस केस में मफ़रूर बताए जानेवाले यशपाल भी इनके बराबर वाले कमरे में रहते थे और भगत सिंह भी पास ही रहते थे। भगत सिंह के व्यक्तित्व का सुखदेव पर बड़ा प्रभाव पड़ा, वे उनके पक्के मित्र बन गए। सुखदेव कहा करते थे कि 'मैंने जीवन में केवल भगत सिंह को एक मित्र पाया है।' इन लोगों की गोष्ठी में तीन युवक और थे, और इन पाँचों को लोग 'पंच पांडव' कहा करते थे। सुखदेवजी की व्यायाम में बहुत रुचि थी और वे अखाड़े में खूब कसरत किया करते थे।

विदेश-यात्रा का विचार

स्वामी सत्यदेव की अमेरिका भ्रमण आदि पुस्तकें पढ़कर सुखदेवजी का विचार विदेश जाने का हुआ। वे इसलिए स्वामीजी के पास भी गए। स्वामीजी उन दिनों देहरादून में रह रहे थे। यह सन् 1924-25 की बात है। सुखदेवजी स्वामीजी के पास जाकर तीन मास तक उनके

साथ रहे। यहाँ उन्होंने अठारह-अठारह घंटे तक काम किया, जिसके कारण वे बीमार पड़ गए और कॉलेज को वापस चले आए।

पैदल पर्वत-यात्रा

सुखदेवजी और उनके कॉलेज के कई सहपाठियों को सैर-सपाटे का बहुत शौक़ था। अतएव एक वर्ष की गर्मी की छुट्टियाँ इनकी टोली ने कांगड़ा के पहाड़ों की यात्रा करने में व्यतीत की। श्री यशपाल भी इस दल में थे। लौटते समय एक दिन इन लोगों ने 48 मील का पैदल सफ़र किया और फिर मटीकान से कुल्लू तक 34 मील का रास्ता रात के एक बजे तक तय किया।

मानसिक क्रान्ति

सुखदेवजी के विचारों में अब परिवर्तन की उपज दिखाई पड़ने लगी थी। सामाजिक क्रान्ति की आवश्यकता को वे महसूस करने लगे थे। कभी हिन्दुओं के अनेक वर्ण-भेदों से दुखी होते तो कभी शूद्रों के कर्म की महत्ता को स्वीकार कर मित्रों से कहते हैं कि 'मैं तो भंगी का काम करना अधिक पसन्द करूँगा क्योंकि उस काम से बढ़कर समाज की महती सेवा और कोई नहीं है।' नेशनल कॉलेज में आपके धार्मिक विचार ज्यों के त्यों थे। आर्यसमाजी धार्मिक नित्य-नियम के सुखदेवजी पूरे पाबन्द थे। सरदार प्रताप सिंह आदि इस कारण उनका मज़ाक किया करते, क्योंकि कहा जाता है कि इन लोगों का धर्म में विश्वास न था। कॉलेज के वातावरण और इन मित्रों के आचरण का सुखदेवजी पर ऐसा गहरा प्रभाव पड़ा कि वे धर्म और ईश्वर में एकदम विश्वास खो बैठे और नास्तिक बन गए।

मानव-धर्म के पुजारी

धर्म के नाम पर होनेवाले हिन्दू-मुसलिम झगड़े और फिर हिन्दुओं में आर्यसमाजी, सनातनी प्रथाओं आदि के बखेड़ों ने आपकी विचारधारा को एकदम बदल दिया था। वे कहा करते थे कि मनुष्यता धार्मिक बन्धनों से ऊँची वस्तु है। धर्म के प्रचलित ट्रेडमार्कों के स्थान पर समाज में प्रेम और साम्य पर आधारित मानव-धर्म की स्थापना की आवश्यकता है।

बचपन से सुखदेवजी उदार और दानी थे, लेकिन अब व्यक्तिगत दान-दक्षिणा के प्रबल विरोधी हो गए थे। वे कहा करते थे कि दान देना और लेना दोनों ही बुरी प्रथाएँ हैं, इसमें मनुष्य का अपना साहस और आत्माभिमान नष्ट हो जाते हैं। आजकल जो कोई भी दूसरे को दान देता है, उस पर दया करके, उसको अपने से हेय, नीच और नाकारा समझकर। आवश्यकता इस बात की है, मनुष्य मनुष्य में भेद न रहे, सबकी अवस्था एक-सी हो।

सन्त-वाणी का प्रभाव

एक बार कुल्लू की पहाड़ियों में आपको एक सन्त का सत्संग करने का अवसर प्राप्त हुआ। वह साधु एकान्तप्रिय था। एक दिन की बातचीत में उससे भारतीय कौम की चर्चा चल पड़ी। सन्त ने कहा कि "अभी भारतीय एक राष्ट्र नहीं बने। अगर आज पंजाब में कोई विशेष बात होती है तो मद्रास वाले चुप हैं और मद्रास में कोई बात होती है तो बंगाल वाले खामोश हैं। काश कि हम लोग कौए से ही शिक्षा ग्रहण करें। कौए को अपनी कौम का कितना दर्द है। ज़रा किसी कौए को पकड़कर या मारकर देखें तो सही चन्द ही मिनटों में हज़ारों कौए इकट्ठे हो जाएँगे और पकड़ने या मारनेवाले को नाकों दम कर देंगे। एक कौम होने की यह निशानी है। राष्ट्र एक सजीव शरीर की भाँति होना चाहिए, जिसको कहीं भी दुबारा समस्त कलेवर अनुभव करने लगे।

लेकिन भारतीयों की उपमा कुत्तों से दी जा सकती है। हमने ठीक कुत्तों जैसे लक्षण ग्रहण कर रखे हैं। यह कैसा पतित प्राणी है, अपने भाई को रोटी का टुकड़ा खाते देख सहन नहीं कर सकता। कुत्ते को चाहे तुम जितना कष्ट दे लो, मगर जब तुम पुचकारकर बुलाओगे, एकदम पिछले तमाम अनाचारों को भूलकर आपके पाँव चाटने लगेगा। उसमें रत्ती भर भी ग़ैरत का माद्‌दा नहीं है।" सन्त के इस उपदेश से आप बहुत प्रभावित हुए। आपको चापलूसी से ऐसी घृणा हो गई कि किसी समय यदि कोई आपकी प्रशंसा करना चाहता, तो 'आप बस, रहने दीजिए' कहकर उसे चुप करा देते।

'घोड़े पर नहीं फाँसी पर'

कॉलेज के दिनों में एक बार पूर्णमासी की रात को आप लोगों को सूझी कि आज रावी की सैर की जाए। पूर्णचन्द्र आकाश में हँस रहा था, पृथ्वी पर उज्ज्वल चन्द्रिका छिटक रही थी मानो दूध की दूसरी रावी मन्द गति से बढ़ रही हो। मन्द वायु झकोरे ले रहा था। प्रकृति के बालकों की यह टोली कॉलेज के हॉस्टल से निकली। बस्ती से होकर वह लोग जा रहे थे। एक जगह देखा तो सजी-सजाई बरात खड़ी है। आतिशबाजी छुड़ाई जा रही है, बाजे बज रहे हैं। बराती दूसरे 'दूल्हा नवाब' बने हुए चहल-पहल कर रहे हैं और वह महाशय घोड़े पर सवार खड़े हैं। एक मित्र ने कहा—'यार हमारी भी कभी शादी होगी, हम भी इसी पर सवार होकर बरात सजाएँगे। हमें तो ऐसा दिखाई नहीं देता।' सुखदेव ने मुस्कुराकर कहा—'वाह तुम्हें न दिखाई देता होगा, मैंने तो एक दिन माँ से भी कह दिया था कि मैं तो घोड़े के बजाय फाँसी पर चढ़ूँगा।'

दारोग़ा से दिल्लगी

लाहौर में जिन दिनों प्लेग का बहुत जोर था, सुखदेवजी अपने एक मित्र के साथ शिवालिक की पहाड़ियों की सैर करने चले गए। चिन्त-पुरनी, ज्वालामुखी बालसर आदि होते हुए आपने रियासत मंडी की भी सैर की। मंडी शहर में पहुँचे तो उस रात को वहाँ राम नाटक

हो रहा था। आप लोग भी देखने को गए। इन लोगों को अजनबी देखकर एक महाशय ने इनसे सवाल करने शुरू किए। "आप कौन हैं, कहाँ से आए हैं, कहाँ जाएँगे, क्या काम करते हैं?" आपका साथी कुछ कहने ही वाला था कि आप झट बोल उठे : "आदमी हैं, इधर से आए हैं, उधर जाएँगे, सैर करते हैं।" इन सज्जन ने धैर्यपूर्वक फिर पूछा–"नाम क्या है, जाति क्या है?" "नाम नहीं बताएँगे, जाति का पता नहीं," उत्तर मिला। अब तो वह आदमी बहुत बिगड़ा–"देखो तुम जानते नहीं हो, मैं पुलिस इंस्पेक्टर हूँ, मुझसे मज़ाक कर रहे हो।" साथी ने जवाब दिया–"ओ हो, साहब मुआफ़ करना, हमने आपको कुछ और ही समझा था, क्योंकि हम जिस किसी भी सराय में गए हमसे ऐसे ही सवालात किए गए, गलती हो गई।" इस पर दरोग़ा साहब और भी भिनभिनाए। "अच्छा मैं हुक्म देता हूँ कि कल सुबह रियासत की हद से बाहर हो जाओ वरना कैद कर दूँगा।" आपने फौरन जवाब दिया–"अरे बाबा, हम तो पहले ही कमर बाँधे चलने को तत्पर बैठे हैं, यह धमकी किसलिए।" "तुम्हारी जवानी पर तरस आता है, वरना अभी किले में बन्द कर दूँ। जनम भर पड़े सड़ते रहो, फिर तुम्हें होश आ जाए कि किस तरह पुलिसवालों के साथ गुफ्तगू की जाती है।" सुखदेवजी बोले–"बशौक़ जनाब–

अफ़सरदा-ख़ातिरों की खिज़ाँ क्या, बहार क्या;
कुंजे कफ़स में मर गए या आशियाने में।"

दारोग़ा यह सुनकर झेंप-सा गया और ये लोग वहाँ से चल दिए।

विप्लव-पन्थ की दीक्षा

राष्ट्रीय कॉलेज में पढ़ते हुए सुखदेव को अब दो साल हो चुके थे। भगत सिंह की तेजस्विता और सुखदेव की मानसिकता की धाक आसपास के वातावरण में बैठ चुकी थी। क्रान्ति के किसी पुरोहित ने उन्हीं दिनों इन दोनों को विप्लव-पन्थ में दीक्षित किया और यह दोनों क्रान्तिवादी दल में सम्मिलित हो गए। दल में प्रविष्ट करते हुए प्रतिज्ञा कराई गई कि "आज से तुम घरवालों से क़तई नाता तोड़ दोगे?" सुखदेवजी ने यह प्रण किया। गम्भीरता और मनस्विता के कारण वे पंजाब प्रान्त में दल की ओर से प्रधान कार्यकर्ता नियुक्त हुए। अब आपमें फिर कुछ परिवर्तन दिखाई पड़ने लगे, खादी को छोड़ दिया और विदेशी वस्त्र पहनने लगे ताकि अकारण ही टकटकी लगानेवाले पुलिसवालों को सन्देह न हो और उनकी तेज़ नाक और सशंकित दृष्टि से बचे रहें।

घर-बार छोड़ दिया

क्रान्ति दल में प्रमुख भाग लेने लगने पर सुखदेवजी ने अपने घर-बार को एकदम त्याग दिया–लायलपुर अपने घर जाना छोड़ दिया। उनकी बहन और चचा की मृत्यु इस बीच हो गई, लेकिन वे फिर भी न गए। लाहौर में सरदार भगत सिंह के साथ उनके मकान में रहने लगे। यशपाल भी यहीं रहा करते थे। अपने ताऊ लाला अचिन्तराम के बहुत कहने पर

सुखदेवजी 'वन्देमातरम्' अख़बार के दफ़्तर में क्लर्की करने लगे, लेकिन तीन मास उपरान्त उससे भी पीछा छुड़ा लिया।

कमीशन के समय गिरफ़्तारी

सन् 1928 ई. के नवम्बर मास में सायमन कमीशन लाहौर पहुँचा। समस्त देश की भाँति लाहौरवालों ने भी भारत के स्वाभिमान को कुचलकर इसके सिर पर लादे गए इस काले कमीशन का काले झंडों से स्वागत करने की तैयारियाँ कीं। लाहौर के एक प्रभावशाली कार्यकर्ता लाला केदारनाथ सहगल (जो आजकल मेरठ 'षड्यंत्र' मामले के एक अभियुक्त हैं) और सरदार भगत सिंह तथा उनके कुछ साथियों ने रात को काली झंडियाँ बनाईं। सुखदेवजी इस समय भगत सिंह के मकान पर थे और सन्देह किया जा रहा था कि उनके घर पर पुलिस आज अवश्य चढ़ाई करेगी। रात में लाला केदारनाथजी को नींद आ गई और वे सो गए, सरदार को भी नींद आने लगी, लेकिन उन्होंने सोने से पूर्व सुखदेव की ख़बर लेने के लिए एक आदमी को अपने मकान पर भेजा। पुलिस वहाँ पहुँची थी और उसने सुखदेवजी से भाँति-भाँति के प्रश्न किए, लेकिन आपने एक का भी उत्तर नहीं दिया। आखिर खीझकर सुखदेवजी को वो पकड़ ले गई और उन्हें कोतवाली में 12 बजे दिन तक बन्द रखकर छोड़ दिया।

वर्तमान शासन-प्रणाली के विरोधी

अपने कॉलेज-जीवन से ही सुखदेवजी वर्तमान शासन-प्रणाली के कटु समालोचक थे। जिस प्रकार धर्म पन्थ वाले अपने विरोधियों के विरुद्ध अपने पत्र में प्रचार किया करते हैं, ठीक उसी भाँति आप किया करते थे। घर हो, बाहर हो, मेला हो, यात्रा कर रहे हों या स्थिर बैठे हों वर्तमान शासन-प्रणाली के सम्बन्ध में आप कुछ न कुछ किसी ढंग से ज़रूर कह देते। निधड़क ऐसे कि इसके परिणाम के लिए हर वक्त तैयार रहते। इस वजह से पुलिसवालों के साथ तो आपकी कई मरतबा झपट हो गई थी। आपको इस बात की परवा न होती थी कि पुलिसवाला वर्दी में है या सादे कपड़ों में, ड्यूटी पर है या आजाद। एक बार की लाहौर की घटना है, किसी वजह से शहर में हड़ताल हो रही थी। अनारकली बाजार पूरी तरह से बन्द नहीं हुआ था। कांग्रेस के कार्यक्रम हड़ताल कराते और सरकारी कर्मचारी दुकानें खुलवा रहे थे। आप भी अपने एक मित्र के साथ अनारकली बाजार में घूम रहे थे। क्या देखते हैं कि अनारकली थाने का दारोग़ा एक दुकानदार को धमका रहा था कि तुम दुकान ज़रूर खोलो। दुकानदार शशोपंज में पड़ा हुआ था कि क्या करें, कि झट यह लोग वहाँ जा पहुँचे और दुकानदार को दुकान बन्द करने के लिए कहने लगे। दुकानदार पर इनका प्रभाव पड़ा और उसने दुकान बन्द कर दी। थानेदार इस पर इनसे बहुत बिगड़ा, जब उसने इन्हें गिरफ़्तार करना चाहा तो 'वाह जनाब, ज़रा सी बात पर यह तेज़ी तर्रारी' कहा और भीड़ को चीरते हुए निकल गए।

'षड्यंत्र' में गिरफ़्तारी

1928 की अप्रैल में असेम्बली की बम-घटना के बाद पुलिस ने अपनी सरगर्मी ज़ोरों से शुरू की। संयुक्त प्रदेश दिल्ली और पंजाब में तलाशियों और गिरफ़्तारियों का ताँता लग गया। इसी सम्बन्ध में लाहौर की पुलिस ने 15 अप्रैल, 1928 के दिन काश्मीर बिल्डिंग पर छापा मारा, वहाँ उसे बम और उनका मसाला और तमंचे मिले। पुलिसवालों ने पीछे इसका नाम 'बम का कारखाना' रखा। सुखदेवजी जयगोपाल और किशोरीलाल के साथ यहाँ पकड़े गए। यू.पी. और पंजाब से और भी युवक पकड़कर लाए गए थे। सरदार भगत सिंह ने भी असेम्बली भवन में अपने को पकड़ा दिया था, यह लोग लाहौर की बोरस्टल जेल और सेंट्रल जेल में रखे गए थे।

बन्दियों के अधिकार

बन्दियों के अधिकारों के लिए जेलों में इन लोगों ने भीषण अनशन आरम्भ किया। महीनों तक यह चला। यतीन्द्र नाथ दास इसी में बलि हुए। सुखदेवजी ने सरदार के साथी होने के कारण उनके साथ दो-तीन दीर्घकालीन अनशन किए। इस भूखी लड़ाई में एक बार तो आपकी जान पर आ बनी; आप अत्यन्त कमज़ोर हो गए थे, हाथ-पैरों को लकवा मार गया था; इस समय आपके सहबन्दी श्रीयुत देशराज और श्री किशोरीलाल आपको करवट दिलाया करते और हाथ-पैरों को उठाकर इधर से उधर किया करते थे। ऐसी दशा में भी ज़ेल का डॉक्टर एक दिन ज़बर्दस्ती आपके पेट में दूध ठूँसने के लिए रबर की नली आदि लेकर पहुँचा। आपने क्षणिक उत्तेजना में आकर नली डॉक्टर के हाथ से छीन ली और उसे टुकड़े-टुकड़े कर दिया, उसकी शीशियाँ भी पटककर तोड़ दीं। इस उत्तेजना से आपका स्वास्थ्य अत्यन्त ख़राब हो गया था।

बलिदान

लाहौर साज़िश केस में आपके ख़िलाफ़ कोई क़त्ल वगैरह का संगीन जुर्म साबित नहीं हुआ, लेकिन इस मुकदमे के अभियुक्तों का भाग्य-निर्णय करनेवाली अदालत-ख़ास (ट्रिब्यूनल) के तीन जज़ों ने सुखदेवजी को ऐसा भयंकर अपराधी समझा कि उन्हें मौत की सज़ा दी। जजों का कहना है कि "सन् 1920-28 से सुखदेव क्रान्तिकारी दल के लोगों को भर्ती करते रहे हैं, वे दल की केन्द्र-समिति के सदस्य थे और 1928 की सितम्बर वाली दिल्ली की मीटिंग में वे उपस्थित थे, वे पंजाब प्रान्तीय क्रान्ति दल के नेता थे, पंजाब नेशनल बैंक को लूटने और स्कॉट को मारने के मनसूबों में वे शामिल थे—अगरचे उन्होंने सांडर्स की हत्या में खुद भाग नहीं लिया—उन्होंने भगत सिंह से असेम्बली में बम फिंकवाया, आगरे में उन्होंने बम बनवाए, काश्मीर बिल्डिंग की 'बम फैक्टरी' के वे प्रमुख सगंठनकर्ता थे, उन्होंने पार्टी संगठन के लिए सरहद अमृतसर और फ़ीरोजपुर के दौरे किए।"

सुखदेव की विचित्र संगठन शक्ति और सूझ-बूझ की जजों ने भी दाद दी है। वे कहते हैं : "Sukh Dev may be said to have been the brains of the conspiracy while Bhagut Singh was its right arm....He was backward in taking part himself in acts of Violance but he must be held none the less to be responsible for those acts to the extention of which his brains and organising power under an important contribution." अर्थात्, सुखदेव इस षड्यंत्र का मस्तिष्क रहा है और भगत सिंह इस साजिश का दाहिना हाथ।...हिंसात्मक कार्यों में यह स्वयं भाग न लेता था, लेकिन उन कामों के लिए जिनकी पूर्ति में उसकी मेधा और संगठन शक्ति का बड़ा भाग है, वह जिम्मेदार ज़रूर है।"

जो मेधा और सगंठन शक्ति किसी स्वतंत्र देश के युवक को गौरवान्वित कर सकती है, उसी ने पराधीन देश के एक स्वाधीनता-आतुर युवक के प्राण ले लिये। उसने अपने ईमान के मुताबिक अपनी प्रतिभा और योग्यता का व्यवहार किया और इसलिए वह दार पर खींच दिया गया? देश की पराधीनता उसे शूल की भाँति खलती थी, इसीलिए तो वह शादी के घोड़े पर न चढ़कर कूदकर हँसते-हँसते शूली पर चढ़ गए और अपने विचार को कार्य में परिणत कर गया। जिन्होंने उसे देखा है, वे कहते हैं कि वह बड़ा जिन्दादिल था, कवियों की भाँति उसकी दुनिया दूसरी थी, जिसमें वह विलग रहता हुआ आपदाओं और कष्टों की प्रतिक्षण प्रतीक्षा किया करता था। भगत सिंह उसकी मनस्विता पर ऐसा मुग्ध था कि वह कहा करता था कि 'सुखदेव तो बालू से भी तेल निकाल लेता है।' सुखदेव भी भगत सिंह की तेजस्विता को देखकर फूले अंग न समाता था।

गत 23 मार्च को शाम के 7 बजे सरदार भगत सिंह और शिवराम राजगुरु अपने दो मित्र सखाओं के साथ सुखदेव को भी फाँसी पर टाँग दिया गया। 'भगत सिंह ज़िन्दाबाद' कहते हुए वह तख़्ते पर चढ़ा और 'साम्राज्यवाद के क्षय और अँगरेज़ी झंडे के नाश' के नारे लगाता हुआ अनन्त की गोद में झूल गया!!

श्री राजगुरु

(लेखक–'चन्द्र')

"अगर तुम्हारी पुकार को कोई नहीं सुनता है तो तुम अपने मार्ग पर अकेले ही चलते जाओ। अगर सब लोग भयभीत हो रहे हैं और कोई तुमसे बातें नहीं करना चाहता हो तो ऐ अभागे! अपनी दुखगाथा तू स्वयं ही सुन। अगर बियाबान में सफ़र करते हुए सब आदमी तुझे छोड़ दें और तेरे विरुद्ध हो जाएँ तो उनकी कुछ परवाह न कर, बल्कि काँटों को रौंदते हुए चलता जा और अपने ही रक्त से अपने पैरों को धोता जा।"

–विश्वकवि रवीन्द्रनाथ ठाकुर

'सिंहनी कभी सियार नहीं जनती है' यह वाक्य उन महापुरुषों के सुकर्मों का निष्कर्ष है, जिन्होंने समय और कटु अनुभव की कसौटी पर इसे भलीभाँति परखा है। इस वाक्य में

सत्यता उसी मात्रा में है जितनी स्वयं सत्य में हो सकता है, कारण कि इसे परखनेवाले जौहर के सच्चे जौहरी थे। उनके एक-एक शब्द में वास्तविकता और सत्य कूट-कूटकर भरा था। यह वाक्य वह ब्रह्मवाक्य है जो समय के महान परिवर्तनों में उत्तीर्ण होकर अपनी सत्ता को अभी तक ज्यों की त्यों कायम रख सका है।

वीरभूमि महाराष्ट्र ने इस वाक्य के तथ्य को अक्षरशः चरितार्थ किया है। मुग़ल साम्राज्य को छिन्न-भिन्न करनेवाले औरंगजेब के सिंहासन को कम्पायमान करनेवाले–महाराष्ट्र-केसरी शिवाजी इसी वीरभूमि की विभूति थे। उनके अतिरिक्त देश के लिए अपना सर्वस्व निछावर करनेवाले प्रातः स्मरणीय लोकमान्य तिलक, महात्मा गोखले, इस समय स्वदेश के लिए असह्य यातनाएँ भोगनेवाले नरपुंगव श्री सावरकर इसी पुण्यभूमि के जीते-जागते रत्न हैं। उत्कट-क्रान्तिकारी श्री विष्णुगणेश पिंगले इसी उपवन की एक अधखिली कली थे, जिसे खिलने से पूर्व ही बलात् मसल डाला गया।

उसी वीरभूमि ने इस युग में भी एक ऐसी विभूति उत्पन्न की, जिसने अपने विचारों के अनुसार देश की आज़ादी के लिए अपना बड़ा से बड़ा त्याग किया और अपना जीवन उत्सर्ग कर दिया।

जन्म और बाल्यकाल

पूना से लगभग 15 मील की दूरी पर चाकण नामक एक छोटा-सा गाँव है। वह गाँव अपनी ऐतिहासिक महत्ता के लिए छत्रपति शिवाजी के समय के भी पहिले से प्रसिद्ध है। महाराज शिवाजी का राज्य अनेक सूबों में विभाजित था। उन्हीं में से एक सूबे की राजधानी चाकण थी, अतः आसपास के निवासियों के आवागमन से चाकण में सदा कस्बे की भाँति चहल-पहल रहती थी।

जिस समय महाराष्ट्र साम्राज्य शिवाजी के पौत्र साहूजी के हाथों में था, विद्वान पंडितों की साम्राज्य भर में कमी नहीं थी। इसका प्रधान कारण यह था कि स्वयं साहूजी इस ओर पर्याप्त समय और धन लगाते थे और इसको प्रत्येक रीति से प्रोत्साहन देते थे। चाकण में भी एक पंडित, जिनका नाम कचेश्वरजी था। यह वेद, पुराण और शास्त्र में पारंगत थे। गाँव के आसपास इनके नाम की बड़ी धूम थी। धर्मशास्त्रों के अतिरिक्त ज्योतिष के भी आप बड़े विद्वान थे। एक दिन कार्यवश साहूजी को चाकण आना पड़ा। यहाँ कुछ व्यक्तियों से पं. कचेश्वरजी की प्रशंसा सुनकर साहूजी को उनसे मिलने की इच्छा हुई। आपने कचेश्वरजी को बुलवाया। बहुत देर तक उनसे धर्मशास्त्र तथा ज्योतिष पर वार्तालाप हुआ। अन्त में आप उनकी विद्वत्ता एवं योग्यता पर मुग्ध हो उठे और कचेश्वरजी से अपने साथ सतारा चलने का अनुरोध करने लगे। पंडितजी कई पीढ़ियों से चाकण ही में रह रहे थे। अतः उन्होंने अपनी जन्मभूमि को त्यागने में अनिच्छा प्रकट की–किन्तु साहूजी के आश्वासन एवं अनुग्रह से आप सतारा चले गए।

थोड़े ही समय में कचेश्वरजी साहूजी के दाहिने हाथ बन गए। धार्मिक बातों के अतिरिक्त राजनीति के गूढ़ मामलों में भी वे कचेश्वरजी से परामर्श लेते थे।

शनैः-शनैः साहूजी के हृदय में कचेश्वरजी के प्रति श्रद्धा और प्रेम का भाव उत्तरोत्तर वृद्धि करता गया और एक बार दरबार में साहूजी ने उन्हें 'राजगुरु' की उपाधि से विभूषित किया। तभी से आपके सभी वंशज अपने नाम के पीछे 'राजगुरु' शब्द का प्रयोग करते हैं।

पं. कचेश्वरजी के विषय में एक और भी दन्तकथा प्रसिद्ध है। कहते हैं कि जब कभी वर्षा नहीं होती तो लोग उनसे तथा अन्यान्य ऐसे ही लोगों से ईश्वर तथा अन्य देवताओं का प्रीत्यर्थ अनुष्ठान करने का अनुरोध करते और उसके फलस्वरूप कहा जाता है कि वर्षा भी हो जाती थी।

एक बार पानी की इतनी अधिक कमी हुई कि लोग प्यासे मरने लगे पर कोई उपाय नहीं था। उसी प्रकार पुनः अनेक पंडितों से जप-तप करने की प्रार्थना की गई। जप-तप भी किया गया, वह समाप्त भी हो गया, किन्तु वर्षा के आसार कुछ भी नहीं दिखाई पड़े। अन्त में पं. कचेश्वरजी से आग्रहपूर्वक निवेदन किया गया कि अब वे अनुष्ठान करें। पंडित जी का इन बातों में विश्वास कम था, किन्तु एक विशाल जनसमूह के आग्रह को वे सहज ही में नहीं टाल सके। लाचार हो उन्हें अनुष्ठान आरम्भ करना पड़ा फलतः वर्षा हुई और केवल सतारा में ही नहीं आसपास सैकड़ों मील दूर के गाँवों में भी अच्छी वर्षा हुई। लोगों की प्रसन्नता के बाँध टूट गए। सब मिलकर पंडितजी के पास आए और उन्हें यथाशक्ति दान-दक्षिणा भेंट की। कहते हैं अभी तक पंडितजी के वंशजों का आसपास के गाँवों से कुछ बन्धन बँधा हुआ है जो अनाज, वस्त्र तथा नकदी के रूप में उन्हें प्रतिवर्ष फसल के मौक़े पर मिलता है।

इन्हीं पं. कचेश्वरजी के दो पुत्र थे। छोटा पुत्र तो वहीं रह गया किन्तु ज्येष्ठ पुत्र ने जीविका की कमी देखकर सतारा छोड़ दिया और पूना के समीप खेड़ नामक गाँव में कृषि करने चले गए। इन्हीं की आठवीं पीढ़ी में श्री हरि नारायण राजगुरु का जन्म हुआ। आप बड़े ही कट्टर ब्राह्मण थे। अपनी एक स्त्री से सन्तुष्ट न होकर आपने लगभग 50 वर्ष की अवस्था में दूसरी स्त्री से विवाह किया। इसी दूसरी स्त्री से भादो वदी 13 सम्वत् 1965 को श्री शिवराम हरि राजगुरु का जन्म हुआ था। दिनकर हरि राजगुरु नामक आपके एक बड़ा भाई भी था।

द्वितीय पत्नी से पैदा होने के कारण राजगुरु को उनके पिता प्यार बहुत करते थे। इसका परिणाम यह हुआ कि बालक राजगुरु कुछ ढीठ हो चला और पढ़ने से जी चुराने लगा। इधर माँ के प्यार ने राजगुरु की पढ़ाई में अरुचि उत्पन्न कर दी, उधर सम्वत् 1970 वि. में जब राजगुरु केवल 6 वर्ष का था—उनके पिता का स्वर्गवास हो गया। राजगुरु के बड़े भाई श्री दिनकर हरि राजगुरु उन दिनों पूना में थे। अतः घर पर राजगुरु अकेला होने से और भी निरंकुश हो गया और अपनी माँ का भी कहना नहीं मानने लगा। दिनकर हरि राजगुरु ने अलग रखना उचित न समझा, अपनी माँ और भाई को भी अपने पास पूना में रख लिया। यहाँ राजगुरु को एक मराठी पाठशाला में पढ़ने को बैठाया गया। यहाँ भी बालक राजगुरु का वही हाल रहा। पढ़ने की अपेक्षा खेलने में उनका जी अधिक लगने लगा।

सम्वत् 1974 की बात है। दिनकर राव ने राजगुरु को डाँट बताई और धमकी दी कि यदि तुम नहीं पढ़ोगे तो मैं घर से निकाल दूँगा। इन शब्दों ने राजगुरु के हृदय को वेध एक बार ही दिया। उन्होंने घर से जाने का इरादा कर लिया।

गृहत्याग और तपस्या

माघ का महीना था। बड़ी कड़ाके की सर्दी पड़ रही थी। एक दिन रात को राजगुरु ने घर से भाग निकलने का निश्चय किया। साहस और निर्भीकता आपमें कूट-कूटकर भरी थी। भय का तो आप नाम भी नहीं जानते थे। आपने सोलहों आना चलने का निश्चय कर लिया। पर ख़र्च के लिए आपके पास कुछ नहीं था। इधर-उधर ढूँढ़ने पर मुश्किल से पैसे मिले। इन्हीं को लेकर आप सदा के लिए घर से और घरवालों से विदा हो चल दिए। रात को जब आप पूना स्टेशन पर आए तो मालूम हुआ कि अब नासिक की ओर जिधर आप जाना चाहते थे–कोई गाड़ी नहीं आएगी। किन्तु आप इससे निराश नहीं हुए। आप लौटकर घर नहीं आए–मुसाफिरखाने में पहुँचे। रात बहुत हो चुकी थी, किसी गाड़ी का भी समय नहीं था, अतः मुसाफ़िरखाने में आपको रात भर ठहरने की भी जगह नहीं मिली। आप उसके बाहर ही एक पेड़ के नीचे सो रहे।

दूसरे दिन बिना कुछ खाए-पिए ही आप पूना से लगभग 40 मील दूर नारायण गाँव में चले आए। आप दो दिन से भूखे थे। गाँव में कोई आपका परिचित नहीं था। वे गाँव के बाहर एक कुएँ पर ठहर गए। भूख अधिक बढ़ रही थी अतः आपने 9 पैसे के आम खाकर पूरे तीन दिन बिताए। बस इसी समय से हमारे चरित्रनायक का कठिन तपश्चर्या काल आरम्भ होता है। समय को बीतते देर ही क्या लगती है, आख़िर अभागा चौथा दिन भी आ पहुँचा–इधर 9 पैसे भी किसी दूसरे की ही जेब में पहुँच चुके थे। आम खाने से भी कहीं पेट भरा है। जो तीन दिन राजगुरु ने आम खाकर बिताए वे नाममात्र का भोजन खाकर। अन्त में भोजन की तलाश में आप जंगल में चक्कर काटने लगे। इधर-उधर वृक्षों के नीचे गिरे हुए खट्टे-मीठे, कच्चे-पक्के आम खाकर आपने कुछ काल यापन किया। एक बार किसी सुग्गे ने एक काटा हुआ आम नीचे गिरा दिया–कहते हैं उस समय आप इतने भूखे थे कि उसे गुठली सहित निगल गए। ओफ् कैसा भंयकर परीक्षा-काल था।

बियाबान जंगल में साहस और दैवी प्रकोप का यह विषम युद्ध देख गाँव के एक अध्यापक का हृदय पिघल गया। एक निर्दोष नवयुवक पर प्रकृति का यह अत्याचार उससे न सहा गया, उसने राजगुरु को अपने घर रख लिया।

पर हमारे चरित्र-नायक खान-पान के गुलाम नहीं थे–इनकी चिन्ता उन्हें नहीं थी। उनके हृदय में तो स्वाधीनता की आग धधक रही थी–जो उन्हें बरबस किसी अज्ञात दिशा में ले जा रही थी। दूसरे दिन उस अध्यापक की उदारता के लिए कृतज्ञता ज्ञापन कर आप वहाँ से चल दिए। अध्यापक ने बहुत कुछ समझाया-बुझाया पर राजगुरु अपने ही प्रवाह में बह चले। गाँव से निकल आपने जंगल की राह ली। किसी से कुछ

परिचय नहीं, रास्ता भी मालूम नहीं, कहीं खाने-पीने का प्रबन्ध नहीं—इतना होने पर भी वीर युवक राजगुरु बनैले हिंसक जन्तुओं से सम्पन्न वन के बीच शान्तिपूर्वक चला जा रहा था।

जिस परीक्षा में हमारे चरित्र नायक नारायण गाँव में उत्तीर्ण हो चुके थे, अब उससे भी कठिनतर परीक्षा उनका आवाहन कर रही थी। वीरों के पाँव सदा आगे ही बढ़ते हैं, पीछे नहीं पड़ते। आपने उसका भी तत्परता से सामना किया। नारायण गाँव में आम भी मिल तो जाते थे, यहाँ तो घास-पात के सिवा फल आदि का नाम तक न था। समय बतला रहा था और राजगुरु अपने ज्ञानचक्षुओं से देख रहे थे कि मनुष्य इस कठिन समय में भी जीवित रह सकता है। राजगुरु कर्मवीर थे। उन्हें भाग्य का नहीं अपने पुरुषार्थ और बाहुबल का विश्वास था। उन्होंने वृक्षों की छाल और पत्तियाँ खा-खाकर चट्टान और खेतों में सो-सो कर सात-सात दिन के दो सप्ताह व्यतीत किए और भूखे-प्यासे डेढ़ सौ मील पैदल चलकर नासिक पहुँचे! वाह रे वीर! साहसी और संयमी हो तो तेरे जैसा हो!

जिस समय आप नासिक पहुँचे भूख और प्यास से आप तिलमला रहे थे—प्राण होंठों पर थे। मुँह फीका और चेहरा पीला पड़ गया था। सूखे गले से आवाज़ भर्राई हुई निकलती थी। उनके हाथ-पाँवों में बल था—पर इस समय नहीं। पाँवों में छाले पड़ गए थे—तलुए काँटो से छलनी हो रहे थे। सौभाग्यवश एक साधु को आप पर दया आई। उसने आपको कुछ दिन तक भोजन दिया फिर एक क्षेत्र में दिन के भोजन का प्रबन्ध कर दिया और रात को अपने पास से कुछ दे देता। पास ही में एक नदी के घाट की सीढ़ियों पर आपके सोने का भी प्रबन्ध हो गया। अस्तु।

विघ्न-बाधाएँ जिसके साथ लगती हैं, उसका पीछा मुद्दत तक नहीं छोड़तीं। अभी युवक राजगुरु को भली-भाँति सान्त्वना भी नहीं मिली थी कि बिना घर-बार के घूमते-फिरते देखकर पुलिस ने आपका पीछा किया। आप एक दिन थाने में ले जाए गए। यहाँ आपका नाम, वल्दियत और सकूनत पूछी जाने लगी। आपने कहा मैं पूना का रहनेवाला हूँ और यहाँ संस्कृत पढ़ने आया हूँ। उत्तरी प्रान्त में जिस प्रकार काशी संस्कृत का केन्द्र माना जाता है, उसी प्रकार दक्षिण में नासिक भी संस्कृत का प्रधान केन्द्र है। पुलिस को आपकी बात पर सहसा विश्वास हो गया और आप सहज ही में उससे छुटकारा पा गए।

दुर्भाग्यवश आपकी सफलता भी इस समय आपसे रूठी थी। भरसक प्रयत्न करने पर भी नासिक में संस्कृत के अध्ययन का कोई डौल न बैठा। अब आप संयुक्त प्रान्त की ओर आने का इरादा करने लगे। इस समय इधर से आपने कुछ पैसे जुटा लिये थे, अतः तीसरे दर्जे का टिकट खरीदकर आप झाँसी आए। अब आपके पास पैसा नहीं था। दो दिन झाँसी में ही बिना खाए-पिए बिताए। तीसरे दिन बिना टिकट ही कानपुर के लिए चल पड़े। यहाँ रेलवे अधिकारियों ने आपको गिरफ़्तार कर लिया। एक मराठा सज्जन लखनऊ जा रहे थे। यह जानकर कि राजगुरु एक महाराष्ट्रियन हैं, और किराए का चार्ज न देने पर पकड़े गए हैं, उन्होंने किराया देकर पुलिस के पंजे से आपको छुड़ा लिया और भोजन कराया। अपने साथ वह राजगुरु को भी लखनऊ ले गए। यहाँ एक

दिन रखकर इन्हें किराए तथा खाने के लिए कुछ रुपए देकर उसने इन्हें विदा किया। लखीमपुर खीरी होते हुए आप बनारस पहुँचे। यहाँ सौभाग्यवश अहिल्याघाट पर आपके रहने का तथा एक मंदिर में भोजन का प्रबन्ध हो गया। अब आपने पढ़ना शुरू किया। आपको संस्कृत से प्रारम्भ ही से बड़ा प्रेम रहा है। अब आपने अपने बड़े भाई श्री दिनकर हरि राजगुरु को इसकी सूचना दी। भाई दयालु था, उसने राजगुरु को 5 रु. मासिक भेजने शुरू कर दिए। यहाँ से आपने तर्कशास्त्र में मध्यमा परीक्षा पास की। उच्च परीक्षा में आप बैठना ही चाहते थे किन्तु शिक्षक से कुछ कहा-सुनी हो जाने से आपने पढ़ना छोड़ दिया।

कर्म-क्षेत्र पदार्पण

आपको व्यायाम करने का शौक़ बाल्यकाल ही से रहा है। बचपन में आसपास के लड़के आपको 'बापू' कहकर पुकारते थे। उस समय भी शारीरिक बल में आप अपने मोहल्ले के समवयस्क लड़कों से कहीं अधिक बढ़े-चढ़े थे। बाद में कई वर्ष तक आपने अमरावती की सार्वजनिक व्यायामशाला में उच्च व्यायाम की शिक्षा पाई थी। हिन्दुस्तानी सेवादल में भी बहुत समय तक आप डॉक्टर हार्डीकर के साथ रहे। अब बनारस में पढ़ाई छोड़ने पर फिर आपका ध्यान इसी ओर आकृष्ट हुआ। यहाँ आपने कुश्ती, दंड-बैठक आदि शारीरिक व्यायामों के अतिरिक्त अन्य भी कई योग आदि के व्यायाम सीखे। यहाँ से आप नागपुर चले गए, जहाँ पर एक व्यायामशाला में तलवार, लाठी, गदका, बनेठी और फरी आदि चलाना सीखा। सन् 1928 में आप पुनः नागपुर लौटे। यहाँ आपकी श्री बटुकेश्वर दत्त से भेंट हुई और इसी दिन से आप क्रान्तिकारियों के दल में मिल गए।

गिरफ़्तारी और प्राणदण्ड

क्रान्तिकारी दल में आपने कहाँ-कहाँ और क्या क्या कार्य किया—इसका विस्तृत विवरण हमें प्राप्त नहीं हो सका, अतः इस विषय में हम कुछ नहीं लिख सकते।

लाहौर के नायब-पुलिस-सुपरिंटेंडेंट सांडर्स की हत्या से भारत भर में खलबली मच गई। चारों ओर धर-पकड़ मच गई। गिरफ़्तारियों का बवंडर उठ खड़ा हुआ। देखते-देखते अनेक युवक जेल की मज़बूत चहारदीवारी में ठूँस दिए गए। हम विश्वासपूर्वक नहीं कह सकते कि हमारे चरित्रनायक भी उपर्युक्त हत्याकांड में थे अथवा नहीं पर एक मुखबिर के कहने पर 17 सितम्बर, 1928 ई. को आप पूना से गिरफ़्तार कर लाहौर लाए गए। आप पर मुकदमा चला और अन्त में अक्टूबर 1930 ई. को आपको सरदार भगत सिंह और सुखदेव के साथ फाँसी की सज़ा सुनाई गई।

समूचे भारतवर्ष ने आप तीनों के प्राणदान के लिए बड़ी ज़बर्दस्त आवाज़ उठाई। समस्त देश ने वायसराय से दया के लिए प्रार्थना की, लिखित प्रार्थना-पत्रों पर लाखों लोगों के हस्ताक्षरों सहित इनके प्राणों की भीख माँगी गई पर सबका परिणाम अन्धे के सामने

आँसू बहाने के समान ही हुआ। किसी ने कोई ध्यान नहीं दिया। अन्ततः भारत के दुर्भाग्यवश 23 मार्च, 1931 का लाल दिन आया। उसी लाहौर की सेंट्रल जेल में जहाँ सैकड़ों भारत के लाल, कोमल कुसुमों की भाँति मसोस दिए गए—यह तीन वीर-केसरी भी फाँसी पर लटका दिए गए। ओह! देखते ही देखते वह महाराष्ट्र का अलभ्य रत्न दस हाथ गहरे खड्डे में झूलने लगा। कुछ क्षण तो कबूतर की भाँति छटपटाया पर अन्त में सदा के लिए दासता के बन्धन से मुक्त हो गया।

भारत के दिवंगत क्रान्तिकारियों ने सुमन वृष्टि कर, स्वर्गद्वार पर इस वीर का स्वागत करते हुआ कहा—

"तरुण-तपस्वी आ तेरा,
कुटिया में नव-स्वागत होगा।
निर्दोषी तेरे चरणों पर—
हम सबका मस्तक नत होगा॥"

इधर उमड़े हुए जनसमूह से आवाज़ आई—

फटे हुए माता के अंचल को बढ़कर सीने वाले!
तुझे बधाई है ओ, पागल! मरकर भी जीने वाले!!

सिसकती हुई भारतमाता के भर्राए हुए कंठ से सुन पड़ा :

"खूँ के हरफ़ों से लिखा जाएगा तेरा वाकया।
मुझको भूलेगी न ये, पुरग़म कहानी हाय! हाय!!"

उनके व्यक्तिगत और सार्वजनिक सनसनीदार पत्र

[सरदार भगत सिंह और श्री सुखदेव भारतमाता की गुलामी की ज़ंजीर को तलवार के बल पे काटने का विश्वास रखनेवाले केवल लाल क्रान्ति के योद्धा ही न थे, वरन् राजनीति के दाँव-पेंच जाननेवाले चतुर राजनीतिक भी थे। जब कांग्रेस और वायसराय में समझौते की बात शुरू हुई थी, तो सरदार भगत सिंह ने वर्तमान राजनीतिक परिस्थिति पर अपने विचार प्रकट करते हुए देश के नौजवान राजनीतिक कार्यकर्ताओं के नाम जेल से एक सन्देश भेजा था। साथ ही श्री सुखदेव ने भी एक लम्बा पत्र महात्मा जी के पास भेजा था। इन पत्रों की अनेक बातों से सहमत न होते हुए भी इसे इसलिए प्रकाशित किया गया है कि राजनीतिक बातों की किस तह तक वे पहुँचते थे और इसलिए भी कि अपने अनुभव से उनके विचारों में क्या परिवर्तन हुए थे।]

सरदार का अन्तिम सन्देश क्रान्तिकारियों के नाम

''प्यारे साथियो!

इस समय हमारा आन्दोलन अत्यन्त महत्त्वपूर्ण परिस्थितियों से गुजर रहा है। एक साल के कठोर संग्राम के बाद गोलमेज़ कॉन्फ्रेंस ने हमारे सामने शासन विधान में परिवर्तन के सम्बन्ध में कुछ निश्चित बातें पेश की हैं और कांग्रेस के नेताओं को निमंत्रण दिया है कि वे आकर शासन विधान तैयार करने के काम में मदद दें। कांग्रेस के नेता इन हालात् में आन्दोलन को स्थापित कर देने के लिए उद्यत दिखाई देते हैं। वे लोग आन्दोलन स्थगित करने के हक़ में फ़ैसला करेंगे या उसके ख़िलाफ़ यह बात हमारे लिए बहुत महत्त्व नहीं रखती। यह बात निश्चित है कि वर्तमान आन्दोलन का अन्त किसी-न-किसी प्रकार के समझौते के रूप में होना लाज़िमी है। यह दूसरी बात है कि समझौता जल्दी हो जाए या देर में हो।

समझौता क्या है?

वस्तुतः समझौता कोई ऐसी हेय और निन्दा योग्य वस्तु नहीं है, जैसा कि साधारणतः हम लोग समझते हैं। बल्कि राजनीतिक संग्रामों का समझौता एक अत्यावश्यक अंग है। कोई भी क़ौम जो किसी अत्याचारी शासन के विरुद्ध खड़ी होती है, यह ज़रूरी है कि वह प्रारम्भ

में असफल हो और अपनी लम्बी जद्दोजहद के मध्यकाल में इस प्रकार के समझौतों के ज़रिए कुछ राजनीतिक सुधार हासिल करती जाए, परन्तु वह अपनी चढ़ाई की आख़िरी मंज़िल तक पहुँचते अपनी ताकतों को इतना संगठित और दृढ़ कर लेती है कि उसका दुश्मन पर आख़िरी हमला ऐसा जोरदार होता है कि शासक लोगों की ताकतें उनके उस वार के सामने चकनाचूर होकर गिर पड़ती हैं। ऐसा भी हो सकता है कि उस वक्त उसे दुश्मन के साथ कोई समझौता कर लेना पड़े। यह बात रूस के उदाहरण से भली-भाँति स्पष्ट की जा सकती है।

1905 में रूस में क्रान्ति की लहर उठी। क्रान्तिकारी नेताओं को बड़ी भारी आशाएँ थीं। लेनिन उसी समय विदेश से लौट आया था–जहाँ वह पहले भागकर चला गया था। वह सारे आन्दोलन को चला रहा था। लोगों ने कोई दर्जन भर भूमिपतियों को मार डाला और कुछ मकानों को जला डाला। परन्तु वह क्रान्ति सफल न हुई। उसका इतना परिणाम अवश्य हुआ कि सरकार कुछ सुधार करने के लिए बाधित हुई और 'ड्यूमा' (एक प्रकार की पार्लमेंट) की स्थापना की गई। उस समय लेनिन ने 'ड्यूमा' में जाने का समर्थन किया। पर 1906 में उसी का उसने विरोध शुरू कर दिया। परन्तु 1907 में उसने दूसरी 'ड्यूमा' में जाने का समर्थन किया जिसके अधिकार बहुत कम कर दिए गए थे। इसका कारण यह था कि वह 'ड्यूमा' को अपने आन्दोलन का एक 'प्लेटफॉर्म' बनाना चाहते थे।

इसी प्रकार 1917 के बाद जब जर्मनी के साथ रूस की सन्धि का प्रश्न चला, तो लेनिन के सिवा बाकी सभी लोग उस सन्धि के ख़िलाफ़ थे। परन्तु लेनिन ने कहा "शान्ति, शान्ति और फिर शान्ति–किसी भी कीमत पर हो शान्ति। यहाँ तक कि यदि हमें रूस के कुछ प्रान्त भी जर्मनी के 'बार लॉर्ड' को सौंप देने पड़े तो भी शान्ति कर लेनी चाहिए।" जब कुछ बाल्शेविक नेताओं ने भी उसकी इस नीति का विरोध किया तो उसने साफ कहा कि "इस समय बाल्शेविक सरकार जर्मनी का मुकाबला करने में असमर्थ है और इस समय हमारा काम लड़ाई से हटकर अपनी सरकार को मज़बूत करना है।"

जिस बात को मैं बताना चाहता हूँ वह यह है कि 'समझौता' भी एक ऐसा हथियार है जिसे राजनीतिक जद्दोजहद के बीच में पद-पद पर इस्तेमाल करना आवश्यक हो जाता है जिससे एक कठिन लड़ाई से थकी हुई कौम को थोड़ी देर के लिए आराम मिल सके और आगे युद्ध के लिए अधिक ताकत के साथ तैयार हो सके। परन्तु इन सारे समझौतों के बावजूद जिस चीज को हमें भूलना न चाहिए वह हमारा आदर्श है, जो हमेशा हमारे सामने रहना चाहिए। जिस लक्ष्य के लिए हम लड़ रहे हैं उसके सम्बन्ध में हमारे विचार बिल्कुल स्पष्ट और दृढ़ होने चाहिए। यदि आप सोलह आना के लिए लड़ रहे हैं, और एक आना मिल जाता है तो वह एक आना जेब में डालकर बाकी पन्द्रह आने के लिए फिर जंग छेड़ दीजिए। हिन्दुस्तान के माडरेटों की जिस बात से हमें नफ़रत है वह यही है कि उनका आदर्श कुछ नहीं। वे एक आने के लिए ही लड़ते हैं और उन्हें इसीलिए मिलता कुछ भी नहीं।"

कांग्रेस का उद्देश्य क्या है?

इसके आगे सरदार जी ने अपने पत्र में इस बात की आलोचना की है कि भारत की वर्तमान लड़ाई ज़्यादातर मध्यश्रेणी के लोगों के बलबूते पर लड़ी जा रही है जिनका लक्ष्य बहुत सीमित है। कांग्रेस दुकानदारों और पूँजीपतियों के ज़रिए इंग्लैंड पर आर्थिक दबाव डालकर कुछ अधिकार ले लेना चाहती है, परन्तु जहाँ तक देश की करोड़ों मजदूर और किसान जनता का ताल्लुक है, उनका उद्धार इतने में नहीं हो सकता। यदि देश को लड़ाई लड़ना हो तो मजदूरों-किसानों और सामान्य जनता को आगे लाना होगा, उन्हें लड़ाई के लिये संगठित करना होगा। नेता उन्हें अभी तक आगे लाने के लिए कुछ नहीं करते, न कर सकते हैं। इन किसानों को विदेशी हुकूमत के जुए के साथ भूमिपतियों और पूँजीपतियों के जुए से भी उद्धार पाना है। परन्तु कांग्रेस का उद्देश्य यह नहीं है।

इसीलिए मैं कहता हूँ कि कांग्रेस के लोग सम्पूर्ण क्रान्ति नहीं चाहते। सरकार पर आर्थिक दबाव डालकर वे कुछ सुधार और लेना चाहते हैं—भारत की धनी श्रेणी के लिए कुछ रियायतें और करा लेना चाहते हैं और इसीलिए यह भी कहता हूँ कि कांग्रेस का आन्दोलन किसी-न-किसी समझौते या असफलता के रूप में खतम हो जाएगा।

नौजवानों का फ़र्ज़

इन हालात में नौजवानों को समझ लेना चाहिए कि उनके लिए वक्त और भी सख्त आ रहा है। उन्हें सावधान हो जाना चाहिए कि कहीं उनकी बुद्धि चकरा न जाए, या वे हताश न हो बैठें। महात्मा गांधी की दो लड़ाइयों के अनुभव प्राप्त कर लेने के बाद वर्तमान हालात और अपने भविष्य प्रोग्राम के सम्बन्ध में साफ़-साफ़ नीति निर्धारित करना हमारे लिए अब ज़्यादा ज़रूरी हो गया है।

'क्रान्ति चिरंजीवी हो' की पुकार

इतना विचार कर चुकने के बाद मैं अपनी बात अत्यन्त सादे शब्दों में कहना चाहता हूँ।

आप लोग 'क्रान्ति चिरंजीवी हो' (Long live Revolution) की पुकार करते हैं। यह नारा हमारे लिए बहुत ही पवित्र है और इसका इस्तेमाल हमें बहुत ही सोचकर करना चाहिए।

हमारा लक्ष्य

जब आप नारे लगाते हैं तो मैं समझाता हूँ कि आप लोग वस्तुतः जो पुकारते हैं वही करना भी चाहते हैं। असेम्बली बम केस के समय हमने 'क्रान्ति' शब्द की स्थापना की थी। 'क्रान्ति' से हमारा अभिप्राय समाज की वर्तमान प्रणाली और वर्तमान संगठन को पूरी तरह उखाड़ फेंकना है। इस उद्देश्य के लिए हम पहले सरकार की ताक़त को अपने हाथ में लेना

चाहते हैं। इस समय शासन की मशीन धनियों के हाथ में है। सामान्य जनता के हितों की रक्षा के लिए तथा अपने आदर्शों को क्रियात्मक रूप देने के लिए अर्थात् समाज का नए सिरे से संगठन **कार्ल मार्क्स** के सिद्धान्तों के अनुसार करने के लिए हम सरकार की मशीन को अपने हाथ में लेना चाहते हैं। इसी उद्देश्य के लिए हम लड़ रहे हैं। परन्तु इसके लिए हमें साधारण जनता को शिक्षित करना चाहिए।

शासन विधान की कसौटी

जिन लोगों के सामने इस महान क्रान्ति का लक्ष्य है, उनके लिए नए शासन-सुधारों की कसौटी क्या होनी चाहिए इस पर विचार करते हुए उन्होंने लिखा है–

"हमारे लिए निम्नलिखित तीन बातें किसी भी शासन विधान की परख के लिए देखना ज़रूरी है–

1. शासन की ज़िम्मेदारी कहाँ तक भारतवासियों के सुपुर्द की जाती है।
2. शासन विधान को चलाने के लिए किस प्रकार की सरकार बनाई जाती है और उसमें हिस्सा लेने का आम जनता को कहाँ तक मौक़ा मिलता है।
3. भविष्य में उससे क्या आशाएँ की जा सकती हैं। उस पर कहाँ तक प्रतिबन्ध लगाए जाते हैं। इस सिलसिले में उन्होंने सर्वसाधारण को वोट देने का हक़ देने का समर्थन किया है।

पार्लियामेंट के दो हाउसों के सम्बन्ध में विचार करते हुए लिखा है कि क्योंकि भारत सरकार की 'कौंसिल ऑव स्टेट' सिर्फ़ धनियों का जमघट है और लोगों को फाँसने का एक पिंजरा है इसलिए उसे हटाकर एक ही सभा–जिसमें जनता के प्रतिनिधि हों–रखनी चाहिए।

'प्रान्तीय स्वराज्य' या 'प्रान्तीय जुल्म?'

'प्रान्तीय स्वराज्य' का जो निश्चय गोलमेज कॉन्फ्रेंस में हुआ है उसके सम्बन्ध में विचार करते हुए लिखा है कि जिस प्रकार के लोगों को वहाँ सारी ताक़तें दी जा रही हैं उससे तो वह 'प्रान्तीय स्वराज्य' न होकर 'प्रान्तीय जुल्म' हो जाएगा।

"इन सब अवस्थाओं पर विचार करके हम इस परिणाम पर पहुँचते हैं कि सबसे पहले हमें सारी अवस्थाओं का चित्र साफ़ तौर पर अपने सामने अंकित कर लेना चाहिए। यद्यपि हम यह मानते हैं कि समझौते का अर्थ कभी आत्मसमर्पण या पराजय स्वीकार करना नहीं, किन्तु एक क़दम आगे और फिर कुछ आराम है। परन्तु साथ ही हमें यह भी समझ लेना चाहिए, कि समझौता इससे अधिक भी और कुछ नहीं। वह अन्तिम लक्ष्य और हमारे लिए अन्तिम विश्राम का स्थान नहीं।"

इसके बाद उन्होंने अपने दल के लक्ष्य और साधनों पर विचार किया है। "इसका नाम 'सोशलिस्ट रिपब्लिकन पार्टी' है और इसलिए इसका लक्ष्य एक सोशलिस्ट तथा कम्युनिस्ट

सामाजिक संगठन की स्थापना है।" कांग्रेस और इस दल के लक्ष्य में यही भेद है कि जहाँ "राजनीतिक क्रान्ति से शासन शक्ति अंग्रेजों के हाथों से निकलकर हिन्दुस्तानी के हाथों में आ जाएगी उसका लक्ष्य हमारी शासन शक्ति को उन हाथों के सुपुर्द करना है जिनका लक्ष्य कम्यूनिज्म हो। इसके लिए मज़दूरों और किसानों को संगठित करना आवश्यक होगा। क्योंकि उन लोगों के लिए लॉर्ड रीडिंग या इर्विन की जगह तेजबहादुर या पुरुषोत्तम ठाकुर दास के आ जाने से कोई भारी फर्क न पड़ सकेगा।"

पूर्ण स्वाधीनता

पूर्ण स्वाधीनता से भी इस दल का यही अभिप्राय है। "जब लाहौर कांग्रेस ने पूर्ण स्वाधीनता का प्रस्ताव पास किया तो हम लोग पूरे दिल से इसे चाहते थे, परन्तु कांग्रेस के उसी अधिवेशन में महात्मा जी ने कहा कि 'समझौते का दरवाज़ा अभी भी खुला है।' इसका अर्थ यह था कि वह पहले जानते थे उनकी लड़ाई का अन्त किसी इसी प्रकार के समझौते में होगा। वे पूरे दिल से स्वाधीनता की घोषणा नहीं कर रहे थे। हम लोग इसी बेदिली से घृणा करते हैं।"

कब तक?

रहेंगी सुर्ख़ ख़ूने क़ौम से यह उँगलियाँ कब तक?
क़लम से ख़िदमते शमशीर लोगे मेहरबाँ कब तक?
हमारे दास्ताने ग़म की तसरीहें ग़लत टाँके।
हमारे किस्स-ए-हसरत में रंगामेज़ियाँ कब तक?
क़लम लो हाथ में लिख दो कि सब पर जुर्म साबित है।
करोगे बंगल-ए-खशपोश में सरगोशियाँ कब तक?
जुबाँ उज्रे शिकम से आश्ना और हाथ में खंजर।
ये ज़ाहिरदारियाँ ताकें ये तारे ख़ूँफिशाँ कब तक?
कहाँ तक सर झुका के ज़ालिमों के बूट खोलेंगे।
बनोगे मुल्को-मिल्लत के लिए शेरे ज़ियाँ कब तक?
कहाँ तक दीजिएगा इस्तयाँजे सबा के मौक़े।
हमारे जब्त का फ़रमाइएगा इम्तेहाँ कब तक?

कार्यकर्ताओं की आवश्यकता

इसके बाद आपने नौजवानों से अपील करते हुए कहा है कि इस उद्‌देश्य के लिए उन्हें कार्यकर्ता बनकर निकलना चाहिए।

नेता बननेवाले पहले ही बहुत हैं। हमारे दल को नेताओं की आवश्यकता नहीं है। "अगर आप दुनियादार हैं, बाल-बच्चों और गृहस्थी में फँसे हैं, तो हमारे मार्ग पर मत

आइए। आप हमारे उद्देश्य में सहानुभूति रखते हैं तो और तरीकों से हमें सहायता दीजिए। संस्कृत नियंत्रण में रह सकनेवाले कार्यकर्ता ही इस आन्दोलन को आगे ले जा सकते हैं। ज़रूरी नहीं कि दल इस उद्देश्य के लिए छिपकर ही काम करे। हमें युवकों के लिए 'स्वाध्याय मंडल' (Study circle) खोलने चाहिए। पैम्फलेटों और लीफलेटों, छोटी पुस्तकों, छोटे-छोटे पुस्तकालयों और लेक्चरों, बातचीत आदि से हमें अपने विचारों का सर्वत्र प्रचार करना चाहिए।''

सैनिक विभाग

''हमारे दल का एक सैनिक विभाग भी संगठित होना चाहिए। कभी-कभी इसकी बड़ी ज़रूरत पड़ जाती है। इस सम्बन्ध में मैं अपनी स्थिति ज़्यादा साफ़ कर देना चाहता हूँ। मैं जो कुछ कहना चाहता हूँ उसमें ग़लतफ़हमी की सम्भावना है। परन्तु आप लोग मेरे शब्दों और वाक्यों का कोई गूढ़ अभिप्राय न ढूँढ़ें।''

''यह बात प्रसिद्ध है कि मैं आतंककारी (Terrorist) नहीं हूँ। मैं एक क्रान्तिकारी (Revolutionary) हूँ, जिसका कुछ निश्चित विचार और निश्चित आदर्श है–जिसके लिए लम्बा प्रोग्राम है। मुझे यह दोष दिया जाएगा, जैसा कि लोग रामप्रसाद बिस्मिल को भी देते थे, कि फाँसी की कालकोठरी में पड़े रहने से मेरे विचारों में भी कोई परिवर्तन आ गया है। परन्तु ऐसी बात नहीं। मेरे विचार अब भी वही हैं, मेरे हृदय में अब भी उतना ही और वैसा ही उत्साह है और वही लक्ष्य है जो जेल से बाहर था। मेरा यह दृढ़ विश्वास है कि हम बम और पिस्तौल के उपायों से कोई लाभ प्राप्त नहीं कर सकते। यह बात हिन्दुस्तान सोशलिस्ट रिपब्लिकन पार्टी के इतिहास से आसानी से मालूम हो जाती है। केवल बम फेंकना न सिर्फ़ व्यर्थ है, परन्तु बहुत बार हानिकारक भी है। उसकी आवश्यकता किन्हीं खास अवस्थाओं में ही पड़ा करती है। हमारा मुख्य लक्ष्य मज़दूरों और किसानों का संगठन होना चाहिए। सैनिक विभाग युद्ध सामग्री को किसी ख़ास मौक़े के लिए केवल संग्रह करता रहे।''

अन्त में नौजवानों से सोशलिस्ट रिपब्लिक के आदर्श के लिए उत्साहपूर्वक अपील करते हुए उन्होंने कहा है कि ''यदि वह इसी प्रकार प्रयत्न करते जाएँगे तब जाकर 'एक साल में स्वराज्य' तो नहीं–किन्तु भारी कुर्बानी और त्याग की कठिन परीक्षा में से गुज़रने के बाद वे अवश्य विजयी होंगे। 'क्रान्ति चिरंजीवी हो'।''

श्री सुखदेव ने यह खुली चिट्ठी महात्मा जी के नाम गांधी-इर्विन समझौते के बाद लिखी थी। इसमें समझौते के सम्बन्ध में अपने विचार प्रकट किए थे। चिट्ठी का सर्वांश देना कठिन है–इसलिए हम पाठकों के लिए उसके मुख्य-मुख्य अंश देना चाहते हैं। यह भी मूल अंग्रेजी की चिट्ठी का अनुवाद है।

''अत्यन्त आदरणीय महात्मा जी''

हाल के समाचारों में मालूम हुआ है शान्ति की बातचीत के सफलतापूर्वक समाप्त होने के बाद आपने खुलेआम क्रान्तिकारियों से एक अपील की है कि कम-से-कम वे अभी कुछ

देर के लिए अपना आन्दोलन बन्द कर दें और आपको अपने अहिंसावाद के सिद्धान्तों को इस्तेमाल कर देखने का मौक़ा देवें।

किसी भी आन्दोलन को बन्द करने के लिये उस समय की मौजूदा हालत पर विचार करना आवश्यक होता है या दूसरे लफ़्ज़ों में यह केवल पैंतरा बदलने का दूसरा नाम है।

अस्थायी समझौता

''हमें यह मान लेना चाहिए कि आपने शान्ति की बातचीत के दरमियान में एक क्षण भर के लिए भी इस बात को भुलाया नहीं कि यह समझौता कोई आख़िरी समझौता नहीं है। सभी समझदार आदमी इस बात को स्वीकार करेंगे कि नए शासन-सुधारों के मिलने के बाद भी यह नहीं समझा जाएगा कि हम आख़िरी मंज़िल पर पहुँच गए हैं। कांग्रेस अपने लाहौर के प्रस्ताव से बँधी हुई है कि पूर्ण स्वतंत्रता की प्राप्ति तक वह अपनी कोशिशें ज़ारी रखेगी। उस प्रस्ताव की मौजूदगी में शान्ति और समझौता एक अस्थायी वस्तु ही समझी जानी चाहिए, जिसका अर्थ है कि लोगों को कुछ विश्राम मिल जाए ताकि वे भावी युद्ध के लिए ज़्यादा ताक़त इकट्ठी और संगठित कर सकें। सिर्फ़ इन्हीं शर्तों पर समझौता या अस्थायी समझौते का समर्थन किया जा सकता है। किस वक़्त कैसा अस्थायी समझौता किन शर्तों पर करना चाहिए इसका निर्णय आन्दोलन के नेताओं पर ही निर्भर है। लाहौर कांग्रेस के भिन्न सूरत प्रस्ताव रहते भी यद्यपि आपने यह समयोचित समझा है कि आन्दोलन को फ़िलहाल रोक लिया जाए, तो भी वह प्रस्ताव अभी तक भी क़ायम है। इसी प्रकार हमारी 'हिन्दुस्तान सोशलिस्ट रिपब्लिकन आर्मी', के नाम से ही जैसा स्पष्ट है, क्रान्तिकारी 'सोशलिस्ट रिपब्लिक' की स्थापना के लिए कोशिश कर रहे हैं, हम अपना आन्दोलन ज़ारी रखने के लिए मजबूर हैं। हाँ, यह ठीक है कि हालत में परिवर्तन होने के साथ हम अपने कार्य की दिशा या पैतरा बदलने के लिये तैयार रहेंगे। क्रान्तिकारी आन्दोलन भिन्न-भिन्न समयों में भिन्न पार्टी के हमारे साथी जो नीति अख्तियार करता है वह कभी खुलेआम होता है, कभी गुप्त, कभी सिर्फ़ आन्दोलन मात्र के रूप में रह जाता है और कभी जीवन और मौत की जद्दोजहद की सूरत अख्तियार कर लेता है। इन अवस्थाओं में कुछ खास हालात मौजूद होने चाहिए, जो क्रान्तिकारियों को अपने कार्य की दिशा बदलने की प्रेरणा दे, या उन्हें अपना आन्दोलन वापस लेने के लिए मजबूर करें परन्तु आपने ऐसी कोई बात हमारे सामने नहीं रखी।''

क़ैदियों का प्रश्न

''समझौते के बाद आपने अपना आन्दोलन वापस ले लिया है और आपके सब क़ैदी तो छोड़ दिए गए हैं, परन्तु हमारे क्रान्तिकारी कैदियों के बारे में आप हमें क्या कहते हैं? दर्जनों ग़दर 1915 में क़ैद किए गए थे, आज तक जेल की कालकोठरियों में रो रहे हैं। हालाँकि वे अपनी पूरी सज़ा भुगत चुके हैं, कई सौ मार्शल लॉ के क़ैदी ज़िन्दा क़ब्रों में गड़े पड़े रहे

हैं, कोई दर्जन भर बब्बर अकाली क़ैदी देवघर और काकोरी के क़ैदी, लाहौर और देहली षड्यंत्र केस के सज़ा पाए हुए आदमी, सीखचों के पीछे बन्द पड़े हैं। कोई आधे दर्जन षड्यंत्रों के मुकदमे अभी चल ही रहे हैं—और दर्जनों पुरुष और स्त्रियाँ बिचारे फ़रार कहे जाकर जगह-जगह भागते-फिरते हुए दुख उठा रहे हैं। इसके अलावा आधे दर्जन से ज़्यादा आदमी फाँसी की कोठरियों में पड़े हुए अपने फाँसी पर लटकाए जाने की बाट जोह रहे हैं। इन सबके बारे में आप हमारी तसल्ली किस प्रकार करते हैं?

अपने बारे में

"लाहौर षड्यंत्र केस के तीन फाँसी की सज़ा पाए हुए क़ैदी जनता की नज़रों में चढ़कर ज़्यादा मशहूर हो गए हैं और जनता की सहानुभूति प्राप्त कर सके हैं, परन्तु सिर्फ़ वही अकेले सारा क्रान्तिकारी दल नहीं हैं। केवल उनके भाग्य ही एक विचारणीय वस्तु नहीं है। असल बात यह है कि मेरे विचार में उनका फाँसी पर लटकाया जाना मुल्क के लिए ज़्यादा फ़ायदेमन्द होगा बजाय उनकी फाँसी की सजा को मंसूख हो जाने के।"

भगत सिंह की याद में

वो रखते हैं दिल में गुमाँ कैसे-कैसे,
दिए हमने गो इम्तिहाँ कैसे-कैसे।
भगत सिंह को देखकर चर्ख़ बोला,
दिखाए ज़मीं ने जवाँ कैसे-कैसे।
कहा रूहे-मजनूँ ने मस्ती में आकर,
मुहब्बत के छोड़े निशाँ कैसे-कैसे।
कहा महरमे-राज मंसूर ने यूँ,
खिंचे दार पर राज़दाँ कैसे-कैसे।
पुकारे वे नामा वराने ज़माना,
मिटे नामियों के निशाँ कैसे-कैसे।
वतन के दुलारे तड़पकर पुकारे,
वतन के भी हैं, पासबाँ कैसे-कैसे।
किसन सिंह ने कहके सबको रुलाया,
दिए दाग ऐ आसमाँ कैसे-कैसे।
कहा रोके भारत ने, छीने गए हैं—
मेरे लाल, मेरे जवाँ कैसे-कैसे।
पुकारा भगत सिंह के लाशे पै हशरत,
मिटे अहले हिन्दोस्ताँ कैसे-कैसे।

—लाला दीनानाथ

परन्तु इस सबके बावजूद आप उन्हें अपना आन्दोलन वापस लेने के लिए कह रहे हैं। वे ऐसा क्यूँ करें? आपने हमारे सामने ऐसी कोई ठोस बात नहीं रखी–ऐसी हालत में आपकी अपील को मानने का अर्थ उनके लिए यह होगा कि वे अपने साथियों के साथ विश्वासघात और दग़ा करें, उन्हें छोड़कर पीछे हट जाएँ। आपके लिए उन्हें आम जनता में अपील करने के स्थान पर ज़्यादा अच्छी बात यह होती कि आप कुछ प्रमुख क्रान्तिकारियों से अलग मिलकर उन्हें अपनी बात पर यकीन करा देते कि हमारे लिए आन्दोलन को इन हालात में बन्द करना कैसे सम्भव और ज़रूरी हो सकता है?

मेरा ऐसा ख़याल नहीं कि आप भी और आदमियों की तरह ऐसा मानते हैं कि क्रान्तिकारी सब प्रकार के तर्क-वितर्क से शून्य हैं और वे किसी तर्क को सुनने के लिए तैयार नहीं हैं। या वे केवल सर्वनाश और प्राणिसंहार में ही आनन्द लेनेवाले हैं। आपको हम बतला देना चाहते हैं कि बात बिलकुल उलटी है। क्रान्तिकारी जो क़दम रखते हैं बहुत सोच-विचार के बाद रखते हैं और हमेशा दूसरों के तर्क को सुनने और समझने के लिये तैयार रहते हैं। वे उस ज़िम्मेदारी से भी खूब वाकिफ़ हैं जो वे अपने ऊपर लिये हुए हैं और वस्तुतः वे रचनात्मक कार्य को विनाशात्मक कार्य से ज़्यादा महत्त्वपूर्ण और आवश्यक समझते हैं।"

इसके बाद अपने सोशलिस्ट रिपब्लिक स्थापना के आदर्श की व्याख्या करते हुए श्री सुखदेव ने लिखा है–"परन्तु इस आदर्श को सामने लक्ष्य में रखते हुए और वर्तमान हालात को देखते हुए हमें कोई बात ऐसी मालूम नहीं होती कि हम अपने आन्दोलन को वापस ले सकें।–क्रान्ति चिरंजीवी हो।"

अपने एक मित्र के नाम सरदार भगत सिंह का पत्र

सरदार भगत सिंह ने गत नवम्बर मास की 29 तारीख़ को निम्नलिखित पत्र अपने एक मित्र के नाम लिखा था।

प्यारे भाई!

मैंने आपका पत्र ध्यानपूर्वक पढ़ा। मैं अनुभव करता हूँ कि समय तथा परिस्थितियों दोनों ने हम पर जुदा-जुदा प्रभाव डाला है। वही बातें हैं जिनसे आप बाहर घृणा किया करते थे और अब आप उनके बगैर रह नहीं सकते। जिन बातों को बाहर मैं महत्त्वपूर्ण समझता था, वे अब कुछ मूल्य नहीं रखतीं। जैसे मैं व्यक्तिगत प्रेम का कट्टर पोषक था, परन्तु अब मैं उसका इतना समर्थक नहीं हूँ। बाहर आप इसका विरोध किया करते थे, परन्तु अब आप इसे अनुभव करते हैं।

आत्मघात

आपको याद होगा, एक बार हम दोनों में आत्मघात के सम्बन्ध में विवाद छिड़ा था। मैंने कहा था कि कुछ हालतों में इसे उचित माना जा सकता है, परन्तु आपने इसका भारी विरोध

किया था। आपने कहा था कि यह भीरुता है। और भीषण कर्म है, परन्तु आज आप इसे ज़रूरी समझते हैं। मेरा विचार इस प्रकार है।

सेवा और त्याग

आत्मघात एक भीषण कांड है और पहले दर्जे की भीरुता है। क्रान्तिकारी तो क्या इसे कोई भी आदमी उचित नहीं कहेगा। आप जानते हैं–हम नौजवान भारत सेवा के आदर्श वाक्यों का कितना मान करते थे। सेवा करना सहिष्णुता और त्याग करना हमारा लक्ष्य था। मैं मानता हूँ–आप जितनी सेवा कर सके वह की। अब समय है कि हमने जो कुछ किया है उसके लिए कष्ट सहें। वह दूसरा दर्जा है। एक आदमी एक काम को उचित समझकर करता है जैसा कि हमने असेम्बली में बम फेंका था। क्या आप समझते हैं कि दुखों से बचने के लिए दया की भिक्षा माँगना हमारे लिए श्रेयस्कर था। कदापि नहीं। इसका और भी बुरा प्रभाव पड़ता। अब हम अपने कार्य में सफल हैं। अर्थात् अब हम अपनी बलि देने को तैयार हैं। हमसे जिनको यह आशा है कि उन्हें प्राणदंड की आज्ञा मिलेगी वे इसकी बाट जोहें। यह मौत भी शानदार होगी। परन्तु दुखों से बचने के लिए आत्मघात करना केवल भीरुता है। मैं यह कहूँगा कि दुख मनुष्य को सफलता की ओर ले जाते हैं।

रूस और भारतवर्ष

हमने कई बार इस पर विचार किया है कि रूस के साहित्य में जो गाम्भीर्य है, वह भारत के साहित्य में नहीं। उनकी कथाओं में जो दर्द है हम उसे पसन्द करते हैं। परन्तु उसे अनुभव नहीं करते। कारण? हम उनके चरित्रों को सराहते हैं; परन्तु कारण देखने की परवाह नहीं करते। मैं आपको बताऊँगा–यह कष्ट सहिष्णुता ही थी, जिससे इनके चरित्र और साहित्य में दर्द उत्पन्न हुआ। हमारी स्थिति दयाजनक है। हम विचारों को जीवन में प्राकृतिक और सुदृढ़ नींवों के बिना ही पालना चाहते हैं। केवल जेलों में यह अवसर मिलता है कि अपराध जैसे सामाजिक दोष पर विचार किया जा सके। इस विचार और स्वाध्याय का सर्वोत्तम साधन है व्यक्तिगत तकलीफ़ें। आप जानते हैं कि रूस में इन राजनीतिक क़ैदियों को कष्ट हुए थे जिससे वहाँ के साहित्य में और जेल व्यवस्था में परिवर्तन आया। क्या भारत को ऐसे आदमियों की ज़रूरत नहीं जो इस प्रकार व्यक्तिगत अनुभव रखते हों! मैं कहता हूँ कि मार्क्स ने साम्यवाद की बुनियाद नहीं रखी। यूरोप की यह शिल्प सम्बन्धी क्रान्ति थी जिसने एक विशेष प्रकार के सोचनेवाले आदमी–मार्क्स को पैदा किया। अपितु यह समय का प्रभाव था। जब हमने एक भारी काम आरम्भ किया तो उसे चालू रखना चाहिए। आप कहते हैं कि जेल के 14 वर्षीय जीवन के बाद क्या एक आदमी से यह आशा की जा सकती है कि वह उन्हीं विचारों का पोषक हो जिनका वह जेल जाने से पूर्व था? मैं पूछता हूँ कि क्या बाहर का वातावरण हमारे अनुकूल था? क्या हमने नाकामी और निराशा की स्थिति में काम नहीं किया? यदि लेनिन आपकी तरह सोचता तो प्रारम्भ से ही

आत्मघात कर जाता। आज आप देखते हैं कि असंख्य क्रान्तिकारी जिन्होंने अपने जीवन का बहुत बड़ा भाग निर्वासन अथवा जेल की कालकोठरियों में काटा, अपने-अपने देशों में जिम्मेदार पदों पर काम कर रहे हैं। दूसरी बात जिसकी ओर मैं आपका ध्यान दिलाना चाहता हूँ वह यह है कि हम लोगों को जिनका ईश्वर आवागमन, नरक, स्वर्ग आदि पर कोई विश्वास नहीं, जीवन और मौत के मामले में साफ-साफ होना चाहिए। मैं आजकल अपने सम्बन्ध में क्या सोचता हूँ वह भी भारत को बता दूँ। मुझे प्राणदंड का पूर्ण विश्वास है। वास्तव में मुझे किसी क्षमा की आशा नहीं। सम्भव है, पूर्ण और आम मुआफी न हो। और यह भी सम्भव है, कि वह बाद में परिमित कर दी जाएँ परन्तु हमारे लिए वह मुवाफ़ी न होगी और न हो सकती है। मैं चाहता हूँ कि हमारी रिहाई की माँग देशव्यापी हो। और मैं यह भी चाहता हूँ कि इसी आन्दोलन युग में हमें फाँसी पर चढ़ा दिया जाए। यद्यपि मेरी इच्छा है कि हमारी तरह व्यक्तिगत प्रश्न किसी मानपूर्ण समझौते में बाधक न हो। यदि ऐसा समझौता सम्भव हो तो व्यक्तियों को उस पर निछावर किया जा सकता है। मैं अपने गत अनुभव से कह सकता हूँ कि हमारे शासकों में ऐसा परिवर्तन आना सम्भव नहीं।

भारत माता के आँसू!

किससे सुनाऊँ जाके मैं दुखड़ा व जार हैफ़,
पेशे नज़र है हश्र का नक़्सा हज़ार हैफ़!
क्योंकर इलाजे-दर्दे ज़िगर का हो चारागर
मुर्दा पड़ा है मेरा मसीहा हज़ार हैफ़!
दुख और आँसुओं के समन्दर में हाय-हाय,
जाता है छोड़कर मुझे तनहा हज़ार हैफ़!!
होता है वक़्ते-बर्दी कोई कब शरीके ग़म,
लेता है दर्द कौन किसी का हज़ार हैफ़!
तेरी फ़िज़ा से भी मेरी काया पलट गई,
मुझको कहेगा इक जहाँ दुखिया हज़ार हैफ़!
जो गुल खिले न थे वो ख़िज़ाँ आश्ना हुए,
कुम्हला गए हैं आरिज़े-ज़ेवा हज़ार हैफ़!!
दरिया की मौज, मौज पटकती है अपना सर!
पानी में बह गया गुले राना हज़ार हैफ़!!
रोती है ज़ार ज़ार तमन्ना-ए दिल मेरी!
उठता है आरज़ू का जनाजा हज़ार हैफ़!!
'आसी' से हाले-ज़ख़्मे जिगर कुछ न पूछिए,
छलनी बना हुआ है कलेजा—हज़ार हैफ़!!

—कविवर 'आसी' लाहौरवी

भाई के नाम पत्र
भाई को मातम न मानने का आदेश

सेंट्रल जेल लाहौर से सरदार भगत सिंह ने अपने छोटे भाई के नाम जो अन्तिम पत्र लिखा इस प्रकार है–प्यारे कुलतार सिंह! आज तुम्हारी आँखों में आँसू देखकर बहुत रंज हुआ। आज तुम्हारी बातों में बहुत दर्द था। तुम्हारे आँसू मुझसे बर्दाश्त न हुए। प्यारे भाई हिम्मत से तालीम हासिल करते जाना और सेहत का ख़याल रखना। और क्या लिखूँ हौसला रखना, सुनो–

उसे यह फ़िक्र है हर दम नई तर्जे जफा क्या है,
हमें यह शौक़ है देखें सितम की इन्तेहा क्या है।
दहर से क्यों खफ़ा रहे, चर्ख़ का क्यों गिला करें,
सारा जहाँ अदू सही आओ मुक़ाबला करें।
कोई दम का मेहमान हूँ अहले महफ़िल,
चिरागे सेहर हूँ बुझा चाहता हूँ।
आबोहवा में रहेगी, ख़याल की बिजली,
ये मुश्ते खाक है फ़ानी रहे रहे न रहे।
अच्छा खुश रहो अहले वतन हम तो सफ़र करते हैं।
आनन्द से रहना।

तुम्हारा भाई–भगत सिंह

मैं निहलिष्ट हूँ

1

रूस में देश भर में अशान्ति फैली थी। निहलिष्टों के झुंड-के-झुंड पकड़कर फाँसी पर लटका दिए जाते थे या आजन्म कालेपानी की सज़ा दे दी जाती थी। ज़ार का अत्याचार दिन-पर-दिन बढ़ता चला जाता था। विद्यार्थियों में एक अजीब अशान्ति फैली थी। क्रान्तिकारी पकड़े जाते, मुकदमा चलाया जाता, अपने को वे बचाते न थे। मुकदमा न लड़ते थे। हर एक यह कहते थे कि मैं निहलिष्ट हूँ।

2

मास्को में जो रूस की राजधानी थी एक स्कूल था। इस स्कूल में बहुत से विद्यार्थी पढ़ते थे। यहाँ तक कि नवीं कक्षा में दो बालक भी पढ़ते थे–जिनका कि नाम निकोलाई तथा फावास था। वे दोनों अभिन्न मित्र थे। पढ़ने में भी फावास प्रथम तथा निकोलाई द्वितीय रहते थे। फ़ावास शहर के एक मामूली प्रोफेसर का लड़का था, निकोलाई एक बड़े रईस का बालक था। फ़ावास इन निहलिष्टों की बड़ाई करता था तथा निकोलाई उनकी बुराई करता था। उन दोनों में अगर कोई बात पर बहस होती तो आज़ादी के दीवानों पर। एक दिन एक साथ दस निहलिष्टों को फाँसी की सज़ा हो जाने की ख़बर नगर भर में फैल गई। स्कूल के आधे लड़कों ने हड़ताल कर दी। हड़ताल करनेवालों का नेता फ़ावास था। निकोलाई ने हड़ताल नहीं की थी।

3

दूसरे दिन स्कूल खुला। जब फ़ावास को मालूम हुआ कि निकोलाई हड़तालियों में न था तब वह बड़ा नाराज़ हुआ, उस दिन वह निकोलाई से बोला तक नहीं। छुट्टी के घंटे में निकोलाई ने फ़ावास को बुलाया। फ़ावास ने कहा कि आज शाम को शैफील्ड पार्क में मिलना, मुझे प्रिंसिपल ने कुछ काम के लिए बुलाया है।

4

"तुमने आज हड़ताल करने में बहुत मदद दी थी?"

"मैंने ऐसा अवश्य किया था। इतनी बड़ी हड़ताल कर देने का अपराधी मैं ही हूँ। आप और किसी को सज़ा न दीजिए।"

"धृष्ट तुझको ऐसा कहने से डर नहीं लगता, प्रोफेसर साहब का ख़याल करके तुझे सज़ा न देकर दूसरे को सज़ा दूँगा। तू माफी माँग ले।"

"जीते जी तो माँफी न मागूँगा चाहे आप जो सज़ा दीजिए।"

"अरे बेवकूफ! तेरे पिता प्रोफेसर साहब पर भी आफ़त आ जाएगी।"

"परन्तु मैं माँफी न मानूँगा।"

"खाने को तरसेगा।"

"कुछ परवाह नहीं।"

"जेल में ठूँस दिया जाएगा।"

"बड़ी खुशी की बात है।"

ऊपर लिखा वार्तालाप फ़ावास तथा स्कूल के प्रिंसिपल के बीच में हो रहा था। प्रिंसिपल चाहता था कि फ़ावास माफी माँग ले परन्तु वह तो हिमालय के समान दृढ़ निश्चय था। किसी भी डर से डरा नहीं। प्रिंसिपल साहब सर पटककर रह गए।

"तो तुम स्कूल से निकाले जाओगे।"

"माफी न मागूँगा चाहे जो हो।"

"अब भी कुछ नहीं बिगड़ा है।"

'माफी न मागूँगा, मैं निहलिष्ट हूँ, निहलिष्ट।"

"तो तुम स्कूल से निकाले जाओगे।"

"खुशी से।"

5

"तो तुमने हड़ताल न की थी?"

"हड़ताल क्यों करता।"

"उन दस आज़ादी के दीवाने निहलिष्टों को फाँसी के प्रतिवाद में।"

"ऐसे रोज़ मरते हैं, रोज़ कहाँ तक हड़ताल करें?"

"हर एक लोग इस संसार में आए, ज़ार की अधीनता स्वीकार की और नौकरी करके मर गए पर यह वीर तो देश के लिये मरे। उन हज़ारों किसानों की सेवा में मरे जो कि गाँवों में भूखों मरते हैं। देश की आज़ादी के लिए मरे। मैं स्कूल से निकाला गया हूँ। आओ हम सब मिलकर इस जार के अत्याचारी शासन को मिटा दें।"

"तुम पागल हो, धन कमा लो, खाने को इकट्ठा कर लो, नहीं तो फिर पछताओगे। जब खाने को हो जाए तब कुछ काम करो।"

"हाँ, खूब कहते हो। उन किसानों के खून को चूस लो, उनको जीते-जी मार डालो। उनके सिरतोड़ परिश्रम से कमाया हुआ धन खूब लूटो। शर्म नहीं आती? कहा मानो। धन कमाओ, बेवकूफी मत क़रो, उल्लू न बनो।"

ऊपर लिखी बातें फ़ावास तथा निकोलाई के बीच में शाम को शैफील्ड पार्क में हो रही थीं। उसके बाद निकोलाई अपने घर को चला और फ़ावास अपने।

"क्या नौजवानो! तुम इस बात को सहन कर सकते हो?"

मास्को की एक अँधेरी गली में एक गन्दे से मकान में कोई चालीस नवयुवक बैठे हैं। उन्हें एक नवयुवक खड़ा हुआ लेक्चर दे रहा है। वह नवयुवक फ़ावास है। उसने फिर कहना शुरू किया–

"भाइयो, आप तो सब जानते हैं। इस अत्याचारी जार के एक मुट्ठी भर सरदारों ने सारे रूस का सत्यानाश कर दिया है। उन बेचारे किसानों को टैक्स से लादकर, उन्हें भूखों मारकर खूब गुलछर्रे उड़ा रहे हैं। इस दशा में लोगों का कर्तव्य है कि उनका उद्धार करें। क्या आप लोग तैयार हैं इसके लिए?"

"तैयार हूँ।" सबों ने एक स्वर में कहा।

अब वह एक मामूली स्कूल बालक न था। अब वह चालीस वर्ष का एक युवक था। उसके रग-रग में देशभक्ति की लहर दौड़ रही थी। किसानों को एक लेक्चर देने के कारण वह पाँच वर्ष की सज़ा काटकर लौटा था। अब वह जैसा कि उसने निकोलाई से कहा था कि मैं निहलिष्ट होना चाहता हूँ, वैसा न था। अब तो इसके हृदय में केवल एक आकांक्षा थी। वह थी देश को आजाद करने की। उसने फिर कहना शुरू किया–

"अगर तैयार हो तो शपथ खाओ कि हम इस उद्देश्य को पूर्ण करने के लिए अपने माता, पिता, भाई, बहिन, स्त्री, मित्र तथा सब कुछ छोड़ दूँगा।"

सबों ने इसे दुहराकर शपथ खाई। फ़ावास ने फिर कहा, "अगर तैयार हो तो शपथ खाओ कि हम इस महामंत्र को पूर्ण करने के लिए अपना सब कुछ बलिदान कर देंगे।"

सबों ने शपथ को दुहराया और तब फ़ावास ने सबको विदा दिया।

निकोलाई एक सजे-सजाए कमरे में बैठा है। वह अब एक नवीं क्लास का विद्यार्थी नहीं रहा। अब तो वह एक बड़ा भारी नोबल है। मास्को का सबसे रईस वकील है। वह अब मास्को का चीफ़ जज होनेवाला है। वह एक पुस्तक हाथ में लिये है परन्तु उसका ध्यान उस तरफ़ नहीं है। वह रह-रहकर दरवाज़े की तरफ़ देखता है। शायद किसी की बाट जोह रहा हो। इतने में एक चपरासी एक चिट्ठी लेकर आया। इस पर ज़ार एलेक्ज़ेंडर द्वितीय की मोहर थी। निकोलाई ने उग्रता से चिट्ठी खोला। पढ़ करके चेहरा खिल उठा। इस चिट्ठी में वह रूस भर की सब अदालतों का लॉर्ड वेंसलट यानी चीफ़ जज बना दिया गया था। थोड़ी ही देर बाद उसका कमरा बधाई देनेवालों से भर गया। बधाइयों के बोझ से ही वह दबने लगा। उसने दूसरे दिन एक बाल देने की घोषणा की तथा एक भोज भी। लोग खुशी-खुशी लौटे। वह भी भोजन करके शय्या को चला। पलंग पर पड़ते ही उसने कहा–मूर्ख फ़ावास अब पछताता होगा। उसने धन न कमाकर अपना जीवन व्यर्थ किया।

आज निकोलाई के घर पर बड़ी धूम है। दो बड़े-बड़े कमरे खूब सजे हैं। एक में तो खाने का इन्तज़ाम है तथा दूसरे में नाचने का। पहले नाच करने को तय हुआ था! बड़े-बड़े नोबल और रईस अपनी श्रीमती जी को लेकर आए थे। यहाँ तक कि घमंडी एलेक्जेंडर द्वितीय भी आ गए। कहाँ नाच और कहाँ उन ग़रीब किसानों का झोपड़ा। खैर, नाच शुरू हुआ। बड़े जोरों के साथ। सब शराब के नशे में मस्त और पागल अपनी प्रेमिकाओं के साथ नाच रहे थे। इसी समय रंग में भंग हो गया।

आज मास्को के जेल की अदालत के चारों तरफ पहरा है। पुलिस घूम-घूमकर पहरा दे रही है। थोड़ी देर बाद निकोलाई एक मोटर पर चढ़कर आया। वह जाकर अदालत में जज की बड़ी कुर्सी पर बैठ गया। थोड़ी देर बाद हथकड़ी-बेड़ी से जकड़ा हुआ फ़ावास आया। आते ही उसने कहा, 'क्रान्ति चिरंजीवी हो'। उसे अदालत में खड़ा रहने को कहा गया। दो फ़ौजी अफसर उसके अगल-बगल खड़े रहे। मुकदमा शुरू हुआ।

निकोलाई न्यायाधीश था। आह! क्या संसार है। वही मित्र जो कि स्कूल के मित्र थे, बड़े पक्के मित्र थे उन्हीं में से एक मुलजिम है, दूसरा न्यायाधीश। एक किसानों का सेवक है, दूसरा किसानों का बैरी है। एक सज़ा ग्रहण करनेवाला तो दूसरा सज़ा देनेवाला। दूसरा ऐसा पतित क्यों हो गया धन के लिए। इस नीच धन ने तो संसार में क्या नहीं किया। मित्रों को बैरी बना दिया, बैरियों को मित्र बना दिया, पिता को पुत्र से अलग कर दिया और सब पापों की जड़ बन बैठा।

खैर गवाही ली गई और फ़ावास से कहा गया कि वह अपना बयान दे। फ़ावास ने कहा—मैं बयान क्या दूँ जबकि मैं किसानों की सेवा में सज़ा पा रहा हूँ। मैं सिवा इसके कुछ नहीं कहना चाहता कि या तो आप मुझे सज़ा दें या छोड़ दें। मैं मरकर फिर पैदा होकर देश की सेवा करूँगा।

अब फ़ैसला हुआ। निकोलाई ने फैसले में कहा कि मैं फ़ावास को सम्राट के विरुद्ध लोगों को उभारने में मुजरिम पाता हूँ और इस कारण उसे फाँसी की सज़ा देता हूँ।

फ़ावास शान्त था। चेहरे पर खुशी झलक रही थी! उसने मुस्कुराते हुए कहा—धन्यवाद!

—हर्षदेव मालवीय

सिद्धजी के चुटकुले

किसी कवि ने निम्नलिखित दोहा लिखा है–

सब मानैं देखी, सुनी कही न मानै कोय।
अन्तर अँगुरी चार का साँच झूठ पै होय॥

सब लोग देखी को सच मानते हैं। कही और सुनी को झूठ समझते हैं, इस बात के अपने राम कदापि भी कायल नहीं हैं। क्योंकि अनादि काल में सुनी और कही का ही महत्त्व था, उस समय लेखन कला की लीला ही नहीं थी। इसके प्रमाण में काक भुसुंडिजी ने गरुण से और व्यास ने शौनकादि अट्ठासी हज़ार ऋषियों से नैमिषारण्य में कहा और सुना ही था। उस सुनी और कही को सभी लोग मानते हैं और शास्त्र, पुराण, उपनिषद् तथा हमारी स्मृतियों का निर्माण इसी से हुआ है।

तब भगत सिंह को सब लोग भगत और सिंह कहें तो उसके सामने से बावन तोला पाव रत्ती पूरा सच मानना चाहिए। वे गौमुखी में हाथ डालकर बक ध्यान नहीं लगाते थे। शायद तिलक लगाकर परम वैष्णव भगत न थे। शंख चक्र के चक्कर में न पड़े थे। सौर, शाक्त में उन्होंने गणना नहीं कराई थी। वे किसी मठ मन्दिर के पुजारी व महन्त न थे। न भक्त माल की माला में गुहे जाने की उन्हें हविस थी। वे देश के भगत, देश की दुर्दशा से उनका हृदय पत्थर से पानी हो गया था। छोटे-छोटे बच्चों को बिना अन्न-वस्त्र के ललकते देख उनका कलेजा काँप जाता था। अन्यायियों और आततायियों के उपद्रवों की बढ़ती उन्हें रात-दिन चैन न लेने देती थी। इसी से वे देश के, राष्ट्र के, भगत ही नहीं सच्चे भक्त थे।

ये चींटी से हाथी तक, बालक से वृद्ध तक मनुष्य क्या प्राणी मात्र के दुख में दुखी होते थे तब उन्हें सबका भक्त न कहा जाए तो क्या किसी खास का। वह भगत सिंह भगत था और सचमुच भगत था अपनी देशभक्ति में वह मस्त था।

सिंह होने में आज तक उसके विषय में किसी ने शंका नहीं की। असेम्बली में बम का धड़ाका होना और लोगों को उस धुआँधार से जान लेकर भागने में उसके सिंह के समान अपने स्थान में खड़ा रहना क्या उसको सियार होना साबित करता है। जिस प्रकार सिंह के सामने जाने में बड़े-बड़े पराक्रमी थर्राते हैं उसी प्रकार उसके सामने जाने में बड़े-बड़े अफसर अपने आतंकपूर्ण दल के साथ जाने से भी झेंपते थे।

लोग कहते हैं वह व्रती था। यही बात मेरी समझ में नहीं आई। जिसने कभी भी जन्माष्टमी, शिवरात्रि, एकादशी और रामनवमी का नाम न लिया होगा उसे व्रती कहना क्या

उस पर कलंक लगाना नहीं है। कसम सनातन धर्म की यदि वे इस संसार में होते तो ऐसा कहनेवालों पर धर्मराज के इजलास में मानहानि का दावा दायर किए बिना न रहते। बन्दा भी उनका ऐसा पैरोकार होता है कि उन पर उँगली उठानेवालों का सिर गर्दन के ऊपर कर देता। क्योंकि उन्होंने व्रत के नाम से अमिरती, पेड़े, सिंघाड़े के लड्डू, मखाने की खीर और मेवे आदि के फलाहारों को अपने पास कभी लटकने ही नहीं दिया था।

यदि अन्याय होते देख, जेल के दुर्व्यवहारों के कारण अनशन कर ही दिया हो जैसा कि लोग कहते हैं तो इसे अपने राम व्रत तो कहते नहीं। हाँ वीर वृत्ति अवश्य कही जाएगी। जिस एक दिन के निराहार व्रत में बड़े-बड़े भगतों की हुलिया तंग हो जाती है उस निराहार को महीनों एक-सा कायम रखना क्या किसी ऐरे-गैरे पंच कल्यानी का काम है? वह अजीत सिंह के वंशज का ही काम है जिसे अब तक कोई न जीत सका।

अब तक भारत में जितने वायसराय आए प्रायः सबों ने यहाँ के नामी-नामी जंगलों में शिकार खेले। राजा-महाराजाओं से भेंट की सबकी सहानुभूति एवं भेंट-पूजा (डाली) भी प्राप्त की। परन्तु भगत सिंह सरीखे नामी सिंह का शिकार खेलने का सौभाग्य हमारे दयालु-हृदय अरविन महोदय को ही प्राप्त हुआ। क्यों न हो, इस खूँखार वनराज को उस दिन लाहौर जेल के पिंजड़े में ही पंजाब की नामी-नामी फ़ौज और पुलिस के घेरे में शिकार कर नौकरशाही की नींव को खिसकते-खिसकते बचा लिया। क्यों न हो, बहादुरी हो तो ऐसी ही हो।

इस बहादुरी के लिए विलायत के चर्चिल आदि चर्चा भले ही न करें, परन्तु यहाँ के पाँच लाख से ऊपर हृदय तो बहादुरी की पीठ ठोंकते ही हैं और करोड़ों लोग तो यह कहते हैं कि ऐसा बहादुर, जवाँमर्द वायसराय न तो कभी आया है और न कभी आएगा। कभी-कभी शिकार खेलने का मन होता है तो दिल्ली के किले से जाकर किसी शैतान मक्खी को वहाँ की तोप से ऐसा मारते हैं कि चारों खाने चित्त हो जाती है।

लोग कहते हैं, ''मरे पै मारै शाह मदार।'' यह बात तो मोटी बुद्धिवालों की समझ शरीफ़ में नहीं आती। ''हाँ, डरपै दरपन हारा'' की कहावत अलबत्ता जँचती है। भगत सिंह के फाँसी दे देने पर उनकी लाश से भी सरकार डरती ही रही! कसम ईसा मसीह की उस दिन हिन्दुस्तान की सिविल लाइनों में सियापा पड़ गया था! और कहाँ तक कहा जाए औरांग वंश का बूढ़ा से बाबा तक बँगलों से न निकला।

जो हो नौकरशाही ने लाश तक किसी को नहीं दिखलाई! उसे भय था कि मुर्दा सूरत देखकर कहीं ज़िन्दा का ध्यान लोगों में न आ जाए और मेस्मेरिज्म से कहीं लोग उसकी आत्मा को बुलाकर उससे उपदेश न ग्रहण करने लग जाएँ। सूझ तो दूर की है, परन्तु यार हमारे वी.डी. ऋषि इस विद्या में ऐसे प्रवीण हैं कि पचासों वर्ष की इस लोक से गई हुई आत्माओं को सातवें लोक तक से मिनिटों में बुला लेते हैं। इतना ही नहीं प्लेन चेट से पेज के पेज लिखवा लेते हैं। ऐसी दशा में चाहिए कि हमारे ऋषि जी को हिन्दुस्तानियों के बीच से सदैव के लिए अलग कर दिया जाए और लन्दन में आजीवन रहने का समुचित प्रबन्ध कर दिया जाए।

नहीं तो कहीं भगत सिंह जी तीन पाँव की तिपाई पर सवार होकर प्लेन चेट से लेक्चर झाड़ने लगे तो सभी गुड़-गोबर हो जाएगा। उस समय न तो तकलीवाले बूढ़े बाबा की कोई

सुनेगा और न नौकरशाही दमन ही का दम भरेगी। उस समय फिर यही होगा कि गए थे निमाज अदा करने रोजा गले पड़े।

हमारी सरकार दयालु है, अपने सलाहकारियों को हज़ारों रुपए मासिक वेतन देती है। परन्तु वे लोग उसे ऐसी सलाह देते हैं कि औंधे मुँह की खानी पड़ती है। अपने राम तो इस समय जब चारों ओर से सरकार को घाटे पर घाटा है कुछ सरकार से लेते नहीं (क्योंकि यहाँ तो अनाहारी का नुस्खा संजीवन से बढ़कर अजर-अमर रखता है।) ऐसे ही वह सलाह दे देते कि समझदारों की समझ दंग हो जाती।

जब यह सिद्ध है कि मिट्टी का तेल दुर्गन्धपूर्ण है, कोई भी जीवधारी उसकी गन्ध के आगे बिना नथुना सिकोड़े नहीं रहता, तब मृत शरीर को उससे जलाने में उस स्थान क्या समूचे भारत का वायु यदि दूषित हो जाए तो आश्चर्य ही क्या है? हमारे राम तो कहेंगे कि भगत सिंह ब्रह्मराक्षस कहीं हो न गया हो, क्योंकि सनातनधर्मानुसार अन्त्येष्टि संस्कार यदि बिगड़ जाए तो मरा हुआ प्राणी ब्रह्मराक्षस होता है। यह यहाँ के बड़े-बड़े पंडित और बाबा फरमाते हैं। यदि विश्वास न हो गरुणपुराण सुन लीजिए।

मेरी राय नाक़िस से उनके मृत शरीर को वायुयान द्वारा सीधे लन्दन पहुँचा दिया जाता और वहाँ के प्रधान गिरजा में पचास मन चन्दन, पन्द्रह मन घी और साढ़े सात मन मेवे से हवन कर दिया जाता जिससे विलायत का बिगड़ा हुआ वायु बात की बात में शुद्ध हो जाता और उनकी मृत आत्मा प्रभु ईसा मसीह के इबादतगाह गिरजे में सदैव मँडराया करती और उन्हें शान्ति का पाठ पढ़ाती।

फिर देखते कि ये बौखल हिन्दुस्तानी लन्दन के गिरजे में स्मारक कैसे बनाते? न तब वहाँ पुलिस का पहरा की बैठाना पड़ता और न स्मारक के एक-एक पत्थर और ईंट को ही उखाड़कर हड़प करना पड़ता। हाँ, भय था कि कहीं इनके नकलबाज यहाँ भी उत्पन्न न हो पाते। सो तो यहाँ भी हो गए। भेद इतना है कि वे सिंह थे और ये सियार।

वे काले थे ये गोरे। उन्होंने असेम्बली में किसी की जान नहीं ली। ये जवाहिर की जान लेने का जौहर दिखाने चाहते हैं। वे निर्भीक थे और सूरत दिखाने की कौन कहे अपना नाम तक देने में दुम दबाते हैं। उनके डर से सरकार ऐसी डरी है कि रात की कौन कहे दिन में भी भय का भूत खाए लेता है। देखें सरकार इनसे प्यार करती या बैर।

–सिद्ध जी

सरदार भगत सिंह आदि के फाँसी की कथा
फाँसी की कार्यवाही सर्वथा ग़ैरक़ानूनी थी!
फाँसी के समय शहीदों के क्रान्तिकारी नारे!!

(लेखक–क़ानून का एक विद्यार्थी)

सरदार भगत सिंह, राजगुरु और सुखदेव आदि के फाँसी की कार्यवाही पढ़ने पर मालूम होता है कि वहाँ के कर्मचारियों ने क़ानून तथा धार्मिक नियमों की पग-पग पर अवहेलना की है। जिस काम को देखो उसके करने में अधिकारियों ने अपनी बुद्धि कुशलता और नमकहलाली तो अवश्य दिखाई है पर साथ ही लापरवाही के साथ कानून को भी उठाकर ताक में रख दिया है। निम्नलिखित बातों से पाठकों को हमारे कथन के सत्यासत्य का भली-भाँति निर्णय हो जाएगा–

1. फाँसी का समय–जेल मैन्युअल पृष्ठ 273 परिच्छेद 31 के 872वें पैरे में लिखा है कि 1 अप्रैल से 31 जुलाई तक 6 बजे प्रातःकाल, 1 अगस्त से 31 अक्टूबर तक 7 बजे प्रातःकाल और 1 नवम्बर से 31 मार्च तक 8 बजे प्रातः काल फाँसी दी जानी चाहिए। जेल के किसी भी क़ानून में यह नहीं लिखा है कि फाँसी शाम को भी दी जाए। फिर हम नहीं समझते कि सरकार ने किस क़ानून के अनुसार उन्हें शाम को 7 बजे फाँसी दी। क्या जेल कर्मचारियों के पास इसका कोई उत्तर है? क्या फाँसी देते समय उन्हें अपने उत्तरदायित्व का कुछ भी ध्यान था?

2. फाँसी के समय की अवधि–जेल मैन्युअल के पृष्ठ 274 के पैरा 873 में फाँसी के फन्दे में जब तक लाशें लटकनी चाहिए उन नियमों का बिलकुल पालन नहीं किया गया। क्या जेल अधिकारी इस नियम की अवहेलना करने में स्वतंत्र थे?

3. सम्बन्धियों से मुलाकात–क़ानून के अनुसार फाँसी पानेवाले के सम्बन्ध तथा 15 के लगभग अन्यान्य गण्यमान्य सज्जन तथा मित्रादि उनसे मिल सकते हैं और फाँसी के समय उस स्थान पर उपस्थित रह सकते हैं। इस नियम के विरुद्ध फाँसी के समय उपस्थित रहना तो दूर रहा उनके सम्बन्धियों आदि से उनकी मुलाकात भी नहीं हुई। सरकार ने न जाने उन निराश्रय बन्दियों से उनके सम्बन्धियों को क्यों नहीं मिलने दिया। हमारी समझ में यदि सरकार उनके दर्शनातुर सम्बन्धियों को उनसे अन्तिम भेंट कर लेने देती तो उसकी इतनी अप्रसिद्धि नहीं होती जितनी ऐसा न कर देने से हो रही है। शायद ऐसा करते समय सरकार इस बात को भूल गई थी कि इस ग़लती को भारतवासी कदापि नहीं भूल सकते हैं।

इसी सम्बन्ध में लाहौर की एक सार्वजनिक सभा में भाषण करते हुए शहीद भगत सिंह के पिता सरदार किशन सिंह ने कहा–"सरकार दावा करती है कि वह क़ानून के बाहर नहीं जाती, पर इस मुकदमे में तो क़ानून को कुछ समझा ही नहीं गया। फाँसी हमेशा सुबह दी जाती है, पर न जाने इन्हें क्यों क़ानून के अनुसार (?) शाम को फाँसी दी गई? इसके

अतिरिक्त सभी देशों में चाहे अभियुक्त को कैसे भारी अपराध में फाँसी की सज़ा क्यों न हुई हो—फाँसी से पहिले उसके सम्बन्धियों से मिलने की आज्ञा मिल जाती है। पर यहाँ जब हम मुलाकात करने गए तो जवाब मिला कि माँ-बाप के सिवा किसी भी रिश्तेदार अथवा मित्र आदि को मिलने की आज्ञा नहीं है। परिणाम यह हुआ कि कोई भी नहीं मिल सका। सुखदेव के चाचा श्री अचिन्तराम बेचारे तेल और साबुन लेकर न जाने किन-किन आशाओं से वहाँ पहुँचे। पर आज्ञा केवल माँ-बाप की ही थी, अतः चाचा कैसे मिलते? शाम के 7 बजे बिलकुल नियम के विरुद्ध ही फाँसी की कोठरियों से बाहर निकाले गए और फाँसी पर लटका दिए गए। शायद हिन्दुस्तान के इतिहास में पहली ही बार शाम को फाँसी दी गई है। राजनीतिक कैदी तो जेल से पहले निकाल दिए गए थे। इस समय मामूली कैदी भी बन्द कर दिए गए थे। सरदार किशन सिंह ने जेल के अफसरों के व्यवहार की चर्चा करके कहा कि क़ानून के ख़िलाफ़ आध घंटे तक रस्सी डालकर उनको लटकाया गया। और फिर लाश फीरोजपुर ले गए और वहाँ दरिया के किनारे गढ़े में डालकर मिट्टी का तेल डालकर आग लगा दी गई और फिर दरयाव सतलज में फेंक दी गईं। देवियाँ यहाँ से गईं और वहाँ इन शहीदों के गोश्त के टुकड़े मिले जिनके इर्द-गिर्द चींटियाँ चिपटी हुई थीं। आगे चलकर सरदार किशन सिंह ने कहा कि मैं पूछता हूँ कि हिन्दुओं और सिक्खों में यही रस्म मुर्दों के जलाने की है? सरदार साहब ने आँखों में आँसू भरकर फिर कहा—"हमारा अरमान भी न निकला कि मुर्दा बच्चों का मुँह देख लेते, लेकिन इनसे क़ानून की पैरवी की क्या आशा है, विशेषकर हमारे खानदान के साथ तो कभी क़ानून बरता ही न गया। अब मुझ पर और मेरे बच्चों पर नजर है। मेरी इच्छा है कि मेरे और बच्चे भी भगत सिंह की तरह कौम पर कुर्बान हो जाएँ।"

4. लाशों का दिया जाना—क़ानून के अनुसार फाँसी लग जाने के बाद अभियुक्त की लाश उसके सम्बन्धियों अथवा मित्रों को दे दी जाती है किन्तु इन तीनों की लाशें देना तो दूर रहा लोगों को पता चलने से पहिले ही अलग ले जाकर जला दी गईं। न जाने उनकी लाशें क्या गजब ढा देतीं जो नौकरशाही ने उनके देने में भी ख़तरा समझा?

5. लाशों का संस्कार—प्रथम तो लाशें अभियुक्त के वारिस को ही दे देनी चाहिए थीं, किन्तु यदि माँगने पर भी लाशें वारिस को नहीं दी गईं तो सरकार का यह तो कर्तव्य था कि उनके धर्म अथवा संप्रदाय के नियमों के अनुसार उसका अन्त्येष्टि संस्कार किया जाए। किन्तु सरकार ने किया क्या इसका पता निम्न उदाहरण से लग जाएगा—

'लगभग रात के 9 बजे (23 मार्च को) पुलिस की कुछ लॉरियाँ सतलज के किनारे रेल के पुराने पुल की ओर गईं। एक में गोरे सिपाही बैठे थे, एक में ईंधन भरा था, एक में मिट्टी के तेल के कनस्टर और एक में सम्भवतः लाशें थीं। लाशें एक गड्ढे में जलाई गईं। लोगों के बयानों से जान पड़ता है कि लाशों के टुकड़े करके मिट्टी के तेल से उन्हें जलाया गया था। रात के 3-4 बजे लॉरियाँ लौट गईं। लोगों ने देखा तो स्थान गरम था—और उसमें से मिट्टी के तेल की बू आ रही थी। पास ही में मांस के टुकड़े पड़े थे। जो हड्डियों के टुकड़े यहाँ मिले उनसे जान पड़ता है कि लाशें काटी अवश्य गई थीं। और खून से भरे हुए कंकड़ भी पड़े थे।

पाठकों को इससे स्पष्ट ज्ञात हो गया होगा कि जिस भाँति इन तीनों की लाशें जलाई गई थीं उस तरह हिन्दू अथवा सिक्खों में कोई नियम नहीं है। हिन्दुओं के किसी भी सम्प्रदाय

में लाशों को गड्ढे में डालकर नहीं जलाया जाता है और शव के टुकड़े करना तो मृतक का असीम अपमान करना है। फिर मिट्टी के तेल की तो बात ही न पूछिए।'

उपरोक्त उद्धरण से स्पष्ट जान पड़ता है कि सरकार ने मरने पर भी उनकी लाशों से अन्याय और अत्याचार की कोई बात उठा नहीं रखी। परन्तु असली बात क्या है, इसकी जाँच कांग्रेस की ओर से हो रही है। और तभी ठीक बातें मालूम होंगी।

फाँसी के तख्ते पर

23 मार्च की लाल सन्ध्या–

आज 3 बजे दिन को ही सरकारी वकील ने जिद्द करके हाईकोर्ट से तीनों के फाँसी का फ़ैसला करा लिया था। जेल अधिकारियों को इत्तिला दी गई कि आज शाम को 7 बजे इन तीनों को फाँसी दे दी जाए। बस, 4 बजे से ही सब कैदी अपने-अपने बैरकों में ठूँस दिए गए और बाहर वालों का जेल में आना जाना बन्द हो गया। पूछने पर लोगों को कहा गया कि जेल के इंस्पेक्टर जनरल आ रहे हैं अतः भीड़-भाड़ ठीक नहीं। 6 बज गए। उन तीनों को–जिनके प्राण-पखेरू 2 घंटे बाद उड़ जाने को थे–पता भी नहीं चला कि आज उनका जीवन-नाट्य समाप्त हो जाएगा। वे सदा की भाँति हँसते-बोलते दूसरे दिन का कार्यक्रम निश्चित कर रहे थे।

ठीक 6 बजे स्पेशल ट्रिब्यूनल (विशेष अदालत) के रास्ते से मजिस्ट्रेट, जेल के इंस्पेक्टर जनरल तथा कुछ पुलिस अधिकारी लाहौर-सेंट्रल जेल में घुसे। एक अफसर ने भगत सिंह को फाँसी की सूचना दी। इस पर सरदार साहब ने हँसकर कहा–"आप वाकई बड़े भाग्यशाली हैं। आज हम आपको दिखलाएँगे कि आजादी की लड़ाई के सैनिक फाँसी की रस्सी का किस प्रकार आलिंगन करते हैं।"

सचमुच, यह उद्‌गार हृदय हिला देनेवाले थे। उधर मृत्यु-सुन्दरी सिर पर नाच रही थी इधर साहस और प्रसन्नता से वीरों के मुख दमक रहे हैं। वह अफसर सरदारजी की इस विचित्रतावस्था को देखकर आश्चर्यचकित रह गए।

टन्-टन् सात बज गए, जेल का फाटक खुला। तीनों वीर हँसते-हँसते अपने बैरक से निकले। उधर चारों ओर अन्य बैरकों से 'इन्कलाब जिन्दाबाद' के नारे से जेल कम्पाउंड गूँज उठा। इधर इन तीनों वीरों ने भी नारे लगाए–

"क्रान्ति चिरंजीवी हो!
साम्राज्यवाद का क्षय हो!!"

इसी प्रकार नारे लगाते हुए तीनों वीर फाँसी घर तक पहुँचे। वे कूद कर फाँसी के तख्ते पर चढ़ना ही चाहते थे कि सिपाहियों ने उन्हें रोका। तीनों वीर एक दूसरे को सजल नेत्रों से देखते हुए खड़े थे! उफ़! क्या आज यह अभिन्न मित्रों की वृहत्रयी थोड़ी देर बाद भिन्न-भिन्न हो जाएगी?

तीनों के गले रुक गए। कोई कुछ न कह सका। अन्त में सुखदेव ने साहस कर कहा– "बस एक मिनट के बाद हम लोग अलग होते हैं–बाद में फिर (परलोक में) मिल जाएँगे। तब मिलकर अपनी पार्टी की कौंसिल की मीटिंग में चलेंगे–वहाँ भाई चन्द्रशेखर आजाद, भगवती चरण और यतीन्द्रनाथ दास हमारी अगवानी के लिए बैठे इन्तज़ार कर रहे होंगे।

आज्ञा पाकर तीनों वीर फाँसी के तख्तों पर जा चढ़े। अन्तिम बार 'इन्कलाब ज़िन्दाबाद' की आवाज़ आई और तख्ते हट गए। फिर क्या था???

कहते हैं सरदार भगत सिंह तो एक सेकंड से भी कम में मर गए और बाकी दोनों लगभग 3-4 सेकंड में मरे।

भगत सिंह का अन्तिम गान

मेरा रंग दे बसन्ती चोला*

इसी रंग में गांधी जी ने, नमक पर धावा बोला।
मेरा रंग दे...
इसी रंग में वीर शिवा ने, माँ का बन्धन खोला।
मेरा रंग दे...
इसी रंग में भगत-दत्त ने, छोड़ा बम का गोला।
मेरा रंग दे...
इसी रंग में पेशावर में, पठानों ने सीना खोला।
मेरा रंग द...
इसी रंग में बिस्मिल-अशफाक ने सरकारी खजाना खोला।
मेरा रंग दे...
इसी रंग में वीर मदन ने गवर्नमेंट पर धावा बोला।
मेरा रंग दे...
इसी रंग में पद्मकान्त ने माडर्न पर धावा बोला।
मेरा रंग दे...

— 2 मई को दिल्ली षड्यंत्र केस की सुनवाई फिर शुरू हुई। अपराधी हथकड़ी-बेड़ी पहने कोर्ट में लाए गए। उन्होंने इन्कलाब जिन्दाबाद, भगत सिंह, राजगुरु की जय के नारे लगाए। दोनों ओर के वकील हाजिर हुए। 4 सरकारी गवाहों के बयान हुए।
— दयाल सिंह कॉलेज, लाहौर का लेखराज नामक एक विद्यार्थी जो आर्म्स एक्ट के सम्बन्ध में गिरफ़्तार किया गया था, 2000 रु. की जमानत पर लाहौर एडीशनल मजिस्ट्रेट द्वारा छोड़ दिया गया।
— इटावा डिस्ट्रिक्ट पोलिटिकल कॉन्फ्रेंस 25 अप्रैल को हुई। श्री सुन्दरलाल की अनुपस्थिति के कारण मि. मंजूरअली सोख़ता सभापति हुए। करीब 800 राजनीतिक कैदी कॉन्फ्रेंस में उपस्थित हुए। कई प्रस्ताव गाँव पंचायत, खादी प्रचार, राजनीतिक सेवा के सम्बन्ध में पास हुए। 4000 रु. अपील की गई। मि. सोख़ता ने हिन्दू-मुस्लिम एकता पर खास जोर दिया।
— मि. फेनर माकवे लन्दन की इंडिपेंडेंट लेबर पार्टी के प्रधान चुने गए हैं। इंडिपेंडेंट लेबर पार्टी भारत की हितैषी है।

*यह गान सरदार भगत सिंह को बहुत प्रिय था। फाँसी होते समय उन्होंने इसे गाया था।

– जहाज़ी बेड़े के (शस्त्रागार) में धमाका होने से रापडी जेनेरियो (दक्षिण अमेरिका) में 45 आदमियों की मृत्यु और 73 आदमी, 20 स्त्रियाँ जख्मी हो गए।
– 120 मोपला विद्रोह के कैदी 27 तारीख को रिहा होकर मद्रास पहुँचे। इनमें से सबों को चौदह साल की सजा दी गई थी, परन्तु नौ साल बाद छोड़ दिए गए। ऐसा ख़याल है कि 300 वे कैदी अभी अंडमान में साल की सज़ा भुगत रहे हैं।
– श्रीमती कमला देवी चट्टोपाध्याय, जो इस समय सीलोन में विश्राम ले रही हैं, को अमेरिका की वर्ल्ड कॉन्फ्रेंस ऑव एजूकेशन द्वारा उसके अधिवेशन में उपस्थित होने के लिए निमंत्रण आया है। सम्भबतः वह, यदि भारत की राजनीतिक स्थिति अच्छी होगी, निमंत्रण स्वीकृत कर लेंगी। श्रीमती चट्टोपाध्याय को यह दूसरी बार अन्तर्राष्ट्रीय कॉन्फ्रेंस में बुलाया गया है।
– इंग्लैंड का मि. स्नोडन द्वारा रखा हुआ बजट पास हो गया।
– मिदनापुर के कलक्टर सर जेम्स पेडी के क़त्ल करनेवाले का पता बतानेवाले को 500 रु. इनाम की विज्ञप्ति निकाली गई है।
– भिन्न-भिन्न जगहों का समाचार है कि बकरीद शान्तिपूर्वक बीत गई। दिल्ली, अलीगढ़, इटावा, कानपुर, लखनऊ, इलाहाबाद सभी नगरों में कोई गड़बड़ी नहीं हुई।
– दो क्रान्तिकारी, जगदीश और सुखदेव राज, जिनकी लाहौर षड्यंत्र मामले में ज़रूरत थी, 3 मई को यकायक लाहौर के शालीमार बाग में पुलिस द्वारा घेर लिये गए। दोनों के पास पिस्तौल थी, दोनों ने पिस्तौल चलाकर भागने की चेष्टा की। पुलिस ने भी फायर किया। जगदीश गिरकर मर गया। सुखराज भी जख्मी हुआ और अस्पताल भेजा गया।
– लाहौर नौजवान भारत सभा के जनरल सेक्रेटरी श्री कान्ति कुमार जो 2 मई को सवेरे गिरफ़्तार किए गए थे शाम को छोड़ दिए गए। उनके मकान की तलाशी हुई। कोई नाजायज चीज नहीं पाई गई।

शिमला का समाचार है कि वायसराय वार्ड विलिंगटन दूसरी गोलमेज कॉन्फ्रेंस के सम्बन्ध में कार्य करने में आजकल बहुत मशगूल हैं। बहुत शीघ्र किसी विज्ञप्ति के निकलने की सम्भावना है।

भगतसिंह की सचित्र जीवनी

क्या आप शहीद-शिरोमणि सरदार भगतसिंह की जीवनी के अनुपम चरित्रों को पढ़ना चाहते हैं, क्या आपकी इच्छा लाहौर 'साजिश' केस के हालात पढ़ने की है, क्या आप यह जानना चाहते हैं कि, वीरवर भगतसिंह ने किस तरह ११५ दिन तक जेल में अनशन रखते हुए अपनी धीरता-वीरता को स्थिर रखा —तो 'अमर शहीद यतीन्द्र' नामक पुस्तक में पढ़िये, जिसमें आपको लाहौर के इस ऐतिहासिक मुकदमे का, जिसमें चार वीरों का अनुपम बलिदान हुआ है, पूरा वर्णन ऐसी हृदयस्पर्शी और जीवित भाषा में पढ़ने को मिलेगा, जिससे सारा दृश्य आपकी आंखों के सामने चित्र-पट की भाँति खिंच जायगा। पुस्तक की भूमिका पंजाब के मान्य नेता डा० आलम ने लिखी है।

आज ही साढ़े तेरह आने के टिकट भेजकर मंगा लीजिये, अथवा वी० पी० का आर्डर दीजिये। पुस्तक की बहुत थोड़ी प्रतियां बाकी बची हैं, अतः आप शीघ्र ही अपनी पुस्तक का आर्डर दें अन्यथा बिक जाने पर दूसरे संस्कार तक आपको प्रतीक्षा करनी पड़ेगी।

पता—राष्ट्र-भारती मण्डल—इलाहाबाद

'अभ्युदय' का भगत सिंह-अंक जब्त!

प्रेस पर पुलिस का छापा

बम्बई और लखनऊ में अंक छीने गए!!

बेचनेवाले पकड़कर पीटे गए।

लखनऊ के एजेंट से 200 रु. की जमानत माँगी गई?

हमारे 'भगत सिंह-अंक' को प्रकाशित हुए अभी बहुत थोड़ा समय हुआ था कि संयुक्त प्रान्त के गवर्नर महोदय ने उसकी जब्ती की घोषणा कर दी। आपने अपनी घोषणा में कहा–"भगत सिंह अंक में वह राजद्रोहात्मक सामग्री है जो भारतीय दंड-विधान की धारा 124ए के अनुसार दंडनीय है। अतः उसकी प्रत्येक प्रति जब्त की जाती है।" इसी सूचना के अनुसार गत 23 मई को प्रातःकाल जिले की खुफिया पुलिस के अफसर मि. हार्बर की अध्यक्षता में कोतवाली के सब-इंस्पेक्टर शिवनन्दन सिंह कुछ कांस्टेबलों सहित प्रेस पर चढ़ आए। प्रेस से काग़ज़ों की घंटों छानबीन करने के बाद उक्त अंक की कुल 75 प्रतियाँ पुलिस उठा ले गई।

लखनऊ में पुलिस की धाँधली

हमारे मुख्य कार्यालय से उक्त अंक 23 मई को जब्त हुआ, किन्तु लखनऊ में इससे एक सप्ताह पूर्व ही पुलिस ने हॉकरों से अंक छीनना और उन्हें धमकाना-डराना शुरू कर दिया था। हम नहीं समझते पुलिस की इस गैरक़ानूनी विमूढ़ कार्यवाही का क्या अर्थ है? अब हमारे लखनऊ के एजेंट से ज्ञात हुआ है कि वहाँ की खुफिया पुलिस उनके हॉकर बब्बू

महाराज से उक्त अंक की बहुत-सी प्रतियाँ छीन ले गई थी। जब हमारे एजेंट ने जाकर खुफिया पुलिस से उक्त छीनी हुई प्रतियाँ लौटाने का अनुरोध किया तो 200 रु. की जमानत पर बब्बू महाराज को छोड़ा और प्रतियाँ नहीं लौटाईं। क्या उच्च अधिकारी इस ओर ध्यान देंगे?

बम्बई में धरपकड़

बम्बई के सहयोगी 'स्वाधीन भारत' ने लिखा है कि वहाँ भी पुलिस ने हॉकरों से भगत सिंह अंक छीन लिया और उन्हें पकड़ा ही नहीं वरन् मारपीट भी की। इस सम्बन्ध में विस्तृत समाचार मिलने पर लिखा जाएगा।

तलाशियाँ और गिरफ़्तारियाँ

गत 22 मई को जलालपुर में 28 प्रतिष्ठित लोगों के घरों की तलाशियाँ ली गईं। कहते हैं कि यह तलाशी अभी हाल ही में पड़े हुए सशस्त्र डाकों के सम्बन्ध में हुई थी। किसी घर में कोई भी आपत्तिजनक चीज़ नहीं मिली। कांग्रेस के मंत्री तथा सहायक मंत्री आदि लगभग 6 आदमी गिरफ़्तार किए गए। सुना जाता है कि पुलिस इस सम्बन्ध में तीस आदमियों को गिरफ़्तार करने चली है।

27 अप्रैल, 1929

असेम्बली के बम कांड के सम्बन्ध में, खबर है, दिल्ली की पुलिस अभी जाँच ही कर रही है। उसे अभी विशेष बातों का पता नहीं लगा। दोनों अभियुक्त सरदार भगत सिंह और श्री बटुकेश्वर दत्त दृढ़ हैं और उन्होंने पुलिस को किसी प्रकार का बयान देने से इनकार कर दिया है। श्री बटुकेश्वर दत्त ने भोजन सम्बन्धी शिकायत दूर होने पर अब भोजन करना आरम्भ कर दिया है। मुकदमे की तैयारी के लिए पुलिस को 7 मई तक की मोहलत और दे दी गई है। 7 मई को दिल्ली एडीशनल जिला मजिस्ट्रेट की अदालत में मुकदमा शुरू होगा।

4 मई, 1929

असेम्बली का बम केस
काकोरी केस से इसका सम्बन्ध है

असेम्बली का बम केस भी अभी शुरू नहीं हुआ। पुलिस ने पहले इस मामले के सम्बन्ध का पता सांडर्स की हत्या, लाहौर की बम फैक्टरी और नासिक के बम कांड से लगाने की कोशिश की थी, किन्तु अब वह इस प्रयत्न में लीन है कि कहीं इस मामले का सम्बन्ध काकोरी कांड से तो नहीं है। इस सम्बन्ध में उसने काशी विद्यापीठ के विद्यार्थी श्री मुरारी शर्मा से, जो

दो साल से दिल्ली में रहते हैं, बातचीत की और उनके घर की तलाशी ली, इस मामले में सरदार भगत सिंह और श्री बटुकेश्वर दत्त की ओर से बैरिस्टर आसफ अली पैरवी करेंगे। आप जेल में अभियुक्तों से मिले भी थे। वहाँ उन्हें कोई कष्ट नहीं है। वे प्रसन्नचित्त हैं।

18 मई, 1929

दिल्ली बम कांड
मुकदमे की कार्यवाही
अभियुक्तों के बयान

गत 8 अप्रैल को बड़ी कौंसिल में बम फेंकने के अभियोग पर भगत सिंह और बटुकेश्वर दत्त नामक जो दो युवक गिरफ़्तार हुए हैं उनके मुकदमे पर सेंट्रल जेल में अतिरिक्त जिला मजिस्ट्रेट श्री पूल ने विचार किया और उन्हें दौरा सुपुर्द कर दिया।

जेलर के दफ्तरवाले कमरे में मुकदमे की सुनवाई शुरू हुई। अभियुक्त भगत सिंह के माँ-बाप और अभियुक्तों की ओर से पैरवी करनेवाले बैरिस्टर श्री आसफ अली की पत्नी के सिवा और कोई दर्शक जेल के अन्दर नहीं जाने पाया। अखबारों के छः संवाददाताओं को भी नहीं जाने दिया गया था।

अभियुक्त जब इजलास पर लाए गए तो उन्होंने गर्जना की कि ''साम्राज्यवाद का नाश हो, क्रान्ति चिर दिन तक बनी रहे।'' जिस पर मजिस्ट्रेट ने हुक्म दिया कि अभियुक्तों को हथिकड़ियाँ पहना दी जाएँ। दस बजे मुकदमा शुरू हुआ। जब तक मामले की सुनवाई होती रही तब तक दोनों अभियुक्त मुस्कुराते और हँसते रहे। अभियुक्त भगत सिंह अपनी मोंछों पर ताव देता था। इसके बाद कलकत्ते के विस्फोटक वस्तुओं के प्रधान परीक्षक तथा सफाई के अन्य गवाहों ने गवाहियाँ दीं। बाद में अदालत दूसरे दिन के लिए टल गई।

दूसरे दिन की पेशी शहीदों की ओर इस्तगासा के कई गवाहों के इजहार के बाद अभियुक्तों के बैरिस्टर श्री आसफ अली ने बहस की। आपने कहा कि 'साम्राज्यवाद का नाश हो', 'क्रान्ति युग-युग जीए' इत्यादि वाक्य सब साधारण हो गए हैं और राजनीतिक आन्दोलनकारी ने ऐसे वाक्य की गर्जना किया ही करते हैं। अदालत के लिए ये बातें किसी कीमत की न होनी चाहिए। जो प्रमाण उपस्थित किए गए हैं वे ऐसे परस्पर विरोधी हैं कि उन पर भरोसा करके अभियुक्तों पर सारी जिम्मेदारी नहीं लादी जा सकती। विस्फोट विशेषज्ञ के यह कहने में कोई सार नहीं कि संयोगवश अधिक हानि नहीं हुई। असल बात तो यह है कि बम से एक बिल्ली भी नहीं मरी और न कोई घायल ही हुआ। बम फेंका जाना एक प्रदर्शन मात्र था। उसे हम नासमझी के काम के सिवा और कुछ नहीं कह सकते।

अभियुक्त भगत सिंह ने कहा—मैं सरदार किशन सिंह का लड़का हूँ और मेरी उम्र 21 वर्ष की है। मैं लाहौर का रहनेवाला हूँ। इस मामले में अभी कुछ कहना मैं फजूल समझता हूँ। ज़रूरत हुई तो आगे चलकर बयान दूँगा।

अभियुक्त बटुकेश्वर दत्त ने कहा कि मैं श्री जी.वी. दत्त का लड़का हूँ, मेरी उम्र 20 वर्ष की है और मैं बर्दवान का रहनेवाला हूँ। मैं भी अभी कुछ कहना नहीं चाहता।

मजिस्ट्रेट ने दोनों अभियुक्तों पर दंड-विधान की धारा 307 और विस्फोट विधान की धारा 3 के अनुसार जुर्म कायम कर उन्हें दौरा सुपुर्द कर दिया।

15 जून, 1929

असेम्बली बम कांड के सम्बन्ध में अभियुक्त श्री भगत सिंह और श्री बटुकेश्वर दत्त का फ़ैसला सेशन जज ने दे दिया। दोनों को आजन्म कालेपानी की सजाएँ दी गईं। अभियुक्तों ने हँसते-हँसते सजाएँ ग्रहण कीं और 'क्रान्ति चिरंजीवी हो', 'साम्यवाद चिरंजीवी हो' का नाद किया। खबर है कि इन सजाओं के ख़िलाफ़ लाहौर हाईकोर्ट में अपील की जाएगी।

29 जून, 1929

सरदार भगत सिंह और मि. दत्त का अनशन व्रत मालूम हुआ है, उनके अपने लिए नहीं है, बल्कि वे सभी राजनीतिक कैदियों के साथ जेल में शिष्ट व्यवहार चाहते हैं। भगत सिंह मियाँ वाली और दत्त लाहौर की जेल में हैं। कहा जाता है, पंजाब सरकार इनकी माँग पर सहानुभूतिपूर्वक विचार कर रही है।

पंजाब की कई राजनीतिक संस्थाओं ने तय किया है कि सरदार भगत सिंह और मि. दत्त के अनशनव्रत की सहानुभूति में 30 जून को पंजाब भर में एक दिवस मनाया जाए। लोग उस दिन व्रत रखें और शाम को इन दोनों देशभक्त वीरों के मतालिबे को पूरा करने के लिए मीटिंग करें।

असेम्बली बम कांड के अभियुक्त

जेल में अनशन कर रहे हैं

बेड़ियाँ पड़ी हैं : बोलने में असमर्थ

असेम्बली बम कांड के अभियुक्त सरदार भगत सिंह और श्री बटुकेश्वर दत्त जेलों में बहुत खराब भोजन मिलने के कारण अनशन कर रहे हैं। श्री बटुकेश्वर दत्त को 4 दिन उपवास करते हो गए और भगत सिंह को 6 दिन। श्री बटुकेश्वर दत्त के वकील श्री विशननाथ बटुकेश्वर दत्त से लाहौर सेंट्रल जेल में मिलने गए थे। उन्होंने बतलाया है कि बटुकेश्वर दत्त कोठरी के एक कोने में पड़े मिले। वह कमजोरी के कारण खड़े होने तथा जोर से बोलने में असमर्थ हैं। उनके पैरों में बेड़ियाँ पड़ी हुई थीं। उन्होंने कहा कि खाना खाने तथा कड़ी मेहनत करने से इनकार करने पर मेरे बेड़ियाँ डाल दी गई हैं। राजनीतिक कैदी की हैसियत से मुझे अच्छा खाना तथा पुस्तकें मिलनी चाहिए। उनका कहना था कि गत 9 दिनों से मैंने पानी के सिवा और कुछ नहीं खाया-पिया। वकील ने उनसे अनशन तोड़ देने को कहा, पर उन्होंने उत्तर दिया कि मेरी मृत्यु से अन्य राजनीतिक कैदियों का भाग्य सुधर जाएगा।

6 जुलाई, 1929

सरदार भगत सिंह

वे–

जो आज 22 दिनों से जेल में अन्न-जल छोड़े पड़े हैं।

श्री बटुकेश्वर दत्त

असेम्बली बम केस के इन वीरों के अन्न-जल त्याग की स्मृति में 30 जून को पंजाब तथा बंगाल के अनेक नगरों में सिंह-दत्त दिवस मनाया गया।

13 जुलाई, 1929

लाहौर षड्यंत्र और सांडर्स हत्या केस की दूसरे दिन की 11 तारीख वाली पेशी के लिए जाते हुए अभियुक्तों को देखने के लिए जेल के फाटक पर बहुत से पुरुष-स्त्री जमा हुए थे। उन्होंने 'क्रान्ति चिरंजीवी हो' के नारे से अभियुक्तों का स्वागत किया और अभियुक्तों ने भी फाटक में दाख़िल होते समय और फिर अदालत के कमरे में घुसते वक्त और सरदार भगत सिंह और श्री दत्त के आते वक्त यही नारा लगाया, जिस पर मजिस्ट्रेट ने उन्हें चेतावनी दी। आज पुलिस के डिप्टी-सुपरिंटेंडेंट अब्दुल अज़ीज़ की गवाही हुई। उसने कहा कि नौजवान भारत सभा के सदस्य बाबू सिंह ने मुझसे कहा था कि 1000 रु. दिलवाओ तो मैं सांडर्स के क़त्ल का सुराग दूँ। लेकिन पीछे वह पलट गया। बाबू सिंह ने बतलाया था कि कातिलों में एक भगत सिंह भी है। लाहौर बम फैक्टरी का पता हमें एक लुहार से चला, जिससे अभियुक्त कुछ चीजें बनवाया करते थे। इसके बाद उसने 'फैक्टरी' को पकड़ने और आदमियों को गिरफ़्तार करने का जिक्र किया। कहा कि जब हमने सुखदेव को पकड़ा तो उसने अलमारी में रखे हुए बम और पर्चे आदि सब सामान को स्वतः बता दिया था।

श्रीयुत दत्त और सरदार भगत सिंह का अनशन जारी है। श्री दत्त कई बार बेहोश हो चुके हैं, लेकिन पता नहीं, सरकार ने इनकी माँग पूरी करने के बारे में क्या तय किया है।

श्रीयुत भगत सिंह के पिता ने 8 तारीख को मियाँवाली जेल में उनसे भेंट की थी, भगत सिंह बेड़ियों में जकड़े पड़े थे। उनसे उठा-बैठा नहीं जाता। उन्होंने कहा कि जब तक सरकार राजनीतिक कैदियों का दर्जा नहीं बढ़ाएगी, मैं भोजन न करूँगा। उन्हें ज़बर्दस्ती नाक में होकर दूध पिलाया जाता है, लेकिन वह उसे मुँह से निकाल देते हैं। पं. जवाहरलाल जी ने इन दोनों के प्रति एक सहानुभूतिपूर्ण वक्तव्य निकाला है।

20 जुलाई, 1929

लाहौर षड्यंत्र का मुकदमा

अभियुक्तों पर नयी बला : हथकड़ियाँ डाली गईं

सरकारी रियायत नामंजूर : अनशन जारी रहेगा

मुकदमा हटाने की माँग : 23 जुलाई के लिए कार्यवाही स्थगित

लाहौर षड्यंत्र और सांडर्स हत्या के मामले की 11 जुलाई तक की पेशी की कार्यवाही गतांक में दी जा चुकी है। 12 तारीख की पेशी में अभियुक्तों के अदालत में लाए जाने के वक्त जनता ने और अभियुक्तों ने भी अदालत के अन्दर पहुँचने पर पिछले दिन मजिस्ट्रेट द्वारा चेतावनी देने पर भी 'क्रान्ति चिरंजीवी' हो, आदि वाक्यों के नारे लगाए। अदालत के अन्दर जाने से जनता को तथा अभियुक्तों से समाचार-पत्रों के प्रतिनिधियों को मिलने से रोका गया। सरदार भगत सिंह और श्री बी.के. दत्त अनशन व्रत के कारण कमजोरी की हालत में लाए गए। अभियुक्तों के अनुरोध पर अदालत ने अभियुक्तों को गैर-जब्त पुस्तकें और समाचार-पत्र पढ़ने के लिए देना स्वीकार किया और जेल के अधिकारियों से अभियुक्तों को अच्छा भोजन देने को कहने का भी वचन दिया। अभियुक्तों को एक ही जगह पर रखने के सम्बन्ध में मजिस्ट्रेट ने कहा कि इसके लिए जेल के अधिकारियों को मैं बाध्य नहीं कर सकता। इसके बाद कई सरकारी गवाहों की गवाहियाँ हुईं जिनमें उन लोगों ने अमृतसर में किशोरीलाल, सुखदेव और जयगोपाल की तलाशी के वक्त रिवॉल्वर, बम और कुछ अधूरे बमों का पाया जाना बतलाया। आज की पेशी में एक उल्लेखनीय बात यह और हुई कि सिविल मिलिटरी गजट की एक प्रति उसके प्रतिनिधि के एक अभियुक्त को देते समय एक कांस्टेबिल ने प्रतिनिधि को गालियाँ दीं, जिस पर प्रतिनिधि ने कांस्टेबिल को एक चाँटा जमाया। बाद में इस मामले को रफा-दफा एक पुलिस अफसर ने कर दिया।

13 जुलाई की पेशी में 'क्रान्ति चिरंजीवी हो' आदि वाक्यों के नारे लगाए जाने पर एक अभियुक्त की बहन ने खड़ी होकर सरकार को कोसा और उसके नष्ट होने की प्रार्थना की। मजिस्ट्रेट ने इस पर उक्त महिला को अदालत से निकाल देने को कहा। सरदार भगत सिंह ने कहा कि वह निकाली न जाएँ क्योंकि श्री दत्त की दशा को देखकर ही वह आपे से बाहर हो गई हैं। थोड़ी और कहासुनी के बाद उक्त महिला को अदालत में आने की आज्ञा दी गई। इसके बाद सरकारी गवाहों की गवाहियाँ हुईं। अदालत के उठते वक्त अभियुक्तों की ओर से कहा गया कि सरदार भगत सिंह और दत्त को अनशन व्रत करते 26 दिन हो गए

हैं और सरकार उनकी माँग को पूरी नहीं कर रही है, इसलिए सभी अभियुक्त आज से भोजन त्यागना शुरू कर देंगे। 14 को इतवार था। 15 तारीख के दिन सरदार भगत सिंह कमजोरी के कारण स्ट्रेचर पर अदालत में लाए गए, किन्तु बटुकेश्वर दत्त नहीं लाए गए, क्योंकि भोजन त्यागने से वह इतने कमजोर हो गए हैं कि बिस्तर पर से उठाए नहीं जा सकते। सरदार भगत सिंह ने सफाई के वकील को सूचित किया कि पंजाब सरकार ने डॉक्टरी सलाह के नाम पर अभियुक्तों को विशेष प्रकार का भोजन देने को कहा है, उसे हम लोग स्वीकार नहीं करते। उन्होंने कहा कि राजनीतिक कैदियों को खास भोजन मिलने का हमें अधिकार है जिसे सरकार इनकार नहीं कर सकती और इस सिद्धान्त को हम स्थापित करना चाहते हैं। उन्होंने यह भी कहा कि बटुकेश्वर दत्त इतने कमजोर हो गए हैं कि वह दो ही चार दिनों में मर जाएँगे और 7-8 दिन में मेरी भी मृत्यु होगी। इसके बाद मुकदमे की कार्यवाही शुरू होने पर श्री दत्त की अनुपस्थिति की बात उठाई गई और इसलिए मुकदमे की कार्यवाही दूसरे दिन के लिए मुल्तवी हुई। 16 जुलाई को 'क्रान्ति चिरंजीवी हो, भगत सिंह चिरंजीवी हों, दत्त चिरंजीवी हों' आदि की गर्जना के बाद मुकदमे की कार्यवाही शुरू हुई। कहा गया कि भगत सिंह और दत्त को भोजन छोड़े हुए 32 दिन और अन्य सभी अभियुक्तों को 3 दिन हो गए हैं। जिस महिला को अदालत से निकाला गया था, उन्होंने भी तीन दिनों से भोजन त्याग दिया है। मुकदमा शुरू होने के वक्त सरकारी वकील ने घोषित किया कि बटुकेश्वर दत्त का टेम्परेचर 103 डिग्री बढ़ गया है। आपके अनशन का आज 35वाँ दिन है। राजनीतिक कैदियों को विशेष भोजन दिलाने के सिद्धान्त के लिए आप अत्यन्त दुर्बल हो जाने पर भी अपने प्रण पर अटल हैं। इसलिए उनकी बीमारी के कारण मुकदमे की कार्यवाही दूसरे दिन के लिए मुल्तवी की जाती है।

रिश्तेदारों से मुलाकात

मुकदमे की कार्यवाही मुल्तवी होने के बाद अभियुक्तों ने अपने रिश्तेदारों से मिलने की इच्छा प्रकट की। मजिस्ट्रेट ने इनकार किया, इस पर अभियुक्तों ने कहा कि हम कठघरे में से ही नहीं निकलेंगे, जबरन चाहे निकाल दो। अन्त में मजिस्ट्रेट ने अभियुक्तों को मिलने की आज्ञा दे दी। कानपुर की एक सार्वजनिक सभा में अभियुक्तों के अनशन व्रत से सहानुभूति प्रकट की गई।

17 जुलाई को पेशी में अन्य दिनों की अपेक्षा पुलिस की ओर से अभियुक्तों तथा जनता पर कुछ और बन्धन लादे गए। इस दिन सब अभियुक्तों के हाथों में हथकड़ियाँ पड़ी थीं और प्रत्येक दो अभियुक्तों के बीच में एक कांस्टेबिल बैठाया गया था। अदालत के बाहर पुलिसवालों के हाथों में लाठियाँ भी थीं और वे बड़े भद्दे तरीके से लोगों को रोक रहे थे। सरदार भगत सिंह ने अभियुक्तों पर नए बन्धन लादने का विरोध किया और कहा कि यदि ऐसी कार्यवाही की जाएगी, तो हम लोग अदालत की कार्यवाही में कोई भाग न लेंगे। इसी बात पर एक अभियुक्त और पुलिस अधिकारी में गर्मागर्मी भी हुई। इसके बाद कार्यवाही शुरू होने पर अभियुक्तों की ओर से मुकदमे को दूसरी अदालत में बदलने की

दरख्वास्त देने को कहा गया। इस पर मजिस्ट्रेट ने मुकदमे की कार्यवाही 23 जुलाई तक के लिए दरख्वास्त देने हेतु मुल्तवी कर दी। अन्त में मजिस्ट्रेट ने जेल के अधिकारियों को एक पत्र लिखा कि आज के अभियुक्तों के व्यवहार के लिए उनके साथ जेल के नियमों के अनुसार कायदे की कार्यवाही की जाए।

3 अगस्त, 1929

लाहौर केस के जो अभियुक्त अदालत में नहीं आ सकते हैं उनकी अनुपस्थिति में कार्यवाही को चालू रखने के लिए इस्तगासे ने सरकारी वकील खड़ा करना चाहा था, जिसका सरदार भक्त सिंह ने विरोध किया था। इस्तगासे ने हाईकोर्ट में अर्जी दी थी कि वकील खड़ा करने की आज्ञा दी जाए। हाईकोर्ट ने इस अर्जी को बाकायदा करार देकर रद्द कर दिया है। अब खबर है कि भारत सरकार लाहौर के केस के लिए अपनी विशेष आज्ञा द्वारा एक सरसरी अदालत कायम करेगी, जिसमें तीन जज बैठकर इस मुकदमे को सुनेंगे। लाहौर केस के सरकारी वकील मि. नोड और लाहौर के डिपुटी कमिश्नर शिमला जाकर अपने सूबे की सरकार से मिल भी आए हैं। एक खबर यह भी है कि यह अफवाह गलत है।

पंजाब कौंसिल में इन अभियुक्तों की कठिनाइयों पर विचार करने के लिए बैठक को स्थगित करने का प्रस्ताव मो. अफजल हक लाने वाले थे, लेकिन वह काफी समर्थकों के अभाव के कारण पेश ही न हो सका!

लाहौर में भगत सिंह और दत्त तथा लाहौर षड्यंत्र में फँसे हुए नौजवानों के लिए सहायता एकत्र करने को पुलिस की आज्ञा का उल्लंघन कर जो जुलूस निकले थे और उसमें एक दल के 6 नवयुवकों को इस अपराध में तीन और एक महीने की कैद आदि की सज़ा मिली थी, उसे सेशन जज ने रद्द कर दिया और नवयुवक रिहा कर दिए गए। दूसरे जुलूस वाले सरदार शार्दूल सिंह, मो. जफर अली खाँ आदि का मुकदमा 12 अगस्त तक के लिए स्थगित कर दिया गया है। अलबत्ता छूटने वाले दल के नेता का जेल में भोजन करने से मना करने पर 1½ मास सख्त कैद की सजा दी गई है।

10 अगस्त, 1929

लाहौर षड्यंत्र केस

अनशन तुड़वाने को सुभास बाबू जा रहे हैं

ला. दुनीचन्द का सत्प्रय

मुकदमा फिर मुल्तवी

घोष की शोचनीय अवस्था

कई दिन मुल्तवी रहने के बाद लाहौर 'षड्यंत्र' और सांडर्स हत्या का मामला 5 अगस्त को फिर शुरू हुआ। अभियुक्त जतीन्द्र दास, शिव वर्मा, देशराज और अजय कुमार घोष

अत्यन्त दुर्बलता और रोग के कारण नहीं आ सके थे। अजय की अवस्था अत्यन्त शोचनीय हो गई है। 5 तारीख को उन्हें ज़बर्दस्ती खिलाने के कारण उनकी श्वास और नब्ज तेज चलने लगी और बाद को बहुत गिर गई। खबर है कि उनको खून की क़य हो रही है, वे करवट तक नहीं ले सकते। शेष 12 अभियुक्त आज सदैव की भाँति अपने नारे बुलन्द करते हुए अदालत में दाखिल हुए।

पत्रकार और तलाशी

आज स्थानीय तमाम अखबार-नवीसों और समाचार एजेंसियों की ओर से मजिस्ट्रेट को अर्जी दी गई कि हमारी रोज तलाशी ली जानी बन्द की जाए, क्योंकि हम सभी प्रतिष्ठित व्यक्ति हैं, मजिस्ट्रेट ने पुलिस तहक़ीक़ात द्वारा इसका विश्वास कर लिया है। और यदि हमारी तलाशी ली जानी जारी ही रखी जाए, तो हमें पुलिसवालों की तलाशी लेने का अधिकार दिया जाए।

अदालत में दाखिल होने से पूर्व पुलिस की नियुक्ति हुई। एक मुसलमान ने तमाम स्त्री दर्शिकाओं की तलाशी ली।

मिलने की आज्ञा नहीं

अदालत से आते वक्त भगत सिंह ने कहा कि हमारे रिश्तेदारों को हमसे मिलने दिया जाए। आज्ञा नहीं दी गई क्योंकि मजिस्ट्रेट अभियुक्तों की कमजोर सेहत पर मुलाकात के कारण पड़नेवाले जोर का जिम्मेदार नहीं बनना चाहता।

इस्तगासे के गवाह अदालत में

अभियुक्तों ने मजिस्ट्रेट के पीछे खड़े हुए कुछ आदमियों की बाबत दरयाफ्त किया कि यह कौन हैं? एक पुलिसवाले ने बताया कि यह इस मामले के गवाह हैं। भगत सिंह ने कहा कि यह इसलिए यहाँ लाए गए हैं कि ताकि वे अभियुक्तों को देख लें और शहादत के वक्त उनकी शिनाख्त कर लें।

सी.एम. गजट का कटाक्ष

सरदार भगत सिंह ने सिविल मिलिटरी गजट के एक नोट की ओर अदालत का ध्यान दिलाया, जो उसने अनशन व्रत पर लिखा है। कहा कि उसने बिलकुल गलत बातें अभियुक्तों को नीचा दिखाने की लिखी हैं। अभियुक्त जतीन्द्रनाथ सान्याल ने कहा कि इसके सम्पादक को मुआफी माँगनी चाहिए थी। भगत सिंह ने कहा कि मुझे कुछ पत्र प्रतिनिधियों से मुलाकात करने की आज्ञा दी जाए, ताकि उस लेख का प्रतिवाद हो जाए। ला. दुनीचन्द एडवोकेट ने कहा कि मजिस्ट्रेट स्वयं इस मामले में कार्रवाई करें। भगत सिंह

ने उनको यह लेख आज पढ़वा दिया। भगत सिंह ने कहा कि गजट के प्रतिनिधि को अदालत में आने न दिया जाए। मजिस्ट्रेट ने कार्रवाई करने से यह कहकर इनकार कर दिया कि यह मामला झगड़े-तलब है और कहा कि मैं जेल के सुपरिंटेंडेंट को लिखूँगा।

दत्त की बहन

दत्त की बहन को अदालत में आने की आज्ञा मिल गई थी, लेकिन अपने भाई से मुलाकात करने की नहीं?

मामला मुल्तवी

13 अभियुक्तों की हालत ख़राब होने से वे अदालत में नहीं आ सकते, उन्होंने अपना वकील भी खड़ा नहीं किया है, अतएव मजिस्ट्रेट ने आगामी सोमवार 12 तारीख तक के लिए मामला मुल्तवी कर दिया।

ला. दुनीचन्द का प्रयत्न अनशन तुड़वाने के लिए

अम्बाला के ला. दुनीचन्द एडवोकेट 5 तारीख को अदालत में अभियुक्तों से मिले थे। उनको जेल में बुरी दशा में पड़े हुए 4 अभियुक्तों से मिलने की इजाजत भी मिल गई है। वे आशा करते हैं कि उनसे और भगत सिंह आदि से जो बातें हुई हैं, उनसे कुछ अच्छा सुफल फलेगा। वे अपना बयान निकालनेवाले हैं।

सुभास बोस भी

श्रीयुत सुभास बाबू भी अनशन तुड़वाने की फिक्र में लाहौर जानेवाले हैं, फिलहाल तबीयत खराब होने से वे नहीं जा रहे, उन्हें पंजाब सरकार ने एतदर्थ आज्ञा दे दी है।

अभियुक्तों की दशा

जिनकी हालत ज़्यादा खराब है उनमें जतीन्द्रनाथ दास उसी दशा में हैं। देशराज की दशा में कोई परिवर्तन नहीं हुआ। शिव वर्मा और दत्त दुर्बल होते जा रहे हैं।

17 अगस्त, 1929

कुरबानी रंग लाएगी

पं. जवाहरलाल का वक्तव्य

लाहौर की दोनों जेलों के अनशनव्रतियों से भेंट करने के उपरान्त पं. जवाहरलाल नेहरू ने वक्तव्य निकाला है, जिसमें वे कहते हैं कि दिन में दो बार इन लोगों के पेट में ज़बर्दस्ती

भोजन ठूँसा जाता है। इसके कारण कुछ की दशा तो इतनी अबतर हो गई है कि यह तरीका बन्द कर देना पड़ा है और कुछ व्रती अभी अपनी ताक़त को इस ज़बर्दस्ती के भोजन की वजह से कायम रखे हुए हैं। जिन लोगों की हालत खराब है, वे ज़्यादा दिन न चलेंगे, वे धीरे-धीरे मौत के घाट लग रहे हैं। जतीन्द्र दास की दशा विशेषतः शोचनीय है– वे बेहद कमजोर हैं, करवट तक नहीं ले सकते, बहुत धीरे बोलते हैं, उनको अत्यन्त कष्ट है और वे मौत का पैंड़ा देख रहे हैं।

इन असाधारण वीर युवकों और उनके कष्ट को देखकर मुझे बहुत दुख हुआ। मुझे इन लोगों से ज्ञात हुआ है कि वह अपने जीवन की बाजी लगाकर अपने व्रत पर दृढ़ रहेंगे। यथार्थ में उन्हें अपनी फ़िक्र नहीं है। वे राजनीतिक क़ैदियों की दुर्दशा को खूब अनुभव कर रहे हैं। भगत सिंह ने मुझे बताया है कि क़त्ल के अपराध को छोड़कर तमाम राजनीतिक बन्दियों से विशिष्ट व्यवहार होना चाहिए। मुझे पूर्ण आशा है कि उन युवकों का महान आत्मत्याग सफल होगा।

लाहौर का मुकदमा

फिर मुल्तवी हुआ

लाहौर 'षड्यंत्र' केस में 12 तारीख को पेशी होनेवाली थी, लेकिन चूँकि अभियुक्तों की दशा शोचनीय है, अतएव मजिस्ट्रेट ने मामला 19 अगस्त तक के लिए फिर मुल्तवी कर दिया है। पत्रकारों की दरख़ास्त पर मजिस्ट्रेट ने हुक्म दिया है कि आयन्दा से अख़बारवालों तथा अन्य लोगों को जाँच-पड़ताल के बाद आज्ञापत्र मिला करेगा। ऐसे लोगों को अपने दो फोटोग्राफ दाखिल करने पड़ा करेंगे जिनमें से एक आज्ञा पत्र पर चिपका रहेगा, दूसरा दफ़्तर में रहेगा। इस प्रकार पुलिस को रोज तलाशी लेने की झंझट मिट जाएगी।

आन पर मर जाएँगे!

अनशनव्रतियों की भीषण प्रतिज्ञा

हालत दिन-दिन अबतर!

लाहौर केस के अभियुक्तों से मिलकर आए हुए उनके सम्बन्धियों का कहना है कि अनशनव्रतकारियों की व्यवस्था बद-से-बदतर होती जा रही है। भगत सिंह को अस्पताल में दाखिल कर दिया गया है। उनके सम्बन्धियों ने अखबारवालों से कहा है कि अभियुक्त नहीं चाहते कि पैरोकार कमेटी उनकी सफाई के लिए पैरोकारी करे। वे अपनी साधना के लिए जीवनोत्सर्ग कर देने का निश्चय कर चुके हैं।

दास की दशा बहुत खराब होने से भगत सिंह को बारस्टल जेल में उनके पास भेज दिया गया था। ख़बर है कि भगत सिंह ने किसी तरह दास को दवा खाने के लिए राजी कर लिया है।

अनशन और सरकार

पंजाब के गवर्नर लाहौर में 2 दिन रहकर और पुलिस और जेल के कर्मचारियों और ग़ैर-सरकारी आदमियों से मिलकर चले गए। अर्थ सचिव मि. स्टो से डॉ. गोपीचन्द्र भार्गव मुलाकात कर चुके हैं।

भारत सरकार की विज्ञप्ति के अनुसार पंजाब सरकार ने अभियुक्तों और बन्दियों की जाँच के लिए एक प्रान्तिक कमेटी नियुक्त करने का निश्चय किया है। इस कमेटी के लिए 6 ग़ैर-सरकारी आदमी भी बुलाए गए हैं।

अपनी पहली विज्ञप्ति के सिलसिले में पंजाब सरकार ने इतनी सूचना और प्रकाशित की है कि लाहौर केस के अभियुक्तों को फी आदमी फी खुराक |||)9 पाई की हमने दी थी, जबकि सपरिश्रम गोरे बन्दी को ॥≶)||| और सादी सज़ा वाले को फीकेस फी खुराक ॥〃)॥ खर्च पड़ता है।

31 अगस्त, 1929

लाहौर में भगत सिंह-दत्त-दिवस मनाने के दिन मजिस्ट्रेट का हुक्म न मानने के अपराध में सरदार मंगल सिंह, मो. जफरअली खाँ, श्री अमरनाथ आदि 10 व्यक्तियों पर जो मुकदमा चल रहा था, उसमें उपर्युक्त तीनों व्यक्ति छोड़ दिए गए और शेष में 2 को एक महीने की सादी कैद, 100 रु. जुर्माना तथा छूटने पर साल भर के लिए नेकचलनी की 500 और 250 रु. की ज़मानत और मुचलका देने की सज़ा दी गई और बाकी लोगों को अदालत न उठने तक वहीं बैठे रहने की सज़ा दी गई। फैसले के विरुद्ध अपील की जा रही है।

7 सितम्बर, 1929

लाहौर का अनशन व्रत समाप्त?

अनशनकारियों की माँगें पूरी करने का वादा

अभियुक्तों ने तारीख 2 को दूध ग्रहण किया

यतीन्द्रनाथ दास मृत्युशय्या पर पड़े हैं!!

भाई ने ज़मानत पर छुड़ाना अस्वीकार कर दिया!!

लाहौर षड्यंत्र के मामले के अभियुक्तों ने अन्त में गत 2 सितम्बर को अपने साथी श्री यतीन्द्रनाथ दास की अत्यधिक खराब हालत देखकर तथा जेलों की जाँच करने के लिए नियुक्त कमेटी द्वारा अपनी माँगों को पूरा करने का वचन पाकर सन्ध्या समय 5 बजे

अनशन व्रत समाप्त कर दिया। जेल-जाँच-कमेटी के सदस्य श्री दुनीचन्द, सरदार महताब सिंह, चौधरी अब्दुल हक और रायबहादुर मोहनलाल प्रायः एक हफ़्ते से इस बात का बहुत प्रयत्न कर रहे थे कि अभियुक्त भोजन करना स्वीकार कर लें।

व्रत समाप्त कैसे हुआ

इस सम्बन्ध में जाँच कमेटी के उपर्युक्त 4 सदस्यों ने एक वक्तव्य प्रकाशित करते हुए कहा है कि हम लोगों के प्रबल अनुरोध करने पर और अपने साथी यतीन्द्रनाथ दास की दशा देखकर श्री भगत सिंह तथा उनके अन्य साथी अभियुक्तों ने 2 सितम्बर की शाम को 5 बजे अनशन व्रत तोड़ दिया। यह अनशन व्रत की हड़ताल सरकार की न्यायोचित नीति और कमेटी के अध्यक्ष लेफ्टिनेंट कर्नल बारकर के सहानुभूतिपूर्ण व्यवहारों के कारण समाप्त हुई है। साथ ही हड़ताल के समाप्त कराने में कांग्रेस के प्रमुख कांग्रेसी नेताओं को भी श्रेय प्राप्त है। अन्त में सदस्यों ने श्री यतीन्द्रनाथ दास की मरणासन्न स्थिति को देखते हुए सरकार से उन्हें फ़ौरन छोड़ देने की सिफ़ारिश की है।

कमेटी के वादे

खबर है कि मेम्बरों ने इन बातों की सिफारिश करने का निश्चय किया है कि (1) यूरोपियन और हिन्दुस्तानी कैदियों में कोई भेदभाव नहीं रखा जाएगा और जो भोजन हिन्दुस्तानियों को दिया जाएगा वही यूरोपियनों को भी दिया जाएगा। राजनीतिक कैदी साधारण और स्पेशल क्लास, इन दो दर्जों में रखे जाएँगे। स्पेशल क्लास में भी ए बी और सी तीन विभाग होंगे, जिनमें स्त्री को ॥।(रोज़, बी. को 1) रोज भोजन के लिए दिए जाएँगे और ए क्लास वालों को हर तरह की सुविधा दी जाएगी, जिसमें बिजली की रोशनी, पंखा दिया जाएगा तथा आवश्यकता के समय उन्हें पहाड़ पर भी भेजा जाएगा। खबर है कि इन्हीं निश्चयों के बिना पर कमेटी प्रश्न तैयार कर रही है। 23 सितम्बर से वह गवाहियाँ लेनी शुरू करेगी।

श्री यतीन्द्रनाथ की दशा

बहुत बदतर हो गई है। डॉक्टरों का कहना है कि उनके बचने की कोई आशा नहीं है। केवल वक्षस्थल में रक्त संचालन होता है और बाकी अंग झूठे पड़ गए हैं। उनके भाई श्री किरणचन्द्र दास उनके पास पहुँच गए हैं और उन्होंने रेलवे अधिकारियों से श्री यतीन्द्रनाथ के शव को कलकत्ता ले जाने के लिए विशेष प्रबन्ध करने को कहा था, जिसे रेलवेवालों ने स्वीकार किया है और पूरा प्रबन्ध कर देने को कहा है।

पंजाब सरकार ने लाहौर के डिस्ट्रिक्ट मजिस्ट्रेट को हिदायत कर दी है कि मि. यतीन्द्रनाथ दास की भयावह स्थिति को देखते हुए यदि उनकी ओर से जमानत की दरख्वास्त दी जाए तो उसका विरोध न किया जाए। यह बात यतीन्द्रनाथ के भाई से कही गई किन्तु उन्होंने जमानत पर भाई को छुड़ाने से इनकार कर दिया है।

अन्य अभियुक्त कैसे हैं

अन्य अभियुक्तों की दशा अच्छी है। यतीन्द्रनाथ के अतिरिक्त अभी शिवराम भी अस्पताल में ही हैं।

मुकदमा फिर मुल्तवी

लाहौर षड्यंत्र का मुकदमा 4 अभियुक्तों के अदालत में हाजिर न हो सकने के कारण 12 सितम्बर तक के लिए फिर मुल्तवी हो गया है।

भगत सिंह और दत्त की अपील

असेम्बली बम कांड के मामले में आजन्म कालेपानी की जो सजा श्री भगत सिंह और श्री बटुकेश्वर दत्त को हुई थी, उसके ख़िलाफ़ अपील लाहौर हाईकोर्ट में की गई थी। अपील की सुनवाई 4 नवम्बर को होगी।

21 सितम्बर, 1929

सरदार भगत सिंह और दत्त को छोड़कर खबर है कि लाहौर के बाकी अन्य अभियुक्तों ने अनशन एक बार तोड़कर फिर शुरू किया और अब फिर तोड़ दिया है, लेकिन बाबा सोहन सिंह और मि. बनर्जी, लाहौर जेल के षड्यंत्र के पुराने क़ैदी, अब भी भगत सिंह-दत्त का साथ दे रहे हैं। दत्त की हालत चिन्ताजनक होती जा रही है, भगत सिंह भी बहुत दुर्बल हो रहे हैं। 17 तारीख को जेल कमेटी के मेम्बरों ने इनसे मुलाकात की। यतीन्द्र के मामले को लेकर जेल कमेटी में वाद-विवाद छिड़ गया है। कमेटी का प्रधान कर्नल बारकर कहता है कि यह कहना ग़लत है कि यतीन्द्र दास को बिलाशर्त के छोड़ देने के लिए कमेटी ने सरकार से सिफारिश की थी। कमेटी के चारों हिन्दुस्तानी सदस्यों ने कर्नल के इस कथन का सप्रमाण खंडन किया है।

12 अक्टूबर, 1929

सरदार भगत सिंह

श्री बटुकेश्वर दत्त

आ.इ. कांग्रेस कमेटी के आदेश के अनुसार सरदार भगत सिंह और श्री बटुकेश्वर दत्त–इन दोनों वीरों ने भी 111 दिन तक रखी हुई भूख-हड़ताल को छोड़ दिया है।

लाहौर की 'साज़िश'
सरकारी वकील मुकर्रर हों

लाहौर 'षड्यंत्र' केस की 5 तारीख की पेशी में सफाई के वकील ने अदालत से शिकायत की कि गवाहों के साथ पुलिसवाले अदालत तक चले आते हैं। सरकारी वकील ने विरोध करते हुए भी पुलिसमैनों को गवाहों से दूर रखने की बात मान ली। अभियुक्त विजयकुमार सिंह के यह शिकायत करने पर कि अदालत में आनेवाली अभियुक्तों की माँ-बहिनों और मित्रों का पुलिसवाले अपमान करते और उन्हें दिक करते हैं। मजिस्ट्रेट ने दरवाजे पर खड़े रहनेवाले पुलिसमैन को तब्दीह कर दी कि वह इन लोगों को उचित सुविधाएँ दिया करे। आज की पेशी में एक खद्दरपोश परशुराम और डॉ. गोपीचन्द की शहादतें हुईं। परशुराम ने नास्तिक होने के कारण हलफ लेने से इनकार कर दिया। जात पूछी जाने पर कहा कि मैं जन्म का गुलाम और कौम का हिन्दुस्तानी हूँ। सरकारी वकील ने बार-बार कहा कि उचित उत्तर दीजिए। सरदार भगत सिंह ने कहा कि आप उसे कायल कर दीजिए कि वह गुलाम नहीं है, सरकारी वकील ने अदालत से कहा कि हमें तो आजाद आदमी चाहिए। प्रेमदत्त अभियुक्त ने कहा, भारत में आजाद! एक भी ऐसा न मिलेगा। सफाई के वकील के प्रतिवाद करने पर भी मजिस्ट्रेट ने परशुराम की गवाही न लिये जाने का ऑर्डर दे दिया। आज 4 अन्य शहादतें भी हुईं। आज भगत सिंह-दत्त ने जिस वक्त अदालत में कलेवा किया, उस वक्त कार्रवाई बन्द रही।

7 तारीख की पेशी में सहारनपुर में पकड़े गए 4 बम, 5 तमंचों और 2 कारतूसों और इसके साथ गिरफ़्तार हुए अभियुक्त डॉ. गयाप्रसाद, शिवराम और जयदेव के सम्बन्ध में सहारनपुर के डी.एस.पी. मथुरादास, एक थानेदार तथा एक दूसरे गवाह की शहादतें हुईं। मथुरादास ने कहा कि शिवराम ने बम एक हाथ में सर से ऊपर उठा लिया था। थानेदार ने कहा कि अभियुक्तों के नाखून पीले-से हो रहे थे, उन्हें खुरचकर परीक्षा के लिए भेज दिया गया था। सफाई के वकील के ऐतराज करने पर कि पुलिसवाले इस्तग़ासे के गवाहों को सिखाते हैं, अदालत ने भगत सिंह के पिता सरदार कृष्ण सिंह को अदालत के बाहर इसे देखते रहने की इजाजत दे दी। 9 तारीख की पेशी में भी कुछ शहादतें इसी सम्बन्ध में हुईं। अभियुक्त शिव वर्मा ने एक गवाह से जिरह की।

आठ अभियुक्तों ने अर्जी दी है कि सरकारी खर्चे पर हमारी पैरवी के लिए वकील मुकर्रर किए जाएँ। अदालत ने सफाई-पक्ष से एक फेहरिस्त ऐसे वकीलों की तलब की है जिनमें से वह किन्हीं को मुकर्रर कर सके। दशहरे के कारण मामला 14 तारीख तक मुल्तवी रहेगा।

पूने में दो नवयुवक जो पकड़े गए थे और जिन्होंने अपने नाम बताने से इनकार कर दिया था, उनके सम्बन्ध में पूने में तलाशियाँ हुईं। कहा जाता है कि इन युवकों का सम्बन्ध सांडर्स हत्या के मामले से है। पूने से तीन युवक लाहौर भेजे गए हैं, उनके नाम हैं—शिवराम, राजगुरु, करन्दीकर और सुखरे।

मजिस्ट्रेट ने सफाई की इस दरखास्त को खारिज कर दिया कि मुखबिरों को पुलिस की हिरासत से हटाकर अदालती-हवालात में रखा जाए।

23 अक्टूबर, 1929

लाहौर 'साजिश' केस

मुखबिर का आयन्दा बयान

चौथे दिन की पेशी में जयगोपाल ने कहा कि सुखदेव के कहने पर मैं फीरोजपुर से अमृतसर गया, जहाँ डॉक्टर गयाप्रसाद ने मुझे बम बनाने का सामान दिया। मैंने वह सामान अमृतसर में कालीचरण को दिया। 29 फरवरी को मैं वहाँ से लाहौर आया। मुझे कोहाट जाने को कहा गया। वहाँ मुझे अफगानिस्तान जानेवाले रास्ते का पता लगाने का काम सौंपा गया, क्योंकि अफगानिस्तान के महाभारत स्वराज्य दल वालों से क्रान्तिकारियों का मुख्य दल घनिष्ठता बढ़ाना चाहता था। मुख्य दल में पंजाब का प्रतिनिधित्व भगत सिंह और सुखदेव करते थे। मुझे बालकराम के नाम एक चिट्ठी मिली। बालकराम सुखदेव के चाचा हैं, ये कोहाट के पास चिक्करकोट के स्टेशन मास्टर थे। अपनी इस चिट्ठी में सुखदेव ने इन्हें कोहाट में मेरे लिए कोई नौकरी का बन्दोबस्त कर देने की बात लिखी थी। बालकराम ने मेरे लिए डॉक्टर अमर सिंह से सिफारिश की। मैं कम्पाउंडर के पद पर रख लिया गया। सुखदेव जब चिक्करकोट पहुँचा तब मैं कोहाट से उससे मिलने वहाँ गया। हम दोनों फिर पेशावर गए। वहाँ से सुखदेव लाहौर चला गया और मैं कोहाट। 14 अप्रैल को मैं लाहौर आया। सुखदेव ने कहा कि हम लोगों ने बम तैयार किए हैं और इसके लिए आगरे में एक कारखाना खोला है। उसने यह

भी कहा कि हम युक्तप्रान्तीय पुलिस के तसद्दुक हुसैन को, युक्तप्रान्तीय खुफिया पुलिस के बनर्जी को, दिल्ली षड्यंत्र वाले मामले में इक़बाली गवाह दीनानाथ को और लाहौर के सिटी मजिस्ट्रेट द्वारा दंडित बनर्जी की हत्या करना चाहते हैं। शाम को हम लोग घूमने गए। पिस्तौल से गोलियाँ चलाईं। कुछ आगे हमें एक पठान मिला, उसके पास एक बन्दूक थी। उसने हमें तीन रुपए दिए और 6 कारतूस मोल लेकर अपनी बन्दूक से चलाए। सुखदेव ने जाते समय कहा कि मुझे चिट्ठी मत देना। ज़रूरी काम हो तो लाहौर जाकर मिल लेना। 12 अप्रैल को मैं बालकराम से 5 लेकर लाहौर गया और गुरुदत्त भवन में प्राणनाथ से मिला। पर उसने कहा कि मुझे सुखदेव का पता मालूम नहीं है। बाहर निकलने पर अकस्मात ही सुखदेव मिल गया। बातचीत होने पर उसने भगत सिंह और दत्त के असेम्बली-बम-केस में पकड़े जाने की बात कही। वहाँ से हम किला गूजर सिंह के मकान में आए। सोने के पहले सुखदेव ने कहा कि हमने काफी बम बना लिए हैं और सामग्री इकट्ठी कर ली है। हमारी एक बम फैक्टरी आगरे में भी है। मैंने कहा कि तुमने मुझे तो अब तक बम बनाना नहीं सिखाया है, उसने कहा कि क्या करें? तुम्हें सीमाप्रान्त पर भेजने का हुक्म आ गया था, इसलिए नहीं सिखा सके। दूसरे दिन किशोरीलाल भी आ गया। मैंने उससे कहा कि मुझे बम दिखाओ। सुखदेव ने कहा धैर्य रखो, दिखलाएँगे, हम-तुम ही इसे चलाएँगे, केन्द्र समिति ने तसद्दुक हुसैन, बनर्जी और एक जेलर को प्राणदंड देना तय किया है। 15 अप्रैल को पुलिस ने किला गूजर सिंह में हमारे घर पर धावा किया। हम लोगों की ज़ामा-तलाशी ली गई और यहाँ एक रिवॉल्वर पाया गया। सुखदेव, किशोरीलाल और मैं–तीनों वहाँ गिरफ़्तार कर लिये गए। (खत्म)

मुखबिर ने जिरह में बताया कि मैंने सबसे पहले मुगलपुरा के थाने में अपना बयान दिया था, मगर बयान देने की तारीख याद नहीं है। असहयोग आन्दोलन के कारण मुझे राष्ट्रसेवा के भाव जाग्रत् हुए थे। पार्टी को धोखा नहीं दिया है, बल्कि सच-सच बात कही है। मैंने जुबिली इंस्टीट्यूट में बम के खोल बनाने की जानकारी प्राप्त की थी जिससे बम बनाने में सुविधा हो। यह जानकारी मैंने पार्टी के लिए नहीं प्राप्त की थी। मैं अनेकों आदमियों को पहचानता हूँ, पर नाम नहीं जानता। मुझे कभी यह सन्देह नहीं हुआ कि पुलिस मेरा पीछा कर रही है। लालाजी गांधीजी के अनुयायी थे। मेरा यह विचार नहीं है कि गांधी के सिद्धान्तों से देश को बहुत लाभ होगा। जिरह लम्बी हुई।

24 अगस्त, 1930

लाहौर 'साजिश' केस : नया शिगूफ़ा
मुखबिर ने ऐन मौके पर बयान बदल दिया

लाहौर का 20 तारीख का तार है कि 'साजिश' केस में आज दोपहर के बाद 7वें और आखिरी मुखबिर ब्रह्मदत्त ने अपना मजिस्ट्रेट के सामने दिया हुआ पहला बयान वापस लेना चाहा। उसने कहा कि वह बयान मैंने धौंस के कारण दिया है। उससे बहुत से सवाल किए

गए, जिनका उत्तर देने से या तो उसने इनकार किया या उनके उलटे जवाब दिए। अदालत ने कहा कि गवाह विरोधी बन गया है और इस्तगासा से कहा गया कि वह मुखबिर से जिरह करें। ब्रह्मदत्त कानपुर के डी.ए.वी. कॉलेज की फर्स्ट इंटर में पढ़ता था। ख़बर है कि भगत सिंह को छोड़कर अन्य अभियुक्त 21 तारीख से अदालत में आनेवाले थे।

अभ्युदय

5 सितम्बर 1930

सरदारभगतसिंह
अनशन जारी है

कमजोरी बहुत बढ़ गई है

लाहौर की खबर है कि एसेम्बली बम-केश और लाहौर 'षड़यंत्र' केस के सरदार भगतसिंह ने जेल में जो अनशन शुरू किया था, वह अभी जारी हैं। उनको जबर्दस्ती खाना खिलाया जाता है। कमजोरी उनकी बहुत बढ़-गई है।

—०—

7 सितम्बर, 1930

भगत सिंह और दत्त
भूख हड़ताल बन्द कर दी

सरदार भगत सिंह ने लाहौर सेंट्रल जेल में 41 दिनों तक अनशन करने के बाद भूख हड़ताल बन्द कर दी। कहते हैं कि 14 वर्षों की सजा काटकर जेल से आनेवाले बाबा सोहन सिंह और अपने पिता सरदार किशन सिंह के बहुत जोर डालने पर उन्होंने भोजन करना शुरू किया है। श्री बटुकेश्वर दत्त को भी अनशन बन्द करने का अनुरोध करने के लिए उनकी बहन मुलतान जेल गई हैं। प्रतिनिधियों का निश्चय किया जाएगा।

वायसराय ने उत्तर दिया कि नेताओं के पत्र से कुछ आशा नहीं मालूम होती। उन्होंने यह भी कहा था कि लाहौर और चटगाँव के ऑर्डिनेंसों को छोड़कर और सब हटा लिये जा सकते थे परन्तु कैदियों की रिहाई के सम्बन्ध में कुछ नहीं कहा जा सकता।

15 सितम्बर, 1930

देहली बम केस के कैदी–जिन्होंने अपने साथी सरदार भगत सिंह के भूख-हड़ताल करने पर, राजनीतिक कैदियों के हित के लिए, 45 दिन निराहार युद्ध किया!

लाहौर 'षड्यंत्र' केस के अभियुक्त जिन्होंने इस वर्ष भी राजनीतिक कैदियों के अधिकारों के लिए 41 दिन अनशन किया। आपकी क़िस्मत का फ़ैसला होनेवाला है।

2 अक्टूबर, 1929

लाहौर षड्यंत्र का मुक़दमा

अभियुक्तों के साथ पाशविक व्यवहार

अख़बारी रिपोर्टर और दर्शक निकाले गए

अभियुक्तों ने मौजूदा अदालत से मुकदमा किसी दूसरी अदालत में भेजने विषयक जो अर्जी लाहौर हाईकोर्ट में दी थी, वह खारिज हो गई। इस मामले में पूने में गिरफ़्तार हुआ एक अभियुक्त शिवराम उर्फ राजगुरु और आ गया है। 19 तारीख की पेशी में श्रीयुत सुभास घोष, बाबा गुरुदत्त सिंह आदि भी उपस्थित थे। स्वर्गीय यतीन्द्र के भाई किरणचन्द्र दास की तलाशी ली जाने लगी तो उन्होंने तलाशी देकर भीतर जाने से न जाना ही उचित समझा। बाद को एक दिन इकबाली गवाह जयगोपाल की शहादत शुरू हुई। उसने अपना बयान शुरू किया तो एक आवाज़ आई कि सच बात कहो। उसने मूँछों पर ताव देकर अभियुक्तों की ओर कहा कि सच बात ही कह रहा हूँ। इसी समय जयगोपाल सन्नाटे में आ गया और हक्का-बक्का-सा हो गया। पीछे मालूम हुआ कि एक स्लीपर उस पर फेंका गया था, जो उसको नहीं लगा। प्रेमदत्त अभियुक्त ने आगे बढ़कर कहा कि यह जूता मैंने फेंका है, अन्य अभियुक्तों ने भी प्रेमदत्त के इस कार्य से अपने को अलग बताया और खेद प्रकट किया। इसी समय बोर्स्टल जेल का नायब जेलर ऊपर आया और एक आरामकुर्सी का उखाड़ा हुआ हत्था लेकर कहने लगा कि इसे अभियुक्तों ने फेंकने की गरज से तोड़ डाला है। अभियुक्तों ने कहा, इसे हमने नहीं इसे जेलर ने तोड़ा है। मजिस्ट्रेट के हुक्म से सबको हथकड़ियाँ पहना दी गईं। अभियुक्तों ने एक लिखित बयान पेश किया, जिसमें जूते की घटना से अपना अलगाव और खेद प्रकट किया। मामला स्थगित कर दिया गया। दूसरे दिन अभियुक्त देर तक अदालत नहीं आ सके। मालूम हुआ कि उन पर कल की घटना के लिए मामला चलाया जा रहा है, लेकिन प्रेमदत्त को छोड़कर अन्य अभियुक्तों पर केस नहीं चला। प्रेमदत्त को तीन मास की काल-कोठरी दे दी गई। अन्य अभियुक्तों ने दोनों हाथों में

हथकड़ी पहनकर आना स्वीकार कर लिया था, इसलिए मामला उठा लिया गया। 23 अक्टूबर को अदालत में आने पर दत्त ने कहा कि, पाँच पुलिसवाले मेरी छाती पर बैठ गए थे और ठोकरें लगाई थीं। प्रेमदत्त ने चिल्लाकर कहा, पुलिसवालों ने मेरी गुदा में उँगली डाली थी, क्या यह सभ्यता है? भगत सिंह ने मजिस्ट्रेट से कहा कि यदि आप हमारी रक्षा नहीं कर सकते तो आप इस कुर्सी से उठ जाइए। विजय कुमार और दत्त ने कहा कि हमारे अंग पीड़ित हैं, हम अदालत में बैठ नहीं सकते। मजिस्ट्रेट ने कहा, मैं कुछ न सुनूँगा।

भगत सिंह–अभियुक्तों को जो कुछ भी कहना होगा, उसे आपको सुनना पड़ेगा। हमारे बयान लिखने का समय कब आएगा? क्या इसी तरह आप हाईकोर्ट के आदेश का पालन कर रहे हैं? क्या मैं जान सकता हूँ कि मुझे हथकड़ियाँ क्यों पहनाई गई हैं? क्या मैं यह भी जान सकता हूँ कि मैं आपके तहत हूँ या पुलिस के?

मजिस्ट्रेट–मेरे साथ बहस मत करो। भगत सिंह–एक आदमी की भूल के लिए सबको सजा क्यों? जिसने भूल की थी उसे सजा हो चुकी है। यतीन्द्र सान्याल–हमने उसी समय कार्य से असहमति जाहिर की थी। भगत सिंह–तिस पर भी अदालत ने बड़ी बेहूदा नीति इख्तियार की। हमारी दरखास्त को पढ़े बिना आपने हुक्म दे दिया। हम मामले को बदलने के लिए हाईकार्ट में दरखास्त देंगे। मैं जो कुछ कहता हूँ क्या उसे आप सुनते हैं? क्या आपने हमारी कही हुई बातें लिख लीं। सरकारी वकील–हाँ, नोट कर लिया। भगत सिंह–हथकड़ियों के बारे में आपका क्या हुक्म है? मजिस्ट्रेट–हथकड़ियाँ रहेंगी। विजय सिंह–और बयान के बारे में क्या कहते हैं? आपकी ऐसी अनुचित कार्रवाई के कारण अभियुक्तों ने निश्चय किया है कि दोनों हाथों में हथकड़ियाँ पहनकर हम अदालत में न आवेंगे। इस बयान के समय ही पुलिस के जवान–विजय सिंह को घसीटते हुए अदालत में लाए। इसके बाद भगत सिंह को भी इसी तरह लाया गया। दो-चार मिनट बाद चार-चार या पाँच-पाँच पुलिसवाले एक-एक अभियुक्त को घसीट-घसीटकर लाते और बेंच पर अनाज के बोरे की तरह फेंकते गए। सभी के दोनों हाथों में हथकड़ियाँ पड़ी हुई थीं। भगत सिंह ने बेंच से उठते हुए मजिस्ट्रेट को सम्बोधित करके कहा–मैं आपको बधाई देना चाहता हूँ, क्या आप देखते हैं कि क्या हो रहा है?

भगत सिंह के बाद एक-एक अभियुक्त को लाकर पुलिसवाले कठघरे के दरवाजे पर बोरी की तरह फेंकते गए और थोड़ी देर में अभियुक्तों का ढेर गल्ले की बोरियों के ढेर जैसा मालूम पड़ने लगा।

भगत सिंह–उत्तरदायित्व आप पर है। क्या यह अंग्रेज़ी जेल है और क्या हम भी ब्रिटिश साम्राज्य में ही रहते हैं? क्या आप यह सब देख रहे हैं? आपकी आँखों के सामने यह सब हो रहा है। कुछ अभियुक्त चिल्ला उठे कि एक अभियुक्त बेहोश हो गया।

इस समय अदालत में बड़ी सनसनी फैल गई और सीनियर पुलिस सुपरिंटेंडेंट ने सरकारी एडवोकेट के पास जाकर कहा कि अदालत ख़ाली करा दीजिए।

मजिस्ट्रेट–हाँ, अदालत खाली करा दी जाए।

इस पर सीनियर पुलिस सुपरिंटेंडेंट ने अखबारों के सभी रिपोर्टरों को चले जाने का हुक्म दिया। रिपोर्टर अदालत के अहाते से भी निकाल दिए गए। श्री दत्त की बहन और

विजय सिंह की माँ तथा बहन ने अभियुक्तों पर होनेवाले व्यवहार का घोर प्रतिवाद किया और वे अदालत से बाहर चली गईं। कुछ देर बाद सीनियर पुलिस सुपरिंटेंडेंट ने आकर बाहर खबर दी कि अदालत बरखास्त कर दी गई है, इसलिए सब साहब जाएँ। रिपोर्टर निकाल दिए गए थे। इसलिए पता नहीं चल सका कि अदालत के कमरे के अन्दर पीछे क्या हुआ।

लाहौर साजिश का एक सदस्य
अब मुखबिर बना गुल खिला रहा है
सरकारी गवाह जयगोपाल का बयान
स्काट्स के धोखे में सांडर्स मारा गया

मुखबिर जयगोपाल का बयान 25 अक्टूबर को शुरू हुआ। उसने कहा कि सन् 1926 में मैं राष्ट्रीय स्कूल में पढ़ता था। सुखदेव ने मुझसे कहा कि तुम राष्ट्रीय स्कूल के विद्यार्थी हो, मैट्रिक पास करने के बाद तुम देश की सेवा करना। हम लोगों को अन्य देशों की भाँति गुप्त संस्थाएँ बनानी चाहिए। दूसरी बार सुखदेव जब मुझे मिले तो उन्होंने कहा कि तुम गुप्त संस्था में सम्मिलित हो सकते हो। इस संस्था का उद्देश्य उन्होंने मौजूदा सरकार को उखाड़ फेंकना बताया। इस काम के लिए तीन साधन बताए–धन, जन और शस्त्रास्त्र। धन प्राप्त करने के लिए सरकारी डाकख़ानों और बैंकों को लूटा जाए और बम बनाए जाएँ। सुखदेव के कहने से मैं लुहारगीरी का काम सीखने के लिए विक्टोरिया इंस्टीट्यूट में भर्ती हो गया। सन् 1927 के मई मास में मैं जुबिली इंस्टीट्यूट में भर्ती होने को लाहौर गया था। मैं वहाँ सुखदेव से मिला। उसने मुझे एक गुप्त कमरा लेने को कहा था जहाँ वह और मैं एक साथ रह सकें। गर्मी की छुट्टियाँ आ पहुँचीं, किन्तु सुखदेव ने मुझको घर जाने से मना किया और लोहे की पत्तियाँ बनाने का काम सीखने के लिए किसी ढलाईख़ाने में भर्ती होने को कहा। मैं एम्पायर इंजीनियरिंग वर्क्स में उम्मीदवार हो गया। सुखदेव ने मुझसे कहा कि उसकी चिट्ठियाँ अब उसके (गवाह के) पते से आया करेंगी और डियर जयगोपाल के नाम लिखी चिट्ठियाँ सुखदेव की होंगी। एक दिन मुझे दोपहर को अपने कमरे में सुखदेव और भगत सिंह मिले। भगत सिंह को मैं राष्ट्रीय कॉलेज के छात्र की हैसियत से पहचानता था। दोनों के बगल में 6 अथवा 7 इंची लम्बे चाकू पड़े हुए थे। गवाह ने 6 चाकुओं में से एक चाकू की शिनाख्त की। भगत सिंह ने मुझसे पूछा कि मैं भी जीविका के लिए क्या करना चाहता हूँ। मैंने कहा कि लोहे की पत्तियों के कारीगर का पेशा अख्तियार करूँगा। भगत सिंह ने कहा, बिलकुल ठीक, अपने काम में दत्तचित्त हो लग जाओ। सुखदेव ने कहा कि हम लोग काफ़ी अर्से तक उस इमारत में रह चुके हैं और अब घर बदल देना चाहिए। लक्ष्मण गली में एक कमरा किराए पर लिया गया। सुखदेव ने मुझे 'बन्दी-जीवन', 'स्वाधीनता का पुजारी', 'रूसी विप्लव', 'मैजिनी का जीवन चरित्र', गोरकी की लिखित 'क्रान्ति', 'आयरिश स्वातंत्र्य संग्राम' नाम की पुस्तकें ला दीं। इन किताबों को पढ़ने से मेरे मन में मातृभूमि की सेवा के भाव जगे और माता-पिता आदि को छोड़ने के पक्ष में प्रेरणा हुई।

सन् 1928 के जनवरी मास में भगत सिंह और हंसराज मेरे घर पर आया-जाया करते थे। सुखदेव मेरे पास ही रहता था। सुखदेव ने मुझसे कहा कि हंसराज बोहरा जिला-संगठनकर्ता की हैसियत से रावलपिंडी गया है और उसने मुझको (गवाह) उसके अधीनस्थ कर्मचारी बनकर काम करने के लिए रावलपिंडी जाने का हुक्म दिया है। सुखदेव ने मुझे बहुत से आदेश किए, अर्थात् इस दल का कोई दूसरा व्यक्ति मिले तो दोनों आदमी एक-दूसरे को अपना नाम-धाम नहीं बतावें, वे लोग जिस जगह पहुँचें वहाँ का ही पहनावा ग्रहण करें, मैं अपना नाम हरवंशलाल रखूँ, सन्देह से बचने के हेतु मैं कोई नौकरी कर लूँ, नए स्थान पर पहुँचने पर वहाँ का भौगोलिक ज्ञान प्राप्त करना चाहिए, बम्बई एक्सप्रेस के तीसरे दर्जे के आखिरी डब्बे में मैं बैठूँ। बस, मैं कुर्ता और लुंगी ले आया और वसन्तोत्सव के दो दिन पूर्व बम्बई एक्सप्रेस से रवाना हो गया। बादामी बाग़ स्टेशन पर भगत सिंह मेरे डिब्बे में आया और उसने मुझसे कहा कि वह मेरे साथ रावलपिंडी जा रहा है एवं हंसराज बोहरा से मिलकर वहाँ से लौट आएगा। पिंडी में हंसराज बोहरा हम लोगों से रेलवे स्टेशन पर मिला और हमें अपने घर ले गया। रावलपिंडी में हम एक-दो दिन घूमे और भगत सिंह वहाँ से रवाना हो गया। हंसराज वहाँ तिरलोकचन्द के नाम से रहता था और उसकी चिट्ठी-पत्री सुखदेव से होती, किन्तु यह सब मुझसे गुप्त रखी जाती थी। हंसराज कॉलेज के छात्रों से मिला करते थे, ताकि उनमें से उपयुक्त व्यक्तियों को फुसला लाया जाए। हंसराज 11 फरवरी को पिंडी से रवाना हो गया। रवाना होने के पूर्व उसने मेरा परिचय आर्यसमाजी उपदेशक पं. सत्यपाल से कराया। मैं सत्यपाल को इस दल का सदस्य समझता था। इसी अरसे में सुखदेव यहाँ आ गया और उसने मुखबिर सत्यपाल के साथ रहने और मकान छोड़ देने को कहा। सुखदेव ने मुझे बिना किसी अत्यन्त आवश्यकता के पत्र लिखने का निषेध कर दिया। सुखदेव अभ्यास करने के लिए हवाई पिस्तौल खरीदना चाहता था। हम, इब्राहम एंड संस के यहाँ आ गए और 30 रु. में एक पिस्तौल खरीदा। गवाह ने हवाई पिस्तौल की शिनाख्त की। अभियुक्तों ने हवाई पिस्तौल देखनी चाही, किन्तु पिस्तौल उन लोगों के हाथ नहीं दिया गया।

आगे गवाह ने कहा कि आर्यसमाज के जलसे में शामिल होने के लिए सत्यपाल के साथ पेशावर गया। वहाँ से हम लोग खैबर गए। पिंडी लौट आने पर सत्यपाल ने मुझे एक हवाई पिस्तौल ख़रीदने को कहा और मैंने पिस्तौल ख़रीदा। कुछ गोलियाँ भी ख़रीदी गईं। मैं और सत्यपाल चाँदमारी का अभ्यास करते थे।

रावलपिंडी में मेरा जी ऊब गया और मैं वहाँ से रवाना हो गया। मैं सुखदेव से मिंटो पार्क में मिला, उसके साथ एक युवक था जिसके लम्बी दाढ़ी थी। सुखदेव ने मेरा परिचय इस आदमी से यह कहकर कराया कि यह डॉ. निगम हैं जो दवाओं की दुकान खोलनेवाले हैं। गवाह ने कहा कि शिनाख्त की कार्रवाई के मौके पर पता चला कि वह निगम अभियुक्त गयाप्रसाद था। मेरे साथ गयाप्रसाद फीरोजपुर गया था। उसने मुझसे अपना मुलाजिम बन जाने को कहा और मैंने वैसा ही किया।

दूसरे दिन की पेशी में मुखबिर ने कहा कि फीरोजपुर इन लोगों का अड्डा था, यहीं यू.पी. के अराजक आकर रहते और विस्फोटक पदार्थ गयाप्रसाद की दुकान में जमा किए

जाते। यहीं पर भगत सिंह के केश काटे गए थे। रामनारायण उर्फ शिव वर्मा भी यहाँ आए। उनके पास बहुत से भड़कनेवाले पदार्थ और षड्यंत्र केसों की मिसल थीं। उन्होंने 'चाँद' के लिए और षड्यंत्रकारियों की जीवनियाँ लिखीं। एक दिन सुखदेव ने मुझसे यह तहक़ीक़ात करने को कहा कि रेलवे का खजांची किस दिन तनख्वाहें तकसीम करने फीरोजपुर आनेवाला है। प्रताप सिंह उर्फ़ महावीर सिंह (अभियुक्त) तथा पंडितजी और भगत सिंह भी फीरोजपुर आए। इन लोगों के पास मॉजर और तमंचे थे। फिर वे लोग लाहौर गए। वहाँ 17 नवम्बर को मौजंग के एक मकान में पंडितजी ने मुझसे एक सूटकेस लाने को कहा, जो डी.ए.वी. कॉलेज–छात्रालय में देशराज के कमरे में बोला गया। इसमें अन्य चीजों के अतिरिक्त एक तमंचा भी था, इसी से सांडर्स मारा गया। पंडितजी ने मुझे तमंचा भरना और खाली करना बताया। जयगोपाल ने बताया कि मेरे दल के सदस्य गोली-बारूद को 'भोजन' कहा करते थे। पंजाब नेशनल बैंक पर डाका डालने की पूरी योजना कर ली गई थी, लेकिन उस दिन कोई मोटर नहीं मिली, इसलिए मामला फ़िस हो गया।

तीसरे दिन की पेशी में जयगोपाल ने बताया कि 10 दिसम्बर को क़रीब के सदस्यों की एक सभा हुई। पंडितजी ने प्रस्ताव किया कि पुलिस सुपरिंटेंडेंट मि. स्कॉट मारा जाना चाहिए। (स्कॉट ने लाला लाजपत रायजी को डंडों से मारा था) मुझे स्कॉट की आमदरफ़्त पर निगाह रखने का काम सौंपा गया। मि. स्कॉट उस दिन ऑफिस नहीं आए थे। मैं लौट आया और मौजंग हाउस में हिन्दुस्तान सोशलिस्ट रिपब्लिकन सेना का एक नोटिस देखा जिस पर टाइप से छपा था–स्कॉट मर गया, लालाजी का बदला ले लिया गया। पंडितजी ने मि. स्कॉट की हत्या के लिए 17 तारीख मुकर्रर की। पंडितजी ने कहा कि मि. स्कॉट की हत्या तो होनी ही चाहिए। उन्होंने यह भी कहा कि देहली षड्यंत्र केस के मुखबिर दीनानाथ को भी इसी शाम को मार डालने का हम लोगों ने इरादा कर लिया है। पंडितजी ने एक पिस्तौल लिया और तमंचा एम. ने। भगत सिंह, पंडितजी और एम. तीनों दयानन्द कॉलेज के अहाते में पुलिस दफ्तर के पीछे बैठे रहे। एक पुलिस अफसर दफ्तर से निकलकर मोटरसाइकिल पर चढ़कर जाने लगा। इसे मैंने मि. स्कॉट समझा। मैंने एम. को सूचना दी। जैसे ही कि अफसर एम. के नजदीक आया, उन्होंने गोली मारी। अफसर गिर गया और उसकी गाड़ी दौड़ी चली गई। भगत सिंह ने भी अफसर की तरफ कई गोलियाँ चलाईं। मि. मर्ग ने पुलिस दफ्तर से निकलकर भगत सिंह का पीछा किया, भगत सिंह ने उन पर गोली चलाई, लेकिन लगी नहीं। बाद को एम. और भगत सिंह डी.ए.वी. कॉलेज के फाटक में घुस गए। एक सिख ने उनका पीछा किया, उसके बाद मैंने फैर सुने। उपरान्त मैं उस जगह पर गया, जहाँ भगत सिंह वगैरह के लिए साइकिलें तैयार रखी गई थीं, लेकिन मैंने कोई साइकिल कहीं नहीं पाई। कॉलेज के एक रसोइए ने मुझे बताया कि देशराज एक साइकिल ले गए हैं। मैं होटल में देशराज के कमरे में पंडितजी और भगत सिंह से मिला। यह दोनों साइकिलों पर चले गए। एम. पंडितजी की साइकिल पर ही बैठ गए। शाम को जब भगत सिंह और पंडितजी मुझे मिले तो उन्होंने कहा कि उन्होंने स्कॉट के बजाय सांडर्स को मार दिया है। उन्होंने एक पंजाबी सिख के मारने की बात भी कही। पीछे मुझे किशोरीलाल से उस सिख का नाम भगत सिंह को मालूम हुआ। सुखदेव के आने पर मैं फीरोजपुर गया और

वहाँ से विजय कुमार सिंह और प्रताप सिंह मिले। लाहौर आकर एक दिन शाम को सुखदेव के साथ मैं नहर के किनारे बैठा था कि मि. स्कॉट एक मोटर से निकले। सुखदेव के पास तमंचा था। सुखदेव ने कहा कि एक बार यह बच गया है, इसको मारना आवश्यक है। अभी मुखबिर का बयान हो रहा है।

30 नवम्बर, 1929

मि. सांडर्स की हत्या कैसे हुई?

असेम्बली बम-कांड का उद्देश्य क्या था?

लाहौर-केस के दूसरे मुखबिर का बयान

मुकदमे के आयन्दा हालात

मुकदमे में सबूत की शहादतें सांडर्स हत्या के सम्बन्ध में गुज़र रही हैं। पंजाब के गवर्नमेंट प्रेस के सुपरिंटेंडेंट ने लाल पोस्टरों के बारे में गवाही दी। उसके बाद गवर्नमेंट कॉलेज के 'फोर्थ ईयर' के विद्यार्थी आफताब अहमद की गवाही हुई।

एक और अभियुक्त पकड़कर इस केस के लिए लाहौर लाया गया है। खुफियावालों का कहना है कि इसका नाम मुकुन्द लाल है और बताया जाता है कि यह भागा हुआ था। अब भी इस केस के 6 अभियुक्त फ़रार बताए जाते हैं।

'इनक़लाब ज़िन्दाबाद' और 'साम्राज्यवाद गारत हो' का नारा 25 तारीख को जेल रोड पर स्पेशल मजिस्ट्रेट के इजलास के सामने लगाने के कारण कोई 40 आदमी, जिनमें अधिकतर विद्यार्थी थे, गिरफ़्तार किए गए और उन पर सरसरी मुकदमे चलाकर उन्हें फी क़ैदी 50 रुपए जुर्माना या एक सप्ताह की कैद की सजा दी गई। अभियुक्तों ने जेल जाना पसन्द किया।

दूसरे मुखबिर का बयान

षड्यंत्र के मामले के दूसरे मुखबिर हंसराज बोहरा ने अपना बयान देते हुए कहा कि अपने कॉलेज जीवन में मैं महात्मा गांधी और लाला लाजपत राय की पुस्तकें अधिक पढ़ता था। सुखदेव मेरा रिश्तेदार है। एक मर्तबा मुझे देशसेवा करने की इच्छा हुई और मैं पत्र सम्पादन का कार्य करना चाहता था। सुखदेव मुझे पुस्तकें पढ़ने को दिया करता था और अराजकता के सिद्धान्त की बातें किया करता था। मुझे सुखदेव से क्रान्तिकारी के उद्देश्य प्राप्त हुए थे। उन्हें पढ़कर मैं संघ का सदस्य बन गया। सुखदेव ने मुझसे कॉलेज के विद्यार्थियों में अराजकता का प्रचार करने को कहा। सितम्बर 1927 में मैंने लाहौर में विद्यार्थी संघ स्थापित करने का काम किया जिसका प्रकट उद्देश्य राष्ट्रीयता की शिक्षा देना था, किन्तु उसे नवयुवकों में अराजकता के भाव उत्पन्न करने के लिए संगठित किया गया था। इसके बाद सुखदेव ने मुझे दिल्ली जाने को कहा। रास्ते में मैं अमृतसर उतर गया और मास्टर आशाराम के मकान पर ठहरा। अमृतसर में मुझे भगत सिंह मिले। उनके पास 6 घोड़े का

फौजी रिवॉल्वर था। अक्टूबर 1928 में मैंने लाहौर में विद्यार्थियों की कॉन्फ्रेंस की जिसमें पूर्ण स्वतंत्रता का प्रस्ताव पास हुआ। दिसम्बर में सुखदेव मुझे मोजांग के मकान पर ले गए जहाँ मुझसे भगत सिंह, किशोरीलाल, जयगोपाल, महावीर सिंह और राजगुरु से मुलाकात हुई। लाहौर में अराजक संघ ने कार्यवाही शुरू करने का निश्चय किया। युक्तप्रान्त से भी मेम्बर बुलाए गए। 3 दिसम्बर, 1928 को मैं संघ की मीटिंग में सम्मिलित हुआ। वहाँ पंडितजी ने मेम्बरों को सलाह दी कि फौजी सिपाहियों की तरह तैयार रहो। मैं मीटिंग से चला आया था, दूसरे दिन मुझे मालूम हुआ कि संघ ने रुपयों के लिए पंजाब नेशनल बैंक में डाका डालने का निश्चय किया है। परन्तु वह डाका दो मेम्बरों के वक्त पर टैक्सी के साथ न पहुँच सकने के कारण न डाला जा सका। 9 दिसम्बर को मैंने पहली बार विजयकुमार सिंह और भगवानदास को देखा। सुखदेव ने मुझसे कहा कि तुम्हें लाहौर से जाना पड़ेगा क्योंकि संघ ने कार्यवाहियाँ करने का निश्चय किया है। इसके अनुसार मैं 13 दिसम्बर को कॉलेज नहीं गया। मुझे मालूम हुआ कि संघ ने 17 दिसम्बर को मि. स्कॉट को मारने का निश्चय किया है। मैं मोजांग के मकान की मीटिंग में उपस्थित था, जिसमें जनता को यह बतलाने के लिए कि मि. स्कॉट की हत्या अराजक संघ के द्वारा की गई है। पोस्टर लिखे गए थे। मैंने संघ के सदस्यों से वायदा किया था कि मैं संघ के हित के लिए जो भी मुसीबत आएगी बर्दाश्त करूँगा। मि. स्कॉट की हत्या करने के बाद संघ ने यह आशा की थी कि संघ के प्रति जनता की सहानुभूति हो जाएगी और सरकार डर जाएगी। मुझे मालूम हुआ था कि पंडितजी, भगत सिंह, राजगुरु और जयगोपाल, 17 दिसम्बर की शाम को मि. स्कॉट की हत्या की कार्यवाही करेंगे। बाद में मुझे मालूम हुआ कि मि. सांडर्स और चनन सिंह की हत्या की गई है। मैंने मि. सांडर्स को मारने में कोई भारी गलती नहीं समझी क्योंकि सांडर्स भी हम लोगों की निगाह में दोषी था। उसी रात को मैं गिरफ़्तार किया गया और मेरे मकान की तलाशी ली गई। मैं पुलिस की हिरासत में रहा और मि. सांडर्स की हत्या के सम्बन्ध में कुछ खुला नहीं। मार्च 1929 में मेरी इच्छा भगत सिंह से मिलने की हुई। एक दिन मैं ग्वालमंडी गया। वहाँ मैंने भगत सिंह को कुछ गोलों के साथ देखा। उन्होंने मुझे बतलाया कि बम कैसे तैयार किए जाते हैं।

असेम्बली बम-कांड

मि. सुखदेव से मुझे मालूम हुआ कि दिल्ली की मीटिंग में यह तय हुआ कि भगत सिंह और दत्त असेम्बली में पब्लिक सेफ्टी बिल के विरोध स्वरूप बम फेंकें और अपने को गिरफ़्तार कराकर एक वक्तव्य द्वारा अराजकता के सिद्धान्त को प्रकाशित करें। मुझसे यह भी कहा गया था कि बम जान-बूझकर कमजोर बनाए गए थे कि जिससे किसी को नुकसान न पहुँच सके। बमकांड के चार या पाँच दिन बाद सुखदेव और लोगों के साथ काश्मीरी बिल्डिंग में गिरफ़्तार कर लिए गए। इसके बाद मुखबिर ने श्री देशराज, श्री प्रेमदत्त, श्री किशोरीलाल, श्री भगवती चरन, श्री जयचन्द आदि के कुछ परिचय दिए और कुछ चीजों की शिनाख्त भी की।

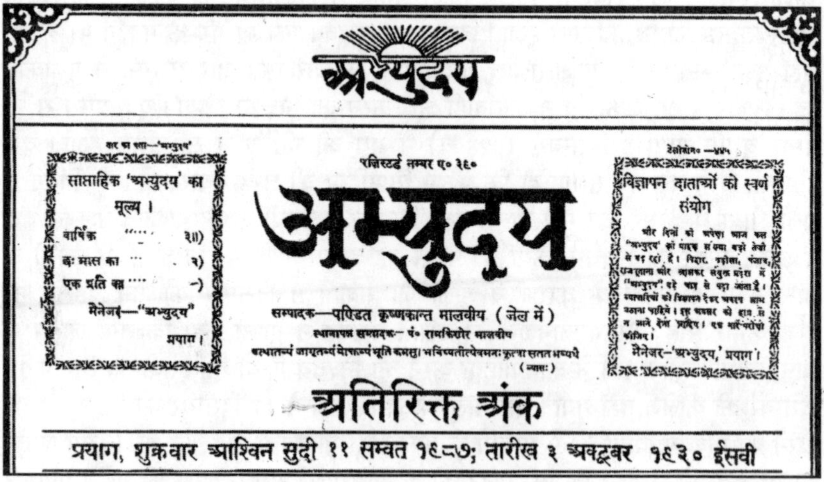
अभ्युदय

रजिस्टर्ड नम्बर ए० ३६०

अभ्युदय

साप्ताहिक 'अभ्युदय' का मूल्य ।

वार्षिक	३॥)
छः मास का	२)
एक प्रति का	-)

मैनेजर—"अभ्युदय" प्रयाग ।

सम्पादक—पण्डित कृष्णकान्त मालवीय (जेल में)

स्थानापन्न सम्पादक— पं० रामकिशोर मालवीय

विज्ञापन दाताओं को स्वर्ण संयोग

मैनेजर—'अभ्युदय,' प्रयाग ।

अतिरिक्त अंक

प्रयाग, शुक्रवार आश्विन सुदी ११ सम्वत १९८७; तारीख ३ अक्टूबर १९३० ईसवी

3 अक्टूबर, 1930

स. भगत सिंह के पिता की वायसराय को अर्ज़ी

भगत सिंह के पिता की ज़रूरी अर्ज़ी

लाहौर 'साजिश' केस में सफाई का मौका दिया जाए

'सांडर्स के क़त्ल के दिन भगत सिंह कलकत्ते में था'

लाहौर षड्यंत्र केस के अभियुक्त सरदार भगत सिंह के पिता सरदार कृष्ण सिंह जी ने वायसराय, गवर्नर पंजाब, लाहौर हाईकोर्ट के चीफ जस्टिस और मद्रास अदालत के जजों के पास एक दरखास्त भेजी है, जिसमें वे कहते हैं कि इस मुकदमे के अभियुक्तों ने सफाई पेश करने की गरज से इस्तगासे की शहादतों को देखने के लिए एक हफ़्ते की मुहलत माँगी थी, लेकिन खास अदालत के जजों ने इजाजत न दी। अभियुक्तों की शिनाख्त, इस्तगासे की शहादतें, मुखबिरों की गवाहियाँ आदि के बारे में लिखते हुए सरदार साहब ने दरखास्त में कहा है कि सांडर्स के क़त्ल के दिन भगत सिंह कलकत्ते में था। कई प्रतिष्ठित सज्जन इसके सुबूत में हलफिया शहादत देने को तैयार हैं। अगर इन्साफ का लिहाज रखते हुए मुझे मौका दिया जाए, तो मैं इनको अदालत में पेश कर सकता हूँ या अदालत खुद बतौर गवाहान अदालत उन्हें पेश कर सकती है।

ज़िन्दगी और मौत का सवाल

इस मुकदमे में मुलजिमों की ज़िन्दगी और मौत का सवाल है। अगर सफाई का मौका दिया जाता है तो क़ानून शहादत दफा 155 के बमूजिब मैं साबित करता कि इस्तगासे की तरफ

से पेश होनेवाले गवाह कौन हैं, उनकी क्या पोजीशन है, उन्होंने किस मकसद से शहादत दी और उन्हें किसने गवाह बनाया। मैं अब भी दरखास्त करता हूँ कि भगत सिंह को सफाई का मौका दिया जाए।

5 अक्टूबर, 1930

स. भगत सिंह का आदर्शवाद : देरापुर में गोली!

कानपुर जिले में गोली चली!

भीड़ की उत्तेजना : 1 मरा और आठ घायल हुए

कानपुर जिले के देरापुर में गत तारीख 2 अक्टूबर को गोली चल गई। कहा जाता है कि पुलिस वहाँ के कुछ कार्यकर्ताओं को गिरफ़्तार करके ले जा रही थी। गाँववाले नेताओं की उचित विदाई के लिए उन्हें हार इत्यादि पहनाना चाहते थे। ऐसा करने से रोका। जनता इस पर उत्तेजित हो उठी और कहा यह जाता है कि कुछ रोड़े वगैरह भी फेंके गए। इस पर पुलिस को गोली चलानी पड़ी, जिससे एक मनुष्य मरा और सात-आठ आदमी घायल हुए। कोई गिरफ़्तारी अभी इस सम्बन्ध में नहीं हुई है।

खुरशीद बहन को जेल

करबन्दी के भाषण के लिए

गत 1 अक्टूबर का समाचार है कि स्वर्गीय दादाभाई नौरोजी की दौहित्री अहमदाबाद जिला कांग्रेस कमेटी की सेक्रेटरी कुमारी खुरशीद बहन, असलाली गाँव में करबन्दी के लिए भाषण देने के कारण शाम को गिरफ़्तार कर ली गईं। उन्हें एक मास की सादी कैद और 25 रुपए जुर्माने की सजा दी गई है।

पुलिस और सन्थालों में चल गई!

स्त्री ने झगड़ा उठाया : दुतर्फ़ा चोट-फेंट हुई!

आसनसोल का 3 तारीख का सामचार है कि धनबाद में कल शाम को दुर्गावाड़ी के पास कुछ पुलिसवालों और सन्थालों में भिड़न्त हो गई। सन्थाल लोग बाद को भी इकट्ठे हुए, लेकिन अधिकारियों ने हस्तक्षेप करके आयन्दा आफत को टाल दिया। अवस्था चिन्ताजनक होने के कारण दुर्गाजी का प्रतिमा-विसर्जन समारोह स्थगित कर दिया गया है। चुटैलों की संख्या का पता नहीं है। कहा जाता है कि आफत एक औरत ने उठाई थी।

अभ्युदय

5 अक्टूबर 1930

'पिता की कमजोरी' पर भक्तसिंह

'आदर्श के आगे जीवन का कोई मूल्य नहीं'

लाहोर 'षडयन्त्र' केस के अभियुक्त सरदार भक्तसिंह के पिता सर० कृष्णसिंह ने खास अदालत के जजों, वायसराय वगैरह को जो दरख्वास्त भेजी है, उसका सरदार भक्तसिंहने एक खत में सख्त विरोध किया है। उनका कहना है कि मेरे पिता की यह परले सिरे की कमज़ोरी ही नहीं बल्कि देशद्रोह से कम यह बात नहीं है। अपने मामले में सफ़ाई पेश न करने की बात कि राजनीतिक कार्यकर्त्ताओं को अदालतों में मुक़द्दमा लड़ने की कभी बिलकुल चिन्ता या मोह न करते हुए बहादुरी के साथ सख्त से सख्त सजाओं को बरदाश्त करना चाहिये। वे चाहें तो मुक़द्दमा लड़ सकते हैं, लेकिन केवल राजनीतिक विचारदृष्टि से अपने स्वार्थ के खयाल से नहीं। अपने आदर्शों को मैं अपने जीवन के लिए हरगिज़ नहीं बेच सकता।

6 अक्टूबर, 1930

भगत सिंह का फोटो!
लाहौर कॉलेजों के दरवाज़े

गत 4 तारीख को लाहौर में तमाम कॉलेजों तथा शहर के दूसरे हिस्सों में हस्तलिखित विज्ञापन भगत सिंह के चित्र सहित चिपके पाए गए। कॉलेजों के अधिकारियों ने उन्हें तत्काल छुड़ा डाला।

लाहौर 'षड्यंत्र' का फ़ैसला
अगले हफ़्ते सुनाया जाएगा

लाहौर की 4 अक्टूबर की खबर है कि लाहौर 'साजिश' केस का फ़ैसला अगले हफ़्ते सुनाया जाएगा।

अभ्युदय

6 अक्टूबर 1930

भक्तसिंह के पिता की जरूरी अर्जी

लाहौर 'साज़िश' केसमें सफ़ाई का मौका दिया जाय

'साउण्डर्स के क़त्ल के दिन भक्तसिंह कलकत्ते में था'

लाहौर षड्यन्त्र केस के अभियुक्त सरदार भक्तसिंह के पिता सरदार कृष्णसिंहजी ने वायसराय, गवर्नर पंजाब लाहौर हाईकोर्ट के चीफ जस्टिस और खास अदालत के जजों के पास एक दरख़ास्त भेजी है, जिसमें वे कहते है कि इस मुकदमे के अभियुक्तों ने सफाई पेश करने की गरज से इस्तग़ासे की शहादतों को देखने के लिए एक हफ्ते की मुहलत मांगी थी, लेकिन खास अदालत के जजों ने इजाजत न दी। अभियुक्तों की शिनाख्त, इस्तगासे की शहादतें, मुखबिरों की गवाहियां, आदि के बारे में लिखते हुए सरदार साहब ने दरख़ास्त में कहा है कि साउण्डर्स के क़त्ल के दिन भक्तसिंह कलकत्ते में था। कई प्रतिष्ठित सज्जन इसके सुबूत में हलफिया शहादत देने को तैयार हैं। अगर इन्साफका लिहाज़ रखते हुए मुझे मौक़ा दिया जाय, तो मैं इनको अदालत में पेश कर सकता हूँ या अदालत खुद बतौर गवाहान अदालत उन्हें पेश कर सकती है।

ज़िन्दगी और मौत का सवाल

इस मुकद्दमे में मुलज़िमों की जिन्दगी और मौत का सवाल है। अगर सफाई का मौका दिया जाता तो क़ानून शहादत दफा १५५ के बमूजिब मैं साबित करता कि इस्तग़ासे की तरफ से पेश होने वाले गवाह कौन हैं, उनकी क्या पोजीशन है, उन्होंने किस मकसद से शहादत दी और उन्हें किसने गवाह बनाया। मैं अब भी दरखास्त करता हूँ कि भक्तसिंह को सफाई का मौका दिया जाय।

—o—

वे कौन-कौन हैं?

अभियुक्तों का संक्षिप्त परिचय

सरदार भगत सिंह—पंजाब के पुराने कौमी कार्यकर्ता—'नेता' नहीं—सरदार कृष्ण सिंह जी के बड़े पुत्र, इतिहास-प्रसिद्ध कौमी-सरदार स. अजीत सिंह जी के भतीजे, पुश्तैनी

अभ्युदय

तार का पता—'अभ्युदय'

साप्ताहिक 'अभ्युदय' का मूल्य।

वार्षिक	३॥)
छः मास का	२)
एक प्रति का	–)

मैनेजर—"अभ्युदय" प्रयाग।

'रजिस्टर्ड नम्बर ए० ३६०

अभ्युदय

सम्पादक—पण्डित कृष्णकान्त मालवीय (जेल में)

स्थानापन्न सम्पादक— पं० रामकिशोर मालवीय

उत्थातव्यं जागृतव्यं योक्तव्यं भूतिकर्मसु। भविष्यतीत्येवमनः कृत्वा सततमव्यथैः (व्यासः)

टेलीफोन० —४४५

विज्ञापन दाताओं को स्वर्ण संयोग

और दिनों की अपेक्षा आज कल "अभ्युदय" की ग्राहक संख्या बड़ी तेजी से बढ़ रही है। बिहार, उड़ीसा, पंजाब, राजपूताना और खासकर संयुक्त प्रदेश में "अभ्युदय" बड़े चाव से पढ़ा जाता है। व्यापारियों को विज्ञापन देकर अवश्य लाभ उठाना चाहिये। इस अवसर को हाथ से न जाने देना चाहिए। एक बार परीक्षा कीजिए।

मैनेजर—'अभ्युदय,' प्रयाग।

अतिरिक्त अंक

प्रयाग, बृहस्पतिवार कार्तिक बदी २ सम्वत १९८७; तारीख ९ अक्टूबर १९३० ईसवी।

३ अभियुक्तों को फाँसी : लाहौर केस का फैसला

सरदार भगतसिंह को मौत की सजा

तीन को फाँसी : सात को कालापानी : एक को सात साल : एक को पाँच साल—तीन छूटे !!

लाहौर 'साजिश' केस में खास-अदालत का फैसला।

लाहौर 'साज़िश' केस के मामले का फैसला खास अदालत ने यकायक ७ तारीख को दोनों जेलों में जाकर अभियुक्तों को सुना दिया। सरदार भगतसिंह, राजगुरु उर्फ़ एम० एम० और सुखदेव को सज़ा-ए-मौत का हुक्म हुआ है।

सरदार भगतसिंह, राजगुरु और सुखदेव पर ताजीरात हिन्द की ३०२ (क़त्ल), १२१ (सम्राट के विरुद्ध युद्ध छेड़ना) और कानून-बम की दफ़ात् कायम की गई हैं। सुखदेव पर उपरोक्त के अतिरिक्त दफ़ा १०९ भी लागू है। इन तीनों को फांसी की सजा दी गई है।

केस के अन्य अभियुक्त किशोरी लाल, महावीरसिंह, विजय कुमार सिंह, शिववर्मा, गयाप्रसाद सिंह,

[सरदार भगतसिंह]

जयदेव और कमलनाथ तिवारी—इन सात को जन्मभर देशनिकाले की सजा सुनायी गई है। इन सातों पर भी क़रीब क़रीब यही दफ़ात् क़ायम थीं। पिछले चार पर ३०२ नहीं है।

कुन्दनलाल को दफ़ा १२१ और १२०-बी० (राजद्रोह) में सात साल और प्रेमदत्त को भी इन्हीं दफ़ात में पांच साल सख्त कैद की सजा सुनाई गई है।

देशराज, अजयकुमार घोष और यतीन्द्रनाथ सन्याल रिहा कर दिये गये।

मुखबिरों पर मामला चलेगा।

बताया जाता है कि, फैसला खास अदालत के तीनों जजों ने एकमत हो कर लिखा है। जयगोपाल और हंसराज वोहरा मुखबिरों ने गवाह-सुलतानी बनने के बाद अपने बयानों को वापस ले लिया, इसलिये उनपर ताजीरात हिन्द की दफ़ा १९३ के मुताबिक मामला चलाया जायगा।

इस फैसले को सुनाने के लिये कई बार तारीखें मुक़र्रर की गई थीं। आखीरी तारीख आठ बताई गई थी, लेकिन ता० ७ को यकायक सेन्ट्रल जेल में सरदार भगतसिंह को तथा अन्य अभियुक्तों को बोरस्टल जेल में अदालत ने फैसला सुना दिया। कोई अखबार वाला या जनता का आदमी फैसले के वक़्त मौजूद न था, इस कारण कोई समारोह आदि लाहौर में नहीं हुआ, और न खास पुलीस आदि का प्रबन्ध इस कारण किया गया था।

मफ़रूर पकड़े गये

खबर है कि, लाहौर 'साजिश' केस के भगे हुए अभियुक्त शरणदास, कृष्णगोपाल और आयाराम, जो तीनों पंजाबी हैं, कलकत्ते में दो मकानों की तलाशी ली जाते वक्त पकड़े गये हैं।

प्रयाग में हड़ताल और समारोह

इस फैसले के कारण प्रयाग में आठ तारीख को जबरदस्त हड़ताल रही। शाम को जुलूस निकलेगा और सार्वजनिक सभा होगी।

देशभक्त, असेम्बली बम केस में आजन्म देशनिकाले की सजा पाए हुए कैदी, 8 अप्रैल, 1929 ई. को असेम्बली की गैलरी में बम-दुर्घटना के बाद गिरफ़्तार हुए थे।

बटुकेश्वर दत्त—कानपुर के श्री जी.डी. दत्त के पुत्र, भगत सिंह के सखा, उन्हीं के साथ असेम्बली भवन में पकड़े गए थे। इस केस में पहले ही रिहा किए जा चुके हैं, लेकिन असेम्बली बम-केस में आजन्म कालेपानी की सजा मुल्तान जेल में काट रहे हैं।

यतीन्द्रनाथ दास–कलकत्ते से गिरफ़्तार कर लाए गए थे। इस फैसले के सुनाए जाने से एक वर्ष 24 दिन पूर्व लाहौर की बोरस्टल जेल में राजनीतिक कैदियों के अधिकारों के लिए शहीद हो चुके हैं। अब उनकी विमल कीर्ति अवशेष है, उसे दुनिया का कोई क़ानून सजा नहीं दे सकता।

राजगुरु उर्फ एम.एम.–दक्षिणी मरहठे, पूने से गिरफ़्तार कर लाए गए थे।

सुखदेव–लायलपुर के रहनेवाले, लाहौर में एक बम के कारखाने की तलाशी के वक्त 1929 की 15 अप्रैल को गिरफ़्तार किए गए।

किशोरीलाल रत्न–होशियारपुर के रहनेवाले, सुखदेव के साथ पकड़े गए।

जयदेव–सहारनपुर की एक धर्मशाला में पकड़े गए बमों के तअल्लुक में मई 1929 ई. में वहाँ पकड़े गए।

शिव वर्मा–सहारनपुर में पकड़े गए।

कमलनाथ तिवारी–विद्यासागर कॉलेज, कलकत्ता के विद्यार्थी, बिहारी; चम्पारन से पकड़कर लाए गए।

मास्टर आज्ञाराम–सियालकोट जिले के रहनेवाले। इस मामले में पहले ही रिहा किए जा चुके हैं।

महावीर सिंह–यू.पी. के एटा जिले के रहनेवाले।

प्रेमदत्त–डी.ए.वी. कॉलेज लाहौर के पंजाबी विद्यार्थी, गुजरात जिले के रहनेवाले।

देशराज–डी.ए.वी. कॉलेज लाहौर के विद्यार्थी।

सुरेन्द्रनाथ पांडेय–कानपुर में पकड़े गए थे। श्री दत्त और मास्टर आज्ञाराम के साथ पहले ही रिहा हो चुके हैं।

मुखबिर कौन-कौन हैं

जयगोपाल, जो 'बम फैक्टरी' की तलाशी के वक्त 15 अप्रैल, 1929 ई. को लाहौर में पकड़ा गया।

हंसराज बोहरा–लाहौर के फोरमैन क्रिश्चियन कॉलेज का विद्यार्थी तथा वहाँ के ट्रेनिंग कॉलेज के एक प्रोफेसर का लड़का।

ब्रह्मदत्त मिश्र–कानपुर में पकड़ा गया। वहाँ के डी.ए.वी. कॉलेज का विद्यार्थी। लेकिन पीछे पलट गया और अब उस पर मामला चलेगा।

ललित कुमार मुकर्जी–प्रयाग के एक एडवोकेट का लड़का।

फणीन्द्रनाथ घोष–कलकत्ते का रहनेवाला।

मनमोहन मुकर्जी–बिहार–चम्पारन के एक गाँव का रहनेवाला।

रामशरण दास–कपूरथला का रहनेवाला, सन् 1912 के लॉर्ड हार्डिंग के बम के मामले में आजन्म कालेपानी की सजा काटे हुए। अपने बयान को इसने भी बदल दिया है, जिसके लिये इस पर भी ब्रह्मदत्त के साथ-साथ मामला चलेगा।

10 अक्टूबर, 1930

लाहौर के फैसले के ख़िलाफ़ देश भर में विरोध

फैसले के विरुद्ध देश में असन्तोष

लाहौर में 'भगत सिंह जिन्दाबाद' की गूँज!

लाहौर में पुलिस ने विद्यार्थियों पर लाठियाँ चलाईं : 7 स्त्रियों सहित कितनी ही गिरफ़्तारियाँ की गईं

पुलिस पर मुकदमा चलेगा : जगह-जगह के समारोह-समाचार

लाहौर

'साजिश' केस के फैसले के प्रतिवाद में लाहौर में 8 तारीख को ज़बर्दस्त हड़ताल रही। प्रायः सभी कॉलेज और स्कूल लड़कों के न जाने के कारण बन्द हो गए थे। गवर्नमेंट, फोरमैन क्रिश्चियन और ओरियन्टल कॉलेजों पर महिलाओं ने धरना दिया। इनकी गिरफ़्तारियाँ की गईं। इन गिरफ़्तारियों में पंजाब की भूतपूर्व डिक्टेटर जेल गई हुई श्रीमती लाडोरानी जुत्शी की चारों ग्रेजुएट लड़कियाँ–मिस जनककुमारी (प्रोफेसर विमेन्स कॉलेज), मिस मनमोहिनी, मिस रमामोहिनी और मिस कृष्णा कुमारी जी हैं। इन जुत्शी-बहनों के पकड़े जाने के बाद अवस्था सही न हो गई, तमाम लड़के क्लासों से निकल आए और भीड़ जमा हो गई। पुलिस भी जमा थी, उसने लोगों पर लाठियाँ चलाईं, जिससे कितने ही विद्यार्थी घायल हुए, चार को अस्पताल में भर्ती करना पड़ा। फोरमेन क्रिश्चियन कॉलेज पर भी लाठी चली। कहा जाता है, एक पुलिस अफसर के अन्धाधुन्ध मोटर चलाने से भी कुछ आदमी चुटैल हुए। 30 विद्यार्थियों और सात महिला पिकेटरों के पकड़े जाने की खबर है। गिरफ़्तारशुदाओं में स्वर्गीय लाला लाजपत राय के पौत्र बलदेवजी, मिस पिडीदास, स्टूडेंट्स यूनियन के मंत्री श्री रौशनलाल और 'प्रताप' सम्पादक के पुत्र वीरेन्द्र भी हैं।

शाम को एक जुलूस निकला, जिसमें स्त्री-पुरुष सभी नंगे सिर चल रहे थे। समारोही भगत सिंह तथा अन्य कैदियों के चित्र लिये हुए 'भगत सिंह ज़िन्दाबाद', 'इनक़लाब ज़िन्दाबाद' आदि के नारे लगाते जा रहे थे। ब्रैडला हाल पर जाकर एक सार्वजनिक सभा हुई, जिसमें लाहौर केस से छूटे हुए देशराज, अजयकुमार घोष और यतीन्द्रनाथ सान्याल ने आपबीती सुनाई, भगत सिंह के पिता सरदार कृष्ण सिंह जी को भागवत भेंट किया गया, पुलिस के आज के जुल्मों की निन्दा की गई और फैसले में दी गई भारी सजाओं के ख़िलाफ़ नाराज़गी का प्रस्ताव पास किया गया। खबर है मीटिंग के बाद चार गिरफ़्तारियाँ की गईं। शहर की खास सड़कों पर पुलिस का सख्त पहरा है।

लाहौर के डी.ए.वी. कॉलेज की कमेटी ने तय किया है कि पुलिस ने कॉलेज के भीतर घुसकर प्रोफेसर सन्तराम सान्याल को पढ़ाते वक्त मारा है, इसीलिए उसके

ख़िलाफ़ दीवानी और फौजदारी केस दायर किए जाएँ। जो विद्यार्थी पीटे गए हैं, उसके ख़िलाफ़ भी कार्रवाई अमल में लाई जाए।

अमृतसर

अमृतसर में 8 तारीख की शाम को एक मातमी जुलूस निकला। समस्त समारोही नंगे सिर थे और भगत सिंह, राजगुरु, सुखदेव जिन्दाबाद वगैरह नारे लगा रहे थे। महिलाओं और पुरुष वालंटियरों के दो दल कौमी गीत गाते जा रहे थे। कुछ लोग चिल्ला रहे थे—सजा देनेवालों का नाश हो। बड़ा जोश था। मीटिंग में सज़ायफ्ताओं की कुरबानियों को दाद दी गई।

देहली में कॉलेजों पर झंडा

दिल्ली की खबर है कि 8 तारीख को यहाँ हड़ताल रही, मुसलमानों की दुकानें खुली थीं। अधिकतर रास्ते बन्द थे, लेकिन कॉलेजों में काम हो रहा था। तो भी 11 बजे के करीब कुछ विद्यार्थियों ने मीटिंग करने के बाद सेंट-स्टीफंस कॉलेज के धुर ऊपर जाकर झंडा लगा दिया। खबर है कि कॉलेज के प्रिंसिपल मि. मुकर्जी ने इसका विरोध नहीं किया, वे कौमी झंडे के विरोधी नहीं हैं।

बम्बई

बम्बई में 8 तारीख को हड़ताल रही। शाम को बाजार मैदान में सभा हुई, जिसमें श्रीयुत सेनगुप्त ने, जो वहाँ पहुँचे हैं, भाषण करते हुए आए। यद्यपि हम खून बहाकर आज़ादी हासिल नहीं करना चाहते, लेकिन तो भी लाहौर के..........अभियुक्तों की भाँति देश-प्रेम के मार्ग में त्याग करनेवाले युवकों से हमारी सहानुभूति है। हम यहाँ मुकदमे की कार्रवाइयों और सजाओं के ख़िलाफ़ आवाज़ बुलन्द करने को जमा हुए हैं। अगर यह जोशीले नौजवान गवर्नमेंट द्वारा निराश न किए गए होते, जेलों में न डाले गए होते, तो आज वे हमारी शान्तिमय लड़ाई में शामिल होते। मि. खुरशीद नरीमान आदि ने भी भाषण दिए।

प्रयाग

दिन में हड़ताल रहने के बाद शाम को पाँच बजे खद्दर-भंडार से कांग्रेस के जनरल सेक्रेटरी पं. गोविन्द मालवीय, उनकी पूज्य माताजी, श्रीमती कमलाजी और श्रीमती उमाजी के नेतृत्व में एक जुलूस उठा, जो शहर के मुख्य-मुख्य बाजारों से घूमता हुआ पुरुषोत्तम दास पार्क पर जाकर समाप्त हुआ, जहाँ श्रीमती उमाजी की अध्यक्षता में सार्वजनिक सभा हुई। श्री सादिक अली, एक असहयोगी विद्यार्थी ने अपने विद्यार्थी भाइयों को आन्दोलन में जोरों से भाग लेने की अपील की। पं. गोविन्द मालवीय का भाषण सारपूर्ण और प्रभावशाली था। उन्होंने कहा

कि यद्यपि भगत सिंह का मार्ग हमारे से अलग है, लेकिन हम दोनों एक ही राष्ट्र के राही हैं। अगर महात्माजी ने आज हमें शान्तिमय सिद्धान्त न बताया होता तो हममें से कितने ही दूसरे मार्ग पर चले जाते। भगत सिंह के व्यक्तित्व की प्रशंसा करते हुए मालवीय जी ने कहा कि वह एक महान आत्मा है, अगर आज वह स्वतंत्र भारत में होता तो राष्ट्र का सेनापति होता, उसके मार्ग को हम उचित नहीं समझते लेकिन उसकी भूल के साथ गवर्नमेंट भी अपनी भूलों के लिए कम जिम्मेदार नहीं है। आपने विद्यार्थियों को कड़ी चेतावनी दी। कहा कि वे गाल बजाना छोड़कर काम करना सीखें। भगत सिंह और उसके सिद्धान्तों का प्रदर्शन करने के बजाय देश के लिए कुरबानी करना सीखना चाहिए। जुलूस में कुछ लाल झंडे भी थे, जो कम्युनिस्ट दल के निशान बताए जाते हैं। श्रीमती उमाजी ने अपने भाषण में इन झंडों का जिक्र किया। उन्होंने भगत सिंह के सिद्धान्तों को असामयिक कहते हुए भी उसके त्याग की प्रशंसा की। कमलादेवी और विद्यादेवी नामक दो लड़कियों ने गीत गाए।

कानपुर, लखनऊ, कलकत्ता में भी वायसराय द्वारा बताए गए लाहौर केस आर्डिनेंस के मुताबिक बनी हुई अदालत के द्वारा दी गई इन सज़ाओं के ख़िलाफ़ हड़ताल और समारोह सभाएँ की गईं।

11 अक्टूबर, 1930

भगत सिंह की अपील

खबर है कि सरदार भगत सिंह के पिता सरदार कृष्ण सिंह अपने पुत्र की फाँसी की सजा के ख़िलाफ़ प्रिवी कौंसिल में अपील दायर करनेवाले हैं।

महिलाओं का मुकदमा मुल्तवी

जेलखाने में कौमी गीत : लाहौर के फैसले पर उपवास

लाहौर का 9 तारीख का समाचार है कि कल कॉलेजों पर पिकेटिंग करने के कारण प्रोफेसर जनककुमारी जुत्शी, एम.ए., कुमारी श्यामा जुत्शी, कुमारी मनमोहिनी,........आदि स्टूडेंट्स जो पकड़ी गई थीं उनका मुकदमा मजिस्ट्रेट मि. डिसने के सामने जनानी जेल में आज शुरू हुआ। जेल के फाटक पर कुल सौ स्त्री-पुरुष जमा थे। उन्होंने अदालत में जाने की आज्ञा माँगी, लेकिन वह नहीं दी गई। अलबत्ता अभियुक्ताओं को उनके सामने फाटक में लाया गया; वे हँस रही थीं और वह गीत गा रहीं थीं जिन्हें लाहौर साजिश केस के कैदी गाया करते थे।

मजिस्ट्रेट ने तब मामले को शुरू करना चाहा, लेकिन अभियुक्ताओं ने तब तक अदालत में जाने से इनकार किया, जब तक उनके सम्बन्धियों को भीतर आने की आज्ञा न दी जाए। मलिक जीवनलाल कपूर से, जो स्टूडेंट्स यूनियन की ओर से मामले की देखरेख

करने आए थे, मजिस्ट्रेट ने बातचीत करने के बाद मामले को दूसरे दिन के लिए मुल्तवी कर दिया। लाहौर षड्यंत्र केस में सुनाए गए फैसले के विरोध में सब महिला-कैदी और यह अभियुक्ताएँ 24 घंटे का उपवास कर रही हैं।

पुरुष पिकेटरों का मामला

कॉलेजों पर पिकेटिंग करने के कारण पकड़े गए दोनों भाई वीरेन्द्र और नरेन्द्र, बलदेव, रौशनलाल तथा अन्यों का मामला बिना पेशी ही कल के लिए मुल्तवी हो गया।

इसी सम्बन्ध में पन्नालाल, सूर्यदेव वगैरह 12 आदमी जो और पकड़े गए हैं, उनकी पेशी मोजंग थाने में हुई। इस्तगासे की दो गवाहियाँ हुईं। अभियुक्तों ने सफाई पेश करना तय किया है, मामला 15 तारीख को पेश होगा। अभियुक्त बोरस्टल जेल भेज दिए गए।

नौजवान भारत सभा (जो अब बन्द हो चुकी है) के भूतपूर्व मंत्री श्रीयुत मंगलदास को दफा 124 ए. के जुर्म में एक साल सख्त कैद की सज़ा दी गई है।

डी.ए.वी. कॉलेज बन्द

पुलिस और विद्यार्थियों में जो आपत्ति खड़ी हो गई थी, उसके कारण लाहौर का डी.ए.वी. कॉलेज 9 तारीख को भी बन्द रहा।

लाहौर फैसले का विरोध
कहाँ-कहाँ, क्या-क्या हुआ

दिल्ली

लाहौर साजिश केस के फैसले के ख़िलाफ़ दिल्ली में हड़ताल के अलावा शाम को एक ज़बर्दस्त जुलूस निकला। लौटकर विक्टोरिया बाग में सार्वजनिक सभा हुई, जिसमें मुफ्ती किफायतुल्ला और श्रीमती डॉक्टर वेदी के प्रभावपूर्ण भाषण हुए। उस आर्डिनेंस के ख़िलाफ़ प्रस्ताव पास हुआ, जिसके अनुसार बनी हुई खास अदालत ने यह फ़ैसला सुनाया है और जिसमें अभियुक्तों को सफाई पेश करने का मौका नहीं दिया गया।

यूनिवर्सिटी के विद्यार्थियों में से अधिकांश ने व्रत रखा और अपनी एक सभा में लाहौर के सजायाफ्ताओं को बधाई तथा गवर्नमेंट की निन्दा की गई कि उसने आर्डिनेंस निकालकर खास अदालत बनाई, जिससे मामले का एक साथ ही खात्मा हो गया और अभियुक्तों को अपील की गुंजाइश भी न रही।

कानपुर

8 तारीख को हड़ताल के साथ जुलूस और सभा भी हुई। सभा में 15000 की भीड़ थी। लाहौर के सजायाफ़्ताओं को बधाई दी गई।

लाहौर

लाहौर में स्टूडेंट्स यूनियन की ओर से हुई एक सभा में भगत सिंह तथा अन्यों को बधाइयाँ दी गईं। 3000 महिलाओं का एक जुलूस निकला और मोरी दरवाजे पर इन्होंने सभा की। सरदार भगत सिंह के पिता सरदार कृष्ण सिंह जी ने यहाँ बताया कि किस प्रकार उन्हें अपने पुत्र से, प्रिवी कौंसिल में अपील करने के बारे में, मुलाकात नहीं करने दी गई और किस प्रकार राजगुरु की माता को जेल के फाटक पर बिठाए रखा गया और अन्त में उन्हें अपने पुत्र से मिलने की आज्ञा नहीं दी गई।

श्री पालीवाल गिरफ़्तार

दिल्ली स्टूडेंट्स यूनियन के प्रेजिडेंट श्रीयुत चिरंजीलाल पालीवाल गिरफ़्तार कर लिये गए।

लाहौर केस के मफ़रूर

उनका संक्षिप्त परिचय

लाहौर साजिश केस में नीचे लिखे पाँच अभियुक्त फ़रार बताए जाते हैं, पुलिस अभी उनका सुराग़ नहीं लगा सकी–

1. सद्गुरुदयालु अवस्थी–कानपुर शहर के दानाखोरी मुहल्ले के रहनेवाले।
2. कैलाशपति उर्फ कालीचरण–आजमगढ़ जिले के मुगराँवा गाँव के लाला हृदयनारायण कायस्थ के पुत्र।
3. चन्द्रशेखर आजाद उर्फ पंडितजी–बनारस के बैजनाथ टोला मुहल्ले के पं. ब्रजनाथ के लड़के।
4. भगवती चरण उर्फ वी.सी. वोहरा–लाहौर के रायसाहब शिवचरण दास ब्राह्मण के पुत्र।
5. यशपाल–काँगड़ा जिले के हीरालाल खत्री के पुत्र।

प्रयाग में फिर लाठी

पाँच गिरफ़्तारियाँ

तारीख 9 की रात को 9.30 बजे बहादुरगंज की गाँजे की दुकान पर एक आदमी ने 2 वालंटियरों को मारा, उनकी कलाइयों पर सख्त जख्म हुए। इसके बाद ही कांग्रेस वालंटियर बोर्ड के मंत्री सय्यद अब्दुल मुईद जैदी कुछ वालंटियरों को साथ लेकर वहाँ खुद पिकेटिंग करने लगे। उसके बाद ही वहाँ पुलिस दल पहुँच गया। भीड़ काफी लगी थी; पहले तो एक सिपाही ने लाठी घुमाई, परन्तु किसी को चोट नहीं लगी, बाद को मुईद साहब मय और चार वालंटियरों के साथ गिरफ़्तार कर लिये गए।

अभ्युदय

तार का पता—'अभ्युदय'

साप्ताहिक 'अभ्युदय' का मूल्य।
वार्षिक …… ३॥)
छः मास का …… २)
एक प्रति का …… -)
मैनेजर—"अभ्युदय"
प्रयाग।

रजिस्टर्ड नम्बर ए० ३६०

अभ्युदय

सम्पादक—पण्डित कृष्णकान्त मालवीय (जेल में)
स्थानापन्न सम्पादक—पं० रामकिशोर मालवीय

(व्यासः)

टेलीफोन० —४४५

विज्ञापन दाताओं को स्वर्ण संयोग

और दिनों की अपेक्षा आज कल "अभ्युदय" की ग्राहक संख्या बड़ी तेजी से बढ़ रही है। बिहार, उड़ीसा, पंजाब, राजपूताना और खासकर संयुक्त प्रदेश में "अभ्युदय" बड़े चाव से पढ़ा जाता है। व्यापारियों को विज्ञापन देकर अवश्य लाभ उठाना चाहिये। इस अवसर को हाथ से न जाने देना चाहिए। एक बार परीक्षा कीजिए।
मैनेजर—'अभ्युदय,' प्रयाग।

अतिरिक्त अंक

प्रयाग, रविवार कार्तिक बदी ५ सम्वत् १९८७ तारीख १२ अक्टूबर १९३० ईसवी

12 अक्टूबर, 1930

भगत सिंह को तारीख 27 को फाँसी?

लाहौर के फैसले की अपील होगी?

'षड्यंत्र' केस के सब कैदी लाहौर की सेंट्रल जेल में इकट्ठे कर दिए गए हैं और वहाँ से जल्द ही मुख्तलिफ जेलों को भेजे जानेवाले हैं। बताया जाता है कि सरदार भगत सिंह, राजगुरु और सुखदेव को 27 तारीख को फाँसी दी जाएगी। लेकिन इस खबर की अभी पक्कायत नहीं है; क्योंकि भगत सिंह के पिता सरदार कृष्ण सिंह ने पंजाब-सरकार को लिखा है कि प्रिवी कौंसिल में अपील करने के तअल्लुक में उन्हें उनके पुत्र से मिलने की इजाजत दी जाए। पंजाब-सरकार को यह भी लिखा गया है कि फाँसी अभी न दी जाए।

शेखूपुरा, ननकाना साहब, गुजरात स्पेशल जेल आदि स्थानों से, फैसले के ख़िलाफ़ प्रतिवाद की खबरें आई हैं।

छूटे हुए अभियुक्तों पर दूसरा मामला चलाया जाएगा

खबर है कि लाहौर के मुकदमे में बरी होकर जेल से रिहा होने से पेश्तर यतीन्द्रनाथ सान्याल, अजयकुमार घोष और देशराज से 5-5 सौ के मुचलके ले लिए गए हैं, ताकि बुलाए जाने पर वे उस मुकदमे में हाजिर हो सकें, जो जेल में किए गए इल्जामों के लिए उनके ख़िलाफ़ चलाया जानेवाला है।

12 अक्टूबर, 1930

लाहौर बम केस के अपराधी

उनके ऊपर क्या-क्या अपराध लगाए गए हैं

लाहौर बम केस में कुल 24 मुजरिम थे। इनमें से भगवानदास जिसको भुसावल में सजा दी गई थी, इस मुकदमे में नहीं लाया गया। पाँच अपराधी भागे हुए हैं जिनके नाम यह हैं–

1. चन्द्रशेखर आजाद उर्फ पंडितजी, 2. कैलाशपति उर्फ कालीचरन, 3. भगवतीचरण, 4. यशपाल, 5. सतगुरु दयाल–शेष 18 अपराधियों में से तीन अर्थात् आज्ञाराम, सुरेन्द्रनाथ पांडे और बटुकेश्वर दत्त को ट्रिब्यूनल ने रिहा कर दिया था। इस प्रकार अदालत ने अपनी तजबीज 15 अपराधियों पर दी है। उनमें से तीन अर्थात् देशराज, जतीन्द्रनाथ सान्याल और अजयकुमार घोष बरी कर दिए गए और बाकी को भिन्न-भिन्न सजाएँ हुईं। उनमें से प्रत्येक के ऊपर अदालत ने जो जुर्म लगाए हैं वह संक्षेप में नीचे दिए जाते हैं–

सुखदेव

सुखदेव क्रान्तिमंडल का रंगरूट भरती करनेवाला सदस्य था और स्कॉट की हत्या करने के लिए नियुक्त किया गया था। सन् 1928 के सितम्बर में वह केंद्रस्थ समिति का सदस्य हो गया था। सांडर्स की हत्या में उसने कोई भाग नहीं लिया। असेम्बली हाल में बम फेंकने में वह भगत सिंह का सलाहगीर था। आगरे में बम बनाने में सहायक था और काश्मीर बिल्डिंग लाहौर के बम कार्यालय का प्रधान संस्थापक था।

मंडल के काम से अमृतसर, फीरोजपुर और सरहद का भ्रमण उसने किया था। यदि भगत सिंह को षड्यंत्र का दाहिना हाथ कहा जाए तो सुखदेव को उसका दिमाग कहना चाहिए। सुखदेव संगठनकर्ता और उत्साही रंगरूट भरती करनेवाला था। हर एक सदस्य को उसकी योग्यतानुसार वह काम सौंपता था। हिंसात्मक कार्यों में स्वयं तो भाग लेने में पीछे था लेकिन उन तमाम कामों की जिम्मेदारी उसके सिर है जिनके पूरा होने में उसकी दिमागी ताकत और संगठन शक्ति अत्यन्त आवश्यक थी। सम्राट के विरुद्ध संग्राम करने, हत्या का षड्यंत्र और विस्फोटक पदार्थ क़ानून के अपराध में उसे मृत्युदंड मिला।

किशोरीलाल

अगरचे उसका कार्य-क्षेत्र अधिकतर लाहौर तक ही सीमित रहा और वह दिल्ली वाली मीटिंग में नहीं था पर पंजाब नेशनल बैंक पर धावा के षड्यंत्र में, स्कॉट के हत्याकांड में

और असेम्बली हॉल में बम फेंकने में वह पूरा सलाहकार था। फरवरी से अप्रैल 1929 तक वह कश्मीर बिल्डिंग लाहौर में बराबर बम बनाता रहा। उसे सम्राट के विरुद्ध संग्राम छेड़ने, हत्या के षड्यंत्र में सहायक होने और विस्फोटक पदार्थ क़ानून के अपराध में कालापानी की सजा हुई।

प्रेमदत्त

जनवरी 1929 से अपनी गिरफ़्तारी तक वह क्रान्तिमंडल का सदस्य रहा। वह प्रधानतः बम बनाने की विधियों की नकल अपने नोटबुक में किया करता था और मंडल के प्रमुख सदस्यों के गिरफ़्तार हो जाने पर मंडल के असबाब को बाँधकर लाहौर से अपने घर ले जाकर उसे बड़ी सुरक्षित रीति से रखा। प्रेमदत्त ने षड्यंत्र में कोई संगीन काम नहीं किया इसलिए उसे सम्राट के विरुद्ध युद्ध छेड़ने के लिए षड्यंत्र रचने और साधारण षड्यंत्र के अपराध में 5 वर्ष सख्त कैद की सजा मिली।

जयदेव

सितम्बर 1928 से, जब दिल्ली वाली मीटिंग हुई, वह मंडल का सदस्य रहा। मार्च 1929 में वह दिल्ली में मौजूद था जब असेम्बली में बम फेंकने की साजिश हुई थी, यद्यपि उसने बम फेंकने में कोई भाग नहीं लिया।

उसके बाद वह बम बनाने के लिए सहारनपुर भेजा गया। अन्त में बम कार्यालय में ही वह गिरफ़्तार हुआ।

उसे सम्राट के विरुद्ध युद्ध छेड़ने और विस्फोटक पदार्थ क़ानून के अपराध में कालापानी की सजा मिली।

शिव वर्मा

क्रान्तिमंडल की युक्तप्रान्त वाली शाखा का वह नेता था और दिल्ली में वह युक्तप्रान्त के प्रतिनिधि की हैसियत से केन्द्रस्थ समिति का सदस्य चुना गया। उसने मंडल के काम से अमृतसर, फीरोजपुर, लाहौर, इलाहाबाद, दिल्ली, आगरा और सहारनपुर का दौरा किया। वह पहले आगरा में बम बनाता रहा और बाद में सहारनपुर में बम कार्यालय की स्थापना में बड़ा भाग लिया।

उसे सम्राट के विरुद्ध युद्ध छेड़ने और विस्फोटक पदार्थ क़ानून के अपराध में कालापानी की सजा मिली।

गयाप्रसाद

गयाप्रसाद की भर्ती शिव वर्मा ने की थी और उसे पंजाब भेजा था। सितम्बर 1928 वाली दिल्ली की मीटिंग में वह नहीं था और न केन्द्रस्थ समिति का वह सदस्य ही था, लेकिन फीरोजपुर में उसने आने-जानेवाले सदस्यों के ठहरने के लिए अपना घर देकर मंडल के कार्य में बड़ी सहायता पहुँचाई थी। वह आगरा और सहारनपुर भी गया जहाँ बम बनाने के पदार्थों के संग्रह करने में बड़ी सहायता की। उसके डॉक्टरी के ज्ञान से मंडल को बड़ी मदद मिली, जयदेव बाल अपराध में उसे कालापानी की सजा मिली।

महावीर सिंह

दिल्ली वाली मीटिंग के पहले पंजाब में वह भर्ती किया गया। पंजाब नेशनल बैंक पर धावा और स्कॉट की हत्या वाले षड्यंत्र में उसका भाग था। स्कॉट की हत्या में उसने क्रियात्मक भाग लिया। खूनियों से मिलने के लिए यह मोजंग हाउस पर मौजूद था। सांडर्स की हत्या के बाद वह बीमार पड़ गया और सुखदेव की आज्ञा से वह अपने घर युक्तप्रान्त लौट गया।

उसे सम्राट के विरुद्ध युद्ध छेड़ने और हत्या के षड्यंत्र में सहायक होने के अपराध में कालापानी की सजा मिली।

भगत सिंह

सितम्बर 1928 में जो दिल्ली में क्रान्तिमंडल बना, भगत सिंह उसका नेता था। इस मंडल-निर्माण के पहले भी वह अराजक कार्यों में भाग ले चुका था। उसके द्वारा भिन्न-भिन्न प्रान्तों की शाखाओं में परस्पर सम्बन्ध स्थापित होता था। इसलिए उसे कलकत्ता और पंजाब के दरम्यान भिन्न-भिन्न स्थानों में भ्रमण करना पड़ता था। केन्द्रस्थ समिति का सदस्य होने के कारण षड्यंत्र के परामर्शों में वह बराबर भाग लिया करता था और प्रायः प्रत्येक कांड में स्वयं बहुत कुछ करता था। उसी ने यह बातचीत चलाई कि जे.एन. दास मंडल के सदस्यों को बम बनाना सिखाएँ। सांडर्स के हत्याकांड में, आगरा में बम बनाने में, जोगेशचन्द्र चटर्जी के बचाने में, झाँसी की यात्रा में बम को आजमाने में, उसने बड़ा भाग लिया और अन्त में असेम्बली हॉल में बम फेंकने के लिए वह चुना गया।

सम्राट के विरुद्ध युद्ध छेड़ने, सांडर्स की हत्या और विस्फोटक पदार्थ क़ानून के अपराधों में भगत सिंह को फाँसी की सजा मिली।

अभ्युदय

15 अक्टूबर 1930

लाहौर केस के फाँसीके अभियुक्त

अपील करने से इनकार कर रहे हैं

लाहौर षडयंत्र केस के वुकला पंडित रामभरन मेहता, प्राणनाथ और मेहता अमरनाथ ने गत १० अक्टूबर को लाहौर सेण्ट्रल जेल में अभियुक्त भगतसिंह, शिवराम, राजगुरु और सुखदेव से मुलाक़ात की। मुलाक़ात का उद्देश्य उनसे उस अपील के बारे में राय लेनी थी जो उनको फाँसी की सज़ा के खिलाफ़ प्रिवी कौन्सिल में होने वाली है।

सब से पहले राजगुरु की सम्मति लीगई। उन्हों ने अपील करने से इनकार कर दिया, लेकिन वकीलों के आग्रह करने पर उन्हों ने कहा कि पहले भगतसिंह से पूछा जाय। उनके बाद सुखदेव से पूछा गया। उन्हों ने भी ज़ोरों के साथ इनकार किया। वह अपील करने के एकदम खिलाफ थे और उनकी सलाह थी कि भगतसिंह को भी अपील करने से सहमत न होना चाहिये।

अंत में भगतसिंह की राय ली गई। उन्हों ने कहा कि वर्तमानस्थिति में अपील करने से कोई फायदा नहीं। जब उनसे कहा गया कि आप के पिता की प्रबल इच्छा है कि अपील करें तो सरदार भगतसिंह ने इस विषय पर गौर करने का बचन दिया। व्यतिगत तौर पर भगतसिंह अपील करने के विचार को ही नापसंद करते थे। उन्हों ने कहा कि अपील के इन्तज़ार में एड़ियां रगड़ने की अपेक्षा फांसी पाने में खास लुत्फ़ आता है।

—o—

16 अक्टूबर, 1930

भगत सिंह और उनके साथियों को फाँसी

लाहौर के फ़ैसले के ख़िलाफ़ जगह-जगह प्रतिवाद!

(विविध संवाददाताओं से तार द्वारा)

आजमगढ़

10 तारीख को आजमगढ़ में लाहौर ट्रिब्यूनल के फैसले के ख़िलाफ़ एक ज़बर्दस्त जुलूस निकला और सार्वजनिक सभा हुई।

लुधियाना

लुधियाने में 8 तारीख की रात को एक सार्वजनिक सभा में 'साजिश' केस के फैसले का प्रतिवाद किया गया और 'अभियुक्तों' को बधाई दी गई।

जालन्धर

जालन्धर में खबर के पहुँचने पर 7 तारीख की शाम को वहाँ की जेल के कैदियों ने खाना नहीं खाया। शहर में जुलूस निकला और सभा हुई। कन्या महाविद्यालय की ओर से महिलाओं का जुलूस निकला।

लायलपुर

लायलपुर में कांग्रेस कमेटी की ओर से 8 तारीख की रात को बड़ी सभा हुई, जिसमें लाहौर के फैसले के ख़िलाफ़ प्रस्ताव पास हुआ। डिक्टेटर ने सरदार भगत सिंह और सुखदेव, जो यहीं के रहनेवाले हैं और जिनको फाँसी की सजा मिली है, की जीवनियाँ सुनाईं। कहा कि सुखदेव खानदानी देशभक्त हैं।

गुजराँवाला

गुजरांवाला जेल के तमाम राजनीतिक क़ैदी और हवालातियों ने 7 तारीख को व्रत रखा।

देहली

जिला जेल के 'ए' क्लास के कैदियों ने फैसले को सुनकर तमाम दिन व्रत रखा।

बरला

बरला में अभियुक्तों की शुभाकांक्षापूर्वक ईश्वर से प्रार्थना की गई।

पानीपत और जँगराव

पानीपत और जँगराव में हड़तालें रहीं, जुलूस निकले और जलसे हुए।

आगरा, आजमगढ़ और अकोला में भी हड़ताल रही, जुलूस निकला और प्रतिवाद सभा हुई। प्रयाग के विद्यार्थी संघ ने श्रीमती कमला नेहरू के सभापतित्व में अपनी मीटिंग में सजाओं के विरोध में प्रतिवाद का प्रस्ताव पास किया है।

शिमला

शिमला में भगत सिंह-दिवस 11 तारीख को मनाया गया। शाम को ज़बर्दस्त मीटिंग हुई।

कलकत्ते में

बड़ा बाजार, श्यामबाजार, भवानीपुर, कालीघाट, कॉलेज स्ट्रीट, हरिसन रोड आदि सभी प्रमुख स्थानों की दुकानें बन्द रहीं। कहीं-कहीं बाजार खुले थे, किन्तु साधारण तौर पर देखने से बाजार की मातमी सूरत ही नजर आती।

देश के आगरा आदि अन्य स्थानों से भी इसी प्रकार के समाचार मिले हैं।

अभ्युदय

20 अक्टूबर 1930

'गान्धी या भगतसिंह !

अहमदाबाद में पर्चे बँटे

अहमदाबाद का समाचार है कि शहर में 'गान्धी या भगतसिंह' शीर्षक पर्चे जिनमें अहिन्सा का प्रचार किया गया है, बांटे गये हैं। पर्चों पर प्रेस की लाइन न थी, इसलिए पुलीस ने पांच प्रेसों की तलाशी ली, लेकिन वहाँ कुछ मिला नहीं।

30 अक्टूबर, 1930

भगत सिंह की उनके पिता से भेंट!

सरदार भगत सिंह के पिता सरदार कृष्ण सिंह जी अपने सुपुत्र से मुलाकात करने अपने छोटे पुत्र कुलतार सिंह के साथ 9 तारीख को सेंट्रल जेल गए, वहाँ से कहा गया कि होम सेक्रेटरी के लाहौर आने पर इजाजत मिलेगी। तब आपने जिला मजिस्ट्रेट को लिखा कि मैं अपने लड़के की अपील के तअल्लुक में उससे मिलना चाहता हूँ, इजाजत दी जाए ताकि मुलाकात के बाद मैं अपील के वास्ते 750 रुपए सरकार में जमा कर दूँ। इस पर आपको इजाजत मिल गई और आपने उसी दिन जेल में भगत सिंह से मुलाकात की। खबर है कि भगत सिंह

बिलकुल खुशखुर्रम थे, उनका चेहरा दमदमा रहा था, आँखों में एक मस्ती थी, चेहरे पर एक नूर था। रंजोमलाल का नाम तक न था। 15 मिनट तक पिता-पुत्र में बातें होती रहीं। बतलाया जाता है कि भगत सिंह ने कहा कि प्रिवी कौंसिल में अपील करना बेकार है। मैं नहीं चाहता कि अपील की जाए। 27 अक्टूबर नजदीक आ रही है; मुझे जाने दीजिए। सरदार साहब ने कहा कि मुल्क चाहता है कि अपील की जाए। 10 तारीख को दुबारा मुलाकात होनेवाली थी।

कौन-कौन अपील करेंगे?

लाहौर केस में सजा पाए हुए श्री जयदेव, पंडित कमलनाथ तिवारी, श्री विजय कुमार सिंह ने प्रिवी कौंसिल में अपील करना तय कर लिया है। खबर है कि लाहौर सेंट्रल जेल के सुपरिटेंडेंट ने भगत सिंह, शिवराम राजगुरु और सुखदेव की फाँसी की सजाओं के ख़िलाफ़ गवर्नमेंट के पास रहम-मुलतानी की दरख्वास्त भेज दी है। सुनते हैं, लाहौर केस की डिफेंस कमेटी भी अपील के हक में कोशिश कर रही है।

अभ्युदय

रजिस्टर्ड नम्बर ए० ३६०

साप्ताहिक 'अभ्युदय' का मूल्य।

वार्षिक …… ३॥)

छः मास का …… २)

एक प्रति का …… -)

मैनेजर—"अभ्युदय" प्रयाग।

अभ्युदय

सम्पादक—पण्डित कृष्णकान्त मालवीय (जेल में)

स्थानापन्न सम्पादक— पं० रामकिशोर मालवीय

विज्ञापन दाताओं को स्वर्ण संयोग

मैनेजर—'अभ्युदय,' प्रयाग।

अतिरिक्त अंक

भाग ७] प्रयाग, शनिवार कार्तिक सुदी ४ सम्वत १९८७; तारीख २५ अक्टूबर १९३ ईसवी [संख्या २८

भगत सिंह आदि की फांसी मुल्तवी हो गयी?

भगत सिंह की फाँसी रोकदी गयी?

फांसी की सजा के विरुद्ध अपील होगी

मुल्जों की ओर से फाँसी के हुक्म के खिलाफ अपील की जायगी। यह भी खबर है कि सुखदेव को फांसी के बदले शायद कालेपानी की सजा कर दी जायगी।

18 फरवरी, 1931

भगत सिंह आदि की दरख्वास्त नामंजूर

लन्दन, 11 फरवरी। प्रिवी कौंसिल ने आज लाहौर षड्यंत्र के अभियुक्तों की अपील की दरख्वास्त सुनी। अभियुक्तों की ओर से श्री प्रिट ने बहस की। प्रिवी कौंसिल ने सरकार की बहस सुने बिना ही अपील की दरख्वास्त नामंजूर कर दी। पूरा फ़ैसला बाद को सुनाया जाएगा।

जिन 12 अभियुक्तों की ओर से दरखास्त की गई थी उन्हें विशेष न्यायालय ने 7 अक्टूबर, 1930 को सजाएँ दी थीं। इन अभियुक्तों में सर्वश्री भगत सिंह, शिवराम, राजगुरु और सुखदेव को फाँसी, सात अभियुक्तों को आजीवन कालापानी और दो को सख्त कैद की सजाएँ मिली हैं। दरख्वास्त में कहा गया था कि ऑर्डिनेंस के अनुसार विशेष न्यायालय नियुक्त करके भारत शासन विधान की 72वीं धारा के अनुसार विरुद्ध कार्य किया गया है।

24 मार्च, 1931

भगत सिंह आदि को फाँसी दे दी गई

लाशें नहीं दी जाएँगी : जेल में ही जलाई जाएँगी

फाँसी रोकने और प्रिवी कौंसिल में अपील करने की दरख्वास्तें नामंजूर कर दी गईं!!!

देश भर में असन्तोष : महात्मा जी ने तार भेजकर कांग्रेस की धूमधाम बन्द करा दी!!

फाँसी के तख्ते पर लटका दिए गए!

लाहौर, 23 मार्च—सरदार भगत सिंह, राजगुरु और सुखदेव को आज शाम को 7 बजे सेंट्रल जेल में फाँसी दे दी गई।

भगत सिंह के पिता सरदार किशन सिंह ने अधिकारियों के पास तार भेजा है कि लाशें दाह-संस्कार के लिए दे दी जाएँ। परन्तु खबर है कि लाशें नहीं दी जाएँगी और सेंट्रल जेल के अन्दर ही उनका दाह-संस्कार किया जाएगा।

हाईकोर्ट में दरख्वास्तें नामंजूर

लाहौर, 23 मार्च, आज प्रातःकाल से ही लाहौर में बड़ी सनसनी फैली है। सब लोग सरदार भगत सिंह, राजगुरु और सुखदेव की फाँसी की खबर से बहुत चिन्तित हैं। आज हाईकोर्ट में इन लोगों को दी जानेवाली फाँसी मुल्तवी करने और प्रिवी कौंसिल में अपील करने की दरख्वास्तें पेश की गई थीं। हाईकोर्ट के बाहर जनता की बहुत बड़ी भीड़ एकत्र थी। कई कार्यकर्ताओं ने कहा कि वायसराय की ऑर्डिनेंस इस प्रकार की गई कि खास अदालत ने

27 अक्टूबर को फाँसी की तारीख मुकर्रर की थी। उस दिन फाँसी नहीं दी गई और अब ऑर्डिनेंस तथा खास अदालत दोनों रद्द हो गए। क़ानून के मुताबिक फाँसी का वारंट वही अदालत निकाल सकती है, जिसने सजा सुनाई हो, सरकार या हाईकोर्ट फाँसी का वारंट नहीं निकाल सकते। परन्तु जजों ने सफाई के वकील की यह बात स्वीकार नहीं की और दोनों दरख्वास्तें नामंजूर कर दीं।

रिश्तेदारों को मिलने की मनाही!

जेल के अधिकारियों ने भगत सिंह, राजगुरु और सुखदेव से पिता, माता, बहिन और भाइयों के अतिरिक्त और किसी रिश्तेदार को मिलने की आज्ञा नहीं दी, इसलिए किसी से भी मुलाकात नहीं की गई। भगत सिंह के पिता ने इसके विरोध में वायसराय, गवर्नर और होम मेम्बर को तार भेजे।

नवयुवकों में असन्तोष

लाहौर में जुलूस निकाला गया

भगत सिंह वगैरह की फाँसी के पहले से ही फाँसी की बात सुनकर नवयुवकों में जोश फैला। नौजवान भारत सभा की ओर से लाहौर में एक जुलूस निकाला गया और मोरी गेट के बाहर सभा की गई, जिसमें फाँसी के फैसले के विरुद्ध प्रस्ताव पास किया गया।

महात्माजी का तार

महात्माजी ने कराँची कांग्रेस के प्रबन्धकों को तार भेजा है कि चूँकि भगत सिंह वगैरह को फाँसी होनेवाली है, इसलिए कांग्रेस की धूमधाम बन्द कर दी जाए। कांग्रेस के राष्ट्रपति के भाषण में फाँसी होने पर बहुत परिवर्तन किया जाएगा। यह तार पाकर स्वागतकारिणी समिति ने धूमधाम बन्द कर दी है और 24 घोड़े की गाड़ी पर राष्ट्रपति को बैठाकर जो जुलूस निकलने वाला था, वह सब रोक दिया गया है।

नौजवान भारत-सभा की ओर से पहले ही वायसराय और महात्माजी के पास तार भेज दिए गए थे कि भगत सिंह वगैरह की फाँसी की सजा बदल दी जाए और अगर फाँसी दे दी गई तो नवयुवक लोग समझौते को स्वीकार न करेंगे।

भगत सिंह कौन थे?

सरदार भगत सिंह पंजाब के प्रसिद्ध देशभक्त सिख परिवार के एक रतन थे। आपके पिता सरदार किशन सिंह जी स्वर्गीय लाला लाजपत राय के साथ काम करनेवालों में हैं। सरदार भगत सिंह के चचा सरदार अजीत सिंह जी का नाम भारत-स्वतंत्रता के इतिहास में

अमर रहेगा। सन् 1905-06 में सरदार अजीत सिंह जी ने अपने बड़े भाई के साथ राष्ट्रीय जागृति को बहुत उत्तेजना दिया था। उस समय आप और स्वर्गीय लाला जी पंजाब के एकमात्र सच्चे कौमी लीडर थे। आप देश के बाहर चले गए हैं और अब अमेरिका के ब्रेजिल प्रान्त में हैं।

सरदार भगत सिंह बचपन से ही कट्टर देश-प्रेमी और क्रान्तिवादी रहे हैं। आपका परिवार पंजाब का एक सम्पन्न परिवार है, आपकी शादी महाराजा रणजीत सिंह के परिवार से हो रही थी, लेकिन विवाह करने का आपका विचार ही नहीं था। जिस दिन शादी पक्की होनेवाली थी, उसी दिन आप घर से गायब हो गए और आपके घरवालों को उनका पता उस दिन लगा, जब आज से दो वर्ष पूर्व असेम्बली में बम फेंकने के बाद उन्होंने अपने को पकड़ा दिया। असेम्बली बम-केस में आपने जो बयान दिया है, वह एक ऐतिहासिक पृष्ठ की भाँति भारतीय-स्वातंत्र्य के इतिहास में सुरक्षित रहेगा। इस केस में आपको आजन्म कालेपानी की सज़ा दी गई। इसके बाद आप पर 16 अन्य नौजवानों के साथ लाहौर 'षड्यंत्र' का मामला चलाया गया जिसका खास अंग लाहौर के नायब पुलिस कप्तान सांडर्स की हत्या थी। मुखबिरों का कहना है कि सांडर्स पर सरदार भगत सिंह ने भी गोली चलाई, लेकिन यह तहक़ीक़ नहीं है कि सांडर्स सरदार की गोली से मरा : इस केस के दौरान आपने पूरे 115 दिन तक अनशन रखकर संसार को हिला दिया था। लाहौर का यह 'सांडर्स' केस जिन विचित्रताओं से परिपूर्ण है और जिस तरह भारत के इस सर्वप्रिय नौनिहाल को फाँसी पर लटकाया गया है, न्याय के नाम पर एक गोरे के खून का जो प्रतिशोध लिया गया है उसे भारत का बच्चा-बच्चा कभी न भूलेगा।

भगत सिंह अभी 12-23....वह दीवानापन–जिन लोगों ने उस आजादी के फरिश्ते को लाहौर केस में अदालत में आते-जाते, मजिस्ट्रेट और जजों से बहस करते और मुखबिरों से कई-कई दिन तक जिरह करते देखा है–वह क्या कभी उसे भूल सकते हैं। भगत सिंह सन् 1921 में लाहौर के डी.ए.वी. हाईस्कूल का एक विद्यार्थी था, उसके बाद असहयोग कर वह राष्ट्रीय कॉलेज में भर्ती हुआ और वहाँ पढ़ता रहा। किसी विश्वविद्यालय का ग्रेजुएट न होते हुए भी उसका ज्ञान, उसकी प्रतिभा उसी भाँति सर्वतोमुखी थी, जिस प्रकार उसमें प्रबलतम आभा। हृदय और मन उसने लासानी पाए थे–........

भगत सिंह के दो छोटे भाई और तीन बहनें हैं। उसके छोटे भाई कुलतार सिंह को लाहौर कांग्रेस में वालंटियर का काम करते हजारों ने देखा था, लोग उसमें भगत सिंह की झलक देखकर उसके पास जा पहुँचते थे। भगत सिंह के माता-पिता के अतिरिक्त उसके बाबा-दादी भी जीवित हैं। बाबा सरदार अर्जुन सिंह जी 80 से ऊपर हैं, लेकिन अजीत सिंह और स्वर्ण सिंह–जिनकी मौत सन् 1908 में जेल में हो चुकी है[1]–दो पुत्रों को मातृवेदी पर होम कर अपने पोते भगत सिंह के बलिदान पर वे गर्व करते हैं।

---

1. स्वर्ण सिंह का देहान्त जुलाई, 1910 में हुआ था। –सम्पादक

25 मार्च, 1931

भगत सिंह और दत्त के दर्दनाक अन्तिम पत्र!

"मेरी तमन्ना यही है कि मैं अपने प्यारे सरदार को आँखों से देख लूँ"

—बटुकेश्वर दत्त

"हम शाही कैदी हैं—हमें फाँसी पर मत चढ़ाओ, गोली मार दो"

—भगत सिंह

24 मार्च को भगत सिंह आदि को फाँसी होगी?
फाँसी अगर हुई तो बड़ा उपद्रव खड़ा हो जाएगा

बटुकेश्वर दत्त की आखिरी तमन्ना!
सरदार किशन सिंह के नाम श्री दत्त का दर्दनाक पत्र!

सरदार भगत सिंह के अनन्य सखा बटुकेश्वर दत्त ने, जो इस समय मद्रास प्रान्त के सलेम नगर की सेंट्रल जेल में आजीवन कैदी की भाँति बन्द हैं, अपने परम प्रिय सरदार और सखा भगत सिंह के पिता सरदार किशन सिंह जी को निम्नलिखित पत्र लिखा है—

मेरे माननीय सरदार जी,

मेरे जीवन में यह पहला अवसर है कि मैं आपको यह पत्र लिख रहा हूँ। यद्यपि मुझे इस गम्भीर अवसर पर जबकि मेरे मिहरबान भाई (कॉमरेड) भगत सिंह का महत्त्वशाली अन्त जल्लाद की फाँसी के फन्दे में झूल रहा है, इस पत्र को शुरू करने में कठिनता अनुभव हो रही है, तथापि परिस्थितियों से विवश होकर मैं यह थोड़े से शब्द लिख रहा हूँ। मुझे आप क्षमा करेंगे, यदि हमसे आपके आत्मा को कष्ट पहुँचे।

सरदार जी, यह तो आपको भली-भाँति मालूम है कि मेरा भगत सिंह से क्या सम्बन्ध है। यह हमारे भ्रातृ-स्नेह और सत्य मैत्री भाव की सुखद शृंखला ही थी जिसने मानव-जाति के हित-क्षेत्र में हमारे पारस्परिक दायित्व और सम्बन्ध को स्थिर किया था। यही भावना आज मेरे हृदय-समुद्र में ज्वार-भाटा उत्पन्न कर रही है और मुझे मजबूर कर रही है कि मैं उच्च अधिकारियों से निवेदन करूँ कि ऐसे समय में, जबकि मेरे परम प्रिय सखा के सिर पर अत्याचार और अन्धकार की घनघोर घटा मँडरा रही है, मैं दुर्भाग्यवश यदि उसका साथ नहीं दे सकता, तो कम-से-कम अपने मित्र के मुस्कुराते मुखड़े का अन्तिम दर्शन तो कर सकूँ और अपने भावों की श्रद्धांजलि अर्पित कर इस भौतिक वियोग के अवसर पर पारस्परिक गले लगकर एक दूसरे से विदाई ले सकूँ।

परन्तु मुझे अत्यन्त शोक है कि अधिकारियों ने एक ऐसे व्यक्ति की आवाज़ को, जिसका अपने अन्यतम मित्र के शोकपूर्ण वियोग के उपरान्त जीवित हो जेल की ऊँची-ऊँची दीवारों के भीतर अन्त कर दिया जाना है, बहरे कानों सुना। उन्होंने हमारे अनन्य प्रेम सम्बन्ध और भ्रातृ-भाव को, जो संसार में अपना सानी नहीं रखता, अनुभव न करते हुए मेरी, भगत सिंह की मुलाकात के लिए की गई दरख्वास्त को रद्‌द कर दिया।

यदि सम्भव हो सके तो मेरे इन भावों और अनुभूतियों को सरदार साहब तक पहुँचा दीजिएगा। मैं इस समय अनुभव करता हूँ–

आज़माइश है कड़ी लब पर कोई शिकवा न हो,
फिर मिलेंगे...दिल में कोई खटका न हो।

आपका–**बटुकेश्वर दत्त**

सरकार को भगत सिंह का पत्र

पंजाब सरकार ने सरदार भगत सिंह, श्री राजगुरु और श्री सुखदेव को 3 मार्च तक दया की प्रार्थना करने की मोहलत दी थी। इन्होंने दया की प्रार्थना नहीं की। मगर सुपरिंटेंडेंट जेल की इजाजत से एक पत्र पंजाब सरकार को लिखा। इस पत्र में लॉर्ड इर्विन और महात्मा गांधी के दरम्यान सुलह की बातचीत का जिक्र है। महात्मा जी की बातों पर निराशा प्रगट की गई है।

पत्र में लिखा है कि महात्मा जी हमें तो क्या छुड़वाएँगे यदि वह उन निर्दोष लड़कियों को जिन पर बमबाजी का अभियोग लगाया है और जो डर के मारे शहर-शहर घूमती फिरती हैं उनको छुड़वा सकें तो बड़ी बात होगी।

सरकार को सम्बोधन करते हुए इस चिट्ठी में लिखा गया है कि हम युद्ध के कैदी हैं। इन अर्थों में हम राजबन्दी (शाही कैदी) हैं। हमारे साथ वही सलूक होना चाहिए जो युद्ध के कैदियों के साथ होता है। या तो युद्ध के समाप्त होने पर हमें छोड़ दिया जाए या गोली से उड़ा दिया जाए। राष्ट्रीय सैनिकों को कोई सरकार फाँसी पर नहीं चढ़ाती। सरकार हमें गोली से उड़ाने के लिए फौजी सिपाहियों को जेल में भेज सकती है। हमें फाँसी के तख्ते पर लटकाने का कोई अर्थ नहीं।

भगत सिंह वगैरह को बचाने की कोशिश

सरदार भगत सिंह, श्री सुखदेव और श्री राजगुरु को फाँसी का हुक्म हो गया। खबर है कि 24 या 25 मार्च को फाँसी हो जाएगी। इस सम्बन्ध में लाहौर जेल पर बड़ा कड़ा पहरा बैठा दिया गया है। जेल के अन्दर के सभी राजनीतिक कैदी हटा दिए हैं। फाँसी का ठीक समय क्या है, यह नहीं बतलाया जा रहा है। भगत सिंह के पिता सरदार किशन सिंह ने अधिकारियों के पास लिख भेजा है कि फाँसी दी जाने के बाद भगत सिंह की लाश अन्तिम संस्कार के लिए उन्हें दे दी जाए, किन्तु ऐसी आशा कम मालूम होती है।

जब से दया की प्रार्थना रद्द होने और फाँसी के निश्चय की खबर के बाद से तीनों युवकों के प्राण बचाने की पूरी कोशिश शुरू हो गई है। नेताओं की ओर से भी प्रयत्न हो रहे हैं।

नेताओं का विश्वास है कि भगत सिंह आदि की सजा न घटाकर सरकार बुद्धिमत्ता से काम नहीं ले रही है। उन्हें फाँसी देने से नवयुवक उत्तेजित हो जाएँगे और कराँची कांग्रेस में समझौते का समर्थन मुश्किल हो जाएगा। फिर भी नेताओं को विश्वास है कि अन्तिम क्षण में सरकार इनको फाँसी की सज़ा के विरुद्ध निर्णय करके स्थिति को बिगड़ने से बचा लेगी।

महात्मा गांधी तथा अन्य नेताओं को भगत सिंह आदि को बचाने के लिए भिन्न-भिन्न प्रान्तों से 50 तार मिले हैं।

नौजवान भारत सभा की वर्किंग कमेटी का डेपुटेशन महात्मा जी से मिला। डेपुटेशन 40 मिनट तक सरदार भगत सिंह की फाँसी और सत्याग्रहियों के सिवाय अन्य राजबन्दियों की रिहाई पर बात करता रहा। लेकिन, महात्मा जी ने अन्य राजबन्दियों की रिहाई को अपने और सरकार के बीच शर्त बनाना स्वीकार नहीं किया।

'लीडर' का संवाददाता लिखता है कि सरदार पटेल, सुभाष बाबू तथा श्रीमती नायडू आदि से बात करने से पता चला है कि अगर अगले सप्ताह में सरदार भगत सिंह आदि को फाँसी दे दी गई, तो कराँची कांग्रेस में बड़ा उपद्रव खड़ा हो जाएगा। नौजवान भारत सभा ने उसके विरोध में भारी प्रदर्शन किया।

लाहौर का समाचार है कि सरदार भगत सिंह, राजगुरु तथा सुखदेव के लिए जो दया-प्रार्थना की गई थी, उसके नामंजूर हो जाने से यहाँ बड़ी उत्तेजना फैल गई है। नौजवान-भारत सभा ने एक वक्तव्य प्रकाशित करके गांधी-इर्विन-समझौते की निन्दा की है। 23 मार्च को इसी विषय को लेकर चन्दा इकट्ठा करते हुए जुलूस निकाला जाएगा तथा सभा होगी।

अभ्युदय

25 मार्च 1931

लाल क्रान्ति के दो अनन्य पुजारी

सर्दार भगतसिंह

आपकी फांसी की सजा लाख प्रयत्न करने पर भी बहाल रही। इसी २३ तारीख को फांसी हो गयी।

भगतसिंह ज़िन्दाबाद

श्री बटुकेश्वर दत्त

आपका एक भाव पूर्ण पत्र हम अन्यत्र प्रकाशित कर रहे हैं।

अभ्युदय

1 अप्रैल 1931

सरदार भगतसिंह का अन्तिम पत्र

भाई को मातम न मनाने का आदेश

सेण्ट्रल जेल लाहौर से सरदार भगतसिंह ने अपने छोटे भाई के नाम जो अन्तिम पत्र लिखा वह इस प्रकार है—प्यारे कुलतारसिंह ! आज तुम्हारी आँखों में आंसू देख कर बहुत रंज हुआ। आज तुम्हारी बातों में बहुत दर्द था। तुम्हारे आंसू मुझसे बर्दाश्त न हुए। प्यारे भाई हिम्मत से तालीम हासिल करते जाना और सेहत का ख्याल रखना। और क्या लिखूं हौसला रखना, सुनो:—

उसे यह फिक्र है हर दम नई तर्जे जफा क्या है,
हमें यह शौक है देखें सितम की इन्तेहा क्या है ।।

दहर से क्यों खफा रहें, चर्ख का क्यों गिला करें,
सारा जहा अदू सही आओ मुकाबला करें ।।

कोई दम का मेहमान हूँ अहले महफिल,
चिरागे सेहर हूँ, बुझा चाहता हूँ ।।

आबोहवा में रहेगी, ख्याल की बिजली।
ये मुश्ते खाक है फानी रहे रहे न रहे ।।

अच्छा, खुश रहो अहले वतन हम तो सफर करते हैं। आनन्द से रहना।

तुम्हारा भाई—भगतसिंह

20 तारीख को हाइकोर्ट में फाँसी को रोकने की दरख्वास्त फिर दी जाएगी। शहर में अफवाह उड़ रही है कि फाँसी मंगलवार को दी जाएगी। यह चर्चा भी सुनी जाती है कि पहले वायसराय सजा बदलने के लिए तैयार दिखाई देते थे, पर पंजाब के कुछ बड़े-बड़े पुलिस कर्मचारियों ने इसका घोर विरोध किया। यहाँ तक कि वे इस्तीफे देने के वास्ते तैयार हो गए। इसलिए वायसराय को दरख्वास्त रद्द कर देनी पड़ी।

1 अप्रैल, 1931

भगत सिंह का अन्तिम गान

"मेरा रंग दे बसन्ती चोला"

लाहौर, 26 मार्च। कहते हैं कि जिस समय सरदार भगत सिंह और उनके दोनों साथियों की फाँसी का समाचार शहर में फैला कि अगणित भीड़ ने जाकर सेंट्रल जेल को घेर लिया क्योंकि सुना गया था कि उनकी लाशें फाँसी के तख्ते के नीचे ही जला दी गईं। मालूम हुआ है कि जिस समय सरदार भगत सिंह को फाँसी देने के लिए जल्लाद लिये जा रहे थे उस समय निर्भीक सरदार ऊँचे स्वर में मुस्कुराते हुए गीत गा रहे थे जिसकी पहली पंक्ति यह थी :

"मेरा रंग दे बसंती चोला,
इसी रंग में रँग के शिवा ने, माँ का बन्धन खोला।"

29 अप्रैल, 1931

शहीद सुखदेव का महात्मा गांधी को अन्तिम पत्र

कलकत्ते में अंग्रेजी क्लब घर पर बम गिरा

कई षड्यंत्रों के मुकदमों की सनसनीदार कार्यवाहियाँ

मेरठ षड्यंत्र का मुकदमा

मुकदमा अभी एक वर्ष और चलेगा

2 आदमी जमानत पर छूटे

मेरठ षड्यंत्र केस के अभियुक्तों में से मि. हचिंसन और मि. निम्बकर को इलाहाबाद हाईकोर्ट ने जमानत पर छोड़ दिया। जस्टिस मुकर्जी और जस्टिस बोआयज ने दो अलग-अलग फैसले लिखे हैं। उपरोक्त दोनों अभियुक्तों ने हाईकोर्ट में स्वयं अपनी जमानत की दर्खास्तों पर बहस की थी। दोनों अभियुक्तों को इस शर्त पर छोड़ा गया है कि वह प्रतिज्ञा करें कि मुकदमा के दिनों में वह किसी आन्दोलन में भाग नहीं लेंगे न किसी प्रदर्शन में शामिल होंगे, न भाषण करेंगे और न समाचार-पत्रों में कुछ लिखेंगे। जस्टिस मुकर्जी ने फैसले में लिखा कि मुकदमों के सारा साल चलने की सम्भावना है। क़ानून का मकसद यह है कि जमानत के मामले में हाईकोर्ट के अधिकार बन्धन मुक्त रहे। यह नहीं कहा गया कि अभियुक्त भयानक अपराधी है, मुकदमे की समाप्ति समीप दिखाई नहीं देती। इसलिए अभियुक्तों को शीघ्र छोड़ देना चाहिए।

गत 21 अप्रैल को मेरठ षड्यंत्र केस की सुनवाई पुनः आरम्भ हुई। श्री निम्बकर और हचिन्सन जो इलाहाबाद हाईकोर्ट में बहस करने गए थे, आज वापिस लौट गए। श्री थाटे,

उन्हें अस्वस्थता के कारण जमानत पर छोड़ा जाना तय हुआ है, बहुत सख्त बीमार हैं। सुना जाता है कि आप स्वास्थ्य लाभ के लिए बम्बई जाने की अर्जी देंगे।

इसके बाद सातवें अभियुक्त डॉ. मुकर्जी का बयान शुरू हुआ। जज ने आपसे पूछा कि "क्रान्ति कांग्रेस पत्र के सम्पादक को आपने जो बधाई का पत्र दिया था, उसका क्या अभिप्राय था। इस पर आपने कहा–"यह भुलाया नहीं जा सकता कि महात्मा ईसा और बुद्ध में क्रान्ति की एक नवीन आभा जगमगाती थी, जो अब महात्माजी द्वारा प्रकट हुई है।" आगे चलकर आपने बतलाया कि "मेरा इस पत्र से कोई सम्बन्ध नहीं था, केवल पत्र के नाम के लिए मैंने उसके सम्पादक को बधाई का पत्र दिया था।"

यह पूछे जाने पर कि उन्होंने 'महात्मा लेनिन' नामक पुस्तिका क्यों लिखी, आपने कहा कि–"पब्लिक सेफ्टी बिल ने जनता में एक इस प्रकार की लालसा उत्पन्न कर दी थी कि वह बोलशेविज्म का ठीक-ठीक ज्ञान कराए। वह ज्ञान कराने को ही मैंने यह पुस्तिका लिखी थी।" इस पर जज ने पूछा–"क्या आप संक्षेप में बतला सकते हैं कि बोलशेविज्म क्या है?" इस पर आपने कहा कि–"यह बतलाने के लिए मुझे मजदूर दल के आरम्भ, उन्नति और इंग्लैंड में खोली गई तत्सम्बन्धी स्कूलों का वर्णन करना पड़ेगा।" इसके पश्चात् अदालत की कार्यवाही समाप्त हुई।

लाहौर का नया षड्यंत्र केस

लाहौर, 22 अप्रैल–आज जब विशेष अदालत के सामने नवीन षड्यंत्र केस पेश हुआ तो मि. अमोलक राम कपूर ने दरख्वास्त दी कि हाईकोर्ट की आज्ञानुसार चारों मुखबिरों को जुडीशल हवालात में भेजा जाए। इस दरख्वास्त में यह भी बताया गया कि पुलिस खैरातीराम सुलतानी गवाह को अदालत से आज्ञा प्राप्त किए बिना ही आज शाही जिले में ले गई। अदालत ने सरकारी वकील के विरोध करने पर भी आज्ञा दी कि आज 2.30 बजे चारों मुखबिरों को अदालत में पेश किया जाए। शेष अभियुक्तों को जेल ले जाए जाने की आज्ञा हुई। 2.30 बजे मुखबिर अदालत में पेश हुए। उन्हें हाईकोर्ट की आज्ञा सुनाई गई।

अमृतसर षड्यंत्र केस

मि. आर्यमुनि बरी : दो की सजा बहाल रही

पंजाब हाईकोर्ट ने अमृतसर षड्यंत्र केस की अपील का फ़ैसला 24 अप्रैल को सुना दिया। इस मुकदमे में चार अभियुक्त और दो सुल्तानी गवाह थे। इनमें से एक मुसाफिर जयराम सिंह ने अदालत सेशन में अपना बयान बदल लिया था। सेशन जज ने अभियुक्त को भिन्न-भिन्न दंड दिए थे। विद्वान जज ने मित्र आर्यमुनि को जिसे सेशन जज ने सवा दो साल कैद की सजा दी थी, बरी कर दिया और मि. सुशील कुमार से, जिसे अढ़ाई वर्ष की सजा दी थी, दो साल के लिए एक हजार रु. की जमानत माँगी। अन्य दो अभियुक्तों अर्थात् मि. राजनारायण और मूला की अपील नामंजूर कर दी। उन्हें सवा-सवा साल कैद का दंड हुआ था।

अंग्रेजी क्लब पर बम फेंका गया
यूरोपियन महिला बाल-बाल बची

कलकत्ते में गत 24 अप्रैल की शाम को, साढ़े सात के बाद ही गोल्फ क्लब में एक बम गिरा हुआ पाया गया। यह बम ठीक उसी प्रकार का था जिस प्रकार का सर चार्ल्स टैगार्ट पर फेंका गया था। ठीक से भरा न होने के कारण बम फूटा नहीं। एक यूरोपियन महिला ने इसको हवा में से नीचे गिरते देखा और उसे कॉर्क की गेंद समझकर उठा लिया। पर उठाने पर मालूम हुआ कि वह कॉर्क नहीं बम है।

इस मामले के सम्बन्ध में पुलिस कमिश्नर ने स्वयं घटना की जाँच की और आसपास की बस्ती की तलाशी ली। इस जाँच के समय कहा जाता है कि पास के ढेर में एक और बम मिला, जिसे पुलिस बहुत अधिक भयंकर समझती है। अभी तक इस सम्बन्ध में कोई गिरफ़्तारी नहीं हुई।

महात्मा जी को सुखदेव का अन्तिम पत्र
''महात्मा जी नौकरशाही के साथ हैं!''

अभी हाल ही में 'यंग इंडिया' में महात्मा जी के नाम लिखा हुआ शहीद सुखदेव का अन्तिम पत्र प्रकाशित हुआ है। पत्र में, महात्मा जी ने क्रान्तिकारियों को अपना कार्य बन्द रखने का जो आदेश दिया था, उसी का जिक्र है। पत्र इस प्रकार है :

''गांधी जी क्रान्तिकारियों को अपने कार्यों को बन्द करने का आदेश दे-देकर उनके दमन करने में नौकरशाही का खूब हाथ बँटा रहे हैं। उन्हें यह मालूम होना चाहिए कि क्रान्तिकारियों के हृदय में भी अपने देश को स्वतंत्रता का अभाव खलता है। उचित तो यह था कि महात्मा जी स्वयं क्रान्तिकारी से व्यक्तिगत रूप से बातचीत करते और उन्हें किसी प्रकार विश्वास दिलाते कि वे अपना कार्य बन्द रखें।''

पत्र के उत्तर में महात्मा जी ने लिखा है—''यह पत्र भगत सिंह के अनन्य मित्र शहीद सुखदेव द्वारा लिखा गया था जो मुझे उसके स्वर्गारोहण के बाद मिला। बहुत से लोग राजनीतिक-स्वतंत्रता के लिए फाँसी पर चढ़ना पसन्द नहीं करते। राजनीतिक-खून चाहे जितने निन्दनीय हों किन्तु इससे इनकार नहीं किया जा सकता कि इस प्रकार के भयंकर कांड भी लोग देश-प्रेम से प्रेरित होकर करते हैं। कुछ भी हो हमारी समझ में राजनीतिक हत्या की प्रवृत्ति अब बढ़ नहीं रही है। यदि भारत को आधुनिक उद्देश्य में सफलता मिली तो यह निश्चित है कि राजनीतिक खून सदा के लिए बन्द हो जाएँगे। और कोई विश्वास करे या न करे मैं तो इसी विश्वास पर कार्य कर रहा हूँ (इस पत्र के लेखक ने) (सुखदेव ने) निःसन्देह अपने साथ बड़ा भारी अन्याय किया। अपने जीवन में उत्तेजक अपीलों के अतिरिक्त उसने और कुछ नहीं किया। क्रान्तिकारियों के सामने उसने अपने कटु अनुभव को प्रमाणस्वरूप रखा है कि भारतवर्ष में यह आन्दोलन सफल नहीं हो सकता है।''

प्रतिबन्धित साहित्य में भगत सिंह (अभ्युदय)

अन्तिम वचन

सरदार भगत सिंह अजीजों से ये बोले,
मरता हूँ तो क्यों आपको है फिक्र तरद्दुद।
इक क़िस्स-ए-पारीना को दुहराती है तारीख़,
उमरास्त कि आवाज-ए-मन्सूर कुहन शुद।
मन अज़-सरे-नौ जलवा दहम दारो रसन का।

—देशभक्त

भगत सिंह की याद में

वो रखते हैं दिल में गुमाँ कैसे-कैसे,
दिए हमने गो इम्तिहाँ कैसे-कैसे।
भगत सिंह को देखकर चर्ख बोला,
दिखाए जमीं ने जवाँ कैसे-कैसे।
कहा रूहे-मजनूँ ने मस्ती में आकर,
मुहब्बत के छोड़े निशाँ कैसे-कैसे।
कहा महरमे-राज़ मन्सूर ने यूँ,
खिंचे दार पर राजदाँ कैसे-कैसे।
पुकारे वे नामा वराने ज़माना,
मिटे नामियों के निशाँ कैसे-कैसे।

वतन के दुलारे—तड़पकर पुकारे,
वतन वे भी हैं पासबाँ कैसे-कैसे।
ये लन्दन की गलियों में अवाज गूँजी,
हैं भारत के शीरे-रसाँ कैसे-कैसे।
किसन सिंह ने कह के सबको रुलाया,
दिए दाग़ ऐ आसमाँ कैसे-कैसे।
कहा रोके भारत ने, छीने गए हैं—
मेरे लाल, मेरे जवाँ कैसे-कैसे।
पुकारा भगत सिंह के लाशे पै इशरत,
मिटे अहले हिन्दोस्ताँ कैसे-कैसे।

—लाला दीनानाथ

भगत सिंह

“वीरों ने जबकि यह कहा।
अदम हुआ हिन्द का नव जवाँ भगत ॥”
रंज़ो अलम फ़ना करो
ये मुल्क है, जिसमें था नव जवाँ भगत ॥
भी न रंजोग़म करो।
गया भगत, होवेंगे बे-कराँ भगत ॥
माला लिये जपा किए।
देशभक्त, जैसे था नव जवाँ भगत ॥
बना हमें जवाब दो।
स्वराज तुम फाँसी चढ़ा जवाँ भगत ॥
उठा न ऐ ‘अली’।
ज़र्रे से, पैदा हैं बे-कराँ भगत ॥

—मुश्ताक अली खाँ ‘अली’

*सज़ा की जानते हैं हम, ख़ुदा जाने ख़ता क्या है?

(लेखक—स्वर्गीय महाकवि चकवस्त)

उन्हें यह फिक्र है हरदम नया तर्जे जफाँ क्या है?
हमें यह शौक़ है देखें सितम की इन्तेहा क्या है ॥
गुनहगारों में शामिल हैं गुनाहों से नहीं वाकिफ।
सजा को जानते हैं हम, खुदा जाने खता क्या है ॥
ये रंगे बेकसी रंगे जुनूँ बन जाएगा गाफिल।
समझ ले यासो हिरमाँ की, मरज की, इन्तेहा क्या है ॥
बना बिस्मिल हूँ मैं वाकिफ नहीं रस्मे शहादत से।
बता दे तू ही ऐ जालिम तड़पने की अदा क्या है ॥
चमकता है शहीदों का लहू कुदरत के परदे में।
शफक का हुस्न क्या? फूल की रंगी क़बा क्या है?
उमीदें मिल गईं मिट्टी में दर्दे जब्त आख़िर है।
सदाए गैब बतला दे मुझे हुक्मे खुदा क्या है?

* *यह ग़ज़ल सरदार भगत सिंह को बहुत प्रिय थी। इसका ही पहला मिसरा उन्होंने अपने भाई को लिखे हुए अन्तिम पत्र में उद्धृत किया है।*

भगत सिंह राजगुरु सुखदेव मेमोरियल फंड में आर्थिक श्रद्धांजलि दीजिए

हँसते हुए फाँसी की रस्सी गले में डालकर मस्ती का गीत गानेवाले शहीदों की स्मृति रक्षार्थ 1000000 लाख रुपया इकट्ठा होगा। इन वीरों के प्रतिमा के सिवा सर्व साधारण की सम्मति से जो देशहित कर प्रतिष्ठान स्थापित किया जाएगा उसका पूरा ब्योरा कमेटी के प्रधान कार्यालय लाहौर से प्रकाशित होगा।

जिन वीरों ने निर्यातित भारत को सुखी करने के लिए जीवन के प्रारम्भ में अपनी वृद्ध माता-पिता, भाई-बहन तथा जीवन की सारी सुख-सुविधाओं को छोड़कर अपना जीवन रूपी नाव बिना कर्णधार विशाल कर्म समुद्र में छोड़ दिया था और अन्त में हँसते हुए मातृभूमि की धधकती हुई यज्ञ कुंड में अपने को स्वाहा कर दिया। ऐसे आत्म विसर्जन कारियों की स्मृति रक्षा के लिए कौन हृदयवान व्यक्ति आर्थिक मदद देने से इनकार कर सकता है? अपरिणामदर्शी ब्रिटिश ने देश-प्रीति के अपराध में गत 26 तारीख मार्च की रक्तरंजित शाम को भारत के जिस राम-लक्ष्मण-शत्रुघ्न को अपने माता-पिता-बहनों से अन्तिम मुलाकात करने से वंचित करके फाँसी पर लटकाकर उनके टुकड़े-टुकड़े किए और संसार को अपना अफसरी रूप दिखाकर विस्मित कर दिया था। न्याय तथा मनुष्यत्व की भित्ति पर खड़े होकर कौन मनुष्य ऐसा है जो यह नहीं चाहता कि इस निपीड़ित भारत में ऐसे निर्मम रूप से जान देनेवाले बच्चों की स्मृति कायम हो। सतलुज नदी के किनारे जिस स्थान पर श्रीमती अमरकौर को अपने प्रिय भाई भगत का एक कटा हुआ हाथ चिटियों के मुँह से छिनाना पड़ा था कौन मनुष्य ऐसा है जो उस पवित्र स्थान पर अपने प्यारे भगत का स्मृति मन्दिर स्थापित नहीं करना चाहता? सरदार भगत सिंह की तथा राजगुरु एवं सुखदेव की वृद्धा माता अपने प्राणों को देश के संग्राम में आहुति देकर अपने शून्य भवन में गहरी श्वासें ले रही हैं। एक युग नहीं सौ युग में भी हम लोग इन वीर परिवारों के ऋण से उद्धार नहीं हो सकते हैं।

ऐसी हृदय दग्धकारी स्मृति सामने रहते हुए भी भारत के कुछ हृदयहीन स्वार्थ पर देशद्रोही भीरु मानव देहधारी जीव अपनी कायरता को छिपाने के लिए आर्थिक मदद के बदले प्रलाप बक देते हैं। मैं उन भाइयों से अपील करती हूँ कि मैं अपने मृत्युंजयी भाइयों के विरुद्ध किसी तरह का प्रलाप सुनना नहीं चाहती हूँ। जो भाई अपने आँसू से भिगोकर एक पैसा भी इस मेमोरियल कमेटी को देंगे वही श्रद्धा के साथ ग्रहण किया जाएगा। भाइयो तथा बहनो खुले दिल से जो कुछ हो अपने शहीद भाइयों की याद में निम्न पते से भेजकर अपनी हमदर्दी प्रगट कीजिए। रुपए देनेवाले अगर चाहेंगे तो उनका नाम अखबार में निकाल दिया जाएगा।

—सुशीला घोष

सेक्रेटरी ऑल इंडिया भगत सिंह
राजगुरु सुखदेव मेमोरियल कमेटी
एम.डी. सिन्हा भवन
माल रोड, कानपुर

'अभ्युदय' सम्पादक श्री पद्मकान्त मालवीय

श्री मालवीय जी का जन्म उत्तर प्रदेश के इलाहाबाद जनपद की करछना तहसील के रेरा नामक ग्राम में 6 अगस्त सन् 1908 को हुआ था। आप महामना मदनमोहन मालवीय के पौत्र थे और आपके पिता का नाम श्री कृष्णकान्त मालवीय था। शिक्षा-प्राप्ति के उपरान्त आपने भी अपने बाबा तथा पिता के ही पद-चिह्नों पर चलकर पत्रकारिता तथा राजनीति दोनों ही क्षेत्रों को समान रूप से अपनाया था। पत्रकारिता में आपने जहाँ अपने पिता श्री कृष्णकान्त मालवीय द्वारा सम्पादित होनेवाले 'अभ्युदय' साप्ताहिक के माध्यम से प्रवेश किया था वहाँ राजनीति में भी आपकी वैसी ही गति थी। बल्कि जब सुभाष चन्द्र बोस द्वारा फॉरवर्ड ब्लॉक की स्थापना हुई तब आप मुख्यतः उनकी विचारधारा के ही प्रचारक रहे और आजाद हिन्द फौज़ की स्थापना तथा उसके उपरान्त नेताजी द्वारा किए गए स्वातन्त्र्य संघर्ष के आप अनन्य उद्घोषक रहे। यहाँ तक कि 'अभ्युदय' के अनेक संग्रहणीय तथा उल्लेखनीय विशेषांक आपने उन दिनों प्रकाशित किए, जबकि आजाद हिन्द फौज के सैनिकों पर लालकिले में मुकदमा चल रहा था। हिन्दी-पत्रकारिता के विकास में 'अभ्युदय' ने जिस राष्ट्रीय विचारधारा के अग्रदूत का काम किया था, पद्मकान्त जी ने अपने पिता श्री कृष्णकान्त मालवीय के निधन के बाद भी उसे ज्यों का त्यों अक्षुण्ण रखा। यद्यपि अपने प्रारम्भिक काल में जब 'अभ्युदय' का सम्पादन श्री कृष्णकान्त मालवीय करते थे तब उसकी नीति गांधीजी के सिद्धान्तों के अनुगमन की थी, किन्तु पद्मकान्तजी के सम्पादन में वह सर्वथा वामपन्थी बन गया। अपने सम्पादन-काल में अपने जहाँ गांधीजी के सिद्धान्तों के प्रति खुलकर असहमति व्यक्त की, वहाँ जिस बात को आप राष्ट्र तथा जनता के हित में समझते थे, उसका उन्मुक्त मन तथा उदार हृदय से समर्थन भी किया। पत्रकार के रूप में पद्मकान्तजी ने जिस प्रखर प्रतिभा का परिचय दिया था, वह सर्वथा अभिनन्दनीय है।

एक कुशल पत्रकार होने के साथ-साथ आप सहृदय कवि के रूप में भी साहित्य-क्षेत्र में अत्यन्त विशिष्ट स्थान पाने के अधिकारी हैं। छायावाद के उत्कर्ष-काल में आपने अपने गीतों, ग़ज़लों तथा रुबाइयों के द्वारा जिस काव्यधारा का प्रचलन किया था उसकी ज्वलन्त साक्षी आपकी 'त्रिवेणी' (1929), 'प्याला', (1932), 'प्रेम-पत्र (1933), 'आत्म-वेदना' (1934), 'आत्म-विस्मृति' (1934), 'हार' (1936) तथा 'कंजन' (1941) आदि कृतियाँ हैं। आपने अपनी 'आत्म-विस्मृति या रुबाइयाते पद्य' नामक कृति में जहाँ रुबाई छन्द के माध्यम से प्रेम तथा विरह का उत्कृष्ट चित्रण किया था वहाँ 'प्रेमपत्र' नामक रचना के द्वारा हिन्दी-काव्य में एक सर्वथा नई पत्र-शैली का प्रचलन किया था। आपकी इन रचनाओं का तत्कालीन

हिन्दी-काव्य पर इतना चमत्कारी प्रभाव हुआ था कि कुछ आलोचकों ने उनको हिन्दी में 'हालावाद' के प्रवर्तक कवि के रूप में प्रतिष्ठित किया है। आपके द्वारा अनूदित 'उमर खैयाम' की रचनाओं को पढ़कर उस समय हिन्दी-कविता में भाषा का भी एक नया स्वरूप-निर्धारण हुआ था। हमारे इस कथन की पुष्टि आपके उन विचारों से हो जाती है जो आपने अपनी 'आत्म-विस्मृति या रुबाइयाते पद्य' नामक पुस्तक की भूमिका में प्रकट किए थे–"आज मुझे खेद है कि खड़ी बोली वाले स्वयं उसीं मार्ग पर जा रहे हैं जिस पर चलने से कुछ दिनों पहले वे दूसरों को मना करते थे। आजकल के कतिपय छायावादी कवियों की कविता बिना शब्दकोश की सहायता से कितने भाई समझ सकते हैं?" मालवीय जी जहाँ प्रखर पत्रकार और हृदयवादी कवि के रूप में हिन्दी-साहित्य में प्रतिष्ठित रहेंगे वहाँ हिन्दी-उर्दू के सम्मिलन की दिशा में भी आपकी देन कम उल्लेखनीय नहीं है। आपने 'अकबर मेमोरियल कमेटी' के मंत्री के रूप में उर्दू के लोकप्रिय शायर अकबर की सभी रचनाओं को 'अकबर सर्वस्व या कुल्लियाते अकबर' नाम से चार भागों में प्रकाशित किया। इसी प्रसंग में महाकवि अकबर की 'गांधीनामा' नामक रचना का प्रकाशन भी उल्लेखनीय है।

एक कुशल पत्रकार तथा सहृदय कवि के रूप में आपने जो प्रतिष्ठा अर्जित की थी, यह सौभाग्य की बात है कि अन्त तक आप अपनी उसी भावना से साहित्य की आराधना करते रहे। आपकी ग़ज़लों तथा रुबाइयों ने किसी समय साहित्य में एक सर्वथा नई विचारधारा का प्रचलन किया था। भाषा, शैली और भाव सभी दृष्टि से आप हिन्दी-काव्य में 'हालावाद अथवा प्यालावाद' के प्रवर्तक कवियों में गिने जाते थे। आपकी ऐसी बहुमुखी प्रतिभा का परिचय देने की दृष्टि से सन् 1962 में शारदा पुस्तक भंडार, 1 पोनप्पा रोड, प्रयाग की ओर से 'पद्मकान्त मालवीय और उनका काव्य' नामक जो पुस्तिका प्रकाशित हुई थी, वह आपकी प्रतिभा का समवेत दर्पण है। उसमें मालवीय जी के कवि-व्यक्तित्व का सही प्रतिनिधित्व किया गया है। इसमें प्रकाशक ने मालवीय जी की सातों प्रकाशित काव्य-कृतियों के अतिरिक्त अप्रकाशित रचनाओं में से भी चुनी हुई प्रतिनिधि रचनाएँ समाविष्ट की हैं। मालवीय जी के कवि के उत्कर्ष का वह ऐसा समय था जब आपका नाम 'पन्त' जी के साथ सम्मानपूर्वक लिया जाता था। एक विशुद्ध हृदयवादी कवि होने के साथ आप उच्चकोटि के राष्ट्र-भक्त थे। अपनी पत्रकारिता के माध्यम आपने जहाँ समग्र देश का पथ-प्रदर्शन किया था वहाँ स्वातन्त्र्य-संग्राम में आपने अनेक बार जेल-यात्राएँ भी की थीं। सरकारी दमन के कारण जब सारे देश में मुर्दनी छाई हुई थी तब मालवीय जी ने यह उद्घोष किया था–

चले चलो, बढ़े चलो, बढ़े चलो, चले चलो,
प्रचंड सूर्य-ताप से, न तुम जलो, न तुम गलो।
हृदय से तुम निकाल दो, अगर हो पस्त हिम्मती,
नहीं है खेल मात्र ये, ये ज़िन्दगी है, ज़िन्दगी।
न रक्त है, न स्वेद है, न हर्ष है, न खेद है,
ये ज़िन्दगी अभेद है, वही तो एक भेद है।
समझ के सब चले चलो, कदम-कदम बढ़े चलो,
चले चलो, बढ़े चलो, बढ़े चलो, चले चलो।

यह विडम्बना ही कही जाएगी कि इस गीत के छन्द को भी लोगों ने उर्दू से चुराया हुआ कहकर तब अपनी अज्ञानता का परिचय दिया था। वास्तव में यह रचना संस्कृत के अमर काव्य 'पिवताण्डवस्तोत्र' के छन्द के अनुसार लिखी गई थी। आपके व्यक्तित्व तथा कृतित्व की किंचित् मात्र झलक हमारे पाटक श्री ओंकार शरद् द्वारा सम्पादित 'पद्मकान्त मालवीय : व्यक्तित्व और कृतित्व' नामक पुस्तक में देख सकेंगे।

एक और घटना का उल्लेख करना भी यहाँ परम आवश्यक है। स्वतंत्रता के उपरान्त जब प्रयाग विश्वविद्यालय की स्वर्ण जयन्ती के अवसर पर राजर्षि पुरुषोत्तमदास टंडन की अध्यक्षता में एक कवि सम्मेलन हो रहा था तब उसमें मालवीय जी भी कवि के रूप में आमंत्रित थे। अपने स्वभाव के अनुसार इस स्वतंत्रता को, जो देश की इतनी बरबादी और रक्त-पात के उपरान्त मिली थी, आपने व्यर्थ समझा और जब उस कवि-सम्मेलन में अपनी 'क्या आजादी दिवस मनाऊँ' शीर्षक कविता पढ़नी प्रारम्भ की तो 4-6 पंक्तियाँ पढ़ने के उपरान्त ही मंच पर भगदड़ मच गई और सरकार के पिट्ठू लोगों ने शोरगुल मचाना प्रारम्भ कर दिया। इस घटना के उपरान्त जहाँ आकाशवाणी के अधिकारियों ने आपका बहिष्कार किया, वहाँ तथाकथित नेताओं ने भी आपके प्रति उपेक्षा भाव ही प्रदर्शित किया। इस उपेक्षा तथा घुटन-भरे वातावरण में अनेक वर्ष तक अस्वस्थ रहने के उपरान्त आप 16 जनवरी सन् 1981 को इस असार संसार से विदा हो गए।

खंड-3

भविष्य

भविष्य–27 मार्च, 1931

पंजाब के तीनों विप्लववादी फाँसी पर लटका दिए गए

लाहौर में सनसनी

शहर भर में पुलिस, फ़ौज और हवाई जहाज़ों का पहरा

50 हजार स्त्री-पुरुष का रोमांचकारी करुण क्रन्दन

लाहौर का 23वीं मार्च का समाचार है कि सन्ध्या के साढ़े सात बजे लाहौर सेंट्रल जेल में सरदार भगत सिंह, श्री राजगुरु और श्री सुखदेव फाँसी पर लटका दिए गए। सेंट्रल जेल के भीतर कैदियों द्वारा लगभग 7 बजे बड़ी देर तक 'इन्कलाब जिन्दाबाद' के नारे लगते रहे, जिससे आस-पास के लोगों को इस बात का पता लग गया कि सरदार भगत सिंह आदि फाँसी पर लटकाए जा रहे हैं।

स्व. भगत सिंह के पिता सरदार किशन सिंह ने तार द्वारा अधिकारियों से इस बात की प्रार्थना की थी कि भगत सिंह और उनके साथियों के मृतक शरीर अन्त्येष्टि क्रिया के लिए उन्हें दे दिए जाएँ, परन्तु मृतक शरीर उन्हें नहीं दिए गए और आधी रात को सतलज नदी के किनारे जला दिए गए।

कुटुम्बियों से अन्तिम मुलाकात नहीं हो सकी

लाहौर का 23वीं मार्च का समाचार है कि जेल के पदाधिकारियों ने उस दिन सरदार भगत सिंह, श्री राजगुरु और श्री सुखदेव के माता-पिता और भाइयों और बहिनों के अतिरिक्त अन्य सम्बन्धियों को उनसे मुलाकात करने की आज्ञा नहीं दी। इस आज्ञा के विरोध में सरदार भगत सिंह के पिता सरदार किशन सिंह ने वायसराय, गवर्नर और होम-मेम्बर को तार भेजा था। परन्तु उस सम्बन्ध में कोई कार्यवाही होने के पहले ही तीनों उसी दिन सन्ध्या को फाँसी पर लटका दिए गए।

भगत सिंह और उनके साथियों की फाँसी से लाहौर में बड़ी सनसनी फैल गई है। अंग्रेजी और कुछ मुसलमानी दुकानों को छोड़कर फाँसी के विरोध में 24वीं मार्च को पूरी हड़ताल रही। शहर के कोने-कोने में लोग नंगे सिर एकत्रित हो रहे थे। आकस्मिक घटना के भय से फ़ौज बिल्कुल तैयार रखी गई थी और शहर भर में सशस्त्र पुलिस का पहरा था। आकाश में वायुयान भी इसी उद्‌देश्य से उड़ रहे थे। नौजवान भारत सभा ने एक विराट सभा में फाँसी के विरोध में एक प्रस्ताव पास किया और श्री भगत सिंह, राजगुरु तथा सुखदेव का स्मृति-चिह्न स्थापित करने का निश्चय किया तथा उसके लिए रुपए की अपील भी की गई। सवेरे इस सभा के अतिरिक्त काले झंडों सहित एक विराट जुलूस निकाला गया और मिंटो-पार्क में लगभग 50,000 स्त्री-पुरुषों की एक सभा हुई। सबके चेहरों पर उदासी छाई हुई थी। जब सभा में सरदार भगत सिंह के पिता सरदार किशन सिंह रोते-चिल्लाते हुए उपस्थित हुए, तब सभा में उपस्थित स्त्री-पुरुषों के धैर्य का बाँध टूट गया और वे फूट-फूटकर रोने लगे। जब सभी बच्चों की नाईं रो रहे थे, तब सभा में से एक बच्चे ने उठकर कहा कि भगत सिंह मरे नहीं हैं, वे जिन्दा हैं।

2 बजे दिन को नील-गुम्बद से एक मौन जुलूस प्रारम्भ हुआ और 6 बजे शाम को मोरी गेट के बाहर समाप्त हुआ। शहर कांग्रेस दफ्तर और पंजाब सेवा दल के झंडे आधे अन्तर पर (half mast) लहरा रहे थे।

कहा जाता है कि इस सम्बन्ध में एक सिक्ख और एक अन्य व्यक्ति की गिरफ़्तारी हुई है।

सरदार भगत सिंह के अन्तिम उद्‌गार

फाँसी के कुछ दिन पहले सरदार भगत सिंह और उनके साथियों ने दया-प्रार्थना के लिए इनकार करते हुए पंजाब गवर्नर को लिखा था–"अन्त में हम केवल यह कहना चाहते हैं कि आपकी अदालत के फैसले के अनुसार हम पर सम्राट के विरुद्ध युद्ध करने का अभियोग लगाया गया है और इस प्रकार हम युद्ध के शाही कैदी हैं। अतएव हमें फाँसी पर न लटकाकर गोली से उड़ाया जाना चाहिए। इसका निर्णय अब आपके ही ऊपर है कि जो कुछ अदालत ने निर्णय किया है, उसके अनुसार आप कार्य करेंगे या नहीं। हमारी आपसे विनम्र प्रार्थना है और हमें पूर्ण आशा है कि आप कृपा कर फौजी मकहमे को आज्ञा देकर हमारे प्राण-दंड के लिए एक फौज या पल्टन के कुछ जवान बुलवा लेंगे।"

देश भर में असन्तोष की काली घटा

नेताओं की निराशा

महात्मा गांधी का वक्तव्य

नई दिल्ली से कराँची कांग्रेस के लिए रवाना होने के पहले ता. 24 को महात्मा गांधी ने सहयोगी 'हिन्दुस्तान टाइम्स' में प्रकाशित होने के लिए निम्नलिखित वक्तव्य दिया है–

भगत सिंह और उनके साथी अमर शहीद हो गए हैं। उनकी मृत्यु से आज लाखों व्यक्ति दुखी हैं। मैं इन नवयुवक देशभक्तों की लगन की भूरि-भूरि प्रशंसा करता हूँ; परन्तु मैं देश के नवयुवकों को इस बात की चेतावनी देता हूँ, कि वे उनके पथ का अवलम्बन न करें। हमें भरसक उनके अभूतपूर्व त्याग, अदम्य उत्साह और विकट साहस का अनुकरण करना चाहिए, परन्तु उन गुणों का उपयोग उनकी तरह न करना चाहिए। देश की स्वतंत्रता हिंसा और हत्याओं से प्राप्त नहीं होगी। गवर्नमेंट के सम्बन्ध में मैं केवल इतना ही कहना चाहता हूँ, कि उसने विप्लववादियों की सहानुभूति प्राप्त करने का यह स्वर्ण-अवसर खो दिया है। सन्धि की शर्तों के अनुसार उसका यह कर्तव्य था कि उनकी फाँसी की सज़ा वह कुछ समय के लिए स्थगित कर देती। अपने इस कार्य से उसने सन्धि पर बड़ा आघात किया है और इस बात का परिचय दिया है कि उसमें अभी भी जनता के मनोभावों को कुचलने की शक्ति है। पशुबल के इस प्रदर्शन से यह स्पष्ट हो जाता है कि बड़ी-बड़ी घोषणाएँ और सहानुभूति-सूचक सन्देश देने के उपरान्त भी वह अपनी शक्ति और शासनाधिकार से जरा भी हाथ खींचना नहीं चाहती। परन्तु गवर्नमेंट की इस दुर्नीति से कांग्रेस को अपने उद्देश्य और अपने निश्चय से तिलमात्र भी न डिगना चाहिए। **आवेश में आकर हमें पथ-भ्रष्ट न होना चाहिए। हमें यह समझकर सन्तोष कर लेना चाहिए, कि फाँसी की सजाएँ रद्द करना सन्धि के प्रस्तावों में निहित न था।** गवर्नमेंट पर हम गुंडापन का दोष आरोपित कर सकते हैं, परन्तु हमें उस पर सन्धि भंग करने का दोष न मढ़ना चाहिए। मेरी व्यक्तिगत राय से भगत सिंह और उनके साथियों की फाँसी से हमारी शक्ति बढ़ गई है। हमें आवेश में आकर इस अवसर को व्यर्थ न खोना चाहिए। इस फाँसी के विरोध में देश भर में हड़तालें होना बिल्कुल स्वाभाविक है। इन देशभक्तों की फाँसी के विरोध में मौन-जुलूस निकालने से अधिक उनका सम्मान नहीं हो सकता। इस अवसर पर हमें देश पर और अधिक आहुति देने के लिए तैयार होना चाहिए।''

सरदार पटेल

24वीं मार्च को सरदार पटेल ने भगत सिंह और उनके साथियों की फाँसी के सम्बन्ध में नई दिल्ली में निम्न वक्तव्य दिया–

''अंग्रेजी क़ानून इस बात पर अभिमान से झूमता था कि वह गवाही में जिरह के द्वारा प्रमाणित किए बिना किसी अभियुक्त को सजा नहीं देता, परन्तु उसी क़ानून ने ऐसी गवाही के विश्वास पर, जो घटना के बहुत देर बाद प्राप्त हुई थी और जिसमें जिरह का नाम न था–भारत के एक श्रेष्ठ युवक की हत्या कर डाली। किसी व्यक्ति को ढीठता और उच्छृंखलता के अपराध में सज़ा दी जा सकती है, परन्तु उसे फाँसी पर लटका देना कहाँ का न्याय है।''

पं. मदनमोहन मालवीय का क्लेश

पं. मदनमोहन मालवीय ने कराँची को प्रस्थान करने के पहले मुलाकात में कहा–''इस फाँसी से मुझे इतना दुख हुआ है कि मेरे मुँह से शब्द नहीं निकलते।''

पं. जवाहरलाल नेहरू का वक्तव्य

24 ता. को नई दिल्ली में पं. जवाहरलाल नेहरू ने अपने वक्तव्य में कहा–"मैंने इन देशभक्तों के अन्तिम दिनों में अपनी जबान पर लगाम लगा रखी थी, क्योंकि मुझे सन्देह था कि मेरे जबान खोलते ही कहीं फाँसी की सजा रद्द होने में बाधा न पहुँचे। यद्यपि मेरा हृदय बिलकुल पक गया था और खून अन्दर से उबाल खा रहा था, परन्तु तिस पर भी मैं मौन था। परन्तु अब फ़ैसला हो गया। हम देश भर के लोग मिलकर भी भारत के ऐसे युवक की रक्षा न कर सके, जो हमारा प्यारा रत्न था और जिसका अदम्य उत्साह, त्याग और विकट साहस भारत के युवकों को उत्साहित करता था। भारत आज अपने प्यारे बच्चों को फाँसी से छुड़ाने में असमर्थ है। इस फाँसी के विरोध में देश भर में हड़तालें होंगी और जुलूस निकलेंगे। हमारी इस परतंत्रता और असहायता के कारण देश के कोने-कोने में शोक का अन्धकार छा जाएगा। परन्तु उनके ऊपर हमें अभिमान भी होगा और जब इंग्लैंड हमसे सन्धि का प्रस्ताव करेगा, उस समय उसके और हमारे बीच में भगत सिंह का मृत-शरीर उस समय तक रहेगा, जब तक हम उसे विस्मृत न कर दें।"

मौलाना ज़फ़र अली का वक्तव्य

"अभागे भारत ने अपने इतिहास में ऐसी असहायता का कभी अनुभव नहीं किया था, जैसी असहायता का अनुभव उसने 23 ता. को भगत सिंह की फाँसी के अवसर पर किया है।"

श्री आसफ़ अली का वक्तव्य

लाहौर में 23वीं मार्च को श्री आसफ़ अली ने 'हिन्दुस्तान टाइम्स' को निम्न वक्तव्य प्रकाशनार्थ भेजा है–

"मैं दिल्ली से लाहौर, पंजाब-गवर्नमेंट से आज्ञा लेकर भगत सिंह से इस आशय से मिलने आया था कि मैं क्रान्तिकारी दल के नाम उनसे एक पत्र प्राप्त करूँ, जिसमें वे उन्हें इस बात का आदेश दें कि जब तक महात्मा गांधी के अहिंसात्मक आन्दोलन से भारत के लिए स्वतंत्रता प्राप्त करने की आशा है, तब तक के लिए वह अपने हिंसात्मक कार्य स्थगित कर दें। मैंने उनसे मुलाकात करने के लिए हर एक उपाय से काम लिया, परन्तु चारों ओर से दरवाजा बन्द पाया। मैंने पदाधिकारियों को यह स्पष्ट रूप से समझा दिया था कि भगत सिंह से मिलने का उद्देश्य केवल अहिंसात्मक आन्दोलन के लिए सहायता प्राप्त करना है और उन्हें यह विश्वास भी दिलाया था कि उस मुलाकात से मुझे बहुत सफलता मिलने की आशा है, परन्तु मेरी अनुनय-विनय का मुझे जो उत्तर मिला, उसमें अधिकार का मद निहित था। यदि मुझे भगत सिंह से मुलाकात करने का अवसर दिया जाता, तो मुझे विश्वास है कि क्रान्तिकारी दल से महात्मा गांधी के मार्ग का अनुकरण कराने में बहुत सहायता मिलती। ऐसे मामले में, जिसका सम्बन्ध लाखों भारतवासियों से है, भगत सिंह जैसा देशभक्त उन लोगों को, जिनका यह विश्वास है कि राजनीतिक दोषों को पूरा करने के लिए राज्यक्रान्ति की आवश्यकता है–उपदेश देने में किंचित् संकोच न करता।

कुछ समाचार-पत्रों की सम्मतियाँ

भगत सिंह और उनके साथियों को फाँसी पर लटकाने में जल्दबाजी कर गवर्नमेंट ने समस्त देश के मनोभावों को कुचलने का प्रयत्न किया है। उसने ऐसे अवसर पर जो भयंकर भूल की है, उसका सन्धि पर प्रभाव पड़े बिना नहीं रह सकता।

–हिन्दू (अंग्रेजी)

राजनीतिक दृष्टि से इससे अधिक शैतानी कार्य की योजना नहीं की जा सकती।

–स्वराज्य (अंग्रेजी)

गवर्नमेंट ने विप्लववादियों की सहानुभूति प्राप्त करने का सुवर्ण अवसर हाथ से खो दिया है।

–स्वदेश मित्रम् (अंग्रेजी)

भगत सिंह और उनके साथियों की फाँसी से देश के शिक्षित युवकों में भयंकर असन्तोष फैलने की सम्भावना है। उनके प्राणों की भिक्षा के लिए गवर्नमेंट के पास हज़ारों प्रार्थना-पत्र भेजे गए, सैकड़ों सभाएँ हुईं; परन्तु अन्त में उनका परिणाम कुछ भी न निकला। यद्यपि जनता ने इन वीर और अमर देशभक्तों को, जिन्हें क़ानून ने अन्तिम दंड दिया था, जुलूस निकालकर और अन्य प्रकार से बचाने का प्रयन्त किया था; परन्तु उनकी क़ानूनी कार्यवाही में इतनी भूलें थीं कि यदि गवर्नमेंट चाहती तो उन्हें क़ानून के आधार पर मुक्त कर सकती थी। इसमें सन्देह नहीं कि गवर्नमेंट ने कराँची कांग्रेस के अवसर पर उन्हें फाँसी पर लटकाकर महात्मा गांधी के मार्ग में काँटे बिखरा दिए हैं।

–लीडर (अंग्रेजी)

सरदार भगत सिंह, राजगुरु और सुखदेव की फाँसी की सज़ा रद्द न कर, गवर्नमेंट ने जैसी भयंकर भूल की है, उसकी तुलना कई वर्षों की किसी भयावह घटना से नहीं की जा सकती। इस देश के इतिहास में इतनी सनसनी किसी मामले में नहीं फैली, जितनी इस मामले में; और न कभी किसी मामले में फाँसी की सज़ा रद्द कराने के लिए देश ने इतनी अनुनय-विनय ही की है।

–ट्रिब्यून (अंग्रेजी)

सरदार भगत सिंह को फाँसी हो गई और सरकार समझती है कि शायद इन देशभक्तों को फाँसी देकर उसने विप्लववाद का नाश कर दिया है, पर उसे मालूम होना चाहिए कि इस एक ही घटना से उसकी कठिनाइयाँ हज़ार गुना बढ़ गईं। और इससे केवल यही भय नहीं है कि विप्लव की आग और भी भड़केगी, वरन् यह भी सम्भव है कि इस घटना से महात्मा गांधी का प्रभाव भी एकदम कम हो जाए, जिसने देश को खून-खराबी से अब तक बचा रखा है।

–रियासत (उर्दू)

सरदार भगत सिंह आदि को फाँसी देकर सरकार ने केवल अपने ही मार्ग में कठिनता का सामान पैदा नहीं कर लिया है, बल्कि कांग्रेस को भी मुश्किल में डाल दिया है।

–अवध अखबार (उर्दू)

हम यह तो नहीं कह सकते कि सरकार ने यह काम बुद्धिमानी का किया है या मूर्खता का, क्योंकि यह तो समय ही बताएगा परन्तु यह अनुमान करना कठिन नहीं कि इससे देश में बेचैनी बढ़ेगी और महात्मा गांधी जैसे बुद्धिमान और प्रभावशाली नेताओं का स्थान नवयुवक छीन लेंगे।

—शेर ख़ालसा (उर्दू)

जहाँ तक देश में शान्ति की प्रतिष्ठा और भारत तथा इंग्लैंड के सम्बन्ध को कायम रखने का प्रश्न है, हमारी राय में इस फाँसी से उसको असह्य चोट लगी है। लॉर्ड इर्विन और मि. मैकडॉनल्ड ने एक से अधिक बार दोनों देशों में अच्छा सम्बन्ध स्थापित करने की अपील की थी, जिसके उत्तर में महात्मा गांधी ने अपना सत्याग्रह बन्द कर दिया और सरकार को मौका दिया...परन्तु शोक है कि इन्हीं लॉर्ड इर्विन और मि. मैकडॉनल्ड के शासन-काल में सरदार भगत सिंह आदि को फाँसी के तख्ते पर लटकाकर देश की शान्ति के पर्दे पर बिजलियाँ गिराने की चेष्टा की गई है।

—वतन (उर्दू)

शासन-तंत्र ने एक ऐसा क़दम बढ़ाया, जिसका परिणाम किसी दशा में अच्छा नहीं हो सकता। शासन-तंत्र में संचालकों को सोचना चाहिए कि जिस भगत सिंह, राजगुरु और सुखदेव के लिए पेशावर से बम्बई और काश्मीर से कन्याकुमारी तक के लोग मेमोरियल भेज रहे हैं, आखिर कोई बात है, जिसकी वजह से देश उन्हें जीवित रखना चाहता है। अफसोस है कि नौकरशाही ने शासन को सर्वप्रिय बनाने का एक नायाब मौका सदा के लिए खो दिया।

—मिलाप (उर्दू)

समस्त भारत के एक स्वर से प्रार्थना करने पर भी आखिर भगत सिंह फाँसी पर लटका ही दिया गया और नौकरशाही ने अपनी अदूरदर्शिता से हिंसावादी दल को अहिंसावादी राजनीतिकों के विरुद्ध आन्दोलन करने तथा सर्वसाधारण को उत्तेजित करने का मौका दे ही दिया।

—रोज़ाना ख़िलाफ़त (उर्दू)

सरदार भगत सिंह को फाँसी देने में यदि क़ानून से मजबूर थी, तो क्या यह गैर-क़ानूनी तौर पर फाँसी देने के लिए भी वह मजबूर थी? जिस न्याय की नींव पर ब्रिटिश सरकार का दावा है कि उसका महल खड़ा है, क्या वह यही है?

—अर्जुन (हिन्दी)

सरकार की ज़िद से यह बात सिद्ध होती है कि उदारता के ढोल पीटने पर भी सरकार अपने हाथ की शक्ति कम नहीं करना चाहती।

—नवीन भारत (हिन्दी)

सरकारी हलकों में इंग्लैंड और भारत के सम्मानपूर्ण समझौते के शत्रु तो बहुत से हैं, परन्तु जिस व्यक्ति ने वायसराय को इस आखिरी मौके पर इन नौजवानों को फाँसी पर लटकाने की सलाह दी है, वह सचमुच दोनों देशों का कट्टर दुश्मन भी है और अत्यन्त मूर्ख भी।

—पंजाब केसरी (हिन्दी)

समस्त राष्ट्र के आवेदन-निवेदन से भी भारत-सरकार विचलित नहीं हुई। भगत सिंह, राजगुरु और सुखदेव को फाँसी पर लटककर प्राण दे देना पड़ा! ये जीवनांजलि देकर मृत्यु का स्वागत करने को प्रस्तुत थे। इन्होंने क्षमा की प्रत्याशा नहीं की थी–प्रार्थना भी नहीं की थी, इनका अन्तिम पत्र इस बात का प्रमाण है। तब भी इनकी मृत्यु के कारण सारे देश पर विषाद की काली छाया पड़ गई है। यह शोक की स्तब्धता नहीं, क्षोभ का गाम्भीर्य है। सरकार के मनोभावों में परिवर्तन हुआ है–ऐसा विश्वास न होता तो समस्त देश इस तरह क्षमा-प्रार्थना और प्रत्याशा न करता। विप्लवी और विप्लव के सन्देह में गिरफ़्तार व्यक्तियों को उत्पीड़ित न करके, अगर दया द्वारा उन्हें हिंसा के पथ से लौटा लाने की नीति का अवलम्बन किया जाता तो तोप व बन्दूक के बल से बलवान ब्रिटिश सरकार को कोई दुर्बल समझकर उपहास नहीं करता।

–आनन्द बाज़ार पत्रिका (बँगला)

2 अप्रैल, 1931

भविष्य

स्वर्गीय सरदार भगत सिंह की फाँसी और उसके बाद

सरदार भगत सिंह के लिए श्री बटुकेश्वरदत्त का सन्देश

फाँसी के तख्ते से सरदार भगत सिंह की गर्जना

उनका अन्तिम नारा क्या था? ''ब्रिटिश-झंडे का क्षय हो''

जेल के क़ैदियों ने ''भगत सिंह जिन्दाबाद'' के नारे लगाए

एक लाख व्यक्तियों का जुलूस : महिलाएँ गले में काला कपड़ा लपेटे थीं

नेताओं ने यह दुखदाई समाचार कैसे सुना : राष्ट्रपति बेहोश होते-होते बच गए

फाँसी कैसे दी गई? असेम्बली में तहलक़ा मच गया!

सरदार एकदम निश्चिन्त थे

23 मार्च को सरदार और उनके साथियों से अन्तिम भेंट करने के लिए उनके घरवालों को सूचना तो दीं गई थी, पर वे भेंट नहीं कर सके। पर 'मिलाप' को मालूम हुआ है कि उस दिन सरदार भगत सिंह अपनी कोठरी में बैठे हुए ऊँचे स्वर से गा रहे थे। केवल यही पद सुनाई पड़ा–

मेरा रंग दे बसन्ती चोला;
इसी रंग में रंग के शिवा ने
माँ का बन्धन खोला।

फाँसी कैसे दी गई?

जब हाईकोर्ट में दी हुई दोनों दरख्वास्तें नामंजूर हो गईं, तब लाहौर की सेंट्रल जेल में फाँसी देने का प्रबन्ध किया जाने लगा। साधारणतः फाँसी प्रातःकाल दी जाया करती है, पर सरदार को रात में ही ख़त्म कर डालने का निश्चय कर लिया गया था। उर्दू 'प्रताप' को ख़ासतौर पर मालूम हुआ है कि चार से छः बजे तक जेल का यह हाल था कि जेल के जो वार्डर बाहर थे, वे बाहर ही रह गए और जो अफसर भीतर थे, वे भीतर ही रह गए। जेल के सभी दरवाजे बन्द कर दिए गए। एक कमरे में जेल-सुपरिंटेंडेंट, एक मजिस्ट्रेट और पुलिस सुपरिंटेंडेंट बैठे हुए थे। जेल के बाहर और भीतर ज़बर्दस्त पहरे का प्रबन्ध था।

7 बज कर 35 मिनट पर तीनों देशभक्त कोठरियों से निकाले गए। उनकी आँखों पर टोपी पहनाई गई और फाँसी के तख्ते पर वे खड़े कर दिए गए। मालूम हुआ है कि ठीक इसी समय 'डाउन-डाउन विद यूनियन जैक' (ब्रिटिश झंडे का क्षय हो) के नारे लगाए गए, जो आधे मिनट तक लगते रहे। फिर आवाज़ें बन्द हो गईं। उसके बाद तीनों लाशें स्ट्रेचर पर रखी गईं और दीवार के एक छेद से बाहर कर दी गईं। फाँसी लग चुकी, पर जो अफ़सर जेल के भीतर थे, वे बाहर नहीं हुए। कहा जाता है कि उनका भोजन भी वहीं भेजा गया। फाँसी के समय सेंट्रल जेल के सभी क़ैदी बैरकों में बन्द कर दिए गए थे।

दूसरी रिपोर्ट

सहयोगी 'मिलाप' को पता चला है कि पहले ठीक सात बजे सरदार भगत सिंह के गले में फाँसी का फन्दा डाला गया। सरदार साहब ने बड़े ऊँचे स्वर में अपने दोनों साथियों से विदा ली। जवाब में उन्होंने 'भगत सिंह जिन्दाबाद' का नारा लगाया। इस तरह उनका नारा लगाना था कि सेंट्रल जेल के राजनीतिक तथा साधारण कैदियों को सिगनल मिल गया। यद्यपि सभी क़ैदी अपनी-अपनी बैरकों में उस वक्त बन्द किए जा चुके थे, तो भी उन्होंने जोर-जोर से 'भगत सिंह ज़िन्दाबाद' के गगन-भेदी नारे लगाए। उनके नारे जेल के बाहर भी सुने जाते थे। सरदार के बाद श्रीयुत राजगुरु को और अन्त में श्रीयुत सुखदेव को फाँसी दी गई। शहीदों की भस्म भी नहीं दी गई। 24 मार्च को प्रातःकाल नगर के विभिन्न मुहल्लों में ज़िला मजिस्ट्रेट के हस्ताक्षर से निम्नलिखित पोस्टर चिपके हुए पाए गए–

"सर्वसाधारण को सूचित किया जाता है कि कल शाम को भगत सिंह, सुखदेव और राजगुरु को फाँसी दे दी गई और इसके बाद जेल के बाहर लाश ले जाकर सतलज के किनारे भस्म कर दी गई और राख नदी में बहा दी गई।"

लाश के टुकड़े

कहा जाता है कि श्रीमती पार्वती देवी और भगत सिंह की बहिन को श्मशान के पास एक टूटे हुए पुल के नीचे लाश के अधजले टुकड़े मिले हैं। उन्हें लॉरी में लाहौर लाया गया।

तब प्रायः एक लाख व्यक्तियों का एक जुलूस, जिसमें सभी नंगे सिर एवं नंगे पाँव थे, सरदार भगत सिंह तथा उनके साथियों का फूल लेकर निकला, जो सभी प्रमुख सड़कों पर घूमा। महिलाएँ गले में काला कपड़ा लपेटे हुए थीं। जुलूस ठीक वहाँ जाकर समाप्त हुआ, जहाँ लाला जी की अन्त्येष्टि हुई थी। लोगों के चलने से इतनी धूल आकाश में उड़ रही थी कि दूर तक देखा तक नहीं जा सकता था तथा जहाँ तक दृष्टि जाती थी, नरमुंड ही नर-मुंड दिखाई देता था। जब सारा जनसमुदाय रावी-तट पर बैठ गया, तो डॉ. पुरुषोत्तम शर्मा ने सरदार भगत सिंह की मृत्यु पर महात्मा जी के वक्तव्य को हिन्दी में पढ़ सुनाया। सरदार भगत सिंह के पिता सरदार किशन सिंह ने बताया कि किस तरह एवं कब सरदार तथा उनके साथियों का अन्तिम संस्कार किया गया। शव के भस्मावशेष की चर्चा करते

समय वे कई बार फूट-फूटकर रो पड़े थे, जिससे समस्त जनसमुदाय, ख़ासकर महिलाएँ भी, उसी तरह फूट-फूटकर रोने लगी थीं। सर्वत्र घोर उदासी छाई थी।

पंजाब-सरकार की विज्ञप्ति

पंजाब-सरकार ने निम्नलिखित विज्ञप्ति निकाली है–

"पत्रों और अन्यान्य साधनों द्वारा भगत सिंह, सुखदेव व राजगुरु के अन्तिम संस्कार के विषय में भाँति-भाँति की झूठी अफवाहें फैल रही हैं। इसलिए सच्चे हालात प्रकाशित करना आवश्यक है। 23 मार्च को 8.30 बजे रात को लाहौर सेंट्रल जेल से एक लॉरी में लादकर तीनों लाशें निकाली गईं। इनके साथ दो लॉरियाँ ईंधन आदि की थीं, उनमें पुलिस के प्रहरी भी सवार थे। सतलज के तट पर कैसरेहिन्द पुल के पास ये लॉरियाँ पहुँचीं। गंड सिंहवाला के पास एक आचार्य और एक ग्रन्थी भी आ मौजूद हुए। पौने बारह बजे रात को चितारोहण हुआ और 4 बजे तक आग इतनी बुझ चुकी थी कि भस्म हटाई जा सके। दोनों शास्त्रज्ञों से परामर्श लेकर मंगलवार को सुबह 4 बजे भस्म एकत्रित करके एक लॉरी में रखी गई। वह लॉरी लाहौर के फीरोजपुर-बृज के समीप पहुँची और सबेरे पौने 6 बजे सतलज की निम्न धारा में भस्म बहा दी गई। शव बिल्कुल जल चुके थे और उनका कोई अंग न छूटने पाया था। उक्त आचार्य एवं ग्रन्थी ने सभी आवश्यक धार्मिक संस्कार किए थे। यह बयान बिल्कुल गलत है कि जलाने के पहले लाशों को टूक-टूक कर दिया गया था। यह भी सच नहीं है कि भारतीय अथवा गोरी पलटन लाशों के साथ गई थीं। 24 तारीख़ की दोपहर को अन्त्येष्टि के सम्बन्ध में डिप्टी-कमिश्नर ने जो विज्ञप्ति निकाली थी, वह उक्त कार्यक्रम को जानते हुए प्रकाशित की गई थी। जेल-विधान के अनुसार बन्दियों के शव उनके सम्बन्धियों को इसलिए नहीं दिए गए कि अन्तिम संस्कार के अवसर पर प्रदर्शन होंगे और जन-शान्ति भंग होने की आशंका उत्पन्न हो जाएगी।"

नेताओं ने किस तरह समाचार सुना

23 मार्च को 9.30 बजे रात की गाड़ी से कराँची कांग्रेस में शामिल होने के लिए जब दिल्ली स्टेशन पर नेता लोग पहुँच चुके थे, तब सबके चेहरों पर उदासी छाई हुई थी। कारण, टेलीफोन से यह मालूम हो गया था, कि लाहौर में 7 बजे सरदार भगत सिंह, श्रीयुत सुखदेव और श्रीयुत राजगुरु को फाँसी दे दी गई। पं. जवाहरलाल नेहरू, मालवीय जी और महात्मा जी की आँखों में आँसू थे। पं. जवाहरलाल नेहरू ट्रेन चलते हुए रोते-रोते गिरते-गिरते बचे, जो कठिनाई से सँभाले गए।

श्रीयुत सेनगुप्त की राय

कराँची में श्रीयुत सेनगुप्त ने कहा है कि "तमाम राष्ट्र की पुकार की ओर ध्यान न देकर पुरानी सिविलियन मनोवृत्ति का परिचय दिया गया है। इस समय नौकरशाही ने जो नया

बाण चलाया है, उससे हमें सावधान रहना चाहिए। एकता में अनेकता उत्पन्न न होनी चाहिए और न शत्रु की यह अभिलाषा पूर्ण होनी चाहिए कि महात्मा गांधी के अविच्छिन्न नेतृत्व में आघात पहुँचे। शहीदों की आत्मा को शान्ति प्राप्त हो और भारत और भी अधिक शीघ्रता से अहिंसात्मक साधनों से स्वतंत्रता प्राप्त करे।"

असेम्बली में शोक-प्रकाश

24 मार्च को दिल्ली में प्रश्न-काल के समाप्त होते ही श्री रंगाचारियर ने असेम्बली में निम्नलिखित घोषणा की–"हार्दिक शोक और घोर क्रोध के साथ मैं यह बयान देने के लिए खड़ा हुआ हूँ। गत 7 अक्टूबर को एक स्पेशल ट्रिब्यूनल ने भगत सिंह और उनके दो संगियों को जो प्राणदंड दिया था, कल रात को वह कार्यरूप में परिणत कर दिया गया। हम सरकार की इस हरकत पर शोक और रोष प्रकट करते हैं। इस मुकदमे के हालात सबको मालूम हैं। उन कारणों को दोहराना अनावश्यक है, जिनसे प्रेरित होकर अभियुक्तों की पीठ पीछे ऑर्डिनेंस द्वारा विशेष प्रबन्ध करके यह मामला चला था और इस कार्रवाई का यह परिषद् सर्वदा विरोध करती रही है। जनसाधारण के बहुमत का विश्वास है कि कम-से-कम भगत सिंह का तो उस अपराध से कोई सम्बन्ध न था, जिसके कारण उन्हें फाँसी पर टाँग दिया गया है। इस विषय में लोकमत का प्रदर्शन विभिन्न रूप से सरकार के आगे किया जा चुका है। जनता को पूर्ण विश्वास था और अहोरात्र उसकी यही प्रार्थना थी कि सरकार उस सबल लोकमत का ख़याल करे, जिसे भारत की उस महान आत्मा ने प्रकट कर दिया था। सरकार ने जनमत को ठुकरा दिया है और हमारे विचार में ऐसा कार्य किया है, जिसका भयंकर परिणाम होगा। जनमत की इस उपेक्षा से सरकार ने स्वयं अपने और देश के लिए भी भीषण आपत्ति का आह्वान किया और कर रही है। न्याय के साथ दया भी दिखाई जाती, तो सरकार का सम्मान बढ़ जाता। पर दुख है कि सरकार नेक सलाह पर कोई विचार नहीं करती। इस समय जिस शान्त वातावरण की आवश्यकता थी, वह दूर हो गया है। हम इससे हार्दिक क्रोध और शोक प्रकट करते हैं। असेम्बली की आज की कार्यवाही में हम कोई भाग न लेंगे।" श्रीयुत रंगाचारियर के बयान के बाद सरदार भगत सिंह और उनके संगियों के प्राणदंड के प्रतिवादस्वरूप नेशनलिस्ट पार्टी के सब मेम्बर परिषद्-भवन से उठकर चले आए। इस बयान का जवाब देने के लिए सर जेम्स क्रेरार खड़े तो हुए, पर वाग्बाणों से जर्जर हो गए। उन्होंने सरकार की ओर से कहा कि "आप लोगों को कोई शिकायत तो न होनी चाहिए, क्योंकि सरकार यह बात कभी नहीं मान सकती कि इस मामले में बन्दियों के साथ पूरा न्याय नहीं हुआ। सरकार का निश्चित मत है कि प्रतिवादी पक्ष को अपने पक्ष में सभी प्रमाण देने का पूरा मौका दिया गया। ब्रिटिश साम्राज्य के सबसे बड़े न्यायालय द्वारा विचार किया जा चुका है। जिस कारण यह मामला चला, उससे तमाम भारत में हलचल मच गई थी। इसे कोई मेम्बर अस्वीकार नहीं कर सकता। सरकार ने मामले के सभी अंगों पर भली-भाँति विचार कर, दंडाज्ञा को न्यायपूर्ण ही पाया। सरकार यदि इस मामले में दया-प्रदर्शन कर सकती, तो उसे सन्तोष होता, परन्तु सब बातों को

ध्यान में रखते हुए दया-प्रदर्शन करने पर सरकार भारत के प्रति अपना कर्तव्य पालन करने से वंचित हो जाती। क़ानून की रक्षा के लिए आवश्यक था, कि दंडाज्ञा कार्य में परिणत कर दिखाई जाए।''

मेम्बर यह कहकर उठकर बाहर चले गए कि ''हम यह उपदेश सुनने नहीं आए।'' श्री एस.सी. मित्र, श्री डी.के. लाहिड़ी और मि. सादिक हुसैन, तीनों इंडिपेंडेंट मेम्बर भी उठकर चले गए।

सर अब्दुर्रहीम ने कहा कि विरोधी दल की अनुपस्थिति में इस वर्ष के सबसे महत्त्वपूर्ण प्रस्ताव फाइनेंस बिल पर विचार स्थगित रखा जाए, क्योंकि सरकार को अभी मनमानी करने का मौका मिल गया है। सरकार की ओर से इसका विरोध करते हुए बिल का फ़ैसला करने पर जोर दिया गया। अध्यक्ष ने कहा कि ऐसे महत्त्वपूर्ण विषय को किसी दल-विशेष की इच्छा पर मैं छोड़ना नहीं चाहता। इसलिए दूसरे मामलों का निपटारा होने के बाद कल शाम तक फाइनेंस बिल का निर्णय कर लिया जाएगा। अतएव पोस्टल बिल पर वाद-विवाद होने के उपरान्त बैठक दूसरे दिन के लिए स्थगित कर दी गई।

सरदार भगत सिंह का अन्तिम पत्र

फाँसी पर लटकाए जाने के पहले सरदार भगत सिंह, श्रीयुत शिवराम राजगुरु और श्रीयुत सुखदेव ने लाहौर सेंट्रल जेल के सुपरिंटेंडेंट के द्वारा पंजाब के गवर्नर को यह पत्र भेजा था–

''उचित सम्मान के साथ हम नीचे लिखी बातें आपकी सेवा में उपस्थित करना चाहते हैं–

''हम लोगों को 1930 की 7वीं अक्टूबर को उस अंग्रेजी अदालत अर्थात् स्पेशल ट्रिब्यूनल ने फाँसी की सज़ा दी थी, जो भारत में अंग्रेजी शासन के प्रधान वायसराय द्वारा जारी किए हुए 'स्पेशल लाहौर कांसपिरेसी केस ऑर्डिनेंस' के अनुसार नियुक्त हुआ था। हम लोगों के विरुद्ध प्रधान अभियोग महाराज पंचम जॉर्ज यानी इंग्लैंड के महाराज के विरुद्ध युद्ध करने का लगाया गया था। उक्त अदालत के निर्णय से दो बातें निश्चित हो जाती हैं–पहली यह कि अंग्रेज राष्ट्र और भारतीय राष्ट्र के बीच युद्ध की अवस्था उपस्थित है और दूसरी यह कि हम लोगों ने वास्तव में उस युद्ध में भाग लिया था, जिससे हम युद्ध के क़ैदी हैं।

''दूसरी बात कुछ आत्मश्लाघा-सी जान पड़ती है, किन्तु फिर भी हम इसे स्वीकार करने ही की नहीं, बल्कि इसके लिए अपने को महान प्रतिष्ठा-प्राप्त समझने की अपनी इच्छा को दबा नहीं सकते। पहली के सम्बन्ध में हम कुछ विस्तार में जाने को लाचार हैं। उक्त वाक्य से जैसा प्रकट होता है, वैसा युद्ध प्रत्यक्ष नहीं दिखाई देता है। हम नहीं जानते, कि 'युद्ध करने' का अर्थ अदालत ने क्या लगाया, किन्तु हम इसे यथार्थ अर्थों में स्वीकार करना चाहते हैं। पर अपना विचार स्पष्ट करने के लिए कुछ विस्तृत व्याख्या की आवश्यकता जान पड़ती है।

युद्ध जारी है

"हम यह कहना चाहते हैं कि युद्ध छिड़ा हुआ है और यह तब तक जारी रहेगा, जब तक मुट्ठी भर शक्तिशाली लोगों ने मिहनत-मजदूरी करनेवाले भारतीयों और जन-साधारण के प्राकृतिक साधनों पर अपने स्वार्थ-साधन के लिए अधिकार जमा रखा है। इस प्रकार स्वार्थ साधनेवाले चाहे अंग्रेज पूँजीपति हों या हिन्दुस्तानी उन्होंने आपस में मिलकर लूट जारी कर रखी हो या शुद्ध भारतीय पूँजी से ही गरीबों का खून चूसा जा रहा हो, इन बातों से अवस्था में कोई अन्तर नहीं आता। कुछ परवाह नहीं, यदि आपकी सरकार नेताओं व भारतीय समाज के चौधरियों को थोड़े सुभीते देकर अपनी ओर मिला लेने में सफल हो जाए और समझौता हो जाए। किन्तु जन-साधारण पर इसका बहुत कम असर पड़ता है। इसकी कुछ परवाह नहीं, अगर एक बार फिर नौजवानों से विश्वासघात किया गया है। इस बात का भी दुख नहीं, अगर हमारे राजनीतिज्ञ फिसल गए हैं और वे सुलह की बातचीत में उन गृहहीन और दरिद्र देवियों को भूल गए हैं, जो दुर्भाग्यवश क्रान्तिकारी दल की मेम्बर समझी जाती हैं और हमारे राजनीतिज्ञ उन्हें अलग अपना दुश्मन समझते हैं, क्योंकि उनके विचार में वे 'हिंसा में विश्वास रखती हैं।'—इन वीर देवियों ने निस्सन्देह अपना सब कुछ बलिदान कर दिया है। उन्होंने अपने पतियों को बलिदान किया और बलिदान के लिए पेश किया, अपने भाइयों को भेंट चढ़ा दिया और जो कुछ उनके पास था सब कुछ निछावर कर दिया, बल्कि अपने आपको भी निछावर कर दिया। लेकिन आपकी सरकार उन्हें बाग़ी ख़याल करती है। आपके एजेंट भले ही झूठी कहानियाँ गढ़-गढ़कर उन्हें बदनाम करें और पार्टी को बदनाम कर लें, लेकिन युद्ध तब भी जारी रहेगा।

युद्ध के भिन्न-भिन्न रूप

"हो सकता है, कि युद्ध भिन्न-भिन्न समयों में भिन्न रूप ग्रहण कर ले। किसी समय यह प्रकट रूप धारण कर सकता है और कभी छिपे रूप में हो सकता है। कभी हलचल मचानेवाले आन्दोलन का रूप पकड़ सकता है और कभी-कभी भयंकर रूप धारण करके जीवन-मरण का दृश्य उपस्थित कर सकता है। चाहे जिस रूप में भी यह युद्ध हो, उसका प्रभाव आप पर पड़ेगा। यह आपकी इच्छा है कि चाहे जो रूप पसन्द कर लें, लेकिन यह युद्ध जारी रहेगा। इसमें छोटी-छोटी बातों की परवाह नहीं की जाएगी। बहुत सम्भव है कि यह युद्ध भीषण रूप धारण कर ले। नए उत्साह, बढ़ी हुई दृढ़ता और अटल स्थिरतापूर्वक यह युद्ध तब तक चलता रहेगा, जब तक साम्यवादी प्रजातंत्र की स्थापना नहीं हो जाती और वर्तमान समाज के स्थान में नए सिरे से समाज का ऐसा संगठन नहीं हो जाता, जिससे स्वार्थियों के स्वार्थ-साधन बन्द हो जाएँ और समाज एवं मानव जाति को सच्ची शान्ति मिले।

अन्तिम युद्ध

"बहुत शीघ्र ही अन्तिम युद्ध छिड़ेगा और उसमें आखिरी फ़ैसला हो जाएगा। साम्राज्यवाद और पूँजीवाद अब थोड़े ही दिनों के मेहमान और हैं। यही युद्ध है, जिसमें हमने खुलकर

भाग लिया है और इसके लिए हमें गर्व है। हमने इस युद्ध को नहीं शुरू किया है और न हमारे जीवन के साथ यह समाप्त ही होगा। यह तो ऐतिहासिक घटनाओं और वर्तमान समाज के परिणामस्वरूप है। हमारा बलिदान तो इतिहास के उस अध्याय में वृद्धि करनेवाला होगा, जिसे हमारे यतीन्द्र दास और कॉमरेड भगवतीचरण के अद्वितीय बलिदानों ने प्रकाशमान बना दिया है। अब रही अपनी बात, तो हम इस विषय में इतना ही कहेंगे, कि आपने जब हमें फाँसी पर लटकाने का निश्चय ही कर लिया है, तो आप ऐसा करेंगे। आपके हाथों में शक्ति है और आपको अधिकार प्राप्त है। लेकिन हम यह कहना चाहते हैं कि 'जिसकी लाठी उसकी भैंस' का सिद्धान्त आपके सामने...आप उसी के अनुसार काम कर रहे हैं। इस कथन को सिद्ध करने के लिए हमारे मुकदमे की कार्रवाई ही काफी है। हमने कभी प्रार्थना नहीं की और न हम किसी से दया-भिक्षा माँगते हैं और न उसकी आशा ही रखते हैं। हम केवल यही बताना चाहते हैं कि आपकी अदालत के निर्णय के अनुसार हम युद्ध में प्रवृत्त रहे हैं और इसलिए युद्ध-कैदी हैं। इसी से हम चाहते हैं कि हमारे साथ वैसा ही बर्ताव किया जाए अर्थात् हमारा दावा यह है कि हमें फाँसी न देकर गोली से उड़ा देना चाहिए। अब यह सिद्ध करना आपके हाथ है कि गम्भीरतापूर्वक वैसा ही समझते हैं, जैसा आपकी अदालत ने कहा है और इसे कार्य द्वारा सिद्ध करें।

"हम बड़ी उत्सुकता से आपसे निवेदन करते और आशा करते हैं कि आप बहुत कृपा करके सेना-विभाग को हुक्म देंगे कि हमें प्राणदंड देने को वह एक सैनिक दस्ता या गोली मारनेवालों की टुकड़ी भेजे। आशा है कि आप हमारी यह बात स्वीकार करेंगे, जिसके लिए हम आपको पहले ही से धन्यवाद दे देना चाहते हैं।"

श्री बटुकेश्वर दत्त का पत्र

सरदार भगत सिंह के साथ असेम्बली बम-कांड में जन्म भर के लिए कालेपानी की सजा पाए हुए श्रीयुत बटुकेश्वर दत्त ने सलेम जेल से सरदार भगत सिंह के पिता सरदार किशन सिंह को एक पत्र भेजा था, जिसमें उन्होंने लिखा था कि "मेरे जीवन में यह पहला ही अवसर है कि मैं आपको पत्र लिख रहा हूँ। लेकिन इस नाजुक मौके पर जब मेरे प्यारे कॉमरेड सरदार भगत सिंह की क़िस्मत का फ़ैसला होनेवाला है, यह बहुत ही कठिन मालूम पड़ता है कि मैं इस चिट्ठी को किस तरह शुरू करूँ। तो भी अवस्था मुझे कुछ शब्द लिखने को लाचार करती है। अगर आपके दिल को इससे कुछ रंज पहुँचे तो मैं आशा करता हूँ कि आप मुझे इसके लिए क्षमा करेंगे। सरदार जी, यह तो आप अच्छी तरह जानते हैं कि मेरा भगत सिंह से क्या सम्बन्ध है। यह सम्बन्ध भ्रातृ-भाव के प्रेम और मित्रता का है, जिसे मानव-जाति के कल्याण के क्षेत्र में हमारे सम्मिलित दायित्व ने और भी मजबूत कर दिया है। प्रेम का यह स्रोत मेरे हृदय में उमड़ रहा है और इसने मुझे लाचार कर दिया है कि मैं उच्च अफसरों से यह प्रार्थना करूँ कि यदि मेरा भाग्य साथ नहीं देता कि अपने उन मित्रों का, जिनके ऊपर काली घटाएँ घिर रही हैं, अन्त तक साथ दे सकूँ तो मुझे कम-से-कम इतना मौका दे दिया जाए कि मैं उनका आखिरी दर्शन कर सकूँ और हम सदा के लिए एक

दूसरे से पृथक् होने के पहले एक-दूसरे का अन्तिम अभिवादन कर सकें। लेकिन मुझे बहुत ही अफसोस है कि अफसरों ने एक ऐसे आदमी के भाव की परवाह नहीं की, जिसे अपने प्यारे मित्र के शोकजनक वियोग के बाद जेल की चहारदीवारी के भीतर जिन्दा ही गड़ जाना है। सरदार से मिलने की मेरी प्रार्थना अस्वीकार कर दी गई। और क्या लिखूँ? यदि सम्भव हो तो मेरे ये भाव मेरे साथी सरदार तक पहुँचा दें। मैं अनुभव करता हूँ–

आज़माइश है कड़ी,
लब पर कोई शिकवा न हो।
फिर मिलेंगे जा यक़ीं,
दिल में कोई धड़का न हो॥

आपका,
बटुकेश्वर दत्त

सरदार भगत सिंह का संक्षिप्त चरित्र

सरदार भगत सिंह के जीवन के जो हाल उनके पूज्य पिता सरदार किशन सिंह जी से मालूम हुए हैं, वे बड़े मनोरजंक हैं। सरदार भगत सिंह का जन्म 1907 ई. में ग्राम बंगा जिला लायलपुर में हुआ। अभी आप 3 वर्ष के ही थे कि आपको सारा गायत्री मंत्र याद हो गया था। बाल्यावस्था से ही इनमें नेतृत्व का शौक़ था और वह शिवाजी की तरह अपने मित्रों के दल बनाकर सैनिकों की तरह युद्ध-क्रीड़ा किया करते थे। कहते हैं कि एक बार ला. पिंडीदास ने सरदार भगत सिंह से, जब वे अभी बच्चे ही थे, पूछा कि तुम बड़े होकर क्या काम किया करोगे! बालक भगत सिंह ने तोतली पंजाबी में उत्तर दिया कि 'मैं बन्दूकाँ बेचा करूँगा' अर्थात् मैं बन्दूकें बेचा करूँगा। यह उत्तर उनके सैनिक भाव का प्रकाशक था। प्रारम्भिक शिक्षा उन्होंने अपने गाँव के स्कूल में प्राप्त की। बाल्यावस्था में इनके लालन-पालन का भार इनकी चच्ची अर्थात् सरदार अजीत सिंह (जो इस समय देश से बाहर निर्वासन का जीवन बिता रहे हैं) की धर्मपत्नी पर था। सरदार भगत सिंह की दादी इन्हें 'भागोंवाला' अर्थात् सौभाग्यवान के नाम से पुकारा करती थीं। प्रारम्भिक शिक्षा समाप्त करने के अनन्तर सरदार भगत सिंह लाहौर के दयानन्द एंग्लो वैदिक स्कूल लाहौर में भर्ती हुए। अभी एंट्रेंस में ही पढ़ते थे कि असहयोग आन्दोलन आरम्भ हो गया और वे लाहौर में राष्ट्रीय कॉलेज में, जो उन्हीं दिनों खोला था, पढ़ने लगे। सरदार भगत सिंह को अध्ययन का बड़ा शौक़ था। राष्ट्रीय कॉलेज में उन्हें भिन्न देशों के राष्ट्रीय तथा राजनीतिक इतिहास पढ़ने का बड़ा अवसर मिला। साम्यवाद और रूस के क्रान्तिकारी आन्दोलन पर आपने बहुत-सी पुस्तकें पढ़ीं। यह कहने में अतिशयोक्ति न होगी कि सरदार भगत सिंह की अंग्रेजी भाषा तथा साहित्य की योग्यता किसी अच्छे से अच्छे ग्रेजुएट से कम नहीं थी। उनके जितनी पुस्तकें किसने पढ़ी होंगी? कई पुस्तकों को जो उनके भावों से मेल खाती थीं, उन्होंने कई-कई बार पढ़ा और उत्तम पुस्तकों के पृष्ठों के पृष्ठ उन्हें कंठस्थ हो गए। ऐतिहासिक नाटक खेलने का उन्हें बड़ा शौक़ था। राष्ट्रीय क्लब बनाया हुआ था, जिसमें वे स्वयं

वीर-रस से पूर्ण पाठ किया करते थे। एक बार वीर लाल सिंह के नाटक में आपने ऐसा पार्ट किया कि देखनेवाले मुग्ध हो गए। इन्हीं दिनों में आपने युवकों में राष्ट्रीय काम के लिए रुचि उत्पन्न करने तथा उन्हें संगठित करने के उद्देश्य से नौजवान भारत सभा की स्थापना की। इस सभा के आप ही जन्मदाता थे। 1927 ई. में आपकी सगाई का प्रबन्ध हुआ तो सरदार भगत सिंह घर से भाग गए और कानपुर के हिन्दी पत्र 'प्रताप' में बलवन्त सिंह के नाम से काम करने लगे। जब गंगा और यमुना में बाढ़ आई तो आपने मिस्टर बी.के. दत्त के साथ मिलकर बाढ़ पीड़ितों की सहायता का अति हितकर कार्य किया। इसके बाद आप कानपुर के समीप एक राष्ट्रीय स्कूल में हेडमास्टर के तौर पर काम करते रहे और अपना अधिक समय गुमनामी में व्यतीत किया। दिल्ली में भी उन्होंने बहुत काल निवास किया। अप्रैल 1929 ई. को असेम्बली में बम फेंकने की घटना हुई। इसके बाद मुकदमा चला और जन्म भर के कालेपानी की सज़ा हुई। फिर लाहौर षड्यंत्र केस में फाँसी की सज़ा 1930 के 7 अक्टूबर को मिली। 23 मार्च, 1931 ई. को प्रायः 7.30 बजे शाम को आपको फाँसी दे दी गई।

'विश्वमित्र'

पंजाब के अधिकारियों की लॉर्ड इर्विन को धमकी

"यदि फाँसी की सज़ा रद्द की गई तो हम एक साथ इस्तीफ़ा दे देंगे"

श्री आसफ़ अली को सरदार भगत सिंह से क्यों नहीं मिलने दिया गया?

निम्नलिखित तार लाहौर स्थित 'फ्री प्रेस' के विशेष संवाददाता ने समाचार-पत्रों में प्रकाशित होने के लिए 23वीं मार्च को भेजा था, जो केवल 'सेंसर' ही नहीं किया गया, बल्कि कहा जाता है, तार एकदम अधिकारियों द्वारा रोक लिया गया था। सरदार भगत सिंह आदि की फाँसी की सज़ा रुकवाने के लिए नेताओं ने जो-जो प्रयत्न किए थे, इस तार से सारी बातों पर अच्छा प्रकाश पड़ता है; पाठकों की जानकारी के लिए तार की नकल नीचे उद्धृत की जा रही है–

"ऐसा प्रतीत होता है कि महात्मा गांधी ने सरदार भगत सिंह आदि की फाँसी की सज़ा रद्द कराने के लिए कोई उपाय उठा नहीं रखा। वायसराय से बार-बार इस सम्बन्ध में ज़ोर दिया गया। महात्मा जी का अन्तिम प्रयास 23वीं मार्च की सुबह किया गया था, जबकि वे महामना पं. मदनमोहन मालवीय तथा अन्य कई कांग्रेस के नेताओं सहित लॉर्ड इर्विन से मिलने गए थे। सुना है महात्मा गांधी से वायसराय ने अन्त में कहा था कि फाँसी की सज़ाओं को वे कालेपानी में तो नहीं बदल सकते, पर अधिक से अधिक 3री या 4थी अप्रैल तक फाँसी को रोक सकते हैं। ताकि कांग्रेस का अधिवेशन सकुशल समाप्त हो जाए। कहा जाता है, महात्मा जी ने एक सप्ताह के हेर-फेर में कोई लाभ नहीं देखा और अन्त में उन्हें यही कहना पड़ा कि यदि वे फाँसी देना ही चाहते हैं तो निश्चित तिथि को कांग्रेस के अधिवेशन के पूर्व ही इन नौजवानों को फाँसी पर लटकाया जा सकता है, ताकि देश को भी इस बात का पता चल जाए कि देश कहाँ तक पहुँच पाया है, यदि पहिले ही फाँसी लगा दी गई तो कांग्रेस की परिस्थिति का अन्दाज़ा लगाने में भी सुविधा हो सकती है।

कहा जाता है कि वायसराय की इस मुलाकात के पूर्व ही महात्मा गांधी ने अपने सामने ही एक वक्तव्य (Manifesto) तैयार कराके श्री आसफ़ अली के हाथ इसलिए लाहौर भेजा था, ताकि वे इस पर स्वर्गीय सरदार भगत सिंह आदि के हस्ताक्षर करा लावें, जिससे उनकी फाँसी के सम्बन्ध में लिखा-पढ़ी करने में सुविधा हो सके। महात्मा जी ने इन नौजवानों के

लिए एक सन्देश भी भेजा था। लेकिन श्री आसफ़ अली को इन स्वर्गीय नौजवानों से मिलने तक नहीं दिया गया।

लाहौर में 3 दिन ठहरने के पश्चात् उन्हें पंजाब गवर्नमेंट के होम-मेम्बर का एक पत्र इस आशय का मिला कि जो वक्तव्य वे सरदार भगत सिंह आदि को दिखाने अथवा हस्ताक्षर कराने के उद्देश्य से अपने साथ लाए हैं, उसकी एक नकल यदि वे उन्हें भेजें तो उनसे भेंट कराने के प्रस्ताव पर विचार किया जा सकता है। श्री आसफ़ अली ने ऐसा करने से साफ इनकार कर दिया और इस प्रकार आपकी अन्तिम मुलाकात स्वर्गीय सरदार भगत सिंह आदि से न हो सकी।

'फ्री प्रेस' को विश्वस्त सूत्र से इस बात का पता चला है कि यद्यपि लॉर्ड इर्विन सरदार भगत सिंह आदि को फाँसी देने के पक्ष में स्वयं नहीं थे किन्तु पंजाब-गवर्नमेंट के लगभग सभी अंग्रेज अफ़सरों ने लॉर्ड इर्विन को इस बात की धमकी दी थी कि यदि उन्होंने फाँसी की इस सजा को रद्द कर दिया, तो वे एक साथ अपने पदों से इस्तीफा दे देंगे।''

क्या सरदार भगत सिंह आदि की अन्त्येष्टि क्रिया धर्मानुसार हुई थी??

पंजाब के सिक्खों में असन्तोष

सिक्ख-नेता ज्ञानी शेर सिंह जी का वक्तव्य

अन्यत्र प्रकाशित समाचारों से पाठकों को पता लगेगा कि यद्यपि गवर्नमेंट की विज्ञप्ति का कहना है कि सरदार भगत सिंह आदि की अन्त्येष्टि क्रिया धर्मानुसार और विधिपूर्वक सम्पन्न हुई थी; किन्तु पंजाब की जनता को जो प्रमाण अब तक अन्यथा प्राप्त हो सके हैं, उनके बल पर वह इस आश्वासन पर विश्वास करने को तैयार नहीं है। गवर्नमेंट का कहना है कि दाह-कर्म के पश्चात् फूलादि सतलज में डाल दिया गया था, किन्तु यह भी सत्य प्रतीत होता है कि अधजले (झौंसे हुए) कुछ लाश के टुकड़े उसी स्थान से पाए गए हैं, जहाँ इन नवयुवकों की अन्त्येष्टि क्रिया की गई थी और लाहौर में इन्हीं टुकड़ों के शव का जुलूस निकाला गया था, जिसके पीछे एक लाख व्यक्तियों की भीड़ थी। इस सम्बन्ध में पंजाब के सुप्रसिद्ध सिक्ख-नेता ज्ञानी शेर सिंह जी ने, जो सिक्खों के धार्मिक नेता भी हैं, प्रेस के लिए एक वक्तव्य 27वीं मार्च को अमृतसर में प्रकाशित किया है, जिसका सारांश यह है–

"मैंने सरकार द्वारा प्रकाशित उस विज्ञप्ति को पढ़ा है, जिसमें यह कहा गया है कि सरदार भगत सिंह के शव की अन्त्येष्टि क्रिया सिक्ख-धर्मानुसार की गई है। गवर्नमेंट की यह विज्ञप्ति सत्य से परे है, परन्तु यदि इसे सत्य भी मान लिया जाए तो यह तो स्पष्ट है कि अन्त्येष्टि क्रिया सिक्खों के धर्मानुसार नहीं हुई थी। किसी 'ग्रन्थी' को बिना ऐसे चार अन्य सिक्खों के, जो कि सिक्ख-धर्म को कड़ाई से माननेवाले हों, अन्त्येष्टि क्रिया करने का कोई अधिकार नहीं है।

अन्त्येष्टि क्रिया के साधारण नियम यह हैं कि श्मशान की ओर प्रस्थान करने से पूर्व शव को दही और दूध से स्नान कराया जाता है। अर्थी चार सिक्खों के कन्धों पर होनी चाहिए। इस बात का भी ध्यान रखना चाहिए कि मृतक के शरीर पर पाँचों 'कक्का' (सिक्खों के धार्मिक चिह्न) मौजूद हैं या नहीं? 'रागियों' की एक संगीत मंडली होनी चाहिए। इन रागियों को इस समय गुरु तेग़बहादुर की बानी के 'शब्द' गाना चाहिए, जो इसी अवसर पर गाए जाते हैं। यदि शव किसी 'शहीद' का हो, तो विशेष 'शब्द' गाए जाने चाहिए, जैसे कि "जिस मरने ते जग डरे, मेरे मन आनन्द" (अर्थात् जिस मृत्यु से संसार भयभीत होता

है, उससे मुझे आनन्द प्राप्त होता है।) इसके अतिरिक्त और भी ऐसी अनेक बातें हैं, जिनकी उपेक्षा न होनी चाहिए।

स्वयं गवर्नमेंट के वक्तव्य को पढ़ने से ऐसा प्रतीत होता है कि इस मामले में इस प्रकार की कोई बात भी नहीं की गई थी। इस विज्ञप्ति का केवल इतना ही कहना है कि अन्तिम संस्कार एक ऐसे 'ग्रन्थी' द्वारा सम्पन्न कराया गया, जिसका नाम और पता तक नहीं बतलाया गया!

इस प्रकार के अधूरे वक्तव्य से सिक्ख-जनता कदापि सन्तुष्ट नहीं हो सकती और वह उन सारी बातों का गवर्नमेंट से प्रमाण चाहती है, जिनका उल्लेख सरकारी वक्तव्य में किया गया है और वह इस मामले में गवर्नमेंट से कैफ़ियत तलब करना चाहती है। गवर्नमेंट को सारी बातें स्पष्ट रूप से प्रकाशित करना चाहिए।"

9 अप्रैल, 1931

भविष्य

स्वर्गीय सरदार भगत सिंह सम्बन्धी प्रस्ताव का समर्थन

भूतपूर्व राष्ट्रपति का वक्तव्य

स्वर्गीय सरदार भगत सिंह सम्बन्धी प्रस्ताव उपस्थित करने के अवसर पर पं. जवाहरलाल नेहरू ने अपने भाषण में कहा–

"जब अहिंसा के पुजारियों ने भगत सिंह की कहानी को सुना तो वे भी उनकी वीरता की सराहना किए बिना न रह सके। व्यक्तिगत रूप से मुझे इस प्रस्ताव पर कुछ कहते संकोच-सा होता है। संसार में न जाने कितने मनुष्य मरे, किन्तु भगत सिंह की स्मृति प्रत्येक की सम्पत्ति है। मैं भगत सिंह को अच्छी तरह जानता हूँ। मैं उनके उस उत्साह से भी परिचित हूँ, जो उनका एक विशेष गुण था। यह गुण उनमें ठीक उसी प्रकार से था, जैसे अँधेरी रात में एक प्रकाशमान तारा हो। आज संसार भगत सिंह के समान मर्दों और बच्चों की अतुलनीय वीरता और प्रगाढ़ देशभक्ति के कार्यों को देखकर चकित हो गया है।

भगत सिंह किस प्रकार गिरफ़्तार किए गए, उनके साथ कैसा सलूक किया गया, और उन्हें किस प्रकार फाँसी दी गई, और वायसराय ने किस प्रकार उनकी मृत्यु के आज्ञा-पत्र पर हस्ताक्षर किया, यह सब बातें आपको मालूम हैं।

आज मैं आपको केवल यही बतलाना चाहता हूँ, कि भगत सिंह उन लोगों में से थे, जिनकी कुर्बानी अद्वितीय है। अनेकों ने कुर्बानियों की हैं, किन्तु भगत सिंह की कुर्बानी सर्वोच्च है। मेरा अनुमान है कि सारे देश में, गाँव-गाँव में बच्चे ध्यानपूर्वक भगत सिंह की कहानी को सुनते होंगे।

आज हम एक महत्त्वपूर्ण प्रस्ताव पर विचार करने के लिए इकट्ठे हुए हैं, मनोरंजन के लिए नहीं। हम अपने वर्तमान कार्यों द्वारा तथा अपने उस मार्ग के द्वारा, जिसे हमने भविष्य के लिए निश्चित किया है, अपने भाग्य का निर्णय करने जा रहे हैं। सम्भव है कि भगत सिंह ने जिस मार्ग का अवलम्बन किया था, हमारा मार्ग उससे भिन्न हो, किन्तु एक बात पर आप अवश्य सहमत होंगे कि हम लोग उस ढंग की वीरता को अपना सकते हैं। यह बात सम्भव है। आज हम लोगों ने गांधी जी के मार्ग को चुना है और आप विश्वास करें, हम लोगों ने काफ़ी सफलता भी प्राप्त कर ली है। आज मैं सच्चे दिल से आपके सामने कह रहा हूँ। मैं कोई बात छिपा नहीं रहा हूँ। मैं यह नहीं कहता कि आप अवश्य हथियार रखें, आप अवश्य गोली चलावें अथवा किसी की हत्या करें, या हिंसा का कोई कार्य करें। मेरा यह विश्वास है कि प्रत्येक मनुष्य का यह अधिकार है कि वह इसका निर्णय करे कि

उसे क्या करना चाहिए और क्या नहीं करना चाहिए। किन्तु इस समय हम जो कुछ भी करें, साथ मिलकर करें। हमें यह याद रखना चाहिए कि हम लोगों का एक ही शत्रु है, और यदि हम अहिंसा के मार्ग से हट जावें, तो इसका अर्थ यह होता है कि हम आपस में ही झगड़ रहे हैं।

मैं फिर आपसे कहता हूँ कि मैं आपसे कोई बात छिपा नहीं रहा हूँ। मैंने दिल खोलकर आपके सामने रख दिया है। हम अहिंसा के मार्ग पर चल चुके हैं। अब भी हमारा यही ध्येय होना चाहिए। चाहे जो कुछ हो, हमारा मार्ग अहिंसा का है, और यही रहेगा।

मित्रो, मैं आपको याद दिलाना चाहता हूँ, कि हमें लम्बी यात्रा करनी है। भगत सिंह और विद्यार्थी जी के समान अनेकों मनुष्य इस यात्रा में हमसे बिछुड़ गए। इस लम्बी यात्रा में उन लोगों का जीवन उस शिला-खंड के समान है, जो लोगों को मार्ग की दूरी बताया करता है। अभी अनेकों हमसे अलग होंगे। हमारा देश, अब भी गुलामों का देश है। जब हम स्वतंत्रता प्राप्त करने के लिए कमर कसकर तैयार हैं, तो हमारा त्याग भी महान होना चाहिए। इसलिए हमें चाहिए कि हम अपने उद्देश्य को अच्छी तरह समझ लें। जिस मार्ग का हम लोगों ने अवलम्बन किया है, उससे हटने का कोई प्रश्न नहीं उठना चाहिए।''

महामना मालवीय जी का वक्तव्य

महामना पं. मदनमोहन मालवीय ने सरदार भगत सिंह सम्बन्धी प्रस्ताव का समर्थन करते हुए अपने भाषण में कहा–

''मेरा कार्य बहुत ही कठिन है। मैंने अनेक कांग्रेसों में भाषण दिया है, किन्तु कभी ऐसा शोकजनक प्रस्ताव मेरे सामने नहीं आया। पं. जवाहरलाल का भाषण आप लोगों ने सुना है। आप लोगों से, विशेषकर नवयुवकों से, यह कह देना मेरा कर्तव्य और अधिकार है कि मैं इस प्रस्ताव पर अवश्य कुछ कहूँगा। आह, यह बहुत सत्य है और यह हमारा दुर्भाग्य है कि हम उस युवक को नहीं बचा सके। जो कुछ हो, यह प्रस्ताव जिसे स्वयं गांधी जी ने तैयार किया है और जिस पर हम लोगों ने–जिनके बाल देश की सेवा में सफ़ेद हो गए हैं–यहाँ अच्छी तरह विचार कर लिया है, आपके सामने है। मैं जानता हूँ कि वे तीनों युवक जिन्हें फाँसी दी गई है, नई पीढ़ी के सर्वश्रेष्ठ प्रतिनिधि थे। उन लोगों ने जाति की इज़्ज़त की रक्षा की है। किन्तु हाँ, यह याद रखिए, उनका मार्ग हिंसात्मक था। उनकी देशभक्ति उच्चकोटि की थी। जब मुझे याद आती है कि 1914 से हमारे कुछ वीर नौजवान कैसे इसी तरह अदृश्य हो गए, तो मेरा हृदय शोक से उमड़ पड़ता है।

प्यारे भाइयो, हमारे अहिंसा की स्कीम में हिंसा को छोड़कर, प्रत्येक वस्तु के लिए स्थान है। इसमें वीरता के लिए स्थान है, देश-प्रेम के लिए स्थान है और उच्च से उच्च त्याग के लिए स्थान है। आज भगत सिंह की कहानी घर-घर में कही जानेवाली कहानी है, क्योंकि जिस स्वतंत्रता का वह स्वप्न देखता था, और जिसे प्राप्त करने के लिए उसने दृढ़-संकल्प कर लिया था, उसी के लिए उसने अपना जीवन विसर्जन किया है। प्यारे भाइयो, उसी स्वतंत्रता की कल्पना हम अपने आन्दोलन में नहीं कर सकते। आप यह याद रखें कि

भारतवर्ष ने आज महात्मा जी को अपना नेता चुना है। किन्तु उनका नेतृत्व और लॉर्ड इर्विन जैसे पुरुष भी भगत सिंह को नहीं बचा सके। ऐसा जान पड़ता है कि ईश्वर ने हम लोगों को इसके द्वारा चेतावनी दी है। भगत सिंह अपनी जान हथेली पर रखता था। किन्तु उसके इस त्याग के द्वारा भी अपने ध्येय को हम नहीं प्राप्त कर सके। वायसराय ने स्वयं कहा है—'इस प्रकार के मामलों में सम्राट की दया प्राप्त करने की कल्पना भी नहीं की जा सकती है।' हमारा देश कुछ अधिक चाहता भी नहीं था। मुझे विश्वास है कि यदि घटनाओं का स्वरूप कुछ दूसरे ढंग का होता तो इस क्लान्त जाति के लिए शान्ति स्थापित करना सम्भव था, किन्तु घटनाओं का स्वरूप कुछ दूसरा ही है। महात्मा गांधी जी, जिनके समान पुरुष कई शताब्दियों तक नहीं उत्पन्न हुआ है; जो आज संसार में बेजोड़ हैं, वायसराय भी जिनकी बातें प्रेम तथा ध्यानपूर्वक सुनते थे, वह उन तीनों युवकों को नहीं बचा सके। जब मैंने इस असहायावस्था का अनुभव किया तो मेरे ऊपर मानो वज्रपात हो गया। मैं एक क्षण के लिए कल्पना करता हूँ कि यदि इंग्लैंड में तीन अंग्रेज बच्चों को इसी तरह फाँसी दे दी गई होती तो क्या होता। इंग्लैंड क्या कहता? आज हमारा यह कर्तव्य है कि हम अपने भेदभाव को भुला दें।

16 अप्रैल, 1931

भविष्य

स्व. सरदार भगत सिंह और उनके साथियों का संक्षिप्त परिचय

(श्री अभ्यंकर वर्मा, एम.ए., एल.एल.बी.)

सरदार भगत सिंह

वंश-परिचय

सरदार भगत सिंह जिस वंश के गौरव थे, वह गत पच्चीस वर्षों से अपनी देशभक्ति और कुर्बानियों के लिए काफी ख्याति प्राप्त कर चुका है। कहते हैं, इस ख़ानदान के रक्त में कुछ ऐसे बीज हैं, जिसके कारण कोई भी व्यक्ति परतंत्रता की हवा में रहना पसन्द नहीं करता। आपके पूज्य पिता सरदार किशन सिंह पंजाब के विख्यात देशभक्तों और स्व. लाला लाजपत राय के साथियों में हैं। आपके इतिहास-प्रसिद्ध चचा सरदार अजीत सिंह को कौन नहीं जानता? कौन नहीं जानता कि आज भी वे देशभक्ति के अपराधी होने के कारण मातृभूमि के दर्शनों से वंचित हैं। आपके दूसरे चचा सरदार स्वर्ण सिंह की देशभक्ति की कहानी भी पंजाब के प्रत्येक घर में कही और सुनी जाती है।

जन्म और नामकरण

सरदार भगत सिंह का जन्म 13 असौज, सम्वत् 1864 शनिवार को लायलपुर (पंजाब) के बंगा नामक ग्राम में हुआ था। आपके जन्म से कई महीने पूर्व आपके पिता तथा आपके दोनों चचा–सरदार अजीत सिंह और सरदार स्वर्ण सिंह–पंजाब से भागकर नेपाल चले गए थे। परन्तु जिस रोज सरदार का जन्म हुआ और लोग उनकी दादी को बधाइयाँ दे रहे थे, ठीक उसी समय आपके चचा सरदार स्वर्ण सिंह जी घर आ पहुँचे। परन्तु सरदार किशन सिंह जी जेल में थे। आपके पास पुत्र उत्पन्न होने की खबर पहुँची, तो बड़े खुश हुए और ईश्वर को धन्यवाद दिया।

सरदार भगत सिंह की दादी आपको बहुत प्यार करतीं तथा आपको 'भागोंवाला' अर्थात् भाग्यवान कहा करती थीं। इसी से आपका नाम भी 'भगत सिंह' रखा गया था।

शिक्षारम्भ और बाल्य-जीवन

सरदार की बाल्यावस्था का अधिकांश समय आपकी दादी तथा आपकी मामा की निगरानी में गुज़रा। इन दोनों महिलाओं के धार्मिक आदर्शों का बालक भगत सिंह पर काफी प्रभाव

पड़ा। आपकी मेधा-शक्ति भी अच्छी थी, इसलिए तीन वर्ष की अवस्था में ही आपको गायत्री मंत्र याद हो गया। इसके बाद जब इनकी उम्र पाँच वर्ष की हुई, तो गाँव के प्राइमरी स्कूल में पढ़ने के लिए भेजे गए। यहाँ आपने कई साल तक शिक्षा प्राप्त कर बड़ी सफलता के साथ प्राइमरी परीक्षा पास की।

प्रारम्भिक पाठशाला में भर्ती होने के कुछ दिन बाद ही आपको एक बार अपने घरवालों के साथ लाहौर जाने का अवसर मिला। ये लोग वहाँ सरदार किशन सिंह के परम मित्र लाला आनन्दकिशोर के यहाँ उतरे थे, लाला जी ने बड़े प्यार से भगत सिंह को गोद में बिठा लिया और कँधेलों पर थपकियाँ देते हुए पूछा—तुम क्या करते हो?

बालक ने अपनी तोतली बोली में उत्तर दिया—मैं खेती करता हूँ।

लाला जी—तुम बेचते क्या हो?

बालक—मैं बन्दूकें बेचता हूँ।

यह बातचीत इतनी प्यारी थी कि इसका ज़िक्र कभी-कभी उनके बड़े हो जाने पर भी हुआ करता था। लड़कपन में भगत सिंह बड़े चतुर, चपल और खिलाड़ी थे। लड़कपन में ये शिवाजी की तरह दल बनाकर अपने साथियों के साथ युद्ध-क्रींड़ा किया करते थे। आपको वीरतापूर्ण खेलों से अधिक प्रेम था।

लड़कपन में सरदार भगत सिंह को तलवार-बन्दूक से बड़ा प्रेम था। एक बार अपने पिता के साथ खेतों की ओर गए। किसान खेतों में हल चला रहे थे। बालक भगत सिंह ने पिता से पूछा—ये क्या कर रहे हैं? पिता ने समझाया—'हल से खेत जोत रहे हैं। इसके बाद अनाज बोएँगे।' इस पर भोले बालक ने कहा—अनाज तो बहुत पैदा होता है, मगर तलवार-बन्दूक सब जगह नहीं होती। ये किसान तलवार-बन्दूक की खेती क्यों नहीं करते?

लाहौर-षड्यंत्र वाले मुकदमे में, एक दिन सरकारी वकील के किसी कथन पर सरदार भगत सिंह को हँसी आ गई। इस पर सरकारी वकील ने अदालत से शिकायत की कि सरदार भगत सिंह हँसकर अदालत की तौहीन कर रहे हैं। सरदार ने हँसकर उत्तर दिया—"मुझे तो ईश्वर ने हँसने के लिए ही पैदा किया है। मैं तमाम ज़िन्दगी हँसता रहा हूँ, हँसता रहूँगा। आज अदालत में हँस रहा हूँ, और ईश्वर ने चाहा तो फाँसी के तख़्ते पर भी हँसूँगा। वकील साहब इस समय तो मेरे हँसने की शिकायत कर रहे हैं, परन्तु जब मैं फाँसी के तख़्ते पर हँसूँगा, तब किस अदालत से शिकायत करेंगे?"

डी.ए.वी. स्कूल में

प्राइमरी परीक्षा पास करके भगत सिंह लाहौर चले आए और दयानन्द एंग्लो-वैदिक विद्यालय में शिक्षा पाने लगे। यहाँ आपने नवीं कक्षा तक शिक्षा प्राप्त की। इसी समय सन् 1921 में महात्मा गांधी ने असहयोग आन्दोलन आरम्भ किया। सारे देश में सरकारी तथा सरकारी सहायता प्राप्त स्कूलों का बहिष्कार आरम्भ हुआ, इसलिए भगत सिंह ने भी डी.ए.वी. स्कूल छोड़ दिया और लाहौर के भारतीय विद्यालय में चले आए। उस समय इस

स्कूल के प्रधान प्रबन्धकर्ता भाई परमानन्द जी थे। आपने भगत सिंह की परीक्षा लेकर इन्हें एफ.ए. क्लास में भर्ती कर लिया। सन् 1923 में आपने एफ.ए. की परीक्षा पास की और इसी समय आपकी श्री सुखदेव तथा अन्यान्य क्रान्तिकारियों से जान-पहचान हुई। इधर घरवालों ने आपके विवाह का प्रबन्ध किया। कई जगह से बातचीत आरम्भ हुई। परन्तु इसकी ख़बर सरदार को मालूम हुई तो उन्होंने चट बोरिया-बिस्तर उठाया और लाहौर छोड़कर अन्यत्र चले गए। कई दिनों के बाद आपके पिता को एक पत्र मिला, जिसमें लिखा था कि मैं विवाह नहीं करना चाहता, इसी से घर छोड़ दिया है। आप मेरे लिए कोई चिन्ता न करें। मैं बहुत अच्छी तरह से हूँ। अस्तु।

लाहौर से भागकर आप दिल्ली आए और वहाँ के 'अर्जुन' नामक हिन्दी-पत्र के कार्यालय में संवाददांता का कार्य करने लगे। इसके बाद कानपुर आए और 'प्रताप' में काम करने लगे। यहाँ आप बलवन्त सिंह के नाम से विख्यात थे और इसी नाम से 'प्रताप' में लेख आदि भी लिखा करते थे। हिन्दी भाषा से आपको विशेष प्रेम था और लिखते भी सुन्दर थे।

इस साल गंगा और यमुना नदियों में भयंकर बाढ़ आई थी। संयुक्त प्रान्त के कई स्थानों में गाँव के गाँव इस भयंकरी बाढ़ के कारण तबाह हो गए थे। श्री बटुकेश्वर दत्त उन दिनों कानपुर में ही रहते थे। बाढ़-पीड़ितों की सहायता के लिए उन्होंने एक समिति स्थापित की, सरदार भगत सिंह भी इस समिति के सदस्य बने और बड़े उत्साह से बाढ़-पीड़ितों की सेवा की। बहुत दिनों तक एक साथ रहकर कार्य करने के कारण श्री बटुकेश्वर दत्त से आपकी घनिष्ठता भी खूब बढ़ गई। इन दोनों युवकों की सेवाओं का कानपुर की जनता पर बड़ा प्रभाव पड़ा। लोग इन्हें बड़ी श्रद्धा की दृष्टि से देखने लगे। विशेषतः कानपुर के विख्यात राष्ट्र-सेवक स्वर्गवासी श्री गणेशशंकर विद्यार्थी इनके कामों से अत्यन्त प्रसन्न हुए और भगत सिंह को एक जातीय स्कूल का हेडमास्टर नियुक्त करा दिया।

इसी समय सरदार किशन सिंह जी को ख़बर मिली कि भगत सिंह कानपुर में हैं। उन्होंने अपने एक मित्र को तार दिया कि भगत सिंह का पता लगाकर कह दो कि उनकी माता अत्यन्त बीमार हैं।

शहीदी जत्थे का स्वागत

माता की बीमारी का समाचार सुनते ही सरदार भगत सिंह पंजाब के लिए रवाना हो गए और पिता को तार भी दे दिया कि मैं आता हूँ। इन दिनों 'गुरु का बाग़' वाला इतिहास-प्रसिद्ध अकाली आन्दोलन आरम्भ था। सारे पंजाब में एक तहलका-सा मचा हुआ था। सत्याग्रही अकालियों का जत्था दूर-दूर से 'गुरु का बाग' की ओर बढ़ रहा था। परन्तु कुछ 'हाँ-हुजूरी' दल इस आन्दोलन के विरुद्ध था। उसे यह आन्दोलन फूटी आँखों भी अच्छा नहीं लगता था। इसलिए उन्होंने निश्चय किया कि बंगा ग्राम की ओर से अकाली जत्थे का स्वागत न किया जावे और उन्हें यहाँ ठहरने न दिया जाए। कुछ लोगों ने इस बात की खबर सरदार किशन सिंह को, जो उन दिनों किसी कार्यवश लाहौर में थे, दी। उत्तर में

सरदार साहब ने लिखा कि भगत वहाँ मौजूद है। वह जत्थे के ठहरने और 'लंगर' (भोजन) का सब प्रबन्ध कर लेगा, आप लोग किसी बात की चिन्ता न करें।

सुयोग पुत्र ने पिता के इस आदेश और इच्छा का पूर्णतया पालन किया। बंगा में जत्थे का ख़ूब स्वागत हुआ। लंगर का प्रबन्ध भी बड़ी धूमधाम से हुआ। विरोधी दल अड़ंगा लगाने से बाज़ नहीं आया। परन्तु सरदार भगत सिंह के सामने उसकी एक न चली। सरदार भगत सिंह ने स्वयं आटा और घी जत्थे के प्रबन्धक के पास पहुँचाया, इससे गाँववाले और भी उत्साहित हुए। जत्थे को 101 रुपया की एक थैली भेंट की गई। भगत सिंह ने इस अवसर पर एक छोटी-सी वक्तृता देकर, सत्याग्रह सिद्धान्त को कार्य-रूप में परिणत करने के लिए उन्हें बधाई दी।

पुलिस में रिपोर्ट

लायलपुर में सरदार भगत सिंह ने एक वक्तृता दी और कलकत्ता में मि. डे नाम के एक अंग्रेज को गोली मार देनेवाले श्री गोपीनाथ साहा की प्रशंसा की। पुलिस ने इसकी रिपोर्ट ली और लायलपुर में आप पर मामला चला। आपके पिता भी चाहते थे कि भगत सिंह को थोड़ा-सा जेल का अनुभव हो जाए, परन्तु अवसर न मिला। इसके बाद भगत सिंह लाहौर चले आए और वहाँ से कानपुर होते हुए बेलगाँव कांग्रेस में चले गए।

कांग्रेस से लौटने पर आपने अमृतसर के 'अकाली' नामक अखबार के कार्यालय में काम करना आरम्भ किया और बलवन्त सिंह के नाम से बहुत दिनों तक 'अकाली' का सम्पादन करते रहे। इसी बीच में आप किसी काम से लाहौर आए। पुलिस आपकी तलाश में थी। इसलिए लाहौर आते ही आप गिरफ़्तार कर लिये गए और छः हज़ार की ज़मानत पर छोड़े गए।

डेयरी फ़ॉर्म

सन् 1927 में, अपने पिता की आज्ञा से सरदार ने लाहौर-वासियों को विशुद्ध दूध पहुँचाने के लिए एक स्कीम तैयार की और लाहौर के पास ही एक गाँव में एक वृहत् 'डेयरी फॉर्म' (दूध का कारखाना) स्थापित किया। यह कारख़ाना कुछ दिनों तक बहुत अच्छी तरह चला। परन्तु भगत सिंह के जीवन का उद्‌देश्य दूध बेचना न था, अतः वे किसी उद्‌देश्य से एक सप्ताह के लिए एकाएक गायब हो गए। यह बात आपके पिता जी को बहुत बुरी मालूम हुई और जब आप वापस आए तो पिता ने नाराज़ होकर आपकी पीठ पर दो सोंटे रसीद किए। फलतः इसी समय से 'डेयरी फ़ॉर्म' की भी इतिश्री हो गई।

सन् 1928 में सरदार भगत सिंह ने पंजाब के शाहंशाह चक नामक स्थान में रहना आरम्भ किया। इस दरमियान वे कभी-कभी लाहौर भी आते और हफ़्तों और महीनों तक लापता रहते। इसी समय सरदार किशन सिंह के किसी मित्र ने कहा कि अगर आप भगत सिंह को हमें सौंप दें तो मैं आपको एक हज़ार रुपए मासिक दिया करूँ। पिता ने यह बात

स्वीकार कर ली। भगत सिंह नौकरी करने के लिए घर से चले, परन्तु इसके बाद से फिर पता न चला कि कहाँ गए, किधर गए।

असेम्बली बम-केस

इसके बाद विगत 8 अप्रैल, सन् 1929 को दिल्ली में असेम्बली बम-केस में आपकी और आपके साथी श्री बटुकेश्वर दत्त की गिरफ़्तारी हुई। मामला चला और न्यायालय ने आपको आजीवन कालेपानी की सज़ा दी। इस मामले में अदालत के सामने आपने जो वक्तव्य दिया था, उसमें असेम्बली में बम फेंकने का उद्देश्य बताते हुए आपने कहा था कि **"समस्त देश के विरोध को ठुकराते हुए सरकार ने साइमन कमीशन भेजकर अपने बहरेपन का जो परिचय दिया है, उसी को दूर करने की इच्छा से हमने यह बम फेंका है।** वास्तव में हमारा उद्देश्य किसी की हत्या करना न था।" परन्तु इतने पर भी आप पर तथा श्री बटुकेश्वर पर हत्या की चेष्टा का अपराध लगाया गया और उपर्युक्त दंड दे दिया गया।

सांडर्स हत्या-कांड

जिस समय मशहूर सायमन कमीशन भारत के कई स्थानों में भ्रमण करता हुआ लाहौर पहुँचा था, उस समय उसके विरोध में वहाँ के नागरिकों ने एक जुलूस निकाला था और उसके अध्यक्ष थे पंजाब-केसरी स्वर्गवासी लाला लाजपत राय। इस जुलूस को तितर-बितर करने के लिए, लाहौर की पुलिस ने मि. सांडर्स नाम के एक पुलिस कर्मचारी की अध्यक्षता में जुलूसवालों पर लाठियाँ चलाई थीं। स्व. लाला जी को भी चोट लगी थी और परिणामस्वरूप, विगत 17 नवम्बर सन् 1928 को लाला जी का स्वर्गवास हो गया। इस घटना के ठीक एक महीने बाद 17 दिसम्बर को मि. सांडर्स और सरदार चानन सिंह को गोली मारी गई और उन दोनों का देहान्त हो गया। पुलिस को सन्देह हुआ कि इस कांड से सरदार भगत सिंह का भी सम्बन्ध है, इसलिए पुलिस उन्हें ढूँढ़ रही थी। इतने में असेम्बली बम-कांड हुआ, जिसका उल्लेख हम ऊपर कर आए हैं।

बम-फैक्टरी और षड्यंत्र

असेम्बली बम-विभ्राट के बाद पुलिस को पंजाब में किसी बम के कारखाने का सन्देह हुआ। वह और बड़ी मुस्तैदी से इस बात का पता लगाने लगी। अन्त में 16 अप्रैल को लाहौर के काश्मीरी बिल्डिंग में उसे एक बम का कारखाना मिला और सरदार भगत सिंह के साथी श्री सुखदेव गिरफ़्तार किए गए। इस कारखाने के मिलने के साथ ही पुलिस ने घोषणा की कि इसके साथ ही भयंकर षड्यंत्र भी है और इस षड्यंत्र से सरदार भगत सिंह का भी सम्बन्ध है। अन्त में षड्यंत्र सम्बन्धी मुकदमा आरम्भ हुआ और मि. सांडर्स तथा सरदार चानन सिंह की हत्या का अपराध सरदार भगत सिंह, श्री राजगुरु और श्री चन्द्रशेखर आज़ाद पर लगाया गया।

षड्यंत्र का मामला

रायसाहब पंडित श्रीकिशन स्पेशल मजिस्ट्रेट की अदालत में लाहौर षड्यंत्र का मामला पेश हुआ। इस मुकदमे के दौरान, समय-समय पर सरदार भगत सिंह ने जो बातें कहीं और जो काम किए, वे इतिहास में अनुपम हैं। जेल के कष्टों को दूर कराने के लिए आपके साथी श्री यतीन्द्रनाथ ने तो जेल में अनशन करके अपनी बलि दे दी। इसी बीच में सत्याग्रह-आन्दोलन प्रारम्भ हुआ और गवर्नर-जनरल लॉर्ड इर्विन ने इस मुकदमे को जल्दी समाप्त करने के लिए एक ख़ास ऑर्डिनेंस बनाकर तीन जजों की एक ट्रिब्यूनल क़ायम कर दी। इस ट्रिब्यूनल में मामला फिर से चालू हुआ। अदालत के रुख को देखकर अभियुक्तों ने मुक़दमे में हिस्सा लेने से इनकार कर दिया। इन लोगों ने सफ़ाई भी नहीं दी। आखिर इन लोगों की ग़ैर-मौजूदगी में अदालत ने हुक्म भी सुना दिया। इस केस के दौरान पूरे 115 दिन अनशन-व्रत करके सरदार भगत सिंह ने सारे संसार को चकित कर दिया था।

फाँसी की सज़ा

7 अक्टूबर, 1930 को सरदार भगत सिंह, श्रीयुत सुखदेव और श्रीयुत राजगुरु को फाँसी की सज़ा दे दी गई। ट्रिब्यूनल ने फाँसी की तारीख़ भी मुक़र्रर कर दी और फाँसी के वारंट भी बना दिए। ख़ास ऑर्डिनेंस होने के कारण इस मामले की अपील हाईकोर्ट में नहीं हो सकी। हाईकोर्ट में इस बात की अपील की गई कि वायसराय को ट्रिब्यूनल बनाने का कोई अधिकार नहीं था, पर वह अपील ख़ारिज कर दी गई। प्रिवी-कौंसिल में अपील की गई, पर वह भी नामंजूर हुई। हाईकोर्ट में वकीलों ने अपील की कि फाँसी की सज़ा रद्द कर दी जाए, पर वह भी नामंजूर हुई।

ट्रिब्यूनल ने फाँसी देने की तारीख़ अक्टूबर 1930 में मुक़र्रर की थी—वह तारीख निकल गई। उधर ऑर्डिनेंस का समय समाप्त हो जाने से ट्रिब्यूनल भी समाप्त हो गया। वकीलों ने हाईकोर्ट में अपील की कि भारतीय दंड-विधान के अनुसार अब उन्हें फाँसी दिलाने का किसी को अधिकार नहीं है। पर यह अपील भी न मानी गई। सरदार भगत सिंह की ओर से दया की प्रार्थना करने के लिए एक अपील वायसराय के नाम लिखी गई, पर सरदार ने दया की भीख माँगना अस्वीकार करके हस्ताक्षर करने से इनकार कर दिया। यह दरख़्वास्त और लोगों की ओर से भेजी गई, पर वायसराय ने इसे मंजूर नहीं किया। आपके साथी श्री चन्द्रशेखर आज़ाद को पकड़ने की पुलिस ने बहुत कोशिश की, पर वे पकड़े न जा सके। पाँच हजार का पारितोषिक भी उन्हें पकड़ा न सका। आखिर 27 फरवरी को प्रयाग में वे पुलिस से भिड़कर और गोली मारकर मर गए। सरदार भगत सिंह को फाँसी से बचाने के लिए एक बार फिर हाईकोर्ट से अपील की गई, पर वह भी मंजूर न हुई।

महात्मा जी का विफल प्रयास और फाँसी

महात्मा जी ने लॉर्ड इर्विन से कई दिन तक बातचीत करके सन्धि की शर्तें तय की और उनके अनुसार 4 मार्च को सत्याग्रह आन्दोलन स्थगित कर दिया गया। इन शर्तों में

महात्मा जी ने वायसराय से यह समझौता भी किया था कि इन्हें फाँसी अभी न लगाई जाए। इस सम्बन्ध में महात्मा जी का षड्यंत्रकारियों की जान बचाने का उद्योग तो निष्फल हुआ ही, वायसराय का समझौता भी पूरा न हुआ। जब सरदार भगत सिंह को महात्मा जी के उद्योग का पता लगा तो आपने स्पष्ट कह दिया कि महात्मा जी हमें नहीं बचा सकते। हम राजबन्दी हैं। सरकार को चाहिए कि या तो हमें लड़ाई समाप्त होने पर छोड़ दे या गोली से उड़ा दे। हमें फाँसी लगाना, हमारा अपमान करना है। लाखों आदमियों के हस्ताक्षर से जो अपील की गई, उसका भी कोई फल नहीं हुआ, महात्मा जी की बात भी नहीं मानी गई। इस प्रकार लोकमत का निरादर करते हुए सरदार भगत सिंह, श्री सुखदेव और श्री राजगुरु को 23 मार्च, 1931 को रात के पौने आठ बजे फाँसी पर चढ़ा दिया गया। इन नवयुवकों ने हँसते-हँसते फाँसी की रस्सी को चूमा और 'इन्क़लाब ज़िन्दाबाद' के नारे लगाते हुए परमधाम को सिधार गए। फाँसी के समय सरदार की उम्र कुल 23 वर्ष की थी।

अन्त्येष्टि

'जेल मैनुएल' के अनुसार फाँसी देने का नियम प्रातःकाल है, पर सरदार और उनके साथी रात के अन्धकार में लटकाए गए। उनके निकट सम्बन्धियों और प्रियजनों के लिए उनसे अन्तिम भेंट करने की भी वांच्छनीय सुविधा नहीं दी गई। यहाँ तक कि प्रदर्शन के भय से उनकी लाशें भी उनके घरवालों को नहीं दी गईं, और बल्कि रातोरात मोटर-लॉरियों में भर के वे लाहौर से प्रायः चालीस मील की दूरी पर सतलज नदी के किनारे ले जाकर चुपचाप जला दी गईं। उनके भस्मावशेष से भी इतना भय किया गया कि वह सतलज की मझधार में प्रवाह कर दिया गया!!!

अन्य परिजन

भगत सिंह के दो छोटे भाई और तीन बहिनें हैं। भगत सिंह के माता-पिता के अतिरिक्त उनके बाबा-दादी भी जीवित हैं। बाबा सरदार अर्जुन सिंह जी 80 वर्ष से ऊपर हैं, लेकिन अजीत सिंह, सुवर्ण सिंह–जिनकी मौत सन् 1908 में जेल में हो चुकी है; इन दो पुत्रों को मातृवेदी पर होम कर और अब अपने पोते भगत सिंह के बलिदान पर वे गर्व करते हैं।

सरदार भगत सिंह का अन्तिम पत्र अपने भाई के नाम

3 मार्च, 1931

अज़ीज़ कुलतार,

आज तुम्हारी आँखों में आँसू देखकर बहुत रंज हुआ। आज तुम्हारी बातों में बहुत दर्द था, तुम्हारे आँसू मुझसे बर्दाश्त नहीं होते।

बरखुरदार हिम्मत से शिक्षा प्राप्त करना और सेहत का ख़याल रखना।

हौसला रखना, और क्या कहूँ–

उन्हें यह फिक्र है हरदम नया तर्ज़े जफ़ा क्या है,
हमें यह शौक़ देखें तो सितम की इन्तहा क्या है।
दहर से क्यों ख़फ़ा रहें चर्ख़ का क्यों गिला करें,
सारा जहाँ अदू सही, आओ मुक़ाबला करें।
कोई दम का मेहमाँ हूँ ऐ अहले महफ़िल ,
चिराग़े सेहर हूँ, बुझा चाहता हूँ।
मेरी हवा में रहेगी ख़याल की बिजली,
यह मुश्ते-ख़ाक है फ़ानी, रहे या न रहे।
अच्छा आज्ञा!
"खुश रहो अहले वतन हम तो सफ़र करते हैं।"
हौसला से रहना। नमस्ते!

तुम्हारा भाई,
भगत सिंह

क़ौम के नाम स्वर्गीय सरदार भगत सिंह जी का आख़िरी सन्देश!
नौजवान राजनीतिक कार्यकर्ताओं के प्रति–

(नीचे का पत्र हमने सहयोगी 'पंजाब केसरी' से उद्धृत किया है। सहयोगी का कहना है कि यह पत्र स्वर्गीय सरदार ने गत 2 फरवरी, 1931 को, जब कांग्रेस और वायसराय में समझौते की बातचीत आरम्भ हुई थी, तब अपने किसी मित्र के पास भेजा था। मूल-पत्र अंग्रेजी में और बड़ा था। उसकी सब महत्त्वपूर्ण बातें इसमें आ गई हैं। –स. 'भविष्य')

"प्यारे साथियो!

इस समय हमारा आन्दोलन अत्यन्त महत्त्वपूर्ण परिस्थितियों में से गुजर रहा है। एक साल के कठोर संग्राम के बाद गोलमेज कॉन्फ्रेंस ने हमारे सामने शासन-विधान में परिवर्तन के सम्बन्ध में कुछ निश्चित बातें पेश की हैं और कांग्रेस के नेताओं को निमंत्रण दिया है कि वे आकर शासन-विधान तैयार करने के काम में मदद दें। कांग्रेस के नेता इस हालत में आन्दोलन को स्थगित कर देने के लिए उद्यत दिखाई देते हैं। वे लोग आन्दोलन स्थगित करने के हक़ में फ़ैसला करेंगे या उसके ख़िलाफ़, यह बात हमारे लिए बहुत महत्त्व नहीं रखती। यह बात निश्चित है कि वर्तमान आन्दोलन का अन्त किसी-न-किसी प्रकार के समझौते के रूप में होना लाज़मी है। यह दूसरी बात है कि समझौता जल्दी हो जाए या देरी में हो।"

समझौता क्या है?

"वस्तुतः समझौता कोई ऐसी हेय और निन्दा योग्य वस्तु नहीं है, जैसा कि साधारणतः हम लोग समझते हैं। बल्कि राजनीतिक संग्रामों का समझौता एक अत्यावश्यक अंग है। कोई भी कौम, जो किसी अत्याचारी शासन के विरुद्ध खड़ी होती है, यह ज़रूरी है कि वह प्रारम्भ में असफल हो और अपनी लम्बी जद्दोजहद के मध्यकाल में इस प्रकार के समझौतों के ज़रिए कुछ राजनीतिक सुधार हासिल करती जाए, परन्तु वह अपनी लड़ाई की आखिरी मंजिल तक पहुँचते-पहुँचते अपनी ताक़तों को इतना संगठित और दृढ़ कर लेती है कि उसका दुश्मन पर आखिरी हमला ऐसा जोरदार होता है कि शासक लोगों की ताकतें उनके उस वार के सामने चकनाचूर होकर गिर पड़ती हैं। ऐसा भी हो सकता है

कि उस वक्त भी उसे दुश्मन के साथ कोई समझौता कर लेना पड़े। यह बात रूस के उदाहरण से भली-भाँति स्पष्ट की जा सकती है।

1905 में रूस में क्रान्ति की लहर उठी। क्रान्तिकारी नेताओं को बड़ी भारी आशाएँ थीं। लेनिन उसी समय विदेश से लौट आया था–जहाँ वह पहले भागकर चला गया था। वह सारे आन्दोलन को चला रहा था। लोगों ने कोई दर्जन भर भूमिपतियों को मार डाला और कुछ मकानों को जला डाला। परन्तु वह क्रान्ति सफल न हुई। उसका इतना परिणाम अवश्य हुआ कि सरकार कुछ सुधार करने के लिए बाधित हुई, और 'ड्यूमा' (एक प्रकार की पार्लमेंट) की स्थापना की गई। उस समय लेनिन ने 'ड्यूमा' में जाने का समर्थन किया। परन्तु 1906 में उसी का उसने विरोध शुरू कर दिया। परन्तु 1907 में उसने दूसरी 'ड्यूमा' में जाने का समर्थन किया, जिसके अधिकार बहुत कम कर दिए गए थे। इसका कारण यह था कि वह 'ड्यूमा' को अपने आन्दोलन का एक 'प्लेटफॉर्म' बनाना चाहता था।

इसी प्रकार 1917 के बाद जब जर्मनी के साथ रूस की सन्धि का प्रश्न चला, तो लेनिन के सिवा बाकी सभी लोग उस सन्धि के ख़िलाफ़ थे। परन्तु लेनिन ने कहा–'शान्ति-शान्ति और फिर शान्ति–किसी भी कीमत पर हो शान्ति। यहाँ तक कि यदि हमें रूस के कुछ प्रान्त भी जर्मनी के 'वार लॉर्ड' को सौंप देने पड़ें तो भी शान्ति कर लेनी चाहिए।' जब कुछ बोल्शेविक नेताओं ने भी उसकी इस नीति का विरोध किया, तो उसने साफ़ कहा कि 'इस समय बोल्शेविक सरकार जर्मनी का मुकाबला करने में असमर्थ है और इस समय हमारा पहला काम लड़ाई से हटकर अपनी सरकार को मजबूत करना है।'

जिस बात को मैं बताना चाहता हूँ, वह यह है कि 'समझौता' भी एक ऐसा हथियार है, जिसे राजनीतिक जद्दोजहद के बीच में पद-पद पर इस्तेमाल करना आवश्यक हो जाता है, जिससे एक कठिन लड़ाई से थकी हुई कौम को थोड़ी देर के लिए आराम मिल सके, और वह आगे युद्ध के लिए अधिक ताकत के साथ तैयार हो सके। परन्तु इन सारे समझौतों के बावजूद जिस चीज़ को हमें भूलना न चाहिए, वह हमारा आदर्श है, जो हमेशा हमारे सामने रहना चाहिए। जिस लक्ष्य के लिए हम लड़ रहे हैं, उसके सम्बन्ध में हमारे विचार बिल्कुल स्पष्ट और दृढ़ होने चाहिए। यदि आप सोलह आने के लिए लड़ रहे हैं और एक आना मिल जाता है, तो वह एक आना जेब में डालकर बाकी पन्द्रह आने के लिए फिर जंग छेड़ दीजिए। हिन्दुस्तान के मॉडरेटों की जिस बात से हमें नफ़रत है, वह यही है कि उनका आदर्श कुछ नहीं है। वे एक आने के लिए ही लड़ते हैं और उन्हें इसीलिए मिलता कुछ भी नहीं।''

कांग्रेस का उद्देश्य क्या है?

इसके आगे सरदार जी ने अपने पत्र में इस बात की आलोचना की है कि ''भारत की वर्तमान लड़ाई ज़्यादातर मध्य श्रेणी के लोगों के बल-बूते पर लड़ी जा रही है जिनका लक्ष्य

बहुत सीमित है। कांग्रेस दुकानदारों और पूँजीपतियों के ज़रिए इंग्लैंड पर आर्थिक दबाव डालकर कुछ अधिकार ले लेना चाहती है, परन्तु जहाँ तक देश की करोड़ों मजदूर और किसान जनता का ताल्लुक है, उनका उद्धार इतने से नहीं हो सकता। यदि देश की लड़ाई लड़नी हो तो मजदूरों, किसानों और सामान्य जनता को आगे लाना होगा, उन्हें लड़ाई के लिए संगठित करना होगा। नेता उन्हें अभी तक आगे लाने के लिए कुछ नहीं करते, न कर सकते हैं। इन किसानों को विदेशी हुकूमत के जुए के साथ-साथ भूमिपतियों और पूँजीपतियों के जुए से भी उद्धार पाना है। परन्तु कांग्रेस का उद्देश्य यह नहीं है।

"इसीलिए मैं कहता हूँ कि कांग्रेस के लोग सम्पूर्ण क्रान्ति नहीं चाहते। सरकार पर आर्थिक दबाव डालकर वे कुछ सुधार और लेना चाहते हैं–भारत की धनी श्रेणी के लिए कुछ रियायतें और चाहते हैं और इसीलिए यह भी कहता हूँ कि कांग्रेस का आन्दोलन किसी-न-किसी समझौते या असफलता के रूप में खत्म हो जाएगा।"

नौजवानों का फ़र्ज़

"इस हालत में नौजवानों को समझ लेना चाहिए कि उनके लिए वक्त और भी सख्त आ रहा है। उन्हें सावधान हो जाना चाहिए कि कहीं उनकी बुद्धि चकरा न जाए, या वे हताश न हो बैठें। महात्मा गांधी की दो लड़ाइयों का अनुभव प्राप्त कर लेने के बाद वर्तमान हालात और अपने भविष्य के प्रोग्राम के सम्बन्ध में साफ़-साफ़ नीति निर्धारित करना हमारे लिए अब ज़्यादा ज़रूरी हो गया है।"

'क्रान्ति चिरंजीवी' की पुकार

"इतना विचार कर चुकने के बाद मैं अपनी बात अत्यन्त सादे शब्दों में कहना चाहता हूँ–

"आप लोग 'क्रान्ति चिरंजीवी हो' (Long live Revolution) की पुकार करते हैं। यह नारा हमारे लिए बहुत ही पवित्र है, और इसका इस्तेमाल हमें बहुत ही सोच-समझकर करना चाहिए।"

हमारा लक्ष्य

"जब आप नारे लगाते हैं, तो मैं समझता हूँ कि आप लोग वस्तुतः जो पुकारते हैं वही करना भी चाहते हैं। असेम्बली बम-केस के समय हमने 'क्रान्ति' शब्द की जो व्याख्या की थी–'क्रान्ति' से हमारा अभिप्राय समाज की वर्तमान प्रणाली और वर्तमान संगठन को पूरी तरह उखाड़ फेंकना है। इस उद्देश्य के लिए हम पहले सरकार की ताक़त को अपने हाथ में लेना चाहते हैं। इस समय शासन की मशीन धनियों के हाथ में है। सामान्य जनता के हितों की रक्षा के लिए तथा अपने आदर्शों को क्रियात्मक रूप देने के लिए–अर्थात् समाज का नए सिरे से संगठन कार्ल मार्क्स के सिद्धान्तों के अनुसार करने के लिए–हम सरकार

की मशीन को अपने हाथ में लेना चाहते हैं। हम इसी उद्देश्य के लिए लड़ रहे हैं। परन्तु इसके लिए हमें साधारण जनता को शिक्षित करना चाहिए।''

शासन-विधान की कसौटी

जिन लोगों के सामने इस महान क्रान्ति का लक्ष्य है, उनके लिए नए शासन-सुधारों की कसौटी क्या होनी चाहिए, इस पर विचार करते हुए उन्होंने लिखा है–

''हमारे लिए निम्नलिखित तीन बातें किसी भी शासन-विधान की परख के लिए देखना ज़रूरी है–

1. शासन की ज़िम्मेवारी कहाँ तक भारतवासियों के सुपुर्द की जाती है।
2. शासन-विधान को चलाने के लिए किस प्रकार की सरकार बनाई जाती है और उसमें हिस्सा लेने का आम जनता को कहाँ तक मौक़ा मिलता है।
3. भविष्य में उससे क्या आशाएँ की जा सकती हैं। उस पर कहाँ तक प्रतिबन्ध लगाए जाते हैं।'' इस सिलसिले में उन्होंने सर्व-साधारण को वोट देने का हक़ देने का समर्थन किया है।

पार्लमिंट के दो हाउसों के सम्बन्ध में विचार करते हुए लिखा है कि क्योंकि भारत-सरकार की 'कौंसिल ऑफ़ स्टेट' सिर्फ़ धनियों का जमघट है और लोगों को फाँसने का एक पिंजरा है, इसलिए उसे हटाकर एक ही सभा–जिसमें जनता के प्रतिनिधि हों, रखनी चाहिए।

'प्रान्तीय स्वराज्य' या 'प्रान्तीय जुल्म?'

'' 'प्रान्तीय स्वराज्य' का जो निश्चय गोलमेज कॉन्फ्रेंस में हुआ है, उसके सम्बन्ध में विचार करते हुए लिखा है कि जिस प्रकार के लोगों को वहाँ सारी ताक़तें दी जा रही हैं, उससे तो वह 'प्रान्तीय स्वराज्य' न होकर 'प्रान्तीय जुल्म' हो जाएगा।''

समझौता क्या है?

''इन सब अवस्थाओं पर विचार करके हम इस परिणाम पर पहुँचते हैं कि सबसे पहले हमें सारी अवस्थाओं का चित्र साफ़ तौर पर अपने सामने अंकित कर लेना चाहिए। यद्यपि हम यह मानते हैं कि समझौते का अर्थ कभी आत्मसमर्पण या पराजय स्वीकार करना नहीं किन्तु एक क़दम आगे और फिर कुछ आराम है, परन्तु साथ ही हमें यह भी समझ लेना चाहिए, कि समझौता इससे अधिक भी और कुछ नहीं। वह अन्तिम लक्ष्य और हमारे लिए अन्तिम विश्राम का स्थान नहीं।''

इसके बाद उन्होंने अपने दल के लक्ष्य और साधनों पर विचार किया है। दल का नाम 'सोशलिस्ट रिपब्लिकन पार्टी' है और इसलिए इसका लक्ष्य एक सोशलिस्ट या 'कम्युनिस्ट' सामाजिक संगठन की स्थापना है। कांग्रेस और इस दल के लक्ष्य में यही भेद है कि जहाँ 'राजनीतिक क्रान्ति से शासन-शक्ति अंग्रेजों के हाथ से निकलकर हिन्दुस्तानियों के हाथों

में आ जाएगी, हमारा लक्ष्य शासन-शक्ति को उन हाथों के सुपुर्द करना है, जिनका लक्ष्य कम्युनिज़्म हो।' इसके लिए मजदूरों और किसानों को संगठित करना आवश्यक होगा। क्योंकि उन लोगों के लिए लॉर्ड रीडिंग या इर्विन की जगह तेजबहादुर या पुरुषोत्तमदास ठाकुरदास के आ जाने से कोई भारी फ़रक़ न पड़ सकेगा।

पूर्ण स्वाधीनता

''पूर्ण स्वाधीनता से भी इस दल का यही अभिप्राय है। जब लाहौर-कांग्रेस ने पूर्ण स्वाधीनता का प्रस्ताव पास किया, तो हम लोग पूरे दिल से इसे चाहते थे, परन्तु कांग्रेस के उसी अधिवेशन में महात्मा जी ने कहा कि 'समझौते का दरवाज़ा अभी भी खुला है।' इसका अर्थ यह था कि वह पहले जानते थे कि उनकी लड़ाई का अन्त किसी इसी प्रकार के समझौते में होगा। वे पूरे दिल से स्वाधीनता की घोषणा न कर रहे थे। हम लोग इसी बेदिली से घृणा करते हैं।''

कार्यकर्ताओं की आवश्यकता

इसके बाद आपने नौजवानों से अपील करते हुए कहा है कि इस उद्देश्य के लिए उन्हें कार्यकर्ता बनकर निकलना चाहिए। नेता बननेवाले पहले ही बहुत हैं। हमारे दल को नेताओं की आवश्यकता नहीं है। ''अगर आप दुनियादार हैं, बाल-बच्चों और गृहस्थी में फँसे हैं, तो हमारे मार्ग पर मत आइए। आप हमारे उद्देश्य में सहानुभूति रखते हैं, तो और तरीकों से हमें सहायता दीजिए। सख़्त नियंत्रण में रह सकनेवाले कार्यकर्ता ही इस आन्दोलन को आगे ले जा सकते हैं। ज़रूरी नहीं कि दल इस उद्देश्य के लिए छिपकर ही काम करे। हमें युवकों के लिए 'स्वाध्याय-मंडल' (Study Circle) खोलने चाहिए। पैम्फलेटों और लिफ़लेटों, छोटी पुस्तकों, छोटे-छोटे पुस्तकालयों और लेक्चरों, बातचीत आदि से हमें अपने विचारों का सर्वत्र प्रचार करना चाहिए।''

सैनिक विभाग

''हमारे दल का एक सैनिक विभाग भी संगठित होना चाहिए। कभी-कभी इसकी बड़ी ज़रूरत पड़ जाती है। इस सम्बन्ध में मैं अपनी स्थिति ज़्यादा साफ़ कर देना चाहता हूँ। मैं जो कुछ कहना चाहता हूँ, उसमें ग़लतफ़हमी की सम्भावना है। परन्तु आप लोग शब्दों और वाक्यों का कोई गूढ़ अभिप्राय न गढ़ें।

''यह बात प्रसिद्ध ही है कि मैं आतंककारी (Terrorist) रहा हूँ, परन्तु मैं आतंककारी नहीं हूँ। मैं एक क्रान्तिकारी (Revolutionary) हूँ, जिसके कुछ निश्चित विचार और निश्चित आदर्श हैं–जिसके सामने एक लम्बा प्रोग्राम है। मुझे यह दोष दिया जाएगा, जैसा कि लोग रामप्रसाद बिस्मिल को भी देते हैं कि फाँसी की कालकोठरी में पड़े रहने से मेरे विचारों में भी कोई परिवर्तन आ गया है। परन्तु ऐसी बात नहीं। मेरे विचार अब भी वही

हैं, मेरे हृदय में अब भी उतना ही और वैसा ही उत्साह है और लक्ष्य है जो जेल से बाहर था। मेरा यह दृढ़ विश्वास है कि हम बम से कोई लाभ प्राप्त नहीं कर सकते। यह बात हिन्दुस्तान सोशलिस्ट रिपब्लिकन पार्टी के इतिहास से आसानी से मालूम हो जाती है। केवल बम फेंकना न सिर्फ़ व्यर्थ है, परन्तु बहुत बार हानिकारक भी है। उसकी आवश्यकता किन्हीं ख़ास अवस्थाओं में ही पड़ा करती है। हमारा मुख्य लक्ष्य मज़दूरों और किसानों का संगठन होना चाहिए। सैनिक-विभाग युद्ध-सामग्री को किसी ख़ास मौके के लिए केवल संग्रह करता रहे।''

अन्त में नौजवानों से सोशलिस्ट रिपब्लिक के आदर्श के लिए उत्साहपूर्वक अपील करते हुए उन्होंने कहा है कि ''यदि वह इसी प्रकार प्रयत्न करते जाएँगे, तब जाकर–'एक साल में स्वराज्य' तो नहीं–किन्तु भारी कुर्बानी और त्याग की कठिन परीक्षा में से गुज़रने के बाद वे अवश्य विजयी होंगे। 'क्रान्ति चिरंजीवी हो!' ''

स्वर्गीय श्री सुखदेव का संक्षित परिचय

जन्म

सरदार भगत सिंह के साथ फाँसी पर लटकाए जानेवाले, उनके अन्यतम साथी श्री सुखदेव ख़ास लायलपुर (पंजाब) के रहनेवाले थे। आपका जन्म मि. फाल्गुण सुदी 7, सं. 1862 को पौने ग्यारह बजे दिन को हुआ था। आपके जन्म से तीन महीने पहले ही आपके पिता का देहान्त हो चुका था, इसलिए आपकी परवरिश और शिक्षा-दीक्षा का प्रबन्ध आपके चचा लाला अचिन्तराम ने किया था।

शिक्षा और दीक्षा

पाँच वर्ष की उमर में बालक सुखदेव को पढ़ने के लिए स्थानीय 'धनपतमल आर्य हाई स्कूल' में भरती किया गया। यहाँ आपने केवल सातवीं श्रेणी तक शिक्षा प्राप्त की। इसके बाद फिर लायलपुर सनातन धर्म हाईस्कूल में भेजे गए और सन् 1922 में इसी स्कूल से द्वितीय श्रेणी में एंट्रेंस की परीक्षा पास की थी। श्री सुखदेव बड़े मेधावी और तीव्र-बुद्धिशाली थे। किसी परीक्षा में कभी अनुत्तीर्ण न हुए, वरन् प्रतिवर्ष अच्छे नम्बरों के साथ 'पास' होते गए। आपका स्वभाव बड़ा ही शान्त और कोमल था, इसलिए आपके सहपाठी और शिक्षक सैदव आपका आदर और प्यार करते थे। कहते हैं, आपके स्वभाव पर आपकी माता के धार्मिक संस्कारों का विशेष प्रभाव पड़ा था। आपके स्वभाव में उदारता की मात्रा यथेष्ट थी। आप अपने सिद्धान्तों में बड़े दृढ़ थे। जो दिल में समा जाती थी, उसे वह सारे संसार के विरोध करने पर भी छोड़ना नहीं चाहते थे। आप अपनी धुन के पक्के थे। सहपाठियों में जब किसी विषय को लेकर तर्क-वितर्क उपस्थित होता तो आप बड़ी दृढ़ता से अपना पक्ष समर्थन करते और अन्त में आपकी अकाट्य युक्तियों के सामने प्रतिद्वन्द्वी को मस्तक झुका देना पड़ता। आर्य-परिवार में जन्म ग्रहण करने के कारण आपके विचारों पर आर्य-समाज का विशेष प्रभाव था। समाज के सत्संगों में आप बड़े उत्साह से भाग लिया करते थे। इसके सिवा हवन, सन्ध्या और योगाभ्यास का भी शौक़ था। कुछ दिनों तक आपने बड़े उमंग से इन धार्मिक क्रियाओं का पालन किया था।

झंडे का अभिवादन

सन् 1919 में पंजाब के कई शहरों में 'मार्शल लॉ' जारी था। उस समय श्री सुखदेव की उमर कुल 12 साल की थी और आप सातवीं कक्षा में पढ़ते थे। आपके चाचा श्री अचिन्तराम 'मार्शल लॉ' के अनुसार गिरफ़्तार कर लिये गए। बालक सुखदेव के मन पर इस घटना का विशेष प्रभाव पड़ा। लाला अचिन्तराम का कहना है कि उन दिनों सुखदेव कभी-कभी जेल में मुझसे मिलने आया करता था और अक्सर पूछा करता था कि क्या आपको यहाँ बहुत तकलीफ दी जाती है? मैं तो किसी को भी सलाम न करूँगा।

उसी ज़माने में एक दिन शहर भर की सभी पाठशाला और विद्यालयों के विद्यार्थियों को एकत्र करके 'यूनियन जैक' (ब्रिटिश झंडा) का अभिवादन कराया गया था, परन्तु श्री सुखदेव इसमें सम्मिलित नहीं हुए थे और श्री अचिन्तराम के जेल से वापस आने पर उन्होंने बड़े गर्व से कहा था कि मैं झंडे का अभिवादन करने नहीं गया।

असहयोग आन्दोलन

सन् 1921 में महात्मा गांधी ने असहयोग आन्दोलन आरम्भ किया। सारे देश में एक विचित्र जागृति की लहर दृष्टिगोचर होने लगी। श्री सुखदेव के जीवन में भी एक विचित्र परिवर्तन आरम्भ हुआ। स्वतंत्र प्रकृति और उच्च विचार के होने पर भी श्री सुखदेव को कपड़े-लत्ते का बड़ा शौक़ था। वे अच्छे और कीमती कपड़े बहुत पसन्द करते। हैट-कोट और टाई-कॉलर का भी शौक़ था। परन्तु इस आन्दोलन के आरम्भ होते ही उन्होंने विलायती और विलायती ढंग के कपड़ों को सदा के लिए परित्याग कर दिया। पहनने के लिए कुछ खद्दर के कपड़े बनवाए और आवश्यकता पड़ने पर उन्हें अपने हाथ से साफ़ कर लिया करते। इसके साथ ही इसी समय से हिन्दी भाषा सीखने और उसके प्रचार का भी शौक़ हुआ। वे अपने साथियों को हिन्दी भाषा की महत्ता और उसके सीखने की आवश्यकता बताया करते थे। उनका विचार था कि देश के उत्थान के लिए एक राष्ट्र-भाषा की आवश्यकता है और उस आवश्यकता की पूर्ति केवल हिन्दी भाषा ही कर सकती है।

घोड़ी के बदले फाँसी

हम ऊपर लिख आए हैं कि असहयोग आन्दोलन ने श्री सुखदेव की कायापलट कर दी थी। सादगी उनके जीवन का ध्येय बन गया था और शायद राष्ट्र-सेवा ही जीवन का ध्येय भी बन चुकी थी। इधर माता और बहिन विवाह की चिन्ता करने लगीं परन्तु चचा इसके विरुद्ध थे। क्योंकि आर्यसमाज के सिद्धान्त के अनुसार पचीस वर्ष की उमर से पहले लड़के की शादी करना उन्हें पसन्द न था। माता जब कहतीं कि सुखदेव मैं तुम्हारी शादी करूँगी और तुम घोड़ी पर चढ़ोगे तो श्री सुखदेव सदैव यही उत्तर देते कि मैं घोड़ी पर चढ़ने के बदले फाँसी पर चढ़ूँगा।

पंच पाण्डव

सन् 1922 में श्री सुखदेव के एंट्रेंस की परीक्षा पास कर लेने पर लाला अचिन्तराम जेल में थे। उन्होंने वहीं से आज्ञा दी कि उच्च शिक्षा प्राप्त करने के लिए लाहौर के डी.ए.वी. कॉलेज में नाम लिखा लो। परन्तु श्री सुखदेव ने ऐसा नहीं किया। उन्होंने चचा की इच्छा और आदेश के विरुद्ध नेशनल कॉलेज में नाम लिखाया। यहीं उनका परिचय श्री सरदार भगत सिंह आदि से हुआ। इनकी मंडली में पाँच सदस्य थे। इन लोगों में परस्पर बड़ा ही प्रेम था। विद्यालय के अन्यान्य विद्यार्थी तथा कई शिक्षक इन्हें 'पंच पांडव' के नाम से याद किया करते थे।

विदेश यात्रा का विचार

श्री सुखदेव को एक बार यूरोप की यात्रा करने की बड़ी इच्छा थी। इसी इच्छा से आप स्वामी सत्यदेव के साथ भी कुछ दिनों तक रहे और वहाँ के विभिन्न देशों की भाषाएँ सीखने का विचार किया। परन्तु कई कारणों से आपको इसमें सफलता न मिली। फलतः तीन महीनों के बाद आपने स्वामी सत्यदेव जी का साथ छोड़ दिया।

पहाड़ी सैर

यूरोप यात्रा के अतिरिक्त श्री सुखदेव और उनके कई सहपाठियों को पहाड़ी सैर का भी बड़ा शौक़ था। फलतः 1920 के ग्रीष्मावकाश में इन लोगों ने कांगड़ा के पहाड़ी प्रदेशों का पैदल भ्रमण करने का विचार किया। इस यात्रा में श्री यशपाल भी इनके साथ थे। वापस आने के समय एक दिन इस पार्टी को दिन भर में 42 मील की यात्रा करनी पड़ी थी और महीकरन से कुल्लू तक 34 मील की यात्रा रात को एक बजे तक करनी पड़ी।

गिरफ़्तारी

सायमन कमीशन के आने पर पंच पांडव ने निश्चय किया कि एक समारोहपूर्वक प्रदर्शन किया जाए। इसके लिए काली झंड़ियाँ तैयार की जा रही थीं। सरदार भगत सिंह आदि पाँच-छः सज्जन अपने किसी मित्र के घर पर उक्त प्रदर्शन की तैयारी में लगे थे। लाला केदारनाथ जी सहगल भी थे। परन्तु उन्हें नींद आ गई और वे सो गए। सरदार भगत सिंह ने कहा, मुझे भी नींद आ रही है। मैं भी थोड़ा सो लूँ परन्तु मित्रों ने इन्हें सोने न दिया। इसी समय उन्हें इस बात का ख़याल आया कि शायद पुलिस हमारे घर पर छापा मारे तो सुखदेव उस मकान से गिरफ़्तार हो जाएँगे इसलिए एक आदमी श्री सुखदेव को सावधान करने के लिए सरदार भगत सिंह के घर पर भेज दिया गया। थोड़ी देर बाद उसने आकर ख़बर दी कि पुलिस सरदार भगत सिंह के मकान पर पहुँच गई है।

पुलिस ने श्री सुखदेव से बहुत से प्रश्न किए। परन्तु उन्होंने किसी प्रश्न का उत्तर नहीं दिया। अन्त में पुलिस ने उन्हें गिरफ़्तार कर लिया और दिन के 12 बजे तक कोतवाली में बिठा रखा। इसके बाद कुछ लोगों ने वहाँ जाकर इन्हें छुड़ाया।

राजनीतिक शिक्षा

जब पंजाब में एक विप्लवी पार्टी क़ायम करने की सलाह हुई तो सरदार भगत सिंह और श्री सुखदेव ने यह प्रस्ताव उपस्थित किया कि पंजाब के नवयुवकों को राजनीतिक शिक्षा दी जानी चाहिए। सरदार भगत सिंह ने प्रचार का कार्य प्रारम्भ किया। इसके बाद वह कार्य श्री सुखदेव को सौंपा गया और आप बहुत दिनों तक बड़ी असफलता के साथ इसे करते रहे। आपका यह सिद्धान्त था कि Mine the work and thine the Praise अर्थात् मैं केवल कार्य करना चाहता हूँ। प्रशंसा नहीं चाहता।

गिरफ़्तारी और दंड

इसके बाद 15 अप्रैल सन् 1929 को श्री किशोरी लाल और प्रेमनाथ के साथ श्री सुखदेव की गिरफ़्तारी हुई। इसके बाद की घटनाओं का वर्णन सरदार भगत सिंह के परिचय में आ गया है, इसलिए उनके पुनरोल्लेख की आवश्यकता नहीं।

अन्त में 7 अक्टूबर सन् 1930 को आपको फाँसी की सज़ा सुनाई गई और 23 मार्च सन् 1931 को 24 वर्ष की उमर में आप फाँसी पर लटका दिए गए।

श्री शिवराम राजगुरु का संक्षिप्त परिचय

इन्हीं बिगड़े दिमाग़ों में घनी खुशियों के लच्छे हैं।
हमें पागल ही रहने दो कि हम पागल ही अच्छे हैं।

—राजगुरु

वंश परिचय

वीरभूमि महाराष्ट्र के विख्यात नगर पूना के पास 'चाकन' नाम का एक छोटा-सा गाँव है। जिस समय महाराष्ट्र-केसरी छत्रपति श्री शिवाजी महाराज ने अपना 'हिन्दूराज्य' स्थापित किया था, उस समय यहं चाकन उस प्रान्त की राजधानी था। श्री शिवाजी महाराज के प्रपौत्र श्री शाहूजी के राजत्व काल में चाकन के एक पंडित कचेश्वर नाम के ब्राह्मण ने सारे देश पर अपने पांडित्य का सिक्का जमाया था। एक बार राज्य प्रबन्ध सम्बन्धी किसी कार्य के लिए श्री साहूजी को चाकन आना पड़ा। वहाँ अपने उपर्युक्त पंडित जी से भेंट हुई। आप उनकी विद्वत्ता पर इतने मुग्ध हुए कि उन्हें अपने साथ सतारा लेते गए। थोड़े ही दिनों में श्री साहूजी इन पंडित जी के इतने भक्त बन गए कि इन्हें अपना गुरु मान लिया और 'राजगुरु' की उपाधि से विभूषित किया। उसी समय से 'राजगुरु' इस वंश की पदवी हो गई। श्री शिवराम हरिजी राजगुरु इसी प्रतिष्ठित वंश के एक वंशधर थे।

पंडित कचेश्वर जी के सम्बन्ध में एक और किंवदन्ती मशहूर है। कहते हैं, उन दिनों अवर्षण होने पर लोग पंडितों को जप करने के लिए विवश किया करते थे और जब तक वर्षा नहीं हो जाती थी तब तक उनका पिंड नहीं छोड़ते थे। एक बार भीषण अवर्षण आरम्भ हुआ। सतारा के सभी बड़े-बड़े पंडित जप कर चुके थे। अन्त में पंडित कचेश्वर जी की बारी आई। विवश होकर उन्होंने भी जप आरम्भ कर दिया और आपके जप आरम्भ करने के दो-तीन दिन बाद ही पानी भी बरस गया। आसपास के चौरासी गाँवों में वर्षा हुई। इसे सब लोग पंडित जी की किसी अलौकिक शक्ति की महिमा समझने लगे और दक्षिणा के रूप में एक ख़ासी रक़म पंडित जी को प्राप्त हुई। उसी समय से इस 'राजगुरु' को अब तक प्रतिवर्ष कुछ न कुछ प्राप्त होता है। यह नियम श्री साहूजी महाराज के समय से ही चला आता है।

पंडित जी के दो पुत्र थे, जिनमें छोटे तो वहीं सतारा में ही बस गए और बड़े पूना के पास खेड़ा नामक गाँव में आकर रहने लगे। यही खेड़ा श्री शिवराम का जन्म-स्थान है। आपके पिता श्री हरिनारायण जी राजगुरु के दो स्त्रियाँ थीं। श्री हरिनारायण जी की दूसरी स्त्री से दो लड़के हुए जिनमें बड़े श्री दिनकर हरिनारायण हैं और छोटे श्री शिवराम राजगुरु थे।

शिक्षा

श्री शिवराम का जन्म सन् 1909 में हुआ था। आप लड़कपन में बड़े ढीठ और ज़िद्दी थे। सन् 1915 में जब शिवराम की उमर 6 वर्ष की थी, आपके पिता का देहान्त हो गया। आपके बड़े भाई श्री दिनकर जी उन दिनों पूना में नौकरी करते थे। इसलिए पिता की मृत्यु के बाद आप सपरिवार पूना में ही रहने लगे। शिवराम प्रारम्भिक शिक्षा के लिए एक मराठी पाठशाला में भेजे गए। परन्तु उनकी वहाँ तबीयत पढ़ने-लिखने में नहीं लगती थी। वे अपना अधिकांश समय अपने सहपाठियों के साथ खेल-कूद करने में ही बिताया करते थे। अभी मराठी की आठवीं श्रेणी में ही थे कि सन् 1924 में जबकि आपकी उमर चौदह वर्ष की थी, एक दिन बड़े भाई ने डाँट-डपट की कि खेल-कूद छोड़कर पढ़ने-लिखने में जी लगाओ। इससे भयभीत होकर आपने पाठ्य-पुस्तक के एक उपन्यास को लेकर पढ़ना आरम्भ कर दिया। इस पर भाई और बिगड़े और कहा कि अगर तुम्हें पढ़ना नहीं है तो घर से निकल जाओ।

यात्रा

वही हुआ, श्री शिवराम घर से निकल पड़े। उस समय इनकी जेब में 9 पैसे थे। रात इन्होंने पूना-स्टेशन के मुसाफ़िरख़ाने में बिताई। सबेरे वहाँ से उठे और बिना सोचे-विचारे अपने जन्म-स्थान खेड़ा में पहुँचे। परन्तु गाँव में इसलिए प्रवेश नहीं किया कि लोग पहचान लेंगे। सारी रात बिना खाए-पिए एक मन्दिर में पड़े रहे। दूसरे दिन नारायण नाम के एक दूसरे गाँव में पहुँचे और वहाँ भी रात गाँव से बाहर एक कुएँ पर बिताई। घर से जो 9 पैसे लेकर चले थे उनके आम ख़रीदकर खा लिया था। तीसरे दिन भूख के मारे अँतड़ियाँ कुलकुला रही थीं। कुएँ के नीचे एक पक्षी का खाया हुआ आधा आम पड़ा था। आपने उठाया और गुठली समेत निगल गए। इस गाँव के स्कूल मास्टर को इन पर बड़ी दया आई। उन्होंने इन्हें पास रख लिया। परन्तु इन्हें अगर कहीं रहना ही होता तो घर छोड़ने की क्या ज़रूरत थी? दूसरे दिन बिना कहे-सुने उठे और एक तरफ़ चल दिया। भूख लगने पर पेड़ों की पत्तियाँ चबा लेते और रात को किसी चट्टान या मैदान में सो जाते। एक दिन एक गाँव के बाहर मन्दिर के पास खेत में सो रहे थे कि कुछ आदमियों ने दूर से देखा और प्रेत समझकर ईंटें मारने लगे। जब उठे और पूछा कि मुझे क्यों मारते हो? तब उन लोगों का भ्रम दूर हुआ। अन्त में इन्होंने कहा कि मुझे भूख लगी है, कुछ खाने को दो। ख़ैर उन लोगों ने कुछ खाने को दिया। खा-पीकर आप आगे बढ़े और कई दिनों में, इसी तरह 130 मील की यात्रा करके नासिक पहुँचे। वहाँ एक साधु की कृपा से, एक क्षेत्र में एक वक्त बराबर खाने का

प्रबन्ध हो गया। रात को साधु स्वयं कुछ दे दिया करते। रात को सोने के लिए घाट की सीढ़ियाँ थीं।

इसी तरह चार दिन बीत गए। एक दिन पुलिस का एक सिपाही आया और पकड़कर थाने में ले गया। वहाँ पूछताछ होने पर आपने बताया कि मैं विद्यार्थी हूँ और संस्कृत पढ़ने की इच्छा से यहाँ आया हूँ।

इस तरह जब वहाँ से छुटकारा मिला तो आपने नासिक भी छोड़ा और घूमते-फिरते झाँसी पहुँचे। परन्तु वहाँ भी तबीयत नहीं लगी, इसलिए बिना टिकट के ही रेलगाड़ी पर सवार होकर कानपुर चले आए। कानपुर के स्टेशन पर एक महाराष्ट्र सज्जन ने आपको भोजन कराया और अपने साथ लखनऊ ले गए। वहाँ से लखीमपुर-खीरी होते हुए आप पन्द्रहवें दिन काशी पहुँचे। वहाँ आपको कीचड़ में पड़ा हुआ एक पैसा मिला, जिसे उठाकर बड़े यत्न से धोती के कोने में बाँध लिया।

काशी आकर आप अहल्या घाट पर रहने लगे। कई दिनों के बाद एक क्षेत्र में भोजन का भी प्रबन्ध हो गया। एक पंडित जी की पाठशाला में जाकर संस्कृत पढ़ने लगे और भाई को भी खबर दे दी कि मैं काशी आ गया हूँ और संस्कृत पढ़ना आरम्भ कर दिया है। भाई ने पाँच रुपए मासिक पढ़ाई के लिए भेजना आरम्भ कर दिया।

परन्तु क्षेत्र में भोजन करना आपको पसन्द नहीं था, इसलिए भोजन का प्रबन्ध सहपाठियों के साथ कर लिया। परन्तु यह सिलसिला भी बहुत दिनों तक नहीं चल सका। क्योंकि गुरुजी से अनबन हो जाने के कारण पाठशाला छोड़ देनी पड़ी। इसके साथ ही पढ़ने में दिल भी कम ही लगता था। पाठशाला छोड़ने पर अखबार पढ़ने और कुश्ती लड़ने का शौक़ हुआ। परन्तु भोजन की फिर बड़ी तकलीफ हुई और यहाँ तक नौबत आ पहुँची कि फिर घास और पत्तियों का आश्रय लेना पड़ा।

अन्त में काशी से तबीयत उचटी तो नागपुर पहुँचे। उद्देश्य था, लाठी और गदा के खेल सीखना। सन् 1928 में फिर कानपुर चले आए। अब तक राजनीति से कोई सम्बन्ध न था, परन्तु यहाँ आने के थोड़े दिनों के बाद ही आपके विचारों में परिवर्तन हो गया और आप एकाएक लापता हो गए। अन्त में लाहौर षड्यंत्र केस में गिरफ़्तार होने पर ही लोगों को आपका पता मिला।

भारत के अभागे आजन्म बन्दी

ब्रिटिश न्यायशीलता के दामन पर कितना बदनुमा दाग है कि पंजाब और बर्मा और षड्यंत्रों के वे अभागे भारतवासी, जिनको सन् 1915-16 में आजीवन कारागार की सजा दी गई थी, अब तक छोड़े नहीं गए। इन राजनीतिक बन्दियों की संख्या प्रायः दो दर्जन है। साधारणतया आजीवन बन्दी तेरह चा चौदह वर्षों तक जेलखाने में रखे जाते हैं और इस मीयाद के बाद घृणित अपराधों के अपराधियों को भी छुटकारा मिल जाता है। परन्तु दुख है कि चौबीस देशभक्त, जो अपनी क़ानूनी सजा नियमानुसार भोग चुके हैं, अब तक भारत के विभिन्न जेलखानों में बन्द हैं। सरकार का यह ढंग एक क्षण के लिए भी उचित नहीं कहा जा

सकता! शायद अभागा भारतवर्ष ही एक ऐसा देश है, जहाँ कैद की मीयाद पूर्ण हो जाने पर भी इसके निवासी बन्द रखे जाते हैं और यह भी नहीं मालूम होता कि आखिर कब तक छोड़े जावेंगे।

हम भारत-सरकार से जोरदार शब्दों में पूछते हैं कि वह इन राजबन्दियों को पन्द्रह-सोलह वर्ष तक जेलखानों में बन्द रखने के बाद भी छुटकारे का अधिकारी क्यों नहीं समझती और वह उन्हें उस क़ानूनी अधिकारों से क्यों वंचित रखना चाहती है, जिससे घृणित अपराधों के अधिकारी भी लाभ उठाते हैं? आखिर, वह कौन सी क़ानूनी दफाएँ हैं, जिनके आधार पर किसी कैदी को कैद की मीयाद समाप्त हो जाने पर जेलों में बन्द रखा जा सकता है?

—'रियासत' (उर्दू)

क्या मिला?

कानपुर के ही नहीं, देश के समस्त हिन्दुओं और मुसलमानों को आखिर कानपुर के झगड़े से मिला क्या? मर्दों, औरतों और बच्चों की जानें गईं, मकान जले, सम्पत्तियों का नाश हुआ, कठिन से कठिन कष्ट लोगों को सहन करने पड़े और इसके सिवा कुछ हासिल न हुआ। हिन्दू और मुसलमान जरा कलेजे पर हाथ रखे कि किसका अल्लाह और किसका परमेश्वर खुश हुआ; किसका मजहब बड़ा साबित हुआ और किसको क्या लाभ पहुँचा। गणेशशंकर-सा आदमी त्यागी, वीर, उदार-चित्त, देश पर बलिदान होनेवाली आत्मा देश से उठ गया। सब धन-जन और सम्पत्ति के नाश से गणेशशंकर का बिछोह ही कहीं अधिक कष्टप्रद है। हिन्दुओ, तुम कुछ सोचो और मुसलमानो, तुम भी जरा गौर कर देख लो। किसी को कुछ हासिल न हुआ, हम लोगों के हिस्से में केवल सर्वनाश ही आया। कानपुर से हम सबको शिक्षा ग्रहण करनी चाहिए। कानपुर के बेताज के राजा का हमें अनुकरण करना चाहिए। गणेशशंकर ने मुसलमानों की रक्षा करते हुए अपना बलिदान कर दिया, राष्ट्र की इससे ऊँची कोई दूसरी सेवा हो नहीं सकती। अगर हिन्दुओं को गणेशशंकर का कुछ भी ख़याल है, तो उनकी यह कोशिश होनी चाहिए कि गणेशशंकर-सी मृत्यु उनको प्राप्त हो। हमारे मुसलमान भाइयों को भी गणेशशंकर से नसीहत लेनी चाहिए। उनका आदर्श यह होना चाहिए कि जिस तरह से गणेशशंकर ने दूसरी कौम की रक्षा करते समय अपनी जान की परवाह न की, उसी तरह से मुसलमानों को हिन्दुओं की रक्षा करते हुए प्राण त्याग देने की लालसा को हृदय में स्थान देना चाहिए। कानपुर के रक्तपात से अगर कोई लाभ उठाया जा सकता है, तो यही और कानपुर से हमें यही शिक्षा मिली है। क्या हम आशा करें कि देश के हिन्दू और मुसलमान कानपुर की शिक्षा को हृदयंगम करेंगे?

—'अभ्युदय' (हिन्दी) प्रयाग

साम्प्रदायिक दंगे

भारत-शत्रु सदैव इस बात का प्रचार किया करते हैं कि हिन्दू-मुसलमानों ने पारस्परिक विश्वास खो दिया है, सदैव लड़ने के लिए तैयार रहते हैं और जब इस बात के प्रमाण की

आवश्यंकता होती है, तो अपनी मूर्खता के कारण भारतवासी उसे सिद्ध करने में भी कोताही नहीं करते।

काशी में एक वस्त्र-व्यवसायी गोली से मार दिया गया। किसने उसे गोली मारी और क्यों मारी–इसका आज तक कोई पता नहीं लगा। इस सम्बन्ध में कोई अनुसन्धान भी नहीं हुआ। अथवा मुसलमानों ने विश्वास कर लिया कि वह विलायती कपड़े बेचता था, इसलिए हिन्दुओं ने ही उसे गोली मार दी है। बस, साम्प्रदायिक दंगा आरम्भ हो गया। मिरजापुर में अफवाह उड़ी कि किसी मुसलमान जमींदार ने अपने हिन्दू नौकर के पास गो-मांस भेज दिया अथवा एक मरा हुआ गाय का बछड़ा अपनी किसी हिन्दू प्रजा के घर भेज दिया। बस, साम्प्रदायिक दंगा आरम्भ हो गया! आगरे में होली का जुलूस निकला। उसमें बाजे बज रहे थे। मसजिद के पास मुसलमानों ने रोका। फिर सनातन रीत्यनुसार-ढेलों की वर्षा और अन्त में साम्प्रदायिक दंगा।

थोड़े ही दिनों के अन्दर संयुक्त प्रान्त के कई स्थानों में दंगे हो गए। इसका कारण हिन्दू-मुसलमान का संचित पाप ही है या कोई तीसरी अदृश्य शक्ति अपनी लीला दिखा रही है?

सन् 1916 में जब कांग्रेस और मुस्लिम लीग ने सम्मिलित होकर स्वायत्त शासन-सम्बन्धी प्रस्ताव पास किया था और हिन्दू-मुसलमानों में एक दृश्यमान एकता की प्रतिष्ठा हुई थी, तब भी भारत–विशेषतः संयुक्त प्रान्त–में ऐसे ही दंगों की सृष्टि हुई थी।

सन् 1920 में हिन्दू-मुसलमानों की राजनीतिक एकता मालाबार के मोपला अत्याचारों से नहीं नष्ट हुई, परन्तु उसके बाद ही भारत के नाना स्थानों में दंगे की सृष्टि हुई और उसके कारण वह इस तरह विनष्ट हुई कि फिर आज तक नहीं पनप सकी। निश्चय ही शरीफ लोग दंगे नहीं करते, वे केवल साम्प्रदायिक अधिकारों के लिए झगड़ते हैं और अविश्वास तथा असन्तोष की सृष्टि करते हैं। इससे भारत के शत्रुओं को सुयोग प्राप्त होता है और वे मौका देखकर दंगा आरम्भ करा देते हैं। संयुक्त प्रान्त के इन दंगों से हमारी मूढ़ता और असहायावस्था का ही पता लगा है।

–आनन्द बाज़ार पत्रिका (बँगला) कलकत्ता

23 अप्रैल, 1931

भविष्य

सरदार भगतसिंह आदि की लाशें किस तरह जलाई गईं?

कमेटी के सामने आँखों-देखी गवाहियाँ : घी के स्थान में मिट्टी के तेल का व्यवहार?

सरदार भगतसिंह आदि के शव-दाह के विषय में जाँच करने के लिए कांग्रेस की ओर से जो कमेटी नियुक्त की गई थी, उसने लाजपत राय हॉल में 12वीं अप्रैल से बयान लेना शुरू कर दिया है। 12वीं अप्रैल को बयान शुरू होने के पहले डॉक्टर सत्यपाल ने बताया कि हमने पंजाब-सरकार के चीफ सेक्रेटरी से इस जाँच में सहायता देने का अनुरोध किया था, पर वहाँ से जवाब मिला कि सरकार इस मामले की जाँच कर चुकी है और उसका नतीजा भी प्रकाशित कर दिया गया है। इसलिए अब वह और किसी जाँच में सहायता देना नहीं चाहती। इसके बाद फीरोजपुर कांग्रेस कमेटी के मंत्री श्री पृथ्वीचन्द वकील, मि. शफाअतुल्ला, श्रीमती पार्वती देवी और श्रीमती सोंधी की गवाहियाँ हुईं।

श्री पृथ्वीचन्द वकील का बयान

श्री पृथ्वीचन्द ने अपने बयान में कहा कि 24 मार्च को सवेरे 8 बजे मुझे मालूम हुआ कि सरदार भगत सिंह आदि की लाशें, सतलज के किनारे, पुराने पुल के पास जलाई गई हैं। मैंने पृथ्वीराम और जगन्नाथ को इस समाचार की सच्चाई की जाँच करने को कहा। उन्होंने सवा नौ बजे वापस आकर कहा कि खबर ठीक है। उन्होंने यह भी कहा कि उस जगह से मिट्टी के तेल की बू आ रही है और ज़मीन अभी तक गरम है। सवा दस बजे के करीब एक सिक्ख ठेकेदार ने भी आकर कहा कि रात ही को वहाँ लाशें दफ़ना दी गईं और ज़मीन से अभी तक मिट्टी के तेल की बू आ रही है।

थोड़ी देर बाद मुझे मालूम हुआ कि सरदार भगतसिंह और उनके साथियों के रिश्तेदार मौके पर आए हैं। कुछ मित्रों के साथ मैं भी वहाँ पहुँचा। मैंने देखा कि जहाँ लाशें दफनाई गई थीं, वहाँ से किरोसिन तेल की गन्ध आ रही थी। 'कुछ अधजले कोयले के टुकड़े भी वहाँ पर पड़े हुए थे। मैंने मेहरचन्द फोटोग्राफर को बुलाकर उस स्थान का फोटो खिंचवा लिया। एक आदमी ने, जिसका नाम कृपाराम है, मुझे एक अधजला मांस का टुकड़ा दिखाया। वह अठन्नी के बराबर था और आध इंच के करीब मोटा था। उसने कहा कि चींटियाँ उस टुकड़े को घसीटकर ले जा रही थीं। वहाँ मुझे यह भी मालूम हुआ कि वहाँ एक कटी हुई हड्डी मिली थी, जिसे भगत सिंह के घरवाले ले गए।

छुट्टी के दिन हम लोग फिर उस स्थान पर गए। खाँ शफाअतुल्ला ने चिता-स्थान से करीब 30 कदम के फासले पर एक जगह दिखाई, जहाँ दाह-क्रिया के दूसरे दिन उसने खून देखा था। हम लोगों को वहाँ कुछ कंकड़ मिले, जिन पर खून लगा हुआ था। ये कंकड़ फीरोजपुर में मेरे पास रखे हुए हैं। पचास-साठ क़दम के फ़ासले पर एक झोपड़ी थी, जिसमें झोपड़ी वाले के सिवा एक और आदमी था। झोपड़ी वाले को कुछ मालूम न था, किन्तु उस दूसरे आदमी ने कहा कि दाहस्थल के पास एक जगह उसने खून गिरा हुआ देखा था। रेलवे-फाटक पर उस समय मौजूद, एक आदमी से पूछने पर उसे मालूम हुआ कि रात को 4-5 लॉरियाँ वहाँ आई थीं, जिनमें अधिकतर अंग्रेज थे। एक पर डेढ़-दो मन लकड़ी और मिट्टी के तेल के कनस्तर भी थे।

रायज़ादा हंसराज के प्रश्न करने पर गवाह ने कहा कि जहाँ दाह-क्रिया की गई थी, वहाँ तीन अर्थियाँ अलग-अलग रखकर नहीं जलाई जा सकती थीं। अगर ऐसा किया जाता, तो पास वाली झाड़ियों तक आग का असर ज़रूर पहुँचता और एक झाड़ी तो जल ही जाती।

मौलवी शफाअतुल्ला का बयान

मौलवी शफाअतुल्ला ने कहा कि मैं एक सभा में भाषण दे रहा था कि कृपाराम ने मुझे मांस का टुकड़ा और दूसरे कई लोगों ने हड्डियाँ दिखाईं। मैंने उपस्थित लोगों को वे चीजें दिखा दीं। 25 तारीख को सवेरे मैं उस स्थान पर गया, जहाँ लाशें जलाई गई थीं। वह जगह रस्सी से घेर दी गई थी, जिसमें लोग जूते पहनकर उस पर न जाएँ। उस घेरे के अन्दर 3-4 फीट ऐसी जगह थी, जहाँ से किरोसिन तेल की बू आ रही थी। खुरेदने से वहाँ हड्डी के छोटे-छोटे टुकड़े निकलते थे। मेरे सामने वह जगह खोदी गई। उसमें से हड्डी के टुकड़े और अधजले कोयले निकले। उनसे मिट्टी के तेल की बू आ रही थी। वहाँ से कोई दो सौ गज के फासले पर एक जगह खून लगे हुए कंकड़ पड़े थे। मेरे साथियों ने उन्हें चुन लिया।

हमें मालूम हुआ कि पुलिसवालो कसूर से ग्रन्थी और आचार्य लाए थे। वहाँ जाकर तलाश करने पर हमें जगन्नाथ आचार्य मिल गया, पर ग्रन्थी नहीं मिला। उसने साथ चलकर वह जगह दिखाई जहाँ लाश जलाई गई थी। उसने कहा कि तीनों लाशें एक-एक बालिश्त के फासले पर रखी गई थीं। वह इससे अधिक कुछ नहीं बतला सका। कसूर में खोज करने पर मालूम हुआ कि डिप्टी-पुलिस सुपरिंटेंडेंट शिवदर्शन सिंह ने 23 मार्च की शाम को एक दुकान से 4 टिन मिट्टी का तेल खरीदा था। डॉक्टर सत्यपाल की जिरह में गवाह ने कहा कि जाँच करते समय कोई ऐसा आदमी मुझे नहीं मिला, जिसने लाशों को काटते हुए देखा हो।

श्रीमती पार्वती देवी का बयान

श्रीमती जी ने कहा कि 24 मार्च को मैं सरदार भगत सिंह की बहिन और दूसरी कई स्त्रियों के साथ, सतलज के किनारे उस स्थान पर गई, जहाँ भगतसिंह आदि की लाशें जलाई गई थीं। मुझे वह जगह मालूम न थी। मैं लोगों से पूछताछ कर ही रही थी कि इतने में मेरा

पाँव एक ऐसी जगह जा पड़ा, जहाँ की जमीन गरम थी। वहाँ से मिट्टी के तेल की सख्त बू आ रही थी। मैंने उस स्थान को खुरेदा तो कई छोटे-छोटे मांस के टुकड़े मिले। एक टुकड़ा अब भी मेरे पास है। श्रीमती सोंधी ने भी श्रीमती पार्वती देवी के बयान का समर्थन किया।

फीरोजपुर में जाँच-कमेटी

15वीं अप्रैल को जाँच-कमेटी फीरोजपुर पहुँची। वहाँ जाते समय सदस्यगण दाह-स्थान देखने के लिए भी गए। आज वह स्थान नहीं पहचाना जाता था, बालू से स्थान बराबर कर दिया गया था और स्वयंसेवकों द्वारा बनाया हुआ घेरा भी तोड़ डाला गया था। दो खुफिया पुलिस के आदमी थोड़ी दूर से उस स्थान की निगरानी कर रहे थे। सड़क के दूसरी ओर करीब एक फर्लांग की दूरी पर तीन ख़ीमे गड़े हुए थे, जिनमें 1 दर्जन से अधिक पुलिस के सिपाही बैठे थे। जमीन के बराबर किए जाने के सम्बन्ध में पूछने पर सी.आई.डी. वालों ने अपनी अनभिज्ञता जतलाई।

फीरोजपुर में गवाहियाँ लेने पर, फोटोग्राफर लाला मेहरचन्द, जिन्होंने दाह-स्थान का फोटो लिया था और कृपाराम नामक एक दुकानदार ने पिछले बयानों का समर्थन किया। कृपाराम ने कमेटी के सामने एक बोतल पेश की, जिसमें चिता-स्थान पर पाया गया मांस का एक टुकड़ा रखा गया था। टुकड़े का वजन 1 छटाँक के लगभग था।

हरवंशलाल नामक एक मोटर-ड्राइवर ने कहा कि कृपाराम ने उसके सामने मांस का टुकड़ा चिता-स्थान पर पाया था। गवाह ने उससे एक छोटा-सा टुकड़ा तावीज़ बनाने के लिए लिया।

नौजवान भारत-सभा के अध्यक्ष अमरनाथ ने कहा कि उन्हें उस स्थान पर कुछ जली हुई हड्डियाँ मिलीं। गवाह ने हड्डियों को कमेटी के सामने पेश भी किया।

पं. चिरंजी लाल ने भी मांस का एक टुकड़ा कमेटी के सामने पेश किया।

फीरोजपुर के लाला मुकुन्दलाल, एडवोकेट ने कहा कि दाह-स्थान 4 फीट से ज़्यादा न होगा। इतने संकीर्ण स्थान में तीन लाशें अलग-अलग नहीं जलाई जा सकती थीं। उन्होंने कहा कि जान पड़ता है कि लाशों के जलने में काफी लकड़ी का व्यवहार नहीं किया गया था और हिन्दू या सिक्ख किसी की भी लाश किरोसिन के तेल से जलाना धर्म के विरुद्ध है। मौलवी मुहम्मद हुसैन, दीवान दुर्गाप्रसाद, बाबा चरणसिंह आदि वकीलों ने भी, जिन्होंने इस विषय की पूरी जाँच की थी, उक्त बयानों का समर्थन किया। डॉ. सत्यपाल के प्रश्न का उत्तर देते हुए मौलवी मुहम्मद हुसैन ने कहा कि लाशों के काटे जाने की बात उन्होंने सुनी है, किन्तु इस विषय का कोई प्रत्यक्ष प्रमाण उनके पास नहीं है।

ग्रन्थी ने क्या किया?

सरदार लाभ सिंह ने कसूर में कमेटी के सामने अपना बयान देते हुए कहा कि नत्था सिंह ग्रन्थी ने उससे कहा कि 23वीं मार्च की रात को वह बड़ी मुश्किल में पड़ा था। ग्रन्थी ने गवाह को बतलाया कि 23वीं मार्च की शाम को, 7 बजे के लगभग, एक पुलिस का आदमी

उसके पास आया और पुलिस के डिप्टी-सुपरिंटेंडेंट सुदर्शन सिंह के पास चलने को कहा। पुलिस के सिपाही ने कहा कि 'अखंड पाठ' के लिए ग्रन्थी की आवश्यकता है। वहाँ पहुँचने पर ग्रन्थी से कहा कि गंडासिंहवाला में पाठ की ज़रूरत है। इसके बाद आचार्य जगन्नाथ के साथ ग्रन्थी गंडासिंहवाला लाया गया। उन लोगों के साथ किरोसिन तेल के 3 कनस्तर भी लाए गए। पुलिस के कुछ अफसर और कुछ कांस्टेबिल भी उनके साथ थे। गंडासिंहवाला स्टेशन पहुँचने पर उन्हें एक लॉरी मिली।

लाहौर से लॉरियाँ आईं

इसके बाद लाहौर की ओर से भी 4 लॉरियाँ आईं। एक लॉरी से पुलिस के डिप्टी-सुपरिंटेंडेंट अमर सिंह उतरे और वे ग्रन्थी की लॉरी में जा बैठे। उनकी आज्ञानुसार लॉरी पुराने पुल के पास लाई गई। अन्य लॉरियाँ भी यहीं आकर खड़ी हुईं। अमर सिंह ने ग्रन्थी और आचार्य से कहा कि उनके साथ एक सिक्ख और दो हिन्दुओं की लाशें हैं, जिन्हें वे जलाना चाहते हैं। ग्रन्थी और आचार्य को उन मृतकों के नाम नहीं बतलाए गए। किन्तु तो भी ग्रन्थी को सन्देह हुआ कि ये लाशें भगतसिंह, राजगुरु और सुखदेव की हैं। जब टॉर्च की सहायता से उसने लाशों को देखा तो मालूम हुआ कि मृतकों के मुँह और नाक से खून बह रहा है। एक पुलिस कांस्टेबिल ने लाशों की पोशाक को फाड़ डाला और स्नान कराकर कपड़े में उन्हें लपेटा और एक ही चिता पर तीनों लाशों को रख दिया। लाश के ऊपर और नीचे लकड़ियाँ रखी हुई थीं। चिता पर मिट्टी का तेल डाल दिया गया। तब ग्रन्थी और आचार्य से अन्तिम संस्कार करने के लिए कहा गया। उन्होंने मिट्टी के तेल की सहायता से आग लगा दी। इसके बाद उनसे लॉरी में चले जाने के लिए कहा गया। लॉरी में आकर ये करीब $2\frac{1}{2}$ घंटे तक पुलिसवालों की इन्तज़ारी में बैठे रहे। इतनी देर के बाद चिता पर पानी डाल दिया गया और कुदाली से भस्म, हड्डी आदि वस्तुओं को इकट्ठा कर कम्बलों में बाँधा गया और नदी में छोड़ दिया गया। इसके बाद ग्रन्थी और आचार्य कसूर लाए गए। वे $5\frac{1}{2}$ बजे सुबह कसूर पहुँचे।

सिक्खों का अन्तिम संस्कार

गवाह ने आगे कहा कि वह सरदार अमर सिंह और लाला मणिराम के साथ $11\frac{1}{2}$ बजे दाह-स्थान देखने गया था। चिता-स्थान किरोसिन तेल से भीगा हुआ था। वहाँ चीड़ की लकड़ियों के कोयले पड़े हुए थे, जिससे पता चला कि लाशों के जलाने में चीड़ की लकड़ी का ही व्यवहार किया गया था।

अन्य प्रश्नों का उत्तर देते हुए गवाह ने कहा कि सिक्ख-धर्म के अनुसार अन्तिम संस्कार के लिए एक घंटे की आवश्यकता है। संस्कार खतम हो जाने के बाद चिन्ता में आग लगाई जाती है। गवाह ने कहा कि उसकी राय में मृतकों का अन्तिम संस्कार उचित रीति से नहीं किया गया, क्योंकि न तो ग्रन्थी को उसके लिए समय ही दिया गया, और न

वह अन्तिम संस्कार के लिए तैयार ही होकर आया था। इसके अतिरिक्त 'कढ़ाह प्रसाद' भी, जो इस संस्कार के लिए अत्यावश्यक है, तैयार नहीं कराया गया था। ग्रन्थी ने गवाह से कहा था कि उससे कोई संस्कार नहीं कराया गया था।

सिक्ख-धर्मानुसार लाश को रात में जलाना मना है। इससे पहले ऐसी कोई घटना नहीं हुई थी। कम-से-कम गवाह ऐसी कोई घटना के विषय में नहीं जानता है।

डॉ. सत्यपाल के एक प्रश्न का उत्तर देते हुए गवाह ने कहा कि किसी सिक्ख की लाश को, मृतक के किसी सम्बन्धी या पुरोहित को छोड़कर और कोई नहीं छू सकता। उसकी लाश को हर एक मनुष्य नहीं छू सकता है। ग्रन्थी ने उससे कहा था कि वे पुलिस कांस्टेबिल, जिन्होंने मृतकों को स्नान कराया, भिन्न धर्मावलम्बी थे। ग्रन्थी ने यह भी कहा कि अन्तिम संस्कार के सम्बन्ध में उससे कोई बात नहीं पूछी गई थी।

लाला मणिराम जैन ने अपना बयान देते समय डॉ. सत्यपाल के पूछने पर कहा कि 3 लाशों को अच्छी तरह जलाने के लिए 50 मन लकड़ी की आवश्यकता है। हिन्दू-धर्म के अनुसार भी, मृतक के शरीर को उसके सम्बन्धी और पुरोहित के सिवा दूसरा कोई नहीं छू सकता और रात के समय लाश नहीं जलाई जा सकती। लाश जलाने के चौथे दिन भस्म इकट्ठा किया जाता है और वह हरिद्वार भेजा जाता है।

मिट्टी के तेल के सम्बन्ध में

कसूर की म्युनिसिपल कमेटी के वाइस प्रेसीडेंट डॉ. बोधराज ने कहा कि वे 'ट्रिब्यून' के स्थानीय संवाददाता हैं। उन्होंने सरकारी और गैर-सरकारी दानों ज़रिए से जाँच की है। आचार्य और ग्रन्थी के पास भी वे पता लगाने के लिए गए थे। ग्रन्थी ने यह स्वीकार किया है कि लाशों के जलाने में मिट्टी का तेल काम में लाया गया है। गवाह ने तेल के ठेकेदार से भी इस बात की जाँच की थी। उसने यह बात स्वीकार की थी कि पुलिसवालो उसके यहाँ से 4 टिन मिट्टी का तेल ले गए थे; किन्तु 24वीं तारीख को तेल लौटा दिया गया। इसके बाद सरदार नत्था सिंह कमेटी के सामने पेश किए गए।

सभापति ने सूचित किया कि उन्हें पता चला है कि पुलिस ने ग्रन्थी को बुला भेजा है। उन्होंने ग्रन्थी से पूछा कि वह अपना बयान देने के लिए तैयार है या नहीं। ग्रन्थी अपने मित्रों से इस सम्बन्ध में सलाह करने के लिए बाहर चला गया। और कुछ मिनटों के पश्चात् लौटकर उसने कमेटी से कहा कि वह अपना बयान देने के लिए तैयार नहीं है।

सभापति ने पूछा—अपना बयान देने में आपको किसी बात का डर है?

ग्रन्थी—मैं इस समय कुछ नहीं कह सकता। मुझे इस पर सोच-विचार करने के लिए 15 मिनट का समय दीजिए।

गवाह को समय दिया गया उसने फिर बाहर जाकर अपने मित्रों से सलाह ली। किन्तु एक घंटा बीत जाने पर भी वह नहीं लौटा।

कमेटी का कार्य दूसरे दिन के लिए स्थगित कर दिया गया।

30 अप्रैल, 1931

भविष्य

क्या वास्तव में भगत सिंह आदि की लाशें टुकड़े-टुकड़े कर डाली गई थीं?

"मेरी यह धारणा है, कि मृत-शरीरों के प्रति अपमानजनक व्यवहार किया गया है"

—श्री धन्नामल

जाँच कमेटी के सामने आँखों-देखी गवाहियाँ

लाला चिन्तराम थापड़ का बयान

लाहौर का 22वीं अप्रैल का समाचार है कि भगत सिंह जाँच कमेटी के सामने, आज सुखदेव के चचा लाला चिन्तराम थापड़ की गवाई हुई। अध्यक्ष के पूछने पर गवाह ने कहा कि 23वीं मार्च को 7 बजे श्री सुखदेव को फाँसी दी गई। उन्होंने आगे कहा कि फाँसी के दिन मैं लाहौर ही में था, क्योंकि अपने भतीजे से अन्तिम भेंट करने की मेरी इच्छा थी। यह मुझे नहीं मालूम था कि फाँसी कब दी जाएगी। 12 बजे दोपहर के समय मैंने सेंट्रल जेल के डिप्टी-सुपरिंटेंडेंट से पूछा—कि फाँसी किस तारीख को और किस समय दी जाएगी, किन्तु मुझे कोई सूचना नहीं मिली। एक सभा में लाला जगन्नाथ ने मुझसे कहा कि 7 बजकर 45 मिनट पर फाँसी दे दी गई है। यह खबर पाकर मैं सरदार किशन सिंह के साथ पं. सन्तानम् के यहाँ पहुँचा, जो सेंट्रल जेल के समीप ही रहते हैं। यहाँ हमें मालूम हुआ, कि जेल के भीतर 'इन्कलाब जिन्दाबाद' के नारे लगाए गए थे, जो बाहर भी सुनाई पड़े थे, इन्हीं नारों की आवाज़ से बाहर के लोगों को मालूम हो गया कि फाँसी दे दी गई। यहाँ मुझे मालूम हुआ कि सिटी मजिस्ट्रेट की मोटर पं. सन्तानम् के घर के समीप ही खड़ी है। सवा आठ बजे के लगभग मैं सरदार किशन सिंह के साथ सेंट्रल जेल के मुख्य दरवाजे पर गया। फिर हम लोग जेल के सुपरिंटेंडेंट के क्वार्टर में गए। एक वार्डर ने आकर कहा कि डिप्टी-सुपरिंटेंडेंट बाहर गए हैं। हम लोगों ने वार्डर से किसी जेल के अफसर को बुला देने के लिए कहा, जिससे हम लोग लाशें माँगें। वार्डर ने कहा कि कोई भी अफसर यहाँ नहीं है और हम लाशों के बारे में कुछ नहीं जानते। इसके बाद हम जेल के सुपरिंटेंडेंट मेजर चोपड़ा के यहाँ गए किन्तु मालूम हुआ कि मेजर चोपड़ा भी कहीं बाहर गए हैं तब हम लोग पं. सन्तानम् के यहाँ लौट आए। यहीं से डॉ. गोपीचन्द ने पंजाब सरकार के होम सेक्रेटरी, जिला मजिस्ट्रेट, सिटी मजिस्ट्रेट आदि से फोन के द्वारा बातें कीं, किन्तु कोई सन्तोषजनक उत्तर नहीं मिला।

10 बजे रात्रि के समय एक सरकारी कर्मचारी ने सरदार किशन सिंह को सूचना दी कि लाशें लाहौर से बाहर भेजी गई हैं। मेरे कुछ आदमी सेंट्रल जेल के दोनों दरवाजों पर खड़े थे, किन्तु इन दरवाजों से लाश ले जाते हुए उन्होंने नहीं देखा। 1 बजे रात को एक आदमी ने मुझे सूचना दी कि लाशें सतलज के किनारे जला डाली गई हैं और इसकी सूचना भी जिला मजिस्ट्रेट ने निकाल दी है; जो शहर की दीवालों पर चिपका दी गई हैं। मैंने स्वयं इस प्रकार का छपा हुआ नोटिस देखा।

अध्यक्ष के पूछने पर गवाह ने कहा कि यदि श्री सुखदेव का शरीर मुझे दे दिया जाता, तो आर्यसमाज के नियमानुसार मैं उसकी दाह-क्रिया करता। मैं मृत-शरीर को अच्छी तरह स्नान कराकर, उसे सफेद खद्दर में लपेट देता और तब घी और अन्य सामग्रियों के साथ वैदिक मंत्रों के उच्चारण के बाद दाह-क्रिया करता। मलिक जीवनलाल कपूर के पूछने पर गवाह ने कहा कि हम लोग सूर्यास्त और सूर्योदय के बीच के समय में दाह-क्रिया नहीं करते। हमारे धर्म में ऐसा करना निषिद्ध है। लाश के जलाने में या चिता में आग लगाने के लिए किरोसिन के तेल का व्यवहार नहीं किया जाता। हिन्दू या सिक्ख कोई भी ऐसा नहीं करता। गरीब से गरीब मनुष्य ऐसे अवसर पर घी काम में लाता है। एक लाश को जलाने के लिए कम-से-कम 12 मन लकड़ी की आवश्यकता है। इस काम के लिए चीड़ की लकड़ी काम में कभी नहीं लाई जाती।

डॉ. सत्यपाल के पूछने पर गवाह ने कहा कि 6 फीट चौड़े और 8 फीट लम्बे स्थान में तीन लाशें अलग-अलग कदापि नहीं जलाई जा सकती हैं। तीन लाशें एक चिता पर भी नहीं जलाई जा सकती हैं। निकट सम्बन्धी ही मृत शरीर को स्नान करा सकता है। प्रत्येक व्यक्ति उसे नहीं छू सकता है। यदि एक मृत देह को अच्छी तरह जलाया जाए, तो तीन दिन से पहले भस्म इकट्ठा नहीं किया जा सकता। तीन दिन से पहले हड्डियों का अच्छी तरह जलना सम्भव नहीं। तीन घंटे में लाश भस्म नहीं हो सकती।

इसके बाद गवाह ने कहा कि 25वीं मार्च को सबेरे मैं अन्य सम्बन्धियों के साथ दाह स्थान पर गया। वहाँ मुझे मांस के छोटे-छोटे टुकड़े मिले, जो मेरी स्त्री के पास रखे हैं।

अध्यक्ष के पूछने पर गवाह ने कहा कि **मुझे एक विश्वसनीय व्यक्ति से–जिसका नाम मैं नहीं बतलाना चाहता–पता चला है कि जेल ही में लाशों के टुकड़े-टुकड़े कर डाले गए थे और तब कम्बलों में बाँधकर, जिस दरवाजे से जेल का कूड़ा-कर्कट उस रात को बाहर निकाला गया, उसी दरवाजे से लाशें बाहर निकाली गईं।**

भगत धन्नामल का बयान

इसके बाद फीरोजपुर के रहनेवाले भगत धन्नामल का बयान हुआ। गवाह ने अध्यक्ष के पूछने पर कहा कि फीरोजपुर के **लाला कृपाराम के साथ मैं 25वीं मार्च को 10 बजे सबेरे दाह-स्थान पर गया।** दाह-स्थान को खोदने पर मांस के टुकड़े, जली हुई हड्डियाँ और पानी से भरा हुआ एक घड़ा वहाँ मिले। उस स्थान से किरोसिन तेल की कड़ी बू आती थी। दाह-स्थान के समीप ही मैंने कुछ ऐसे स्थान भी देखे, जहाँ खून के दाग लगे हुए थे।

मलिक जीवनलाल कपूर के पूछने पर गवाह ने कहा कि मैंने हिन्दुओं के कितने ही मृत शरीर जलाए हैं। एक लाश को जलाने में कम-से-कम 12 मन लकड़ी की आवश्यकता होती है। लाश के जलाने में मिट्टी के तेल का कभी प्रयोग नहीं किया जाता।

डॉ. सत्यपाल के पूछने पर **गवाह ने कहा कि कुछ विश्वसनीय व्यक्तियों से मुझे मालूम हुआ है कि जेल में ही लाशों के टुकड़े थैलों में भरकर चिता-स्थान पर पहुँचाए गए थे।** मेरी यह धारणा है कि मृत शरीरों के प्रति अपमानजनक व्यवहार किया गया है।

7 मई, 1931

भविष्य

खून के बदले खून की घातक नीति

लाहौर की फाँसियाँ : एक अंग्रेज के विचार

बार-बार अमृतसर-कांड की पुनरावृत्ति करने से दोनों देशों की मैत्री मुश्किल होती जा रही है

लाहौर षड्यंत्र केस में सरदार भगत सिंह, राजगुरु और सुखदेव को दी गई फाँसी के सम्बन्ध में विलायत के 'मैनचेस्टर गार्जियन' में लिखते हुए मि. होर्स जी. एलेक्जेंडर नाम के एक सुप्रसिद्ध अंग्रेज लेखक ने निम्नलिखित विचार प्रकट किए हैं–

ठीक ऐसे समय, जबकि लोग यह उम्मीद करने लग गए थे, कि महात्मा गांधी अपनी समझौतावाली नीति में, नवयुवक-दल के प्रबल विरोध करने पर भी, कांग्रेस में विजयी होंगे, भगत सिंह और उनके साथी फाँसी पर लटका दिए गए। अगर लोगों को यह निश्चय हो गया होता, कि कैप्टन सांडर्स के असन्दिग्ध हत्याकारी ये ही व्यक्ति हैं, तो इनकी फाँसी के सम्बन्ध में, एक बार विरोध करके मौन होकर बैठे रहते। लेकिन इस मामले में जैसी कार्रवाई की गई है, उसे देखते हुए कोई मौन नहीं बैठ सकता, बल्कि इसका तीव्र प्रतिरोध आवश्यक था।

इस मामले की मुख्य बातें भारतवर्ष के लोगों पर बहुत अच्छी तरह प्रकट हैं, कि किस तरह सायमन कमीशन लाहौर आया, किस प्रकार उसके विरुद्ध सुप्रसिद्ध राष्ट्रीय नेता लाला लाजपत राय के नेतृत्व में एक विराट प्रदर्शन हुआ और किस प्रकार कैप्टन सांडर्स द्वारा, जैसा कि लोग कहते हैं, लाला जी पर वार किया गया और कुछ ही दिनों बाद उनकी मृत्यु हुई। लाला जी की मृत्यु के कारण के विषय में डॉक्टरों में यद्यपि मतभेद था, लेकिन अधिकांश भारतीयों का यह दृढ़ विश्वास है कि कैप्टन सांडर्स के आक्रमण के आघात से ही उनकी मृत्यु हुई। इस मृत्यु के एक मास बाद, अनुमान है, कि प्रतिशोध की भावनाओं से प्रेरित होकर कैप्टन सांडर्स की हत्या कर डाली गई। हत्याकारी लापता रहे। बहुत समय बात भगत सिंह, जिन्हें असेम्बली बम कांड के मामले में सजा दी जा चुकी थी और जिन्होंने स्वयं ही अपने को हिंसक क्रान्तिकारी स्वीकार किया था, कुछ अपने साथियों के साथ इस हत्या के लिए दोषी ठहराए गए। इस मामले के दौरान कोर्ट में जो गवाहियाँ गुजरीं, वे बहुत ही अपर्याप्त थीं। भगत सिंह एक अत्यन्त साहसी, निर्भीक और स्पष्टवादी युवक था। अपनी मातृभूमि के कल्याण के लिए वह किसी क्षण जीवनोत्सर्ग कर सकता था। उसने स्वयं ही कहा था कि इस हत्याकांड से मेरा कोई सम्बन्ध नहीं है। लेकिन वह और उसके

साथी अपराधी ठहराए गए और फैसले में उन्हें मृत्यु का दंड दिया गया। सारी अपीलें और सज़ा कम करने की प्रार्थनाएँ रद्द कर दी गईं और ठीक ऐसे समय, जबकि गांधी जी कांग्रेस को इस बात का विश्वास दिलाने जा रहे थे, कि सरकार ने अपना हृदय परिवर्तन कर लिया है, वे नवयुवक फाँसी पर चढ़ा दिए गए। हम इस मनोवृत्ति को किस बात का परिचायक समझें? मेरा पहला ख़याल यही हुआ, कि कुछ इर्विन-गांधी समझौते के शत्रु अधिकारी इस समझौते को किसी भी तरह भंग करने पर तुले हुए हैं, इसलिए इन फाँसियों के देने में इतनी जल्दी की गई है। ठीक ऐसे समय, जबकि लॉर्ड इर्विन ने पुलिस जाँच की माँग के सम्बन्ध में अपने मातहतों का समर्थन किया था, कुछ लोग, मालूम होता है, उन्हें गिरा देने के लिए ही तत्पर थे। इसलिए उन्होंने उपर्युक्त अभियुक्तों को फाँसी देने में इतनी जल्दी की।

लेकिन सम्भव है, यह बात न हो। हो सकता है कि भारत सरकार के कुछ विभागों को अपने दमन की घातक नीति पर ही पूरा विश्वास हो। ये महाशय पूर्वी देशों के निवासियों की मनोवृत्ति को समझने का दावा करते हैं और कहते हैं कि पूर्वी मनोवृत्ति तो केवल पशुबल का आदर करना जानती है, उस पर और किसी बात का प्रभाव नहीं पड़ता। शायद, उनका ख़याल है कि कांग्रेस इन फाँसियों से दब जाएगी। परन्तु मेरा विश्वास है कि पूर्व और पश्चिम के बीच विषाक्त और अप्रिय सम्बन्ध पैदा करने के लिए सबसे अधिक उत्तरदायी यही नीति है।

यही अवसर है कि इंग्लैंड के निवासी चेत जाएँ और समझ लें कि वास्तव में पूर्वी और पश्चिमी मनोवृत्ति में कोई मौलिक अन्तर नहीं है। पूर्वी या पश्चिमी दोनों ही, चाहे थोड़े समय के लिए बल प्रयोग से भले ही दब जाएँ, लेकिन याद रहे कि अवसर पाकर दबी हुई वस्तु अपने दूने वेग से उभड़ती है। मेरा तो अनुभव है और मैं जानता हूँ कि मेरे और भी मित्रों का ऐसा ही अनुभव है कि हिन्दुस्तानियों में अगर कोई विशेषता है, तो वह यही है कि वे अल्प से अल्प उदारता, प्रेम और विश्वास से सहज ही वशीभूत हो जाते हैं। उनके ये लक्षण कमजोरी के चिह्न कदापि नहीं हैं। वे थोड़े से भी विश्वास और सहानुभूति के आधार पर बड़ी शीघ्रता के साथ स्थायी मैत्री स्थापित कर लेते हैं। मेरा विश्वास है कि हिन्दुस्तान के लोग अब भी दोस्ती चाहनेवाले इंग्लैंड का साथ दे सकते हैं। लेकिन बात यह है कि बार-बार अमृतसर कांड की पुनरावृत्ति करने से दोनों देशों की मैत्री मुश्किल होती जा रही है। उन लोगों को, जो वास्तव में पूर्व और पश्चिम में प्रेम स्थापित करना चाहते हैं, चाहिए कि भारतीयों के प्रति उदारता और सहृदयता का व्यवहार करें और अपने पुराने कृत्यों के लिए प्रायश्चित्त कर डालें।

महात्मा जी के नाम स्वर्गीय सुखदेव की खुली चिट्ठी

गत सप्ताह के सहयोगी 'यंग इंडिया' में स्वर्गीय सुखदेव का एक पत्र, जो कहा जाता है, उन्होंने फाँसी के कुछ ही पूर्व महात्मा जी के पास भेजा था–प्रकाशित हुआ है, जिसका उत्तर भी महात्मा जी ने 'यंग इंडिया' के इसी अंक में प्रकाशित किया है। दोनों इतने महत्त्वपूर्ण विषय हैं कि उनकी उपेक्षा नहीं की जा सकती। श्री सुखदेव का पत्र हिंसात्मक विचार के पक्षपातियों के सिद्धान्त जनता के सामने उपस्थित करता है और महात्मा जी का उत्तर अहिंसात्मक सिद्धान्तों का परिचायक है, अतएव पाठकों के विवेचनार्थ दोनों ही पत्रों का अविकल अनुवाद नीचे दिया जा रहा है।

–सं. 'भविष्य'

अत्यन्त सम्माननीय महात्मा जी,

आजकल के नए समाचारों से मालूम होता है कि आपने सन्धि चर्चा के बाद से क्रान्तिकारियों के नाम कई एक अपीलें निकाली हैं, जिनमें आपने उनसे कम-से-कम वर्तमान समय के लिए अपने क्रान्तिकारी आन्दोलन को रोक देने के लिए कहा है। वास्तविक बात यह है कि किसी आन्दोलन को रोक देने का काम कोई सैद्धान्तिक या अपने वश की बात नहीं है। समय-समय की आवश्यकताओं का विचार करके आन्दोलन के नेता अपना और अपनी नीति का परिवर्तन किया करते हैं।

हमारा अनुमान है कि सन्धि के वार्तालाप के समय आप एक क्षण के लिए भी यह बात न भूले होंगे कि यह समझौता कोई अन्तिम समझौता नहीं हो सकता। मेरे ख़याल से इतना तो सभी समझदार व्यक्तियों ने समझ लिया होगा कि आपके सब सुधारों के मान लिये जाने पर भी देश का अन्तिम लक्ष्य पूरा न हो पाएगा। कांग्रेस, लाहौर कांग्रेस के प्रस्तावानुसार स्वतंत्रता का युद्ध तब तक लगातार जारी रखने के लिए बाध्य है, जब तक पूर्ण स्वाधीनता न प्राप्त हो जाए। बीच-बीच की सन्धियाँ और समझौते क्षणिक विराम मात्र हैं जिनमें अगली लड़ाई के लिए अधिकाधिक शक्ति संगठित करने का अवसर मिलता है। उपरोक्त सिद्धान्त पर ही किसी प्रकार का समझौता या विराम सन्धि की कल्पना की जा सकती है।

समझौते के लिए उपयुक्त अवसर का तथा शर्तों का विचार करना नेताओं का काम है। यद्यपि लाहौर के पूर्ण स्वाधीनता वाले प्रस्ताव के होते हुए भी आपने अपना आन्दोलन स्थगित कर दिया है, फिर भी वह प्रस्ताव ज्यों का त्यों बना हुआ है। हिन्दुस्तान सोशलिस्ट

रिपब्लिकन पार्टी के क्रान्तिकारियों का ध्येय इस देश में सोशलिस्ट प्रजातंत्र प्रणाली स्थापित करना है। इस ध्येय में संशोधन के लिए जरा भी गुंजाइश नहीं है। वे तो अपना संग्राम, जब तक कि ध्येय न प्राप्त हो जाए और आदर्श की पूर्ण स्थापना न हो जाए, तब तक बराबर जारी रखने के लिए बाध्य हैं। परन्तु वे परिस्थितियों के परिवर्तन के साथ-साथ अपनी युद्ध नीति भी बदलते रहना जानते हैं। क्रान्तिकारियों का युद्ध भिन्न-भिन्न अवसरों पर भिन्न-भिन्न स्वरूप धारण कर लेता है। कभी वह प्रकट रूप रखता है, कभी गुप्त रूप धारण कर लेता है; कभी केवल आन्दोलन के रूप में हो जाता है और कभी जीवन और मृत्यु का भयानक संग्राम करने लग जाता है। वर्तमान परिस्थितियों में क्रान्तिकारियों के सामने आन्दोलन रोक देने के लिए कुछ विशेष कारणों का होना तो आवश्यक ही है। परन्तु आपने हम लोगों के सामने ऐसा कोई निश्चित कारण उपस्थित नहीं किया, जिस पर विचार करके हम अपना आन्दोलन रोक दें। केवल भावुक अपीलें क्रान्तिकारियों के संग्राम में कोई प्रभाव नहीं पैदा कर सकतीं।

समझौता करके आपने अपना आन्दोलन स्थगित कर दिया है, जिसके फलस्वरूप आपके आन्दोलन के सब बन्दी छूट गए हैं। परन्तु क्रान्तिकारी बन्दियों के विषय में आप क्या कहते हैं? सन् 1915 के गदर पार्टी वाले राजबन्दी अब भी जेलों में सड़ रहे हैं, यद्यपि उनकी सज़ाएँ पूरी हो चुकी हैं। कोड़ियों मार्शल लॉ के बन्दी अब भी जीवित ही कब्रों में गड़े हुए हैं! इसी प्रकार दर्जनों बब्बर अकाली कैदी जेल यातना भोग रहे हैं। देवगढ़, काकोरी, मछुआ बाजार और लाहौर षड्यंत्र केस के अनेकों राजबन्दी अब भी जेलों में बन्द हैं। आधे दर्जन से अधिक षड्यंत्र केस लाहौर दिल्ली, चटगाँव, बम्बई, कलकत्ता आदि स्थानों में चल रहे हैं। दर्जनों क्रान्तिकारी फरार हैं, जिनमें बहुत-सी तो स्त्रियाँ हैं। आधे दर्जन से अधिक कैदी अपनी फाँसियों की बाट जोह रहे हैं। इन सब के विषय में आप क्या कहते हैं? लाहौर षड्यंत्र केस के तीन राजबन्दी, जिन्हें फाँसी देने का हुक्म हुआ है और जिन्होंने संयोगवश देश में बहुत बड़ी ख्याति प्राप्त कर ली है, क्रान्तिकारी दल के सब कुछ नहीं हैं। दल के सामने केवल इन्हीं के भाग्य का प्रश्न नहीं है। वास्तव में इनकी सजाओं के बदल देने से देश का उतना कल्याण न होगा, जितना कि इन्हें फाँसी पर चढ़ा देने से होगा।

परन्तु इन सब बातों के होते हुए भी आप इनसे अपना आन्दोलन खींच लेने की सार्वजनिक अपीलें कर रहे हैं। वे अपना आन्दोलन क्यों रोक लें, इसका आपने कोई निश्चित कारण नहीं बतलाया? ऐसी परिस्थिति में आपकी इन अपीलों के निकालने का मतलब तो यही है कि आप क्रान्तिकारियों के आन्दोलन को कुचलने में नौकरशाही का साथ दे रहे हैं! आप इन अपीलों के द्वारा स्वयं क्रान्तिकारी दल में विश्वासघात और फूट की शिक्षा दे रहे हैं। अगर यह बात न होती, तो आपके लिए सबसे अच्छा उपाय यह था कि आप कुछ प्रमुख क्रान्तिकारियों से मिलकर इस विषय की सम्पूर्ण बातचीत कर लेते। आपको उन्हें आन्दोलन खींच लेने की सलाह देने के पहले अपने तर्कों को समझाने का प्रयत्न करना चाहिए था। मेरा ख़याल है कि साधारण जनसमुदाय की तरह आपकी भी यह धारणा न होगी कि क्रान्तिकारी तर्कहीन होते हैं और उन्हें केवल विनाशकारी कार्यों में ही

आनन्द आता है। हम आपको बतला देना चाहते हैं कि यथार्थ में बात इसके बिल्कुल विपरीत है। वे प्रत्येक कदम आगे बढ़ाने के पहले अपनी चतुर्दिक् परिस्थितियों का विचार कर लेते हैं। उन्हें अपनी जिम्मेदारी का ज्ञान हर समय बना रहता है। वे अपने क्रान्तिकारी विधान में रचनात्मक अंश की उपयोगिता को मुख्य स्थान देते हैं, यद्यपि मौजूदा परिस्थितियों में उन्हें केवल विनाशात्मक अंश की ओर ध्यान देना पड़ा है।

गवर्नमेंट क्रान्तिकारियों के प्रति पैदा हो गई सार्वजनिक सहानुभूति तथा सहायता को नष्ट करके किसी तरह उन्हें कुचल डालना चाहती है। अकेले में वे सहज ही कुचल दिए जा सकते हैं। ऐसी हालत में किसी प्रकार की भावुक अपील निकालकर उनमें विश्वासघात और फूट पैदा करना, बहुत ही अनुचित और क्रान्ति विरोधी कार्य होगा। इसके द्वारा गवर्नमेंट को, उन्हें कुचल डालने में प्रत्यक्ष सहायता मिलती है।

इसलिए आपसे हमारी प्रार्थना है कि या तो आप कुछ क्रान्तिकारी नेताओं से, जो कि जेलों में हैं, इस विषय में कोई बातचीत करके कुछ निर्णय कर लीजिए या फिर अपनी अपीलें बन्द कर दीजिए। कृपा करके उपरोक्त दो मार्गों में से किसी एक का अनुसरण कर लीजिए और जिसका अनुसरण कीजिए, उसे पूरे दिल से कीजिए। अगर आप उनकी सहायता नहीं कर सकते, तो कृपा करके उन पर रहम कीजिए। और उन्हें अकेला छोड़ दीजिए। वे अपनी रक्षा अपने आप कर लेंगे। वे अच्छी तरह से जानते हैं, कि भविष्य के राजनीतिक युद्ध में उनका नायकत्व निश्चित है। जनसमुदाय उनकी ओर बराबर बढ़ता आ रहा है और वह दिन दूर नहीं है जबकि उनके नेतृत्व में उनके झंडे के नीचे जनसमुदाय उनके सोशलिस्ट प्रजातंत्र के उच्च ध्येय की ओर बढ़ता हुआ दिखाई पड़ेगा।

या, यदि आप सचमुच उनकी सहायता करना चाहते हैं, तो उनका दृष्टिकोण समझने के लिए उनसे बातचीत कीजिए और सम्पूर्ण समस्या पर विस्तार के साथ विचार कीजिए।

आशा है, आप उपरोक्त प्रार्थना पर कृपया विचार करेंगे और अपनी राय सर्वसाधारण के सामने प्रकट कर देंगे।

आपका,
'अनेकों में से एक'

अनेकों में से एक (?)
(महात्मा गांधी का उत्तर)

'अनेकों में से एक' द्वारा लिखित यह पत्र सुखदेव का पत्र है। श्रीयुत सुखदेव सरदार भगत सिंह के साथी थे। उपरोक्त पत्र उनकी मृत्यु के बाद मुझे मिला था। समयाभाव वश मैं इस पत्र को इससे पहले नहीं प्रकाशित कर सका। पत्र ज्यों का त्यों छाप दिया गया है।

पत्र का लेखक 'अनेकों में से एक' नहीं है। अनेकों राजनीतिक स्वाधीनता के लिए फाँसी नहीं स्वीकार करते। राजनीतिक हत्या चाहे कितनी ही निन्दनीय क्यों न हो, परन्तु ऐसे भयानक कार्यों के लिए प्रेरित करनेवालों से, उनका देश-प्रेम और साहस छिपाए नहीं

छिप सकता। हमें इस बात की आशा करनी चाहिए कि राजनीतिक हत्या का पन्थ बढ़ने न पावे। यदि स्वाधीनता प्राप्त करने का भारतीय प्रयोग सफल हो गया, जिसकी सफलता में कोई सन्देह नहीं है, तो राजनीतिक हत्या का पेशा दुनिया में सदैव के लिए उठ जाएगा। जो हो, मैं तो इसी विश्वास को लेकर अपना काम कर रहा हूँ।

पत्र लेखक का यह कहना ठीक नहीं है कि मैंने क्रान्तिकारियों से उनके आन्दोलन स्थगित कर देने के लिए केवल भावुक अपीलें की हैं, विपरीत इसके मेरा तो दावा है, कि मैंने उन्हें वैसा करने के ठोस कारण बतलाए हैं। यद्यपि उन कारणों को मैं कई बार इस पत्र के कॉलमों में प्रकाशित कर चुका हूँ, फिर भी उन्हें यहाँ दुहराता हूँ।

1. क्रान्तिकारी कार्रवाइयों से हम ध्येय के निकट नहीं पहुँचे।
2. इनके कारण देश का सैनिक व्यय बढ़ गया है।
3. इनके कारण सरकार का दमन-चक्र बढ़ गया है, जिससे देश का कोई लाभ नहीं हुआ।
4. जब-जब कहीं क्रान्तिकारियों द्वारा कोई हत्या हुई है, तब-तब उस स्थान के लोगों पर उसका बुरा प्रभाव पड़ा है।
5. क्रान्तिकारी कार्रवाइयों द्वारा जनसमुदाय की जागृति में कोई सहायता नहीं पहुँची।
6. जनसमुदाय पर इनके कामों का असर दो तरह से बुरा पड़ा है। एक तो जनता को अतिरिक्त व्यय का भार सहन करना पड़ा है, दूसरे सरकार के अप्रत्यक्ष क्रोध का निशाना बनना पड़ा है।
7. भारत की भूमि तथा उसकी परम्परा क्रान्तिकारी हत्याओं के उपयुक्त नहीं है। इस देश के इतिहास से जो शिक्षा मिलती है, उससे मालूम होता है कि राजनीतिक हिंसा यहाँ उन्नति नहीं कर सकती।
8. यदि क्रान्तिकारी जनसमुदाय को अपने मत में परिवर्तित कर लेने का विचार करते हैं तो उस हालत में हमें स्वाधीनता प्राप्त करने के लिए बहुत ज़्यादा तथा अनिश्चित समय तक प्रतीक्षा करनी पड़ेगी।
9. यदि जनसाधारण हिंसात्मक उपाय का समर्थक हो भी जाए, तो उसका परिणाम अन्त में अच्छा नहीं हो सकता। यह उपाय, जैसा कि दूसरे देशों में हुआ है, स्वयं उस उपाय के संचालकों को ही नष्ट कर देता है।
10. क्रान्तिकारियों के सामने उनके विपरीत उपाय अहिंसा की सार्थकता का भी प्रत्यक्ष प्रदर्शन हो चुका है। उन्होंने देखा होगा कि अहिंसात्मक आन्दोलन, क्रान्तिकारियों की स्फुट हिंसा तथा कुछ-कुछ स्वयं अहिंसात्मक आन्दोलन वालों की हिंसा के होते हुए भी, कैसे बराबर अपनी गति पर चलता रहा।
11. क्रान्तिकारी मेरी इस बात को मान लें, कि उनके आन्दोलन ने अहिंसात्मक आन्दोलन को कोई लाभ नहीं पहुँचाया, बल्कि हानि ही पहुँचाई है। यदि देश का वातावरण पूर्ण रीति से शान्त रहता तो हम अपने लक्ष्य को अब से पहले प्राप्त कर चुके होते।

मैं दावे के साथ कह सकता हूँ कि उपरोक्त बातें ठोस सत्य हैं, केवल भावुक अपीलें नहीं हैं। पत्र लेखक ने, मैंने क्रान्तिकारियों से अब तक जो सार्वजनिक अपीलें की हैं, उनका विरोध किया है। लेखक का कहना है कि इन सार्वजनिक अपीलों को निकालकर मैंने नौकरशाही को क्रान्तिकारियों के आन्दोलन दबाने में सहायता की है। नौकरशाही को क्रान्तिकारी आन्दोलन दबाने के लिए मेरी सहायता की आवश्यकता नहीं है। वह तो अपने अस्तित्व के लिए क्रान्तिकारियों से और मुझसे दोनों से लड़ रही है। उसे अहिंसात्मक आन्दोलन हिंसात्मक आन्दोलन की अपेक्षा अधिक भयानक मालूम होता है। वह हिंसात्मक आन्दोलन का सामना करना तो जानती है परन्तु अहिंसात्मक से घबड़ाती है, जिसने उसकी जड़ बहुत पहले ही हिला दी है।

राजनीतिक हत्या करनेवाले व्यक्ति अपने भीषण जीवन पथ पर पैर रखने के पहले ही समझ लेते हैं कि उन्हें अपने कार्यों का कौन सा मूल्य देना पड़ेगा। ऐसी अवस्था में सम्भवतः मेरा कोई भी कार्य उनकी स्थिति को किसी प्रकार से अधिक आशंकाजनक नहीं बना सकता।

यह जानकर कि क्रान्तिकारी दल अपनी कार्रवाई को छिपाकर करता है मेरे पास उस दल के अज्ञात सदस्यों तक अपील पहुँचाने का, सिवा सार्वजनिक रूप से लिखने के और कोई दूसरा उपाय नहीं रह जाता। मैं कह सकता हूँ कि मेरी सार्वजनिक अपीलें बिल्कुल निरर्थक नहीं गईं। मेरे सहयोगियों में पहले के बहुत से क्रान्तिकारी हैं।

पत्र लेखक की शिकायत है कि सत्याग्रही राजबन्दियों के अतिरिक्त दूसरे राजबन्दी नहीं छोड़े गए। 'यंग इंडिया' के पृष्ठों में लिखकर मैं बतला चुका हूँ कि किन कारणों से अन्य राजनीतिक बन्दियों के छोड़ने के विषय में मैं ज़्यादा जोर नहीं दे सका। स्वयं मैं तो सब बन्दियों के छूट जाने के पक्ष में हूँ। और मैं उनके छुटकारे के लिए कोई प्रयत्न उठा न रखूँगा। मुझे मालूम है कि कुछ बन्दियों को तो अब से बहुत पहले ही छूट जाना चाहिए था। कांग्रेस ने इस सम्बन्ध में एक प्रस्ताव भी पास किया है। उसने श्रीयुत नैरीमन को अब तक के न छूटे हुए राजबन्दियों की नामावली बनाने का काम सौंप दिया है। नामावली तैयार हो जाते ही उन्हें छुड़ाने का प्रयत्न किया जाएगा। परन्तु जो लोग छूट चुके हैं उन्हें क्रान्तिकारी हत्याओं को रोककर हमारी सहायता करनी चाहिए। हत्या और छुटकारा दोनों बातें साथ-साथ नहीं हो सकतीं। निस्सन्देह ऐसे भी राजबन्दी हैं, जिन्हें तो हर हालत में छुड़ाना पड़ेगा। मैं इस सम्बन्ध में लोगों को यह विश्वास दिला देना चाहता हूँ कि राजबन्दियों के छुटकारे में देरी का कारण हमारी इच्छा की कमी नहीं है, वरन् योग्यता की कमी है। यह भी याद रहे कि यदि स्थायी समझौता हो गया तो सम्पूर्ण राजनीतिक बन्दियों को छोड़ना ही पड़ेगा। यदि स्थायी समझौता न हुआ तो अभी जो लोग बाहर उनके छुड़ाने का प्रयत्न कर रहे हैं, वे उन्हीं के साथ जेल के अन्दर दिखलाई पड़ेंगे!

स्वर्गीय सुखदेव का पत्र?

सरकारी विज्ञप्ति की नक़ल

श्री सुखदेव के चचा की शंका

(स्वर्गीय श्री सुखदेव के पास एक ऐसी चिट्ठी पाई जाने के विषय में—जिसमें स्वर्गीय मि. सांडर्स की हत्या करने की बात स्वीकार की गई बतलाई जाती है—गवर्नमेंट की ओर से जो विज्ञप्ति प्रकाशित हुई है उसे पाठकों के मनोरंजनार्थ नीचे उद्धृत किया जाता है।)

—सं. 'भविष्य'

लाहौर और युक्तप्रान्त की क्रान्ति के मामले में सजा पाने के पहले भगत सिंह को छोड़कर सभी अभियुक्त बोर्स्टल जेल के एक हिस्से में रखे गए थे, जहाँ साधारणतया विचाराधीन कैदी रखे जाते हैं। भगत सिंह को असेम्बली बम केस में सजा मिल चुकी थी, इसलिए वे लाहौर सेंट्रल जेल में रखे गए थे।

7वीं अक्टूबर, 1930 को सजा सुनाई जाने के बाद नियमानुसार अभियुक्तों को सेंट्रल जेल में भेजे जाने की आज्ञा दी गई। यह स्थान परिवर्तन पुलिस के पहरे में किया जाता है, अतः यहाँ भी पुलिस का प्रबन्ध किया गया। पुलिस के अफसर ने नियमानुसार अपने अधीन कैदियों की तलाशी ली। सुखदेव के हाथ में एक असमाप्त चिट्ठी पाई गई, जो हिन्दी में थी। इसे वह नष्ट कर देने का प्रयत्न कर रहा था, किन्तु नष्ट होने के पहले ही वह छीन ली गई। यह पत्र प्राप्त होने के बाद से ही एक जवाबदेह सरकारी अफसर के पास रखा गया। लेखक की अन्तिम अपील के फैसले तक के लिए पत्र का प्रकाशन रोक लिया गया था। जनता की जानकारी के लिए पत्र का मजमून यहाँ दिया जाता है—

"प्यारे भाई, बहुत दिनों से मेरे हृदय में कुछ ऐसे भाव उठ रहे थे, जिन्हें कतिपय कारणों से मुझे अब तक दबाना पड़ा था; किन्तु मैं अब अधिक उन्हें नहीं दबा सकता और अब ऐसा करना ठीक भी नहीं समझता हूँ। मैं नहीं कह सकता, मेरे इस प्रकार के भावों को आप किस दृष्टि से देखेंगे। न मालूम आप उन पर ध्यान देंगे या नहीं, और आप उन्हें पसन्द करेंगे या नहीं। किन्तु मैं जो ठीक समझता हूँ वही कर रहा हूँ। उनके अनुसार कार्य करना आपकी इच्छा पर है। यदि आप इस पत्र का उत्तर दें तो बहुत अच्छी बात हो। इससे लाभ यह होगा कि मेरा भ्रम निवारण हो जाएगा और मुझे इस बात का पता चल जाएगा कि जेल की चहारदीवारी के भीतर बन्द रहने से मेरी विचारशक्ति तो नष्ट नहीं हो गई है, जिससे मैं व्यावहारिक क्षेत्र से दूर हटकर केवल हवाई किले बनाने में मस्त हूँ।

कार्य

हम लोगों के जेल में आने के बाद से बाहर की आबहवा कुछ गरम रही है। 'कार्य' के विषय में अखबारों से यह पता चलता है कि प्रत्येक प्रान्त में विशेषकर पंजाब और बंगाल में परिस्थिति कठिन है। वहाँ बम तो खेल सा हो गया है। पहले कभी इतने 'कार्य' नहीं किए गए थे। इन्हीं कार्यों के विषय में मैं आपसे कुछ कहना चाहता हूँ; और इन 'कार्यों' के सम्बन्ध में अपनी सम्मति प्रकट करने के उपरान्त मैं अपनी संस्था की इस 'कार्य' विषयक नीति को बताऊँगा।

हम लोगों ने केवल दो 'कार्य' किए–एक सांडर्स की हत्या और दूसरा असेम्बली में बम कांड। इससे पहले भी हम लोगों ने दो-तीन बार प्रयत्न किया था, किन्तु सफलता नहीं मिली थी। इस सम्बन्ध में मैं केवल इतना ही कहना चाहता हूँ कि हम लोगों के कार्य तीन प्रकार के थे–(1) प्रचार, (2) धन, (3) विशेष। इन तीनों में हमारा विशेष ध्यान, प्रचार कार्य की ओर था। अन्य दो पर आवश्यकता पड़ने पर ही ध्यान दिया जाता था। इससे मेरा मतलब यह नहीं है कि उनका महत्त्व कम था, किन्तु हमारे अस्तित्व का उद्देश्य था प्रचार कार्य। अन्य दो प्रकार के कार्य हमारे उद्देश्य नहीं थे। इन तीनों विषयों को साफ-साफ समझाने के लिए मैं आपके सामने ये तीन घटनाएँ रखता हूँ–(1) असेम्बली कांड, (2) पंजाब नेशनल बैंक की डकैती, (3) जगदीश चटर्जी को छुड़ाने का प्रयत्न।

प्रचार

मैं पिछले दोनों प्रकार के 'कार्यों' को छोड़कर यहाँ पर प्रचार कार्य के ऊपर विचार करना चाहता हूँ। प्रचार शब्द से शायद इस प्रकार के कार्यों का बोध नहीं होता है। असल में ये कार्य जनता की इच्छा के अनुकूल ही होते थे। उदाहरणार्थ सांडर्स की हत्या का ही कार्य ले लीजिए। जब लाला जी पर लाठी चलाई गई तो, सारे देश में बहुत ही खलबली मच गई। सरकार आग में और भी घी छिड़कने लगी। जनता बहुत ही असन्तुष्ट हो गई। जनता का ध्यान विप्लववादियों की ओर आकर्षित करने का यह अच्छा मौका हम लोगों के हाथ में था।

"सबसे पहले हम लोगों ने सोचा कि एक आदमी पिस्तौल लेकर जाए और स्कॉट को मारकर अपना आत्मसमर्पण कर दे। अपने बयान में वह कहे कि जब तक विप्लववादी जीवित हैं तब तक राष्ट्रीय अपमान का बदला इसी प्रकार लिया जाएगा। यह भी सोचा गया था कि तीन आदमी भेजे जाएँ, क्योंकि मनुष्य की शक्ति बहुत कमजोर है। इसमें भी अपने बचाने का हमारा कोई प्रधान उद्देश्य नहीं था। ऐसा करने की इच्छा भी नहीं थी। हमारा विचार था कि हत्या के बाद यदि पुलिस हमारा पीछा करे तो उसका मुकाबला किया जाए। और जो जीता बचे और गिरफ़्तार किया जाए, वह अपना बयान दे।

प्रयत्न

"यह विचार कर, हम लोग डी.ए.वी. कॉलेज के होस्टल में आए। कार्य के समय ऐसा प्रबन्ध किया गया था कि भगत सिंह जो स्कॉट को पहचान सकता था, पहली गोली दागे

और राजगुरु थोड़ी दूर पर खड़ा होकर भगत सिंह की रक्षा करे, और यदि कोई भगत सिंह पर आक्रमण करे तो राजगुरु उसका मुकाबला करे। इसके बाद भगत सिंह और राजगुरु दोनों भाग जाएँ। भागते समय पीछा करनेवालों का मुकाबला करना सम्भव नहीं है, इसलिए पंडित जी उन पीछा करनेवालों से उनकी रक्षा करने के लिए तैनात रहें। साथ ही साथ हम लोगों ने यह भी निश्चय किया था कि अपनी जान बचाने की अपेक्षा उसको मारने की ओर ही विशेष ध्यान दिया जाए। हम लोग नहीं चाहते थे कि हमारी गोली का शिकार अस्पताल में मरे। इसी कारण राजगुरु के गोली दागने पर भी भगत सिंह ने तब तक गोली छोड़ना बन्द नहीं किया जब तक कि उसे विश्वास नहीं हो गया कि उसका कार्य सिद्ध हो गया।

राजनीतिक हत्या

"हत्या के बाद भागना हमारा उद्देश्य नहीं था। हम लोग जनता में यह विचार उत्पन्न कर देना चाहते थे कि यह एक राजनीतिक हत्या थी और इसमें भाग लेनेवाले मलंगी के साथी नहीं, बल्कि विप्लववादी थे। इसलिए हम लोगों ने इसके बाद पर्चे चिपकाए, और कुछ पर्चे प्रकाशनार्थ भी भेजे।

"दुख है कि उस समय न तो हमारे नेताओं ने और न प्रेसवालों ने ही हमें कोई सहायता पहुँचाई और सरकार को धोखा देने के लिए उन लोगों ने अपने देशवासियों को धोखा दिया। हम लोग चाहते थे कि वे ज़रा घुमा-फिराकर यह लिखें कि यह हत्या एक राजनीतिक हत्या थी और यह सरकार की नीति का फल था, और सरकार ही ऐसे कार्यों के लिए उत्तरदायी थी। किन्तु यह सब बातें जानते हुए भी और मेरे बार-बार कहने पर भी उन लोगों ने ऐसा कहने का साहस नहीं किया। यह अच्छा हुआ कि हम लोग गिरफ़्तार हो गए और जनता के सामने सारा भेद खुल गया। प्यारे भाई, केवल इसी कारण मैं अपनी गिरफ़्तारी को अहोभाग्य समझता हूँ। इस कार्य के विषय में कह चुकने के बाद अब मैं उसकी नीति पर कुछ कहना चाहता हूँ।

(**नोट**–ठीक इसी समय हमें मालूम हुआ है कि आज मामले का फ़ैसला हो जाएगा। खाँ साहब और बख़्शी जी यह पूछने के लिए आए कि हम लोग वहाँ जाना चाहते हैं या नहीं। हम लोगों ने इनकार कर दिया।)

सार्वजनिक सहायता

"मैं दिखाना चाहता हूँ कि हमारा विचार था कि जनता की इच्छा के अनुकूल ही हमारा कार्य हो और वे सरकार के अत्याचारों के विरोध में किए जाएँ, जिससे जनता इस ओर अपनी सहानभूति प्रदर्शित करे और सहायता दे। इसी विचार से हम लोग जनता में विप्लववादियों का आदर्श और उनकी चालों का प्रचार करना चाहते थे। ऐसे विचारों का उसके मुख से प्रकट होना, जो इन्हीं विचारों के लिए अब फाँसी पर लटकनेवाले हैं, अधिक गौरवप्रद है।

"हमारा यह विचार था कि सरकार से प्रकट रूप से मुकाबला पड़ने पर, हम लोग अपने संगठन के लिए एक निश्चित कार्यक्रम तैयार कर सकेंगे।

धन-व्यवस्था

"मैं अन्य दो प्रकार के कार्यों के सम्बन्ध में अधिक नहीं कहना चाहता। धन की व्यवस्था के सम्बन्ध में, उसके लिए डकैतियाँ करने में अधिक ध्यान और शक्ति खर्च करने की आवश्यकता नहीं थी, जैसा कि बंगालियों ने किया है। अनेक छोटी-मोटी डकैतियाँ सफल नहीं हुई हैं। हम लोगों ने विचार करने के पश्चात् अपने को जुएबाजी के लिए तैयार किया, जिसमें यदि हम सफल होकर निकल आवें तो एक बार ऐसा करके हम अपना कार्य ठीक तरह से कर सकेंगे। और धन की समस्या भी हल हो जाएगी।

"सांडर्स की हत्या के बाद, धन के लिए हमें बहुत सोच-विचार नहीं करना पड़ा। हम लोग शान्तिपूर्वक जितना धन इकट्ठा कर सकते थे, डकैतियों से उतना नहीं मिलता था। आजकल तो यह बहुत आसान हो गया है।

"विशेष कार्य अत्यन्त आवश्यकता पड़ने पर ही किए जाने चाहिए। उनकी संख्या भी परिमित ही होनी चाहिए।"

श्री सुखदेव के चचा लाला चिन्तराम थापर को विश्वस्त सूत्र से पता चला है कि फाँसी के पहले भगत सिंह और उनके साथियों ने अपने सम्बन्धियों के पास पत्र लिखा था, किन्तु वे उनके सम्बन्धियों को नहीं मिले। लाला चिन्तराम ने पंजाब सरकार के होम सेक्रेटरी के पास दो पत्र भेजे हैं। पहली चिट्ठी में वे लिखते हैं—

पत्र नं. 1

"मुझे विश्वस्त सूत्र से यह पता चलता है कि सरदार भगत सिंह, श्री सुखदेव और श्री राजगुरु ने फाँसी होने के पहले अपने सम्बन्धियों के लिए पत्र लिखा था। ये तीनों पत्र उपस्थित मजिस्ट्रेट को दे दिए गए और वहीं उसी समय उन पर मुहर दे दी गई। ये पत्र अभी तक उनके सम्बन्धियों को नहीं दिए गए हैं। यह प्रार्थना की जाती है कि वे चिट्ठियाँ हम लोगों को बहुत शीघ्र दे दी जाएँ।"

दूसरी चिट्ठी में लाला चिन्तराम लिखते हैं—

पत्र नं. 2

"स्वर्गीय श्री सुखदेव के पास एक अधूरी चिट्ठी मिलने के सम्बन्ध में, जो उनकी लिखी हुई बताई जाती है, आपने जो विज्ञप्ति प्रकाशित की है, उसके सम्बन्ध में मैं यह कहना चाहता हूँ कि सुखदेव का एकमात्र छोटा भाई मथरादास बिल्कुल ही हिन्दी नहीं जानता, और यह सोचने की बात है कि यदि सुखदेव मथरादास के पास पत्र लिखना चाहता तो वह कदापि जान-बूझकर उस भाषा में चिट्ठी न लिखता, जिस भाषा को उसका भाई नहीं जानता है।"

21 मई, 1931

भविष्य

हाईकोर्ट में प्रान्तीय सरकार की स्वेच्छाचारिता की निन्दा

चीफ़ जस्टिस और जस्टिस अब्दुल क़ादिर की कड़ी फटकार

सरकार की ओर से रहस्यपूर्ण मौनावलम्बन

पाठकों को स्मरण होगा कि लाहौर हाईकोर्ट ने नए षड्यंत्र केस के मुखबिरों को पुलिस की हिरासत से हटाकर सेंट्रल जेल में रखे जाने की हाल ही में आज्ञा दी थी। हाईकोर्ट की यह आज्ञा अमल में नहीं लाई जा रही है। फलतः हाईकोर्ट और सरकार में इस विषय में विवाद चल रहा है।

इस केस के अभियुक्तों के मामले की जाँच करनेवाली स्पेशल ट्रिब्यूनल के सामने पब्लिक प्रॉसिक्यूटर ने चार दिन की मुहलत माँगी थी। चार दिन के बाद उन्होंने उत्तर दिया कि मैं सरकार की नीति के सम्बन्ध में कुछ नहीं कह सकता। मुझसे कहा गया है कि स्थानीय सरकार ने अपने ऊपर पूर्ण उत्तरदायित्व ले लिया है।

चीफ जस्टिस सर शादीलाल ने कहा कि इस सम्बन्ध में मौन धारण कर सरकार अपनी संकीर्णता का परिचय दे रही है। एक साधारण मनुष्य यदि मौनावलम्बन करे तो वह क्षम्य है, किन्तु सरकार के लिए ऐसा करना बहुत ही अनुचित है।

अभियुक्तों की ओर से वकील लाला जगन्नाथ ने कहा कि सरकार हाईकोर्ट की आज्ञा की अवहेलना करने के लिए अपनी पूरी शक्ति लगा रही है।

चीफ जस्टिस ने कहा कि कोर्ट अवश्य इस बात पर ध्यान रखेगी कि उसकी आज्ञा के अनुसार कार्य हो रहा है या नहीं।

जस्टिस सर अब्दुल कादिर ने कहा कि पब्लिक प्रॉसिक्यूटर, सरकार और कोर्ट के बीच में सम्बन्ध-सूत्र हैं। सरकार को उनके द्वारा सच्ची बातें प्रकट कर देनी चाहिए थीं। हाईकोर्ट की आज्ञा की अवहेलना कर, सरकार और उसके एजेंट वास्तव में कोर्ट के महत्त्व को नष्ट कर रहे हैं।

सर शादीलाल–हमें इस बात की खबर मिलनी चाहिए कि मुख़बिर कहाँ और कैसे रखे गए हैं।

सरकारी वकील–वे लाहौर सेंट्रल जेल में, वहाँ के सुपरिंटेंडेंट के चार्ज में रखे गए हैं।

सर शादीलाल–क्या खुफ़िया पुलिस के लोग वहाँ पहुँच जाते हैं?

सरकारी वकील–मैं नहीं जानता।

सर अब्दुल कादिर–अभियुक्त इस सम्बन्ध में साफ-साफ कहते हैं कि खुफिया पुलिसवाले बिना रोक-टोक के उनके पास आते हैं। खुफिया पुलिसवाले वहाँ किसलिए जाते हैं। क्या आपका यह विचार है कि अदालत के सामने सरकार को कुछ विशेष अधिकार है? यदि आप ऐसा समझते हों, तो प्रमाण दीजिए।

सरकारी वकील ने इस विषय पर सरकार से सम्मति लेने के लिए समय माँगा।

सर शादीलाल–आपको काफी समय मिल चुका है। 4 दिन की मुहलत के बाद पब्लिक प्रॉसिक्यूटर आए तो उन्होंने अनिश्चित उत्तर दिया। क्या अदालत के सामने आप भी इस तरह पेश आना चाहते हैं? यदि ऐसी ही बात है तो जान पड़ता है कि अदालतों के सम्बन्ध में कुछ लोगों का विचित्र ख़याल है।

सर अब्दुल कादिर–सरकार को यह अनुभव करना चाहिए कि यदि वह अदालतों के साथ इस तरह पेश आएगी तो इससे न्याय में धक्का पहुँचेगा और यह स्वयं सरकार के हितों के विरुद्ध होगा। आज सरकार इस तरह पेश आती है, तो कल दूसरे लोग भी इसी तरह पेश आने लगेंगे।

लाला जगन्नाथ ने कहा कि जब कोर्ट ने सेंट्रल जेल के सुपरिटेंडेंट को मुखबिरों को अपने जेल में भर्ती करने के लिए कहा तो सुपरिटेंडेंट ने उत्तर दिया कि मुझे इस विषय में कोई आज्ञा नहीं मिली है और जेल में स्थान भी नहीं है। यह वास्तव में अदालत के विरुद्ध अवज्ञा का भाव फैलाना है। लाला जगन्नाथ ने आगे कहा कि हम भद्र अवज्ञा आन्दोलन के सम्बन्ध में बहुत सुन चुके हैं, किन्तु वह अन्तिम स्थान है, जहाँ अवज्ञा की आशा की जा सकती थी।

श्री सुखदेव की चिट्ठी के सम्बन्ध में अधिकारियों का कोरा जवाब

चिट्ठी के लिए श्री सुखदेव की माता की उत्सुकता

चीफ़ सेक्रेटरी के नाम लाला चिन्तराम थापड़ की चिट्ठी

स्वर्गीय श्री सुखदेव के चचा लाला चिन्तराम थापड़ ने पंजाब सरकार के चीफ सेक्रेटरी के पास निम्नलिखित प्रार्थना पत्र भेजा है—

"मैं सुखदेव से लाहौर सेंट्रल जेल में 22 मार्च को मिला था। उसने मुझसे कहा था, कि मैंने अपनी माता के पास हिन्दी में एक चिट्ठी लिखी है, जो डिप्टी-सुपरिंटेंडेंट के पास है। डिप्टी-सुपरिंटेंडेंट साहब वहीं पर मौजूद थे। उन्होंने मुझसे कहा कि बातचीत समाप्त कर, जब आप जाने लगेंगे, तो चिट्ठी मैं आपको दे दूँगा।

"बातचीत समाप्त कर जब मैंने उनसे चिट्ठी माँगी, तो उन्होंने कहा कि यद्यपि चिट्ठी में कोई ऐसी बात नहीं है, जिससे वह रोकी जा सके, तो भी मैं सुपरिंडेंटेन्ट साहब को दिखाकर दे दूँगा। आप दूसरे दिन किसी आदमी को भेज दीजिएगा। दूसरे दिन मैंने अपने पुत्र मथरादास को चिट्ठी के लिए भेजा। उससे कहा गया कि चिट्ठी अभी सुपरिंटेंडेंट साहब को नहीं दिखलाई गई है। सुखदेव की वह चिट्ठी प्राप्त करने में इस प्रकार असफल हो मैं लाहौर से लायलपुर चला आया। कुछ दिनों के बाद जेल के अधिकारियों ने मुझे सूचना दी कि 23वीं मार्च तक सुखदेव से मैं मिल सकता हूँ। यह सूचना पाकर मैं 23वीं मार्च को सेंट्रल जेल में गया और डिप्टी-सुपरिंटेंडेंट से, सुखदेव की चिट्ठी लौटा देने के लिए फिर कहा। उन्होंने कहा कि कैदी से मिलने की बात पहले तय हो जानी चाहिए, उसके बाद चिट्ठी लौटा दी जाएगी। किन्तु सुखदेव से अन्तिम बार भेंट करने में भी इतनी बाधाएँ उपस्थित की गईं कि मुझे तथा सुखदेव के अन्य सम्बन्धियों को, बिना उससे भेंट किए ही लौट आना पड़ा। 24वीं मार्च को डिप्टी-सुपरिंटेंडेंट से मैं फिर मिला और मैंने एक टाइप की हुई चिट्ठी उन्हें दी, जिसमें सुखदेव की किताबें तथा उसकी चिट्ठी माँगी गई थी। उन्होंने चिट्ठी पढ़कर कहा कि चिट्ठी तथा किताबें बहुत शीघ्र लायलपुर के पते से लौटा दी जाएँगी।

"डिप्टी-सुपरिंटेंडेंट के यहाँ से मैं सीधे जेल के सुपरिंटेंडेंट के बँगले पर गया और सुखदेव की चिट्ठी तथा किताबें लौटा दी जाने के सम्बन्ध में उनसे प्रार्थना की। सुखदेव की माता इस चिट्ठी के लिए बड़ी उत्सुक थीं। सुपरिंटेंडेंट साहब ने मुझे विश्वास दिलाया, कि ये चीजें बहुत जल्द लायलपुर भेज दी जाएँगी। 31वीं मार्च तक प्रतीक्षा करता रहा;

किन्तु जेल के अधिकारियों ने मुझे कोई सूचना नहीं दी। पहली अप्रैल को मैंने जेल के अधिकारियों के पास इस सम्बन्ध में एक पत्र लिखा और होम सेक्रेटरी के पास भी मैंने एक लम्बी चिट्ठी लिखी।

"इतनी कोशिश-पैरवी के बाद 21वीं अप्रैल को मुझे यह रूखा जवाब मिला कि सुखदेव ने कोई चिट्ठी लिखकर नहीं दी है। इस उत्तर से मानो मेरे पैर के नीचे से पृथ्वी खिसक गई। मैं बहुत ही क्षुब्ध हुआ। फाँसी के दिन सरदार भगत सिंह, श्री सुखदेव और श्री राजगुरु ने जो चिट्ठियाँ लिखी थीं, उनके सम्बन्ध में भी आपका ध्यान आकर्षित करना अनुचित नहीं होगा।

"इन चिट्ठियों के सम्बन्ध में मुझे एक उच्च कर्मचारी के सम्बन्धी से पता चला है कि मैं अपनी बातों के प्रमाण में काग़ज़ात पेश कर सकता हूँ। मैंने 29वीं मार्च को होम सेक्रेटरी के पास इन चिट्ठियों के सम्बन्ध में लिखा था, किन्तु उन्होंने यह रूखा जवाब दिया कि कैदियों ने कोई पत्र नहीं लिखा था।

"मैं प्रार्थना करता हूँ कि, इस मामले की जाँच की जाए और उसका जो नतीजा निकले उसकी सूचना मुझे दी जाए।"

4 जून, 1931

भविष्य

स्वर्गीय सरदार भगत सिंह

(श्री जितेन्द्रनाथ सन्याल)

पहला परिच्छेद

वंश-परिचय और बचपन

सरदार भगत सिंह ने लायलपुर जिले के एक प्रसिद्ध सिक्ख वंश में जन्म ग्रहण किया था। इनके पूर्वज महाराज रणजीत सिंह के समय में 'खालसा सरदार' के नाम से प्रसिद्ध थे। पश्चिम में खूँखार पठानों और पूर्व में शक्तिशाली अंग्रेजों के विरुद्ध, सिक्ख साम्राज्य फैलाने में इन लोगों ने सिख शासकों को यथेष्ट सहायता पहुँचाई थी। उनके लिए अपना खून बहाकर इस परिवार ने पुरस्कार-स्वरूप काफी जायदाद भी प्राप्त की थी।

भगत सिंह के पितामह सरदार अर्जुन सिंह पहले एक बड़े जमींदार थे। आपकी अवस्था यद्यपि इस समय 80 वर्ष से अधिक है, तथापि आप अभी हट्टे-कट्टे हैं। लाहौर षड्यंत्र केस में आप बड़े मनोयोग से भाग लिया करते थे। राष्ट्रीयता का भाव आपमें कूट-कूटकर भरा है। सरदार बहादुर सिंह और दिलबारा सिंह आदि इनके भाई-बन्धु सरकार की सेवा करने के कारण धनवान हो गए हैं और इस समय उच्च श्रेणी के रईसों में गिने जाते हैं। परन्तु सरदार अर्जुन सिंह ने एक दूसरे ही पथ का अनुसरण किया, जिससे मनुष्य न तो धनवान ही बन सकता है और न नाम ही कमा सकता है। सरदार भगत सिंह की दादी श्रीमती जयकौर, हिन्दू परिवार की एक आदर्श महिला हैं। आप ही ने अपने पुत्रों और पौत्रों का पालन-पोषण किया है। आप एक वीर महिला हैं। अब भी आप प्रसिद्ध देशभक्त सूफी अम्बा प्रसाद के विषय में अपने उद्‌गार प्रकट किया करती हैं। सूफी अम्बा प्रसाद बहुधा इन लोगों से मिलने आया करते थे। एक बार, जब सूफी साहब सरदार अर्जुन सिंह के यहाँ आए हुए थे, पुलिस उन्हें गिरफ़्तार करने के लिए आ धमकी, किन्तु इस वीर महिला ने बड़ी बुद्धिमानी से उन्हें बचा लिया।

सरदार अर्जुन सिंह के तीन पुत्र थे—सरदार किशन सिंह, सरदार अजीत सिंह और सरदार स्वर्ण सिंह। ये तीनों भाई अपने सच्चे देश-प्रेम के लिए सारे पंजाब में प्रसिद्ध हैं। कैद, निर्वासन तथा दरिद्रता के द्वारा इनकी देशभक्ति की कड़ी परीक्षा हो चुकी है।

कहा जाता है कि सरदार भगत सिंह के चचा सरदार अजीत सिंह ने ही लाला लाजपत राय को राजनीतिक क्षेत्र की ओर आकर्षित किया था। सरदार अजीत सिंह अच्छे धनवान थे, किन्तु राजनीतिक स्वतंत्रता की प्राप्ति के लिए पंजाब को संगठित

करने के उद्देश्य से उन्होंने अपने गार्हस्थ्य जीवन के सुखों पर लात मार दिया। इसी समय, अर्थात् 1904-5 के लगभग, दैवयोग से बंग-भंग हुआ। सारे बंगाल ने लॉर्ड कर्जन के इस कार्य का जोरों से विरोध किया। बंगाल के इस आन्दोलन से सुदूरस्थ पंजाब भी प्रभावित हो उठा। वहाँ भी लाला लाजपत राय, सरदार अजीत सिंह और इनके घनिष्ठ मित्र सूफी अम्बा प्रसाद, अपने ओजस्वी भाषणों से देश में उत्तेजना फैलाने लगे। इस आन्दोलन में सरदार भगत सिंह के पिता सरदार किशन सिंह तथा उनके चचा सरदार स्वर्ण सिंह ने भी उचित भाग लिया। सरदार किशन सिंह ने यद्यपि सुवक्ता होने की ख्याति नहीं प्राप्त की है, किन्तु देश में जागृति फैलाने के लिए आपने ठोस कार्य बहुत किए हैं। सरदार भगत सिंह के पिता और चचा लोग, राष्ट्रीय फंडों में उदारतापूर्वक चन्दे दिया करते थे। सरदार अर्जुन सिंह इस सम्बन्ध में अपनी प्रसन्नता प्रकट किया करते थे।

आधुनिक भारत के इतिहास में पहले-पहल 1907 में 1818 का तीसरा रेगुलेशन काम में लाया गया। उस समय से इस रेगुलेशन ने ब्रिटिश सरकार का बहुत उपकार किया है। बंगाल और पंजाब दोनों ही प्रान्तों में इस रेगुलेशन का भरपूर प्रयोग किया गया है। लाला लाजपत राय और सरदार अजीत सिंह को भी इस क़ानून की चपेट में आने का सम्मान प्राप्त हुआ। सरदार अजीत सिंह को, बिना उनके मामले की जाँच किए ही, कैद की सजा दे दी गई। आप प्रायः एक वर्ष तक बर्मा में नजरबन्द रखे गए। इसके बाद छूटकर पंजाब आ गए। इसी समय, सरदार भगत सिंह के पिता सरदार किशन सिंह और उनके चचा सरदार स्वर्ण सिंह राजद्रोहात्मक व्याख्यानों के लिए कैद किए गए। इस प्रकार ये लोग इस क्षेत्र में मार्ग प्रदर्शक बने। सरदार स्वर्ण सिंह की मृत्यु जेल ही में हो गई। उस समय उनकी अवस्था 28 वर्ष से भी कम थी। इसी समय, 1907 के अक्टूबर में, शनिवार के प्रातःकाल सरदार किशन सिंह के दूसरे पुत्र सरदार भगत सिंह का जन्म हुआ। क्या यह केवल संयोग था, अथवा लीलामय ईश्वर की कोई विचित्र लीला थी? सरदार भगत सिंह के बचपन के सम्बन्ध में अधिक बातें हमें मालूम नहीं हैं किन्तु यह प्रसिद्ध है कि पाठशाला की तंग कोठरियों की अपेक्षा, विस्तृत मैदान वे अधिक पसन्द किया करते थे। वे अपने बड़े भाई सरदार जगत सिंह के साथ बांगा नामक स्थान के एक प्राइमरी स्कूल में भर्ती किए गए। यह स्थान उनकी जन्मभूमि लायलपुर जिले में ही है। 11 वर्ष की अवस्था में ही जगत सिंह की मृत्यु हो गई। उनकी मृत्यु से बालक भगत सिंह के कोमल हृदय को बड़ा धक्का लगा। इसके बाद सरदार किशन सिंह नवानकोट चले आए। नवानकोट लाहौर के समीप है। यहाँ उनकी कुछ जमीन-जायदाद है। इस समय सरदार भगत सिंह को किसी हाईस्कूल में भर्ती कराने की आवश्यकता थी। सिक्खों के लिए उस समय खालसा हाईस्कूल में पढ़ना एक नियम सा हो गया था, किन्तु उस स्कूल के अधिकारियों का झुकाव राजभक्ति की ओर अधिक होने के कारण, सरदार किशन सिंह को वह पसन्द न था। इसलिए सरदार भगत सिंह लाहौर के दयानन्द एंग्लो वैदिक स्कूल में भर्ती किए गए। यह घटना अति साधारण जान पड़ती है, किन्तु इससे यह स्पष्ट है कि एक धर्मनिष्ठ सिक्ख होते हुए भी सरदार किशन सिंह ने केवल एक ही बात का

विचार कर अपने पुत्र को सिक्ख स्कूल में न भेजकर आर्यसमाजी स्कूल में ही भेजना उचित समझा। इस स्कूल से सरदार भगत सिंह ने मैट्रिकुलेशन की परीक्षा पास की। इसके बाद आप नेशनल कॉलेज में पढ़ने लगे। जहाँ आजकल ब्राडला हॉल है। 9वीं श्रेणी में पढ़ते समय आप कानपुर कांग्रेस में गए थे। कॉलेज में सुखदेव और यशपाल से आपकी अन्तरंग घनिष्ठता हो गई थी।

इसी समय से सरदार भगत सिंह के हृदय में देशभक्ति के भाव उठने लगे। आपकी अवस्था अभी पूरी चौदह वर्ष की भी नहीं हुई थी कि आपने बड़े उत्साह से पंजाब की क्रान्तिकारी संस्थाओं में भाग लेना शुरू किया। 1921 में असहयोग आन्दोलन की असफलता के पश्चात् अनेक नवयुवक महात्मा गांधी के बताए हुए मार्ग को छोड़कर अपने ध्येय की प्राप्ति के लिए दूसरा मार्ग ढूँढ़ने लगे। इसी समय पंजाब में 'बब्बर अकाली' नामक एक दल उठ खड़ा हुआ था। इस दल के लोग देश की स्वाधीनता के लिए हिंसात्मक उपायों का प्रचार करते थे। जिस मार्ग का उन्होंने अनुसरण किया था, सम्भव है, बहुत लोगों को वह पसन्द न आए, किन्तु उनमें कुछ ऐसे लोग थे जो सच्चे त्यागी कहे जा सकते हैं। 1914 और 1915 के लाहौर षड्यंत्रों में सिक्खों ने जो अपूर्व आत्म-बलिदान किया था, उसका प्रभाव भी उस समय के युवकों पर कम नहीं पड़ा। सरदार भगत सिंह के लेखों से पता चलता है कि उन पर भी सिक्खों के उस महान त्याग का पूरा प्रभाव पड़ा था। सरदार भगत सिंह के पिता सरदार किशन सिंह 1914 और 1915 की क्रान्तिकारी संस्थाओं को बराबर अपने कार्यों से सहायता पहुँचाते रहे थे। सर माइकेल ओडायर ने 'India as I knew it.' नामक अपनी पुस्तक में इस बात का उल्लेख किया है। बल्कि उसमें तो यहाँ तक कहा गया है कि सरदार किशन सिंह ने क्रान्तिकारी नेताओं को हजारों रुपए की सहायता पहुँचाई थी। इन्हीं अपराधों के कारण डिफेंस ऑफ इंडिया एक्ट 'Defence of India Act' के अनुसार आप नजरबन्द कर दिए गए। कहावत है कि 'जैसा पिता वैसा पुत्र'। इस कारण इसमें आश्चर्य की कोई बात नहीं कि सरदार भगत सिंह भी बब्बर अकालियों के हिंसात्मक क्रान्ति के पथ की ओर अग्रसर हुए।

गुप्त संस्थाओं का पुलिस की नजरों से बचना कठिन है। इस दल के सम्बन्ध में भी पुलिस को पता मिल गया और इसके अधिकांश सदस्य गिरफ़्तार कर लिये गए। इस कारण भगत सिंह ने पंजाब छोड़ दिया और वे कानपुर चले आए। ऐसा उन्होंने दो कारणों से किया; एक तो वे पुलिस की दृष्टि अपने ऊपर नहीं पड़ने देना चाहते थे और दूसरे, अपने लिए एक दूसरे कार्य-क्षेत्र की खोज में थे। कानपुर में स्वर्गीय गणेशशंकर विद्यार्थी से उनकी जान-पहचान हो गई। दोनों की यह मित्रता आजीवन बनी रही। सरदार भगत सिंह के जीवन में यह समय बड़े महत्त्व का था। क्योंकि इसी समय से आप भारत की एक सुसंगठित क्रान्तिकारी संस्था का एक मुख्य अंग बन गए। इसी समय से आपका जीवन भारतीय क्रान्ति के इतिहास का एक अध्याय बन गया। अब हम उस क्रान्तिकारी संस्था के सम्बन्ध में कुछ लिखेंगे, जिसके लिए भगत सिंह ने अपने को अर्पण कर दिया था।

दूसरा परिच्छेद
'हिन्दुस्तान रिपब्लिकन एसोसिएशन'

यहाँ पर हमारा अभिप्राय, भारत के विप्लव आन्दोलन का पूरा इतिहास देने का नहीं है। हम यहाँ उसका परिचय मात्र देना चाहते हैं।

1914 तक भारत के अनेक प्रान्तों–विशेषतः बंगाल में अनेक गुप्त संस्थाएँ फैली हुई थीं। यूरोपीय महासमर के आरम्भ होने पर, अनेक विपक्षी संस्थाओं को भारत में क्रान्ति का झंडा ऊँचा करने का अच्छा सुयोग मिला। इसी उद्देश्य से श्री रास बिहारी बोस, श्री यतीन्द्रनाथ मुखर्जी, श्री शचीन्द्रनाथ सन्याल, श्री वी.जी. पिंगले, सरदार कर्तार सिंह, ठाकुर पृथ्वी सिंह और बाबा सोहन सिंह आदि विपक्षी नेताओं ने कुछ सिक्ख और राजपूत रेजिमेंटों को अपनी ओर मिलाकर भारत में क्रान्ति का डंका बजाने का षड्यंत्र रचा। किन्तु ईश्वर की इच्छा कुछ और ही थी। विश्वासघात के कारण यह षड्यंत्र सफल नहीं हो सका। केवल सिंगापुर में एक विद्रोह उठ खड़ा हुआ, किन्तु उसे भी जापानियों ने दबा दिया। अधिकारियों को ज्यों ही क्रान्तिकारियों के षड्यंत्र का पता लगा, त्यों ही उन्होंने उन सेनाओं के जिन पर क्रान्तिकारियों के साथ मिल जाने का सन्देह किया जाता था–हथियार छीन लिये और उन पर यूरोपियन सेना का कड़ा पहरा बिठा दिया। इसके बाद उस सेना के सिपाही फ्रांस के उन स्थानों में भेज दिए गए, जहाँ युद्ध ने भयंकर रूप धारण कर लिया था। साथ ही साथ डिफ़ेंस ऑफ इंडिया एक्ट की घोषणा कर दी गई और पंजाब, युक्तप्रान्त तथा बंगाल में 7 हजार से अधिक मनुष्य गिरफ़्तार कर लिये गए। 1916 तक तो क्रान्तिकारी संस्थाओं का केवल अस्थिपंजर अवशेष रह गया।

इसी समय भारत के राजनीतिक-क्षेत्र में महात्मा गांधी के रूप में एक नई शक्ति का आविर्भाव हुआ। उनके आदर्श और त्याग ने युवकों पर बहुत प्रभाव डाला और अनेकों ने असहयोग आन्दोलन में उनका साथ दिया। किन्तु 'बारडोली की पराजय' (जैसा कि क्रान्तिकारी कहा करते हैं) और उसके बाद असहयोग आन्दोलन की असफलता के कारण विप्लव आन्दोलन ने फिर जोर पकड़ना शुरू किया। 1924 तक फिर कई गुप्त संस्थाएँ स्थापित हो गईं। बंगाल के पुराने विप्लववादियों ने फिर अपना संगठन करना शुरू कर दिया। किन्तु 1925 के बंगाल ऑर्डिनेंस ने उन पर कठोर प्रहार किया। युक्तप्रान्त और पंजाब में श्री शचीन्द्रनाथ सन्याल, श्री योगेशचन्द्र चटर्जी, पं. रामप्रसाद बिस्मिल आदि विप्लववादियों द्वारा संगठित भिन्न-भिन्न संस्थाओं ने मिलकर एक दल बना लिया। इसी समय इलाहाबाद में इन लोगों की एक मीटिंग हुई जिसमें संस्था के लिए एक शासन विधान का निर्माण किया गया और उसका नाम 'हिन्दुस्तान रिपब्लिकन एसोसिएशन' रखा गया। पंजाब छोड़कर कानपुर आने के बाद सरदार भगत सिंह इसी संस्था में सम्मिलित हुए। दल में उनका नाम 'बलवन्त' रखा गया। इसी नाम से वह बहुधा पत्रों में लेख भी लिखा करते थे। दल के प्रधान संगठनकर्ता थे श्री जगदीशचन्द्र चटर्जी और दल में मि. राय के नाम से ये पुकारे जाते थे। सरदार भगत सिंह इन्हीं की देख-रेख में काम करने लगे।

1926 में सुप्रसिद्ध काकोरी ट्रेन डकैती हुई। इस डकैती में, हिन्दुस्तान रिपब्लिकन एसोसिएशन के सदस्यों ने लखनऊ के समीप काकोरी नामक स्थान में चलती ट्रेन को रोककर सरकारी खजाना लूट लिया था। पुलिस की अनवरत जाँच-पड़ताल से क्रान्तिकारी संस्था के विस्तार का पता चला और पीछे, काकोरी षड्यंत्र केस में भी अनेक गुप्त बातें प्रकट हुईं। इसी समय के लगभग सरदार भगत सिंह लाहौर लौट गए।

तीसरा परिच्छेद

अध्ययन

दिल्ली के असेम्बली बम केस में अदालत के समक्ष अपने स्मरणीय वक्तव्य में सरदार भगत सिंह ने कहा था कि "हम नम्रतापूर्वक इतिहास के गम्भीर विद्यार्थी होने का दावा कर सकते हैं।" इसी वक्तव्य में आपने अपने विस्तृत अध्ययन और ज्ञान का भी परिचय दिया था। 1925-26 में आपने अपने ज्ञान की इतनी वृद्धि कर ली कि अपने आगामी जीवन में आपको बराबर उससे सहायता मिलती रही। लाला लाजपत राय द्वारा खोले हुए नेशनल कॉलेज में आप भर्ती हो गए और बड़े मनोयोग से इतिहास, राजनीति और अर्थशास्त्र का अध्ययन करने लगे। यहाँ श्री सुखदेव और श्री भगवतीचरण, ये दो इनके दृढ़ अनुयायी थे। इन तीनों ने कुछ औरों के साथ मिलकर रूसी क्रान्तिकारी चायकोव्सकी और क्रॉप्टकिन की तरह एक गुट्‌ट बना लिया था, जहाँ केवल अध्ययन सम्बन्धी चर्चा हुआ करती थी। 'सर्वेंट्स ऑफ दी पिपुल सोसाइटी' द्वारकादास लाइब्रेरी में इन उत्साही युवकों के लिए मनचाही पुस्तकें मँगाकर उनके अध्ययन में उदारतापूर्वक सहायता पहुँचाया करती थी।

सरदार भगत सिंह उत्सुकता और लगन के साथ पुस्तकों का अध्ययन करते थे। इस सम्बन्ध में नेशनल कॉलेज के प्रोफेसर छबीलदास और द्वारकादास लाइब्रेरी के लाइब्रेरियन श्री राजाराम जैसे व्यक्तियों के प्रमाण मौजूद हैं। नेशनल कॉलेज की लाइब्रेरी में भी सरदार भगत सिंह की देख-रेख में पुस्तकों का अपूर्व संग्रह हो चला। हमने सत्साहित्य का ऐसा अपूर्व संग्रह और कहीं नहीं देखा है। इटली, रूस और आयरलैंड की क्रान्ति सम्बन्धी नवप्रकाशित पुस्तकों का तथा रूसी विप्लव आन्दोलन के प्राचीन इतिहास सम्बन्धी अनेक अमूल्य पुस्तकों का भी संग्रह किया गया था किन्तु नेशनल कॉलेज की बार-बार तलाशी ली जाने के कारण, पुलिस अनेक पुस्तकें उठा ले गई, और अब केवल एक छोटा-सा संग्रह बचा हुआ है। किन्तु जो कुछ बचा हुआ है, उसी से सरदार भगत सिंह की प्रतिभा और परिश्रम का पता चलता है।

सरदार भगत सिंह राजनीति के बड़े उत्साही और अध्ययनशील विद्यार्थी थे। किन्तु वे केवल किताबों में ही नहीं डूबे रहते थे, वरन् भिन्न-भिन्न स्थानों का भ्रमण किया करते, क्रान्तिकारी दलों की सभाओं में जाया करते, युक्तप्रान्त तथा बंगाल की गुप्त समितियों के सदस्यों से मिला करते और विप्लव आन्दोलन की प्रगति को विशेष सावधानी से लक्ष्य किया करते थे। जिस समय काकोरी षड्यंत्र केस चल रहा था, उस समय वे कई बार

लखनऊ आए और गुप्त रूप से उन्होंने जिला जेल में षड्यंत्र केस के विचाराधीन कैदियों से पत्र-व्यवहार किया। उन कैदियों ने सरदार भगत सिंह को इस बात की सलाह दी कि उनके जेल से छुड़ाने का उपाय किया जाना चाहिए। सरदार भगत सिंह उन लोगों के बचाने का उपाय करने लगे। इस काम में वे दो बार गिरफ़्तार होते-होते बचे। जब उन्हें सफलता नहीं मिली, तो वे कानपुर चले आए और वहीं कुछ दिनों तक रहे।

इसी समय 1926 के आरम्भ में जब वे कानपुर में ठहरे हुए थे, उन्होंने अपने को एक प्रतिभाशाली संगठनकर्ता होने का परिचय दिया। काकोरी षड्यंत्र केस के फलस्वरूप हिन्दुस्तान रिपब्लिकन एसोसिएशन भंग हो गई थी। सभी नेता जेल में थे और थोड़े से अनुभवहीन व्यक्ति जो बच गए थे, कुछ करने में असमर्थ थे। सरदार भगत सिंह कानपुर के विजय कुमार सिंह तथा लाहौर के श्री सुखदेव के साथ, युक्तप्रान्त और पंजाब में क्रान्तिकारी दल को फिर से संगठित करने लगे।

चौथा परिच्छेद

क्रान्तिकारी दल में प्रारम्भिक कार्य

सरदार भगत सिंह के जीवन में 1926 से 1928 तक का समय अत्यन्त विक्षोभपूर्ण है। काकोरी षड्यंत्र केस में चार अभियुक्तों को प्राणदंड तथा अन्य अभियुक्तों को दीर्घ कारावास का दंड दिया गया था। युवक भगत सिंह का हृदय अपने प्यारे मित्रों की मृत्यु का बदला लेने के लिए उत्तेजित हो उठा। प्रतिहिंसा की प्रबल उत्तेजना से प्रेरित हो, 1927 में उन्होंने अपने दिल की जलन मिटाने की चेष्टा की, किन्तु सफलता नहीं प्राप्त हुई।

क्रान्ति के मैदान में सुचारु रूप से कार्य करने के लिए दल के कार्यक्षम युवक की एक सभा कानपुर में की गई, जिसमें दल को सुसंगठित और शक्तिशाली बनाने का निश्चय किया गया। सरदार भगत सिंह और विजयकुमार सिंह ने युक्तप्रान्त और बिहार में भ्रमण कर युवकों के संगठन का भार अपने ऊपर लिया।

इस प्रस्ताव के अनुसार, कार्य का अभी श्रीगणेश भी नहीं हुआ था कि एक विचित्र घटना ने सरदार भगत सिंह के कार्य में बाधा उपस्थित कर दी।

1926 का साल था और अक्टूबर का महीना। लाहौर में दशहरा का मेला शुरू हो गया था। एक दिन की बात है कि रामलीला के एक मेले में किसी ने एक बम फेंक दिया। पंजाब की पुलिस ने विचित्र तर्कों द्वारा यह सिद्ध किया कि यह काम विप्लववादियों का ही है। अब वह किसी ऐसे विप्लववादी को ढूँढ़ने लगी, जो उक्त घटना के समय लाहौर में मौजूद रहा हो।

इस मामले में पुलिस का मतलब सरदार भगत सिंह से सिद्ध हो जाता था। अतएव वे गिरफ़्तार कर बोर्स्टल जेल में बन्द कर दिए गए। कई दिनों तक एकान्त कोठरी में बन्द रखे जाने के बाद भी न तो वे मजिस्ट्रेट के सामने पेश किए गए और न उन्हें यही बताया गया कि वे किस अभियोग में गिरफ़्तार किए गए हैं। एक बार उन्हें इस जेल को अच्छी तरह देखने-भालने का भी अवसर मिल गया। यह वही जेल था, जहाँ 2½ वर्ष बाद उन्होंने

तथा उनके मित्रों ने, राजनीतिक कैदियों के साथ दुर्व्यवहार किए जाने के कारण कठिन अनशन-व्रत धारण किया था।

अन्त में उन्हें बताया गया कि उन पर मेले में निर्दोष व्यक्तियों की हत्या करने का अभियोग लगाया गया है। यह बात जानकर उनके आश्चर्य का ठिकाना नहीं रहा। वे तो लड़कपन ही से यह बात अच्छी तरह जानते थे कि क्रान्ति सम्बन्धी षड्यंत्र में गिरफ़्तार किया जाना कोई बड़ी बात नहीं है, किन्तु यह ख़याल उन्होंने स्वप्न में भी नहीं किया था कि उन पर निरपराध स्त्री-पुरुषों की हत्या का अभियोग लगाया जाएगा।

यह मामला बहुत दिनों तक चलता रहा। मजिस्ट्रेट ने उन्हें जमानत पर छोड़ने से पहले 60,000/ का मुचलका माँगा। इतने रुपयों का प्रबन्ध करने में सरदार भगत सिंह के परिवार को कोई विशेष कठिनाई नहीं उठानी पड़ी। वे जमानत पर छोड़ दिए गए। बहुत दिनों तक मामला चलने के बाद हाईकोर्ट ने मजिस्ट्रेट की मुचलका सम्बन्धी आज्ञा को रद्द कर दिया। इस मामले का सारा किस्सा पुलिस की चालबाजी का भंडाफोड़ है। इससे पता चलता है कि उसने किस तरह सरदार भगत सिंह को एक ऐसे मामले में हैरान किया, जिससे उनका अणुमात्र भी सम्बन्ध नहीं था।

जिन दिनों वे मुचलके पर छूटे थे, उन दिनों वे दल के कार्यों में भाग नहीं ले सके। इस समय का उपयोग उन्होंने सार्वजनिक कार्यों में किया। इस क्षेत्र में भी वे अग्रगण्य कार्यकर्ताओं में गिने जाने लगे। इस समय उन्होंने नौजवान भारत सभा के संगठन में प्रमुख भाग लिया और काकोरी षड्यंत्र केस में फाँसी की सजा पानेवाले क्रान्तिकारियों की स्मृति में सार्वजनिक प्रदर्शन कराने में भी उनका भारी हाथ था। नौजवान भारत सभा पंजाब के युवकों की प्रमुख राष्ट्रीय संस्था हो गई और कांग्रेस के कार्यों पर भी उसका काफी प्रभाव पड़ा। उक्त सार्वजनिक प्रदर्शन काकोरी षड्यंत्र केस के अभियुक्तों की फाँसी के एक साल बाद किया गया था और वह 'काकोरी-दिवस' के नाम से प्रसिद्ध हुआ।

जिस समय सरदार भगत सिंह 'काकोरी-दिवस' का प्रबन्ध कर रहे थे, उस समय उनके दिल में यह विचार उठा कि 1915-16 के लाहौर षड्यंत्र में जिन युवकों ने आत्म-बलिदान किया है, इस अवसर पर व्याख्यान देकर उनके जीवन पर भी प्रकाश डाला जाए। इस कार्य के लिए उन्होंने अनेक अज्ञात स्थानों से उन युवकों के चित्र इकट्ठे किए और मैजिक-लालटेन के लिए उनके स्लाइड बनवाए। इन लालटेन-स्लाइडों को साथ लेकर आपका विचार उत्तरी भारत में भ्रमण कर स्थान-स्थान पर व्याख्यान देने का था। यद्यपि वे सारे उत्तरी भारत में, अपने इस प्रस्ताव को कार्यरूप में परिणत नहीं कर सके, तो भी लाहौर में उन्हें काफी सफलता मिली। पहली ही बार जब ब्राडला हॉल में लालटेन-लेक्चर दिया गया, तो हाल में तिल धरने की भी जगह नहीं बची थी। लोगों ने बड़े ध्यान से व्याख्यान सुना। यहाँ पर यह बता देना आवश्यक है कि सरदार भगत सिंह, मुचलके के कारण स्वयं व्याख्यान देने में असमर्थ थे। किन्तु वे अपने सहायक श्री भगवतीचरण को सभी बातें समझा दिया करते और व्याख्यान के सम्बन्ध में नोट भी दे दिया करते थे। इन लालटेन-लेक्चरों का इतना अधिक प्रभाव लोगों पर पड़ा कि पंजाब सरकार को इस सम्बन्ध में निषेधाज्ञा निकालनी पड़ी। यह वे ही भगवतीचरण थे, जो 26 जनवरी, 1931 से आरम्भ

होनेवाले लाहौर षड्यंत्र केस के प्रमुख व्यक्ति थे और जिनके विषय में यह कहा जाता है कि बम बनाते समय एक भयंकर धमाका होने के कारण उनकी मृत्यु हो गई। लाहौर षड्यंत्र केस में, जिसमें सरदार भगत सिंह और श्री बटुकेश्वर दत्त आदि अभियुक्त थे, ये फरार थे।

नौजवान भारत सभा के संगठन सम्बन्धी सरदार भगत सिंह के विचार अध्ययन के विषय हैं। दरिद्रता की संसार-व्यापी समस्या पर विचार कर वे इस नतीजे पर पहुँचे थे, कि भारत की पूर्ण स्वाधीनता के लिए, केवल राजनीतिक ही नहीं, बल्कि यहाँ की जनता की आर्थिक स्वाधीनता की भी आवश्यकता है। इसलिए नौजवान भारत सभा की कार्य प्रणाली कम्युनिस्ट ढंग की बनाई गई थी। वास्तव में इसका मुख्य उद्देश्य था, मजदूरों और किसानों का संगठन करना। इसी उद्देश्य से भारतीय युवकों का आह्वान किया गया था।

इस प्रकार हम सरदार भगत सिंह के विचारों में एक अद्भुत परिवर्तन पाते हैं। 1926-27 में वे त्रासवाद को क्रान्तिकारी दल के हाथों का एक प्रधान अस्त्र समझते थे। देश के अनेक प्रमुख व्यक्तियों के विरोध करने पर भी जब काकोरी षड्यंत्र केस के अभियुक्तों को फाँसी दे दी गई तब त्रासवाद (Terrorism) पर उनका विचार और भी दृढ़ हो गया। किन्तु जब उन्होंने भारतीय समस्याओं का गम्भीर रूप से अध्ययन किया तो आपके विचारों में भी परिवर्तन हुआ। नेशनल कॉलेज लाहौर में पढ़ते समय वे धीरे-धीरे पक्के साम्यवादी बन गए और रूस को आदर्श की दृष्टि से देखने लगे।

पाँचवाँ परिच्छेद

हिन्दुस्तान सोशलिस्ट रिपब्लिकन एसोसिएशन

सरदार भगत सिंह मुचलके के बन्धन से छूटने के बाद ही फिर क्रान्ति के कार्य-क्षेत्र में कूद पड़े। इस समय क्रान्तिकारी दल मरणासन्न अवस्था में था। कानपुर के प्रस्ताव का कुछ भी प्रभाव उस पर नहीं पड़ा था। सरदार भगत सिंह ने बहुत थोड़े समय में संस्था में नई जान डाल दी।

इस समय क्रान्तिकारी दल भिन्न-भिन्न शहरों में अलग-अलग दलों में विभक्त हो गया था और उन दलों के सामने कोई निश्चित कार्य प्रणाली नहीं थी। लाहौर, दिल्ली, कानपुर, बनारस, इलाहाबाद तथा बिहार के कुछ स्थानों में इस प्रकार के छोटे-छोटे अनेक दल हो गए थे। अन्त में 1928 के जुलाई महीने में कानपुर में एक सभा की गई और उसमें यह निश्चित किया गया कि उन दलों के प्रमुख कार्यकर्ताओं की एक केन्द्रीय समिति स्थापित की जाए।

इस निश्चय के अनुसार सरदार भगत सिंह और श्री विजय कुमार सिंह देश में भ्रमण करने लगे। 1928 के सितम्बर महीने में दिल्ली के पुराने किले में एक महत्त्वपूर्ण सभा की गई। इस सभा में बिहार, युक्तप्रान्त, पंजाब और राजपूताने के 2-2 सदस्य सम्मिलित हुए थे। यह सभा दो दिनों तक होती रही।

इस सभा में सरदार भगत सिंह ने क्रान्तिकारियों का ध्यान साम्यवाद की ओर आकर्षित किया। अन्त में उनकी जोरदार दलीलों से बाध्य होकर सभा ने साम्यवादी सिद्धान्तों के अनुसार एक कार्य प्रणाली तैयार की। इसके बाद से पुलिस के अफसरों तथा मुखबिरों की हत्या का महत्त्व बहुत घट गया। अब ऐसे ही कार्यों की ओर विशेष ध्यान दिया जाने लगा, जिससे जनता में जागृति फैले।

सरदार भगत सिंह ने यह प्रस्ताव भी पेश किया कि दल का नाम हिन्दुस्तान रिपब्लिकन एसोसिएशन से बदलकर हिन्दुस्तान सोशलिस्ट रिपब्लिकन एसोसिएशन रखा जाए। पहले तो यक्तप्रान्त के प्रतिनिधियों ने इसका घोर विरोध किया। उनका कहना था कि संस्था का नामकरण श्री रामप्रसाद बिस्मिल, श्री शचीन्द्र सान्याल और श्री योगेश चटर्जी जैसे विख्यात विप्लववादियों का किया हुआ है, और इस नाम से संस्था बहुत प्रसिद्धि और प्रतिष्ठा प्राप्त कर चुकी है अतएव नाम नहीं बदला जाए। किन्तु अन्त में सरदार भगत सिंह का प्रस्ताव स्वीकृत हो गया।

इसी सभा में यह भी निश्चित किया गया कि संस्था को दो दलों में विभक्त कर दिया जाए; एक दल में तो संस्था के वास्तविक कार्यकर्ता रहें और दूसरे दल में वे लोग रहें, जो वास्तविक कार्य तो नहीं कर सकते हैं, किन्तु संस्था के प्रति सच्ची सहानुभूति रखते हैं। यह भी निश्चित किया गया कि कार्यकर्ताओं का दल अस्त्र-शस्त्र का संग्रह करेगा, त्रासवादी प्रस्तावों को कार्यरूप में परिणत करेगा और दल की कार्यवाही को सार्वजनिक कार्यवाही के रूप में उन्नत करने की चेष्टा करेगा और इस दल का नाम 'हिन्दुस्तान सोशलिस्ट रिपब्लिकन आर्मी' रहेगा। दूसरे दल का काम होगा व्यक्तिगत तथा सार्वजनिक चन्दों से धन इकट्ठा करना, कार्यकर्ता दल के सदस्यों के रहने का प्रबन्ध करना और प्रचार कार्य करना।

एक केन्द्रीय समिति भी स्थापित की गई, जिसमें युक्तप्रान्त, पंजाब और बिहार के 2-2 सदस्य तथा राजपूताना के एक सदस्य सम्मिलित किए गए। सरदार भगत सिंह समिति के एक महत्त्वपूर्ण कार्यकर्ता थे और श्री विजय कुमार सिंह के हाथ में संस्था का अन्तर्प्रान्तीय सम्बन्ध बनाए रखने का भार था। संस्था का हेड क्वार्टर झाँसी में स्थापित किया गया और राजपूताना के प्रतिनिधि श्री कुन्दनलाल उसके प्रधान बनाए गए। कार्यकर्ता दल अर्थात् सेना के अध्यक्ष बनाए गए, श्री चन्द्रशेखर आजाद जो लगभग आधे दर्जन षड्यंत्र केसों में फरार थे। (काकोरी षड्यंत्र केस में भी वे फरार थे) और जिन्होंने 27वीं फरवरी, 1931 को इलाहाबाद के अलफ्रेड पार्क के समीप, पुलिसवालों के साथ वीरतापूर्वक युद्ध करते हुए प्राण विसर्जन किया। सरदार भगत सिंह कार्यकर्ता दल के तो एक कार्यकुशल नेता थे ही, साथ ही प्रचार कार्य भी ये जोरों के साथ करते थे।

उपर्युक्त सभा में ही यह भी निश्चित किया गया था कि हिन्दुस्तान सोशलिस्ट रिपब्लिकन आर्मी के सदस्य घर-बार से सम्बन्ध त्याग दें और दल के कार्य की ओर अपनी सारी शक्ति लगा दें। इस सभा में धार्मिक साम्प्रदायिकता के बहिष्कार का भी प्रस्ताव किया गया था। इस कारण सरदार भगत सिंह को अपने धर्म के बाह्य चिह्न स्वरूप लम्बे बालों को कटवा देना पड़ा और दाढ़ी भी बनवानी पड़ी।

कुछ समय के बाद हेड क्वार्टर झाँसी से हटाकर आगरे लाया गया। यहाँ दो मकान किराए पर लिये गए और अनेक नवयुवक अपना घर त्यागकर यहीं रहने लगे। ये नवयुवक बराबर दरिद्रता की दशा में रहते थे, क्योंकि उस समय संस्था के पास रुपयों की बहुत कमी थी। एक बार तो तीन दिन और तीन रात तक उनके भोजन के लिए एक-एक प्याली चाय के सिवा कुछ नहीं था। भयंकर जाड़े की रात में भी उन युवकों के पास न तो बिस्तरा था और न ओढ़ने को काफी कम्बल। 8-9 युवकों को केवल 2 या 3 कम्बलों से काम चलाना पड़ता था। सरदार भगत सिंह इस प्रकार की तकलीफें सहने के आदी न थे। वे घर पर विलासितापूर्ण जीवन बिता चुके थे। परन्तु तो भी ऐसे अवसरों पर उन्होंने कभी कष्ट का अनुभव नहीं किया।

सरदार भगत सिंह में अध्ययन करने का उत्साह नित्य बढ़ता ही जाता था। आगरे में भी वे पुस्तकों का संग्रह करने लगे। इसी उद्देश्य से वे इधर-उधर भ्रमण किया करते और संस्था से सहानभूति रखनेवालों से किताबें माँग-माँगकर इकट्ठा करते। बहुत थोड़े समय

में एक छोटा-सा पुस्तकालय स्थापित हो गया। पुस्तकालय में अर्थशास्त्र को महत्त्वपूर्ण स्थान दिया गया था। वे नित्य साम्यवाद का अध्ययन किया करते और उसी पर तर्क-वितर्क किया करते। उनका अध्ययन संस्था के किसी भी सदस्य से कम विस्तृत या गम्भीर नहीं था। साहित्य का अध्ययन करते समय वे कभी-कभी सुन्दर और हृदयग्राहिणी उक्तियाँ याद कर लिया करते थे। लाहौर षड्यंत्र केस के समय जब वे जेल में बन्द थे उन मनोहर उक्तियों को सुना-सुनाकर अपने मित्रों को प्रसन्न रखा करते थे।

छठा परिच्छेद

सांडर्स हत्याकांड

अब हमें एक ऐसी ऐतिहासिक घटना का वर्णन करना है, जिसका सरदार भगत सिंह की मृत्यु से गहरा सम्बन्ध है। यहाँ पर सायमन कमीशन और उसके बहिष्कार की चर्चा करने की आवश्यकता नहीं है। बस, इतना ही कह देना काफी होगा कि सायमन कमीशन के बहिष्कार सम्बन्धी प्रदर्शनों ने जनता में एक अपूर्व उत्साह उत्पन्न कर दिया था।

30 अक्टूबर, 1928 को कमीशन लाहौर आनेवाला था। यहाँ कमीशन का बहिष्कार करने के लिए एक भारी जुलूस संगठित किया गया। किन्तु अधिकारियों ने 144वीं धारा की घोषणा कर दी और प्रदर्शनों को रोकने के लिए पुलिस को आज्ञा दे दी। फलतः जुलूस और पुलिस में मुठभेड़ हो गई और लाला लाजपत राय आदि अनेक कांग्रेस कार्यकर्ताओं पर पुलिस ने आक्रमण किया। आहत लाला जी 17वीं नवम्बर को संसार से चल बसे। जनता का विश्वास था कि पुलिस के द्वारा पीटे जाने के कारण ही लाला जी की मृत्यु हुई है। उक्त जुलूस पर लाठी प्रहार के लिए लाहौर पुलिस के सीनियर सुपरिंटेंडेंट मि. स्कॉट और लाला जी पर आक्रमण करने के सम्बन्ध में पुलिस के सहायक सुपरिंटेंडेंट मि. सांडर्स जिम्मेदार ठहराए गए। 17वीं दिसम्बर, 1928 की सन्ध्या के समय, ठीक पुलिस ऑफिस के सामने मि. सांडर्स की हत्या की गई। चानन सिंह नामक एक कांस्टेबिल भी, जिसने हत्याकारियों का पीछा किया था, मारा गया। हत्याकारियों का कोई पता नहीं चला। दूसरे दिन सबेरे शहर के भिन्न-भिन्न स्थानों में मकानों की दीवारों पर पर्चे चिपके हुए पाए गए। पर्चे के ऊपर मोटे टाइपों में लाल रंग में छपा था–'दी हिन्दुस्तान सोशलिस्ट रिपब्लिकन आर्मी'। इसके नीचे मोटे-मोटे अक्षरों में लिखा था–'सांडर्स मारा गया, लाला जी का बदला लिया गया।' आदि।

यह सांडर्स हत्याकांड का संक्षिप्त वर्णन है। लाहौर षड्यंत्र केस के मुखबिर जयगोपाल के बयान के अनुसार सारी कहानी इस प्रकार बतलाई जाती है।

लाला लाजपत राय की मृत्यु के बाद से पंजाब के विप्लववादी उन पुलिस अफसरों को मारकर लाला जी की मृत्यु का बदला लेना चाहते थे, जो लाला जी पर आक्रमण किए जाने के सम्बन्ध में जिम्मेदार थे। इसमें उनका एक उद्देश्य तो यह था कि सार्वजनिक आन्दोलन को हिंसा की ओर आकर्षित किया जाए और दूसरा यह कि संसार को यह दिखला दिया जाए कि भारत लाला जी पर किए गए आक्रमण को सहन नहीं कर सकता।

इस उद्देश्य को कार्यरूप में परिणत करने के लिए यह निश्चित किया गया कि सरदार भगत सिंह और श्री शिवराम राजगुरु, मि. स्कॉट पर, रिवॉल्वर से आक्रमण करें। इस कार्य का भार पं. चन्द्रशेखर आजाद के हाथों सौंपा गया। ये ही आक्रमणकारियों के रक्षक नियुक्त किए गए।

सारा षड्यंत्र बड़ी सावधानी से रचा गया, और इसके लिए यथेष्ट प्रबन्ध भी किया गया। पहले इन तीनों युवकों ने विचार किया था कि पुलिस के साथ प्राण का मोह त्यागकर घोर युद्ध किया जाए। इस सम्बन्ध में श्री यतीन्द्रनाथ मुखर्जी और उनके साथियों के उदाहरण ने उन्हें बहुत उत्साहित किया। यहाँ पर यह उल्लेख कर देना अनुचित नहीं होगा, कि 1916 के लगभग श्री यतीन्द्रनाथ मुखर्जी ने अपने साथियों सहित पुलिस से मोर्चा लिया था और कुछ देर तक घोर युद्ध होने के बाद वे वीरगति को प्राप्त हुए थे। इन युवकों ने भी ऐसा ही करना विचारा। उनका विश्वास था कि इस प्रकार प्राण त्याग करके वे युवकों को क्रान्तिकारी संस्था की ओर आकर्षित कर सकेंगे।

किन्तु यह षड्यंत्र दो प्रकार से असफल हुआ। एक तो, मि. स्कॉट के बदले वे मि. सांडर्स की हत्या कर बैठे। दूसरे, पुलिस के पीछा नहीं करने के कारण वे उसके साथ युद्ध भी नहीं कर सके। सांडर्स को मारने के लिए जब गोली चलाई गई तो केवल एक पुलिस अफसर मि. फ़र्न ऑफिस से बाहर निकले। किन्तु उनके सिर पर से जब दो गोलियाँ सनसनाती हुई निकल गईं, तो उन्होंने लौट ही जाना उचित समझा। केवल चानन सिंह ने उन युवकों का पीछा किया। आक्रमणकारियों ने उसे बार-बार लौट जाने के लिए कहा किन्तु जब उसने लौटने से इनकार किया, तो वह भी वहीं पर ठंडा कर दिया गया।

इसके बाद तीनों युवक डी.ए.वी. कॉलेज के बोर्डिंग हाउस में चले गए, जो पुलिस ऑफिस के समीप ही था। वहाँ वे पुलिसवालों के आने की प्रतीक्षा करने लगे। किन्तु जब कोई नहीं आया तो वे दो साइकिलों पर अपने वास-स्थान की ओर चले गए। इनमें से एक साइकिल किसी साइकिल के व्यापारी से बलपूर्वक उधार ली गई थी।

सरदार भगत सिंह और उनके साथियों के डी.ए.वी. कॉलेज के बोर्डिंग हाउस से रवाना होने के बाद ही पुलिस दल-बल के साथ आ धमकी और बोर्डिंग हाउस चारों ओर से घेर लिया गया। आने-जाने के सभी रास्ते रोक दिए गए और कोने-कोने की तलाशी ली जाने लगी। केवल इतना ही नहीं, लाहौर से बाहर जानेवाली सभी सड़कों पर पुलिस का कड़ा पहरा बिठा दिया गया और रेलवे स्टेशनों पर भी खुफिया पुलिस की कड़ी निगरानी रहने लगी। लाहौर से बाहर जानेवाले सभी युवकों पर कड़ी नजर रखी जाती थी। किन्तु इन तीनों युवकों ने पुलिस के सारे प्रयत्नों को निष्फल कर दिया और वे सकुशल लाहौर से बाहर चले गए।

लाहौर से निकल भागने के लिए सरदार भगत सिंह ने जो उपाय सोचा था, वह जितना चतुरतापूर्ण था उतना ही साहसपूर्ण भी। उन्होंने एक सरकारी अफसर की तरह कपड़े पहने, अपना नाम भी खूब बड़ा सा रख लिया और उसी नाम के लेबल अपने ट्रंक और पोर्टमेंटो पर लगवा लिये। उन्होंने पुलिसवालों की आँखों में धूल झोंकने के लिए एक सुन्दर युवती

को भी अपने साथ लिया और उसी सेंट्रल रेलवे स्टेशन पर, फ़र्स्ट क्लास के कमरे में सवार हुए, जहाँ कि खुफिया पुलिसवाले मि. सांडर्स के हत्यारों का पता लगाने के लिए विशेष रूप से नियुक्त किए गए थे। अर्दली का वेशभूषा बनाने के साथ ही साथ एक टिफ़िन कैरियर भी वे बराबर अपने हाथ में रखते थे। यह कहने की आवश्यकता नहीं कि खतरे के लिए विशेष रूप से सभी तैयार थे।

श्री चन्द्रशेखर आजाद ने सरल तरीका ढूँढ़ निकाला। उन्होंने मथुरा के लिए तीर्थयात्रियों की एक टोली तैयार की, जिसमें केवल बूढ़े लोग थे। एक ब्राह्मण पंडित का वेश धारण कर वे इसी टोली के साथ हुए और सकुशल लाहौर के बाहर पहुँच गए।

सातवाँ परिच्छेद
बाद की कार्यवाहियाँ

सरदार भगत सिंह से पुलिसवाले अच्छी तरह परिचित थे, इसलिए खुफिया पुलिसवालों ने अनुमान किया कि वे भी सांडर्स हत्याकांड में सम्मिलित रहे होंगे। इसी अनुमान के सहारे वे सरदार भगत सिंह की खोज करने लगे, किन्तु उनका कोई पता नहीं चला। पुलिस अफसरों को जो गुप्त आज्ञाएँ दी गई थीं, उनमें एक यह भी थी कि सरदार भगत सिंह जहाँ कहीं भी पाए जाएँ, तुरन्त गिरफ़्तार कर लिए जाएँ। उनका पता लगाने के लिए कई स्पेशल पुलिस अफसर नियुक्त किए गए। जो पुलिस कांस्टेबिल उन्हें पहचानते थे, वे बड़े-बड़े जंक्शनों पर तैनात किए गए और रेलवे पुलिस ने भी कड़ी निगरानी रखनी शुरू की। इतने उपाय किए जाने पर भी सरदार भगत सिंह बिना रोक-टोक के चारों ओर भ्रमण किया करते थे।

सांडर्स हत्याकांड की सफलता ने क्रान्तिकारी दल की प्रतिष्ठा बहुत बढ़ा दी और इसने विद्यार्थियों के बीच भी बड़ी सनसनी उत्पन्न कर दी। इसके बाद से दल की आर्थिक दशा सुधरने लगी। हत्याकांड के पहले दल की आर्थिक अवस्था बहुत शोचनीय थी। जिस दिन हत्याकांड हुआ था, उस दिन उन युवकों के पास इतने पैसे भी नहीं थे कि रात को घर में चिराग जला सकें। किन्तु थोड़े ही दिनों में चन्दे मिलने लगे और कुछ दिनों के लिए उनका अर्थाभाव दूर हो गया।

इसी समय राष्ट्रीय महासभा का अधिवेशन कलकत्ते में होनेवाला था। यह निश्चित किया गया कि सरदार भगत सिंह और श्री विजय कुमार सिंह परिस्थिति का अध्ययन करने के लिए वहाँ जाएँ और बंगाल के क्रान्तिकारी दल से सम्बन्ध स्थापित करें। काकोरी षड्यंत्र केस के सम्बन्ध में युक्तप्रान्त में गिरफ़्तारियाँ होने तथा बंगाल में क्रिमिनल लॉ अमेंडमेंट एक्ट के प्रचलित होने से, युक्तप्रान्त और बंगाल के क्रान्तिकारी दलों का सम्बन्ध टूट गया था। देवघर षड्यंत्र केस ने इस टूटे हुए सम्बन्ध को और भी छिन्न-भिन्न कर दिया।

बंगाल प्रान्तीय विप्लवी दल के अन्तरंग सदस्यों से मिलने में सरदार भगत सिंह को कोई विशेष कठिनाई नहीं उठानी पड़ी। उन पर उस दल के उन वीर नेताओं का बहुत

प्रभाव पड़ा, जिन्होंने अपने जीवन का अधिकांश भाग जेल की चहारदीवारी के अन्दर बिताया था। किन्तु साथ ही उन्हें यह भी पता चला कि युक्तप्रान्त और पंजाब के विपक्षियों ने जिस मार्ग को ग्रहण किया है उस पर उनका विश्वास नहीं है। केवल एक ही बात में वे सहमत थे कि देश की स्वाधीनता के लिए हिंसात्मक क्रान्ति की आवश्यकता है किन्तु अन्य बातों में, जैसे साम्यवाद, दल के कार्यक्रम में त्रासवाद का स्थान, गोपन की आवश्यकता आदि बातों में उनके विचारों में बहुत ही अन्तर था।

पुराने त्रासवादियों के साथ बातचीत करने से उन्हें पता चला कि बम बनाने की बड़ी आवश्यकता है। इसी उद्देश्य से वे किसी ऐसे व्यक्ति की खोज में लगे, जो बम बनाने की कला में दक्ष हो और दल के सदस्यों को बम बनाना सिखाया करे। कुछ कठिनाई के बाद उन्हें एक ऐसा व्यक्ति मिल गया। किन्तु पहले उसने कहा कि बंगाल के क्रान्तिकारी नेताओं ने बम बनाने और उसका व्यवहार करने का विरोध किया है, अतएव संस्था का एक सदस्य होने के कारण, मैं ऐसा करने में असमर्थ हूँ। किन्तु सरदार भगत सिंह ने उसे विश्वास दिलाया कि यह बात बंगाल के लिए भले ही लागू हो सकती है, किन्तु युक्तप्रान्त और पंजाब के लिए यह लागू नहीं है। इसके अतिरिक्त उन्होंने उसे यह भी विश्वास दिलाया कि बम बनाने का कार्य केवल इन्हीं प्रान्तों तक परिमित रहेगा, बंगाल का उससे कोई सम्बन्ध नहीं रहेगा।

इसी समय सरदार भगत सिंह ने 'हिन्दुस्तान सोशलिस्ट रिपब्लिकन एसोसिएशन' की बिहार-शाखा के नए सदस्यों से भी जान-पहचान कर ली। संस्था का बिहारी एक नया केन्द्र कलकत्ते में स्थापित किया गया। एक सदस्य उसके अध्यक्ष बनाए गए। फरार अभियुक्तों को आश्रय देने के लिए यहाँ एक आश्रम भी खोला गया।

संस्था के प्रति व्यापारियों की सहानुभूति होने के कारण, बम बनाने के लिए रासायनिक वस्तुएँ प्राप्त करने में कोई कठिनाई नहीं उठानी पड़ती थी। इस कार्य के लिए आगरे में एक नया मकान किराए पर लिया गया था। यहीं बम तैयार करना निश्चित हुआ। बम मास्टर भी निश्चित समय पर आ पहुँचे। बहुत थोड़े ही समय में चुने हुए सदस्यों के एक दल ने बम बनाना सीख लिया। अगले दो महीने तक यह दल इसी प्रकार का सामान तैयार करने में लगा रहा। आगरा के अलावा लाहौर और सहारनपुर में भी बम बनाने के केन्द्र स्थापित किए गए।

आगरे में पहले-पहल जो बम तैयार किए गए थे, उनमें से दो झाँसी लाए गए और वहाँ पटककर उनकी परीक्षा ली गई। बम बनाने में सफलता प्राप्त करने पर, सदस्यों को बहुत आनन्द हुआ।

इसी समय दल का एक सदस्य बीमार पड़ गया। पता चला कि उसे चेचक निकल आई है। सरदार भगत सिंह और उनके साथी रात-दिन उसकी सेवा किया करते थे। छूत लग जाने की उन्होंने जरा भी परवाह न की। इन लोगों की सेवा शुश्रूषा से वह युवक शीघ्र ही नीरोग हो गया। किन्तु यह आश्चर्य की बात है कि वही युवक गिरफ़्तार होने पर सरकारी गवाह बन गया और उसने अपने उन्हीं साथियों को फँसाया, जिन्होंने उसकी रुग्णावस्था में अपनी जान की परवाह न कर, उसकी सेवा की थी।

आठवाँ परिच्छेद

असेम्बली में बम कांड

8वीं अप्रैल, 1929 को दिल्ली में एक अपूर्व घटना हुई। कहा जाता है कि उस दिन हिन्दुस्तान सोशलिस्ट रिपब्लिकन एसोसिएशन के दो सदस्य असेम्बली भवन में, बिना किसी के देखे, घुस गए और उन्होंने सरकारी अफसरों की ओर दो बम फेंके! भीषण धड़ाके के साथ दोनों बम फट पड़े और सारा कमरा धुएँ से भर गया। वे बेंच जिनके समीप वे बम गिरे थे, चूर-चूर हो गए, और सतह के एक हिस्से में भी एक गड्ढा-सा हो गया। किन्तु किसी को चोट नहीं आई।

इस समय असेम्बली का दृश्य भी देखने ही योग्य था। उसके वीर सदस्यगण समीप वाले कमरे की ओर इस प्रकार भागे मानो किसी भीषण जन्तु ने उनका पीछा किया हो! कहा जाता है कि कुछ लोग तो जान बचाने के लिए गुस्लखाने में भी घुस पड़े थे! दर्शकों की गैलरी भी खाली पड़ी थी।

इस अपूर्व दृश्य में कुछ लोग ऐसे भी थे, जो अपनी जगहों पर निश्चल भाव से डटे रहे। इन लोगों में पं. मोतीलाल नेहरू, पं. मदनमोहन मालवीय और सर जेम्स केरर भी थे। सेंट्रल गेट और महिलाओं की गैलरी के मध्य भाग में दो युवक स्थिर भाव से खड़े थे। ये दोनों ऐतिहासिक व्यक्ति—सरदार भगत सिंह और श्री बटुकेश्वर दत्त थे।

जिस अवसर पर असेम्बली में बम फेंका गया था, वह अवसर भी बड़ा महत्त्वपूर्ण था। इस समय बम्बई में मजदूर आन्दोलन जोरों पर था। उसकी सफलता से सरकार भयभीत हो उठी थी। इसी आन्दोलन को रोकने के लिए सरकार असेम्बली में एक क़ानून बनाना चाहती थी।

जिस दिन यह घटना हुई, उस दिन असेम्बली के दरवाजे पर पुलिस का कड़ा पहरा था। यह एक रहस्य है कि सरदार भगत सिंह और श्री बटुकेश्वर दत्त इस पहरे के बीच से असेम्बली भवन में कैसे चले गए। यह आश्चर्य और भी बढ़ जाता है, जब हमें मालूम होता है कि वे केवल उसी दिन वहाँ नहीं गए थे, बल्कि घटना के 3-4 रोज पहले से वहाँ जाते-आते थे। यह दो कारणों से सम्भव हो सकता है; एक तो वे यूरोपियन वेश-भूषा से सज्जित थे, इस कारण किसी को सन्देह करने का मौका नहीं मिल सकता था, और दूसरे, उनके पास दर्शकों के टिकिट मौजूद थे। वे तीन रोज लगातार असेम्बली भवन में गए। वहाँ जाते समय उनके एक पॉकेट में एक तैयार बम और दूसरे में भरा हुआ रिवॉल्वर रहता था। वे बराबर सुयोग की ताक में रहे, और जब मौका हाथ लगा तो उन्होंने अपने मन्सूबे को पूरा किया, मानो बम फेंकने और सलाई जलाने में कुछ अन्तर ही नहीं है।

यहाँ पर हम जोर देकर कह सकते हैं कि यदि वे युवक चाहते तो, सकुशल वहाँ से निकल भागना उनके लिए कोई कठिन बात न थी। उन्होंने अपनी इच्छा से पुलिस के हाथों आत्मसमर्पण कर दिया और आनन्दपूर्वक उस कठिन दंड को गले लगाने के लिए तैयार हो गए, जो इस प्रकार के अपराधों के लिए अपरिहार्य है!

दोनों युवकों के पास भरे हुए रिवॉल्वर थे। यदि वे चाहते तो वे उन सरकारी अफसरों को मार सकते थे, जो बम फटने के बाद भय से इधर-उधर दौड़ रहे थे। किन्तु इस प्रकार का कोई घृणित कार्य उन लोगों ने नहीं किया। उन लोगों ने अपने रिवॉल्वर निकाल लिये और पुलिस सार्जेंटों के सामने जो इस समय घटना स्थल पर मौजूद थे, उन्हें सामने की कुर्सी पर रख दिए। इसके बाद उन दोनों ने 'इन्क़लाब जिन्दाबाद' तथा 'साम्राज्यवाद की क्षय' के नारे लगाए। ये नारे भारत में पहले-पहल इन्हीं युवकों द्वारा लगाए गए थे। पीछे युवक समाज के लिए इन नारों का लगाना एक साधारण-सी बात हो गई। नारे लगाते समय उन युवकों ने कुछ क्रान्तिकारी पर्चे भी बाँटने शुरू किए। इन पर्चों पर 'हिन्दुस्तान सोशलिस्ट रिपब्लिकन आर्मी' लिखा हुआ था। इन पर्चों में एक अपील भी थी, जो टाइप की हुई थी और जिसके ऊपर लाल रंग में एक शीर्षक लगा था। ये शीर्षक वे ही थे जो सार्जेंट हत्याकांड के बाद निकाले गए पर्चों में थे। अपील के पर्चे को इस प्रकार शुरू किया गया था, "बहरे को सुनने के लिए जोर से कहना पड़ता है।" उसमें फ्रेंच विप्लवी बेल्लियंट के कुछ उद्धरण देकर क्रान्तिकारी दल के कार्यों का समर्थन किया गया था और कहा गया था कि "जनता के प्रतिनिधि, अपने निर्वाचकों के पास लौट जाएँ और जनता को भावी विप्लव के लिए तैयार करें।"

पर्चे वितरण करने के बाद ही दो पुलिस सार्जेंट और कुछ कांस्टेबिल आगे बढ़े और उन्होंने सरदार भगत सिंह तथा श्री बटुकेश्वर दत्त को गिरफ़्तार कर लिया। रंगमंच से अदृश्य होने के पहले, उन्होंने एक बार फिर, 'इन्कलाब जिन्दाबाद' और 'साम्राज्यवाद की क्षय' के नारे लगाए। इन नारों की ध्वनि से असेम्बली भवन गूँज उठा और भयभीत दर्शक आश्चर्यचकित रह गए।

18 जून, 1931

भविष्य

स्व. हरीकिशन के सम्बन्ध में स्व. भगत सिंह का पत्र

स्व. हरीकिशन के विचाराधीन मामले को दृष्टि में रखते हुए स्वर्गीय भगत सिंह ने जेल से अपने एक मित्र को एक पत्र लिखा था। हरीकिशन की फाँसी के कारण इस पत्र का महत्त्व और भी अधिक बढ़ जाता है। वह पत्र लाहौर के सुप्रसिद्ध अंग्रेजी सहयोगी 'पीपुल' में इस प्रकार प्रकाशित हुआ है—

"मुझे बहुत दुख है कि इस सम्बन्ध में लिखा हुआ मेरा पिछला पत्र अपने निर्दिष्ट स्थान पर ठीक समय से नहीं पहुँच सका और इसलिए वह निरर्थक हुआ अथवा अपने उद्देश्य की पूर्ति में सर्वथा असफल रहा। अतएव मैं तुम्हारे पास यह पत्र इसलिए भेज रहा हूँ कि तुम साधारणतः सारे राजनीतिक मामलों तथा विशेषतः षड्यंत्र सम्बन्धी मामलों में सफाई के सम्बन्ध में मेरे क्या विचार हैं, जान जाओ। पिछले पत्र में मैंने जिन बातों की विवेचना की है उनके अतिरिक्त इससे एक बात यह भी सिद्ध होगी कि इस घटना के बाद मेरी बुद्धि में किसी प्रकार का परिवर्तन नहीं हुआ है और यह पत्र इस बात का लिखित प्रमाण भी रहेगा।

"जो हो, मैंने उस पत्र में लिखा था कि वकीलों का बताया हुआ सफाई का रास्ता हमें अख्तियार नहीं करना चाहिए। परन्तु हमारे-तुम्हारे विरोध करने पर भी वही हुआ। तथापि अब हम उस विषय पर अधिक गवेषणापूर्वक विचार कर सकते हैं और भविष्य में सफाई के सम्बन्ध में हमारी क्या नीति होनी चाहिए, इस सम्बन्ध में निश्चित सिद्धान्त निर्धारित कर सकते हैं।

"तुम जानते हो कि मैं सारे राजनीतिक अपराधियों के मामलों की सफाई का समर्थक रहा हूँ। परन्तु इसका यह मतलब नहीं है कि इसके द्वारा वास्तविक युद्ध का 'सौन्दर्य' सर्वथा नष्ट हो जाए। (ध्यान रहे यहाँ 'सौन्दर्य' का अर्थ कार्य के उस मूल अभिप्राय से है, जिसकी प्रेरणा से हम कार्य में प्रवृत्त होते हैं) जब मैं यह कहता हूँ कि सभी राजनीतिक अभियुक्त अपने-अपने मामलों में सफाई दें तो इसका तात्पर्य यह नहीं है कि इसमें कोई अपवाद नहीं है। उदाहरण द्वारा मैं इसे स्पष्ट किए देता हूँ। किसी खास उद्देश्य को लेकर कोई व्यक्ति कुछ कर बैठता है। उसकी गिरफ़्तारी के पश्चात् उस कार्य का राजनीतिक महत्त्व घट नहीं जाना चाहिए। उस कार्य की अपेक्षा वह कार्यकर्ता ही अधिक प्रसिद्ध न हो जाए! एक उदाहरण द्वारा मैं इसे और भी स्पष्ट किए देता हूँ। श्री हरीकिशन गवर्नर की हत्या करने आया। इस कार्य का मैं नैतिक विवेचन नहीं करना चाहता! मैं इस मामले के

केवल राजनीतिक पहलू पर विचार प्रकट करना चाहता हूँ। वह गिरफ़्तार कर लिया गया! दुर्भाग्यवश इस सम्बन्ध में कुछ पुलिस के अफसर हताहत हुए। अब सफाई का प्रश्न उपस्थित होता है। खैर, जब भाग्यवश गवर्नर बच गए, तो इस मामले में सच्ची घटनाओं का बहुत सुन्दर बयान दिया जा सकता था, जैसा कि नीचे की अदालत में दिया गया था, और इससे क़ानूनी उद्देश्य भी सिद्ध हो जाता। इसके बाद वकील की बुद्धिमत्ता और योग्यता सब-इंस्पेक्टर की मृत्यु के कारण का अर्थ निकालने पर निर्भर थी। वकील के इस कहने मात्र से कि वह गवर्नर को सिर्फ़ घायल करना चाहता था और मारने की मंशा उसकी न थी तथा ऐसी-ऐसी अन्य बातों से अभियुक्त को क्या लाभ हुआ? क्या ऐसी मंशा की सम्भावना का अनुमान कोई भी समझदार व्यक्ति एक क्षण के लिए भी कर सकता है? क्या इसका कुछ क़ानूनी महत्त्व भी था? बिल्कुल नहीं; तब इस कार्य विशेष का ही नहीं, वरन् सारे आन्दोलन के सौन्दर्य को नष्ट करने से क्या लाभ हुआ? चेतावनियों और सारहीन विरोधों से हमारा काम कब तक चल सकता है? चेतावनी तो बहुत पहले ही दे दी गई थी! षड्यंत्रकारी दल द्वारा शक्ति के अनुसार क्रान्तिकारी युद्ध पूर्ण उत्साह से प्रारम्भ कर दिया गया था! वायसराय की रेल दुर्घटना असफल होने पर भी चेतावनी का स्वरूप नहीं थी! चटगाँव की घटना, न तो चेतावनी थी और न विरोध ही। इसी प्रकार श्री हरीकिशन का यह कार्य भी युद्ध का एक अंश ही था न कि चेतावनी! कार्य में चूक जाने पर अपराधी कार्य के परिणाम को एक खिलाड़ी की तरह निर्दयतापूर्वक स्वीकार कर सकते हैं। काम कर चुकने पर उसे गवर्नर के भाग्यवश बच जाने पर प्रसन्न होना चाहिए था। किसी व्यक्ति की हत्या से हमारा कोई मतलब नहीं सधता। इन कार्यों का राजनीतिक महत्त्व है। क्योंकि ये एक ऐसी मनोवृत्ति और वायुमंडल की रचना करते हैं, जो कि अन्तिम युद्ध के लिए अत्यन्त आवश्यक है। अस्तु! वैयक्तिक कार्यों की सार्थकता इसी में है, कि जनसाधरण की नैतिक सहानुभूति अपनी ओर आकृष्ट कर सके। कभी-कभी हम इन कार्यों को 'क्रियात्मक प्रचार' (Propaganda) कहकर पुकारते हैं।

इस सम्पूर्ण विवेचन का आशय यह है कि उपर्युक्त बातों को दृष्टि में रखते हुए ही लोगों को अपनी सफाई देनी चाहिए। यह एक साधारण सिद्धान्त है कि पारस्परिक प्रतिद्वन्द्वी दल सदैव अधिक प्राप्त करने और कम खोने की कोशिश करता है। कोई भी जनरल ऐसी नीति अख्तियार नहीं कर सकता, जिसमें उसे प्राप्त करने की अपेक्षा खोने की अधिक सम्भावना हो। मुझसे बढ़कर हरीकिशन की मूल्यवान ज़िन्दगी को बचाने की चिन्ता किसी को न होगी। परन्तु मैं तुम्हें जता देना चाहता हूँ कि जो वस्तु उसके जीवन को अमूल्य बना देती है, उसे हमें किसी प्रकार भी विस्मरण नहीं कर देना चाहिए। किसी भी भाँति जान बचा लेना हमारी नीति नहीं है। यह कांग्रेस की या आरामकुर्सी पर बैठे हुए राजनीतिज्ञों (Armchair politicians) की नीति भले हो; परन्तु हमारी नीति यह कदापि नहीं है!

"सफाई की नीति अधिकांशतः स्वयं अपराधी के विचार पर ही निर्भर है। परन्तु यदि स्वयं अपराधी भयभीत और विचलित नहीं है, बल्कि पहले की तरह ही उत्साहपूर्ण है, तो उसके उस कार्य का, जिसके लिए उसने अपने जीवन को संकट में डाला है, पहले विचार होना चाहिए। उसके व्यक्तिगत प्रश्न का विचार उसके बाद होना चाहिए। फिर भी कुछ

भ्रम हो सकता है। अर्थात् ऐसे मामले भी हो सकते हैं, जिनका स्थानीय महत्त्व अधिक और सार्वदेशिक महत्त्व कुछ भी न हो, वहाँ अपराधी को भावावेश में अपने अपराध को कदापि स्वीकार न कर लेना चाहिए।

"श्री निर्मलकान्त राय का सुप्रसिद्ध मामला इसका सर्वोत्तम उदाहरण है। परन्तु इस प्रकार के महत्त्वपूर्ण राजनीतिक मामलों में व्यक्तिगत पहलू का ख़याल राजनीतिक पहलू की अपेक्षा अधिक (नहीं) होना चाहिए। यदि तुम हरीकिशन वाले मामले के सम्बन्ध में मेरे निष्पक्ष और स्वतंत्र विचार जानना चाहते हो, तो मेरा स्पष्ट कथन यह है कि मुकदमा क़ानूनी पेशे की दम्भपूर्ण बलिवेदी पर अत्यन्त महत्त्वपूर्ण ऐतिहासिक घटना की राजनीतिक हत्या है!

"यहाँ मैं एक और बात का जिक्र भी कर देना चाहता हूँ, वह यह कि जिन लोगों पर इस मामले के गला घोंट डालने का उत्तरदायित्व है, वे मुकदमे के परिणाम के बाद अपनी गलती समझ लेने पर भी अपनी जिम्मेदारी को सँभाल न सकने के कारण, हमारे नवयुवक साथी के महान चरित्र के सौन्दर्य को नष्ट करने का प्रयत्न कर रहे हैं।

"यह अत्यन्त लज्जाजनक झूठ है। वास्तव में आज तक जितने ऐसे युवक मुझे मिले, उन सबमें वह अत्यन्त बहादुर लड़का था। लोगों को हम पर दया रखनी चाहिए। अच्छा हो कि वे लोग हमें भूल जाएँ, इसकी अपेक्षा कि हमारी रक्षा के नाम पर हमें अन्धःपतित और निन्दित बना दें।

"वकीलों को भी इतना निःशंक नहीं हो जाना चाहिए कि ऐसे नौजवानों के जीवन, नहीं-नहीं, मृत्यु का भी दुरुपयोग करें, जो अपने को विपन्न मानव समाज की मुक्ति जैसे उत्तम उद्देश्य के लिए निछावर कर देते हैं! वास्तव में मुझे यह देखकर अपार वेदना होती है, कि राजनीतिक कार्यकर्ताओं में भी हम सत्तावाद का भाव उत्पन्न कर रहे हैं। अन्यथा क्यों कोई वकील इतनी अधिक फीस माँगे, जितना कि उपरोक्त मामलों में दिया गया है?

राजविद्रोहात्मक मामलों में तुम्हें बता देता हूँ कि किस सीमा तक हम सफाई पेश कर सकते हैं। पिछले साल हमारा एक साथी जब साम्यवादी भाषण देने के जुर्म में गिरफ़्तार किया गया था और जब उसने अपने को निर्दोष बताया, तब हमारे आश्चर्य का ठिकाना नहीं रहा। ऐसे मामलों में हमें अपने उसूल और सिद्धान्त के प्रचार की बात स्वीकार कर लेनी चाहिए और स्वतंत्र भाषण का अधिकार माँगना चाहिए! परन्तु यदि किसी ऐसे व्यक्ति पर जुर्म लगाया जा रहा हो, जिसने वैसी बातें नहीं कही हों, और वे बातें आन्दोलन के हित की विरोधिनी हों, तो उस दशा में हमें अवश्य अभियोग अस्वीकार कर लेना चाहिए। यद्यपि वर्तमान आन्दोलन में कांग्रेस को इसलिए, कि बिना सफाई पेश किए अपने आदमियों को जेल जाने की अनुमति दी है, उसे बहुत घाटा उठाना पड़ा है—मेरे विचार से यह भूल थी। जो हो, मेरा अनुमान है कि तुम मेरे पिछले पत्र के साथ-साथ यह पत्र पढ़ रहे हो; तुम राजनीतिक मामलों में सफाई के सम्बन्ध में मेरे विचार जान गए होगे। श्री हरीकिशन के मुकदमे के सम्बन्ध में मेरी राय यह है कि हाईकोर्ट में अवश्य ही उसकी अपील की जाए और उसे बचाने की पूरी चेष्टा की जाए।

आशा है, ये दोनों पत्र मेरे इस विषय के सम्बन्ध में सही बातों पर पर्याप्त प्रकाश डालेंगे।

तुम्हारा...

श्री हरीकिशन की जन्मभूमि गल्लाढेर में मैशीनगनों का प्रदर्शन

जुलूस और शोक-सभा की कड़ी मनाही

इस तैयारी पर भी हजारों लालकुर्ती वालों की भीड़

मर्दान (पेशावर) 13 जून। तारीख 12 जून को मर्दान में खबर पहुँची कि स्व. श्री हरीकिशन की जन्मभूमि गल्लाढेर में कल एक महती सभा होगी। इस खबर को पाते ही तमाम इर्द-गिर्द के हजारों लालकुर्ती वाले स्वयंसेवक गल्लाढेर में आकर एकत्र हो गए। असिस्टेंट कमिश्नर की ओर से होती मर्दान में यह मुनादी करा दी गई कि जो व्यक्ति हरीकिशन के लिए शोक सभा करेगा या जुलूस निकालेगा, वह गिरफ़्तार कर लिया जावेगा। तख्तबाई और चारसद्दा के तमाम रास्ते भी रोक लिये गए। पुलिस का ज़बर्दस्त पहरा था, ताकि कोई लालकुर्ती वाला गल्लाढेर की ओर न जा सके। परन्तु इन पाबन्दियों के होते हुए भी प्रायः 25-30 हजार लालकुर्ती वाले तथा अन्यान्य लोग गल्लाढेर जा पहुँचे। पुलिस के कई अफसर भी अपने दल तथा तीन मैशीनगनों के साथ गल्लाढेर पहुँच गए थे। गाँववालों ने लोगों के भोजन के लिए तीस मन चावल एकत्र कर लिये थे। परन्तु मर्दान से लालकुर्ती दल के मुखिया गल्लाढेर पहुँचे तो उन्होंने सभा बन्द कर देने की आज्ञा दी। क्योंकि व्यर्थ विवाद हो जाने की सम्भावना थी। लोग अपने नेता की बात मान गए और एक बजे के बाद सभी अपने-अपने स्थानों को वापस लौट गए।

हरीकिशन की फाँसी की खबर सुनकर एक स्त्री ने प्राण त्याग दिया!

छः दिन पहले स्त्री ने बच्चा प्रसव किया था

'रोजाना मिलाप' के संवाददाता ने लाहौर से खबर भेजी है कि मियाँवाली जेलखाने में एक हिन्दू चौकीदार रहता है। बाज लोग कहते हैं कि वह चौकीदार नहीं, कोई ऊँचे पद का कर्मचारी है। उसकी बीबी ने गत 3 जून को एक बच्चा प्रसव किया। लड़का तथा प्रसूता दोनों ही काफी तन्दुरुस्त थे। छः दिन तक उन्हें कोई तकलीफ नहीं हुई परन्तु 9 जून को जब प्रसूता ने श्री हरीकिशन के फाँसी पर लटकाए जाने की खबर सुनी तो एकाएक बीमार हो गई और अपने छः दिन के सद्यःजात शिशु को छोड़कर तुरन्त ही चल बसी! उसका पिता बच्चे की परवरिश कर रहा है और उसे अपने किसी रिश्तेदार स्त्री को सौंपने के लिए घर गया है।

बनारस बम-केस की अभियुक्त महिलाओं का सनसनीदार बयान

सी.आई.डी. अफसरों ने धोखा देकर मनमाना बयान लिखवा लिया

छुटकारे के बाद एक अभियुक्त की शनाख़्त न कर सकने के कारण

एक महिला फिर गिरफ़्तार कर ली गई!!

गत 13 जून को बनारस के स्पेशल मजिस्ट्रेट के इजलास में 'बनारस बम केस' नामक मुकदमे की पेशी हुई, जिसमें तीन बंगाली महिलाएँ अभियुक्त हैं। आज मजिस्ट्रेट ने चार

अभियुक्तों के बयान लिए, जिनमें दो बंगाली महिलाएँ हैं, जो न तो अंग्रेजी समझती हैं और न हिन्दुस्तानी जानती हैं, इसलिए उन्होंने अपना बयान बंगला भाषा में दिया।

अभियुक्त विमल कुमार राय ने अभियोग अस्वीकार करते हुए अपने को निर्दोष बताया।

पुलिस की चालबाज़ी

श्रीमती मृणालिनी दासी ने भी अपने को निरपराध बताया और कहा कि मेरे पास कोई भड़कानेवाली वस्तु या गोलियाँ न थीं। एक प्रश्न के उत्तर में इन्होंने कहा कि मेरी गिरफ़्तारी के दो मास बाद बंगाली और हिन्दुस्तानी पुलिस अफसर मेरे पास आए और मुझसे कहा कि तुम एक बयान दे दो तो तुम्हें छोड़ दिया जाए। मुझसे यह भी कहा गया कि हिन्दुस्तानी मजिस्ट्रेट तुम्हें छोड़ देंगे। दूसरे दिन मैं अदालत में ले जाई गई, जहाँ मैंने बयान दिया। परन्तु जब मुझे मालूम हुआ कि यह मजिस्ट्रेट नहीं है तो मैंने हस्ताक्षर करने से इनकार कर दिया।

प्रश्न—परन्तु इन गवाहों ने तुम्हारे विरुद्ध गवाहियाँ क्यों दीं?

उत्तर—क्योंकि ये सब पुलिस के आदमी हैं?

इसके बाद अभियुक्त ने कहा—मुझे कई प्रकार के चकमे दिए गए। मैंने अपना बयान भी बंगाली पुलिस अफसर के कहने के अनुसार दिया।

गवाह पुलिस के आदमी हैं

श्रीमती मृणालिनी के बाद उनकी पुत्री योगमाया का बयान हुआ। योगमाया बड़ी तत्परता से अपनी माता की जब वे अपनी अस्वस्थता के कारण अदालत में बेहोश हो जाती थीं, सेवा करती थीं। आज वह बहुत प्रसन्न थी। उसने मुस्कुराते हुए अपना संक्षिप्त बयान दिया। उसने कहा—मैं अपनी माता की एकमात्र कन्या हूँ। मैं मिदनापुर की रहनेवाली हूँ।

इसने किसी और प्रश्न का कोई उत्तर नहीं दिया। परन्तु अब मजिस्ट्रेट ने पूछा कि गवाहों ने तुम्हारे विरुद्ध क्यों गवाहियाँ दी हैं तो उसने उत्तर दिया कि ये गवाह पुलिस के आदमी हैं और पुलिस विभाग की मेहरबानियों से लाभ उठाते हैं।

तीसरी अभियुक्ता श्रीमती मायारानी सेन ने अपने बयान में कहा कि मैं विस्फोटक पदार्थों के बारे में कुछ नहीं जानती! पुलिसवाले मुझसे प्रतिदिन इलाहाबाद के यूरोपियन हवालात में आकर कहा करते थे कि यदि तुम पुलिस के कथनानुसार अदालत में अपना बयान देना स्वीकार करो, तो तुम्हें तथा तुम्हारे भाई को (जो गिरफ़्तार है) छोड़ दिया जाएगा। सी.आई.डी. वाले प्रतिदिन आकर मुझसे इस तरह की बातें कहा करते थे। मैं बीमार हो गई और अस्पताल भेजी गई तो दो सी.आई.डी. के अफसर आए और मुझे मजिस्ट्रेट की कोठी पर ले गए। वहाँ मैंने एक बयान दिया और फिर बनारस वापस भेज दी गई। सभी गवाह पुलिस के आदमी हैं और उनमें से एक तो हमेशा ही पुलिस की ओर

से गवाहियाँ दिया करता है। अन्त में इन्होंने कहा कि मुझे पहले छोड़ दिया गया था। परन्तु फिर किसी मि. राय को शनाख्त कराने के लिए पुलिस मुझे ले गई। परन्तु मैं ऐसा नहीं कर सकी, इसलिए दुबारा गिरफ़्तार कर ली गई।

इसके बाद मुकदमा अगली पेशी के लिए मुल्तवी कर दिया गया।

—सीमा प्रान्तीय कांग्रेस कमेटी ने कार्यकारिणी की एक विशेष बैठक करके निश्चय किया है कि 21वीं जून को समस्त सीमाप्रान्त में 'दमनात्मक क़ानून दिवस' मनाया जाए। प्रान्तीय कमेटी में प्रत्येक जिला कमेटी को शान्तिपूर्ण सभाए करने और सीमाप्रान्त के दमनात्मक क़ानूनों को तुरन्त हटा लेने के लिए प्रदर्शन करने का आदेश दिया है।

18 जून, 1931

भविष्य

श्री सान्याल तथा 'भविष्य' और 'चाँद' के सम्पादक गिरफ़्तार!!

डिस्ट्रिक्ट मजिस्ट्रेट स्वयं छिपकर गिरफ़्तारी का दृश्य देखने आया

विचाराधीन कैदी हथकड़ी तथा बेड़ियों से जकड़कर अदालत में लाए गए!!

लाहौर के नेताओं, पत्रकारों तथा राजनीतिक संस्थाओं की तलाशियाँ

स्वर्गीय सरदार भगत सिंह के राजनीतिक विचारों एवं सिद्धान्तों के सम्बन्ध में जो अनेक भ्रान्तियाँ फैली हुई हैं, केवल उन्हें एक हद तक दूर करने के अभिप्राय से उनके अन्यतम सहयोगी एवं मित्र श्री जितेन्द्रनाथ सान्याल ने उनकी एक संक्षिप्त जीवनी अंग्रेजी में लिखी थी, जो इस संस्था द्वारा 'फाइन आर्ट प्रिंटिंग कॉटेज' (चाँद प्रेस) में मुद्रित हुई थी। किन्तु संयुक्त प्रान्तीय गवर्नमेंट द्वारा पुस्तक जब्त कर ली गई। 12वीं जून के प्रातःकाल संस्था पर पुलिस का धावा हुआ और सहगल जी को स्थानीय डिस्ट्रिक्ट मजिस्ट्रेट द्वारा हस्ताक्षरित तलाशी का वारंट दिखाया गया। इस वारंट में एक विशेषता यह थी कि तलाशी लेने की आज्ञा के अतिरिक्त जुमला यह भी जोड़ दिया गया था कि "यदि आवश्यकता समझी जाए, तो तलाशी के सिलसिले में 'बल प्रयोग' भी किया जा सकता है।" संस्था में पुस्तक की केवल एक प्रति मिली, जिसे पुलिस ले गई। अस्तु।

दूसरे दिन अर्थात् 13वीं जून की शाम को पुलिस का एक सबल-दल संस्था में फिर पहुँचा, जिसमें 4-5 दारोगा, खुफिया पुलिस के कर्मचारी तथा 10-15 सिपाही आदि थे। जेल की लॉरी हाते के बाहर खड़ी रखी गई। सहगल जी के पास इत्तिला भेजी गई कि पुलिस 'चाँद' तथा 'भविष्य' के सम्पादक, मुद्रक तथा प्रकाशक को गिरफ़्तार करने आई है। श्री त्रिवेणी प्रसाद जी बी.ए. ने इस शुभ समाचार का बड़ी प्रसन्नता से स्वागत किया। चलते समय प्रेस तथा कार्यालय के कर्मचारियों ने उन्हें बधाई दी। उन पर फूलों की वर्षा की गई, हार आदि पहनाकर वे पुलिसवालों के हवाले कर दिए गए। चूँकि सहगल जी के साथ निजी मोटर में बैठने की आज्ञा नहीं दी गई, अतएव उन्हें जेल की लॉरी में ही बैठना पड़ा। प्रेस कर्मचारियों ने 'इन्क़लाब ज़िन्दाबाद' तथा 'भगत सिंह ज़िन्दाबाद' आदि के नारों से मानो सिविल लाइन को सिर पर उठा लिया।

कहा जाता है कि जिस समय गिरफ़्तारी की रस्म अदा हो रही थी, उस समय संस्था के बगल वाले बँगले में अपनी मोटर में छिपे हुए डिस्ट्रिक्ट मजिस्ट्रेट साहब सारा दृश्य देख रहे थे। सहगल जी स्वयं श्री त्रिवेणी प्रसाद जी का आवश्यक सामान अपने साथ लेकर जेल तक गए। किन्तु डिस्ट्रिक्ट जेल के जेलर ने सामान लेने से इसलिए इनकार कर दिया कि

उन्हें अधिकारियों की ओर से आज्ञा नहीं मिली थीं। बहुत कहने-सुनने पर 2/-रुपए उन्होंने दूध आदि के लिए स्वीकार किए, एक कम्बल और तकिया भी ले लिया गया।

इसी समय मालूम हुआ है कि श्री जितेन्द्रनाथ सान्याल भी भारतीय दंड विधान की धारा 124-ए के अनुसार गिरफ़्तार करके इसी जेल में लाए जा चुके हैं।

दूसरे रोज श्री अखिलनाथ सान्याल बार-एट-लॉ श्री जे.सी. मुकर्जी एडवोकेट तथा सहगल जी जेल में अभियुक्तों से मिलने गए; किन्तु पहिले मिलने की अनुमति देने से साफ इनकार कर दिया गया; यहाँ तक कि सहगल जी जेल सुपरिंटेंडेंट के दुर्व्यवहार से खीजकर बाहर लौट आए। फिर थोड़ी देर के बाद साहब बहादुर अपना आगा-पीछा सोचकर स्वयं बाहर आए और बड़ी कृपा प्रदर्शित करते हुए अभियुक्तों से मिलने की उन्हें तथा क़ानूनी सलाहकारों को आज्ञा दे दी गई। मिलने पर उनका कहना था कि "सरदार भगत सिंह की जीवनी लिखने और प्रकाशित करने के कारण जेल आने में हमें जितना सन्तोष और प्रसन्नता हुई है उसका अनुभव हम लोग ही कर सकते हैं—बाहर वाले नहीं।" दूसरे दिन मुलाकात करने की आज्ञा यह कहकर नहीं दी गई कि जेल के नियमित कार्यों में बाधा होती है, केवल रविवार को भेंट की जा सकती है।

इधर श्री अखिलनाथ सान्याल ने कलक्टर साहब को 14 जून को इस आशय का पत्र लिखा कि चूँकि मैं अभियुक्तों का क़ानूनी सलाहकार नियुक्त हुआ हूँ इसलिए आपसे प्रार्थना है कि बिना मेरी जानकारी के कोई कार्यवाही न होनी चाहिए। दूसरे दिन कैम्प अमानगंज (इलाहाबाद से लगभग 20 मील दूर) से कलक्टर साहब का पत्र मिला कि "अभियुक्त 16 जून को मेरे सामने पेश किए जाएँगे।" न पत्र में यह लिखा था कि कहाँ पेश किए जाएँगे— अमानगंज में डिस्ट्रिक्ट जेल में अथवा अदालत में;-और न समय ही लिखा गया था। शाम को सरकारी वकील से पूछने पर मालूम हुआ कि उन्हें अब तक कोई सूचना ही नहीं मिली है। दूसरे दिन सुबह जाँच की गई पर कोई पता नहीं चला। 16 जून को 10 बजे जेलर से पूछने पर मालूम हुआ कि इस सम्बन्ध में उन्हें भी कोई पता नहीं है!!

16 जून की दोपहर को एकाएक किसी भले आदमी ने सान्याल साहब (बैरिस्टर) को हाईकोर्ट में सूचना दी कि 'अभियुक्त' अदालत में पेश हैं। मुकर्जी साहब को जरा पहले ही सूचना मिल गई थी, इसलिए वे पहले से ही हाज़िर थे। जब बैरिस्टर सान्याल अदालत में पहुँचे तो सरकारी गवाहियाँ लगभग समाप्त हो चुकी थीं। सरकारी गवाहों में सुपरिंटेंडेंट पुलिस दारोगा और पेशकार आदि ही थे, जिन्होंने चीफ सेक्रेटरी की आज्ञा तथा तलाशी आदि का समर्थन किया। इन गवाहों से 'अभियुक्त' श्री जितेन्द्रनाथ सान्याल स्वयं इच्छानुकूल जिरह कर चुके थे।

डिस्ट्रिक्ट मजिस्ट्रेट से प्रार्थना की गई कि विचाराधीन कैदियों को भविष्य में हथकड़ी और बेड़ियों से न जकड़ा जाए, पर उन्होंने यह कहकर प्रार्थना अस्वीकार कर दी कि सान्याल बनारस षड्यंत्र केस में दंडित हो चुका है। श्री त्रिवेणी प्रसाद जी के सम्बन्ध में कहा गया कि 'वह उनका साथी है।'

वकीलों की ओर से 'अभियुक्तों' को जमानत पर छोड़ने की प्रार्थना की गई, जो तुरन्त अस्वीकार कर दी गई और अगली पेशी 1 जुलाई के लिए स्थगित बतलाई गई। अभियुक्त

जिस प्रकार आए थे, हथकड़ी और बेड़ियों में जकड़कर वापस भेज दिए गए। ये लोग अभी तक 'सी' क्लास में ही रखे गए हैं।

17वीं जून की शाम को डिस्ट्रिक्ट मजिस्ट्रेट की आज्ञा के विरुद्ध डिस्ट्रिक्ट और सेशन्स जज की अदालत में जमानत पर अभियुक्तों के छोड़े जाने की दरख्वास्त दी गई, पर उन्होंने कल 18वीं जून की दोपहर को दरखास्त पर विचार करने का हुक्म लिख दिया। 'भविष्य' के विशेष प्रतिनिधि को विश्वस्त सूत्र से पता चला कि सरकारी वकील को गवर्नमेंट की ओर से इस दरखास्त का विरोध करने का आदेश दिया गया है।

लाहौर का समाचार है कि इसी पुस्तक के सम्बन्ध में वहाँ 14वीं जून को अनेक तलाशियाँ हुई हैं। जिनमें कुछ व्यक्तियों एवं संस्थाओं के नाम ये हैं–मेसर्स रामकृष्ण एंड संस, अनारकली, पुस्तक-विक्रेता और प्रकाशक; कॉमरेड रामचन्द्र, बी.ए. संयुक्त सम्पादक 'वीरभारत'; कॉमरेड क्रान्तिकुमार; लाला गनपतराय, बी.ए. सम्पादक 'वन्देमातरम'; सरदार किशन सिंह जी (स्वर्गीय सरदार भगत सिंह के पूज्य पिता); मेहता आनन्दकिशोर, मेसर्स वर्मा एंड कम्पनी; 'अखिल भारतवर्षीय भगत सिंह, राजगुरु सुखदेव स्मारक संघ'; हिन्दोस्तानी सेवा दल; 'वीर भारत' कार्यालय, 'वंदेमातरम कार्यालय; सर्वेंट्स ऑफ दि पीपुल सोसाइटी आदि-आदि; किन्तु किसी भी स्थान से पुस्तक की एक भी प्रति पुलिसवालों के हाथ नहीं लगी! बेचारों को निराश होकर लौट जाना पड़ा!!

16 जुलाई, 1931

भविष्य

'सरदार भगत सिंह' का मामला

जिला मजिस्ट्रेट के सामने श्री सान्याल का शानदार वक्तव्य

11वीं जुलाई का स्थानीय समाचार है कि आज उस मामले के सम्बन्ध में गवाहियाँ ली गईं, जिसमें श्री यतीन्द्रनाथ सान्याल और श्री त्रिवेणी प्रसाद सम्पादक 'चाँद' और 'भविष्य' पर 'सरदार भगत सिंह' नामक पुस्तक के प्रकाशन के सम्बन्ध में 124-ए धारा के अनुसार राजद्रोह का अभियोग लगाया गया है।

अभियुक्तों की ओर से, युक्तप्रान्तीय धारा सभा तथा सर्वेन्ट्स ऑफ इंडिया सोसाइटी के भूतपूर्व सदस्य पं. वेंकटेश नारायण तिवारी, तथा असेम्बली के भूतपूर्व सदस्य पं. कृष्णकान्त मालवीय से, जो सफाई पक्ष की ओर से गवाही देने आए थे, जिरह की गई।

अभियुक्तों की ओर के बैरिस्टर श्री अखिलनाथ सान्याल के जिरह करने पर पं. वेंकटेश नारायण तिवारी ने कहा कि हाल ही में अभियुक्त सान्याल ने मुझे 'सरदार भगत सिंह' की एक प्रति दी थी, उसे मैंने पढ़ा था। इसका अनुवाद भी मैंने पढ़ा था, जो 'भविष्य' में निकला करता था।

अभियुक्तों के वकील—क्या आप इस पुस्तक में ऐसा कोई वाक्य समूह पाते हैं, जिससे सरकार के प्रति घृणा फैलना सम्भव हो?

श्री तिवारी जी ने कहा कि पुस्तक के पढ़ने पर ऐसा कोई भाव नहीं उत्पन्न होता है।

इसके बाद सफाई पक्ष के वकील ने गवाह का ध्यान पुस्तक के उस वाक्य-समूह की ओर आकर्षित किया, जिसमें कहा गया था—जेलों में राजनीतिक कैदी अन्य कैदियों से अलग रखे जाते हैं। वकील ने गवाह से पूछा कि, क्या वह अपने इस विचार का कारण बतला सकते हैं कि वह वाक्य-समूह सरकार के प्रति घृणा भाव नहीं फैला सकता है?

गवाह ने कहा—उस वाक्य-समूह में जो कुछ भी कहा गया है, वह 70,000 राजनीतिक कैदियों का अनुभव है, जो भद्र अवज्ञा आन्दोलन के समय जेल भेजे गए थे, और इसी प्रकार के वक्तव्य भी प्रकाशित किए गए हैं। स्वयं मेरा भी ऐसा ही अनुभव है।

श्री तिवारी जी ने आगे कहा कि जब पं. जवाहरलाल नेहरू जेल में थे, उस समय मैं उनसे मिलने गया था। उस समय जेल के सुपरिटेंडेंट ने कहा कि पं. जवाहरलाल अपने बैरक से बाहर नहीं जा सकते हैं। वे वहाँ अकेले रखे गए हैं और बैरक के बाहर घूमने का उन्हें कोई अधिकार नहीं दिया गया है। जब मैं स्वयं सजा पाकर जेल गया, तो पं. जवाहरलाल नेहरू

से मुझे मालूम हुआ कि कुँवर महाराज सिंह (कमिश्नर) की आज्ञा से शाम और सुबह को उन्हें टहलने के लिए बाहर निकलने की आज्ञा दी गई है। जब पंडित जी घूमने के लिए बाहर निकलते थे, तो उस समय अन्य सभी कैदी अपने सेलों में बन्द रहते थे और जब तक पंडित जी लौटकर बैरक में वापस नहीं आ जाते थे, तब तक अन्य कैदी सेलों से नहीं निकाले जाते थे।

मजिस्ट्रेट ने पं. जवाहरलाल नेहरू सम्बन्धी बातों को अनुचित समझा और इसलिए उसे नोट नहीं किया।

इसके बाद सफाई पक्ष के वकील ने गवाह का ध्यान पुस्तक के उस वाक्य-समूह की ओर आकर्षित किया, जिसमें सरदार भगत सिंह को कोर्ट रूम में मारने के सम्बन्ध का विवरण दिया गया था और पूछा कि उक्त वाक्य-समूह सरकार के प्रति असन्तोष उत्पन्न करता है या नहीं?

श्री तिवारी जी ने कहा कि इससे कुछ विशेष अफसरों को छोड़कर, जो इस कार्य में शरीक थे, सरकार के प्रति असन्तोष का कोई भाव नहीं उत्पन्न होता है।

आगे सवाल करने पर गवाह ने कहा कि उक्त पुस्तक ऐसी भाषा और शैली में लिखी गई थी, जिससे सरकार के विरुद्ध कोई भाव नहीं उठता है। उन्होंने आगे कहा कि वास्तव में उसकी भाषा बेजान है और लिखने का ढंग भी भद्दा-सा है।

सरकारी वकील के जिरह करने पर श्री तिवारी जी ने कहा कि साधारण स्थिति के मनुष्य की हैसियत से, 124-ए धारा में आनेवाले 'hatred', 'contempt' और 'disaffection' शब्दों में मैं कोई अन्तर नहीं समझता। उन्होंने आगे यह स्वीकार किया कि 'discontent' और 'disaffection' में कोई अन्तर नहीं है।

सफाई-पक्ष के वकील–क्या आप 'revolution' और 'revolutionary' शब्दों का अर्थ जानते हैं?

गवाह–हाँ!

वकील–किसी क्रान्ति में भाग लेनेवाला मनुष्य क्या सरकार के विरुद्ध असन्तोष का भाव रखता है?

गवाह–यह कुछ आवश्यक नहीं है। वह सरकार के विरुद्ध असन्तोष का भाव रख भी सकता है और नहीं भी रख सकता है।

वकील–सरकार के प्रति असन्तोष को छोड़कर ऐसा और कौन भाव है, जिससे प्रेरित होकर मनुष्य क्रान्ति कर सकता है?

गवाह–उदाहरणस्वरूप कोई व्यक्ति, सरकार के प्रति असन्तोष के भाव से नहीं, बल्कि सुधार भाव से प्रेरित होकर क्रान्ति कर सकता है।

इसके बाद सरकारी वकील ने गवाह का ध्यान निम्नलिखित वाक्य समूह की ओर आकर्षित किया–

"Henceforth his life was part of a story of the revolutionary movement in India and it now behoves us to give some account of this revolutionary organisation to which Bhagat Singh dedicated his heart and soul."

अर्थात्–"अब से इनका जीवन भारतीय क्रान्ति की कहानी का एक भाग बन गया, और हमें अब उस क्रान्तिकारी संगठन का कुछ विवरण देना उचित है, जिसके लिए सरदार भगत सिंह ने अपना हृदय और अपनी आत्मा समर्पित कर दी थी।"

सरकारी वकील–क्या यह सत्य नहीं है कि पुस्तक का रचयिता सरदार भगत सिंह की प्रशंसा करता है, और उन्हें उदाहरणस्वरूप अपने पाठकों के सम्मुख इस उद्देश्य से रखना चाहता है कि वे उनका अनुसरण करें।

गवाह–नहीं, ऐसा क़ोई भाव जाहिर नहीं होता है।

इसके बाद अदालत ने गवाह से जिरह की। अदालत के यह पूछने पर कि समूची किताब को पढ़कर क्या भाव उत्पन्न होता है, गवाह ने कहा–पुस्तक पढ़ते समय ऐसा कोई भाव मेरे हृदय में नहीं उत्पन्न हुआ, जिससे मालूम हो कि पाठकों के हृदय में इस पुस्तक से सरकार के विरुद्ध कोई भाव उत्पन्न होगा। बल्कि मेरे हृदय में यह भाव उत्पन्न हुआ कि इस पुस्तक से सरकार के प्रति साधारण जनता के हृदय में न तो कोई बुरा ही भाव उत्पन्न होगा और न अच्छा ही।

अदालत–इस पुस्तक को पढ़कर लोग भगत सिंह को अच्छा समझेंगे या बुरा?

गवाह–भगत सिंह के सम्बन्ध में ऐसी बहुत-सी बातें हैं, जिनका प्रभाव पाठकों पर पड़ सकता है, किन्तु इसका यह अर्थ नहीं है कि भगत सिंह सम्बन्धी सारी बातों की लोग प्रशंसा करेंगे।

आगे पूछे जाने पर गवाह ने कहा–इस पुस्तक को पढ़कर लोग भगत सिंह को, उनके कार्य करने का मार्ग दूसरा होते हुए भी अच्छा समझेंगे।

अदालत–क्या इस पुस्तक में सरदार भगत सिंह के विरुद्ध कुछ लिखा गया है?

गवाह–जहाँ तक मैंने इस पुस्तक को पढ़ा है, न तो भगत सिंह के पक्ष में ही कोई बात लिखी गई है और न उनके विरुद्ध ही कोई बात लिखी गई है।

अदालत–यदि पाठक भगत सिंह को अच्छा व्यक्ति समझे, तो क्या उनके मन में यह ख़याल भी उत्पन्न होगा कि उन्हें सरदार भगत सिंह के समान बनना चाहिए?

गवाह–यह कुछ आवश्यक नहीं है। जनता पर पुस्तक का साधारण प्रभाव इस ढंग का नहीं पड़ता है कि सरदार भगत सिंह का अनुकरण करने का भाव उनके हृदय में उत्पन्न हो।

आगे पूछे जाने पर गवाह ने कहा–पुस्तक का प्रभाव न तो भगत सिंह के मार्ग के पक्ष में ही पड़ सकता है और न उसके विपक्ष ही में।

पं. कृष्णकान्त मालवीय

अभियुक्तों की ओर के वकील के पूछने पर पं. कृष्णकान्त मालवीय ने कहा कि पढ़े गए वाक्य-समूहों में ऐसी कोई बात नहीं है, जिससे सरकार के प्रति असन्तोष का भाव फैले।

एक दूसरे वाक्य-समूह को सुनाकर वकील ने गवाह से पूछा–पुस्तक का रचयिता भगत सिंह को त्रासवादी के रूप में दिखलाना चाहता है या साम्यवादी के रूप में?

गवाह–साम्यवादी के रूप में।

आगे पूछे जाने पर गवाह ने कहा कि इस पुस्तक का कोई बुरा प्रभाव नहीं पड़ सकता है, क्योंकि लोगों ने इसके पहले भी समाचार-पत्रों में इन सब बातों को पढ़ लिया है।

जिरह किए जाने पर पं. मालवीय ने कहा–यह पुस्तक इतनी नम्र भाषा में लिखी गई है कि पाठकों के हृदय पर सरकार के विरुद्ध कोई भाव नहीं उत्पन्न हो सकता है।

सरकारी वकील–क्या आप जानते हैं कि भगत सिंह और सरकार एक दूसरे के विरोधी थे?

गवाह–हाँ!

वकील–पुस्तक पढ़कर, आप किनके साथ सहानुभूति करते हैं?

गवाह–जो कष्ट सहन करता है, स्वभावतः वही सहानुभूति के योग्य होता है। भगत सिंह ने दुख सहा था, इसलिए उन्हीं की ओर सहानुभूति भी उत्पन्न होती है।

दरख़्वास्त

सफाई पक्ष के वकील ने अभियुक्त श्री सान्याल की ओर से एक दरख़्वास्त पेश की, जिसमें कहा गया था कि सरकारी वकील या तो यह स्वीकार करें कि पुस्तक में प्रकाशित वक्तव्य सच है, या सफाई पक्ष को वह साबित करने की आज्ञा दी जाए।

सरकारी वकील ने कहा कि यह मामला राजद्रोह का है, मानहानि का नहीं; इसलिए उन वक्तव्यों की सत्यता प्रमाणित करना व्यर्थ है। इसके अतिरिक्त दंड विधान में ऐसी कोई व्यवस्था नहीं है, जिसके अनुसार मुझसे उन वक्तव्यों की सत्यता के सम्बन्ध में पूछा जा सके। इसलिए मैं न तो उन्हें असत्य ही कह सकता हूँ और न सत्य ही। किन्तु चूँकि सफाई पक्ष वाले उसे सत्य प्रमाणित करना चाहते हैं, तो यदि अदालत यह स्वीकार कर ले कि वे वक्तव्य सत्य हैं, तो मुझे कोई आपत्ति न होगी।

श्री सान्याल ने आज अपना वक्तव्य पेश किया। आगामी शनिवार को बहस होगी।

श्री सान्याल का वक्तव्य

श्री यतीन्द्रनाथ सान्याल ने जिला मजिस्ट्रेट की अदालत में अपना निम्नलिखित वक्तव्य पेश किया–

"मुझ पर सरदार भगत सिंह की जीवनी लिखने और प्रकाशित करने के कारण, भारतीय दंड विधान की 124-ए धारा के अनुसार राजद्रोह का अभियोग लगाया गया है। पुस्तक के सम्बन्ध में सरकार की ओर से कहा गया है कि मैंने उक्त पुस्तक में, सरदार भगत सिंह तथा अन्य त्रासवादियों के कार्यों की प्रशंसा की है तथा असेम्बली बम केस में दिए गए सरदार भगत सिंह के वक्तव्य को बिना उसका प्रतिवाद किए, प्रकाशित किया है। किसी साधारण परिस्थिति में कोई भी राष्ट्रीय कार्यकर्ता इस धारा के अनुसार–जिसे महात्मा गांधी ने 'भारतीय दंड विधान की धाराओं की रानी' कहकर सम्मानित किया है–अभियुक्त होने में गर्व का अनुभव करता। जब कोई जाति उन्नति की ओर अग्रसर होती

है, तब वह उस अवस्था से जबकि उसका अपने शासन मं कोई हाथ नहीं है, उस अवस्था को पहुँचना चाहती है, जब देश की सरकार और वहाँ की जाति में कोई अन्तर नहीं रह जाता। तब प्रत्येक देशभक्त शासन में परिवर्तन उपस्थित करने की चेष्टा करेगा और यही चेष्टा राजद्रोह समझी जाती है। मैंने दो कारणों से अपने को निर्दोष कहा है; पहला कारण तो यह है कि राजद्रोह फैलाने के उद्‌देश्य से मैंने यह किताब नहीं लिखी और दूसरा कारण यह है कि मुझे यह दृढ़ विश्वास है कि किताब में कोई विद्रोहात्मक बात नहीं है।

"सबसे पहले मैं उन परिस्थितियों का वर्णन करूँगा, जिनसे प्रभावित होकर मैंने यह पुस्तक लिखी है। मैं करीब डेढ़ वर्ष तक सरदार भगत सिंह के साथ रहा हूँ। मेरे साथ उनका जितना ही अधिक सम्पर्क होता गया, मेरे हृदय में उनके प्रति उतनी ही श्रद्धा उत्पन्न होती गई। जब मैं जेल से बाहर आया, मैंने देखा–जैसी कि मुझे आशा थी कि सरदार भगत सिंह की प्रशंसा करनेवाले एक-दो नहीं, हजारों-लाखों की संख्या में है। किन्तु जब मैंने उनकी प्रशंसा करनेवालों में से कुछ लोगों से पूछताछ की, तो पता लगा कि बहुत कम लोगों को सरदार भगत सिंह के सम्बन्ध में सच्चा ज्ञान है। साधारण जनता तो सिर्फ़ यही जानती थी कि सरदार भगत सिंह का, सांडर्स हत्याकांड और असेम्बली बम कांड इन दो घटनाओं से ही सम्बन्ध है। किन्तु मैं जानता था कि सरदार भगत सिंह न तो त्रासवादी थे और न अराजकतावादी। अतएव अपने स्वर्गीय मित्र के प्रति कर्तव्य पालन के उद्‌देश्य से मैंने उनका सच्चा और ऐतिहासिक चित्र चित्रित करने का विचार किया। इसमें मैं यह दिखाना चाहता था कि वे एक साम्यवादी और अन्तर्राष्ट्रीयतावादी थे और जनता उन्हें गलत समझे हुई थी। मुझे अपने इस प्रयत्न में सफलता मिली, जैसा कि 'पीपुल' की उक्त पुस्तक की आलोचना से स्पष्ट होता है, जिसकी एक प्रति अदालत के सामने पेश की गई है। यदि यह पुस्तक विद्रोहात्मक होती या इस प्रकार के कोई उद्‌देश्य से लिखी जाती, तो 'हिन्दुस्तान टाइम्स' जैसा प्रसिद्ध पत्र उसके सम्बन्ध में यह न लिखता कि मैंने इस पुस्तक को प्रकाशित कर सार्वजनिक सेवा की है। ('हिन्दुस्तान टाइम्स' की वह प्रति भी पेश की गई है।)

"पुस्तक के विषय के सम्बन्ध में मेरा कहना यह है कि मैंने फिर उस पुस्तक को पढ़ा है और मैं सत्यतापूर्वक कह सकता हूँ कि उसकी भाषा जनता के द्वारा कही गई या लिखी गई उक्तियों से कहीं अधिक नम्र और संयम है। जब मैं यह देखता हूँ कि स्वयं महात्मा गांधी जी ने सरदार भगत सिंह की फाँसी को 'पाशविक शक्ति का प्रदर्शन' ठहराया था, सरदार पटेल ने सरदार भगत सिंह के मामले की कार्यवाही को अन्यायपूर्ण ठहराया था और जब मुझे कांग्रेस के प्रस्ताव तथा नेताओं के वे भाषण स्मरण होते हैं, जो सरदार भगत सिंह दिवस के अवसर पर दिए गए थे, तो मैं वास्तव में यह विश्वास करने लगता हूँ कि विनम्र और संयत होने के कारण ही मैं सरदार भगत सिंह की जीवनी को वास्तविक रंग में नहीं रँग सका।

"फिर इस अभियोग को देखते हुए मुझे आश्चर्य होता है कि इस नम्रता और संयत भाव का फल भी कितना विचित्र हुआ है! मैं यह अनुमान करने के लिए विवश किया जा

रहा हूँ कि मुझ पर इसलिए मामला नहीं चलाया जा रहा है कि मैंने कुछ ऐसे वाक्य अपनी पुस्तक में लिखे हैं, जिन्हें खींच-तानकर विद्रोहात्मक बतलाया जा रहा है, बल्कि इसलिए कि यह पुस्तक सरदार भगत सिंह की जीवनी है।

"मैं नहीं समझता कि उन वाक्यों के सम्बन्ध में, जिन्हें विद्रोहात्मक बताया जाता है, मुझे अपनी सफाई देने की आवश्यकता है। उनके सम्बन्ध में मैं सबसे पहली बात यही कहना चाहता हूँ कि वे सभी बातें जो विद्रोहात्मक बतलाई जाती हैं—पूर्णतया सत्य हैं। दूसरी बात यह है कि उन बातों का वर्णन विद्रोह फैलाने की नीयत से नहीं किया गया है, किन्तु उनका वर्णन इसलिए किया गया है, कि वे बातें सरदार भगत सिंह की जीवनी को पूर्ण बनाने के लिए आवश्यक थीं। उनके बिना पुस्तक में अपूर्णता रह जाती।

"अन्त में मैं असेम्बली बम केस में दिए गए सरदार भगत सिंह के वक्तव्य के सम्बन्ध में कुछ कहना चाहता हूँ। मेरा यह दृढ़ विश्वास है कि सरदार भगत सिंह की जीवन सम्बन्धी कोई भी पुस्तक उनके पूरे वक्तव्य के बिना अपूर्ण रह जाती। इस वक्तव्य से सरदार भगत सिंह का आन्तरिक भाव प्रकट होता है और इससे उनके कई कार्यों पर प्रकाश पड़ता है। यह कहना कि 'यह वक्तव्य राजद्रोह फैलाने के लिए ही प्रकाशित किया गया है' गलत है, क्योंकि यह वक्तव्य अब पुराना हो चुका है और कोई नया उत्साह उत्पन्न करने की शक्ति अब इसमें नहीं रह गई है। यह वक्तव्य भारत के अनेक पत्रों में छप चुका है, जिनमें 'पायनियर' और 'सिविल एंड मिलिटरी गजेट' जैसे सरकार के हिमायती पत्र भी हैं। इसका अनुवाद भी देशी भाषाओं के अनेक पत्रों में छप चुका है। इसलिए इतने दिनों के बाद इसे प्रकाशित करने से कोई विशेष प्रभाव नहीं पड़ सकता है।

"इस अभियोग के सम्बन्ध में कि मैंने सरदार भगत सिंह तथा अन्य त्रासवादियों के कार्यों को उचित ठहराया है, मैं जोर देकर कहता हूँ कि मैंने इस प्रकार का कोई प्रयत्न अपनी पुस्तक में नहीं किया है। मैंने न तो उनके कार्यों की प्रशंसा की है और न निन्दा। क्योंकि मेरा यह विचार है कि ऐतिहासिक घटनाओं पर फ़ैसला करना एक इतिहासकार के क्षेत्र के बाहर की बात है। केवल घटनाओं और सच्ची बातों का चित्रण करके ही मैं सन्तुष्ट हुआ हूँ। स्थान-स्थान पर मैंने कुछ विशेष घटनाओं के मानस-शास्त्र सम्बन्धी कारण तथा घटनाओं के कारण और उनका नतीजा दिखाने की चेष्टा की है।

आगामी युद्ध के लिए तैयार रहो!

गत 5वीं जुलाई को बिहार-रत्न, देश-पूज्य बाबू राजेन्द्र प्रसाद ने बोरसद में भाषण देते हुए बड़े ही प्रभावशाली शब्दों में कहा था—"यदि यह क्षणिक सन्धि स्थायी शान्ति में परिवर्तित नहीं हो जाती, तो इसमें कांग्रेस का कोई कसूर नहीं होगा। कारण कि कांग्रेस सन्धि की शर्तों का मन, वचन और कर्म से अक्षरशः पालन करने की कोशिश करती आ रही है। शान्तिपूर्ण वातावरण लाने के लिए कांग्रेस सन्धि की सभी शर्तों का पूर्णतः पालन कर रही है और करती रहेगी। कांग्रेस के आदमियों को सिर फुड़वाने या जेल जाने का कोई खास

शौक़ नहीं है, परन्तु जब इन कष्टों और गुलामी में एक को चुनने की बारी आती है तो उनके सामने दूसरा कुछ उपाय नहीं रह जाता, इसके सिवा कि वे हँसते-हँसते कष्टों का आलिंगन करें।

"यदि सरकार हमें युद्ध ही के लिए बाध्य करे तो हमें उसके लिए भी पूर्णतः तैयार रहना चाहिए। आनेवाला युद्ध तो पिछले युद्ध से कहीं अधिक भयानक होगा!"

चम्पारन में महात्मा गांधी जी की सेवाओं की चर्चा करते हुए राजेन्द्र बाबू ने कहा—महात्मा जी के कार्यों से उस समय तो कुछ प्रत्यक्ष लाभ दीख न पड़ा, परन्तु कुछ ही साल में निलहे गोरों को चम्पारन छोड़ ही देना पड़ा। उसी प्रकार स्वराज्य का युद्ध अभी हमें प्रत्यक्षतः सफलतापूर्ण न मालूम हो, परन्तु शीघ्र ही भावी युद्ध से स्वराज्य की शुभ स्थापना होगी।

23 जुलाई, 1931

भविष्य

'भविष्य' और 'चाँद' के दूसरे सम्पादक भी गिरफ़्तार हो गए!

श्री सान्याल को 2 वर्ष तथा त्रिवेणी प्रसाद को 6 मास का कठिन-दंड!!

श्री भुवनेश्वरनाथ मिश्र, एम.ए. भी अदालत में हथकड़ी पहनाकर लाए गए!

महात्मा गांधी को सहगल जी का तार और महात्मा जी का विवशतापूर्ण उत्तर!

स्थानीय कलक्टर की बेजा धमकियाँ : संस्था पर फिर पुलिस का धावा : 25 जून का 'भविष्य' जब्त!!

'सरदार भगत सिंह' नामक अंग्रेजी की पुस्तक छापने के अपराध में स्थानीय डिस्ट्रिक्ट मजिस्ट्रेट की अदालत में भारतीय दंड विधान की धारा 124-ए के अनुसार जो अभियोग चल रहा था; गत 20वीं जुलाई को उसका फ़ैसला सुना दिया गया। पुस्तक के लेखक तथा प्रकाशक श्री जितेन्द्रनाथ सान्याल को 2 वर्ष का कठिन कारावास दंड प्रदान किया गया और 'भविष्य' और 'चाँद' के सम्पादक, श्री त्रिवेणी प्रसाद, बी.ए. को उनके 'भोलेपन' का ख़याल करते हुए केवल 1,000/—का जुर्माना अथवा 6 मास के कठिन कारावास का दंड मात्र उचित समझा गया। श्री त्रिवेणी प्रसाद जी ने जुर्माना न देकर जेल जाना ही उचित समझा।

फ़ैसला सुनाने के समय अनेक दर्शकों के अतिरिक्त श्री जितेन्द्रनाथ सान्याल की नव विवाहिता धर्मपत्नी, उनकी भावज (श्री शचीन्द्रनाथ सान्याल की धर्मपत्नी, जो काकोरी केस के सम्बन्ध में स्थानीय नैनी जेल में आजीवन कारावास-दंड भोग रहे हैं) तथा अन्य स्त्रियाँ भी उपस्थित थीं, जिन्होंने वहाँ दोनों 'अभियुक्तों' को फ़ैसला सुनाते ही फूलों के हार पहनाए और बड़ा हर्ष प्रगट किया। प्रेस-रिपोर्टरों ने आपके फोटो भी लिये थे, दोनों अभियुक्तों को स्थानीय डिस्ट्रिक्ट जेल में बी. क्लास में रखा गया है।

22वीं जुलाई के दोपहर का समाचार है कि जिस बँगले में श्री त्रिवेणी प्रसाद जी रहते थे, पुलिस ने धावा किया। पूछने पर मालूम हुआ कि वे जुर्माने में श्री त्रिवेणी प्रसाद जी का सामान कुर्क करने आए थे, किन्तु उन्हें एक लुटिया के सिवा वहाँ और कुछ नहीं मिला। पुलिस उनके घर का पता लगा रही है।

17वीं जुलाई की शाम को संस्था पर पुलिस ने धावा किया। प्रेस तथा कार्यालय की तलाशियाँ हुईं और 25 जून के 'भविष्य' की 29 कॉपियों को पुलिस जब्त कहकर उठा ले गई। साथ ही भारतीय दंड विधान की 124-अ धारा (राजविद्रोह) के अभियोग में 'चाँद' तथा 'भविष्य' के दूसरे सम्पादक श्री भुवनेश्वरनाथ जी मिश्र, एम.ए. 'माधव' की

गिरफ़्तारी का वारंट भी सहगल जी को दिखाया गया। मिश्र जी ने अपनी गिरफ़्तारी का समाचार बड़ी प्रसन्नता से सुना। नाश्ता करने के बाद उन्हें पुलिस अफसरों के हवाले कर दिया गया। 'चाँद' तथा 'भविष्य' कार्यालय एवं प्रेस के सारे कर्मचारियों ने एकत्र होकर मिश्र जी को उनकी गिरफ़्तारी पर बधाइयाँ दीं और उन पर पुष्पों की वर्षा की गई–उन्हें हार पहनाए गए।

'चाँद' और 'भविष्य' के दूसरे सम्पादक–श्री भुवनेश्वरनाथ जी मिश्र 'माधव', एम.ए. जो 17वीं जुलाई की सन्ध्या को भारतीय दंड विधान की 124-ए धारा के अनुसार गिरफ़्तार किए गए और जिन्हें 20 जुलाई को हथकड़ी पहनाकर डिस्ट्रिक्ट मजिस्ट्रेट की अदालत में लाया गया।

पुलिस अफसरों से पूछने पर मालूम हुआ कि उन्हें जेल ले जाने के लिए एक ताँगा मात्र लाया गया है; इसलिए पुलिस अफसरों की रज़ामन्दी से सहगल जी स्वयं पुलिस अफसरों सहित मिश्र जी को अपनी मोटर पर डिस्ट्रिक्ट जेल तक पहुँचा आए। दूसरी मोटर पर सहगल जी के घर की महिलाएँ भी जेल तक गई थीं। मिश्र जी को साधारण कैदियों की भाँति जेल में रखा गया और पहली पेशी 20वीं जुलाई को निश्चित हुई।

20वीं जुलाई को दो बजे मिश्र जी हथकड़ी पहनाकर जेल से लाए गए। श्री जितेन्द्रनाथ सान्याल तथा श्री त्रिवेणी प्रसाद का फैसला सुनाकर मिश्र जी का मामला शुरू किया गया। सर्वप्रथम गवाही सुपरिंटेंडेंट पुलिस की हुई। सुपरिंटेंडेंट पुलिस ने शपथ लेकर गवाही देने से इनकार किया तथा डिस्ट्रिक्ट मजिस्ट्रेट ने उसका समर्थन किया। इसके बाद उन पुलिसवालों की गवाहियाँ हुईं, जिन्होंने तलाशी ली थी तथा उन्हें गिरफ़्तार किया था।

मिश्र जी की ओर से उनके एडवोकेट श्री जे.सी. मुकर्जी ने उन्हें जमानत पर छोड़ देने की दरखास्त दी, जो तुरन्त नामंजूर कर दी गई! डिस्ट्रिक्ट मजिस्ट्रेट से भविष्य में मिश्र जी को हथकड़ी न पहनाए जाने की प्रार्थना की गई, जो यह कहकर अस्वीकार कर दी गई कि यदि वे भाग गए तो क्या होगा?

इसके बाद डिस्ट्रिक्ट मजिस्ट्रेट से इस मुकदमे की अगली तारीख 2-3 सप्ताह बाद नियत करने की प्रार्थना की गई, वह भी अस्वीकार कर दी गई। अगली पेशी आगामी सोमवार (27 जुलाई) को होना निश्चय किया गया।

डिस्ट्रिक्ट मजिस्ट्रेट के जमानत न देने के निर्णय के विरुद्ध सेशन्स जज के सामने 21 तारीख को दरखास्त दी गई; जिसकी पेशी आगामी शनिवार को होने की आज्ञा प्रदान की गई। उनसे मिश्र जी के दूसरे एडवोकेट श्री डी. सान्याल ने बहुत कुछ अनुनय-विनय की, उनसे कहा गया कि चूँकि डिस्ट्रिक्ट मजिस्ट्रेट ने अगली पेशी सोमवार को निश्चित की है और शनिवार को प्रार्थना पत्र पर विचार करने से मिश्र जी तब तक जेल में ही रहेंगे और उन्हें अपनी बचत का प्रबन्ध करने के लिए बिल्कुल समय नहीं मिलेगा; पर सारे अनुनय-विनय का कोई भी फल नहीं हुआ। 20वीं जुलाई से मिश्र जी को 'उच्च श्रेणी' के विचाराधीन कैदियों की श्रेणी में रखा गया है।

वर्तमान परिस्थिति के अनुसार आगामी शनिवार को सेशन्स जज की अदालत में जमानत की दरखास्त पर विचार होने की सम्भावना है और सोमवार को डिस्ट्रिक्ट मजिस्ट्रेट की अदालत में मामला पुनः पेश किया जाएगा।

इन आए दिन की तलाशियों एवं गिरफ़्तारियों से खीजकर 'चाँद' तथा 'भविष्य' के अध्यक्ष श्री सहगल जी ने महात्मा गांधी की सेवा में 18वीं जुलाई को शिमले के पते से निम्नलिखित आशय का तार भेजा था और इस तार की नकल पं. जवाहरलाल नेहरू के पास भी भेजी गई थी–

'चाँद' तथा 'भविष्य' के दूसरे सम्पादक पं. भुवनेश्वर नाथ मिश्र, एम.ए. भी दफा-124ए के अनुसार गिरफ़्तार कर लिए गए। पता चला है, कि यह गिरफ़्तारी 'गांधी-इर्विन समझौते का श्राद्ध' शीर्षक अग्रलेख के सम्बन्ध की गई है। मैं आपको हृदय की समस्त सच्चाई से विश्वास दिलाता हूँ कि यह लेख आपके लेख की अपेक्षा बिल्कुल कड़ा नहीं है। वह समय आ गया है जबकि केवल अमानुषिक अत्याचारों पर प्रकाश डालने के कारण ही हम लोगों पर इतनी सख्ती की जा रही है–निष्पक्ष सम्पादन कार्य असम्भव कर दिया गया है। मुझे तो युद्ध की अपेक्षा इस समझौते के युग में कहीं अधिक हानि उठानी पड़ी है! 'चाँद' और 'भविष्य' ने कांग्रेस की नीति का प्रतिपादन करने के कारण केवल एक मास के भीतर दो उच्च कोटि के शिक्षित सम्पादकों की कुर्बानियाँ की हैं। पिछले दो वर्षों के भीतर मुझे करीब 50,000 रुपयों की आर्थिक हानि उठानी पड़ी है। इस हानि ने मुझे एक बार ही विचलित कर दिया है और अब मुझमें हानि उठाने की शक्ति नहीं रह गई है। जिन सम्पादकों को गिरफ़्तार किया जाता है, उनके साथ साधारण कैदियों की भाँति व्यवहार किया जाता है। वे अदालत में हथकड़ी और बेड़ियों से जकड़कर लाए जाते हैं। कृपया इन मामलों में हस्तक्षेप कीजिए और मुझे मेरा कर्तव्य बतलाइए।

सहगल जी के इस तार के उत्तर में 20 जुलाई को महात्मा गांधी ने उन्हें जो उत्तर देने की कृपा की है, उसका आशय इस प्रकार है–

मुझे खेद है इस समय इस मामले में हस्तक्षेप करना सम्भव नहीं है। इस प्रकार के मामलों के विरुद्ध आपको प्रान्तीय आन्दोलन करना (महात्मा जी ने 'Should agitate locally' लिखा है) चाहिए।

22वीं जुलाई की दोपहर को सहगल जी 'चाँद' तथा 'भविष्य' के नए मुद्रक, प्रकाशक और सम्पादक–श्री शंकरदयाल जी श्रीवास्तव, एम.ए. को अपने साथ लेकर डिस्ट्रिक्ट मजिस्ट्रेट की अदालत में डिक्लेरेशन देने के अभिप्राय से गए। उन्हें मालूम हुआ कि डिस्ट्रिक्ट मजिस्ट्रेट साहब इस समय अपने ख्वाबगाह ('पलंग कमरे में हैं' कहा गया था) में हैं और आज अदालत में तशरीफ नहीं लावेंगे; इसलिए सहगल जी खाँ साहब रहमान बख्श कादरी के इजलास में गए ताकि वहीं डिक्लेरेशन दाखिल कर दिया जाए; (श्री भुवनेश्वर नाथ जी मिश्र के डिक्लेरेशन देने के समय डिस्ट्रिक्ट मजिस्ट्रेट दौरे पर था

और उनकी जगह पर आप ही ने डिक्लेरेशन किया था) किन्तु उन्होंने उसे लेने से इनकार कर दिया। बहुत कुछ पूछने पर आपने बतलाया कि डिस्ट्रिक्ट मजिस्ट्रेट की खास हिदायत है कि आपका डिक्लेरेशन हमेशा उन्हीं के सामने पेश किया जाए। कलक्टर के चीफ रीडर की सलाह से और लाचार होकर सहगल जी डिस्ट्रिक्ट मजिस्ट्रेट की कोठी पर गए, उन्हें अकेले भीतर बुलाया गया और साधारण शिष्टाचार के पहिले ही उनसे पूछा गया कि आपके 'चाँद' प्रेस का मालिक वास्तव में कौन है? सहगल जी ने उन्हें बतलाया कि प्रेस का मालिक मैं हूँ!!

प्र.–जब आप मालिक हैं तो डिक्लेरेशन अपने ही नाम से क्यों नहीं देते?

उ.–आपको यह प्रश्न करने का कोई अधिकार नहीं है; मेरी ओर से नियुक्त किया हुआ कोई भी व्यक्ति डिक्लेरेशन दे सकता है।

प्र.–यह आपकी चाल है कि स्वयं तो विष वमन करें और दूसरे को व्यर्थ में जेल भेजते रहें।

उ.–मैं आपके इन शब्दों का विरोध करता हूँ और भविष्य में मैं आपसे इस प्रकार की बातें सुनने को तैयार नहीं हूँ, आपका कर्तव्य है कि जो डिक्लेरेशन आपके सामने उपस्थित किया जा रहा है, आप उसे स्वीकार करें।

प्र.–मैं भविष्य में ऐसा नहीं करना चाहता। मैं चाहता हूँ, आपको भी जेल की हवा खानी पड़े!

उ.–यदि आपमें ऐसा करने की क्षमता है तो अवश्य कीजिए। आपके पास पुलिस है, आपके अधीन फौज और बड़ी-बड़ी सुदृढ़ जेले हैं; आप जो भी करेंगे–इस अभागे देश में जन्म ग्रहण करने के कारण सब कुछ मुझे मन मसोसकर स्वीकार करना ही पड़ेगा।

प्र.–और मैं अवश्य ऐसा करूँगा, यदि आगे से 'भविष्य' में कोई राजविद्रोहात्मक लेख प्रकाशित हुआ तो स्मरण रखिए, आप बच नहीं सकते!

उ.–मैं बचने का प्रयत्न भी नहीं करूँगा।

प्र.–अच्छा, उस अभागे 'डिक्लेरेंट' को बुलवाइए जो जेल की हवा खाने को इतना अधिक उत्सुक है!

सहगल जी ने चपरासी को आवाज़ देकर श्रीवास्तव जी को बुलाने की आज्ञा दी। उनके आने पर डिस्ट्रिक्ट मजिस्ट्रेट ने उनसे कहा कि देखिए सहगल साहब ने अपने को प्रेस का स्वामी बतलाया है और कहा है कि "I possess a Press" (इस पर सहगल जी ने डिस्ट्रिक्ट मजिस्ट्रेट का विरोध करते हुए उनसे कहा कि मैंने आपके पूछने पर अपने को केवल प्रेस का मालिक (Properietor) मात्र बतलाया है; पर डिस्ट्रिक्ट मजिस्ट्रेट ने सहगल जी से थोड़ी देर चुप रहने को कहा। श्रीवास्तव महोदय से आपने कहा कि मैंने सहगल साहब का बयान दर्ज कर लिया है, कि वे प्रेस के वास्तविक स्वामी हैं और आपको केवल आड़ के लिए यहाँ ले आए हैं : इसलिए आप खूब सोच-समझ लीजिए; क़ानून के अनुसार झूठा डिक्लेरेशन देने के अपराध में मैं आपको 2 वर्ष का कठिन कारावास-दंड और 5,000 रु. जुर्माने तक की सजा दे सकता हूँ। डिस्ट्रिक्ट मजिस्ट्रेट ने हिन्दुस्तानी में कहा–"आप देश सेवा करें, मुल्क की खिदमत करें, एडिटर हों, पब्लिशर हों, पर– "Why submit a false declaration that you are the keeper of the Press?"

सारांश यह कि अपनी ओर से डिस्ट्रिक्ट मजिस्ट्रेट ने श्रीवास्तव महोदय को अधिक से अधिक भड़काने का प्रयत्न किया, पर कोई फल नहीं हुआ। डिक्लेरेशन दाखिल कर दिया गया। डिस्ट्रिक्ट मजिस्ट्रेट ने क्रोध के आवेश में उन पर कुछ लिखा भी है और गिरफ़्तार करने की धमकी भी दी है। इसका फल जो भी होगा वह 'भविष्य' के आगामी अंक में पाठकों के सामने उपस्थित कर दिया जाएगा।

उच्छृंखलता के इस शासन काल में उन पत्रकारों की दशा कितनी दयनीय है—जो ईमानदारी से अपना कर्तव्य पालन करने के पक्षपाती हैं—इसका अन्दाजा पाठकगण उपर्युक्त पंक्तियों से लगा सकते हैं। इस विषय में हम 'भविष्य' के आगामी अंक विस्तृत रूप से लिखने की चेष्टा करेंगे।

सं. 'भविष्य'

श्री सुखदेवराज की विजय

लाहौर का 20 जुलाई का समाचार है कि दूसरे लाहौर षड्यंत्र केस में स्पेशल ट्रिब्यूनल ने श्री सुखदेवराज के जेल में अलग एकान्त कोठरी में रखे जाने के प्रश्न पर अपना फ़ैसला सुना दिया। ट्रिब्यूनल ने अलग एकान्त कोठरी में रखे जाने को गैर-क़ानूनी बतलाते हुए हुक्म दिया है कि अभियुक्त सुखदेवराज एकान्त कोठी से हटा दिया जाए और उसे दूसरे कैदियों के साथ रहने की आज्ञा दे दी जाए।

ट्रिब्यूनल ने जेल अधिकारियों से कहा है कि इस हुक्म के अनुसार जो कार्रवाई हो, उसकी रिपोर्ट एक सप्ताह के अन्दर इस ट्रिब्यूनल के सामने जेल के अधिकारी पेश करें।

—ढाका का 19 जुलाई का समाचार है कि सुतरापुर पुलिस ने ढाका जिले के चुरइन गाँव के निवासी अरविन्द दत्त को नारायनगंज की सशस्त्र डकैती के सम्बन्ध में गिरफ़्तार कर लिया है। कहा जाता है कि नारायनगंज की पुलिस ने इस सम्बन्ध में नारायनगंज के कई मकानों की तलाशियाँ भी ली हैं।

30 जुलाई, 1931 भविष्य

गांधी-इर्विन समझौते का श्राद्ध?

गवर्नमेंट की ओर से गांधी-इर्विन समझौते का पालन कहाँ तक हुआ है, इस सम्बन्ध की विस्तृत चर्चा करते हुए संयुक्त प्रान्तीय कांग्रेस कमेटी ने अपनी जो रिपोर्ट प्रकाशित की है, उसी के आधार पर सहयोगी 'प्रताप' ने इस प्रान्त के विभिन्न स्थानों पर होनेवाले अत्याचारों का एक विवरण प्रकाशित किया है, जो इस प्रकार है–

1. **बस्ती**–गांधी टोपीवालों को बेरहमी से पीटा जाना; मौज़ा ढोकम के खद्दर-प्रेमी ठाकुर चन्द्रपाल सिंह की बन्दूक का लाइसेंस जब्त; स्वयंसेवकों पर मार-पीट; त्रिवेणी प्रसाद नामक कांग्रेस कार्यकर्ता की बेइज्जती; उनके घर में पुलिस ने घुसकर पीटा।

2. **गोंडा**–मौज़े बरौली में कांग्रेस कार्यकर्ता को पीटा; पुलिस ने घरों में घुस-घुसकर औरतों को गालियाँ दीं। कहा–"बुलाओ अब साले गांधी को; लो कांग्रेस काम का मजा चखो।" बलरामपुर रियासत की चरदा, हरिहरपुर तहसीलों में ठेकेदारों के पाशविक अत्याचार; बीरपुर में अत्याचार; बरईपुर और सेमरी में स्त्रियों की बेइज़्ज़ती; उनके भगों में डंडे घुसेड़े गए; डिप्टी-कमिश्नर मिस्टर बनर्जी ने फरियादी किसानों को बेतों से पीटा; डी.सी. के आदमियों ने किसानों को लाठियों से, उन्हीं के सामने मारा।

3. **फ़र्रुखाबाद**–खानपुर नामक गाँव में 15-16 कांस्टेबिलों ने स्त्रियों को बेइज़्ज़त किया; बच्चों को पीटा; गालियाँ दीं; राजाराम अग्निहोत्री पिटे; खिरवाराज में बेदख़ली; मारपीट आदि की धूम; पुलिस कप्तान ने सिपाहियों को लेकर अमोलर के पंडित गिरधारी लाल के मकान पर छापा मारा; मारपीट की; कई मकानों से झंडे उतारे; खाहपुर में भी लोगों को कांग्रेस का साथ देने की वजह से पीटा। पुलिस कहती थी 'लो स्वराज'! अमोलर में नालिशें बेदख़ली।

4. **इटावा**–नगला ढकउवा का गोली कांड–तीन मरे, कई घायल, डोरवा स्कूल से पुलिस ने झंडा उतारा; फफूँद के थानेदार ने रामप्रसाद तथा हुब्ब लाल को बिला वजह, कांग्रेस में होने के कारण पीटा। भरथना विधनू में जमींदारों के जुल्म।

5. **कानपुर**–सभी तहसीलों में पुलिस और जमींदारों के जुल्म; दो सौ से ऊपर के गाँव में कांग्रेस-कार्यकर्ताओं द्वारा आर्थिक जाँच की गई; किसानों की हालत बहुत खराब; छूट नाकाफ़ी; नरवल में 144 दफा का दुरुपयोग; अकबरपुर बिल्हौर आदि तहसीलों में गिरफ़्तारियाँ; डेरापुर तहसील के कोरडवा तथा खाले गाँव नामक ग्रामों में जमींदारों के आदमियों की ज़्यादतियाँ। मौजा औंधा, औरियान, रामजी पुर में पटवारी का जुल्म; सपई, वीरसिंह पुर आदि के जमींदारों के जुल्म; घाटमपुर में धाँधली।

6. हरदोई–लगान वसूली के सिलसिले में मारपीट; स्त्रियों पर हाथ छोड़े गए। बड़ा गाँव, पिलसनी, संडीला आदि के किसानों पर शक्ति; किसानों को धूप में खड़ा करना, मारना, मेहतरों से जूते लगवाना; लगान की रसीद न देना, संडीला और हतौरा गाँव में धाँधली; गाय-बैल, घर का सामान कुर्क कर लेना। बेहदरकलाँ स्थान में कृषकों पर जुल्म, कर्मचारियों के अनाचार की शिकायतें।

7. बाराबंकी–बेगार, जबरन लगान वसूली; धनकुटी, चकगढ़िया, पुरवा गाँव में किसानों की मरम्मत; रामसनेही घाट के जमींदारों का बुरा व्यवहार; सन्दौली के जुहार बीबी के मेले में पुलिसमैन द्वारा कांग्रेस स्वयंसेवकों पर मार; 300 के करीब गिरफ़्तारियाँ; 144 धारा का अन्धाधुन्ध प्रयोग; किसानों पर भयंकर जुल्म और ज़्यादतियाँ।

8. झाँसी–ताल बेहट स्थान में पुलिस थानेदार की धाँधली; कोरी-चमारों से बेगार, आपत्ति करने पर लात-जूते का इनाम, चोरी की तहक़ीक़ात में गाँववालों को जलील करना; एक मुखिया फाँसी लगाकर मर गया।

9. बहराइच–नानपारा में मौजा अगिया और परसा में अत्याचार; घर जलाए गए; आदमियों के सख्त चोट, घरों के अन्दर औरतें पीटी गईं, डिस्ट्रिक्ट मजिस्ट्रेट को पाँच घर जलाए जाने के बाद सूचना दी गई; जिले भर में सख्ती; ब्राह्मणों के जनेऊ में जूते बँधवाए गए; भंगियों द्वारा मारपीट, छूट में मनमानी, कुर्की, दावा, डिग्री, मारपीट का ज़ोर, घरों के ताले तुड़वाए गए; लट्ठबन्द सवारों द्वारा 15 किसान घायल।

10. सीतापुर–बिसवा तहसील में जमींदारों की ज़्यादतियाँ; बेदख़ली की धमकी; मारपीट; मुर्ग़ा बनाना आदि; बेलवाँ बहादुरपुर के जमींदार के शान्तिमय धरने पर आपत्ति; पुलिस द्वारा गाड़ीवानों पर सख्ती; मौजा मथुरा में भीषण जुल्म, औरतों का अपमान।

11. फतेहपुर–जिले भर में किसानों पर सख्ती, मारपीट, मुक़दमेबाज़ी, खलिहानों से अनाज ले जाना; धाता में धरना देनेवालों को जमींदारों ने पिटवाया; पासी से उन पर थुकवाया भी। खागा में बेदखलियाँ और कुर्कियाँ।

12. एटा–तहसील असीगंज के लोहारीखेड़ा तथा सनौढ़ में मारपीट, सरदार ख़ाँ नामक किसान के मार के कारण मुँह से खून गिरने लगा; जरानी मौजे के जमींदार दलजीत सिंह ने आगरे के कांग्रेस-सेवक श्री मुंशीलाल गोस्वामी को जूते, घूँसे और डंडों से पिटवाया; जिला भर में सख्ती।

13. मैनपुरी–जसराना के किसानों की दुर्दशा, कुर्की और बेदखली की धूम, खेरिया गाँव में पुलिस के जघन्य तथा निन्दनीय अनाचार।

14. खीरी–नाकाफी छूट; 1/8 और 1/9 छूट में भी पटवारियों की शरारत; जमींदारों के अत्याचार; मार, बेदखली, कुर्की आदि; नजराना तथा अन्य टैक्सों की वसूली; नारायणदास महन्त के जिलेदार के अत्याचार; राजाखुटार के किसानों में त्राहि-त्राहि; कार्यकर्ताओं को 109 और 110 की धमकी।

15. उन्नाव–उतमानपुर के ताल्लुकेदार ने अंगद प्रसाद तथा एक और स्वयंसेवक को पिटवाया; जिले भर में हाहाकार; पिपरी में एक स्त्री पर चार-चार आदमी उतरे; बूढ़ी औरत नंगी की गई; बच्चे पीटे गए; कृषकों पर बेतहाशा मार।

16. प्रतापगढ़–झक्वारा के जमींदार की बेगार के सम्बन्ध में सख्ती; अमूमन जिले भर में किसानों के साथ दुर्व्यवहार; अधिकारियों की उदासीनता। परियाँवन के नवाब की भयंकर सख्ती।

17. गोरखपुर–बँधे हुए दर से चार-पाँच गुना अधिक लगान; भूसा, बेगार लठैतों द्वारा मार-पीट, किसानों को पेड़ पर चढ़ाकर ढकेलना; धूप में खड़ा रखना, पाँच पाँच मिनट पर जूते लगवाना; रस्सी से बाँधकर उलटा टँगवाना, किसानों के मुँह से खून न निकले, तब तक न छोड़ना; धूप में लिटाकर छाती पर पत्थर रखना; गाँव जलाए गए, कई आदमी मौत के शिकार; स्त्रियों का अपमान; तहसील महाराजगंज में हल, मवेशी, बर्तन कुर्क हुए, काश्तकारों से जमींदारों की ज़मीनें जुतवाना; मजदूरी की जगह दस-बीस गालियाँ; पड़रौना, सदर महाराजगंज आदि तहसीलों में कांग्रेसवालों को डाके-चोरी में पकड़ना; पंचायतें तोड़ने की कोशिश; बेलाहरैया रियासत के किसानों पर सख्ती; घोड़े पर टैक्स; गाड़ी पर टैक्स अढ़ाई आना, 37 लाख की मालगुजारी में 37 हजार की छूट; 7 जून को रजवाड़ा गाँव में पुलिस गई, घर में घुसकर औरतों-लड़कियों को तंग किया, किसानों ने शिकायत की, जमींदार के सिपाहियों ने मारपीट कीं, गोलियाँ चलीं, एक कांग्रेस स्वयंसेवक मारा गया, महाराजगंज तहसील के खेतराड़ी गाँव के 7 टोलों को जमींदारों ने लूटा, बर्तन, नकद, गहना, गल्ला, कपड़ा, सुई-डोरा सब ले गए, लूट के दिन स्टेशन, डाकघर, थाना आदि स्थानों पर पहरा रहा, बृजमन गंज के लेहराराज में बाँस-भूसे के सम्बन्ध में ज़्यादतियाँ, बेलाहरैया में लोकई कहार पर भयानक जुल्म, 2500 किसानों ने जिलाधीश से फ़रियाद की, कोई सुनवाई नहीं, पटवारियों के अनाचार।

18. रायबरेली–ऊँचाहार में मौजा कंगरावाँ के जमींदार ने किसानों को पिटवाया, कहा–'बुलाओ अपने बाप गांधी को।' एक किसान की कमर टूटी और हाथ भी टूटा, रियासतों में नजराना और लगानवसूली में ज़्यादतियाँ, सशस्त्र पुलिस का दौरा, गौरा की सभा में 144 का प्रयोग; जिले भर में हाहाकार; 200-250 रुपए की चीजें 30-40 रुपए में नीलाम, दौलतपुर में गोलियाँ चलीं, दो आदमी मारे गए, एक घायल हुआ।

19. बुलन्दशहर–माफ़ी पर्याप्त नहीं, किसानों में असन्तोष, अधिकारियों की उदासीनता।

20. सुल्तानपुर–कांग्रेस कार्यकर्ताओं पर 144, अमेठी तहसील के 90 व्यक्ति और मुसाफ़िरख़ाना तहसील के 120 व्यक्ति 107 दफ़ा में गिरफ़्तार; शहर में 144, 'महात्मा गांधी की जय' बोलने पर 8 किसानों पर 144 दफा तोड़ने का मुकदमा; कांग्रेस कार्य दबाने का प्रयत्न; मारपीट, गाली-गलौज बदस्तूर।

21. अलीगढ़–जिला कांग्रेस कमेटी के दफ्तर में रोजाना सैकड़ों शिकायतें जुल्मों की आती हैं; किसानों की बुरी हालत; अधिकारियों की धाँधली; जमींदारों की मनमानी।

22. इलाहाबाद–फूलपुर के जमींदार का अनाचार; तहसील चाइल में खोखा बाबू के कारिन्दे की ज़्यादतियाँ; सोराँव तहसील में किसानों पर जमींदारों की मारपीट; मकानों पर धावा करना, मारना। सामान उठा लेना तो मामूली बात; स्त्रियों पर मार; अधिकारियों द्वारा उत्तेजना दी जाती रही; जमींदारों की हिम्मतें बढ़ीं; भयंकर दुष्परिणाम; जमींदारों का क़त्ल।

23. फैजाबाद–सिपाही किसानों को मारते-पीटते तथा तंग करते हैं; अधिकारी ख़याल नहीं करते; किसान परेशान हैं, दमन की चक्की में पिसे जा रहे हैं।

24. जौनपुर–दख़ीलकारों के लिए रुपए में तीन आना छूट, जमींदार लोग पूरा लगान वसूल कर रहे हैं; किसानों पर आफत के बादल।

25. गाजीपुर–छूट बहुत कम हुई है; पटवारी और जमींदार छूट का हिस्सा हड़पे जा रहे हैं, किसान परेशान हैं; ऊँचे अफसर सुनवाई नहीं करते।

26. जालौन–शिकमी और मौरूसी काश्तकारों को एक पैसे की भी छूट नहीं मिली; किसान परेशान हैं; छूट काफी नहीं।

27. गढ़वाल–ब्यूरोखाल पट्टी में नौकरशाही के गुर्गों ने सार्वजनिक सभा में विघ्न डाला; अमन सभा वालों ने वहाँ पिकेटिंग की; बेगार सावली पट्टी में गाँव के ठेकेदार ने दो आदमियों को जूतों से पीटा, इसलिए कि उन्होंने कांग्रेस वालों के स्वागत में ढोल बजाया था; गढ़वाल में माफी बिल्कुल नहीं हुई; उलटे-फ़ी रुपया बढ़ाकर लगान वसूल हो रहा है, क्या यही न्याय है?

28. आगरा–कुर्की और बेदखली की भरमार; कई गाँवों में माफी का नाम नहीं; पुलिस अत्याचार कर रही है; अमन सभा के मेम्बरों को माफी ज़्यादा दी गई। पुलिस और डिप्टी-कलक्टर गाँववालों को कांग्रेसमैनों के ख़िलाफ़ भड़काते हैं; कहते हैं, इन्हें जाति से निकाल दो; गढ़ीसहजा में गोलियाँ चलीं; 4 किसान मरे; कई घायल हुए।

27 मार्च, 1931

भविष्य

कानपुर में भयंकर उपद्रव

करीब 250 मरे : 500 घायल हुए : 300 मकान फूँक डाले गए

मन्दिरों और मस्जिदों पर धावे : घरों और दुकानों में आग : बच्चों की निर्मम हत्या : शहर भर में फौज और पुलिस की शिकायत

क्या विद्यार्थी जी का शव जलते हुए मकान में डाल दिया गया!

कानपुर का 24वीं मार्च का समाचार है कि वहाँ सरदार भगत सिंह और उनके साथियों की फाँसी की सजा के समाचार प्राप्त होते ही शहर भर में हड़ताल हो गई। सरकारी विज्ञप्ति का कहना है कि कुछ मुसलमानों की दुकानें हड़ताल होने पर भी खुली थीं और उन्हीं को बन्द करवाने के प्रयत्न में कांग्रेस दल वालों से उनका झगड़ा हो गया और उसने भयंकर रूप धारण कर लिया। उपद्रव यहाँ तक बढ़ गया कि लोगों ने करेंसी दफ्तर, तार घर और कचहरी पर भी धावा बोल दिया और उन पर पत्थरों की वर्षा की। इस उपद्रव से शहर भर में सनसनी फैल गई और दुकानें लूटी गईं तथा उनमें आग लगा दी गई है। इसके फलस्वरूप रास्तों पर आहतों और मृतकों का ढेर लगते जाने के बड़े रोमांचकारी समाचार आए हैं। उपद्रव शान्त करने के लिए इलाहाबाद, गया, लखनऊ तथा जौनपुर से सशस्त्र पुलिस और फौज भेजी गई हैं। उपद्रव में महिलाओं पर हर प्रकार के अत्याचार किए गए हैं और मासूम बच्चों की हत्याएँ की गई हैं। लाला कल्लूमल्ल के कई लाख के भवन में आग लगा देने का भी समाचार आया है।

कानपुर से 27वीं और 28वीं मार्च को जो समाचार आए हैं, उनसे स्पष्ट मालूम होता है कि वहाँ की परिस्थिति में उस दिन तक कोई परिवर्तन नहीं हुआ। वहाँ अभी भी दंगे का आतंक फैला हुआ है। शहर भर के बाजार, बैंक, शिक्षा संस्थाएँ, व्यापारिक केन्द्र और मिलें इत्यादि बन्द हैं। शहर में 144वीं दफा लगा दी गई है, परन्तु उससे भी परिस्थिति में कोई परिवर्तन नहीं हुआ। महिलाओं और बच्चों पर होनेवाले अत्याचार अत्यन्त भयावह हैं। ऐसे बहुत से मृतक और घायल बच्चे और स्त्रियाँ मिली हैं, जिनके अंग भंग कर दिए गए हैं और बच्चों को दोनों टाँगों के बीच में से चीर डाला गया है और दोनों की निर्मम हत्याएँ की गई हैं।

क्या श्री गणेशशंकर विद्यार्थी मारे गए!

कानपुर के समाचारों से मालूम हुआ है कि हिन्दी के प्रतिभाशाली लेखक और 'प्रताप' के यशस्वी सम्पादक श्री गणेशशंकर जी विद्यार्थी गत मंगलवार से लापता हैं। वे इस भयानक

कांड के समय अपनी जान हथेली पर रखकर उपद्रव शान्त करने का प्रयत्न कर रहे थे। उनके एक आहत साथी का कहना है कि हम दोनों पर मुसलमानों ने धावा किया था और मैंने उन्हें एक लाश घसीटते हुए देखा था। इसके बाद का समाचार है कि वे मारकर एक जलते हुए मकान में झोंक दिए गए! बाद के समाचारों से यह भी पता चलता है कि अभी परिस्थिति में विशेष परिवर्तन नहीं हुआ है। प्रयाग के कमिश्नर श्री कुँवर महाराज सिंह जी कानपुर गए हैं। कहा जाता है कि वहाँ के डिस्ट्रिक्ट मजिस्ट्रेट के बँगले पर हिन्दू और मुसलमान नेताओं की एक सभा की गई थी, पर अभी तक कुछ विशेष परिवर्तन देखने में नहीं आया। जनता को इस बात की शिकायत है कि जब से दंगा शुरू हुआ, शहर में एक भी पुलिस और फौज का पता नहीं चलता, न उन लोगों ने जनता की किसी प्रकार की सहायता ही की है। सहयोगी 'लीडर' के विशेष प्रतिनिधि का कहना है कि कानपुर के नेताओं के साथ वे स्वयं मोटर पर प्रायः उन सभी मोहल्लों में गए, जहाँ उपद्रव विशेष भयंकर रूप धारण किए हुए है, पर उन्हें कहीं भी पुलिस के दर्शन नहीं हुए। पत्र छपते-छपते हमारे संवाददाता का कहना है कि अब तक लगभग 250 व्यक्ति जान से मारे जा चुके हैं। 500 से अधिक घायलों की संख्या बतलाई जाती है और कहा जाता है करीब 300 मकान और दुकानें बिल्कुल जलाकर खाक कर दी गई हैं।

यद्यपि यह उपद्रव हिन्दू-मुसलमानों के वैमनस्य का फल बतलाया जाता है, किन्तु फिर टकसाल, तारघर तथा कचहरियों पर धावे क्यों किए गए—यह पहेली किसी के समझ में नहीं आ रही है—घर-घर इसी बात की चर्चा है। इन समाचारों से फतेहपुर तथा इलाहाबाद में भी बड़ी सनसनी फैल रही है।

विदेशी कपड़े के व्यापारियों के नाम 'हिन्दुस्तान रिपब्लिकन एसोसिएशन' की 'लाल चिट्ठी'

मुजफ्फरपुर के एक संवाददाता ने आज ही हमारे पास एक 'लाल चिट्ठी' प्रकाशनार्थ भेजी है, संवाददाता का कहना है, ऐसी 'लाल चिट्ठियाँ' प्रत्येक कपड़े तथा परचून के व्यापारियों के पास आई हैं और इसके कारण विशेषकर वहाँ के मारवाड़ियों में बड़ी सनसनी फैली हुई है। पत्र का अविकल रूप यह है—

सावधान! सावधान! सावधान!!

अखबारों में यह खबर पढ़कर हम लोगों को बड़ा ताज्जुब होता है कि मुजफ्फरपुर (शहर का नाम हाथ से लिखा गया है, शेष छपा है—स. 'भविष्य') के तुम कपड़े के व्यापारियों ने अभी तक विलायती कपड़ा मँगाना और बेचना बन्द नहीं किया है। ऐसे नाजुक वक्त में जबकि मातृभूमि के उद्धार के लिए देशभक्त जेलों में ठूँसे जा रहे हैं और फाँसी के तख्तों पर लटकाए जाते हैं—तुम व्यापारियों का यह नीच काम देशद्रोहिता का नमूना है। इसलिए हमारी कमेटी ने यह फ़ैसला किया है कि अगर तुम लोग नोटिस पाने पर विलायती माल

खरीदना और बेचना बन्द नहीं करते हो तो तुम्हारे जान व माल की खैरियत नहीं है। याद रखो, तुम्हारी भी वही हालत होगी, जो बनारस और पेशावर के व्यापारियों की हुई हैं। इसलिए हम तुमको इस नोटिस के जरिए आगाह किए देते हैं कि अगर तुम लोगों ने 1 मार्च से विलायती माल बेचना बन्द नहीं किया तो हमारे दल के आदमी तुम्हारी इस करतूत का बदला अवश्य लेंगे।

सेक्रेटरी
हिन्दुस्तान रिपब्लिकन
एसोसिएशन

गांधी-इर्विन सन्धि असन्तोषपूर्ण है

श्री विट्ठलभाई पटेल का वक्तव्य

वियना (ऑस्ट्रिया) से 25वीं मार्च को भारतीय असेम्बली के भूतपूर्व प्रेजिडेंट श्री विट्ठल भाई पटेल ने कांगेस के प्रेजिडेंट के पास एक तार भेजा है, जिसमें उन्होंने गांधी-इर्विन समझौते से असन्तोष प्रकट किया है। परन्तु उन्होंने यह भी लिखा है कि उसे भंग करने से बड़ी भारी राष्ट्रीय क्षति होने की सम्भावना है। उन्होंने कांग्रेस से प्रार्थना की है कि वे महात्मा गांधी को इस बात का आदेश दे दें कि वे पूर्ण औपनिवेशिक स्वराज्य से रत्ती भर कम अधिकार स्वीकार न करें।

2 अप्रैल, 1931

भविष्य

कानपुर के उपद्रवों की भीषणता!

सरकारी रिपोर्ट भ्रान्तिपूर्ण है : मनुष्यों की लाशों को गिद्ध खा रहे हैं!

पुलिस और फ़ौज की शिथिलता : सड़कों और गलियों में लाशों का ढेर

500 मकान जला कर ख़ाक कर दिए गए : 2,000 घर लूट लिये गए!!

सहयोगी 'लीडर' के विशेष संवाददाता ने कानपुर के उपद्रवों के सम्बन्ध में 31मार्च को जो रिपोर्ट प्रकाशनार्थ भेजी है, वह वास्तव में बड़ी रोमांचकारी है। उसी का सार नीचे दिया जा रहा है–

आपका कहना है कि कानपुर में जैसा भयंकर उपद्रव हुआ है, उसकी कल्पना तक कठिन है। लेजिस्लेटिव असेम्बली तथा प्रान्तीय व्यवस्थापिका सभा में इन उपद्रवों की जो चर्चा सरकार की ओर से की गई है, वह केवल उस तार के आधार पर है, जो कि कानपुर के डिस्ट्रिक्ट मजिस्ट्रेट ने यू.पी. गवर्नमेंट के चीफ सेक्रेटरी के पास भेजा था, सरकारी अस्पताल सम्बन्धी रिपोर्ट तथा अन्य बातों के साथ ही डिस्ट्रिक्ट मजिस्ट्रेट ने एक जुमला यह भी लिखा था–"इसके अतिरिक्त अन्य जगहों में भी बहुत-सी लाशों का निबटारा किया गया है।" (A good many corpses disposed of elsewhere) किन्तु असेम्बली तथा कौंसिल में यह बात किसी को भी नहीं बतलाई गई।

बहुत से हिन्दू और मुसलमान चूहों की भाँति फँसाकर एक मकान में भर दिए जाते और मकान बन्द करके उनमें आग लगा दी जाती थी। प्रायः खाली घरों में आग लगाने के पहिले उसे लाशों से भर दिया जाता था। जो लाशें पर्याप्त अग्नि न मिलने के कारण अधजली रह जाती थीं, अधजले मकानों की बाँस-बल्लियाँ और कुन्दे गिरकर उन्हें छिन्न-भिन्न कर देते थे। इन बल्लियों और शहतीरों के नीचे बहुत-सी लाशें आग बुझानेवालों (Fire Brigade) को मिली हैं।

एक और आवश्यक बात बड़ी चालाकी से छिपाई जा रही है। गत शनिवार से लाशें अस्पताल में बिल्कुल नहीं जाने पातीं। मि. बेलिस नामक मजिस्ट्रेट ने–जिन्हें उस दिन से लाशों को उठवाने का काम सौंपा गया है–लाशों की संख्या बतलाने से इनकार कर दिया। यद्यपि इधर तीन दिनों में भी काफी जानें गई हैं, किन्तु डिस्ट्रिक्ट मजिस्ट्रेट भी इस सम्बन्ध में कुछ नहीं बतला सकते। म्युनिसिपैलिटी के मेहतर (बम पुलिस विभाग) तथा सेवा समिति के वालंटियर भी लाशों को उठवाने में मदद दे रहे हैं। यदि लाशें कुछ दिनों इस प्रकार सड़कों और गलियों में और पड़ी रहीं तो बीमारी फैल जाने की बहुत सम्भावना

है। फौजी अधिकारियों का कहना है कि ऐसी गन्दगी में वे फौज को रहने की इजाजत नहीं दे सकते।

मृतकों के शरीर इतने दिनों तक पड़े रहने के बाद इतने अधिक विकृत हो गए हैं कि यह पहचानना एक बार ही असम्भव हो गया है कि इनमें कौन हिन्दू की लाश है और कौन मुसलमान की। कुछ लाशों को गिद्धों ने खा डाला है और केवल हाड़-मांस ही शेष रह गए हैं।

कानपुर के निवासियों की आर्थिक हानियों के सम्बन्ध में कोई अन्दाज़ लगाना कठिन है। मोटे तौर से पता चलता है कि लगभग 500 मकान जलाकर खाक कर डाले गए हैं और उन घरों की संख्या, जो लूटे गए हैं, इससे चौगुनी (अर्थात् 2000) समझी जानी चाहिए। लोगों का यह निश्चित विश्वास है कि यदि पुलिस इस ओर जरा भी ध्यान दिए होती तो कानपुर की जनता को इतनी अधिक हानि कदापि न उठानी पड़ती। जनता को पुलिस पर बड़ा अविश्वास हो गया है। लोगों में प्रायः इस बात की चर्चा सुनने में आती है कि यदि इस प्रकार के आक्रमण गवर्नमेंट की सम्पत्ति अथवा उसकी शक्तियों पर किए जाते, तो पुलिस और फौज क्या कर डालती? लोगों का विश्वास है, कि यदि उपद्रव के पहिले ही दिन पुलिस अपने अस्तित्व को प्रकट कर दिए होती, तो कदापि शैतान का यह तांडव कानपुर में न हुआ होता।

डिस्ट्रिक्ट मजिस्ट्रेट के सम्बन्ध में संवाददाता का कहना है कि वे प्रायः अपने बँगले के सबसे भीतर वाले कमरे में छिपकर उपद्रवों के सम्बन्ध में विचार किया करते थे, शायद ही वे कभी बाहर निकले हों। शहर में कैसा भयंकर उपद्रव होता रहा, इस बात का उन्हें बहुत कम पता चला होगा। कानपुर के नए सुपरिंटेंडेंट पुलिस ने विगत सप्ताह ही जिले का चार्ज लिया था, वे बिल्कुल नए हैं। एक सबसे खेदपूर्ण बात यह है कि इनकी नियुक्ति रेलवे पुलिस से हुई है, अतएव नगर रक्षा तथा उसके शासन ज्ञान से उनका अनभिज्ञ होना स्वाभाविक ही बतलाया जाता है।

जिन स्थानों में विशेष उपद्रव हुआ था, 'लीडर' के विशेष संवाददाता ने लगभग उन सभी स्थानों का निरीक्षण किया है, आपका कहना है कि मोहल्ले के मोहल्ले एक बार ही श्मशान के रूप में परिवर्तित हो गए हैं। शहर का कुछ हिस्सा तो बिल्कुल नष्टप्राय हो गया है। जहाँ सैकड़ों मकानों की आबादी थी वहाँ शायद ही एक मनुष्य का दर्शन होता है। हिन्दुओं के मोहल्लों की दशा बड़ी करुणापूर्ण है।

हिन्दू और मुसलमान नेता यथाशक्ति दोनों जातियों में समझौता करने का प्रयत्न कर रहे हैं। यद्यपि पहिले की अपेक्षा हालत सुधरती हुई बतलाई जाती है, किन्तु स्थिति अभी तक गम्भीर है। मोहल्ले-मोहल्ले में नेता घूम रहे हैं।

'भविष्य' के तार द्वारा आए हुए 1ली अप्रैल के समाचार

(एसोसिएटेड प्रेस ऑफ इंडिया)

—बनारस में फिर गुंडों का आतंक छा गया है और कहा जाता है कि दंगे की अफवाह से सनसनी फैल गई है। वहाँ के डिस्ट्रिक्ट मजिस्ट्रेट ने दफा 144 के अनुसार हथियार तथा लाठी आदि लेकर आगामी दो महीनों तक सड़कों पर लोगों के निकलने की मनाही कर दी है।

—महात्मा गांधी ने कराँची में एक प्रेस प्रतिनिधि से इस अफवाह को निराधार बतलाया है कि वे जून में विलायत जानेवाले हैं। आपने यह भी कहा कि कांग्रेस के प्रतिनिधियों के विलायत जाने का प्रश्न भी अभी तक अनिश्चित है। आपने कहा कि गोलमेज परिषद् में भाग लेना सर्वथा कांग्रेस के अधीन है और अभी तक वह कोई पक्का निश्चय नहीं कर पाई है।

—अहमदाबाद का समाचार है कि मंडावा स्टेट की प्रजा ने अपनी असमर्थता के कारण कुछ दिन हुए अधिकारियों से कमी करने की प्रार्थना की थी जो स्वीकृत नहीं हुई अतएव उन्होंने कोई दूसरा उपाय न देखकर एक पैसा भी लगान न देने का निश्चय कर लिया और घरबार छोड़कर बड़ौदा राज्य में भागे जा रहे हैं।

—आज अखिल भारतवर्षीय कांग्रेस में नई कार्यकारिणी समिति का निर्वाचन हो गया। नई वर्किंग कमेटी के सदस्यों की सूची इस प्रकार है—

(1) सरदार वल्लभभाई पटेल, (2) पंडित जवाहरलाल नेहरू, (3) डॉक्टर महमूद, (4) श्री जैरामदास दौलतराम, (5) श्री जमनालाल बजाज, (6) महात्मा गांधी, (7) श्री ऐने, (8) श्रीमती सरोजिनी नायडू, (9) डॉक्टर आलम, (10) बाबू राजेन्द्र प्रसाद, (11) सरदार शार्दूल सिंह, (12) डॉक्टर अंसारी, (13) मौलाना अबुल कलाम आज़ाद, (14) श्री सेनगुप्ता, (15) श्री के.एफ. नॉरीमेन।

इस नए निर्वाचन को असाधारण महत्त्व इसलिए दिया जा रहा है; क्योंकि शीघ्र ही होनेवाली गोलमेज परिषद् के लिए कांग्रेस के प्रतिनिधियों की हैसियत से जानेवाले सदस्यों का निर्वाचन इन्हीं नेताओं में से होगा।

—देहली का समाचार है कि बड़ी व्यवस्थापिका सभा की देहली की बैठक आज अर्थ-बिल पास करके समाप्त हो गई। पक्ष में 51 और विरोध में 12 वोट थे।

गांधीवाद का नाश नहीं हो सकता

अहिंसा ही के द्वारा सफलता प्राप्त की जा सकती है

महात्मा गांधी का नवयुवकों से अनुरोध

कांग्रेस कैम्प में एक सभा में व्याख्यान देते हुए महात्मा गांधी ने कहा है कि युवकों के प्रति उन्हें जरा भी क्रोध नहीं है, बल्कि जिस गम्भीरता के साथ उनके प्रति व्यवहार किया गया है, उसे देखकर वे प्रसन्न हुए हैं। वे उनके प्रति अत्यन्त निष्कृष्ट व्यवहार कर सकते थे, वे उन्हें मार तक सकते थे, जिसके लिए मनसूबे बनाने की आवश्यकता नहीं थी, "किन्तु जब तक ईश्वर की यह इच्छा है कि मैं भारत की सेवा करूँ, तब तक कोई मुझे नहीं मार सकता। पर जब मेरा काल आएगा, तब मुझे कोई भी नहीं—चतुर से चतुर डॉक्टर भी नहीं—बचा सकता।" आगे महात्मा गांधी ने कहा कि उनके युद्ध की नींव सत्य और धर्म है और इसी आधार पर उन्हें बढ़ना चाहिए। संक्षेप में यह गांधीवाद है, कल नवयुवकों ने जिसका तिरस्कार किया था।

गांधी जी ने आगे बतलाया कि उनकी अथवा उनके अनुयायियों की मृत्यु हो जाने से ही गांधीवाद का नाश नहीं हो सकता क्योंकि गांधी का मूलमंत्र अहिंसा और प्रेम है। अहिंसा के द्वारा ही भारतवासियों ने युद्ध कर हजारों औरत, मर्द और बच्चों को इस ओर आकर्षित किया है। हिंसा के द्वारा कार्य करने पर, ऐसा करना असम्भव हो जाएगा। वे नवयुवकों से अनुरोध करते हैं कि वे उनके सिद्धान्तों को अपनावें। आगे महात्मा जी ने कहा कि यदि नवयुवकगण कांग्रेस का अधिवेशन असम्भव कर देते, तो भी वे भगत सिंह को नहीं लौटा सकते थे। किन्तु हाँ, देश की उन्नति में वे बाधा ज़रूर पहुँचाते। अन्त में उन्होंने कहा कि "स्वराज्य ही मेरी महत्त्वाकांक्षा है। स्वराज्य अथवा शान्ति और प्रेममय सरकार के लिए अहिंसा की आवश्यकता है। अहिंसा ही के द्वारा हम उसे प्राप्त कर सकते हैं। मेरा यही एकमात्र स्वप्न है। उसी एक स्वप्न के लिए मैं जीता हूँ, खाता हूँ, और बोलता हूँ। किन्तु जिस दिन मेरी अन्तरात्मा कह देगी कि देश को अब मेरी आवश्यकता नहीं है, जिस दिन मुझे विश्वास हो जाएगा कि जनता ने मेरी ओर से मुँह फेर लिया है, उसी दिन मैं अनशन कर प्राण त्याग करूँगा।"

असेम्बली में मि. मूर की बौखलाहट

"कानपुर के दंगे के सम्बन्ध में अधिकारियों ने लापरवाही दिखाई है"

असेम्बली में कानपुर के दंगे के सम्बन्ध में श्री रंगा अय्यर और मि. अर्थर मूर के बीच जो मनोरंजक बहस हुई है और जिसमें मि. मूर ने अन्त में यही स्वीकार किया है कि प्रारम्भ में अधिकारियों ने लापरवाही की है, उसका कुछ अंश पाठकों के मनोरंजनार्थ नीचे दिया जाता है–

अर्थर मूर बोल ही रहे थे कि श्री रंगा अय्यर ने पूछा–कानपुर में शान्ति स्थापित करने के लिए सेना कब आई?

सभापति–शान्ति! शान्ति! माननीय सदस्य उत्तर नहीं देना चाहते।

मि. मूर–यह बात तो हम सभी जानते हैं।

श्री अय्यर–मैं माननीय सदस्य के मुख से सुनना चाहता हूँ कि शान्ति स्थापना के लिए कानपुर में सेना कब बुलाई गई?

सभापति–माननीय सदस्य खड़े हैं। वे या तो बैठ जाएँ, या उत्तर दें (श्री अय्यर को लक्ष्य कर) माननीय सदस्य उन्हें इस प्रकार बाधा नहीं दे सकते।

मि. मूर–महाशय, मैं उत्तर नहीं देना चाहता। हम सभी जानते हैं, कि शोलापुर में शान्ति स्थापित करने के लिए सेना बुलाई गई थी। कानपुर की स्थिति के सम्बन्ध में रहनेवाले यूरोपियनों का विचार है कि अधिकारियों को अधिक मुस्तैदी दिखानी चाहिए थी।

श्री अय्यर–अधिकारियों ने अधिक मुस्तैदी क्यों नहीं दिखाई?

मि. मूर–मैं नहीं जानता। हम लोग कोई नहीं जानते।

श्री अय्यर–आप अपना समाचार-पत्र पढ़ते हैं?

मि. मूर–महाशय, मैं माननीय सदस्य के इस बात का विरोध करता हूँ कि कानपुर में यूरोपियनों के ऊपर किसी प्रकार का खतरा नहीं था, और इसीलिए सरकार ने कुछ नहीं किया।

श्री अय्यर–मैंने ऐसी कोई बात नहीं कही है।

मैंने कहा है...

मि. मूर–मैं मान नहीं सकता।

सभापति–शान्ति! शान्ति!

मि. मूर–वास्तव में इस दंगे में यूरोपियनों का बड़ा भारी नुकसान हुआ है। यह मैं नहीं जानता कि किसी की जान गई है या नहीं। पर इतना मैं जानता हूँ कि आर्थिक हानि बहुत अधिक हुई है। इसलिए माननीय सदस्य की दलील व्यर्थ है। किन्तु यूरोपियन समाज के लोग इस बात को मानते हैं कि आरम्भ में कुछ लापरवाही अवश्य दिखाई गई है।

श्री अय्यर–'कुछ' नहीं, बहुत अधिक लापरवाही दिखाई गई है, जो घातक सिद्ध हुई है, और उसी से इतनी अधिक जानें गई हैं।

विद्यार्थी जी का अन्तिम पत्र

निम्नलिखित पत्र अपनी मृत्यु के 3-4 घंटे ही पहिले स्वर्गीय श्री गणेशशंकर जी विद्यार्थी ने श्रीमती इन्दुमती गोयनका के नाम लिखा था, जिससे कानपुर के अधिकारियों के रहस्यपूर्ण मौनावलम्बन पर प्रकाश पड़ता है–

आदरणीया बहन जी,

सादर नमस्कार! मैं आपसे भलीभाँति परिचित हूँ। मेरी धारणा है कि मैंने आपको कलकत्ते में आज से दस वर्ष पहिले देखा था। उस समय आप बहुत छोटी थीं।

यहाँ की दशा निःसन्देह बहुत बुरी है। हम लोग शान्ति के लिए प्रयत्न कर रहे हैं। आपकी यह इच्छा कि आप प्राणों पर खेलकर भी शान्ति के लिए प्रयत्न करें, बहुत स्तुत्य है। किन्तु मैं अभी आपको आगे आने के लिए नहीं कह सकता। मुसलमान नेताओं में से एक भी आगे नहीं बढ़ता। पुलिस का ढंग बहुत निन्दनीय है। अधिकारी चाहते हैं कि लोग अच्छी तरह से निपट लें। पुलिस खड़ी-खड़ी देखा करती है। मसजिद और मन्दिर में आग लगाई जाती है। लोग पीटे जाते हैं और दुकानें लूटी जाती हैं। यह दंगा तो कल ही समाप्त हो जाता, यदि अधिकारी तनिक भी साथ देते। मैंने अपनी आँखों से अधिकारियों की इस उपेक्षा को देखा है। ऐसी अवस्था में मैं आपसे कैसे कहूँ कि आप आगे आइए। अधिकारियों को तो यह ईश्वरदत्त अवसर प्राप्त हुआ है। वे इस पर सन्तुष्ट हैं। ईश्वर उनके इस सन्तोष को भंग करें, इस बात को सभी भले आदमी चाहेंगे।

प्रताप कार्यालय

कानपुर (25.3.1931)

विनीत,

गणेशशंकर विद्यार्थी

"पूर्ण स्वाधीनता के बिना समझौता नहीं हो सकता"

भूतपूर्व राष्ट्रपति का छात्रों के प्रति उपदेश

गत 27वीं मार्च को अखिल भारतीय छात्र परिषद् में व्याख्यान देते हुए पं. जवाहरलाल नेहरू ने कहा है–

"कानपुर का हत्याकांड हमें यह सिखाता है कि हिंसा का प्रयोग, चाहे अच्छे भावों से प्रेरित होकर ही क्यों न किया जाए, वह हमीं पर आ पड़ेगी और हमें खून में घसीट ले जाएगी। हमारे विरोधी ही इससे लाभ उठाते हैं। आजकल कोई भी महत्त्वपूर्ण समस्या, हिंसा के द्वारा हम हल नहीं कर सकते और साम्प्रदायिक झगड़ों में तो यह उपाय कारगर हो ही नहीं सकता। अस्थायी क़ानूनों और प्रबन्धों द्वारा भी हम इस मामले को हल नहीं कर सकते। रोग की जड़ पर ही आक्रमण करके हम उसका विनाश कर सकते हैं। नवयुवकों को ही इन समस्याओं को हल करने में अधिक परिश्रम उठाना पड़ेगा। नवयुवक निश्चय ही एक नई परिस्थिति उत्पन्न कर देंगे और उन्नति में बाधा डालनेवाली बुराइयों का समूल नाश करेंगे। नवयुवकों को यह अवश्य याद रखना चाहिए कि जब तक एक नवीन क्रम को कार्य रूप में नहीं लाया ज़ाए, जिससे असमानता और स्वार्थपूर्ण प्रवृत्ति दूर हो जाए और धर्मान्धता का नाश हो जाए, तब तक स्वतंत्रता कोरा शब्द ही है। सन्धि के विषय में आजकल जोरों से चर्चा चल रही है; किन्तु मैं नवयुवकों को याद दिलाना चाहता हूँ कि कोई भी जीवित देश किसी प्रकार का भी समझौता करने पर तैयार नहीं हो सकता, यदि उसके द्वारा पूर्ण स्वाधीनता नहीं मिलती हो। कोई भी समझौता, यदि उससे पूर्ण स्वाधीनता नहीं मिलती हो, अवश्य ही असफल होगा और इस प्रकार युद्ध जारी रखना पड़ेगा।

"इसलिए नवयुवकों को पूर्ण स्वाधीनता और सामाजिक समानता के अर्थ को अच्छी तरह समझ लेना चाहिए। नारे लगाने के दिन बीत गए। अब युवकों को कार्य करना चाहिए, क्योंकि कार्य ही का महत्त्व है।"

एक नया ऑर्डिनेंस

लॉर्ड इर्विन का अन्तिम उपहार!

नई दिल्ली की 6ठी अप्रैल की खबर है कि वायसराय ने एक नया ऑर्डिनेंस जारी किया है। इस ऑर्डिनेंस के अनुसार जो कोई भी किसी प्रकार के समाचार, वक्तव्य या अफवाह को प्रकाशित करे अथवा अन्य किसी प्रकार से उसका प्रचार करे, जिससे विदेशी राष्ट्रों के साथ सरकार के सम्बन्ध में विद्वेष उत्पन्न हो या उत्पन्न होने की सम्भावना हो तो वह दंडनीय होगा। किन्तु यदि वह समाचार या वक्तव्य गवर्नर जनरल या स्थानीय सरकार अथवा किसी अन्य अधिकारी द्वारा (जिसे सपरिषद् गवर्नर जनरल के द्वारा ऐसा करने का अधिकार दिया गया हो) किए गए शिकायतों से सम्बन्ध रखता हो तो वह दंडनीय नहीं होगा।

1898 के क्रिमिनल प्रोसीजर की 89-ए धारा से लेकर 99-जी धारा तक की व्यवस्थाएँ और 1898 के भारतीय पोस्ट ऑफिस एक्ट की 27-बी से लेकर 27-डी तक की धाराएँ किसी भी पुस्तक, समाचार-पत्र या अन्य प्रकार के काग़ज़ातों पर (जिनके सम्बन्ध में किसी मनुष्य को 2री धारा के अनुसार सजा दी जा सकती है) उसी प्रकार लागू हो सकती है, जैसे वे राजविद्रोहात्मक पुस्तकों, समाचार-पत्रों या अन्य काग़ज़ात पर लागू होती हैं।

अन्तिम व्यवस्था पोस्ट ऑफिस में समाचार-पत्रों आदि को रोक लेने का भी अधिकार देती है।

28 मई, 1931

भविष्य

क्या श्री सुखदेवराज पर 8 अभियोग चलाए जाएँगे?

लाहौर, 12 मई। आज फिर स्पेशल ट्रिब्यूनल के सामने, नवीन लाहौर षड्यंत्र वाले मुकदमे की पेशी हुई। अभियुक्तों ने प्रतिदिन की तरह अदालत में आते ही 'इन्क़लाब ज़िन्दाबाद' के नारे लगाए और सम्मिलित स्वर से राष्ट्रीय गान गाए गए। इस्तगासा की तरफ से राय बहादुर पं. ज्वाला प्रसाद पब्लिक प्रॉसीक्यूटर और राय साहब गोपाललाल पैरवीकार थे। अभियुक्तों की ओर से एडवोकेट लाला श्यामलाल, लाला अमोलकराम, श्री अमरनाथ और मेहता प्राणनाथ पैरवीकार थे।

वकील के जिरह के उत्तर में सरकारी गवाह गोविन्द सहाय ने कहा कि मैंने किसी से नहीं सुना था कि बड़े लाट की गाड़ी पर किसी ने बम मारा था। मैंने कल शनाख्त करते हुए इन्द्रपाल (साधू) से कहा था कि साधू जी, हम पर बड़ी मार पड़ी है। मैंने पुलिस के सामने बयान देते हुए कभी नहीं कहा कि कुन्दन की दरखास्त, दफा 187 ताज़ीरात-हिन्द के अनुसार मेरे विरुद्ध काम में लाई गई, उसकी छानबीन इंस्पेक्टर मेहर अली ने की थी। कुन्दन ने मेरे विरुद्ध कोई अर्ज़ी नहीं दी थी। मुझे सब-इंस्पेक्टर ने यह नहीं कहा था, अगर मैं इस मुकदमे में गवाही दे दूँगा, तो मुझ पर मुकदमा नहीं चलेगा। इसके बाद गवाह ने मुमताज हुसैन इंस्पेक्टर की पहचान की और कहा कि यही वह पुलिस अफसर है, जिसने मुझे धमकी दी थी।

इसके बाद श्री एफ.एल. अमीन की गवाही आरम्भ हुई। उसने कहा—मैं वाटर लॉक कम्पनी का, गत मई 1928 से, मैनेजर हूँ। तारीख 2 नवम्बर को रामेश्वर दयाल नाम के, एक व्यक्ति के हाथ एक मोटरसाइकिल मैंने 320 रु. में बेची थी। इसके बाद गवाह ने उस आदमी के हस्ताक्षर की पहचान की और फिर कहा कि जब मैंने यह मोटरसाइकिल ख़रीदी थी, तो यह ठीक चलती थी और इसमें किसी प्रकार का दोष नहीं था।

इसके बाद गवाह को मोटरसाइकिल के पुर्ज़े दिखाए गए, तो उसने कहा कि ये उन पुर्ज़ों जैसे हैं, जो मशीन में लगाए गए थे। परन्तु ठीक तौर पर नहीं कह सकता कि ये वही पुर्ज़े हैं। मेरा बयान पुलिस के सामने भी हुआ था।

लंच के बाद

लंच के बाद सभी अभियुक्त हथकड़ियाँ डालकर जेल भेज दिए गए। जाते हुए अभियुक्तों ने 'भगत सिंह ज़िन्दाबाद', 'इन्क़लाब ज़िन्दाबाद' और 'शहीदाने वतन ज़िन्दाबाद' के नारे लगाए।

पुलिस का ज़बर्दस्त पहरा

अदालत की आज्ञा के अनुसार पुलिस श्री सुखदेवराज को शाही किले में ले गई थी, इसलिए उसे फिर अदालत में वापस लाने के लिए पहरे की काफी व्यवस्था की गई थी। अदालत के चारों ओर शस्त्रधारी सिपाहियों का पहरा बिठा दिया गया। इसके सिवा सी.आई.डी. के आदमी भी सड़क पर घूमने लगे।

श्री सुखदेव का आगमन

प्रायः 3 बजे श्री सुखदेवराज पुलिस के सिपाहियों से भरी हुई लॉरी में बिठाकर अदालत में लाए गए। उनके हाथों में हथकड़ियाँ थीं। इस मोटर में जो पुलिस अफसर थे, वे सभी हथियारबन्द थे। मोटरगाड़ी से उतारकर श्री सुखदेव अदालत के कमरे में लाए गए। सुखदेव ने हँसते हुए कमरे में प्रवेश किया।

हथकड़ी उतार दी गई

श्री श्यामलाल ने अदालत से प्रार्थना की कि श्री सुखदेवराज, एम.ए. की हथकड़ी उतार दी जाए। क्योंकि हमें इनसे मुकदमे के सम्बन्ध में बातचीत करनी है। इस प्रार्थना के अनुसार हथकड़ी उतार दी गई और बातचीत करने की आज्ञा भी दे दी गई। जब वकीलगण श्री सुखदेव से बातचीत कर रहे थे, तब सी.आई.डी. के अफसर कुछ फासले पर खड़े थे। इस समय श्री सुखदेव के पिता लाला गंडामल तथा उनके बहुत से रिश्तेदार दर्शकों की गैलरी में बैठे थे।

इसके बाद वकीलों में इस बात पर बहस हुई कि सुखदेवराज के विरुद्ध सभी मामले एक साथ ही चलाए जाएँ या अलग-अलग। सफाई के वकील लाला श्यामलाल ने कहा कि बेहतर होगा कि श्री सुखदेव को इसी मामले में शरीक किया जाए, क्योंकि यह एक षड्यंत्र का मुकदमा है।

श्री अमोलकराम कपूर ने कहा कि श्री सुखदेवराज यह जानना चाहते हैं कि इस्तगासा उनके विरुद्ध ट्रिब्यूनल के सामने मुकदमा चलाना चाहता है या और किसी अदालत में?

पब्लिक प्रॉसीक्यूटर रायबहादुर पंडित ज्वाला प्रसाद ने कहा कि वे श्री सुखदेव के विरुद्ध दो सरकारी गवाहों—इन्द्रपाल और मदन गोपाल—के अलावा 30 और गवाह पेश करना चाहते हैं और मुकदमे को दो-तीन सप्ताह के अन्दर ही समाप्त कर देना चाहते हैं।

श्री सुखदेवराज ने पब्लिक प्रॉसीक्यूटर से पूछा कि सरकार उनके विरुद्ध कितने मुकदमे चलाना चाहती है और उनका आधार क्या है?

उत्तर में सरकारी वकील ने कहा कि सरकार श्री सुखदेव के विरुद्ध सात-आठ मुकदमे चलाना चाहती है, जो इस प्रकार हैं—(1) बम्बई षड्यंत्रवाले मुकदमे में दफा 307 के अनुसार, (2) मि. धन्वन्तरि के साथ खानबहादुर अब्दुल अज़ीज को मारने के लिए गुरुदासपुर जाना, दफा 302, (3) दिल्ली षड्यंत्र—डाका डालने और बमबाजी के अपराध में

दफा 392 के अनुसार, (4) बहावलपुर बम केस, दफा 504, (5) इलाहाबाद में पुलिस के साथ लड़कर श्री चन्द्रशेखर 'आजाद' नामक, जो फरार अभियुक्त मारा गया था, उसके साथ श्री सुखदेवराज भी थे, जो मौका पाकर रफूचक्कर हो गए, उस अपराध के लिए दफा 307 के अनुसार, (6) शालीमार बाग में पुलिस अफसरों पर गोली चलाने के अपराध में, दफा 307 के अनुसार, (7) लाहौर षड्यंत्र केस में फरार अभियुक्त भगवतीचरण के साथ बमबाजी में शामिल होने के अपराध में दफा 4, 5, 6 के अनुसार और (8) बहावलपुर की कोठी में जो बम फटा था, उससे भी इस व्यक्ति का सम्बन्ध है। सरकारी गवाह इन्द्रपाल ने अपने बयान में कहा था कि एक दिन यशपाल ने उसे (इन्द्रपाल को) बतलाया था कि सुखदेवराज उसके विरुद्ध प्रचार कर रहा है। इससे साफ प्रकट होता है कि इस मुकदमे में भी वह एक षड्यंत्रकारी है!

श्री सुखदेवराज ने कहा कि शनाख्त परेड पर जो आदमी मेरे साथ शामिल किए जाते हैं, वे अधिकतर सी.आई.डी. के आदमी होते हैं। इसके बाद उन्होंने कहा, मुझे लिखने के लिए कलम-दवात और पिता से मिलने के लिए सुविधाएँ मिलनी चाहिए।

इस पर ट्रिब्यूनल के जज मि. सलीम ने कहा कि शनाख्त परेड के समय आपका वकील वहाँ उपस्थित रहा करेगा। कलम, स्याही और काग़ज़ भी मिल जाएँगे। इसके सिवा सफाई के वकील को प्रतिदिन मिलने की भी आज्ञा दे दी गई। हफ़्ते में तीन रोज पिता भी मिल सकते हैं।

इसके बाद उक्त जज ने सरकारी वकील से कहा कि वह आगामी 19 तारीख को निश्चय करके बताएँ कि अभियुक्त पर पहले कौन-सा मुकदमा चलाया जाएगा। इसके साथ ही गवाहों के नाम और उनकी गवाहियों के नोट भी अभियुक्त को दिए जाएँ और यह भी बतलाया जाए कि सरकार उसके विरुद्ध मुकदमा इसी अदालत में चलाना चाहती है, या किसी दूसरी अदालत में? इसके बाद श्री सुखदेव हथकड़ी लगाकर शाही किले में भेज दिए गए और मुकदमा मुल्तवी हो गया।

25 जून, 1931

भविष्य

"मैं क्रान्तिकारी हूँ और मुझे क्रान्तिकारी होने का गर्व है"

लाहौर के नए षड़्यंत्र केस में श्री सुखदेवराज का सनसनीपूर्ण बयान

मजिस्ट्रेट दो मालिकों की सेवा नहीं कर सकता : जेल सुप. ने अदालत की आज्ञा ठुकरा दी!!

13 जून को लाहौर सेंट्रल जेल में स्पेशल ट्रिब्यूनल के सामने श्री सुखदेवराज फिर पेश किए गए।

सरकारी वकील रायबहादुर पंडित ज्वाला प्रसाद ने, अभियुक्त सुखदेवराज की अर्जी, जो कि उसने हरीकिशन की फाँसी के सम्बन्ध में अदालत के नाम लिखी थी और जिसे जेल के अधिकारियों ने रोक रखा था, आज ट्रिब्यूनल के सामने पेश की और कहा कि यह अर्जी केवल प्रचार के अभिप्राय से लिखी गई थी। यह अर्जी अखबारों में न छपने देनी चाहिए।

अभियुक्त सुखदेवराज ने कहा कि यह अर्जी जेल के अधिकारियों ने मुझसे ली थी, इसलिए वह मुझको ही मिलनी चाहिए। अर्जी मिल जाने के बाद मैं इस बात पर विचार करूँगा कि वह अदालत में पेश की जाए या न की जाए?

इस पर सरकारी वकील ने कहा कि अर्जी अभियुक्त को न मिलनी चाहिए। यदि अभियुक्त यह अर्जी अदालत में नहीं पेश करना चाहता, तो उसे जेल के अधिकारियों के पास वापस कर देनी चाहिए।

सफाई के वकील मि. श्यामलाल ने कहा कि अभियुक्त अर्जी को अदालत में पेश करने या न करने के विषय में अपना मत परिवर्तन कर सकता है। अभियुक्त को उसकी अर्जी उसे मिल जाना आवश्यक है। सम्भव है कि वह अदालत में पेश करने के पहले अपने वकील से इस बात की सलाह लेना चाहता हो कि अर्जी पेश की जाए या नहीं? जेल के अधिकारियों को यह निर्णय करने का कोई अधिकार नहीं है कि अदालत में पेश की जानेवाली कौन-सी वस्तु आपत्तिजनक है और कौन-सी गैर-आपत्तिजनक है। आइन्दा से अब उन्हें अर्जियों को सीधे अदालत में भेज देना चाहिए।

मि. सलीम—मान लीजिए कि अभियुक्त अपने वकील की सलाह से अर्जी पेश करना चाहता है।

सरकारी वकील—यह तो ठीक है, परन्तु उस दिन अभियुक्त का कहना था कि मैं तब तक अदालत की कार्रवाइयों में भाग न लूँगा, जब तक कि मेरी अर्जी के सम्बन्ध में कोई निर्णय न हो जाएगा।

सरकारी वकील की बौखलाहट

मि. सलीम–अदालत अभियुक्त को अपने उसी मत पर आज भी स्थिर रहने के लिए बाध्य नहीं कर सकती।

इस पर सरकारी वकील ने इस बात को जोर देकर कहा कि अर्जी जेल के सुपरिंटेंडेंट के पास लौटा दी जाए। सम्भव है कि सबूत पक्ष के अभियुक्त की लिखावट प्रमाणित करने या उसके विरुद्ध गवाही देने के लिए उसकी ज़रूरत पड़े। अदालत इसे अपनी मिसिल में दर्ज कर ले या कम-से-कम उसकी ज़ाब्ते की नकल ले ली जाए।

मि. श्यामलाल ने कहा कि यदि यही बात है तो सबूत पक्ष अर्जी के प्रकाशन को रोकने के लिए बाध्य नहीं कर सकता, अभियुक्त को अर्जी के मिसिल में दर्ज हो जाने का कोई डर नहीं है।

ट्रिब्यूनल के एक सदस्य, रायबहादुर गंगाराम सोनी ने कहा कि यद्यपि अभियुक्त ने उस दिन कहा था कि जब तक अर्जी का निर्णय न हो जाएगा, तब तक मैं अदालत की कार्रवाई में भाग न लूँगा, फिर भी उसे अपनी अर्जी वापस लेने का अधिकार है।

सफाई के वकील मि. श्यामलाल ने कहा कि वह चाहे तो अपनी अर्जी नष्ट कर सकता है।

सरकारी वकील ने कहा–मैंने उसे अदालत की आज्ञा से पेश किया है।

रायबहादुर गंगाराम–परन्तु वह अभियुक्त की तरफ से पेश हुई समझी जाएगी।

सरकारी वकील–नहीं, नहीं, यह बात नहीं है। अगर अर्जी अदालत में पेश न की जाए, तो वह जेल अधिकारियों के पास वापस भेज देने के लिए मुझे मिल जानी चाहिए। वह मेरे अधिकार में है और मेरे विश्वास पर दी गई है।

रायबहादुर गंगाराम–परन्तु आपका अधिकार अनुचित है। उसका हकदार अभियुक्त है।

इस पर मि. सलीम ने सरकारी वकील से कहा कि जब अभियुक्त कहता है कि मैं अर्जी पेश करूँगा, तब आप कहते हैं कि वह पेश नहीं होनी चाहिए और अब जब वह कहता है कि मैं नहीं पेश करूँगा तब आप कहते हैं कि उसे ज़रूर पेश करनी चाहिए। यह एक ऐसी बात है जिसे मैं समझने में असमर्थ हूँ।

सरकारी वकील ने कहा–जेल अधिकारी अर्जी को वापस चाहते हैं। वे उसे अभियुक्त के आमालनामा (History Ticket) में दर्ज कर सकते हैं या उससे और कोई लाभ उठा सकते हैं।

इस पर सफाई के वकील मि. श्यामलाल ने कहा कि जेल के नियमों का इस रीति से प्रयोग न होना चाहिए कि अभियुक्त की सफाई में बाधा पड़े। यदि अभियुक्त यह समझ लेगा कि जेल में उसकी लिखी हुई कोई भी अर्जी उसके वकील के देखने के पहले ही अदालत या सबूत पक्ष देख सकता है, तो अभियुक्त के लिए कोई भी अर्जी लिखना या अपने वकील से सलाह लेना मुश्किल हो जाएगा। अदालत और सरकारी वकील को अभियुक्त और उसके वकील के बीच के मामलों में हस्तक्षेप नहीं करना चाहिए।

सफाई के वकील की अर्जी

मि. श्यामलाल ने अभियुक्त की स्थिति को स्पष्ट करने के लिए निम्नलिखित अर्जी अदालत के सामने पेश की।

(1) 10 जून को अभियुक्त सुखदेवराज ने जेल में अदालत के सामने पेश करने के लिए कुछ अर्जियाँ लिखी थीं।

(2) जेल के सुपरिंटेंडेंट ने उन अर्जियों को अदालत में पेश करने की इजाजत नहीं दी।

(3) अभियुक्त ने अदालत आने पर सुपरिंटेंडेंट के इस कार्य का विरोध किया। इस पर अदालत ने उन अर्जियों के पेश करने का हुक्म जारी किया।

(4) हुक्म पर सुपरिंटेंडेंट ने एक अर्जी तो भेजी, किन्तु दूसरी रोक ली।

(5) अभियुक्त ने अदालत से प्रार्थना की कि सुपरिंटेंडेंट के पास से आई हुई अर्जी मुझे दे दी जाए, जिससे अदालत के सामने पेश करने के पहले मैं उस पर विचार कर लूँ।

(6) दूसरी अर्जी के सम्बन्ध में, जिसे जेल के सुपरिंटेंडेंट ने रोक रखी थी, अदालत ने सुपरिंटेंडेंट को एक नोटिस दिया जिसमें उनसे अभियुक्त की अर्जी रोक रखने का कारण पूछा गया था और यह भी पूछा गया था कि भविष्य में ऐसी अर्जी रोकने के लिए तुमसे कैफियत तलब क्यों न की जाए?

(7) इस पर 13 जून को सरकारी वकील ने वह अर्जी पेश की और कहा कि गलती से जेल के सुपरिंटेंडेंट ने वह अर्जी रोक ली थी।

(8) इस पर अभियुक्त ने अदालत से प्रार्थना की कि अर्जियाँ मुझे वापस मिल जाएँ, जिसमें मैं अदालत में पेश करने के पहले उन पर अपने वकील की सलाह ले सकूँ।

(9) सरकारी वकील ने इस प्रार्थना का विरोध किया और कहा कि अर्जियाँ जेल के सुपरिंटेंडेंट के पास वापस भेज दी जाएँ, अर्जियों में लिखी हुई बातें अभियुक्त के विरुद्ध प्रमाण रूप में प्रयुक्त की जा सकती हैं।

(10) अब अभियुक्त की सफाई के सम्बन्ध में एक विचित्र परिस्थिति उत्पन्न हो गई है। जिस अर्जी को जेल के सुपरिंटेंडेंट ने रोक रखी थी, उसकी ज़रूरत केवल 10 जून तक थी, उसके बाद किसी दूसरी तारीख को पेश करने का कोई तात्पर्य नहीं है। अभियुक्त उपर्युक्त तारीख को अर्जी उपस्थित करने से रोक लिया गया, परन्तु फिर भी सबूत पक्ष उस अर्जी का, अभियुक्त के विरुद्ध सबूत के लिए उपयोग करना चाहता है।

(11) क़ानून के मुताबिक अभियुक्त को उसकी सफाई के लिए पूर्ण सुविधा मिलनी चाहिए। यह अदालत जेल के उन नियमों के प्रयोग की इजाजत न दे जिनसे अभियुक्त की सफाई में बाधा पड़ती हो।

(12) अगर अदालत या सबूत पक्ष अभियुक्त और उसके वकील के बीच किसी प्रकार का हस्तक्षेप करने लगे तो अभियुक्त के लिए कोई अर्जी लिखना या अपने वकील से सलाह लेना मुश्किल हो जाएगा।

(13) ऐसी कठिनाइयाँ सम्भवतः आगे भी पड़ सकती हैं, इसलिए अभियुक्त अदालत से निम्नलिखित हुक्म जारी कर देने की प्रार्थना करता है–

(क) यह कि अभियुक्त को लिखी हुई अर्जी साथ लाने, अदालत और सबूत पक्ष को अर्जी में लिखी बातों को न जानने देने और अदालत के सामने अर्जी पेश करने के पहले वकील से सलाह लेने का अधिकार रहे।

(ख) यह कि जेल के सुपरिंटेंडेंट को ऐसी अर्जी रोक लेने का कोई अधिकार नहीं है।

(ग) किसी भी हालत में जेल सुपरिंटेंडेंट को यह अधिकार नहीं है कि इस तरह की अर्जियों को सबूत-पक्ष को दे दे।

सरकारी वकील का विरोध

सरकारी वकील ने इस अर्जी का विरोध किया और कहा कि इसका एकमात्र तात्पर्य समाचार-पत्रों में प्रचार के लिए छपाना है।

मि. श्यामलाल ने कहा—मैं सरकारी वकील के इस आक्षेप का कि हमारा उद्देश्य केवल प्रचार कार्य करना है, अभियुक्तों के हितों की रक्षा करना नहीं है, ज़बर्दस्त विरोध करता हूँ।

इस पर ट्रिब्यूनल के प्रेजिडेंट ने कहा कि सरकारी वकील को सफाई के वकील के प्रति कहे हुए शब्दों का स्पष्टीकरण करना चाहिए।

सरकारी वकील—मेरे कथन का उद्देश्य मि. श्यामलाल पर कोई व्यक्तिगत आक्षेप करना नहीं है।

मि. श्यामलाल ने कहा कि मैं सरकारी वकील के उद्देश्य को माने लेता हूँ और उन्हें विश्वास दिलाता हूँ कि मेरी अर्जी का उद्देश्य अभियुक्त की स्थिति को अदालत के सामने बिल्कुल स्पष्ट करना मात्र है।

इसके बाद आपने हाईकोर्ट के एक सर्कुलर का हवाला देते हुए कहा कि जेल के अधिकारी अगर अभियुक्त की सफाई में किसी प्रकार की बाधा डालते हों तो अदालत को अख्तियार है कि वह अभियुक्त के हितों की रक्षा करे।

मि. सलीम—आप अदालत से क्या चाहते हैं?

मि. श्यामलाल—मैं चाहता हूँ कि अर्जियाँ सुखदेवराज को लौटा दी जाएँ और सुपरिंटेंडेंट को इस बात की हिदायत कर दी जाए कि आगे से वह ऐसी अर्जी रोक न रखें।

इसके बाद प्रेजिडेंट ने सरकारी वकील से पूछा कि आप इस अर्जी को क्यों रख लेना चाहते हैं?

सरकारी वकील—सबूत पक्ष के लिए यह एक गवाही का कार्य करेगी। मैं इसके द्वारा प्रमाणित करूँगा कि अभियुक्त क्रान्तिकारी है, क्योंकि अर्जी में वह श्री हरीकिशन को अपना साथी कहता है और उसके कार्यों की प्रशंसा करता है।

मुझे क्रान्तिकारी होने का गर्व है

मि. श्यामलाल—मैं फिर से इस बात पर जोर देता हूँ कि अभियुक्त को अपनी अर्जियाँ वापस पाने का अधिकार है। अभियुक्त अपने आपको क्रान्तिकारी स्वीकार करने से डरता नहीं। इधर-उधर के हवालों से क्रान्तिकारी साबित करने की क्या आवश्यकता है? मैं अभियुक्त की तरफ से अदालत के सामने एक अर्जी पेश करनेवाला हूँ, जिसमें उसने अपने

आपको क्रान्तिकारी स्वीकार किया है और उसके लिए उसे गर्व है। लेकिन इसका यह तात्पर्य नहीं कि वह अपनी अर्जी वापस पाने के क़ानूनी हक से वंचित रहे।

इसके बाद मि. श्यामलाल ने श्री सुखदेवराज के हाथ की लिखी हुई निम्नलिखित अर्जी अदालत के सामने पेश कर दी।

'सबूत-पक्ष की घृणित चालें'

"शुरू गिरफ़्तारी के समय से ही सबूत की तरफ से जैसी घृणित चालें मेरे साथ चली जा रही हैं और उनसे मेरी सफाई के प्रबन्धों में जैसी बाधाएँ पहुँचाई जा रही हैं, उन्हें देखते हुए मैं निम्नलिखित बातें अदालत के सामने उपस्थित कर देना चाहता हूँ–

(1) 3 मई को गिरफ़्तार होते ही मैं तुरन्त लाहौर फ़ोर्ट पुलिस की हिरासत में भेज दिया गया। मैंने अपने वकील से मिलने की इज़ाजत के लिए दरखास्त दी, परन्तु पुलिस अधिकारियों ने साफ नामंजूर कर देने तक की कृपा नहीं दिखलाई। मेरी और मेरे वकील की अर्जियाँ पड़ी रहीं, उन पर कोई ध्यान ही नहीं दिया गया। यदि मेरी ओर से इस अदालत ने हस्तक्षेप न किया होता, तो शायद अब तक भी मैं पुलिस की हिरासत में ही पड़ा रहता।

(2) पुलिस ने 15-15 दिन के बीच में दो बार मजिस्ट्रेट की अदालत से मुहलतें लीं। पहली दफा मजिस्ट्रेट ने पुलिस की मुहलत की दरखास्त एक मिनट में ही मंजूर कर ली। उन्होंने अभियुक्त की बात को धैर्य देकर सुनना भी अनुचित समझा। दूसरी दफा पुलिस की मुहलत की दरखास्त मेरी गैर-मौजूदगी में ही मंजूर करके बाद में उसकी खबर मेरे पास पहुँचा दी गई!

मजिस्ट्रेटों ने मेरी शिकायत दर्ज करने से इनकार कर दिया

(3) शिनाख्त परेड के समय मजिस्ट्रेट ने, परेड के समय की गैर-क़ानूनी कार्रवाइयों के विरुद्ध मेरी जो शिकायत थी, उसे बार-बार प्रार्थना करने पर भी लिखने से इनकार कर दिया। मजिस्ट्रेटों ने शिनाख्त परेड के समय मेरे वकील को उपस्थित रहने की भी इजाजत नहीं दी। व्यवहार से मजिस्ट्रेट पुलिस अफसरों के मातहत मालूम पड़ते थे, स्वतंत्र विचार के नहीं। ऐसी शासन प्रणाली में, जिसमें न्याय विभाग कार्यकारिणी के हाथ का यंत्र है, अमन और क़ानून की रक्षा का जैसा रुख होना चाहिए, वैसा ही उनका था। बेचारा मजिस्ट्रेट दो मालिकों की सेवा नहीं कर सकता। या तो वह अपनी बुद्धि के अनुसार कार्य करे या रोटी देनेवाली कार्यकारिणी की इच्छाओं का पालन करे।

(4) 2री जून को पुलिस की दोनों मुहलतों के बीत जाने पर मैं न्यायालय की हिरासत में भेज दिया गया और साथ ही अदालत की ओर से हिदायत कर दी गई कि मैं इस केस के अन्य अभियुक्तों के साथ ही रखा जाऊँ, जिससे सफाई के सम्बन्ध में पारस्परिक परामर्श करने में सुविधा हो। परन्तु जेल के सुपरिंटेंडेंट ने

इन आज्ञाओं का उल्लंघन करना ही उचित समझा और मुझे 140 नं. के कमरे में बन्द करने की इज़्ज़त प्रदान की, जिसमें सरदार भगत सिंह और राजगुरु अपनी फाँसियों के थोड़े ही पहले रह चुके थे। 4थी जून को जाकर कहीं मैं अपने केस के अन्य सहयोगी अभियुक्तों के साथ रखा गया।

(5) 6ठी जून को पूर्वाह्न के समय, जबकि मेरे सहयोगी अभियुक्त अदालत में हाजिर थे, मैं जेल के फाटक पर मुलाकात करने के लिए कहकर बुलाया गया। परन्तु वहाँ आने पर मुलाकात के बजाए, मुझे यह जान कर आश्चर्य हुआ कि मैं दंडगृह में पहुँचाया जा रहा हूँ। डिप्टी-जेलर ने मुझसे कहा कि अदालत से भी उच्च, राजसत्ता के हुक्म के मुताबिक अदालत का वह हुक्म, किसके अनुसार तुम्हें अन्य अभियुक्तों से मिलने की इजाजत दे दी गई थी, हटा लिया गया। उच्च राजसत्ता ने, जिसका अर्थ प्रान्तीय गवर्नमेंट है, मेरे लिए कालकोठरी का भी हुक्म दिया है, क्योंकि मेरी कोठरी के 50 गज के इर्दगिर्द कोई भी राजनीतिक या अन्य प्रकार का बन्दी नहीं आ सकता।

उपरोक्त बातों से यह साफ जाहिर है कि गवर्नमेंट ईमानदारी का बर्ताव नहीं कर रही है। इस केस में हम लोगों को दंडित करने के लिए उसे अपने पक्ष की प्रबलता पर विश्वास नहीं है। वह निन्दनीय उपायों से सफाई के कार्यों में बाधाएँ उपस्थित करके हम लोगों को दंडित करना चाहती है। सबूत पक्ष मेरे और मेरे साथियों के विरुद्ध चलने वाले केस की कमजोरी से भलीभाँति परिचित है, इस कारण उसने नीच प्रकार की चालों का आश्रय ग्रहण किया है। सफाई का संगठित प्रबन्ध होने पर यह केस ताशों द्वारा बने हुए घरों की तरह नष्ट-भ्रष्ट हो सकता है। अदालत ने यह फ़ैसला कर देने के बाद कि मैं अन्य अभियुक्तों के साथ ही रखा जाऊँ, सबूत पक्ष का प्रान्तीय गवर्नमेंट द्वारा अदालत के हुक्म को बदलवा देने का कार्य निश्चय ही सम्मानपूर्ण नहीं कहा जा सकता। श्रीमान, मेरा तो कथन है कि सबूत पक्ष क़ानून को अपने हाथों में उठाए ले रहा है। उसका जो भाव है वह अदालत की तौहीन करने का एक स्पष्ट केस है। मुझे अन्य अभियुक्तों से अलग रखने के मामले में सबूत पक्ष जब अदालत द्वारा असफल हुआ, तब उसने अदालत के हुक्म का अतिक्रमण करने का एक दूसरा उपाय सोचा और उसमें सफलता प्राप्त कर ली। यह ऐसा उद्धत कार्य है, जो भलमनसाहत से दूर है!"

'मुकदमा महज पाखंड है'

गवर्नमेंट ने अपनी उद्धत नीति के द्वारा यह बात साबित कर दी है कि यह मुकदमा निरा पाखंड है। वह इस अदालत के फैसले को तभी तक मानेगी, जब तक वह उसके हितों के विरुद्ध नहीं है। अपने विरुद्ध फ़ैसला होने पर वह उस फैसले को शून्य बना देने के लिए किस हद तक जा सकती है, वह उसने अभी दिखला दिया है। अत्याचार के विरुद्ध लड़नेवाले कमजोर परन्तु सच्चे विद्रोहियों को कुचल डालने के लिए सम्पूर्ण शासन तंत्र का प्रयोग करने तक से वह नहीं हिचकती। मैं क्रान्तिकारी हूँ और मुझे क्रान्तिकारी होने का

गर्व है। सबूत पक्ष को ईमानदारी से काम लेना चाहिए, अन्यथा इस मुकदमे से फायदा ही क्या है? अदालत में अभियुक्तों के सहयोग की आवश्यकता ही क्या है? अदालत द्वारा अभियुक्तों के छोड़ दिए जाने पर भी सबूत पक्ष उन्हें छोड़ने से इनकार कर देगा और सम्भव है कि सन् 1818 के तीसरे रेगूलेशन के अनुसार उन्हें रोक रखा जाए।

मैंने अपना केस जहाँ तक सम्भव था, स्पष्टता के साथ प्रकट कर दिया है। अदालत से मेरी प्रार्थना है कि वह सबूत पक्ष की गैर-क़ानूनी कार्यवाहियों के विरुद्ध अपनी शक्ति का परिचय दे और अभियुक्तों के हित की रक्षा करे। यदि मुकदमा न्याय से होना है, तो दोनों दलों को अदालत के प्रभुत्व को मानना चाहिए, अन्यथा सब व्यर्थ है।

आशा है कि मेरी शिकायतों को शीघ्र ही दूर किया जाएगा।

इसके बाद अदालत ने हुक्म दिया कि सुखदेवराज की अर्जी जेल के सुपरिंटेंडेंट के पास सुखदेवराज को लौटा देने के लिए भेज दी जाए। आगे के लिए अदालत ने कहा कि मौका पड़ने पर हुक्म दिया जाएगा।

इसके बाद अदालत की कार्यवाही स्थगित कर दी गई।

ता. 16 जून—आज जलपान के बाद अदालत के बैठने पर श्री सुखदेवराज की फिर पेशी हुई। दर्शकों की गैलरी खचाखच भरी हुई थी।

अभियुक्त सुखदेवराज ने अपने सहयोगी अभियुक्तों से अलग रखे जाने के विरोध में एक अर्जी दी थी, उसी पर अभियुक्त की तरफ से मि. श्यामलाल ने आज बहस की।

अर्जी में कहा गया था कि अभियुक्त अदालत के 2 जून वाले हुक्म के अनुसार न्याय विभाग की हिरासत में कर दिया गया था। साथ ही अदालत ने दोनों पक्षों के वकीलों की बहस सुन लेने के बाद यह भी सिफारिश की थी कि अभियुक्त सुखदेवराज अपने केस के अन्य अभियुक्तों के साथ एक ही बैरक में रखा जा सकता है। जेल के सुपरिंटेंडेंट ने अदालत की सिफारिश का पालन किया; परन्तु 6 जून को अभियुक्त सुखदेवराज अन्य अभियुक्तों से फिर अलग कर दिया गया, जिसका कारण जेल के नियमों का कोई उल्लंघन नहीं था, बल्कि प्रान्तीय सरकार का हुक्म था!! अर्जी में यह भी कहा गया था कि अभियुक्त जेल के अन्य कैदियों से बिल्कुल अलग एक कालकोठरी में रखा गया। अभियुक्त ने ट्रिब्यूनल से प्रार्थना की कि वह सरकारी वकील से गवर्नमेंट द्वारा जारी किए गए इस हुक्म का कारण पूछे, जो यदि सन्तोषजनक न समझ पड़े, तो ट्रिब्यूनल अभियुक्त को अन्य अभियुक्तों के साथ रहने की आज्ञा दे दे। यदि ट्रिब्यूनल की आज्ञाओं या सिफारिशों का पालन न हो सके, तो अभियुक्त को जमानत पर ही छोड़ दिया जाए।

अर्जी खारिज

मि. श्यामलाल ने अदालत से पूछा कि क्या सुखदेवराज के अन्य अभियुक्तों से अलग रखे जाने के कारण के विषय में जेल सुपरिंटेंडेंट का कोई उत्तर आया है?

प्रेजिडेंट ने कहा कि इस विषय में वहाँ से कोई खबर नहीं आई है।

मि. श्यामलाल ने कहा कि कैदियों के अलग रखने के विषय में स्त्री-पुरुष भेद का या श्रेणी भेद का विचार किया जाता है। अदालत से दंडित हो जानेवाले कैदी तक आपस में मिलने-जुलने से वंचित नहीं किए जाते। यदि किसी श्रेणी में केवल एक ही कैदी होता है, तो उसे अन्य श्रेणी के कैदियों से मिलने-जुलने दिया जाता है।

मि. सलीम—आपका मतलब यह है कि सुखदेवराज को अलग रखना अनिश्चित समय तक के लिए कालकोठरी में रखने के बराबर है?

मि. श्यामलाल—जी हाँ, कैदी के लिए एकान्तवास से बढ़कर और कोई दंड नहीं हो सकता। केस के अधिक समय तक चलने की सम्भावना है। यह सम्भव है कि इस एकान्तवास का अभियुक्त के स्वास्थ्य पर बुरा प्रभाव पड़े। इस तरह से बिल्कुल अलग रखने से उसकी सफाई में भी बाधा पड़ेगी। ऐसी हालत में, जबकि अभियुक्त के स्वास्थ्य पर बुरा प्रभाव पड़ रहा है और उसकी सफाई में बाधा पड़ती हो, तो अदालत को हस्तक्षेप करने का अधिकार है।

मि. श्यामलाल ने कहा कि इस सम्बन्ध में मैं हाईकोर्ट में जाब्ता फौजदारी की दफा 56-ए के अनुसार कार्रवाई करनेवाला हूँ। अदालत से मेरी प्रार्थना है कि वह इस केस की सुनवाई तब तक के लिए स्थगित कर दे। इस पर ट्रिब्यूनल ने 22 ता. तक के लिए केस स्थगित कर दिया।

दूसरे लाहौर षड्यंत्र केस के मुखबिर, खैरातीराम की जिरह स्पेशल ट्रिब्यूनल के सामने आज भी जारी रही।

मि. श्यामलाल के जिरह करने पर मुखबिर ने कहा कि लाहौर फोर्ट में अभियुक्तों की शिनाख्त होने के समय मैं नहीं जानता था कि मुझे माफी मिल जाएगी। लायलपुर की कुछ जगहों के पते बतलाने पर मुझे माफी मिली थी। पहरा देनेवाले के हाथ मैंने सी.आई.डी. अफसरों के पास एक खबर भेजी थी, जिसका अभिप्राय यह था कि वे सरकारी वकील से कहकर मेरी तरफ से अदालत में एक ऐसी अर्जी दाखिल कर दे, जिससे मैं जेल की हिरासत से बदलकर लाहौर फोर्ट की हिरासत में कर दिया जाऊँ, क्योंकि जेल में मेरा स्वास्थ्य बराबर खराब होता जा रहा था। यह खबर मैंने लाहौर सेंट्रल जेल में आने के एक सप्ताह बाद भेजी थी। चार कांस्टेबिल, नूर हुसैन नाम के एक हेड कांस्टेबिल के साथ मेरे पहरे पर तैनात थे। लाहौर फोर्ट में हेड कांस्टेबिल तो दिखलाई पड़ता था, परन्तु वे चार कांस्टेबिल वहाँ नहीं थे। खबर भेजने के बाद मुझसे कोई पुलिस अफसर नहीं मिला, सिर्फ़ सरकारी वकील और एक मजिस्ट्रेट जेल में मुझसे मिलने के लिए आए थे।

मुखबिर की अर्जी

मि. अमोलकराम कपूर के जिरह करने पर मुखबिर ने कहा कि जिस दिन मुझसे सरकारी वकील और मजिस्ट्रेट मिले थे, उस दिन मैंने एक काग़ज़ पर हस्ताक्षर किया था। काग़ज़ मुझे मजिस्ट्रेट ने दिया था। उसे पढ़ लेने के बाद मैंने उस पर अपना हस्ताक्षर बनाया था। सरकारी वकील से मेरी कोई बातचीत नहीं हुई। वह काग़ज़ मेरी ओर से लिखी हुई अर्जी थी, जिसमें लिखा था कि मेरा स्वास्थ्य जेल में बराबर खराब होता जा रहा है, इसलिए जेल

से बदलकर मैं लाहौर फोर्ट में कर दिया जाऊँ या जमानत पर छोड़ दिया जाऊँ। अर्जी में यह भी लिखा था कि सेंट्रल जेल में मुझे जान का खतरा मालूम होता है।

फोर्ट में

आगे जिरह करने पर मुखबिर वह तारीख या महीना नहीं बतला सका, जब उसके पिता और भाई जेल में उससे मिले थे। दूसरे प्रश्न के उत्तर में उसने कहा कि मुझे यह याद नहीं, कि वे मुझसे मजिस्ट्रेट के सामने मेरे बयान हो जाने के पहले मिले थे या बाद। मैं अदालत में 14 जनवरी, सन् 1931 को हाजिर हुआ था। मेरे पिता और भाई मुझसे इसके पहले ही मिल चुके थे। 14 जनवरी के बाद मैं उनसे दो बार मिला था। किन्तु मिलने की तारीखें मुझे याद नहीं हैं। लाहौर फोर्ट में मैं अपनी कोठरी में रहा करता था। शौच क्रियादि और स्नान के समय के अतिरिक्त कोठरी के बाहर निकलने की इजाजत नहीं मिली थी। माफी मिल जाने के बाद, दिन और रात दोनों वक्त, मैं कोठरी में रखा जाता था। माफी मिलने के पहले दिन के वक्त मैं कोठरी के अन्दर हथकड़ियाँ डालकर और रात के वक्त एक हाथ में हथकड़ी डालकर, जिसकी जंजीर कांस्टेबिल की चारपाई से बँधी रहती थी, खुले में रखा जाता था।

इसके बाद अदालत की कार्रवाई स्थगित हो गई। आज ही मुखबिर इन्द्रपाल की उस अर्जी पर भी विचार हुआ, जिसमें कहा गया था कि मुखबिर को क़ानूनी सलाहकार से मिलने की इजाजत दी जाए, क्योंकि हाईकोर्ट में वह जमानत पर छोड़े जाने के लिए एक अर्जी पेश करना चाहता है।

सरकारी वकील ने कहा कि अदालत किस क़ानून के अनुसार मुखबिर को क़ानूनी सलाहकार से मिलने की इजाजत दे सकती है? जेल के नियमों के अनुसार अदालत अभियुक्त को केवल गवाही के लिए बुला सकती है, दूसरे किसी भी कार्य के लिए वह उसे नहीं बुला सकती। अदालत में हाजिर होने के वक्त भी अभियुक्त जेल अधिकारियों की हिरासत में रहता है।

इस पर रायबहादुर गंगाराम ने कहा कि यदि अदालत अभियुक्त को जमानत पर छोड़ सकती है, तो क्या वह अदालत में क़ानूनी सलाहकार से मिलने की इजाजत नहीं दे सकती?

इस पर पंडित ज्वाला प्रसाद ने कहा कि अदालत को इन मामलों में वहाँ तक अख्तियार है, जहाँ तक किसी जेल नियम का उल्लंघन नहीं होता। इस केस में इन्द्रपाल के विरुद्ध कोई मामला नहीं चल रहा है और न वह कोई अभियुक्त ही है। वह सबूत-पक्ष का एक गवाह है, जिसका बयान अभी समाप्त नहीं हुआ है।

अदालत ने अर्जी मंजूर कर ली और क़ानूनी सलाहकार से मिलने की इजाजत दे दी गई।

'भगत सिंह प्रिवी कौंसिल अपील फंड' का हिसाब

लाहौर 18 जून–कुमारी लज्जावती ने 'भगत सिंह प्रिवी कौंसिल अपील फंड' का निम्नलिखित हिसाब प्रकाशित किया है–

आय	व्यय
12,891	सॉलिसिटर की फीस 2706।।।–)।।।
	फैसले की नकल आदि के लिए 870/-)
(इसमें 1,579।।। =) मेहता अमरनाथ के द्वारा प्राप्त हुए थे)	(इसी में वे रुपए भी शामिल हैं, जो रामशरण दास आदि के मामले की पैरवी में खर्च दिए गए थे।
	अन्य ... ... (567/-)॥
	प्रिवी कौंसिल में श्री हरीकिशन के मामले की पैरवी के लिए पं. जवाहरलाल की अनुमति से पं. सन्तानम ने खर्च किया– 1,000)
12,891।।। =)।	5,143।।। ≡)।

इस प्रकार 7,747।।। ≡) बाकी बचते हैं। इसमें से 67॥) मेहता अमरनाथ के पास था। उन्होंने मुझे वह रुपया भगत सिंह प्रिवी कौंसिल अपील फंड में ले लेने का अधिकार दिया है। बाकी रुपए अर्थात् 7,686।=) पं. जवाहरलाल जी के पास गत मई मास में भेज दिए गए। वे एक कमेटी कायम करेंगे, जो इसी प्रकार के मामलों की पैरवी में ये रुपए खर्च करेगी, या इस प्रकार के मामलों के अभियुक्तों के सम्बन्धियों को (यदि आवश्यक हो तो) सहायता प्रदान करेगी। 61॥)॥ का एक चेक उनके पास शीघ्र ही भेज दिया जाएगा।

6 अगस्त, 1931 **भविष्य**

भगत सिंह और महात्मा गांधी पर 'भविष्य' सम्पादकीय

प्रज्वलन

(6 अगस्त, 1931)

हिंसा और प्रतिकार, आक्रमण और प्रतिशोध की सारी मर्मस्पर्शी दारुणता में इस अभागे देश की उलझी हुई राजनीति आज जाग उठी है। इस राजनीतिक जागरण में सारा देश आज भय, क्रोध, घृणा, अपमान, प्रतिकार एवं हिंसा से प्रज्वलित हो उठा है, राष्ट्र के इस सामूहिक प्रज्वलन में भावी इतिहास के किस भीषण एवं अन्धकारमय अध्याय का निर्माण होगा; यह तो भविष्य के गर्भ में है, पर हम इतना अवश्य कहेंगे कि परिस्थितियों की भीषणता में भारत और ब्रिटेन की ही नहीं, वरन् सारे संसार की शान्ति नष्ट हो जाएगी; आज भारत की समस्या केवल ब्रिटेन और उसके साम्राज्य की ही समस्या नहीं, वरन् सारे संसार के राष्ट्रों की समस्या है; भारत की शान्ति और स्वतंत्रता का प्रश्न आज ब्रिटेन और उसके साम्राज्य की ही शान्ति और स्वतंत्रता का प्रश्न नहीं, वरन् विश्व के सारे राष्ट्रों की शान्ति और स्वतंत्रता का प्रश्न है। संसार की राजनीति में एक ऐसा प्रवाह भी आता है, जबकि छोटे से छोटे राष्ट्र के असन्तोष एवं अपमान का एक क्षुद्र स्फुलिंग कण भी विश्व के असन्तोष एवं अशान्ति को प्रज्वलित कर देता है। यदि इस ऐतिहासिक सिद्धान्त में तनिक भी सच्चाई है, तो वह अवसर आज आ गया है। आज वह अवसर आ गया है, जबकि भारत के रूप में संसार की आबादी का लगभग 1/4 भाग राष्ट्र की विवश पराधीनता से काँप उठा है। इस दासता को समूल नष्ट कर डालना ही भारत और ब्रिटेन दोनों का कर्तव्य है। इसी में भारत और ब्रिटेन दोनों का ही कल्याण है।

परन्तु देश के दुर्भाग्य से घटनाओं के संकेत इस महत्त्वपूर्ण समस्या को हल करने की ओर प्रवृत्त नहीं दीख पड़ते। गांधी-इर्विन समझौते के बाद हमने समझा था, देश की राजनीति में विकास का एक नया अध्याय प्रारम्भ होगा। परन्तु हमारी यह आशा स्वप्नवत् सिद्ध हुई। सच बात तो यह है कि समझौते की अवधि हमारे लिए युद्ध की अवधि से अधिक दारुण प्रमाणित हुई। सन् 1930 ई. की तीसरी मार्च से लेकर सन् 1931 की तीसरी मार्च तक, अर्थात् हमारे युद्ध के पूरे एक वर्ष और एक दिन की अवधि, राष्ट्र के लिए समझौते के बाद की अवधि से अपेक्षाकृत अधिक शान्त रही। हमारे कहने का तात्पर्य यह नहीं है कि उस समय राष्ट्र को कम कष्ट झेलना पड़ा एवं उस समय आज की अपेक्षा देश पर कम दमन रहा। हमारा तो अभिप्राय केवल इतना ही है कि यदि उस समय हमें

कष्ट रहा तो वह युद्ध का कष्ट था, यदि उस समय अशान्ति रही तो वह युद्ध की अशान्ति थी और यदि उस समय सारे देश की छाती पर दमन का दौर-दौरा रहा तो युद्ध सम्बन्धी दमन था। इस कारण उस समय के कष्ट, दमन और अशान्ति की हमें चिन्ता न थी। युद्ध में एक नैसर्गिक गुण है; वह यह कि इसकी अशान्ति में एक विशेष शान्ति और इसके कष्टों में एक विशेष प्रसन्नता होती है। यह बात सन्धि के समय अप्राप्य है। इसी कारण विगत सत्याग्रह संग्राम के जेलों, लाठियों और गोलियों पर भी हमारे हौसले बढ़ते ही रहे और राष्ट्र ने सामूहिक रूप से इन पैशाचिक अत्याचारों का आह्वान किया था। परन्तु आज की दशा भिन्न है। आज गांधी-इर्विन समझौते की आड़ में हम पर भीषण अत्याचार किए जा रहे हैं, आज जब हमने अपना शस्त्र त्याग दिया है, सरकार हम पर अधिक से अधिक दमन करने से तनिक भी नहीं हिचकती। गत फरवरी के अन्त और मार्च के प्रारम्भ में, जबकि दिल्ली में महात्मा गांधी और लॉर्ड इर्विन परस्पर सन्धि की चर्चा कर रहे थे, हमारे स्थानीय अंग्रेजी सहयोगी 'लीडर' के विशेष संवाददाता ने लिखा था–''और जब आधी रात के सन्नाटे में सारा संसार सो रहा था, उस समय भगवान से डरनेवाली दो महान आत्माएँ अमर शान्ति की प्रतिष्ठा करने के प्रयत्न में लगी हुई थीं...।'' गांधी-इर्विन समझौते के रूप में उस 'अमर शान्ति का प्रयत्न' सफल हुआ। पर उस समझौते का कितना भयावह परिणाम हुआ? समझौते के बाद देश की स्थिति समझौते के पहलेवाली स्थिति से कहीं अधिक खराब हो गई है। इस समय हमारी ओर से सत्याग्रह संग्राम नहीं है, पर सरकार की ओर से गिरफ़्तारियाँ अभी तक बन्द न हुईं, हमारी ओर से करबन्दी का आन्दोलन नहीं है, पर दफा 107 और 108 का दौर-दौरा आज तक है, हमारे प्रमुख कार्यकर्ता एक-एक करके गिरफ़्तार किए जा रहे हैं। और प्रतिदिन कांग्रेस का संगठन तोड़ने की चेष्टा की जा रही है। तात्पर्य यह कि आज की घटनाएँ युद्ध काल की भाँति वृहद् रूप में भले ही न हों, पर आज भी वे सारी बातें हो रही हैं, जो पहले थीं। इतना ही नहीं, आज हमारी महिलाओं का सतीत्व भी संकट में है। पुलिस के अफसर पुलिस के गुर्गों के साथ संयुक्त प्रान्त के गाँवों में घूमकर वसूली के काम में जमींदारों और उनके आदमियों की सहायता कर रहे हैं, इस सहायता का रूप कितना भीषण होता है, इस बात की चर्चा हम 'भविष्य' में समय-समय पर करते आ रहे हैं। उस दिन संयुक्त प्रान्त की स्थिति पूछे जाने पर प्रान्तीय कांग्रेस कमेटी के प्रधान मंत्री श्री प्रकाश जी ने कहा कि ''स्थिति के सम्बन्ध में कांग्रेस कौंसिल का भाव बहुत ही गम्भीर और सशंक रहा है। वह भावी संकटों के लिए तैयार है। गवर्नर का जो भाषण उस दिन प्रान्तीय कौंसिल में पढ़ा गया था और जिसमें उन्होंने कांग्रेस पर भीषण आक्रमण किया है, उससे स्थिति और भी जटिल हो गई है। मैं केवल इतना ही कह सकता हूँ कि मेरे दफ्तर में काफी मसाला है, जिसके आधार पर हम सरकारी कर्मचारियों और जमींदारों की ज़्यादतियों को साबित कर सकते हैं और अपने ऊपर लादे हुए अभियोगों का सामना कर सकते हैं। ...मैं यह नहीं कहता कि कभी किसी कांग्रेस स्वयंसेवक ने स्थिति की भीषणता को देख, दुख और क्रोध के आवेश में कुछ ऐसी बातें नहीं कह दी हैं, जो अनुपयुक्त और असामयिक थीं, पर साधारण प्रकार से हम यह कह सकते हैं कि हमारी आत्मा शुद्ध है।'' अस्तु–

देश की इस विचित्र राजनीतिक उलझन में भी कांग्रेस समझौते को मनसा, वाचा, कर्मणा पूरा करने के प्रयत्न में लगी हुई है और यह स्वीकार करते हुए हमें हर्ष हो रहा है कि कांग्रेस को इस शुभ प्रयत्न में पूर्ण सफलता भी मिल रही है। पर देश की सबसे बुरी और भयानक राजनीतिक उलझन की जड़ भी आज सरकार और कांग्रेस की यह वर्तमान स्थिति ही है। यदि कांग्रेस ने सरकार के दमन का उत्तर पूर्ण अहिंसात्मक सत्याग्रह से न दिया होता, यदि प्रान्तीय सरकारों की विषैली और उत्तेजक नीति पर कांग्रेस ने स्पष्ट शब्दों में सत्याग्रह संग्राम की घोषणा कर दी होती, तो कदाचित् स्थिति इतनी अधिक गम्भीर न होती और जनता में इतना अधिक असन्तोष उत्पन्न न होता। यह असन्तोष ही हमारी इस विकट परिस्थिति का कारण है। इस असन्तोष के कारण ही आज हमारे देश के भोले-भाले नवयुवक हत्या के अनुचित एवं निष्ठुर मार्ग का अवलम्बन कर रहे हैं।

हमें भय है, हमारे अर्थ का अनर्थ न कर दिया जाए। हमारा आशय कांग्रेस अथवा देश को इस समय अहिंसात्मक युद्ध की ओर उत्तेजित करना नहीं है; यद्यपि हमारा विश्वास है कि भारत जैसे पराधीन देश के लिए यह सदैव ही आवश्यक एवं उपयोगी है। हमारा आशय यह भी नहीं है कि समझौते काल के भीतर और गोलमेज कॉन्फ्रेंस की समाप्ति के पहले हम देश को सत्याग्रह संग्राम छोड़ने की राय दें; यद्यपि हमारा निश्चित विश्वास है कि उक्त गोलमेज कॉन्फ्रेंस के बाद देश के लिए इस पथ का अनुसरण करना आवश्यक एवं अनिवार्य है। हम तो इस स्थान पर सीधे-सादे शब्दों में घटनाचक्र का उल्लेख करना चाहते हैं। इस स्थान में अलीपुर के स्वर्गीय डिस्ट्रिक्ट सेशन्स जज मि. गार्लिक और ट्रेन में सफ़र करनेवाले अंग्रेज सैनिक अफसरों की निर्मम हत्या एवं बम्बई के भूतपूर्व बदनाम होम मेम्बर तथा वर्तमान स्थानापन्न गवर्नर सर हाटसन पर किए गए आक्रमण का विरोधपूर्ण शब्दों में उल्लेख करना चाहते हैं और साथ ही हम इन अनुचित आक्रमणों और हत्याओं की जड़ में और देश के इस भीषण प्रज्वलन में भारत सरकार के लौह शासन का ही हाथ पाते हैं।

कहना नहीं होगा कि इन राजनीतिक हत्याओं से देश का कल्याण कभी सम्भव नहीं है। ऐसी हत्याएँ हमारे उद्देश्य को हमसे दूर, अधिक दूर फेंक देती हैं। हमारे देश का वर्तमान वायुमंडल और परिस्थिति हिंसा मार्ग के अनुकूल नहीं है और हम चाहते हैं कि हमारे देश के नवयुवक इस पथ में अपने अमूल्य जीवनों की आहुतियाँ न चढ़ाएँ। हाल की ही दुर्घटनाओं का जोरदार शब्दों में विरोध करते हुए महात्मा गांधी ने इस बात की चर्चा की है और ऐसी हत्याओं और आक्रमणों से स्वराज्य नहीं मिल सकता। इसी प्रसंग में महात्मा जी ने इस बात का भी उल्लेख किया है कि "Bhagat Singh worship has done and is doing incalculable mischief to the country."

अर्थात्–"भगत सिंह की पूजा ने देश का अवर्णनीय अपकार किया है और आज भी कर रहा है।" महात्मा जी के इस वाक्य से पूर्णतः सहमत होते हुए कि हिंसा मार्ग से देश का अपकार होगा एवं स्वराज्य अधिक दूर चला जाएगा, हम उनके भगत सिंह वाले प्रसंग का घोर विरोध करते हैं। समय अथवा असमय, मौके तथा बेमौके अभागे भगत सिंह को अपमानजनक शब्दों में स्मरण करना कहाँ तक उचित है, यह बात स्वयं महात्मा जी समझ सकते हैं, पर हम इस स्थान पर इतना अवश्य कहेंगे कि महात्मा जी की ये कटु

आलोचनाएँ सरकार की जाग्रत् दमन नीति को और भी उग्र तथा उत्तेजित करेंगी और स्वयं महात्मा जी के द्वारा उत्तेजना और प्रोत्साहन पाकर सरकार जो रंग लाएगी, उसकी कल्पना मात्र से हम काँप उठते हैं। मिसेज कर्टिस के हत्याकांड के बदनाम सज्जन सिंह की प्रशंसा में 'पंजाब सेंट्रल सिक्ख लीग' के द्वारा पास किए प्रस्ताव के प्रसंग में गत अप्रैल मास में भी महात्मा जी ने भगत सिंह और उनके साथियों को अपमानजनक शब्दों में स्मरण करते हुए कराँची कांग्रेस के उस प्रस्ताव पर खेद प्रकट किया था, जिसमें कांग्रेस ने सर्वसम्मति से इन अभागों की अटूट देशभक्ति एवं असीम साहस तथा वीरता की प्रशंसा की थी। महात्मा जी की वह बात भी अप्रासंगिक और अनुचित थी और देश ने उस समय भी महात्माजी की इस बात का विरोध किया था। आज लगभग तीन महीने बाद महात्मा जी ने पुनः राजनीति का वह दुखद अध्याय खोला है। और हमें महात्मा जी के इस आचरण पर अत्यन्त अधिक दुख है।

इस प्रसंग में हमारा अभिप्राय भगत सिंह के पथ का समर्थन करना नहीं है। हम ऊपर कह चुके हैं कि हिंसा मार्ग को हम अनुचित एवं देश के कल्याण के लिए अहितकर समझते हैं। फिर भी भगत सिंह के दैवी गुणों को हम विस्मरण नहीं कर सकते। पाप एवं भूलों का अस्तित्व शरीर से है, आत्मा से नहीं। शरीर भूलें करती है, पाप करती है, आत्मा उन भूलों और पापों में सर्वथा निर्दोष रहती है। भगत सिंह ने भूलें की होंगी, उन्होंने सांडर्स की हत्या की होगी (यद्यपि उन पर लगाए हुए अभियोगों को प्रामाणिक रूप से सिद्ध नहीं किया गया) पर इन भूलों का सम्बन्ध उनके शरीर से रहा होगा। उस शरीर से, जिसे हँसते-हँसते फाँसी की रस्सियों को गले में आप ही आप लगाने की उत्कंठा प्रकट की थी। भगत सिंह ने भूलें की होंगी, परन्तु उन भूलों का प्रत्यक्ष एवं परोक्ष सम्बन्ध उनके शरीर से रहा होगा—उस शरीर से, जिसने मृत्यु के रहस्यमय प्रान्त में अपना आत्मसमर्पण कर दिया है। इस स्थिति में हम उन भूलों के लिए भगत सिंह की स्वर्गगत आत्मा को अपमानजनक एवं अनुचित शब्दों में स्मरण नहीं कर सकते। यदि आज देश भगत सिंह की पूजा करता है तो उनकी भूलों के लिए नहीं, वरन् उनके उस अटूट देश-प्रेम के लिए, जो गांधी जी से अधिक नहीं, तो कम भी न था। यदि कराँची कांग्रेस ने भगत सिंह की स्वर्गगत आत्मा को सन्तुष्ट करने के विचार से, उनकी असीम देशभक्ति की प्रशंसा में सर्वसम्मति से प्रस्ताव पास किया था तो वह भगत सिंह के निर्विकार व्यक्तित्व एवं स्थितप्रज्ञ आत्मा की प्रतिष्ठा करने के निमित्त ही—उनके उस निर्विकार व्यक्तित्व की प्रतिष्ठा करने के निमित्त जिसने हिंसा और अहिंसा के संघर्षमय पथ से ऊँचा उठकर आत्मा के आलोक में जीवन और मृत्यु को एक ही रंग, एक ही रूप-रेखा में देखा था। अभागे भगत का वह व्यक्तित्व देश के सामने आज भी वैसा ही है, कल भी वैसा ही रहेगा; दस-बीस, सौ-दो सौ वर्षों तक...इतिहास के जीवन काल तक वैसा ही रहेगा। भगत सिंह राष्ट्र के लिए आज भी जीवित है—अपने भूलनेवाले मानवी शरीर के रूप में नहीं, अपने उस शरीर के रूप में नहीं, जो भूलों, पापों और न जाने कितनी मानुषिक दुर्बलताओं का घर है। भगत सिंह का जीवन आज निर्विकार देशभक्ति एवं पवित्र आत्मसमर्पण के रूप में एक उज्ज्वल आलोक से राष्ट्र के सम्मुख आलोकित है। भगत सिंह की स्मृति आज किसी को हिंसा पथ की ओर प्रेरित नहीं करती; वह मनुष्य के हृदय में

तपस्या की शुद्ध प्रेरणा का उद्‌बोधन करती है। इस कारण भगत सिंह का व्यक्तित्व ऐतिहासिक निर्विकारता के उन इने-गिने दृष्टान्तों में है, जो राष्ट्र के लिए गौरव एवं मर्यादा की वस्तु है। इसी कारण भगत सिंह की पूजा राष्ट्र की पूजा है। इसी कारण भगत सिंह की पूजा उस अपार देशक्ति, अनन्त त्याग और निस्पृह आत्मसमर्पण की पूजा है, जो केवल भारत के लिए ही नहीं, वरन् संसार के प्रत्येक राष्ट्र के लिए गौरव की बात है। कांग्रेस और महात्मा गांधी का व्यक्तित्व उस राष्ट्रीय पूजा की तह तक नहीं पहुँच सकता। भगत सिंह आज राष्ट्र के सम्मुख हिंसा के दूषणों के रूप में नहीं वरन् देश-प्रेम की शुद्ध प्रतिमूर्ति के रूप में उपस्थित है। उस प्रतिमूर्ति की पूजा राष्ट्र का गौरव बढ़ाएगी और उसकी उपेक्षा इसे सदा के लिए रसातल में पहुँचा देगी।

हमें दुख है, हम महात्मा जी के विरुद्ध आज यह कटु-सत्य कहने को विवश हो रहे हैं। हमें महात्मा जी में आस्था और भक्ति है। हम महात्मा जी के अहिंसात्मक कार्यक्रम को देश के लिए कल्याण का साधन समझते हैं। हमारा अहिंसा में विश्वास है और इस हिंसा को राष्ट्र के लिए अहित की बात समझते हैं। फिर भी हम महात्माजी के उन शब्दों का विरोध करना अपना पवित्र दायित्व समझते हैं, जो हमारी दृष्टि में राष्ट्र के गौरव एवं मर्यादा के विरुद्ध है। किसी भी हत्या में हत्याकारी के अनुचित कार्यों का घोर विरोध करने से ही हमारा राष्ट्रीय अभिप्राय हल हो जाता है। साथ ही देश की प्रत्येक राजनीतिक हत्या में भगत सिंह की अप्रासंगिक एवं अनुचित चर्चा करना राष्ट्र की कोमल राजनीतिक भावनाओं का अपमान करना है।

इस प्रसंग में एक बात का उल्लेख किए बिना हम नहीं रह सकते। यदि इस अभागे देश में नील और हडसन, लारेंस और क्लाइव जैसे गुंडे अंग्रेजों की प्रतिमूर्तियाँ कायम रह सकती हैं; यदि इस देश में क्लाइव और हेस्टिंग्स की भाँति बदमाश और हत्यारों की स्मृतियों को सदा जाग्रत् करने के लिए नगर बसाए जा सकते हैं और सड़कें बनाई जा सकती हैं, यदि लाहौर के माल रोड से स्पर्श करता हुआ लारेंस जैसे गुंडे की अपमानजनक प्रतिमूर्ति में–"क्या तुम कलम से शासित होना चाहते हो या तलवार से"–इन अपमानजनक शब्दों का उल्लेख करना कोई जुर्म नहीं है, तो निश्चय ही भगत सिंह की मूर्ति की पूजा करने में भी कोई पाप नहीं है–वह भगत सिंह, जो लारेंस, हडसन, नील और क्लाइव की भाँति हत्यारे न थे!

तात्पर्य यह कि देश का वायुमंडल आज एक भीषण राजनीतिक असन्तोष से प्रज्वलित हो उठा है और ये राजनीतिक हत्याएँ इस भयानक असन्तोष के संक्षिप्त संकेत हैं। हम जहाँ एक ओर इन हत्याओं का विरोध करते हैं, वहाँ दूसरी ओर सरकार से इस बात की अपील करते हैं कि अपने दमन के क्रूर हाथों को रोके। यदि घटना-चक्र का सूक्ष्म निरीक्षण किया जाए तो यह बात निश्चय रूप से कही जा सकती है कि इन दयनीय हत्याओं का प्रमुख कारण ब्रिटिश शासन के द्वारा उत्पन्न असन्तोष ही है। जिस देश में दरिद्रता के कारण प्रायः नित्य ही हत्याओं के समाचार आते हैं; जिस देश में अर्थाभाव से लगान का कुछ अंश न दे सकने के कारण खुलेआम महिलाओं का सतीत्व नष्ट किया जा रहा है तथा उनके गुप्त अंग में डंडे घुसेड़े जा रहे हैं; जिस देश के एक बंगाल प्रान्त में बंगाल सरकार के होम मेम्बर

के कथनानुसार पेट की ज्वाला के कारण केवल छः महीने में अर्थात् गत पहली जनवरी से 30 जून तक 1 हजार 4 सौ 49 डकैतियाँ हुई हैं, जिस अभागे देश में भूख की ज्वाला से बचने का सबसे शान्तिमय उपाय आत्महत्या के रूप में ही रह गया है; यदि उस अभागे देश के कुछ भोले-भाले नवयुवक अपने अज्ञान में अपने अमूल्य जीवनों को हथेली पर रखकर राजनीतिक हत्या करने की चेष्टा करने लगें; तो यह दुख एवं करुणा का विषय होते हुए भी आश्चर्य का विषय नहीं है। सरकार के दमन और हिंसा मार्ग से उन्मत्त भारतीय नवयुवकों के द्वारा की गई हत्या की दारुण कहानियों से भारत का राजनीतिक वायुमंडल आज प्रज्वलित हो उठा है। इंग्लैंड के चर्चिल सदृश राजनीतिज्ञों का विष वमन इस प्रज्वलन को और भी तीव्र कर रहा है। सरकार का दमन एवं सरकार के प्रतिकार की भावनाएँ इन हत्याओं को रोक नहीं सकतीं। इनकी जड़ में जन साधारण का असन्तोष छिपा हुआ है। जिस प्रकार यह असन्तोष दमन के द्वारा दबाया नहीं जा सकता, उसी भाँति देश की छाती पर होनेवाली इन निष्ठुर हत्याओं के अभिनय से हम अपनी स्वतंत्रता प्राप्त नहीं कर सकते। वर्तमान वातावरण में हिंसा पथ का अनुसरण देश की स्वतंत्रता को प्रति क्षण दूर करता जा रहा है। इस कारण भगत सिंह की पूजा करते हुए भी हम उनके पथ का अनुसरण नहीं कर सकते। देश के इस प्रज्वलित असन्तोष को शान्त करने के लिए हम सरकार और जनता, दोनों को ही, अहिंसात्मक पथ का अनुसरण करने को कहेंगे। दोनों को ही पारस्परिक प्रतिकार की भावना को समूल नष्ट करना होगा। इसी में भारत और ब्रिटेन दोनों का ही कल्याण है!

23 अप्रैल, 1931

भविष्य

भारतीय पुलिस की बर्बरता के नमूने

नौजवान सिर नीचे और पैर ऊपर करके लटका दिए गए

अदालत में देहली षड्यंत्र केस के अभियुक्तों के सनसनीपूर्ण बयान

एक नवयुवक की माँ और बहिन को उसके सामने बेइज्जत करने की धमकी!

उन्हें हफ़्तों सोने नहीं दिया गया : अभियुक्त बुरी तरह पीटे गए : वे बेहोश तक हो गए

"तुम अपनी मनमानी कर चुके, अब पुलिस की बारी है" : मजिस्ट्रेट पर भयंकर दोषारोपण

दिल्ली डिस्ट्रिक्ट जेल के उसी कमरे में, जहाँ स्वर्गीय सरदार भगत सिंह तथा श्री बटुकेश्वर दत्त ने अपने असेम्बली बम कांड वाले मामले में प्रथम बार 'साम्राज्यवाद का नाश हो' और 'क्रान्ति चिरंजीवी हो' के नारे लगाए थे, 12 अप्रैल के दिन सुबह 11 बजे दिल्ली षड्यंत्र के अभियुक्तों का स्पेशल ट्रिब्यूनल के सामने मामला पेश हुआ। सदैव की भाँति ही इस बार भी पुलिस का कड़ा प्रबन्ध किया गया था। इस प्रबन्ध में मि. पील विशेष रूप से व्यस्त दीख पड़ते थे। निरीक्षण के लिए डिस्ट्रिक्ट जेल के सुपरिंटेंडेंट मेजर एसपिनल भी उपस्थित थे।

अभियुक्तों से भेंट

ट्रिब्यूनल के सदस्यों के आने के पहले मि. आसफ़ अली, मि. फ़रीदुल हक़ अंसारी और मि. बलजीत सिंह ने अभियुक्तों से उनके बैरक में भेंट की।

मि. बलजीत सिंह, जो कि अभियुक्तों की तरफ से सफाई के वकील हैं, अभियुक्तों से मिलने की दरखास्त कुछ घंटे पहले भी पेश कर चुके थे, परन्तु उस समय जेल के अधिकारियों ने उसे अस्वीकार कर दिया था। मि. बलजीत सिंह ने सुपरिंटेंडेंट से इस बात की शिकायत की।

ट्रिब्यूनल के सदस्य 10 बजकर, 55 मिनट पर पहुँचे।

अभियुक्तों का प्रवेश

अभियुक्त दो-दो की कतार में साढ़े ग्यारह बजे ट्रिब्यूनल के सामने लाए गए और कठघरे के पीछे बैठा दिए गए। आने के साथ ही उन्होंने 'भगत सिंह चिरंजीवी हो', 'क्रान्ति

चिरंजीवी हो', 'भगवती चरण चिरंजीवी हो', 'हिन्दुस्तानी प्रजातंत्र एसोसिएशन चिरंजीवी हो' आदि के पाँच मिनट तक नारे लगाए।

सबूत के वकील

मि. जफरुल्ला, खाँ साहब मुहम्मद आमीन और कोर्ट इंस्पेक्टर सरदार भाग सिंह सबूत के वकील थे। अभियुक्तों के वकील मि. आसफ़ अली, मि. फ़रीदुल हक़, मि. बलजीत सिंह, मि. एस.एन. बोस और मि. बैनर्जी थे।

अभियुक्तों के पहुँचने के पहले मि. आसफ़ अली ने ट्रिब्यूनल से कहा कि जेल के अधिकारियों ने आज सबेरे मि. बलजीत सिंह को अभियुक्तों से मिलने नहीं दिया। मि. आसफ़ अली ने कहा कि हमें इस अदालत के सामने आज एक अत्यन्त गम्भीर मामला उपस्थित करना है। कल जेल में अभियुक्तों के साथ केवल इसलिए बल प्रयोग किया गया कि अभियुक्तों को उन्हें पहचान करने के लिए आए हुए मुखबिर के पास कोई घातक अस्त्र होने का सन्देह हो गया था और इस सन्देह पर उन्होंने परेड में हाजिर होने से इनकार कर दिया। इस पर उनके साथ बल प्रयोग किया गया, जिससे उनमें से कुछ को ऐसी चोटें आईं, जिनके निशान अब तक उनके बदन पर मौजूद हैं। मास्टर हरकेश सिंह इस बुरी तरह से पीटे गए कि सारी रात उनको बेहोशी के दौरे आते रहे। तीन दौरे तो स्वयं मेरे सामने आए थे।

मि. आसफ़ अली ने कहा कि जेल तथा पुलिस के अधिकारियों ने बुद्धि से काम नहीं लिया। वे चाहते तो मुझे इस बात की सूचना भेज सकते थे। बात यह है कि अभियुक्तों को मुखबिर मदन गोपाल के पास तमंचा होने का सन्देह हो गया था। अभियुक्त चाहते थे कि उसकी तलाशी ले ली जाए। उन्होंने इसकी प्रार्थना की, परन्तु उस पर कुछ ध्यान नहीं दिया गया। इस पर उन्होंने शनाख्त कराई जानेवाली परेड में भाग लेने से, तब तक के लिए इनकार कर दिया, जब तक कि इस बात की शिकायत अदालत तक न पहुँच जाए और उस पर उसका निर्णय न दिया जाए।

पुलिस को भी शिकायत पेश करना है

सरकारी वकील मि. जफरुल्ला ने मि. पील से सलाह करने के बाद कहा कि पुलिस के पास भी अभियुक्तों के विरुद्ध शिकायतें हैं। अभियुक्तों ने मुखबिरों पर तीन बार आक्रमण किया है। अभी कल ही एक ऐसा आक्रमण वे कर चुके हैं। अभियुक्तों का यह सन्देह कि मुखबिर के पास कोई घातक अस्त्र है, बिल्कुल निराधार था। वास्तव में वे शनाख्त की कार्रवाई में बाधा डालना चाहते थे।

आर.बी. कुँवर सेन–कैसी बाधा डालना चाहते थे?

सरकारी वकील–अभियुक्त चाहते थे कि शनाख्त की परेड में कुछ विद्यार्थी भी मिला दिए जाएँ।

आज की कार्रवाई में निम्नलिखित अभियुक्त उपस्थित थे—सर्वश्री विद्याभूषण आजाद, एम.ए. बाबूराम गुप्त, कपूर चन्द, भागीरथ लाल, रुद्रदत्त, गजानन्द पोलदार, ख्यालीराम गुप्त, विमलप्रसाद जैन, हरद्वारीलाल गुप्त, प्रोफेसर नन्द किशोर निगम, एम.ए., धन्वन्तरि, एस.एच. वात्स्यायन, बी.डी. वैशम्पायन और हरकेश सिंह। श्री विशम्भर दयाल एक ऑपरेशन होने के कारण उपस्थित न हो सके थे। जेल औषधालय का डॉक्टरी सर्टीफिकेट अदालत में दाखिल किया गया। प्रारम्भ में प्रोफेसर निगम ने अभियुक्तों की तरफ से एक वक्तव्य पढ़कर सुनाया, जिसे ट्रिब्यूनल के सदस्यों ने ध्यानपूर्वक सुन लिया।

अन्त में मि. आसफ़ अली ने अदालत पर इस बात के लिए जोर डाला कि शनाख्त की कार्रवाई के लिए मि. जगदीश सिंह की जगह कोई दूसरा मजिस्ट्रेट नियुक्त किया जाए। आपने इस बात पर भी जोर दिया कि शनाख्त की कार्रवाई के समय अभियुक्तों के वकील को उपस्थित रहने की अनुमति दी जाए। तीसरी बात, जिस पर आपने ट्रिब्यूनल का ध्यान आकर्षित किया, वह यह थी कि शनाख्त परेड के समय अभियुक्तों के साथ कुछ शिक्षित व्यक्ति तथा विद्यार्थी भी मिला दिए जाएँ। ट्रिब्यूनल के सभापति ने उपरोक्त तीनों बातों को मंजूर कर लिया है और डिस्ट्रिक्ट मजिस्ट्रेट को मि. जगदीश सिंह के स्थान पर किसी दूसरे मजिस्ट्रेट को नियुक्त कर देने के लिए लिखा गया है।

अभियुक्त के वकील शनाख्त के समय उपस्थित रह सकेंगे और अभियुक्तों के साथ शामिल करने के लिए वे कुछ विद्यार्थियों तथा शिक्षित व्यक्तियों का भी प्रबन्ध कर सकेंगे। अभियुक्तों ने इन माँगों की स्वीकृति के लिए अदालत को धन्यवाद दिया। इसके बाद अदालत की कार्यवाही आज के लिए स्थगित हो गई।

अभियुक्तों की फरियादें

दिल्ली षड्यंत्र केस में अभियुक्तों की ओर से प्रोफेसर निगम ने स्पेशल ट्रिब्यूनल के सामने जो वक्तव्य पढ़कर सुनाया था, वह इस प्रकार है–

"हम दिल्ली षड्यंत्र केस के अभियुक्त आपकी जानकारी के लिए निम्नलिखित बातों को प्रकट कर देना चाहते हैं।

हमारे देश में राजनीतिक बन्दियों की गिरफ़्तारी का तथा न्यायालयों में विचारार्थ उपस्थित करने के लिए उन्हें अनिश्चित समय तक रोक रखने का ढंग न्याय का उपहास मात्र है। अकारण व्यक्तियों को गिरफ़्तार कर लेना, पुलिस की हिरासत में मनमाने समय तक उन्हें बन्द कर रखना और पुलिस की इच्छानुसार मोहलत पर मोहलत देते जाना साधारण बातें हैं। मजिस्ट्रेट, जिसका कर्तव्य है, कि हिरासत में बन्द कैदी के हित का ध्यान रखे, कभी मोहलत मंजूर करने के पहले कैदी से उस विषय में पूछने की कौन कहे, उससे भेंट तक करने की आवश्यकता नहीं समझता। बार-बार शिकायतें पेश होती हैं, बार-बार हाईकोर्ट मातहत अदालतों को चेतावनियाँ देते हैं, परन्तु उन पर कभी कोई ध्यान नहीं दिया जाता। हम लोगों के सम्बन्ध में ऐसे उदाहरणों की कमी नहीं है, जिनमें कि मजिस्ट्रेट कभी अभियुक्तों से मिलने तक न आया हो, जिनमें कि अभियुक्तों से उनके सम्बन्धियों तथा

क़ानूनी सलाहकारों को हफ़्तों मिलने ही न दिया गया हो, या जिनमें कि अभियुक्तों की जेल तथा कालकोठरियों की यातना-कथा सुनने तक से मजिस्ट्रेटों ने इनकार कर दिया हो! विपरीत इसके, इन मजिस्ट्रेटों ने प्रायः पुलिस के कारनामों का समर्थन ही किया है। उन अत्याचारों के कारनामों के समर्थन में प्रकट किए गए उनके शब्द उन कारनामों को अत्यन्त नीच स्वरूप प्रदान कर देते रहे हैं। अभियुक्तों को पीटा गया, उन्हें गालियाँ दी गईं, उन पर आक्रमण किए गए, वे हफ़्तों रात और दिन जागते रखे गए, बुरा भोजन दिया गया, प्रायः कभी कुछ भोजन ही न दिया गया, स्नान नहीं करने दिया गया, बाल नहीं बनवाने दिया गया, डराए गए, धमकाए गए, कीड़ों से खाए हुए गन्दे कम्बल उन्हें ओढ़ने को दिए गए, बिना हवा की अन्ध कोठरियों में छोड़े गए, पीठ और हाथ के बल चारपाइयों से बाँध दिए गए, बराबर खड़े रहनेवाली हथकड़ियाँ पहनाई गईं, लम्बी-लम्बी सलाखें वाली बेड़ियाँ पहनाई गईं और अन्त में यह सब हो चुकने के बाद जब उन्होंने मजिस्ट्रेट के सामने अपनी गाथा सुनाई तो उत्तर मिला–"जब तुम्हारे दिन थे तब तुमने मनमाना किया, अब पुलिस की बारी है, वह अपनी करेगी।" जाँच अफसरों के सामने पहले हम लोग घंटों खड़े रखे जाते थे, फिर कोठरियों में भेजकर सारी रात जागते रखे जाते थे, छातियों पर पिस्तौलें तानकर हम लोग धमकाए जाते थे। कोठरियों को दुर्गन्धिपूर्ण बनाने के लिए उनमें मैला तथा पेशाब लाकर रख दिया जाता था। ये सब तथा ऐसी ही अनेक दूसरी बातें जाँच के नाम पर की जाती थीं!!

इस वक्तव्य के द्वारा किसी प्रकार के उद्देश्य सिद्धि की हमें आशा नहीं है। वास्तव में अब हम उस परिस्थिति से बहुत दूर हो गए हैं, जहाँ कोई किसी से कुछ आशा कर सके। फिर भी हम इन बातों को आपके सामने तथा आपके द्वारा जनता के सामने रख देना अपना कर्तव्य समझते हैं, जिससे संसार 'न्याय' के इस पाखंड का बीभत्स दृश्य देख सके।

दुर्व्यवहारों की व्यक्तिगत कहानी

कुछ ठोस उदाहरण देने के अभिप्राय से हम यहाँ सारांश में, अभियुक्तों पर व्यक्तिगत रूप से विचार करते हैं।

धन्वन्तरि और विद्याभूषण पुलिस की हिरासत की हालत में हाथों में हथकड़ी डालकर चारपाइयों से बाँध दिए गए थे, जिससे वे उठकर बैठ नहीं सकते थे। उन्हें बिस्तर नहीं दिए गए। स्नान करना, बाल बनवाना, कपड़ा बदलना उनके लिए वर्जित था। वे मनुष्य की दैनिक आवश्यकताओं से वंचित रखे गए थे।

मेरठ की पुलिस ने विमलप्रसाद जैन को हिरासत के समय दो रात तक बराबर ठंडक और खुली हवा में रखा। रात भर उन्हें बरामदे में बैठा रहना पड़ता था। दिल्ली लाए जाने पर वे धमकाए गए, मारे गए, ठुकराए गए और छत में पैर के बल उलटे बाँधकर लटकते रखे गए। फिर उनके हाथ, कुर्सी के पायों के नीचे दबाए गए और उस पर जाँच के अफसर नन्दकिशोर बैठ गए। यह सब कई दिन तक बराबर होता रहा। जब इतने पर भी अभियुक्तगण से कुछ पता न चला, तो उससे कहा गया कि तुम्हारी माँ और बहिनों को यहीं लाकर तुम्हारी उपस्थिति में बेइज्जत किया जाएगा!!! विमलप्रसाद ने सी.आई.डी सुपरिंटेंडेंट

से जब इस बात की शिकायत की तो उत्तर मिला कि मामले पर विचार किया जाएगा और अपराधी को दंड दिया जाएगा। लेकिन यहाँ पर यह कहने की आवश्यकता न होगी कि अब तक वह मामला विचाराधीन ही पड़ा है।

भागीरथलाल धमकाए गए, पैर के बल उलटे बाँधकर छत से लटकाए गए तथा विमलप्रसाद ही की तरह अन्य उपायों से भी प्रताड़ित किए गए। इस अभियुक्त के प्रति यह व्यवहार पूरे एक हफ़्ते तक जारी रहा।

कालकोठरी

रुद्रदत्त ने, जिसकी गिरफ़्तारी 11 नवम्बर को हुई थी, अपने प्रति किए गए दुर्व्यवहारों की शिकायत सिटी मजिस्ट्रेट मि. ईसर के सामने की; परन्तु वह मजिस्ट्रेट बिना कुछ सुने ही वहाँ से चला गया। रुद्रदत्त को पन्द्रह दिन से अधिक अपनी कोठरी से हिलने तक नहीं दिया गया। उसे न तो नहाने दिया जाता था और न कपड़ा बदलने दिया जाता था। दो कम्बल जो उसे मिले थे, वे बिल्कुल कटे-फटे थे। उसके कपड़े बरबाद कर दिए गए थे। मि. नन्दकिशोर ने उसे धमकाया और कुछ सादे काग़ज़ों पर हस्ताक्षर करने के लिए विवश किया। बाद में मालूम हुआ कि वे काग़ज़ अभियुक्त के बनावटी बयान थे।

प्रोफ़ेसर ज़ंजीरों से बाँधे गए

प्रोफेसर नन्दकिशोर, जो कि कानपुर में गिरफ़्तार हुए थे, दिन में केवल एक बार तीन आने के मूल्य का भोजन पाते थे। वे बीमार पड़ गए, परन्तु उनके लिए औषधि आदि का कोई प्रबन्ध नहीं किया गया। परिणाम यह हुआ कि उनकी बीमारी बढ़ गई, यहाँ तक कि अब भी वे बीमार ही हैं। उन्हें अपने डॉक्टर द्वारा चिकित्सा कराने की आज्ञा नहीं दी गई। उनको बेड़ियाँ भी बहुत वजनदार दी गई थीं। विश्वनाथ वैशम्पायन के साथ भी ऐसा ही किया गया। इनकी बेड़ियाँ इतनी लम्बी थीं कि वे चलने-फिरने में असमर्थ थे। डॉक्टर बाबूराम को दो महीने तक अपने सम्बन्धियों से मिलने ही न दिया गया। कुभोजन और पुलिस अधिकारियों के अविचारपूर्ण व्यवहार उनके लिए बड़े ही दुखदाई थे।

हरकेश सिंह को भी बीमार पड़ जाने पर कोई औषधि नहीं दी गई। यही नहीं, बीमारी की हालत में भी वे पीटे गए तथा अन्य अनेकों प्रकार की यातनाएँ उन्हें दी गईं। यहाँ तक कि वे बेहोश हो जाते थे। उनको नहाने न दिया जाता था। उनके स्वास्थ्य का ध्यान किसी को न था। उन्होंने विरोधस्वरूप पाँच दिन तक अनशन भी किया था। परन्तु परिणाम यह हुआ कि पुलिस ने उन्हें शाकाहारी जानकर उनके मुँह में जबरन गोश्त के टुकड़े ठूँस दिए। वे बराबर हथकड़ियों में रखे जाते थे।

वात्स्यायन लाहौर के किले में जमीन के अन्दर बनी हुई कोठरी में बन्द किए गए थे। आठ दिन तक पैर फैलाकर उन्हें सोने तक नहीं दिया गया। और भी अनेक प्रकार की यातनाएँ उन्हें दी गई थीं जिनका वर्णन उन्होंने अमृतसर की अदालत में किया था। वे अमृतसर वाले मामले में भी अभियुक्त हैं।

शनाख्त की परेड

इन सब असुविधाओं के अतिरिक्त भी हम लोगों के साथ जेल में बहुत बुरे-बुरे व्यवहार किए गए हैं। शनाख्त परेड के अवसरों पर कितनी ही गैर-क़ानूनी बातें की गईं, जिनका बराबर विरोध किया गया, परन्तु मजिस्ट्रेटों ने उन बयानों को लिखने से इनकार कर दिया। इनके विशेष विवरण हम लोग अवसर पड़ने पर अदालत के सामने प्रकाशित करेंगे।

ऊपर की लिखी घटनाएँ दिल्ली जेल की नहीं हैं। साधारणतया दिल्ली जेल के अधिकारियों के विरुद्ध हमारी कोई शिकायत नहीं है। अगर आगे कोई बात होगी तो आपके सामने हम प्रकट करेंगे।''

हस्ताक्षर–हरद्वारीलाल, भागीरथलाल, जी.आर. पोतदार, बी.जी. गुप्ता, धन्वन्तरि, वी.जी. वैशम्पायन, विमलप्रसाद जैन, रुद्रदत्त मिश्र, के.आर. गुप्त, एन.के. निगम, कपूरचन्द्र, एच.एस. त्यागी, एस.एच. वात्स्यायन, विद्याभूषण।

उपरोक्त वक्तव्य को अदालत ने फाइल में दर्ज कर लिया।

मि. आसफ़ अली ने अदालत से कहा कि अभियुक्तों से उनके ऊपर होनेवाले आक्रमण के बारे में पूछा जाए।

प्रेजिडेंट–मेरी समझ से इसके जाँच की कोई आवश्यकता नहीं है। कायदे की पाबन्दी होनी ही चाहिए।

मि. आसफ़ अली–तो क्या आप अभियुक्तों पर होनेवाले इन अत्याचारों पर अपनी मोहर लगाना चाहते हैं? यदि इसी प्रकार का बल प्रयोग होता रहा तो परिणामों के लिए कोई उत्तरदायी न ठहराया जा सकेगा।

अन्त में अदालत इस विषय में प्रोफेसर निगम की बात सुनने के लिए राजी हो गई।

प्रोफेसर साहब ने कहा कि शनाख्त की परेड के समय मुखबिर मदन गोपाल के पास तमंचा था। जेल अधिकारियों के सामने इस बात की शिकायत की गई और प्रार्थना की गई कि पहले उसकी तलाशी ले ली जाए, परन्तु यह प्रार्थना स्वीकार नहीं की गई। इस पर हम लोगों ने शनाख्त स्थगित कर देने के लिए कहा। मजिस्ट्रेट मि. जगदीश सिंह ने इस बात को भी नहीं माना। इस पर हमने शनाख्त की परेड में बैठने से इनकार कर दिया। इसके सिवाय और हम कर ही क्या सकते थे?

प्रोफेसर साहब ने कहा कि, मि. जगदीश सिंह हम लोगों को यथेष्ट दंड दे चुके हैं, अब इनकी जगह में किसी और मजिस्ट्रेट की नियुक्ति हो जानी चाहिए।

मि. जफरुल्ला–लेकिन इस बारे में अभी तो यह इकतरफा ही बयान हुआ है।

प्रेजिडेंट–क्या आपको दूसरे मजिस्ट्रेट का प्रबन्ध करने में कोई कठिनाई होगी?

मि. पील–यदि दूसरे मजिस्ट्रेट की आवश्यकता सिद्ध की जाए, तो हमें उसके प्रबन्ध करने में कोई कठिनाई न होगी।

अदालत ने अभियुक्त की माँग स्वीकार की

डॉ. बाबूराम, भागीरथ मल और रुद्रदत्त ने प्रार्थना की कि हमारे विरुद्ध जो गवाहियाँ अदालत के सामने आवें उनकी नकल हम लोगों को हिन्दी में दी जाया करे। अदालत

ने कहा कि उर्दू अदालत की भाषा है। अभियुक्त इस विषय में अपने वकील की सहायता ले सकते हैं।

आगामी कार्रवाई

इस मामले की अगली सुनवाई ता. 22 अप्रैल को होगी। उस दिन अभियुक्तों को गवाहियों का सारांश आदि दे दिया जाएगा। उस दिन उनका उपस्थित होना आवश्यक नहीं है।

ता. 25 को सरकारी वकील अपना प्रारम्भिक वक्तव्य पेश करेगा। फिर ता. 30 से सबूत की गवाहियाँ प्रारम्भ होंगी।

इसके बाद वात्स्यायन ने कोर्ट से कहा कि जेल में हम लोगों को बैठने की जगह की बड़ी कमी है, केस की तैयारी करने में हम लोगों को बड़ी कठिनाई होती है। इस पर तीनों जज तथा दोनों तरफ के वकील बैरक का निरीक्षण करने के लिए गए।

30 अप्रैल, 1931

भविष्य

"मुर्ग-दिल मत रो यहाँ आँसू बहाना है मना"

देहली षड्यंत्र केस का सनसनीपूर्ण उद्घाटन

केसरिया साड़ियों में स्त्रियों के जत्थों ने राष्ट्रीय नारे लगाए

हिंसात्मक क्रान्ति का जाल कैसे बिछाया गया?

एक अभियुक्त की मृत्यु पर शोक प्रकाश : अभियुक्त अदालत में पीठ फेरकर बैठे रहे!

सरकारी वकील जब तक वक्तव्य पढ़ता रहा; तब तक अभियुक्त गाने गाते रहे!

दिल्ली षड्यंत्र केस के स्पेशल ट्रिब्यूनल की बैठक आज 25वीं अप्रैल को गवर्नमेंट ऑफ इंडिया के सेक्रेटरिएट भवन के दक्षिणी हिस्से में प्रारम्भ हुई। अभियुक्तों के आते ही, 'क्रान्ति चिरंजीवी हो', 'साम्राज्यवाद का नाश हो' के गगन भेदी नारों से सेक्रेटरिएट भवन गूँज उठा। इसी समय मोटर लॉरी पर केसरिया रंग की साड़ियाँ पहने स्त्रियों का एक बड़ा जत्था भी आ पहुँचा। उसने एक जुलूस बनाकर सेक्रेटरिएट भवन के दक्षिणी हिस्से में प्रवेश किया और पाँच मिनट तक लगातार राष्ट्रीय नारे लगाए। प्रतिध्वनि में अभियुक्तों ने भी राष्ट्रीय नारों से उनका स्वागत किया।

पुलिस का ज़बर्दस्त प्रबन्ध

पुलिस का प्रबन्ध बहुत ज़बर्दस्त और विशाल पैमाने पर किया गया था। अदालत के अन्दर बहुत से स्त्री-पुरुष, दर्शक उपस्थित थे। अभियुक्त दो-दो की कतार में 11 बजकर 45 मिनट पर अदालत के अन्दर लाए गए। प्रवेश करते ही उन्होंने फिर गगनभेदी स्वर में 'क्रान्ति चिरंजीवी हो', 'चन्द्रशेखर आजाद चिरंजीवी हो', 'भगत सिंह चिरंजीवी हो', 'साम्राज्यवाद का नाश हो' आदि के नारे लगाए। इसके बाद उन्होंने सम्मिलित स्वर में एक राष्ट्रीय गान गाया, जिसकी प्रारम्भिक पंक्तियों का सारांश इस प्रकार था : "माँ, तुझसे विदा लेकर आज हम विजय की अन्तिम लड़ाई लड़ने जा रहे हैं।"

स्पेशल ट्रिब्यूनल के सदस्यों ने 11 बजकर 50 मिनट पर अदालत के कमरे में प्रवेश किया। सरकारी वकील मि. जफरुल्ला खाँ थे। सफाई की तरफ से मि. आसफ़ अली, मि. एस.एन. बोस, मि. बलजीत सिंह और मि. फ़रीदुल हक़ अंसारी उपस्थित थे।

हथकड़ियाँ हटाई गईं

प्रारम्भ में, श्रीयुत भूषण ने ट्रिब्यूनल के प्रेजिडेंट का ध्यान अभियुक्तों की हथकड़ियों की ओर आकर्षित किया और उनसे पूछा, कि क्या अदालत में उन्हें हथकड़ियाँ पहने ही बैठे रहना होगा? इस पर प्रेजिडेंट ने तुरन्त ही अभियुक्तों के हाथों से हथकड़ियों के हटा देने की आज्ञा दी। इसके बाद सफाई के वकील मि. बलजीत सिंह ने अभियुक्त विशम्भर दयाल की मृत्यु पर खेद प्रकट किया। सरकारी वकील मि. जफरुल्ला खाँ ने उनका समर्थन किया और कहा कि यह दुर्भाग्य की बात है कि सरकार की ओर से अच्छी से अच्छी चिकित्सा का प्रबन्ध होने पर भी अभियुक्त की जान न बच सकी। इसके बाद मि. जफरुल्ला खाँ ने अपना प्रारम्भिक वक्तव्य पढ़ना प्रारम्भ किया।

मि. आसफ़ अली का विरोध

तुरन्त ही मि. आसफ़ अली ने उठकर वक्तव्य पढ़ने का विरोध किया। आपने कहा कि क़ानून के अनुसार किसी मुक़दमे के प्रारम्भ में सरकारी वकील को वक्तव्य सुनाने का अधिकार केवल उस सेशन्स अदालत में है, जहाँ मामले का विचार ज्यूरी की सहायता से होता हो। इस वक्तव्य से विचार होने के पहले ही अभियुक्तों के विरुद्ध लोकमत दूषित हो जाने का भय है। मि. जफरुल्ला खाँ ने कहा कि मैं वक्तव्य पढ़ने के लिए कोई हठ करना नहीं चाहता। मेरा एकमात्र उद्देश्य इस अदालत के सामने मामले का सारांश प्रकट कर देना है, जिससे उसे मामले के समझने में सुविधा हो।

ट्रिब्यूनल ने जफरुल्ला खाँ के तर्कों को स्वीकार करते हुए, उन्हें अपना वक्तव्य पढ़ने की आज्ञा दे दी।

अभियुक्तों का वक्तव्य

इसी समय श्रीयुत वात्स्यायन ने अभियुक्तों की ओर से अपने साथी विशम्भर दयाल की मृत्यु के उपलक्ष्य में अदालत से आज के दिन की कार्रवाई स्थगित कर देने के लिए प्रार्थना की।

अदालत ने कहा, हमें दुख है कि हम आपकी प्रार्थना स्वीकार नहीं कर सकते। इस पर श्रीयुत वात्स्यायन ने कहा कि अगर अदालत अपनी आज की कार्रवाई स्थगित करने को तैयार नहीं है तो हम उसमें किसी तरह का भाग लेने के लिए भी तैयार नहीं हैं। प्रोफेसर निगम ने कहा कि हम अभियुक्तों की ओर से आज के दिन के लिए अपने सफाई के वकील वापस लेते हैं।

इतना कहकर अभियुक्तों ने अदालत की तरफ पीठ फेर ली और एक गीत गाना प्रारम्भ कर दिया, जिसकी प्रथम पंक्ति इस प्रकार है–"मुर्ग़-दिल मत रो यहाँ आँसू बहाना है मना।" इसके कुछ ही पहले सरकारी वकील ने अपना वक्तव्य पढ़ना प्रारम्भ किया था। गाने की आवाज़ के आगे पढ़ना असम्भव हो गया। इस पर अदालत ने उन्हें और निकट आकर अपना वक्तव्य पढ़कर सुनाने को कहा। जब तक सरकारी वकील वक्तव्य पढ़ते रहे, तब तक अभियुक्त भी बराबर गाते रहे।

सफाई की ओर से आवेदन पत्र

सरकारी वकील ने डेढ़ बजे अपना वक्तव्य समाप्त किया।

इसके बाद अदालत ने सफाई की तरफ से पेश किए गए उस आवेदन पत्र पर विचार किया, जिसमें मुखबिरों को जेल की हवालात से हटाकर न्यायालय की हवालात में रखने की प्रार्थना की गई थी।

अदालत ने आवेदन पत्र स्वीकार कर लिया और मुखबिरों को न्यायालय की हवालात में रखने की आज्ञा दे दी। इस प्रबन्ध के हो जाते ही मुखबिर दिल्ली डिस्ट्रिक्ट जेल के सुपरिंटेंडेंट मेजर एसपिनल की देख-रेख में कर दिए जाएँगे।

इसके बाद अदालत की कार्रवाई स्थगित हो गई! अगली पेशी की तारीख 2 मई नियत हुई है। उस दिन सबूत की ओर से 12 गवाह पेश होंगे।

आज की कार्रवाई भर में अभियुक्त बराबर गाते रहे। अदालत उनकी ओर से अन्यमनस्क थी।

सरकारी वकील का वक्तव्य

आज स्पेशल ट्रिब्यूनल के सामने सीनियर सरकारी वकील मि. जफरुल्ला खाँ ने अपने प्रारम्भिक वक्तव्य में बतलाया कि उपस्थित 14 अभियुक्तों पर राजनीतिक उद्देश्य से हत्या करने, डाका डालने, विस्फोटक पदार्थ रखने और बनाने, पुलिस अफसरों की हत्या करने के षड्यंत्र रचने और क़ानून विरुद्ध अस्त्र-शस्त्र रखने के अभियोग लगाए गए हैं। इन अभियुक्तों के नाम इस प्रकार हैं–

सर्वश्री बी.पी. जैन, भगीरथलाल, बाबूलाल गुप्त, कपूरचन्द, धन्वन्तरि, विद्याभूषण, हरकेश, आर.डी. अरारी, के.आर. गुप्त, हरद्वारीलाल, बी.आर. वैशम्पायन, एच.एस. वात्स्यायन, जी.एस. पोतदार और एन.के. निगम।

सबूत का मुख्य गवाह मुखबिर कैलाशपति है, जिसके समर्थक 5 और दूसरे भी मुखबिर हैं।

आगे चलकर आपने बतलाया कि इस षड्यंत्र की मुख्य घटना से जिन अभियुक्तों का सम्बन्ध है, उनकी संख्या 30 है, जिनमें एक स्त्री भी है। इनमें से 14 तो अभी अदालत के सामने उपस्थित हैं, 6 मुखबिर बन गए हैं और एक, विशम्भर दयाल अस्पताल में मर चुका है। शेष 9 फरार हैं, जिनके नाम इस प्रकार हैं–

सर्वश्री काशीराम, भवानी सहाय, यशपाल, भवानी सिंह, प्रकाशो देवी, हजारीलाल, लेखराम, सम्पूरन सिंह टंडन और रामचन्द्र शर्मा।

इसके बाद आपने षड्यंत्रकारियों का इतिहास बतलाया। बंगाल में अनुशीलन समिति कैसे स्थापित की गई, महाराष्ट्र में उसकी शाखा कैसे खोली गई और फिर महाराष्ट्र शाखा कैसे नष्ट कर दी गई इसका आपने ब्योरेवार वर्णन किया। आपने बतलाया कि बंगाल का क्रान्तिकारी दल अब भी मौजूद है। हरदयाल ने वहीं से क्रान्तिकारी सिद्धान्त ले आकर यू.पी. और पंजाब में बोया था।

लाला हरदयाल के कार्य

प्रारम्भ में श्री हरदयाल का काम ब्रिटिश नौकरियों के छोड़ने तथा ब्रिटिश संस्थाओं के बहिष्कार का प्रचार करना था। कैम्ब्रिज में शिक्षा प्राप्त करने की जो सरकारी छात्रवृत्ति मिली थी, उसे त्यागकर आपने अपने देशवासियों के सामने उपरोक्त बहिष्कार का उदाहरण रखा था। कुछ दिनों के बाद वे इंग्लैंड से अमेरिका चले गए। परन्तु उनके शिष्यों ने भारत में उनका काम बराबर जारी रखा। वे आतंक और हिंसा का उपदेश बराबर फैलाते रहे। फलस्वरूप बहुत-सी राजनीतिक हत्याएँ हुईं। लॉर्ड हार्डिंज के ऊपर 1918 में जो बम फेंका गया था, वह उन्हीं की कार्रवाई थी। लाहौर के लॉरेंस गार्डन वाले बम विस्फोट में भी उन्हीं का हाथ था। कुछ समय तक उन्होंने स्वाधीनता सम्बन्धी उत्तेजक पर्चे बाँटे, जिनके आधार पर पुलिस ने गिरफ़्तारियाँ कीं, जिनमें क्रान्तिकारी दल के कई बड़े-बड़े नेता भी थे।

थोड़े समय के लिए उत्तर भारत में क्रान्तिकारियों का जोर हट गया, परन्तु इसी बीच में श्री हरदयाल ने अमेरिका में वहाँ के हिन्दुस्तानियों का संगठन करके एक गदर पार्टी की स्थापना की। इस पार्टी का काम अमेरिकी प्रवासी भारतीयों में तथा गुप्त दूतों द्वारा भारत में क्रान्ति का प्रचार करना था।

यू.पी. का दल

सन् 1914 में ऐसे बहुत से गुप्त दूत विदेशों से भारत में आए थे। उन्होंने यहाँ क्रान्ति का प्रबल प्रचार किया। पंजाब इस प्रचार का मुख्य केन्द्र था। परन्तु कुछ दिनों बाद इनमें से बहुत से प्रचारक नजरबन्द कर दिए गए, बहुत से अन्य विविध उपायों से रोक दिए गए, और बहुतों को, उन पर मामला चलाकर, 'भारत-रक्षा एक्ट' के अनुसार दंड दिया गया।

इसके बाद क्रान्तिकारी अपराध बन्द रहे। परन्तु सन् 1922 में बंगाल की अनुशीलन समिति ने संयुक्त प्रान्त में अपनी एक शाखा खोली, जो कि हिन्दुस्तान रिपब्लिकन एसोसिएशन के नाम से प्रसिद्ध है। इस शाखा ने एक केन्द्र-कमेटी तथा अन्य कितनी ही प्रान्तीय कमेटियाँ स्थापित कीं, जिनका कार्य प्रान्त भर में क्रान्ति का ज़बर्दस्त प्रचार करना था। यू.पी. वाले क्रान्तिकारी दल ने प्रान्त के कई जिलों में डाके डाले, जिनमें काकोरी की रेल डकैती प्रसिद्ध है। इसमें बहुत-सी गिरफ़्तारियाँ हुईं और दल के बहुत से लोग पकड़ लिए गए।

काकोरी कांड के बाद यू.पी. दल को टूटा हुआ देखकर कानपुर के श्री विजय कुमार सिन्हा तथा लाहौर के श्री भगत सिंह रंगमंच पर प्रकट हुए। उन्होंने यू.पी. दल को फिर से संगठित करने का संकल्प किया। दिल्ली में एक गुप्त सभा की गई, जिसमें दूर-दूर के षड्यंत्रकारी जमा हुए थे। उसमें तय हुआ कि हिन्दुस्तान सोशलिस्ट रिपब्लिकन एसोसिएशन की स्थापना की जाए।

इसके बाद एक बार फिर से क्रान्तिकारी आन्दोलन वेग से चल निकला। इस दल ने दिसम्बर 1928 में सांडर्स की हत्या की, जो कि एक अत्यन्त होनहार अफसर थे। परिणाम

यह हुआ कि अनेकों गिरफ़्तारियाँ हुईं। वायसराय के विशेषाधिकार से स्पेशल ट्रिब्यूनल की रचना हुई और अनेकों षड्यंत्रकारियों का उसमें विचार हुआ। फिर भी कुछ लोग फरार ही रह गए। उन्होंने हिन्दुस्तान रिपब्लिकन एसोसिएशन का काम बराबर जारी रखा। लाहौर तथा दिल्ली के स्पेशल ट्रिब्यूनल इन्हीं की कार्रवाइयों के परिणाम हैं।

मुखबिरों का कथन

मुखबिर कैलाशपति, मदन गोपाल, गिरिवर सिंह, डी.वी. टेलांग, बालकृष्ण और रामलाल के कथनों से मालूम होता है कि इस दल के षड्यंत्रकारी केवल राजद्रोह के प्रचार तथा दल में नए सदस्यों के भर्ती करने का काम ही नहीं करते थे, बल्कि उसके साथ ही साथ दिल्ली तथा ग्वालियर आदि स्थानों में बम बनाने तथा डाका डालने के भी कार्य करते थे।

मुखबिरों के कथन से मालूम होता होता है कि दिल्ली की गाडोदिया स्टोर की सफल डकैती इसी दल की करतूत थी। अक्टूबर 1930 में पुलिस अफसरों पर अभियुक्त धन्वन्तरि द्वारा किए गए घातक प्रयत्न भी इसी दल के कार्यक्रम थे।

यद्यपि इस दल का कोई प्रत्यक्ष कार्य नहीं प्रकट हुआ, फिर भी दल में नए सदस्यों को भर्ती करने तथा धन एकत्र करने का काम बराबर जारी रहा है। दिल्ली की डकैती में यथेष्ट धन मिल जाने से इस दल का कार्य अधिक वेग से चल निकला था। उस धन से दो महीने तक दिल्ली आदि स्थानों में बम बनाने का कार्य जारी रहा। इस कार्य में अधिकांश अभियुक्त शामिल थे। इनके कार्यक्रम जब तक कि सितम्बर सन् 1930 में कैलाशपति तथा धन्वन्तरि और बाद में अन्य 21 अभियुक्त नहीं गिरफ़्तार हो गए, बराबर जारी रहे।

इसे न्याय कहें या अन्याय?

श्री वीरेन्द्र पर अत्याचारों का पहाड़ ढाया जा रहा है

पिता पुत्र से नहीं मिल सकता

महाशय कृष्ण लिखते हैं–

यह एक निर्दोष नवयुवक विद्यार्थी के साथ किए गए दुर्व्यवहारों का कारुणिक किस्सा है, जिसको गवर्नमेंट ने सन् 1818 के तीसरे रेग्यूलेशन के अनुसार गिरफ़्तार कर लिया था।

"मेरा पुत्र वीरेन्द्र, फोरमैन क्रिश्चियन कॉलेज लाहौर के बी.ए. क्लास का विद्यार्थी है। उसे पंजाब की पुलिस ने तीन-तीन बार निराधार सन्देह पर गिरफ़्तार किया और हर बार सबूत के अभाव में मामले पर विचार होने के पहले ही छोड़ दिया। परन्तु 10 फरवरी को अचानक सन् 1818 के तीसरे रेग्यूलेशन के अनुसार उसे फिर से गिरफ़्तार कर लिया। आज वह लाहौर सेंट्रल जेल में नजरबन्द राजनीतिक बन्दी है। सम्भवतः यह आखिरी गिरफ़्तारी पुलिस की अयोग्यता छिपाने की गरज से की गई है। किसी अभियुक्त का तीन-तीन बार गिरफ़्तार होना और हर बार सबूत के अभाव में छूट जाना, पंजाब पुलिस की शान के ख़िलाफ़ था। इसीलिए 20 वर्ष के इस नवयुवक को राजबन्दी बनाकर जेल में ठूँस दिया,

जिसका अपराध अब तक दुनिया को अज्ञात है। यह तो यह, इसके बाद की करतूतें और भी हृदय-बेधी हैं।

वकील के पत्र

"2री मार्च को असेम्बली में मि. जगन्नाथ अग्रवाल के प्रश्न के उत्तर में भारत सरकार के होम मेम्बर ने कहा कि वीरेन्द्र के अभियोगों की जाँच दो सेशन्स जज मिलकर करेंगे और जाँच कर लेने पर निर्णीत अभियोग की एक नकल उसे दे देंगे। जो कुछ वह ऊपर देना चाहेगा, उसे भी वे लिख लेंगे। इस पर लाहौर हाईकोर्ट के एडवोकेट श्री रामलाल आनन्द ने होम मेम्बर को एक पत्र लिखकर उनसे अभियोग की जाँच-पड़ताल करनेवाले दोनों सेशन्स जजों के नाम तथा उनकी कार्यविधि का ब्योरा पूछा। साथ ही आपने यह भी पूछा कि क्या जाँच के समय अभियुक्त को उत्तर लिखाने तथा अन्य क़ानूनी कार्यवाहियों में सहायता पहुँचाने के लिए क़ानूनी सलाहकार उपस्थित रह सकते हैं?

"उसी दिन आपने लाहौर सेंट्रल जेल के सुपरिंटेंडेंट को भी एक पत्र लिखा; जिसका आशय यह था कि मुझे क़ानूनी सलाहकार की हैसियत से वीरेन्द्र से मिलने दिया जाए। मिलने के समय, यदि आवश्यक समझा जाए तो पुलिस का पहरा भी थोड़े फासले पर बना रह सकता है। इस पत्र के उत्तर में पुलिस के डिप्टी-इंस्पेक्टर जनरल ने अपने 25 मार्च के पत्र में मि. रामलाल को लिखा कि 'क़ानूनी सलाहकार अभियुक्त से एक सी.आई.डी. के अफसर की उपस्थिति में जहाँ से वह सब बातचीत सुन सके, मिल सकता है।' पहले वाले पत्र के उत्तर में गवर्नमेंट ऑफ इंडिया के होम डिपार्टमेंट ने ता. 28 मार्च को एक पत्र भेजा, जिसमें लिखा था कि 'आपका पत्र पंजाब सरकार के पास विचारार्थ भेज दिया गया है।' ढोंग और पाखंड की हद हो गई! एक खून का अपराधी तक, जिसका फ़ैसला सेशन्स और जूरी सुना चुकते हैं, अपील करने के लिए बिना किसी बाधा के और बिना पुलिस की उपस्थिति के अपने क़ानूनी सलाहकार से मिल सकता है, परन्तु एक निर्दोष छोकड़ा, जिसके विरुद्ध कोई सबूत नहीं है अपने वकील से, बिना एक सी.आई.डी. अफसर की निकट उपस्थिति के नहीं मिल सकता!!

मिलने नहीं दिया गया

"निस्सन्देह उपरोक्त प्रतिबन्धों में क़ानूनी सलाह का विचार त्याग देना पड़ा। इसके बाद पंजाब गवर्नमेंट का एक पत्र मि. रामलाल एडवोकेट के नाम फिर आया, जिसमें लिखा था, कि जितनी सूचना आपको दी जा चुकी है, उससे अधिक सूचना दे सकना असम्भव है। इस पत्र के पहले ही वीरेन्द्र को उसका अभियोग पत्र दे दिया गया था और उसका उत्तर अधिकारीगण दर्ज कर चुके थे।

"मुझे सन्देह है कि यह मामला बहुत पहले ही सेशन्स जजों ने तय कर लिया था और उत्तर पुलिस के अनुकूल बनवा लिया था। यही कारण है कि इस कार्रवाई के समय में अभियुक्त से किसी को मिलने की आज्ञा नहीं दी गई और जिनको दी जा चुकी थी, उनसे

वापस ले ली गई। यद्यपि होम मेम्बर ने असेम्बली में उत्तर देते हुए कहा था कि अभियुक्त से प्रति सप्ताह भेंट-मुलाकात हो सकेगी; फिर भी उनके कथन के शब्द का पालन तो हुआ; परन्तु भाव का पालन नहीं किया गया। तीन-चार मुलाकातों को छोड़कर, शेष सब मुलाकातों में या तो कोई पख़ लगा दी जाती थी या घंटों रोकने के बाद नामंजूरी दे दी जाती थी।

"वीरेन्द्र के सभी पत्रों पर सेंसर रहता है। मेरे पास तक पहुँचते-पहुँचते उनकी पंक्तियाँ मिटा दी जाती हैं। मेरे पत्र उसके पास पहुँचते हैं या नहीं, यह पुलिस ही जाने। वीरेन्द्र के विषय में जानकारी प्राप्त करने के जो भी उपाय काम में लाए जाते हैं, उन्हें पुलिस बेकार कर देती है। मैं नहीं जानता कि जेल के सीख़चों के पीछे क्या हो रहा है! वीरेन्द्र को बी. ए. की परीक्षा देने की अनुमति दे दी गई है; परन्तु उसके प्रबन्ध का व्यय हमसे 120/-लिया गया है; यद्यपि इसका दोषी न तो वीरेन्द्र है, न मैं हूँ। परीक्षा का स्थान बिल्कुल गुप्त रखा गया है। मुझे नहीं मालूम कि वह अपनी परीक्षा में क्या कर रहा है। और परीक्षा की तैयारी के लिए बाहर से उसे कोई सुविधा नहीं दी गई।

"औपनिवेशक स्वराज्य का यह व्यावहारिक सच्चा स्वरूप है। फौलादी ढाँचे में गांधी-इर्विन वार्तालाप का यही प्रभाव है।"

7 मई, 1931

भविष्य

देहली षड्यंत्र केस में पुलिस की मनोरंजक गवाहियाँ!

बिना हुलिया और बिना वारंट के अभियुक्तों की निष्फल तलाश

नई दिल्ली का समाचार है कि 2री मई को स्पेशल ट्रिब्यूनल के सामने सरकारी गवाहों की गवाहियाँ ली गईं। अभियुक्तों की ओर के वकील श्री बलजीत सिंह ने आरम्भ में यह उज्र पेश किया कि मुखबिरों की अनुपस्थिति में मामले की कार्रवाई नहीं हो सकती है। उन्होंने बतलाया कि अभियुक्तों और मुखबिरों में इस अन्तर के सिवा, कि मुखबिरों को सम्राट ने क्षमा प्रदान कर दिया है, और कोई अन्तर नहीं है। मि. जफरुल्ला ने सरकार की ओर से बहस करते हुए कहा कि हिरासत में रखे जाने से जहाँ तक सम्बन्ध है, वहाँ तक तो सरकारी गवाहों और अभियुक्तों में कोई अन्तर नहीं है, किन्तु और सब बातों में दोनों में अन्तर है। मुखबिरों का नाम, सरकारी गवाह होने की वजह से, चालान में दर्ज नहीं किया गया है और इसलिए उन पर मामला नहीं चल रहा है।

साढ़े दस बजे के लगभग अभियुक्त जेल से लाए गए। वे बन्द लॉरियों में पुलिस के कड़े पहरे में लाए गए थे। वे क्रान्तिकारी नारे लगाते थे। 11 बजे तक उन्हें नीचे ठहराना पड़ा। 'इन्क़लाब ज़िन्दाबाद' के नारे के साथ उन्होंने अदालत में प्रवेश किया। दो राष्ट्रीय गीत भी उन्होंने गाए।

सवा ग्यारह बजे के लगभग जजों ने अदालत में प्रवेश किया। अभियुक्तों के वकील श्री बलजीत सिंह ने अध्यक्ष का ध्यान अभियुक्तों की बेड़ियों की ओर आकर्षित किया। बेड़ियाँ तुरन्त हटा देने की आज्ञा दी गई। प्रोफेसर निगम ने प्रार्थना की कि उनके कमरों में भी, उन्हें हथकड़ियाँ नहीं लगाई जाएँ, किन्तु अदालत ने उनकी प्रार्थना स्वीकार नहीं की।

पहली गवाही

सबसे पहले सब इंस्पेक्टर काशीनाथ की गवाही ली गई। उसने अपने बयान में कहा कि मैंने फरार अभियुक्त सम्पूर्ण सिंह टंडन, यशपाल और मुसम्मात प्रकाशो के सम्बन्ध में कांगड़ा, गुरुदासपुर, होशियारपुर, अमृतसर, लाहौर, दिल्ली और बनारस में खोज की है, और अब भी मैं उनकी खोज में हूँ, किन्तु उनके मिलने की कोई आशा नहीं दिखाई पड़ती है। जब अभियुक्त की ओर के वकील मि. आसफ़ अली गवाह से जिरह करने के लिए खड़े हुए तो सरकारी वकील ने इसका विरोध किया। उन्होंने कहा कि गवाह से जिरह करने का मि. आसफ़ अली को कोई अधिकार नहीं है। मि. आसफ़ अली ने कहा कि उन्हें यह

अधिकार प्राप्त है। यह मामला षड्यंत्र सम्बन्धी होने के कारण, किसी प्रकार की गवाही से, यहाँ तक कि फरार अभियुक्तों के सम्बन्ध की गवाही से भी, वर्तमान अभियुक्तों का सम्बन्ध है। यह सम्भव है कि जिरह से यह बात सिद्ध हो जाए कि फरार अभियुक्त कोई वास्तविक व्यक्ति नहीं है, बल्कि वे काल्पनिक व्यक्ति हैं।

मि. जफरुल्ला ने कहा कि वर्तमान गवाही में इस मामले का कोई विशेष भाग नहीं है। मामले के सम्बन्ध में अन्य गवाहों की गवाहियाँ होंगी।

मि. अमीर अली–तब इस गवाही का क्या अर्थ है?

मि. जफरुल्ला–इससे ट्रिब्यूनल को यह पता लगेगा कि कुछ अभियुक्त अभी तक फरार हैं।

मि. कुँवर सेन–क्या आप कोई ऐसा प्रमाण बता सकते हैं, जिससे यह मालूम हो, कि अभियुक्तों को स्वयं जिरह करने का कोई अधिकार नहीं है?

मि. जफरुल्ला–इस विषय पर कोई विशेष प्रमाण नहीं है, किन्तु इन गवाहों का बयान, इस मामले का कोई भाग नहीं है।

मि. कुँवर सेन–क्या अदालत उनसे जिरह नहीं कर सकती है?

मि. जफरुल्ला–हाँ, कर सकती है।

श्री कुँवर सेन–तब यदि अभियुक्त उनसे जिरह करें तो क्या हर्ज है?

जफरुल्ला–इसमें उज्र यह है कि वर्तमान गवाही, फरार अभियुक्तों के सम्बन्ध में है। इन अभियुक्तों से उसका कोई सम्बन्ध नहीं। इसलिए गवाह से जिरह करने का उन्हें अधिकार नहीं है।

मि. आसफ़ अली–किन्तु फरार अभियुक्त को भी इन अभियुक्तों के साथ चालान किया गया है और फरार अभियुक्तों के सम्बन्ध की गवाही, इन अभियुक्तों पर भी लागू समझी जाती है। अभियुक्तों को यह सिद्ध करने का अधिकार है, कि न तो षड्यंत्र ही हुआ और न कोई फरार ही है। प्रतिवादी का वकील, इसी बयान से किसी भी अभियुक्त के लिए 'अलीबी' सिद्ध कर सकता है।

प्रतिवादी पक्ष के वकील श्री एस.एन. बोस ने कहा कि 'एविडेंस एक्ट' के अनुसार ही जिरह करने का अधिकार दिया गया है, भारतीय दंड विधान के अनुसार नहीं, और 'एविडेंस एक्ट' अभियुक्तों को भी, गवाही से जिरह करने का अधिकार देता है।

अन्त में ट्रिब्यूनल ने यह फ़ैसला दिया कि गवाहों को भी जिरह करने का अधिकार है।

फरार अभियुक्तों की खोज

मि. आसफ़ अली के जिरह करने पर श्री काशीनाथ ने कहा कि जिन फरार अभियुक्तों की खोज मैं कर रहा हूँ, उनके विरुद्ध लाहौर षड्यंत्र केस के सम्बन्ध में वारंट निकाले गए हैं। दिल्ली षड्यंत्र केस के सम्बन्ध में उन पर कोई वारंट जारी नहीं किया गया है। मुझे इन फरार अभियुक्तों का कोई निश्चित पता नहीं दिया गया है, और किन जरियों से मैं उनकी खोज करता हूँ, यह मैं अदालत के सामने नहीं बता सकता।

गवाह ने आगे कहा कि मैं इसका कोई प्रमाण पेश नहीं कर सकता कि मैं वास्तव में फरार अभियुक्तों की खोज में हूँ। मैंने यशपाल के सम्बन्धियों से उसके बारे में कुछ पूछताछ नहीं की है। मुसम्मात प्रकाशो एक प्रतिष्ठित घराने की स्त्री है, किन्तु उसका पिता जुआरी और कोकेनख़ोर है। मैं नहीं कह सकता वह अभी तक गिरफ़्तार किया गया है या नहीं। इसके बाद गवाह ने तीन फरार अभियुक्तों का वर्णन किया और कहा कि उसके साथ अभियुक्तों को शनाख्त करनेवाले खास आदमी भी रहते हैं।

अभियुक्त विद्याभूषण के पूछने पर गवाह ने कहा कि यशपाल बहुधा यूरोपियन लिबास में रहता है, किन्तु वह खद्दर भी पहनता है।

दूसरी गवाही

इसके बाद गवाह मन्सब अली ने अपने बयान में कहा कि मैं 1930 के अक्टूबर से ही लेखराम को खोज रहा हूँ। दिल्ली, मथुरा, कराँची, माउंट आबू और लाहौर आदि स्थान मैंने छान डाले, किन्तु उसका कुछ पता नहीं चला। निकट भविष्य में उसके गिरफ़्तार होने की सम्भावना भी नहीं है। श्री एस.एन. बोस के जिरह करने पर गवाह ने कहा कि अभियुक्त को खोजने के लिए मुझे लिखी हुई और ज़बानी दोनों प्रकार की आज्ञा मिली है। मुझे याद नहीं कि मैंने स्वयं उसके सम्बन्ध में किसी से पूछताछ की हो। मेरे भेदिए इस प्रकार की पूछताछ किया करते थे। यह सिद्ध करने के लिए कि मैं वास्तव में अभियुक्त की खोज में था, मेरे पास यहाँ सफ़र के खर्चे का बिल मौजूद नहीं है। अभियुक्त की कोई फोटो भी मुझे नहीं दी गई है।

श्री वात्स्यायन के प्रश्न का उत्तर देते हुए गवाह ने कहा कि मैं लाहौर षड्यंत्र केस के सम्बन्ध में अभियुक्त लेखराम की खोज करता था, किन्तु अब दिल्ली षड्यंत्र के सम्बन्ध में भी वह चालान किया गया है। मुझे उसकी गिरफ़्तारी के लिए कोई वारंट नहीं दिया गया है।

हेड कांस्टेबिल की गवाही

अपराध सम्बन्धी जाँच-विभाग के हेड कांस्टेबिल जय प्रसाद ने अपने बयान में कहा कि मैंने हजारीलाल और लेखराम की खोज हिस्सार और रोहतक में की है। मुझे हजारीलाल का कोई पता नहीं दिया गया था, किन्तु वे स्थान मुझे बताए गए थे, जहाँ वह बराबर आया-जाया करता था। किसी भी अभियुक्त के मिलने की आशा नहीं है।

मि. आसफ़ अली के जिरह करने पर गवाह ने कहा–किसी भी अभियुक्त के लिए मुझे वारंट नहीं दिए गए हैं, किन्तु उनकी फोटो उनके वर्णन के साथ, मुझे दी गई है। मैं लेखराम के घर पर नहीं गया। मैंने उसके ससुर से मुलाकात की और उसकी स्त्री से भी कुछ प्रश्न किए। प्रश्न करने पर गवाह ने कहा कि मैं नहीं जानता कि लेखराम की स्त्री परदा करती है या नहीं। मैं उस स्थान का रहनेवाला हूँ, जहाँ लेखराम हकीमी करते थे।

कोई भी लेखराम के सम्बन्ध में कुछ नहीं बता सका। सभी लोगों ने यही कहा कि वह छिपा हुआ है।

लेखराम जिन्दा है या नहीं?

गवाह ने आगे कहा कि मैं यह भी नहीं कह सकता कि लेखराम जीवित है या नहीं, किन्तु मेरा ऐसा अनुमान है कि वह जीवित है, क्योंकि उसकी मृत्यु के सम्बन्ध में कोई खबर अखबारों में मैंने नहीं देखी है। मि. बोस के प्रश्न करने पर गवाह ने कहा कि मुझे याद नहीं कि मैंने हजारीलाल के सम्बन्ध में किसी से पूछताछ की हो। मैंने इसकी सूचना अपनी रिपोर्ट में दे दी है। मैं सफ़र के ख़र्चे का बिल या अभियुक्तों के फोटो यहाँ नहीं लाया हूँ।

14 मई, 1931

भविष्य

कलावती देवी की अस्मत पर हाथ?

सी.आई.डी. के डी.एस.पी. नन्दकिशोर पर भीषण दोषारोपण!!

सरकारी गवाह कैलाशपति मुखबिर कैसे बनाया गया?

देहली षड्यंत्र केस के सामने गवाहों के सनसनीपूर्ण बयान

अदालत में अन्तिम मुगल सम्राट 'बहादुरशाह जिन्दाबाद' के गगनभेदी नारे महारानी लक्ष्मी बाई, तातियां टोपे और सन् 57 के विप्लवकारियों की याद!

देशी रिसायतों में खोज : प्रतिवादी वकीलों के पीछे भी खुफिया पुलिस लगा दी गई!!

तारीख 3री का समाचार है कि अपनी जिरह में श्री वात्स्यायन ने गवाह से पूछा कि फुट-कांस्टेबिल से उसकी तरक़्क़ी क्योंकर हुई? गवाह ने इसका कारण बतलाने से इनकार किया। अदालत के इसी प्रश्न के पूछने पर गवाह ने उत्तर दिया—मैंने एक बम केस का पता लगाया था।

प्रश्न—कौन बम केस?

उत्तर—मैंने सरकारी गवाह कैलाशपति को गिरफ़्तार किया था।

प्रश्न—कैलाशपति मनुष्य है या बम केस है? (हास्य ध्वनि)

अभियुक्त विद्याभूषण के पूछने पर गवाह ने कहा कि उक्त दोनों फरार अभियुक्तों के अतिरिक्त काशीनाथ, भवानी सिंह और भवानी सहाय की भी खोज मैं करता था। ये सभी अभी तक फरार हैं। वात्स्यायन और निगम की खोज मैंने नहीं की है।

गवाह ने आगे कहा कि मैं लेखराम को अच्छी तरह जानता हूँ। हम दोनों एक ही स्थान के रहनेवाले हैं। मि. बैनर्जी के प्रश्न करने पर गवाह ने कहा कि मैं और लेखराम रोहतक में 4 वर्षों तक साथ थे।

इंस्पेक्टर की गवाही

युक्तप्रान्तीय पुलिस के एक इंस्पेक्टर त्रिलोक सिंह ने कहा कि मैंने ब्रिटिश गढ़वाल के अनेक स्थानों में भवानी सिंह की खोज की है। वहाँ उसके कुछ सम्बन्धी रहते हैं। अभियुक्त का पिता रिटायर्ड सरकारी कर्मचारी है। सरकार की ओर से उसे पेंशन भी मिलती है। बहुत खोज करने पर भी अभियुक्त का कहीं पता नहीं लगा और उसके शीघ्र गिरफ़्तार होने की कोई आशा भी नहीं है।

मि. आसफ़ अली के जिरह करने पर गवाह ने कहा कि अभियुक्त की गिरफ़्तारी के लिए मुझे कोई वारंट नहीं दिया गया है, किन्तु मुझसे कहा गया था, कि गोडोडिया स्टोर्स डकैती केस के सम्बन्ध में अभियुक्त के नाम वारंट है। मैं अभियुक्त के पिता कैप्टन नाथा सिंह को बचपन से ही जानता हूँ। मैं उसी गाँव का रहनेवाला हूँ और गाँव के रिश्ते से अभियुक्त मेरी स्त्री का भाई होता है। मैंने अभियुक्त भवानी सिंह को करीब 15 वर्षों से नहीं देखा है और उसका जो विवरण मैंने अदालत के सामने किया है, वह मुझे लिखकर दिया गया था। मेरे पास अभियुक्त की फोटो नहीं है। मैंने श्रीनगर और अयूरी नामक गाँवों में तथा लैन्स डाउन में अभियुक्त के सम्बन्धियों से उसके बारे में पूछताछ की थी। 17 दिसम्बर के बाद से भवानी सिंह को खोजने का कोई विशेष प्रयत्न मैंने नहीं किया।

मि. आसफ़ अली–जब 5 महीने पहले तुमने उसकी खोज की थी, तो इस समय तुम कैसे कह सकते हो कि उसका पता नहीं लग रहा है?

गवाह–उन पहाड़ी स्थानों में जहाँ अभियुक्त के आने-जाने की सम्भावना है, मेरे अनेक सम्बन्धी रहते हैं। यदि वह लौटकर उन स्थानों में आया होता, तो मेरे सम्बन्धी मुझे अवश्य सूचना दे देते। गवाह ने आगे कहा कि मुझे नहीं मालूम कि अभियुक्त जीवित है या नहीं। मि. बोस के प्रश्न करने पर गवाह ने कहा कि अभियुक्त की आयु इस समय 22 वर्ष की होगी।

देशी रिसायतों में अभियुक्तों की खोज

दिल्ली-पुलिस के जैग़म हुसैन ने अपने बयान में कहा कि मैंने भवानी सहाय की खोज रिवाड़ी, अजमेर, अलवर स्टेट, जयपुर और इन्दौर आदि स्थानों में की है। मेरा विचार है कि अभियुक्त के शीघ्र ही गिरफ़्तार होने की कोई आशा नहीं है।

मि. आसफ़ अली के प्रश्न करने पर गवाह ने कहा कि मैं अभियुक्त को व्यक्तिगत रूप से नहीं जानता और उसकी गिरफ़्तारी के लिए मेरे पास कोई वारंट नहीं है। मुझे जबानी कहा गया है कि भवानी सहाय दिल्ली बम केस नं. 138 का 397वीं धारा के अनुसार अभियुक्त है। मुझे उसकी कोई फ़ोटो नहीं दी गई है। उसको पहचाननेवाला कोई आदमी भी मेरे पास नहीं है, किन्तु उसका विवरण लिखकर मुझे दिया गया है।

गवाह का बयान समाप्त होने के पहले ही अदालत दूसरे दिन के लिए स्थगित कर दी गई। अभियुक्तों के 'देशद्रोहियों का नाश हो' की आवाज़ से सारी अदालत गूँज उठी।

नई दिल्ली का 4थी मई का समाचार है कि आज 10 बजकर 20 मिनट पर अभियुक्तों ने 'इन्कलाब जिन्दाबाद' के नारे के साथ अदालत में प्रवेश किया। फिर वे 5 मिनट तक राष्ट्रीय गान गाते रहे। 10 बजकर 50 मिनट से अदालत की कार्यवाही शुरू हुई।

श्री बोस के जिरह करने पर गवाह जैग़म हुसैन ने कहा कि मैंने अपने भेदियों के द्वारा रिवाड़ी में भवानी सहाय के सम्बन्ध में पूछताछ कराई थी। मैंने स्वयं पूछताछ नहीं की। मैं अपने भेदियों का नाम बताने के लिए तैयार नहीं हूँ। अलवर में वहाँ की पुलिस के जरिए मुझे गुप्तचर मिले थे। जयपुर में मैंने स्वयं दुकानों और घरों में पूछताछ की थी। मैं वहाँ के किसी दुकानदार या मकान मालिक का नाम नहीं बता सकता। मैं इन्दौर भी गया था, किन्तु यह मुझे याद नहीं, कि कितने दिनों तक वहाँ ठहरा था। मैंने धर्मशालाओं में तथा स्कूल-कॉलेजों में उसकी खोज की। गवाह ने उन व्यक्तियों के नाम बतलाने से इनकार किया, जिनसे उसने अभियुक्त के सम्बन्ध में पूछताछ की थी।

श्री विद्याभूषण आजाद के प्रश्न करने पर गवाह ने कहा कि मैं षड्यंत्र केस के सम्बन्ध में कुछ नहीं जानता। अधिकारियों की ओर से मुझे कहा गया था, कि भवानी सहाय एक बम केस में अभियुक्त है। अलवर में मैं रेलवे पुलिस की चौकी में ठहरा था, किन्तु उस चौकी के अफसर का नाम मुझे याद नहीं है। भवानी सहाय मध्यम कद का अर्थात् 5 फीट 5 इंच के लगभग की ऊँचाई का मनुष्य है।

यशपाल

इसके बाद लाहौर के खुफिया विभाग के हेड कांस्टेबिल रामसरन दास की गवाही हुई। उसने अपने बयान में कहा कि मैं यशपाल को खोजने के लिए नियुक्त किया गया था। यशपाल कांगड़ा जिले के अन्तर्गत भमपाल नामक गाँव का रहनेवाला है। मैं अभी तक उसकी खोज में हूँ। मैं यशपाल की खोज में अनेक देशी रियासतों में भी गया हूँ। उसका पता लगना कठिन है। वह लाहौर षड्यंत्र का भी अभियुक्त है।

मि. आसफ़ अली के जिरह करने पर गवाह ने कहा कि मैं यशपाल को उसके चेहरे से पहचान सकता हूँ। यशपाल के गाँव भमपाल में मेरे कुछ सम्बन्धी रहते हैं। मैंने कई बार यशपाल को देखा है। गवाह ने कहा कि जहाँ तक मुझे याद है, मैंने दो बार यशपाल को देखा है, एक बार तो 5 वर्ष पहले मैंने उसे देखा था। लाहौर षड्यंत्र के सम्बन्ध में एक वारंट भी उसकी गिरफ़्तारी के लिए मुझे दिया गया था, किन्तु दिल्ली षड्यंत्र के सम्बन्ध में कोई वारंट नहीं दिया गया है। गवाह ने आगे बतलाया कि अपने भेदियों के द्वारा खबर पाकर ही मैं देशी रिसायतों में उसे खोजने गया था। 20 दिन पहले मैं उसे अरकी नामक स्थान में खोज रहा था और गत दो दिनों से मैं उसे दिल्ली में खोज रहा हूँ। गवाह ने कहा कि यशपाल का एक दूसरा नाम रछपाल भी है। मुझे नहीं मालूम उसके दो ही नाम हैं या अधिक। मुझे नहीं मालूम यशपाल भारत में है या नहीं?

श्री बलजीत सिंह के पूछने पर गवाह ने कहा कि जब मैं यशपाल की खोज में जाता था, तो पिस्तौल नहीं रखता था। मि. बैनर्जी के पूछने पर गवाह ने कहा कि अभियुक्त से अपनी रक्षा करने के लिए मैंने कोई उपाय नहीं किया। गवाह ने अपना वर्तमान पता बतलाने से इनकार किया।

सरकारी वकील के जिरह करने पर हबीब हुसैन ने कहा कि मैंने मेरठ, नैनीताल, हल्द्वानी, कोटद्वार और रुड़की में सम्पूर्ण सिंह टंडन और भवानी सिंह की खोज की है, किन्तु उनका कोई पता नहीं लगा। निकट भविष्य में भी उनके गिरफ़्तार होने की कोई आशा नहीं है।

मि. आसफ़ अली के जिरह करने पर गवाह ने कहा कि टंडन का एक दूसरा नाम आसफ भी है, किन्तु मुझे यह नहीं मालूम कि भवानी सिंह का भी कोई दूसरा नाम है या नहीं। मुझे उनकी गिरफ़्तारी के लिए वारंट नहीं दिए गए थे। उन्हें पहचाननेवाला कोई आदमी भी मुझे नहीं दिया गया था। मैं केवल अफसरों के बतलाए हुए स्थानों में उनकी खोज करता था। मुझे यह पता लगा था कि अभियुक्त हल्दवानी में है। इस पते के बतानेवाले का नाम मैं नहीं कहना चाहता। सिर्फ़ इतना ही बता सकता हूँ, कि वह पुलिस का कोई भेदिया नहीं है। मैं अभियुक्तों के किसी भी मित्र या सम्बन्धी का नाम नहीं बता सकता, जिनके द्वारा मैंने अभियुक्तों के सम्बन्ध में पूछताछ की है। मैंने अभियुक्तों की खोज में उन सभी स्थानों का भ्रमण किया है, जहाँ-जहाँ उनके जाने की सम्भावना है। ऐसा कोई विशेष स्थान नहीं है, जहाँ अभियुक्तों ने स्थिरतापूर्वक वास किया हो; इस कारण, मुझे साधारण तौर से इधर-उधर उनकी खोज करनी पड़ी है। मैंने सम्पूर्ण सिंह टंडन को दिल्ली में देखा था, जहाँ वे रामजस कॉलेज के प्रोफेसर थे। यह बात मुझे उस कॉलेज के लड़कों से मालूम हुई, किन्तु मैंने वहाँ के प्रिंसिपल से इस सम्बन्ध में कोई पूछताछ नहीं की। मैंने भवानी सिंह के सम्बन्ध में उसके पिता नाथू सिंह से कोई पूछताछ नहीं की है और मैं नहीं जानता कि अभियुक्त जीवित है और भारत में है या नहीं।

श्री बोस के प्रश्नों का उत्तर देते हुए गवाह ने कहा कि 5 वर्षों से मैं टंडन के सम्बन्ध में कुछ नहीं जानता। मैंने पहले-पहल उसे रामजस कॉलेज से आते समय देखा था। मुझे याद नहीं, किसने मुझे बताया था कि यही सम्पूर्णानन्द है। उसके बतलाने का क्या उद्देश्य था, यह भी मैं नहीं कह सकता। भवानी सिंह को मैं इसलिए जानता हूँ कि वह अक्सर टंडन से मिलने जाया करता था।

श्री बलजीत सिंह के पूछने पर गवाह ने कहा कि मुझे यह नहीं मालूम कि, दिल्ली में जो एक मनुष्य गिरफ़्तार हुआ था, उसके बयान के अनुसार, मेरठ में अभियुक्तों की खोज की गई थी या नहीं।

अभियुक्त निगम के प्रश्न पर गवाह ने कहा कि टंडन इतिहास का अध्यापक था और भवानी सिंह दिल्ली में पढ़ता था, किन्तु मुझे यह नहीं मालूम कि वह किस स्कूल या कॉलेज में पढ़ता था।

अभियुक्त विद्याभूषण के पूछने पर गवाह ने कहा कि किसी व्यक्ति के सम्बन्ध में अपना सन्देह दूर करना, मेरी ड्यूटी का एक अंग है। इस कारण मैंने स्वयं भवानी सिंह के सम्बन्ध में पता लगाया था। उसकी खोज करने की आज्ञा मिलने से पहले, उसकी गतिविधि का निरीक्षण करने की आज्ञा मुझे नहीं दी गई थी। मैंने हल्दवानी में एक यात्री से अभियुक्तों के सम्बन्ध में कुछ पूछताछ की। संयोगवश वह मनुष्य भवानी सिंह के विषय में जानता था।

दिल्ली के खुफिया विभाग के सब इंस्पेक्टर मोती राम ने यशपाल, भवानी सहाय और मुसम्मात प्रकाशो की खोज के सम्बन्ध में अपना बयान दिया। उसने कहा कि मैंने अलीगढ़,

मथुरा, खुरजा, बुलन्दशहर, गाजियाबाद, हिसार, भिवानी, तेजारा, अलवर और राजगढ़ आदि स्थानों में उनकी खोज की है। गवाह ने कहा कि इन अभियुक्तों के निकट भविष्य में गिरफ़्तार होने की कोई सम्भावना नहीं है।

मि. आसफ़ अली के जिरह करने पर गवाह ने कहा कि अभियुक्त धन्वन्तरि की गिरफ़्तारी पर मुझे कोई पुरस्कार नहीं मिला। जिस समय उनकी गिरफ़्तारी हुई उस समय मैं दिल्ली के बाहर था। मैंने अभियुक्तों को नहीं देखा था, किन्तु मुझे उनके विवरण लिखकर दिए गए थे। भवानी सहाय को पहचानने वाला एक आदमी मेरे साथ दिया गया था। अभियुक्त के किसी मित्र या सम्बन्धी से मैंने कोई पूछताछ नहीं की है। मेरे साथ के एक सब-इंस्पेक्टर के जरिए ही मुझे कुछ बातें मालूम हुई थीं। यशपाल और मुसम्मात प्रकाशो का कोई दूसरा नाम नहीं है। किन्तु भवानी सहाय के रामप्रसाद, रामनाथ और शायद श्रीकृष्ण भी नाम हैं। मैं यह नहीं कह सकता कि अभियुक्त इस देश में है और जीवित है या नहीं।

इसी समय अदालत लंच के लिए बरखास्त हुई। लंच के बाद मोतीराम का बयान फिर शुरू हुआ। मि. बोस के पूछने पर गवाह ने कहा, मुझे यह नहीं मालूम कि मुसम्मात प्रकाशो पर्दानशीन है या नहीं।

मि. अंसारी के पूछने पर गवाह ने कहा कि बिना अफसरों की आज्ञा के मैं किसी व्यक्ति की निगरानी नहीं करता हूँ।

खुफिया पुलिस के कांस्टेबिल अमीरचन्द ने अपने बयान में कहा कि मैंने भवानी सहाय और काशीराम की खोज की है। उनके शीघ्र गिरफ़्तार होने की कम सम्भावना है।

मि. आसफ़ अली के जिरह करने पर गवाह ने कहा कि मैं यशपाल और मुसम्मात प्रकाशो को नहीं जानता हूँ, किन्तु भवानी सहाय और काशीराम को 1929 से जानता हूँ जबकि काशीराम ने दिल्ली में एक भाषण दिया था। काशीराम का और नाम है या नहीं, यह मैं नहीं कह सकता। भवानी सहाय उस समय मेरा पड़ोसी था। मुझे अभियुक्तों के सम्बन्ध में केवल लिखित विवरण दिए गए थे। उनकी फोटो मुझे नहीं दी गई थी। जिस समय मैं भवानी सहाय की खोज करने निकला, उस समय मुझे यह पता नहीं था कि वह मेरा पड़ोसी है। मैं अभियुक्त की खोज में हिसार, भवानी, तेजारा, राजगढ़, अलवर, जयपुर और इन्दौर गया। राजगढ़ में भवानी सहाय के चचा से मेरी मुलाकात हुई। उन्होंने मुझे बतलाया कि भवानी सहाय दो महीने पहले राजगढ़ में था और फिर वह अलवर गया था, जहाँ उसके कुछ सम्बन्धी रहते हैं।

5वीं मई का समाचार है, कि आज दलीप सिंह ने अपने बयान में कहा कि मैंने सिकन्दराबाद (यू.पी.) में रामचन्द्र शर्मा की खोज की है। किन्तु मि. आसफ़ अली के जिरह करने पर गवाह ने कहा कि सिकन्दराबाद नहीं, सिकन्दराराव में मैंने उसकी खोज की है। गवाह ने आगे कहा कि मैं अब भी दिल्ली में अभियुक्त को पहचाननेवाले एक आदमी की सहायता से उसकी खोज कर रहा हूँ।

मि. आसफ़ अली—गत दो महीनों से उसका कोई पता लगा है?

गवाह—नहीं।

खुफिया विभाग के इंस्पेक्टर चैतराम ने कहा कि मैं भी शर्मा की खोज में हूँ। गवाह ने बताया कि गत सत्याग्रह आन्दोलन के समय अभियुक्त बुलन्दशहर का डिक्टेटर था।

मि. आसफ़ अली के पूछने पर गवाह ने कहा कि शर्मा के डिक्टेटर होने का कोई काग़ज़ी सबूत मेरे पास नहीं है, किन्तु मुझे पता चला था कि उकसाव (Instigation) ऑर्डिनेंस के अनुसार उस पर वारंट जारी किया गया था। शर्मा पर कभी निगरानी नहीं रखी गई। मैं वायसराय के सम्बन्ध के बम कांड के सम्बन्ध में नलगढ़ा उसकी खोज करने गया था।

खुफिया पुलिस के कांस्टेबिल रविदत्त ने अपने बयान में कहा कि मुझे काशीराम को बीकानेर में गिरफ़्तार करने का अधिकार दिया गया था। मैंने वहाँ एक कन्या-पाठशाला में उसे खोजा। मैं अपनी लड़की को उस पाठशाले में भर्ती कराने के बहाने वहाँ गया था।

दिल्ली के खुफिया विभाग के हेड कांस्टेबिल रिसाल सिंह ने कहा कि मैं हजारीलाल की खोज में झाँसी और कानपुर गया था।

मि. बोस के जिरह करने पर गवाह ने कहा कि अभियुक्त का घर बिहार में है, यह मैं जानता था। मैंने अभियुक्त को कई बार दिल्ली में देखा था। उसकी कोई फोटो मेरे पास नहीं है। उस पर दिल्ली के क्वीन्स गार्डन के गोली कांड के सम्बन्ध में अभियोग है। गोली कांड के बाद से ही वह फरार है। मि. आसफ़ अली के प्रश्न करने पर गवाह ने कहा कि उस गोली कांड के सम्बन्ध में मैंने किसी पुलिस अफसर के सामने कुछ बयान नहीं दिया है। मि. आसफ़ अली ने अदालत से कहा कि गवाह तो कहता है कि उस गोली कांड के सम्बन्ध में उसने कोई बयान नहीं दिया है, परन्तु उसने दिल्ली के इसंपेक्टर अब्दुल वाहिद के सामने जो बयान दिया था, उसकी नकल मेरे पास है।

6 मई का समाचार है, कि आज अभियुक्तों ने अदालत में काकोरी-शहीदों के गाने गए। अभियुक्त वात्स्यायन ज्वर से पीड़ित था, इसलिए श्री बलजीत सिंह ने अभियुक्त को बैठने के लिए कुर्सी दिए जाने की प्रार्थना की। अदालत ने प्रार्थना स्वीकार कर ली।

अदालत की कार्यवाही शुरू होने पर, इंस्पेक्टर अब्दुल वाहिद के सामने दिए गए सरकारी गवाह कांस्टेबिल रिसाल सिंह के बयान के सम्बन्ध में बहुत वाद-विवाद हुआ। प्रतिवादी पक्ष के वकील मि. आसफ़ अली ने जिरह करते हुए उस बयान का एक वाक्य पढ़ा और गवाह से पूछा कि यह वाक्य उसने अपने बयान में कहा था या नहीं? गवाह ने कहा कि मुझे याद नहीं कि इंस्पेक्टर वाहिद अली के सामने मैंने कभी यह बयान दिया है या नहीं। गवाह के यह कहने पर, कि बयान की अनेक बातें गलत हैं, जजों ने यह सलाह की कि इंस्पेक्टर वाहिद अली को गवाह के जिरह करने के लिए बुलाया जाए या नहीं। अन्त में यह स्थिर किया गया कि वाहिद अली के बुलाने की आवश्यकता नहीं है।

ट्रिब्यूनल का अधिकार

मि. आसफ़ अली ने यह प्रश्न उपस्थित किया कि ट्रिब्यूनल को इन अभियुक्तों के मामले का फ़ैसला करने का अधिकार नहीं है। ट्रिब्यूनल के अध्यक्ष ने उत्तर में कहा कि यदि हम लोगों को फ़ैसला करने का अधिकार नहीं है, तो आप हाईकोर्ट जा सकते हैं। मि. आसफ अली ने कहा कि वर्तमान अदालत सेशन्स अदालत है। और इसलिए नियमानुसार यहाँ जूरी का होना अत्यावश्यक है। दंड विधान की 268वीं धारा के अनुसार सेशन्स कोर्ट में जूरी या अफसरों को ही विचार करने का अधिकार है।

अभियुक्तों के वकील ने फिर आगे बतलाया कि जब वादी यूरोपियन और प्रतिवादी भारतीय होता है, तो ऐसी दशा में, क़ानून के अनुसार जूरी के द्वारा विचार होता है। वर्तमान मामले में सभी अभियुक्त वायसराय की ट्रेन उलटने या मि. पील पर आक्रमण करने के सम्बन्ध में गिरफ़्तार किए गए हैं। इस प्रकार यहाँ वादी दल यूरोपियन और प्रतिवादी दल भारतीय है। अतएव इस मामले का विचार जूरी के सामने होना चाहिए। जब तक जूरी नहीं बुलाए जाएँगे, तब तक क़ानून के अनुसार यह मामला चल नहीं सकता है।

रायबहादुर कुँवर सेन (कमिश्नर)—क्या लाहौर षड्यंत्र केस में यह प्रश्न उपस्थित किया गया था?

मि. आसफ़ अली—नहीं। किन्तु हरकिशन के मामले में मैंने यह प्रश्न उपस्थित किया था और वहाँ जूरी बुलाए गए थे। हरकिशन के मामले से यह मामला बहुत मिलता-जुलता है, क्योंकि वहाँ सर ज्याफ्रे के मांटमारेंसी पर आक्रमण किया गया था और यहाँ लॉर्ड इर्विन पर आक्रमण करने की चेष्टा की गई थी।

फरार अभियुक्त

इसके बाद, सरकारी वकील ने यह सिद्ध करना चाहा, कि काशीराम, यशपाल, मुसम्मात प्रकाशो आदि 3 अभियुक्त वास्तव में फरार हैं। प्रमाण में आपने खुफिया पुलिसवालों का बयान पेश किया। आपने अदालत से यह अनुरोध किया कि वर्तमान अभियुक्तों के विरुद्ध जो गवाहियाँ दर्ज की गई हैं, वे 512वीं धारा के अनुसार फरार अभियुक्तों के विरुद्ध भी दर्ज कर ली जाएँ। सरकारी वकील ने आगे कहा कि फरार अभियुक्तों के सम्बन्ध में सरकारी गवाहों के बयान को असत्य प्रमाणित करने का सबसे सहज उपाय यह है कि उन अभियुक्तों को अदालत के सामने पेश कर, यह सिद्ध कर दिया जाए कि वे फरार नहीं हैं!!

मि. आसफ़ अली ने उत्तर में कहा कि किसी भी बयान से यह सिद्ध नहीं होता है कि ये फरार मनुष्य अभियुक्त हैं। केवल चालान से ही उनका अभियुक्त होना सिद्ध नहीं होता है। ऐसा कोई प्रमाण हमारे सामने नहीं है जिससे यह सिद्ध हो कि इस मामले में काशीराम, भवानी सहाय आदि व्यक्तियों की ज़रूरत है। केवल उच्च कर्मचारियों की आज्ञा से ही उनकी आवश्यकता सिद्ध नहीं होती है। वे आज्ञाएँ भी अदालत के सामने पेश नहीं की गई हैं, इसलिए केवल ज़बानी बयान का कोई मूल्य नहीं है।

पुलिस के बयान का समर्थन करने के लिए कोई स्वतंत्र गवाह नहीं पेश किया गया है। फरार व्यक्तियों को पहचाननेवाले जो व्यक्ति गवाहों के साथ भेजे गए थे, वे भी पेश नहीं किए गए हैं। सारांश में खुफिया पुलिस के बयान को पुष्ट करने के लिए कोई भी सरकारी व्यक्ति अदालत के सामने पेश नहीं किया गया है जिससे मालूम हो कि गवाह सचमुच फरार व्यक्तियों की खोज में थे। यह षड्यंत्र का मामला है। अभियुक्तों के ऊपर भयंकर अभियोग लगाए गए हैं जो अगर प्रमाणित हो जाएँ, तो अभियुक्तों को कालेपानी तक की सजा हो सकती है। इसलिए किसी भी बयान का प्रमाण माँगना मेरे लिए अनिवार्य है।

मैं यह नहीं कहता कि सरकार को इन व्यक्तियों से कोई विद्वेष है। किन्तु पुलिस तो 'कैसर की स्त्री' की तरह सशंक रहा करती है।

मुखबिर झूठी गवाही दे सकते हैं

मुखबिर अपनी जान बचाने के लिए और मामले को भयंकर सिद्ध करने के लिए अनगिनत झूठ बोल सकते हैं; और खुफिया वाले तो दूसरे के विरुद्ध कहानियाँ गढ़कर ही जीते हैं!

क्या ऐसे ही मनुष्यों पर विश्वास करने के लिए आप मुझे कहते हैं? कृपा कर किसी ऐसे सज्जन को लाइए जो यह सिद्ध करे कि काशीराम आदि 9 व्यक्ति वास्तव में फरार हैं। पुलिस के बयानों से साफ मालूम पड़ता है, कि पुलिसवाले या तो किसी अनिर्दिष्ट वस्तु की खोज में थे या वे आनन्द के लिए यात्रा करते थे। (सभी हँसते हैं) केवल कुछ खुफिया वालों के भ्रमण के लिए ही जो या तो अपने घर जाते होंगे या आनन्द के लिए दूसरे स्थानों में भ्रमण करते होंगे, इतने रुपए की बर्बादी की गई है!!

इन गवाहों ने जो बयान पेश किए हैं, उनका कोई मूल्य नहीं है। ये क़ानून की रक्षा करनेवाले (खुफिया पुलिस) फरार व्यक्तियों की खोज में स्वयं ही बुरी तरह झेंपे हैं। 'मध्यम कद, लाल साड़ी, किसी अंग में तिल का चिह्न है'—अभियुक्तों के सम्बन्ध में इस प्रकार के विवरणों का कोई मूल्य नहीं। इस प्रकार के जो विवरण गवाहों को दिए गए थे, वे बहुत ही अपर्याप्त थे और कितने ही स्थानों पर विरोधात्मक भी थे।

फरार व्यक्तियों के अभियुक्त होने की कोई घोषणा नहीं की गई है और वे वास्तव में फरार हैं या नहीं, यह भी सिद्ध नहीं किया गया है। कोई व्यक्ति, जो घर से कहीं बाहर गया हो, बिना सरकारी जाँच और विज्ञप्ति के फरार अभियुक्त नहीं कहा जा सकता। ऐसा कोई भी व्यक्ति अदालत के सामने पेश नहीं किया गया है, जो यह सिद्ध करे कि उसने किसी भी अभियुक्त को फरार होते देखा है।

इसके बाद लंच के लिए के लिए अदालत बरखास्त कर दी गई। लंच के बाद 2½ बजे से फिर अदालत की कार्यवाही शुरू हुई।

मि. आसफ़ अली ने खुफिया पुलिसवालों के बयान के सम्बन्ध में अपनी बहस जारी रखते हुए कहा कि उन लोगों ने फरार व्यक्तियों को खोजने का कष्ट नहीं उठाया है। प्रोफेसर टंडन के विषय में किसी ने भी रामजस कॉलेज के प्रिंसिपल से यह नहीं दरयाफ्त

किया कि वे छुट्टी में गए हैं, या उन्होंने नौकरी छोड़ दी है। मुसम्मात प्रकाशो देवी का जो विवरण भिन्न-भिन्न गवाहों ने दिया है, वह भी विरोधात्मक है।

आपने आगे कहा कि फरार व्यक्तियों के विरुद्ध दिल्ली षड्यंत्र केस में कोई वारंट नहीं निकाला गया है। लाहौर केस का वारंट इसके लिए पर्याप्त नहीं है, क्योंकि यह कुछ ठीक नहीं है कि लाहौर केस के फरार दिल्ली केस में भी फरार हैं!

इन सभी कारणों से फरार व्यक्तियों पर से मामला उठा लेना ही उचित होगा। यदि ऐसा नहीं किया गया तो उन सभी प्रमाणों को अदालत के सामने पेश करना होगा जो अब तक पेश नहीं किए जा सके हैं।

मि. एस.एन. बोस (प्रतिवादी दल के वकील) ने अपने बहस के सिलसिले में कहा कि सरकारी गवाहों के बयान से साफ मालूम पड़ता है कि हजारीलाल और मुसम्मात प्रकाशो को खोजने की कोई चेष्टा नहीं की गई है।

अभियुक्त वात्स्यायन ने कहा कि फरार अभियुक्तों के अस्तित्व को प्रमाणित करने की कोई चेष्टा नहीं की गई है। गवाहों को अभियुक्तों के कुल-शील का भी कुछ पता नहीं है।

सरकारी वकील की बातें

सरकारी वकील ने मि. आसफ़ अली के जूरी सम्बन्धी प्रश्न पर कहा कि इस मामले में कोई भी वादी यूरोपियन नहीं है। यह ठीक है कि वायसराय की ट्रेन को उलटने का प्रयत्न किया गया था, किन्तु लॉर्ड इर्विन को उससे चोट नहीं पहुँची थी और वे अदालत में वादी के स्वरूप में लाए भी नहीं जा सकते हैं। मि. पील को भी चोट नहीं पहुँची थी, इस कारण वे वादी नहीं हैं। यदि अभाग्यवश उन्हें चोट आई होती, तो आज इस मामले का कुछ दूसरा ही रूप होता।

इस मामले में वास्तव में किसी यूरोपियन का सम्बन्ध नहीं है, इसलिए यहाँ जूरी की आवश्यकता नहीं है।

इस विषय का फ़ैसला दूसरे दिन के लिए रिजर्व रखा गया।

अदालत का फ़ैसला

7वीं मई का समाचार है, कि आज ट्रिब्यूनल ने यह फ़ैसला सुना दिया, कि वे 9 व्यक्ति जो फरार बतलाए जाते हैं वास्तव में फरार हैं और 512वीं धारा के अनुसार उनके विरुद्ध गवाहियाँ दर्ज की जा सकती हैं। जूरी के सम्बन्ध में जो प्रार्थना की गई थी वह भी अस्वीकृत कर दी गई।

मि. पील का बयान

इसके बाद खुफिया पुलिस के स्पेशल सुपरिंटेंडेंट मि. पील की गवाही हुई। आपने अपने बयान के सिलसिले में कहा कि मुखबिर कैलाशपति के कहने पर मैंने पुलिस के सीनियर सुपरिंटेंडेंट से एक जैन युवक की तलाशी लेने को कहा, जो दरीबाँ में दुकानदारी करता था।

यह तलाशी, एसिड, रिवॉल्वर तथा कुछ अन्य पदार्थों क सम्बन्ध में ली गई थी। यूनिवर्सल ड्रग स्टोर्स की भी तलाशी लेने की आज्ञा मैंने दी। मैंने विशेशर सिंह को नलगढ़ा की डेयरी फार्म की तलाशी लेने की आज्ञा दी, जहाँ एक मोटरसाइकिल के कल-पुर्जे रखे जाने का सन्देह था। 11वीं नवम्बर को मैंने इंस्पेक्टर चेनशम को ब्रह्मानन्द की गिरफ़्तारी के लिए भेजा। ब्रह्मानन्द का लाइसेंस देखने से पता चला कि सन् 1930 के फरवरी से अक्टूबर तक उसने 900 गोलियाँ खरीदी हैं।

गवाह ने आगे कहा कि 20वीं नवम्बर को दिल्ली षड्यंत्र केस रजिस्टर्ड हुआ था। मैंने 1 नवम्बर से अनुसन्धान करना शुरू कर किया। 9वीं दिसम्बर को मैं झंडेवालान के एक मकान की तलाशी लेने गया। वहाँ 4 चूड़ियाँ तथा कुछ अन्य चीजें मिलीं।

मि. आसफ़ अली ने सरकारी वकील से पूछा, कि वे उन चीजों को अदालत के सामने पेश करने के लिए तैयार हैं या नहीं? सरकारी वकील ने कहा कि वे चीजें परीक्षा के लिए केमिकल एक्जामिनर के पास भेज दी गई हैं।

ट्रिब्यूनल ने मि. आसफ़ अली को मि. पील से जिरह करने की आज्ञा दे दी।

मि. आसफ़ अली ने जिरह में गवाह से पूछा–कैलाशपति के गिरफ़्तार होने के पहले, वायसराय की ट्रेन उड़ाए जाने के सम्बन्ध में आपको कुछ मालूम था या नहीं।

उत्तर–था

प्रश्न–इस बात का पता आपको कब लगा?

उत्तर–वास्तव में इन्द्रपाल की गिरफ़्तारी के बाद इसका पता लगा था।

प्रश्न–इसके पहले निश्चित रूप से कुछ मालूम नहीं था?

उत्तर–नहीं, अभियुक्तों को गिरफ़्तार करने के लिए कोई पक्का प्रमाण उस समय तक नहीं मिला था।

इसके बाद गवाह ने बतलाया कि मेरे पास नित्य गुमनाम चिट्ठियाँ आया करती थीं, जिनमें झूठीं खबरें, तथा बनावटी नाम लिखे होते थे। मैं उन पर विश्वास नहीं करता था। इसके बाद गवाह ने कहा कि यह हमारा स्टाफ क्रान्तिकारियों के सम्बन्ध में विशेष ज्ञान रखता है। इस पर मि. आसफ़ अली ने इस सम्बन्ध में गवाह की परीक्षा लेने के इरादे से जिरह करना शुरू किया–

प्रश्न–क्रान्तिकारियों के संगठन का कब तक का आपको ज्ञान है?

उत्तर–मुझे पहिली बार 1928 की शरद ऋतु में इस सम्बन्ध में काम करना पड़ा था।

प्रश्न–इस मामले को हाथ में लेने के पहले आपको दो वर्ष का अनुभव है?

उत्तर–हाँ, किन्तु युक्तप्रान्त के खुफिया विभाग में भी मुझे कुछ ज्ञान प्राप्त हुआ था?

प्रश्न–1928 के पहले आपने क्या विशेष ज्ञान प्राप्त किया था?

उत्तर–मैंने 1914 के लाहौर केस और काकोरी आदि षड्यंत्र के मामले के फैसले पढ़े थे।

प्रश्न करने पर गवाह ने कहा कि मैं नाथू भाइयों के सम्बन्ध में कुछ नहीं जानता हूँ। वकील ने गवाह को याद दिलाया कि सन् 1906 में वे पूना से कालेपानी भेजे गए थे। सरकारी वकील ने इस प्रश्नों पर एतराज किया। मि. आसफ़ अली ने कहा कि मैं गवाह के क्रान्ति दल के संगठन सम्बन्धी ज्ञान की परीक्षा ले रहा हूँ!

अध्यक्ष–मुझे इसमें औचित्य नहीं जान पड़ता।

मि. आसफ़ अली–मैं यह सिद्ध करना चाहता हूँ, कि मि. पील का इस सम्बन्ध में ज्ञान बहुत ही थोड़ा है और यह सम्भव है कि उनके सहकारियों ने उन्हें गलत खबरें दी हों।

ट्रिब्यूनल ने यह फ़ैसला किया, कि इस सम्बन्ध में जिरह नहीं हो सकती है और गवाह के विशेष ज्ञान की परीक्षा नहीं ली जा सकती।

इसके बाद गवाह ने बतलाया, कि कुछ अभियुक्तों का सम्बन्ध बम्बई के लेमिंग्टन रोड शूटिंग केस से भी है।

प्रश्न–किन-किन अभियुक्तों का उससे सम्बन्ध है?

उत्तर–हमें निश्चित रूप से पता चला है, कि अभियुक्त वैशम्पायन का सम्बन्ध उस मामले से है। बम्बई पुलिस ने उस केस के सम्बन्ध में मुझे कोई सूचना नहीं दी है, किन्तु जान पड़ता है कि उसके सभी अभियुक्त छोड़ दिए गए हैं और वैशम्पायन पर अभियोग उपस्थित नहीं किया गया। मैंने धन्वन्तरि और सुखदेवराज का चालान नहीं देखा है। मैंने पुलिस के सुपरिंटेंडेंट के पास लिखा था, कि 307वीं धारा के अनुसार जो अभियोग उन पर है, वह हटा लिया जाए, जिसमें धन्वन्तरि को षड्यंत्र केस का अभियुक्त बनाया जा सके। इस मामले में सुखदेवराज की आवश्यकता नहीं है।

प्रश्न–क्या दिल्ली षड्यंत्र केस से उसका कोई सम्बन्ध नहीं है?

उत्तर–वह लाहौर केस का अभियुक्त है।

प्रश्न–मेरे कहने का तात्पर्य यह नहीं है। मैं जानना चाहता हूँ कि इस मामले में उसकी आवश्यकता क्यों नहीं है?

इस प्रश्न का कोई उत्तर नहीं दिया गया।

प्रश्न–क्या यह सही है कि आपके ऊपर आक्रमण करने के लिए षड्यंत्र रचा गया था?

उत्तर–अनुसन्धान करते समय मुझे इस बात का पता चला है।

प्रश्न–क्या आपको पूरा विश्वास है कि इस सम्बन्ध में षड्यंत्र रचा गया था?

उत्तर–मुझे केवल कैलाशपति से यह मालूम हुआ था।

प्रश्न–क्या उसकी बातें विश्वसनीय हैं?

सरकारी वकील–यह प्रश्न उचित नहीं है।

मि. आसफ़ अली ने कहा कि यह प्रश्न सर्वथा उचित है, क्योंकि इससे गवाह का व्यक्तिगत सम्बन्ध है। ट्रिब्यूनल ने इस प्रश्न को उचित ठहराया।

इसके बाद मि. आसफ़ अली और सरकारी वकील में गर्मागर्म बहस शुरू हो गई। मि. आसफ़ अली ने कहा–मैं नहीं जानता था कि सरकारी वकील मि. पील को गर्म आलू की तरह यहाँ टपका देंगे।

सरकारी वकील–मैं ऐसे शब्दों का घोर विरोध करता हूँ।

मि. आसफ़ अली–इन शब्दों के विरोध करने की कोई आवश्यकता नहीं है। सर तेज बहादुर सप्रू जैसे व्यक्तियों ने हाईकोर्ट के सामने ऐसे शब्दों का व्यवहार किया है।

श्री बलजीत सिंह ने अदालत से प्रार्थना की कि मामला स्थगित कर दिया जाए। किन्तु यह प्रार्थना अस्वीकृत कर दी गई।

अनुचित तलाशी

श्री बलजीत सिंह ने ट्रिब्यूनल के सामने यह शिकायत पेश की, कि हरद्वारीलाल के चचा बालकृष्णलाल की अनुचित तलाशी ली गई है। उन्होंने कहा कि बालकृष्णलाल की धोती खोलकर तलाशी ली गई थी।

एक पत्र प्रतिनिधि ने भी यह शिकायत की, कि सर्जेंट बक्सटन ने उसकी अनुचित तलाशी ली थी। सरर्जेंट को यह शक हो गया था, कि मेरे पाजामे में अस्त्र छिपे हुए हैं।

अभियुक्तों ने भी इस प्रकार की तलाशियों का घोर विरोध किया। उन्होंने प्रतिज्ञा की, कि जब तक इस प्रकार की अनुचित तलाशियों का लेना बन्द नहीं किया जाएगा, तब तक हम अदालत में उपस्थित नहीं होंगे।

अदालत ने इस मामले की जाँच करने का वादा किया। मि. आसफ़ अली ने अभियुक्तों को विश्वास दिलाया, कि उनकी शिकायतें दूर कर दी जाएँगी।

प्रधान मुखबिर का सनसनीपूर्ण बयान

5वीं मई को देहली षड्यंत्र केस के प्रधान मुखबिर कैलाशपति अस्थाना का वह बयान पढ़ा गया, जो कि उसने सिटी मजिस्ट्रेट के सामने दिया था। यह इस प्रकार है–

1923 में, जब मैं इलाहाबाद के एक स्कूल में पढ़ता था, शैलेन्द्रनाथ से मेरी भेंट हुई। उसने क्रान्तिकारी साहित्य की कुछ पुस्तकें तथा हिन्दुस्तान रिपब्लिकन एसोसिएशन का एक पीला पर्चा मुझे दिया। इसके बाद मैं उस एसोसिएशन का सदस्य हो गया।

सन् 1927 में कानपुर में श्री विजय कुमार सिन्हा षड्यंत्रकारी से मेरी भेंट हुई। इसके बाद मैं सान्याल (काकोरी के अभियुक्त) को मुक्त करने के एक षड्यंत्र के सम्बन्ध में उन्नाव गया और वहाँ एक मुसलमान का मकान किराए पर ले लिया। वहीं मनोहरलाल से मेरी भेंट हुई।

पोस्ट ऑफिस का रुपया ले भागा

1928 के जनवरी या फरवरी के महीने में मैं इलाहाबाद से गोरखपुर गया। मार्च महीने में मैंने गोरखपुर के डाक विभाग में नौकरी कर ली। वहीं राजगुरु और एम.पी. अवस्थी से मेरी भेंट हुई। कुछ दिनों के बाद मेरी बदली बरहलगंज के सब-पोस्ट ऑफिस में हो गई। 26.6.28 को मैं वहाँ से 2300/-रुपए लेकर चम्पत हुआ और लार रोड स्टेशन पर ही अपनी साइकिल छोड़, ट्रेन से रवाना हुआ। कानपुर पहुँच कर पांडे और हल्दर को मैंने वे रुपए दे दिए। 26.6.28 को मैं शिव वर्मा के यहाँ रहा और वहीं सुखदेव, आजाद और डॉक्टर गयाप्रसाद से मेरी जान-पहचान हुई। इसके बाद मैं लाहौर के लिए रवाना हुआ। हरदोई में प्रताप (महावीर सिंह) भी आ मिले। लाहौर पहुँचकर मैं पहले सरदार भगत सिंह से मिला और सुखदेव, यशपाल, मनोहर लाल आदि से भी मिला। सुखदेव ने एडवर्ड होस्टल में एक कमरा किराए पर ले लेने के लिए मुझसे कहा। मैंने अपना नाम बदलकर राजबलि प्रसाद रखा और इसी नाम से मकान किराए पर लिया।

सन् 1928 के अगस्त में सुखदेव दल की केन्द्रीय सभा की एक मीटिंग में शामिल होने के लिए दिल्ली गया। वहाँ से लौटकर उसने कहा कि एसोसिएशन का नाम बदलकर हिन्दुस्तान सोशलिस्ट रिपब्लिकन एसोसिएशन रखा गया है, और वह (सुखदेव) तथा भगत सिंह पंजाब के, बी.के. सिंह और शिव वर्मा युक्तप्रान्त के, फणीन्द्रनाथ घोष बिहार और उड़ीसा के और कुन्दन लाल राजपूताने के संगठनकर्ता नियुक्त किए गए हैं। उसने यह भी बतलाया कि आजाद सेना-विभाग के प्रधान नियुक्त किए गए हैं।

सन् 1928 के सितम्बर मास के अन्त में मैंने होस्टल छोड़ दिया और ग्वालमंडी के एक मकान में रहने लगा, जिसे प्रताप ने किराए पर लिया था।

अक्टूबर के आरम्भ में मैं अमृतसर चला गया और मुगल बाजार में एक मकान किराए पर लेकर रहने लगा। एक-डेढ़ महीने के बाद मैंने दूसरा मकान लिया और सन् 1929 के फरवरी महीने तक वहाँ रहा।

नेशनल बैंक में डकैती

नवम्बर, 1928 के मध्य में मैं लाहौर चला आया। इस समय हमारा उद्देश्य था पंजाब नेशनल बैंक में डाका डालना। मैं पहले तो मज़ंग के मकान के एक मकान में ठहरा, पीछे ग्वालमंडी चला आया और किशोरी लाल के मकान पर रहने लगा। इसके बाद मैं, महावीर सिंह, जयगोपाल, राजगुरु, कुन्दनलाल, किशोरी लाल, आजाद, सरदार भगत सिंह, सुखदेव, हंसराज बोहरा और बी.के. सिंह से मिला। किन्तु बैंक पर डाका डालने में सफलता नहीं मिली। सांडर्स की हत्या के करीब दो दिन पहले ही मैं अमृतसर चला गया।

फरवरी, 1929 के आरम्भ में मैं दिल्ली चला आया। यहाँ पहुँचकर मैंने अपना असबाब ऑफिस में छोड़ दिया और हार्डिंग लाइब्रेरी में बी.के. सिंह और जयदेव से मिला। जयदेव मुझे रामस्वरूप धर्मशाले में ले गया। वहीं जयदेव और काशीराम के साथ मैं करीब एक महीने तक रहा। वहीं काशीराम को मेरा परिचय दिया गया, कि मैं क्रान्तिकारी संस्था का सदस्य हूँ। विमलप्रसाद जैन, नन्दकिशोर निगम, भवानी सहाय और भवानी सिंह से भी मेरा उसी समय सम्पर्क हुआ। मैंने इन लोगों को क्रान्तिकारी विचारों की ओर आकर्षित कर लिया।

सांडर्स की हत्या

कुछ समय बाद ग्वालियर के गोपालकृष्ण पौराणिक से मेरी जान-पहचान हुई। मैंने उन्हें अपना नाम दयाकृष्ण श्रीवास्तव, बी.ए. बतलाया। मैं भटनावार के आदर्श विद्यालय का हेडमास्टर बनने के लिए तैयार हो गया। 21वीं मार्च, 1929 से मैं उक्त स्कूल में काम करने लगा। 2½ महीने वहाँ काम करने के बाद मैं दिल्ली चला आया। मैं बी.पी. जैन के यहाँ गया और फिर उनके साथ सिसाना गया। वी.पी. जैन मुझे सिसाना के समीप एक गाँव में, एक मन्दिर के पुजारी के साथ छोड़कर, दिल्ली लौट गया। दो दिन बाद काशीराम मुझसे वहाँ मिला। तब मैं दिल्ली लौट आया। कुछ दिनों के बाद मैं, काशीराम और भवानी सहाय

के साथ ग्वालियर गया। मैं और भवानी सहाय तो ग्वालियर उतर गए किन्तु काशीराम झाँसी चला गया। ग्वालियर में हम लोग अपना नाम बदलकर डफरिन सराय में रहने लगे। दो दिन के बाद हम लोग लक्ष्मीनारायण के धर्मशाला में चले गए। वहीं काशीराम भी हम लोगों से आ मिला। इसके बाद हम लोग आर्यसमाज, लश्कर चले गए। वहाँ भगवानदास भी हम लोगों से आ मिला। एक या दो दिन के बाद काशीराम और भवानी सहाय हरदोई चले गए और भगवानदास मुझे लेकर एक मकान में चले आए, जो गजानन्द तथा सदाशिव पोद्दार ने क्रान्तिकारी दल के लिए किराए पर ले रखा था। वहाँ वैशम्पायन, आजाद और सदाशिव भी रहते थे। यहाँ सभी लोग डी.वी. तैलंग की सहायता से Picric Acid और Fulminate of Mercury बनाया करते थे। वैशम्पायन Apparatus और एसिड इत्यादि लाया था। 3 कनस्तरों में तैयार किए हुए बम रखे थे। इनमें से एक परीक्षा के लिए पटका गया था। ढले हुए लोहे का एक बम भी यहाँ रखा गया था। वैशम्पायन ही यह बम लाया था। यहीं आजाद ने सांडर्स और चनन सिंह की हत्या के सम्बन्ध में ब्योरेवार वृत्तान्त मुझे बतलाया। उसने यह भी कहा कि इस हत्या के लिए वह (आज़ाद), राजगुरु, सरदार भगत सिंह और जयगोपाल उत्तरदायी हैं।

मि. हार्टन की हत्या का उद्योग!

इसके बाद मैं आर्थिक प्रबन्ध करने के लिए दिल्ली चला आया और यहाँ करीब हफ़्ते भर ठहरा। बी.पी. जैन ने भगीरथ से मेरा परिचय कराया, जो उस समय लछमनदास के धर्मशाले में रहता था। इसके बाद मैं ग्वालियर लौट गया और मि. हार्टन और खैरात नबी को मारने का उद्योग करने लगा, किन्तु आर्थिक कठिनाइयों के कारण सफलता नहीं मिली।

सितम्बर, 1929 में एम.पी. अवस्थी एक ट्रक लाया, जिसमें एक ढले हुए लोहे का बम भी था। मैंने बम तथा भगवानदास ने एक साफा लिया।

बम और रिवॉल्वर

सितम्बर, 1929 के दूसरे सप्ताह में मैं ग्वालियर से दिल्ली लौट आया। मेरा उद्देश्य यहाँ अपने दल का संगठन करना था। भगवानदास और सदाशिव भी हमारे आने के बाद ही 'एम' से मिलने के लिए बम्बई चले गए। दोनों कनस्तर बम, ढले हुए लोहे का बम, ट्रंक आदि चीजें भी वे अपने साथ लेते गए। मुझे ग्वालियर में ही एक 320 बोर की रिवॉल्वर दी गई थी। एक ऑटोमेटिक पिस्तौल तथा एक या दो अन्य पिस्तौलें भगवानदास और सदाशिव को भी दी गई थीं।

भगवानदास और सदाशिव की गिरफ़्तारी

दिल्ली लौटने के तीसरे दिन मुझे मालूम हुआ, कि भगवानदास और सदाशिव भुसावल में गिरफ़्तार कर लिये गए हैं। उस समय भवानी सिंह सिरकी बाजार के एक मकान में

रहता था। मैंने ग्वालियर से लाया हुआ बम बी.पी. जैन को दिखलाया। उसने यह बम मिस्त्रियों को दिखलाया।

भगवतीचरण और यशपाल

सितम्बर महीने में भवानी दयाल के जरिए पटने के हजारीलाल और विशम्भर दयाल से मेरी जान-पहचान हुई। अक्टूबर, 1929 में काशीराम लाहौर से और निगम कलकत्ते से लौट आए। काशीराम लछमनदास की धर्मशाले में तथा निगम और भवानी सिंह हिन्दू कॉलेज के होस्टल में ठहरे। भवानी सिंह के छोड़े हुए मकान में भवानी सहाय रहने लगे। मैं निगम के साथ होस्टल में ठहरा और उसे अपने दल का सदस्य बना लिया। कुदसिया गार्डन में भगवतीचरण से मेरी भेंट हुई और पीछे यशपाल से भी मेरी जान-पहचान हुई। भगवतीचरण मुझे नया बाजार में अपने मकान पर ले गया, जहाँ वह यशपाल के साथ ठहरा हुआ था। भगवतीचरण ने अपना नाम हरीश और यशपाल ने जगदीश रखा था। मैंने निगम से उनकी जान-पहचान कराई। यशपाल और गिरधारीलाल एक ही साथ भोजन करते थे और दोनों में बहुत मित्रता थी। नवम्बर में जब वैशम्पायन लाहौर जा रहा था, उसी समय मैंने निगम, भवानी सिंह, यशपाल और भगवतीचरण से उसका परिचय कराया।

इसके बाद मैं भवानी सिंह के साथ कानपुर गया। मैं दिल्ली और राजपूताने का संगठनकर्ता बनाया गया और बी.बी. तिवारी संयुक्त प्रान्त के संगठनकर्ता बनाए गए। यह भी निश्चित किया गया, कि डाके डालकर धन इकट्ठा किया जाए। इसके बाद मैं फिर दिल्ली लौट आया।

वायसराय ट्रेन दुर्घटना

नवम्बर, 1929 के दूसरे सप्ताह में, आजाद और वैशम्पायन दिल्ली आए। मैंने आजाद को भगवतीचरण और यशपाल का परिचय दिया। मैंने भगवतीचरण के पास 20 बम पाए। यह पता मिल जाने पर मैं वायसराय की ट्रेन उड़ाने के सम्बन्ध में आजाद से परामर्श करने के लिए फिर कानपुर गया।

दिसम्बर, 1929 के तीसरे सप्ताह में मैंने बी.पी. जैन को अर्जुन लाल सेठी के यहाँ दल के लिए कुछ रुपए लाने के लिए अजमेर भेजा। बी.पी. जैन लौट आए और केशवचन्द्र गुप्त के द्वारा अपना रिवॉल्वर उन्होंने अर्जुन लाल के पास भेज दिया, जिससे वह रुपए इकट्ठा कर सकें।

22.12.29 को मैं नया बाजार के मकान में भगवतीचरण, यशपाल, आजाद, लेखराम आदि से मिला। उसी दिन मैं कुदसिया गार्डन में फिर आज़ाद, भगवतीचरण, यशपाल आदि से मिला। यहाँ आजाद ने यह घोषणा की कि भगवतीचरण और यशपाल ने वायसराय की ट्रेन उड़ा देने का पूरा प्रबन्ध कर लिया है।

आज़ाद और मैंने सिरकी बाजार के मकान में रात बिताई। दूसरे दिन हम लोग न्यू होस्टल में भवानी सिंह के कमरे में चले गए। वैशम्पायन ने निगम के साथ होस्टल ही में रात बिताई थी।

विप्लव-शिक्षा का केन्द्र

25वीं दिसम्बर को वैशम्पायन लाहौर चला गया। 26वीं तारीख को मैं, आजाद और बी.पी. जैन के साथ नलगढ़ा चला गया और वहाँ रामचन्द्र शर्मा तथा ब्रह्मानन्द वकील के साथ डेयरी फार्म में ठहरा। हम लोगों ने नलगढ़ा को ही विप्लव शिक्षा का केन्द्र बनाना निश्चित किया, क्योंकि रामचन्द्र शर्मा हमारे दल के साथ सहानुभूति रखते थे। यह भी निश्चित किया गया कि रामचन्द्र शर्मा के लाइसेंस से एक राइफल खरीदी जाए। 1.1.30 को हम लोग दिल्ली लौट आए और भवानी सिंह के कमरे में हम लोगों ने रात बिताई। किन्तु दूसरे दिन सबेरे हम निगम के पास चले आए।

2.1.30 को यशपाल, निगम के यहाँ हम लोगों से मिला और उसने वायसराय की ट्रेन सम्बन्धी घटना का जिक्र किया। 4.2.30 को भगवतीचरण, आजाद और यशपाल कुदसिया गार्डन में इकट्ठे हुए। मैं भी वहाँ था। वहाँ यह निश्चित हुआ कि मैं यशपाल की वह मोटरसाइकिल, जिस पर सवार होकर वह वायसराय की ट्रेन उड़ाने के लिए गया था, छिपा आऊँ; और भगवतीचरण कांग्रेस के अहिंसात्मक आन्दोलन सम्बन्धी प्रस्ताव के उत्तर में एक पर्चा लिखे और वह पर्चा स्वाधीनता दिवस के अवसर पर अर्थात् 26.1.30 को वितरण किया जाए।

बी.पी. जैन अजमेर के अर्जुनलाल सेठी के यहाँ से रिवॉल्वर लेकर लौट आए। एक सप्ताह के बाद मैं और बी.पी. जैन एक दिन के लिए अजमेर गए। मैंने पहले ही मदन गोपाल को अपने आने के सम्बन्ध में तार दे दिया था।

मोटरसाइकिल

यशपाल ने निगम के कमरे में अपनी मोटरसाइकिल रखी थी। भवानी सिंह, भवानी सहाय, बी.पी. जैन तथा मैंने यह निश्चित किया कि साइकिल के कल-पुर्जे खोल डाले जाएँ और उसका प्रधान भाग बी.पी. जैन के द्वारा रामचन्द्र शर्मा के पास भेज दिया जाए। कुछ पुर्जे नष्ट कर दिए जाएँ और शेष निगम को, बेचने के लिए दे दिया जाए। इस निश्चय के अनुसार बी.पी. जैन साइकिल की इंजिन और मेगनेटो रामचन्द्र शर्मा के यहाँ रख आए, जो उस समय 'असली घी स्टोर्स' में रहते थे। अन्य कल-पुर्जे निगम के पास रहे। यह साइकिल यशपाल ने 320/-रुपए में दिल्ली के वाल्टर लॉक्स एंड को. के यहाँ से 1925 में खरीदी थी। 1930 के जनवरी के मध्य में भगवतीचरण ने ख्यालीराम से मेरा परिचय कराया। मुझसे बताया गया कि ख्यालीराम भी दल के सदस्य हैं।

रामचन्द्र शर्मा ने आजाद के दिए हुए 150/-रुपए से इलाही बख़्श की दुकान से एक 300 नं. का सेवेज़ राइफल खरीदा।

जनवरी 1930 के तीसरे सप्ताह में, कानपुर के निगम का तार पाकर, मैं वहाँ गया और Philosophy of the Bomb नामक पर्चे अपने साथ लेता आया। दिल्ली पहुँचकर मैंने अपना असबाब प्रेमदत्त के यहाँ छोड़ दिया और सिरकी बाजार में भवानी सहाय के मकान पर गया। दूसरे ही दिन मैंने भवानी सहाय को वे पर्चे दे दिए।

24.1.30 को निगम के कमरे में, भवानी सिंह और निगम के साथ पर्चे के वितरण के सम्बन्ध मैं मैंने बहस की। भवानी सिंह, विश्वम्भर दयाल, भगीरथ, भवानी सहाय, ख्यालीराम गुप्त, बी.पी. जैन आदि 25.1.30 को पर्चे वितरण करने के पक्ष में थे।

मैंने हजारीलाल को मोटर चलाना सीखने के लिए अम्बाला भेज दिया।

मदन गोपाल

26.1.30 को मैं अजमेर गया और मदन गोपाल के यहाँ 15 दिनों तक ठहरा रहा। वहाँ मैंने अपना नाम बदलकर कामता प्रसाद रख लिया था। मदन गोपाल को मैंने अपने दल का सदस्य बना लिया। फरवरी, 1930 के दूसरे सप्ताह में मैं दिल्ली लौट आया और दूसरे ही सप्ताह अपने दल की एक सभा में उपस्थित होने के लिए कानपुर चला गया। सभा में यह निश्चित किया गया, कि लाहौर षड्यंत्र केस के अभियुक्तों को मुक्त करने का प्रयत्न किया जाए। यह भी निश्चित किया गया कि यशपाल पंजाब का संगठनकर्ता बनाया जाए और महाराष्ट्र तथा बंगाल के प्रतिनिधि हिन्दुस्तान सोशलिस्ट रिपब्लिकन एसोसिएशन की जनरल कौंसिल में सम्मिलित किए जाएँ। भगवतीचरण ने लाहौर षड्यंत्र के कैदियों को बचाने के मनसूबे को लिख डाला। मैं दूसरे ही दिन दिल्ली लौट आया। 1930 के फरवरी मास के अन्त में मैंने होस्टल छोड़ दिया और सिरकी बाजार में भवानी सहाय के मकान पर अप्रैल, 1930 के अन्त तक रहा।

मार्च में मदन गोपाल अजमेर से दिल्ली आया और एक-दो दिन रहकर, एक हवाई पिस्तौल लेकर वह चला गया। पिस्तौल उसने पीछे लौटा दी थी। इसी महीने के मध्य में मैं, आजाद, भवानी सहाय, बी.पी. जैन और भवानी सिंह के साथ नलगढ़ा गया और रामचन्द्र शर्मा के डेयरी फार्म में ठहरा। हम लोगों ने अपने-अपने नाम बदल लिये थे। वहीं रामचन्द्र शर्मा की राइफल से हम निशाना मारने का अभ्यास करने लगे। इसके बाद मैं दिल्ली लौट आया और छैलबिहारी से मिला। पीछे उसे अपने दल का सदस्य बना लिया। मार्च महीने के अन्त में मैं अजमेर गया और वहाँ से मदन गोपाल के साथ, दल का एक केन्द्र स्थापित करने के इरादे से जयपुर गया। एक-दो दिन के बाद मैं दिल्ली लौट आया।

हजारीलाल अम्बाले से मोटर का काम सीखकर आ गए। अप्रैल के दूसरे सप्ताह में आज़ाद, छैलबिहारी, हजारीलाल, विश्वम्भर दयाल और भवानी सिंह गोली चलाने का अभ्यास करने के लिए गढ़वाल चले गए। एक सप्ताह के बाद मैं अजमेर जाकर मदन गोपाल और उसके मित्र रुद्रदत्त से मिला और रुद्रदत्त को अपने दल का सदस्य बना लिया। इसके बाद मैं दिल्ली लौट आया। इसी समय मैं कुदसिया गार्डन में आजाद और भगवतीचरण से मिला और इस बात की सलाह की, कि मजदूर कैदियों को मुक्त करने के

लिए, तनख़्वाह बाँटने के लिए रेलवे क्लीयरिंग एकाउंट ऑफिस पर डाका डाला जाए। किन्तु यह षड्यंत्र सफल नहीं हो सका।

आजाद से मुझे यह मालूम हुआ, कि वायसराय की ट्रेन उड़ाने के सम्बन्ध में ख्यालीराम ने भगवतीचरण को एसिड आदि से सहायता पहुँचाई थी। मई के आरम्भ में आजाद, यशपाल तथा अन्य कई लोग गोली चलाने का अभ्यास करने के लिए नलगढ़ा चले गए।

कैदियों को मुक्त करने का प्रयास

मैं कानपुर गया और बी.बी. तिवारी से एक बम-सेल माँग लाया। कुछ दिनों बाद लाहौर षड्यंत्र केस के कैदियों को छुड़ाने के बाद उनके रहने का प्रबन्ध करने के लिए मैं भवानी सहाय के साथ जयपुर गया। वहाँ से दिल्ली लौट आया।

मैं ख्यालीराम की दुकान से एक ट्रंक लाया। खोलने पर देखा कि उसमें 4 बम तथा कुछ अन्य चीजें थीं। भगवतीचरण कैदियों को मुक्त करने के सम्बन्ध में लाहौर चले गए। मैं आजाद के जरिए रमेश भूषण से मारवाड़ी धर्मशाला में मिला और मैंने उसका पता लिख लिया। मैंने हरद्वारीलाल से आजाद के लिए एक कोट और एक कमीज बनवा लेने के लिए कहा। उसने मोहन ब्रदर्स से इन चीजों को तैयार करा लिया। 20.5.30 को कैदियों को मुक्त करने के सम्बन्ध में आजाद मदन गोपाल के साथ लाहौर गया।

ख्यालीराम गुप्त ने रामलाल से मेरा परिचय कराया और यह भी बतलाया कि वह हमारे दल का सदस्य है। उसने पिकरिक एसिड बनाने की तरकीब जानने की इच्छा प्रकट की।

कुछ समय बाद ख्यालीराम के जरिए कुदसिया गार्डन में आसफ से मेरा परिचय हुआ। ख्यालीराम ने मुझे यह बतलाया कि आसफ भी हमारे दल का सदस्य है। आसफ ने मुझे बतलाया कि बम फट जाने की वजह से भगवतीचरण की मृत्यु हो गई है और वैशम्पायन जख्मी हो गया है। उसने यह भी कहा कि आजाद तथा कुछ अन्य लोग लाहौर षड्यंत्र केस के कैदियों को छुड़ाने के लिए गए हैं और उसे रुपए इकट्ठा करने के लिए दिल्ली भेजा गया है। तीन या चार दिन के बाद आसफ लाहौर चला गया।

यूनिवर्सल ड्रग स्टोर्स

मैं हजारीलाल के जरिए यूनिवर्सल ड्रग स्टोर्स के कम्पाउंडर बालकृष्ण तथा प्रोप्राइटर बाबूराम से मिला। हजारीलाल उस समय बालकृष्ण के साथ रहता था। बालकृष्ण ने मुझे कान दर्द की दवा दी। वे लोग हमारी संस्था से सहानुभूति रखते थे। बाबूराम ने बम बनाने के लिए हमें एसिड देना स्वीकार किया। उसने मई से अगस्त तक हमें नाइट्रिक एसिड, सल्फ्यूरिक एसिड आदि सामान दिए और उसे 140/-या 150/-रुपए जून में तथा 600/-अगस्त में दिए गए।

मैंने गिरिवर सिंह से भवानी सहाय को अपने प्रेस में भर्ती कर लेने के लिए कहा, क्योंकि इससे हमारी संस्था को बहुत लाभ पहुँचता। मैं पहले ही से जानता था कि

गिरिवर सिंह हमारे दल का सदस्य है। भवानी सहाय भी गिरिवर सिंह के साथ एक ही प्रेस में काम करने लगा।

जून के आरम्भ में मैं निगम के मकान पर वैशम्पायन से मिला और उसके साथ कुदसिया गार्डन में गया। आसफ और धन्वन्तरि (प्रेम) भी वहाँ मिले।

आजाद ने लाहौर से लौटकर सरदार भगत सिंह और दत्त को जेल-मुक्त करने में किस प्रकार असफलता मिली, इसका वृत्तान्त कह सुनाया। उसने यह भी कहा कि भावलपुर की बम दुर्घटना के बाद यशपाल ने मदन गोपाल को कुल्लू और छैलबिहारी को शिमला भेज दिया है, जहाँ वे दोनों अपना नाम बदलकर नौकरी कर रहे हैं।

बम फैक्टरी

निगम के मकान पर एक बैठक हुई। उसमें मैं उपस्थित था। वहाँ यह निश्चय किया गया कि एक फैक्टरी खोली जाए, जिसमें दिखाने के लिए तो साबुन बनाए जाएँगे, किन्तु वास्तव में वहाँ पिकरिक एसिड तथा इसी प्रकार के अन्य पदार्थ बनाए जाएँगे। बी.पी. जैन को उसका मैनेजर नियुक्त किया गया। यह भी निश्चित किया गया कि आजाद कानपुर में बम बनाने की एक फैक्टरी खोले। इस मीटिंग में बी.पी. जैन, निगम, काशीराम, आजाद और वैशम्पायन उपस्थित थे।

जून के तीसरे सप्ताह में मैं भगीरथ के जरिए हरकेश से मिला। हरकेश को हमारी संस्था के उद्देश्यों से सहानुभूति थी और वह सदस्य भी बनना चाहता था। मैं आजाद और धन्वन्तरि से कुदसिया गार्डन में मिला और वहाँ यह निश्चय किया गया कि 1.7.30 को रेलवे क्लीयरिंग एकाउंट्स ऑफिस पर डाका डाला जाए। इसी निश्चय के अनुसार 1.7.30 को आजाद, लेखराम, धन्वन्तरि, काशीराम, विद्याभूषण और वैशम्पायन, जो इस मामले में भाग लेनेवाले थे, न्यू होस्टल में भवानी सिंह के कमरे में इकट्ठे हुए। किन्तु उस दिन पं. मोतीलाल नेहरू की गिरफ़्तारी के कारण शहर में हड़ताल मनाई गई, इस कारण हमें सफलता नहीं मिल सकी।

गडोडिया स्टोर्स डकैती

6.7.30 को आजाद, लेखराम, धन्वन्तरि, काशीराम, विद्याभूषण न्यू होस्टल में भवानी सिंह के कमरे में उपस्थित हुए और वहीं उन्होंने गडोडिया स्टोर्स पर डाका डालने का निश्चय किया। इस निश्चय के अनुसार आजाद, लेखराम, काशीराम, धन्वन्तरि, विद्याभूषण और विश्वम्भर दयाल ने डाका डाला और 13,000/-रुपए लूटा।

8.7.30 को मदन गोपाल को आने के लिए तार भेजा गया। उसी दिन वह दिल्ली आ पहुँचा। कुछ दिनों के बाद वह विशम्भर दयाल को साथ लेकर अजमेर चला गया। वह अपने साथ एक पिस्तौल भी लेता गया, जो मैंने कामता प्रसाद के नाम से इलाही बख़्श की दुकान से खरीदा था। मैंने ख्यालीराम को बम आदि बनाने के लिए अपरेटस खरीदने के लिए 100/-रुपए दिए।

10वीं जुलाई को आजाद, धन्वन्तरि और मैं एडवर्ड्स पार्क में इकट्ठा हुए और गडोडिया डकैती के रुपए का व्यय किस प्रकार किया जाए इस पर बहस हुई। अन्त में यह निश्चित हुआ कि मुझे 2,500/- बी.बी. तिवारी को 7,500/-और धन्वन्तरि को 3,000/-रुपए संगठन कार्य तथा बम की फैक्टरी आदि खोलने के लिए दिया जाए।

बी.पी. जैन और यशपाल ने झंडेवालान रोड पर एक मकान किराए पर लिया। प्रकाशो और गिरिवर सिंह (गंगाराम) भी फैक्टरी में रहने के लिए आए। फैक्टरी का नाम 'दी हिमालयन ट्वायलेट्स' रखा गया था। यशपाल ने तार देकर एक वैज्ञानिक को भी बुला लिया। हरद्वारीलाल ने फैक्टरी के काम के लिए काठ के कुछ सामान दिए। उसे यह अच्छी तरह मालूम था कि बम आदि बनाने के लिए ही इन चीजों की आवश्यकता है। फैक्टरी में पिकरिक एसिड और गन कॉटन तैयार किए जाते थे। इसके बाद यशपाल, वैज्ञानिक और मैं एसिड डाला करता था। बी.पी. जैन, गिरिवर सिंह और मुसम्मात प्रकाशो इस काम में हमें सहायता दिया करते थे। ख्यालीराम ने कुछ और अपरेटस खरीदे। मैं गिरिवर सिंह की सहायता से बाबूराम के यहाँ से एसिड आदि लाया करता था।

ख्यालीराम के सलाह देने पर रामलाल ने संस्था के लाभ के ख़याल से खुफिया विभाग में नौकरी कर ली।

मैं अपनी संस्था की एक शाखा खोलने के इरादे से भगीरथ के साथ जयपुर गया और मैंने मदन गोपाल के जरिए उसके वहाँ रहने का प्रबन्ध कर दिया।

विष बनाने का कार्य

अगस्त के प्रथम सप्ताह में पिकरिक एसिड बनाने का कार्य फिर शुरू किया गया। वैज्ञानिक, यशपाल, मुसम्मात, प्रकाशो, गिरवर सिंह और बी.पी. जैन इसमें भाग लेते थे। 30 पाउंड के लगभग पिकरिक एसिड फैक्टरी में तैयार की गई थी। मिट्रोग्लिसरिन और पिक्रोक्लोरिन भी वहाँ तैयार किए जाते थे। बी.पी. जैन विष तैयार करने के लिए क्रोटन सीड्स भी ले आए थे।

इसी समय मैंने मदन गोपाल को दिल्ली आने के लिए तार दिया, किन्तु उसने तार दिया कि मैं आने में असमर्थ हूँ। तब मैंने रुद्रदत्त के हाथ एक रिवॉल्वर, गोलियाँ, कुछ पुस्तकें तथा एक बम उसके पास भेज दिए। आजाद को मैंने एक तार दिया कि 3.8.30 को होनेवाली सभा स्थगित कर दी जाए।

मैंने इलाहीबख्श की दुकान से एक और हवाई पिस्तौल खरीदी।

विप्लव की तैयारी

6वीं या 7वीं अगस्त को मैं और धन्वन्तरि संस्था की मीटिंग में उपस्थित होने के लिए कानपुर गए। यह निश्चय किया गया था कि यशपाल को उसके कुकर्मों के लिए गोली मार दी जाए और उसके स्थान पर धन्वन्तरि को नियुक्त किया जाए। यह भी निश्चय किया गया कि अब विप्लव का कार्य शुरू कर देना चाहिए।

कानपुर में रहते समय मैंने आजाद, विद्याभूषण और वैशम्पायन को बलभद्र के यहाँ रहते देखा। वहीं वे हथियार आदि भी थे, जो गडोडिया डकैती के रुपए से आजाद ने खरीदे थे।

मैं दिल्ली लौट गया और वहाँ से मैंने यशपाल को कानपुर भेजा, किन्तु दूसरे ही दिन वह जिन्दा लौट आया।

11वीं मई का समाचार है कि आज 10 बजकर 50 मिनट पर अभियुक्तों ने क्रान्तिकारी नारे लगाते हुए अदालत के कमरे में प्रवेश किया। 'अन्तिम मुगल बादशाह बहादुरशाह जिन्दाबाद', 'महारानी लक्ष्मीबाई जिन्दाबाद', ताँतिया टोपे जिंन्दाबाद' आदि नारों से सारी अदालत गूँज उठी। अभियुक्तों ने सन् 57 के विल्पवी नेताओं के प्रति आदर भाव प्रदर्शित किया और दो राष्ट्रीय गान भी उन्होंने गाए। आज अभियुक्तों के लिए टेबिल-कुर्सी का प्रबन्ध किया गया था, जिसमें उन्हें अपने मामले में भाग लेने में सुविधा हो।

खुफिया पुलिस की निगरानी

मि. फ़रीदुल हक़ अंसारी ने अदालत से इस बात की शिकायत की कि अभियुक्तों के सम्बन्धियों तथा उनके वकीलों को खुफिया पुलिसवाले बहुत तंग करते हैं। अभियुक्तों के मामले की पैरवी के लिए जो कमेटी कायम की गई है, उसके सदस्यों तथा सेक्रेटरी पर भी कड़ी निगरानी रखी जाती है। यहाँ तक कि जिस दुकानदार से अभियुक्तों के लिए जलपान खरीदा गया था, वह भी खुफिया वालों की निगरानी से नहीं बच सका है। अभियुक्तों के वकील ने खुफिया वालों से अपनी रक्षा के लिए प्रार्थना की।

मि. पील की जिरह

मि. आसफ़ अली के प्रश्न करने पर मि. पील ने कहा कि लेमिंग्टन रोड शूटिंग केस में वैशम्पायन नाम के दो अभियुक्त थे, वी.आर. वैशम्पायन और दूसरे जी.आर. वैशम्पायन। केवल जी.आर. वैशम्पायन का मामला वहाँ चला, किन्तु वह छोड़ दिया गया। गवाह ने कहा कि मैं समझता हूँ कि वास्तव में वी.आर. वैशम्पायन के विरुद्ध, जो इस मामले का अभियुक्त है, अभियोग उपस्थित करने का विचार किया गया था। किन्तु मुझे यह नहीं मालूम कि उसके विरुद्ध अभियोग हटा लिया गया या उपस्थित ही नहीं किया गया।

प्रश्न—क्या आपको निश्चय है कि इस मामले के अभियुक्त वैशम्पायन का नाम वी.आर. वैशम्पायन है?

उत्तर—हाँ, हम लोग उसे वी.आर. वैशम्पायन ही कहते हैं।

मि. अब्दुल अज़ीज़ की हत्या

गवाह ने मि. अब्दुल अज़ीज़ की हत्या के सम्बन्ध में कहा कि जहाँ तक मैं जानता हूँ कि पंजाब के पुलिस सुपरिटेंडेंट मि. अब्दुल अज़ीज़ की हत्या के सम्बन्ध में किसी पर मामला नहीं चला है। जहाँ तक मुझे याद है, उस समय की रिपोर्टों से पता चला था कि कुछ ऐसे

गवाह भी हैं, जिन्होंने मि. अब्दुल अज़ीज़ के हत्यारे को घटना के बाद भागते देखा था। यह हत्या अक्टूबर के प्रथम सप्ताह में हुई थी।

इसके बाद गवाह ने क्रान्तिकारियों के पिकरिक एसिड आदि बनाने के सम्बन्ध में अपना बयान दिया। उसने कहा कि मैं नहीं जानता हूँ कि साबुन बनाने के लिए पिकरिक एसिड की आवश्यकता होती है या नहीं? साबुन के कारोबार के सम्बन्ध में मैं कुछ नहीं जानता। मैं यह भी नहीं जानता कि किसी व्यापारिक कार्य में पिकरिक एसिड का व्यवहार किया जा सकता है या नहीं? कानपुर की बम फैक्टरी में मैं नहीं गया था।

प्रश्न—क्या अपनी जाँच में आपको इसका सन्तोषजनक पता लगा है कि गडोडिया स्वदेशी स्टोर्स में डकैती होते समय कैलाशपति घटनास्थल पर मौजूद नहीं था?

सरकारी वकील ने इस प्रश्न को अनुचित ठहराया। उन्होंने कहा कि गवाह को इस विषय का प्रत्यक्ष ज्ञान नहीं है।

अदालत ने भी इस प्रश्न को अनुचित ठहराया। इसके बाद गवाह ने कहा कि मुखबिर और अभियुक्तों के अलावा, मेरे इस मामले का चार्ज लेने के पहले दिल्ली की खुफिया पुलिस ने, भगवतदयाल एम.ए., प्रभास बैनर्जी, रघुवीर सिंह, भोलानाथ और अमीर सिंह को गाडोदिया स्टोर्स डकैती के सम्बन्ध में गिरफ़्तार किया था। हमीद खाँ मेरी आज्ञा से गिरफ़्तार किया गया था। मेरा ख़याल है कि मुत्सद्दी लाल भी मेरी ही आज्ञा से गिरफ़्तार किया गया था। ये 7 अभियुक्त चालान बनने के पहले ही छोड़ दिए गए थे। हमीद खाँ और मुत्सद्दीलाल कैलाशपति के बताने पर गिरफ़्तार किए गए थे।

प्रश्न—बी.बी. तिवारी, एम.पी. अवस्थी, के.सी. गुप्त, राजेलाल और भगवानदास के नाम भी कैलाशपति ने बतलाए हैं; इस मामले में वे क्यों नहीं अभियुक्त बनाए गए?

गवाह ने उत्तर में कहा कि मैं इस मामले को दिल्ली की घटनाओं तक ही परिमित रखना चाहता हूँ। भगवानदास भुसावल केस में लम्बी कैद की सजा भुगत रहा है।

प्रान्तीय संगठनकर्ता

प्रश्न—कैलाशपति ने कहा है कि बी.बी. तिवारी संयुक्त प्रान्त के संगठनकर्ता थे। आपने उन्हें गिरफ़्तार क्यों नहीं किया; वे क्यों छोड़ दिए गए?

उत्तर—कैलाशपति के बयान में इस बात का पूरा प्रमाण नहीं है कि बी.बी. तिवारी का दिल्ली की घटनाओं से सम्बन्ध है। उससे केवल यही पता चलता है कि वायसराय की ट्रेन उलटने के सम्बन्ध में जो मीटिंग हुई थी, बी.बी. तिवारी वहाँ उपस्थित थे।

प्रश्न—राजेलाल क्यों नहीं गिरफ़्तार किए गए?

उत्तर—उनकी गिरफ़्तारी के लिए कोई प्रमाण नहीं मिला।

प्रोफ़ेसर निगम

प्रश्न—क्या यह सच है कि पहले आपने प्रोफ़ेसर निगम को इस मामले में अभियुक्त नहीं बनाने का विचार किया था?

उत्तर–उनकी गिरफ़्तारी के लिए उचित प्रमाण मिलने पर मैंने उन्हें अभियुक्त बनाने का विचार किया था।

प्रश्न–किस क़ानून के अनुसार आपने तथा आपके मातहतों ने कैलाशपति से प्रश्न किए थे?

उत्तर–क्रिमिनल प्रोसीजर कोड के 14वें अध्याय के अनुसार।

प्रतिवादी पक्ष के वकील की माँगें

मि. आसफ़ अली ने अदालत के सामने निम्नलिखित माँगें पेश कीं–

(1) खुफिया पुलिस द्वारा लिये गए कैलाशपति के बयान के नोट।

(2) मि. पील के द्वारा सम्पादित इन नोटों की नकल; और

(3) सिटी मजिस्ट्रेट के सामने दिए गए कैलाशपति का बयान।

अध्यक्ष–असली नोट कहाँ हैं? क्या वह पुलिस की डायरी का एक भाग है?

कोर्ट इंस्पेक्टर–वे जाँच करनेवाले अफसरों के पास हैं।

सरकारी वकील ने कहा कि सभी चीजें उचित समय पर दी जाएँगी।

गवाह ने आगे कहा कि तलाशियों के समय जो किताबें मिली हैं, मैंने पढ़ी नहीं हैं। उनमें से कुछ किताबें सरकार द्वारा जब्त हैं। मैंने हेरल्ड लस्की की 'कम्यूनिज्म' नामक पुस्तक नहीं पढ़ी है।

प्रश्न–आपको सी.आई.ई. की पदवी कब मिली थी?

उत्तर–1923 में।

चूड़ियाँ

इसके बाद अदालत के सामने वे चूड़ियाँ पेश की गईं, जो तलाशी लेते समय मिली थीं।

प्रश्न–इन चूड़ियों के विषय में खास बात क्या है?

उत्तर–इससे यह पता चलता है कि घर में कोई स्त्री भी रहती थी।

प्रश्न-यह भी सम्भव है कि कोई लड़का इन्हें कहीं से उठा लाया हो?

उत्तर–हाँ, यह भी हो सकता है।

गवाह ने ऐसा कोई विचार नहीं प्रकट किया जिससे विदित हो कि ये चूड़ियाँ किसी ऐसी स्त्री की हैं, जिसका इस मामले से सम्बन्ध है।

श्री एस.एन. बोस के जिरह करने पर गवाह ने कहा कि सम्भवतः 30वीं या 31वीं अक्टूबर को सिविल लाइन की पुलिस की हिरासत में मैं कैलाशपति से मिला था।

प्रश्न–क्या आपने उससे पूछा था कि उस हिरासत में वह कैसे आया?

उत्तर–नहीं।

गवाह ने कहा कि पहली बार मैंने आध घंटे तक उससे बातें कीं। मैंने कोई प्रश्न नहीं पूछा।

प्रश्न–किस विषय पर बातचीत हुई थी?

उत्तर–मेरे मातहतों के पूछताछ करने के पहले कैलाशपति मुझसे मिलना चाहता था। वह इस बात का प्रमाण चाहता था कि मेरे मातहत के अफसर किसी जवाबदेह अफसर की आज्ञा से यह पूछताछ कर रहे हैं या नहीं? जाँच समाप्त होने तक कैलाशपति पुलिस की हिरासत में था।

गवाह ने कहा कि मैं केवल झंडेवालान की तलाशी के समय उपस्थित था। वहाँ अदालत में पेश की हुई इन चूड़ियों के अतिरिक्त और कोई वस्तु नहीं थी। इसके बाद अदालत लंच के लिए बर्खास्त कर दी गई।

लंच के बाद फिर मि. पील की जिरह शुरू हुई। मि. बोस के प्रश्न करने पर गवाह ने कहा कि मि. निगम मेरे इस मामले का चार्ज लेने के बाद गिरफ़्तार किए गए थे। ख्यालीराम और वैशम्पायन भी मेरे चार्ज लेने के बाद ही गिरफ़्तार किए गए हैं। पोतदार, मेरे कहने पर, झाँसी में गिरफ़्तार किए गए हैं। कुछ अभियुक्त 4थी नवम्बर को गिरफ़्तार किए गए हैं। मेरे चार्ज लेने के समय इन अभियुक्तों के रिमांड की अवधि खतम हो चुकी थी। मुझे उनके रिमांड और चालान आदि के सम्बन्ध में कुछ नहीं मालूम है। मैं नहीं जानता कि मेरे चार्ज लेने के पहले स्थानीय पुलिस ने क्या-क्या किया था। जहाँ तक मुझे याद है, मि. ईसर और मियाँ जगदीश सिंह ने मामले की मुल्तवी स्वीकार की थी। मैंने मियाँ जगदीश के पास कोई अपूर्ण चालान नहीं भेजा था। धन्वन्तरि के चालान को छोड़कर, अदालत का वर्तमान चालान पहला ही चालान है। मामले की मुल्तवी के लिए मैं कभी अदालत में नहीं गया था। उस मामले के लिए कोर्ट इंस्पेक्टर सरदार भाग सिंह जिम्मेदार हैं। सरदार भाग सिंह मामले को मुल्तवी कराने के सम्बन्ध में मुझसे सलाह लिया करते थे। उस समय, धन्वन्तरि का मामला मि. ईसर के सामने तथा अन्य अभियुक्तों के मामले मियाँ जगदीश सिंह के सामने पेश थे।

मुखबिर की प्रेमिका

गवाह ने आगे कहा कि कैलाशपति के साथ मुसम्मात कलावती नाम की एक स्त्री भी गिरफ़्तार की गई थी। उसके पति का नाम राजबलि प्रसाद था। मैं नहीं जानता, वह कितने दिनों तक हिरासत में रखी गई थी।

प्रश्न–वह कौन थी?

उत्तर–वह कैलाशपति की प्रेमिका थी (हास्य ध्वनि) गवाह ने कहा कि वह मुझसे मिली थी।

कैलाशपति किस प्रकार मुखबिर हुआ

प्रश्न–वह किसलिए आपको देखने आई थी?

उत्तर–दिल्ली पुलिस के अपने प्रति किए गए दुर्व्यवहारों की शिकायत करने के लिए।

प्रश्न–उसने आपसे क्या शिकायत की थी?

बलात्कार करने का अभियोग

उत्तर–उसने कहा कि उसके साथ बलात्कार किया गया था।

प्रश्न–क्या उसने किसी अफसर का नाम भी बतलाया था?

अध्यक्ष–यह प्रश्न किस प्रकार उचित हो सकता है मि. बोस?

मि.बोस–यह दिखाने के लिए कि कैलाशपति किस प्रकार सरकारी गवाह बना।

मि. पील–उसने इस सम्बन्ध में खुफिया विभाग के डिप्टी-सुपरिंटेंडेंट लाला नन्दकिशोर की शिकायत की थी।

मि. बोस–यह शिकायत तो बहुत भीषण है।

गवाह–यह शिकायत उसके साथ बलात्कार करने के सम्बन्ध में है।

गवाह ने आगे कहा कि कैलाशपति ने उसके सम्बन्ध में मुझसे कुछ नहीं कहा था। वह कैलाशपति के साथ एक ही मकान में गिरफ़्तार की गई थी।

प्रश्न–उसकी रिहाई के लिए कौन जिम्मेदार है?

उत्तर–मैं उसकी रिहाई के लिए जिम्मेदार नहीं हूँ। मैं यह भी नहीं जानता कि किस अफसर ने उसे रिहा किया था। सम्भवतः डिप्टी-सुपरिंटेंडेंट लाला नन्दकिशोर ने ही उसे रिहा किया था। गवाह ने आगे कहा कि जिस समय कैलाशपति पुलिस की हिरासत में था उस समय अनेक प्रकार के लोग उससे मिलने जाया करते थे। इसमें अधिकांश पुलिस के अफसर और उसके सम्बन्धी होते थे। कलावती ने भी एक या दो बार उससे भेंट की थी।

मुखबिर किले में किस प्रकार रहता था

इसके बाद गवाह ने बतलाया कि जनवरी के प्रथम सप्ताह में मुखबिर कैलाशपति किले में भेज दिया गया। वहाँ पुलिस कांस्टेबिलों की उस पर कड़ी निगरानी रहती थी। उसको वहाँ हटाने की जिम्मेदारी मेरे ऊपर थी। 25वीं अप्रैल तक वह वहाँ रखा गया। इस बीच में बहुधा खुफिया पुलिसवाले उससे मिला करते थे।

इस समय मुखबिर कहाँ रखा गया है?

गवाह ने आगे कहा कि कैलाशपति इस समय यूरोपियन वार्ड में रखा गया है। गवाह ने कहा कि 25वीं अप्रैल के बाद मैं उससे कई बार मिला हूँ। पीछे गवाह ने अपनी भूल सुधार कर कहा कि 25वीं अप्रैल के बाद मैं उससे एकदम नहीं मिला हूँ, खुफिया पुलिस का कोई भी अफसर उससे नहीं मिला है।

इसके बाद गवाह ने बतलाया कि मुखबिर बालकृष्ण नवम्बर के पहले सप्ताह में तथा मुखबिर डी.वी. तैलंग अन्तिम सप्ताह में गिरफ़्तार किए गए थे। मुखबिर मदन गोपाल नवम्बर के मध्य में गिरफ़्तार किया गया था।

फोटो की किताब

गवाह ने आगे बतलाया कि खुफिया पुलिस के पास दिल्ली और लाहौर केस के फरार अभियुक्तों की फोटो और विवरणों की एक किताब है। यह किताब नवम्बर 1930 के अन्त में निकाली गई थी। मैंने उसे दिसम्बर में देखा था।

प्रश्न–क्या उस पुस्तक की एक प्रति आप यहाँ पेश करने के लिए तैयार हैं?

उत्तर–नहीं।

प्रश्न–यदि अदालत ऐसा करने की आज्ञा दे तो आप पेश करेंगे?

उत्तर–यदि दिल्ली की खुफिया पुलिस मुझे किताब की एक प्रति देगी, तो मैं पेश कर सकता हूँ।

मि. बोस ने अदालत से उक्त पुस्तक की एक प्रति पेश की जाने की आज्ञा देने की प्रार्थना की।

प्रश्न–क्या वर्तमान अभियुक्तों में से भी किसी की फोटो उसमें है?

उत्तर–केवल वी.जी. वैशम्पायन की फोटो उसमें है।

प्रश्न–क्या निगम की फोटो भी उसमें हैं?

गवाह ने पहले तो उत्तर दिया कि मुझे याद नहीं है, फिर पीछे कहा कि निगम की फोटो उसमें नहीं है।

21 मई, 1931

भविष्य

मातहतों को सु. पुलिस का आदेश

"खुद गोली न खाकर, क्रान्तिकारियों पर गोली चला दिया करो"

एक मुखबिर सी.आई.डी. विभाग का आदमी निकला!

बम बनाने के लिए जर्मनी से नाइट्रिक एसिड आता था!

अभियुक्तों के बच्चों तक को पुलिस कठघरे के पास से उठा ले गई!!

637 नम्बर के टाँगे पर पुलिसवाले दिन में तीन-तीन बार मुखबिरों से मिलने जेल जाते थे

अभियुक्तों ने अदालत में 'विश्वासघातियों का नाश हो' के नारे लगाए!

देहली का 12 मई का समाचार है कि आज दिल्ली षड्यंत्र केस के मामले में अभियुक्तों की ओर से सी.आई.डी. के स्पेशल सुपरिंटेंडेंट मि. पील से जिरह की गई।

मि. आसफ़ अली के एक प्रश्न के उत्तर में मि. पील ने कहा कि मैंने कल की गवाही में यह नहीं कहा था कि झंडेवालाँ की तलाशी में जो कुछ चूड़ियों के टुकड़े मिले थे वे इस षड्यंत्र से सम्बन्ध रखनेवाली किसी स्त्री के नहीं हैं। मैंने कहा था–"मैं नहीं कह सकता कि चूड़ियों के ये टुकड़े इस षड्यंत्र से सम्बन्ध रखनेवाली किसी खास स्त्री के हैं।" मेरा आशय यह था कि चूड़ियों के ये टुकड़े इस षड्यंत्र से सम्बन्ध रखनेवाली किसी-न-किसी स्त्री के ज़रूर ही हैं।

मि. एस.एन. बोस के प्रश्न के उत्तर में मि. पील ने कहा कि सी.आई.डी. के इंस्पेक्टर मि. मुमताज हुसैन ने मेरे पास कैलाशपति के बयान का संक्षिप्त विवरण भेजा था। इसकी मूल लिपि खुफिया विभाग के अफसरों के पास लौटा दी गई थी। पता नहीं कि वह उनके पास मौजूद है या नहीं।

इसके बाद सबूत की ओर से दिल्ली तथा लाहौर षड्यंत्र केस के फरार अभियुक्तों के चित्रों की एक पुस्तिका ट्रिब्यूनल के सामने पेश की गई। चित्रों के साथ अभियुक्तों की हुलिया भी दर्ज थी।

मि. पील ने कहा कि मैं नहीं कह सकता कि पुलिस ने इन चित्रों को कब और कहाँ से प्राप्त किया।

अन्य प्रश्नों के उत्तर में आपने कहा कि अभियुक्त बाबूराम की दुकान यूनिवर्सल ड्रग स्टोर्स की तलाशी मेरी आज्ञा से हुई थी। दुकान के कुछ रजिस्टर मुझे दिखलाए गए थे।

मुझे नहीं मालूम कि दिल्ली के बाजारों में सल्फ्यूरिक तथा नाइट्रिक एसिड की विशेष खपत है। परन्तु पुलिस विभाग की जाँचों से मालूम हुआ है कि यूनिवर्सल ड्रग स्टोर्स की तरफ से जर्मनी की किसी कम्पनी के नाम बहुत अधिक एसिड के लिए ऑर्डर भेजा गया था।

इसके बाद आपने बतलाया कि वायसराय की स्पेशल ट्रेन वाली बम घटना की खोज में हिन्दुस्तान भर की खुफिया पुलिस लगी थी। इस मामले में पंजाब के सी.आई.डी. विभाग से मेरे पास अक्सर खबरें पहुँचा करती थीं।

मि. बलजीत सिंह के प्रश्न के उत्तर में आपने कहा कि सम्पूर्ण हिन्दुस्तान के षड्यंत्र अपराधों का भार मेरे जिम्मे नहीं है। मैं केवल अपने अधीनस्थ कर्मचारियों के कार्यों के लिए उत्तरदायी हूँ। आपने कहा कि अभियुक्त धन्वन्तरि का चित्र मिसिल में दर्ज है। यह चित्र विज्ञापन पत्रों में प्रकाशित हो चुका है और उसकी प्रतियाँ पंजाब तथा अन्य प्रान्तों में वितरित भी हो चुकी हैं।

इस मामले में रघुवीर सिंह नाम का एक व्यक्ति गिरफ़्तार किया गया था। मुझे रघुवीर सिंह की गिरफ़्तारी का विवरण नहीं मालूम कि रघुवीर सिंह रायबहादुर और ऑनरेरी मजिस्ट्रेट मि. पारसनाथ का भतीजा है।

एक दूसरे प्रश्न के उत्तर में गवाह ने कहा कि क्रान्तिकारी दल के लोग किसी भी पुलिस अफसर को अच्छी निगाह से नहीं देखते। परन्तु केवल कैलाशपति ही ऐसा व्यक्ति था, जिसने मुझसे बतलाया कि षड्यंत्रकारियों की तरफ से मेरे ऊपर आक्रमण होने का प्रबन्ध किया जा रहा है।

प्रश्न–क्या कैलाशपति के बतलाने पर आपने अपनी रक्षा का कोई प्रबन्ध किया?

उत्तर–हाँ, पहले की अपेक्षा घर और दफ्तर के पहरों को अधिक मजबूत कर दिया।

प्र.–क्या अब भी आपको क्रान्तिकारियों द्वारा गोली से उड़ा दिए जाने का भय बना हुआ है?

अदालत ने इस प्रश्न के पूछने की इजाजत नहीं दी।

मि. बलजीत सिंह ने कहा कि इस प्रश्न के द्वारा मैं यह साबित करना चाहता हूँ कि गवाह डरा हुआ है।

इसके बाद गवाह ने कहा कि मैं उस अवसर पर उपस्थित था, जब सरकार की ओर से पुलिस अफसरों को वायसराय द्वारा तमगे दिए गए थे। वीरभद्र तिवारी के सम्बन्ध में आपने कहा कि उनकी गिरफ़्तारी काकोरी केस में हुई थी, परन्तु मामला नहीं चलाया गया। मैं यह नहीं कह सकता कि वे इस शर्त पर छोड़े गए थे कि वे पुलिस को षड्यंत्रकारियों की खबरें बतलाया करेंगे। मेरे विभाग का कोई भी आदमी तिवारी से मिलने के लिए फैजाबाद जेल नहीं गया था। सी.आई.डी. की प्रार्थना पर तिवारी फैजाबाद जेल से हटाकर इलाहाबाद लाए गए थे।

मि. बलजीत सिंह ने कहा कि तिवारी सी.आई.डी. से सम्बन्ध रखते हैं और वे पुलिस के गुप्तचर हैं।

सी.आई.डी. ने जमानत दी

प्र.—क्या यह बात सच है कि तिवारी को छुड़ाने के लिए शम्भूनाथ, सी.आई.डी. के अफसर ने उनकी जमानत की थी?

उ.—मैं नहीं जानता।

आगे एक प्रश्न के उत्तर में गवाह ने कहा कि मुझे यह नहीं मालूम कि तिवारी फरार अभियुक्तों के पते बताने की शर्त पर छूटे थे।

गोली मारने के लिए आदेश

प्र.—क्या यह बात सच है कि आप अपने मातहतों को यह आदेश दे चुके हैं कि रात के समय यदि क्रान्तिकारी या फरार अभियुक्त कहीं मिल जाएँ तो वे उन्हें गोली से उड़ा दें?

उ.—मैंने अपने मातहतों को यह आदेश दिया है कि जहाँ तक हो, वे खुद गोली न खाएँ, बल्कि उन्हीं पर चला दें।

आपने कहा कि मैंने ऐसा आदेश अपने कर्मचारियों को षड्यंत्रकारियों के आक्रमणों से बचे रहने के लिए दिया है। एलफ्रेड पार्क में चन्द्रशेखर आजाद की घटना का समाचार मैंने सुना था। शालीमार बाग में मारे गए जगदीश की पंजाब के किसी षड्यंत्र केस में ज़रूरत थी। शालिगराम शुक्ल जो कानपुर में मारे गए थे, उनकी भी पिकेटिंग ऑर्डिनेंस के एक केस में ज़रूरत थी।

गवाह ने कहा कि मेरी समझ से एलफ्रेड पार्क में जो व्यक्ति मारा गया था, वह वास्तव में चन्द्रशेखर आजाद ही था। मैंने उसका मिलान एक फोटो से किया था।

सफाई के वकील ने गवाह से अदालत में फोटो पेश करने के लिए कहा। सरकारी वकील ने इसका विरोध किया। सफाई के वकील मि. बलजीत सिंह ने कहा कि सफाई के लिए फोटो का पेश होना अत्यन्त आवश्यक है, क्योंकि आजाद इस मामले का मुख्य पात्र है। सम्भव है कि सफाई की ओर से वह गवाह बनाकर पेश किया जाए। अदालत ने फोटो पेश करने की इजाजत नहीं दी।

एक दूसरे प्रश्न के उत्तर में गवाह ने कहा कि सम्भवतः आजाद, विशेश्वरनाथ, जगदीश आदि षड्यंत्रकारी इसलिए मारे गए कि वे पुलिस अफसरों को गोली मारना चाहते थे।

एक प्रश्न के उत्तर में गवाह ने कहा कि मुझे नहीं मालूम कि खड़बावली के असली घी स्टोर्स वाले चम्पालाल को सी.आई.डी. में जगह दी गई है। मुझे यह भी नहीं मालूम कि उसने अभी हाल ही में पुलिस अफसरों को कोई पार्टी दी थी।

कमलावती इस मामले की कोई अभियुक्त नहीं है। उसे पुलिस की हिरासत में रखने का कारण यह था कि वह कैलाशपति के साथ ही एक ही घर में पाई गई थी। मुझे नहीं मालूम कि उसके पति राजबली प्रसाद की पहले लाहौर षड्यंत्र केस में गिरफ़्तारी हुई थी।

प्र.–क्या कैलाशपति को उसकी 'सेवाओं' के लिए 150/-रु. मासिक पेंशन देने का वचन दिया गया है? उसमें से 30/-रु. मासिक कैलाशपति की 'प्रेमिका' को भी देने के लिए कहा गया है, यदि वह भी सबूत की तरफ से गवाह बन जाए?

उ.–जहाँ तक मुझे मालूम है, कोई रकम देने का वचन नहीं दिया गया।

प्र.–इस समय उसका भरण-पोषण कौन करता है।

उ.–मेरा ख़याल है कि जेल के अधिकारीगण।

प्र.–क्या पुलिस की तरफ से उसे कोई भत्ता भी मिलता है?

उ.–न्यायालय की हिरासत में रखे जाने के पहले पुलिस उसका भरण-पोषण करती थी।

इंस्पेक्टर का दुर्व्यवहार

गवाह ने कहा, यह बात ठीक है कि चेतराम सिंह इंस्पेक्टर ने अभियुक्त विमल के साथ दुर्व्यवहार किया है। मैंने चेतराम सिंह इंस्पेक्टर को अब आगे से ऐसी बात न करने की चेतावनी दे दी है।

प्र.–क्या आपने अभियुक्त विमल से यह कहा था कि मैंने अपने मातहतों से सुना है डी.एस.पी. नन्दकिशोर का व्यवहार कुछ अभियुक्तों के प्रति पशुतापूर्ण था?

उ.–नहीं, मैंने नहीं कहा था।

इसके बाद अदालत जलपान के लिए स्थगित हो गई।

अदालत के फिर बैठने पर अभियुक्त श्री विद्याभूषण ने शिकायत की कि कोर्ट इंस्पेक्टर सरदार भाग सिंह का मि. पील के पास, जिनकी गवाही अभी समाप्त नहीं हुई है, जाना अनुचित है। अदालत ने सरदार भाग सिंह को मि. पील के पास जाने से मनाकर दिया।

अभियुक्त श्री विद्याभूषण के प्रश्न के उत्तर में मि. पील ने कहा कि मैं यह नहीं कह सकता कि इंस्पेक्टर चेतराम सिंह जाँच के सिलसिले में कितनी बार नीलगढ़ गए थे। मैंने उन्हें कैलाशपति के कथनानुसार ब्रह्मानन्द को गिरफ़्तार करने के लिए भेजा था। परन्तु बह्मानन्द गिरफ़्तार नहीं किया गया।

प्र.–क्यों गिरफ़्तार नहीं किया गया?

उ.–इसका जवाब इंस्पेक्टर चेतराम सिंह अपनी गवाही में बतलाएगा।

प्र.–क्या उसने आपसे कुछ बतलाया था?

उ.–हाँ।

प्र.–क्या बतलाया था?

उ.–उन्होंने मुझसे बतलाया था कि मैंने ब्रह्मानन्द से बातचीत कर ली है, उसने मेरे पास आने के लिए कहा है।

प्र.–क्या ब्रह्मानन्द ने फरार अभियुक्त रामचन्द्र को गिरफ़्तार करा देने का वचन दिया था और क्या इसीलिए वह गिरफ़्तार नहीं किया गया?

अदालत ने इस प्रश्न के पूछने की इजाजत नहीं दी। परन्तु मि. आसफ़ अली के यह कहने पर कि प्रश्न बिल्कुल उचित और प्रासंगिक है, अदालत ने उस प्रश्न के पूछने की इजाजत दे दी।

मि. पील ने उत्तर में कहा कि ब्रह्मानन्द कोई वचन देने के कारण नहीं छोड़ दिया गया था।

इसके बाद आपने कहा कि हरद्वारीलाल तथा कैलाशपति एक साथ ही गिरफ़्तार किए गए थे, परन्तु मैं यह निश्चयपूर्वक नहीं कह सकता कि कमलावती कैलाशपति के साथ गिरफ़्तार हुई थी, या नहीं। मैंने उसकी गिरफ़्तारी या उसके छुटकारे के मामले में कोई हस्तक्षेप नहीं किया। मुझे मालूम है कि हरद्वारीलाल एक बार छोड़ दिए जाने के बाद फिर गिरफ़्तार कर लिया गया था।

प्र.—वह पहले क्यों छोड़ दिया गया था?

अदालत ने यह कहकर इस प्रश्न के पूछने की इजाजत नहीं दी कि गवाह को इस विषय में कोई व्यक्तिगत ज़ानकारी नहीं है।

गवाह ने कहा कि कैलाशपति से खबर मिलने पर उसको फिर से गिरफ़्तार करना आवश्यक समझा गया।

गैर-क़ानूनी हिरासत

गवाह ने कहा यह मैं मानता हूँ कि विमल, हरकेश, भागीरथलाल, बाबूराम, विद्याभूषण आदि अभियुक्त लगभग दो-दो महीने तक पुलिस की हिरासत में बन्द रहे हैं। बाबूराम का कोई भी सम्बन्धी मेरे पास अभियुक्त से मिलने की इजाजत लेने नहीं आया। मुझे यह नहीं मालूम कि हिरासत के समय अभियुक्त बाबूराम से कोई व्यक्ति मिल नहीं पाया।

प्र.—क्या आपने पुलिस को यह आज्ञा नहीं दी थी कि अभियुक्तों के सम्बन्धी उनसे मिलने न पाएँ?

उ.—इस विषय में मैंने कोई आम हुक्म नहीं निकाला था।

प्र.—तो खास हुक्म क्या थे?

उ.—मुझे याद नहीं कि मैंने कोई खास हुक्म जारी किया था!

इसके बाद आपने कहा कि मुझे अपने डिप्टी-सुपरिंटेंडेंट तथा इंस्पेक्टर पर पूर्ण विश्वास है। अभियुक्तों की तरफ से यदि किसी तरह की शिकायत होती, तो अवश्य ही वे मुझसे कहते। मैं अभियुक्तों के पास, उनकी शिकायतों को जानने के लिए सबके पास, व्यक्तिगत रूप से जाने की आवश्यकता नहीं समझता!

मुझे याद नहीं

गवाह ने कहा कि मुझे यह याद नहीं कि किसने टेलीफोन द्वारा सदर बाजार से खबर दी थी कि अभियुक्त हरकेश पीटे जाने के कारण अनशन कर रहा है। मुझे नहीं पता कि अभियुक्त रुद्रदत्त को पिस्तौल दिखलाकर धमकाया गया था।

प्र.—क्या आपने पिस्तौल दिखाकर उसे धमकाया था?

उ.—नहीं।

गवाह ने कहा कि मुझे यह नहीं मालूम कि हरकेश को पीटते-पीटते बेहोश कर दिया गया था।

प्र.—यह आपसे किसने कहा कि एक अभियुक्त के सम्बन्ध में आज जो मैंने 'प्रेमिका' शब्द का प्रयोग किया है, उस पर आपत्ति की गई है।

उ.—मैं नाम नहीं बतला सकता।

प्र.—क्या आप अपनी गवाही के सम्बन्ध में और किसी से भी बातें करते हैं?

उ.—हाँ, मैं इस विषय में खान अब्दुल समद, डी.एस.पी. और मि. ब्लिस से बातें करता हूँ।

प्र.—क्या 'प्रेमिका' शब्द पर मुखबिर कैलाशपति ने आपत्ति की है?

उ.—जहाँ तक मुझे मालूम है, कैलाशपति ने तो सुना भी नहीं है कि 'प्रेमिका' शब्द का व्यवहार किया गया है।

प्र.—क्या आपको मालूम है कि आपके सी.आई.डी. विभाग के अफसर कैलाशपति से न्यायालय की हिरासत में अक्सर ही मिलते रहे हैं?

उ.—मैं अपने मातहतों को उनसे या किसी अभियुक्त से मिलने के विषय में मना कर चुका हूँ।

प्र.—लेकिन क्या आपको मालूम है कि आपके आदेशों का मातहतों ने पालन नहीं किया और वे बराबर मुखबिरों से जाकर मिलते रहे हैं?

उ.—नहीं।

इसके बाद एक प्रश्न के उत्तर में गवाह ने इस बात को कबूल किया कि जहाँ मुखबिर रहते हैं वहाँ जेल के पीछे वाली दीवार में एक नया दरवाजा बनाया गया है।

प्र.—क्या यह बात ठीक है कि एक पुलिस अफसर बदलकर जेल अफसर बना दिया गया है?

उ.—एक पेंशन-प्राप्त सब-इंस्पेक्टर मुखबिरों की देख-रेख करने के लिए अतिरिक्त जेलर बना दिए गए हैं।

प्र.—क्या यह भी सच है कि मुखबिरों वाले वार्ड के पहरेदार पुलिसमैन हैं?

उ.—वार्डरों की नियुक्ति पुलिस के सीनियर सुपरिंटेंडेंट की सहायता से हुई थी। स्पेशल पुलिस के कुछ पुलिसमैन, जो कि शीघ्र ही बर्खास्त किए जानेवाले थे, बर्खास्त करके जेल वार्डर नियुक्त कर दिए गए थे।

मुखबिरों के लिए भोजन प्रबन्ध

एक प्रश्न के उत्तर में आपने कहा कि मुझे नहीं मालूम कि मेरे स्पेशल स्टाफ के आदमी अब भी मुखबिरों के पास जेल में भोजन सामग्रियाँ लेकर जाया करते हैं। मि. आसफ़ अली ने बतलाया, कि उस टाँगे का नम्बर 637 है, जिसमें स्पेशल पुलिस के आदमी नित्य प्रति

तीन-तीन बार जेल जाया करते हैं और वहाँ यूरोपियन वार्ड के पास ठहरते हैं। मैं समझता हूँ कि ये सब काम साधारण पुलिस के आदमी नहीं करते।

प्र.—क्या यह बात आपसे डी.एस.पी. अब्दुल समद ने कही थी कि कैलाशपति कमलावती के लिए 'प्रेमिका' शब्द प्रयोग किए जाने का विरोध करेगा?

गवाह ने कहा कि डी.एस.पी. ने कैलाशपति पर इस शब्द प्रयोग का क्या प्रभाव पड़ेगा, इसका उतना ख़याल नहीं किया जितना कि इस बात का ख़याल किया कि 'प्रेमिका' शब्द एक स्त्री के लिए प्रयोग करना कलंकजनक होगा।

स्त्री की चूड़ियाँ

स्त्री की चूड़ियों के विषयो में प्रश्न करने पर गवाह ने कहा कि मेरा विश्वास है कि तलाशी में जो चूड़ियाँ मिली थीं, वे किसी स्त्री अभियुक्त की हैं—मेरा यह अनुमान है; हो सकता है कि यह अनुमान गलत हो।

प्र.—क्या आपने इस बात का पता लगाने का कोई प्रयत्न किया कि वे चूड़ियाँ किसकी हैं?

उ.—मैंने प्रयत्न किया है।

इसके बाद सफाई की ओर से यह पूछने पर कि क्या आपके इस अनुमान का, कि ये चूड़ियाँ किसी स्त्री अभियुक्त की हैं, कोई प्रमाण है? आपने कहा कि मेरे पास कोई प्रमाण नहीं है, परन्तु मैं समझता हूँ कि इस मामले में अभियुक्तों के साथ स्त्री अभियुक्त भी रही है।

जिस मकान में क्रान्तिकारी दल के लोग रहते थे वह सितम्बर महीने में खाली हो गया था।

यह प्रश्न करने पर कि सितम्बर महीने से लेकर जब तलाशी हुई है, उस समय तक के बीच में क्या आपको मालूम है कि मकान में कौन-कौन लोग आकर रहे? गवाह ने कहा कि मुझे नहीं मालूम!

मुखबिर सी.आई.डी. का आदमी

सरकारी वकील जफरुल्ला खाँ के प्रश्न के उत्तर में गवाह ने कहा कि मुखबिर रामलाल तैलंग अक्टूबर सन् 1930 के चार महीने पहले सी.आई.डी. विभाग में नियुक्त था।

एक दूसरे प्रश्न के उत्तर में, जिस पर सफाई पक्ष के वकील मि. बोस ने आपत्ति की, गवाह ने कहा कि अभियुक्त से वार्तालाप करने के बाद मैं इस निश्चय पर पहुँचा कि कमलावती द्वारा डी.एस.पी. नन्दकिशोर पर लगाया गया दोषरोपण बिल्कुल निराधार और झूठा था।

इसके बाद अदालत स्थगित हो गई।

दूसरे दिन की बैठक में मुखबिर कैलाशपति के बयान हुए। स्पेशल ट्रिब्यूनल की अदालत के अन्दर और बाहर आज पुलिस का असाधारण प्रबन्ध किया गया था। दर्शकों की गैलरियाँ स्त्री और पुरुष दर्शकों से खचाखच भरी हुई थीं।

प्रारम्भ में मि. आसफ़ अली नें अदालत से शिकायत की कि उत्तम प्रकाश नाम का एक सबूत का गवाह दर्शकों की गैलरी में बैठा हुआ है। अदालत के पूछने पर अभियुक्त धन्वन्तरि ने उसकी ओर इशारा करते हुए कहा कि यह वही गवाह है जिसने जेल में हम लोगों की शनाख्त की थी। उसे अपनी गवाही हो जाने के पहले दर्शक की गैलरी में बैठने का कोई अधिकार नहीं है। उत्तम प्रकाश ने कहा कि मुझे मालूम नहीं था कि मैं गवाह हूँ। अदालत ने उसे कमरे के बाहर हो जाने का हुक्म दिया और कहा कि आगे से अब कोई भी गवाह दर्शकों की गैलरी में न बैठने पाए।

सी.आई.डी. का झुंड

अभियुक्त वात्स्यायन ने अदालत से कहा कि सी.आई.डी. विभाग के बहुत से आदमी दर्शकों की गैलरियों में बैठे हुए हैं, परन्तु अभियुक्तों के सम्बन्धी जगह की कमी के कारण कमरे के बाहर खड़े हुए हैं। इस पर अदालत ने सम्बन्धियों को कमरे के अन्दर आने की इजाजत दे दी।

11 बजकर 40 मिनट पर मुखबिर कैलाशपति अपनी गवाही देने के लिए खड़ा हुआ।

सबूत की ओर से मुखबिर के बयान की नकलें अभियुक्तों में वितरित कर दी गईं। इसके बाद मुखबिर से अदालती शपथ लेने के लिए कहा गया। परन्तु सफाई के वकील मि. आसफ़ अली ने बीच ही में आपत्ति करते हुए कहा कि मुखबिर पहले अभियुक्त रह चुका है, इसलिए उससे शपथ नहीं ली जा सकती, जब तक कि यह न प्रमाणित कर दिया जाए, कि उसे क़ानून से क्षमा प्रदान हो चुकी है।

सरकारी वकील–कैलाशपति अभियुक्त नहीं है।

मि. आसफ़ अली–क्या आपका यही कथन है?

सरकारी वकील–उपस्थित गवाह को 5 जनवरी को सिटी मजिस्ट्रेट मि. ईसर के सामने क्षमा प्रदान की जा चुकी है। इसलिए अब वह मुखबिर है।

मि. आसफ़ अली–कैलाशपति अभियुक्त था, इसलिए उसकी गवाही गवाह की हैसियत से तब तक नहीं हो सकती, जब तक कि उसके क्षमा प्रदान का अदालती सबूत न पेश कर दिया जाए।

इस पर सरकारी वकील ने मजिस्ट्रेट की अदालत की लिखित कार्यवाही पेश की और कहा कि उपस्थित गवाह वास्तव में मुखबिर है।

मि. आसफ़ अली ने ट्रिब्यूनल का ध्यान क्रिमिनल प्रोसीजर कोड की दफा 337 की तीसरी उपधारा की ओर आकर्षित करते हुए कहा कि सरकारी वकील का यह कहना कि मुखबिर अभियुक्त नहीं है, अत्यन्त आश्चर्यजनक है। यदि वह अभियुक्त नहीं है तो

जमानत पर छोड़ क्यों नहीं दिया गया? क्षमा प्रदान का यह स्पष्ट मतलब है कि कैलाशपति अभियुक्त था।

ट्रिब्यूनल के एक सदस्य, रायबहादुर कुँवरसेन—क्या मजिस्ट्रेट की अदालत की मिसिल जो ट्रिब्यूनल के सामने अभी पेश की गई है, क्षमा प्रदान प्रमाणित करने के लिए यथेष्ट नहीं है?

मि. आसफ़ अली—नहीं, जब तक कि मि. ईसर न प्रमाणित कर दें।

अभियुक्त प्रो. निगम—क्षमा प्रदान में कोई शर्त रखी गई है या नहीं?

मि. आसफ़ अली—अभी इस प्रश्न के उत्तर के लिए ठहरिए, अभी तक तो क्षमा प्रदान की ही बात प्रमाणित नहीं हुई है।

सरकारी वकील मि. जफरुल्ला खाँ ने एविडेन्स एक्ट की 133वीं धारा की ओर ध्यान आकर्षित करते हुए कहा कि मुखबिर की हैसियत गवाह की तरह है।

ट्रिब्यूनल के अधिकार के बाहर

ट्रिब्यूनल के प्रेजिडेंट ने कहा कि हमें चीफ कमिश्नर द्वारा बताए गए कुछ निश्चित अभियुक्तों को छोड़कर, दूसरे किसी व्यक्ति पर विचार करने का अधिकार नहीं है। यदि मुखबिर अपने बयान से बदल जाए और सबूत पक्ष उस पर मामला चलाना चाहे, तो भी हमें अधिकार नहीं है कि हम उस पर विचार कर सकें।

मि. आसफ़ अली ने कहा कि मेरा विरोध मिसिल में दर्ज कर लिया जाए, क्योंकि अपील में यह बात बहुत महत्त्वपूर्ण होगी। मेरे कहने का सारांश यह है कि कैलाशपति की हैसियत केवल अभियुक्त की है जब तक कि उसके क्षमा प्रदान की बात क़ानून से प्रमाणित न कर दी जाए।

अदालत ने इस विषय में अपना निर्णय देते हुए कहा कि मुखबिर अभियुक्त नहीं है और उससे शपथ ली जा सकती है। ट्रिब्यूनल को ट्रिब्यूनल के विधान के अनुसार किसी को अभियुक्त घोषित करने का अधिकार नहीं है।

शाबाश बहादुर!

इस पर कैलाशपति ने शपथ लेकर अपना बयान प्रारम्भ कर दिया। उसने कहा कि मैं आजमगढ़ का निवासी हूँ और 28 या 29 दिसम्बर को दिल्ली में गिरफ़्तार हुआ था। सिटी मजिस्ट्रेट ईसर ने मुझे क्षमा प्रदान की थी।

एक अभियुक्त—शाबाश बहादुर!

इसके बाद उसने क्रान्तिकारी दल से अपने सम्बन्ध स्थापित होने का इतिहास बतलाया। उसने कहा कि इलाहाबाद के दरियागंज (दारागंज) स्कूल में पढ़ते समय शैलेन्द्रनाथ चक्रवर्ती मुझे क्रान्तिकारी ढंग की पुस्तकें पढ़ने के लिए दिया करता था। तीन-चार महीने के बाद उसने मुझे हिन्दुस्तान सोशलिस्ट रिपब्लिकन एसोसिएशन का छपा

हुआ एक पीला पर्चा दिया था। उसने मुझसे पूछा कि "क्या इन नियमों का पालन कर सकते हो?"

सरकारी वकील–वे कैसे नियम थे?

मि. आसफ़ अली–यह पूछने की आवश्यकता नहीं है।

सरकारी वकील–चक्रवर्ती का तुमसे यह पूछने का मतलब क्या था?

गवाह–मेरी समझ से उसका मतलब मुझे अपने क्रान्तिकारी दल का सदस्य बनाने का था। दल का मुख्य कर्तव्य भारत को स्वाधीन बनाना था।

सरकारी वकील–किन उपायों से?

मि. आसफ़ अली ने इस प्रश्न पर आपत्ति करते हुए कहा कि वह पीला पर्चा, जो कि कैलाशपति को दिया गया था, वही क्यों न उपस्थित कर दिया जाए?

मि. जफरुल्ला खाँ ने कहा कि पहले के लाहौर षड्यंत्र केस की मिसिल मँगाई गई है, उसके आ जाने पर पर्चा पेश किया जाएगा।

गवाह ने कहा–दल का उद्देश्य सशस्त्र क्रान्ति के द्वारा भारत को आजाद करना था।

इसके बाद गवाह ने कहा कि चक्रवर्ती ने मुझे सभा का सदस्य बना लिया।

मि. आसफ़ अली ने कहा–यह कोई गवाही नहीं है। चक्रवर्ती कोई षड्यंत्रकारी नहीं था।

गवाह ने कहा कि हिन्दुस्तान रिपब्लिकन एसोसिएशन का संगठन अखिल भारतीय पैमाने पर किया गया था।

विजय कुमार सिन्हा से मुलाकात

सन् 1926 में चक्रवर्ती ने 30/-रु. तथा एक पत्र देकर मुझे कानपुर भेजा। कानपुर रेलवे स्टेशन पर विजय कुमार सिन्हा मिले। सिन्हा मुझे अपने घर कराँचीखाना ले गए। मैंने उन्हें वह पत्र और 25/-रु. दे दिए। 5 रुपए अपने खर्च में लगे। तीसरे दिन सिन्हा ने मुझे उन्नाव भेजा। उनके आदेशानुसार मैंने वहाँ एक मकान किराए पर ठीक किया। उसके बाद मैं कानपुर लौट आया। कानपुर में सिन्हा और मैंने, लखनऊ जेल से एक कैदी को छुड़ाने के लिए उपाय सोचे। परन्तु हमारे उपाय सफल न हुए।

मि. आसफ़ अली ने इस कथन पर आपत्ति की। आपने कहा कि इस बात का अदालत में पेश करना मामले से कोई सम्बन्ध नहीं है। ट्रिब्यूनल ने आपकी बात स्वीकार कर ली।

गवाह ने कहा कि इसके बाद मैं इलाहाबाद चला गया और वहाँ से तीन-चार महीने के बाद गोरखपुर चला गया। गोरखपुर में मैंने रेलवे के ऑडिट ऑफिस में नौकरी कर ली। तीन-चार महीना काम करने के बाद मैं पोस्ट ऑफिस विभाग में नौकर हो गया। इस बीच में मैं चक्रवर्ती से इलाहाबाद में तीन दफा मिला। चक्रवर्ती ने मुझसे गोरखपुर के एम.पी. अवस्थी के द्वारा कानपुर के विजय कुमार सिन्हा से बराबर सम्बन्ध बनाए रखने के लिए कहा था। अवस्थी के नाम उन्होंने मुझे एक परिचय-पत्र भी दिया था।

अवस्थी से मुलाकात

सरकारी वकील—क्या आपने चक्रवर्ती से क्रान्ति सम्बन्धी बातें की थीं?

मि. आसफ़ अली—मैं इस प्रकार के प्रश्नों का घोर विरोध करता हूँ।

सरकारी वकील—तुमने अवस्थी से क्या बातें कहीं?

गवाह ने कहा कि अवस्थी से मेरी कोई बातचीत नहीं हुई थी। उसने एक दिन कहा था कि पोस्ट ऑफिस का रुपया लेकर भाग जाओ। वह क्रान्तिकारियों के उपयोग में आएगा।

मि. आसफ़ अली—क्या अवस्थी भी कोई अभियुक्त या फरार है?

सरकारी वकील—नहीं।

मि. आसफ़ अली—तो इस सम्बन्ध की गवाही कैसे प्रासंगिक हो सकती है?

आपने कहा कि अब तक मुखबिर की जितनी गवाही हुई है, वह सब अप्रासंगिक है। गवाही तो इस बात की होनी चाहिए कि षड्यंत्र क्या था?

ट्रिब्यूनल के प्रेजिडेंट ने कहा कि जो विषय चल रहा है वह प्रासंगिक है।

अदालत में साइकिल

गवाह ने अपनी गवाही के सिलसिले में कहा कि एम.पी. अवस्थी ने मुझे पोस्ट ऑफिस का रुपया लेकर भाग जाने के लिए एक साइकिल दी थी। लेकिन रुपया लेकर भाग जाने का अवसर नहीं मिला। इसी बीच मैं बरहालगंज ब्रांच पोस्ट ऑफिस में बदल दिया गया। वहाँ मैं सन् 1928 के जून महीने तक रहा। जून के आखिर में सुरेन्द्र पांडेय विजय कुमार सिन्हा के यहाँ से पत्र लेकर मुझसे मिले। पत्र में रुपया लेकर शीघ्र कानपुर आने के लिए कहा गया था।

सफाई पक्ष के वकील मि. बलजीत सिंह ने सुरेन्द्र पांडेय का नाम लिये जाने का विरोध किया। आपने कहा कि वे लाहौर ट्रिब्यूनल द्वारा बरी किए जा चुके हैं। इस सम्बन्ध में आपने लाहौर हाईकोर्ट की एक नजीर भी पेश की—परन्तु अदालत ने उनकी बात को नहीं माना और गवाह के बयान का कुछ अंश मिसिल में दर्ज कर लिया।

गवाह ने कहा कि इसके एक सप्ताह बाद मैं कानपुर सिन्हा से मिलने के लिए गया। सिन्हा ने मुझसे पोस्ट ऑफिस को लूट लेने और साइकिल द्वारा कानपुर चले जाने के लिए कहा।

26 जून को 11 बजे सुबह मैं पोस्ट ऑफिस का सब रुपया साइकिल पर लेकर रवाना हो गया।

मि. आसफ़ अली—क्या इस जुर्म के लिए भी मुखबिर को क्षमा प्रदान किया जा चुका है?

सरकारी वकील—हाँ, उन सभी जुर्मों के लिए उसे क्षमा मिल गई है, जो उसने हिन्दुस्तान सोशलिस्ट रिपब्लिकन एसोसिएशन के सदस्य की हैसियत से किए हैं।

इसके बाद गवाह ने कहा कि मैं साइकिल पर लार रोड स्टेशन पहुँचा। मेरे पास उस समय 3200/-या 3100/-रुपए थे।

अभियुक्त के बच्चे का रुदन

इसी बीच अदालत के एक पुलिसमैन ने अभियुक्त हरद्वारीलाल की पाँच वर्षीया बालिका को, जो अपने पिता के पास जाना चाहती थी, ज़बर्दस्ती खींचकर अलग कर दिया। बालिका जोर-जोर से रोने लगी। अभियुक्तों ने इसका तीव्र विरोध किया।

इसके बाद अदालत जलपान के लिए स्थगित हो गई। कैलाशपति के जाते समय अभियुक्तों ने 'विश्वासघातियों का नाश हो' के नारे लगाए।

अदालत के फिर बैठने पर अभियुक्त वात्स्यायन ने ट्रिब्यूनल के प्रेजिडेंट से कहा कि अभियुक्तों के बच्चे अभियुक्तों से क्यों नहीं मिलने दिए जाते? हममें से अधिकतर अभियुक्त अविवाहित हैं, इसलिए मिलनेवाले बच्चों की संख्या अधिक न होगी।

प्रेजिडेंट—आप लोगों में कितने अभियुक्त विवाहित हैं?

उ.—तीन।

प्र.—सब मिलाकर कितने बच्चे हैं?

उ.—सात।

मि. आसफ़ अली ने भी अदालत से कहा कि अभियुक्तों के बच्चों को उनसे मिलने की इजाजत दे दी जाए।

अदालत ने इस बात पर सहानुभूतिपूर्ण दृष्टि से विचार करने का वचन दिया।

इसके बाद गवाह ने अपनी गवाही प्रारम्भ की। उसने कहा कि लार रोड स्टेशन पर साइकिल छोड़कर रेल द्वारा मैं बनारस होता हुआ कानपुर पहुँचा। कानपुर में वाजपेयी के मकान पर गया। 500/-वाजपेयी और शेष सब रुपया पांडेय को दे दिया। शिव वर्मा और विजय कुमार सिन्हा बराबर मिलते थे। डी.ए.वी. कॉलेज होस्टल में सुखदेव से भी मुलाकात हुई, जिनको मैं एक ग्रामीण समझता था। चन्द्रशेखर आजाद और गयाप्रसाद से भी वहीं भेंट हुई। हरदोई में शिव वर्मा और प्रताप मिले। शिव वर्मा ने प्रताप को मेरे अधिकार में सुपुर्द कर दिया। हम लोग लाहौर पहुँचे। लाहौर स्टेशन पर सुखदेव हम लोगों को लेने आए थे। स्टेशन के बाहर सरदार भगत सिंह मिले। सरदार भगत सिंह हम लोगों को गोलबाग ले गए। फिर हम चारों यशपाल के घर गए। पहली रात को हम पाँचों आदमी वहीं सोए थे। दो-तीन दिन के बाद एडवर्ड होस्टल में एक कमरा किराए पर लिया गया। वहाँ मैं तीन महीने तक रहा। डॉ. गयाप्रसाद भी एक महीना साथ रहे थे। सुखदेव से मालूम हुआ कि क्रान्तिकारी दल का नाम बदलकर सोशलिस्ट रिपब्लिकन एसोसिएशन कर दिया गया था। उन्हीं से मालूम हुआ था कि दल का सम्पूर्ण संगठन कार्य प्रान्तों में विभक्त कर दिया गया है। यू.पी. के नायक सिन्हा और शिव वर्मा, पंजाब के भगत सिंह और सुखदेव, राजपूताना के कुन्दनलाल और बिहार के फणीन्द्रनाथ बनाए गए थे। चन्द्रशेखर आजाद सम्पूर्ण भारत के प्रधान सेनापति बनाए गए थे।

मि. आसफ़ अली—गवाही में कही हुई उपरोक्त बातें सुनी हुई हैं, गवाह को उनका व्यक्तिगत ज्ञान नहीं है।

प्रताप भारत मोटर ट्रेनिंग कॉलेज में मोटर चलाना सीख रहा था। उसने बतलाया कि उसका असली नाम महावीर सिंह था। अमृतसर में मैं एक महीना ठहरा था। शिव वर्मा इलाहाबाद के मासिक पत्र 'चाँद' के 'फाँसी अंक' के लिए लेख लिखने में बहुत अधिक व्यस्त थे।

रुपए की ज़रूरत

नवम्बर महीने में सुखदेव ने मुझसे कहा कि दल को रुपए की सख्त ज़रूरत है।

मैं लाहौर गया। वहाँ स्टेशन पर महावीर सिंह मिले। बाद में जयगोपाल, राजगुरु, कुन्दनलाल, आजाद, भगत सिंह और सुखदेव भी मिले। किशोरीलाल से भी पहले-पहल भेंट हुई। एक रोज सभा की गई। आजाद ने मुझसे कहा कि कल पंजाब नेशनल बैंक लूटा जाएगा, इसके लिए सब लोग तैयार रहो।

28 मई, 1931

भविष्य

देहली-षड्यंत्र केस की अत्यन्त मनोरंजक कार्यवाही

देहली का 15वीं मई का समाचार है कि स्पेशल ट्रिब्यूनल के सामने दिल्ली षड्यंत्र केस के खास मुखबिर कैलाशपति के आने में आज देरी हुई। अभियुक्त चुपचाप बेकार बैठने से ऊब गए। अभियुक्त विद्याभूषण ने ट्रिब्यूनल के प्रेज़िडेंट से कहा–"महाशय, मुखबिर अब तक नहीं आया, क्या तब तक हम लोग विश्रामालय में आराम करने के लिए जा सकते हैं?" प्रेज़िडेंट ने कहा–"नहीं।" इस पर विद्याभूषण ने फिर कहा–"क्या तब तक हम लोग गाना गा सकते हैं?" प्रेज़िडेंट ने मुस्कुराकर कहा–"मेरे विचार से नहीं।"

ठीक इसी समय एक यूरोपियन इंस्पेक्टर की निगरानी में मुखबिर हाज़िर हुआ।

आजाद के नेतृत्व में

मुखबिर कैलाशपति ने हिन्दुस्तान सोशलिस्ट रिपब्लिकन एसोसिएशन द्वारा पंजाब नेशनल बैंक के लूटे जाने की स्कीम के सम्बन्ध में अपनी आगे की गवाही में कहा कि चन्द्रशेखर आजाद के नेतृत्व में लूटनेवाली पार्टी की व्यवस्था की गई थी। सुखदेव के लिए बैंक के दरवाजे पर खड़े पहरा देनेवाले सन्तरी की बन्दूक छीनने का और हंसराज, राजगुरु और आजाद के लिए बैंक के बाहर पहरा देने का काम तय हुआ था। मुझको और भगत सिंह को टेलीफोन पर कब्जा करने का काम दिया गया। जयगोपाल और किशोरीलाल को रुपया लेकर भाग जाने का काम दिया गया था। निश्चय हुआ था कि महावीर सिंह मोटर हाँककर हम लोगों को मोज़ंग हाउस पहुँचाएगा। परन्तु यह सब स्कीम पूरी नहीं उतरने पाई, इस कारण हम लोग पंजाब नेशनल बैंक को लूटने नहीं पाए। इस स्कीम के सोचने के दो दिन बाद हम लोग 3 बजे दोपहर को बैंक तक गए, परन्तु भगत सिंह और महावीर सिंह के न पहुँचने के कारण हम लोग वापस चले आए। आज़ाद ने रिवॉल्वर और पिस्तौल का प्रयोग सबको बतला दिया था।

सांडर्स-हत्या के पहले और बाद

मि. आसफ़ अली ने ट्रिब्यूनल से कहा–जनाब, क्या यह सब गवाही की भूमिका चल रही है?

सरकारी वकील–हाँ।

मि. आसफ़ अली–यह तो बहुत लम्बी भूमिका है। मि. पील ने अपने सबूत की गवाही में कहा था, कि इस केस की गवाही का प्रसंग दिल्ली तक परिमित रहेगा,

परन्तु मैं तो देखता हूँ कि जो गवाही इस वक्त हो रही है उसका दिल्ली से कोई सम्बन्ध नहीं है।

गवाह ने कहा कि इसके बाद मैं अमृतसर चला गया। वहाँ से सांडर्स की हत्या के कुछ दिन पहले मैं लाहौर चला आया। मि. सांडर्स की हत्या के दो सप्ताह बाद मैंने सुखदेव और भगत सिंह से यू.पी. लौट जाने की इच्छा प्रकट की।

दिल्ली में हार्डिंग्ज लायब्रेरी के समीप मुझे सिन्हा मिले। सिन्हा ने दिल्ली में मेरा जयदेव कपूर से परिचय कराया। जयदेव के साथ मैं जमनाघाट के रामसरूप की धर्मशाला में ठहरा। वहाँ काशीराम भी रहते थे। शिव वर्मा और सुखदेव वहाँ हम लोगों से मिलने के लिए आया करते थे। अभियुक्त निगम जयदेव के कमरे की बगल में और अभियुक्त विमलप्रसाद जैन भी पास के एक दूसरे कमरे में रहते थे।

मुखबिर ने प्रो. निगम की ओर संकेत करके शनाख्त करते हुए कहा,कि विमल अपने को अभियुक्तों के बीच में छिपा रहा है।

विद्याभूषण ने कहा–मुखबिर को अभियुक्तों के कठघरे में आकर शनाख्त करनी चाहिए।

'अच्छी बात'

विद्याभूषण ने सरकारी वकील के, प्रत्येक प्रश्न के साथ बार-बार 'अच्छी बात' कहने का विरोध किया। उसने कहा कि सरकारी वकील प्रत्येक प्रश्न के बाद 'अच्छी बात' 'अच्छी बात' कहकर मुखबिर को संकेत करता है कि जो कुछ वह उत्तर दे रहा है, वह ठीक है।

इसके बाद मुखबिर ने कहा कि मैं प्रो. निगम, भवानी सहाय और विमल से 'भारत की क्रान्ति' के विषय में प्रायः बातचीत किया करता था।

एक अभियुक्त–क्रान्ति से तुम्हारा क्या अभिप्राय है?

मुखबिर–क्रान्ति से मेरा अभिप्राय इन्किलाब से है।

मुखबिर ने कहा कि निगम, भवानी सहाय और विमल भी मुझसे क्रान्तिकारी विषयों पर बातें किया करते थे।

प्रश्न–क्रान्ति के सम्बन्ध में उनके क्या विचार थे?

मि. आसफ़ अली ने यह कहकर कि मुखबिर कोई मनोविज्ञानी नहीं है, जो अभियुक्तों के मन की बात बतला दे, इस प्रश्न के पूछने का विरोध किया।

मुखबिर ने कहा कि मेरी तरह इन्किलाब द्वारा उन तीनों व्यक्तियों का भी उद्देश्य भारत को स्वतंत्र करना था। इसके बाद मुखबिर ने कहा कि फरार अभियुक्त भवानी सहाय का मकान शहर में था। परन्तु हम लोगों से मिलने के लिए वह जमनाघाट आया करता था। फरार अभियुक्त भवानी सिंह से भी मेरा परिचय है। मैं उसे क्रान्तिकारी साहित्य पढ़ने के लिए दिया करता था। भवानी सिंह भी मेरे विचारों से सहमत था।

शिव वर्मा और जयदेव शहर में मकान लेकर रहने लगे। ग्वालियर के गोपालकृष्ण पौराणिक जमनाघाट के बगल की धर्मशाला में ठहरे थे। उनका एक स्कूल था, उसके लिए

वे हेडमास्टर की तलाश में थे। मैंने उन्हें कृष्ण श्रीवास्तव, बी.ए. के नाम से अपना परिचय दिया। उन्होंने मुझे हेडमास्टर बना लेना स्वीकार कर लिया।

साइमन ट्रेन उड़ाने की स्कीम

17 मार्च को सुखदेव ने मुझे मेरठ जाने के लिए कहा, परन्तु यह समझकर कि दूसरे ही दिन सायमन कमीशन दिल्ली पहुँचनेवाला है और कमीशन की ट्रेन उड़ा देने का प्रबन्ध भी हुआ है—मैंने दिल्ली में रहना उचित नहीं समझा। मेरठ जाना भी मैंने ठीक नहीं समझा, इसलिए मैं ग्वालियर स्टेट में अपनी हेडमास्टरी की नियुक्ति पर चला गया। दो-ढाई महीना हेडमास्टरी करके मैं दिल्ली लौट आया। दिल्ली में मैं विमलप्रसाद जैन के घर गया। वहाँ से देहरादून के पते पर काशीराम को पत्र लिखा। काशीराम मुझसे दिल्ली से पन्द्रह मील दूर एक जैन-मन्दिर में मिला। वहाँ से हम दोनों साइकिल पर दिल्ली आए।

हिन्दुस्तान सोशलिस्ट रिपब्लिकन सेना का एक जिम्मेदार व्यक्ति

इसके बाद मुखबिर ने कहा कि काशीराम ने मुझे झाँसी के गणेश मन्दिर के सीताराम शोरी का पता लिखकर दिया और कहा कि यह व्यक्ति हिन्दुस्तान रिपब्लिकन सेना के एक प्रमुख और जिम्मेदार व्यक्ति से परिचय कराएगा। काशीराम और भवानी सहाय के साथ मैं झाँसी गया। काशीराम ग्वालियर में उतर गए। मैं काशीराम के साथ डफरिन अस्पताल में ठहरा था। यहाँ अशरफ नाम के एक व्यक्ति से मुलाकात हुई, जो कि पहले सी.आई.डी. विभाग में काम कर चुका था। दूसरे दिन काशीराम से एम.पी. अवस्थी और भगवानदास मिले। काशीराम वहाँ से आगरा चले गए और मैं भगवानदास के साथ झाँसी के आर्यसमाज में ठहर गया। कुछ दिनों के बाद मैं जी.एस. पोद्दार के यहाँ रहने के लिए चला गया।

इसके बाद सरकारी वकील के पूछने पर मुखबिर ने जी.एस. पोद्दार की शनाख्त की।

मुखबिर ने कहा कि एक सप्ताह बाद चन्द्रशेखर आजाद और सदाशिव राव आए। आजाद ने वैशम्पायन से पिकरिक एसिड बनाने और कहीं से उसके लिए आवश्यक सामान लाने के लिए कहा। वैशम्पायन ने सब सामान लाकर एकत्र कर दिया।

बम कैसे बनाए गए?

इसके बाद मैंने, आजाद और सदाशिव राव, पोद्दार सबने मिलकर पिकरिक एसिड बनाने की चेष्टा की। दो बार असफल हुए, तीसरी बार दल के एक सदस्य डी.ए.वी. तैलंग की सहायता से सफलता मिली। फिर सिगरेट केस के टिन-बक्सों में आत्मरक्षा के लिए तीन बम भी बनाए गए। बम बनाने में वैशम्पायन द्वारा लाई गई वस्तुओं से काम लिया गया था। उस वक्त आत्मरक्षा के लिए बमों के अतिरिक्त दूसरे अस्त्र-शस्त्र न थे। आजाद के पास दो पिस्तौलें थीं।

जलपान के बाद अदालत के फिर बैठने पर मुखबिर ने अपनी गवाही में आगे कहा कि एक बम हम लोग पहाड़ी पर परीक्षा करने के लिए ले गए। परीक्षा में सफलता मिली। रुपए की कमी होने पर आजाद ने वैशम्पायन को रुपया लाने के लिए भेजा, परन्तु वैशम्पायन को इस कार्य में सफलता नहीं मिली। मैं दिल्ली चला आया। दिल्ली में काशीराम ने लछमनदास की धर्मशाला में भागीरथ से मेरा परिचय कराया।

सरकारी वकील के प्रश्न करने पर मुखबिर ने भागीरथ की ओर इशारा करके उसकी शनाख़्त की।

मैं ग्वालियर चला गया। वहाँ अपने मित्रों से मिला। ग्वालियर में शंकर राव ने हम लोगों से कहा था कि वह भगवतीचरण, आजाद और कुछ दूसरे लोगों से मिलना चाहता है, परन्तु हम लोगों ने यह सुना था कि वह सी.आई.डी. का आदमी है, इसलिए हमने उन्हें मिलाने से इनकार कर दिया।

दिल्ली का संगठनकर्ता

आजाद और वैशम्पायन रुपया एकत्र करने के लिए कानपुर गए। कुछ दिनों के बाद वैशम्पायन कुछ रुपया एक रिवॉल्वर और एक पिस्तौल लेकर वापस आया। आजाद ने मेरे पास एक रिवॉल्वर, 30/- और एक सन्देश भेजा, जिसमें कहा गया था कि दिल्ली आकर दल का फिर से संगठन करो। भगवानदास और सदाशिव से राजगुरु के पास जाने के लिए कहा गया। उनको आजाद की दो पिस्तौलें दी गईं। दो बम भी भगवानदास साथ लेता गया।

मुखबिर ने अदालत के सामने उपस्थित बमों, दो पिस्तौलों और रिवॉल्वर आदि की शनाख़्त की।

इसके बाद मुखबिर ने कहा कि आजाद के कथनानुसार मैं उसी दिन शाम को दिल्ली के लिए रवाना हो गया था। मुझे नहीं मालूम कि भगवानदास और सदाशिव को बमों और पिस्तौलों के देने का क्या अभिप्राय था। ग्वालियर से दिल्ली के लिए रवाना होने के पहले एक दिन एम.पी. अवस्थी मिले थे। वे अपना एक खुला ट्रंक छोड़ गए थे, जिसमें दो पी.एफ. बिल्ले, एक दरी, एक बम, एक खद्दर का कोट और एक पगड़ी थी। बम मैंने अपने पास रख लिया।

'पंडित जी' या 'महाशय जी'

इसके बाद मुखबिर ने कहा कि आजाद 'पंडित जी' या 'महाशय जी' के नाम से प्रसिद्ध थे। पोद्दार, पी; सदाशिव, सखाराम; वैशम्पायन, बच्चन; डी.वी. तैलंग, मुंड और मैं कल्यान के नाम से प्रसिद्ध था।

अभियुक्त चिल्ला उठे–''वाह-वाह, आपने खूब कल्यान किया!'' इस पर अदालत में बड़ी हँसी हुई।

मुखबिर ने कहा कि एम.पी. अवस्थी 'ख़ंजर' के नाम से प्रसिद्ध थे!

दिल्ली पहुँचने पर मैं विमल और भागीरथ के साथ ठहरा था। भागीरथ बोधघाट में रहता था। अक्टूबर तक वह हम लोगों के साथ रहा। वह फरार अभियुक्त भवानी सिंह के साथ भी रहता था। दिल्ली में उसने कोई खास काम नहीं किया। अक्टूबर में काशीराम लाहौर से दिल्ली वापस आ गए और निगम हिन्दू कॉलेज के प्रोफेसर तथा न्यूहोस्टल के सुपरिंटेंडेंट नियुक्त हो गए। अक्टूबर में हिन्दुस्तान रिपब्लिकन एसोसिएशन के सदस्य निगम, विमल, भवानी सहाय, भवानी सिंह, भागीरथ और काशीराम दिल्ली में थे। दिल्ली में मुझे मालूम हुआ कि भगवानदास और सदाशिव भुसावल स्टेशन पर गिरफ़्तार हो गए।

मि. आसफ़ अली—क्या यह भी कोई गवाही है? ये बातें प्रसंगहीन हैं?

इसके बाद मुखबिर ने कहा कि मैंने अपना बम विमल को दिखलाया था। विमल ने मुझसे कहा कि फाटक हबश खाँ के मिस्त्री से इसी प्रकार का दूसरा बम बनवा दूँगा; परन्तु विमल इस कार्य में सफल नहीं हुआ, क्योंकि बिजली वाले को कुछ कौतूहल हुआ और उसे कुछ सन्देह भी होने लगा। अक्टूबर सन् 1929 में भवानी सिंह हिन्दू होस्टल में शामिल हो गया। भवानी सहाय ने एक मकान किराए पर ले किया।

श्री भगवतीचरण से परिचय

अक्टूबर के महीने में काशीराम के द्वारा मेरा भगवतीचरण से परिचय हुआ था। भगवतीचरण के एक प्रश्न के उत्तर में मैंने कहा था कि धनाभाव के कारण पार्टी का काम कुछ हो नहीं सका। भगवतीचरण आजाद से परिचय करना चाहता था। मैंने उसको परिचय कराने का वचन दिया। मैं भगवतीचरण से प्रायः मिलता था। भगवतीचरण के साथ फरार अभियुक्त यशपाल भी कई बार दिखलाई पड़ा था। एक मोटरसाइकिल की घटना से यशपाल के हाथ और पैर घायल हो गए थे। एक दिन वे सब मुझे नया बाजार ले गए थे। उस समय वे बिजली की बैटरियों के प्रयोग में व्यस्त थे। उस प्रयोग के द्वारा वे वायसराय की स्पेशल ट्रेन उड़ाना चाहते थे। भगवतीचरण ने उस प्रयोग की सम्पूर्ण कार्रवाई मुझे समझाई थी। नया बाजार में भगवतीचरण हरीश के नाम से और यशपाल जगदीश के नाम से प्रसिद्ध थे। मैंने भगवतीचरण और यशपाल से प्रो. निगम का परिचय कराया था।

प्र.—क्या तुमने उन्हें यह बतलाया था कि प्रो. निगम भी दल के सदस्य हैं?

मुखबिर—हाँ।

मि. आसफ़ अली—प्रश्न करने का यह ढंग क़ानूनन अनुचित है। इस प्रश्न से उत्तर का भी संकेत मिल जाता है।

बम से उड़ाने की स्कीम

प्र.—उन्होंने वायसराय की ट्रेन उड़ाने का निश्चय क्यों किया था?

उ.—पहले मेरा और आजाद का विचार खाँ बहादुर अब्दुल अज़ीज़, मि. हॉर्टन, डी.एस.पी. मि. ख़ैरातनबी और कुछ अन्य व्यक्तियों को मारने का था, परन्तु भगवतीचरण की सलाह हुई कि इन ग़रीब आदमियों को मारने में शक्ति का अपव्यय होगा। उतनी ही

शक्ति जगाकर वायसराय को ही क्यों न उड़ा दिया जाए। मैंने भगवतीचरण और यशपाल से वैशम्पायन का परिचय कराया था। वैशम्पायन ने मुझे चन्द्रशेखर आजाद का पता बतलाया। आजाद का कानपुर का पता मूलगंज में गिरजाघर के पास रहनेवाले राम सिंह या शिव सिंह के ठिकाने पर था।

रटा हुआ किस्सा

मि. आसफ़ अली ने अदालत से कहा कि अभियुक्त प्रश्नों का ठीक-ठीक उत्तर न देकर, अपने रटे हुए किस्से को बराबर बयान कर रहा है।

प्रेजिडेंट—यही बात कई बार मेरे ध्यान में भी आई है।

इसके बाद गवाह ने कहा कि मैंने भवानी सिंह को कानपुर भेज दिया। लौटने पर भवानी सिंह ने कहा कि आजाद, भगवतीचरण और यशपाल से मिलने के पहले मुझसे मिल लेना चाहते हैं। इस पर मैं भवानी सिंह के साथ कानपुर गया। वहाँ आजाद से मिला और दो-तीन दिन वहीं रहा भी। सन्ध्या समय मैं, आजाद, वीरभद्र तिवारी और सतगुरुदयाल अवस्थी सब लोग कांग्रेस ऑफिस के सामने मिला करते थे।

वीरभद्र तिवारी संयुक्त प्रान्त के प्रान्तीय संगठनकर्ता हुए थे और सतगुरुदयाल अवस्थी बंगाल के दल से सम्पर्क बनाए रखने के लिए तिवारी के सहकारी थे। मैं यू.पी. और दिल्ली का संगठनकर्ता नियुक्त हुआ था।

अभियुक्त—शाबाश! वाह!! वाह!!!

इसके बाद गवाह ने कहा कि आजाद फिर से दल का प्रधान सेनापति चुना गया। हम लोगों में यह भी तय हुआ था कि दल का मजबूती के साथ संगठन करने के लिए धन एकत्र किया जाए। धन एकत्र करने का उपाय डकैती तय हुआ था। मैंने आजाद से भगवतीचरण से मिलने के लिए कहा। आजाद ने दिल्ली आकर भगवतीचरण से मिलने का वचन दिया। इसके बाद मैं दिल्ली चला गया।

एक सप्ताह के बाद आजाद भी दिल्ली आए। मैं उन्हें नया बाजार भगवतीचरण और यशपाल से मिलाने के लिए ले गया।

इसके बाद अदालत उस दिन के लिए स्थगित हो गई।

4 जून, 1931

भविष्य

देहली षड्यंत्र केस की अत्यन्त मनोरंजक कार्यवाही

'सभी षड्यंत्रकारी दलों का उद्देश्य ब्रिटिश-शासन को उखाड़ फेंकना है'

'सी.इनसी.' और 'मिस्ट्रेस ऑफ दी हाउस' कौन थे??

'वीरभद्र तिवारी दुमुँही चालें चलता था : वह पुलिस को खबरें पहुँचाता था'

श्रीमती दुर्गा देवी ने सरदार भगत सिंह को छुड़ाने के लिए 3,000 रु. दिए!

आज ता. 19 मई की बैठक में दिल्ली षड्यंत्र केस के मुखबिर कैलाशपति ने एम.पी. अवस्थी की पगड़ी की शिनाख्त की, जो कि उसने भगवानदास के लिए खरीदी थी। इसके बाद दो दरियों की भी शिनाख्त की जिनमें से एक मृत विशम्भर दयाल को दी गई थी और एक एम.पी. अवस्थी की थी। अपना बयान जारी रखते हुए सरकारी गवाह ने कहा कि विशम्भर दयाल दल का सदस्य था। मेरा और उसका परिचय सितम्बर 1929 में भवानी सिंह के द्वारा हुआ था। भवानी सिंह ने फरार अभियुक्त हजारीलाल से भी परिचय कराया था।

वायसराय की ट्रेन-घटना

इसके बाद मुखबिर ने वायसराय की ट्रेन उड़ाए जाने का किस्सा प्रारम्भ किया। उसने कहा, आजाद के यहाँ से चले जाने पर बंगाल से हीरेन्द्रनाथ मजूमदार दिल्ली के बंगाली विद्यार्थियों का संगठन करने के लिए आए। हीरेन्द्रनाथ ने काशीराम से कहा कि चूँकि मैं यहाँ दल का संगठन करने के लिए आया हूँ, इसलिए मैं यहाँ के स्थानीय नेताओं से मिलना चाहता हूँ। मैं हीरेन्द्रनाथ से मिला। उस समय काशीराम भी उपस्थित थे।

एक क़ानूनी प्रश्न

सरकारी वकील ने पूछा—हीरेन्द्र ने क्या कहा था?

मुखबिर—उसने कहा था कि क्रान्तिकारियों की प्रान्तीय संस्थाओं में परस्पर घनिष्ठ सहयोग की आवश्यकता है।

मि. आसफ़ अली—गवाही का यह अंश गैर-क़ानूनी है, जब तक कि हीरेन्द्रनाथ मुखबिर के उपरोक्त कथन का समर्थन न करे।

प्रेजिडेंट—क्या हीरेन्द्रनाथ इस मामले में गवाह है?

सरकारी वकील—नहीं।

सरकारी वकील ने कहा कि जो कुछ हीरेन्द्रनाथ ने मुखबिर से कहा था, वह क़ानूनन गवाही के अन्दर है। मि. आसफ़ अली ने कहा कि हीरेन्द्रनाथ इस मामले का कोई षड्यंत्रकारी नहीं है, न उसके ऊपर कोई मामला है, इसलिए हीरेन्द्र और कैलाशपति के आपस की बातचीत की गवाही बिल्कुल अप्रासंगिक है। इस पर सरकारी वकील मि. जफरुल्ला खाँ ने कहा कि हीरेन्द्रनाथ षड्यंत्रकारी है, उसने प्रान्तीय दलों के एकीकरण की बात की थी, इसलिए उसकी बातचीत इस मामले की गवाही में प्रासंगिक है। मि. आसफ़ अली ने कहा कि एक तो इस समय हीरेन्द्रनाथ पर कोई मामला नहीं चल रहा है, दूसरे मि. पील ने प्रारम्भ में ही कह दिया था कि इस मामले की सीमा दिल्ली की घटनाओं तक ही परिमित रहेगी, इसलिए उपस्थित मामले के दायरे को बढ़ाना उचित नहीं है। चौधरी जफरुल्ला खाँ ने कहा कि हिन्दुस्तान सोशलिस्ट रिपब्लिकन एसोसिएशन का सम्बन्ध बंगाल के षड्यंत्रकारी-दल से भी है, इसलिए हीरेन्द्रनाथ की बातचीत इस मामले की गवाही में प्रासंगिक है। सभी षड्यंत्रकारी-दलों का उद्देश्य ब्रिटिश-शासन को उखाड़ फेंकना है।

इस सम्बन्ध में दोनों ओर की बहस सुन चुकने के बाद ट्रिब्यूनल के सदस्यों ने परस्पर परामर्श करके सरकारी वकील को प्रश्न पूछने की इजाजत दे दी। मि. आसफ़ अली का विरोध अदालत ने मिसिल में दर्ज कर लिया।

मुखबिर ने अपनी गवाही के सिलसिले में आगे चलकर कहा कि मैंने हीरेन्द्रनाथ से पूछा कि तुम्हारे दल का प्रमुख व्यक्ति कौन है, जिससे इस सम्बन्ध में बातें हो सकती हैं। हीरेन्द्र ने कहा कि लाहौर कांग्रेस में अतुल गंगोली से मिलिए। हीरेन्द्र ने गंगोली के नाम मुझे एक परिचय-पत्र दिया। परन्तु मैं लाहौर कांग्रेस नहीं गया। परिचय-पत्र मैंने वीरभद्र तिवारी को दे दिया।

दिल्ली में भगवतीचरण और यशपाल के दो मकान थे। एक नया बाजार में था। दिसम्बर महीने के प्रारम्भ में वे लोग वायसराय की स्पेशल ट्रेन उड़ाने के सम्बन्ध में परामर्श करने के लिए कानपुर गए थे। कानपुर से वापस आने पर वे लोग मुझे दिल्ली में मिले। भगवतीचरण ने स्पेशल ट्रेन उड़ाने की सम्पूर्ण स्कीम, जो कि दल में तय हुई थी, मुझे बतला दी। स्पेशल ट्रेन की घटना के बाद पुलिस की कार्रवाई के डर से उन्होंने मुझे दिल्ली से पहले से ही बाहर चले जाने के लिए कहा। मैंने रुपया लाने के लिए विमलप्रसाद जैन को अजमेर के कांग्रेस-नेता अर्जुनलाल सेठी के पास भेजा, क्योंकि मुझे मालूम था कि अर्जुनलाल सेठी क्रान्तिकारियों से सहानुभूति रखते हैं।

श्री अर्जुनलाल सेठी

विमलप्रसाद जैन ने लौटकर बतलाया कि अर्जुनलाल के पास रुपया नहीं है, परन्तु अर्जुनलाल ने कहा कि अगर शस्त्र ले आओ तो रुपए का प्रबन्ध हो सकता है।

इस पर मि. आसफ़ अली ने कहा कि श्रीयुत अर्जुनलाल सेठी न तो इस षड्यंत्र के कोई अभियुक्त हैं, न किसी षड्यंत्रकारी दल के सदस्य हैं, इसलिए उनके विरुद्ध दिया हुआ

बयान मिसिल में नहीं दर्ज होना चाहिए। इसके अतिरिक्त उनके सम्बन्ध में मुखबिर ने जो कुछ कहा है, वह दूसरों से सुना हुआ है।

सरकारी वकील ने कहा कि इस बयान से यह मालूम होता है कि मुखबिर ने षड्यंत्र में कितना भाग लिया है और उसका अर्जुनलाल सेठी से कैसे परिचय हुआ।

अदालत ने सरकारी वकील के मत को ग्रहण करते हुए अर्जुनलाल के विरुद्ध दिए हुए बयान को मिसिल में दर्ज कर लिया।

इसके बाद मुखबिर ने कहा कि मैंने 320 बोर वाला रिवॉल्वर अर्जुनलाल के पास भेज दिया। यह वही रिवॉल्वर था, जिसका प्रयोग राजगुरु ने सांडर्स की हत्या में किया था।

मि. आसफ़ अली ने कहा—क्या यह भी कोई गवाही है?

कांग्रेस के कुछ नेता वायसराय की ट्रेन उड़ाने के विरुद्ध थे

मुखबिर ने कहा कि आजाद और वैशम्पायन 22 दिसम्बर को कानपुर से आकर मुझे विमलप्रसाद जैन के घर मिले। आजाद को मैं नया बाजार वाले मकान में ले गया। वहाँ भगवतीचरण, फरार यशपाल और लेखराम तथा दूसरे लोग मिले। निश्चय हुआ कि उसी दिन 11 बजे दिन को कुदसिया बाग में दल की एक सभा की जाए। मैं सभा में गया था। आजाद ने कहा कि यशपाल और भगवतीचरण को वायसराय की स्पेशल ट्रेन उड़ाने का काम दिया गया था, परन्तु स्वर्गीय गणेशशंकर विद्यार्थी-सरीखे कुछ कांग्रेस के नेता इस कार्य के विरुद्ध हैं, इसलिए मेरी राय से यह कार्य अभी स्थगित रखा जाए। इस विषय पर बहुत देर तक बहस होती रही। पाँच बजे शाम को निर्णय हुआ कि ट्रेन न उड़ाई जाए।

सरकारी वकील—क्या इस निर्णय के विरुद्ध भी कोई था?

मुखबिर—हाँ, भगवतीचरण, यशपाल और वीरभद्र तिवारी विरुद्ध थे। उनका कहना था कि स्पेशल ट्रेन अवश्य उड़ाई जाए।

सभा के समाप्त हो जाने पर भगवतीचरण अपने घर से कुछ छपी हुई नोटिसें लाया। वे ट्रेन-घटना के बाद बाँटने के लिए छापी गई थीं। नोटिस में ट्रेन उड़ाने के कारण बतलाए गए थे।

मि. आसफ़ अली ने कहा—नोटिस के बिना यह गवाही निरर्थक है। ट्रेन उड़ाने का निश्चय बदल देने पर मुखबिर को नोटिसें नष्ट कर देने के लिए दे दी गई थीं। सबूत-पक्ष यह नहीं प्रमाणित कर सका कि नोटिसें अब भी मौजूद हैं। इस विषय में मुखबिर की गवाही को बहुत सन्देह की दृष्टि से देखना चाहिए। हाईकोर्ट की नजीरें पेश करते हुए आपने कहा कि अदालत को किसी से काग़ज़ात में लिखी बातों की जबानी गवाही नहीं माननी चाहिए, जिन काग़ज़ात की मौजूदगी सबूत-पक्ष न साबित कर सका हो।

सरकारी वकील ने कहा कि ऐसे काग़ज़ात की गवाही क़ानूनन ली जा सकती है।

मुखबिर ने दल के सादे फॉर्मों की शिनाख्त की और कहा कि नोटिसें इन्हीं फॉर्मों पर छापी गई थीं। एक प्रश्न के उत्तर में उसने कहा कि मुझे नोटिस की मूल-लिपि का पता नहीं है, न मुझे यही मालूम है कि कितनी प्रतियाँ छपी थीं।

रायबहादुर कुँवरसेन (जज)–मूल-लिपि कहाँ है?

मुखबिर–मुझे नहीं मालूम।

सरकारी वकील–उन नोटिसों में लिखा क्या था?

'भारत का घोर शत्रु'

मुखबिर ने कहा–नोटिस में लिखा था कि तत्कालीन वायसराय (लॉर्ड इर्विन) भारत का सबसे बड़ा शत्रु था, उसे मार डालना उचित था। उसके कारण भी बताए गए थे।

ट्रेन उड़ा दी गई

23 दिसम्बर को 3 बजे दोपहर के समय विमल ने भवानी सिंह के कमरे में आकर कहा कि वायसराय की ट्रेन उड़ा दी गई। इसके दूसरे दिन वैशम्पायन लाहौर चले गए, आजाद और विमल के साथ मैं नालगढ़ चला आया। हम लोग फरार रामचन्द्र शर्मा के कृषि-फार्म में ठहरे थे। नालगढ़ को एकान्त और रक्षित स्थान समझकर हम लोगों ने उसे दल का शिक्षण-केन्द्र बनाना निश्चय किया।

प्रश्न–शिक्षण-केन्द्र से तुम्हारा क्या अभिप्राय है?

उत्तर–शिक्षण-केन्द्र से मेरा अभिप्राय उस स्थान से है, जहाँ गोली चलाने और अन्य अस्त्रों के प्रयोग करने की शिक्षा दी जाती है।

रामचन्द्र शर्मा के लायसेंस से एक बन्दूक खरीदने का विचार हुआ था।

पहली जनवरी को आठ बजे रात को हम लोग दिल्ली चले आए। निगम आजाद से मिलने के लिए बड़े उत्सुक थे। मैंने आजाद से निगम का परिचय करा दिया। दूसरी जनवरी को यशपाल मिले। मैंने पूछा, दल के निर्णय के विरुद्ध वायसराय की ट्रेन क्यों उड़ाई गई? यशपाल ने कहा मैं अपने साथियों से विवश था। उसने बतलाया कि मैं अपने साथी के साथ वहाँ गया और बम से सम्बन्ध रखनेवाले बिजली की बटन (Switch) को दबा दिया। रास्ते में मोटरसाइकिल बिगड़ गई। हम दोनों शहर तक उसे ढकेल ले गए और एक मिस्त्री के यहाँ छोड़ दिया। यशपाल ने बतलाया कि इसके बाद हम दोनों सेकेंड क्लास का टिकट लेकर गाजियाबाद चले गए। ट्रेन उड़ाने के समय हम लोगों ने फौजी वर्दी पहन ली थी।

चार हजार रुपया किसने दिया?

इसके बाद मुखबिर ने कहा कि वायसराय की ट्रेन उड़ाने के लिए 4000/-रु. एकत्र किए गए थे। इस धन का अधिक भाग 'हिन्दुस्तान टाइम्स' पत्र के रिपोर्टर श्री चम्मनलाल और एक पंजाबी ठेकेदार के द्वारा मिला था।

मि. आसफ़ अली ने कहा–गवाही का यह अंश रिपोर्टर मि. चम्मनलाल के विरुद्ध नहीं कारगर हो सकता।

अभियुक्त चिल्ला उठे–"चम्मन! अब हमारे कठघरे के अन्दर आ जाओ।"

प्रेजिडेंट ने सरकारी वकील से पूछा—क्या मुखबिर के बयान का यह अंश दर्ज करना मामले के लिए आवश्यक है?

सरकारी वकील ने कहा—न दर्ज करने में कोई हर्ज नहीं है?

इस पर अदालत ने वह अंश मिसिल में नहीं दर्ज किया।

मुखबिर ने कहा कि इसके एक सप्ताह के बाद आजाद कानपुर चले आए। निश्चय हुआ था कि मोटरसाइकिल नष्ट कर दी जाए। दूसरे दिन साइकिल के हिस्से खोल डाले गए। कुछ हिस्से असली घी-स्टोर्स में पहुँचा दिए गए, कुछ निगम के एक मित्र के यहाँ पहुँचा दिए गए, कुछ फेंक दिए गए और कुछ रामचन्द्र शर्मा के यहाँ रख दिए गए।

दूसरे दिन की बैठक के प्रारम्भ में सफाई के वकील मि. आसफ़ अली ने स्पेशल ट्रिब्यूनल से कहा कि इस केस के मुखबिर यूरोपियन वार्ड में एक साथ ही रखे गए हैं। वे रोज आपस में मिलकर गवाहियों के विषय में चर्चा करते हैं। ट्रिब्यूनल ने इस मामले पर विचार करने का वचन दिया।

मि. आसफ़ अली ने कहा कि अब तक हम लोगों को अभियुक्तों के, पुलिस के सामने दिए हुए, बयानों की नकलें भी नहीं मिलीं। मुझे सन्देह है, कि पुलिस के अधिकारी उन बयानों से मुखबिर की गवाही का मिलान करके उसमें अपने पक्ष की मजबूती के लिए संशोधन और परिवर्तन करते रहते हैं।

प्रेजिडेंट—यह तो एक गम्भीर अभियोग है।

मि. आसफ़ अली—मैं कोई अभियोग नहीं लगाता, परन्तु बयानों की नकलों के देने में जो देरी हो रही है, वह सन्देह से बाहर बात नहीं है।

मुखबिरों के एक साथ रखने के विषय में अदालत के प्रश्न करने पर सरकारी वकील ने कहा—मुझे इस विषय में कोई खबर नहीं मिली।

प्रेजिडेंट—हम पता लगाएँगे।

इस पर मि. आसफ़ अली ने मुखबिर कैलाशपति से पूछा—क्या तुम लोग एक साथ नहीं रखे जाते?

कोर्ट-इंस्पेक्टर ने कैलाशपति से कहा—तुम उत्तर देने के लिए बाध्य नहीं हो।

इस पर अदालत में हँसी हुई।

मि. आसफ़ अली ने ट्रिब्यूनल से कहा कि इस विषय में सीधे मुखबिर से ही क्यों न पूछ लिया जाए।

प्रेजिडेंट—मैं पता लगा लूँगा।

इसके बाद मामले की कार्रवाई शुरू हुई। प्रारम्भ में मुखबिर ने दल के कुछ काग़ज़ातों की शिनाख्त की। उसने कहा कि 'अर्जुन' भगवतीचरण का बनावटी नाम था। 'सी.इन सी.' शब्द आजाद के लिए प्रयुक्त होते थे, जिनका अर्थ 'कमांडर इन चीफ' या प्रधान सेनापति था। 'मिस्ट्रेस ऑफ दी हाउस' फरार प्रकाशो देवी का नाम था।

इसके बाद अपनी गवाही के सिलसिले में मुखबिर ने कहा कि वीरभद्र तिवारी ने 'यंग सोशलिस्ट रिपब्लिकन आर्मी, बंगाल' के प्रतिनिधि से कहा कि हम लोग उनके

साथ सहयोग करने की बात पर भगत सिंह और उनके साथियों को छुड़ा लेने के बाद विचार करेंगे।

धावा करने का संकल्प

यह मालूम करके कि गैस बनानेवाला उपाय नहीं सफल हो सकता, उन लोगों ने लाहौर षड्यंत्र केस पर विचार करनेवाली अदालत पर धावा बोलने का निश्चय किया। मैंने अजमेर से मदन गोपाल को बुलाकर भगवतीचरण से परिचय करा दिया। मदन गोपाल को मैंने कुछ पुस्तकें और एक पिस्तौल दी थी। कुछ सदस्य बन्दूक, पिस्तौल और रिवॉल्वर चलाना सीखने के लिए नालगढ़ चले गए।

प्रश्न—कारतूसें किसकी लगती थीं?

मि. आसफ़ अली ने कहा कि यह प्रश्न उत्तर का भी संकेत करता है, इसलिए क़ानूनन अनुचित है।

इसके बाद मुखबिर ने कहा कि मैं अजमेर चला गया। आजाद और भगवतीचरण दिल्ली में ख्यालीराम गुप्त के घर पर रहते थे। आजाद ने एक बार मुझसे ग्वालियर में रखे हुए बम बनाने के औजारों को लाने के लिए कहा था। हरद्वारीलाल से मेरा परिचय विशम्भर दयाल ने कराया था।

हरद्वारीलाल टेलर-मास्टर था। कुछ समय के बाद वह दल का सदस्य बना लिया गया।

अभियुक्त—वाह! वाह! बड़े सच्चे हो, शाबाश!

फरार अभियुक्त हजारीलाल को मैंने मोटर ड्राइवरी सीखने के लिए अम्बाला भेज दिया था। आजाद, छैलबिहारी, विशम्भर दयाल और भवानी सिंह निशाना चलाने का अभ्यास करने के लिए भवानी सिंह के घर गढ़वाल चले गए।

मि. आसफ़ अली—यह कोई गवाही नहीं है।

मुखबिर—मैंने ही उनको भेजा था।

अभियुक्त—अच्छा! आप ही ने उनको भेजा था?

तीन दिन अभ्यास करने के बाद आजाद वगैरह गढ़वाल से वापस आ गए। साथ में भवानी सिंह के पिता की 3 बोर वाली बन्दूक भी लेते आए थे।

'भारत में अंग्रेजी राज्य'

अजमेर जाने पर मदन गोपाल ने मुझसे 'भारत में अंग्रेजी राज्य' पुस्तक माँगी थी। मैंने उससे पुस्तक का मूल्य भेजने के लिए कहा। उसने 10/-सेंट स्टेफ़िंस कॉलेज के फर्स्ट ईयर कक्षा के छात्र कृष्ण कुमार के पते पर भेज दिया। कृष्ण कुमार भवानी सिंह का मित्र था। मेरे और भवानी सिंह के पत्र उसी के पते पर आया करते थे।

मई महीने के प्रारम्भ में आजाद कुछ सदस्यों के साथ निशाना चलाने का अभ्यास करने के लिए नालगढ़ चले गए।

प्रश्न–भगत सिंह आदि को छुड़ाने के लिए अदालत पर जो धावा बोलने का संकल्प किया गया था, उसका क्या हुआ?

उत्तर–धन की कमी थी, इसलिए पहले इस कार्य के लिए धन एकत्र करने का निश्चय किया गया।

धन-प्राप्ति के उपाय

धन कैसे एकत्र किया जाए, इस पर विचार करने के लिए मैं, भगवतीचरण और आजाद कुदसिया बाग में एकत्र हुए। हम लोगों ने रेलवे क्लियरिंग एकाउंट्स ऑफिस के कर्मचारियों का वेतन जो लगभग 90 हजार रुपयों के होता है, लूटने का विचार किया। निश्चय हुआ कि वेतन मिलने के दिन लॉरी पर बैंक से रुपया आने के समय आक्रमण करके लूट लिया जाए। इसके बाद लूट का रुपया लिये हुए मोटर काश्मीरी गेट के पास ठहरे। वहाँ अभियुक्त वैशम्पायन कुछ रुपया साथ लेकर उतर जाए। फिर वहाँ से चलकर मोटर कुदसिया बाग में ठहरे, वहाँ से साइकिल पर शेष सब रुपया अजमेरी गेट पर रहनेवाले हरद्वारीलाल के घर पहुँचा दिया जाए। परन्तु भगवतीचरण की स्त्री श्रीमती दुर्गादेवी ने भगत सिंह आदि के छुटकारे के लिए 3,000/-रु. दे दिए, इसलिए उपरोक्त लूट का विचार छोड़ दिया गया।

इसके बाद आजाद ने मुझे कुछ नोटिस फॉर्म तथा वीरभद्र तिवारी से एक पिस्तौल लाने के लिए कानपुर भेज दिया।

चटगाँव के क्रान्तिकारी नेता

निश्चय हुआ था कि भगत सिंह और उनके साथियों को छुड़ा लेने के बाद नोटिस फॉर्मों को छापने और उन्हें वितरित करने का कार्य किया जाएगा। तिवारी ने मुझसे कहा कि इधर कानपुर में कई जगह तलाशियों के होने के कारण सब चीजें एक गाँव में पहुँचा दी गई हैं। मैं बिना कोई चीज लिये दिल्ली लौट आया। तिवारी ने मुझसे कहा था कि कुछ चटगाँव के क्रान्तिकारी नेता आजाद से मिलना चाहते हैं। मैंने आजाद से कानपुर जाने के लिए कहा। आजाद ने कानपुर से आने पर चटगाँव के क्रान्तिकारियों से मिलने का जिक्र किया था।

प्रश्न–इसके बाद?

मुखबिर दो मिनट तक कोई उत्तर नहीं दे सका। अभियुक्तों ने कहा–क्या आज भी भूल गए?

तीन ट्रंकों में क्या था?

मुखबिर ने कहा कि भगवतीचरण ने मुझसे ख्यालीराम गुप्त के यहाँ से कुछ चीजें लाकर अपने यहाँ हिफ़ाज़त से रख लेने के लिए कहा था। मैं ख्यालीराम के यहाँ से तीन ट्रंक लाया। उनमें कई तरह के तेजाब थे। ट्रंकों में ताले बन्द थे। तालियाँ मुझे दे दी गई थीं।

ट्रंकों में 60 पाउंड नाइट्रिक और सल्फ्यूरिक एसिड थी, 4 बम थे, कुछ गन-कॉटन और कुछ कपड़े थे। भगवतीचरण के लिखे कुछ लेख आदि भी थे।

मई महीने के तीसरे सप्ताह में मैं भगत सिंह और उनके साथियों के छुटकारे के सम्बन्ध में लाहौर चला गया।

निश्चय हुआ था कि छुटकारे के बाद अभियुक्तों को भिन्न-भिन्न सुरक्षित स्थानों में पहुँचा दिया जाएगा। भगवतीचरण के लाहौर चले जाने के बाद एक दिन आजाद मुझे मारवाड़ी धर्मशाला में ले गया। वहाँ उसने मुझसे धर्मशाला के ऊपर जाकर रमेश नाम के एक व्यक्ति को बुला लाने के लिए कहा। मैं गया और रमेश को नीचे लिवा लाया। एक घंटे तक वे दोनों गुप्त रूप से बातचीत करते रहे। बातचीत के बाद आजाद ने मुझसे कहा कि रमेश 2,500/-रुपया देगा वह लेकर तुम्हें लाहौर जाना है।

इसके बाद अदालत जलपान के लिए स्थगित हो गई।

गाडोदिया स्टोर्स की डकैती

अपनी गवाही के सिलसिले में मुखबिर कैलाशपति ने कहा कि रेलवे क्लीयरेंस एकाउंट्स ऑफिस के लूटने का विचार स्थगित कर देने का समाचार हम लोग न्यू हिन्दू होस्टल में जाकर लेखराम, भवानी सिंह, वैशम्पायन और विद्याभूषण को बतला आए।

इसके बाद सरकारी वकील के एक प्रश्न के उत्तर में मुखबिर ने कहा कि हरकेश म्यूनिसिपल स्कूल में अध्यापक था। अभियुक्त भागीरथ ने जून के महीने में उसका परिचय मुझसे कराया था। यशपाल के साथ विजय नाम का एक फरार अभियुक्त आया था। उसके रहने का प्रबन्ध हरकेश के साथ स्कूल-क्वार्टर में कर दिया गया था। परन्तु जब स्कूल के अधिकारियों ने स्कूल के हाते में एक बाहरी व्यक्ति के रहने में आपत्ति की तब हरकेश ने विवश होकर स्कूल क्वार्टर को छोड़ दिया और एक किराए के मकान में विजय के साथ रहने लगा। जून के दूसरे सप्ताह में मैंने अभियुक्त बाबूराम गुप्त की दुकान से सौ पाउंड पोटैशियम क्लोरेट खरीदा। उसी महीने में हजारीलाल ने इगर्टन रोड पर कहीं से एक साइकिल चुराई, जिसे मैंने क्रान्तिकारियों के इस्तेमाल के लिए पटना भेज दी।

प्रश्न—बाबूराम गुप्त की दुकान से तुमने और भी कुछ खरीदा था?

उत्तर—मैंने 99 पाउंड कारबोलिक एसिड खरीदा था, जिसके दाम बाद में दे दिए गए थे।

इसके बाद मुखबिर ने अभियुक्त हरकेश की शिनाख्त की।

गाडोदिया स्टोर कैसे लूटा गया?

मुखबिर ने कहा कि दल के कार्यों के लिए आजाद रुपए की फ्रिक में था। इसके लिए दल के कुछ सदस्य मेरठ और मुजफ्फरनगर भेजे जा चुके थे। मैंने आजाद से गाडोदिया स्टोर्स लूटने का विचार प्रकट किया। 5 जुलाई को मैं, आजाद और विशम्भर दयाल गाडोदिया स्टोर्स देखने के लिए गए।

विशम्भर दयाल स्टोर में नौकर था। दो-तीन घंटे के बाद लौटकर आजाद ने दल से कहा कि गाडोदिया स्टोर लूटा जाएगा। मैं, धन्वन्तरि, काशीराम, विद्याभूषण, लेखराम और भवानी सिंह सबने मिलकर इस कार्य के लिए 6 जुलाई की तारीख निश्चय की।

6 जुलाई की शाम को हम लोगों की एक सभा हुई। उसमें तय हुआ कि धन्वन्तरि के साथ मैं क्वीन्स गार्डन में टाउन हॉल के पीछे साइकिल पर जाकर पहले से ही उपस्थित रहूँ। लेखराम, काशीराम, आजाद और विद्याभूषण के लिए मोटर पर जाना निश्चय हुआ। प्रत्येक व्यक्ति की भिन्न-भिन्न पोशाक थी।

प्रश्न—मोटर हाँकनेवाला कौन था?

उत्तर—लेखराम।

क्वीन्स गार्डन पहुँचने पर मोटर महिला कांग्रेस ऑफिस के पास रोक दी गई। लेखराम मोटर पर बैठा रहा और दूसरे लोग उतरकर टाउन हॉल के पीछे हमारे पास आ गए। करीब आधे घंटे के बाद विशम्भर दयाल गाडोदिया स्टोर गया और वहाँ से खबर लाया कि रोकड़ गिनी जा रही है। खबर पाते ही दल तुरन्त गाडोदिया स्टोर के लिए रवाना हो गया। धन्वन्तरि से पहुँचते ही स्टोर के दरवाजे पर खड़ा हो जाने के लिए कह दिया गया था। उसका काम स्टोर के अन्दर किसी बाहरी आदमी को आने से रोकना था। दूसरे लोगों का काम स्टोर के अन्दर रुपया लूटना था। मैं हिन्दू हॉस्टल भेज दिया गया। मेरा काम हॉस्टल के फाटक को, मोटर आने के लिए खुला रखना था।

सरकारी वकील के प्रश्न के उत्तर में मुखबिर ने कहा कि स्टोर का रुपया लूटने का काम काशीराम, विद्याभूषण, आजाद और विशम्भर दयाल को दिया गया था।

अभियुक्त—शाबाश!

मुखबिर ने कहा कि हिन्दू हॉस्टल पहुँचने के थोड़ी ही देर बाद स्टोर से लूट का माल लिये हुए दल के लोग मोटर पर आ गए। हम लोग भवानी सिंह के कमरे में एकत्र हुए। साथ में दो या तीन बंडल करेंसी नोट थे, तीन रुपयों से भरे थैले थे और एक छोटी-सी थैली में रेज़गारी वगैरह थीं।

लूट के सम्बन्ध में मालूम हुआ कि आजाद ने स्टोर में पहुँचते ही खजांची को धमकाया, जिसने डरकर कुंजी वगैरह दे दी। लौटते समय कुछ लोगों ने रास्ता रोकने का प्रयत्न किया, जिस पर आजाद ने गोली चला दी।

प्रश्न—दल के लूट से वापस आने के पहले भवानी सिंह के कमरे में कौन-कौन लोग बैठे थे?

उत्तर—केवल मैं और भवानी सिंह।

डेढ़ घंटे के बाद मैं विशम्भर दयाल के साथ सीताराम बाजार वापस आ गया और दूसरे लोग रात भर हॉस्टल में ही रहे।

लूट के रुपयों का उपयोग

दूसरे दिन आजाद ने मुझसे बतलाया कि लूट में तेरह हजार रुपए से कुछ ऊपर मिला है। उसने कहा कि इनमें से 6 हजार रुपया कानपुर में बम बनाने की फैक्टरी खोलने में व्यय

किया जाएगा। बचा हुआ रुपया दल के कार्य-संचालन के लिए दल के सदस्यों में विभक्त कर दिया गया।

कुछ दिनों बाद मैंने दिल्ली में इलाही बख्श कम्पनी की दुकान से एक हवाई बन्दूक खरीदी। पंजाब नेशनल बैंक के लूटने की तैयारी के विचार से मैं अपने साथियों के साथ लाहौर के 'मोज़ंग हाउस' में उसके द्वारा निशाना चलाने का अभ्यास किया करता था।

10 जुलाई की शाम को दिल्ली के एडवर्ड पार्क में आजाद, धन्वन्तरि और दूसरे लोग एकत्र हुए। मैं भी उपस्थित था। दल के किस कार्य में रुपया व्यय किया जाए, इस पर विचार हुआ। चार हजार रुपए जो मुझे दिए जा चुके थे, उनमें से पन्द्रह सौ रुपए ले लिये गए। बचे हुए रुपयों से पर्चे वगैरह छापने के लिए एक साइक्लोस्टाइल मशीन खरीदने और दिल्ली में एक बम फैक्टरी क़ायम करने का विचार हुआ।

सीमाप्रान्त वालों की सहायता

दो हजार रुपए सीमाप्रान्त की जातियों में ब्रिटिश शासन के विरुद्ध प्रचार करने के लिए पहले से ही अलग कर लिए गए थे। धन्वन्तरि ने यह रुपया आसफ के द्वारा एक ऐसे व्यक्ति के पास भेज दिया, जिसका अफ्रीदियों के नेता बादशाह गुल से निकट सम्बन्ध रहता था। निश्चय हुआ था कि पन्द्रह सौ रुपए जो मुझसे ले लिये गए थे वे वीरभद्र तिवारी को यू.पी. में प्रचार कार्य के लिए दे दिए जाएँ।

इसके बाद मुखबिर ने कहा कि गाडोदिया स्टोर की डकैती के बाद विशम्भर दयाल का दिल्ली में रहना सुरक्षित न समझकर मैंने उन्हें अजमेर के मदन गोपाल के साथ अजमेर में रहने के लिए भेज दिया।

अभियुक्तों की शिकायतें

जलपान के लिए अदालत के स्थगित होने के कुछ पहले अभियुक्त वात्स्यायन ने अभियुक्तों की ओर से अदालत से इस बात की शिकायत की कि जेल में वकीलों से मिलने के विषय में अधिकारियों द्वारा अनावश्यक रुकावटें डाली जाती हैं। उसने कहा कि जेल के अधिकारी हम लोगों के इतने निकट खड़े होते हैं कि अपने वकीलों से परामर्श करना असम्भव रहता है। अदालत ने इस विषय में जेल-अधिकारियों से जाँच करने का वचन दिया।

जलपान के बाद अदालत के फिर बैठने पर सरकारी वकील मि. जफरुल्ला खाँ ने मि. आसफ़ अली के कल की एक शिकायत का उत्तर देते हुए कहा कि जाँच करने पर मालूम हुआ है कि मुखबिर जेल में एक साथ रखे गए हैं। अलग-अलग रखने के लिए जगह यथेष्ट नहीं है। अदालत चाहे तो जेल का स्वयं निरीक्षण कर सकती है। परन्तु जगह की कमी का ख़याल रखते हुए मुखबिरों के परस्पर मिलने या गवाही के सम्बन्ध में परस्पर बातचीत करने में रुकावट डालने के लिए अदालत जो भी प्रतिबन्ध निश्चय करेगी, उसमें

मुझे कोई आपत्ति न होगी। आपने यह भी कहा कि "अब तो मुखबिर न्यायालय की हिरासत में हैं, पुलिस की हिरासत में नहीं।" यह बात गलत है कि इस हालत में भी मुखबिरों से सी.आई.डी. के आदमी मिला करते हैं।

मि. आसफ़ अली ने उत्तर देते हुए कहा कि जेल के अन्दर की जगह के विषय में मुझे यह बात बहुत अच्छी तरह मालूम है कि मुखबिरों को बहुत सहूलियत के साथ अलग-अलग रखा जा सकता है।

इस सम्बन्ध में आपने जेल के अन्दर के कुछ हिस्सों का उदाहरण भी दिया।

जेल के भीतर की बातें

मुखबिरों से सी.आई.डी. अफसरों के मिलने के विषय में मि. आसफ़ अली ने कहा कि यूरोपियन वार्ड, जिसमें मुखबिर रखे गए हैं, एक अलग ही जेल बन गई है। उसका सम्पूर्ण नियंत्रण जेल-अधिकारियों ने पुलिस को दे रखा है। यूरोपियन वार्ड के पीछे की तरफ जो एक नया दरवाजा बना दिया गया है वह मुखबिरों से बराबर मिलते रहने की सुविधा के लिए ही बनाया गया है।

अभियुक्त वात्स्यायन ने कहा कि पुलिस और सी.आई.डी. के आदमी जेल के अन्दर उसी पिछले दरवाजे से प्रवेश करते हैं। असिस्टेंट सब-इंस्पेक्टर मोतीराम तथा अन्य लोग प्रतिदिन ही जेल का चक्कर लगाने आते हैं। वे रात को 8 बजे से लेकर 11 बजे के बीच में आया करते हैं।

इस पर खाँ बहादुर अमीर अली जज (ट्रिब्यूनल के सदस्य) ने कहा कि यदि जेल में मुखबिरों से पुलिस की घनिष्ठता के सम्बन्ध में ऐसी ज़ोरदार शिकायतें हैं तो सफाई-पक्ष इन शिकायतों के आधार पर अदालत के सामने एक हलफनामा क्यों न पेश कर दे?

मि. आसफ़ अली ने हलफनामा पेश करने के विषय में विचार करने को कहा।

इसके बाद प्रेजिडेंट ने अभियुक्तों से कुछ ऐसे उदाहरण बतलाने के लिए कहा, जिनमें वकीलों से मिलने में अनावश्यक रुकावट डाली गई हो। अभियुक्तों ने उन वकीलों के नाम बतला दिए, जिन्हें अभियुक्तों से मिलने की इजाजत नहीं दी गई।

अदालत में गड़बड़

अभियुक्तों ने इस बात पर बार-बार जोर दिया कि अदालत हमारी शिकायतों का कोई निश्चित उत्तर दे। उधर सरकारी वकील ने 'बैठ जाओ' कहकर मामले की कार्रवाई प्रारम्भ करनी चाही; परन्तु अभियुक्तों ने सरकारी वकील का बोलना असम्भव कर दिया। उन्होंने कहा कि सफाई-कमेटी के प्रतिनिधियों को सफाई-पक्ष के वकील के पास बैठने की अनुमति मिलनी चाहिए। उन्होंने अदालत की दर्शक गैलरियों में ऊँच-नीच के भेद-भाव का और दर्शकों की अपमानजनक ढंग से तलाशी लेने का भी विरोध किया।

प्रेजिडेंट ने उनकी शिकायतों को दूर करने का वचन दिया।

छोटे-छोटे दल बनाकर देश भर में युद्ध प्रारम्भ करने की नीति

इसके बाद मुखबिर कैलाशपति ने अपनी गवाही के सिलसिले में कहा कि गाडोदिया स्टोर की डकैती के बाद आजाद ने सोचा था कि बम-फैक्टरियाँ कायम करके देश भर में लुक-छिपकर छोटे-छोटे दल बनाकर युद्ध करने की स्कीम काम में लाई जाए। बम-फैक्टरियों के लिए कुछ विशेषज्ञों का प्रबन्ध कर लिया गया था। यशपाल ने तार द्वारा लाहौर से एक वैज्ञानिक को बुलाया था। वैज्ञानिक के आने पर यशपाल, विमलप्रसाद जैन, प्रकाश और मैंने मिलकर फैक्टरी में प्रयोग किया था। फैक्टरियों का व्यय स्टोर के लूटे हुए रुपयों से चलता था।

इसके बाद अदालत स्थगित हो गई।

दूसरे दिन मुखबिर कैलाशपति ने इसके आगे अपनी गवाही प्रारम्भ करने के पहले अभियुक्त वात्स्यायन की शिनाख्त की। उसने कहा कि यही 'वैज्ञानिक' हैं।

एक दिन शाम के वक्त कुदसिया गार्डन में मुझे आसफ (टंडन) मिले। धन्वन्तरि, सुखदेवराज और विशेसरनाथ भी मिले। धन्वन्तरि ने सुखदेवराज और विशेसरनाथ को कहीं शरण देने के लिए कहा। सुखदेवराज हैमिल्टन रोड पर भवानी सिंह के यहाँ और विशेसरनाथ भवानी सहाय के यहाँ ठहरा दिए गए। गाडोदिया स्टोर का लूट का जो हिस्सा वीरभद्र तिवारी के लिए रखा था, वह चन्द्रशेखर आजाद कानपुर आते समय ले गए थे।

एसिड घट जाने पर मैं अभियुक्त बाबूराम की दुकान से खरीद लिया करता था। आखिर जुलाई से प्रारम्भ अगस्त तक के बीच में मैंने लगभग 80 से 90 पाउंड सल्फ्यूरिक एसिड, 100 पाउंड नाइट्रिक एसिड और 9 या 10 जोड़े रबड़ के दस्ताने खरीदे थे। इसके अतिरिक्त और भी बहुत-सी चीजें खरीदी थीं। पहली दफा मैं ठेले पर सामान लदवा कर ले गया था। दूसरी दफा मुखबिर गिरिवर सिंह के साथ ताँगे पर ले गया था।

प्रश्न—पिकरिक एसिड बनाने के लिए इनके अतिरिक्त और कौन-सी वस्तुओं की ज़रूरत थी?

उत्तर—विमलप्रसाद दो बिजली के पंखे लाया था।

इस पर अदालत में बड़ा ठहाका लगा।

मुखबिर ने कहा कि कारबॉलिक एसिड मैं अपने घर से लाया करता था। हम लोग बम-फैक्टरी में तेल, साबुन और क्रीम आदि भी बनाया करते थे।

यशपाल और विमल क्रीम और तेल के लिए दिल्ली प्रिन्टिग वर्क्स से लेबिल छपा लाए थे। फैक्टरी का नाम 'हिमालयन ट्वाएलेट' और साबुन का नाम 'बसन्त-पराग' रखा गया था। 'हिमालयन ट्वाएलेट' के नाम से डाकखाने से पत्र आते थे।

'क्रान्तिकारी पुस्तकें'

निगम के भाई के नाम एक वी.पी. आई। वी.पी. में पाँच पुस्तकें थीं—(1) लाला लाजपत राय द्वारा लिखित 'यंग इंडिया', (2) लेनिन के विचारों का संग्रह, (2 भाग) (Selections from Lenin), (3) सोवियट रूस (Soviet Russia), (4) विद्रोही चीन (China in Revolt), (5) आधुनिक भारत (Modern India)।

बम बनाने के नुस्खे

विजय ने असली घी-स्टोर्स के पते पर विमल के नाम तीन रजिस्ट्री पत्र भेजे। उनमें बम बनाने के कुछ नुस्खे दिए हुए थे। मैं वात्स्यायन को केवल 'साइंटिस्ट' (वैज्ञानिक) के नाम से जानता था।

कुछ दिनों के बाद ऐसा मालूम हुआ कि फैक्टरी का मकान बड़ा है और पुरुषों की संख्या भी अधिक है, इससे सन्देह उत्पन्न हो सकता है। कुछ औरतों को रखना भी ज़रूरी है। विमलप्रसाद अपनी स्त्री को ले आया, परन्तु वह बीमार हो जाने के कारण दस-बारह रोज में चली गई।

अभियुक्त विद्याभूषण ने चिल्लाकर कहा—और कमला कहाँ थी?

इस पर अदालत में हँसी हुई।

इसके बाद सरकारी वकील ने पूछा—क्या पिकरिक एसिड बनाने में तुम्हें सफलता मिली थी?

उत्तर—हाँ।

इसके बाद मुखबिर ने कहा कि प्रो. निगम जुलाई महीने में काश्मीर में थे। उन्होंने तार द्वारा 100/-रु. माँगा था। मैं फैक्टरी में नहीं रहता था। मैं सीताराम बाजार में रहता था। मैं भागीरथ के साथ जुलाई महीने में जयपुर गया था। वहाँ हम लोग दल की एक शाखा स्थापित करना चाहते थे। वहाँ मैं कैलाश नाम के एक व्यक्ति के घर गया, परन्तु वे मिले नहीं। इसके बाद हम लोग अजमेर चले गए।

एक चुराई हुई बन्दूक

मदन गोपाल ने मुझे 12 बोर वाली एक बन्दूक दिखलाई। उसने कहा कि इसे हेमचन्द्र द्वारा मैंने चोरी से प्राप्त की है। मैंने उसे दिल्ली ले आने के लिए कहा। इसके बाद सरकारी वकील के पूछने पर मुखबिर ने अदालत में उपस्थित बन्दूक की शिनाख्त की और कहा कि यह वही बन्दूक मालूम होती है।

इसके बाद मुखबिर ने कहा कि राजालाल से मेरा परिचय भवानी सिंह के द्वारा हुआ था। मैं राजालाल को पढ़ने के लिए पुस्तकें दिया करता था।

प्रश्न—जुलाई महीने में और कोई बात हुई?

मुखबिर दो मिनट तक चुप रहा। इस पर अभियुक्त विद्याभूषण ने कहा—क्यों नहीं कह देते कि याद नहीं है?

मुखबिर—मुझे कोई खास घटना याद नहीं है।

इसके बाद मुखबिर ने कहा कि अगस्त महीने में 6 दिन तक पिकरिक एसिड बनती रही। जुलाई और अगस्त महीने में 30 पाउंड पिकरिक एसिड बनी। इन वस्तुओं के बनाने में यशपाल, साइंटिस्ट, विमल और प्रकाशो देवी के साथ मैं भी रहा करता था।

पिक्रोक्लोरिन बेहोशी की दवा थी। हम लोग हाइड्रोसिनिक एसिड भी तैयार करना चाहते थे। उससे बिना प्रयास हत्या की जा सकती है।

खरगोशों और चूहों पर हाथ साफ़ हुआ

पिक्रोक्लोरिन गैस की आजमाइश हम लोगों ने दो खरगोशों पर की थी। एक कमरे में दो खरगोश बन्द कर दिए गए, उसी में कुछ गैस छोड़ दी गई। खरगोश बेहोश हो गए। पोटैशियम केनाइड का प्रयोग दो चूहों पर किया गया। विमल दो चूहे खरीद लाया। पोटैशियम केनाइड के इंजेक्शन के प्रभाव से वे दोनों मर गए।

विद्याभूषण—तो तुम यहाँ कैसे चले आए?

इस पर अदालत में हँसी हुई।

इसके बाद अदालत सम्भवतः मोहर्रम की तातील के कारण एक सप्ताह के लिए स्थगित हो गई।

पहली जून की कार्यवाही

नई दिल्ली पहली जून—आज प्रतिवादी पक्ष के वकील चौधरी जफरुल्ला के जिरह करने पर मुखबिर कैलाशपति ने अपने बयान के सिलसिले में कहा कि अगस्त, 1930 के मध्य में आजाद और जैन ने सैवेज़ राइफ़ल के लिए 100, बन्दूक के लिए 100 और पिस्तौल के लिए 50 गोलियाँ खरीदी थीं। यशपाल के जाने के बाद से झंडावालाँ फैक्टरी का काम बन्द कर दिया गया था। आजाद अगस्त के तीसरे सप्ताह तक दिल्ली में थे। उन्होंने मुझसे कहा था कि फैक्टरी को स्थायी बनाने के लिए एक ऐसे वैज्ञानिक की आवश्यकता है, जो विस्फोटक पदार्थों के परीक्षण कार्य में दक्ष हो और इस कार्य में अपना पूरा समय दे सके। इस सम्बन्ध में हबड़ा के कुछ लोगों के नाम लिये गए जो एम.एससी. पास थे। इसी समय 100 पाउंड एसिड मँगाने का भी विचार किया गया। मुझे मालूम हुआ कि पुलिस, निगम के यहाँ भवानी सिंह की खोज कर रही है। मैंने एसिड, हथियार आदि सभी वस्तुएँ शहर के अन्य लोगों के पास रख दीं। मैंने बाबूराम गुप्त के यहाँ एसिड और हरकेश के यहाँ गोली आदि रखी थी। अगस्त के तीसरे सप्ताह में बी.पी. जैन अमृतसर से यह समाचार लाया कि यशपाल जिसे अपने कुछ अपराधों के लिए दल के सामने जाँच के लिए उपस्थित होने को कहा गया था और जो फरार था, शीघ्र ही दिल्ली लौट आएगा। दूसरे ही दिन जैन मुसम्मात प्रकाशो को झंडावालाँ फैक्टरी में लाया। यशपाल भी कुछ ही दिनों बाद दिल्ली आया और उसने मुझसे कहा कि मैं अपने अपराधों की जाँच के लिए तैयार हूँ। मैंने आजाद और तिवारी को बुलाया। आजाद दूसरे ही दिन दिल्ली आ पहुँचे और यशपाल के साथ बहुत देर तक उन्होंने बातचीत की। उसी दिन आजाद ने मुझे सूचना दी कि यशपाल ने अपना अपराध स्वीकार कर लिया है और उसे क्षमा कर दी गई है। यह भी निश्चित हो गया कि भविष्य में मुसम्मात प्रकाशो यशपाल की पत्नी समझी जाएगी।

लाहौर के अभियुक्तों को बचाने की तैयारी

उसी दिन सन्ध्या-समय आजाद, धन्वन्तरि, दीदी और यशपाल इकट्ठे हुए। मैं भी वहाँ उपस्थित था। हम लोगों ने यह निश्चय किया कि लाहौर के अभियुक्तों को छुड़ाया जाए।

धन्वन्तरि इसी सम्बन्ध में लाहौर भेजे गए। इसी बैठक में यह भी निश्चय किया गया कि यशपाल फिर धन्वन्तरि के स्थान में, पंजाब प्रान्त का संगठनकर्ता बनाया जाए। धन्वन्तरि और यशपाल के लाहौर चले जाने के बाद मैं आजाद के साथ अजमेर गया। यहाँ आजाद ने पहली सितम्बर को लोको ऑफिस की तनख्वाह के रुपयों को, इम्पीरियल बैंक से लाए जाते समय लूटने का एक षड्यंत्र रचा। आजाद ने विचार किया कि बिना मोटर की सहायता के सफलता पाना कठिन है। अगस्त के अन्तिम सप्ताह में, दिल्ली लौटने पर, मुझे मालूम हुआ कि पुलिस ने वायसराय की ट्रेन-दुर्घटना के सम्बन्ध में लाहौर में कुछ गिरफ़्तारियाँ की हैं। इसलिए हम लोगों ने झंडावालाँ फैक्टरी बन्द कर देने का विचार किया।

धन्वन्तरि ने लाहौर से लौटकर कहा कि यशपाल पंजाब में दल के विरुद्ध षड्यंत्र रच रहा है और इसमें इन्द्रपाल भी शामिल है। इसी षड्यंत्र के अनुसार इन्द्रपाल तथा कुछ अन्य लोग गिरफ़्तार किए गए थे। यह कहा गया था कि इन्द्रपाल ने एक बक्स में कुछ विस्फोटक पदार्थ तथा एक डायरी जिसमें दल के कुछ सदस्यों के नाम तथा पते लिखे हुए थे, रखकर उस बक्स को जान-बूझकर लाहौर के बाजार में छोड़ दिया था।

उस ट्रंक से एक धमाका होने पर पुलिस ने जाँच की और उस डायरी में लिखे हुए नामों के अनुसार दल के कुछ लोगों को गिरफ़्तार किया। इस षड्यंत्र के उद्देश्यों में से एक उद्देश्य यह भी था कि दल को लाहौर के अभियुक्तों को छुड़ाने में सफलता न मिल सके। इसलिए यशपाल को पंजाब से हटा दिया गया और रेलवे ट्रेनों को उलटने के षड्यंत्र का अध्ययन करने का विशेष कार्य उसके हाथों सौंपा गया।

विश्वासघात का दूसरा उदाहरण

विश्वासघात का एक दूसरा उदाहरण कानपुर में पाया गया। यहाँ बी.बी. तिवारी दल का कार्य करते हुए, पुलिस को सारी बातों का पता देता जाता था। इसका फल यह हुआ कि बी.बी. तिवारी के स्थान में विद्याभूषण नियुक्त किए गए।

मुखबिर ने आगे, दिल्ली के पुलिस-सुपरिंटेंडेंट मि. पील और काकोरी षड्यंत्र केस के मुखबिर शिवचरण की हत्या के सम्बन्ध में षड्यंत्रों का वर्णन किया। इसके बाद अदालत की कार्यवाही लंच के लिए स्थगित कर दी गई। नाश्ता-पानी के बाद एकाएक जजों ने आकर कहा कि चूँकि मुखबिर कैलाशपति की तबीयत एकाएक खराब हो गई है, इसलिए आज अदालत बर्खास्त की जाती है। सफाई के वकील यदि चाहें तो काग़ज़ातों का निरीक्षण कर सकते हैं, अतः अदालत बर्खास्त हो गई।

कराँची में बम का धड़ाका

कराँची का 28वीं मई का समाचार है कि कल सन्ध्या-समय सिविल एंड मिलिटरी क्लब में, जहाँ यूरोपियन और एंग्लो इंडियन प्रायः एकत्र होते हैं, एक भीषण धड़ाका हुआ। एक सिपाही ने, जो वहाँ के दरवाजे बन्द कर रहा था, पुलिस को इस बात की सूचना दी। घटनास्थल पर काँच के और पत्थर के टुकड़े आदि पाए गए हैं। पुलिस इसकी जाँच कर रही है।

बिजौलिया में पशुता का तांडव

उदयपुर राज्य का भीषण कलंक

सार्वजनिक कार्यकर्ता लाठियों और जूतों से पीटे गए

बिजौलिया-सत्याग्रह के नेता श्री हरिभाऊ उपाध्याय ने अजमेर से निम्नलिखित समाचार हमारे पास प्रकाशनार्थ भेजा है :

आजकल बिजौलिया में पशुता का ख़ूब ही तांडव हो रहा है। गाँवों में फ़ौज और पुलिस के सवार बराबर घूमते रहते हैं। कंज़र, साँसी आदि जरायम-पेशा लोगों तथा फ़ौज और पुलिस के आदमियों की सहायता देकर ठिकानेवाले नए बापीदारों से खेत जुतवा रहे हैं। यदि कोई सत्याग्रही किसान खेतों पर जाता है, तो बुरी तरह पीटा जाता है।

गिरफ़्तारियों का ताँता भी वैसा ही लगा हुआ है। 17 तारीख की दुपहर को सत्याग्रही कार्यकर्ता श्री ओंकारलाल जी को गिरफ़्तार कर लिया गया। वह किसानों की एक सभा में गए हुए थे। वहाँ वह अपनी बात पूरी भी न कर पाए थे कि सहसा कई पुलिसवाले उन पर टूट पड़े और लगे गन्दी-गन्दी गालियाँ सुनाने और लात-घूँसें जमाने। बाद में हथकड़ी डालकर उन्हें सुपरिटेंडेंट श्री मदन सिंह मुरड़िया के पास ले जाया गया। ये महाशय उनके साथ बुरी तरह से पेश आए। कोतवाली में श्री ओंकारलाल जी के पैरों में डंडेदार बेड़ियाँ डाल दी गईं। उनके साथ दो किसान भी गिरफ़्तार किए गए थे, पर उन्हें 25-25 जूते मारकर छोड़ दिया गया।

'तरुण राजस्थान' के भूतपूर्व सहायक सम्पादक तथा राजस्थान ग्राम-पंचायत मंडल के कार्यकर्ता श्री अचलेश्वर प्रसाद जी शर्मा के साथ राज्य-कर्मचारियों ने और भी पाशविक व्यवहार किया। वह बिजौलिया के गिरधरपुरा नामक ग्राम में ठहरे हुए थे। गत 19 तारीख की दुपहर को कुछ सिपाही एकाएक उनके मकान में जा घुसे और भूखे भेड़िए की तरह उन पर टूट पड़े। सिपाहियों ने उन्हें लाठियों और जूतों से खूब ही पीटा। जब पीटते-पीटते वे थक गए, तो उन्होंने अचलेश्वर प्रसाद जी को हथकड़ी डालकर घोड़ों के पास बिठा दिया। यहाँ सिपाहियों ने गालियों और लज्जाजनक आक्षेपों की झड़ी लगा दी। थोड़ी ही देर बाद कुछ सिपाहियों के साथ कोतवाल महाशय भी घटनास्थल पर आ पहुँचे। आपने आते ही हुक्म दिया—"लगाओ साले के जूते!" फिर क्या था? जो सिपाही देर से आए, उन्होंने भी अपने-अपने मन की मुराद पूरी कर ली।

करीब 3 बजे श्री अचलेश्वर प्रसाद जी को 3 किसानों के साथ पुलिस के पहरे में पैदल लिछमीपुरा नाम के गाँव में ले जाया गया। उनके सिर पर कपड़ों आदि की गठरी भी रख दी गई। लिछमीपुरे में कोई 50-60 सिपाहियों के साथ मदन सिंह मुरड़िया डेरा डाले हुए पड़े थे। इसका व्यवहार बड़ा असभ्यतापूर्ण रहा। शाम को उन्हें बिजौलिया कोतवाली में ले जाया गया और तीन दंडोंवाली बेड़ियाँ उनके पैरों में डाल दी गईं।

रात को भी अचलेश्वर प्रसाद जी ने शारीरिक वेदना के कारण भोजन करने से इनकार कर दिया था, इस पर कोतवाल फिर उत्तेजित हो उठा और जूते मारने की धमकी भी दी, किन्तु कुछ किसानों के बीच-बचाव करने के कारण यहाँ तक नौबत नहीं पहुँची।

दूसरे दिन सवेरे सत्याग्रही कार्यकर्ता श्री प्यारचन्द जी और ओंकारलाल जी को चुन खाने को कहा गया। उनके पैरों में डंडेदार बेड़ियाँ पड़ी हुई थीं। वे शौचादि के लिए भी कठिनाई के साथ जा पाते थे, इसलिए उन्होंने नम्रतापूर्वक अपनी असमर्थता जाहिर की। फिर क्या था? सिपाही लोग लगे उन दोनों के धड़ाधड़ जूते मारने एवं हथकड़ी डालकर घसीटने। दोनों बहादुर भाइयों ने इस समय भी अपने सत्याग्रहीपन का खासा परिचय दिया और पूर्ण शान्त व अविचल रहे।

24 तारीख को सुबह श्री अचलेश्वर प्रसाद जी और ओंकारलाल जी की बेड़ियाँ निकलवा दी गईं और उनका दो सिपाहियों के साथ पैदल डाबी (बूँदी राज्य) के लिए चालान कर दिया गया। भूखे-प्यासे वे तीन बजे डाबी पहुँचे। दोनों सिपाहियों में से एक भी रास्ते का जानकार नहीं था, अतः उन्हें पहाड़ी घाटियों में कितनी देर तक भटकना पड़ा, वह नहीं कहा जा सकता। डाबी में पहुँचते ही सारे कपड़े (धोती भी) खुलवाकर तलाशी ली गई। पश्चात् मजबूत बेड़ियाँ लगाकर एक अँधेरी और गन्दी कोठरी में डाल दिया गया। शाम को सिपाहियों के पहरे में वे शौचादि से निवृत्त होने गए। वापस आते समय कन्धों पर रखकर पानी भरा एक-एक घड़ा भी उन्हें ही उठाकर लाना पड़ा। थाने में पहुँचने पर उनसे कहा गया कि वे अपने पैसों से भोजन का सामान खरीदकर लावें। 25 तारीख को 20 मील का रास्ता पैदल तय कर दोपहर की कड़ी धूप में कोई 1.30 बजे से डाबी से बरूँदण पहुँचे। वहाँ उन्हें मुक्त कर दिया गया।

छत से गिर पड़ा

मोहनलाल नामक युवक को भी कोतवाल गजानन जी ने बहुत पिटवाया। जब उसने कहा कि मेरा बयान लीजिए, तो उन्होंने बुरी तरह बिगड़कर कहा–'तुम्हारा मुँह देखने का धर्म नहीं है–तुम मर क्यों नहीं जाते?' इस पर उसके दिल को बड़ी चोट पहुँची और वह ऊपर छत पर से यह कहकर कूद पड़ा कि लो, मेरा मुँह न देखना। उसका सिर फट गया है। और भी बहुत चोट आई है।

तलाशी

20 तारीख को पुलिस ने गिरफ़्तार किसान नेता श्री माणिकलाल जी का मकान घेर लिया और उसकी तलाशी ली। इस असवर पर श्री माणिकलाल जी की धर्मपत्नी को गालियाँ देकर उनका अपमान भी किया गया।

जेल में दुर्व्यवहार

जेल में बन्द सत्याग्रहियों से लकड़ियाँ चिरवाने, पत्थर उठवाने और घास खुदवाने का काम लिया जाता है, हालाँकि वे अभी ज़ेर तजवीज़ क़ैदी हैं। उनके रहने के स्थान भी बड़े ही गन्दे हैं। किन्तु सत्याग्रही सभी कष्टों को बड़ी वीरतापूर्वक सहन कर रहे हैं।

11 जून, 1931

भविष्य

अभियुक्तों ने अदालत की कार्यवाही में भाग लेने से इनकार कर दिया!

सरकारी वकील, मुखबिर और पुलिस अफसरों को गोली मारने की चेष्टा!!

मुखबिर ने बम तो बनाया, पर 'धूल के समान!' किस वस्तु से बनाया, सो नहीं जानता!!

अभियुक्तों के अड़ जाने पर ट्रिब्यूनल को 10वीं जून तक कार्यवाही स्थगित करनी पड़ी!

'सोप फैक्टरी' का साइनबोर्ड कैसा था? देहली षड्यंत्र केस की मनोरंजक कार्यवाही!

दिल्ली का तीसरी जून का समाचार है कि आज दिल्ली षड्यंत्र केस की कार्रवाई प्रारम्भ होने के समय प्रोफेसर निगम ने ट्रिब्यूनल के प्रेजिडेंट ने पूछा कि गवर्नमेंट ने हम लोगों की सफाई के सम्बन्ध में क्या प्रबन्ध किया है। प्रेजिडेंट ने कहा कि मुझे आशा है कि गवर्नमेंट इस विषय में शीघ्र ही कोई निर्णय करेगी। प्रो. निगम ने कहा कि हम लोगों की सफाई का मौजूदा प्रबन्ध अस्थायी है, गवर्नमेंट इस विषय में जितना खर्च करना चाहती है, वह मालूम हो जाना भी आवश्यक है।

शस्त्र और गोली-बारूद

इसके बाद मुखबिर कैलाशपति ने अपना बयान प्रारम्भ करते हुए कहा कि 4 सितम्बर को दिल्ली वाली सभा में तय हुआ था कि देश में आतंक का कार्य प्रारम्भ किया जाए। इसके लिए सदस्यों में शस्त्रों के बाँटे जाने का भी निश्चय हुआ। 3 या 4 फौजी रिवॉल्वर मय कारतूसों के धन्वन्तरि और मुझको, दो-तीन रिवॉल्वर वैशम्पायन को और 3 या 4 रिवॉल्वर विद्याभूषण को दिए गए थे। आजाद ने अपने लिए दो रिवॉल्वर चुने थे। एक मौजर पिस्तौल यशपाल को दिया गया था। दिल्ली वाली सभा में यू.पी. का प्रान्तीय संगठनकर्ता वीरभद्र तिवारी की जगह विद्याभूषण नियुक्त हुआ था।

धन्वन्तरि और दीदी 4 सितम्बर को लाहौर गए। जाते समय उन्होंने मुझसे कहा था कि वहाँ सी.आई.डी. के एस.पी. खाँ बहादुर अब्दुल अज़ीज़ को मारने का प्रयत्न किया जाएगा और इस कार्य में सुखदेवराज तथा एक दूसरे आदमी की सहायता ली जाएगी।

5 सितम्बर को सवेरे दुर्गा देवी और वैशम्पायन बम्बई के लिए रवाना हो गए।

5 सितम्बर को आजाद 'बम फैक्टरी' में रहे। विमल के कहने से मैं क्वीन्स गार्डन में विद्याभूषण से मिला।

सरकारी वकील को गोली मारने का प्रयत्न

मैं विद्याभूषण को प्रो. निगम के घर ले गया। निगम के घर में एक सभा की गई। उसमें तय हुआ कि विद्याभूषण पंडित जगतनारायण मुल्ला एडवोकेट और शाहजहाँपुर के बनारसीदास को गोली से मारने का प्रबन्ध करे।

प्रश्न—वे कौन थे?

उत्तर—जगतनारायण मुल्ला काकोरी केस में सरकारी वकील थे। (इस पर हँसी हुई) बनारसीदास मुखबिर था।

विद्याभूषण—अच्छा, वह तुम्हारा बड़ा भाई था।

इसके बाद मुखबिर ने कहा कि सभा में यह भी निश्चय हुआ था कि विद्याभूषण पूजा की छुट्टी में कहीं से धन प्राप्त करने का प्रबन्ध करे। इसके बाद मुखबिर ने कहा कि मैं विद्याभूषण को किनारी बाजार में काशीराम के घर ले गया। हजारीलाल और भवानी सिंह भी वहीं रहा करते थे। दूसरे दिन आजाद, विद्याभूषण और केशवचन्द्र, गौरीशंकर-मन्दिर के पीछे एकत्र हुए। वहाँ निश्चय हुआ कि विद्याभूषण आगरा जाकर खुफिया तौर से शिवचरण के घर का पता लगाए। विद्याभूषण के साथ केशव भी आगरा गया था। शिवचरण के घर का पता लग गया, परन्तु शिवचरण घर पर नहीं था। वहाँ से लौटने पर अपनी पिस्तौल वगैरह साथ लेकर विद्याभूषण यू.पी. के लिए रवाना हो गया।

इसके बाद शिनाख्त करने के लिए करीब आधे दर्जन पिस्तौल और रिवॉल्वर मेज़ पर लाकर रख दिए गए, जिनमें से कुछ को मुखबिर ने पहचान लिया।

मि. पील की तलाश

एक दिन विमल और निगम के साथ मैं मि. पील का मकान देखने के लिए गया। मकान के बाहर और सामने गोरखों का कड़ा पहरा था। यह देखकर हम लोगों ने सोचा कि बिना मोटर के काम न चलेगा। इसके बाद जब हम लोगों ने सुना कि भगत सिंह को फाँसी देना निश्चय हो गया है, तब हम लोगों ने सोचा कि मि. पील को अवश्य ही समाप्त कर देना चाहिए। परन्तु इस सम्बन्ध में कोई कार्रवाई नहीं हो सकी।

षड्यंत्रकारी साहित्य और कुछ हथियार जो मेरे पास थे, वे मैंने हजारीलाल की सम्मति से कपूरचन्द के यहाँ रख दिए। हजारीलाल का कहना था कि कपूरचन्द विश्वसनीय व्यक्ति है।

सितम्बर के दूसरे सप्ताह में विमल के नाम 'साइंटिस्ट' वात्स्यायन का एक पत्र आया जिसमें 'साइंटिस्ट' से अम्बाला में मिलने के लिए लिखा था। विमल जा नहीं सका, इसलिए 'साइंटिस्ट' स्वयं ही दिल्ली आया। मैं उससे मिला, मिलने पर मालूम हुआ कि वह आज-कल फरार है, क्योंकि उसकी एक ग्रुप फोटो पंजाब के एक दूसरे फरार अभियुक्त के पास लाहौर के रामकृष्ण एंड संस के दुकान की तलाशी के वक्त पुलिस के हाथ लग गई। आजाद ने इस विषय में सहायता लेने के लिए साइंटिस्ट को धन्वन्तरि के पास भेज दिया। उन दिनों आजाद कहा करता था कि यदि वायसराय की ट्रेन पर तीन-चार बमों के

द्वारा एक बार फिर से प्रयत्न किया जाए, तो सम्भव है कि इस बार सफलता मिले। इस सम्बन्ध में आजाद, गिरिवर सिंह, मैं, यशपाल और विमल प्रयोग भी कर रहे थे। आजाद ने कहा कि किसी स्पेशल बैटरी की ज़रूरत नहीं है, मामूली बैटरी से ही काम चल सकता है। यशपाल ने कहा कि अब आगे से हम लोग बुझाई हुई पिकरिक एसिड का प्रयोग करेंगे। हम लोग मामूली पॉकेट बैटरियों द्वारा बन्दूक उड़ाने का प्रयोग किया करते थे। इस सम्बन्ध में मुखबिर ने अदालत में पेश की गई बैटरियों, तारों और दूसरी वस्तुओं की शिनाख्त की।

रुद्रदत्त के कार्य

एक दिन आजाद ने मुझसे अभियुक्त ख्यालीराम गुप्त के यहाँ से अपना गहरे भूरे रंग का कोट ले आने के लिए कहा। परन्तु वह मुझे मिला नहीं। इसके बाद मैं अजमेर चला गया और वहाँ जे.पी. बागर भट्ट के यहाँ ठहरा। अजमेर जाने का अभिप्राय गवर्नमेंट कॉलेज में वेतन के दिन डाका डालने का था।

मैंने मदन गोपाल से दल के लिए कहीं से धन का प्रबन्ध करने के लिए कहा। अभियुक्त रुद्रदत्त से भी मैं मिला था। उसने छुट्टनलाल और हजारीलाल का परिचय मुझसे कराया था, जो कि लोको वर्कशॉप में काम करते थे। वे दोनों षड्यंत्रकारी विचारों के व्यक्ति थे और दल के कार्यों में सहयोग करना चाहते थे। रुद्रदत्त ने उन दोनों से 40/-रुपए प्राप्त किए। इसके बाद मैं दिल्ली वापस चला गया।

रुद्रदत्त भी मेरे साथ दिल्ली आया था। उस समय बालकृष्ण, गिरिवर सिंह और यशपाल बम-फैक्टरी में थे। परन्तु तीन दिन के बाद यशपाल चला गया। भवानी सिंह कानपुर से सितम्बर महीने के आख़ीर में आया। वह फैक्टरी हाउस का किराया देने के लिए आजाद से सौ रुपया लाया था। उसमें से 80 रुपए किराए में दे दिए गए।

विद्याभूषण—और बाकी बीस तुम खा गए। (इस पर हँसी हुई)

मुखबिर—15 रु. मैंने अपने पास रख लिये और 5 रु. भवानी सिंह को दे दिए। फैक्टरी हाउस 28 सितम्बर को खाली किया गया था।

धन-संग्रह का विचार स्थगित

बीमार पड़ जाने के कारण मैं धन-संग्रह का कार्य करने के लिए अजमेर नहीं जा सका। भवानी सहाय को वहाँ भेजकर मैंने गवर्नमेंट कॉलेज के वेतन लूटने का कार्य स्थगित कर दिया। उन्हीं दिनों हजारीलाल कपूरचन्द के यहाँ से एक बार 30 और दूसरी बार 35 रुपए लाया। मैंने 25 रु. अभियुक्त हरकेश के मार्फत एक बनिए से उधार भी लिये थे। हरकेश ने बनिए से मुझे अपना भाई बतलाया था।

अभियुक्त—जरा अपना और हरकेश का चेहरा तो मिलाओ। (इस पर हँसी हुई।)

इसके बाद मुखबिर ने कहा कि हरकेश दल का सदस्य था और मैंने उसे एक हवाई पिस्तौल दी थी। मैंने कई बार इलाही बख्श एंड संस की दुकान से हवाई पिस्तौलें खरीदी

थीं। हरकेश ने निशाने का अभ्यास कर लने के बाद हवाई पिस्तौल मुझे लौटा दी। एक हवाई पिस्तौल मैंने मुखबिर रामलाल तैलंग को और दूसरी मुखबिर मदन गोपाल को भी दी थी।

इसके बाद मुखबिर के सामने शिनाख्त के लिए कुछ बमों के नमूने पेश किए गए, जिनकी शिनाख्त करते हुए उसने कहा कि इनको मैंने, आजाद और यशपाल ने मिलकर बनाया था। इसके बाद सरकारी वकील के यह पूछने पर कि ये बम किस वस्तु के हैं, मुखबिर ने कहा कि ये बम बाजार में धूल की तरह कोई चीज बिकती है, उसी से बनाए गए हैं, परन्तु मैं नहीं जानता उसे कहते क्या हैं।

अभियुक्त वात्स्यायन की शिकायत

इस बीच में सफाई के वकील मि. बलजीत सिंह ने ट्रिब्यूनल का ध्यान आकर्षित करते हुए कहा कि कुछ दिन हुए मोहर्रम की छुट्टियों में अभियुक्त वात्स्यायन किसी मामले में अमृतसर जेल भेजा गया था। वहाँ उसके काग़ज़ात, कपड़े और कुछ किताबें रख ली गई थीं, जिन्हें दिल्ली वापस आते समय उसे साथ लाने की इजाजत नहीं दी गई। अगर काग़ज़ात कहीं पुलिस के हाथ में पड़ गए, तो अभियुक्तों की सफाई में बाधा पड़ने की आशंका है। इस पर ट्रिब्यूनल ने अमृतसर के जेल-अधिकारियों को लिखने का वचन दिया।

इसके बाद अदालत जलपान के लिए स्थगित हो गई।

एक क़ानूनी प्रश्न

अदालत के फिर बैठने पर मि. आसफ़ अली ने कहा कि अदालत ने अभियुक्त विमल के बयान की नकल देना अस्वीकार कर दिया है, यह हमारी सम्मति में उचित नहीं। विमलप्रसाद का बयान इस मामले की गवाही का एक अंश है, हमें उसकी नकल पाने का क़ानूनी हक है। हम नहीं समझते कि ट्रिब्यूनल बयान की नकल देने में क्यों आपत्ति करता है। विमल के बयान का सम्बन्ध अन्य अभियुक्तों से भी है, इस कारण ट्रिब्यूनल से हमारी प्रार्थना है कि वह नकल देने की इजाजत दे दे।

इस पर सरकारी वकील मि. जफरुल्ला खाँ ने कहा कि विमल ने क़ानून के किस नियम के अनुसार बयान दिया था? उसने जो कुछ कहा था, अपनी तरफ से कहा था। उसका बयान या तो अदालत के सामने स्वतंत्र भाषण था या इस मामले की गवाही का एक अंश मात्र था। वह दो में से क्या था, इसका निर्णय अदालत ही कर सकती है। यदि अभियुक्त-विमल का बयान गवाही का अंश था, तो सफाई को उसकी नकल पाने का हक हो सकता है।

मि. आसफ़ अली ने कहा है कि वह बयान एक ऐसे अभियुक्त के द्वारा हुआ, जिसकी ओर से कोई क़ानूनी सहायता का प्रबन्ध न हुआ था। अब आगे से वह अदालत के बिना बुलाए कार्रवाई में कोई भाग न लेगा। इसके बाद आपने कहा कि अगर सबूत की ओर से

अभियुक्त विमल के बयान का आगे चलकर उपयोग किया जा सकता है, तो सफाई-पक्ष को भी उस बयान से पूरा-पूरा लाभ उठाने का हक है और उसके लिए उसे बयान की नकल मिलनी चाहिए। बयान की नकल मिलने में कोई भी क़ानूनी रुकावट न होनी चाहिए, क्योंकि बयान ट्रिब्यूनल के सामने की दैनिक कार्रवाई का भाग है।

श्री के.बी. अमीर अली (ट्रिब्यूनल के एक सदस्य) ने कहा कि आप अपनी अर्जी अभी स्थगित रखकर तब क्यों न पेश करें, जब सबूत उस बयान से कोई लाभ उठाने लगे?

मि. आसफ़ अली ने कहा कि मैं आज ही नकल लेने के लिए उत्सुक नहीं हूँ। मेरे कहने का मतलब केवल यही है कि सफाई के बयान की नकल पाने का हक ट्रिब्यूनल स्वीकार कर ले।

इस पर ट्रिब्यूनल ने विचार करने का वचन दिया।

अभियुक्तों की चेतावनी

इसके बाद अभियुक्त प्रो. निगम ने उठकर ट्रिब्यूनल के सामने अभियुक्तों की ओर से एक वक्तव्य देते हुए कहा कि गवर्नमेंट की ओर से अभियुक्तों के लिए खर्च मंजूर करने में जो देरी की जा रही है वह सर्वथा अनुचित है। इस विषय पर हम लोग आज से चार महीने पहले गवर्नमेंट के पास अर्जी भेज चुके हैं, परन्तु अब तक कुछ भी निर्णय नहीं किया गया। हमारे वकीलों ने हम लोगों को नोटिस दी है कि अगर दो रोज के अन्दर हम लोगों का मेहनताना वगैरह न तय हो गया, तो हम लोग सफाई की ओर से पैरवी करना छोड़ देंगे। इसलिए हम लोगों ने निश्चय किया है कि अगली बैठक में हम लोग अदालत की कार्रवाई में तब तक कोई भाग न लेंगे, जब तक कि सरकार की ओर से इस विषय में कोई निश्चित निर्णय न आ जाएगा।

इसके बाद मुखबिर कैलाशपति ने कुछ साइनबोर्डों की शिनाख्त की। एक हरद्वारीलाल दर्जी की दुकान का साइनबोर्ड था और दूसरा जवाहर स्वदेशी स्टोर का था। मुखबिर ने कहा कि हम लोगों के 'सोप फैक्टरी' का साइनबोर्ड भी इसी प्रकार का था।

इसके बाद उसने कहा कि प्रो. निगम ने काश्मीर से आकर मुझको बतलाया कि लाहौर में धन्वन्तरि मिला था, उसने कहा कि हम लोग खान बहादुर अब्दुल अज़ीज़ को गोली से उड़ा देने का प्रबन्ध कर रहे हैं।

एक क़ानूनी आपत्ति

इस पर मि. आसफ़ अली ने कहा कि मुखबिर की उपरोक्त गवाही क़ानूनन नाजायज़ है। क्योंकि वह एक तीसरे व्यक्ति से सुनी-सुनाई बात कह रहा है।

चौधरी जफरुल्ला खाँ ने कहा कि मुखबिर की गवाही क़ानूनन जायज़ है। क्योंकि अभियुक्त षड्यंत्र में सम्मिलित थे। मुखबिर की गवाही में यह पहले ही कहा जा चुका है, कि के.बी. अब्दुल अज़ीज़ को मारने की स्कीम सब लोगों ने मिलकर सोची थी।

मि. बोस–यह सुनी-सुनाई बात है और प्रसंगहीन है।

मि. आसफ़ अली—बिल्कुल सुनी-सुनाई बात है।

इस पर अदालत ने सफाई-पक्ष की आपत्ति को मिसिल में दर्ज कर लिया।

इसके बाद फिर मुखबिर ने अपनी गवाही के सिलसिले में कहना शुरू किया कि निगम ने मुझसे कहा कि धन्वन्तरि ने कहा है कि के.बी. अब्दुल अज़ीज़ रोज अपने बाग़ में टहलने के लिए जाता है, वहीं एक झाड़ी में छिपकर उसको गोली मारी जाएगी। निगम ने धन्वन्तरि से यह बात सुनकर उससे कहा था कि यह स्कीम सम्भवतः असफल रहेगी। निगम ने सलाह दी कि एक व्यक्ति साइकिल से के.बी. अब्दुल अज़ीज़ की मोटर के सामने गिर पड़े, इस पर मोटर रुक जाएगी और तब खाँ बहादुर अब्दुल अज़ीज़ को गोली मारने का यथेष्ट अवसर मिल जाएगा। परन्तु धन्वन्तरि ने निगम की सलाह नहीं मानी और असफल हुआ। धन्वन्तरि को डर था कि मोटर के सामने साइकिल से गिरने में कहीं ऐसा न हो कि मोटर न रुके और साइकिलवाले व्यक्ति के ऊपर से निकल जाए।

जब के.बी. अब्दुल अज़ीज़ को मारने का प्रयत्न असफल हो गया और उसका समाचार अखबारों में निकल गया तब निगम ने मुझसे कहा कि प्रयत्न असफल हुआ। क्योंकि उन्होंने हमारी सलाह नहीं मानी।

क़ानूनी आपत्ति

इस पर मि. आसफ़ अली ने कहा कि मुखबिर के बयान का केवल अन्तिम वाक्य क़ानूनन मिसिल में दर्ज होने लायक है, क्योंकि उसमें निगम के विषय की बात है, जिसने मुखबिर से बात की थी, परन्तु बाकी वह सब अंश, जिसमें धन्वन्तरि और निगम की बातचीत है, क़ानूनन गवाही के निश्चित नियमों के विरुद्ध है, इसलिए मिसिल में न दर्ज होनी चाहिए।

अदालत ने मि. आसफ़ अली की बात मान ली।

इसके बाद मुखबिर ने कहा कि यशपाल उस समय तक दिल्ली लौट आया था और मुझे निगम के घर पर मिला था।

यशपाल ने कहा कि कराँची जाने के पहले मुझे ख्यालीराम गुप्त के यहाँ से प्रकाशो देवी के लिए एक फ्रॉक बनवाना है। यशपाल अपना पिस्तौल मेरे पास छोड़ गए। दो-तीन दिन बाद निगम के पास यशपाल का एक तार आया, जिसमें उन्होंने 25 रुपए माँगे थे। मैंने भवानी सिंह से यशपाल को 25 रुपए भेज देने के लिए कह दिया।

आसफ (टंडन) उन दिनों नैनीताल में था। धन्वन्तरि से मालूम हुआ कि पंजाब की पुलिस दिल्ली में आसफ (टंडन) की तलाश में है। इसलिए सावधान रहना चाहिए। मैं प्रोफेसर भगवत दयाल के यहाँ गया। उनसे टंडन का नैनीताल का पता मालूम हुआ। भगवत दयाल टंडन की डाक को रवाना कर दिया करते थे। भगवत दयाल से मेरा परिचय धन्वन्तरि ने अगस्त के महीने में कराया था।

इस पर मि. आसफ़ अली ने कहा कि अच्छा हो अगर अदालत 'आसफ' का असली नाम (टंडन) मिसिल में दर्ज कर ले। मि. आसफ ने कहा कि मुझे इस बात की बड़ी चिन्ता है। (इस पर अदालत में बड़ी हँसी हुई।)

के.बी. अमीर अली (ट्रिब्यूनल के सदस्य) ने मि. आसफ़ अली को सम्बोधित करते हुए कहा—क्या अपने नाम पर ऐसी बातें सुनना आपके लिए प्रशंसा की बात नहीं है? (इस पर फिर हँसी हुई।)

इसके बाद मुखबिर कैलाशपति ने अपनी गवाही के सिलसिले में कहा कि मैं अक्टूबर महीने के बीच में अजमेर गया और वहाँ के स्थानीय सदस्यों की एक सभा की। सभा में व्यावर-मिल के दैनिक खजाने को, सन्ध्या-समय शहर लाने के वक्त, लूटने का निश्चय हुआ। मैंने केशवचन्द्र गुप्त को इस सम्बन्ध में जानकारी प्राप्त करने के लिए व्यावर भेजा। लौटने पर केशवचन्द्र ने बतलाया, कि चालान में रुपया कम रहता है और लूटने की स्कीम भी कठिन है। इस पर वह स्कीम छोड़ दी गई।

मैंने मुखबिर मदन गोपाल से अजमेर के गवर्नमेंट कॉलेज के वेतन लूटने का प्रबन्ध करने के लिए कहा। मैंने उससे शिवचरण मुखबिर को, जो कि उस समय अजमेर में था, गोली मारने के लिए भी कहा था।

इसके बाद मैं दिल्ली लौट आया। भवानी सिंह ने बतलाया कि दीदी (सुशीला) अपने गोद लिये हुए लड़के सहित दिल्ली आ गई हैं। भवानी सिंह लड़के के बाल कटाने के लिए एक सैलून में ले गया था। भवानी सिंह ने मुझसे यह भी कहा कि आसफ (टंडन) मुझसे मिलना चाहता है। मैं दूसरे दिन आसफ से मिला।

आसफ ने कहा कि के.जी. अब्दुल अज़ीज़ पर गोली चलाने की घटना से पंजाब की पुलिस वहाँ बहुत सतर्क हो गई है और उसकी चिन्ता बहुत बढ़ गई है, इसलिए उसका ध्यान बँटाने के लिए दिल्ली में कोई घटना पैदा की जानी चाहिए। परन्तु धनाभाव के कारण मैं कुछ कर नहीं सकता था। मैंने आसफ से कहा कि तुम कॉलेज में अब प्रोफेसरी के पद का कार्य करने मत जाओ क्योंकि तुम्हारे नाम वारंट निकल चुका है।

मुखबिर रामलाल को, जो कि सी.आई.डी. विभाग से निकाल दिया गया था, मैंने क्रान्तिकारी दल का संगठन करने के लिए सागर (मध्य प्रान्त-स.) भेज दिया। उस समय रुद्रदत्त और हरकेश को रुपयों की सख्त ज़रूरत थी। भवानी सिंह एक जेवर बेचकर 40 रुपए ले आया।

इसके बाद अदालत की कार्यवाही उस दिन के लिए स्थगित हो गई।

दिल्ली का 4थी जून का समाचार है, कि आज अभियुक्तों के देर से पहुँचने के कारण दिल्ली षड्यंत्र केस के स्पेशल ट्रिब्यूनल की कार्रवाई साढ़े 11 बजे के बाद प्रारम्भ हुई। आज अभियुक्त अदालत में आने के लिए राजी ही नहीं होते थे; क्योंकि गवर्नमेंट ने अभियुक्तों की सफाई की पैरवी के लिए 128 रुपए दैनिक से अधिक देना नामंजूर कर दिया है। परन्तु यह समझाने-बुझाने पर, कि आप अपना मन्तव्य ट्रिब्यूनल के सामने चलकर पेश कर दें, अभियुक्त आज के दिन अदालत में हाजिर होने के लिए राजी हो गए।

ट्रिब्यूनल के सदस्यों के आते ही प्रेजिडेंट ने कहा कि आज गवाही दर्ज करने की कार्रवाई प्रारम्भ करने के पहले मैं सफाई-पक्ष का प्रश्न हल कर देना चाहता हूँ। इस पर गवाही के कठघरे में खड़ा मुखबिर कैलाशपति अपने कमरे में भेज दिया गया। मुखबिर के

जाते समय 'लौटा क्यों जा रहा है?' 'लौटा क्यों जा रहा है?' की ध्वनि हुई। विद्याभूषण के कहने पर सफाई-कमेटी के सेक्रेटरी श्री रघुनन्दनसरन को पैरवी करनेवाले वकीलों के साथ बैठने के लिए कुर्सी दी गई। इसके बाद अभियुक्तों ने दो वक्तव्य दिए।

'मुकदमा पाखंड है'

उन अभियुक्तों की तरफ से, जिन्होंने अपनी पैरवी के लिए वकील खड़े किए थे, प्रोफेसर निगम ने कहा कि सफाई के खर्च के लिए हम लोगों की तीन सौ रुपए की दैनिक माँग बिल्कुल न्यायोचित थी, परन्तु बाद में उसे हम लोगों ने घटाकर 232 रुपए दैनिक कर दिए। यह हमारी न्यायपरता का प्रमाण है। गवर्नमेंट सबूत-पक्ष के लिए हजारों रुपया खर्च कर रही है, परन्तु सफाई के लिए थोड़ी-सी रकम 232 रुपए दैनिक खर्च करना उसे मंजूर नहीं हुआ। सफाई के लिए पूर्ण सुविधा न प्रदान करने का इरादा करके गवर्नमेंट हम लोगों के मुकदमे को पाखंड में परिणत कर रही है। यह तो न्याय से साफ-साफ मुँह मोड़ना है। जब तक कि शासन की कार्य-कारिणी और न्याय-विभाग बिल्कुल एक-दूसरे से अलग-अलग नहीं कर दिए जाते, तब तक न्याय की अधिक आशा नहीं की जा सकती। यदि गवर्नमेंट का यही रुख बना रहा तो मुकदमा सिवा पाखंड के और कुछ नहीं हो सकता, इसलिए अब आगे से अदालत में हमारा उपस्थित होना सर्वथा व्यर्थ है।

गवर्नमेंट का जो रुख है, उससे जाहिर होता है कि वह इस मामले में हम लोगों के विरुद्ध लोगों के मनोभावों को दूषित करने और हमें हिंसक क्रान्तिकारी साबित करने का पूर्ण प्रयत्न कर रही है। हम लोग इस निश्चय पर पहुँचने के लिए बाध्य हुए हैं कि गवर्नमेंट हम लोगों के साथ न्याय नहीं करना चाहती। इसलिए यदि सफाई के सम्बन्ध में गवर्नमेंट ने जो तय किया है, वह उसका अन्तिम निर्णय है, तो अभियुक्तों के सामने सिवा इसके, कि वे इस केस की कार्रवाई में भाग लेने से इनकार कर दें, और कोई दूसरा उपाय नहीं है।

इसके बाद प्रो. निगम ने अपनी तरफ के वकीलों को धन्यवाद देते हुए कहा कि अब आप लोगों को हम लोगों के कार्य से छुट्टी है। आखिर में आपने कहा कि यदि गवर्नमेंट अपनी तरफ से न्याय का रुख ग्रहण करेगी, तो हम लोग उससे समझौता करने के लिए तैयार रहेंगे।

श्री वात्स्यायन का वक्तव्य

इसके बाद उन अभियुक्तों की तरफ से, जिनकी पैरवी के लिए वकीलों का प्रबन्ध न था, अभियुक्त वात्स्यायन ने कहा कि हमें न्याय की कोई आशा नहीं थी, इसीलिए हम लोगों ने अपनी पैरवी का प्रबन्ध पहले से ही नहीं किया था। जिस बात की हमें आशंका थी, वही हुई। इसके बाद आपने कहा कि हम किसी बात से डरते नहीं, न यहाँ कठघरे में खड़े होकर हम डर सीखने के लिए तैयार ही हैं।

आखिर में आपने कहा कि कल से हम लोग अदालत में हाजिर नहीं होंगे। हम लोग आज ही फ़ैसला सुनने के लिए तैयार हैं।

मि. आसफ़ अली

इसके बाद सफाई के प्रमुख वकील मि. आसफ़ अली ने अपनी तरफ के अन्य वकीलों की तरफ से कहा कि गवर्नमेंट ने सफाई की पैरवी के लिए जो खर्च मंजूर किया है, वह सबूत की पैरवी के खर्च को देखते हुए, बिल्कुल ही कम है।

खाँ बहादुर अमीरुद्दीन के प्रश्न के उत्तर में मि. आसफ़ अली ने कहा कि कुल 128/-रुपए दैनिक, जो कि सब सफाई के वकीलों के लिए मंजूर हुआ है, कोई जूनियर वकील भी मंजूर न करेगा। इसके बाद आपने कहा कि अब चूँकि अभियुक्तों की ओर से हम लोग अपने काम से बरी कर दिए गए हैं, इसलिए अब आगे से हम लोग इस अदालत में बार के सदस्यों की हैसियत से बैठा करेंगे।

अभियुक्त कपूरचन्द के वकील मि. बोस ने कहा कि कपूरचन्द के पिता से पूछकर कल मैं बतलाऊँगा कि आगे मेरी स्थिति क्या होगी।

इसके बाद ट्रिब्यूनल के जज लोग परस्पर सलाह करने के लिए अलग चले गए और अदालत क्रान्तिकारी नारों के बीच स्थगित कर दी गई।

अभियुक्तों के बयानों के बाद विश्राम के अवसर पर ट्रिब्यूनल के जजों ने बड़ी देर तक इस सम्बन्ध में परामर्श किया। मि. आसफ़ अली और मि. बोस से भी सलाह ली गई थी। इसके बाद आज की कार्रवाई कल के लिए स्थगित कर दी गई। सारे अभियुक्त राष्ट्रीय गीत गाने में व्यस्त रहे।

दिल्ली 5वीं जून–आज अभियुक्त अपने पूर्व निश्चय के अनुसार अदालत में उपस्थित नहीं हुए। जजों ने सलाह करके यह निश्चित किया कि मामला 10वीं जून तक स्थगित रखा जाए। मि. बोस को छोड़कर, प्रतिवादी पक्ष के सभी वकील अनुपस्थित थे।

कहा जाता है कि सम्भवतः सरकार अभियुक्तों से, समझौता करने की कोशिश में है, यदि समझौता न हो सका तो, एक ऐसा ऑर्डिनेंस जारी कर दिया जाएगा, जिससे अभियुक्तों की अनुपस्थिति में भी मामला चल सके।

किन्तु यह भी आशा की जाती है कि सरकार प्रतिवादी पक्ष के वकीलों का अलाउन्स बढ़ा देगी। अभियुक्तों को अदालत में उपस्थित करने के लिए किसी प्रकार का बल-प्रयोग नहीं किया जाएगा।

ट्रिब्यूनल स्थानीय सरकार से, अभियुक्तों की माँग के सम्बन्ध में बातचीत कर रही है। सम्भवतः 10 जून तक स्थानीय सरकार अपना निर्णय पेश भी कर देगी। ट्रिब्यूनल की कार्यवाही फलतः 10 जून तक के लिए स्थगित कर दी गई।

9 जुलाई, 1931

भविष्य

देहली षड्यंत्र केस की अत्यन्त मनोरंजक कार्यवाही

उन्नीस दिन के बाद आज ता. 24 जून को 11 बजे गवर्नमेंट सेक्रेटरिएट भवन के दक्षिणी हिस्से में स्पेशल ट्रिब्यूनल के सामने दिल्ली षड्यंत्र केस फिर पेश हुआ।

सरकारी वकील मि. जफरुल्ला खाँ थे। सफाई की तरफ केवल एस.एन. बोस थे, जो कि अभियुक्त कपूरचन्द की पैरवी कर रहे हैं।

षड्यंत्र केस की कार्रवाई प्रारम्भ करने के पहले ट्रिब्यूनल ने अभियुक्तों से पूछा कि तुम लोगों ने अपनी पैरवी के लिए वकीलों का क्या प्रबन्ध किया है? अभियुक्तों की ओर से श्री विद्याभूषण ने कहा कि हम लोग सरकारी खर्च से मि. आसफ़ अली, मि. बैनर्जी और मि. बलजीत सिंह को नियुक्त करना चाहते हैं। श्री वात्स्यायन ने कहा कि फ़रीदुल हक़ अंसारी भी सरकारी खर्च से नियुक्त हुए थे।

अदालत ने सफाई की तरफ से सरकारी खर्च पर पैरवी करने के लिए मि. आसफ़ अली, मि. बलजीत सिंह और मि. बैनर्जी की नियुक्ति का हुक्म जारी कर दिया।

इसके बाद मुखबिर कैलाशपति गवाह के कठघरे में लाया गया। परन्तु अभियुक्तों ने सफाई के वकीलों की अनुपस्थिति में कार्रवाई प्रारम्भ करने का विरोध किया। इस पर अदालत ने टेलीफोन द्वारा सफाई के वकीलों को जलपान के बाद अदालत में हाजिर होने की खबर भेज दी।

आज ता. 26 जून को स्पेशल ट्रिब्यूनल के सामने दिल्ली षड्यंत्र केस के नौ अभियुक्त अनुपस्थित थे। विद्याभूषण और वात्स्यायन बीमार थे, इसलिए ट्रिब्यूनल ने अन्य अभियुक्तों को नहीं बुलवाया। उपरोक्त दोनों अभियुक्तों की ओर से पैरवी करने के लिए कोई वकील नहीं था, इसलिए उनकी अनुपस्थिति में कोई कार्रवाई नहीं हो सकती थी, केवल पाँच अभियुक्त रुद्रदत्त, बाबूराम गुप्त, हरद्वारीलाल गुप्त, हरकेश और ख्यालीराम गुप्त अदालत में बुलाए गए थे। उनसे पूछा गया कि क्या सफाई के वकील उनकी पैरवी करना मंजूर कर चुके हैं।

ट्रिब्यूनल के जज 11 बज कर 20 मिनट पर पहुँचे। प्रारम्भ में ही प्रेजिडेंट ने कहा कि मुझे खेद है कि अभियुक्त वात्स्यायन और विद्याभूषण बुखार से पीड़ित हैं, इस कारण से कार्रवाई आगे नहीं बढ़ सकती।

इसके बाद प्रेजिडेंट ने मि. आसफ़ अली, मि. बलजीत सिंह और मि. बैनर्जी से पूछा कि क्या आप लोग पैरवी के लिए अपनी नियुक्ति मंजूर करते हैं? मि. आसफ़ अली ने कहा कि यह सौभाग्य की बात है कि सफाई कमेटी अभियुक्तों की सहायता और व्यय की कमी

की पूर्ति के लिए तैयार हो गई। हम लोग राजी हैं और मि. फ़रीदुल हक़ अंसारी भी हम लोगों के साथ सफाई कमेटी की ओर से पैरवी करेंगे।

इसके बाद मि. आसफ़ अली ने अदालत में उपस्थित पाँच अभियुक्तों की ओर से जमानत की दरख्वास्त पेश की। प्रेजिडेंट ने जमानत की दरख्वास्त पर बहस करने के लिए ता. 6 जुलाई नियत की। जमानत की दरख्वास्तें पाँच अभियुक्तों की ओर से सम्मिलित और अलग-अलग दोनों प्रकार से पेश की गईं। दरख्वास्त इस प्रकार है–

(1) अभियुक्त जब से गिरफ़्तार हुए, तब से जेल में बन्द हैं।

(2) अब तक केवल एक गवाह की गवाही पूरी हुई है, दूसरे की बारी है, जिसमें सम्भवतः कई सप्ताह लग जाएँगे।

(3) इस केस में केवल सबूत की ओर से 458 गवाह पेश होनेवाले हैं, जिनमें से कुछ की गवाहियों में उतना ही समय लगने की आशा है, जितना कि प्रथम मुखबिर की गवाही में लग चुका है। सबूत-पक्ष की कार्रवाइयों के जल्दी समाप्त होने की कोई आशा नहीं है।

(4) अभियुक्त जिस प्रकार से जेलों में रखे गए हैं, उससे सफाई की तैयारी में बहुत अधिक बाधा पड़ी है।

(5) अब तक सबूत की ओर से जितनी गवाही हो चुकी है और अभियुक्तों के विरुद्ध गवाही का जितना सारांश प्राप्त हो चुका है, उन्हें देखने के बाद यह बात बिल्कुल स्पष्ट हो जाती है कि अभियुक्तों के विरुद्ध अब तक इस षड्यंत्र के सम्बन्ध में किसी प्रकार के प्रत्यक्ष कार्य करने या उसमें सहायता देने तक की कोई बात नहीं कही गई है।

इसीलिए प्रार्थना है कि अभियुक्त जमानत पर छोड़ दिए जाएँ।

मुखबिर को अलग रखने की माँग

जमानत की दरख्वास्त दे चुकने के बाद मि. आसफ़ अली ने मुखबिर कैलाशपति को आज मुखबिरों से अलग रखने के सम्बन्ध में एक अर्जी पेश की। अर्जी में कहा गया कि मुखबिर कैलाशपति की गवाही करीब-करीब समाप्ति पर है, इसलिए अभियुक्तों की प्रार्थना है कि या तो मुखबिर अन्य मुखबिरों से तब तक के लिए अलग रखा जाए, जब तक कि अन्य मुखबिरों की गवाही और जिरह न समाप्त हो जाए और जिरह बाद के लिए स्थगित रखी जाए। अभियुक्तों को इस बात का बहुत डर है कि यदि उपरोक्त दो बातों में से कोई एक बात न की गई, तो उनकी सफाई में बड़ी बाधा पहुँचेगी और अभियुक्तों को दोषारोपण के पहले, सबूत के गवाहों से जिरह करने का जो अधिकार प्राप्त है, वह बिल्कुल निरर्थक हो जाएगा।

मि. आसफ़ अली ने उपरोक्त अर्जी पेश करते हुए अदालत से कहा कि अब जेल में मुखबिरों को अलग-अलग रखने के लिए काफी जगह मौजूद है। वास्तव में एक मुखबिर तो करीब एक महीना हुआ जब से बिल्कुल अलग रखा जा रहा है।

सरकारी वकील चौधरी जफरुल्ला खाँ ने कहा कि इस विषय में मुझे कुछ नहीं मालूम।

मि. आसफ़ अली ने कहा कि इस विषय में कोर्ट इंस्पेक्टर सरदार भाग सिंह तो ज़रूर ही जानते होंगे।

सरदार भाग सिंह ने कहा कि मैं कुछ नहीं जानता।

परन्तु मि. आसफ़ अली ने कोर्ट इंस्पेक्टर को यह कहकर लाजवाब कर दिया कि "क्या आप जो कुछ कह रहे हैं, उसको हलफ़ के साथ लिखकर अदालत के सामने पेश करने के लिए तैयार हैं?"

इस प्रश्न का कोई उत्तर नहीं दिया गया।

अदालत ने अर्जी पर बहस करने के लिए तारीख 30 जून नियत की।

इसके बाद मि. आसफ़ अली ने ट्रिब्यूनल के सदस्यों से प्रार्थना की कि आप लोग इस समय चलकर देख लें कि उसमें मुखबिर कैलाशपति को अलग रखने के लिए जगह है या नहीं।

ट्रिब्यूनल के एक सदस्य खाँ बहादुर अमीर अली ने विनोद में कहा कि मैं समझता हूँ कि मुखबिरों के अलग-अलग रखने की बात किसी संसर्गिक रोग के कारण नहीं कही जा रही है। (इस पर हँसी हुई)

मि. आसफ़ अली ने विनोद में ही कहा–जी हाँ, परन्तु असावधानी या अधिकारियों की कर्तव्य-विमुखता से अत्यन्त गम्भीर संसर्गिक रोग उत्पन्न हो सकता है। (इस पर फिर हँसी हुई।)

मि. आसफ़ अली ने अदालत के सामने एक और अर्जी भी पेश की। उसमें कहा गया था कि या तो अदालत स्वयं जेल जाकर जेल के 16 नम्बर के उस रजिस्टर का निरीक्षण करे, जिसमें मई महीने में आए हुए जेल के दर्शकों के नाम दर्ज हैं या अदालत मुझे रजिस्टर को जेल से लाने के लिए वारंट दे। आपने अदालत से कहा कि वह रजिस्टर अभियुक्त-पक्ष के लिए अत्यन्त महत्त्वपूर्ण वस्तु है और उसके लिए अदालत को तुरन्त उचित कार्रवाई करनी चाहिए। क्योंकि देर हो जाने से उसमें कुछ गड़बड़ हो जाने की सम्भावना है। आपने कहा कि सी.आई.डी. के आदमी मुखबिरों के वार्ड में हर समय स्वतंत्रतापूर्वक आते-जाते रहे हैं। मेरी समझ में यह बात अत्यन्त विचारणीय है।

प्रेजिडेंट ने मि. आसफ़ अली से पूछा कि आपको डर किस बात का है?

मि. आसफ़ अली–जो लोग ऐसी-ऐसी बातें कर सकते हैं, वे क्या नहीं कर सकते? वे चाहें तो रजिस्टर को नष्ट कर सकते हैं।

प्रेजिडेंट–आपके कथन अस्पष्ट हैं।

मि. आसफ़ अली–नहीं, मेरे कथन स्पष्ट और आधारयुक्त हैं।

इस पर ट्रिब्युनल के एक सदस्य रायबहादुर कुँवरसेन ने कहा कि वह रजिस्टर नष्ट नहीं किया जा सकता।

मि. बलजीत सिंह–इस केस में सब कुछ किया जा सकता है। अभी-अभी एक आदमी सबूत-पक्ष की ओर से जेल भेजा गया है। मुझे भय है कि सबूत-पक्ष की ओर से यह आदमी रजिस्टर के सम्बन्ध में अर्जी पेश किए जाने के बाद ही भेजा गया है।

इस पर वाक्‌युद्ध प्रारम्भ हो गया और दोनों ओर के वकील उत्तेजित हो गए।

सरकारी वकील चौधरी जफरुल्ला खाँ ने कहा—मेरे विरुद्ध जो निराधार दोषारोपण किए गए हैं, उनका मैं जोरों के साथ विरोध करता हूँ। मैं इस सम्बन्ध में कुछ नहीं जानता, सबूत-पक्ष को सभ्य व्यवहार पाने का उतना ही अधिकार है जितना कि सफाई-पक्ष स्वयं अपने लिए चाहता है।

मि. बलजीत सिंह—मेरा कथन सरकारी वकील के विरुद्ध नहीं है, बल्कि सबूत-पक्ष के इंस्पेक्टर के विरुद्ध है, जिसने कि आदमी भेजा है। परन्तु जो कुछ मैं कह चुका हूँ उस पर दृढ़ हूँ। सबूत-पक्ष ने, सफाई की ओर से जेल के रजिस्टर के सम्बन्ध में अर्जी पेश किए जाने के बाद सम्भवतः जेल की तरफ आदमी भेजा है।

प्रेजिडेंट—मेरा ख़याल है कि आपकी टीका अनुचित है।

मि. बलजीत सिंह ने अपने कथन को वापस लेने से इनकार कर दिया।

प्रेजिडेंट ने मि. आसफ़ अली से कहा कि अदालत वारंट नहीं दे सकती, परन्तु रजिस्टर मँगवा सकती है। मैं इस बात को पहले से ही नहीं मान सकता कि जेल-अधिकारी रजिस्टर में कोई गड़बड़ कर देंगे।

मि. आसफ़ अली—मुझे इस बात का बहुत डर है कि कहीं यह रजिस्टर नष्ट न कर दिया जाए।

इस पर खाँ बहादुर अमीर अली ने मि. आसफ़ अली से पूछा कि अगर ट्रिब्यूनल रजिस्टर को मँगवा ले तो क्या आपका उद्‌देश्य सिद्ध हो सकता है?

मि. आसफ़ अली ने कहा—जी हाँ, अगर अदालत रजिस्टर को मँगाकर अपने कब्जे में रख ले, तो मेरा उद्‌देश्य सिद्ध हो जाएगा। लेकिन अगर जेल के अधिकारियों ने रजिस्टर आज न दिया या उसे नष्ट कर दिया तब क्या होगा?

प्रेजिडेंट—तब जो करना होगा, सोचा जाएगा। परन्तु इस समय तो हमें इस तरह की कोई भी बात होने की आशंका नहीं मालूम होती। हम जेल से रजिस्टर लाने के लिए अदालत से एक क्लर्क भेज देंगे।

मि. आसफ़ अली ने ट्रिब्यूनल से क्लर्क के साथ एक वकील भी भेज देने की प्रार्थना कीं। परन्तु प्रेजिडेंट ने यह प्रार्थना अस्वीकार कर दी।

मि. आसफ़ अली ने कहा—मेरी प्रार्थना है कि अदालत अभी ही रजिस्टर मँगाकर अपने कब्जे में रख ले।

प्रेजिडेंट ने कहा कि ऐसा ही किया जाएगा।

इसके बाद अदालत स्थगित हो गई।

16 जुलाई, 1931

भविष्य

दिल्ली षड्यंत्र केस की अत्यन्त मनोरंजक कार्यवाही

आज तारीख 29 जून को स्पेशल ट्रिब्यूनल में मुखबिर कैलाशपति पर दर्शकों की गैलरी से एक व्यक्ति ने दो जूते फेंके। मुखबिर बच गया, परन्तु इस घटना से इम्पीरियल सेक्रेटरिएट भवन में सनसनी छा गई। जूतों के फेंकने के साथ ही साथ उस व्यक्ति ने 'मुखबिर का नाश हो', 'गांधी का नाश हो', 'राष्ट्रीय झंडा ऊँचा हो' आदि के नारे लगाए। जूते फेंकने वाला व्यक्ति गिरफ़्तार करके पुलिस के कमरे में पहुँचा दिया गया।

अभियुक्त विद्याभूषण और वात्स्यायन, जो कि बीमार हो जाने के कारण पहले की दो पेशियों में हाजिर नहीं हो सके थे, आज की कार्रवाई में उपस्थित थे।

साढ़े दस बजे मुखबिर की जिरह प्रारम्भ हुई। मुखबिर ने कहा कि अभियुक्त वात्स्यायन दिल्ली आने पर बम-फैक्टरी में ठहरा करता था। गाडोदिया स्टोर की लूट में मुझे जो रुपए दिए गए थे, वे करेंसी नोट के रूप में दिए गए थे। मैंने सौ रुपए वाले नोटों को तीन-चार बार हरद्वारीलाल के हिस्सेदार चन्द्रभान के मार्फत भुनाया था। मदन गोपाल ने जो बन्दूक मुझे दी थी, उसे मैंने सितम्बर महीने में अन्य वस्तुओं के साथ कपूरचन्द के यहाँ भेज दी थी।

इसके बाद मुखबिर ने क्रान्तिकारियों के दल में पुकारे जानेवाले नाम बताए।

श्री चन्द्रशेखर–''आजाद'', ''महाशय जी'', ''पंडित जी'', ''गुप्त'', ''रामनरायन गुप्त'' और ''भाई साहब।''

श्री भगवतीचरण–''हरीश'' और ''अर्जुन''।

श्री यशपाल–''जगदीश'', ''सोहन सिंह'' और ''प्रान''।

श्री विद्याभूषण–''रमेश''।

श्री वैशम्पायन–''शिव'' और ''बच्चन''।

श्री सत्गुरुदयाल अवस्थी–''कपूर''।

श्री वीरभद्र तिवारी–''भैया''।

श्री धन्वन्तरि–''प्रेम'' और ''धनी''।

श्री सम्पूरन सिंह टंडन–''आसफ़''।

श्री सुखदेवराज–''शिराज''।

श्री एम.पी. अवस्थी–''ख़ंजर''

श्री सदाशिव–''सखाराम''।

श्री भगवानदास–“कैलाश”।

श्री शंकर राव–“डबल रोटी”।

श्री डी.वी. तैलंग–“मुंड”।

श्री सदाशिवराव गजानन्द पोद्दार–“पी”।

श्री विश्वेश्वरनाथ–“लेफ़्टिनेंट”।

श्री प्रोफेसर निगम–“साहिब”।

श्री खुशीराम–“जगदीश”।

श्री भवानी सिंह–“रणवीर सिंह”, “ सिंह” और “बागर”।

श्री भवानी सहाय–“रामप्रसाद।”

श्री हजारीलाल–“श्रीकृष्ण”, “तारा”, “पांडे” और “रामूँ”।

श्री भागीरथ–“चंचल”।

श्री कपूरचन्द–“हरीराम”।

श्री गिरिवर सिंह–“गंगाराम”।

श्री विमलप्रसाद–“जैन”, “शंकर” और “बालम”।

श्री हरकेश–“मास्टर”।

श्री छैलबिहारी–“सूरज” और “मास्टर”।

श्री रामलाल–“भूत”।

श्री विशम्भर दयाल–“भगवती” और “भाई साहब।”

श्री बाबूराम गुप्त–“बाबू”।

श्री ख्यालीराम गुप्त–“चतुर्भुज” और “गुप्त”।

श्री मदन गोपाल–“केवल” और “मुंशी”।

श्री केशवचन्द्र–“भूतनाथ”।

श्री रुद्रदत्त–“कैलाश”।

श्री रामचन्द्र बापट–“कपिल”।

श्री लेखराम–“जाट”।

श्रीमती दुर्गा देवी–“भाभी”।

श्री रामचन्द्र शर्मा–“शर्मा”।

श्रीमती प्रकाशो–“सरला”।

प्रश्न–दल में तुम्हारा क्या नाम था?

मुखबिर–“राजबली प्रसाद”, “रघुनाथ प्रसाद”, “सीतल”, “कालीचरन” और “दयाकृष्ण”।

प्रश्न–दल के और कौन सदस्य थे?

मुखबिर–“दीदी”, “साइंटिस्ट” (वैज्ञानिक), हरद्वारीलाल और कुछ अन्य व्यक्ति।

इसके बाद मुखबिर ने एक-एक करके अभियुक्तों की ओर संकेत करते हुए उनके नाम बतलाए।

मुखबिर पर जूते फेंके गए

इसके बाद मुखबिर के सामने अनेकों पुस्तकें, रजिस्टर और काग़ज़-पत्र शनाख्त करने के लिए पेश किए गए। ज्यों ही मुखबिर का ध्यान 'हिन्दुस्तान रिपब्लिकन एसोसिएशन' के छपे नियमों की ओर गया, त्यों ही बलवन्त सिंह नाम के एक नवयुवक कॉलेज के विद्यार्थी ने दर्शकों की गैलरी से मुखबिर की ओर एक-एक करके दो जूतें फेंककर मारे। एक जूता मुखबिर के दाहिनी ओर जाकर गिरा और दूसरा कठघरे की दाहिनी ओर लगकर जमीन पर गिर पड़ा। सार्जेंट बैलक ने जूतों को उठा लिया और एक सिक्ख सब-इंस्पेक्टर ने अभियुक्त को गिरफ़्तार कर लिया, जिसने 'मुखबिर का नाश हो', 'गांधी का नाश हो' और 'राष्ट्रीय झंडा ऊँचा हो' के नारे लगाए।

अभियुक्त को सार्जेंट बैलक ने ले जाकर पुलिस के कमरे में बन्द कर दिया। अदालत की कार्रवाई जारी रही। अभियुक्त जलपान के समय ट्रिब्यूनल के सामने पेश किया जाएगा।

अदालत में पेश काग़ज़ों में 'गोरकी' का अनुवादित उपन्यास 'मदर', हिन्दी पुस्तकों का सूचीपत्र और पिकरिक तथा बारूद आदि बनाने के नुस्खे मौजूद थे।

अभियुक्त विद्याभूषण ने इस बात का तीव्र विरोध किया कि काग़ज़ों का परिचय कोर्ट-इंस्पेक्टर दे रहा है। उनका परिचय मुखबिर को स्वयं देना चाहिए।

उन काग़ज़ों में मुखबिर का लिखा एक मसविदा भी मौजूद था। मुखबिर ने कहा कि इसे मैंने अपनी गिरफ़्तारी के कुछ दिन पहले लिखा था। उस मसविदे में मैंने क्रान्तिकारी दल के सामने पेश करने के लिए अपना बयान लिखा था। मैंने दल से इस्तीफा दे देने का निश्चय कर लिया था।

आज अदालत में सबूत-पक्ष ने दर्जनों काग़ज़-पत्र मुखबिर द्वारा शनाख्त कराने के लिए उपस्थित किए। उनमें से अधिकतर मुखबिर की तलाशी के वक्त प्राप्त हुए थे। उन काग़ज़ों में 'अखिल भारतीय सोशलिस्ट कांग्रेस' के विधान का एक मसविदा भी था। मुखबिर दल से इस्तीफा देने के बाद उपरोक्त संस्था का संगठन करना चाहता था। 'क्रान्ति और भारतीय क्रान्तिकारी' शीर्षक लेख की तथा गन-कॉटन के छपे हुए नुस्खे की नकल की मुखबिर ने शनाख्त की। मुखबिर ने कहा कि इस नुस्खे को 'साइंटिस्ट' ('वैज्ञानिक') ने जॉन रीड की केमिस्ट्री से नकल किया था। नुस्खे की नकल के अतिरिक्त अदालत के सामने बहुत-सी विज्ञान, इतिहास, राजनीति और क्रान्ति सम्बन्धी पुस्तकें मौजूद थीं।

जलपान के बाद अदालत के फिर बैठने पर मि. आसफ़ अली ने अदालत का ध्यान अभियुक्त हरकेश की उस अर्जी की ओर आकर्षित किया, जिसमें अभियुक्त को गिरफ़्तारी के समय पुलिस द्वारा कब्जे में कर ली गई वस्तुओं के लौटा देने की प्रार्थना की गई थी। ट्रिब्यूनल के प्रेजिडेंट ने इस सम्बन्ध में हुक्म जारी करने का वचन दिया। इसके बाद मि. आसफ़ अली ने अदालत से यह प्रार्थना की कि जेल से आए हुए उस रजिस्टर के देखने की हम लोगों को आज्ञा दे दी जाए, जिसके लिए कुछ दिन पहले सफाई की ओर से अर्जी पेश की जा चुकी है। अदालत ने यह प्रार्थना भी मंजूर कर ली।

हाईकोर्ट की नज़ीर

इसके बाद मि. आसफ़ अली ने अदालत का ध्यान हाईकोर्ट की उस नजीर की ओर आकर्षित किया, जिसमें कहा गया था कि सेशन कोर्ट में पेश होनेवाले सब काग़ज़ातों को खुली अदालत में सब अभियुक्तों के सामने पूरी तरह से पढ़कर सुना देना चाहिए। आपने कहा कि ऐसी हालत में, जबकि सबूत-पक्ष उन काग़ज़ातों के अन्दर लिखी बातों को सफाई के विरुद्ध अपना आधार बना रहा हो, पढ़कर सुना देना और भी आवश्यक हो जाता है। यदि सबूत-पक्ष काग़ज़ातों में लिखी बातों का वैसा प्रयोग न करनेवाला हो तब बात दूसरी है। इस पर ट्रिब्यूनल के प्रेजिडेंट ने कहा कि जब अभियुक्तों को अदालत में पेश काग़ज़ातों की नकलें मिल ही जाती हैं, तब उन्हें अदालत में पढ़कर सुनाने से क्या लाभ?

कोर्ट–इंस्पेक्टर सरदार भाग सिंह ने कहा कि ये बातें इस अदालत में नहीं लागू होतीं।

मि. आसफ़ अली ने सरदार भाग सिंह द्वारा उत्तर दिए जाने का घोर विरोध किया। आपने कहा कि यह बात पेशे की मर्यादा के ख़िलाफ़ है। कोर्ट-इंस्पेक्टर ने उत्तर देकर सरकारी वकील के अधिकार पर हस्तक्षेप किया है।

सरकारी वकील ने उठकर उत्तर देते हुए मि. आसफ़ अली से कहा कि सब काग़ज़ातों के पढ़कर सुनाने की कोई आवश्यकता नहीं है, क्योंकि इससे कोई लाभ नहीं हो सकता। अदालत ने मि. आसफ़ अली की बात को नामंजूर कर दिया।

क्रान्तिकारी पुस्तकें

पुस्तकों में निम्नलिखित पुस्तकें पेश की गई थीं–'दि रोमैन्स ऑफ आयरिश हीरोज' (आयरलैंड के वीरों की कथा), 'दि फिलॉस्फी एंड फ्रेश रिवोल्यूशन' (दर्शन और फ्रांस की राज्यक्रान्ति), 'इंडियाज वार ऑफ इंडिपेंडेंस' (भारत का स्वाधीनता संग्राम), 'रशियन रिवोल्यूशन' (रूस की राज्यक्रान्ति), 'कम्यूनिज्म' (साम्यवाद), 'अप्टन सिंक्लेयर्स लाइफ' (अप्टन सिंक्लेयर का जीवन-चरित्र) इत्यादि।

एक काग़ज़ ऐसा था, जिसमें भगवतीचरण की रचित एक पंजाबी कविता लिखी थी। महात्मा गांधी के नाम मुखबिर ने जो पत्र लिखा था, उसकी उसने शनाख्त की।

अभियुक्तों ने कोर्ट-इंस्पेक्टर के प्रश्नों के न सुन सकने की अदालत से शिकायत की।

विद्याभूषण ने प्रेजिडेंट को सम्बोधित करते हुए कहा–"मि. प्रेजिडेंट, क्या यह मुकदमा हम लोगों के लिए हो रहा है? हम लोगों को न तो कोर्ट-इंस्पेक्टर की बात सुनाई पड़ती है, न मुखबिर की।"

इस पर प्रेजिडेंट ने मुखबिर से जोर से बोलने के लिए कहा।

इसके बाद अदालत स्थगित हो गई।

कल मुखबिर पर जूते फेंकने की घटना के कारण आज ता. 30 की स्पेशल ट्रिब्यूनल की बैठक में दर्शकों की गैलरी में पहले से ही विशेष प्रबन्ध कर लिया गया था। गैलरी की कुर्सियाँ 5 फीट पीछे हटा दी गई थीं और दर्शकों के बीच में सी.आई.डी. और तीन पुलिस के आदमी बैठा दिए गए थे। दर्शकों के बैठने के स्थान भी कम कर दिए गए थे। कुछ लोगों को एक घंटा बाहर खड़े रहने के बाद प्रवेश-पत्र मिले।

मि. आसफ़ अली ने मुखबिर कैलाशपति के अन्य मुखबिरों से अलग रखे जाने के सम्बन्ध में जो अर्जी दी थी, उसके समर्थन में कहा कि मुखबिर कैलाशपति अन्य मुखबिरों से अलग रखा जाए; जिससे वह जिरह में पूछे हुए प्रश्नों पर आपस में बातचीत न कर सके और अपनी गवाही की कमी की पूर्ति दूसरे मुखबिरों द्वारा न करा सके। आपने कहा कि जेल में स्थान बहुत काफी है, मुखबिर एक दूसरे से अलग रखे जा सकते हैं। एक मुखबिर सिविल वार्ड में एक महीने से अलग ही रखा जा रहा है। मेरी प्रार्थना है कि मुखबिर तीन जगह अलग-अलग रखे जाएँ।

रायबहादुर कुँवरसेन—क्या आप मुखबिरों को कम-से-कम तीन दलों में विभाजित कराना चाहते हैं?

मि. आसफ़ अली—जी हाँ, कम-से-कम तीन दलों में विभाजित कराना चाहता हूँ। यदि यह सम्भव न हो तो दूसरा उपाय यह है कि पहले सब मुखबिरों की गवाहियाँ एक-एक के बाद लगातार हो जाएँ, इसके बाद जिरह प्रारम्भ हो। अदालत को इस ढंग से कार्रवाई करने का पूर्ण अधिकार है। मुझे आशा है कि सरकारी वकील मेरी इस प्रार्थना का विरोध न करेंगे, क्योंकि इसमें उन्हें कोई असुविधा न होगी।

सरकारी वकील ने मि. आसफ़ अली का उत्तर देते हुए कहा कि पहली दफा जब इस सम्बन्ध में अर्जी पेश हुई थी, तब सबूत-पक्ष सफाई-पक्ष की बात मानने के लिए तैयार था, यदि उसे केवल मुखबिरों की सुरक्षा का निश्चय हो जाता। सबूत-पक्ष का अब भी वही विचार है। सबूत-पक्ष को अपने मामले की मजबूती पर विश्वास है, वह सफाई-पक्ष के किसी न्यायोचित अधिकार का अपहरण नहीं करना चाहता। मुखबिरों के अलग-अलग रखने के सम्बन्ध में विचारणीय बात जगह की नहीं है। मुख्य प्रश्न मुखबिरों की सुरक्षा का है। यह बात ठीक है कि मुखबिर रामलाल अन्य मुखबिरों से अलग सिविल वार्ड में रखा गया है। परन्तु उसके सम्बन्ध में जेल-अधिकारियों को किसी प्रकार के खतरे की आशंका नहीं थी। मुखबिर रामलाल स्वयं उस स्थान में अपने को सुरक्षित नहीं समझता और उसे किसी अधिक सुरक्षित स्थान में हटाने का विचार हो रहा है। अन्त में आपने कहा कि जेल के मौजूदा प्रबन्ध और स्थान को देखते हुए मुखबिरों का अलग-अलग करके रखा जाना सम्भव नहीं है।

मि. आसफ़ अली द्वारा बताए दूसरे उपाय के सम्बन्ध में सरकारी वकील ने कहा कि इस केस में ऐसी कोई असाधारण बात नहीं है, जिससे क़ानून की प्रचलित पद्धति में परिवर्तन किया जाए। साधारणतया नियम यह है कि गवाही के बाद ही जिरह भी हो जाती है। कोई कारण नहीं है कि जिरह तब तक के लिए स्थगित रखी जाए, जब तक कि सब मुखबिरों की गवाही न समाप्त हो जाए। मुखबिर की लगातार गवाही लेना मेरे

लिए असुविधाजनक होगा। इसके बाद आपने कहा कि सफाई-पक्ष की सुविधा से मेरा कोई सरोकार नहीं है। परन्तु सफाई-पक्ष को अपनी सुविधा का ख़याल रखने का पूरा अधिकार है।

विचित्र तर्क

मि. आसफ़ अली ने सरकारी वकील की बातों का उत्तर देते हुए कहा कि मुझे नहीं मालूम कि मैं सरकारी वकील को उनके तर्कों के लिए बधाई दूँ या उनके प्रति सहानुभूति प्रकट करूँ। सरकारी वकील ने आज एक विचित्र ही तर्क उपस्थित किया है। मुखबिर रामलाल से सरकार नाराज़ हो गई है, इसलिए जेल के अधिकारी उसे कहीं भी रखने में उसकी जान का खतरा नहीं समझते। मि. आसफ़ अली ने कहा कि सफाई-पक्ष सभी मुखबिरों की सुरक्षा चाहता है। सरकारी वकील ने कहा—कि मुझे सफाई-पक्ष की सुविधा से कोई मतलब नहीं है, परन्तु "मैं न्याय के नाम पर ट्रिब्यूनल से प्रार्थना करता हूँ कि वह अभियुक्तों की सुविधा पर ध्यान दे।" सरकार को सुविधा की कमी नहीं है। उसके हाथ में अपरिमित खजाना, अगणित क़ानूनी सलाहकार, असंख्य कर्मचारी और शासन के सब विभाग ही हैं। सुविधा की ज़रूरत तो उन अभियुक्तों को है, जिनके पास किसी प्रकार के साधन नहीं हैं। वास्तव में इस षड्यंत्र केस का एकमात्र आधार मुखबिरों की गवाही है। कोई भी स्वतंत्र गवाह उनका समर्थक नहीं है। ऐसी हालत में ट्रिब्यूनल का यह फ़र्ज़ है कि वह ऐसा प्रबन्ध करे, जिससे जिरह के समय मुखबिर एक-दूसरे से मिल न सकें। किसी भी गवाह पर किसी प्रकार का बाहरी दबाव न पड़ना चाहिए। मेरी प्रार्थना है कि अब मुखबिरों को एक साथ मिलकर किस्से गढ़ने का अवसर न मिलना चाहिए। "ईश्वर के लिए, जिरह के समय मुखबिरों को अलग-अलग रखकर एक सुअवसर अभियुक्त-पक्ष को भी देने की कृपा कीजिए।" यूरोपियन वार्ड के बगलवाले तीन कार्यालयों में मुखबिरों के रहने के लिए यथेष्ट स्थान है। वह स्थान सुरक्षित भी है। आपने कहा कि एक बार सफाई-पक्ष को भी मामले की यथार्थता प्रकट करने का अवसर मिलना चाहिए।

मुखबिरों की लगातार गवाही होने और ज़िरह स्थगित रहने के सम्बन्ध में मि. आसफ़ अली ने 'इवीडेंस एक्ट' की दफा 135 का हवाला देते हुए कहा कि अदालत को इस विषय में अपने विचार के अनुकूल कार्रवाई करने का पूरा अधिकार है। आपने कहा कि यदि अनेक साधारण मामलों तक में गवाहों की जिरह स्थगित रखी जा सकती है, तो इस मामले में ऐसा क्यों नहीं किया जा सकता? बहस सुन लेने के बाद अर्जी पर फ़ैसला सुनाने के लिए अदालत ने बुधवार का दिन नियत किया।

इसके बाद षड्यंत्र सम्बन्धी वस्तुओं की शिनाख्त करने की कार्रवाई प्रारम्भ हुई। मुखबिर कैलाशपति प्रत्येक वस्तु की शनाख्त करता गया और अदालत उसे दर्ज करती गई। इस कार्रवाई के बीच में अभियुक्तों ने कई बार शिकायत की कि कोर्ट-इंस्पेक्टर द्वारा मुखबिर से पूछे गए प्रश्न धीमे स्वर में होने के कारण सुन नहीं पड़ते। सरकारी वकील ने कहा कि अभियुक्त आपस में बातें करते हैं, इस कारण वे सुन नहीं पाते।

प्रोफेसर निगम ने सरकारी वकील के कथन का घोर विरोध किया।

मि. आसफ़ अली ने कहा कि काग़ज़ातों के मिसिल में दर्ज किए जाने के पहले, उनका मामले से कहाँ तक सम्बन्ध है, यह समझा देना आवश्यक है। अदालत ने मि. आसफ़ अली की बात मान ली।

इसके बाद सबूत-पक्ष द्वारा उस पत्र के पेश करने पर, जो कि अभियुक्त हरद्वारीलाल ने अपने क़ानूनी सलाहकार को लिखा था, दोनों पक्षों में उत्तेजनापूर्ण बहस छिड़ गई।

सफाई के वकील मि. एस.एन. बोस ने इस पत्र के पेश किए जाने का विरोध किया। 'इवीडेंस एक्ट' की 126वीं दफा का हवाला देते हुए आपने कहा कि अभियुक्त द्वारा क़ानूनी सलाहकार को दी गई सलाहें प्रकट नहीं की जा सकतीं।

कोर्ट-इंस्पेक्टर–यह पत्र अभियुक्त की सहधर्मिणी से प्राप्त हुआ है, जबकि वह जेल में अपने पति से मिलने के लिए गई थी। अभियुक्त ने जेल नियमों के विरुद्ध यह पत्र उसको दिया था।

अभियुक्त विद्याभूषण–हरगिज़ नहीं, यह बिल्कुल झूठ है।

मि. आसफ़ अली ने कहा–क़ानूनन स्त्री और पति के बीच की लिखा-पढ़ी गुप्त रखी जा सकती है। यह पत्र अनुचित ढंग से प्राप्त किया गया है।

इस प्रश्न पर मि. आसफ़ अली और सरकारी वकील में बहुत उत्तेजनापूर्ण बहस छिड़ गई, जिसमें दोनों ओर से 'अनुचित उकसाहट', 'अशिष्ट आक्षेप', 'अन्याययुक्त कथन' आदि कठोर शब्द प्रयोग किए गए। मि. आसफ़ अली ने आखिर में कहा कि हम अत्यन्त विपरीत परिस्थितियों में अपना कर्तव्य पालन कर रहे हैं, सबूत-पक्ष को हमारे प्रति कुछ कम अन्याययुक्त होना चाहिए।

इस प्रश्न पर लगभग आधे घंटे तक बहस होती रही। अदालत ने सफाई-पक्ष की बात नहीं मानी और पत्र को पेश करने की आज्ञा दे दी।

इसके बाद कुछ और काग़ज़ों के पेश करने के बाद अदालत स्थगित हो गई।

आज तारीख 1 जुलाई को दिल्ली षड्यंत्र केस में स्पेशल ट्रिब्यूनल के प्रेजिडेंट ने अभियुक्त-पक्ष की ओर से पेश की गई उस अर्जी पर फ़ैसला सुनाया, जिसमें मुखबिर कैलाशपति को अन्य मुखबिरों से अलग रखे जाने के लिए कहा गया था। प्रेजिडेंट ने अपने फैसले में कहा कि यदि मुखबिर कैलाशपति अन्य मुखबिरों से अलग रखा जा सकता, तो सफाई-पक्ष के कथनानुसार अच्छा ही होता। परन्तु मैं सरकारी वकील के इस कथन से सहमत हूँ कि डिस्ट्रिक्ट जेल में न तो इसके लिए यथेष्ट स्थान है, न मुखबिरों की सुरक्षा का व्यक्तिगत प्रबन्ध ही हो सकता है।

इस सम्बन्ध में सफाई-पक्ष ने जो दूसरी बात पेश की है, वह यह है कि पहले सब मुखबिरों की गवाही हो जाए, इसके बाद उनकी जिरह प्रारम्भ हो। परिस्थितियों को देखते हुए, ट्रिब्यूनल का विचार है कि क़ानून की जो पद्धति हिन्दुस्तान भर की अदालतों में प्रचलित है, उसको बदलना उचित न होगा। इसलिए अर्जी खारिज की जाती है।

इसके बाद षड्यंत्र सम्बन्धी वस्तुओं की मुखबिर कैलाशपति ने शनाख्त की।

इसके बाद अदालत वृहस्पतिवार तक के लिए स्थगित हो गई।

तारीख 2 जुलाई को स्पेशल ट्रिब्यूनल की बैठक में दिन का अधिक हिस्सा षड्यंत्र सम्बन्धी वस्तुओं की शनाख्त में लग गया। मुखबिर कैलाशपति ने आज अपना बयान समाप्त कर दिया। शनाख्त के लिए जो वस्तुएँ पेश की गई थीं, उनमें से बहुत-सी वस्तुएँ झंडेवालाँ बम फैक्टरी और भिन्न-भिन्न अभियुक्तों के मकानों से मिली थीं। जिनमें लिटीमस पेपर, तौलने के बटखरे, ट्यूब, पिकरिक एसिड, धोने के बर्तन, फाइल, जूते, कम्बल, कपड़े, मोटरसाइकिल के हिस्से और स्टूल आदि थे।

एक प्रश्न के उत्तर में मुखबिर ने कहा कि स्टूल मैंने या ख्यालीराम या विमलप्रसाद जैन ने खरीदे थे। (इस पर हँसी हुई).

किसी अभियुक्त ने कहा–या सरदार जी (कोर्ट इंस्पेक्टर) भी क्यों नहीं जोड़ देते?

उपस्थित वस्तुओं में पिकरिक एसिड बनाने के लिए शीशे के गिलास भी थे।

इन वस्तुओं के सम्बन्ध में यह प्रश्न करने पर कि उन्हें कौन खरीदकर फैक्टरी में लाया था, मुखबिर कैलाशपति ने कहा कि, ''जहाँ तक मेरा ख़याल है, शायद इन्होंने या उन्होंने खरीदा होगा।'' इस पर मि. आसफ़ अली ने कहा कि यह कोई गवाही नहीं है, यह तो अनुमान मात्र है। मुखबिर इस विषय में अनिश्चित है। अदालत के सामने शनाख्त के लिए पेश की गई वस्तुओं में गन्धक, दस बोतल सल्फ्यूरिक एसिड (जिनको शायद मुखबिर कैलाशपति ने बाबूराम की दुकान से खरीदा था।), गन कॉटन, फनेल, पिक्रोक्लोरिन गैस, शीशे के पाँच गिलास, डेंसिटी बोतल, रबर ट्यूब, भोजन बनाने के बर्तन, प्रोफेसर निगम की एक फाउण्टेन पेन और हवाई पिस्तौलों को साफ करनेवाली एक ब्रश थी। अभियुक्तों का कठघरा हँसी से गूँज उठा, जब अदालत के सामने एक फटी-पुरानी रजाई, जिससे बहुत बदबू आ रही थी, शनाख्त के लिए पेश की गई। मुखबिर ने कहा कि रजाई मेरी है, मैंने इसे विशम्भर दयाल को दिया था। इसके बाद मुखबिर ने पं. चन्द्रशेखर आजाद के कोट और निकर की शनाख्त की, जिन्हें आजाद मुखबिर के पास छोड़ गया था। इसके बाद मुखबिर ने उस बी.एस.ए. मोटरसाइकिल के पहियों, टायरों, इंजनों और दूसरे पुर्जों की शनाख्त की, जिनका अभियुक्तों ने दिसम्बर सन् 1929 में वायसराय की ट्रेन उड़ाने की स्कीम सोचने के अवसर पर उपयोग किया था।

मोटरकार

गाडोदिया स्टोर की डकैती में जिस मोटरकार पर बैठकर अभियुक्त स्टोर लूटने गए थे, वह भी शनाख्त के लिए पेश की गई। मुखबिर ने कहा कि 'शेवरले' कार थी। इसके अतिरिक्त और उस सम्बन्ध में मैं कुछ नहीं जानता। कार की रोशनी के रंग के विषय में मैं कुछ नहीं कह सकता।

तारीख 3 जुलाई को दिल्ली षड्यंत्र केस में स्पेशल ट्रिब्यूनल के सामने सबूत की ओर से शनाख्त के लिए मुखबिर कैलाशपति का वह बयान पेश किया गया, जो कि उसने मामले के प्रारम्भ में फ़र्स्ट क्लास मजिस्ट्रेट मि. ईसर के सामने दिया था। सफाई के वकील मि. आसफ़ अली ने उपरोक्त बयान के पेश किए जाने का विरोध किया। आपने कहा कि यह बयान मुखबिर कैलाशपति का नहीं मालूम होता। सफाई के वकील मि. एस.एन. बोस ने कहा कि यह बयान अपराध करने के समय या उसके आस-पास किसी समय नहीं दिया गया था, इसलिए वह पेश नहीं किया जा सकता। अपराध का कार्य सन् 1925 में प्रारम्भ हुआ था और बयान सन् 1931 में दर्ज किया गया था। इसके अतिरिक्त यह बयान केस की जाँच करनेवाले किसी अफसर के सामने नहीं दिया था। आपने कहा कि इस बयान का इस मामले से कोई सम्बन्ध नहीं है। इस अदालत के सामने दिए गए बयान का न तो वह पूरी तरह से समर्थन करता है, न उसका विरोध ही करता है। वास्तव में वह बयान सैकड़ों विरोधी बातों से भरा हुआ है। आपने कहा कि इस अदालत के सामने दिए गए बयान के समर्थन में ही कोई बात पेश की जा सकती हैं।

प्रेजिडेंट—बयान हिस्सों में विभाजित नहीं किया जा सकता, वह पूरा का पूरा ही पेश किया जाएगा।

मि. आसफ़ अली की बहस

मि. आसफ़ अली ने कहा कि जाब्ता फौजदारी की दफा 164 के अनुसार, कोई भी बयान, दफा 157 के अनुसार पेश किए जाने लायक होते हुए भी, तब तक नहीं पेश किया जा सकता, जब तक कि दफा 164 के सम्पूर्ण नियमों का पालन न किया गया हो। इस बात का कोई सबूत नहीं है कि उपरोक्त बयान के दर्ज होते समय उस सम्बन्ध के सम्पूर्ण आवश्यक नियमों का पालन किया गया था।

ट्रिब्यूनल के एक सदस्य रायबहादुर कुँवरसेन ने कहा—क्योंकि इसकी गवाही देने के लिए मजिस्ट्रेट अभी नहीं आए हैं।

मि. आसफ़ अली ने अपनी बहस के सिलसिले में कहा कि दफा 157 के अनुसार अदालत में दिए गए बयान के केवल समर्थन में कोई बात पेश की जा सकती है। जब तक अदालत के सामने इस बात का सबूत न दे दिया जाए कि बयान दर्ज करने के जो नियम हैं, उन सबका उपरोक्त बयान के दर्ज करने में पालन किया गया है और जब तक इस बात का भी सबूत न दे दिया जाए कि बयान मुखबिर ने अपने आप बिना किसी बाहरी दबाव के दिया था, तब तक सबूत की ओर से पेश किया जानेवाला मुखबिर का यह बयान काग़ज़ का एक टुकड़ा मात्र है।

सरकारी वकील का उत्तर

सरकारी वकील ने मि. आसफ़ अली के उत्तर में कहा कि दफा 164 के अनुसार, डिस्ट्रिक्ट मजिस्ट्रेट को बयान दर्ज करने का अख्तियार है। आपने हाईकोर्ट की एक नजीर पेश करते

हुए कहा कि किसी प्रश्न के समर्थन में ऐसा बयान तक पेश किया जा सकता है, जो कि पहले के किसी मामले में दिया गया हो। आपने कहा कि बयान विभाजित करके नहीं पेश किया जा सकता, वह पूरा का पूरा ही पेश किया जा सकता है। परन्तु सबूत की ओर से इस बात का विश्वास दिलाया जाता है कि वह अपने पक्ष-समर्थन के लिए केवल उन्हीं बातों का जिक्र करेगा, जिनका अदालत में दिए गए बयान से समर्थन होता होगा।

अधिकार का प्रश्न

मि. बोस ने सरकारी वकील के तर्क का उत्तर देते हुए कहा कि इस केस की जाँच फर्स्ट क्लास मजिस्ट्रेट मियाँ जगदीश सिंह कर रहे थे, इसलिए मि. ईसर को इस सम्बन्ध में कार्रवाई करने का अधिकार नहीं था। झंडेवालाँ बम फैक्टरी फर्स्ट क्लास मजिस्ट्रेट मियाँ जगदीश सिंह के हल्के में है। आपने जाब्ता फौजदारी की दफा 164 के सन् 1923 वाले संशोधन का हवाला देते हुए कहा कि अदालत में मामले के प्रारम्भ होने के पहले जो बयान दफा 162 के अनुसार दर्ज किए जाते हैं, वे अदालत में मामले के चलते समय नहीं पेश किए जा सकते।

पहले दिल्ली षड्यंत्र केस में मुखबिर दीनानाथ के बयान का और इसी प्रकार दिल्ली के बनिया की हत्या के केस में, सबूत-पक्ष ने मुखबिर के बयानों का ज़िक्र तक नहीं किया। इसलिए अदालत को इस बयान के पेश करने की इजाजत न देनी चाहिए।

मि. आसफ़ अली ने क़हा कि जब तक उस समय के सिटी मजिस्ट्रेट और आजकल के एडीशनल मजिस्ट्रेट मि. ईसर अदालत के सामने पेश नहीं किए जाते तब तक सबूत-पक्ष यह बात नहीं साबित कर सकता कि मुखबिर कैलाशपति का बयान क़ानून के अनुसार दर्ज किया गया था।

मि. आसफ़ अली ने कहा कि बयान मुखबिर कैलाशपति का नहीं है। बयान की अंग्रेजी भाषा से जाहिर होता है कि वह मुखबिर कैलाशपति का बयान नहीं है। ट्रिब्यूनल बयान के अक्षरों को देखकर स्वयं ही निर्णय कर सकता है कि मुखबिर कैलाशपति ऐसी भाषा में बयान दे सकता है या नहीं।

सम्पूर्ण बयान क़ानूनी कठिनाइयों से भरा पड़ा है। अगर सफाई-पक्ष के विरोध करने पर भी सबूत-पक्ष उसे पेश करना ही चाहे तो वह कर सकता है।

सरकारी वकील ने मि. बोस की बात का उत्तर देते हुए कहा कि अधिकार का प्रश्न ही नहीं है। कोई भी उपयुक्त मजिस्ट्रेट मामले की जाँच कर सकता था।

अदालत ने इस प्रश्न पर निर्णय देने के लिए तारीख 8 जुलाई नियत की है।

इसके बाद कोर्ट-इंस्पेक्टर ने भिन्न-भिन्न पुस्तकों, काग़ज़ों और अन्य वस्तुओं के पेश करने का कारण बतलाया। यह पूछने पर कि गोरकी-लिखित 'मदर' का हिन्दी अनुवाद क्यों पेश किया गया है, आपने बतलाया कि 'मदर' एक प्रसिद्ध रूसी लेखक की क्रान्तिकारी पुस्तक है।

इसके बाद मि. आसफ़ अली ने अदालत से कुछ काग़ज़ातों की फोटो देने की प्रार्थना की। अदालत ने प्रार्थना पर विचार करने के लिए उन काग़ज़ातों की फ़हरिस्त देने के लिए

कहा। मि. आसफ़ अली ने अदालत से मुखबिर कैलाशपति की गवाही की नकल जल्द से जल्द देने के लिए भी प्रार्थना की। प्रेजिडेंट ने नकल जल्दी ही देने का वचन दिया। आपने कहा कि प्रेस इस विषय में सावधानी से कार्य नहीं कर रहा है।

जलपान के बाद मुखबिर कैलाशपति के बयान में जो कुछ बातें छूट गई थीं, उनके सम्बन्ध में मुखबिर से प्रश्न करके उनकी पूर्ति कर दी गई।

आज की कार्रवाई में लाहौर षड्यंत्र केस के सफाई के वकील लाला श्यामलाल एडवोकेट भी उपस्थित थे। आप अभियुक्त धन्वन्तरि से मिले।

इसके बाद अदालत 8 जुलाई तक के लिए स्थगित हो गई।

23 जुलाई, 1931

भविष्य

आज तारीख 8 जुलाई को स्पेशल ट्रिब्यूनल की बैठक में दिल्ली षड्यंत्र केस के अभियुक्त अनुपस्थित थे। अभियुक्त पोद्दार बीमार थे। उनकी तरफ से पैरवी करनेवाला कोई वकील भी नहीं था, इसलिए अभियुक्त की अनुपस्थिति के कारण कार्रवाई स्थगित रखी गई। ट्रिब्यूनल के प्रेजिडेंट ने जेल के सुपरिंटेंडेंट को पत्र लिखा कि यदि मि. पोद्दार अपनी अनुपस्थिति के लिए कोई वकील नियुक्त कर दें, तो अदालत की कार्रवाई जारी रह सकती है।

मि. आसफ़ अली का वक्तव्य

सफाई के वकील मि. आसफ़ अली ने आज ट्रिब्यूनल के जजों के सामने अपना निम्नलिखित वक्तव्य दिया–

''अदालत और अभियुक्तों के प्रति जो मेरा फ़र्ज़ है, उसके अनुसार मुझे आज यह बतला देना आवश्यक है कि 25 जून को दिल्ली षड्यंत्र केस की सुनवाई फिर से प्रारम्भ होने के समय जब मेरी नियुक्ति हुई थी, तब मेरे और अभियुक्तों के बीच यह बात तय हो गई थी कि सफाई के लिए किसी दूसरे सीनियर वकील के मिल जाने पर मैं इस केस से अलग हो जाऊँगा। मुझे इस बात का हर्ष है कि अभियुक्तों ने एक दूसरा सीनियर वकील तय कर लिया है, जिससे मैं इस भार से अलग होता हूँ। मुझे आशा है कि मेरे पद पर आगे से कार्य करनेवाले सफाई के वकील को मामले का अध्ययन करने के लिए उपयुक्त अवसर प्रदान किया जाएगा।

''अपना वक्तव्य समाप्त करने के पहले मैं अदालत की शिष्टता, धीरता और उसकी न्याय-भावना की प्रशंसा करना अपना कर्तव्य समझता हूँ। मैं अपने विरुद्ध पक्ष के विद्वान मित्र को धन्यवाद देना भी अपना फ़र्ज़ समझता हूँ। मैं अपने पक्ष के सहयोगियों को भी धन्यवाद देता हूँ, जिन्होंने मेरे प्रति सदैव सौहार्द का भाव रखा है। सफाई तथा रिलीफ़ कमेटी ने जिस सहृदयता के साथ सहयोग किया है, उसकी प्रशंसा करना इस स्थान पर अनुपयुक्त न होगा। आखिर में मैं अभियुक्तों को धन्यवाद देता हूँ, जिन्होंने मुझ पर पूर्ण विश्वास प्रदर्शित किया है।''

सेवाओं की प्रशंसा

दिल्ली षड्यंत्र केस की सफाई और रिलीफ कमेटी ने पत्रों में निम्नलिखित वक्तव्य प्रकाशित कराया है–

"बैरिस्टर मि. आसफ़ अली ने सफाई के सीनियर वकील के पद से अलग हो जाने का जो निश्चय किया है, उस पर कमेटी अत्यन्त खेद प्रकट करती है। ऐसे समय, जबकि सफाई-पक्ष को उनकी सेवाओं की अत्यन्त आवश्यकता थी, सफाई से उनका अलग हो जाना अत्यन्त हानिकारक हुआ है। कमेटी उनकी मूल्यवान सेवाओं के लिए अपनी हार्दिक प्रशंसा का भाव प्रकट करती है।

"कमेटी को खेद है कि मि. फ़रीदुल हक़ अंसारी को भी वैसा ही निर्णय करना पड़ा है। उनकी सेवाओं के लिए कमेटी प्रशंसा करती है।"

आज तारीख 9 जुलाई को दिल्ली षड्यंत्र केस की पेशी शनिवार तक के लिए फिर स्थगित हो गई। अदालत में उपस्थित अभियुक्तों से स्पेशल ट्रिब्यूनल के प्रेजिडेंट ने पूछा कि तुम लोगों के क़ानूनी सलाहकार इस केस से अलग हो गए हैं, उनके स्थान पर सफाई के लिए क्या प्रबन्ध हुआ है?

अभियुक्तों की ओर से श्री वात्स्यायन ने कहा कि कुछ वकीलों से बातचीत हो रही है, आशा है कि सोमवार तक हम लोग अदालत को अपना निश्चय बतला देंगे। प्रेजिडेंट ने अभियुक्तों से कहा कि अपना निर्णय शनिवार तक बतला दो, जिससे उसी दिन वकीलों को सूचना दे दी जाए और सोमवार से बाकायदा कार्रवाई प्रारम्भ हो जाए। प्रेजिडेंट ने अभियुक्तों से यह भी कहा कि यदि पैरवी करानेवाले अभियुक्तों की संख्या पहले से कम हो गई, तो अदालत उसी के अनुसार वकीलों की संख्या और उनके मेहनताने में भी कमी कर देगी।

एक दिन पहले की कार्रवाई

दिल्ली षड्यंत्र केस में सफाई के सीनियर वकील के कार्य से अलग होते समय सरकारी वकील मि. जफरुल्ला ने मि. आसफ़ अली की प्रशंसा की। आपने कहा कि मैं अपनी तरफ से और अपने सहयोगियों की तरफ से बोल रहा हूँ। मुझे इस बात का खेद है कि मि. आसफ़ अली सरीखे योग्य और न्यायप्रिय व्यक्ति के द्वारा सबूत-पक्ष का विरोध न होगा। सबूत-पक्ष मि. आसफ़ अली के सौहार्द-भाव की प्रशंसा करता है।

इसके बाद एक-एक करके यह कहते हुए कि पेशे की मर्यादा के अनुसार सीनियर वकील के साथ जूनियर वकीलों का भी अलग हो जाना आवश्यक है, जिससे कि नया सीनियर वकील अपनी इच्छा के अनुसार नए जूनियर वकील रख सके, मि. फरीदुल हक अंसारी मि. बैनर्जी, मि. बलजीत सिंह अदालत के बाहर हो गए।

प्रेजिडेंट और ट्रिब्यूनल के अन्य सदस्यों ने मि. आसफ़ अली और दूसरे वकीलों से हाथ मिलाया।

आशा की जाती है कि मि. आसफ़ अली की जगह सफाई के सीनियर वकील के पद पर डॉ. किचलू कार्य करेंगे।

ता. 7 जुलाई को दिल्ली षड्यंत्र केस की सफाई कमेटी की एक सभा हुई, जिसमें कमेटी तोड़ देने का निश्चय किया गया; क्योंकि अभियुक्तों ने अपनी सफाई की कमेटी

स्वयं ही बना ली है। सफाई कमेटी की सभा में यह भी निश्चय हुआ कि कमेटी के पास जो धन है, वह अभियुक्तों के अधिकार में कर दिया जाए और सदस्य व्यक्तिगत हैसियत से ज़रूरत पड़ने पर पूर्ण सहायता देते रहें।

यह भी निश्चय हुआ कि चन्दे की रसीद-बुकें वापस ले ली जाएँ और अब तक का हिसाब प्रकाशित कर दिया जाए।

ता. 11 जुलाई को स्पेशल ट्रिब्यूनल के प्रेजिडेंट मि. एल.सी. व्हाइट, आई.सी.एस. ने दिल्ली षड्यंत्र केस के अभियुक्तों से कहा कि मामले की कार्रवाई अब अधिक दिनों के लिए स्थगित नहीं की जा सकती, सोमवार ता. 13 जुलाई से सुनवाई प्रारम्भ हो जाएगी।

आज अभियुक्त अदालत में 11 बज कर 10 मिनट पर पहुँचे थे। अदालत का कार्य 11 बज कर 25 मिनट पर प्रारम्भ हुआ। अभियुक्त पोद्दार, जो कि बीमार रह चुके थे, वे भी आज उपस्थित थे।

सरकारी वकील और सबूत-पक्ष के सब लोग उपस्थित थे, परन्तु अभियुक्तों की तरफ से केवल अभियुक्त कपूरचन्द के वकील एस.एन. बोस उपस्थित थे।

प्रारम्भ में प्रेजिडेंट ने अभियुक्तों से पूछा कि आप लोगों ने अपने सफाई के वकीलों के सम्बन्ध में क्या निश्चय किया है?

मि. वात्स्यायन ने उत्तर दिया–"इस सम्बन्ध में वृहस्पतिवार के दिन जो कुछ हम लोग कह चुके हैं, उससे अधिक कुछ नहीं कहना चाहते।" यानी सोमवार तक अभियुक्त इस विषय में अपना कोई निश्चय बतला सकेंगे।

इस पर प्रेजिडेंट ने कहा कि सोमवार से कार्रवाई प्रारम्भ हो जाएगी, इससे अधिक हम स्थगित नहीं कर सकते।

आज ता. 13 जुलाई को 11 बजकर 25 मिनट पर स्पेशल ट्रिब्यूनल के सामने दिल्ली षड्यंत्र का मामला पेश हुआ।

प्रारम्भ में ट्रिब्यूनल के प्रेजिडेंट ने अभियुक्तों से पूछा कि आप लोगों ने अपने वकीलों के सम्बन्ध में क्या निश्चय किया है? अभियुक्त वात्स्यायन ने उत्तर दिया कि हम लोगों ने अमृतसर के बैरिस्टर डॉ. सैफुद्दीन किचलू को अपना सीनियर वकील चुना है। वे अपने जूनियर स्वयं नियुक्त कर लेंगे।

प्रेजिडेंट–डॉ. किचलू किस अभियुक्त की तरफ से पैरवी करेंगे?

वात्स्यायन–यह डॉ. किचलू ही बता सकेंगे?

प्रेजिडेंट–वकील नियुक्त होने के पहले हमें यह मालूम हो जाना आवश्यक है कि वे किनकी तरफ से पैरवी करेंगे।

वात्स्यायन–पहले की तरह अभियुक्त ख्यालीराम गुप्त, बाबूराम गुप्त, मास्टर हरकेश, रुद्रदत्त, हरद्वारीलाल गुप्त की तरफ से पैरवी होगी।

प्रेजिडेंट–दूसरे अभियुक्त पैरवी नहीं कराना चाहते?

वात्स्यायन–डॉ. किचलू के नियुक्त हो जाने के बाद सम्भव है एक या दो और अभियुक्त अपनी पैरवी कराना चाहें।

प्रेजिडेंट–तो इसका तात्पर्य यह कि आप लोगों की स्थिति वही है, जो मि. आसफ़ अली के समय थी।

वात्स्यायन–हाँ।

सफाई-पक्ष का विरोध नहीं माना गया

इसके बाद प्रेजिडेंट ने, मुखबिर कैलाशपति के उस बयान के सम्बन्ध में, जो कि उसने मजिस्ट्रेट मि. ईसर की अदालत में दिया था और जिसके ट्रिब्यूनल में पेश किए जाने में सफाई-पक्ष के वकील मि. आसफ़ अली और मि. बोस ने विरोध किया था, अपना हुक्म सुनाया।

ट्रिब्यूनल ने सफाई के वकीलों की बात नहीं मानी और कहा कि मि. ईसर मुखबिर कैलाशपति के बयान दर्ज करने के लिए क़ानूनन उपयुक्त व्यक्ति थे। मि. ईसर ने मुखबिर कैलाशपति को क्षमा भी प्रदान किया था।

इसके बाद ट्रिब्यूनल ने मुखबिर कैलाशपति को बयान का समर्थन करने के लिए गवाह के कठघरे में पेश करने के लिए कहा।

इस पर अभियुक्त वात्स्यायन ने अदालत से प्रार्थना की कि जब तक अभियुक्तों के वकील नियुक्त होने की बात बिल्कुल निश्चित न हो जाए, तब तक के लिए अदालत की कार्रवाई स्थगित रखी जाए।

प्रेजिडेंट ने कहा कि इस विषय में जलपान के समय फ़ैसला दिया जाएगा। तब तक वकील की अनुपस्थिति से अभियुक्तों का कोई नुकसान न होगा, क्योंकि मुखबिर कैलाशपति का केवल बयान पढ़कर उसे सुनाया जाएगा।

इसके बाद बयान का पढ़ना प्रारम्भ हुआ। बयान में फुलस्केप आकार के 254 छपे हुए पृष्ठ थे। सम्भवतः वह कल के पहले न समाप्त होगा।

अभियुक्त हरकेश ने अदालत से कहा कि मैं अंग्रेजी नहीं समझता, बयान हिन्दी में पढ़कर सुनाया जाए।

प्रेजिडेंट ने कहा कि मूल बयान अंग्रेजी में है, इसलिए वह अंग्रेजी में ही पढ़ा जाएगा, परन्तु उर्दू में अनुवाद कर दिया जाएगा।

आज की कार्रवाई का दिन बयान के पढ़ने में ही लग गया। कल भी पढ़ा जाएगा।

डॉ. किचलू नियुक्त हो गए

चार बजे के बाद प्रेजिडेंट ने घोषित किया, कि ट्रिब्यूनल ने अभियुक्त-पक्ष की तरफ से पैरवी करने के लिए डॉ. किचलू और उनके साथ दो जूनियर वकीलों के नियुक्त किए जाने का निश्चय किया है। उन्हें 128/-रु. प्रतिदिन मेहनताना मिला करेगा।

कल जलपान के बाद मुखबिर कैलाशपति की जिरह प्रारम्भ होने की आशा है।

ता. 14 जुलाई को स्पेशल ट्रिब्यूनल के सामने दिल्ली षड्यंत्र केस में सफाई-पक्ष की ओर से एक महत्त्वपूर्ण प्रश्न पेश हुआ। अभियुक्तों के वकील डॉ. किचलू और मि. एस.एन. बोस ने कहा कि जब तक इस षड्यंत्र का फरार अभियुक्त हजारीलाल, जो कि पटना में गिरफ़्तार हुआ है, इस अदालत में न पेश किया जाए, तब तक क़ानूनन अदालत की कार्रवाई नहीं चल सकती। इस प्रश्न पर बहस के लिए कल की तारीख निश्चित हुई है।

प्रारम्भ में डॉ. किचलू ने ट्रिब्यूनल के सामने अपना एक वक्तव्य दिया। सीनियर वकील नियुक्त करने के लिए ट्रिब्यूनल को धन्यवाद देते हुए आपने कहा कि मैं अदालत के अन्दर अच्छे वायुमंडल बनाए रखने और अदालत के गौरव की रक्षा करने में पूर्ण सहयोग दूँगा। मुझे विश्वास है कि मेरे मुवक्किल भी, जो कि शिक्षित और अच्छी हैसियत के आदमी हैं, मेरा सहयोग करेंगे। इसके बाद आपने अदालत से, जिरह प्रारम्भ करने के पहले, कुछ समय देने की प्रार्थना की। आपने कहा कि मुझे इस केस का अध्ययन और साथ ही अमृतसर के कई खून के मामलों का प्रबन्ध भी करना है।

मेहनताना के विषय में आपने कहा कि मैं इस सम्बन्ध में अपना घोर विरोध प्रकट करना चाहता हूँ। मैं अपने लिए रुपया नहीं चाहता। परन्तु मैं यह कहे बिना नहीं रह सकता कि सरकार को इस मामले में उचित और न्यायशील होना चाहिए था। सफाई और सबूत के वकीलों में किसी प्रकार का पक्षपातपूर्ण भेद न करना चाहिए। सरकार को चाहिए कि वह या तो सबूत और सफाई के वकीलों को बराबर-बराबर फीस दे या बिल्कुल न दे और अभियुक्तों से अपनी सफाई का प्रबन्ध अपने आप कर लेने के लिए कह दे।

मि. एस.एन. बोस की उस अर्जी के सम्बन्ध में, जो कि आपने फरार अभियुक्त हजारीलाल के अदालत में पेश किए जाने के लिए दी है, डॉ. किचलू ने कहा कि मि. बोस ने उस अर्जी में जो कुछ कहा है, उसका मैं समर्थन करता हूँ। मि. एस.एन. बोस की अर्जी इस प्रकार है–

(1) इस षड्यंत्र केस में बहुत से ऐसे अभियुक्तों पर भी मामला चल रहा है, जो कि फरार कहे जाते हैं, और जिनमें एक हजारीलाल भी हैं।

(2) हजारीलाल पटना में गिरफ़्तार हो गए हैं और ऐसा विश्वास किया जाता है कि बाँकीपुर जेल में बन्द हैं।

(3) दफा 512 के अनुसार अब हजारीलाल के विरुद्ध उनकी अनुपस्थिति में कोई कार्रवाई होना अनुचित है।

इसलिए प्रार्थना की जाती है कि अदालत या तो सबूत-पक्ष को हजारीलाल के इस अदालत में पेश करने का हुक्म दे या पटना के मजिस्ट्रेट के पास अपना वारंट भेज दे कि अभियुक्त हजारीलाल इस अदालत में पेश किया जाए। तब तक के लिए अदालत की कार्रवाई स्थगित रखी जाए।

दूसरी अर्जी

मि. एस.एन. बोस ने एक दूसरी अर्जी भी पेश की। अर्जी इस प्रकार है–

(1) इस षड्यंत्र केस में सबूत की ओर से बहुत से काग़ज़ और किताबें पेश की गई हैं, जिन्हें अदालत ने मुखबिर कैलाशपति के बयान के अनुसार मिसिल में दर्ज़ कर लिया है।

(2) इनमें से कोई भी काग़ज़ या उसका कोई भी हिस्सा पढ़कर सुनाया नहीं गया। इवीडेंस एक्ट की दफा 39 में और लाहौर हाईकोर्ट के नियमों में इस तरह के काग़ज़ों के पढ़कर सुनवाने का नियम है।

(3) बिना इन काग़ज़ों या उन काग़ज़ों के मुख्य अंशों को पढ़कर सुनाए सफाई-पक्ष के लिए यह जानना असम्भव है कि सबूत-पक्ष किस आधार पर अपने पक्ष का समर्थन करना चाहता है। बिना पढ़कर सुनाए काग़ज़ों को प्रमाणित समझकर मिसिल में दर्ज करते जाना गैर-क़ानूनी और हाईकोर्ट के नियमों के विरुद्ध है।

सफाई-पक्ष के लिए मुखबिर कैलाशपति की जिरह के पहले यह जानना अत्यन्त आवश्यक है कि सबूत-पक्ष ने पेश किए गए काग़ज़ों के किन अंशों को अपने पक्ष का आधार बनाया है।

इसलिए अदालत से प्रार्थना है कि वह सबूत-पक्ष को काग़ज़ों के उन अंशों को क़ानून के अनुसार पढ़कर सुनाने का हुक्म दे, जिनको सबूत-पक्ष ने अपने पक्ष का आधार बनाया है।

हजारीलाल के सम्बन्ध में अर्जी पेश करते हुए मि. बोस ने अदालत से कहा कि हजारीलाल बाँकीपुर जेल में है। अदालत पटना के मजिस्ट्रेट के पास हजारीलाल को दिल्ली भेज देने के लिए एक तार भेज सकती है। दफा 512 के अनुसार उसके विरुद्ध अब कोई कार्रवाई नहीं हो सकती।

प्रेजिडेंट–दफा 512 के अनुसार होनेवाली कार्रवाइयाँ समाप्त हो चुकी हैं।

मि. बोस–फरार अभियुक्त के गिरफ्तार होने तक दफा 512 के अनुसार होनेवाली कार्रवाइयाँ समाप्त नहीं होतीं। आपने कहा कि इस विषय में क़ानून बिल्कुल स्पष्ट है। जाब्ता फौजदारी की दफा 353 के अनुसार गवाहों के बयान होने के समय अभियुक्तों की उपस्थिति आवश्यक है। अभियुक्तों की अनुपस्थिति से कार्रवाई गैर-क़ानूनी हो जाती है।

इस पर ट्रिब्यूनल के एक सदस्य ख़ाँ बहादुर अमीर अली ने कहा–क्या हजारीलाल के विषय में आपने अखबारों से जानकारी हासिल की है?

मि. बोस–अखबारों और व्यक्तियों, दोनों से।

रायबहादुर कुँवरसेन–क्या हजारीलाल की अनुपस्थिति में कार्रवाई गैर-क़ानूनी हो जाएगी?

मि. बोस–हाँ।

चौधरी जफरुल्ला—बिल्कुल नहीं।

रायबहादुर कुँवरसेन—मान लीजिए हजारीलाल पर से मामला उठा लिया गया।

मि. बोस—तब परिस्थिति दूसरी हो जाएगी।

आपने कहा कि हजारीलाल की अनुपस्थिति में अदालत की कार्रवाई उसी क्षण से गैर-क़ानूनी हो जाती है, जिस क्षण ट्रिब्यूनल के सामने मैंने यह सूचना दी कि हजारीलाल अदालत में पेश किया जा सकता है।

सरकारी वकील—कार्रवाई गैर-क़ानूनी हो जाने का खतरा स्वीकार करने के लिए मैं तैयार हूँ।

इस पर ट्रिब्यूनल ने मुखबिर की जिरह स्थगित कर दी, जो कि जलपान के बाद प्रारम्भ होनेवाली थी। मुखबिर का बयान, जो कि पढ़ा जा रहा था, आज समाप्त हो गया।

कल मि. बोस की अर्जी पर बहस होगी।

30 जुलाई, 1931

भविष्य

ता. 16 जुलाई को दिल्ली षड्यंत्र केस में स्पेशल ट्रिब्यूनल के सामने अभियुक्त-पक्ष के वकील मि. एस.एन. बोस ने उस अर्जी पर लम्बी बहस की, जिसमें कहा गया था कि आगे कार्रवाई प्रारम्भ करने के पहले इस षड्यंत्र का फरार अभियुक्त हजारीलाल, जो कि पटना में गिरफ़्तार हो गया है, इस अदालत के सामने पेश किया जाए। आपने कहा कि दिल्ली के चीफ-कमिश्नर ने जब दिल्ली षड्यंत्र केस के अभियुक्तों के लिए सम्मिलित विचार का हुक्म निकाला था, उस समय 9 अभियुक्त फरार थे, जिनमें एक हजारीलाल भी था। अब हजारीलाल गिरफ़्तार हो गया है और गवर्नमेंट की क़ानूनी हिरासत में है, इसलिए आगे कार्रवाई प्रारम्भ होने के पहले उसका इस अदालत के सामने पेश किया जाना आवश्यक है। मि. बोस ने कहा कि जब तक वह चालान बदल न दिया जाए, जिसमें लिखा हुआ है कि इस षड्यंत्र केस में हजारीलाल की ज़रूरत है, तब तक अभियुक्तों के संयुक्त विचार के लिए हजारीलाल की उपस्थिति आवश्यक है। आपने यह भी कहा है कि यदि इस षड्यंत्र केस में हजारीलाल को शामिल करना है, तो क़ानूनन गवाही दर्ज होने की कार्रवाई उसकी उपस्थिति में ही होनी चाहिए। ऐसा न होने से उसे अपनी गैर-मौजूदगी की कार्रवाई फिर से प्रारम्भ कराने का अधिकार होगा।

सरकारी वकील का उत्तर

सरकारी वकील मि. जफरुल्ला खाँ ने अभियुक्त-पक्ष के वकील मि. एस.एन. बोस की बहस का उत्तर देते हुए कहा कि हजारीलाल गिरफ़्तार हो गया है और वह गवर्नमेंट की क़ानूनी हिरासत में है, यह मैं मानता हूँ। परन्तु मेरा कहना यह है कि इस केस में हजारीलाल का शामिल किया जाना बिल्कुल अनावश्यक है। आपने अभियुक्तों के संयुक्त विचार के सिद्धान्त का स्पष्टीकरण करते हुए कहा कि अभियुक्तों के संयुक्त विचार का नियम केवल अदालती कार्रवाई की सहूलियत के लिए रखा गया है। अगर सबूत-पक्ष चाहे तो प्रत्येक अभियुक्त का विचार अलग-अलग करने के लिए कह सकता है। इसलिए किसी एक फरार अभियुक्त या कई फरार अभियुक्तों के पकड़े जाने से मौजूदा मामले की कार्रवाई में कोई बाधा नहीं पहुँचती। सबूत-पक्ष चाहे तो हजारीलाल का विचार बिल्कुल अलग से किया जा सकता है। सरकारी वकील ने कहा कि इस समय हजारीलाल पटना में न्याय-विभाग की हिरासत में है। यह ट्रिब्यूनल या हाईकोर्ट हजारीलाल की मौजूदगी के लिए जोर नहीं दे सकता। पटना के अधिकारियों से इस सम्बन्ध में केवल प्रार्थना की जा सकती है। वे अपनी सुविधानुसार चाहें तो हजारीलाल को यहाँ भेजने की अनुमति दे सकते हैं। परन्तु इस सम्बन्ध में जाँच करने से ही ठीक-ठीक बात मालूम हो सकती है।

खाँ बहादुर अमीरुद्दीन जज–तो क्या आप हजारीलाल का विचार इस षड्यंत्र केस से अलग करने के लिए कहते हैं?

सरकारी वकील–हाँ, हम उसके विरुद्ध मामला ज़रूर चलाना चाहते हैं, परन्तु इन अभियुक्तों के साथ विचार होने के पक्ष में हम नहीं हैं, न हम मामले के फिर से प्रारम्भ होने के ही पक्ष में हैं।

अभियुक्त-पक्ष के सीनियर वकील डॉ. किचलू ने कहा कि हजारीलाल की उपस्थिति इस केस में क़ानूनन ज़रूरी है।

मि. बोस ने सरकारी पक्ष के वकील का उत्तर देते हुए कहा कि हजारीलाल की गणना अब फरार अभियुक्तों में नहीं है, वह अब इस षड्यंत्र केस का अभियुक्त है। इसलिए इस षड्यंत्र केस की कार्रवाई आगे चलाने के लिए उसका इस अदालत के सामने पेश किया जाना आवश्यक है।

दोनों तरफ की बहस सुन लेने के बाद ट्रिब्यूनल ने अपना निर्णय देते हुए कहा कि हजारीलाल के लिए अदालत की कार्रवाई रोक रखना ज़रूरी नहीं है, क्योंकि उसकी उपस्थिति की ऐसी कोई ज़रूरत नहीं है। ट्रिब्यूनल ने इस सम्बन्ध में एक लिखित आज्ञा निकाल देने का हुक्म दिया।

इसके बाद, मि. बोस की तबीयत कुछ अन्यमनस्क हो जाने के कारण, अदालत की कार्रवाई स्थगित हो गई और मुखबिर कैलाशपति की जिरह न प्रारम्भ हो सकी।

एक रोज पहले की खबर है कि जेल में दिल्ली षड्यंत्र केस के अभियुक्तों की बैरकों की, जेल के अधिकारियों ने एक घंटे तक तलाशी ली। कोई सन्देहजनक वस्तु नहीं पाई गई। तलाशी का कारण नहीं मालूम हुआ।

ता. 18 जुलाई को दिल्ली षड्यंत्र केस में स्पेशल ट्रिब्यूनल के सामने सबूत-पक्ष की ओर से अभियुक्त धन्वन्तरि की गिरफ़्तारी और एक कांस्टेबिल पर गोली चलाने के सम्बन्ध में गवाही हुई। अभियुक्त-पक्ष के वकील डॉ. किचलू और मि. बोस की अनुपस्थिति के कारण मुखबिर कैलाशपति की जिरह नहीं प्रारम्भ हो सकी। डॉ. किचलू अपने पेशे के कार्य से कहीं बाहर चले जाने के कारण और मि. बोस अस्वस्थता के कारण नहीं उपस्थित हो सके। सबूत की ओर से आठ गवाहों की गवाहियाँ हुईं।

पहला गवाह दिल्ली पुलिस का मोहम्मद अफजल शाह, हेड कांस्टेबिल था। उसने अपनी गवाही में कहा कि 1 नवम्बर सन् 1930 को मेरी ड्यूटी कचहरी में थी। जब मैं अपनी ड्यूटी से घंटा-घर के पास से होता हुआ फतेहपुरी की तरफ लौट रहा था, तब मैंने अपने पीछे एक आदमी को, जो कि अभियुक्त धन्वन्तरि था, फतेहपुरी की तरफ दौड़ते हुए देखा। इसके साथ ही मैंने सीटी की आवाज़ भी सुनी थी। सीटी की आवाज़ सुनने के कारण मैंने उसको पकड़ने का प्रयत्न किया, परन्तु वह निकल गया। करीब दस गज आगे निकल जाने पर उसने मेरी तरफ पिस्तौल चलाई, जिससे एक गोली मेरे लगी। गोली लगने पर करीब 15 मिनट तक मैं बेहोश पड़ा रहा। होश आने पर मैं फिर उस व्यक्ति के पीछे दौड़ा। उसने फिर गोली चलाई, परन्तु वह मुझे लगी नहीं। इसके बाद मैंने उसे पकड़ लिया। इसी बीच कुछ और कांस्टेबिल पहुँच गए और उसे गिरफ़्तार करके कोतवाली ले गए। उस वक्त मैं फिर बेहोश

हो गया। मैंने कोतवाली में पुलिस इंस्पेक्टर के सामने उपरोक्त घटना की रिपोर्ट लिखा दी। अदालत के सामने उस रिपोर्ट के देखने पर गवाह ने कहा कि यह वही रिपोर्ट है।

प्र.–घटना के समय क्या वक्त था?

उ.–पाँच बजे शाम का वक्त था।

इसके बाद गवाह ने अभियुक्त धन्वन्तरि की शनाख्त की। गवाह ने उस पिस्तौल की भी शनाख्त की, जिससे उसने गोली चलाई थी।

इसके बाद गवाह ने कहा कि मैं सिविल अस्पताल पहुँचाया गया। अस्पताल में मैं उन्नीस दिन तक था।

दूसरा गवाह अब्दुल मजीद कांस्टेबिल था, जिसकी कोतवाली में स्पेशल ड्यूटी थी। उसने अपनी गवाही में कहा कि पहली नवम्बर को, जब मैं चाँदनी चौक में था, तब 'पकड़ो, पकड़ो' की आवाज़ सुनी और अभियुक्त धन्वन्तरि को पिस्तौल चलाते हुए और एक कांस्टेबिल को उसके पीछे दौड़ते हुए देखा। इसके बाद मैंने करीब दस गज के फासले से देखा कि मोहम्मद अफजल कांस्टेबिल अभियुक्त को बेकाबू कर रहा है। सहायता के लिए मेरे पहुँचने के पहले कई एक पुलिस कांस्टेबिल वहाँ पहुँच गए, जिन्होंने धन्वन्तरि को पकड़ लिया। मैंने धन्वन्तरि के सर पर एक लाठी मारी और उसके हाथ का रिवॉल्वर छीन लिया। मैं अभियुक्त से करीब चार कदम के फासले पर खड़ा था, इतने में मेरे पास चार-पाँच सिक्ख पहुँच गए और मुझसे रिवॉल्वर लेने का प्रयत्न करने लगे, परन्तु एक लाठी का वार करते ही वे सब भाग गए।

इसके बाद पुलिस अभियुक्त को गिरफ़्तार करके कोतवाली की तरफ रवाना हुई। घंटा-घर के पास अब्दुल वहीद इंस्पेक्टर और दूसरे लोग मिले।

इसके बाद गवाह ने उस पिस्तौल की शनाख्त की, जिसको उसने धन्वन्तरि से छीना था। उसने अभियुक्त धन्वन्तरि की भी शनाख्त की।

गवाह ने कहा कि मोहम्मद अफजल शाह गोली लगने के कारण बेहोश हो गए थे और ताँगा पर कोतवाली लाए गए थे।

इस बीच में अभियुक्त वात्स्यायन ने अदालत से प्रार्थना की कि गवाह ने जैसा वाक्य कहा है, वैसा ही लिखा जाए।

इसके बाद तीसरा गवाह हेड-कांस्टेबिल मोहम्मद हैदर पेश किया गया। उसने अपनी गवाही में कहा कि 1 नवम्बर सन् 1930 को मेरी ड्यूटी कोतवाली में थी। उस दिन पाँच बजे शाम को मैं अपने निजी कार्य से बिलीमारन स्ट्रीट गया था। नील का कटरा के सामने मैंने दो आदमियों को दौड़ते हुए देखा और पुलिस की सीटी सुनी। मैंने धन्वन्तरि के पीछे मोहम्मद अफजल और एक दूसरे कांस्टेबिल को भी दौड़ते देखा। मैंने धन्वन्तरि को मोहम्मद अफजल पर गोली चलाते हुए देखा। धन्वन्तरि के साथ एक और व्यक्ति था, जो इस दौड़ में गायब हो गया। धन्वन्तरि ने दो बार गोली चलाई थी, परन्तु मोहम्मद अफजल को पहली ही गोली लगी थी। इसके बाद उसने आक्रमणकारी को पकड़ लिया। गवाह ने कहा कि कांस्टेबिल अब्दुल मजीद ने धन्वन्तरि को एक लाठी मारी और उसके हाथ का पिस्तौल छीन लिया!

पिस्तौल की शनाख्त करने के लिए कहने पर गवाह ने पहले कहा कि वह पिस्तौल इससे कुछ बड़ा था, परन्तु बाद में उसने कहा कि यह वही पिस्तौल है, जो धन्वन्तरि के पास थी, क्योंकि पिस्तौल की मूठ का ट्रेड मार्क मैं पहचानता हूँ। पकड़े जाने के समय धन्वन्तरि ने मेरी उँगली और मेरे बाँह पर आक्रमण किया था।

डॉक्टर की गवाही

इसके बाद डॉ. मोहम्मद फ़ज़ल की गवाही हुई, जिनकी दुकान फ़तेहपुरी में है। आपने अपनी गवाही में कहा कि पुलिस द्वारा धन्वन्तरि के पकड़े जाने की घटना मैंने स्वयं देखी थी। पहले के गवाहों का समर्थन करते हुए आपने घटना का पूरा विवरण बतलाया। परन्तु आप अभियुक्त की शनाख्त नहीं कर सके, क्योंकि घटना के समय दुकान से अभियुक्त का चेहरा ठीक तरह से नहीं देख सके थे।

इसके बाद कपड़े के एक दुकानदार अब्दुल वहीद ने अपनी गवाही में कहा कि करीब नौ महीने हुए, मैंने उस कांस्टेबिल को अस्पताल में देखा था, जिसको धन्वन्तरि की गोली लगी थी। गवाह ने अदालत के सामने उस कारतूस की शनाख्त की, जो कि अस्पताल में ऑपरेशन करने पर कांस्टेबिल के शरीर से निकला था। इसके बाद गवाह ने मोहम्मद अफजल शाह कांस्टेबिल और एक पुलिस-अफसर की शनाख्त की।

सीसगंज गुरुद्वारा के एक सिक्ख ज्वाला सिंह ने अपनी गवाही में कहा कि करीब आठ महीने हुए, मैं कोतवाली में बुलाया गया था। मेरे सामने एक कैदी के कपड़े उतारे गए थे। गवाह ने कहा कि समय अधिक बीत जाने के कारण मैं उस कैदी का नाम बतलाने या उसकी शनाख्त करने या उसके विषय में विशेष ब्योरा बतलाने में असमर्थ हूँ। इस पर गवाह को वे काग़ज़ दिखलाए गए, जिन पर उसके हस्ताक्षर थे। गवाह ने कहा कि हस्ताक्षर मेरे ही हैं। ये हस्ताक्षर कोतवाली में मुझसे कराए गए थे। मुझे याद नहीं है कि वे काग़ज़, जिन पर कोतवाली में मेरे हस्ताक्षर लिये गए थे, मुझे पढ़कर सुनाए गए थे या नहीं।

इसके बाद असिस्टेंट सब-इंस्पेक्टर मोहम्मद अली ने अपनी गवाही में कहा कि 1 नवम्बर को दोपहर के वक्त मेरी ड्यूटी कोतवाली में थी। करीब 3 या 4 बजे खबर मिली कि डॉ. हरीराम की दुकान के पास पिस्तौल से गोली चली और अपराधी गिरफ़्तार कर लिया गया है। यह खबर टेलीफोन से मिली थी। इसके थोड़ी ही देर में इंस्पेक्टर अब्दुल वहीद और दूसरे पुलिस अफसर घटनास्थल की ओर रवाना हुए। घंटाघर के पास पहुँचने पर कुछ पुलिस के आदमी मिले, जो कि अभियुक्त धन्वन्तरि को कोतवाली ला रहे थे।

हम लोग कोतवाली वापस आए। अब्दुल मजीद कांस्टेबिल ने पिस्तौल अब्दुल वहीद को दे दिया। मैंने इंस्पेक्टर अब्दुल वहीद के कथनानुसार इस घटना में पाई हुई चीजों की एक लिस्ट तैयार की। गवाह ने अदालत के सामने उस लिस्ट और पिस्तौल की शनाख्त की।

मैं कांस्टेबिल मोहम्मद अफजल शाह को, जो कि घायल था, अस्पताल ले गया। डॉक्टर ने ऑपरेशन करके एक छोटी-सी कारतूस निकाली। मैंने कारतूस को और कांस्टेबिल के कपड़ों को कब्जे में कर लिया और कोतवाली ले आया। गवाह ने अदालत के सामने उन चीजों की शनाख्त की।

इसके बाद अदालत स्थगित हो गई।

आज तारीख 20 जुलाई को दिल्ली षड्यंत्र केस में स्पेशल ट्रिब्यूनल के सामने मुखबिर कैलाशपति की जिरह प्रारम्भ हुई।

अभियुक्त-पक्ष के वकील मि. बोस की जिरह के उत्तर में मुखबिर कैलाशपति ने कहा कि मैं तारीख 28 अक्टूबर को 8 बजे रात के समय गिरफ़्तार हुआ था। मुझे उस सड़क का नाम मालूम नहीं, जहाँ मैं गिरफ़्तार हुआ था।

प्र.–गिरफ़्तारी के स्थान से तुम्हारा घर कितनी दूर है?

उ.–गिरफ़्तारी के स्थान से मेरा घर करीब एक फर्लांग की दूरी पर है। मुझे चार व्यक्तियों ने गिरफ़्तार किया था, परन्तु मैं उनके नाम नहीं जानता। जिस स्थान पर मैं गिरफ़्तार हुआ था, वह एक सड़क के नजदीक है, जहाँ बहुत से आदमी आया-जाया करते हैं।

प्र.–क्या जिन व्यक्तियों ने तुम्हें गिरफ़्तार किया था, वे वर्दी में थे?

उ.–नहीं। वे साधारण पोशाक में थे। आस-पास बहुत से कांस्टेबिल छिपे हुए खड़े थे। मुखबिर ने कहा कि कुछ फ़ासले पर मैंने सी.आई.डी. के इंस्पेक्टर सरदार करम सिंह को भी खड़े हुए देखा था। मैं यह नहीं कह सकता कि उस समय कितने कांस्टेबिल वर्दी में थे। मैंने दो-तीन को देखा था, इससे अधिक के विषय में नहीं जानता। गिरफ़्तारी के बाद मैं अपने मकान पर लाया गया। शान्ति का नाम पुकारने पर मकान का दरवाजा खुला। शान्ति हरद्वारीलाल की भतीजी थी। मकान खुलने पर मेरे साथ राम, सरदार करम सिंह और कुछ पुलिस के आदमी मकान के अन्दर गए। वे लोग सीधे मकान के ऊपर के खंड में गए और मेरे कमरे की तलाशी ली।

प्र.–कौन ऊपर गया?

उ.–वे सब लोग, जो मेरे साथ आए थे।

प्र.–ऊपर जाकर उन्होंने क्या किया?

उ.–पहले-पहल उन्होंने मेरी तलाशी लीं। तलाशी में एक पिस्तौल और कुछ काग़ज़ मिले थे।

प्र.–क्या तलाशी में पाई हुई चीजों की कोई लिस्ट तैयार की गई थी?

उ.–नहीं। उन्होंने सब चीजें चारपाई पर रख दी थीं। मेरी तलाशी लेने के पहले दो व्यक्ति और बुला लिये गए थे। उनमें से एक दीनबन्धु गुप्त था, जिसे मैं जानता था, क्योंकि वह उसी गली में रहता था। सरदार करम सिंह की मातहती में पुलिस ने 2 बजे रात तक मेरे कमरे की तलाशी ली। तलाशी मेरे कमरे के अन्दर नहीं हुई थी। कमरे की चीजें बाहर करके तब उनकी तलाशी ली जाती थी। मेरे कमरे की तलाशी के बाद पुलिस ने उसके बगल वाले कमरे की तलाशी ली, जिसमें हरद्वारीलाल की चीजें रहा करती थीं। इसके

बाद मकान के नीचे हिस्से की तलाशी हुई। हरद्वारीलाल के कमरे की तलाशी के समय पुलिस मुझे वहाँ नहीं ले गई। हरद्वारीलाल के कमरे की चीजों में पुलिस को कोई सन्देह की चीज नहीं मिली। हरद्वारीलाल के कोट की जेब में कुछ काग़ज़ मिले थे। हरद्वारीलाल की स्त्री और शान्ति और उनके कुटुम्ब के दूसरे व्यक्ति घर की तलाशी के समय उपस्थित थे।

प्र.—पूरे मकान की तलाशी कब समाप्त हुई थी?

उ.—रात को करीब तीन बजे के समय। तलाशी के बाद हरद्वारीलाल और किशोरीलाल भी गिरफ़्तार कर लिये गए। वहाँ से हम लोग हाउज़ क़ाजी पुलिस चौकी में पहुँचाए गए।

पुलिस-चौकी में मेरी फिर तलाशी हुई और इसके बाद बन्द कर दिया गया। मैं वहाँ सात बजे सवेरे तक रहा था। इस बीच में मुझसे कोई अफसर मिलने नहीं आया था। सवेरे सात बजे सरदार करम सिंह आए थे, जो कि कुछ पुलिस के आदमियों के साथ मुझे सिविल लाइन की चौकी में ले गए। मुझे वहाँ मोटर पर ले गए थे। हरद्वारीलाल और किशोरीलाल मेरे साथ नहीं गए थे।

प्र.—सिविल लाइन पुलिस-चौकी में सबसे पहला अफसर आपसे कौन मिला था?

उ.—खान अब्दुल समद। इसके बाद मीर मुमताज हुसैन इंस्पेक्टर मिले थे।

अफसरों ने मुझसे मेरा परिचय पूछा था और मेरे साथ राजनीतिक प्रश्नों पर विवाद किया था। उन दोनों अफसरों के अतिरिक्त और दूसरा कोई भी अफसर उस दिन मुझसे नहीं मिला।

प्र.—क्या तुम जानते हो कि मुसम्मात चन्द्रावती कब गिरफ़्तार हुई थीं?

उ.—सम्भवतः उसी रात को, जब मैं गिरफ़्तार हुआ था।

प्र.—आपको चन्द्रावती की गिरफ़्तारी की बात कैसे मालूम हुई थी?

उ.—चन्द्रावती ने मुझसे स्वयं कहा था।

इस पर अदालत ने अभियुक्त-पक्ष के वकील मि. बोस से कहा कि चन्द्रावती और कैलाशपति के बीच में गिरफ़्तारी की बातचीत का इस केस से कौन सा सम्बन्ध है?

अदालत ने मुखबिर से पूछा—कितने दिनों के बाद तुम्हें चन्द्रावती की गिरफ़्तारी की बात मालूम हुई थी?

कैलाशपति—उसकी गिरफ़्तारी के दो हफ़्ते के बाद, जब वह मुझे दिखलाई पड़ी और उसने अपनी गिरफ़्तारी के विषय में मुझसे कहा।

मि. बोस—30 अक्टूबर को जो अफसर तुमसे मिलने आए थे, वे कौन थे?

उ.—खान अब्दुल समद ख़ाँ और मीर मुमताज हुसैन। वे मेरे पास 11 बजे दोपहर को आए थे और शाम तक रहे थे। बातचीत में उन्होंने मेरा पहले का पूरा परिचय पूछा था। जहाँ तक मुझे याद है, मैंने 30 अक्टूबर से अपना बयान देना प्रारम्भ किया था।

प्र.—क्या किसी अफसर ने तुमसे बयान देने के लिए कहा था?

उ.—हाँ। उन्होंने पूछा था कि क्या तुम अपना बयान दोगे। मैंने कहा हाँ, दूँगा।

मुखबिर ने कहा कि बयान देने के पहले स्पेशल सी.आई.डी. के अफसर मि. पील मुझसे मिले थे।

प्र.—मि. पील तुम्हारे पास क्यों आए थे?

उ.—29 अक्टूबर को मैंने मि. अब्दुल समद खाँ से पूछा था कि क्या आप उत्तरदायी अफसर हैं? इस पर उन्होंने कहा था कि हम लोग पुलिस के स्पेशल सुपरिंटेंडेंट मि. पील की मातहती में कार्य कर रहे हैं। मैंने मि. पील से मिलने की इच्छा प्रकट की। मेरा उनसे मिलने का उद्देश्य जिज्ञासु अफसरों के कष्टों से बचना था। जब पहले-पहल मि. पील मुझसे मिले थे, तब मेरा नाम पूछा था। मुझे नहीं मालूम और उन्होंने मुझसे क्या पूछा था।

मुखबिर ने कहा कि मेरा बयान एक महीने तक लिखा गया था। बयान लिखे जाने के समय मैं सिविल लाइन की पुलिस चौकी में था। जब-तब कुछ मकानों को दिखलाने और उनकी शनाख्त करने के लिए वे मुझे बाहर ले जाया करते थे। प्रायः मियाँ जगदीश सिंह मेरे साथ जाया करते थे। बयान प्रारम्भ हो जाने के आठ या दस दिन बाद मि. पील भी एक बार मेरे साथ गए थे।

प्र.—क्या बयान लिखे जाने के समय कोई मजिस्ट्रेट तुमसे मिला था?

उ.—हाँ, मि. ईसर मोहलत देने के लिए मुझसे मिले थे।

प्र.—क्या बयान लिखे जाने के समय में कभी तुम कचहरी पहुँचाए गए थे?

उ.—नहीं।

मुखबिर ने कहा कि दिसम्बर महीने के अन्त में मि. पील ने मुझसे पूछा कि क्या मजिस्ट्रेट के सामने बयान दोगे। मैंने स्वीकार कर लिया।

माफ़ी का प्रस्ताव

यह प्रश्न करने पर कि माफी का प्रस्ताव कब रखा गया था, मुखबिर कैलाशपति ने कहा कि माफी का प्रस्ताव मि. ईसर ने सिविल लाइन की पुलिस-चौकी में मेरे सामने रखा था। जहाँ तक मुझे याद है, मेरा बयान मजिस्ट्रेट के सामने उसी दिन से दर्ज होना प्रारम्भ हो गया था, जिस दिन सिविल लाइन की पुलिस-चौकी में मुझे माफी दी गई थी।

मुखबिर ने कहा कि माफी का प्रस्ताव सिवा मि. ईसर के और दूसरा कोई भी अफसर मेरे सामने लेकर नहीं आया था। मि. ईसर ने मुझे माफ़ी दी थी। माफी मिल जाने के कुछ दिन बाद मैं सिविल लाइन की पुलिस-चौकी से हटाकर मुग़ल फ़ोर्ट की हिरासत में कर दिया गया था। मजिस्ट्रेट के सामने दिया जानेवाला मेरा बयान फोर्ट में बराबर दर्ज होता जाता था। पन्द्रह दिन के अन्तर में मुसम्मात चन्द्रावती से दो बार मेरी मुलाकात हुई थी। दोनों बार लगभग पन्द्रह-पन्द्रह मिनट की मुलाकात हुई थी। परन्तु मुझे यह याद नहीं है कि क्या बातचीत हुई थी। वे एक या दो बार और मिली थीं।

प्र.—क्या तुमने उनसे यह नहीं पूछा कि वे तुमसे क्यों मिलने आई थीं?

उ.—नहीं। वे साधारणतया जैसे और लोग मिलने आते हैं वैसे ही आई थीं।

मुखबिर ने कहा कि गिरिवर सिंह और डी.वी. तैलंग, जो कि सम्भवतः मुखबिर हो गए थे, मेरे ही साथ फोर्ट में रखे गए थे।

प्र.—क्या गिरिवर सिंह और तैलंग अपने बयानों के विषय में तुमसे बातचीत किया करते थे?

उ.—नहीं। मैंने अपना कोई भी बयान किसी से नहीं प्रकट किया।

यह प्रश्न करने पर कि चन्द्रावती पहले-पहल कब मिली थीं, मुखबिर कैलाशपति ने कहा कि फोर्ट में रहने के समय वे चार या पाँच बार मुझसे मिलने के लिए आई थीं। फोर्ट में आने के करीब एक महीना बाद वे मुझसे मिली थीं।

परस्पर बातचीत के सम्बन्ध में प्रश्न करने पर मुखबिर ने फिर कहा कि मुझे याद नहीं है कि मुझसे और चन्द्रावती से क्या बातचीत हुई थी।

इसके बाद मजिस्ट्रेट के सामने दिए जानेवाले बयान के सम्बन्ध में मुखबिर ने कहा कि सिविल लाइन की पुलिस चौकी में कुछ लिखने का सामान मुझे मिला था। मुझे अपने बयानों के लिए कभी कोई नोट नहीं बनाना पड़ा।

प्र.—फोर्ट में तुम लोगों का पहरेदार कौन था?

उ.—क्या आपका तात्पर्य नामों से है?

प्र.—कौन अफसर था?

उ.—मैं पुलिस के पहरे में था, परन्तु मैं किसी का नाम नहीं जानता।

प्र.—क्या जब मि. ईसर तुम्हारा बयान दर्ज करते थे, उस समय कुछ पुलिस के अफसर भी मौजूद रहा करते थे?

उ.—हाँ! सरदार भाग सिंह और खान अब्दुल समद खाँ रहा करते थे। सरदार भाग सिंह भी प्रश्न किया करते थे। मैंने अपना बयान अंग्रेजी में दिया था।

जेल में हटाए गए

मुखबिर ने कहा कि 25 अप्रैल को मैं जेल में भेजा गया था। वहाँ उस वार्ड में रखा गया था, जिसे सम्भवतः यूरोपियन वार्ड कहते हैं। पाँच या छः मुखबिर उसी वार्ड में रखे गए थे। जेल में करीब दस या बारह पहरेदार हैं, परन्तु पुलिस का कोई आदमी नहीं है।

प्र.—क्या 25 अप्रैल से कोई पुलिस का अफसर तुमसे मिला है?

उ.—कोई नहीं, सिवा उन लोगों के, जो कि यहाँ लाने के लिए आते हैं।

प्र.—जेल में कोई और दूसरा व्यक्ति कभी तुमसे मिलने आया था?

उ.—हाँ। एक बार मेरे पिता मुझसे मिलने के लिए आए थे। परन्तु चन्द्रावती मुझसे करीब 5 बार मिलने आई थीं। मेरा भाई भी मुझसे दो या तीन बार मिलने के लिए आया था।

मुखबिरों से कोई बातचीत नहीं

दूसरे मुखबिरों से बातचीत के सम्बन्ध में प्रश्न करने पर मुखबिर कैलाशपति ने कहा कि यद्यपि हम लोगों का भोजन एक ही जगह पकाया जाता है, फिर भी हम लोग अपने-अपने कमरों में अलग-अलग खाते हैं। एक साथ बैठने या बातचीत करने का कोई मौका ही नहीं

पड़ता। इस वक्त जेल में चार मुखबिर हैं। मुखबिर रामलाल कहीं दूसरी जगह हटा दिया गया है, क्योंकि उसका एक मुखबिर से झगड़ा था।

मुखबिर ने कहा कि मैं अदालत में मोटरकार पर या पुलिस-लॉरी में लाया जाता हूँ। साथ में मि. सिनट की अधीनता में दस या बारह पुलिस के आदमी रहते हैं।

प्र.—क्या यहाँ अदालत में जलपान के समय कोई पुलिस अफसर तुमसे मिलता है?

उ.—मेरे पहरेदारों के अतिरिक्त और कोई नहीं मुझसे मिलता।

मुखबिर ने कहा कि जेल में आने के समय से मैं अदालत में लाए जाने के अतिरिक्त और कभी कहीं बाहर नहीं निकाला जाता।

इसके बाद मुखबिर से उसके परिचय के सम्बन्ध में कुछ प्रश्न किए गए, जिनके उत्तर में उसने वही उत्तर दिए, जो कि उसने ट्रिब्यूनल के सामने अपने बयान में दिए थे। उसने सन् 1923 से अपनी कहानी प्रारम्भ की, जबकि इलाहाबाद में विद्यार्थी की हैसियत से उसका शैलनाथ चक्रवर्ती से परिचय हुआ था। मुखबिर कैलाशपति और शैलनाथ दोनों इलाहाबाद में स्काउट और विद्यार्थी थे। मुखबिर ने कहा कि मैं सातवें दर्जे से स्काउट था। इलाहाबाद में स्कूल-विद्यार्थी की हालत में ही मुझे क्रान्तिकारी साहित्य प्राप्त होने लगा था। जहाँ तक मुझे मालूम है, उस समय तक क्रान्तिकारी दल की ओर से इलाहाबाद में कोई कार्य नहीं हुआ था। मैं यह भी नहीं जानता कि इस समय इलाहाबाद में इसका प्रचार किया जा रहा था या नहीं। मैं दल की किसी सभा में नहीं बुलाया गया।

प्र.—तुमने अपने बयान में कहा है कि षड्यंत्रकारी संगठन अखिल भारतीय कर दिया गया है। उस समय के किसी ऐसे षड्यंत्रकारी का नाम तुम जानते हो, जो इलाहाबाद के बाहर का हो?

उ.—नहीं। निस्सन्देह अब मैं बहुत लोगों को जानता हूँ।

मुखबिर के कानपुर जाने के सम्बन्ध में कुछ प्रश्न करने पर मुखबिर ने कहा कि विजयकुमार सिन्हा से मेरा परिचय रहा है। विजयकुमार सिन्हा ने आर्थिक प्रबन्ध करके मुझे षड्यंत्रकारी कार्यों के लिए उन्नाव भेजा था।

मि. बोस ने षड्यंत्रकारी संस्था के सम्बन्ध में कुछ और प्रश्न किए।

इसके बाद अदालत की कार्रवाई स्थगित हो गई।

6 अगस्त, 1931

भविष्य

ता. 21 जुलाई को दिल्ली षड्यंत्र केस में मि. एस.एन. बोस के मुखबिर कैलाशपति से आगे जिरह प्रारम्भ करने के पहले ट्रिब्यूनल के प्रेजिडेंट ने अभियुक्तों से ता. 17 जुलाई के दिन अदालत के स्थगित होने के समय की घटना बतलाने के लिए कहा। अभियुक्तों ने उस घटना की शिकायत ट्रिब्यूनल के प्रेजिडेंट से उसी दिन कर दी थी।

अभियुक्त विद्याभूषण ने कहा कि ता. 17 जुलाई को अदालत की कार्रवाई स्थगित हो जाने के बाद मैंने अदालत के मोहर्रिर को शनाख्त के लिए लाए गए पिस्तौल को अदालत के कमरे के बाहर ले जाकर गवाहों को दिखलाते हुए देखा था। यह वही पिस्तौल था, जिसकी शनाख्त पुलिस के गवाहों ने की थी और कहा था कि वह अभियुक्त धन्वन्तरि के पास से मिला था।

अभियुक्त विद्याभूषण ने कहा कि उस समय अदालत के कमरे में सरकारी वकील मि. जफरुल्ला खाँ मौजूद थे और हम लोगों ने उनसे शिकायत की थी।

इस पर ट्रिब्यूनल के प्रेजिडेंट ने मि. जफरुल्ला, सरदार भाग सिंह और अदालत के मोहर्रिर के बयान दर्ज किए, जिनके विरुद्ध शिकायत की गई थी। मि. जफरुल्ला खाँ ने स्वीकार किया कि अभियुक्तों ने मुझसे शिकायत ज़रूर की थी और मैंने घटना के विषय में पूछा था। सरदार भाग सिंह और मोहर्रिर ने ऐसी घटना घटित होने की बात साफ इनकार कर दी।

असम्भव नहीं

ट्रिब्यूनल ने इस सम्बन्ध में अपना हुक्म सुनाते हुए कहा कि परिस्थितियाँ ज़रूर ऐसी थीं, जिनमें यह असम्भव नहीं था कि मोहर्रिर ने गवाहों को पिस्तौल दिखलाई हो और कोर्ट-इंस्पेक्टर सरदार भाग सिंह या किसी दूसरे व्यक्ति को यह बात मालूम न हुई हो। परन्तु इस तरह की कोई बात, जिसकी शिकायत की गई है, अत्यन्त अनुचित है और आगे ऐसा कार्य न होना चाहिए।

याद नहीं

इसके बाद मुखबिर कैलाशपति से जिरह प्रारम्भ हुई।

मि. बोस ने मुखबिर के उस बयान को पढ़कर सुनाया, जो कि उसने 5 नवम्बर को पुलिस के सामने दिया था और जिसमें मुखबिर के कानपुर पहुँचने और विजय को रुपए देने की बातें कही गई थीं। मुखबिर ने कहा कि जहाँ तक मुझे याद है, मैंने इस तरह का कोई बयान नहीं दिया था।

दुबारा प्रश्न करने पर मुखबिर कैलाशपति ने वही उत्तर दिया और कहा कि मैंने छोटे बयान दिए थे। मुझे याद नहीं, जो कुछ मैंने कहा था।

इसके बाद मुखबिर से लाहौर और अमृतसर जाने के विषय में कई प्रश्न किए गए।

प्र.—कानपुर से लाहौर तक का रेल का किराया तुमको किसने दिया था?

उ.—मैंने स्वयं दिया था। करीब आठ रुपए किराए में दिए थे। मैं लाहौर में जून सन् 1928 से सितम्बर तक रहा था।

आगे प्रश्न करने पर मुखबिर ने कहा कि लाहौर में मैंने एडवर्ड होस्टेल में एक कमरा किराए पर ले लिया था और भगत होटल में रहा करता था। मैं अपना व्यय माहवारी अदा किया करता था।

प्र.—क्या भगत होटल में कोई हिसाब का रजिस्टर रहता था?

उ.—हाँ, उनके पास एक विवरण-पत्र था, जिसमें मैं उनके यहाँ भोजन करने के दिन अपना निशान बना देता था। कभी-कभी होटल के कर्मचारी मेरी तरफ से स्वयं मेरा नाम लिख लेते थे।

महीने के आखिर में होटल के लोग मुझे हिसाब बतला दिया करते थे और मैं उसके अनुसार उन्हें जो कुछ होता था, दे देता था।

प्र.—तुम्हें कोई रसीद मिलती थी?

उ.—नहीं।

प्र.—लाहौर में तुम क्या किया करते थे?

उ.—मैं अनारकली में शॉर्टहैंड और टाइप-राइटिंग सीखा करता था। जहाँ तक मुझे याद है, मैंने सितम्बर के महीने में शॉर्टहैंड सीखना बन्द कर दिया था।

प्र.—कितनी फीस दिया करते थे?

उ.—जहाँ तक मुझे याद है, मैं 2 या 3 रुपया प्रति घंटा फीस दिया करता था।

प्र.—क्या तुम बतला सकते हो कि महीने में कितने घंटे शॉर्टहैंड और टाइप-राइटिंग सीखते थे?

उ.—मुझे याद नहीं है।

प्र.—क्या तुम्हें यह भी नहीं याद कि जुलाई में तुमने कितनी फीस दी थी?

उ.—मुझे याद नहीं है।

प्र.—क्या तुम अन्दाज़ से बतला सकते हो कि सब मिलाकर तुमने कितनी फीस दी होगी?

उ.—जुलाई और सितम्बर तक के बीच में मैंने दस या पन्द्रह रुपए दिए होंगे। मैं किसी निश्चित समय पर शॉर्टहैंड और टाइप-राइटिंग सीखने नहीं जाया करता था। जब मेरी इच्छा होती थी, तब चला जाया करता था।

लाहौर के षड्यंत्रकारी

प्र.—क्या तुम्हें लाहौर के षड्यंत्रकारी दल के सदस्यों के नामों का पता था?

उ.—हाँ, मैं भगत सिंह, सुखदेव और यशपाल को जानता था।

प्र.–क्या तुम्हारे लाहौर में रहने के समय दल की कोई सभा हुई थी?

उ.–मुझे नहीं मालूम।

प्र.–क्या तुम्हें मालूम है कि उन दिनों सुखदेव कहाँ रहा करते थे?

उ.–मैं नहीं जानता।

प्र.–क्या तुम जानते हो कि भगत सिंह कहाँ रहा करते थे?

उ.–मैं नहीं जानता।

रसीदें

मुखबिर ने कहा कि शॉर्टहैंड और टाइप-राइटिंग सीखने के लिए मैं जो फीस दिया करता था, उसकी रसीद ले लिया करता था, परन्तु मुझें यह याद नहीं है कि लाहौर में रहने के समय सब मिलाकर मेरा कितना खर्च हुआ था।

अमृतसर में

अमृतसर जाने के सम्बन्ध में मुखबिर ने कहा कि मैं वहाँ षड्यंत्रकारी दल के कार्य से ठहरा था। मेरे लिए वहाँ एक कमरा किराए पर पहले से ही ले लिया गया था। मैं अमृतसर में अक्टूबर सन् 1928 से फरवरी सन् 1929 तक रहा।

अमृतसर में मेरा होटल का खर्च दस रुपए से सोलह रुपए तक महीना हुआ करता था। मैंने अमृतसर में रहने के समय सब मिलाकर 50 या 60 रुपया होटल का खर्च दिया था, परन्तु कोई रसीद नहीं ली।

प्र.–क्या तुम बराबर होटल में ही भोजन किया करते थे?

उ.–हाँ।

प्र.–अमृतसर में तुम कोई विशेष कार्य कर रहे थे?

उ.–नहीं, मैं वहाँ कोई विशेष कार्य नहीं कर रहा था।

प्र.–क्या अमृतसर में तुमसे षड्यंत्रकारी दल के किसी सदस्य से परिचय हुआ था?

उ.–नहीं।

इसके बाद मुखबिर ने अपनी गवाही के सिलसिले में कहा कि मैं पहले-पहल अक्टूबर सन् 1928 में अमृतसर गया था। वहाँ पर मेरा साथी शिव वर्मा था जो कि उस समय लेख और संक्षिप्त जीवन-चरित्रों के लिखने में व्यस्त था।

मोज़ैंग हाउस

क्या तुम बतला सकते हो कि लाहौर में जहाँ तुम मोजैंग हाउस में ठहरे थे और जहाँ दल के लोग पंजाब नेशनल बैंक लूटने का विचार कर रहे थे, वहाँ से बैंक कितनी दूर पर है?

उ.–करीब चार या पाँच फर्लांग।

मुखबिर ने कहा कि मैं उस मोटरकार का नम्बर नहीं जानता जो कि पंजाब नेशनल बैंक लूटने के लिए नियत की गई थी। बैंक लूटने के लिए दल के सदस्यों को मोजैंग हाउस में रखे हुए पिस्तौल और रिवॉल्वर वितरित कर दिए गए थे।

प्र.—वे रिवॉल्वर कितने कारतूस वाले थे और कहाँ के बने हुए थे?

उ.—मैं नहीं जानता।

सदस्यों में हथियार वितरित करने के पहले भगत सिंह और आजाद ने मोजैंग हाउस में उन्हें साफ किया था। मैंने भी कुछ हथियारों को ब्रुश और तेल से साफ किया था, परन्तु मैं उस तेल का नाम नहीं जानता।

प्र.—हथियार किन लोगों को दिए गए थे?

उ.—मुझे याद नहीं है। मुझे एक पाँच कारतूस वाला रिवॉल्वर मिला था। मैं यह नहीं जानता कि वह कहाँ का बना था।

प्र.—पंजाब नेशनल बैंक लूटने का निश्चय कर लेने के बाद दूसरे दिन मोजैंग हाउस में तुम सब लोग किस वक्त एकत्र हुए थे?

उ.—करीब 8 बजे सवेरे। बैंक लूटने का विचार स्थगित कर देने के कारण हथियार सदस्यों को बाँटे नहीं गए थे। मैंने लूटने का विचार स्थगित कर देने का कारण नहीं पूछा। आजाद ने मुझसे रुक जाने के लिए कहा, इसलिए मैं मोजैंग हाउस में रुक गया। हम लोगों से कहा गया कि बैंक लूटने के लिए दिन का निश्चय कल किया जाएगा। इसके अनुसार दूसरे दिन 8 बजे सवेरे दल के सदस्य मोजैंग हाउस में फिर एकत्र हुए और निश्चय हुआ कि 3 बजे दोपहर को बैंक लूटा जाएगा। उस दिन लगभग सभी सदस्य मोजैंग हाउस में रहे।

प्र.—क्या पहले कभी तुम पंजाब नेशनल बैंक गए थे?

उ.—नहीं।

प्र.—उस दिन दोपहर को जब भगत सिंह और महावीर मोजैंग हाउस से गए थे, तब उनके हाथ में कोई हथियार था या नहीं?

उ.—सम्भवतः भगत सिंह के थैले में एक पिस्तौल था। पंजाब नेशनल बैंक लूटने की विवरणात्मक स्कीम पूछने पर मुखबिर ने कहा कि दल के जो सदस्य मोजैंग हाउस में एकत्र हुए थे, उनसे बैंक के नजदीक तीन बजे दोपहर को मिलने के लिए कहा गया था। सबसे पहले मोजैंग हाउस से भगत सिंह और महावीर रवाना हुए थे। उनके बाद सुखदेव रवाना हुए, उसके बाद मैं किशोरीलाल के साथ बैंक पहुँचा। बैंक के हाते के अन्दर घास के मैदान में हम सब लोग प्रतीक्षा करने लगे।

मुखबिर ने कहा कि मैं पंजाब नेशनल बैंक लूटने के सम्बन्ध में 20 दिन तक लाहौर में ठहरा रहा। कुछ दिन तक मुझे ग्वालमंडी के एक मकान में रहना पड़ा था।

प्र.—तुमने अपने बयान में कहा है कि तुम पंजाब से, जहाँ कि दल ने तुम्हें भेजा था, यू.पी. लौट आना चाहते थे।

उ.—मैं यू.पी. लौट आना चाहता था, क्योंकि पंजाब षड्यंत्रकारी दल के सदस्यों के व्यवहार से मैं ऊब गया था। उनके विचार संकुचित और प्रान्तीय थे। मेरा कोई ख़याल नहीं करता था। मैं उनके व्यवहारों से बिल्कुल ऊब गया था।

मुखबिर ने कहा कि दल का मेरे प्रति जो व्यवहार रहा है उसका मैं कोई उदाहरण नहीं दे सकता। मैं उसे अनुभव कर सकता हूँ, परन्तु व्यक्त नहीं कर सकता। पंजाब षड्यंत्रकारी दल के सदस्यों में प्रान्तीयता का भाव बहुत है।

प्र.—क्या तुम कोई ऐसा उदाहरण दे सकते हो जिससे उनकी प्रान्तीयता मालूम होती हो?

उ.—पंजाब में रहने के समय मैंने देखा कि दल के उन सदस्यों के साथ जो कि पंजाब के रहनेवाले थे सब प्रकार से विशेषतापूर्ण व्यवहार किया जाता था। जाड़े में उनके पहनने के लिए अच्छे-अच्छे कोट रहा करते थे और मुझे जाड़े से सिकुड़ना पड़ता था।

प्र.—तुम्हारे पंजाब में रहने के समय पंजाब षड्यंत्रकारी दल ने पंजाब नेशनल बैंक लूटने के अतिरिक्त और भी कोई कार्य करने का विचार किया था?

उ.—मुझे नहीं मालूम।

इसके बाद अदालत की कार्रवाई जलपान के लिए स्थगित हो गई।

जलपान के बाद अदालत के फिर बैठने पर अभियुक्त पक्ष के वकील के जिरह करने पर मुखबिर कैलाशपति ने कहा कि पंजाब षड्यंत्रकारी दल का रुख मेरे प्रति बहुत अनियंत्रित ढंग का था। वे लोग मुझसे अपनी स्कीमों के विवरण नहीं बतलाया करते थे।

यह प्रश्न करने पर कि लाहौर में रहने के समय क्या मुखबिर को अपने माता-पिता के सम्बन्ध में कोई खबर मिली थी, मुखबिर ने कहा कि मोजैंग हाउस में रहने के समय मुझे विजयकुमार सिन्हा के द्वारा अपने पिता की खबर मिली थी। 'लीडर' पत्र से भी मुझे मालूम हुआ था कि उनके विरुद्ध पोस्ट ऑफिस का रुपया लेकर भाग जाने के कारण गिरफ़्तारी का वारंट निकला था।

प्र.—क्या तुम्हें याद है कि लाहौर से दिल्ली लौटने पर तुम्हारे पास कितना रुपया था?

उ.—मुझे नहीं मालूम। मैं इसके पहले दिल्ली नहीं आया था।

इसके बाद मुखबिर ने कहा कि दिल्ली पहुँचने पर पूर्व निश्चय के अनुसार हार्डिंग्ज़ लाइब्रेरी के पास मुझे विजयकुमार सिन्हा मिले। मैंने सिन्हा से कहा कि मैं दल का कार्य पंजाब की अपेक्षा यू.पी. में करना चाहता हूँ। इस पर सिन्हा ने मुझसे दिल्ली में कुछ समय तक रुकने के लिए कहा।

इसके अतिरिक्त और मुझे याद नहीं है कि सिन्हा से क्या बातें हुई थीं। जयदेव भी वहाँ आए थे। सिन्हा ने उनसे मेरा परिचय कराया और उनसे मेरे लिए जमनाघाट में कहीं रहने का प्रबन्ध कर देने के लिए कहा। मैं जयदेव के साथ चला गया। इसके बाद दिल्ली में विजयकुमार सिन्हा मुझसे नहीं मिले। मैंने उनके निवास स्थान का पता पूछने का प्रयत्न नहीं किया।

प्र.—क्या तुम्हें मालूम है कि उस समय विजयकुमार सिन्हा दिल्ली में कहाँ रहते थे?

उ.—मुझे नहीं मालूम।

इस पर मि. बोस ने मुखबिर के बयान का वह अंश पढ़कर सुनाया, जिसमें विजयकुमार सिन्हा से मिलने का जिक्र किया गया था। मुखबिर ने कहा कि मुझे याद नहीं है कि बयान का जो अंश मुझे पढ़कर सुनाया गया है, वह मेरे बयान में था या नहीं।

इसके बाद मुखबिर ने कहा कि मैं दिल्ली में काशीराम और जयदेव के साथ जमनाघाट में ठहरा था। और पास के एक होटल में भोजन किया करता था। मैं उस समय दिल्ली में रहने के समय कोई विशेष कार्य नहीं किया करता था।

प्र.–जमनाघाट के मकान पर जयदेव कितने दिन ठहरे थे?

उ.–मार्च सन् 1929 तक ठहरे थे। जयदेव और शिव वर्मा ने शहर में एक मकान किराए पर ले लिया था। जयदेव जमनाघाट के मकान से वहाँ रहने के लिए चले गए थे। इसके बाद हम लोग प्रायः मिला करते थे। मैं दिल्ली में मार्च सन् 1929 तक ठहरा था।

इसके बाद मुखबिर से दिल्ली में उसके साथियों और कार्यों के सम्बन्ध में प्रश्न किए गए।

प्रोफेसर निगम से मिलने पर क्रान्तिकारी दल की स्कीम पर बातचीत हुई थी। उन्होंने कहा था कि दल का पहला उद्देश्य आतंक फैलाना है।

इसके बाद अदालत की कार्रवाई स्थगित हो गई।

मुखबिर कैलाशपति के दिल्ली में रहने के सम्बन्ध में मि. बोस ने जिरह जारी रखी।

मि. बोस के प्रश्न का उत्तर देते हुए मुखबिर कैलाशपति ने कहा कि फरवरी और मार्च सन् 1929 में दिल्ली में रहने का मेरा खर्च काशीराम ने दिया था।

प्र.–क्या तुम बतला सकते हो कि जयदेव से तुम कहाँ मिले थे?

उ.–मैं जयदेव से जमनाघाट में काशीराम के कमरे में मिला था।

प्र.–मिलने पर क्या बातचीत हुई?

उ.–मुझे याद नहीं है। जयदेव ने मुझसे आते ही कहा कि दिल्ली से तुम आज ही चले जाओ। उन्होंने मुझे कुछ रुपए भी दिए।

प्र.–तुमसे और कौन सी चीजें ले जाने के लिए कहा था?

उ.–उन्होंने मुझसे अपनी सब चीजें बिस्तर वगैरह ले जाने के लिए कहा, जो कि मैं दिल्ली लाया था।

प्र.–तुमने अपने बयान में कहा है कि दिल्ली में फरवरी और मार्च में रहने के समय तुम प्रायः भवानी सिंह से मिला करते थे।

उ.–हाँ, मैं उनसे आठ या दस दफा मिला था। वे पहाड़ी धीरज में रामजस स्कूल बोर्डिंग हाउस के नजदीक आनन्द पर्वत में ठहरा करते थे।

मुखबिर ने कहा कि भवानी सहाय ने मुझसे भवानी सिंह से मिलने के लिए कहा था। मैं भवानी सिंह से षड्यंत्रकारी कार्यों के विषय में बातचीत किया करता था। यह पूछने पर कि षड्यंत्रकारी कार्यों के विषय में बातचीत कैसे प्रारम्भ हुई, मुखबिर ने कहा कि दल में सम्मिलित होने के समय से ही मैं हिन्दुस्तान सोशलिस्ट रिपब्लिक आर्मी का प्रतिनिधि था।

प्र.–उस समय तुम दल में किस ओहदे पर थे?

उ.–मैं एक साधारण सदस्य था।

मुखबिर ने कहा कि मैं विजयकुमार सिन्हा से दिल्ली में दल के किसी कार्य के सम्बन्ध में आदेश लेकर नहीं आया था। मैं दिल्ली में भी अक्सर शिव वर्मा से मिला करता था। वह काशीराम के पास आया करता था और रात में वहीं रह जाता था।

प्र.–दिल्ली में आने पर तुम पहले-पहल शिव वर्मा से कब मिले थे?

उ.–लाहौर से दिल्ली आने के दस-बारह दिन बाद। वह उस मौके पर एक दिन के लिए ठहरा था। मेरी उससे कोई विशेष बातचीत नहीं हुई।

प्र.–दूसरी बार शिव वर्मा दिल्ली कब आया था?

उ.–मुझे याद नहीं है।

प्र.–शिव वर्मा के दूसरी बार दिल्ली आने पर तुमसे उनसे कितनी बार बातचीत हुई थी?

उ.–मैं निश्चित रूप से नहीं कह सकता, क्योंकि वह काशीराम के कमरे में दो दिन तक मेरे साथ ठहरा था। हम लोगों ने दल के कार्यों के सम्बन्ध में अक्सर बातें की थीं। इसके बाद मुखबिर ने शिव वर्मा के तीसरी बार दिल्ली आने की बात बतलाई और कहा कि उनके चौथी बार आने के विषय में मुझे नहीं मालूम।

प्र.–दिल्ली में तुम गोपालकृष्ण पौराणिक से पहले कब मिले थे?

उ.–जहाँ तक मुझे याद है, मैं दिल्ली पहुँचने के दस या पन्द्रह दिन बाद उनसे मिला था। पौराणिक ग्वालियर के कुछ विद्यार्थियों के साथ लछमनदास की धर्मशाला में ठहरे थे।

इसके बाद मुखबिर की पौराणिक के साथ जो बातें हुई थीं और जिनके परिणामस्वरूप वह ग्वालियर स्टेट में भटनावर में स्कूल का हेड मास्टर नियुक्त हो गया था, उनके सम्बन्ध में प्रश्न किए गए। उसने भटनावर में हेड मास्टर के पद पर ढाई महीने कार्य किया था।

प्र.–पौराणिक से तुम कितनी बार मिले थे?

उ.–मुझे याद नहीं है। हम लोग प्रतिदिन दो-तीन बार मिला करते थे, क्योंकि वह नजदीक ही रहता था। साधारणतया मेरे साथ काशीराम भी रहा करता था। जहाँ तक मैं जानता हूँ, काशीराम पौराणिक के दिल्ली आने के पहले से ही उसे जानता था। काशीराम ने पौराणिक से मेरा परिचय दयाकृष्ण श्रीवास्तव, बी.ए. के नाम से कराया था।

प्र.–पौराणिक से ग्रेजुएट की हैसियत से परिचय देने में क्या कोई उद्देश्य था?

उ.–मैं समझता हूँ, कोई उद्देश्य नहीं था।

मुखबिर ने कहा कि पौराणिक से जब मेरा परिचय हुआ था, तब मैंने उसे राष्ट्रीय विचारों का व्यक्ति समझा था।

प्र.–राष्ट्रीय विचारों के व्यक्ति से तुम्हारा क्या तात्पर्य है?

उ.–राष्ट्रीय विचारों के व्यक्ति से मेरा तात्पर्य उस व्यक्ति से है, जो अपने देश के लिए जान देने को तैयार हो।

प्र.–क्या क्रान्तिकारी व्यक्ति की भी वही परिभाषा है?

उ.–हाँ, जो अपने देश के लिए जान देने को तैयार हो वह 'क्रान्तिकारी' है।

प्र.–क्या तुमने पौराणिक से इस विषय में बातचीत की थी कि देश को कैसे स्वतंत्र करना चाहिए?

उ.–मैंने इस विषय पर उसके विचार सुन लिये थे, परन्तु अपने विचारों की ओर कोई विशेष संकेत नहीं किया था। वह अपने विचारों में गांधी जी का अनुयायी था।

प्र.–जब काशीराम ने तुमसे 17 मार्च को दिल्ली से चले जाने के लिए कहा था, तब तुम गोपालकृष्ण पौराणिक से मिले थे?

उ.–हाँ, उन्होंने मुझे भटनावर में स्कूल की हेड मास्टरी के लिए एक पत्र दिया था। भटनावर स्कूल की हेड मास्टरी के विषय में मैंने पौराणिक से बातचीत की थी। मेरा उद्देश्य वहाँ जाकर यह देखना था कि षड्यंत्रकारी कार्यों के लिए वहाँ कोई क्षेत्र है या नहीं। पौराणिक ने मुझे जो पत्र दिया था, उसमें पता 'नारायनदास शिवपुरी बाजार' लिखा हुआ था। पौराणिक से पत्र मिल जाने के बाद मैंने उस पत्र के विषय में काशीराम से जिक्र किया था। मैंने ग्वालियर जाने का अपना निश्चय जयदेव को भी बता दिया था।

प्र.–क्या तुम्हें पहले से ही कोई ख़याल था कि ग्वालियर में षड्यंत्रकारी विचार के लोग रहते हैं?

उ.–वहाँ जाकर मैं यही तो पता लगाना चाहता था। ग्वालियर पहुँचने पर मैं एक धर्मशाला में ठहरा था और अपना नाम दयाकृष्ण श्रीवास्तव बतलाया था। दूसरे दिन मैं शिवपुरी के लिए रवाना हो गया, जो कि ग्वालियर से 60 या 70 मील दूर है। शिवपुरी से मैं भटनावर गया, जो कि शिवपुरी से 27 या 28 मील दूर है। भटनावर पहुँचने पर मैं स्कूल में ठहरा था। वहाँ स्कूल के कुछ लड़कों को बुलवाया। इसके बाद मैं स्कूल गया और जहाँ तक मुझे याद है, मैंने उसी दिन हेडमास्टर पद के अधिकार को ग्रहण कर लिया था।

मैं भटनावर में करीब ढाई महीने रहा था, इसके बाद षड्यंत्रकारी कार्यों के लिए उपयुक्त क्षेत्र न पाकर मैंने स्कूल को छोड़ दिया।

प्र.–क्या भटनावर में तुमने किसी से षड्यंत्रकारी कार्यों के सम्बन्ध में कोई बातचीत की थी?

उ.–नहीं। मैंने वहाँ किसी से भी इस विषय में कोई बातचीत नहीं की।

प्र.–तुमने स्कूल कैसे छोड़ा?

उ.–मैंने अपने पिता की बीमारी का बहाना किया। पौराणिक उस समय भटनावर में थे, मैंने उनसे भी ऐसा ही बतलाया। इसके बाद मुखबिर ने भटनावर में रहने के सम्बन्ध में कुछ अन्य प्रश्नों के भी उत्तर दिए।

प्र.–भटनावर में रहने के समय क्या दिल्ली में तुम्हारा किसी से पत्र-व्यवहार था?

उ.–नहीं, मैंने किसी को भी पत्र नहीं लिखा।

मुखबिर ने कहा कि स्कूल छोड़कर मैं दिल्ली चला आया। इसके बाद एक व्यक्ति से मिलने के लिए मैं फिर ग्वालियर गया। मेरे साथ काशीराम भी गया था, जिसको मैंने झाँसी एक व्यक्ति को लाने के लिए भेज दिया। उस व्यक्ति का पता शिव वर्मा मुझे दे गए थे। मैं ग्वालियर चला गया, क्योंकि उस समय मैं फरार था और ग्वालियर को झाँसी की अपेक्षा अधिक सुरक्षित समझता था।

प्र.–क्या तुम्हारे कहने का तात्पर्य यह है कि षड्यंत्रकारी दल के सदस्यों के लिए झाँसी जाना खतरनाक था?

उ.–हाँ, फरार षड्यंत्रकारियों के लिए खतरनाक था। झाँसी में पुलिस की कार्रवाई बहुत अधिक चल रही थी और लाहौर षड्यंत्र के सम्बन्ध में गिरफ़्तारियाँ भी हो रही थीं।

प्र.–झाँसी में पुलिस की कार्रवाइयों का पता तुम्हें कब मिला?

उ.–दिल्ली में रहने के समय मैंने समाचार-पत्रों में पढ़ा था। अन्य स्थानों के अतिरिक्त दिल्ली और कानपुर में भी पुलिस षड्यंत्रों के सम्बन्ध में बहुत प्रयत्नशील थी। लोगों के साथ खुफिया लगी रहती थी और तलाशियाँ और गिरफ़्तारियाँ हो रही थीं।

दिल्ली में सी.आई.डी. के आदमी रेलों की देख-रेख किया करते थे।

प्र.–क्या सी.आई.डी. के आदमी सादी पोशाक में रहते थे?

उ.–हाँ, मैंने दिल्ली स्टेशन में उन्हें सादी पोशाक में देखा था।

प्र.–तो मेरा ख़याल है कि तुम सी.आई.डी. के आदमियों को जानते हो।

उ.–उनके पहनावे और विचित्र ढंग से उनकी पहचान की जा सकती है। वे साधारणतया सलवार और ढुल्लादार साफा बाँधते हैं!

प्र.–लेकिन ऐसी ही क्या एक साधारण पंजाबी की पोशाक नहीं होती?

उ.–हाँ, परन्तु मैं सी.आई.डी. के आदमियों को उनकी चाल से पहचान सकता हूँ।

प्र.–उनकी किस विशेषता को देखकर तुम सी.आई.डी. के आदमियों को पहचान सकते हो?

उ.–लोगों की तरफ उनके देखने के विचित्र ढंग से और उनका पता लगाने के लिए उनके साथ चलने के ढंग से मैं उनकी पहचान कर सकता हूँ। मि. बोस के दूसरे प्रश्न के पूछने पर मुखबिर ने कहा कि काशीराम जब झाँसी गया था, तब मुझे काशीराम की गिरफ़्तारी का डर नहीं था। सी.आई.डी. के आदमी ग्वालियर में भी प्रयत्नशील थे।

इसके बाद अदालत जलपान के लिए स्थगित हो गई।

13 अगस्त, 1931

भविष्य

जलपान के बाद अदालत के फिर बैठने पर मुखबिर कैलाशपति ने कहा कि मैं ग्वालियर में 6 सितम्बर, सन् 1929 तक ठहरा था। वहाँ रहने के समय अगस्त महीने में दल की एक सभा मि. खैरात नबी और मि. हार्टन के मारने के लिए, जो कि मेरठ षड्यंत्र केस में सबूत की ओर से कार्य कर रहे थे, हुई थी। कार्यक्रम निश्चय किया गया था कि भगवानदास और एक अन्य व्यक्ति मि. खैरात नबी और मि. हार्टन पर अदालत से निकलते ही बम फेंकें।

इसके बाद मुखबिर ने ग्वालियर में पोद्दार के साथ रहने के सम्बन्ध में कुछ बातें बतलाईं। ग्वालियर में एक 'फैक्टरी' थी, वहाँ मैं पिकरिक एसिड और बम बनाया करता था।

प्र.—ग्वालियर से लौट आने पर क्या ग्वालियर में दल के किसी सदस्य से तुम्हारा पत्र-व्यवहार था?

उ.—नहीं।

प्र.—न तुमने दल के किसी कार्य के सम्बन्ध में पोद्दार का नाम ही सुना?

उ.—मैंने कभी नहीं सुना कि पोद्दार ने किसी लूट के कार्य में भाग लिया था। ग्वालियर से चले आने के कुछ समय बाद मुझे मालूम हुआ था कि पोद्दार ने दल को छोड़ दिया। मैंने तैलंग के विषय में भी कभी नहीं सुना कि उसने दल के किसी लूट के कार्य में भाग लिया था।

प्र.—ग्वालियर से चले आने पर क्या ग्वालियर में कोई दल था?

उ.—ग्वालियर से मेरे चले आने पर ग्वालियर का दल असंगठित हो गया था और बाद में सदस्यों की संख्या भी धीरे-धीरे कम हो गई थी।

प्र.—क्या तुम बतला सकते हो कि ग्वालियर की फैक्टरी में तुमने कितनी पिकरिक एसिड बनाई थी?

उ.—करीब एक पाउंड।

प्र.—और पारे का सत कितना बनाया था?

उ.—करीब एक या दो ग्राम।

इसके बाद मुखबिर ने कहा कि मुझे याद नहीं है कि मैंने 21 नवम्बर, सन् 1930 को पुलिस के सामने अपने बयान में कहा था कि ग्वालियर की फैक्टरी में एक टीन का बम बनाकर मैं, भगवानदास और वैशम्पायन जब परीक्षा करने के लिए ले गए थे और वह सफल प्रमाणित हुआ था, तब सदाशिव भी साथ थे।

मि. बोस ने मुखबिर के पुलिस के सामने दिए हुए बयान और ट्रिब्यूनल के सामने दिए हुए बयान में तैलंग के नाम के सम्बन्ध में इसी प्रकार की एक और भी अन्तर की बात अदालत के सामने दिखलाई।

सरकारी वकील ने कहा कि तैलंग के नाम के सम्बन्ध में मुखबिर के बयानों में कोई अन्तर नहीं है।

इस प्रश्न के क़ानूनी महत्त्व पर विचार करने के बाद अदालत ने कहा कि मुखबिर को अपने बयानों के अन्तर को स्पष्ट करने का अधिकार है।

इसके बाद मुखबिर ने कहा कि जब मैं दूसरी दफा ग्वालियर गया था, तब मैं हिन्दुस्तान सोशलिस्ट रिपब्लिक एसोसिएशन के दस या बारह सदस्यों के नामों से परिचित था, जिनमें छः या सात ग्वालियर में थे।

प्र.–दूसरे चार या पाँच कौन थे?

उ.–झाँसी के शंकर राव, काशीराम, एम.पी. अवस्थी और कुन्दनलाल, इसके अतिरिक्त और मुझे याद नहीं है।

इसके बाद अदालत की कार्रवाई स्थगित हो गई।

तारीख 23 जुलाई को दिल्ली षड्यंत्र केस में मुखबिर कैलाशपति से मि. बोस की जिरह जारी रही। आज की जिरह में मुखबिर कैलाशपति ने दिल्ली में सन् 1929 में षड्यंत्रकारी दल के संगठन और सदस्यों के भर्ती किए जाने का वर्णन किया।

मि. बोस के यह प्रश्न करने पर कि सन् 1929 में ग्वालियर में रहने के समय मुखबिर को षड्यंत्रकारी दल से सहानुभूति रखनेवाले किसी व्यक्ति का नाम मालूम था, मुखबिर कैलाशपति ने कहा कि मैंने कानपुर के गणेशशंकर विद्यार्थी का नाम सुना था।

मैं सितम्बर सन् 1929 में ग्वालियर से दिल्ली रुपए एकत्र करने के उद्देश्य से लौट आया था। काशीराम और विमलप्रसाद जैन के द्वारा रुपए एकत्र करने का विचार था। इस बार मैं विमलप्रसाद जैन के पास ठहरा था।

प्र.–तुमसे और विमल से क्या बातचीत हुई थी?

उ.–मैं ठीक नहीं कह सकता कि मुझसे और विमल से क्या बातचीत हुई थी।

प्र.–तुमसे और काशीराम से क्या बातचीत हुई थी?

उ.–मैंने काशीराम और विमलप्रसाद जैन दोनों से कहा था कि षड्यंत्रकारी कार्यों के लिए धन एकत्र करना चाहिए। मैंने उनसे दल से किसी सहानुभूति रखनेवाले व्यक्ति से धन लाने के लिए कहा था।

प्र.–तो क्या तुम ग्वालियर वापस चले गए?

उ.–हाँ।

प्र.–वैशम्पायन ग्वालियर में क्या किया करता था?

उ.–कोई कार्य नहीं करता था। आजाद उसका खर्च चलाया करता था।

मि. बोस के यह प्रश्न करने पर कि सितम्बर सन् 1929 में ग्वालियर से दिल्ली चले आने पर ग्वालियर में षड्यंत्रकारी कार्यक्रम जारी रहा या नहीं, मुखबिर कैलाशपति ने कहा कि उस समय दल के सामने कोई विशेष कार्यक्रम नहीं था, क्योंकि ग्वालियर में वह

असंगठित हालत में था। मुखबिर ने कहा कि सितम्बर महीने में दिल्ली वापस आने पर मैंने दिल्ली के दल को केन्द्रीय कौंसिल के ढंग पर संगठित करना प्रारम्भ कर दिया था। विचार किया गया था कि वह कार्यकर्ताओं को आदेश दिया करेगी।

प्र.—क्या तुम बतला सकते हो कि उस बार ग्वालियर से दिल्ली आने के समय वहाँ से कौन-कौन सी चीजें लाए थे?

उ.—मैं अपना सामान, एक बम और एम.पी. अवस्थी का सामान लाया था। मैं विमलप्रसाद जैन के घर पर ठहरा था, जो कि खरी बावली में है।

इसके बाद मुखबिर ने विमल के घर का कुछ विवरण बतलाया। उसने कहा कि विमल के रिश्तेदार अक्सर आकर विमल के यहाँ ठहरा करते थे। मैं विमलप्रसाद के घर पर दो या तीन दिन तक ठहरा था, उसके बाद मैं शहर में दूसरी जगह चला गया। मैं विमल के यहाँ अक्सर आया करता था। विमल के साथ तीन दिन रहने के समय मैंने उससे दल के कार्यक्रम के विषय में बहुत-सी बातें की थीं। यद्यपि उन दिनों कॉलेज बन्द थे, फिर भी भवानी सिंह शहर में एक मकान में रहा करते थे। उस समय भागीरथ भी दिल्ली में ही था और साधारणतया अकेले रहा करता था।

प्र.—सितम्बर महीने में दिल्ली में तुम भवानी सिंह के साथ कितने दिन रहे थे?

उ.—दूसरे-तीसरे मैं हमेशा उसके पास जाया करता था और उसके मकान में ठहरा करता था।

प्र.—सितम्बर महीने में तुम्हारा खर्च किसने चलाया था?

उ.—मुझे भवानी सिंह और भवानी सहाय रुपए दिया करते थे। उस महीने में मेरा खर्च करीब बीस रुपए हुआ था। मैंने दल के लिए इलाहाबाद से कुछ किताबें मँगाई थीं, जिनका रुपया भवानी सिंह ने दिया था। किताबें भवानी सिंह के नाम वी.पी. से आई थीं।

प्र.—तुम किताबों के नाम जानते हो?

उ.—उन किताबों में जो मुख्य किताबें मुझे याद हैं, उनके नाम इस प्रकार हैं—'रूस की राज्य-क्रान्ति', 'बन्दी-जीवन' और 'क्रान्ति राजकुमार'। इलाहाबाद में रहने के समय इनमें से कुछ किताबें मैंने पढ़ी थीं। मुझे याद नहीं है कि इन किताबों को पहले मैंने दिल्ली में देखा था या नहीं।

प्र.—मेरा ख़याल है कि उस समय दल के पास धन नहीं था?

उ.—हाँ, नहीं था।

प्र.—जो बम तुम ग्वालियर से लाए थे, वह तुमने विमलप्रसाद जैन को कब और कहाँ दिखलाया था?

उ.—बम मेरे सूटकेस में था, जो कि मैंने विमल के घर पर रख दिया था। मैंने विमल को बम उसी के घर पर दिखलाया था।

प्र.—उस समय तुमने कोई हिसाब लगाया था कि उस तरह के और कितने बमों के बनाने की ज़रूरत है?

उ.—नहीं, यह बात तो धन पर निर्भर थी।

प्र.—क्या इस विषय में तुमने विमल से कोई बातचीत की थी?

उ.—हाँ, बम बनाने में प्रति बम के हिसाब से कितना रुपया लगेगा, इस विषय में मैंने विमल से बातचीत की थी।

मुखबिर ने कहा कि विमल ने बिजली का कार्य करनेवाले एक मिस्त्री से बम बनाने के सम्बन्ध में पूछा था, परन्तु यह बातचीत मेरी उपस्थिति में नहीं हुई थी। सम्भवतः यह बात सितम्बर सन् 1929 की है।

मुखबिर ने कहा कि विमलप्रसाद जैन, भागीरथ और भवानी सिंह के अतिरिक्त मैं सितम्बर महीने में दिल्ली में भवानी सहाय से भी मिला करता था। भवानी सहाय रिवाड़ी में रहा करता था, परन्तु दिल्ली में भवानी सिंह के यहाँ ठहरा करता था। मैंने भवानी सहाय से कोई विशेष बातचीत नहीं की थी। और जहाँ तक मुझे मालूम है, दिल्ली आने में उसका कोई खास उद्देश्य नहीं था।

सदस्यों की भर्ती

इन दिनों मैंने भवानी सहाय को षड्यंत्रकारी दल की नियमावली दिखलाई थी और उसे सदस्य भर्ती किया था। इसी प्रकार से मैंने विमलप्रसाद जैन, भागीरथ, हजारीलाल और भवानी सिंह को षड्यंत्रकारी दल के सदस्यों में भर्ती किया था।

प्र.—क्या उन्हें भर्ती करने के पहले तुमने दल के किसी उत्तरदायी सदस्य से इजाजत ले ली थी?

उ.—मुझे किसी की इजाजत की ज़रूरत नहीं थी, क्योंकि मैं स्वयं ही संगठनकर्ता था।

प्र.—क्या केन्द्रीय कौंसिल की इजाजत की भी ज़रूरत नहीं थी?

उ.—उस वक्त उसका कोई अस्तित्व ही नहीं था।

प्र.—उस समय दल का सबसे पुराना सदस्य कौन था?

उ.—जहाँ तक मुझे मालूम है आजाद दल का सबसे पुराना सदस्य था।

प्र.—उस समय निगम कहाँ थे?

उ.—वह कलकत्ता में थे और सितम्बर के आखिर में दिल्ली आए थे। विमल ने जमनाघाट के पास मुझसे उनका परिचय कराया था। कुछ बातचीत के बाद निगम भी दल के सदस्य होने के लिए तैयार हो गए।

प्र.—क्या सितम्बर महीने में दल के इतने सदस्यों के भर्ती किए जाने के सम्बन्ध में तुमने कहीं कोई रिपोर्ट भेजी थी?

उ.—नहीं।

प्र.—तुम रजिस्टर रखते थे या भर्ती होने के फॉर्म?

उ.—नहीं, हम कोई रजिस्टर या भर्ती होने का फॉर्म नहीं रखते थे। अगर किसी सदस्य को दिल्ली के बाहर दल के किसी सदस्य से मिलने की ज़रूरत होती थी, तो उसके लिए उसका विश्वास-पत्र या तो मेरा परिचय-पत्र हुआ करता था या कोई 'इशारे का

शब्द' हुआ करता था। दिल्ली में इशारे का शब्द प्रयोग करने की कोई ज़रूरत नहीं पड़ी। क्योंकि दिल्ली में सदस्य एक-दूसरे से परिचित थे और उसके प्रयोग करने की कभी ज़रूरत भी नहीं पड़ी।

प्र.–क्या दिल्ली से बाहर गए हुए सदस्यों के सम्बन्ध में इशारे के शब्द प्रयोग किए जाते थे?

उ.–हाँ।

प्र.–इशारे के शब्द कैसे प्रयोग किए जाते थे?

उ.–अगर मुझे दल के किसी सदस्य को दिल्ली के बाहर किसी सदस्य के पास भेजना पड़ता था, तो मेरे द्वारा भेजा हुआ सदस्य दिल्ली के बाहर के सदस्य से उसी इशारे के शब्द का प्रयोग करता था, जो मेरे और दिल्ली के बाहर के सदस्य के बीच पहले से ही नियत हो जाता था। उदाहरण के लिए मेरे और आजाद के बीच में 'दया' इशारे का शब्द नियत हुआ था। इसलिए अगर मुझे किसी सदस्य को आजाद के पास भेजना पड़ता था, तो वह सदस्य से 'दया' शब्द द्वारा अपना परिचय दिया करता था। दल के मुख्य-मुख्य सदस्यों के बीच ऐसे इशारे के शब्द नियत हो गए थे।

इसके बाद मुखबिर ने दिल्ली की अन्य कार्रवाइयों और अभियुक्त निगम के सम्बन्ध की बातें बतलाईं। मुखबिर ने कहा कि मैं अभियुक्त निगम के साथ एक स्थानीय कॉलेज होस्टल में करीब तीन महीने तक रहा था। मैंने होस्टल के कॉमन रूम में कभी भोजन नहीं किया। मैं हमेशा होस्टल में निगम के साथ इनके कमरे में भोजन किया करता था। निगम न्यू हिन्दू होस्टल का सुपरिंटेंडेंट था। मुखबिर ने कहा कि मैं वहाँ रहने के समय होस्टल के विद्यार्थियों से दूर ही रहा करता था।

प्र.–उस होस्टल में कोई क्लब या एसोसिएशन था?

उ.–जहाँ तक मुझे मालूम है, कोई नहीं था।

प्र.–क्या तुम बतला सकते हो कि मि. निगम होस्टल में लोकप्रिय थे या नहीं?

उ.–पहले लोकप्रिय थे, परन्तु जब उन्होंने सिगरेट न पीने का नियम जारी किया, तो होस्टल में हड़ताल हो गई और लोकप्रियता घट गई।

प्र.–नवम्बर महीने में दिल्ली में दल की क्या हालत थी?

उ.–जैसी अक्टूबर में थी।

प्र.–क्या तुमने धन एकत्र करने का प्रयत्न किया था?

उ.–नवम्बर महीने में मैं दल की सभा में शामिल होने के लिए कानपुर गया था। वहाँ धन एकत्र करने का निश्चय हुआ था। मुझसे धन एकत्र करने के लिए कोई उपयुक्त स्थान का पता लगाने के लिए कहा गया था।

इसके बाद अदालत जलपान के लिए स्थगित हो गई।

21 जुलाई को स्पेशल ट्रिब्यूनल ने मुखबिर इन्द्रपाल की उस अर्जी पर अपना हुक्म सुनाया, जो कि उसने जेल की शिकायतों के सम्बन्ध में कल ट्रिब्यूनल के सामने पेश की थी।

मुखबिर ने अर्जी में कहा था कि उसे उसके सम्बन्धियों से मिलने नहीं दिया जाता, वह एक ही कोठरी में दिन-रात रखा जाता है और सम्बन्धियों द्वारा भेजी हुई चीजें उसे नहीं दी जातीं।

ट्रिब्यूनल ने सेंट्रल जेल के सुपरिंटेंडेंट को आज्ञा दी कि मुखबिर इन्द्रपाल के साथ विचाराधीन कैदियों सा व्यवहार किया जाए, दूसरे कैदियों के साथ रहने दिया जाए, उसके सम्बन्धियों से उसे मिलने दिया जाए, एकान्त हिरासत से हटा दिया जाए, सोने के लिए चारपाई दी जाए और वे सभी सुविधाएँ दी जाएँ, जो कि विचाराधीन कैदियों को दी जाती हैं।

अदालत ने इन्द्रपाल से कहा कि जेल के व्यवहार में परिवर्तन न होने पर वह दूसरी अर्जी पेश कर सकता है। अदालत इस बात का प्रबन्ध करेगी कि उसके साथ उचित व्यवहार हो।

इसके बाद उससे गवाही देने के लिए कहा गया, परन्तु उसने कहा कि मेरा मस्तिष्क ठीक नहीं है। उसने कहा कि जेल की कोठरी की कठोर भूमि पर सोने के कारण मैंने कई रातें बिना सोए हुए बिताई हैं। इस वक्त पंखे के नीचे बैठे होने के कारण मुझे नींद आ रही है और मैं ऐसी हालत में नहीं हूँ कि बयान दे सकूँ।

इस पर रायबहादुर गंगाराम सोनी ने कहा कि उसकी बातचीत ऐसी है, जैसी कि किसी होश-हवास के आदमी की होती है।

मि. ब्लैकर ने कहा कि मुखबिर लचर दलीलें पेश कर रहा है। आपने मुखबिर को सावधान करते हुए कहा कि अगर वह आज गवाही न देने का हठ करेगा, तो उसके साथ क़ानूनी कार्रवाई की जाएगी।

इन्द्रपाल ने उत्तर में कहा कि मैं गवाही देने से इनकार नहीं करता, परन्तु मौजूदा मानसिक स्थिति में अगर मुझसे कोई गलती हो जाएगी, तो उसके लिए मैं जिम्मेदार न रहूँगा।

इसके बाद मुखबिर इन्द्रपाल ने षड्यंत्र का किस्सा कहना प्रारम्भ कर दिया।

मुखबिर इन्द्रपाल का बयान

उसने यशपाल से अपने परिचय होने की बात बतलाई और कहा कि यशपाल षड्यंत्रकारी विचारों का था और उसने मुझे हिंसात्मक सिद्धान्त की ओर परिवर्तित किया था।

इसके बाद मुखबिर ने लाहौर में अक्टूबर सन् 1928 में सायमन कमीशन के आगमन और लाला लाजपत राय के नेतृत्व में एक विशाल जुलूस संगठित किए जाने का हाल बतलाया। उसने कहा कि रेलवे स्टेशन के पास जुलूस के लोग प्रदर्शन करने के लिए रुक गए थे, इस पर पुलिस ने उन पर लाठियों का आक्रमण किया। मैंने देखा कि एक यूरोपियन पुलिस-अफसर ने लाला लाजपत राय पर लाठियों की वर्षा की। इस घटना के करीब एक महीना बाद लालाजी की मृत्यु हो गई। लोगों को विश्वास था कि पुलिस की लाठियों के प्रहार से लालाजी की मृत्यु हुई। लाला लाजपत राय की मृत्यु के ठीक एक साल

बाद, 17 दिसम्बर, सन् 1929 को मुझे मालूम हुआ कि जिस पुलिस अफसर ने लालाजी पर लाठियों की वर्षा की थी, वह मार डाला गया। मैं उस समय 'भीषम' में नक़लकार की हैसियत से कार्य कर रहा था। मैं उपरोक्त घटना सुनकर बहुत प्रसन्न हुआ।

8 अप्रैल, सन् 1929 को मैंने असेम्बली बम-घटना और उसके सम्बन्ध में भगत सिंह और बटुकेश्वर दत्त की गिरफ़्तारी का समाचार पढ़ा। इसके बाद मुझे यशपाल मिले, जिन्होंने मुझसे बतलाया कि भगत सिंह और बटुकेश्वर दत्त इस कार्य के लिए षड्यंत्रकारी दल की ओर से नियुक्त किए गए थे। यशपाल ने कहा था कि वे अदालत के सामने हिन्दुस्तान के लाखों आदमियों के भूखों मरने की दयनीय दशा के सम्बन्ध में एक सनसनीदार बयान देंगे। उसी समय यशपाल ने मुझे दल का सदस्य बनाया था। यशपाल ने मुझे दल के सिद्धान्त बतला दिए थे।

साधु के वेश में

इसके बाद मुखबिर ने कहा कि मैं 25 अगस्त, सन् 1929 को दिल्ली बुलाया गया। वहाँ वायसराय की स्पेशल ट्रेन उड़ाने के सम्बन्ध में मुझसे दिल्ली से 9 मील दूर पियाऊ के स्थान पर साधु के वेश में मौजूद रहने के लिए कहा गया। परन्तु हंसराज 'वायर्लेस' के न पहुँचने के कारण और मोटरसाइकिल से गिर जाने से यशपाल के चोट लग जाने के कारण वायसराय की ट्रेन उड़ाने का कार्य स्थगित कर देना पड़ा था। वायसराय इंग्लैंड से लौटकर आए थे और एक महत्त्वपूर्ण वक्तव्य देनेवाले थे। पियाऊ में करीब सवा दो महीने रहने के बाद मैं यशपाल के यहाँ से हंसराज के पास खबर ले जाने के लिए लायलपुर गया। सुखदेवराज ने आकर दरवाजा खटखटाया। हंसराज ने मकान के बाहर आकर उससे बातचीत की। इसके बाद मैंने हंसराज को खबर दी और रेलवे-स्टेशन चला आया। लायलपुर से लाहौर तक मैंने और सुखदेवराज ने एक ही ट्रेन से सफ़र किया था।

इसके बाद मैंने सुखदेवराज को भगवतीचरण के मकान पर देखा था। दल के सब सदस्य सुखदेवराज को सिराजुद्दौला कहा करते थे। उसका कार्य दल के सदस्यों के लिए साइकिल का प्रबन्ध करना था।

मई महीने के बीच में मैं अमीरचन्द और हंसराज 'वायर्लेस' के साथ लायलपुर से 23 बम लाया था।

सदस्यों पर संकट

28 मई को मुझे खबर मिली कि भगवतीचरण बम की परीक्षा करने में घायल हो गए। मैं और शिव रावी के किनारे घटनास्थल पर पहुँचे और देखा कि उनकी दशा आशंकाजनक है।

इसके बाद मुखबिर ने, जेल से भगत सिंह और बटुकेश्वर दत्त को छुड़ाने के लिए जो प्रबन्ध सोचा गया था, उसका हाल बतलाया। मुखबिर ने कहा कि भगत सिंह और

बटुकेश्वर दत्त को बोर्स्टल जेल से अदालत ले जाने के लिए जो जेल की लॉरी तैनात की गई थी, उसके बोर्स्टल जेल में आने की सूचना देने के कार्य पर मैं नियुक्त किया गया था। जेल की लॉरी को बोर्स्टल जेल की ओर आते हुए देखकर मैंने दल को जाकर सूचना दे दी।

यशपाल से मुझे 2 जून को 6 बजे सवेरे मालूम हुआ कि भावलपुर रोड के मकान में बम फटने की घटना हो गई थी, इसलिए दल के सदस्य खतरे में हैं। मैंने यशपाल और चन्द्रशेखर आजाद को, जिनका नाम प्रकट नहीं किया गया था, अपने पास रख लिया था। उनको लोग 'बड़ा दादा' कहते थे।

इसके बाद मुखबिर ने 23 दिसम्बर, सन् 1930 की वायसराय की ट्रेन उड़ाने की घटना का वर्णन किया।

इसके बाद अदालत की कार्रवाई स्थगित हो गई।

दिल्ली षड्यंत्र केस : परिचय—फूलचन्द जैन

चीफ कमिश्नर, दिल्ली ने जब षड्यंत्र केस चलाने की अनुमति की विज्ञप्ति 28.03.1931 व 09.04.1931 को प्रकाशित की, तो उस समय अभियुक्तों की सूची में से चन्द्रशेखर आजाद व भगवतीचरण वोहरा के नामों को निरस्त करना पड़ा। वायसराय लॉर्ड इर्विन की रेलवे ट्रेन के नीचे बम-विस्फोट करने का मामला भी इन षड्यंत्रकारियों के विरुद्ध आरोप पत्र में था। इसलिए दिल्ली प्रशासन के अधिकारियों ने ट्रिब्यूनल की प्रारम्भिक कार्यवाही वायसराय हाउस के बाहर साउथ ब्लॉक में प्रारम्भ की और वहाँ सुरक्षा के विशेष प्रबन्ध किए गए।

आरोप-पत्र

षड्यंत्रकारियों की जाँच करनेवाले पुलिस अधिकारियों ने निम्न के विरुद्ध एक आरोप-पत्र सरकारी वकील को ट्रिब्यूनल के सामने प्रस्तुत करने के लिए दिया—

1. **कपूरचन्द जैन** आत्मज मन्नूलाल जैन, 2714 पहाड़वाली गली, चौक रायजी, धर्मपुरा दिल्ली।
2. **कांशीराम** आत्मज किशनलाल, निवासी कानपुर।
3. **कैलाशपति** उर्फ **शीतल प्रसाद** आत्मज हृदय नारायण, उत्तर प्रदेश।
4. **ख्यालीराम गुप्ता** आत्मज रतनलाल, चूड़ीवालन, दिल्ली।
5. **गजानन्द सदाशिव पोतदार** आत्मज सदाशिव कृष्ण पोतदार, निवासी झाँसी।
6. **गिरवर सिंह** आत्मज घासीराम राजपूत, मेरठ।
7. **चन्द्रशेखर आजाद** आत्मज सीताराम।
8. **दंडपाणी तैलंग** आत्मज वेंकट राव गोपाल तैलंग, झाँसी।
9. **धन्वन्तरि** आत्मज दुर्गादत्त।
10. **प्रो. नन्दकिशोर निगम** आत्मज शिवसहाय निगम, 429, कूँचा बुलाकी बेगम, दिल्ली।
11. **प्रकाशो देवी (प्रकाशवती)** सुपुत्री बैजनाथ, धर्मपत्नी यशपाल, लाहौर।
12. **बाबूराम गुप्ता** आत्मज झाझनलाल, कासगंज, एटा।
13. **बालकिशन** उर्फ **कृष्णलाल** आत्मज हकीम रामजीलाल, गाँव खेड, पिलखुवा।
14. **विद्याभूषण शुक्ला** आत्मज देवकीनाथ शुक्ला, सीवान, बिहार।

15. **विमलप्रसाद जैन** आत्मज बनारसी दास जैन, सिसाना बागपत, मेरठ।
16. **विश्वनाथ राव वैशम्पायन** आत्मज गंगाधर वैशम्पायन।
17. **विशम्भर दयाल** आत्मज वासुदेव, निवासी सबलपुरा, बहरोड।
18. **भगवतीचरण वोहरा** आत्मज शिवचरण वोहरा, निवासी लाहौर।
19. **भवानी सहाय** आत्मज रामचन्द्र, निवासी राजगढ़, रियासत अलवर।
20. **भवानी सिंह** आत्मज कैप्टन नत्थू सिंह।
21. **भगीरथ मल** आत्मज भगवान सहाय, निवासी सरधना, मेरठ।
22. **मदन गोपाल यादव** आत्मज किशनलाल, निवासी अजमेर।
23. **यशपाल** आत्मज हीरालाल।
24. **रामचन्द्र शर्मा** आत्मज घासीराम, निवासी नलगढ़ा, सिकन्दराबाद, बुलंदशहर।
25. **रामलाल** आत्मज गंगाराम, निवासी सांगर।
26. **रुद्रदत्त मिश्रा** आत्मज मातादीन मिश्रा।
27. **लेखराम** आत्मज कन्हैयालाल, जिला हिसार, मोजा-ढींग सराय।
28. **सच्चिदानन्द हीरानन्द वात्स्यायन** आत्मज डॉ. हीरानन्द वात्स्यायन।
29. **प्रो. सम्पूर्ण सिंह टंडन** आत्मज गिरधारी लाल।
30. **सुशीला देवी उर्फ दीदी** सुपुत्री कर्मचन्द, धर्मपत्नी श्याम मोहन वकील।
31. **हजारीलाल** आत्मज पुखराज बहादुर, देवामोहल्ला, खादेकलाँ, पटना।
32. **हरद्वारीलाल** आत्मज लक्ष्मीचन्द वैश्य।
33. **मास्टर हरिकेश सिंह** आत्मज रामप्रसाद।

पुलिस ने अभियुक्तों में से निम्न 6 को तमाम अपराधों के सम्बन्ध में माफी प्रदान कराई और मजिस्ट्रेट के सामने इनके विस्तृत बयान रिकॉर्ड करने के बाद इन्हें सरकारी गवाह के रूप में अभियुक्तों से पृथक् जेल के भिन्न कक्ष में भेज दिया और वहाँ सुरक्षा प्रबन्ध कर दिए गए। ये 6 अप्रूवर थे–

अप्रूवर

1. **कैलाशपति** उर्फ **शीतल प्रसाद** आत्मज हृदय नारायण, उत्तर प्रदेश।
2. **गिरवर सिंह** आत्मज घासीराम राजपूत, मेरठ।
3. **डी.पी. तैलंग (दंडपाणी तैलंग)** आत्मज वेंकट राव गोपाल तैलंग, झाँसी।
4. **बालकिशन** उर्फ **कृष्ण बाल** आत्मज हकीम रामजीलाल, गाँव खेड़ा, पिलखुवा।
5. **मदन मोहन यादव** आत्मज किशन लाल, अजमेर।
6. **रामलाल** स्टूडेंट रामजस कॉलेज, आत्मज गंगाराम, निवासी सांगर।

पुलिस की तहक़ीक़ात के मध्य ही चन्द्रशेखर आजाद व भगवतीचरण वोहरा गोलियों से मुकाबले में बम-विस्फोट में शहीद हो गए थे। मुकदमे की कार्यवाही आरम्भ होने के पूर्व एक और अभियुक्त विशम्भर दयाल की दिल्ली जेल में 12.4.1931 को मृत्यु हो गई।

मुकदमे की कार्यवाही प्रारम्भ करने के लिए गठित ट्रिब्यूनल में इन तीन जजों को नियुक्त किया गया–1. एल.एस. व्हाइट (अध्यक्ष), 2. अमीर अली, कमिश्नर, 3. कुँवरसेन, कमिश्नर।

9 अभियुक्तों को प्रारम्भ में पुलिस गिरफ़्तार करने में असमर्थ रही। इसलिए मुकदमे की प्रारम्भिक कार्यवाही में उन्हें राजपत्रित मफ़रूर घोषित किया गया।

1. कांसीराम, 2. प्रकाशो, 3. भवानी सहाय, 4. यशपाल, 5. रामचन्द शर्मा (मामले के अन्त तक गिरफ़्तार नहीं हो पाए), 6. लेखराम, 7. भवानी सिंह, 8. प्रो. सम्पूर्ण सिंह टंडन (मामले के अन्त तक गिरफ़्तार नहीं), 9. हजारीलाल।

सफाई पक्ष के वकीलों की नियुक्ति

25.4.1931 से आसफ़ अली बार-एट-लॉ वरिष्ठ वकील।

6.7.1931 से फ़रीदुल हक़ अंसारी बार-एट-लॉ।

8.7.1931 से बी. बैनर्जी एडवोकेट, प्रो. नन्द किशोर निगम के लिए।

21.7.1931 से बलजीत सिंह एडवोकेट। ये केवल 28.7.1931 तक रहे।

8.7.1931 से एस.एन. बोस एडवोकेट, कपूरचन्द जैन की ओर से।

13.7.1931 से डॉ. सैफुद्दीन किचलू बार-एट-लॉ ने आसफ़ अली बैरिस्टर का स्थान ले लिया व बलजीत सिंह के स्थान पर सरदार रघुबीर सिंह एडवोकेट को 20.7.1931 से नियुक्त किया गया। फ़रीदुल हक़ अंसारी भी 1931 से डॉ. किचलू के स्थान पर नियुक्त हुए। डॉ. किचलू भी 1.8.32 से केस से पृथक् हुए। 11.3.32 को विजयपाल सिंह एडवोकेट ने रघुबीर सिंह का स्थान लिया। 1932 में बाबू नानकचन्द एडवोकेट रोहतक धन्वन्तरि की ओर से कार्य करने लगे।

15.1.1931 को ट्रिब्यूनल के न्यायाधीशों की अदालत लगी। प्रारम्भिक औपचारिकताओं के बाद मुकदमा 16 अप्रैल, 1931 के लिए स्थगित हुआ। 16 अप्रैल, 1931 को अदालत की बैठक दिल्ली डिस्ट्रिक्ट जेल में हुई। इसमें अभियुक्त ख्यालीराम गुप्ता, गजानन्द राव पोतेदार, धन्वन्तरि, प्रो. नन्द किशोर निगम, डॉ. बाबूराम गुप्ता, विद्याभूषण आजाद, विमलप्रसाद जैन, विश्वनाथ राव वैशम्पायन, भगीरथ लाल, रुद्रदत्त मिश्रा, सच्चिदानन्द हीरानन्द वात्स्यायन, हरद्वारीलाल, हरिकेश सिंह त्यागी के हस्ताक्षरों का आवेदन प्रस्तुत किया गया जिसमें कहा गया था कि विचाराधीन बन्दियों के लिए जो सुविधाएँ जेल में मिलनी चाहिए, वे उन्हें नहीं मिल रही हैं और साधारण कैदियों से भी निचले स्तर का व्यवहार उनके साथ हो रहा है।

क्रान्तिकारियों का उत्साह

22 अप्रैल, 1931 को जब मुकदमे की सुनवाई के लिए अभियुक्तों को ट्रिब्यूनल के न्यायालय में लाया गया, उस समय अभियुक्तों के हाथों में हथकड़ियाँ लगी हुई थीं और

वे राष्ट्रीय भावनाओं से ओत-प्रोत गीत गा रहे थे। अभियुक्तों द्वारा नित्यप्रति न्यायालय में उपस्थित होने पर राष्ट्रीय गायन गाने का क्रम चलता था और नारे भी लगते थे। हिन्दुस्तान समाजवादी प्रजातंत्र सेना जिन्दाबाद। साम्राज्यवाद का विनाश हो। इन्कलाब जिन्दाबाद। इनका क्रम समाप्त हो जाता था, तब ट्रिब्यूनल के जज अदालत के कमरे में प्रवेश किया करते थे।

अभियुक्तों की ओर से सफाई पक्ष के लिए रुपयों की स्वीकृति की माँग सरकार से की गई। सरकारी वकील ने बताया कि 128 रुपए प्रति कार्यवाही के दिन वरिष्ठ वकील को दिए जाएँगे और इससे अधिक खर्चा देने के लिए सरकार तैयार नहीं है। इस पर कार्यवाही दिन-प्रतिदिन स्थगित होती रही, क्योंकि अभियुक्तों ने जेल से अदालत में आने से इनकार कर दिया। अन्ततः 24 जून, 1931 को पुनः कार्यवाही प्रारम्भ हुई।

जूता और चाँटा

29.6.1931 को जब कैलाशपति सरकारी अप्रूवर के रूप में ट्रिब्यूनल के सामने गवाही दे रहा था तो मध्याह्न के समय खाने के अवकाश के पूर्व दर्शकदीर्घा में बैठे एक युवक बलवन्त सिंह आत्मज देवीदास स्टूडेंट, मिशन कॉलेज/सेंट स्टीफन कॉलेज (निवासी, कूचा घासीराम, दिल्ली) ने अपने पैरों से एक जूता निकालकर कैलाशपति की ओर निशाना बाँधकर जोर से फेंककर मारा। इस पर ट्रिब्यूनल के अध्यक्ष एल.एस. व्हाइट ने आदेश दिया कि बलवन्त सिंह को हिरासत में ले लिया जाए और यहाँ से हटा दिया जाए। दिन भर की कार्यवाही के बाद न्यायाधीशों ने बलवन्त सिंह के विरुद्ध जब कार्यवाही करने की बात की तो अधिकारियों ने बताया कि उसके विरुद्ध क़ानूनी कार्यवाही धारा 355 आई. पी.सी. के अन्तर्गत प्रारम्भ हो गई।

ऐसी ही एक घटना 1 सितम्बर, 1931 को हुई जब ट्रिब्यूनल के समक्ष सरकारी पक्ष की सहायता के लिए सरदार भाग सिंह, कोर्ट-इंस्पेक्टर किसी मामले पर कुछ पूछताछ कर रहे थे। अभियुक्त रुद्रदत्त मिश्रा ने एकदम उसके विरुद्ध असन्तोष प्रकट करते हुए उसे चाँटा मार दिया। तुरन्त ही सरकारी अधिकारी पर आक्रमण के आरोप में धारा 332 में कार्यवाही शुरू हो गई और 12.11.1931 को अदालत से 9 माह कैद 500 रुपए की जमानत या दो माह की और कैद की सजा सुना दी गई।

फूलचन्द जैन की मुलाकातों पर पाबन्दी

विमलप्रसाद जैन के सफाई पक्ष और उनकी पैरवी के कार्य में फूलचन्द जैन विशेष तौर पर सहायक थे। गोपनीय विभाग वालों की आपत्तिजनक रिपोर्ट पर सरकार ने फूलचन्द जैन के साथ विमलप्रसाद जैन की मुलाकातों पर प्रतिबन्ध लगा दिया और पैरवी के लिए सफाई का सन्तोषजनक प्रबन्ध न होने के कारण विमलप्रसाद जैन ने ट्रिब्यूनल के सामने अदालत में उपस्थित होने से इनकार कर दिया और मुकदमे की कार्यवाही में बाधा पड़ने लगी।

सुपरिंटेंडेंट जेल, दिल्ली के पत्र के उत्तर में श्री व्हाइट ने अपने पत्र संख्या 441 दिनांक 7 अक्टूबर, 1931 को एक पत्र भेजा जिसमें लिखा था कि जो कारण लिखे हैं, वह पर्याप्त नहीं हैं कि उनके आधार पर अभियुक्त विमलप्रसाद जैन व फूलचन्द जैन की मुलाकात पर प्रतिबन्ध लगाया जाए और न्यायाधीशों की राय है कि यदि उचित सावधानियों से मुलाकात के समय निरीक्षण का उचित प्रबन्ध हो, तो मुलाकात से कोई हानि की सम्भावना नहीं है। परन्तु इसके बाद भी गतिरोध जारी रहा और विमलप्रसाद जैन ने न्यायालय में उपस्थित होने में असमर्थता प्रकट की। दिन-प्रतिदिन की कार्यवाही रुक जाने से श्री व्हाइट ने एक पत्र विमलप्रसाद जैन को भेजा कि वह न्यायालय में दोपहर के अवकाश के समय फूलचन्द जैन से मुलाकात कर सकते हैं और ये आदेश न्यायालय के अधिकारियों को दे दिए गए हैं। इस आदेश के अन्तर्गत न्यायालय में फूलचन्द जैन और विमलप्रसाद जैन की मुलाकात बिना किसी बाधा के हो गई। परन्तु अधिकारियों की यह रुचिकर नहीं लगा और तुरन्त अधिकारियों से एक ऑर्डिनेंस नं. 8, 1931 राजपत्र दिनांक 16.10.1931 में प्रकाशित कर दिया कि अभियुक्तों की अनुपस्थिति में भी न्यायालय की कार्यवाही चल सकती है और अनुपस्थिति उसमें बाधक नहीं होगी।

इस ऑर्डिनेंस के बाद विमलप्रसाद जैन की अनुपस्थिति में ट्रिब्यूनल की कार्यवाही प्रारम्भ हो गई।

5.12.1931 को एक ऑर्डिनेंस फिर सरकार की ओर से राजपत्र में प्रकाशित किया गया कि जो अभियुक्त जेल से अदालत में आते समय या अदालत से वापस जेल जाते समय या न्यायालय में आने के बाद किसी प्रकार के नारे लगाएँगे या गीत गाएँगे और शान्त वातावरण में बाधा खड़ी करेंगे, उन्हें इस ऑर्डिनेंस के अन्तर्गत अनुशासनहीनता का अपराधी समझा जाएगा और उन्हें अदालत से हटा दिया जाएगा। उनकी अनुपस्थिति में अदालत की कार्यवाही जारी रहेगी। जो सफाई के वकील अभियुक्तों की ओर से अदालत में उपस्थित होंगे, उन्हें उस दिन की पारिश्रमिक राशि अदालत की ओर से नहीं दी जाएगी। यदि रास्ते में जाते व आते समय अभियुक्त गाना गाएँ तो जेल अधिकारी भी जेल नियमों के अन्तर्गत उन्हें दंडित कर सकेंगे और रास्ते की यात्रा का समय भी जेल की सीमा के अधीन ही माना जाएगा।

अदालती युद्ध—इधर जेल में राष्ट्रीय गान गाने और नारे लगाने व जेल से न्यायालय आते समय व न्यायालय से जेल वापस जाते समय की अवधि में अभियुक्त बराबर अपने गानों का व नारों का क्रम बनाए हुए थे। अचानक जेल अधिकारियों ने आपत्ति की और कहा कि ये अब आपको बन्द करने होंगे, अन्यथा आपको जेल नियमों के अन्तर्गत दंडित किया जाएगा। अभियुक्तों ने जब इस चेतावनी पर ध्यान नहीं दिया तो जेल अधिकारियों ने नारे लगानेवाले उपस्थित अभियुक्तों को पृथक्-पृथक् कोठरियों में बन्द करने का आदेश दिया। कोठरियों में भी जब अभियुक्तों ने नारे लगाए और गाने गाए तो उन्हें 'टाट-वर्दी' की सजाएँ दे दीं और बोरियों से बने पाजामे व शरीर को ढकने के लिए टाट के खोल पहनने को दे दिए। यह सज़ा काफी कष्टदायक थी। दिन-भर शरीर में खुजली होती रहती थी और रात को भी विश्राम के समय टाट के धागे बदन में चुभते रहते थे। जब अभियुक्तों

ने फिर कड़ा रुख बरता, तो उन्हें खाने में केवल उबला हुआ आटा देने का आदेश दिया गया। परिणाम यह हुआ कि कैलाशपति अप्रूवर से क्या जिरह करनी है और मुकदमे में क्या कार्यवाही करनी है, ये सुझाव भी वे सफाई के वकीलों को नहीं दे सके और सफाई के वकीलों ने ट्रिब्यूनल के सामने मुकदमा स्थगित करने का प्रस्ताव किया, क्योंकि उन्हें जेल से आवश्यक निर्देश पैरवी के लिए नहीं मिल रहे थे। परन्तु ट्रिब्यूनल ने स्थगन के आवेदन को रद्द कर दिया। अभियुक्तों को जेल में मिल रही यातनाओं के सम्बन्ध में आदेश दिया कि वह विस्तार से एक-एक घटना को लेकर उससे सम्बन्धित निर्णय करेंगे और जो ट्रिब्यूनल की सीमाओं में होगा, उसका निर्णय वह न्यायिक तौर पर करेंगे। अन्त में सफाई के वकीलों ने अभियुक्तों की ओर से जेल-यातनाओं का विवरण प्रस्तुत किया और न्यायाधीशों ने 5 दिसंबर, 1931 को तमाम मामले पर विस्तृत विचार प्रकट किए और इस सम्बन्ध में विस्तृत निर्देश देते हुए लिखा :

तमाम मामले की सुनवाई के बाद हमारा ध्यान विशेष तौर पर दो शिकायतों की ओर गया है—

1. इसका सम्बन्ध जेल सुपरिंटेंडेंट के अधिकारों व सीमाओं से है, जिसके अन्तर्गत वह जेल के बाहर भी अभियुक्तों के कार्यों पर कार्यवाही कर सकता है। इस प्रश्न पर न्यायाधीशों ने बाद में विचार करने के लिए प्रश्न को स्थगित कर दिया।

2. क्या अभियुक्तों पर न्यायाधीशों की न्यायिक हिरासत में और न्यायिक निर्देशन में अदालत के अन्तर्गत और अदालत के बाहर भी नियंत्रण रहता है? इस प्रश्न का उत्तर बिल्कुल स्पष्ट है और हम अपने आदेश के प्रारम्भ में ही इस सीमा अधिकार की बात को स्पष्ट कर देना आवश्यक समझते हैं।

इस प्रश्न के उत्तर का सुखदेवराज बनाम सम्राट, धारा 32 अपराध संहिता, 1931 की पृष्ठ संख्या 988 पर विस्तारपूर्वक उल्लेख था। न्यायाधीशों ने जो निर्णायक आदेश दिया, उसी का यहाँ पर अनुसरण करेंगे। इसमें उल्लेख है कि विचाराधीनबन्दी को जब न्यायाधीश न्यायिक हिरासत में जेल भेजते हैं तो वह उस समय न्यायालय की अधिकार सीमा के नियंत्रण में होते हैं और जब न्यायिक हिरासत में जेल क़ानून के अन्तर्गत प्रश्न आता है, तो वह जेल क़ानून की सीमा में समझे जाते हैं और भी समय-समय पर जेल क़ानूनों की व्याख्या होती है, वह उन पर भी लागू होती है। इस ट्रिब्यूनल के न्यायाधीशों का मत है कि जेल की यह सब कार्यवाही क़ानून-सम्मत है और उसमें न्यायाधीश कोई हस्तक्षेप नहीं कर सकते।

अब हम पहले प्रश्न पर विचार करते हैं जिस पर काफी कुछ कहा गया है और जिसे अभियुक्त बहुत अधिक महत्त्व देते हैं। अभियुक्तों द्वारा अदालत में आते समय और अदालत से जाते समय रास्ते में नारे लगाना, गाने गाना यह क्रम रहता है और अदालत में भी न्यायाधीशों के आने से पहले गाने व नारों का क्रम चलता रहता है। इस अपराध में जेल से निकलने के बाद भी जेल अधिकारी अपनी अधिकार-सीमा में अभियुक्तों को मानते हैं और जेल अधिकारियों ने ऐसा न करने के लिए अभियुक्तों को समय-समय पर चेतावनी भी दी है। यह मामला जेल अपराध की धारा 55 की, की गई, व्याख्या में आता है और

इस धारा के अन्तर्गत जेल अधिकारी अपने आपको अधिकृत व सक्षम मानते हैं और उनकी मान्यता है कि इस धारा के अन्तर्गत जो अपराध जेल की चारदीवारी से निकलने के बाद अभियुक्त करते हैं, वह उनके अधिकार सीमा में है और इसी अधिकार से वह अभियुक्तों को दंडित करते हैं।

इस सम्बन्ध में अभियुक्तों की ओर से सफाई पक्ष ने काफी प्रकाश डाला है कि जेल की चारदीवारी के बाहर आने के बाद जेल सुपरिंटेंडेंट का अधिकार उन अपराधियों के सम्बन्ध में संकेत करता है जिन्हें जेल के बाहर मशक्कत करने के लिए निकाला जाता है। लेकिन इसमें उल्लेख 'कोई भी बन्दी' (एनी प्रिजनर) शब्द है, जिसका अभिप्राय है कि चाहे वह बन्दी जेल की सजा भुगत रहा हो या वह उस समय विचाराधीनबन्दी हो। इसके विपरीत जब तक कोई व्याख्या या विवरण उपलब्ध न हो, वह जेल क़ानून के अपराध संख्या 55 के अन्तर्गत नहीं आता, परन्तु दलील के समर्थन में कोई ठोस आदेश या निर्णय हमारे सामने नहीं है।

इस प्रश्न के समाधान के अलावा दो प्रश्न और भी हैं—एक यह कि जेल नियमों के अन्तर्गत गाना गाना या नारे लगाना कोई अपराध नहीं है। इस प्रश्न पर वकीलों से तर्क-वितर्क प्रस्तुत करते हुए इंस्पेक्टर जनरल ने अधिकारियों को निर्देश दिए हैं कि यदि राजनीतिक कैदी जेल में ऐसा करते हैं तो वह कर सकते हैं। यह उनका राजनीतिक प्रतीक समझना चाहिए। न्यायाधीशों ने कहा कि हम नारे लगाने या गाना गाने को राजनीति प्रतीक की संज्ञा नहीं दे सकते। इसके विपरीत गाना और जोर-जोर से आवाज़ें निकालना जेल के शान्त वातावरण को भंग करना है और इस तरह का प्रयास जेल अपराधों की संज्ञा में आता है। हमारे सामने ये भी तर्क प्रस्तुत हुए हैं कि इस अपराध में अभियुक्तों को दंडित करने के लिए पृथक्-पृथक् कालकोठरियों में बन्द कर देना एक बड़ा दंड है।

इसी प्रकार डॉक्टर से, क़ानून के अनुसार, सर्टिफिकेट प्राप्त न करना और 'पीनल डाइट' (उबला हुआ आटा) देना एकांत कोठरी के दंड से भी अधिक कठिन दंड है। हमने जो जाँच की है, उससे हम सन्तुष्ट हैं कि इस प्रकार जेल अधिकारियों का हस्तक्षेप आवश्यक नहीं था। यदि इंस्पेक्टर जनरल, जेल्स के प्रशासनिक निर्देशों के अन्तर्गत पीनल डाइट का दंड दिया गया है, तो वह उचित कार्यवाही नहीं है, क्योंकि उच्चतर श्रेणी के विचाराधीन बन्दियों को यह दंड नहीं दिया जा सकता।

इनके अलावा बन्दियों की मुलाकात के सम्बन्ध में हमारा ध्यान आकर्षित किया गया है कि विचाराधीन बन्दियों की मुलाकात, जो उनका क़ानूनी अधिकार है, उसमें अधिकारी रुकावट डालते हैं। यह समस्या भी दो प्रकार की होती है—एक यह कि मुलाकात क़ानूनी परामर्श के सम्बन्ध में हो और दूसरी—परिवारजनों व मित्रगणों के साथ मुलाकात हो। जहाँ तक क़ानूनी परामर्श के सम्बन्ध में मुलाकात है, उसके सम्बन्ध में इतना कहना ही आवश्यक है कि आवश्यक सुविधाएँ उतनी मिलनी चाहिए, जिससे अभियुक्तों की सफाई के सम्बन्ध में क़ानून-सम्मत तैयारी हो सके।

विचाराधीन बन्दियों के परिवारजनों से मुलाकातों का मामला और भी जटिल है। बताया गया है कि कुछ व्यक्तियों से मुलाकात किसी भी अभियुक्त के साथ करने पर

पाबन्दी का निर्देश डिस्ट्रिक्ट मजिस्ट्रेट और बाद में स्थानीय प्रशासन द्वारा प्रेषित निर्देशों के अनुसार जेल अधिकारियों पर पाबन्दी है और उस अवस्था में जेल अधिकारी मुलाकात की अनुमति नहीं दे पाते हैं। यदि मुकदमे की सफाई व पैरवी के लिए कोई मामला मुलाकात का हमारे सामने आए और जिसमें मुलाकात की इजाजत न मिली हो, तो उसमें हम प्रत्येक पृथक्-पृथक् केस पर विचार कर अपना निर्णय व्यक्त कर सकते हैं। इस सम्बन्ध में शीघ्र ही हम ऐसे नियम निर्धारित कर रहे हैं जिनके अधीन ऐसे व्यक्तियों की व्यक्तिगत मुलाकातें न्यायालय की अवकाश की अवधि में हो सकें।

7 सितम्बर, 1931 को जब अन्य अभियुक्त दिल्ली जेल में ट्रिब्यूनल के समक्ष न्यायालय में लाए गए, उस समय अधिकारियों ने बताया कि विमलप्रसाद जैन ने अदालत में आने से इनकार कर दिया और अन्य अभियुक्तों के साथ उन्हें यहाँ नहीं लाया जा सका है। 8 सितम्बर, 1931 को विद्याभूषण अभियुक्त ने न्यायालय का ध्यान दिलाया कि विमलप्रसाद जैन को जेल अधिकारियों के विरुद्ध शिकायतें हैं और उनके व्यवहार के प्रति असन्तोष है और इसलिए विमलप्रसाद जैन जेल अधिकारियों के आदर्शों को मानने के लिए तैयार नहीं है।

10 सितम्बर, 1931 को न्यायालय का एक क्लर्क दिल्ली जेल गया और विमलप्रसाद जैन को कोर्ट में उपस्थित होने का न्यायाधीशों का आदेश बताया। इस आदेश पर विमलप्रसाद जैन न्यायालय के लिए जेल से आ गए। परन्तु बाद में न्यायाधीशों ने कहा कि इस प्रकार का तरीका सदैव नहीं अपनाया जा सकता और विमलप्रसाद जैन को अन्य अभियुक्तों के साथ नियमित रूप से आना चाहिए। विमलप्रसाद जैन से पिछले तीन दिनों से अनुपस्थित रहने का कारण पूछा गया। परन्तु वे मौन रहे। विद्याभूषण ने अदालत से आवेदन किया कि श्री जैन की ओर से यह बात प्रस्तुत की जा चुकी है कि जेल अधिकारियों ने उनके कुछ सम्बन्धियों-परामर्शदाताओं पर मुलाकात के लिए पाबन्दी लगा दी है।

एक माह बाद 7 अक्टूबर को पुनः न्यायाधीशों ने लिखा कि फूलचन्द जैन से मुलाकात पर जेल अधिकारियों ने जो पाबन्दी लगाई है, उस पाबन्दी का कोई विशेष आधार नहीं है। यदि मुलाकात उचित सावधानियों के साथ जेल अधिकारियों की उपस्थिति में ही हो तो, कोई हानि का कारण प्रतीत नहीं होता। परन्तु जेल अधिकारियों ने मुलाकात कराने में असमर्थता प्रकट की और विमलप्रसाद जैन की अनुपस्थिति के कारण अदालत की कार्यवाही दिन-प्रतिदिन स्थगित होती रही।

न्यायालय की कार्रवाई व्यवस्थित रूप से चल सके और मुलाकात की पाबन्दी पर कोई विशेष कारण न होने के कारण जो परिस्थिति उत्पन्न हो गई थी, उसके परिणामस्वरूप न्यायालय ने आदेश दिया कि फूलचन्द जैन अगर विमलप्रसाद जैन से मुलाकात करना चाहते हैं, तो तमाम सावधानियाँ और औपचारिकता की पूर्ति के साथ न्यायालय में दोपहर के अवकाश के समय विमलप्रसाद जैन से मुलाकात करा दी जाए और इसके अनुसार न्यायालय में फूलचन्द जैन की मुलाकात विमलप्रसाद जैन से हो गई।

अभियुक्तों को डंडाबेड़ी और हथकड़ियाँ

18 मई, 1932 को विद्याभूषण ने न्यायाधीशों का ध्यान आकर्षित किया कि जिस रास्ते से पुलिस दल हमें न्यायालय तक लाते हैं, उसमें कुछ स्थानों पर बहुत अधिक धूल उड़ने के कारण हमारे गलों में धूल का प्रभाव है और इससे सुरक्षा की आवश्यकता है। हमें जेल से लाने के लिए मार्ग में कोई परिवर्तन कर दिया जाए तो हम स्वास्थ्य की दृष्टि से सुरक्षा अनुभव करेंगे। परन्तु न्यायालय ने इस मामले में अपनी असमर्थता प्रकट की और कहा कि मार्ग को पलटना न्यायाधीशों की अधिकार सीमा से बाहर है। इस पर न्यायालय की कार्यवाही खत्म होने के बाद अभियुक्तों ने न्यायालय के कमरों से पुलिस के साथ जाने से इनकार कर दिया और फिर न्यायाधीशों को पुनः अदालत के कमरे में आकर आदेश देना पड़ा कि इन्हें बल-प्रयोग से पुलिस ले जाए। इस टकराव को देखते हुए बी. बैनर्जी वकील ने न्यायालय से आवेदन किया कि आप अभियुक्तों की इस शिकायत को सक्षम अधिकारियों तक पहुँचा दीजिए, जिससे वह इस शिकायत को दूर करने के लिए कोई सन्तोषजनक उपाय कर सकें। परन्तु पुलिस इंस्पेक्टर तमाम अभियुक्तों को बलपूर्वक अदालत से उठाकर ले गए। यह दृश्य 19 मई, 1932 को भी उपस्थित हुआ।

23.5.1932 को जब अभियुक्तों को अदालत में लाया गया, तो उनके पैरों में बेड़ियाँ और दोनों हाथों में हथकड़ियाँ लगी हुई थीं। अदालत को बताया गया कि पिछले दो दिनों से जो घटनाएँ हुईं, उनको दृष्टि में रखते हुए जेल सुपरिंटेंडेंट के आदेश पर अभियुक्तों के हाथों व पैरों में हथकड़ियाँ-बेड़ियाँ डाल दी गई हैं। सरकारी वकील ने जेल अधिकारियों की तरफ से अदालत से निवेदन किया कि अभियुक्तों के हाथों और पैरों में हथकड़ियाँ और बेड़ियाँ अदालत की कार्यवाही के मध्य में भी पड़ी रहनी चाहिए। सरकारी वकील के इस निवेदन का सफाई वकील डॉ. किचलू व बी. बैनर्जी ने कड़ा विरोध किया और आपत्ति उठाई।

अदालत ने तमाम परिस्थितियों का अवलोकन करने के बाद कहा कि हम पहले ही पुलिस लॉरियों में परदे लगाने का प्रबन्ध करने के लिए विचार प्रकट कर चुके हैं और इस अदालत के निर्देशन पर अभी तक अमल नहीं हुआ है। इससे अधिक और कुछ भी करने में हम सक्षम नहीं हैं और बाध्य होकर अब प्रतिदिन अदालत को पुलिस अधिकारियों को आदेश देना पड़ता है कि बलपूर्वक अभियुक्तों को अदालत के कमरे से ले जाया जाए।

अभियुक्तों की ओर से न्यायाधीशों से निवेदन किया गया कि यदि अदालत में उपस्थिति के समय उनकी हथकड़ियाँ व बेड़ियाँ हटा दी जाएँ तो वह स्वतः शान्तिपूर्वक यहाँ से चले जाया करेंगे। श्री वात्स्यायन ने विशेष तौर पर तमाम अभियुक्तों की ओर से न्यायालय को आश्वासन दिया कि यदि लॉरियों में पर्दे लगा दिए जाएँ, तो अभियुक्त न्यायालय के सभी आदेशों का शान्तिपूर्वक अनुपालन करेंगे।

25 मई, 1932 को विद्याभूषण अभियुक्त ने उन अभियुक्तों की ओर से, जिनका प्रतिनिधित्व सफाई के वकील नहीं कर रहे थे, कहा कि अदालत की कार्यवाही सुचारु रूप से चलाने में हमें एक क्लर्क की सहायता उपलब्ध कराई जाए, क्योंकि हाथों में हथकड़ियों

के कारण हम स्वयं आवश्यक नोट नहीं ले सकते हैं और हम क्लर्क की सहायता से उन नोटों का उपयोग कर पाएँगे। अन्यथा हमारे इस आवेदन को जमानत पर छोड़े जाने का आवेदन माना जाए और हमारी जमानतें मंजूर कर ली जाएँ। अभियुक्तों के आवेदनों को अस्वीकार कर दिया गया। वात्स्यायन ने तमाम अभियुक्तों की ओर से पुनः आवेदन किया कि जब तक अभियुक्तों की हथकड़ियाँ नहीं हटाई जाएँ तब तक अदालत की कार्यवाही स्थगित रखी जाए। न्यायाधीशों ने इसे भी अस्वीकार कर दिया।

श्री वात्स्यायन ने पुनः आवेदन किया कि सरकारी गवाहों के बयानों पर हमारी ओर से जिरह करने की कार्यवाही को तब तक के लिए स्थगित रखा जाए जब तक हमारे हाथों में हथकड़ियाँ रहें, क्योंकि बिना गवाह के बयानों के नोट लिये जिरह करना सम्भव नहीं है।

26 मई, 1932 को विद्याभूषण ने पुनः हाथ में हथकड़ी के कारण अपने सफाई पक्ष की पूर्ति में असमर्थता प्रकट की और निवेदन किया कि हाथों में हथकड़ी होने के कारण वे गवाह पर जिरह करने के लिए उसके मुख्य बयानों के नोट नहीं ले पाए हैं और सफाई के मामले में उन्हें काफी हानि हो रही है। अदालत ने इस सारे मामले पर विस्तारपूर्वक छानबीन के बाद आदेश दिया कि अगर इतना आवश्यक हो तो अदालत इतना कर सकती है कि अभियुक्त के जिरह के वक्त उसके एक हाथ की हथकड़ी अदालत में खुलवा दे, ताकि वह सुगमता से जिरह कर सके। परन्तु उस अवस्था में कोई अपवाद खड़ा नहीं होना चाहिए।

श्री वात्स्यायन ने आश्वासन दिया कि हम अभियुक्तों ने निश्चय किया है कि हम बिना खींचतान के स्वयं जब पुलिस चाहेगी शान्तिपूर्वक उठकर चले जाएँगे। परन्तु हम यह अवश्य प्रकट कर देना चाहते हैं कि हम अदालत से जाने को स्वतः तैयार नही हैं और हमारा विरोध कायम है।

2 जून, 1932 को जब अभियुक्तों को अदालत में लाया गया तो जिन अभियुक्तों की ओर से सफाई के वकील नहीं थे, उनकी ओर से निवेदन किया गया कि हम यह अनुभव कर रहे हैं कि रास्ते में हमें ऐसे व्यक्तियों को दिखाया गया जो गवाही के रूप में यहाँ पेश हो सकते हैं। अदालत ने इस आरोप को बड़ी गम्भीरता से लिया और कहा कि यह आरोप बहुत ही गम्भीर है और अगर साबित हो जाए कि सरकार की ओर से गवाही देनेवालों को अभियुक्तों को रास्ते में दिखलाया गया है, तो यह क़ानून की अवहेलना समझी जाएगी।

4 जून, 1932 को पुनः तमाम अभियुक्तों की ओर से जो जेल में थे, यह आवेदन किया गया कि भविष्य में मुकदमे की कार्यवाही जेल के परिसर में ही की जाए। इस पर न्यायाधीशों ने अपने विचार प्रकट करते हुए कहा कि हम इस विवाद में जाना नहीं चाहते और अच्छा हो कि अभियुक्त अपनी सुरक्षा आप स्वयं करें और जेल में आते समय या जाते समय अपने मुँह को कपड़ों से ढँक लिया करें, ताकि पुलिस उन्हें सम्भावित गवाहों से पहचान न करा सके। जेल में मुकदमा चलाने की माँग को अस्वीकार कर दिया गया।

4 जून, 1932 को अदालत ने फिर आदेश दिया कि अभियुक्तों को यदि आवश्यकता हो तो पुलिसवाले बल-प्रयोग से अदालत से ले जाएँ। इस आदेश पर अभियुक्तों ने एक-दूसरे के साथ मिलकर न्यायालय में लगे जँगले के साथ अपने आपको लिपटा लिया

और पुलिस बड़ी कठिनाई से एक-एक को वहाँ से हटाकर ले गई। 4 जून, 1932 को ही अदालत ने यह भी आदेश दिया कि अभियुक्तों को डंडाबेड़ी-हथकड़ी होने के बाद भी बलपूर्वक हटाना पड़ता है, इसलिए 23 मई, 1932 को जो हथकड़ी लगाने के आदेश थे, उन्हें रद्द किया जाता है। 6 जून, 1932 को पुनः अदालत को आदेश देना पड़ा कि पुलिस अभियुक्तों को बलपूर्वक अदालत से ले जा सकती है। अभियुक्तों में से अधिकतर अदालत के कठघरे में जंगले के साथ लिपट गए। और बड़ी कठिनाई से एक-एक को पृथक् कर जब पुलिसवाले उन्हें ले जा रहे थे तो बाद के दो-तीन अभियुक्तों को घसीटकर बाहर ले जाने का प्रयास हुआ। इस पर सरकारी वकील ने अदालत से हस्तक्षेप करने की प्रार्थना की और कहा कि इस प्रकार अदालत से न ले जाया जाए, इस पर भी कोर्ट का आदेश आवश्यक है। जिस प्रकार अभियुक्तों को घसीटा गया है, उसमें अभियुक्त पुलिस बल को ठोकरें मार सकते हैं। 4 जून, 1932 के आदेश पर भी चर्चा हुई कि कार्यवाही के समय हथकड़ियाँ खोल दी जाएँ। इस अवस्था में वात्स्यायन ने स्वतः शान्तिपूर्वक जाने पर सहमति प्रकट की।

9 जून, 1932 को पुनः अभियुक्तों की ओर से 6 जून को जो आवेदन प्रस्तुत हुआ था, उस पर न्यायाधीशों ने विचार किया। यह दलीलें दी गईं कि अदालत ने लॉरियों पर पर्दा लगाने का जो आदेश किया था, उसकी अवहेलना हुई है और यह कोर्ट का अपमान है। गत तीन सप्ताहों से जो नई परिस्थिति सामने आ रही है, उससे स्थिति निरन्तर गिरावट की ओर बढ़ रही है। निस्सन्देह यह मामला तीसरे दिन ही शान्त हो जाता, यदि अदालत की ओर से पर्दों की व्यवस्था करने के आदेशों का पालन होता। मामूली-सी सुविधा अभियुक्तों ने माँगी थी, उस पर भी प्रशासक सहमत नहीं हुए। हम पुनः अधिकारियों का ध्यान दिलाते हैं कि वह हमारे द्वारा किए गए आदेशों के अनुसार इन शिकायतों को दूर कर अदालत की शान्तिपूर्वक कार्यवाही की प्रगति में सहयोग दें।

6 जून, 1932 को जिस प्रकार अभियुक्तों को घसीटकर ले जाया गया, वह बहुत ही असंगत था। हमारा यह मानना है कि हमारे आदेशों में इस प्रकार का कोई संकेत नहीं था और यदि फिर भी पुलिसवालों को कोई कठिनाई का अनुभव हुआ, तो वह पुनः हमसे आदेश ले सकते थे। बाबूराम गुप्ता को रास्ते में पानी की माँग करने पर पानी भी नहीं दिया गया और अभद्र व्यवहार किया गया। सरकारी वकील ने इससे इनकार किया है और इस घटना पर हम कोई तहक़ीक़ात नहीं करना चाहते। सक्षम अधिकारियों को इन मामलों पर ध्यान देना चाहिए और यदि आवश्यक हो तो निर्देश देने चाहिए।

17 जून, 1932 को पुनः अदालती कार्यवाही स्थगित करने का आवेदन प्रस्तुत किया गया। इसमें यह संकेत किया गया कि लॉरियों में पर्दे की व्यवस्था का अभिप्राय यह नहीं था कि केवल लॉरियों के पीछे पर्दा लटका दिया जाए, जिससे धूल न आए। स्पष्ट प्रतीत होता है कि 9 जून, 1932 को अदालत ने जो विचार प्रकट किए थे, उसका अभिप्राय केवल लॉरी को पीछे नहीं बल्कि लॉरी की खिड़कियों को सब ओर से पर्दों से ढँकना था। अभियुक्तों की शिकायत है कि लॉरी की छत काफी गरम हो जाती है और अभियुक्तों को लॉरी के अन्दर इस कड़कड़ाती गर्मी में काफी कठिनाई अनुभव होती है। तमाम खिड़कियों,

से लू अभियुक्तों पर आती है। अदालत ने फ़ैसला दिया कि उस सम्बन्ध में हमने जेल सुपरिंटेंडेंट को लिखा है कि वह जेल के मेडिकल अधिकारियों से इस बात पर राय लें कि जो लू अभियुक्तों को बर्दाश्त करनी पड़ रही है, क्या वह अभियुक्तों के स्वास्थ्य के लिए हानिकारक है, यदि ऐसा हो तो उस सम्बन्ध में उचित कार्यवाही जेल सुपरिंटेंडेंट करें।

गोपनीय विभाग की रिपोर्ट

गोपनीय विभाग के अधिकारियों ने उच्च अधिकारियों को लिखा कि सरकारी पक्ष की ओर से 453 गवाहों की लिस्ट तैयार करके सरकारी वकील को दी गई थी, परन्तु अभी तक (जनवरी 1933 के अन्त तक) कुल 160 गवाहों के बयान न्यायाधीशों के सामने रिकॉर्ड किए गए हैं। दिल्ली षड्यंत्र केस की कार्यवाही की रिपोर्ट प्रायः सभी अखबारों में किसी-न-किसी रूप में प्रकाशित होती है और क्रान्तिकारियों की चर्चा से क्रान्तिकारी पार्टी का प्रचार बढ़ता है। सरकार का उद्‌देश्य इन्हें केवल दिन-प्रतिदिन की गतिविधियों से हटाना नहीं बल्कि लम्बे समय तक आम जनता के सम्पर्क से दूर रखना भी है। दिल्ली के चीफ कमिश्नर ने ट्रिब्यूनल के न्यायाधीशों से भी इस समस्या के हल पर विचार-विनिमय किया और उनकी राय थी कि क़ानून के अन्तर्गत जो अधिकार अभियुक्तों और उनकी पैरवी करनेवाले वकीलों के हैं, उनसे उन्हें वंचित नहीं किया जा सकता। यदि सरकार और कोई उपाय निकाले तो ट्रिब्यूनल के जजों को उसमें कोई आपत्ति नहीं है।

प्रशासन की ओर से बताया गया कि ट्रिब्यूनल द्वारा दिल्ली षड्यंत्र केस के मुकदमे की सुनवाई पर अब तक 3 लाख 51 हजार 498 रुपए खर्च हो चुके थे।

जब इस सुझाव पर विचार हुआ कि ट्रिब्यूनल को भंग कर षड्यंत्र केस की कार्यवाही को समाप्त किया जाए तो उस समय यह सुझाव भी आया कि पुलिस ने बड़े परिश्रम से तहक़ीक़ात कर क्रान्तिकारी गतिविधियों को खोजने में सफलता प्राप्त की है। कितनी दूर-दूर तक इनकी गतिविधियाँ फैली हुई हैं, इस पर ध्यान रखना अति आवश्यक है, ताकि इन्हें प्रारम्भ में ही दबाया जा सके। इस लक्ष्य की प्राप्ति के लिए निश्चय हुआ कि दिल्ली षड्यंत्र केस के बाद भी जो पुलिस फोर्स नियुक्त की गई है, वह 1933-34 में भी उसी प्रकार बनी रहे।

—होम 1932 फाइल नं. 74/33/32 (5/536)

•

षड्यंत्र केस की कार्यवाही समाप्त

21 माह की कार्यवाही में दिसम्बर, 1932 के अन्त तक केवल 136 गवाहों के ही बयान हुए थे। कई लाख रुपया ट्रिब्यूनल की नियुक्ति के बाद से इस कार्यवाही पर खर्च हो चुका था। इसलिए प्रशासकों ने यह उचित समझा कि जिन अभियुक्तों के विरुद्ध अपराधों के मामले दर्ज हैं और क़ानूनी कारवाई की जा रही है, उन पर न्यायिक कार्यवाही हो और जिन अभियुक्तों पर अपराध प्रमाणित करने में प्रशासनिक कठिनाइयाँ हैं, उन्हें शाही नजरबन्द

बना दिया जाए। जिनके विरुद्ध बहुत संगीन अपराध न हों, उन पर पाबन्दी के नोटिस या जिनका दिल्ली में रहना अवांछित है, उन्हें दिल्ली से निष्कासित करने के नोटिस या अन्य प्रतिबन्धों के नोटिस दे दिए जाएँ। इस केस के साथ अन्य सम्बन्धित अवांछित व्यक्तियों को भी निष्कासन के नोटिस दे दिए जाएँ।

दिल्ली झंडेवालाँ बम फैक्टरी के संचालन के आरोप में निम्न तीन व्यक्तियों के विरुद्ध विस्फोटक एक्ट में कार्यवाही की गई–

1. **डॉ. बाबूराम गुप्ता** आत्मज झाझन मल, निवासी कासगंज।
2. **विमलप्रसाद जैन** आत्मज बनारसी दास जैन, सिसाना, बागपत, जिला मेरठ।
3. **सच्चिदानन्द हीरानन्द वात्स्यायन** आत्मज हीरानन्द वात्स्यायन, लाहौर।

इन तीनों के विरुद्ध दिल्ली के सेशन कोर्ट द्वारा विस्फोटक एक्ट में कार्यवाही हुई और तीनों अभियुक्तों को 22.8.1933 को पाँच-पाँच वर्ष कैद की सजा हो गई। लाहौर हाईकोर्ट में 5.2.1935 को विमलप्रसाद जैन को तीन वर्ष कैद की सजा दी गई व बाबूराम गुप्ता व सच्चिदानन्द हीरानन्द वात्स्यायन बरी कर दिए गए। रिहा होते ही वात्स्यायन को नजरबन्द कर लिया गया। बाद में सच्चिदानन्द हीरानन्द वात्स्यायन को 5.2.1935 को दिल्ली से निर्वासन का आदेश दे दिया।

डॉ. बाबूराम गुप्ता 26.5.1935 को दिल्ली म्युनिसिपल सीमा में पाबन्द कर दिए गए।

कपूरचन्द जैन आत्मज मन्नूलाल जैन, 2714, पहाड़वाली गली, चौक रायजी, धर्मपुरा, दिल्ली के मकान में विपुल मात्रा में विस्फोटक सामग्री बरामद हुई। यह सामग्री दिल्ली झंडेवालाँ बम फैक्टरी से यहाँ पर लाई गई थी। 4.2.1933 को दिल्ली षड्यंत्र केस समाप्त होने पर उन्हें ई.एस. लुईस की अदालत ने 2.8.1933 को दो वर्ष कैद और 3 वर्ष कैद की सज़ा दी। वह ज़रूर महत्त्व की थी और तब भी और बाद में भी रही।

दिल्ली षड्यंत्र केस : अज्ञेय की अपनी बातें और रघुवीर सहाय

गोपाल दास : क्रान्तिकारी जीवन पर यानी इतना सब कुछ करने के बाद वापस लौटे?

रघुवीर सहाय : जब जैनेन्द्र जी से आपका परिचय जेल में हुआ, तब जेल में आप किस आरोप के अधीन थे और कितने समय के लिए आपको सजा हुई थी?

अज्ञेय : यह बात दिल्ली की है, तब सजा अभी नहीं हुई थी। हमारा दिल्ली षड्यंत्र केस का मुकदमा यहाँ चल रहा था। वह काफी प्रसिद्ध केस रहा वैसे तो, मैं उन दिनों तो अभी एक और केस में भी अभियुक्त ही था, फ़ैसला उसका भी नहीं हुआ था। एक केस अमृतसर में चल रहा था, वह आर्म्स एक्ट के अधीन और दिल्ली में षड्यंत्र का केस था। अभियोग, आरोप तो बहुत-से थे और ऐसे भी थे जिनमें मृत्युदंड की भी सम्भावना हो सकती थी। ऐसा कुछ हुआ नहीं। अन्त में तो षड्यंत्र वाला मुकदमा वापस ले लिया गया और फिर उसके बाद कुछ लोगों पर अलग-अलग केस चलाए गए, जिसके ख़िलाफ़ जो भी आरोप हो सकता था, उसी को आधार बनाकर। उसमें भी दो-तीन व्यक्तियों को छोड़कर सजा अन्त में नहीं हुई, हाईकोर्ट में सब छूट ही गए। लेकिन यह सारी प्रक्रिया कई बरसों तक चली।

रघुवीर सहाय : यह अभियोग आपके क्रान्तिकारी कार्यों के कारण हुए, पर क्रान्ति की ओर आप आकृष्ट हुए तो क्या एक राजनीतिक आस्था को लेकर?

अज्ञेय : हाँ, यह तो कॉलेज में ही था तभी क्रान्तिकारी दल में सम्मिलित हो गया था, कह सकता हूँ, या कि ज़्यादा सही यह होगा कि पहले मैंने और मेरे सहपाठियों ने मिलकर एक छोटा-सा दल बनाया और कुछ उद्देश्य अपने सामने रखे जिनमें क्रान्ति का भी था। और एक भारत में गणतंत्र की स्थापना की बात भी थी। और इसके लिए हिंसा को त्याज्य नहीं माना गया था। सबसे पहले कुछ प्रचार करने का और कुछ गुप्त संगठन करने का और शस्त्र संग्रह का काम हम लोगों ने आरम्भ किया। फिर यह जो छोटा-सा दल था, यह एक बड़े दल के साथ जुड़ गया जिसका कि एक भारतव्यापी संगठन था, हिन्दुस्तान सोशलिस्ट रिपब्लिकन आर्मी या एसोसिएशन, दोनों ही तरह उसका नाम लिया जाता था।

रघुवीर सहाय : आपके दल का क्या नाम था?

अज्ञेय : हमारे दल का हमने नाम तो कुछ नहीं रखा था। राजनीतिक आस्था की बात तो हो ही गई और उसमें हिंसा के स्वीकार की बात भी उस समय थी। तो फिर इस दल से जुड़े हम उस समय जबकि भगत सिंह वगैरह जेल में थे और उनको छुड़ाने का उपक्रम लाहौर में हो रहा था। यह बात लाहौर की ही है, मैं वहीं कॉलेज में था भी। उनको छुड़ाने

के आयोजन के सिलसिले में ही चन्द्रशेखर आजाद से, भगवतीचरण वोहरा से, यशपाल से मेरा परिचय हुआ। धन्वन्तरि से और उस समय जो योजना थी जो कि सफल नहीं हुई, उसमें मुझे ट्रक चलाने का काम सौंपा गया था, जिसमें जेल से छुड़ाने के बाद भगत सिंह को ले जाया जाता। मैं मोटर चलाना नहीं जानता था। लेकिन जब यह निश्चय हो गया कि यह काम मैं करूँगा तो चन्द्रशेखर आजाद ने मुझे आदेश दिया कि तीन दिन के अन्दर गाड़ी चलाना मुझको सीख लेना है, ऐसी व्यवस्था भी कर दी गई और परीक्षा यह थी कि मैं अनारकली में से गाड़ी लेकर निकल जाऊँ। तो तीन दिन में मैंने इतना सीख भी लिया, क्योंकि सबसे आसान काम तो स्टीयरिंग का होता है। बाकी संकट में कोई क्या करेगा वह तो बिलकुल दूसरी बात होती है और वैसी कुशलता तो अभ्यास से ही आती है, लेकिन गाड़ी को स्टीयर करके सही रास्ते पर रखना या ले जाना यह तो जल्दी सीखा जा सकता है और वह मैंने सीख भी लिया और अनारकली में से गाड़ी निकाल भी ले गया। फिर आजाद ने मुझसे पूछा कि–'तुमको भरोसा है कि यह काम कर लोगे?' तो मैंने कहा कि भरोसा तो है कि गाड़ी मैं चला लूँगा, लेकिन उस वक्त गाड़ी चलाने में फिर कौन मरता है या दबता है, इसके बारे में मैं कोई गारंटी नहीं दे सकता। तो हँसकर कहने लगे कि–'उस समय जब जिस स्थिति में गाड़ी चला रहे होगे, उसमें इसकी बहुत चिन्ता करने की गुंजाइश भी नहीं होगी कि कौन मरता है, कौन बचता है।' लेकिन फिर कई कारणों से वह सारी योजना असफल ही हो गई, छोड़ दी गई और फिर हम सब लोगों को लाहौर से चले भी जाना पड़ा।

रघुवीर सहाय : चन्द्रशेखर आजाद का आपका सम्पर्क इसी के बाद हुआ होगा, कैसे हुआ?

अज्ञेय : तभी से परिचय हुआ और धन्वन्तरि के मार्फत, धन्वन्तरि ने उनसे परिचय कराया और फिर कुछ कहना चाहिए कि काम के सिलसिले में जितना सहयोग होता, उसके अलावा भी सहज अनुकूलता के स्तर पर भी उनसे सम्बन्ध बढ़ता गया और रहा।

रघुवीर सहाय : यानी कि संवाद?

अज्ञेय : हाँ, एक क्रान्तिकारी आन्दोलन में तो यह होता है कि जिसे जितना जानना काम के लिए आवश्यक है, उतना ही जाना जाए, उससे अधिक न जाना जाए, और निजी सम्बन्ध भरसक न बनने दिए जाएँ, क्योंकि यह काम में बाधक भी हो सकते हैं।

गोपाल दास : आजाद को आपने कैसा पाया?

अज्ञेय : आजाद के मामले में इसी स्तर पर कह रहा हूँ, निजी सम्बन्धों के मामले में एक सख्य का भाव भी बन गया और रहा। आजाद जहाँ तक क्रान्तिकारी या कि गुप्त संगठन के काम की बात है, उनमें उसकी अद्‍भुत क्षमता और कुशलता थी। वैसा अंडरग्राउंड कार्यकर्ता दूसरा कोई नहीं था, मेरे परिचय में नहीं आया। वैसे, देखने में वह शरीर से कुछ भारी भी थे, उसके कुछ हँसी के प्रसंग भी याद आ जाते हैं जब चर्चा होती है और देखने में कुछ अक्खड़ देहाती जैसे लगते थे, लेकिन उनकी समझ भी विलक्षण थी और इस तरह के काम की तो एक बिलकुल, बहुत ही अद्‍भुत उनमें प्रतिभा थी। और

नेतृत्व की भी और जिनके साथ वह काम करते थे या जिनसे उन्हें काम लेना था, उनमें एक विश्वास और श्रद्धा का भाव पैदा करने की भी क्षमता थी।

गोपाल दास : उन दिनों में, आपके और साथी यशपाल भी थे, बाद में उपन्यासकार भी रहे, बड़ा नाम रहा। आपके उनसे कैसे सम्बन्ध रहे और उनके बारे में कुछ बताना चाहेंगे?

अज्ञेय : हाँ, मैंने तो अभी उनका नाम भी लिया इसी दल में, उनसे भी परिचय हुआ था और उनकी पत्नी से भी परिचय हुआ। जब प्रकाशवती जी को उनके घर से निकालकर लाए, तब मेरे ही पास आए थे, कि 'हमारी एक 'सहयोगिनी' एक 'कॉमरेड', उनके शब्दों में, है और उनकी सुरक्षा की व्यवस्था करनी है।' तो वह व्यवस्था भी दोनों के लिए मैंने की थी और उसी सिलसिले में मुझे मालूम भी हुआ कि ये दोनों कॉमरेड हों या न हों, उनका निजी सम्बन्ध एक दूसरे स्तर का भी है, जो कि बाद में पार्टी के भीतर से वैमनस्य का और फूट का और अन्ततोगत्वा पार्टी के टूटने का भी कारण बना। यह तो आरम्भ में ही मुझे इसका पता चल गया था, क्योंकि सुरक्षा के लिए मैंने इनके लिए व्यवस्था की थी, पहले डल्हौजी में, और फिर तब के चम्बा राज्य में, और वहाँ एक शिविर में तम्बू लगाकर रहने की व्यवस्था की गई थी। तीन-चार दिन मैं उनके साथ भी रहा, मैं भी और मेरे एक साथी और यशपाल और प्रकाशवती। उस परिस्थिति में यह न जानने की कोई सम्भावना नहीं थी कि किसका किसके साथ किस तरह का कोई सम्बन्ध है और इसकी चर्चा मेरे जो दूसरे साथी थे, देवराज वोहरा, जो हमारे साथ गए थे व्यवस्था करने, उनसे चर्चा भी हुई थी, और एक दिन जब मुझे किसी काम से बाहर भेजा गया था, तब देवराज ने प्रकाशवती को कुछ इस बात को लेकर डाँटा भी था कि सच बात हमें नहीं बताई गई थी और क्रान्तिकारियों को यह जोखिम में डालना ही है और फिर इस पर वह रोई-धोई भी थी और यशपाल से शायद शिकायत भी की थी और कहा था कि उन्हें सिद्ध करना है कि वह वास्तव में कॉमरेड हैं और उनको भी अस्त्र चाहिए और वह भी कुछ जिसे दल के मुहावरे में 'एक्शन' कहा जाता था, वह भी कुछ 'एक्शन' करेंगी, इत्यादि। वह सब कुछ हुआ नहीं तब, लेकिन लगभग एक महीना हमने वहाँ उनको डलहौजी में, चम्बा राज्य के दो-तीन अलग-अलग स्थलों में सुरक्षित रखा और फिर उसके बाद दिल्ली तक पहुँचा दिया, जहाँ पहुँचाने का काम मेरे जिम्मे था।

रघुवीर सहाय : मैं तो सिर्फ़ यह जानना चाहता था कि यह किस समय की बात है?

अज्ञेय : यह सन् 30 की।

गोपाल दास : बाद में आजाद यशपाल से नाराज़ हो गए थे।

अज्ञेय : हाँ, बाद में तो इस कारण से और दूसरे कारणों से, यह भी एक आरोप था यशपाल पर, कि जो भगत सिंह को छुड़ाने की योजना थी, यशपाल का उसमें विश्वास नहीं था और उनके कारण वह योजना विफल हुई और जो बम विस्फोट हुआ था, जिसमें भगवतीचरण वोहरा की मृत्यु हुई, वह भी जान-बूझकर कराई गई दुर्घटना थी। यह आरोप अब तो लोग नहीं मानते हैं लेकिन उस समय ऐसा अभियोग था कि वह केवल आकस्मिक दुर्घटना नहीं थी। यशपाल चाहते थे कि वह बम फट जाए और वह सारा काम रुक जाए

और वैसा ही हुआ। यह भी एक आरोप उन पर था और जो इस संगठन की केन्द्रीय समिति थी—मैं उसका सदस्य नहीं था, इसलिए यह बात मैं दूसरों से जानी हुई कह रहा हूँ—उसमें यह निश्चय किया गया कि उनको अलग कर दिया जाए संगठन से। और गुप्त संगठन में किसी को अलग करने का और कोई उपाय तो होता नहीं है, सिवाय इसके कि उसको मार दिया जाए, क्योंकि अलग कर देने के बाद पूरा-का-पूरा गुप्त संगठन खतरे में पड़ जा सकता है। तो यही निर्णय हुआ कि इनको हटा दिया जाए, इसी अर्थ में। लेकिन इसकी सूचना तत्काल ही किसी ने उन्हें दे भी दी कि ऐसा निर्णय हुआ है और वह भाग गए। तो जब भागे तब उन्होंने, यह बात दिल्ली की है, तब दिल्ली में एक विस्फोटक बनाने का कारखाना हम लोग चला रहे थे और उस कारखाने में वैज्ञानिक मैं था। कहलाता भी था साइंटिस्ट ही, विस्फोटक बनाने का काम भी मेरे जिम्मे था और जो कारखाना हमने बनाया था, वह कारखाना प्रत्यक्ष रूप से तो प्रसाधन-सामग्री बनाने के लिए बना था, 'हिमालयन टॉयलेट्स' नाम से एक जगह हमने बनाई थी और यह नाम निभे इसलिए इस नाम से कुछ ऑर्डर फॉर्म वगैरह भी बनाए गए थे। और हमारे साथी विमलप्रसाद जैन, इसमें वह अपने ही नाम से तब रह सकते थे, क्योंकि लापता होने की ज़रूरत नहीं पड़ी थी तब तक और इसलिए दिल्ली में रहते हुए, अपने ही नाम से दिल्ली में उनका परिचय काफी था क्योंकि उनके पिता का भी कारोबार यहाँ रहा और उनकी साख भी थी—तो हिमालयन टॉयलेट्स बनाकर उसके लिए ऑर्डर वगैरह लेने का काम इनके जिम्मे था।

रघुवीर सहाय : यह कारखाना कहाँ था?

अज्ञेय : यह यहीं दिल्ली में ही सदर में, सदर का जो थाना है इस समय, उसके ठीक सामने इमारत थी और...।

गोपाल दास : थाना तब भी था?

अज्ञेय : हाँ, थाना तब था और थाने के सामने होना एक तरह से सुरक्षित स्थान इसलिए माना गया था, कि थाने के ठीक सामने है और किसी को सन्देह उस पर नहीं होगा और टॉयलेट्स का काम हमने इसलिए चुना था कि कुछ विज्ञान का विद्यार्थी होने के नाते जल्दी से इसके बारे में कुछ बुनियादी ज्ञान प्राप्त कर सका था, और यह भी मैंने सुझाया था कि अगर विस्फोटक हम लोग बनाएँगे तो उसकी धुलाई-सफाई में जो रंग-बिरंगे पानी बहेंगे, वह सन्देह नहीं पैदा करेंगे, अगर लोग जानते होंगे कि यहाँ पर प्रसाधन की चीजें, साबुन वगैरह भी बनता है और ऐसा ही हुआ भी। हम लोगों ने जो चीजें बनाईं उनमें पीले रंग का पानी तो बहता ही था वहाँ, लेकिन कभी किसी को उस पर सन्देह नहीं हुआ। तो प्रकट रूप से प्रसाधन-सामग्री बनाने का काम और वास्तव में विस्फोटक बनाने का काम मेरे जिम्मे था। तो उस कारखाने में यशपाल भी आए थे, प्रकाशवती भी आई थीं, उन्होंने मेरे साथ इसका काम भी किया। विमलप्रसाद जैन तो थे ही मैनेजर उसके, और जब मैनेजिंग का काम नहीं होता था यानी दफ़्तर, बाहर का दफ़्तर बन्द हो जाने के बाद, वह भी भीतर हमारी मदद करते थे और एक बाद में जो हमारे मुकदमे में सरकारी गवाह बने, गिरिवर सिंह, वह भी सहायक थे। गिरिवर सिंह भी देखने में रूखे और काफी देहाती-से लगते थे। इसलिए यह निश्चय हुआ था कि इनको वहाँ पर नौकर मानकर रखा जाए,

क्योंकि देखने में सबसे ज़्यादा आसानी से वही यह पार्ट अदा कर सकते थे, इसका निर्वाह कर सकते थे और फिर जब दफ़्तर वगैरह बन्द हो जाता था भीतर, तो वैसे भी थे हमारे एक सहकर्मी ही। नौकर तो नहीं थे। लेकिन जो बाद में फूट के कारण बने और जैसा उन्होंने अपने बयान में भी स्वीकार किया था, उनके सरकारी गवाह बनने का एक कारण यह भी बना कि यशपाल ने और प्रकाशवती ने, वास्तव में उनके साथ वैसा व्यवहार भी किया जैसा नौकर के साथ किया जाता और उन्हीं के बारे में यह बात थी, लेकिन यह मैं आपके सवाल से बाहर जा रहा हूँ...।

रघुवीर सहाय : नहीं, ज़्यादा बाहर नहीं। आप यह बता रहे थे कि यशपाल को 'लिक्विडेट' करने का प्रस्ताव या कि आदेश क्या था, यह भी स्पष्ट नहीं हुआ और फिर उसमें आपकी क्या भूमिका थी यह भी अभी स्पष्ट नहीं हुआ।

अज्ञेय : आदेश था इतना मैं जानता हूँ लेकिन जितना मेरी जानकारी में था, वह कानपुर में यह निश्चय हुआ था और यशपाल काफी घबराए हुए-से आए और उन्होंने कहा कि–'हमको फौरन यहाँ से चल देना है, यही आदेश हुआ है' और मुझे उन्होंने साथ चलने के लिए कहा और यह कहा कि जितना भी यह विस्फोटक बना है और जो भी हथियार वगैरह वहाँ कारखाने में है, सब लेकर चलना है तो उनकी घबराहट से और क्योंकि मैं कुछ जानता भी था कि इस तरह की बात कुछ हो रही है–यह नहीं जानता था कि केन्द्रीय समिति ने क्या निर्णय किया। लेकिन यह जानता था कि उन पर सन्देह है और तरह-तरह के आरोप हैं–तो विमलप्रसाद जी से मैंने इस बारे में परामर्श किया कि यह मुझे साथ चलने के लिए कह रहे हैं, मुझ पर इनको विश्वास है इतना और क्योंकि विश्वास है इसलिए मैं समझता हूँ कि साथ मुझे जाना चाहिए, उन सब चीजों की रक्षा के लिए, जो कि वह साथ ले जा रहे हैं। तो विमल से विचार के बाद यही निश्चय हुआ कि मैं साथ जाऊँ और यह सारा विस्फोटक और जितने हथियार हैं, वह यशपाल अगर ले जाना चाहते हैं तो साथ ले जाऊँ, लेकिन मैं उन्हें अपने कब्जे में रखूँ और अपने कब्जे से बाहर न जाने दूँ। और विमल, चन्द्रशेखर आजाद को इसकी सूचना देंगे कि यह उनकी जानकारी और उनकी सलाह से हुआ है उनके प्रति विश्वासघात नहीं है। और इसी प्रकार फिर, यशपाल के साथ मैं या परिस्थिति को ध्यान में रखते हुए उस समय की, यह भी कह सकता हूँ कि मेरे साथ वह यशपाल लाहौर गए और दो दिन बाद, फिर वहाँ केन्द्रीय समिति के आदेश से धन्वन्तरि आए और उन्हें 'लिक्विडेट' करने का जैसा आपने कहा, काम उन्हीं को सौंपा गया था और वहाँ वह मुझको मिले और उन्होंने ही बताया कि ऐसा निश्चय हुआ है और यह काम उन्हें करना है।

रघुवीर सहाय : इस प्रसंग को लेकर बहुत बाद में एक 'कंट्रोवर्सी' खड़ी हुई। क्या अब वे स्पष्ट हो चुकी हैं बातें, या कोई बाकी हैं?

अज्ञेय : विवाद तो कई तरह के खड़े हुए और यह गुप्त संगठनों का काम तो ऐसा होता ही है कि अन्तिम रूप से तो इस तरह के विवाद, सन्देह पर आधारित विवाद जो होते हैं, उनका कोई हल नहीं होता, सन्देह बने ही रहते हैं। इसको लेकर विवाद हुआ कि किसने यशपाल को बताया था। यशपाल ने स्वयं ऐसा लिखा भी है कि उन पर अविश्वास

हुआ ही नहीं था और वास्तव में तो चन्द्रशेखर आजाद ने उन्हें बहुत महत्त्व का काम सौंपा था, एक प्रदेश के 'कामांडर इन चीफ' वह नियुक्त किए गए, इत्यादि। कुछ बातें तो ऐसी हैं कि–अर्द्धसत्य हैं, कुछ बातें छिपा लेने से या न कहने से, बाकी बातों को बिल्कुल दूसरे रूप में प्रस्तुत किया जा सकता है। मैं तो समझता हूँ कि यह बात सच है कि यशपाल पर विश्वास नहीं रहा था। यह बात सच है कि उन्हें हटा देने का निर्णय हुआ था। यह भी बात सच है कि बाद में उन्हें एक अंचल का 'कमांडर इन चीफ' बनाया गया था, लेकिन पूरी सच्चाई यह है कि यह निश्चय इसलिए किया गया कि जब उनको 'लिक्विडेट' नहीं किया गया और उन्हें इस बात की सूचना हो गई कि ऐसा निर्णय हुआ है, तब उन्हें संगठन से अलग कर देने के लिए दूसरी युक्ति यह अपनाई गई कि उन्हें ऐसे प्रदेश में भेज दिया जाए, यानी एक तरह से निर्वासित किया जाए, जहाँ कि इस दल का कोई संगठन नहीं था और जिन भी लोगों के सहारे यशपाल फूट को आगे बढ़ा सकते, उनसे उनका सम्पर्क टूट जाए। इस आधार पर उन्हें कहा गया कि वह सिन्ध में जाकर नया संगठन खड़ा करें और उन लोगों से कोई सम्पर्क न रखें जो कि अभी संगठन में हैं। यह निर्णय भी हुआ था। इसकी चर्चा तो यशपाल करते हैं लेकिन क्यों इस निर्णय पर पहुँचे, पहले निर्णय को बदलकर, इसका वह कोई उल्लेख नहीं करते। तो इस तरह कई बातें सच होकर भी झूठ हो जाती हैं, क्योंकि उनके सन्दर्भ काट दिए गए होते हैं। 'सिंहावलोकन' में कई जगह इस तरह की बात की गई है कि कुछ घटनाएँ उन्होंने सामने रख दी हैं, जो कि सच हैं, लेकिन उस घटना का वास्तविक रूप क्या था, यानी बात कैसे उस घटना तक पहुँची, इसका कोई उल्लेख उन्होंने नहीं किया है और फिर साक्ष्य के रूप में ऐसे लोगों का नाम तब भी लिया है जो कि इसको प्रमाणित करने या काटने के लिए उपस्थित नहीं थे, यानी कि जीवित नहीं रहे थे। प्रायः उन्होंने साक्षी के रूप में तब भी ऐसे लोगों का उल्लेख किया जो कि जीवित नहीं रहे थे और उनके जीवनकाल में ऐसी कोई बात नहीं कही जिसका वह खंडन कर सकते।

गोपाल दास : वात्स्यायनजी, दो चीज इस मामले में जानना चाहता हूँ, संक्षेप में, एक आजाद के बारे में लोग कहते हैं कि संयोग था कि पुलिस वहाँ पहुँच गई और लोग कहते हैं कि मुखबिर ने उनको बताया पुलिस को, कि आजाद कहाँ हैं, इसके बारे में कुछ आप जानकारी...।

अज्ञेय : कुल मिलाकर जितनी जानकारी है पुलिस की ओर से या दूसरे सूत्रों से उससे यह तो मानना पड़ता है कि पुलिस को कुछ सूचना मिल गई थी। अब यह सूचना कहाँ से मिली, इसके बारे में आरोप भी रहे हैं। कुछ ने उस व्यक्ति पर सन्देह किया जो उस समय उनके साथ थे, सुखदेवराज पर और कुछ ने एक दूसरे व्यक्ति पर जो कि केन्द्रीय समिति का सदस्य भी रहा और जो बाद के साक्ष्य से और खुद उसके बयान से ऐसा जान पड़ता है कि तब भी मुखबिर था। मैं तो समझता हूँ कि यह दूसरी बात ही ठीक है कि वहीं से सूचना मिली थी। लेकिन जैसा मैंने कहा कि ये सब बातें उस समय भी ऐसी स्थिति में थीं कि कोई अन्तिम रूप से प्रमाणित उन्हें नहीं किया जा सकता, सन्देह के लिए गुंजाइश बनी रहती, अब भी वैसा ही है।

गोपाल दास : वैसे यशपाल का जो क्रान्तिकारी जीवन था, वह काफी पीछे रह गया और वह उपन्यासकार के रूप में सामने आए। आपसे उनके सम्बन्ध बने रहे?

अज्ञेय : कहना होगा कि नहीं। उस समय भी दूरी तो आ ही गई थी क्योंकि अनन्तर उन्हें यह तो मालूम भी हो गया कि जब मैं उनके साथ लाहौर गया तो कुछ इसी भाव से गया था कि इस सामान की मुझे उनसे रक्षा करनी है, कुछ उनका पक्ष लेकर नहीं गया था। तो इससे दूरी आती ही और फिर भी जो उनके काम रहे, जब यह स्पष्ट हो रहा था कि वह संगठन के भीतर, अपने विश्वासपात्रों का एक अलग संगठन करना चाहते हैं तो उसमें मैं शामिल नहीं हुआ था और मैंने कह भी दिया था कि मैं इसमें नहीं हूँ। इसलिए दूरी तो आ ही गई थी। फिर, जब साहित्यिक क्षेत्र में उन्होंने प्रवेश किया उन दिनों भी वह लिखते थे थोड़ा-बहुत, और उन दिनों गद्य काव्य लिखते थे। मेरा ख़याल है कि मेरे सिवा कोई यह बात नहीं जानता है कि काफी और बड़ा भावुकता भरा गद्य काव्य यशपाल उन दिनों लिखते थे, या कि जानते भी होंगे लोग। उल्लेख इसका किसी ने नहीं किया है। शायद जयचन्द्र विद्यालंकार ने भी कुछ इस तरह की रचनाएँ इनकी देखी थीं। बाद में और अधिकतर उपन्यास भी जो कुछ उन्होंने लिखे वह इसी जीवन को लेकर लिखे। अब मैंने भी इस तरह की सामग्री का उपयोग किया और उपन्यास में ही किया और मैं उन लोगों में से हूँ, जो समझता हूँ कि आत्मकथा में सच लिखना ज़्यादा कठिन है। उपन्यास में सच अगर कोई लिखना चाहे तो ज़्यादा आसानी से लिखा जा सकता है। मैंने 'सिंहावलोकन' पढ़ा है और देखता हूँ कि उसमें किस तरह सच्चाई को विकृत किया गया है। सोचता हूँ कि यशपाल अगर उपन्यास ही लिखते तो शायद उन बातों को ज़्यादा सच्चाई के साथ भी लिख सकते, क्योंकि अपने साथ उनको जोड़े बिना भी वह लिख सकते। इससे कुछ दूरी और बढ़ी है और फिर जिस राजनीति में वह रहे, क्योंकि उसके साथ मेरी सहानुभूति नहीं है, इसलिए वह बढ़ती ही गई।

रघुवीर सहाय : मैं यह पूछ रहा हूँ कि जिस तरह की विकृतियाँ उन्होंने 'सिंहावलोकन' में पैदा की हैं, यद्यपि उनका पूरा निषेध नहीं हो सकता है, क्योंकि वे सन्देह के आधार पर भी होंगी, लेकिन क्या आप सन्तुष्ट हैं कि वे विकृतियाँ इस समय यथेष्ट रूप से साफ कर दी जा चुकी हैं या उनमें से कुछ बाकी हैं?

अज्ञेय : नहीं, सन्तुष्ट तो नहीं हूँ। और आप यह पूछ सकते हैं कि मैंने इस बारे में क्यों नहीं लिखा। एक तो इसलिए नहीं लिखा, मैंने जो अभी कारण बताया कि आत्मकथा लिखना कभी आसान नहीं होता, उपन्यास लिखना कम कठिन होता है। कुछ प्रसंग 'शेखर' में आए भी हैं, या तीसरे भाग में कुछ और अधिक आ जाते जो कि अभी प्रकाशित नहीं हुआ। लोगों ने मुझसे कहा भी है कि तुम तो साहित्यकार हो, तुम क्यों नहीं इस बारे में लिखते हो? मैंने अभी तक तो इनकार ही किया है। उसका एक कारण यह भी है कि यशपाल के भी साहित्यकार बल्कि उपन्यासकार होने के नाते मेरा कुछ लिखना इसलिए भी थोड़ा-सा सन्दिग्ध हो जाता कि बड़ी आसानी से कहा जा सकता, कि यह तो एक उपन्यासकार की दूसरे उपन्यासकार के साथ ईर्ष्या है, जो इस रूप में प्रकट हो रही है। इसलिए एक पूर्वग्रह तो आरम्भ से मेरे विरुद्ध होता। संकोच का एक कारण यह हुआ।

दूसरा कारण यह हुआ कि अभी ऐसा लिखकर प्रकाशित करने का एक परिणाम यह भी होगा कि जो पाठक वर्ग है वह कहेगा कि यह जिन लोगों को हम आदर्श पुरुष मानते रहे, ये सब लोग ऐसे ही थे। आपस में भी इस तरह लड़ते थे, कोई किसी का सम्मान नहीं करता, किसी को किसी पर विश्वास नहीं है और इस लपेटे में ऐसे लोग भी आ जाएँगे जिनकी अभी तक प्रतिष्ठा बनी हुई है, उदाहरण के लिए चन्द्रशेखर आजाद या भगत सिंह वगैरह। तो एक सोचने का कारण यह भी रहा कि क्या इस तरह का रहस्योद्घाटन करना चाहिए या नहीं। जिन लोगों ने मुझसे कहा उनमें ऐसे भी लोग थे जो कि ज़्यादा लम्बे समय तक इनके साथ रहे, जिनमें विमलप्रसाद भी एक हैं और दुर्गा भाभी यानी भगवतीचरण वोहरा की पत्नी। उन्होंने भी कहलवाया था कि मैं क्यों नहीं लिखता हूँ। तो मैंने उनसे पूछा कि 'आप क्यों नहीं लिखती हैं, आपका तो ज्ञान इसका मुझसे ज़्यादा है, आपका अनुभव ज़्यादा है। आप लिखें और तब कोई मुझसे पूछे तब मैं जो उत्तर दूँगा, उसकी स्थिति कुछ और होगी। और आप सब लोग चुप रहें और मैं लिखूँ, तब तो उस पर विश्वास होने की सम्भावना कम होगी। इसलिए कि मैं ही सबसे ज़्यादा वेध्य स्थिति में हूँगा इस मामले में।

रघुवीर सहाय : पूछा तो मैंने इसलिए था कि कौतूहल होता है कि क्या तथ्य थे और मेरा पूछना तो आप स्वाभाविक मानेंगे, क्योंकि यह भी अच्छा नहीं लगेगा कि वह बातें हमेशा के लिए सन्दिग्ध ही रह जाएँ। और यह भी कठिन है कि बाकी लोगों को इसमें से कैसे मुक्त रखा जाए। आप जैसा कहते हैं फिर वैसा ही करें। इस विषय में आप अगर कुछ बताना चाहें तो बताएँ।

अज्ञेय : नहीं, ये इतनी बातें तो आ ही गईं, ये अभी तो सामने आने की नहीं हैं, जब सामने आएँगी तब...

रघुवीर सहाय : इसके कई वर्ष बाद, आप सेना में काम करने गए।

अज्ञेय : हूँ।

रघुवीर सहाय : तब जाहिर है कि आपके विचारों में परिवर्तन आया, इसके बीच में सन् 42 भी आ चुका था। मैं संक्षेप में यह जानना चाहूँगा कि सन् 42 के आन्दोलन के प्रति आपके विचार क्या थे और उसके बाद सन् 43 में जब आप सेना में गए काम करने, तो सेना और युद्ध के प्रति आपके विचार क्या थे?

अज्ञेय : देखिए सन् 42 के आन्दोलन में जो न इधर न उधर राय देने की स्थिति थी उससे मैं सहानुभूति नहीं कर पाया। तब भी नहीं कर पाता था। और दूसरे आप अपने देश की रक्षा के काम से इसलिए उदासीन हो जाएँ कि दूसरा कोई उस काम में प्रवृत्त हुआ है, किसी दूसरे स्वार्थ के कारण, अपने ही स्वार्थ के कारण आपसे पूछे बिना। यह बात भी मुझे स्वीकार नहीं होती थी या यह कहूँ कि वहीं तक इस बात को मैं एक राजनीतिक युक्ति मान सकता था, जब तक कि वास्तव में देश पर संकट नहीं आता। यह बात मुझे स्वीकार नहीं थी कि क्योंकि हमसे पूछे बिना भारत को लड़ाई में झोंक दिया गया है, इसलिए हम देश की रक्षा नहीं करेंगे। तो जब देश पर संकट आया तो मैं मानता था, अब भी मानता हूँ कि सभी राजनीतियों को छोड़कर, देश की रक्षा एक कर्तव्य हो जाता है। और जब यह स्थिति आई, तब मैंने अपनी ओर से सेना को लिखा कि अगर भारत की

सीमा पर संकट आता है या शत्रु के इसमें प्रवेश करने की सम्भावना होती है, तो मैं उसकी रक्षा के लिए लड़ना चाहूँगा, अपने को कोई बहुत मैं 'सिपाहीगिरी' के लिए बहुत कुशल व्यक्ति मैं नहीं मानता हूँ, लेकिन उस समय कुशल की बात नहीं सोची जाती है। बाद में मुझे मालूम हुआ कि जब मैंने यह लिखा तो मेरा पत्र तब के सैनिक हाई कमान के पास भेजा गया और उन्होंने जैसा कि स्वाभाविक था, सी.आई.डी. से राय ली और सी.आई.डी. के जो तत्कालीन अधिकारी थे, जिन्होंने हमारे केस की भी पड़ताल की थी, उन्होंने उनको यही जवाब दिया था–बाद में उन्होंने स्वयं मुझे बताया कि हमने यह जवाब दे दिया था– कि हमारी स्थिति बहुत बुरी है, लेकिन इतनी खराब नहीं है कि इस तरह का जोखिम मोल लिया जाए, ऐसे आदमी को सेना में बुलाने का। फिर, वहाँ से मुझे एक औपचारिक 'धन्यवाद' का जवाब आ गया कि आपने जो अपनी सेवाएँ अर्पित करनी चाही हैं धन्यवाद, लेकिन अभी हमें उसका कोई उपयोग नहीं जान पड़ता। इसके कुछ महीनों बाद, यही सी. आई.डी. के जिस अधिकारी ने यह बात लिखी थी, उससे दिल्ली में मिलना हुआ और उसने मुझसे पूछा कि 'मेरे राजनीतिक विचार क्या हैं?' तो हमने कहा कि–राजनीतिक विचारों की तो विस्तार से चर्चा नहीं हुई, लेकिन हमने कहा कि–हमको यह बात अच्छी नहीं लग रही है कि हमारी सीमा पर संकट आ रहा है। तब उन्होंने स्वयं बताया कि मैं तुमसे बात इसलिए कर रहा हूँ कि तुमने सेना में भर्ती होने के लिए पत्र लिखा था और वह पत्र मेरे पास राय के लिए भेजा गया था। तो सचमुच तुम जाना चाह रहे थे? तो मैंने कहा कि हाँ मैं जाना तो चाह रहा था, इसलिए कि मैं समझता था कि हमारी सीमा पर संकट है और यह मैं नहीं मानता हूँ कि जो इस समय शत्रु है, यह भी अगर मैं कहूँ कि हमारा शत्रु नहीं आपका शत्रु, कि उसकी विजय से हमारा कोई हित होनेवाला है, यह बात मैं नहीं मानता हूँ। तो इसलिए देश की रक्षा को मैं अपना कर्तव्य समझता था और मैंने उसी के लिए लिखा था। तो फिर मुस्कुराकर बोले कि 'जानते हो मैंने क्या राय दी थी?' मैंने कहा कि मुझे तो नहीं मालूम है, जानना चाहूँगा ज़रूर, अगर आप बताने को तैयार हैं। तो उन्होंने स्वयं बताया कि मैंने यह राय दी थी और हँसे भी, मैं भी हँसा, बात भी कुछ हँसी की थी। इसके कोई 15 दिन बाद ही एक दिन एक टेलीफोन मुझे आया, तब मैं ऑल इंडिया रेडियो में काम करता था। एक किसी व्यक्ति का फोन आया, उसने कहा कि 'तुम मुझे नहीं जानते हो, मेरा नाम कर्नल अमुक है, मैं तुमसे मिलना चाहता हूँ।' तो मैंने पूछा कि किसलिए मिलना चाहते हैं, तो उन्होंने कहा कि 'तुमने सेना में भरती होने के लिए अर्जी दी थी, उसी के सिलसिले में मिलना चाहता हूँ।' वह मिलने आए। तो मैंने हँसकर पूछा कि आपको तो यह राय दी गई थी कि मैं ख़तरनाक आदमी हूँ। अब क्या सचमुच स्थिति इतनी खराब है कि आप यह जोखिम उठाने को भी तैयार हैं? तो हँसी के स्तर पर उन्होंने एक और व्यक्ति का नाम लिया जिससे मैं परिचित था। था वह अंग्रेज ही लेकिन उसके राजनीतिक विचारों से मैं परिचित था। वह भी सेना में भर्ती हो गया था उन दिनों, लेकिन उससे पहले सक्रिय राजनीतिक कार्यकर्ता था, कर्नल शौर्ट, जो जब क्रिप्स यहाँ आए, मिशन के सदस्य बनकर, तब उनका प्राइवेट सेक्रेटरी था। तो उन्होंने यह नाम भी लिया था कि उसके कहने से मैं आ रहा हूँ तुमसे मिलने के लिए। फिर उन्होंने कहा

कि 'पहले यह तो सुन लो कि किस काम के लिए हम तुम्हें चाहते हैं।' तब उन्होंने यह बताया कि 'हमको सचमुच लगता है कि संकट इतना है कि जापानी सेना भारत की सीमा के भीतर आ जाएगी और हम लोग नहीं जानते कि बंगाल और आसाम की रक्षा की जा सकेगी या नहीं। तो अभी योजना यही है कि इन दोनों को छोड़ दिया जाएगा और नष्ट करके छोड़ा जाएगा। वह जो 'स्क्रौर्च्ड अर्थ पॉलिसी' कहलाती थी उसी के तहत, इन दोनों को बिलकुल नष्ट कर दिया जाएगा कि शत्रु के काम न आ सके और फिर छोटा नागपुर में हमारी सुरक्षा का मोर्चा बनेगा। उसके बाद वहाँ पर एक रेजिस्टेंस आन्दोलन जैसा यूरोप में हुआ है, उसकी नींव डाली जाए, यानी नागरिकों में ऐसा एक गुप्त संगठन किया जाए जो उसके बाद हमारे साथ सहयोग करेगा और शत्रु से लड़ेगा, 'गोरिल्ला' युद्ध के स्तर पर, वैसा एक संगठन खड़ा किया जाए। इसके लिए हम चाहते हैं कि तुम हमारी मदद करो और इसके लिए तुम्हारे जैसे लोग ही उपयोगी हो सकते हैं, जिन्होंने गुप्त संगठनों में काम किया है। खतरनाक काम है, लेकिन इस तरह का कुछ अनुभव तुमको है और 5-7 आदमी ऐसे होंगे और सभी ऐसे इतिहास वाले लोग होंगे। यह काम तुम करने को तैयार हो या नहीं, यही पूछने हम आए हैं।' तो हमने कहा कि ठीक है, यह काम करने को हम तैयार हैं, और जब पहले मैंने यह सन्देह तो प्रकट किया भी था कि मैं कोई सिपाहीगिरी के लायक आदमी नहीं हूँ, लेकिन जैसा आपने कहा, यह काम शायद औरों की अपेक्षा मैं अच्छा कर सकता हूँ। तभी और इस सिलसिले में जो पत्र-व्यवहार इस कर्नल शौर्ट के साथ हुआ था उसी से मुझे यह भी पता लगा कि कम्यूनिस्ट पार्टी से भी इस बात के सम्बन्ध में पत्र-व्यवहार हुआ था, विशेष रूप से पी.सी. जोशी के साथ और वह लोग भी इसमें सहयोग करने को तैयार थे। लेकिन एक शर्त उनकी तरफ से यह थी कि यह काम पूरी तरह उनको सौंप दिया जाए, उनका दल ही यह काम करे। सेना इससे अलग रहे और यह बात सेना को स्वीकार नहीं हुई थी। इसलिए वह भी तटस्थ हो गए थे। लेकिन हमारी जो छोटी-सी टोली थी 5-6 अधिकारियों की उनमें दो तो कम्यूनिस्ट थे, एक ब्रिटिश कम्यूनिस्ट पार्टी के सदस्य थे और एक भारतीय कम्यूनिस्ट थे, जो पाकिस्तान की कम्यूनिस्ट पार्टी के सदस्य रहे हैं और उनका लड़का भी आजकल काफी प्रसिद्ध है, अखबारों में, तारिक अली। तारिक अली के पिता भी हमारे साथी थे।

रघुवीर सहाय : वात्स्यायन जी, सेना में रहकर चाहे किसी भी योजना के अन्तर्गत हो, एक अनुशासन मानना पड़ता है। आपको व्यक्तिगत रूप से उस अनुशासन को पालन करने का कोई लाभ, व्यक्तित्व में आपके अथवा साहित्य में मिला?

अज्ञेय : जिस तरह का काम हमें सौंपा गया था, उसमें उस अनुशासन से बहुत ज़्यादा कठिनाई तो नहीं होती थी, क्योंकि वह उस तरह का अनुशासन बहुत ज़्यादा था भी नहीं। वर्दी हम लोग ज़रूर पहनते थे और वर्दी पहनने के साथ जो कुछ नियम थोड़े-बहुत माने जाते हैं, वह भी माने ही जाते थे। कभी-कभी इसको लेकर टकराहट भी होती थी, क्योंकि जो कर्नल थे हमारे कुछ समय तक, उनसे दो-तीन बार यह सुनने को मिला, मैं चूँकि उनसे सहमत नहीं होता था, जब मेरी राय पूछी जाती थी तो अपनी राय दे देता था और वह उनको नापसन्द होती थी। लेकिन उसकी उपेक्षा तो वह कर ही सकते थे, लेकिन उनको

सिर्फ़ उसकी उपेक्षा कर देना काफी नहीं जान पड़ता था, वह अपनी नाराज़ी भी प्रकट करते थे, इस रूप में प्रकट करते थे कि, 'वात्स्यायन तुम्हारे साथ मुश्किल यह है कि तुम्हारा दिमाग सिविलियन दिमाग है' और मैं हँसकर कहता था कि 'मैं चाहता हूँ कि वह सिविलियन ही बना रहे मेरे लिए इससे बड़ा दुर्भाग्य कोई हो नहीं सकता कि मेरा दिमाग सैनिक दिमाग बन जाए।' लेकिन काम ऐसा था क्योंकि गुप्त संगठन का था और लगातार वैसा ही संगठन बनाने का काम था, सिविलियन्स के बीच था। कभी-कभी सैनिक अधिकारियों से सम्पर्क होता था और प्रायः इसमें कुछ न कुछ अप्रीतिकर बात भी हो ही जाती थी। लेकिन, साहित्य के लिए आपने पूछा कि क्या इसकी उपयोगिता हो सकती थी या हुई? एक तो बहुत-से अनुभव हुए और यह अपने आपमें सैनिक दिमाग कैसा होता है और सिविलियन दिमाग कैसा होता है, कैसे और क्यों इनकी टकराहट होती है, यह भी एक साहित्यकार के लिए एक बड़ा ज्ञानवर्धक क्षेत्र था। और फिर...

रघुवीर सहाय : 'हीलीबोन की बत्तखें' में जैसा बताया है।

अज्ञेय : हाँ, इस तरह के जो प्रसंग थे, प्रायः कामों में जब हम नागरिकों के बीच गुप्त संगठन की बात करते थे; तो उनकी जहाँ-जहाँ सेना से टकराहट हुई थी, उनकी जो तकलीफें थीं, वह भी सामने आती थीं और उनका निपटारा कैसे किया जाए, यद्यपि वास्तव में यह हमारा कार्यक्षेत्र नहीं था, लेकिन सेना से सहयोग की स्थिति बनी रहे, यह तो था। इसलिए ऐसे प्रश्नों की जाँच भी हम करते थे और सुलह-समझौता भी कराते थे, जब जहाँ सेना के किसी काम की वजह से जनता नाराज़ हुई हो या सेना को जनता से किसी तरह के सहयोग की अपेक्षा हुई हो, जो उन्हें न मिला हो। ये इस तरह की बहुत-सी जानकारी भी, घटनाओं की दृष्टि से भी और मनोविज्ञान की दृष्टि से भी बहुत-सी हमें मिली। फिर इस काम के सिलसिले में कितना घूमना पड़ा, ऐसे क्षेत्रों में और इतने लोगों से मिलना हुआ, और उन लोगों की मानसिकता की जानकारी भी हुई। तो यह मैं समझता हूँ कि साहित्यकार के नाते बहुत कुछ मैंने सीखा। लिखने के लिए घटना के रूप में भी सामग्री काफी मिली और मानसिकताओं की जानकारी भी बहुत बढ़ी।

रघुवीर सहाय : घूमने की प्रवृत्ति आपमें पहले भी थी, इससे उसका एक उपयोगी रूप भी आया। आपने सारे देश को देखा है...।

अज्ञेय : लगभग सारे देश को, हाँ।

रघुवीर सहाय : विदेश में आपने बहुत यात्राएँ की हैं। उन यात्राओं से आपको जीवन-दृष्टि के क्या अनुभव हुए हैं, जो कि हमारे लिए और आपके लिए प्रासंगिक हैं?

अज्ञेय : कुछ यात्राएँ तो संयोगवश होती रहीं, क्योंकि पिता पुरातत्व के क्षेत्र में काम करते थे। उनका काम ही उन्हें लगातार देश में घुमाता था और हम भी साथ-साथ जाते थे और उससे लाभ भी हुए और यह नहीं कि मेरे अनजाने वे लाभ हुए। दूसरे भाषा-क्षेत्रों में रहते हुए यह समझ में भी आया कि इस तरह का परिचय जिसे हम एक भारत देश मानते हैं, उसकी एकता के आधार में भी यह बात है कि उसमें कई तरह की संस्कृतियों को पनपने की छूट भी दे रखी है और यह मान्यता है कि इस अनेकता में ही वह वास्तविक

एकता पनपती है और हम क्रमशः राष्ट्र के नाम पर देश को भूल गए हैं और राष्ट्रीय एकता में जिस तरह की राजनीतिक और केन्द्रित एकता हम पहचानते हैं वह बहुत दूर तक उस वास्तविक सांस्कृतिक एकता के विरुद्ध भी जाती है जो कि तब तक बनी रही थी और पनपती थी, जब तक हम देश को और एक संस्कृति को महत्त्व देते थे और एक केन्द्रोन्मुखता को उतना महत्त्व नहीं देते थे। लेकिन यह तो फिर थोड़ा सा प्रसंगान्तर हो रहा है। देश में यात्राओं का महत्त्व यह मैंने बहुत जल्दी ही अनुभव करना शुरू किया, और इस दृष्टि से जब भी मौका मिला, यात्रा का कोई मौका मैंने छोड़ा नहीं। सेना में भी जब था, तब एक बार विदेश भेजने की बात हुई थी और मुझसे पूछा गया था कि–तुम्हें, इटली में मित्र सेनाएँ वहाँ भेजने की बात हो रही है। तुम कितनी जल्दी तैयार हो सकते हो? तो मैंने घड़ी देखकर कहा, 'आधे घंटे में।' तो फिर उस पर हँस दिए कि नहीं इतनी जल्दी नहीं। हमारा मतलब तो था कि तीन-चार दिन में जाने की सम्भावना हो सकती है। खैर, वह हँसी की बात थी। लेकिन कोई मौका मैंने छोड़ा नहीं। विदेश का मौका भी जब बना, पहले, तब मैं ऑल इंडिया रेडियो में था जब यह सम्भावना बनी, पहले सरकार के अनुमोदन से ही यह स्थिति बनी, क्योंकि सरकार की ओर से एक प्रमाण-पत्र दिया गया था कि मेरी वह विदेश-यात्रा उनके काम के लिए उपयोगी होगी और लौटकर मैं उसी पद पर रहूँगा, जिस पद से जाने की छुट्टी मुझे मिल रही है। लेकिन जब सचमुच मुझे वह फैलोशिप मिल गई तब मुझे जवाब-तलब किया गया कि–'तुमको यह कैसे मिली और कैसे तुमने अर्जी भेजी?' जबकि अर्जी मैंने नहीं, उन्होंने भेजी थी, उन्होंने मुझसे पूछा था कि इस क्षेत्र में तुम जाना चाहते हो कि नहीं। लेकिन फिर जब यह स्थिति आ गई तब उन्होंने कहा कि–'हाँ, तुम जा तो सकते हो, लेकिन छुट्टी नहीं मिलेगी, त्यागपत्र देना पड़ेगा', तो हमने कहा कि हाँ ज़रूर, हम त्यागपत्र देकर जाने को तैयार हैं, छोड़ के चले गए।

रघुवीर सहाय : यह आप क्या सन् 54 की या 55...

अज्ञेय : हाँ, 55-56 की जब यूनेस्को की, एक फेलोशिप मुझे मिली थी।

रघुवीर सहाय : भारत के भीतर आपने बहुत देखा है। उत्तर, पूर्व, दक्षिण तो विशेष रूप से, बिहार में आप बहुत घूमे हैं।

अज्ञेय : बिहार में भी रहा, हाँ उस समय भी।

रघुवीर सहाय : जयप्रकाश जी से आपकी भेंट क्या तभी हुई?

अज्ञेय : जयप्रकाश जी से तो सन् '42 में परिचय हुआ था और जब वह जेल से भागकर लापता हुए थे तब उन्हें छिपा रखने में भी बहुत सूक्ष्म-सा योग मेरा भी रहा। और भी उस समय के दो-एक व्यक्ति थे जिनको छिपकर रहने में हमने सहायता दी थी।

रघुवीर सहाय : हजारीबाग जेल की घटना बता रहे हैं आप?

अज्ञेय : हाँ, और थोड़ी बात अद्भुत इसलिए हो जाती है कि उसी के तुरन्त बाद मैंने सेना में भर्ती होने की बात भी की थी। लेकिन तब थोड़ा-सा परिचय हुआ था और, यह अधिक घनिष्ठ परिचय तो नहीं था, बल्कि उससे कुछ ज़्यादा निकट परिचय आचार्य नरेन्द्रदेव से था और उन्हीं की मार्फत जयप्रकाशजी से भी परिचय बढ़ा। नहीं तो जहाँ बात थी एक अनुकूल मनोभाव के आगे न बढ़ती। लेकिन बिहार के अकाल के समय तक तो

उनसे परिचय बढ़ भी गया था और जो काम वह कर रहे थे उसमें योग देना भी मैं चाहता था और तब एक पत्र का सम्पादन कर रहा था, आप भी उसके सम्पादक रहे, 'दिनमान' का, उसके माध्यम से परिस्थिति को सामने लाकर कुछ उनके काम में सहायता देना भी चाहता था। इसीलिए इस प्रदेश की यात्रा की थी। उसके कुछ फोटो भी लिये थे, उसके बारे में लिखा भी था, उन चित्रों की प्रदर्शनी भी हुई। उससे कुछ सहायता भी मिली जो जयप्रकाश जी को उनके कोष के लिए भेज दी गई थी।

रघुवीर सहाय : यात्राओं के आपके प्रसंग तो बहुत विविध हैं, और उनके परिणाम भी विविध हैं, पर मुझे इस समय जानकी-यात्रा के बारे में आपसे पूछना है। यह आपने किस उद्देश्य से की और क्या योजनाएँ आप इसके अनुसार आगे बनाएँगे?

अज्ञेय : एक तो जब मैंने यह न्यास बनाया, 'वत्सल निधि' नाम से, उसके उद्देश्यों में एक इस तरह की यात्राओं का भी कार्यक्रम था। आप चाहें तो साहित्यिक यात्रा भी कह सकते हैं या कि साहित्यिकों की ऐसी सह-यात्राएँ जिनमें कि विचार-विनिमय भी हो और अपने देश की जानकारी भी बढ़े, और उस देश या उस प्रदेश में रहनेवाले लोगों से संवाद की नई स्थितियाँ भी पैदा हों। क्योंकि वास्तविक स्थिति हमारे देश की और हमारे साहित्यों की यह है कि पिछले तीन-चार दशकों से बोल-चाल की भाषा निकटतर आने के आन्दोलनों और संकल्पों के बावजूद, साहित्य की भाषा, साधारणजन की भाषा से अलग है। यह साहित्यकार का दोष है, ऐसा मैं नहीं कहता हूँ, लेकिन जो यहाँ के साहित्य के विकास की परम्परा रही, उसका एक अनिवार्य परिणाम यह भी था कि यह रहे और इस दूरी को तोड़ने के लिए अभी और बहुत प्रयत्न करना पड़े। और देश में अभी तक क्योंकि इसका अधिसंख्य भाग अभी अनपढ़ है, इसलिए सिर्फ़ लिखी हुई, छपी हुई पुस्तक से तो यह काम हो भी नहीं सकता है। साधारणजन से संवाद की स्थिति बढ़ती जाए, जहाँ तक हो सके और उसका जो भी, जैसा भी, रचनात्मक असर साहित्य पर होता है, वह होने की गुंजाइश बने ऐसी यात्राओं के लिए व्यवस्था करने का भी यह उद्देश्य था। और इसी के अधीन एक योजना ऐसी की गई। दूसरी तरफ यह पहचान भी है और ऐसा मैं मानता भी हूँ, कि रामायण का और राम और सीता के चरित्रों का, हमारे जीवन में एक विशेष महत्त्व है। जो लोग इनको अवतार मानते हों, आस्तिक हों या नास्तिक हों, जैसा भी हो, इनका हमारे जीवन में एक स्थान बना हुआ है और एक महत्त्व है। और जो लोग विरोध भी करते हैं, विरोध का भी एक रिश्ता, बल्कि कहूँ कि विरोध भी एक प्रभाव का प्रमाण होता है। जो लोग विश्वास का विरोध भी करते हैं, वह भी इसलिए करते हैं कि देखते हैं कि यह विश्वास प्रभाव रखता है। तो इस दृष्टि से भी मैं सोचता था कि देश की, जन की, और स्वयं अपने मानस की पहचान ऐसी यात्राओं से बढ़ेगी और भी ऐसी यात्राएँ हो सकती हैं। सोच भी रहा हूँ कि हों लेकिन पहली यात्रा 'जानकी जीवन' से जोड़ी गई इसलिए भी मैंने सोचा कि बाहर से सहयोग इस यात्रा को अपेक्षया अधिक मिल सकेगा और यह विश्वास सही साबित हुआ। बहुत उत्साह से लोगों ने इस यात्रा में तरह-तरह की सहायता की।

गोपाल दास : वात्स्यायनजी, मैं एक शायद अन्तिम ही प्रश्न आपसे पूछना चाहूँगा कि गांधी के बारे में, 1942 के बारे में आपने चर्चा की, गांधीजी के प्रति आपके मन में कोई

समर्थन का भाव नहीं था, उनकी राजनीति वगैरह से। लेकिन आज आप गांधी को दूसरी दृष्टि से देखते हैं, तो वह जो पहले आपका उनके प्रति मत था और जो आज सोचते हैं, यह परिवर्तन कैसे आया है?

अज्ञेय : हाँ, इसमें कह सकता हूँ कि तीन सीढ़ियाँ हुईं या क्रान्तिकारी दल का जब सदस्य था उन दिनों तो बहुत ही प्रबल विरोध का भाव था गांधी के प्रति हम सबके मन में। एक तो इसलिए कि हम लोग हिंसा को हेय नहीं मानते थे और गांधीजी बराबर उसका विरोध करते थे। दूसरे, कुछ दल के जो लोग जेल गए या जिनको सजा मिली उनके बारे में जिस तरह की बात गांधीजी ने कही या जब गांधी-इर्विन समझौता हुआ तब इस पक्ष की हमारी समझ में इस तरह की अपेक्षा उनके द्वारा हुई। इन सब कारणों से उनके प्रति विरोध का काफी प्रबल भाव सबके मन में था। मेरे मन में भी था। लेकिन क्रमशः हिंसा के बारे में मेरे मन में सन्देह पैदा हुआ और '42 से काफी पहले भी हिंसा के और युद्ध के बारे में, और हिंसा के द्वारा उन उद्देश्यों की पूर्ति की सम्भावना के बारे में सन्देह मेरे मन में पैदा हो गए, जो हमारे क्रान्तिकारी आन्दोलन के उद्देश्य थे। तो उस समय हिंसा का समर्थन तो हमने छोड़ दिया। या कि मैंने छोड़ दिया, लेकिन गांधीजी की राजनीति के बारे में तब, कुछ ऐसा मनोभाव बना कि यह आदमी राजनीति के क्षेत्र में है और बड़ा घुन्ना आदमी है, बड़ा कुशल 'श्रूड' राजनीतिक व्यक्ति है, लेकिन नैतिक दृष्टि से जितना बड़ा व्यक्तित्व उनका अब मानता हूँ या कि जितना था—मैं समझता हूँ वास्तव में था—वैसा कोई प्रभाव मन में नहीं था। यह था कि बड़ा कुशल राजनीतिक व्यक्ति है। सभी तरह के लोगों से काम ले सकता है और ऐसी राजनीति करनी है तो यह स्वाभाविक और उचित भी है। आखिर हम लोग भी क्रान्तिकारी दल में बहुत से लोगों से काम साधते थे, जिनके बारे में जानते थे कि यह हमारे मत के नहीं हैं। तो दूसरा स्तर यह था कि कुशल राजनीतिक मानता था, लेकिन कोई नैतिक दृष्टि से महान व्यक्तित्व नहीं मानता था। इसके बाद फिर अगला परिवर्तन हुआ, जब देश के विभाजन का प्रस्ताव स्वीकार हो गया और गांधीजी एकाएक अकेले पड़ गए और इस अकेले व्यक्ति ने नोआखाली के सन्दर्भ में जो किया या कलकत्ते में जो कुछ कहा, इसमें से प्रायः प्रसारण में भी आता रहा, उस समय कुछ एक दूसरा रूप या एक दूसरे रूप का स्वीकार मेरे मन में आया और एकाएक मुझे लगा कि यह राजनीतिक कर्मी की दृष्टि से नहीं, एक नैतिक व्यक्ति के और उस क्षेत्र में नेतृत्व देनेवाले आदमी की दृष्टि से बहुत महान व्यक्ति थे, और तब मैंने फिर सारे गांधी-दर्शन के बारे में भी नए सिरे से सोचना शुरू किया।

—'अज्ञेय अपने बारे में : एक साक्षात्मक' रेडियो जीवनी से साभार

खंड-4

भविष्य, चाँद और कर्मयोगी सम्पादक रामरख सिंह सहगल

भविष्य : सम्पादक–रामरख सिंह सहगल दफ्तर में

विद्या सहगल

भविष्य/चाँद : सम्पादक–रामरख सिंह सहगल

स्नेहलता सहगल

पूज्य पिताश्री स्व. रामरख सिंह सहगल, कुछ संस्मरण : श्रद्धा-सुमन और आभार प्रदर्शन

—नरेन्द्र सहगल

मेरे पिताश्री स्व. रामरख सिंह सहगल का जन्म 28 सितम्बर, 1896 को लाहौर के निकट रखटेढ़ा नामक स्थान में हुआ। उस समय मेरे पूज्य दादाजी स्व. राजेन्द्र सिंह सहगल वन विभाग में फॉरेस्ट रेंजर थे। उनका बचपन अपने ताया जी राय साहब लक्ष्मण सिंह सहगल के घर में बीता और फिर किशोरावस्था में ही उनको दादी जी की बहन स्व. रानी धनदेवी, जो जौनपुर (उत्तर प्रदेश) में रहती थीं, ने गोद ले लिया। रानी धनदेवी का विवाह बहुत छोटी अवस्था में हुआ था, जैसा उस समय प्रचलित था, किन्तु दुर्भाग्यवश दो साल के अन्तराल में ही उन्हें पति-वियोग सहना पड़ा। इसी कारण बहुत वर्ष तक पिताश्री कुँवर रामरख सिंह सहगल के नाम से जाने जाते रहे। उन्हें शुरू से ही पढ़ने-लिखने का शौक़ था और अंग्रेजी, हिन्दी और उर्दू में अच्छी महारत थी किन्तु स्कूल शिक्षा न के बराबर थी। प्राइवेट ट्यूटरों से ही शिक्षा मिली। इस प्रकार उनके परिवार में प्रायः हर रिश्तेदार विदेशी शासकों के वफ़ादार और नमकख़्वार थे, किन्तु पिताश्री सारे परिवार में इसके एकमात्र अपवाद थे।

एक सम्पन्न परिवार में जन्मे, मेरे पिताश्री स्वभावतः स्वावलम्बी ही रहे। रात को देर तक पढ़ते रहना, बहुत देर से सोना और सुबह देर से उठना, अन्त तक उनकी जीवन-शैली थी। एकान्त में बैठकर लिखना-पढ़ना, कविताएँ लिखना और शेरो-शायरी करना उनकी दिनचर्या ही बन गई। सामयिक विषयों पर लिखना उन्होंने 18 वर्ष की आयु से ही शुरू कर दिया। सामयिक कुरीतियों के प्रति विद्रोह उनकी जीवन-शैली बनती गई, क्योंकि आसपास ही नहीं, अपने परिवार की ही कुछ घटनाओं ने उन्हें एक विद्रोही बना दिया। अतः इस विषय में कुछ रचनाएँ अपने नाम से और कुछ कल्पित नामों से लिखना शुरू किया और वे हिन्दी-समाचार, महिला, कन्या मनोरंजन, स्त्री दर्पण, अमृत बाजार पत्रिका और प्रभा आदि पत्र-पत्रिकाओं में नियमित रूप से प्रकाशित होती रहीं। उनकी यह जीवन-शैली और व्यवहार उनके माता-पिता तथा अन्य परिवारवालों को बिल्कुल नहीं भाता था और इसी ग्लानि से वे स्वभावतः एक बाग़ी बन गए।

अमेरिका के उन्नीसवीं सदी के विख्यात लेखक, राजनीतिज्ञ और दार्शनिक थॉरो के सिद्धान्त कि "अत्याचार करनेवाले की अपेक्षा अत्याचार सहनेवाला अधिक दोषी होता

है'' को उन्होंने जीवन-पर्यन्त निभाया। यह सिद्धान्त मैंने भी ग्रहण किया और यह मुझे पिताश्री की सबसे बड़ी धरोहर है और मेरा भी यही सिद्धान्त है कि रिश्तेदारी एक मृगतृष्णा है। मैं मानता हूँ कि ''सुख में पूछे हर कोय, दुख में पूछे न कोय'' के अनुसार मैं हर सगे-सम्बन्धी और मित्रों को इसी कसौटी पर जाँचता हूँ। अन्याय के प्रति मैंने भी बड़े-बड़ों से टक्कर ली है। ज़िनमें उत्तर प्रदेश के तत्कालीन मुख्यमंत्री स्व. डॉ. सम्पूर्णानानन्द एक हैं और इसका उल्लेख आगे करूँगा। यह सर भी कटनेवाला है, झुकनेवाला नहीं।

स्व. पिताश्री का राजनीतिक झुकाव लोकमान्य बाल गंगाधर तिलक की ओर रहा और उन्हें अपना आदर्श माना। उनकी अन्त तक यही धारणा रही कि उन जैसा कोई राजनीतिज्ञ पैदा नहीं हुआ जो इस विशाल देश की आवश्यकताओं को समझे और समाधान ढूँढ़े।

सक्रिय राजनीति में उनका प्रवेश 1919 में 23 वर्ष की आयु में हुआ। यह वह समय था जब महात्मा गांधी और लोकमान्य तिलक में खुलकर संघर्ष हो रहा था। यही समय था जब रॉलेट एक्ट नामक काला क़ानून पास हुआ और देश के एक कोने से दूसरे कोने तक इस क़ानून का खुला विरोध हुआ और कई देशवासी इस प्रक्रिया में शहीद भी हुए। यही समय था जब गांधी जी की पार्टी इस आन्दोलन में पूरे जोशोखरोश से टूट पड़ी और इसके संचालन के लिए प्रान्तीय सत्याग्रह सभा का गठन हुआ। इस कार्य के लिए कार्यकारिणी सभा का गठन हुआ जिसके कुछ पदाधिकारी इस प्रकार थे :

सभापति : महात्मा मोहनदास कर्मचन्द गांधी
उप-सभापति : 1. श्री पुरुषोत्तम दास टंडन
2. श्री हैदर मेंहदी
मंत्री : 1. श्री जवाहरलाल नेहरू, बैरिस्टर
2. श्री मंज़र अली सोख़्ता
3. पंडित सुन्दरलाल

एक 15 सदस्यीय कार्यकारिणी समिति का भी गठन हुआ जिसमें मेरे पिताश्री एक थे।

इसके पश्चात् इस काले क़ानून के विरोध प्रदर्शन हेतु 6 अप्रैल, 1919 को एक व्यापक विरोध प्रदर्शन का आयोजन किया गया, जिसमें दिन भर उपवास, शहर में पूर्ण हड़ताल और शाम को सार्वजनिक सभा शामिल थे। इलाहाबाद के एक भाग में जनसभा आयोजन का कार्य पिताश्री और श्री मंजर अली सोख्ता को सौंपा गया। अपने प्रकार का यह कार्यक्रम प्रान्त में पहला कार्यक्रम था और लोगों को यह समझाना कि दुकानें बन्द करने और हड़ताल करने से क्या लाभ होगा, एक बड़ी चुनौती साबित हुआ और सक्रिय राजनीति में प्रवेश करने का और ऐसे कार्यक्रम का आयोजन एक नया अनुभव था। किन्तु आयोजन बहुत सफल रहा और पिताश्री की बहुत सराहना हुई। 10 अप्रैल, 1919 के दैनिक इंडिपेंडेंट ने लिखा :

"यह कुँवर रामरख सिंह सहगल ही के प्रयत्नों का व्यापक परिणाम है कि दारागंज तथा मुट्ठीगंज की हड़ताल इतनी सफल रही। कहा जाता है, प्रत्येक नर और नारी ही नहीं, बच्चों ने भी उपवास किया। हड़ताल की सफलता का अन्दाजा इसी बात से किया जा सकता है कि एक मारवाड़ी ने गाड़ीवालों को 20 रुपए तक देने का असाधारण प्रलोभन दिया पर कोई राजी नहीं हुआ। इससे इस बात का पता चलता है कि देशवासी किस हद तक रॉलेट एक्ट की मुख़ालिफ़त के लिए कटिबद्ध हैं।"

विदेशी सरकार के लिए यह स्थिति असहनीय थी। उसने स्वप्न में भी ऐसे अभूतपूर्व विरोध प्रदर्शन की कल्पना नहीं की थी। मदान्ध शासकों ने दमन चक्र चला दिया और इसकी सबसे बड़ी मिसाल जलियाँवाला बाग कांड है। इस आन्दोलन में हिन्दू-मुस्लिम समुदाय का एका और कन्धे से कन्धा मिलाकर पारस्परिक सहयोग प्रदर्शन था। तब तक पाकिस्तान की बात नहीं थी और मोहम्मद अली जिन्ना कांग्रेस में सक्रिय थे। इसका एक जीता-जागता उदाहरण यह है कि एक मुसलमान नौजवान जो अपनी शादी का सामान खरीदने दिल्ली आया था, वह स्वामी श्रद्धानन्द जी के सभापतित्व में हो रही एक शान्तिपूर्ण सभा पर हुई पुलिस की बर्बरतापूर्ण गोलीबारी का शिकार हो गया। उसका जनाज़ा दिल्ली के इतिहास में एक अभूतपूर्व घटना साबित हुई, क्योंकि इसमें 50 हजार हिन्दू-मुस्लिम बिना किसी धार्मिक भेदभाव के शामिल हुए। उसकी आख़िरी नमाज़ के मौके पर हिन्दुओं ने उन्हें वजू (हाथ-पैर धुलाना) कराया। पंजाब हत्याकांड के बाद यू.पी. में जो जाँच समिति नियुक्त हुई उसमें महामना पं. मदनमोहन मालवीय, स्व. मोतीलाल नेहरू, सैयद हैदर अली मेंहदी, स्व. राजर्षि पुरुषोत्तम टंडन तथा स्व. पंडित जवाहरलाल नेहरू और उसमें एक सहायक की हैसियत से पिताश्री लाहौर गए। इसमें देश के सभी भागों से शीर्ष नेता आए जिनमें स्व. देशबन्धु, सी.एफ एंड्रूज भी शामिल थे।

पत्रकारिता में उनका प्रवेश 'चाँद' के प्रकाशन के साथ शुरू हुआ। हिन्दी पत्रकारिता के इतिहास में इस पत्रिका को मिली अभूतपूर्व सफलता और ताश के पत्ते के ढाँचे के समान इसका पतन अपने आपमें एक इतिहास है। 'चाँद' के प्रकाशन का उद्देश्य नारी जाति को शोषण से बचाना, सामाजिक कुरीतियों के प्रति जनता को समझाना था और इन उद्देश्यों की पूर्ति के साथ एक तहलका मचा दिया। यह क्रान्तिकारियों का एक गढ़ बन गया और सरदार भगत सिंह, सुखदेव, शिव वर्मा (लाहौर कांस्पिरेसी), सुशीला दीदी, दुर्गा भाभी आदि अनेक क्रान्तिकारी छद्म नाम से कार्य करते थे अथवा नियमित रूप से लिखते थे। सरदार भगत सिंह अपने छद्म नाम बलवन्त और शिव वर्मा हर नारायण कपूर के नाम से सम्बद्ध रहे।

'चाँद' की दूसरी पहचान इसके विभिन्न विशेषांक रहे, जैसे फाँसी अंक, मारवाड़ी अंक, अछूत अंक, शिशु अंक, पत्रांक, प्रवासी अंक, वेश्या अंक आदि। यह परम्परा चाँद के प्रकाशन के समापन के साथ प्रायः समाप्त ही हो गई।

पिताश्री ने करीब 200 पुस्तकों का प्रकाशन किया और हिन्दी पुस्तकों के कवर पर जैकेट लगाने का प्रचलन भी शुरू किया।

'चाँद' में तत्कालीन सुप्रसिद्ध साहित्यकारों की रचनाएँ, जैसे–मुंशी प्रेमचन्द, डॉ. रामकुमार वर्मा, महादेवी वर्मा, जी.पी. श्रीवास्तव, आचार्य चतुरसेन शास्त्री नियमित रूप से छपते थे और बाबू जयशंकर प्रसाद, श्री हरिऔध, श्री अवध उपाध्याय, श्री बालकृष्ण शर्मा 'नवीन' आदि की रचनाएँ भी प्रकाशित होती थीं।

मारवाड़ी अंक के प्रकाशन से मारवाड़ी समाज उद्वेलित हो गया और कचहरी में मुकदमा भी दायर कर दिया। इसमें हमारे वकील नेता श्री सुभाषचन्द्र बोस के भाई स्व. शरत चन्द्र बोस थे। इस सिलसिले में एक बार पिताश्री अपने कोलकाता कार्यालय में बैठे थे तो एक नौजवान ने उन पर जूता भी फेंका था। कोई और तरीका न देख यह लिख दिया कि मारवाड़ी अंक की अभूतपूर्व सफलता को देखते हुए इसका दूसरा संस्करण शीघ्र ही प्रस्तुत किया जाएगा। इससे आन्दोलन तुरन्त ठंडा पड़ गया।

इसी प्रकार का एक हंगामा उस समय पैदा हुआ जब पिताश्री ने लिखा कि जनसंख्या नियंत्रण के लिए गर्भपात को क़ानूनन मान्यता दी जाए। महिला कॉन्फ्रेंस ने एक आन्दोलन कर दिया और जो अपनी पराकाष्ठा पर तब पहुँच गया जब महात्मा गांधी ने 'नवजीवन' में लिख दिया कि सहगल जी के सुझाव से व्यभिचार बढ़ेगा। बहुत सोचने के पश्चात् पिताश्री ने 'चाँद' में गांधी जी का लेख अपनी ओर से उद्धृत किया कि बारह बच्चे पैदा करने के बाद भी गांधी जी मानते हैं कि आत्म-संयम से बच्चों की पैदाइश को रोका जा सकता है। इसी के साथ आन्दोलन अपने आप ठंडा पड़ गया। उस समय परिवार नियोजन अथवा परिवार कल्याण शब्द प्रचलित नहीं थे। कृत्रिम साधनों और सन्तति निरोध के वे पक्षधर थे जबकि गांधी जी संयम, ब्रह्मचर्य जैसी प्राकृतिक नीति के पक्षधर थे।

यदि उपरोक्त दो घटनाएँ पिताश्री के जीवन में विस्फोटक सिद्ध हुईं तो 1931 में प्रकाशित 'चाँद' का फाँसी अंक एक परमाणु विस्फोट रहा। इसने न केवल देश भर में एक उत्तेजना पैदा की अपितु विदेशी शासकों ने उन्हें हर प्रकार से तंग करना आरम्भ कर दिया। आचार्य चतुरसेन शास्त्री के सम्पादन में प्रकाशित इस विशेषांक के अधिकांश लेख और अन्य प्रकाशित सामग्री उस समय के उच्चतम क्रान्तिकारियों ने प्रदान की जिनमें सरदार भगत सिंह, चन्द्रशेखर आजाद, रामप्रसाद बिस्मिल, बटुकेश्वर दत्त, शचीन्द्र नाथ सान्याल, शिव वर्मा शामिल थे। सबने छद्म नाम से काम किया। फाँसी अंक का एक भाग विप्लव यज्ञ की आहुतियाँ, जिसमें 50 के करीब क्रान्तिकारियों के रेखाचित्र हैं, इस विशेषांक की खास धरोहर है।

इस ऐतिहासिक प्रकाशन में श्री रामचरित उपाध्याय, जर्नादन झा 'द्विज', विशम्भर नाथ शर्मा कौशिक, जी.पी. श्रीवास्तव, पांडेय बेचन शर्मा 'उग्र', कन्हैया लाल मिश्र 'प्रभाकर', जयदेव विद्यालंकर, प्रफुल्लचन्द्र ओझा 'मुक्त' आदि तत्कालीन प्रखर लेखकों की रचनाओं के साथ क्रान्तिकारियों द्वारा दी गई सामग्री के साथ, मेरी स्वर्गीय माताजी, विद्यावती सहगल द्वारा लिखित देवी जॉन की जीवनी भी प्रकाशित हुई। इसमें 1857 के विप्लव के दौरान तथा उसके उपरान्त विदेशी शासकों ने जो जुल्म ढाए, उसके सचित्र

लेख भी प्रकाशित हुए। संक्षेप में, इसमें ब्रिटिश शासन के 200 वर्षों के अत्याचारों का कच्चा और सचित्र चिट्ठा था।

इस विशेषांक की 1000 प्रतियाँ छपीं, जिन पर 12500 रु. का खर्च आया, जिसमें कर्मचारियों का वेतन, बिजली, किराया मकान और छिटपुट खर्चे शामिल नहीं थे। इसे छपते ही जब्त कर लिया गया और जिनको इसकी प्रतियाँ भेजी गई थीं, उन्हें भी सताया गया। किन्तु फाँसी अंक राष्ट्रीय मुक्ति संघर्ष का एक ऐतिहासिक रिकॉर्ड बन गया। निश्चय ही इस विशेषांक ने देश को हिला दिया पर प्रकाशक (चाँद प्रेस) की नींव भी हिला दी।

इसके बाद एक और झटका पं. सुन्दरलाल लिखित 'भारत में अंग्रेजी राज' का प्रकाशन था। दो खंडों में प्रकाशित और खादी की जिल्द वाली इस पुस्तक के पृष्ठ सी.आई.डी. गायब करती रही और डाकखाने में ही उठाकर नष्ट कर दिया। यह 'मरे को मारे को मारे शाह मदार' लोकोक्ति को चरितार्थ करता है। इन सबके कारण पिताश्री पर भारी कर्ज हो गया, चाँद को पुस्तकालयों में मँगाने पर सरकारी रोक लग गई। इस कर्ज पर उस ज़माने में 1500 रु. महीने का सूद अदा करना पड़ता था। इस कारण चाँद प्रेस को एक लिमिटेड कम्पनी के शेयर बेचने के लिए पिताश्री गया पहुँचे और व्यक्ति विशेष से अगले दिन मिलने का समय निश्चित हुआ। इसी बीच कुछ कर्मचारी भागते गया पहुँचे और पिताश्री को सूचना दी कि उन पर दफा 124 (देशद्रोह) के अन्तर्गत वारंट जारी हो चुका है। शेयर बेचने की बात छोड़कर इलाहाबाद आए और तुरन्त गिरफ़्तार कर लिये गए। मुकदमा चला और 6 मास के कठोर कारावास और 500 रुपए का जुर्माना भी लगा। आदमी सोचता कुछ है और होता कुछ और है। निश्चय यह हुआ कि वे 1 जनवरी, 1933 से कम्पनी को सरकारी प्रकोप से बचाने के लिए प्रबन्ध निदेशक का पद छोड़ दें और इस अवधि में उनको 400 रु. प्रति माह मिलता रहेगा। यह भत्ता भी इस आधार पर बन्द कर दिया कि उन्होंने मेरे नाम पर नरेन्द्र पब्लिशिंग हाउस बना लिया। यहाँ से केवल कुछ पुस्तकों का ही प्रकाशन हुआ था और कोई पत्र-पत्रिका का प्रकाशन नहीं। जब वे 1938 मैं दोबारा पदभार सँभालने गए तो कुछ निकटतम सम्बन्धियों की मिलीभगत से फौजदारी की दफा 103, 177, 3 और 448 के अनुसार एक झूठी शिकायत लिखाकर गिरफ़्तारी करा दी। इस दुखद प्रसंग के विषय में मैं ग्रीक कहावत 'निल निसी बोनम' को चरितार्थ करते हुए विस्तार से कुछ नहीं कहना चाहूँगा, जिसका अर्थ है कि देहावसान के पश्चात् व्यक्ति विशेष के अच्छे कर्म ही बाकी रह जाते हैं। इसमें कई दिवंगत आत्माएँ शामिल थीं, अतः इस दुखद प्रसंग को यहीं विश्राम देता हूँ। काफी लम्बा मुकदमा चला और पिताश्री को निर्दोष और कम्पनी को दिवालिया करार दिया गया। बना-बनाया महल देखते-देखते ढह गया और वे हाथ मलते रह गए। इसे प्रभु इच्छा ही कहना चाहिए क्योंकि इलाहाबाद में तीन मकान के मालिक को किराए के मकान में बाकी ज़िन्दगी गुज़ारनी पड़ी।

यह तो उन घटनाओं का विवरण है जिनके कारण सरकार हिल गई, देशवासियों में जोश की लहर दौड़ गई और पिताश्री जिसके लिए आज भी याद किए जाते हैं।

इसके अतिरिक्त भी उनकी अनेक गतिविधियाँ रहीं। 1930 में गांधी जयन्ती के पर्व पर 'भविष्य' नामक एक साप्ताहिक का प्रकाशन आरम्भ किया। अहिंसा का बाना पहने और गांधी जयन्ती पर जन्मा यह प्रकाशन सशस्त्र क्रान्ति का द्योतक था। कई सम्पादक जेल गए, कोठी के बाहर दोनों गेट पर पुलिस के टेंट लगे थे और 24 घंटे पुलिस का पहरा रहता था, फिर भी क्रान्तिकारियों का अड्डा बना रहा, 40 बार तलाशी हुई, तीन बार कारावास की सैर की और सरकार की ओर से सरदार भगत सिंह को अमर शहीद कहने पर और अन्य छोटी-छोटी बातों पर चेतावनी मिलती रही। किन्तु स्वभाव से विद्रोही पूज्य पिताश्री कभी झुके नहीं। उनका जीवन-पर्यन्त यही सिद्धान्त रहा कि अत्याचारों के प्रति नतमस्तक होना कायरता है।

उनका एक और प्रशंसनीय कार्यक्रम मातृ मंदिर के नाम से एक संस्था की स्थापना थी, जिसका उद्देश्य निर्धन, निराश्रित और असहाय की सहायता, नैतिक आपत्ति में फँस जानेवाली महिलाओं को दोबारा बसाने में सहायता और उनके बच्चों की शिक्षा आदि का प्रबन्ध आदि था। संस्था ने प्रथम वर्ष ही करीब 40 नवयुवतियों तथा बच्चों को सहायता कर पुनर्स्थापित किया, किन्तु इसके पीछे भी फरार क्रान्तिकारी महिलाएँ थीं। इसमें अपनी ओर से व्यय करने के अतिरिक्त प्रसिद्ध समाज सुधारक सेठ रामगोपाल मेहता जी भी सहायक थे। यह संस्था इलाहाबाद के रसूलाबाद इलाके में कृष्णकुंज में स्थित थी, किन्तु इसका गोपनीय भाग पिताश्री, माता जी, उनकी बहन के अतिरिक्त किसी को पता नहीं था, उनके सगे भाई को भी नहीं। इसकी संचालिका सुप्रसिद्ध क्रान्तिकारिणी सुशीला दीदी थीं जिनके जीवित अथवा मृतक अवस्था में लाने का सरकारी आदेश था। लाहौर कांस्पिरेसी केस में सरदार भगत सिंह की साथी और सांडर्स की हत्या के बाद उनके साथ लाहौर से एक मेम बनकर भागनेवाली श्रीमती दुर्गा देवी वोहरा (दुर्गा भाभी) का भी बहुत सराहनीय सहयोग था। बड़े-बड़े सरकारी स्थानीय और प्रान्तीय अधिकारियों को निरीक्षण के लिए समय-समय पर आमंत्रित करना एक परम्परा थी और वे भूरि-भूरि प्रशंसा करते नहीं थकते थे। इसमें स्थानीय डिस्ट्रिक्ट मजिस्ट्रेट और सुपरिंटेंडेंट ऑफ पुलिस और स्थानीय इंस्पेक्टर ऑफ स्कूल्स भी शामिल थे। इस इमारत में कभी-कभी स्व. चन्द्रशेखर आजाद तथा उनके सहयोगी लुके-छिपे बम और अन्य विस्फोटक सामग्री भी बनाते थे। यदि संयोगवश भी यह राज़ खुल जाता तो पिताश्री के अतिरिक्त कई लोग कालेपानी में आजीवन बन्द रहते।

जन्म से लिखने-पढ़ने के शौक़ीन, राजनीतिक विचारधारा में कार्यशैली की अपनी पहचान रखनेवाले और तत्कालीन पत्रकारिता में आजीवन लगन रखनेवाले व्यक्ति को पत्र बिना चैन कहाँ? 1938 में लखनऊ से 'कर्मयोगी' नामक एक साप्ताहिक का प्रकाशन आरम्भ किया तो उस समय भी क्रान्तिकारी सुखदेवराज प्रबन्धक थे तो श्री यशपाल सम्पादक मंडल में थे। इसके केवल 6 अंक ही प्रकाशित हुए थे कि उसी समय 'भारत में अंग्रेजी राज' पर अन्तरिम सरकार ने जब्ती हटा ली। जिस पुस्तक के प्रकाशन पर एक ऊँची इमारत ढह गई, उसके दोबारा प्रकाशन का विज्ञापन साप्ताहिक 'कर्मयोगी' में दिया। सर्वाधिकार पिताश्री के पास थे और उसकी भरपाई की योजना कोई ग़लत

कदम नहीं था। पुस्तक के लेखक स्व. पं. सुन्दरलाल की नीयत बद हो गई और उन्होंने प्रयाग स्थित ओंकार प्रेस से नया अनुबन्ध कर पुस्तक दोबारा प्रकाशित कर दी और 'कर्मयोगी' के मुद्रक नवल किशोर प्रेस को क़ानूनी नोटिस दे दिया। डरकर नवल किशोर प्रेस ने पत्र को आगे प्रकाशित करने से इनकार कर दिया। लखनऊ में उस समय यही एकमात्र प्रेस था जो एक साप्ताहिक पत्र प्रकाशित कर सके। क़िस्मत ने एक बार फिर साथ न दिया। इस विषय में मैं यह कहना अपना धर्म समझता हूँ कि इस पुस्तक के लेखक और मुद्रक और प्रकाशक ओंकार प्रेस पर पिताश्री ने कॉपीराइट का मुकदमा किया जो उतना ही ऐतिहासिक सिद्ध हुआ जितनी यह पुस्तक थी। पिताश्री के स्वर्गवास के पश्चात् मैंने हर्जाना वसूल किया। इसमें बड़ा परिश्रम किया, किन्तु दोषियों का यह कथन कि सहगल साहब के निधन के पश्चात् देख लेंगे, की चुनौती को अपने जीवन के उसूल से सार्थक कर दिया कि पिताश्री की परम्परा मेरे ज़िन्दा रहते सदा कायम रहेगी।

पिताश्री ने 'कर्मयोगी' का पुनर्प्रकाशन इलाहाबाद से पहले साप्ताहिक और फिर मासिक पत्रिका के रूप में शुरू किया। स्वीडन का मँगाया काग़ज़ लाहौर पहुँच गया। उन्होंने इसमें लिखा कि एक जमाने में विदेशी शासकों का विरोध करता था और निडर होकर किया। बहुत कष्ट सहने के पश्चात् और सब कुछ गँवाकर भी मैं उसी निर्भीकता से और सद्भावना से कांग्रेस सरकार का विरोध करने से नहीं हिचकूँगा, यदि उसकी कोई नीति गलत लगती है। "पत्रिका प्रत्येक मुसलमान को शैतान और प्रत्येक हिन्दू को शिव समझ बैठने की हिमाकत नहीं करेगी।" हिन्दुओं और मुसलमानों को एक-दूसरे के सदा नजदीक लाने की चेष्टा करेगी। यहाँ फिर क़िस्मत ने साथ नहीं दिया। 1939 में द्वितीय महायुद्ध छिड़ गया और काग़ज़ का घोर अभाव हो गया। इसी कारण 'कर्मयोगी' और 'गुलदस्ता' नामक हास्यरस की पत्रिका का प्रकाशन स्थगित करना पड़ा। अपनी धर्मनिरपेक्ष नीति को अमल में लाते हुए उनकी पत्र-पत्रिकाओं में यदि हिन्दी की कविताएँ होती थीं तो साथ ही उर्दू की शेरो-शायरी भी। केसर की क्यारी और आबे-हयात जैसे स्तम्भ बिस्मिल इलाहाबादी के सम्पादन में बहुत लोकप्रिय रहे। कुछ समय माननीय अटल बिहारी वाजपेयी ने भी कार्य किया। इसकी चर्चा उन्होंने 'नवभारत टाइम्स' में अपने नियमित स्तम्भ में 'मैं खीर बहुत अच्छी बनाता हूँ' शीर्षक से की थी। पिताश्री ने उसी समय यह कहा था कि यह नौजवान बहुत प्रखर, तेजस्वी और सर्वगुण सम्पन्न है और आगे चलकर बहुत नाम कमाएगा। पिताश्री एक पक्के पारखी थे। वाजपेयी जी आयु में मुझसे करीब चार वर्ष बड़े हैं और भगवान से यही प्रार्थना है कि भगवान उनको लम्बी उम्र दे ताकि वे भारत की राजनीति में मार्ग प्रदर्शन करते रहें।

हिन्दी की पत्र-पत्रिकाओं और उर्दू के 'चाँद' संस्करण के अतिरिक्त अंग्रेजी में 'क्राइसिस' नामक एक साप्ताहिक भी प्रकाशित किया, जिसमें उन्होंने 'क्रूसिफिक्शन एंड ऑफ्टर' नामक सम्पादकीय की 6 किस्तें गांधीजी की हत्या के बाद लिखीं और राष्ट्रीय स्वयं सेवक संघ पर प्रतिबन्ध लगाने को भेदभावपूर्ण और गलत कदम बताया। आर.एस.एस. ने इसे एक पुस्तिका के रूप में छापकर एक लाख प्रतियाँ केवल दिल्ली में ही वितरित कीं।

इस विषय में माननीय श्री लालकृष्ण आडवाणी जी ने 13 अप्रैल, 1995 के अपने पत्र में मुझे लिखा था कि–

"None of us can ever forget the yeoman service your father did to the RSS cause when the organization was passing through perhaps the most difficult days of its life."

इससे यह साबित होता है कि वे किसी पार्टी विशेष की न आँख बन्द कर बुराई या आलोचना करते थे और न ही तारीफ़। अन्याय और पक्षपात का विरोध करना उनका स्वभाव था।

वैस तो उस समय के सभी अमर शहीदों, जैसे–चन्द्रशेखर आजाद, सरदार भगत सिंह, दुर्गा देवी वोहरा (दुर्गा भाभी), सुशीला दीदी, भगवतीचरण वोहरा (दुर्गा भाभी के पति जो बम बनाते हुए शहीद हो गए थे), शिव वर्मा आदि से सम्बन्ध थे किन्तु दुर्गा भाभी और सरदार भगत सिंह हमारे परिवार के बहुत नजदीकी थे। दुर्गा भाभी द्वारा प्रकट किए उद्गार साभार उद्धृत करने का लोभ मैं संवरण नहीं कर सकता–

"जब चाँद (पत्रिका) में सुधा नहीं–क्रान्ति की चिनगारियाँ उठती थीं, उस पत्रिका ने पूरे देश में क्रान्तिकारियों तथा अन्य कांग्रेसी (गरमदल) के नेताओं में आजादी की ज्वाला फूँक दी थी। एक तहलका मचा दिया था।

"ब्रिटिश सरकार ने इस पत्रिका को नष्ट करने में देरी नहीं की। पत्रिका के फाँसी अंक से पूरे राष्ट्र में एक धूम मच गई थी। लोग चोरी-चोरी उसे खोजकर पढ़ते थे। स्वर्गीय श्री रामरख सिंह सहगल के प्रेस पर जमानत का कलंक अथवा तिलक सा लग गया था।

"...सहगल साहब से अपना खुला परिचय था। अपनी फरारी की अवस्था में मुझे सहगल साहब के निवास स्थान पर शरण मिली थी। यदि उनके घर पर पकड़ी जाती तो उन्हें सात साल की सजा होती। ऐसा था वह समय सहगल साहब का। वह निधड़क व्यक्तित्व कभी भी भुलाया नहीं जा सकता है। उनका घर, उनका दफ्तर और उनकी गाड़ी हम लोगों की सदा सहायक रही। क्रान्तिकारियों को प्रश्रय देना उनका धर्म बन गया था। उन्होंने एक संस्था खोल दी थी, मातृ मन्दिर के नाम से। इस संस्था की संचालिका के रूप में इन्होंने सुशीला दीदी को रखा था। फरार सुखदेवराज को अपने प्रेस में प्रूफ रीडर के रूप में काम दे दिया था, 60 रुपए मासिक का। इसी प्रकार की कई घटनाएँ हैं जिनको आज उनका सौजन्य ही कहा जा सकता है। वे धन से, मन से और तन से हम लोगों की सहायता किया करते थे।"

पिताश्री ने एक जगह स्वयं लिखा था कि "जब-जब कांग्रेस द्वारा संचालित आन्दोलनों ने उग्र रूप धारण किया, तब-तब जेल यात्रा करनी पड़ी और धन का प्रचुर नाश भी हुआ, पर मुझे इस बात का सन्तोष है कि मैं न तो कभी नमक बनाने के अभियान में जेल गया और न झंडा लेकर आम सड़क पर चलने के अपराध में। प्रत्येक बार मुझ पर भारतीय दंड संहिता की धारा 124-ए (बग़ावत) के मातहत अभियोग लगाया गया और मुझे इसका गर्व है कि मैंने अपने इस सिद्धान्त की ईमानदारी से आज तक रक्षा की है।

मेरी यह निश्चित धारणा है कि आज इस देश में जो भी थोड़ा-बहुत राजनीतिक जागरण दिखाई देता है, उसका श्रेय महात्मा गांधी के शब्दों में उन मुट्ठी भर 'गुमराह, उतावले, मूर्ख और पथ-भ्रष्ट' हुतात्माओं को ही है जिनकी राजनीति ने ब्रिटिश साम्राज्य का नातका बन्द कर दिया था। प्रत्येक अंग्रेज की नींद हराम कर दी थी। मैंने सदैव उन मुट्ठी भर नवयुवक और नवयुवतियों की कद्र की है—यथाशक्ति समय-समय पर इनकी सहायता की है।''

विडम्बना ही कहिए की जहाँ एक ओर वे विदेशी शासन काल में विदेशी सरकार के कोप भाजन बने, वहीं आजादी की प्राप्ति के बाद कांग्रेस सरकार की आलोचना के कारण उनके असन्तोष के भागी भी बने। उन्होंने ब्रिटिश शासन से मुक्त होने के पश्चात् स्वतंत्रता प्राप्ति के उपरान्त कांग्रेस सरकार को एक विस्तृत ज्ञापन दिया जिसमें विभिन्न प्रकाशनों की जब्ती के कारण, कचहरी में मुकदमों और जुर्मानों में जमा की गई रकमों की वापसी की माँग की थी।

यदि कोई अन्य देश होता तो उनको मुआवजा और पेंशन के साथ-साथ किसी उपाधि से सँवारा होता, किन्तु पाठकों को यह जानकर अचम्भा होगा कि उनकी सेवाओं की सराहना तो दूर यह दो-टूक जवाब मिला कि चूँकि आपने 1942 के आन्दोलन में भाग नहीं लिया अतः आप पॉलिटिकल सफरर की परिभाषा में नहीं आते, अतः आपका दावा रद्द किया जाता है। ग्रह दशा इतनी उलटी थी कि एक बार मेरी बड़ी बहन स्व. स्नेहलता को टाइफाइड हो गया। बुखार देखने के बाद वे चिलचिलाती धूप में बाहर निकलीं तो थर्मामीटर टूट गया और पारा उनके हाथ में पहनी 6 चूड़ियों पर पड़ गया और उनका रंग चाँदी का हो गया और हर सुनार उसे चाँदी ही बताता था। स्वर्गीय पिताश्री के 56 साल की छोटी आयु में यह सबसे बड़ा सदमा साबित हुआ और वे बैठे-बैठे अपने अभिन्न मित्र (जिनके यहाँ वे कलकत्ता जाने पर ठहरा करते थे और वहाँ शाहजहाँ फिल्म में गाई ग़ज़ल 'अब जी के क्या करेंगे जब दिल ही टूट गया') गुनगुनाते रहते थे। कोई भी उनकी मनोव्यथा की सहज ही कल्पना कर सकता है कि जहाँ एक ओर वे स्वजनों की घिनौनी हरकतों के शिकार हुए वहीं दूसरी ओर देश के लिए तन, मन और धन—यहाँ तक कि सारा जीवन न्योछावर करने का यह सिला मिला।

सितारों की गर्दिश में सब कुछ लुटाने के बाद दूसरी तरफ भगवान की ओर से नई मार शुरू हो गई। 3 जनवरी, 1948 को मेरी सबसे छोटी बहन सुमनलता का स्वर्गवास हो गया। परिवार में सबसे छोटी होने के कारण वह सबकी लाडली थी और 9 वर्ष की आयु में माताजी के साथ ही सोती थी। माता जी पुत्री वियोग बर्दाश्त नहीं कर सकीं और 1 अप्रैल, 1949 को उनका स्वर्गवास हो गया। विपदाएँ यहीं समाप्त नहीं हुईं। 1 अप्रैल, 1949 को पूज्य माताजी सुबह 9 बजे स्वर्गवास हुईं और उसके एक वर्ष बाद 1 अप्रैल, 1950 को प्रातः पिताश्री ने साँस रुकने और छाती में सख्त दर्द की शिकायत की। विपदाएँ कभी अकेले नहीं आतीं। फोन खराब था अतः कोई समय बर्बाद किए बिना मैं कार लेकर डॉक्टर के घर पहुँचा। वे सारा काम छोड़, मरीजों को रुकने की विनती करते हुए तुरन्त चल पड़े और अच्छी तरह जाँच-पड़ताल करने के बाद बताया कि उन्हें कोरोनरी थरोमबोसिस का भयंकर

दौरा पड़ा है और दिल के दो वाल्व टूट गए हैं और अगले तीन घंटे बहुत ही कठिन बताए। दोबारा आने पर तीन दिन और तदोपरान्त तीन हफ़्ते बहुत कठिन बताए। स्मरण रखने की बात यह है कि उस समय ई.सी.जी. की सुविधा उपलब्ध नहीं थी और उसके लिए कलकत्ता निकटतम केन्द्र था। उनको कुछ हफ़्तें इलाहाबाद के सिविल हस्पताल में रखा। एक ओर पिताश्री की दिन-रात सेवा और दूसरी ओर प्रेस में नियंत्रण के अभाव में अराजकता फैल गई और तंग आकर प्रेस भी बन्द करना पड़ा। पिताश्री पूरे 22 महीने शय्याग्रस्त रहने के पश्चात् 1 फरवरी, 1952 को स्वर्ग सिधार गए और मैं सही मायने में यतीम हो गया। एक ओर कर्ज का भार तो दूसरी ओर अपनी छोटी बहन स्वर्णलता की पढ़ाई पूरी कराने और शादी की चिन्ता सताती रही। इस नितान्त संघर्षमय वातावरण में 23 वर्ष की आयु में दुनिया हर तरफ अँधेरी ही अँधेरी नजर आने लगी। फिर भी समस्याओं से बहादुरी से जूझना और अन्याय के सामने न झुकने की शिक्षा मुझे विरासत में मिली थी। छोटी बहन स्वर्गीया स्वर्णलता बी.ए. की छात्रा थी, उसकी परीक्षा तक की जिम्मेदारी और उसके विवाह की चिन्ता भी थी। दूसरी ओर कर्जे पाटना और जीवनयापन की समस्या भी हर समय सताती थी।

प्रदेश की राजनीति में पिताश्री स्व. रफी अहमद किदवई, स्व. राजर्षि पुरुषोत्तम दास टंडन और उत्तर प्रदेश के भूतपूर्व मुख्यमंत्री स्व. चन्द्रभान गुप्त, जो उनके साथ काफी समय एक ही वार्ड में रहे, के बहुत नज़दीकी रहे थे। कांग्रेस कार्यसमिति की बैठक दिल्ली में चल रही थी किन्तु पिताश्री के देहान्त का समाचार मिलते ही टंडन जी बैठक छोड़कर इलाहाबाद पधारे, बहुत सान्त्वना दी और किसी भी कठिनाई के मुकाबले में घबड़ाए बिना उनके पास आने का आदेश दिया।

स्व. डॉक्टर कैलाश नाथ काटजू और उनके ज्येष्ठ पुत्र शिवनाथ जी काटजू से भी पारिवारिक सम्बन्ध थे। जब डॉक्टर काटजू पधारे तो उन्होंने पूछा कि आगे का क्या कार्यक्रम है। मैंने उन्हें समझाया कि प्रथम समस्या बन्द बड़े प्रेस को दोबारा चलाना और कर्ज अदा करने की है। उनके शब्द मेरे कान में अभी भी गूँजते हैं कि "सरमाया है?" मैंने बताया कि सरमाए की बात बहुत दूर, उलटा बुरी तरह मक़रुज हूँ। पिताश्री की बीमारी, दवादारू, अस्पताल का खर्च और प्रेस बन्द रहने के कारण हालात सामने हैं। या तो मैं पिताश्री की देखभाल करता अथवा प्रेस चलाता क्योंकि नियंत्रण के अभाव में चोरी-चकारी बहुत होती थी। उन्होंने आदेश दिया कि सरमाए के अभाव में यह गलती कभी न करना और मुझे दिल्ली आकर मिलने का आदेश दिया और कम-से-कम एक समस्या का बहुत हद तक समाधान करा दिया। मुझे अपने परिवार, पुरोहित और काशी निवासी एक प्रखर ज्योतिषी ने भी सलाह दी थी कि अपने जन्म-स्थान प्रयाग से जितना दूर रहूँगा उतना ही सुखी रहूँगा। बहुत सोच-विचार, शुभचिन्तकों के परामर्श और सारी परिस्थितियों के मद्देनज़र मैंने निश्चय किया कि प्रेस बेचकर पहले कर्जे अदा करूँ और छोटी बहन को होस्टल में रखकर बी.ए. की परीक्षा दिलाने का प्रबन्ध करके स्वयं दिल्ली में बस जाऊँ। पिताश्री की बरसी प्रयाग में न करने का संकल्प किया। इस तरह पिताश्री के स्वर्गवास की बरसी वाले दिन ही 1 फरवरी, 1953 को दिल्ली में बस कर जीवन का एक नया अध्याय आरम्भ किया।

पहला काम पिताश्री के अधूरे कार्य पूरे करना था। पहले मुझे 'भारत में अंग्रेजी राज' के कॉपीराइट के झगड़े को निपटाना था। अन्ततः अपेक्षा से कम हर्जाने पर समझौता करना था, क्योंकि इस मुकदमे के सभी वकील जैसे श्री गोपालस्वरूप पाठक (भूतपूर्व उप-राष्ट्रपति) को बार-बार यू.एन.ओ. जाने के कारण, बार-बार न आने पर आगे की तारीख पड़ जाती थी, कई वकील उच्च न्यायालय में न्यायाधीश पद पर शोभायमान हो गए, जिनमें मेरे दोनों वकील सम्मिलित थे।

दूसरी समस्या उत्तर प्रदेश सरकार से हर्जाने के रूप में जमा राशि वसूलनी थी। मैं लखनऊ जाकर तत्कालीन मुख्यमंत्री डॉक्टर सम्पूर्णानन्द से मिला लेकिन उनके मुँह से यह सुनकर अवाक् रह गया कि किस प्रकार का हर्जाना अथवा वापसी? आपके पिता पोलिटिकल सफरर थे ही नहीं क्योंकि उन्होंने कुछ किया ही नहीं। इसमें भी राजनीति थी, क्योंकि स्व. डॉ. सम्पूर्णानन्द और स्व. चन्द्रभानु गुप्त प्रदेश राजनीति में घोर विरोधी थे। मैं वास्तव में आपा खो बैठा और उनसे कहा, आप ठीक कहते हैं क्योंकि सरदार भगत सिंह की माता की सरकार ने कोई सहायता नहीं की। उनकी गलती यह थी कि 1942 की प्रतीक्षा न कर उन्होंने फाँसी का तख्ता हँसते-गाते चूम लिया। लाहौर कांड में सरदार भगत सिंह की सहयोगिनी दुर्गा भाभी अपने शहर में एक मांटेसरी स्कूल चलाकर जीवनयापन कर देशभक्ति की कीमत चुका रही हैं, स्व. चन्द्रशेखर आजाद की वृद्धा माता आज भी जालौन के जंगलों में उपले पाथकर और कंडे बेचकर जीवनयापन कर सुपुत्र के देश-प्रेम की कीमत चुका रही हैं और लाहौर कांस्पिरेसी के एक और अभियुक्त बचपन में ही कालेपानी जैसी सज़ा पाने के पश्चात् अब सेंडर्स्ट रोड, बम्बई में कम्युनिस्ट हेडक्वार्टर में छोटी-सी एक कोठरी में दिन को काम कर रात को वहीं जमीन पर बिस्तर बिछाकर सोते हैं और अपनी क़िस्मत को कोस रहे हैं। इसके विपरीत कुछ ऐसे स्वनामधन्य व्यक्ति जो स्टोव में शराब मँगाकर जेलयात्रा का आनन्द लेते थे अथवा जो जेलर के साथ सिनेमा शो का लुत्फ उठाते थे, जैसे दर्जनों नमूने मैं दे सकता हूँ किन्तु यह अपना ही खून सुखाना होगा। यह कहकर मैं उठ खड़ा हुआ और उनके खुले दरबार में यह चुनौती दे आया कि इस अपमान को ऐसे नहीं जाने दूँगा। उनके तेवर और मुद्रा देखने लायक थी और वहाँ उपस्थित सभी व्यक्ति आश्चर्यचकित रह गए। बिना नमस्ते की रस्म अदायगी के बाहर आ गया।

भगवान जैसे काम बिगाड़ता है वैसे ही बनाता भी है। दिल्ली वापस आने पर मैं प्रतिशोध की आग में जल रहा था जबकि एक हितैषी ने बताया कि आप गलत रास्ते चल पड़े हैं। आप राजेन्द्र बाबू को जानते ही हैं। मैंने बताया कि बहुत अच्छी तरह क्योंकि वे एक बार यूनिटी कॉन्फ्रेंस के लिए इलाहाबाद पधारने के लिए हमारे यहाँ अतिथि रह चुके हैं। उन्होंने बताया कि राष्ट्रपति को राजनीतिक पेंशन के मामलों में हस्तक्षेप का पूरा अधिकार है। अन्धे को क्या चाहिए, दो आँख। मैंने तुरन्त माननीय राजेन्द्र बाबू को एक पत्र लिखकर कहा कि मेरे स्वर्गीय पिताश्री को नजदीक से जानते हैं, देशसेवा में तन-मन-धन से सेवा करनेवाला व्यक्ति अब पोलिटिकल सफरर भी नहीं रहा। भगवान की कृपा है कि उन्हें देशद्रोही की उपाधि से नहीं सँवारा। उस समय पूज्य और त्यागमूर्ति राजेन्द्र बाबू राष्ट्रपति निलयम, हैदराबाद गए थे। उनकी अपनी ही कार्यशैली थी। सुबह चार बजे

उठकर, स्नानादि से निवृत्त होकर साढ़े पाँच बजे तक अपने कार्यालय में दिनचर्या आरम्भ कर देते थे। दिन भर की डाक और आवश्यक काग़ज़ात उनके टेबल पर शाम को रख दिए जाते थे और वे उनका जवाब डिक्टोफोन में बोल दिया करते थे। सुबह टाइपिस्ट आकर टाइप करता था और उनके हस्ताक्षर के पश्चात् जवाब चला जाता था। उन्होंने डॉ. सम्पूर्णानन्द को एक व्यक्तिगत पत्र लिखकर क्षोभ व्यक्त किया और उन्हें मामले पर पुनर्विचार कर तुरन्त कार्यवाही करने को कहा।

मैं अपनी स्वर्गीया छोटी बहन की शादी अपने एक पुराने परम मित्र के छोटे भाई श्री जगदीश नारायण कपूर से तय कर चुका था। दोस्ती को साकार रूप देकर रिश्तेदारी में पुख्ता करना चाहता था, लेकिन पैसे के नाम पर जेब खाली थी। राजेन्द्र बाबू के पत्र का वांछित असर हुआ और एक हफ़्ते दस रोज में एक के बाद एक पे-ऑर्डर आने शुरू हो गए और उसका विवाह अपनी हैसियत से बढ़कर धूमधाम से सम्पन्न किया। हम दोनों भाई-बहन में प्यार बहुत था, क्योंकि पहले उसे बेटी की तरह पढ़ाया-लिखाया, फिर ब्याह किया। उसके ब्याह के स्वर्ण जयन्ती में सम्मिलित हुआ किन्तु विधि की विडम्बना, कि उसकी शवयात्रा में भी शामिल होना पड़ा। भगवान उसकी आत्मा को चिर-शान्ति दे और मेरे सच्चे हितैषी बहनोई को शतायु बनाए और सदा सुखी रखे। वे वास्तव में बहुत योग्य और ज्ञानी व्यक्ति हैं।

गांधी जी के हरिजन सेवक की परम्परा पर स्व. श्री जगजीवन राम की एक संस्था थी–भारतीय दलित वर्ग संघ जिसमें कार्य सचिव की नौकरी आरम्भ कर दी। 1954 से 1959 तक यहाँ काम किया। 25 वर्ष की आयु में शुरू कर 30 वर्ष की आयु में विदाई ली। कारण अजीबो-गरीब था। एक छोटी-सी बात पर जगजीवन बाबू से सैद्धान्तिक मतभेद हो गया। जहाँ उनका कहना था तुम अभी बच्चे हो और ऐसा हो सकता है, वहाँ मैंने अपने स्वभाव के अनुसार उनसे निवेदन किया, जो बात मन को न भाए उसको करना मेरा स्वभाव नहीं है। हमारे सम्बन्ध अन्त तक बहुत मधुर बने रहे और इस बात पर गर्व कर सकता हूँ कि भारतीय दलित वर्ग संघ अब इतिहास का एक भाग है।

मैंने सोनीपत स्थित विशिष्ट साइकिल निर्माता एटलस साइकिल इंडस्ट्रीज में करीब तीस वर्ष तक काम किया और कई ऐसे काम किए, जो अन्य व्यक्ति नहीं कर सके। जिस काम को न कर दिया उसे कोई कर नहीं सका और जो काम, जो मेरे कार्य-क्षेत्र में न भी आता हो, उसको हाँ करने पर कभी असफलता का मुँह नहीं देखा। निजी क्षेत्र में यह बात एक उपलब्धि है। मालिकों से अभी भी बहुत मधुर सम्बन्ध हैं और 16-17 साल बाद भी याद किया जाता हूँ।

अब जीवन की ज़िम्मेदारियाँ अदा कर चुका हूँ। दो बच्चों की अच्छी से अच्छी शिक्षा-दीक्षा करा दी, दोनों का विवाह कर दिया और दोनों के लिए एक-एक मकान भी बना दिया है। होश सँभालने के कुछ समय के अन्दर ग्रहों की दशा के चलते बुरे से बुरे दिन भी देखे, किन्तु पिताश्री की दीक्षानुसार कभी किसी की गलत बात नहीं सुनी, अन्याय का खुलकर विरोध किया और उनकी जीवन-शैली बनाए रखी। यह कहानी है Riches से Rages की। इसका परिणाम यह हुआ कि इसी कारण नौकरी से छुट्टी की और पिछले

करीब 20 वर्ष से हृदय रोग से पीड़ित हूँ और 2003 में एक बार हृदय के शल्य चिकित्सा कर 3 वाल्व बदले गए, किन्तु दोबारा एन्जाइना की शिकायत हो गई। 80 वर्ष से अधिक की आयु और कमजोरी के बावजूद डॉक्टरों की यही सलाह है कि दवा खाता रहूँ और जब तक गाड़ी चलती है चलने दूँ। घुटने भी बदलने लायक हैं, किन्तु हृदय रोग के कारण यह भी सम्भव नहीं है। कुछ नहीं पता कब जीवन-यात्रा समाप्त हो जाए, किन्तु यही सन्तोष है कि मैंने सच्चे मायने में स्वतंत्र, उथल-पुथल भरा और सन्तुष्टि का जीवन व्यतीत किया और इज्जत बनाए रखी।

मैं डॉक्टर चमन लाल जी के इस प्रयोजन की सफलता की कामना करता हूँ। उन्होंने सचमुच बहुत मेहनत की है। यह निश्चिन्त है कि उनका यह परिश्रम आनेवाले को देशभक्ति की प्रेरणा देगा।

एफ-26, राजौरी गार्डन
नई दिल्ली-110027
फोन : 011-25413374

'चाँद' और उसका 'फाँसी अंक'

–सुरेन्द्र मोहन मिश्र

देश की स्वतंत्रता के लिए अपना तन, मन, धन न्योछावर करनेवाले अनेक स्वनामधन्य पत्रकारों में मासिक 'चाँद' के प्रकाशक और सम्पादक श्री रामरख सहगल का नाम बड़े आदर से लिया जाता है। पं. सुन्दरलाल की क्रान्तिकारी पुस्तक 'भारत में अंग्रेज़ी राज' छापने का साहस केवल सहगलजी ने ही किया। पुस्तक छपते ही जब्त कर ली गई। प्रकाशक के 50 हजार रुपए मिट्टी में मिल गए। महीनों तक अदालत में केस चला। सरकारी विद्यालयों में 'चाँद' का खरीदा जाना बन्द कर दिया गया।

'भविष्य', 'स्वराज' और 'चाँद'

नवम्बर, सन् 1922 को इलाहाबाद से चाँद का प्रकाशन श्री रामरख सहगल ने आरम्भ किया। कुछ माह सहगलजी के साथ श्री रामकृष्ण मुकुन्द लघाटे भी इसके सम्पादक रहे। केवल 24 वर्ष की आयु में ही लघाटेजी का स्वर्गवास हो गया। उनके निधन पर चाँद में छपे सम्पादकीय का कुछ अंश यहाँ प्रस्तुत है–

गत वर्ष ही लघाटेजी की शादी हुई थी। उनकी अभागी स्त्री की अवस्था इस समय 14 वर्ष की है। लघाटेजी की बूढ़ी माता नेत्रविहीना हैं।

वे प्रयाग के सुप्रसिद्ध दैनिक 'भविष्य' में कार्य करते थे। कर्मयोगी सुन्दरलालजी के हृदय में लघाटेजी के लिए विशेष आदर था। वे अकसर कहा करते थे कि लघाटेजी कभी अवश्य चमकेंगे। उसी समय असहयोग आन्दोलन आरम्भ हो गया। और सबसे पहले लघाटेजी ने पढ़ाई छोड़ी थी और बहुतों को ऐसा करने के लिए उत्साहित किया था। सुन्दरलालजी के गिरफ़्तार हो जाने के कारण तथा आर्थिक कठिनाइयों के कारण 'भविष्य' बन्द हो गया। बाद में वही पत्र 'स्वराज' के नाम से प्रकाशित हुआ। लघाटेजी ने इसकी खूब सेवा की पर इतना करने पर भी कांग्रेस के अधिकारियों ने लघाटेजी की आर्थिक कठिनाइयों की ओर विशेष ध्यान नहीं दिया। बाध्य होकर आपको फिर वकालत पढ़नी पड़ी। उसी ज़माने में 'चाँद' प्रकाशित हुआ और उन्होंने इसमें कार्यारम्भ किया।

महादेवी वर्मा एवं महादेवी शर्मा

नवम्बर, 1924 में 'चाँद' का 'शिशु अंक' निकला। 150 पृष्ठों के इस अंक का मूल्य दो रुपया था। सन् 1925 में सहगलजी को पीलीभीत (उ.प्र.) के एक विद्वान सम्पादक श्री चंडी प्रसाद बी.ए. 'हृदयेश' मिल गए। 'चाँद' की चमक बढ़ गई। 'हृदयेशजी' की कहानियों और लेखों ने 'चाँद' की श्रीवृद्धि की।

महादेवी वर्मा और मुंशी प्रेमचन्दजी की रचनाएँ इसमें नियमित छपती थीं। मुंशीजी के धारावाहिक उपन्यासों 'निर्मला' और 'प्रतिज्ञा' ने भी 'चाँद' को गौरव प्रदान किया। जे.पी. श्रीवास्तव के धारावाहिक हास्य उपन्यासों ने उस समय हिन्दी में धूम मचा दी।

मई, 1927 का अंक 'अछूतांक' के रूप में निकला। उसके सम्पादक थे श्री नन्दकिशोर तिवारी। इस अंक के मुख पृष्ठ पर श्री तिवारी जी और हिन्दी विभाग का एक कम्पोजीटर वंशीलाल कोरी (चमार) एक ही थाली में भोजन करते दिखाए गए हैं।

तिवारीजी अच्छे कवि भी थे और महादेवी वर्मा की कविताओं के उत्तर में अध्यापिका महादेवी शर्मा के नाम से 'चाँद' में लिखा करते थे, ऐसा उनके समकालीन विद्वान बताते हैं। 'माधुरी' लखनऊ के सम्पादक पं. मातादीन शुक्ल ने भी अपने एक लेख में महादेवी शर्मा के नाम से छपनेवाली कविताओं के रचयिता तिवारीजी को ही माना है।

क्रान्तिकारी एवं ऐतिहासिक विशेषांक

मई, 1928 में 'चाँद' का पत्रांक छपा। इस अंक का सम्पादन श्री नन्दकिशोर तिवारी ही किया करते थे। 'चाँद' ने अपने प्रिय लेखकों से प्रयासपूर्वक इस अंक की रचनाएँ तैयार कराई थीं। हिन्दी पत्र साहित्य में इस विशेषांक का विशेष योगदान है। बाबू जयशंकर प्रसाद, श्री अवध उपाध्याय, श्री नवीन, श्री श्रीधर पाठक, श्री रामचरित उपाध्याय, श्री रामदास गौड़, आचार्य चतुरसेन, श्री हरिऔध–जैसे प्रतिष्ठित लेखकों ने इस अंक के लिए ये विशिष्ट रचनाएँ रची थीं।

जून, 1928 तक तिवारीजी 'चाँद' के सम्पादक रहे। इसके बाद केवल रामरख सहगल ही सम्पादन का भार उठाए रहे।

जनवरी, 1926 में 'चाँद' ने 'प्रवासी अंक' निकाला। इस अंक के सम्पादक थे इस विषय के प्रसिद्ध विद्वान् पं. बनारसी दास चतुर्वेदी। 'चाँद' का यह उनतालीसवाँ अंक 225 पृष्ठों का था। प्रवासी भारतीयों की समस्याओं पर प्रकाश डालनेवाला यह हिन्दी पत्रों का विशेषांक था।

'चाँद' के सभी विशेषांक बड़े क्रान्तिकारी होते थे। 'वेश्या' और 'अछूत' अंक में भी अच्छी खोजपूर्ण सामग्री दी गई। इस पत्र के 'फाँसी' अंक और 'मारवाड़ी अंक' महत्त्वपूर्ण थे।

नवम्बर, 1928 में 'चाँद' ने अपना ऐतिहासिक विशेषांक 'फाँसी' अंक निकाला। इसके सम्पादक थे आचार्य चतुरसेन शास्त्री। इस अंक के लेखों ने जनता में एक नई जान फूँक दी। तत्काल ही आंग्ल सरकार द्वारा इसे जब्त कर लिया गया।

विप्लव यज्ञ की आहुतियाँ

चापेकर बन्धु, श्री सत्येन्द्र कुमार वसु, श्री कन्हाई लाल दत्त, श्री मदन लाल ढींगरा, श्री अमीर चन्द, श्री अवध बिहारी, श्री भाई बालमुकुन्द, श्री भाई भाग सिंह, श्री भाई वतन सिंह, श्री मेवा सिंह, श्री काशी राम, श्री रहमत अली शाह, श्री गन्धा सिंह, श्री करतार सिंह, श्री वी.जी. पिंगाले, श्री जगत सिंह, श्री बलवन्त सिंह, डॉ. मथुरा सिंह, श्री बन्ता सिंह, श्री धन्ना सिंह आदि के सम्बन्ध में इस अंक का यह अन्तिम लेख 'विप्लव यज्ञ की आहुतियाँ' सबसे महत्त्वपूर्ण है। और इसकी सामग्री पर्याप्त श्रमपर्वूक एकत्रित की गई है। पत्रिका को आंग्ल सरकार का कोपभाजन बनाने में उक्त विस्तृत लेख के जीवन परिचयों का विशेष हाथ रहा। यह समस्त लेख स्वयं आचार्य चतुरसेन के रचे हुए लगते हैं। तब तनिक लेखकों की नामावली देखिए–

निर्भय, सैनिक, वंशी, किसान, वसन्त, गौतम, विद्रोही रमेश, नटवर, चक्रेश, कोविद, बन्दी, लक्ष्मण, बलवन्त, वीरेन्द्र, सुरेन्द्र, मुकुन्द, भवभूति, मधुसेन और चतुरानन।

इस अंक की कविताएँ भी कम आग फूँकनेवाली नहीं थीं। फाँसी के माध्यम से अंग्रेजों के अत्याचारों और बलिदानी वीरों के त्याग का स्मरण किया गया।

'चाँद', का एक लोकप्रिय स्तम्भ था 'दुबे जी की चिट्ठी' जिसे विजयानन्दजी दुबे लिखते थे। 'चाँद' के अधिकांश पाठक सर्वप्रथम इसी स्तम्भ को पढ़ा करते थे। फाँसी को लेकर जो हास्य-व्यंग्य दुबे जी ने प्रस्तुत किया है, वह पठनीय है, अतः उसका कुछ अंश यहाँ देना समीचीन रहेगा–

दुबेजी की चिट्ठी

"अजी सम्पादकजी महाराज,

जय राम जी की।

आप 'फाँसी' अंक निकालने जा रहे हैं? फाँसी पर इतनी खफगी। आखिर आप फाँसी से नाराज़ क्यों हैं, पहले यह बताइए। यद्यपि इतनी उम्र में आज तक मुझे फाँसी नहीं हुई परन्तु फिर भी मुझे फाँसी से कुछ स्नेह-सा है। कई बार यह जी में आया कि फाँसी पाने से मुनष्य को कैसा मालूम होता होगा, इसका अनुभव करना चाहिए। अतएव बच्चों के लिए घर में पड़े झूले की रस्सी का फन्दा बनाकर मैंने अपने गले में डाला और उसे धीरे-धीरे कसना आरम्भ किया। मुख की चेष्टा देखने के लिए सामने दर्पण रख लिया था। पहले तो ऐसा मालूम हुआ कि श्वास नलिका बन्द होकर दम घुट रहा है, दर्पण में मुख देखा तो चित्त प्रसन्न हो गया; चेहरा कुन्दन की तरह दमक रहा था। केवल एक बुराई थी और वह यह कि साथ ही आँखें भी रक्त वर्ण हो गई थीं। उन्हें देखकर किंचित् भय मालूम होता था परन्तु वह अपनी ही आँखें थीं इसलिए कोई खतरे की बात नहीं थी। मैंने फन्दे को और कसा अब मुख अधिक लाल हो गया। मैंने सोचा यह अच्छा नुस्खा है मुख की लाली जब चाहे जितनी चाहो घटा-बढ़ा लो। वाह, वाह! बड़ी सुन्दर बात है परन्तु आँखों पर जो दृष्टि पड़ी तो पिंडलियाँ काँप गईं। आँखें बिलकुल खून जैसी हो गई थीं और बाहर

को उबल आई थीं। परन्तु जब याद आया कि अपनी ही आँखें हैं तब चित्त कुछ ठिकाने हुआ। मैंने फन्दे को और कसा। अब तो मुख भी भयानक हो गया, सब शिराएँ फूल गईं, और वह बहुत ही लाल हो गया। आँखें जान पड़ता था बाहर निकलकर गिरी पड़ रही हैं। श्वास के रुकने से छाती में से एक गोला-सा उठकर ऊपर की ओर आने लगा। चित्त बहुत घबराया परन्तु मैंने सोचा कि जहाँ तक होश ठिकाने रहें वहाँ तक तो इसे जारी रखना चाहिए। यह सोचकर मैंने फन्दा थोड़ा-सा और कसा, अब दर्पण में मुख दिखना बन्द हो गया। आँखों की दृष्टि नष्ट हो गई। जान पड़ता था कि आँखों के आगे काला पर्दा पड़ गया है, यद्यपि आँखें खुली थीं। सिर की यह दशा थी कि जान पड़ता था कि सारे शरीर का खून सिर में इकट्ठा हो गया है और उसके कारण सिर की सब शिराएँ फटी जा रही हैं, कान भी बहरे हो गए हैं। उनकी श्रवण शक्ति नष्ट हो गई है। आँखों को कोई बाहर निकाले जा रहा है। वक्षस्थल की कोई चीज शरीर से बाहर निकलने की चेष्टा कर रही है। मैं इस प्रयोग को कदाचित् पाँच-छह सेकंड जारी रखता परन्तु दुर्भाग्य से वहाँ लल्ला की महतारी आ गई। उसने जो यह कृत्य देखा तो एक चीख़ मारकर दौड़ पड़ी और मेरे हाथ से रस्सी छुड़ा ली और फन्दा खोल दिया। कोई एक मिनट बाद मुझमें पुनः देखने-सुनने की शक्ति आई–विजयानन्दजी दूबे।''

'चाँद' के फाँसी अंक ने चाँद को हिन्दी पत्रिकाओं की शीर्षस्थ पंक्ति में लाकर खड़ा कर दिया। इस साहस की भी हिन्दी पत्रों ने मुक्त कंठ से सराहना की। स्वतंत्रता संग्राम के इतिहास में इन विशेषांकों का जो योगदान है उसे भुलाना हमारी अकृतज्ञता होगी।

ए4/एफ-4, नव भारत अपार्टमेंट
पश्चिम विहार, नई दिल्ली–110063

रामरख सिंह सहगल : डायरी के पृष्ठ

(श्री आर. सहगल)

ज़माना बड़े शौक़ से सुन रहा था; हमीं सो गए दास्ताँ कहते-कहते!

16—माबदौलत 'मुखबिर' के रोल में

हमारा देश तमाशबीनों की मजलिस और बिना समझे ताली पीटनेवालों की क्रीड़ास्थली है। प्रत्यक्ष अनुभव मुलाहिज़ा कीजिए : आज से करीब 10 साल पहिले का चुटकुला है। मुझे सौभाग्य या दुर्भाग्यवश अपने एक परम मित्र अवध के एक राजा साहब के अनुरोध से नैनीताल में कुछ दिन रहना पड़ा। सच्चे पहाड़ी जीवन का मैं जितना प्रशंसक हूँ, उसे लेखनी द्वारा प्रगट करना मेरी परिमित योग्यता के परे की बात है। पहाड़ी प्रदेशों के सम्बन्ध में, एक किंवदन्ती ही समझ लीजिए, कहा यह जाता है कि प्राचीन काल में गृहस्थ अपने चौथेपन में प्रायः अपनी जीवन भर की पूँजी अपने बालगोपालों को सौंपकर वानप्रस्थ ले लिया करते थे और मृत्यु-पर्यन्त जंगलों में एकान्त-वास, अध्ययन-चिन्तन-मनन उनका एकमात्र व्यवसाय होता, अतएव आज भी, कलि-काल की इस लपलपाती दोपहरिया में, पहाड़ी प्रदेशों में भारतीयता एवं निष्कपट मनुष्यता का जो धुँधला-सा प्रकाश दिखाई देता है, उसे उन महापुरुषों के आशीर्वाद के अतिरिक्त और कहा भी क्या जा सकता है? इनकी छोटी-सी दुनिया आज भी प्राचीन जीवन का एक जीता-जागता 'मॉडल' समझा जाता है और इस सिलसिले में मैं इतना और भी निवेदन कर देना चाहता हूँ, कि संसार में जो उँगलियों पर गिनी जानेवाली छोटी-सी मेरी मित्र-मंडली है, उनमें से भी अधिकांश मित्र सुषुप्त कन्दराओं के सरल अधिवासी हैं। इनमें से कुछ चुने हुए मित्रों में शराफ़त की चर्चा प्रसंगवश की जाएगी। मैं असल में कहना यह चाहता था, कि नैनीताल, अलमोड़ा, मसूरी, डलहौजी और शिमला, जहाँ कहीं भी गौरांग महा-प्रभुओं का साया पड़ गया, इसके सर्वथा अपवाद और फलतः पूँजीपतियों के क्रीड़ास्थल बन गए हैं। एक बार डलहौजी के एक परम प्रतिष्ठित वयोवृद्ध 'बिजिनेस-मेगनेट' मित्र से यह जानकर, कि पंजाब के कुछ पूँजीपति परिवारों की महिलाएँ—साल में छः महीने नए-नए फैशन तथा बनाव-शृंगार का आविष्कार करना और शेष छः महीने पहाड़ों पर जाकर अपने संचित सौन्दर्य को बिखेरना मात्र ही अपने जीवन का अन्तिम छोर समझने लगी हैं; लज्जा से मेरा मस्तक सहज ही नत हो गया और चम्बा के प्रसिद्ध साहित्यिक भाई दौलतराम की प्रतीक्षा में डलहौजी में दो रातें मैंने इसी बात के चिन्तन में गुजार दीं कि आखिर हमारा देश किधर जा रहा है? अस्तु!

कहने क्या जा रहा था और ले क्या बैठा! मुझे इसका खेद है पर मेरी हालत तो आप उस वाद्य-यंत्र-सी समझें, जिसका तार जरा हिलते ही बज उठता है। अभिप्राय यह, कि जब तक नैनीताल रहा, दिन में पानी-बूँदी के कारण लिहाफ़ में दुबके रहना और शाम को अपनी परिस्थिति के हिसाब से 'मेक-अप' कर के 'बैंडस्टैंड' तक चहल-कदमी कर आना, पूँजीपतियों का एक सहज चोचला है। राजा साहब के साथ मैंने भी कई सन्ध्याएँ इन्हीं हरकतों में गुजारीं! मनोवृत्ति सर्वथा विपरीत होते हुए भी सोहबत का असर तो था ही, मेरा भी यही कार्यक्रम हो गया। इसी दौरान में एक दिन प्रान्तीय कौंसिल की बैठक का लुत्फ उठाने का प्रोग्राम बन गया। कुँवर सर महाराज सिंह, मेरी धर्मपत्नी के स्वर्गीय पिता के मित्र, उन दिनों होम मेम्बर थे और कई बार मुझे जेल की हवा खिलानेवाले मि. एच.एस. बम्फर्ड (जो बाद में बिहार के गवर्नर भी हो गए थे) चीफ सेक्रेटरी। अतएव Distinguished Gallery का पास सहज ही मिल गया। इसके पूर्व मैंने कभी इस ओर ध्यान तक देने का कष्ट नहीं किया। मेरे जीवन में यह पहला ही अवसर था, जबकि मैंने कौंसिल (जो आजकल लेजिस्लेटिव असेम्बली कही जाती है) की कार्यवाही का लुत्फ उठाया। नैनीताल में लखनऊ जैसी सुविशाल अट्टालिकाएँ नहीं, बल्कि एक साधारण से हॉल में डेमोक्रेटिक सिद्धान्तों का श्राद्ध किया जाता था। साधारण समाज-सोसाइटियों की भाँति टूटी-फूटी कुर्सियों की व्यवस्था थी। स्थानाभाव के कारण कोई हिल तक नहीं सकता था। कौंसिल के मेम्बरों की बगल में ही एक स्थानीय पूँजीपति रायबहादुर एम.एल.सी. (उस जमाने के) बैठे हुए घरेलू चर्चा कर रहे थे अपने दूसरी ओर बैठे हुए किसी एम.एल.सी. से, प्रान्तीय गवर्नमेंट के शिक्षा विभाग सम्बन्धी किसी प्रस्ताव पर गरमागरम बहसें हो रही थीं। अन्त में 'टाई' पड़ जाने के कारण वोट लेने की नौबत आ गई। जब घंटी बजी तब रायबहादुर साहब की निद्रा टूटी, घबराकर मुझसे पूछने लगे, कि 'सहगल जी, आप तो खूब समझ रहे होंगे, जरा बतलाइए क्या बहस थी और किस पक्ष का वोट हो रहा है। स्मरण रहे, मैं अपना वोट, जो भी सरकारी पक्ष हो, उसे ही देना चाहता हूँ।' मेरे आश्चर्य की सीमा न रही, वहाँ का यह कलुषित वातावरण देखकर और एक भारतीय के नाते, मैं यह जानकर लज्जा से मानो गड़-सा गया कि रायबहादुर साहब 11 विभिन्न चुनाव में 'जनता के प्रतिनिधि' चुने जा चुके थे अर्थात् पूरे 11 टर्म तक आप एम.एल.सी. रहे! स्मरण रहे, मैं उसी कलुषित युग की चर्चा करने जा रहा हूँ, जीवन के इस अध्याय में। अस्तु!

सन् 1931 की बात है। प्रसिद्ध क्रान्तिकारी खुदीराम बोस तथा 'भारत और आयरलैंड' सम्बन्धी एक तुलनात्मक रचना 'भविष्य' में प्रकाशित करने के अभियोग में मैं स्थानीय नैनी जेल के 'गोलघर' में कैद था। 'गोलघर' नैनी सेंट्रल जेल का वह स्थान है, जहाँ किसी जमाने में पागल गोरे रखे जाते थे। इसी बैरक में, इसी को जरा ठीक-ठाक कराकर, स्वगीय पं. मोतीलाल नेहरू, पं. जवाहरलाल नेहरू तथा श्री आर.एस. पंडित को रखा गया था। मैं जब वहाँ पहुँचा तो स्वर्गीय पंडित मोतीलाल नेहरू छूट चुके थे, पंडित जवाहरलाल नेहरू तथा स्वर्गीय श्री आर.एस. पंडित को देहरादून जेल भेजा जा चुका था। केवल पं. मोहनलाल नेहरू तथा सीलोन-गवर्नमेंट के वर्तमान एग्रीकल्चर-मिनिस्टर श्री

बर्नार्ड आलूविहारे वहाँ मौजूद थे। यदि मैं भूल नहीं करता, तो मेरे वहाँ पहुँचने के आठ-दस दिन के भीतर ही पं. मोहनलाल नेहरू रायबरेली जेल भेज दिए गए थे। जब तक पं. मोहनलाल जी रहे हम लोगों का 'लंच' बड़े ठाठ का होता रहा। कच्ची सिंकी हुई रोटियों के स्थान पर डबलरोटी के टोस्ट सेंक लिये जाते थे और 'कुकर' में पतली दाल पका ली जाती थी, जेल के बाग से टमाटर, पुदीना, नींबू तथा प्याज वगैरह का सलाद बनता। दो छोटी-सी लकड़ी की मेजों को जोड़कर डाइनिंग टेबिल बनाया जाता और उस पर तौलिया बिछाकर हम लोग डबलरोटी के टोस्टों को दाल में डुबा-डुबाकर जायका लिया करते। इस सुबुक खाने की मुझे ऐसी चाट पड़ गई है, कि घर पर भी कभी-कभी टोस्ट को दाल में डुबाकर खाने लगा हूँ। कहना न होगा कि इस आविष्कार का सारा श्रेय पं. मोहनलाल नेहरू को है।

मोहनलाल जी जब रायबरेली जेल से छूटे, तो एक दिन हम लोगों से मिलने आए। उन्होंने मुझे बतलाया कि शहर भर में यह अफवाह बड़े जोरों से फैली हुई है, कि स्वर्गीय चन्द्रशेखर 'आजाद' की मुखबिरी मैंने की है, अर्थात् मैंने ही उनका पता पुलिस को दिया है। उन्होंने मुझे इस बात की सलाह भी दी कि इस सम्बन्ध में मुझे एक वक्तव्य प्रेस में अवश्य दे देना चाहिए; नहीं तो मेरी ज़िन्दगी भी खटके में पड़ सकती है! अब जरा विचार कीजिए अपने देशवासियों की कलुषित मनोवृत्ति तथा चरित्र-बल पर! जेल से छूटने पर मुझे पता चला कि यह सारा तूफान उठानेवाले एक ऐसे पत्रकार थे, जो 'भविष्य' की सफलता देखकर एक बार ही विचलित हो उठे थे। यह कायरतापूर्ण हमला उन्होंने उस समय करना ठीक समझा, जबकि मैं जेल की चहारदीवारी में पूर्वजों के पापों का प्रायश्चित्त कर रहा था!

स्वर्गीय चन्द्रशेखर आजाद 27वीं फरवरी, सन् 1931 को स्थानीय 'कम्पनी बाग' में दिन के करीब 10 बजे पुलिस की गोलियों के शिकार हुए थे और मेरी गिरफ़्तारी भारतीय दंड विधान की धारा 124ए के मातहत दूसरी मार्च, सन् 1931 को हुई थी। जो आजाद जीवन में मेरे चरर्णस्पर्श करते नहीं अघाते थे, उन्हीं आजादी-प्रिय 'आजाद' को पकड़वा देने का सेहरा मेरे सर बँधेगा, मैंने इसकी कल्पना स्वप्न तक में नहीं की थी!!

एक बड़े प्रतिष्ठित रईस और 11 वर्ष एम.एल.सी. रहनेवाले की योग्यता का नमूना ऊपर दिया जा चुका है। अधिकांश पत्र-पत्रिकाओं का नीति-संचालन पूँजीपतियों का व्यवसाय बन गया है। सदियों की दासता ने हमारे चरित्र-बल को सहज ही खोखला कर दिया है। स्वतंत्र रूप से कुछ सोचने-विचारने की क्षमता का देशवासियों में सर्वथा अभाव है। ऐसी हालत में एक ही गति शेष रह जाती है; यानी "जैसी बहे बयार पीठ तब तैसी दीजै"। यदि कोई कह दे कि कौआ कान ले गया, तो इस अभागे देश के अधिकांश नागरिक कौए के पीछे भागना ही पसन्द करेंगे! टटोलकर यह देखने का कष्ट नहीं करेंगे, कि कान लगा भी है या वास्तव में कौआ ले गया? ऐसी दारुण परिस्थिति में यदि मुझे मुखबिर समझ लिया जाए, तो इसमें आश्चर्य ही क्या? बहस में पार न पानेवाले व्यक्ति, प्रायः व्यक्तिगत आक्षेप तथा छिद्रान्वेषण करके ही आत्म-सन्तोष प्राप्त कर लिया करते हैं। यदि इसमें भी कुछ अड़चनें उपस्थित हुईं, तो विपक्षियों को सी.आई.डी. घोषित कर दिया

जाता है! मैं बचपन से ही विरोधियों की गोद में पला हूँ अतएव इस तरह की बातों ने मुझे कभी भी विचलित नहीं किया, बल्कि वे मेरे मनोरंजन का कारण रही हैं! प्रसंगवश इस स्थल पर मैं पाठकों को ऐसी बातें बतलाने जा रहा हूँ, जो अब तक प्रकाश में नहीं आई हैं—आ भी नहीं सकती थीं। अस्तु!

पाठकों को स्मरण होगा नवम्बर, सन् 1928 में मैंने 'चाँद' का एक वृहत् विशेषांक 'फाँसी अंक' के नाम से प्रकाशित किया था। उस ऐतिहासिक प्रकाशन के सिलसिले में मुझे लगभग सभी चोटी के क्रान्तिकारियों के सम्पर्क में आने का सौभाग्य प्राप्त हुआ था और इसके बाद तो एक ऐसा अटूट सिलसिला कायम हो गया, जिसके स्मरण मात्र से अतीत की मधुर स्मृतियाँ मेरे सामने चित्र-पट पर पड़े हुए अक्स की भाँति नाच उठती हैं। फाँसी अंक के प्रकाशन के समय मुझे विशेष रूप से 'बलवन्त' (सरदार भगत सिंह), हर नारायण कपूर (श्री शिव वर्मा जो अभी-अभी जेल से छूटे हैं), सुखदेव, राजगुरु आदि मित्रों का सहयोग प्राप्त था। सच पूछिए तो यह उन्हीं लोगों के अथक परिश्रम और प्रोत्साहन का फल था कि फाँसी अंक इतना सफल रहा। उस विशेषांक में जो दुर्लभ सामग्री प्रकाशित हुई थी, उसने देश ही में नहीं, बल्कि विदेशों में भी तहलका मचा दिया था; पुलिसवालों की परेशानियाँ देखने ही योग्य थीं। और बात ठीक भी थी। इन लाल-बुझक्कड़ों ने अपनी योग्यता तथा अनुभव के बल पर ही क्रान्तिकारी नवयुवकों की हिस्टरी-शीट तैयार कर रखी थी। जो उनके हिसाब से मर गया था वह अभी जिन्दा था और जिसे वे जीवित समझ रहे थे, वह बेचारा कब का स्वर्ग सिधार चुका था। विभिन्न प्रान्तों की पुलिस के सब-इन्स्पेक्टर, इन्स्पेक्टर डी.एस.पी. तथा कतिपय सी.आई.डी. के उच्च पदाधिकारी प्रायः नित्य ही मेरे पास आकर पूछा करते कि ये सारी खबरें मुझे कैसे और किस व्यक्ति द्वारा प्राप्त होती हैं? सभी के लिए मेरा एक ही टकसाली उत्तर था कि आपके होम-मेम्बर द्वारा! पंजाब के एक दारोगा साहब एक बार उलझ भी पड़े थे मुझसे! पंजाब की पुलिस अपने दुर्व्यवहारों के कारण दुनिया भर में बदनाम है इसलिए आपने भी बड़ी बदतमीजी से मुझसे कैफ़ियत तलब की और गुस्ताख़ाना ढंग से फ़रमाया कि मुझे हस्त-लिखित कॉपियाँ फ़ौरन 'पेश' करनी चाहिए 'ताकि तफ़तीश मुकम्मिल हो सके। इसके जवाब में आपको समझाया गया कि पत्र-सम्पादक ऐसा करने को बाध्य नहीं किया जा सकता, बल्कि यदि कोई चीज क़ानून के ख़िलाफ़ प्रकाशित हुई हो तो उसे उसका दंड दिया जा सकता है, पर पंजाबी प्रायः जब अपनी रट लगाते हैं, तो दूसरे की सुनते भी नहीं। यह द्वारोगा साहब भी कुछ ऐसे ही मुल्ला-टाइप के थे। आप कहने लगे 'जबकि MSS पुलिस के सामने पेश नहीं कर सकते तो ऐसी चीजें रिसाला में शाया करने का आपको क्या हक था?' अब मेरे धैर्य का बाँध टूट चुका था। मुझे दारोगा साहब को बतलाना पड़ा कि इस वक्त वे अपने 'हल्क़े' में न होकर, मेरी कोठी के कम्पाउंड में हैं अतएव दूसरी बार यदि उनकी ज़बान से इस तरह की बदतमीजी की बात निकली तो कान थामकर उनको हाते के बाहर निकलवा दिया जाएगा। दारोगा साहब फौरन सर्द पड़ गए और फरमाने लगे कि मैं तो दोस्ताना ढंग से पूछ रहा था। इस पर मैंने उन्हें समझा दिया कि जब तक वह अपनी ज़लील हरकतें नहीं छोड़ते उस समय तक उन्हें मेरी दोस्ती का दावा कर मुझे और भी नादिम न करना चाहिए। इस समय पुलिस

के कई उच्च-पदाधिकारी उपस्थित थे। परिणाम यह हुआ कि इसके बाद पुलिस के किसी व्यक्ति ने भी मेरे पास आने का साहस तक नहीं किया पर फाँसी अंक प्रकाशन के दूसरे ही दिन 'जब्त' घोषित कर दिया गया!

फाँसी अंक के प्रकाशन में करीब 25,00 रुपए व्यय हुए थे जिसमें कुछ कॉपियाँ और कुछ रुपए पार्टी को भी दिए गए थे। इस प्रकाशन का प्रत्यक्ष परिणाम यह निकला, कि चटगाँव-पंजाब तक के क्रान्तिकारियों ने मुझे घेरना शुरू कर दिया। मुझे वे अपना एक प्रमुख सहायक समझने लगे और जहाँ तक मुझसे भी बन पड़ा मैंने किसी भी नवयुवक को हताश नहीं लौटाया। लेखनी द्वारा, धन द्वारा अथवा परामर्श द्वारा, जो भी मैं कर सका, करता रहा। परिणाम यह हुआ कि मेरा घर तथा कार्यालय इन तूफानी-क्रान्तिकारियों का एक प्रमुख अड्डा बन गया, जिसे मनोरंजक-चर्चा पाठक इसी स्तम्भ में पढ़ेंगे।

—'कर्मयोगी' जून, 1946 से

दुर्गा भाभी का पत्र

DURGA DEVI VOHRA
C/o. SHACHI K. VOHRA

R-2/71, Raj Nagar
Ghaziabad-201001 (up)
Phone : 855149

प्रिय अशोक,

तुम्हारा 28-12-84 का पत्र मिला। नए वर्ष की शुभकामनाएँ।

जब 'चाँद' (पत्रिका) ने सुधा नहीं–क्रान्ति की चिनगारियाँ उबली थीं। उस पत्रिका ने पूरे देश में, क्रान्तिकारियों तथा अन्य कांग्रेसी (गरम दल) नेताओं में आजादी की ज्वाला फूँक दी थी। एक तहलका-सा मचा दिया था।

ब्रिटिश साम्राज्य ने इस पत्रिका को ज़ब्त करने में देरी नहीं की थी। पत्रिका थी–'चाँद का फाँसी अंक'। पूरे राष्ट्र में एक धूम-सी मच गई थी। लोग चोरी-चोरी उसे खोजकर पढ़ते थे। स्वर्गीय श्री रामरख सिंह सहगल के प्रेस पर जमानत का कलंक अथवा तिलक लग गया था।

आज आधी शताब्दी से अधिक समय बीत चुका है किन्तु अभी भी बचे-कुचे क्रान्तिकारी उस अंक का नाम सुनकर एक बार फिर कड़क उठते हैं। निःसन्देह, समय की परतों ने बहुत कुछ ढक दिया है। फिर भी छप्पन वर्ष पश्चात् मैं 'चाँद' के पुनर्जन्म पर बधाई देती हूँ तथा हार्दिक शुभकामनाएँ भी।

मैं समझती हूँ कि पत्रिका के सम्बन्ध में जो कुछ मैंने कहा है, काफी है। थोड़ा-सा उसके जन्मदाता पर कहना चाहूँगी। सहगल साहब से अपना खुला परिचय था। अपनी फरारी की अवस्था में मुझे सहगल साहब के निवास-स्थान पर शरण मिली थी। यदि उनके घर पकड़ी जाती तो उन्हें सात वर्ष की सजा होती। ऐसा था वह समय। सहगल साहब का वह निधड़क व्यक्तित्व कभी भी भुलाया नहीं जा सकता है। उनका घर, उनका दफ्तर और उनकी गाड़ी हम लोगों की सदा सहायक रही थी। क्रान्तिकारियों को प्रश्रय देना उनका धर्म बन गया था। उन्होंने एक संस्था खोल दी थी 'मातृ-मंदिर' के नाम से। इस संस्था की संचालिका के रूप में इन्होंने सुशीला दीदी को रखा था। फरार सुखदेवराज को अपने प्रेस

में प्रूफ रीडर का काम दे दिया था, 60 रुपए मासिक का। इसी प्रकार की कई घटनाएँ हैं जिन्हें आज उनका सौजन्य ही कहा जा सकता है। वे धन से, मन से और तन से हम लोगों की सहायता किया करते थे।

मैंने स्वयं देखा है कि वह रात के भोजन के पश्चात् अपनी मेज पर जमते थे। फिर रात के 3-4 बजे तक उनकी लेखनी चलती रहती थी। उनके अपनत्व की छाप आज भी मेरे मन पर अंकित है। वह पत्रिका अपने नए रूप में पुनः सामने आ रही है—इसके लिए मेरा आशीर्वाद स्वीकार करो। मुझे इसकी सफलता पर विश्वास है।

आपकी शुभचिंतिका

—दुर्गा भाभी

13-1-85

सरदार भगत सिंह—जब्त पुस्तक से फाँसी के हालात

—मा. के.एल. गुप्ता

फाँसी! फाँसी! फाँसी!

एक प्रत्यक्षदर्शी का कहना है कि फाँसी दिए जाने के सम्बन्ध में शहीदाने कौम को प्रातःकाल ही से कह दिया गया था और तब से इनका जोश चरम सीमा पर पहुँच गया था और तब से ही वे देशभक्ति और बलिदान के भावों से भरे गीत गाते रहे। ये गीत आगे दिए गए हैं। सुननेवालों का कहना है इन शहीदों की आवाज़ बहुत ऊँची थी जो जेल की दीवारों को चीरकर बाहर निकल पड़ती थी। शाम को 5.30 बजे सुपरिंटेंडेंट जेल पुलिस की गारद के साथ जेल पधारा। उसके बाद सिटी मजिस्ट्रेट तथा और भी कई अफसर आए। जेल में इनके प्रवेश होते ही जयघोष की आवाज़ गूँज उठी। 15 मिनट तक नारे लगते रहे। फिर 20 मिनट तक बिलकुल चुप्पी रही। उसके बाद फिर से सरदार भगत सिंह जिन्दाबाद के आकाशभेदी नारे सुनाई दिए। जेल के तमाम कैदियों को बारकों में बन्द कर दिए थे। अन्दर और बाहर कड़ा पहरा था।

शाम के 6.30 बजे शहीदाने वतन को कहा गया कि वह फाँसी के बग़लगीर होने को तैयार हैं? उन्होंने जभी अपने को तैयार बतलाया। कोठरियों के दरवाजे खोले गए, कठघरों से बन्द शेर बाहर निकाले। ठीक पौने सात बजे इन तीनों कौमी परवानों को कोठरियों से बाहर निकाला गया और उन्हें फाँसी के समय की काली टोपियाँ पहिना दीं, उस समय 'जिन्दाबाद', 'डाउन विद यूनियन जैक' के बुलन्द नारे निकले। फाँसी के लिए अपनी कोठरी से निकलने से पूर्व सरदार भगत सिंह ऊँची आवाज़ से यह गीत गा रहे थे।

गीत

मेरा रंग दे तिरंगा चोला, माँ रंग दे तिरंगा चोला।
इसी रंग में रँगा शिवा, जाने माँ का बन्धन खोला॥
यही रंग हल्दी, घाटी पर, खुलकर के था खेला। मेरा॥
इसी रंग में गांधी जी ने नमक पर धावा बोला। माँ0॥
देख देखकर गांधी जी को इर्विन का दिल खोला। माँ0॥
इसी रंग में वीर जवाहर लिये फिरे हैं झोला। माँ0॥

इसी रंग में दत्त भगत ने फेंका बम्ब का गोला। माँ0 ॥
इसी रंग में जतीन्द्रदास ने अपना चोला छोड़ा। माँ0 ॥
इसी रंग में लालाजी ने स्वर्ग का रास्ता खोला। माँ0 ॥
इसी रंग में किचलू जी ने देहली का रस्ता खोला। माँ0 ॥
इसी रंग में सत्यवती ने अपना जीवन तोला। माँ0 ॥
इसी रंग में सुखदेवजी ने रेल पर धावा बोला। माँ0 ॥
इसी रंग में बिस्मिल जी ने दिहात का झंडा खोला। माँ0 ॥
इसी रंग में देशभक्तों ने जेल का फाटक खोला। माँ0 ॥

इन तीनों वीरों को फाँसी के तख्ते के पास खड़ा कर दिया। फाँसी के तख्ते पर चढ़ने से पूर्व ही मामूली कैदी निष्प्राण हो जाते हैं मगर सरदार भगत सिंह और उनके साथी अन्त तक हिम्मत बाँधे रहे। जिस समय कौमी परवाने फाँसी के तख्ते के सामने खड़े थे उनके चेहरे गैर-मामूली तौर पर दमक रहे थे और ऐसा मालूम होता था कि उनमें से हर एक का जज्बा अपने दूसरे साथियों से पहले फाँसी के तख्ते पर चढ़ने के लिए उतावला हो रहा था।

शहीदों के फैसले के अनुसार मि. सुखदेव आगे बढ़ा और फाँसी के तख्ते पर खड़ा हुआ और कुर्बान हो गया। जिस समय मि. सुखदेव को तख्ते से पृथक् किया गया सरदार भगत सिंह छाती फुलाए आगे बढ़े और चाहभरी निगाहों से फाँसी के तख्त पर जा चढ़े। जाते ही आपने फाँसी के तख्ते का चुम्बन किया और डाउन डाउन विद यूनियन जैक का आकाश-भेदी नारा लगाया और बलिदान हो गए। इनके बाद मि. राजगुरु आगे बढ़े और जवाँ मर्दों की तरह तख्ते पर खड़े हो गए और एक ही आन में वह भी बलिदान हो गए। जल्लाद, जेल सुपरिंटेंडेंट, डॉक्टर, पहिरेवाले और नौकरशाही हाथ मलकर रह गई, तीन हत्याओं के पाप से उनके चेहरे स्याह पड़ गए।

फाँसी के लिए उतावली

सरकार फाँसी देने के लिए बड़ी उतावली हो रही थी, कहाँ तो फाँसी स्थगित होनी थी—कहाँ वह कराँची कांग्रेस के ऐन मौके पर दी गई। इधर हाईकोर्ट में उनकी फाँसी के विरुद्ध अपील का मुकदमा हो रहा था—उधर फाँसी की तैयारियाँ हो रही थीं! सरकारी वकील ने अदालत से कहा कि आज ही यह फ़ैसला कर दिया जाए, 4 बजे वह अपील नामंजूर की गई और 7 बजकर 33 मिनट पर फाँसी हो गई। पंजाब गनर्वर, वायसराय और भारत मंत्री को, अपील तक फाँसी स्थगित रखने की जो दरख्वास्त दी गई, उनका जवाब भी न आने दिया। हर जगह फाँसी सुबह लगती है और वह अन्तिम भेंट की तारीख के बाद, पर फाँसी रात में दी गई और मुलाकात की तारीख में। सरकार के दिल का परिचय इससे कैसा मिलता है। वह इन नौजवानों की जान लेने के लिए कैसी उतावली हो रही थी, जिसके लिए उसने कायदा-क़ानून सबको तिलांजलि दे दी। ऐसी बेरहमी, और इतने उतावलेपन की मिसाल दुनिया के इतिहास में खोज निकालो कहीं मिलेगी?

लाहौर में खबर

लाहौर में फाँसी की खबर पहिले से ही गर्म हो रही थी; जब से दया की प्रार्थना नामंजूर हुई थी, उसी समय से शहर में हलचल मची हुई थी। यह कांड इतनी जल्दी हो जाएगा, इसका तो किसी को अनुमान भी नहीं था। दया की अर्जी के नामंजूर करने के विरोध में वहाँ सभा हो रही थी, उस समय एक आदमी सभा में पहुँचा और उसने कहा कि अभी लॉरियों में ईंधन और बहुत-सी पुलिस जेल को गई है, ऐसा मालूम होता है कि भगत सिंह आदि को फाँसी देकर उन्हें उस ईंधन में जलाया जावेगा, लेकिन इस बात का किसी ने विश्वास नहीं किया। इधर यहाँ यह मींटिग हो रही थी और उधर वहाँ वह कांड हो रहा था। साढ़े आठ बजे जब मजिस्ट्रेट जेल के अन्दर से बाहर आया और उससे पूछा गया कि क्या सरदार आदि को फाँसी दे दी गई? तो उसने कहा कि वे 'हाँ या ना' कुछ नहीं कह सकते। इसी बीच में सरकारी सूचना निकली, उसमें कहा गया कि भगत सिंह, राजगुरु और सुखदेव को 7.33 पर फाँसी दे दी गई और उनकी लाशें जलाकर सतलज नदी में फेंक दी गईं। इस खबर ने लाहौर में–

गजब ढा दिया

लोग आपे से बाहर होकर पागल बन गए। चारों तरफ दौड़-धूप होने लगी, सरदार भगत सिंह के पिता सरदार किशन सिंह और सुखदेव के चाचा लाला अचिन्तराम डिप्टी-सुपरिंटेंडेंट के बँगले पर गए लेकिन वे वहाँ पर न बताए गए, सेंट्रल जेल के फाटक पर भी वे न मिले, डिप्टी-कमिश्नर से फोन द्वारा बातचीत की पर वहाँ से भी कोई उत्तर न मिला। होम सेक्रेटरी को फोन किया गया, पर वे भी कहीं खिसक गए। जेल अधिकारियों ने भी कुछ न बताया। गरज कि अधिकारियों ने ऐसी बेरहमी और ज़ालिमाना रुख का परिचय दिया कि कुछ मालूम ही न हो सका और लाख कोशिशें बेकार गईं, लाशें न मिलीं।

पंजाब सरकार ने ता. 25 मार्च, 1931 को यह दूसरी सूचना प्रकाशित की जिसमें सरदार भगत सिंह, सुखदेव और राजगुरु के दाह संस्कार के सम्बन्ध में कहा है कि ''रात के 8.30 बजे शव एक लॉरी में रखे गए, दो लॉरियाँ पुलिस से भरी हुईं और दो लॉरियाँ लकड़ी से भरी हुई, इस प्रकार 5 लॉरियाँ कैसरे-हिन्द पुल के पास सतलज नदी के किनारे भेजी गईं। गंडासिंह वाला के निकट एक ग्रन्थी और एक आचार्य भी इस दल के साथ कर लिये गए। रात के 1.30 बजे शव में अग्नि लगाई गई और चार बजे प्रातःकाल तक वह पूरी तौर पर जलकर भस्म हो गए। पुरोहितों से परामर्श के बाद अस्थियाँ एकत्रित कर ली गईं और एक लॉरी में रखकर लाहौर फीरोजपुर पुल के पास सतलज की धार में रख दी गईं । प्रातःकाल 5.30 बजे तक सभी अस्थियाँ साफ हो गईं और कुछ नहीं रहा। आचार्य और ग्रन्थी ने धार्मिक रीत्यानुसार दाह संस्कार किया था। यह गलत है कि दाह संस्कार से पूर्व शव को बिगाड़ा गया। यह भी गलत है कि ब्रिटिश या भारतीय सेना शव के साथ गई थी। जेल मेनुअल के अनुसार ही शव रिश्तेदारों को नहीं दिए गए क्योंकि यह अनुमान था कि शव का जुलूस निकाला जावेगा और जनता में अशान्ति होगी।

परन्तु एक खबर यह भी है कि लाशों को सेंट्रल जेल के बड़े दरवाजे से नहीं वरंच एक चोर घाटी से जो जेल की दीवार फोड़कर जो पहिले से ही बनाई जा चुकी थी, रात को साढ़े आठ बजे बाहर निकाला गया। 13 सशस्त्र लॉरियाँ गोरी फौज की खड़ी थीं, एक लॉरी में इन लाशों को रखा और यह लॉरियाँ ग्रांड ट्रंक रोड से फीरोजपुर की ओर रवाना हुईं।

ता. 24 मार्च को प्रातःकाल सरदार किशन सिंह जी से उस स्थान को देखने के लिए चलने को कहा तो उन्होंने हौसले से कहा कि शहीद शहादत पा चुके हैं, अब इधर-उधर भागने से क्या मतलब। पर जब यह विचार सरदार भगत सिंह की बहिन श्रीमती अमरकौर पर प्रगट किया तो वह एक लॉरी में सवार होकर शहीद के अन्तिम स्थान के दर्शन को रवाना हुईं, सरदार किशन सिंह भी रवाना हुए और 11.30 बजे वहाँ यह पार्टी पहुँची जहाँ चिता जलाई गई थी। यह स्थान लाहौर से 42 मील की दूरी पर सतलज नदी के करीब पुराने रेलवे पुल के बाईं ओर 50 फीट के फासले पर है। वहाँ मिट्टी का एक बड़ा ढेर है। उस ढेर के ठीक नीचे 3 फीट गहरा गढ़ा बनाया गया था और उसमें सरदार भगत सिंह, श्रीयुत राजगुरु और श्रीयुत सुखदेव की लाशों को जलाया गया। उनकी चिता पर लकड़ी या कोयले का निशान तक न मिला और न लकड़ी जलने का निशान था। वहाँ मिट्टी के तेल की बदबू आती है, इससे सिद्ध होता है कि शहीदों की लाश को जलाने के लिए पिचकारियों द्वारा मिट्टी के तेल के टीन इस्तेमाल किए गए थे। मालूम हुआ कि लाशें जलाने के समय केवल गोरे सिपाही ही मौजूद थे। चिता के इर्दगिर्द कुछ कंकर रक्त भरे दिखाई दिए, उनको पवित्र समझ उठाकर अपने साथ ले आए। ध्यान से देखने से मालूम हुआ कि पुल की कोठी नं. 22 पर रक्त की धार लगी हुई है, न मालूम यह रक्त कैसा? और किस तरह से यहाँ गिरा है। चिता को खोदने पर उसमें से खोपड़ी की हड्डियाँ, दाँत और अर्धभुना मांस मिला जिससे जान पड़ता है कि शव को पहिले अंग भंग किया गया और फिर मिट्टी के तेल से जलाया गया।

चिता में अभी तक बहुत सा मसाला है। लोग मांस के टुकड़ों को पवित्र समझकर ले गए जिनका लाहौर में जुलूस निकाला गया। इस स्थान पर नौजवान भारत सभा के स्वयंसेवकों ने अधिकार कर लिया है और रात-दिन पहरा लगाया जाता है। यह स्थान तीर्थस्थान सा बन गया है। चिता की जगह के इर्द-गिर्द बाँसों से एक बँगला बना दिया है और खजूर के पत्तों से सजा दिया गया है, बाँसों का एक छोटा-सा दरवाजा भी बना लिया गया है। लोग वहाँ आते हैं और फूल चढ़ाते हैं। जिस स्थान पर सरदार भगत सिंह और उनके साथी जलाए गए वहाँ इस समय दीपक जल रहा है और फीरोजपुर वालों ने फ़ैसला किया है कि इन शहीदों की याद में इस जगह हर रोज दीपक जलाया जावेगा।

कसूर में यह भी बताया गया कि कसूर के किसी आचार्य और ग्रन्थी को बतौर गवाह पेश करने की पूरी कोशिश हो रही है कि कसूर का एक आचार्य और एक ग्रन्थी गवाही देने के लिए तैयार भी हो गए हैं जो यह कहेंगे कि वह लाशें नियमानुसार हिन्दू और सिख के रस्मों के अनुसार चालीस मन लकड़ी डालकर जलाई गईं।

23 मार्च की क़तल की रात

23 मार्च की रात कतल की रात थी, लाहौर नगर का बच्चा-बच्चा 'हा भगत सिंह', 'हा सुखदेव', 'हा राजगुरु' चिल्लाता फिरता था। सारी रात लोगों ने शोक किया और रात जगते हुए काटी। आधी रात को ही जुलूस निकला, कांग्रेस के नेताओं ने दौड़-धूप के साथ लोगों की उत्तेजना को दबाया, पाँच सौ कांग्रेस वालंटियर शहर में ऐलान करते फिरे।

24 मार्च सुबह हड़ताल और जुलूस

चौबीस को सारा लाहौर शहर सुनसान था। नौ बजे मिंटो पार्क में पचास हजार लोग शहीदों को श्रद्धांजलि देने के लिए एकत्र हुए। तीनों अमर शहीदों की अर्थी निकाली गई। कहा जाता है कि अर्थियों में सरदार भगत सिंह आदि के शव के टुकड़े थे। तीनों अर्थियों को विद्यार्थी, नौजवान भारत सभा के स्वयंसेवक और नेता लोग उठा रहे थे। अर्थी से कन्धा लगाते हुए लोग सौभाग्य समझते थे। भगत सिंह और राजगुरु की माँ आगे-आगे हाथ जोड़ते हुए अश्रुधारा बहाती हुई जा रही थीं। अर्थियों के साथ लगभग एक लाख स्त्री-पुरुषों का नंगे सिर का एक भारी जुलूस तमाम शहर में निकला और रावी नदी के तट पर समाप्त हुआ। जिस स्थान पर स्वर्गीय लाला लाजपत राय का मृतक संस्कार हुआ था उसी जगह पर तीनों चिताएँ बनाई गईं। अग्नि प्रवेश के बाद डॉ. पुरुषोत्तमराय शर्मा ने मा. गांधी का बयान पढ़कर सुनाया, उसके बाद सरदार किशन सिंह ने अपने शोकपूरित शब्दों में बतलाया कि किस तरह से शहीदों की लाशें गंडावाला स्थान पर पहुँचाई गई थीं। जब सरदार ने यह कहा कि लाशों को काटकर मिट्टी के तेल के साथ जलाया गया तो उनकी हिचकी बँध गईं, उसी समय वहाँ पर एकत्र एक लाख जनता साथ में रो पड़ी। भगत सिंह की बहिन शोक के वेग में मुरझा गई, उनके साथ और भी स्त्रियों में बेहोशी आ गई। बड़ी रात होने पर सब लोग अपनी अन्तिम श्रद्धांजलि देकर लौटे।

प्रधानमंत्री नौजवान भारत सभा ने निम्न घोषणा की कि नौजवान भारत सभा के संस्थापक स. भगत सिंह और कॉमरेड सुखदेव और राजगुरु की यादगारी के लिए पाँच लाख रुपए की अपील की है। शाम के वक्त भी जुलूस निकला, मीटिंग में मो. जफरअली ने कहा कि हमारी नितान्त बेबसी का जो पता तेईस मार्च को लगा है वैसा अब तक नहीं लगा था, हमारे भाइयों को फाँसी दे दी गई और उनकी लाशें भी हमको न मिलीं। नौजवान भारत सभा ने शहीद स्मारक बनाने की अपील की, कांग्रेस कमेटी, हिन्दुस्तानी सेवा दल, नौजवान भारत सभा आदि संस्थाओं ने अपने झंडे आधे झुका दिए। भगत सिंह जिन्दाबाद के नारों की आवाज़ हर मकान, गली-कूचे, दीवार और घर के अन्दर से आ रही थी। अधिकारियों ने शहर में फौज का प्रबन्ध कर दिया था, किले में फौज बुलाई गई थी, जगह-जगह हथियारबन्द पुलिस चक्कर लगाती थी, कड़ा पहरा था, सरदार भगत सिंह ने कोठरी में से नौजवान राजनीतिक कार्यकर्ताओं के लिए निम्न वक्तव्य तैयार किया था–

इस समय हमारा आन्दोलन एक विशेष परिस्थिति से गुजर रहा है। एक वर्ष के आन्दोलन के बाद गोलमेज कॉन्फ्रेंस ने शासन विधान सम्बन्धी कुछ प्रस्ताव निश्चित किए हैं और कांग्रेस नेताओं को यदि वह अपना संग्राम बन्द करके भाग लेना चाहें तो गोलमेज कॉन्फ्रेंस में सहायता देने के लिए निमंत्रित किया गया है। वह पक्ष में निश्चय करेंगे या विपक्ष में; यह हमारे लिए कोई मुख्य बात नहीं है। वर्तमान आन्दोलन अभी या फिर समझौता होकर समाप्त हो जावेगा। समझौता इतना बुरा नहीं है जितना इस समय प्रायः समझा करते हैं। राजनीतिक लड़ाई में तो समझौता होना अनिवार्य ही है। कोई भी राष्ट्र जब अपने दबानेवालों के विरुद्ध खड़ा होता है तो प्रारम्भ में असफल होता ही है। और उसे समझौते से कुछ सुधार मिल जाते हैं। जब राष्ट्र अन्तिम वार अपनी सारी शक्तियों को सुसंगठित करके सिर उठाता है। तब वह शासक की सरकार को नष्ट भी कर सकता है। परन्तु फिर भी यह सम्भव है कि वह असफल हो जावे और समझौता करना उसके लिए अनिवार्य हो जावे। रूस के उदाहरणों से यह भली प्रकार समझ में आ जाता है। रूस में 1905 में राजनीतिक क्रान्ति हुई। सभी नेता उस समय बड़ी-बड़ी आशाएँ कर रहे थे। लेनिन विदेश से लौट आया था और इस क्रान्ति का संचालन कर रहा था, पर अन्त में उसे समझौता कर लेना पड़ा। इसलिए मैं यह बतला देना चाहता हूँ कि आन्दोलन की गति के अनुसार समझौता एक मुख्य अस्त्र है जो सदैव काम में लाया गया है पर हमें आन्दोलन के आदर्श को सदैव अपने सामने रखना चाहिए। मॉडरेटों में आदर्श की दृढ़ता नहीं है और हम उसे ही बुरा समझते हैं।

यह सम्भव है कि इस विषय में लोग मेरे अभिप्राय को गलत समझ बैठें। संसार की दृष्टि में मैंने आतंक का काम किया है पर मैं आतंककारी नहीं हूँ। मैं ऐसे निश्चित विचार– जिनका ऊपर मैं जिक्र कर चुका हूँ रखनेवाला एक क्रान्तिकारी हूँ। कुछ लोग रामप्रसाद बिस्मिल की भाँति मुझ पर 'फाँसी की कोठरी में विचार परिवर्तन' का दोषारोपण शायद करें पर मुझमें वही जलन बनी हुई है। मेरा विश्वास है कि इस प्रकार की कार्यवाहियों से हम कुछ लाभ नहीं उठा सकते।

खंड-5

परिशिष्ट

बटुकेश्वर दत्त की बहन प्रमिला के नाम भगत सिंह के मूल पत्र की प्रतिलिपि

Central Jail,
Lahore

Dear Sister,

Yesterday Batu himself wrote a letter informing you not to come here till you receive this letter. Batu was transferred yester night to some other jail. Upto this time we are quite in dark about his destination. Anyhow I would earnestly request you not to leave Benares for Lahore unless you received this letter. His seperation is unbearable for me too. It is only today that I feel quite perplexed and every minute was

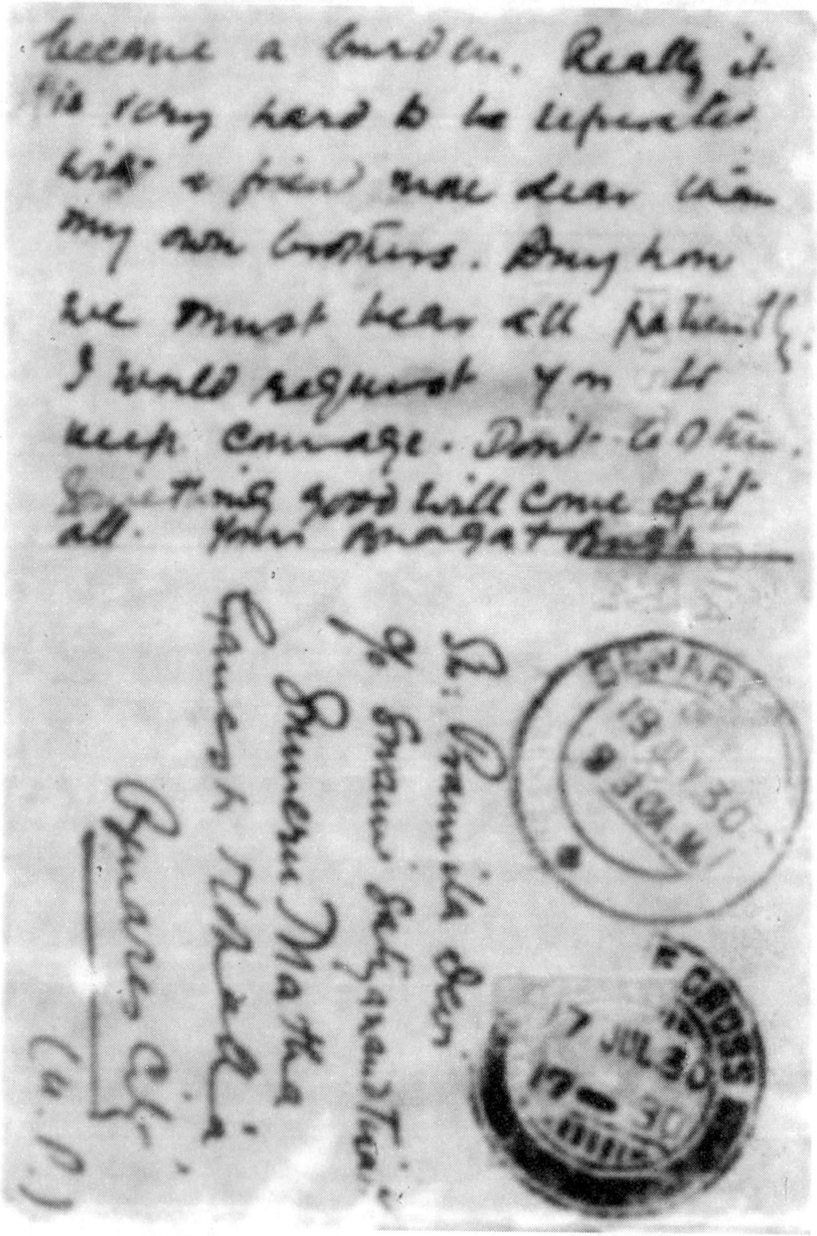

because a burden. Really it is very hard to be separated with a friend more dear than my own brothers. Any how we must bear all patiently. I would request you to keep courage. Don't lose. Something good will come of it all. Yours Bhagat Singh

भगत सिंह के हस्तलिखित उर्दू अश'आर (शेर)

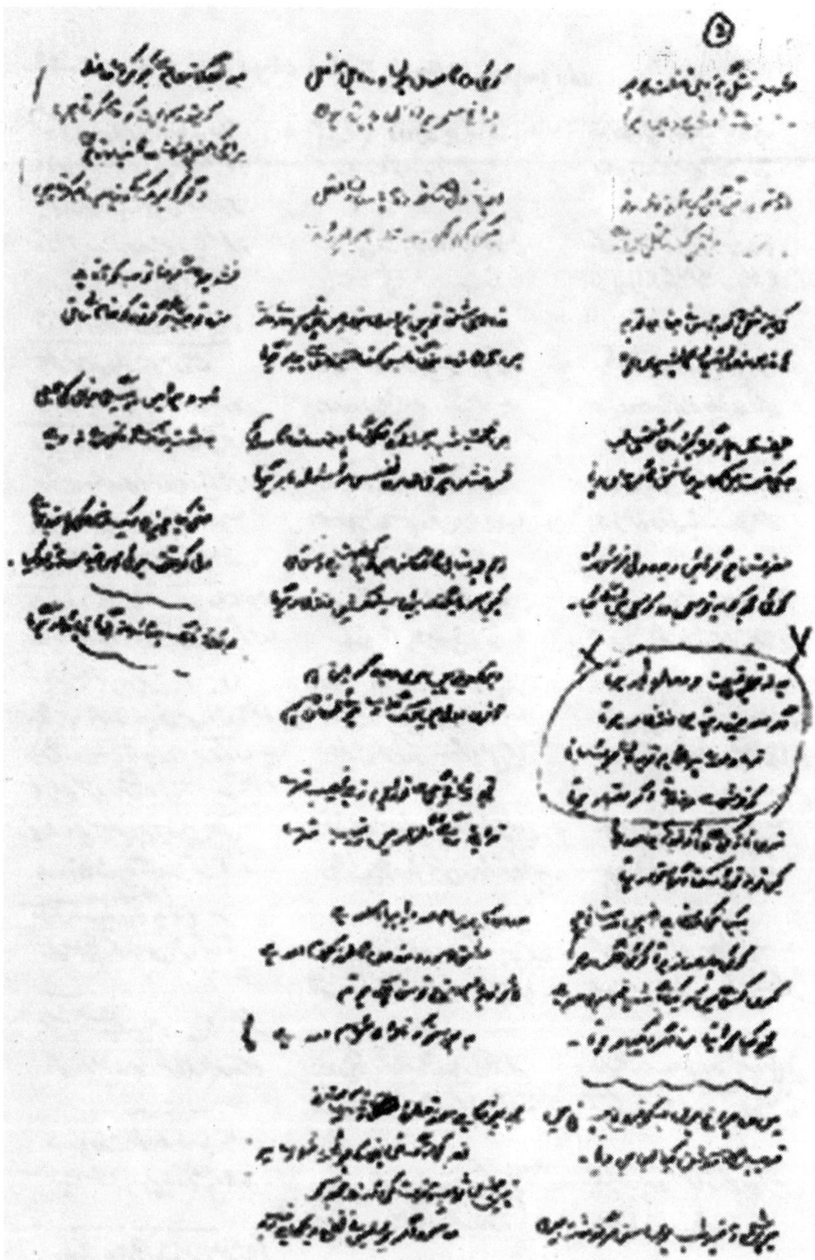

हस्तलिखित उर्दू अश'आर का देवनागरी रूप

दिल दे तो इस मिज़ाज का
परवरदिगार दे
जो ग़म की घड़ी को भी ख़ुशी
से गुज़ार दे

सजाकर मैयते उम्मीद
नाकामी के फूलों से
किसी बेदर्द ने रख दी मेरे टूटे
हुए दिल में

छेड़ ना ऐ फरिश्ते तू ज़िक्रे
ग़मे जानाना
क्यूँ याद दिलाते हो भूला हुआ
अफ़साना

1

1. य' न थी हमारी क़िस्मत कि विसाल-ए यार होता
अगर और जीते रहते, यही इन्तेज़ार होता

तेरे वादे पर जिए हम तो ये जान झूठ जाना
कि ख़ुशी से मर न जाते अगर ऐतबार न होता

2. तेरी नाज़ुकी से जाना कि बँधा था अहदे बूदा
कभी तू न तोड़ सकता अगर उस्तवार होता

3. ये कहाँ की दोस्ती है के बने हैं दोस्त नासेह
कोई चारासाज़ होता, कोई ग़म-गुसार होता

4. कहूँ किससे मैं कि क्या है, शबे ग़म बुरी बला है
मुझे क्या बुरा था मरना, अगर एक बार होता (ग़ालिब)

5. इशरते क़त्ल गहे अहल-ए तमन्ना मत पूछ
इदे-नज्जारा है शमशीर का उरियाँ होना?

6. की मेरे क़त्ल के बाद उसने ज़फा से तौबा
हाय उस ज़ूद-ए पशेमाँ का पशेमाँ होना

7. हैफ़ उस चार गिरह कपड़े की क़िस्मत ग़ालिब
जिसकी क़िस्मत में हो आशिक़ का गिरेबाँ होना (ग़ालिब)

8. मैं शमाँ आखिर शब हूँ सुनकर गुज़श्त मेरी
फिर सुबह होने तक तो क़िस्सा ही मुख़्तसर है

9. अच्छा है दिल के साथ रहे पासबाने अक़्ल
लेकिन कभी-कभी इसे तन्हा भी छोड़ दे

10. न पूछ इक़बाल का ठिकाना अभी वही कैफ़ियत है उसकी
कहीं सरेराह गुज़र बैठा सितमकशे इन्तेज़ार होगा

11. औरों का पयाम और है मेरा पयाम और
इश्क के दर्दमन्दों का तरज़-ए कलाम और (इक़बाल)

12. अक्ल क्या चीज़ है एक वज़अ की पाबन्दी है
दिल को मुद्दत हुई इस क़ैद से आज़ाद किया

13. नशा पिला के गिराना तो सबको आता है
मज़ा तो जबकि गिरतों को थाम ले साकी (ग़ालिब)

14. भला निभेगी तेरी हमसे क्योंकर ऐ वायज़
कि हम तो रस्मे-मोहब्बत को आम करते हैं

मैं उनकी महफ़िल-ए-इशरत से काँप जाता हूँ
जो घर को फूँक के दुनिया में नाम करते हैं।

15. कोई दम का मेहमाँ हूँ ऐ अहले महफ़िल
चरागे सहर हूँ बुझा चाहता हूँ।

16. आबो-हवा में रहेगी ख़याल की बिजली
यह मुश्ते ख़ाक है फ़ानी रहे रहे न रहे

17. खुदा के आशिक़ तो हैं हजारों बनों में फिरते हैं मारे-मारे
मैं उसका बन्दा बनूँगा जिसको खुदा के बन्दों से प्यार होगा

18. मैं वो चिराग हूँ जिसको फरोगेहस्ती में
करीब सुबह रौशन किया, बुझा भी दिया

19. तुझे, शाख-ए-गुल से तोड़ें जहेनसीब तेरे
तड़पते रह गए गुलज़ार में रक़ीब तेरे।

20. दहर को देते हैं मुए दीद-ए-गिरियाँ हम
आख़िरी बादल हैं एक गुज़रे हुए तूफ़ाँ के हम

21. मैं ज़ुल्मते शब में ले के निकलूँगा अपने दरमाँदा कारवाँ को
शरर फ़शाँ होगी आह मेरी नफ़स मेरा शोला बार होगा

22. जो शाख-ए-नाज़ुक पे आशियाना बनेगा ना पाएदार होगा।

23. मुझे फूँका है..., क़तरा-ए अश्के मुहोब्बत ने
ग़ज़ब की आग थी, यानी छोटे से शरारे में।

...सवाबे आख़िरत की आरज़ू मुझको
वह सौदागर हूँ, मैंने नफ़ा देखा है ख़राबे में।

24. हज़रते नासेह गर आएँ, दीदह व दिल फरशे राह
कोई मुझको यह तो समझा दो कि समझाएँगे क्या।

25. आओ तुमसे भी गले मिल लें आज, ऐ हसरतों
है हलाल-ए ईद, जो ख़ंजर कफ-ऐ क़ातिल में है।

2

1. आज कुछ और भी पी लूँ कि सुना है मैंने
आते हैं हज़रते नासेह मेरे समझाने को।

2. है कहाँ फुरक़त-ए साक़ी में मयस्सर हमको
रखकर हम सीपे पे, सोए रहते हैं पैमाने को।

3. न पूछ हाल मेरा चोबे ख़ुश्के सहरा हूँ
लगा के आग मुझे, कारवाँ रवाना हुआ।

4. जाते हुए कहते हो क़यामत को मिलेंगे
क्या ख़ूब क़यामत है, गोया कोई दिन और

5. वहीं बैठे रहो, बस दूर ही से बात करते हैं
जफ़ा कैसी, वफ़ा से भी तुम्हारी हम तो डरते हैं।

6. या रब वो न समझे हैं, न समझेंगे मेरी बात
दे और दिल उनको, जो न दे मुझको ज़बाँ और।

7. दिल ही तो है न संगो व ख़िश्त, दर्द से न भर आए क्यों
रोएँगे हम हज़ार बार, कोई हमें सताए क्यों?

8. दैर नहीं, हरम नहीं, दर नहीं, आस्ताँ नहीं
बैठे हैं रह गुज़र पे हम, कोई हमें उठाए क्यों?

9. जाँनिसारों में है सच्चा कौन? झूठा कौन है?
यार अभी खुल जाएँगे जौहर, ज़रा शमशीर खींच।

10. कूए क़ातिल को चलें हम तो अदम को पहुँचे
राह जाती है उधर होके, हमारे घर की।

11. दिल को सब बातों की है नासेह ख़बर
समझे-समझाए को हम समझाएँ क्या?

12. जोश-ए वहशत है यह नासेह, न पहनाना ज़ंजीर
देख दीवाना न हो, मैं नहीं पाबन्द-ए रुसूम।

13. जज़्बा-ए बे अख़तियारे शौक़ देखा चाहिए
सीना-ए शमशीर से बाहर है दम शमशीर का।

14. दिल व जिगर दोनों निकल आए हैं, पहलू तोड़कर
अल्लाह अल्लाह इश्तियाक़, इक आनेवाले तीर का।

15. बक रहा हूँ जुनूँ में, क्या-क्या कुछ
कुछ न समझे, ख़ुदा करे कोई।

16. जुज़ क़ैस और कोई न आया बरुए कार
सेहरा मगर ब तंगी-ए चश्म-ए हुसूद था।

17.

18. दामन-ए ज़ख़्म ने की उससे मुरौवत वरना
बिस्मिल-ए तेग़-ए सितम दफ़्न भी उरयाँ होता।

19. तीशा बग़ैर मर न सका कोहकन असद
सर गुश्ता ख़ुमार-ए रसूम व क़यूद था।

20. दिल मेरा सोज़-ए निहाँ से बेमहाबा जल गया
आतिश-ए ख़ामोश के मानिन्द गोया जल गया।

21. आतिश-ए उल्फ़त भी क्या है, आतिश-ए ख़ामोश है
उड़ गए दिल धुएँ में, लेकिन धुआँ कोई नहीं।

22. दिल में ज़ौक़े वस्ल व याद-ए यार तक बाक़ी नहीं।
आग इस घर को लगी ऐसी कि, जो था जल गया।

23. जिसे थी फ़िक्र आग, हसरत-ए ख़ान-ए दिल की बुझे
अब है जुस्तजू, क्या रह गया क्या जल गया।

24. है ये अदना सामरी, सोख़्ता बख़्ती का असर
जिस गुलिस्ताँ पे नज़र की, वह गुलिस्ताँ जल गया।

25. होता जो दिल तो तुमको दिखाता मैं दाग़-ए दिल
अब क्या करूँ कि...न दिल है न दाग़ है।

26. ख़ुदा बख़्शे दिल-ए...की अब क़द्र जाती है
ये दाग़-ए आरज़ू इस मरनेवाले की निशानी है।

27. दिखा दूँगा तमाशा दी अगर फ़ुर्सत ज़माने ने
मेरा हर दाग़-ए दिल, एक ज़ख़्म है सर-वे चराग़ाँ का।

28. बूए-गुल, नाला-ए दिल, दूद-ए चिराग़-ए महफ़िल
जो तेरी बज़्म से निकला, सो परीशाँ निकला।

29. दिल में.......
आह को क़तरा न निकला....

30. मुहोब्बत थी चमन से लेकिन, अब ये बेदिमाग़ी है
कि मौज-ए बू के गुल से नाक में रहता है दम मेरा।

31. सरापा दीन-ए इश्क़ व नागुज़ीर-ए उल्फत-ए हस्ती
इबादत बर्क़ की करता हूँ और अफ़सोस हासिल का।

32. आह करूँ तो जग जले, और जंगल भी जल जाए
पापी जियरा न जले जिसमें आह समाए।

33. गर चे दीवाना हूँ, पर क्यों दोस्त का खाऊँ फरेब
आस्तीं में दुशना पिनहा...नश्तर खुला।

34. आज क्यों परवा नहीं अपने असीरों की तुझे
कल तलक तेरा भी दिल महरो वफ़ा का बाब था।

35. गालियों में मेरी नआश को खींचे फिरो कि मैं
दिल दाद-ए हवा-ए सर-ए रह गुज़र था।

36. वाए दीवानगी-ए शौक़ कि हर दम मुझको
आप जाना उधर और आप ही हैराँ होना।

** देवनागरी रूपान्तर में मूल के अपठनीय अंशों को छोड़ दिया गया है।*

—लेखक

□ □ □

खंड-6

चित्रावली

यहाँ प्रकाशित सभी चित्र और उनके विवरण 'अभ्युदय' तथा 'भविष्य' से लिए गए हैं।

मुसीबत ऐन राहत है अगर हो आशिके सादिक़।
कोई परवाने से पूछे कि जलने में मज़ा क्या है?

Martyr Bhagat Singh as a student at National College Lahore - 1923

भगत सिंह की तीन छवियाँ

हुतात्मा सुखदेव

शहीद राजगुरु

स्वर्गीय भगवतीचरण

छोटे बच्चे के साथ शहीद भगत सिंह की बहन,
राजगुरु की बहन एवं राजगुरु की माता

लाहौर के सुप्रसिद्ध विप्लवकारी स्वर्गीय
भगवतीचरण की धर्मपत्नी—श्रीमती दुर्गादेवी।

स्वर्गीय सरदार भगत सिंह के पूज्य दादा सरदार अमन सिंह

स्वर्गीय सरदार भगत सिंह के पूज्य पिता सरदार किशन सिंह

स्वर्गीय सरदार भगत सिंह का पारिवारिक परिचय

1. सरदार किशन सिंह, 2. श्रीमती अमर कौर, 3. श्रीमती सरला देवी, 4. स्व. राजगुरु की माता, 5. फर्श पर बैठा शहीद भगत सिंह का छोटा भाई सरदार कुलतार सिंह

बाईं ओर से (1) धर्मपत्नी सरदार स्वर्ण सिंह (सरदार भगत सिंह की चाची), (2) सरदार भगत सिंह की पूजनीया माता श्रीमती विद्यावती, (3) सरदार भगत सिंह की दादी और (4) धर्मपत्नी सरदार अजीत सिंह। नीचे बैठी हुई बालिका सरदार भगत सिंह की सहोदरा है।

स्वर्गीय सरदार भगत सिंह की पूजनीया माता—श्रीमती विद्यावती

स्वर्गीय सरदार भगत सिंह की दादी और सरदार किशन सिंह की पूजनीया जननी

'भविष्य' की साप्ताहिक चित्रावली का एक पृष्ठ

3 मई की सन्ध्या को लाहौर के शालीमार बाग में पुलिस की गोलियों के शिकार

22 वर्षीय नवयुवक—स्वर्गीय श्री जगदीशचन्द्र जी
(अब तक के समाचारों से पता चलता है कि आपके विरुद्ध कहीं भी और किसी भी षड्यंत्र केस में कोई मामला नहीं था, न आप 'फरार' थे और न आपके विरुद्ध कोई प्रमाण ही मिला है।)

'भविष्य' की साप्ताहिक चित्रावली का एक पृष्ठ

सीमाप्रान्त के 'गांधी' और उनका संगठन

सीमाप्रान्त निवासियों के हृदय-सम्राट ख़ान अब्दुल गफ़्फ़ार ख़ाँ

चारसद्दा (सीमाप्रान्त) के राष्ट्रीय नेताओं सहित श्री अब्दुल गफ़्फ़ार ख़ाँ।

पेशावर के पठान नेताओं सहित—श्री अब्दुल गफ़्फ़ार ख़ाँ। बाईं ओर से बैठे हुए—श्री खाँ अब्दुल अम्बर खाँ, श्री सय्यद लालबादशाह, लाहौर के राष्ट्रीय पंजाबी नेता—श्री के. सान्तनम, श्री खाँ अब्दुल गफ़्फ़ार ख़ाँ और श्री खान अलीगुल खाँ।

'भविष्य' की साप्ताहिक चित्रावली का एक पृष्ठ

अपनी कुर्बानी से है मशहूर नेहरू ख़ानदान!
शम्आ-महफि ल देख ले, यह घर का घर परवाना है!!

अपनी धर्मपत्नी श्रीमती स्वरूपरानी सहित स्वर्गीय पं. मोतीलाल जी नेहरू
(आपका यह चित्र मृत्यु के दो सप्ताह पूर्व का लिया हुआ है।)

सपरिवार जवाहरलाल नेहरू

राष्ट्रीय संग्राम के कुछ उत्साही सैनिकों का स्वागत

अभिनन्दन कर रहा मौन या वाणी से सारा संसार!
पहनाते हैं तुमको हम अनुराग-भरे हृदयों का हार!!

'भविष्य' कार्यालय के कुछ कर्मचारियों का चित्र, जो श्री सहगल जी की जेल से रिहाई होने पर

'भविष्य' की साप्ताहिक चित्रावली का एक पृष्ठ

राष्ट्रपति सहित सन् 1930 की कांग्रेस-वर्किंग-कमेटी के प्रतिभाशाली सदस्य

पहली पंक्ति (बाईं ओर से) श्री महादेव देसाई, बाबू राजेन्द्रप्रसाद, सरदार शार्दूल सिंह, सरदार वल्लभभाई पटेल (भावी राष्ट्रपति), डॉक्टर अंसारी, पं. जवाहरलाल नेहरू (राष्ट्रपति), पं. मदनमोहन मालवीय, मौलाना अबुल कलाम आजाद, श्री जे.एम. सेन गुप्ता, श्रीमती केप्टन और कुमारी मनीबेन पटेल।

दूसरी पंक्ति (बाईं ओर से) चौधरी खलीकुज्जमाँ, श्री ब्रेलवी, डॉक्टर सय्यद महमूद, डॉक्टर पट्टावी सीतारमय्या, श्री जैरामदास दौलतराम, डॉक्टर सत्यपाल, बाबू पुरुषोत्तमदास टंडन, श्री सुन्दरलाल, श्री सी. राजगोपालाचारी, श्रीमती उर्मिला देवी और श्री तसद्दुक अहमद खाँ शेरवानी।

तीसरी पंक्ति (बाईं ओर से) पं. गोविन्द मालवीय, श्री शंकरलाल बैंक, श्री के.एम. मुंशी, श्री मथुरादास टीकम जी, पं. गोविन्द वल्लभ पन्त, लाला दूनीचन्द, श्री आसफ़अली, श्री रफी अहमद किदवई, श्री यूसुफ इमाम और मौलाना अब्दुल बारी।

देश और विदेश के राजनीतिक रंगमंच पर

(अमेरिका से श्रीमती रागिनी देवी द्वारा भेजे हुए 'भविष्य' के खास चित्र)

अमेरिका की भारतीय कांग्रेस की अध्यक्षता में मनाया जानेवाला 'स्वतंत्रता-दिवस' (1930) के प्रीतिभोज का दृश्य–जिसमें डॉक्टर संडरलैंड आदि सैकड़ों सुप्रसिद्ध अमेरिकन शरीक हुए थे।

राष्ट्रीय एकता के शहीद श्री गणेशशंकर जी विद्यार्थी के शव-दाह के समय का कारुणिक दृश्य

बम्बई के कांग्रेस फ्री अस्पताल के उत्साही डॉक्टरों, नर्सों और वालंटियरों का ग्रुप;
जिन्होंने सत्याग्रह-संग्राम में देश की अपरिमित सेवा की है।

श्री हरिशंकर विद्यार्थी—स्वर्गवासी श्री गणेशशंकर जी विद्यार्थी के सबसे बड़े पुत्र।

कुँवर दीपनारायण सिंह। बिहार के सुप्रसिद्ध नेता और कांग्रेस की वर्किंग कमेटी के सदस्य।

अमेरिका-स्थित भारतीय कांग्रेस के प्रधान—श्री रामलाल बालाराम वाजपेयी

अमेरिका-स्थित भारतीय कांग्रेस के प्राण और सुप्रसिद्ध देशभक्त बाबू शैलेन्द्रनाथ घोष

कराची के राजबन्दियों का ग्रुप—जो हाल ही में मुक्त हुए हैं

कराची के उन राष्ट्रीय कार्यकर्ताओं तथा नेताओं का ग्रुप, जो गत राष्ट्रीय आन्दोलन में भाग लेने के कारण जेल गए थे। बीच में पाठक उन तीन अभागे बच्चों को देखेंगे, जिन्हें उनकी जेल की अवधि में दो-दो बार कोड़े भी लगाए गए थे! पहली कतार में पाठक सिन्ध की उन वीर रमणियों को देखेंगे जो अपनी स्वतंत्र-प्रियता के कारण जेल भेजी गई थीं। इनमें से चार महिलाएँ कराची की 'डिक्टेटर' भी रह चुकी हैं। इनके पीछे की क़तार में पाठक सिन्ध के सुप्रसिद्ध नेतागण—डॉक्टर चौथराम, प्रो. गिडवानी, श्री नारायणदास आनन्द जी बेछर तथा स्वामी गोविन्दानन्द आदि राष्ट्रीय नेताओं को देखेंगे।

'भविष्य' की साप्ताहिक चित्रावली का एक पृष्ठ

लाहौर का एक आदर्श परिवार

लाहौर की सुप्रसिद्ध नेत्री श्रीमती लाडोरानी जुतशी अपनी तीन कन्याओं सहित– कुमारी मनमोहिनी जुतशी, एम.ए.; कुमारी जानकी जुतशी एम.ए.; कुमारी श्यामा जुतशी, एम.ए.– ये सारी देवियाँ गांधी-इर्विन समझौते के कारण जेल से मुक्त हुई थीं।

सन् 1906 में–

सन् 1906 की मिस ऐलिस और सन् 1932 की मिसेज जाफरअली उर्फ श्रीमती सावित्री देवी

सन् 1916 में–

यह दोनों चित्र आइरिश बालिका मिस ऐलिस (सन् 1906 में) के हैं, जिनसे भारतवासी (1932 में) मिसेज जाफरअली अथवा श्रीमती 'सावित्री देवी' के नाम से परिचित हुए हैं। आपको, कहा जाता है, श्री यशपाल नामक एक पंजाबी विप्लवकारी युवक को आश्रय देने के अभियोग में 5 वर्ष का कठिन कारावास-दंड प्रदान किया गया है।

समस्त भारत की सर्वप्रथम हिन्दू महिला दन्त-चिकित्सक (Dental Surgeon) डॉक्टर (कुमारी) लीलावती एल.डी.एस-सी.

कलकत्ते की कुमारी ज्योतिर्मयी गंगोली, एम.ए., जो नमक-क़ानून भंग करने के कारण 6 मास के लिए जेल गई थीं।

सत्याग्रह-संग्राम में सबसे पहले जेल जानेवाली– श्रीमती रुक्मिणी लक्ष्मीपति (आन्ध्र प्रान्त)

दिल्ली की एक उत्साही राष्ट्रीय कार्यकर्त्री– श्रीमती आत्मादेवी सूरी

कालीकट की सुप्रसिद्ध राष्ट्रीय कार्यकर्त्री– कुमारी ई. नारायण खुट्टी, बी.ए.

बड़ोच के देश-सेविका-संघ की प्रधाना– श्रीमती कुसुम बेन

अथानी (बेलगाँव) की विदुषी–श्रीमती अम्बाबाबाई, जिन्हें सत्याग्रह-आन्दोलन में 2 मास की सजा हुई थी।

मेरठ के महिला-सत्याग्रह-दल की प्रधाना–श्रीमती प्रकाशवती देवी, जिन्हें 5½ मास की सजा दी गई थी।

गाँवों में घूम-घूमकर स्वदेशी का प्रचार करनेवाली– धारवाड़ की श्रीमती कृष्णाबाई पंजीकर।

उपनगर (बम्बई) की डिक्टेटर–श्रीमती कमला बेन, जिन्हें 9 मास का कारावास-दंड दिया गया था।

श्री सीतादेवी, सम्पादिका 'महिला-सुधार' कानपुर, जो राष्ट्र-सेवा के कारण 1 साल की सजा भोगकर लखनऊ जेल से छूटीं हैं।

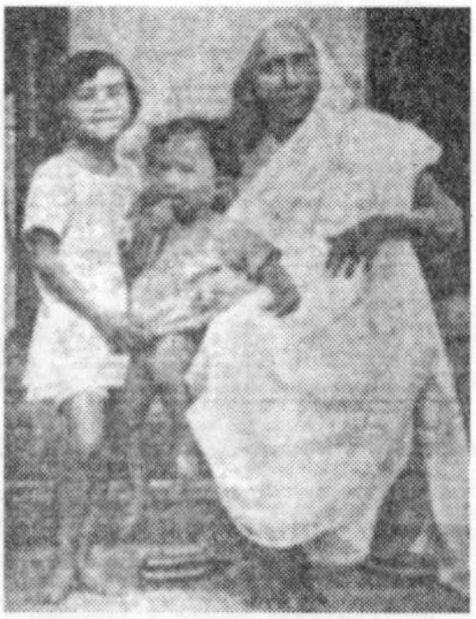

कलकत्ते की श्रीमती मोहिनी देवी, जिन्हें नमक-क़ानून भंग करने के कारण छह मास की सजा दी गई थी।

कलकत्ते की श्रीमती लावण्यप्रभा मित्र, जिन्हें सत्याग्रह– आन्दोलन में चार मास का दंड दिया गया था।

कलकत्ते की श्रीमती विमल प्रतिभा देवी, जिन्हें नमक-क़ानून भंग करने के अपराध में छह मास की सजा हुई थी।

सत्याग्रह-संग्राम में जेल-यात्रा करनेवाली कलकत्ते की सर्वप्रथम महिला– श्रीमती इन्दुकुमारी गोइनका

स्वर्गीय स्वामी श्रद्धानन्द की दौहित्री–श्रीमती उषा देवी, जो हाल ही में जेल से मुक्त हुई हैं।

झाँसी के यूथलीग की प्रेजिडेंट–श्रीमती पिस्तादेवी, जो हाल ही में जेल से मुक्त हुई हैं।

सूरत कांग्रेस कमेटी की डिक्टेटर– श्रीमती वसुमती ठाकोर, जो हाल ही में जेल से मुक्त हुई हैं।

आगरे की सुप्रसिद्ध राष्ट्रीय कार्यकर्त्री– श्रीमती शुकदेवी, जिन्हें छह मास की सख्त सजा दी गई थी।

तपोभूमि से लौटनेवाली देवियों का सादर स्वागत

अभिनन्दन कर रहा मौन या वाणी से सारा संसार!
पहनाते हैं तुमको हम अनुराग-भरे हृदयों का हार!!

कलकत्ते की श्रीमती शान्तिदास, एम.ए., जिन्हें वर्तमान आन्दोलन में चार मास का दंड मिला था।

कलकत्ते की श्रीमती अशोकलता दास, जिन्हें सत्याग्रह-आन्दोलन में चार मास की सजा हुई थी।

देहली की प्रभावशाली प्रचारिका—श्रीमती पावती देवी डिडवानिया, जिन्हें छह मास की सजा हुई थी।

कलकत्ते की श्रीमती इन्द्रनलिनी भट्ट, जिन्हें वर्तमान आन्दोलन के सम्बन्ध में कारावास-दंड दिया गया था।

दक्षिण कनारा महिला-संघ की मन्त्रिणी—श्रीमती रत्नाबाई

कुमारी डी.के. पट्टामल कंजीवरम (मद्रास) के सरकारी स्त्री-विद्यालय की छात्रा

बम्बई के सुप्रसिद्ध पत्रकार श्री के. नटरंजन की लड़की—कुमारी नटरंजन, जिन्हें वर्तमान आन्दोलन में दो मास की सजा दी गई थी।

श्रीमती मीरा हजारीबाग (बिहार) की प्रभावशाली राष्ट्रीय कार्यकर्त्री

लखनऊ कांग्रेस कमेटी की चौथी डिक्टेटर— श्रीमती श्यामरानी देवी साहनी, जिन्हें छह मास की सजा दी गई थी।

बम्बई की श्रीमती भिखारबाई, जो विदेशी कपड़े की दुकान पर धरना देने के अपराध में जेल गई थीं।

मेरठ की महिला-स्वयंसेविकाओं की कप्तान—श्रीमती उर्मिला देवी शास्त्री, जिन्हें 6 मास का दंड मिला था।

कराची 'युद्ध-समिति' की डिक्टेटर— श्रीमती कीकीबेन छबीलदास

शाहाबाद (बिहार) जिले की प्रथम सत्याग्रही-महिला— श्रीमती कुसुमकुमारी देवी। आपही ने 26वीं जनवरी को आरा में राष्ट्रीय झंडा फहराया था।

उज्जैन के सुप्रसिद्ध सेठ सौभाग्यचन्द्र म्होणोत की पुत्र-वधू—श्रीमती सजनकुमारा म्होणोत, जिन्हें विदेशी वस्त्रों की दुकान पर धरना देने के कारण जेल-दंड मिला था।

श्रीमती रानी विद्यादेवी

आप बेरुआ (हरदोई) के ताल्लुकेदार के छोटे भाई श्रीयुत जंगबहादुर सिंह की धर्मपत्नी हैं। नमक-क़ानून भंग करने के कारण 7 मास की सजा हुई थी।

विलेपारले (बम्बई) की श्रीमती देवयानी इन्द्रविजय देसाई, जो पिकेटिंग के अपराध में जेल गई थीं।

स्वर्गीय पं. मोतीलाल के श्राद्ध-दिवस पर गोंडिया (मध्य प्रान्त) में श्रीमती राधाबाई पोफली की अध्यक्षता में निकलनेवाले जुलूस का दृश्य

श्रीमती ए.पी. अडीसेशिया—आप वेलोर (मद्रास) की ऑनरेरी मजिस्ट्रेट और कई संस्थाओं की मंत्रिणी तथा सभानेत्री आदि हैं।

प्रिंसिपल ए.के. शाह—आप कलकत्ते के अन्ध-विद्यालय के प्रिंसिपल हैं और अन्धों के सम्बन्ध में होनेवाले विश्व-सम्मेलन के भारतीय प्रतिनिधि की हैसियत से अमेरिका गए हैं।

देहरादून के उत्साही कांग्रेस कार्यकर्ता—पं. हरिकृष्ण गौड़—वर्तमान आन्दोलन में आपको तीन माह की क़ैद की सजा दी गई थी।

सर्वेंट ऑफ इंडिया सोसाइटी के भूतपूर्व सदस्य—पं. वेंकटेशनारायण जी तिवारी, एम.ए.; जिन्हेंकरबन्दी आन्दोलन के सम्बन्ध में कारावास-दंड दिया गया था।

पं. रघुवंशरत्न गौड़—आप अलीगढ़ बार-कौंसिल के डिक्टेटर थे, जो सरकारी सेना को भड़काने के अभियोग में गिरफ्तार हुए थे और हाल ही में छूटे हैं।

बम्बई तिलक विद्यालय के आचार्य—श्री आपटे, जिन्हें वर्तमान आन्दोलन में छह मास का दंड मिला था।

मुंशी सुखदेवप्रसाद सिन्हा 'बिस्मिल' इलाहाबादी— आप उर्दू के प्रसिद्ध शायर और 'भविष्य' के 'केसर की क्यारी' स्तम्भ के सम्पादक हैं।

'भविष्य' की साप्ताहिक चित्रावली का एक पृष्ठ

प्रतिभाशाली उर्दू पत्र-सम्पादकों एवं संचालकों की चित्रावली

श्री मुहम्मद इसहाक,
सम्पादक 'जाम जहाँनुमा'

श्री मुशीर अहमद अलवी,
सम्पादक 'तनक़्क़द'

श्री बशीर अहमद, सम्पादक 'अज़ीज़'

श्री मुहम्मद मंज़ूर फ़ाज़िल,
सम्पादक 'बेदार'

श्री रफ़ी अजेबी, संचालक
'कैफ़'

श्री कोड़ेमल आनन्द, सम्पादक
'हमदर्द तर्म'

श्री सालिक व महर, सम्पादक 'इन्क़िलाब'